근 대
세계의
창 조

근대세계의창

THE CREATION OF THE MODERN WORLD

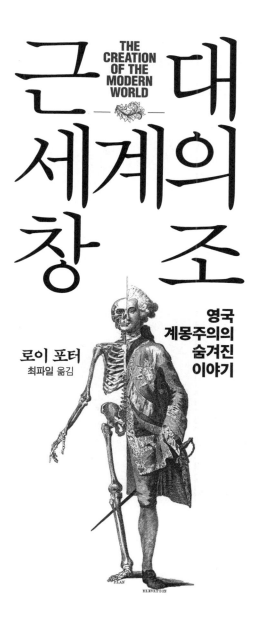

로이 포터
최파일 옮김

영국
계몽주의의
숨겨진
이야기

교유서가

선생, 그것은 역사서(그 명칭만으로도 세간의 관심을 끌 수도 있는)
중에서도 한 사람의 마음속에 일어나는 일들에 대한 역사서란 말입
니다.
　　—로런스 스턴Laurence Sterne, 『트리스트럼 샌디의 삶과 생각The Life
and Opinions of Tristram Shandy』(1759-67)

나는 무엇이든 오로지 개선할 것만을 찾아내기 위해 만들어진, 진
정한 영국인이다.
　　—윌리엄 고드윈William Godwin[돈 로크Don Locke, 『이성의 환상A Fantasy
of Reason』(1980)에서 인용]

이성적 피조물이 되는 것은 매우 편리한 일인데, 사람이 하려고 하는

모든 일에 이유를 찾아내거나 만들어낼 수 있게 하기 때문이다.
—벤저민 프랭클린Benjamin Franklin, 『자서전Autobiography』(1793)

어느 정도까지는, 각자가 계몽주의라고 생각하는 것이 계몽주의
였다.
—노먼 햄프슨Norman Hampson, 『계몽주의The Enlightenment』(1968)

불신은 역사학도에게 불가결한 자격 요건이다.
—새뮤얼 존슨Samuel Johnson, 「말버러 공작부인의 행적에 관한 이야
기 논평Review of the Account of the Conduct of the Duchess of Marlborough」(1742)

요즘 세상을 채우고 있는 책들 가운데 다수는 어떤 비가시적인 존
재 집단을 위해 쓰였다고 마땅히 의심받을 만한데, 분명코 그 책들
은 피와 살로 이루어진 이 세계의 실제 거주자들 어느 누구에게도
아무런 쓸모가 없기 때문이다.
—새뮤얼 존슨, 「솜 제닌스에 대한 논평A Reivew of Soame Jenyns」(1757)

난 초상화에 질렸어. 내 비올라 다 감바(16~17세기에 사용된 저음
부 현악기—옮긴이)를 집어 들고, 어느 상쾌한 시골 마을로 떠나고
싶은 마음뿐이라네. 그곳에서라면 풍경화를 그리면서 인생 끝자락
을 편안하고 조용하게 누릴 수 있겠지.
—토머스 게인스버러Thomas Gainsborough, 윌리엄 잭슨William Jackson에
게 보내는 편지(1760년경)

농부가 땅에 씨를 뿌리면 신의 선하심과 권능, 지혜는 그가 근면과 소박한 바람, 순수함의 대가로 일용할 양식과 건강, 평안을 얻을 것이라고 약속해왔다. 작가가—깨질 것 같은 머리와 망가진 건강, 가슴이 철렁하는 온갖 근심 걱정과 더불어—씨를 뿌리면 인간의 어리석음과 변덕, 악덕이 그에게 충분하고 온전한 보답으로 인쇄업자의 청구서와 뉴게이트 채무자 감옥을 약속한다.
—새뮤얼 테일러 콜리지Samuel Taylor Coleridge[토머스 풀Thomas Poole에게 보내는 편지(1796년 12월 3일 화요일)]

나는 지금 요즘 작가들 사이에서 매우 흔한 실험을 하고 있는 중이다. 다시 말해 아무것도 아닌 것에 관해 글을 쓰는 일이다.
—조너선 스위프트Jonathan Swift, 『통 이야기와 여타 풍자 글A Tale of a Tub, and Other Satires』(1704)

하지만 너무나 많은 사람들이 글을 써서 대체 누가 그걸 가만 놔뒀을지 모르겠다.
—새뮤얼 존슨, 『스코틀랜드 서부 섬들로의 여행A Journey to the Western Islands of Scotland』(1775)

자신의 노작이 세간에 어떻게 받아들여질지에 관해 작가가 품는 기대보다 더 틀린 것도 없다. 그게 어떤 책이든, 대중이 자신의 부름에 시선을 돌릴 순간을 포착했을 뿐 아니라 세간은 자신이 가르쳐주려고 나선 기술을 애써 알고 싶어한다고 믿지 않으면서 책을 내는 작가는 거의 없다.

―새뮤얼 존슨[리처드 롤트Richard Rolt, 『무역과 상업 사전Dictionary of Trade and Commerce』 서문(1756)]

글을 쓰려고 진득하게 덤벼든다면 사람은 어느 때고 글을 쓸 수 있다.
―새뮤얼 존슨[제임스 보즈웰James Boswell, 『새뮤얼 존슨의 생애The Life of Samuel Johnson』(1791)에서]

차
례

서론

영국 계몽주의에 대한 역사서술은 블랙홀의 그것으로 남아 있다.
—J. G. A. 포콕Pocock[1]

몇 가지 사전 설명은 이 책에 더 쉽게 접근할 수 있게 해줄 것이다. 우
선 불만족스러운 만큼 절대 피해 갈 수 없는 용어 문제부터 살펴보자. 존
포콕의 견해로는 "'총칭적인 의미의the' (혹은 '하나의an') '잉글랜드 계몽주의
English Enlightenment'"라는 표현은 사실과 거리가 먼 것 같다.[2] 그럴지도 모르
지만 포콕 본인의 예를 따라서 나는 그래도 그 표현을 쓰겠다. 시대착오적
인 표현이라는 것은 인정하는 바이지만, 나는 그 용어가 운동의 주요 인물
중 한 명이 '나라를 사랑하는 사람들로서 우리의 첫째가는 관심사는 우리
나라를 계몽하는 것이어야 한다'고 선언할 수 있었던 한 운동의 사고방식과
기질을 포착한다고 생각한다.[3] 반면에 나는 '전前 계몽주의pre-Enlightenment'
라는 용어는 피했는데 이 표현이 문제를 명확하게 하기보다는 오히려 혼란
을 낳기 때문이다(이것은 단순히 이전 상태를 말하는 것인가, 아니면 그보다는 서
막에 가까운 상태를 말하는가?).[4] 그러나 대충 1750년 이전의 발전상이나 대

략적으로 이 책의 전반부 열한 개 장에서 다루는 내용을 가리킬 때는 '초기early'나 '처음의first' 계몽주의라는 표현을 쓸 것이다. 또 '후기late'나 '제2의 second' 계몽주의라는 말을 쓰기도 했는데, 넓은 의미에서 18세기 중반 이후에 일어난 일이나 이 책의 후반부에서 소개되는 내용, 즉 계몽주의에 대한 계몽된 비판을 가리킬 때 썼다. '장기 18세기'는 때로 왕정복고 시대부터 섭정기까지의 시간대 전체를 간단하게 표현하는 것이며, '조지 왕조 시대Georgian'나 '하노버 왕조 시대Hanoverian' 같은 여타 연대기적 표지들도 똑같이 탄력적으로 사용된다.

오랫동안 포콕과 여타 학자들은 진보적 목소리들이 정당의 간부회의나 하나의 모의처럼 들리게 하는 것을 피하기 위해 정관사나 어쩌면 대문자를 떼야 한다고, '고유명사로서의 계몽주의The Enlightenment'가 아니라 '보통명사로서의 계몽주의enlightenment'를 운위해야 한다고, 아니 그보다는 아예 '복수의 계몽주의들enlightenments'을 이야기해야 한다고 촉구해왔다. 나는 이 전형적으로 빈틈없는 제안을 전적으로 지지하며, 혹자들이 프랑스에서 등장했다고 생각하는 자그마한 필로조프(프랑스 계몽사상가들―옮긴이) 한 무리un petit troupeau des philosophes―즉 한 떼의 인간과학 집단이 결코 등장하지 않았던 영국의 경우에는 이런 제안이 특히 적절하다. 영국의 아방가르드는 케네디의 아메리카나 블레어의 영국에 자유민주주의의 횃불을 전달할 운명을 짊어진 탄압받는 반란자나 지하 출판사 작가들의 네트워크가 아니었다. 그들은 후끈후끈하고 연기 자욱하고 북적거리는 커피하우스에서 끝없이 이야기를 주고받는 잡다한 손님들에 더 잘 비유될 수 있다. 폭넓은 신념과 정서를 공유하지만 각자에게 중요한 사안들에 관해서는 의견이 다르고, 또 그 다름에 합의한 사람들men이다.

'사람들men'이라는 언급은 젠더화된 언어라는 골치 아픈 쟁점으로 이어진다. 저 커피하우스 정치인들처럼 이 책에서 논의되는 사상가들 대다수는 남성이다. 그들이 사용하는 관용어구들 —'문인man of letters', '유행 선도인man of mode', '일반인common man' 등등 — 은 그들의 암묵적 가정들만큼 철저하게 젠더화되어 있다. 존 로크 같은 사상가들이 '사람man'이라고 말할 때는 암묵적이나마 '인류mankind' 일반이라는 포괄적 관념이 틀림없이 잠재해 있었지만, 그들이 교육을 하고 설교를 하고 글을 쓰고 계몽을 하는 이들로 실제로 머릿속으로 그린 사람들은 남자들이었다. 그들은 그러한 공적인 맥락 안에서 여자들을 거의 생각하지 않았고 실제로 공적 차원에서 여자들을 생각할 때는 구체적으로 콕 집어서 언급했다. 이 무언無言으로 젠더화된 언어는 지배적인 남성 엘리트 계층이 규정한 남성의 세계를 반영했다. 그리고 당대의 그러한 어조를 포착하기 위해서 나는 여기서 대체로 그들의 언어 관행을 따랐다.[5]

용어에 관해서 하나 더 일러둘 게 있다. 1707년 연합법Act of Union은 잉글랜드와 스코틀랜드의 의회를 합쳐서 영국Great Britain을 탄생시켰다. 그에 따라 스코틀랜드는 하노버 왕가를 앤 여왕의 후계자로 지정한 1701년 웨스트민스터 의회에서 제정된 왕위계승법Act of Settlement을 수용했다. 1801년 제2차 연합법은 아일랜드를 '연합 왕국'에 통합시켰다. 이 책에서 민족을 가리키는 표현들은 헌정적 지위를 그렇게까지 엄밀하게 따지지는 않을 것이다. 이 책에서 '잉글리시English'는 종종 '영어English language'의 줄임말이며, '잉글리시English'(잉글랜드의, 잉글랜드인—옮긴이)와 '브리티시British'(영국의, 영국인—옮긴이)라는 표현은 브리튼제도諸島(아일랜드섬과 그레이트브리튼섬 및 부속 도서를 가리킨다—옮긴이)에서 살던 엘리트 계층이 폭넓게 공유한 사상과 발전상을 가리킬 때 다소간 호환 가능한데, 실질적으로 계몽적 사고 전체가 그 당시 실제로 영어를 사용하는 사람들의 머릿속에서 나오고 있었기 때문이고, 특히나 18세기 첫 3분의 1 시기 동안에는 그랬기 때문이다. 이렇게 '뭉뚱그리는' 습관과 반대로 내가 구체적으로 지역적 전통과 주제들을 다룰 때는 '잉글리시'와 '스코티시'가 구분될 것이며, 특히 10장에서는 스코틀랜드 계몽주의에 특징적인 발전들이 중점적으로 다뤄질 것이다.[6] 아일랜드와 웨일스 출신의 무수한 사상가들—예를 들어 존 톨런드 John Toland와 리처드 프라이스Richard Price—도 명성을 얻었지만 10장과 20장에서 잠깐 다루는 것을 제외하면 아일랜드와 웨일스에 관한 그리고 그 안에서의 논쟁들에는 초점을 맞추지 않았다. 민족과 관련한 표현은 문맥에 따라 의미가 파악될 것이다. 이러한 느슨한 용어 사용이 때로 혼란스러워 보이거나 현대의 민족주의적 감수성에 거슬린다 해도, 이것은 '잉글리시'라는 표현이 '우리 섬들'(브리튼제도—옮긴이) 어디에서든 태어난 사람한테 흔히 적용되던 시대의 현실을 반영한다.[7]

이 책에서는 너무나 많은 주제들이 짧게 취급된다. 나는 정치적 논쟁과 문학과 예술, 취향의 조류, 문화의 상업화나 민족주의의 형성에 많은 지면을 할애하지 않았다. 지면상의 제약 외에도 이유들은 간단하다. 이 모든 분야들에서 훌륭한 책들이 근자에 많이 나왔으니 나는 탄탄한 토대들을 다시 파헤치는 대신에 동료 역사가들의 기초 작업 위에 새로이 연구를 쌓고자 노력했다.[8] 마찬가지로, 주요 철학 사상들에 대한 장문의 해석은 여기서 거의 제공하지 않는다. 이 역시 많은 경우에 이미 뛰어난 연구들이 존재하기 때문이며,[9] 어쨌거나 나의 주된 관심은 이를테면 홉스나 흄, 허튼이나 해즐릿의 복잡한 내용들보다는 활동가들과 사상, 사회 간의 상호작용에 있다.

스코틀랜드 계몽주의 역사가들은 특히나 불만을 느낄 수도 있다. 영국 북부의 공헌은 더 큰 관심을 받아야 마땅하지 않은가? 신시가지와 여타

구역을 비롯해 '북방의 아테네'(에든버러를 가리킴—옮긴이) 자체는 말할 것
도 없고 애버딘과 세인트앤드루스, 글래스고의 문인들은 마땅히 책 전체
를 차지할 만하지 않은가? 나는 칼레도니아(스코틀랜드의 로마식 이름—옮긴
이)의 탁월한 공헌을 무시하지 않을 것이지만, 다시금, 주목할 만한 관련 연
구들이 이미 존재하므로 거기에 기댈 것이다. 그리고 나의 관심사는 기원
보다는 그 의미와 그것이 가져온 충격이기에, 어쩌면 좀 무신경할 수도 있
지만 스코틀랜드 사상가들을 전체로서 영국의 이야기 안에 끼워넣고자
했다.[10]

　이 책에서 영국에 끼친 대륙의 영향들과 또 영국의 사고가 호혜적으로
해외에 흡수된 과정을 더 자세히 다루지 못해 아쉽다. 편협한 역사에는 미
덕이 없으며, 영국 계몽주의의 영국성이나 '영국 예외주의English exceptional-
ism'[11]에 관해 이 책에서 제기되는 모든 주장들은 여타 지역에서의 발전들
에 무감각한 '해협에 안개'('해협에 안개, 대륙 두절됨'은 20세기 초 영국의 기상예
보에서 사용된 관용적 표현이었다고 하는데 출처는 불분명하다. 여기서 해협은 영국
해협, 대륙은 영국이라는 섬에서 볼 때 유럽 대륙 본토를 가리킨다. 유럽 대륙과 거
리를 두는 영국의 배타적 태도를 보여주는 표현으로 종종 인용된다—옮긴이)식 논
의보다 더 확고한 토대에 의지해야 한다. 나로서는 그러한 쟁점들을 적절
히 논의하자면 이미 두꺼운 책이 더 두꺼워질 수밖에 없고, 또 밀라노와
마인츠, 마드리드의 문인들에 대한 연구와 같은 내 능력 밖의 과제를 요구
할 것이라고 항변할 수 있을 뿐이다.[12]

　무수한 여타 쟁점들에도 더 많은 관심이 절실히 요청된다—몇 가지만
예로 들자면 정신과 육체, 천국과 지옥, 사후세계, 영혼, 뭐라 설명하기 어려
운 자아의 어떤 특징 등등을 둘러싸고 치열하게 전개된 논쟁들 말이다. 이
러한 누락에 관해서는 양해를 구하고 싶다. 나는 그러한 주제들을 다음 책

에서 다룰 계획이다. 다음 책은 영어권 계몽주의에서 정신적인 것, 물질적인 것, 의학적인 것 간의 삼각관계를 살펴볼 예정이다.

다음으로, 내가 학문적으로 어디에 서 있는지 짧게 설명하겠다. 계몽주의에 관한 역사서술은 사후적 판단으로 왜곡되어왔고, 여전히 뻔뻔할 정도로 선입견에 사로잡혀 있다. 오랫동안 진보주의자들은 필로조프들을 인간의 권리들을 낳은 사람들이라고 칭송해왔거나, 그들부터 미합중국까지 그 계보를 추적해왔다―실제로, 저명한 미국의 역사가 헨리 코머저Henry Commager는 유럽은 계몽을 꿈꿨고 아메리카는 그 꿈을 실현시켰다고 주장한 바 있다.[13] 한편 우파 학자들은 그들대로 버크와 바뤼엘 신부Abbé Barruel(예수회 신부로, 프랑스 혁명은 비밀결사 광명회와 자코뱅이 기획한 것이라는 음모론을 제시한 장본인으로 유명하다―옮긴이)에게 공감하며, 공포정치에 그 이데올로기적 탄약을 제공했다고 계몽주의를 탓했고 루소의 일반의지 이론은 치명적이게도 파시즘과 나치즘, 스탈린주의를 용인하여 이른바 '전체주의적 민주주의'를 낳았다고 주장했다.[14] 일각에서는 계몽주의를 어둡게 그리는 게 관례가 되다시피 했다. 2차세계대전 이후 '전체주의적'은 계몽의 형용어가 되었고, 계몽의 관리적인 합리성은 사회를 '보편적 강제수용소'로 가차없이 환원하는 '삶'을 부과했다고 주장되었다.[15] 미셸 푸코는 그러한 독해에 공명하여, 그 수사修辭에도 불구하고 계몽의 진정한 논리는 해방하기보다는 통제하고 지배하는 것이었다고 주장했다.[16] 어떤 현대 문학 비평계 역시 그에 못지않게 비뚤어진 시선으로 계몽을 바라본다. 테리 캐슬Terry Castle은 "포스트모더니즘 연구에서 발견되는 '새로운' 18세기는 이성의 시대가 아니라 편집증과 억압, 광기의 조짐이 보이는 시대다"라고 냉담하게 평가한다.[17] 1997년 에릭 홉스봄은 유사한 맥락에서 "요즘에는 계몽이 피상적이고 지적으로 순진한 것에서부터 서구 제국주의에 지적 토대를 제공하기 위해 가발을 쓴 죽은 백인 남성들이 기획한 음모로 치부되기도 한다"고 언급했다.[18] 볼테르는 역사를 우리가 죽은 자들을 골탕 먹이는 각종 수법들로 가득한 상자에 비유했고, 누구도 객관성이란 허상일 뿐이라는 것을 반박하려 하지 않는다. 그러나 나는 이러한 푸코적이고 포스트모던적인 독해는 의도적으로 한쪽으로 치우쳐 있다고 믿으며, 어째서 그리고 왜 그러한지를 아래에서 보여주겠다.

나는 계몽된 정신의 소유자들이 마음에 든다. 나는 그들의 촌철살인 산문을 즐기며, 저 따뜻하고 재치 넘치며 교제에 능한 사람들과, 말하자면 크리스토퍼 힐Christopher Hill을 사로잡지만 동시에 경악시키는, 분개한 청교도들이나 피터 게이Peter Gay의 진정으로 에로틱한 빅토리아 시대 사람들보다 더 통하는 느낌이다. 그러나 나는 이 책이 옹호나 변론의 저작이라기보다는 분석의 저작으로 읽힐 것이라고 믿는다. 계몽은 좋은 것도 나쁜 것도 아니고 환호할 것이나 야유할 것도 아니다. 다른 무엇보다도 영웅과 악당이라는 재단은 어처구니가 없을 터이니 내가 지겹도록 주장하겠지만 단일한 거대 '계몽주의 프로젝트' 같은 것은 결코 없었기 때문이다. 계몽적 사상가enlightened thinkers들은 편협하지 않았고 다원주의를 옹호했으며, 그들의 어조는 독단적이라기보다는 아이러니했다. "계몽주의는 십자군 운동이 아니라 목소리의 톤, 하나의 감수성"이라고 마크 골디Mark Goldie는 판단한다.[19] 관용이 중심적이었고, 계몽의 주역들은 어떤 문제들에 관해서는 악수를 나눌 수도 있지만 어떤 문제들에 관해서는 주먹을 주고받기도 했다. 비록 프랑스 혁명을 둘러싸고 둘 사이의 친목은 돌연 끝나게 되지만, 저 한결같은 종교적-정치적 자유주의자였던 조지프 프리스틀리는 커리어의 오랜 기간 동안 에드먼드 버크Edmund Burke를 자신의 동조자로 여겼다. 또 한편으로 프리스틀리는 기독교의 발흥에 대한 불신자 에드워드 기번Edward

Gibbon의 설명에 이의를 제기했지만 두 사람은 대체로 기독교의 타락상에 대한 비판을 공유했다. 프리스틀리는 의견 차이는 진리에 대한 자극으로 봐야 한다는 다소 독특하지만 솔직한 확신에서 동료 비국교도인 리처드 프라이스 박사와 주고받은 격론을 출판하기까지 했다.[20] 정해진 것은 거의 없었고, 토론이 교조를 앞섰으며, 문화 전쟁들은 계몽의 적들에 대항해서만이 아니라 계몽주의자들 사이에서도 전개되었다.

한마디로, 일부 진리들에 질문이 제기되는 것을 허용한 것은 다른 진리들은 자명한 것으로 남아 있었다는 사실이라는 점을 (변함없이) 인정하는 가운데, 우리는 계몽의 윤곽을 알아보기 위해서 그 해방들만큼 그 한계들도 살펴보면서 그 음영 대비에 민감해져야 한다. 우리는 그 슬로건들에 유혹되기를 거부해야 하며, 계몽을 인류의 명백한 운명으로 실체화하지도, 반대로 죽은 백인 남성들의 음모로 악마화하지도 말아야 한다. 그보다는 근대화라는 임무를 공유한 중첩되고 상호작용하는 엘리트 집단으로 간주해야 한다. 계몽된 이데올로그를 바라보는 우리의 사회적 관점은 '위로부터'와 더불어 '아래로부터'의 시각, 메트로폴리스와 더불어 지방으로부터의 시각을 취하고, 남성의 반응들만큼 여성의 반응들을 포괄하면서 미묘한 의미 차이들을 놓치지 말아야 한다.[21] 특정한 선호들이 어떻게 혹자들(예를 들면 제러미 벤담)로 하여금 비용효율 합리성을 내걸도록 만들었는지, 반면 존 윌크스John Wilkes 같은 이들은 어떻게 자유를 전가의 보도로 휘두르게 되었는지를 밝히기에 충분할 만큼 그 시각은 널찍해야 한다. 혹자들에게(이를테면 흄에게) 계몽은 주로 정치적 현상 유지 속에 이루어지는 종교적 편협성으로부터의 해방이라는 문제였다. 리처드 프라이스 박사 같은 다른 이들에게는 신의 섭리가 선택한 정치적 자유로 가는 통로를 의미했다.[22]

어느 한쪽을 편드는 대신에 이 책은 진보적 지식인들의 사고를 고스란히 드러냄으로써 무엇이 그들을 움직였는지를 이해하고자 애썼다. 우리는 한 사상가의 말들을 "각자의 특정한 철학에 따라 원래 그 저자의 마음에 결코 떠오르지 않았던 생각들로 전유되는 의미가 아니라, 저자 자신이 그 말들을 구사하는 의미에서"[23] 이해해야 한다는 로크의 격언을 따르고자 했다. 이것은 특히 중요한 작업인데, 그들이 만들어가고 있던 세계는 우리가 물려받은 세계, 바로 오늘날 우리 대다수가 동참하는 세속적 가치 체계, 인류의 하나됨과 개인의 기본적 자유들, 그리고 관용과 지식, 교육과 기회의 가치를 옹호하는 세계이기 때문이다. 계몽의 자식들로서 우리는 우리의 부모들을 헤아리고자 노력해야 한다.

여느 때와 마찬가지로 그것은 그다지 단선적이지 않다. 18세기에 진보적 지식인들은 오늘날 전형적으로 인정되는 많은 대의들을 지지했지만 지금의 우리가 질색하는 대의들도 옹호했다. 존 로크는 인류의 천부적 자유를 열렬히 옹호했지만 1669년 그가 기안한 '캐롤라이나 기초 헌법'은 새로운 식민지의 자유민들에게 노예에 대한 절대적 사법권을 부여했다.[24] 벤담은 동성애의 범죄화를 개탄했지만 강간범을 거세하고 죄수에게 문신을 새기자고 제안했다—이 모든 주장이 최대 다수 최대 행복 원칙을 토대로 한 것이다.[25] 메리 울스턴크래프트Mary Wollstonecraft는 여성의 권리를 옹호했지만 대부분의 여성 증오자를 능가할 정도로 여성을 혐오했다. '계몽의 시대는 광신의 시대이기도 했다'고 로널드 녹스Ronald Knox는 말한 바 있다.[26] 복잡다단함과 배배 꼬인 모순들이 이 책 곳곳에서 터져나온다.

"대부분의 사람들에게 합리성이란 자기 자신의 의견을 뜻한다." 음울한 윌리엄 해즐럿William Hazlitt은 그렇게 썼다.[27] 패배에서 기인하는 해즐럿식 외고집에 전적으로 투항하지 않고 우리는 현재 중심의presentism 사고방식을 경계하고 모든 시대, 어쩌면 특히 이성의 시대는 그 나름의 방식대로 합리적 설명을 시도했고 그 나름의 암시적·명시적인 의미 코드가 있었음을 인식해야 한다. 공리주의자에게 합리성이란 개인적 자유만 의미하지 않았다. 그것은 규율과 합리적인 것이 나머지를 규제할 저 효율적 체제를 구축하는 데 하나의 도구이기도 했다. 그러나 벤담주의가 사회 통제를 의미했다는 사실은 역사적 범주로서 '계몽주의'를 포기하는 데 논거가 될 수 없다. 그것은 '가능한 모든 계몽들 가운데 최선의 계몽에서 모든 것은 최선'이라는 식으로 지나치게 단순화된 독해에 반대하는 경고일 뿐이다.[28](볼테르의 풍자소설 『캉디드』에 나오는 유명한 표현, '가능한 모든 세상 가운데 최선인 이 세상에서 모든 것은 최선이다'를 조금 변형한 것이다—옮긴이) 죽은 자들을 오늘날의 개념적 코르셋에 끼워넣는 것보다 더 어리석은 일도 없을 것이다. 우리가 바랄 수 있는 최대치는 그들을 이해하는 것이다—이 세상에서 그 모든 으름장도 그들을 바꾸지는 못한다! 이 책은 성자와 죄인을 판단하기보다는 오히려 정신을 위한 전투에서 진보주의자들을 문제화한다.

동료 역사가들에게 커다란 빚을 졌음을 기꺼이 시인함과 동시에 나는 문학 연구자들의 작업에도 고마운 빚을 졌다. 심지어 최고의 역사가들도 삼류 글쟁이들의 세계와 문필 공화국, 작가층과 독자층, 장르와 정전正典, 자아와 사회의 허구화에 대한 문학적 탐사가 제공한 놀라운 통찰들을 좀처럼 정당하게 다루지 못했다. 이 책에서 나는 18세기는 존슨이 생각한 대로 진정으로 '작가들의 시대'였다는 믿음에서 정체성, 개별성과 주관성, 그리고 각종 토론들에서 여러 시인과 비평가, 소설가가 한 역할과 젠더화된 자아의 정치에서 한 상상력의 역할을 부각시키고자 한다.[29]

계몽된 아방가르드는 화석화된 것을 규탄하고, 새로운 것을 높이 평가했으며 (한편으로 그것을 불신하면서) 논쟁과 자아비판, 자찬 위에서 번영을 구가했다. 여론은 인쇄물을 매개로 하여 20세기 후반의 데이터 혁명과 전자 정보 폭발의 현시대적 표현, 즉 인터넷과 월드와이드웹을 섬뜩하게 예견하는 방식으로 구체화되고 있었다. 출판물의 발달은 저 막강한 두 적수 새뮤얼 존슨과 데이비드 흄이 딱 한 번 의견이 일치했던 발전이었다. "출판물이 존재하지 않고 그 결과 지식이 전반적으로 확산되지 않는 곳에서 보통 사람 다수는 야만적일 수밖에 없다"고 존슨은 단언했다.[30] 흄은 '학문과 자유의 진보에 따라 지난 50년 사이에 사람들의 견해에서 갑작스럽고 상당한 변화'가 일어났음을 느꼈다.[31] 출판 혁명과 독서 공중의 출현은 사회의 눈과 귀, 두뇌와 대변인 역할을 하는, 지식 장사꾼이라는 새로운 핵심 집단을 탄생시켰다.[32] 막 싹트기 시작한 영국의 이 인텔리겐치아들이 그동안 줄곧 무시되어왔다니 참 이상하다. 이 책은 앨비언Albion(영국이나 잉글랜드를 가리키는 옛 이름—옮긴이)의 계몽주의를 다시 생각해보고 저 '블랙홀'을 이해하는 데 실마리를 던져주면서, 영국 지식인들의 역할이 간과되어온 현실을 변화시키는 데 작게나마 공헌하고자 한다.

(*이 책에서 나는 원문을 인용할 때 온전하게 인용하려고 노력했다. 그렇지만 원문의 구두점과 대문자 표기를 철저하게 다 따르지는 않았다.)

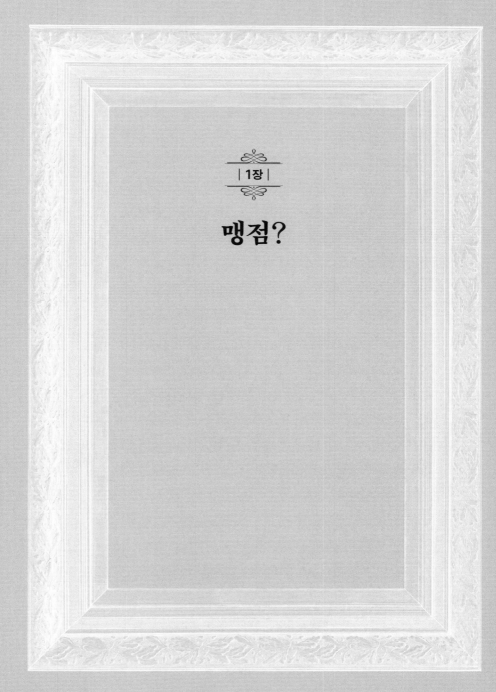

| 1장 |

맹점?

18세기는 유례없는 안정의 시대로 기세 좋게 나아갔다. (…) 끓어
오르는 사상이나 기억은 더이상 남아 있지 않았다.

—페리 앤더슨Perry Anderson[1]

1783년은 미합중국의 탄생뿐 아니라 그보다 더 소박하게는 베를리너 미트보흐게젤샤프트Berliner Mittwochgesellschaft(베를린 수요 클럽), 즉 당시 독일 여러 도시에서 우후죽순처럼 생겨나던 전형적인 토론 클럽 가운데 하나의 출범도 가져왔다. 클럽 회원 가운데 한 명이 한 지역 간행물에 질문을 던졌다. '계몽이란 무엇인가?' 활발한 토론이 뒤따랐다. 동쪽으로 360마일 떨어진 쾨니히스베르크에서 한 철학 교수도 의견을 개진했다. 그의 「질문에 대한 답변: 계몽이란 무엇인가?」(1784)에서 위대한 임마누엘 칸트는 '현재 우리가 계몽된 시대enlightened age에 살고 있는가'라고 묻는다면 대답은 아니다'라고 여겼다. 물론 그는 '우리는 계몽의 시대age of enlightenment에 살고 있다'고 덧붙이기는 했다. 유럽은 계몽된 사회로 가는 진통을 겪는 중이었다.[2] 어떻게?

칸트는 '인간이 스스로 초래한 미성숙으로부터 벗어나려면' 로마 시인 호라티우스로부터 따온 말 'sapere aude'─'감히 알려고 하라'를 좌우명 삼아 스스로 생각해야 한다고 판단했다.[3] 그러나 그것은 그렇게 간단하지가 않았다. 아닌 게 아니라 생각하는 사람은 '감히 알고자' 해야 한다. 그럼에도 불구하고 성직자나 관리라는 지위에 따라 그의 1차적 의무는 교회를 섬기거나 군주에게─칸트의 경우에는 프리드리히 대왕, 물론 계몽된 군주이자 볼테르의 팬이지만 마키아벨리적이고 군사적이고 독재적인 프로이센 국왕에게─복종하는 데 있다. 칸트는, 무질서를 막기 위해 신민은 이견을 접고 국왕의 의지를 떠받들 의무가 있다고 결론 내렸다.

자신의 시대가 계몽된 시대가 아니라는 칸트의 부정은 역사가들에 의해 자주 옹호된다.[4] 그러나 칸트의 주장이 역사적 사실로 간주되는 것은 현실을 전적으로 오도하는 것이다. 아마 그 진술은 칸트 본인의 대학 도시인 러시아 발트해 연안에 위치한 오늘날의 칼리닌그라드, 1724년에 칸트가 태어났고 80년 뒤에 생을 마감하게 되는 도시에는 적용될 것이다. 평생 동안 그 철학자는 정신 속에서 대담한 여정을 펼쳤으나 동프로이센 바깥으로는 통풍 걸린 발을 한 번도 내딛지 않았다. 그의 이동 범위는 사실상 그가 매일 걸어 다닌 산책길을 벗어나지 않았다─그리고 그가 워낙에 규칙적이어서 그곳 주민들은 그 교수의 발걸음에 맞춰 시계를 맞췄다고 한다.[5]

쾨니히스베르크 주민 가운데 머리맡에 '감히 알려고 하라'는 좌우명을 걸어둔 사람은 그리 많지 않았으리라. 그리고 칸트의 부정은 거의 틀림없이 프로이센 일반, 즉 세습 농노로 굴러가며, 고분고분한 관료를 충원하는 핵심 집단이자 무시무시한 군사 기계인 도도한 지주 귀족층을 그 농노들의 예속 노동이 지탱하던 봉건 왕국에도 적용된다. 프리드리히 대왕의 진보적 태도와 정책에도 불구하고 프로이센은 보통의 의미와 다소 다른 의미에서만 '계몽된'이라는 꼬리표를 얻을 수 있다. 잉글랜드 여행가 존 무어John Moore는 '18만 명의 군대로 뒷받침되는 정부는 몇몇 사변적인 정치가들의 비판과 풍자가의 펜을 안심하고 무시해도 된다'고 딱 잘라 말했다.[6]

충실한 국가 공무원인 칸트 교수의 자유의 이상은 그 자신만큼 소심했다. 유럽의 다른 곳에서는 계몽의 문제가 이미 제기되어왔고, 많은 이들은 심지어 베를린 시민들이 말만 무성한 수요 토론 클럽을 꿈꾸기 수십 년 전에 확고하고 단호하게 답을 내렸다. 철학자로서 얼마나 드높은 위상을 누리든지 간에 문화 관찰자로서 칸트는 주변부에 머무를 운명이었고, '이 계몽된 시대' 같은 표현들이 오래전에 흔해빠진 상투어가 되어버린 서쪽의 정치적 현실에 대해 어두웠다.[7] 잉글랜드에서 앰브로즈 필립스Ambrose Philips의 잡지 〈자유사상가Free-Thinker〉는 미신에 대한 맹공을 개시하면서 일찍이 1718년부터 호라티우스의 '감히 알려고 하라'를 제호로 채택했다. 공식 검열이 1659년에 폐지된 나라에서 자유롭게 사고하라는 그러한 주장은 충격이나 반감을 별로 불러일으키지 않았다. 반면 미트보흐게젤샤프트는 언론 검열을 분명히 공식적으로 인정했다.[8]

이미 필립스의 시대에 영국인들은 자신들이 광명 속에 살고 있다고 자랑스러워했다. 칸트보다 족히 75년 전에 3대 섀프츠베리 백작 앤서니 애슐리 쿠퍼Anthony Ashley Cooper, the 3rd Earl of Shaftesbury는 네덜란드의 한 동료에게 훨씬 더 활기찬 말투로 이렇게 이야기한 바 있다.

전 세계에 걸쳐 뻗어나가는 강력한 빛이 특히나 자유로운 저 두 나라 잉글랜드와 네덜란드에 존재한다네. 유럽의 사안들은 이제 이 두 나라에 달려 있네. 만약 하늘이 우리에게 지금까지 우리가 거둔 커다란 성공들에 적합한 평화를 곧 보내준다면 학문과 지식이 틀림없이 어느 때보다 훨씬 더 빠르게 진보할 것이야. (⋯) 나는 유신론有神論의 대의가 공정한 토론으로 잃을 것은 전혀 없다고 생각해. 완전한 철학적 자유의 확립을 바라는 지금 나는 그 어느 때보다 공정한 토론을 바란다네.[9]

앞으로 이 책에서 누누이 강조하겠지만, 자유롭고 진보적인 나라에서 '완전한 철학적 자유'를 누리는 것에 대한 이 휘그 귀족의 환희는 당대의 많은 이들도 공유했다. 그렇다면 역사가들이 그동안 유럽 전반의 계몽주의에서 보였던 잉글랜드 사상가들의 역할에 관해 도통 이야기하지 않았다는 사실은 참으로 이상하지 않은가?

우리 시대는 복잡한 수정주의가 특징이다. 오랫동안 '이성의 시대'는 영미 학자들에 의해 무미건조하거나 젠체하는 막간, 볼테르 같은 똑똑이들과 루소 같은 괴짜들의 시대로 폄하되었다. 그러나 더 근래에 들어서 계몽주의는 근대성의 형성에 결정적인 운동으로서 인정을—때로는 악명을—얻어가는 중이다.[10] 미국 역사가 피터 게이는 필로조프들을 오늘날에도 여전히 우리를 괴롭히는 근대적 삶의 문제들과 씨름한, 두려움을 모르는 비판가들로 복귀시켰다.[11] 그리고 그 이후로 계몽Aufklärung에 대한 우리의 이해는 더 풍요로워졌다. 우리는 이제 계몽주의가 게이가 기린 '일단의 필로조프들'을 훨씬 넘어서는 것임을 안다. 오늘날 문화사가들은 신문과 소설, 인쇄물과 심지어 포르노그래피에 자극받은 독서 대중 전반에서 새로운 생각들이 끓어올랐음을 지적한다—계몽주의는 정전으로 인정받는 일단의 고전이 아니라 새로움의 충격을 전달하는 살아 있는 언어로, 사회 분위기에서의 혁명으로, 폭발적인 슬로건들로 인식되어야 한다. 그것은 사물을 바라보는 새로운 방식을 설파했고, 이는 다양한 국적과 지위, 직업 집단과

이해 집단에 속한 다방면의 남녀 주인공들이 제시한 것이다.[12]

비판하고, 열심히 회유하고, 폭넓은 전선에서 실질적 개선을 요구한, 이 사회 참여적engagé 계몽주의라는 이미지는 파리 살롱에서 수다나 떨던 가발을 쓴 허식가라는 케케묵은 이미지로부터 커다란 진전을 보였음을 의미한다. 그러나 이 환영할 만한 수정주의에서 영국의 역할은 여전히 묘하게 무시된다. 이는 전혀 새로운 현상이 아니다. 1951년에 독일어에서 영어로 번역되어 심대한 영향을 끼친 권위 있는 저작 『계몽의 철학Die Philosophie der Aufklärung』에서 에른스트 카시러Ernst Cassirer는 계몽주의의 만신전萬神殿을 세우면서 볼링브루크Bolingbroke와 벤담Bentham, 프리스틀리Priestley, 프라이스Price는 물론이고 페인Paine이나 고드윈Godwin과 울스턴크래프트(계몽주의의 첫째가는 부부 팀), 그리고 저 놀라운 박식가 이래즈머스 다윈Erasmus Darwin을 언급조차 하지 않았는데, 하물며 잉글랜드-스코틀랜드 정치경제학—애덤 스미스도 물론!—이나 애디슨Addison과 스틸Steele 같은 일반인 주창자를 언급하지 않은 것은 더 말해 무엇하랴! 카시러는 그가 황송하게도 논의해준 몇 안 되는 잉글랜드 사상가들을 고고한 철학적 상아탑으로부터 내려다보면서, 이신론자들에 대해 "이 운동의 지도자들 가운데 진짜 깊이 있고 진정으로 독창적인 성격의 사상가는 한 명도 없다"고 결론 내렸다.[13]

카시러의 학식은 마땅한 영향력을 행사했고 영국을 등한시한 그의 태도는 그의 후계자들 사이에서도 뚜렷이 드러났다. 레너드 마삭Leonard Marsak의 선집 『계몽주의The Enlightenment』는 영국 작가들의 저술은 전혀 싣지 않았으며, 레스터 크로커Lester Crocker의 선집도 전체 50편의 수록 글 가운데 고작 4편만 실려 있을 뿐이어서 그보다 별반 나을 게 없었다.[14] 따라서 한 세대 전에 확립된 패턴은 지금도 계속되고 있다. 제임스 슈미트James Schmidt의 최근 저작 『계몽이란 무엇인가What is Enlightenment?』에는 34편의 논문이 실려 있지만 그 가운데 잉글랜드에 초점을 맞춘 것은 하나도 없다.[15] 조지 왕조 시대 영국에서 종교와 철학에 대한 연구는 '계몽주의'라는 용어를 전혀 사용하지 않고 지나간다. 마찬가지로 크리스토퍼 힐은 '야후Yahoo 사회'의 수수께끼 같은 합리성을 폄하한다. 문학사가들은 흔히 '오거스턴Augustan'(영문학사에서 고전적 양식미가 특징인 18세기 전반기 문학 사조를 가리키는 용어. 이 시기 작가들이 로마 아우구스투스 황제 시대 작가들을 칭송하며 그 양식을 본받고자 했기 때문에 이런 이름이 붙었다―옮긴이)이라는 용어를 선호해왔는데, 부분적으로는 '계몽의 시대'가 '상상력의 겨울'을 암시한다고 여겨졌기 때문이다.[16] 그리고 이런 식으로 무시되지 않을 때에는 영국의 업적은 부정되어왔다. 헨리 스틸 코머저Henry Steele Commager는 잉글랜드를 '계몽주의에서 다소 벗어난' 곳으로 평가했고, 최근인 1976년에 또다른 미국인 역사가는 '잉글랜드 계몽주의English Enlightenment'라는 용어가 있다면 그것은 귀에 거슬리고 서로 어울리지 않는 조합일 거라고 말했다.[17] 아닌 게 아니라 이 책은 틀림없이 거슬리는 경험이 될 것이다.

그러한 학문적 경시는 뿌리가 깊다. 영국해협 너머 자칭 뤼미에르lumières나 일루미나티illuminati와 달리 조지 왕조 시대 신사들은 노골적으로 자신들을 '계몽가enlighteners'라 부르지 않았고 '계몽주의Enlightenment'라는 표현은 빅토리아 시대 중반까지 영어권에서 자리잡지 않았다. 그리고 그 표현이 영어권에 자리잡았을 때는 낭만주의자들과 빅토리아 시대 사람들이 그토록 질색한 저 '이성의 시대'의 볼테르와 여타 안이한 조롱꾼들을 이죽거릴 때 쓰였을 뿐이다.[18] 계몽주의라는 말은 여전히 경멸적인 어감을 풍긴다. 1973년판 『옥스퍼드 영어사전 축약판The Shorter Oxford English Dictionary』은 "얄팍하고 가식적인 지성주의, 권위와 전통 등등에 대한 지나친 경멸, 특히 18세기 프랑스 철학자들의 정신과 목적에 해당됨"이라는 정의를 달아놓았다—영국식 무교양주의뿐만 아니라 '권위와 전통'에 대한 옥스퍼드식 존중도 자랑스럽게 영속시키는 정의다.[19]

그러므로 '잉글랜드 계몽주의'나 '영국 계몽주의'라는 책이 존재하지 않는다는 사실은 조금도 놀랍지 않다. 가장 근접한 것은 그나마 '1660~1750년 잉글랜드의 계몽주의 시대'라는 부제가 달린 존 레드우드 John Redwood의 『이성, 조롱, 종교Reason, Ridicule and Religion』(1976)다. 옥스퍼드 대학 올 소울스All Souls 칼리지 연구원이 쓴—그가 나중에 보수당 내 극우파에 속할 뿐 아니라 유럽연합과의 긴밀한 연계에 공공연히 반대하는 정치인이 된 것은 도저히 우연이랄 수 없을 텐데—이 책은 확실히 괴상한 논제를 제시한다. 기성 세력의 합리주의자 적들은 교회와 군주정에 진정으로 합리적인 비판을 가하지 못하자, 대신에 다소 치사하게 조롱과 비웃음에 기댔다는 것이다.[20] 역시 올 소울스 칼리지에 재직했던 J. C. D. 클라크Clark 같은 이후의 신보수주의적 역사가들은 침묵을 지킴으로써 사실상 영국 계몽주의를 부인한 한편, 하노버 왕조 시대 영국은 '교회와 국왕' 신조가 최고의 권위를 누리는 '종파 국가'였다고 주장해왔다. 그의 책에 드러나는 학식과 지성에도 불구하고 클라크의 독해는 매우 특이하다. 그는 시선을 정치 상부구조에만 못박은 채 사회 전반에 비등하던 변화를 향한 열정을 간과한다. 그러나 완고한 고교회파(영국 국교회 안에서 전례와 전통의 고수를 강조하는 보수적인 경향. 흔히 전례와 교리 해석에서 좀더 융통성을 띠는 저교회파Low Church나 광교회파Broad Church와 대비되는 용어다—옮긴이)와 토리파의 신념의 끈질긴 생명력에 대한 그의 강조는 나름대로 쓸모가 있다. 그것은 강렬한 이데올로기적 갈등을 부각시키며, 그리하여 계몽된 태도가 어떤 사건들에 대한 썰렁한 배경 음악이 아니라 특정 집단의 이해관계들과 갈라진 엘리트 집단의 사고를 표현하는 하나의 당파적 목소리를 구성했다는

사실을 상기시키기 때문이다.[21]

물론 이 학문적 맹점에도 뛰어난 예외가 있다—특히 J. G. A. 포콕과 마거릿 제이컵 Margaret Jacob 은 영국 계몽주의라는 용어를 으레 사용해왔고 이하의 내용들은 그들의 고마운 선구적 연구에 크게 기댄다. 그럼에도 불구하고 지금까지 일반적인 의미에서 '영국 계몽주의British Enlightenment' 연구나 과학혁명과 산업혁명을 둘러싼 논쟁에 비견될 만한 '영어권 계몽주의 English Enlightenment'에 대한 논쟁 같은 것은 없었다.[22]

필로조프들 자신은 영국을 근대의 탄생지로 바라보았다는 점을 생각하면 이 같은 학문적 현실은 더욱 기이하다. 프랑스와 이탈리아, 신성로마제국의 영국 예찬자들은 영국의 입헌군주정과 법 아래의 자유, 열린 영국사회, 영국의 번영, 종교적 관용을 칭송했다. 볼테르는 구체제ancien régime를 향해 내던진 첫번째 수류탄인『영국인들에게 보내는 철학적 서한Lettres philosophiques ou Lettres anglaises』(1733)이라는 의미심장한 제목의 책에서 다음과 같이 선언했다.

영국인들은 지구상에서 유일하게, 국왕에게 저항함으로써 왕권에 제한을 설정할 수 있었고, 일련의 투쟁을 통해 마침내 현명한 정부를 수립한 사람들이다. 여기서 군주는 선을 행할 때에는 막강하지만 그와 동시에 악을 자행하지 못하도록 제한을 받는다. 또한 비록 봉신 같은 것은 없지만 귀족들은 오만방자하지 않으면서 강력하다. 평민은 혼란 없이 정부 안에서 권력을 공유한다.[23]

얼마나 이상화되었든 간에 볼테르의 경의는 적어도 그의 직접적 체험에 바탕을 두었다. 로앙 기사Chevalier de Rohan와의 대거리 뒤에 이 젊은 작가는 그 귀족 나리의 깡패들에게 험악한 꼴을 당한 다음 바스티유에 투옥되었다가 망명을 간다는 조건으로 풀려났다. 1726년부터 그는 3년 동안 잉글랜드에 머물면서 여러 시인들, 정치가들과 친교를 누리고, 영국의 여러 과학자, 철학자, 자유사상가의 저작들을 탐독했다.[24]

『서한』은 훗날 몽테스키외가 그런 것처럼 고국을 비판하는 잣대로 영국을 활용하면서, 그곳을 '철학자들의 나라'이자 자유와 관용, 양식의 요람으로 치켜세웠다. 프랜시스 베이컨은 근대 과학의 선지자였고, 아이작 뉴턴은 우주의 법칙을 밝혔으며, 존 로크는 데카르트를 무너트리고 경험을 토대로 한 철학을 재정립했다.[25] 그들의 가르침은 다 함께 독단주의와 회의주의 사이에 길을 내고, 자연과 도덕, 사회에 대한 새로운 시각을 열어젖힌 것이다.

더 젊은 세대 필로조프인 드니 디드로도 누구 못지않게 열렬했다. '철학이 발달한 유럽의 두 나라에서' 그는 또렷한 구분을 이끌어낸다. "영국에서는 철학자들이 명예와 존경을 얻는다. 그들은 공직에 오르고 국왕들과 같은 무덤에 묻힌다. (…) 프랑스에서는 철학자들에게 영장이 발부된다. 그들은 탄압을 받고 성직자들의 편지 공세에 시달린다. (…) 그래서 영국이 더 나빠진 것처럼 보이는가?"[26]

『백과전서Journal encyclopédique』는 '프랑스는 국민들을 더 행복하게 만들고 국가를 더 번영하게 만드는 데 공헌할 수 있는 모든 분야에서 일어난 위대한 혁명의 빚을 영국에 지고 있다'고 인정하게 된다.[27] 파리의 진보주의자들은 비공식적인 영국 팬클럽을 결성한 한편, 1760년대의 한 인기 희극은 '오가르Hogard'와 '앵델Hindel'(영국 화가 호가스Hogarth와 음악가 헨델Händel을 가리킴—옮긴이)을 들먹이고, 음료는 오로지 차만 마시며, 셰익스피어와 포프Pope만 읽는 영국 숭배자를 조롱했다. 그는 외친다. "인류의 스승들은 런던에서 태어났고 우리는 그들로부터 가르침을 받아야 한다."[28] 에드워드 기번—천박한 쇼비니스트라고 볼 수 없는—이 7년전쟁에서 부르봉 왕가의 부끄러운 패배 직후에 파리를 방문했을 때 발견한 것처럼 이런 캐리커처에도 약간의 진실은 담겨 있다. "우리의 의견들과 우리의 패션, 심지어 우리의 게임마저도 프랑스에서 채택되었다. 한 가닥 민족적 광휘가 각 사람들을 눈부시게 비추었고, 영국인은 하나같이 애국자이자 철학자로 타고난 것으로 여겨졌다."[29]

대륙 사람들은 영국식 생각들을 덥석 받아들였다. 또다른 영국 예찬자인 피에몬테 귀족 알베르토 라디카티 디 파세라노Alberto Radicati di Passerano를 보자. 위대한 이탈리아 역사가 프랑코 벤투리Franco Venturi는 '그는 영국 이신론으로부터 좀더 과격하고 논쟁적인 요소들을 흡수했다'고 말한 바 있다.

그는 권력이나 사유재산이 없는 세계를 꿈꿨고 그와 동시에 힘들고 어려운 망명 생활 동안 체험한 영국제도의 혼합 정체에 열광했다. 그는 이상하고 독특한 방식으로 영국인들로부터 끌어낸 매우 다양한 요소들을 결합했다. (…) 이 사례의 모든 측면들 하나하나는, 이데올로기적 측면과 정치적 측면 둘 다에서 세기 전환기에 영국에서 형성된 사고들이 대륙에 어느 정도 침투했는지를 특히 잘 드러낸다.[30]

대륙의 석학들은 정치와 윤리, 인식론, 미학, 심지어 문학 분야에서 영국의 혁신으로 크나큰 자극을 받았다—디드로는 '영국인이 없었다면 프랑스에서 이성과 철학은 지금도 매우 한심한 유아적 수준에 머물러 있을 것'이라고 주장할 정도였다.[31] 종교 비판은 톨런드와 틴들Tindal, 콜린스Collins, 울라스턴Wollaston, 울스턴Woolston 그리고 이신론자 귀족인 섀프츠베리와 볼링브루크의 저작들을 통해 프랑스로 파고들었고, 라이프니츠와 선제후비 조피아Sophia를 통해 독일 여러 지역들로 더 멀리까지 퍼져나갔으며, 심지어 자노네Giannone를 통해 이탈리아까지 침투했다.[32]

영국의 도덕적 자애주의moral benevolism도 대륙에 번져나갔다. 덕성을 향한 디드로의 열정은 섀프츠베리를 번역하는 과정에서 불붙었고,[33] 다른 필로조프들은 포프의 『인간에 대한 에세이An Essay on Man』(1733~44)에 갈채를 보낸 한편, 루소는 〈스펙테이터The Spectator〉는 특히 나를 기쁘게 하고 나의 정신을 향상시켰다'고 고백하며[34] 애디슨과 스틸한테서 위안을 얻었다. 나중에 영국의 공리주의는 법률 개혁가들을 고무했고, 한 에스파냐인은 '위대한 벤담'은 '지금까지 이 세계가 탄생시킨 만능의 천재—솔론Solon이자 플라톤, 로페 데 베가Lope de Vega'라고 천명했다.[35] 자연과학 분야에서 수출도 그만큼 활발했고—뉴턴의 중력 이론이 마침내 프랑스인들을 그들의 소중한 데카르트의 '소용돌이' 이론에서 점차 멀어지게 했다[36]—이는 실용 기술 분야에서도 마찬가지였다. '프랑스 문학에서 일어난 대혁명은 영국 덕분'이라고 1758년 『백과전서』는 찬사를 쏟아냈다.

> 근래에 얼마나 많은 탁월한 업적들이 (…) 실용 기술 분야에서 등장했던가?—농업에서 (…) 상업과 금융, 제조업, 항해술, 식민지 등등 한마디로 국민들을 더 행복하게 만들고 국가를 더 번영하게 만드는 데 공헌할 수 있는 모든 분야에서.[37]

1751년 디드로와 달랑베르d'Alembert가 시작하여 총 28권으로 완결된 비길 데 없는 『백과전서』 자체도 1728년에 출간된 이프라임 체임버스 Ephraim Chambers의 『백과사전Cyclopaedia』을 번역하려는 기획에서 출발했다.[38]

심지어 영국 소설도 유행을 선도하게 되었다. 『로빈슨 크루소』(1726)는 독일을 휩쓸었고 1760년이 되자 40편이 넘는 후속작이 등장한 상태였다. 더 나중에는 '스코틀랜드의 호메로스'로 통한 오시안Ossian(중세 스코틀랜드의 신화적인 음유시인. 18세기에 스코틀랜드 문인 제임스 맥퍼슨James Macpherson이 수집하여 펴낸 그의 구전 서사시는 위조라는 의견에도 불구하고 유럽 각국의 언어로 번역되어 유럽 대륙에 스코틀랜드 낭만주의 열풍을 불러왔다 ─옮긴이)의 시도 대단한 인기를 누렸다. 감상적 희곡과 소설이 대륙인들의 마음을 사로잡았다. 디드로는 『파멜라Pamela』의 작가를 두고 "오 리처드슨이여, 내게는 둘도 없는 리처드슨이여, 당신은 제게 변함없는 읽을거리일 것입니다"라고 칭송해 마지않았다.[39] 한마디로, 1768년에 어느 프랑스 비평가가 고백한 대로 영국 문학을 한번 맛보게 되자 "[프랑스] 문학에도 재빨리 혁명이 일어났다. 프랑스인들은 (…) 영국적 풍취가 들어 있지 않은 것은 더이상 환영하거나 높이 평가하지 않게 되었다."[40]

그러므로 당대의 논평은 대륙의 빛의 아이들 다수를 밝힌 것은 영국의 태양이었다고 말한다. 그렇다면 우리는 R. R. 파머Palmer의 평가 같은 현대의 평가들을 대체 어떻게 설명해야 할까?

진부한 층위―역사적 취향의 층위―에서 이 역설은 쉽게 설명된다. "계몽주의는 보통 프랑스적 사안으로 생각된다."[41] 그 형이상학적 극치는 아마도 독일 철학자들 가운데서 찾을 수 있겠지만 관습적으로 이 운동은 프랑스어권의 일로 여겨진다. 피터 게이는 '철학자들은 많았지만 단 하나의 계몽주의만 존재했다'고 잘라 말했다. 그리고 그것은 무신론과 공화주의, 유물론의 근대 삼위일체를 적극 옹호하며 휴머니티를 앞세운 볼테르파가 주도하는 프랑스 중심의 계몽주의였다.[42] 레너드 마삭은 계몽주의를 '주로 프랑스적 현상'이라 불렀다. 레스터 크로커는 그것이 '현저하게 프랑스에 초점이 맞춰진' 현상이었다고 동의했으며, 최근에 로버트 단턴Robert Darnton은 계몽주의는 '18세기 초 파리에서' 시작되었다고 재천명했다.[43]

그러한 해석은 에드먼드 버크와 바뤼엘 신부 이래로 통용되는 가정, 즉 계몽주의의 정점—혹은 저점—은 처음에는 미국 독립 혁명과 그다음 프랑스 혁명 속에 고이 간직된, 다시 말해 파머가 '민주주의적 혁명'이라고 표현한 것에 있다는 가정에 크게 기댄다.[44] 프랑스나 미국 혁명에 비견될 만한 영국 반란이 없다는 사실, 아닌 게 아니라 존 불John Bull(영국을 의인화한 캐릭터—옮긴이)은 알고 보니 반혁명의 보루였다는 사실은 영국 계몽주의라고 부를 만한 것이 있을 리 없다는 생각을 뒷받침하는 것 같다.

사실, 계몽주의를 규정하는 특징들이 거물 필로조프들의 총구에서 발사되어 프랑스 혁명에 불을 댕겼다고 하는 무신론, 공화주의, 유물론이라고 한다면, 역사가들이 영국에서의 계몽주의 발전을 폄하하는 것도 크게 놀랄 일은 아니다. 이렇게 근대의 공인된 선지자들로[45] 추앙받는 아방가르드들은 틀림없이 뼛속까지 '급진적'이지 않았을까? 게이는 '혁명가들'이나 '회의주의자들', '민주주의자들', '무신론자들' 같은 꽃다발을 아낌없이 수여한다. 게이를 좇아서 계몽주의를 주로 '근대적 이교의 발흥'으로 해석하고자 한다면 돌바크d'Holbach의 무신론적 유물론과 더불어 볼테르의 '가증스러운 것을 타파하라écrasez l'infâme'(여기서 볼테르가 가증스럽게 본 것은 주로 종교를 비롯한 기존 권위가 초래하는 미신과 불관용, 독단이다—옮긴이)라는 구호를 전면에 내세우는 것은 말이 될 것이다.[46] 따라서 영국에서 마지막 남은 사제의 내장을 가지고 최후의 국왕의 목을 조르고 싶어한 이교도나 반도叛徒를 거의 찾을 수 없으니 '영국 계몽주의'는 부적절한 명칭이거나 모순어법이라고 결론 내리기는 얼마나 쉬운가?[47]

　그러나 냉정하게 진실을 따져보면 프랑스 필로조프 가운데 헌신적인 민주주의자나 유물론자, 무신론자는 극히 드물었고 그들의 독일, 이탈리아, 네덜란드 동료들 중에는 사실상 아무도 없었다.[48] 일부 필로조프들의 목청 높은 수사修辭와 많은 필로조프들이 추기경과 심지어 국왕들한테 진심으로 느낀 혐오는 사회 자체를 뒤집어엎는 현실적인 계획으로 오인되어서는 안 된다. 눈부신 슬로건들은 프랑스 계몽주의를 훗날의 급진적 신화화와 반동적 악마화 모두의 중심이 되게 만들었지만 전성기 계몽주의the High Enlightenment(계몽주의를 초기, 전성기, 후기로 나눌 때, 1750년대를 전후하여 볼테르와 백과전서파, 루소 등 일반적으로 프랑스 사상가들의 활동과 더불어 심화된 계몽주의 조류를 가리킨다―옮긴이)와 혁명 활동 간의 연계는 결코 명확하지 않다.[49] 많은 필로조프들은 다름 아닌 혁명가들이 볼멘소리를 늘어놓은 대로 구체제 아래 자신들만의 안락한 보금자리를 누렸다―결국 달랑베르는 이름뿐인 직책을 존슨 박사보다 네 개나 더 가지고 있었던 것이다.[50] 만약 볼테르나 디드로가 프랑스 혁명을 목격할 때까지 살았다면 대체 어느 정도까지, 또 어느 시기까지 혁명의 실제 경로에 박수를 보냈을까?―화학자 라부아지에를 단두대로 보내고 콩도르세를 자살로 몰아넣었으며, 레날Raynal과 마르몽텔Marmontel 같은 후대의 필로조프들이 비판한 경로 말이다. 현대의 정치적 렌즈를 통해 사후적으로 계몽주의를 바라보는 태도는 치명적으로 현실을 왜곡하는 목적론을 낳는다.

　영어권의 발전상은 이신론자들에 대한 카시러의 평가를 되풀이하듯 '심오함'을 무엇보다 중시하고 죽은 사상가들에게 난해함의 기준에 따라 등급을 매기는 학계 특유의 지적 편중 오류 탓에 간과되어왔다. 이러한 학문적 속물성을 고려할 때 별난 구석이 있는 섀프츠베리와 풍자가 톨런드,

사근사근한 태도의 스틸이나 인민주의적인 페인은 낮은 점수를 받는다. 심지어 페인의 책을 계몽주의 철학으로 부르는 결정은 어쩌면 카시러에게는 계몽 정신의 왜곡이나 심지어 배반으로 여겨졌을 법하다. 특히나 그가 필로조프들을 『순수이성비판』이 존재하기에 앞서서 그러한 것을 쓰기 위해 고투하던 이들로 상상하는 한 그렇다. 하지만 운동가들이 학술 연구의 진보를 위해 애쓰고 있었던 것은 결코 아니다.

카시러의 기준을 받아들이는 사람은 영어권의 담론에 확실히 낮은 등급을 매길 것이다. 체계적인 방법론 교범 때문에 토머스 리드Thomas Reid와 두걸드 스튜어트Dugald Stewart 같은 스코틀랜드 학자들에게는 더 많은 점수를 부여하기야 하겠지만 말이다.[51] 물론 영국은 칸트를 배출하지는 않았지만 중요한 것은 그게 아니다. 체계적인 형이상학이 계몽주의의 정점으로 여겨져야 할 이유는 전혀 없다.[52] 로크 같은 사상가들은 체계의 정신l'esprit de système을 질색하며 케케묵은 학문적 거미줄을 걷어냈다. 진리 시험을 조롱한 섀프츠베리는 멍청해지는 가장 기발한 방법은 체계에 몰두하는 사람이 되는 것이라고 비꼬았다. 영국의 근대화주의자들은 소화 불가능한 학술적 겨를 견딜 수 없었다. 그들은 상아탑의 학자들이 아니라, 철학을 천상에서 지상으로 가지고 내려왔다는, 소크라테스에 대한 키케로의 칭송을 지지한 조지프 애디슨Joseph Addison처럼 '철학이 클럽과 회의장, 다과 탁자와 커피하우스에 거하게 되길' 바라며 대도시의 시장에서 열렬히 선전하고 공중의 환심을 사려고 한 남(녀) 문인-학자들이었다.[53] 도시인들에게 철학을 팔며, 세상물정에 밝은 사람들과 문인-학자들을 하나로 묶으면서 영국 사상가들은 구미에 맞고, 현실적이며, 매력적이 되기로 했다.

학계가 '진정한 계몽주의'란 틀림없이 이러했을 것이라는 획일적이고 시대착오적인 모델로 스스로를 잘못된 길로 이끌었다고 한다면, 상황은 변하고 있다. 최근의 연구 동향은, 순수하고 단일한 운동이라는 과거의 본질주의적 전제들을(이를 위해서는 프랑스어 저작을 읽어라), 더블린부터 루블린까지, 요크부터 뉴욕까지 저마다의 종자와 토양, 문제와 우선적 관심사 그리고 강령들과 더불어 형형색색의 꽃들을 파악하는, 전성기 다원주의로 대체하는 해체적 분위기다. 몇몇 슈퍼스타들에 대한 오래된 강조 대신에 이제는 계몽된 더 넓은 집단이 E. P. 톰슨Thompson의 '영국인의 특이성'을 설명하는 시각에서 연구되고 있다—물론 프로이센, 폴란드, 포르투갈의 특이성도 더불어서 말이다.[54] 오늘날 무신론과 공화주의, 유물론의 전사들만이 '계몽된'이라는 형용사를 얻을 자격이 있다고 단언하는 것은 자의적이고 시대착오적으로 보인다. 다름 아닌 톰슨이 분명히 말했을 법한 대로, '후세의 어마어마한 우월적 태도'로부터 영국 계몽주의를 구해낼 때가 무르익었다.[55]

　　근대성을 형성하는 데 영국 사상가들이 수행한 역할을 추적하기 위해서는 문인들과 그들의 독자들 사이의 접촉과 순환 회로에 대한 훌륭한 지도 작업이 필요하다. 런던과 에든버러, 더블린 사이, 메트로폴리스와 지방 사이, 고급 문화와 저급 문화 사이, 종교적 문화와 세속적 문화 사이, 남성 문화와 여성 문화 사이 순환 고리 모두를 추적해야 한다. 지식인의 배반에 대한 유죄 평결—'끓어오르는 사상이나 기억은 남아 있지 않았다'는 페리 앤더슨Perry Anderson의 기를 죽이는 발언—을 반박하면서 톰슨은 '잉글랜드와 웨일스, 스코틀랜드 전역에 흩어져 수십 군데에 형성된 지적 소수 집단'들을 지적한다. 그들은 "응집력의 상실을 이 여러 근거지들이 제공할 수 있었던 무수한 이니셔티브들로 상쇄했다."[56] J. H. 플럼Plumb은 마찬가지로 '문화의 꼭대기들'에 팔린 눈을 다른 곳으로 돌려왔다. 그는 '지적 거인들의 사상의 독점에는 과도하게 주의가 집중된 반면, 그들의 사상의 사회적 수용은 도통 주목받지 못한 것 같다'고 썼다. "사상들은 사회적 태도가 될 때 역동성을 획득하며 이런 일이 잉글랜드에서 일어나고 있었다."[57] 이런 주장들이 이 책이 시도하는 도전들 가운데 일부다. 나는 이제 영국 계몽주의의 핵심 문제들로 눈길을 돌려, 다음 장들에서 다룰 중요 논제들을 제시하고자 한다.

영국은 장기 18세기 동안 심대한 전환, 즉 절대왕정의 전복, 인구 증가의 가속화, 도시화, 가처분 소득 상승이 특징인 상업 혁명, 산업화의 시작을 경험했다. 의식의 변화는 이러한 변화들을 가져오고, 그 변화들을 이해하고 그에 대해 비판의 칼을 겨누고, 근대성과 근대성이 가져오는 즐거움과 불만에 대중의 주의를 집중시키는 데 일조했다.[58]

현격한 변화들이 '고급 문화'에 일어나고 있었다. 프로테스탄트 성서 본위주의─성서의 모든 말 하나하나가 성령의 말씀을 그대로 받아 적은 것이라는 믿음─는 새로운 합리적 신앙으로 정제되었고, 최고 존재 아래 인간의 운명에 대한 더 낙관적인 모델들이 뒤따랐다(5장을 보라). 새로운 과학은 뉴턴의 영광을 만끽하며 칭송받았고, 자연과학과 사회과학 양쪽에서 새로운 영역으로 확장되었다. 과학적 방법, 정치 산술political arithmetic(한 나라의 인구학적 통계, 수치─옮긴이), 확률적 사고, 체계적 관찰, 실험과 수량화, 자연이라는 준거에 대한 호소는 모두 적절한 위상과 적용 가능성을 획득했다(6장을 보라).

부분적으로는 이러한 새로운 신념들의 결과로서 방대한 지적 자본들이 인간과 사회에 관한 학문들을 창출하는 데 투자되었다. 홉스와 로크 그리고 그들의 후계자들은 정신과 가정을 분석했고, 오늘날의 사회과학과 인문과학─심리학, 경제학, 인류학, 사회학 등등─의 선구로 알아볼 수 있는 것들이 틀을 갖췄다(3, 7, 17장을 보라). 정적이고 위계적인 사회 질서를 지탱해온 왕권신수설과 여타 규범적 도그마들은 권력에 대한 비판적 사고에 의해 공격을 받고, 쾌락 계산과 공리주의적 개혁주의, 인간의 권리로 이어졌다(8장과 18장을 보라).

나는 뉴턴과 로크, 버나드 드 맨더빌Bernard de Mandeville, 데이비드 하틀리David Hartley, 이래즈머스 다윈, 프리스틀리, 페인, 벤담, 고드윈, 울스턴크래프트 같은 핵심 인물들에 초점을 맞추고, 애디슨과 스틸, 디포, 포프와 스턴, 일단의 시인과 설교자, 사상 보급자에 의해 그들의 생각이 어느 정도 유포되었는지 검토함으로써 과학적·신학적·심리적·사회적·정치적 담론들에서 이것들과 그 밖의 여러 혁신들을 면밀히 살펴볼 것이다. 그러한 과거의 거장들에 대해서는 많은 연구가 이루어졌지만 여전히 단편적이다. 퍼즐 조각들은 아직 완전히 맞춰지지 않았고 전체적인 그림은 여전히 드러나지 않았다.

거대 사상들은 정신 자세들, 생각의 습관들, 감수성의 미묘한 차이들이라는 더 넓은 전환의 맥락에서 살펴보아야 하며, 계몽 이데올로기의 실질적 결과들을 파악할 수 있도록 그 사상들의 유포 과정도 반드시 다루어야 한다. 그런 후에라야 대중의 세계관에서 이루어진 근본적 수정이 분명해진다. 성서 본위주의와 섭리주의는 자연주의에 의해서 도전받고 있었다. 관습은 변화에 대한 욕구와 새로움에 대한 신념에 의해 밀려났다. 많은 분야—도덕적 딜레마, 자기 정체성, 예술적 취향, 독서 습관, 여가의 추구—에서 전통에 대한 공경은 쉽게 얻을 수 있는 더 밝은 미래들을 그려 보이며 기대를 진작하는 담론에 의해 케케묵거나 후진적이거나 저속한 것으로 여겨졌다. 계몽된 근대화에 중심적인 것은 인쇄 매체를 통해 전달된, 진보에 대한 빛나는 전망이었다.

따라서 적어도 영국에서는 계몽이 그저 순수하게 인식론적인 돌파구의 문제가 아니었다. 그것은 주로 새로운 정신적·도덕적 가치들의 표현, 취향의 새로운 전범들, 사회성의 새로운 양식들, 인간 본성에 대한 새로운 시각들이었다. 그리고 이것들은 전형적으로 현실적 구체성, 즉 도시 재개발의 형태를 띠었다. 그것은 병원, 학교, 공장, 감옥의 설립, 통신의 가속화, 신문의 확산, 상업적 배출구와 소비자 행위, 새로운 상품과 문화적 서비스의 시장 개척이었다. 그러한 발전들은 모두 사회적 전망과 개인적 성취의 행동 지침들에 불가피한 파급효과를 가져오면서 삶의 베틀에 새로운 패턴을 형성했다.

　　영국의 아방가르드는 여타 지역에서 예상되는 것과 다른 전망을 누렸다. 활동가들은 군주의 명령fiat이나, 구속 영장lettres de cachet, 국가와 교회, 사회 안에 화석화된 현상 유지 움직임에 의해 모든 시도가 좌절을 겪지 않았다. 오히려 정반대였다. 1688년의 명예혁명 이후, 권리장전에는 계몽주의 위시리스트에서 나온 많은 항목이, 즉 인신 구속으로부터의 개인의 자유, 법의 지배, 의회, 종교적 관용 등등이 추가되었다. 더 나아가 다른 곳들과 달리 검열이나 치안 밀정, 화석화된 교회 전례가 자기 생각을 분명하게 표명할 수 있고 야심만만한 이들이 목표를 추구하는 것을 막지도 않았다. 그들의 목표가 자유롭게 사고하기와 자유롭게 살아가기 실험이든, 자기 계발이나 쾌락의 추구든 말이다. 계몽된 합리성을 적극 권장한 이들은 바리케이드를 격파할 필요가 없었는데, 자주 인용되는 베이컨의 격언, 'faber suae quisque fortunae'(각자는 자신의 운명을 만드는 사람이다)에 얼마간 설득력을 부여하면서 시스템 안으로 문이 활짝 열려 있었기 때문이다. 계몽주의의 신인류들이 기성 질서와 심대한 간극을 느끼게 된 것은 18세기 말이 되어서였다.

따라서 계몽주의 영국의 한 가지 특징이 베이컨적 행동의 철학이 바탕이 된 낙천적 실용주의였다는 사실은 전혀 놀랄 일이 아니다. '푸딩 타임pudding time'('주찬dinnertime'의 옛날식 표현. 18세기에는 주로 오후 2~3시경에 먹었다―옮긴이)의 실증은 자유의 쓸모, 복지의 향유에 있었다. 외국인 방문객들은 영국이라는 번창하는 벌집을 보며 감탄했다. '영국인들은 실용적 기계에서 뛰어나다'고 스위스계 미국인 루이스 시먼드Louis Simond는 말했고,[59] 프로이센에서 온 모리츠Moritz 목사는 "불 앞에서 구워 먹는 버터 바른 빵조각 (…) '토스트'라고 하는"[60] 발명품에 이르기까지 영국의 발전상에 군침을 흘렸다. 영국적 신앙심도 말보다는 행동에 대한 강조로 높은 평가를 받았다. "영국에서 종교는 도시와 심지어 아주 작은 촌락에서까지 병자를 위한 병원과, 빈자와 남녀 노인을 위한 구호소, 아동 교육을 위한 학교에서 드러난다"고 프레보 신부Abbé Prévost는 부러워했다.[61]

반대로 그랜드 투어Grand Tour(17~19세기에 유럽, 특히 영국의 귀족이나 상류층 자제들이 견문을 넓히고 교양을 쌓기 위해 가정교사나 멘토와 함께 유럽 대륙의 문화 중심지를 순례하던 관행. 고전고대와 르네상스의 유산이 많이 남아 있는 이탈리아 로마가 최종 목적지였다―옮긴이)에 나섰을 때 계몽된 영국인은 대륙의 무지몽매에 금방 분개했고, 그들이 목격한 비참한 현실에 충격을 받았다. 팔츠 공국(라인강 유역 독일 남서부 지방에 위치한 유서 깊은 공국―옮긴이) 농민들의 '궁핍하고 비참한' 모습을 발견한 엘리자베스 몬터규Elizabeth Montagu는 굶어 죽어가는 무지렁이들과 아주 호화로운 제후들 간의 흔해 빠진 대비를 이끌어냈다.[62] 토비아스 스몰렛Tobias Smollett은 '프랑스 평민들의 빈곤, 비참, 더러움'을 개탄하며 '그들이 압제 아래서 신음하고 있다고 생각할 수밖에 없다'고 덧붙인다.[63]

영국식 실용주의는 단순한 세속성 이상이었다. 그것은 편의성의 철학,

지금 여기에서 잘 살기라는 의무와 기술, 학문에 대한 헌신을 구현했다. 아들에게 향락주의와 세련된 인생 태도를 추천한 체스터필드Lord Chesterfield는 로크의 격언을 교묘히 차용한 것이다. "여기서 우리의 일은 모든 것을 아는 것이 아니라 우리의 행동과 관련 있는 것을 아는 것이다."—'인간의 올바른 연구 대상은 바로 인간'이라는 포프의 시각도 마찬가지다.[64] 월폴Walpole 수상이 자신을 소개할 때 즐겨 말한 '성자도, 스파르타인도, 개혁가도 아니'라는 표현 속에서 계몽주의의 색조가 어렴풋이 느껴진다고 하면 이상한 소리일까? 칼뱅주의를 보편적 자애주의benevolism(도덕성은 신의 심판에 대한 두려움보다는 타인에게 느끼는 자애로운 감정들과 더 관련이 있다는 관념—옮긴이)로 대체한 것은 행복의 추구에 대한 축복이었고, 이를 위해 영국인들은 각종 기회들이 풍부한 상업적 사회와, 그 사회를 추진하는 데 필요한 실질적 기술을 활용하려고 나섰다.[65]

근대화주의자들은 시급한 난관에 봉착했다. 무엇보다도 시장 사회의 '거대한 아귀다툼'[66] 속에서 어떻게 행복 추구를 촉진할 안정적 질서를 달성할 수 있을까? 계몽의 전사들은 로크적 자유주의와 자애주의, 감각주의, 연상주의, 공리주의로 알려진 도덕적·심리적 공식들을 통해 그러한 주장들을 정당화하면서 자유의 깃발을 휘날렸다. 사람은 저마다 쾌락을 추구하는 최상의 방법을 가장 잘 알지 않는가? 성직자 존 게이John Gay는 "미덕이란 삶의 법칙에 대한 순응, 모든 합리적 피조물의 행동을 각자의 행복과 관련하여 인도하는 것"이라고 설명했다.[67] 또다른 존경받는 성공회 사제 윌리엄 페일리William Paley는 포프의 『인간에 대한 에세이』에 나오는 유명한 구절을 설명하면서 '형편에 맞는 것은 뭐든 바른 것'이라고 여겼다—케임브리지대학의 강사이자 국교회(영국 성공회. 이하에서는 비국교도와의 대립적 지위를 고려하여 모두 국교회로 표기했다—옮긴이)의 일원의 입에서 나온 말치고는 깜짝 놀랄 격언이 아닐 수 없다.[68] 자기 이익self-interest과 사적 판단을 정당화하면서 조지프 프리스틀리는 "모든 사람이 자신에게 봉사하도록 완벽한 자유를 허용하는 것이 가장 바람직하다"[69]고 촉구했다. 훗날 주교가 된 냉철한 조지프 버틀러Joseph Butler마저도 '우리의 행복을 위한 것이라거나 적어도 우리의 행복에 반하지 않을 것이라고 확신할 때까지' 미덕을 추구하는 것이 정당하지 않을까 생각했다.[70] 그리고 에고이즘은, 실제로는 일반적으로 인정되는 대로 여전히 혼란스럽고 어지러운 위계질서의 각종 장애들 한가운데서도 꽤나 자유롭게 실현될 수 있었다. 로크부터 스미스에 이르기까지 사적 소유의 불가침성에 대한 옹호와 '무역을 크게 개방하는 나라에 발생하는 불편은 거의 없다'[71]는 자신감은 경제적 자유주의와 자유방임주의로 발현되었다(11장과 17장을 보라).

더욱이 적어도 전문 직업 계층과 상류층의 부부 중심 가족 속에 '정서적affective 개인주의'가 최초로 발흥하게 된 곳은 계몽된 영국이라고 주장되어왔다. 배우자를 고를 때 개인의 선택권이 전보다 더 커졌고, 엄격한 가부장으로부터 얼마간 여성 해방이 일어났으며, 아이들도 부모의 체벌로부터 어느 정도 해방되었다(12장과 15장을 보라). 저 너머 프랑스에서 온 보카주 부인Madame du Boccage은 '젠트리 계층의 딸들이 우리네 젊은 숙녀들보다 훨씬 제약을 덜 받으며 산다'는 사실을 발견했다.[72] 작가들과 예술가들도 이와 유사하게 이 흔치 않은 기회들을 맘껏 즐겼다. '이 약간의 자유는 정말 얼마나 기분 좋은지!'라고 그에게 큰돈을 벌어준 콘서트 투어차 1791년에 런던에 온 하이든은 외쳤다. "나는 친절한 군주를 모셨지만 이따금은 천박한 영혼들에게 종속되어야 할 때도 있었다. 나는 종종 해방을 갈망했는데 이제 그것을 어느 정도 얻게 되었다."[73]

일종의 긍정적 전망이 계몽된 기대 속에 프로그래밍 되어가면서, 완고한 전통, 연장자와 가족, 소속 집단의 가차없는 판단으로부터 이 같은 자아의 해방, 대대로 내려온 '도덕경제'[74]에 대한 이러한 거부나 도덕경제의 약화는 위험을 감수할 만한 가치가 있는 것으로 널리 생각되었다. 구세계로부터 벗어나 희망봉을 향해 돛을 올릴 때가 무르익었다는 확신도 커졌다. 근대인들은 고대인을 능가할 수 있고 능가해야 한다. 조짐은 상서로웠다. 인간 본성은 원초적 타락으로 결함을 타고 나지 않았다. 욕망은 바람직하고, 사회는 개선될 수 있으며, 지식은 진보하고, 프리스틀리가 인간의 '끝없는 욕구'라고 일컬은 것으로부터 선이 이루어질 터였다.[75]

이 모든 것은 자연 전반에 대한 새로운 믿음과 일치했다. 뉴턴의 우주는 사회와 마찬가지로 분명히 무수한 원자들로 이루어져 있으나 그 우주의 앙상블은 조화롭고 찬란한 자연적 질서를 이루며, 인간은 자연과학과 실용 기술을 통해 우주를 탐구하고 통달할 권리가 있었다(6장을 보라). 그리고 신적 질서Divine Order에 대한 자신감도 커졌다. 신의 자애는 신정론神正論(악의 존재도 신의 섭리로 보는 견해. 변신론辯神論이라고도 한다―옮긴이) 문제를 해소했다. 사탄은 은유에 불과하며, 마음속의 악은 단순한 오류에 불과하다. 신의 섭리―스미스의 '보이지 않는 손'―는 자기애self-love와 사회성이 개량이라는 프로그램 안에서 같은 것이 되도록 명령했다.[76] '사적 악덕'은 다행스럽게도 '공적 혜택'이었다. 자기 이익도 계몽될 수 있다. 섀프츠베리의 밝은 표현으로는, "자연을 지배하는 지혜이자 자연의 첫번째 그리고 주요 지혜는 사적 이해관계와 모두의 이익이 일치하도록, 그것이 공공선을 향하여 작용하게 만들었다."[77]―아니면 프레더릭 이든Frederick Eden의 그보다는 덜 고상한 의견에 따르면 "우리가 처한 조건을 개선하려는 욕망은 (…) 세상에 활기를 불어넣고 모든 사회적 미덕을 낳는다."[78]

따라서 이렇게 용기를 얻은 앨비언의 예의 바르고 상업에 밝은 민족은 자신들을 표현할 기회, 칼뱅주의와 관습, 친족이라는 철창을 벗어날 기회—심지어 자신들의 '변덕스러운 소망들'을 충족할 기회까지[79] 놓치지 않았다. 물욕, 쾌락 추구, 감정적·성적 자기 발견, 사회적 계층 상승과 유행의 즐거움은 죄책감과 죄악, 징벌로 이루어진 도덕적·종교적 구속복을 벗겨냈다(12장을 보라). 아이들에 대한 가혹함은 완화된 한편, 박애주의는 광인과 말 못하는 동물, 장애인에 대한 동정심을 불러일으켰다(15장과 16장을 보라).[80] 그러나 계몽된 엘리트는 여전히 널리 우려되던 도덕의 붕괴와 사회적 혼란을 촉발하지 않으면서 자기 해방과 쾌락 추구를 실제로 내세울 수 있다는 점을 입증해야만 했다. 소돔과 고모라, 바빌론과 로마—이 모두는 무너졌다. 내전과 공위기(찰스 1세가 처형된 뒤 영국이 잠시 공화정으로 전환된 기간—옮긴이)의 신심 깊은 유혈은 깊은 상처를 남겼다. 그리고 왕당파 궁정의 방탕한 풍조는 향락주의가 술과 매독, 피스톨로 자멸을 초래했을 뿐 아니라 교황교의Popish(교황의 최고 권위를 인정한다는 점을 부각시키는 로마 가톨릭에 대한 멸칭이다. 여기서는 멸칭의 어감을 살리기 위해 'Popish'를 교황교의, 'Popist'를 교황교도, 교황교파로 번역했다—옮긴이) 폭정과의 흉악한 제휴를 의미했다는 점을 상기시켜주는 유익한 사례였다. 홉스는 이 문제에 과감하게 도전했다. 인간은 구제불능으로 이기적이기 때문에 리바이어던만이 인간의 방종을 제어할 수 있지 않을까? 그러나 계몽된 지성들에게 홉스주의는 왕권신수설이나 성인들의 신정정치와 마찬가지로 수용 가능한 선택지가 아니었다.

따라서 문제는 사적인 목표 실현이 공적 질서를 전복하지 않게 하는 데 있었다. 그리고 제시된 해법들은 무엇이든 영국 사회의 몇몇 독특한 특징들을 고려해야만 했다. 첫째로, 명예혁명으로 절대주의에 속 시원히 이

별을 고한 계몽 엘리트 계층은 이제 반항적 민중에 직면했다.[81] 프로이센의 요한 빌헬름 폰 아르헨홀츠Johann Wilhelm von Archenholz는 난폭한 거리 정치는 자유를 위해 치러야 하는 대가라고 생각했다. 그는 "자유의 관념과 법으로 보호받는다는 의식이, 사람들이 일반적으로 윗사람들에게 존경을 거의 나타내지 않는 이유"라고 썼다.[82] 강압으로 다스릴 수 없는 국민은 비위를 맞춰줘야 한다. 보카주 부인은 노골적으로 표현했다. "프랑스에서 우리는 힘있는 자들에게 벌벌 떨지만, 영국에서는 힘있는 자들이 민중에게 벌벌 떤다."[83]

더 나아가, 그 자체가 계몽된 개인주의로 촉진되는 영국의 자유 시장경제는 사회 각층에 스며든 소비주의에 의존했다. 지방 소도시의 부흥과 통신과 서비스 산업의 성장, 뉴스와 정보, 여가의 상업화와 더불어 팽창하는 공중은 전통적으로 엘리트 계층에게만 배타적으로 허용되었던 여흥에 몹시 굶주렸다(11장을 보라). 롤랑 부인은 영국을 두고 "여기서 사람은 그가 누구든지 간에 보잘것없는 인간으로 취급되지 않으며, 한줌의 부자들이 국민을 이루지 않는다"[84]라고 말했다.

이러한 상황 속에서 여론 형성자들은 의회와 언론, 연단에서 울려 퍼지는 자유에 대한 갈채와 더불어 안정적 사회 조직 안에 이기주의를 수용할 전략을 구체화했다. 한 가지 방법은 포괄성을 적극 받아들이는 것이었다. 선전가들은 유산 계층과 엘리트 특권 계층을 대변했지만 그들의 이데올로기 자체는 보편주의를 표방했다. 적어도, 잠재적으로는 이성은 여자와 평민을 비롯한 모든 국민이 누리는 속성이었다. 조정과 조화를 위한 최상의 시도는 따라서 '민중the people'을 '공중the public' 속에 동화시키는 데 있었다. 다시 말해 공중이란 자신의 근면과 예의범절, 부유함이나 명백한 성실성으로 진입 자격을 얻은 사람 모두를 말했다. 무력으로 부과할 수 없는 질서는, 따라서 흄이 '여론'이라고 표현한 것, 법 아래의 평등, 능력주의를 토대로 한 사회 이동성, 시민적·종교적 제약의 축소, 충성심과 커져가는 기대의 적절한 조종을 통해 이룩될 수도 있었다.[85] 이것의 귀결은 물론 순응 게임을 할 수 없거나 하지 않으려는 자는 낙인이 찍힐 수밖에 없다는 것이다. 종교적 광신도, 고집불통 범법자와 게으르고 자격 없는 가난뱅이는 갈수록 가혹한 규율과 사회적 비난의 대상이 된다.[86] 그러나 예정된 운명을 거부하고 대대로 내려온 가계 그 자체에 대해서는 회의적인 사회에서, 신분 상승을 갈망하는 남자들 가운데 출생이나 혈통으로 진입이 자동적으로 거부되는 사람은 거의 없었다.

계몽된 여론은 포괄성을 이룩하기 위한 다양한 전략들을 시도했다. 한 가지는 박애 사업과 '온정주의paternalism'였다.[87] 빈궁하고 '불운한 자'들은 학교와 병원, 무료 진료소, 보호시설, 감화원과 여타 자선 단체로 매수할 수 있었다. 그러한 계몽된 관대함의 이점은 소위 바른 생각을 가진 이들에게 자신이 우월하다는 만족감을 심어주는 데 있었다(16장을 보라).[88]

또다른 동화 전략은 사회적 개방성의 과시였다. 외국인들은 '지체 높은 사람들'이 국민 일반으로부터 스스로를 격리하기보다는 그들과 기꺼이 섞이는 모습을 보고 놀랐다. 선거 유세, 스포츠 행사, 휴양 온천, 유원지와 도시의 가두 행진―모든 것이 사회적 운집을 조장했다. 프로이센 사람 카를 필립 모리츠Carl Philip Moritz는 영국에서는 '장교들이 제복을 입고 다니지 않고 민간인으로 차려입고 다닌다'는 사실을 발견하고 깜짝 놀랐다. 세인트 제임스 파크가 뭐가 그렇게 특별한지 도통 이해가 안 됐던 그는 "그것은 놀랍도록 잡다한 인간 군상이다"라고 결론 내렸다. 프랑스 여행가 P. J. 그롤레Grosley도 런던의 위락 시설에 비슷한 반응을 보였다. "복스홀Vauxhall과 래널러Ranelagh(둘 다 런던에 위치한 공원―옮긴이)가 제공하는 즐거움들은 지위 고

하와 남녀노소를 불문하고 모두를 하나로 만들었다." 그리고 크리켓은 어떤가? 세자르 드 소쉬르César de Saussure는 '평민도 지위가 높은 사람도 모두가 그것을 한다'고 생각했다. 그럼 영국의 역마차는? 저런! 루이스 시먼드는 영국의 역마차에는 '지위 고하, 남녀노소를 막론한 모든 사람이 타고 있다'고 대답한다. 커피하우스도 마찬가지다. 프레보 신부는 언급한다. "한두 명의 귀족 나리와 준남작 한 명, 제화공 한 명, 재단사 한 명, 포도주 상인 한 명, 그 밖의 부류의 사람 약간 명이 똑같은 신문을 들여다보고 있는 광경은 얼마나 커다란 교훈을 주는가! 커피하우스는 진정으로 (…) 영국식 자유의 온상이다."[89]

역사가들은 엘리트 문화와 민중 문화 사이에 커져가는 간극을 지적하지만,[90] 영국에서는 그에 역행하는 경향도 동시에 일어나고 있었다. 물론 대귀족들은 복스홀이나 선거 유세에 여봐란듯이 다니면서 공중 앞에서 가식적 몸짓으로 터무니없이 과장된 연기를 이어갔지만, 국민들 다수는 오락과 과시, 유행과 멋부리기 같은 근대적 기호에 참여하기를 기대했다. 계몽의 우화들이 윌리엄 호가스William Hogarth의 '근면한 견습생' 같은 희망에 찬 이들에게 사회적 성공을 파는 동안, 어린이들을 위한 자기계발서들은

누더기를 걸친 보호소 출신인데다
가진 거라곤 신발 한 짝뿐인 이들

을 꾀었다.

그들의 운과 명성은 여섯 마리 말이 끄는 마차에
묶여 힘차게 달려가리.[91]

당근은 부르주아가 되기 위해 애쓰는 사람들을 유혹했다. 페일리 부주교는 런던 시장의 마차는 시장이 아니라 사회의 이익을 위한 것이라고 말했다. 견습생 소년의 야망에 불을 지르기 위해서 말이다.[92] 돈은 상업적인 근대의 꿈의 세계로 들어가는 입장권을 제공했고, 꿈의 세계는 모든 이들이 희망을 품게 하고 극소수에게만 그 희망의 실현을 허락했다.

복종을 이끌어낼 법적 장치나 국왕의 수단이 위험천만할 정도로 부족해 보이는, 특히 외국인들의 눈에는 그렇게 보이는 사회에서 통합적 제스처 역시 계몽된 전략을 특징지었다. 앞으로 분명해지겠지만, 융화적인 성향은 계몽의 담론 안에 엮여 있었다—그것은 개인과 사회, 돈과 품위, 자기애와 양심, 과학과 종교, 심지어 남자와 여자까지 이항 대립적 요소들의 양립 가능성에 대한 자신감이었다. 스토아 철학의 비극적 사고방식과 내세에만 집착하는 기독교의 강박관념은 자신을 개조할 수 있을 뿐 아니라 급기야 이항 대립도 극복할 수 있는 인간의 세속적 능력에 대한 믿음 앞에 무릎을 꿇었다. 기독교적 인간주의가 힘겨운 선택을 찬양했다면—『장사 삼손Samson Agonistes』이나 『라셀라스Rasselas』를 보라(『장사 삼손』은 구약성서 판관기를 토대로 한 밀턴의 비극이고, 『라셀라스』는 아비시니아 왕자 라셀라스를 주인공으로 염세적 인생관을 다룬 새뮤얼 존슨의 우화소설이다—옮긴이)—계몽인들은 언제나 두 마리의 토끼를 다 잡고 싶어했다. 아니 그러길 기대했다.

개인주의가 제 무덤을 파지나 않을까 하는 끝없는 두려움에 고심하는 가운데, 조화를 달성하기 위한 한 가지 노력은 사회적 역할들과 시장의 힘으로부터 발생하리라 기대된 균형 상태에 대한 믿음을 유지하는 것이었다. 또다른 전략은 자연적 질서와 종교적-윤리적 가르침이라는 기본 틀의 정당화 능력을 신뢰하는 것이었다. 물론 억압을 정당화하는 이른바 형이상학적 헛소리에—그것이 플라톤주의든 예정설이든 간에—비판의 화살이 날아들기는 했지만 우주적 진리를 몽땅 거부하려고 작정한 철저한 냉소주의자나 회의주의자는 극히 적었다.[93] 안정을 뒤흔들고 해체하려는 욕망이 존재했지만 폭발한 체제들을 더 우수한 질서로 대체하려는 계몽된 욕망과, 탐구하고 꿰뚫으려는 충동뿐만 아니라 입증하고 훈계하고 규정하려고 한 충동 역시 결코 경시해서는 안 된다. 케케묵은 가르침은 부분적으로는 사실이 아니었기 때문에 거부되었지만, 대체로는 그러한 가르침들이 멋진 질서를 약속한 반면에 약속을 실현하는 데 확연하게—종교전쟁들을 보라—실패했기 때문이었다.

계몽된 지성들에게 과거는 야만주의와 편협한 독단의 악몽이었다. 광신은 피비린내 나는 내전과 1649년에, 저 피를 흘린 자man of blood(사무엘하서 16장 7절에 나온 표현으로 살인자, 유혈로 권력을 잡은 자를 가리킨다—옮긴이) 찰스 스튜어트의 참수를 초래했다. 계몽된 여론은 옛 시대의 호전성을 버리고 근대적인 예의 바름을 택했다. 그러나 그렇다면 사람들은 어떻게 서로에게 맞춰갈 수 있을까? 종파주의, 형제와 형제를 나눠온 저 성도들의 칼을 버려야 한다. 무례함은 세련된 태도로 바뀌어야 한다. 볼테르는 이것이 영국의 '자유롭고 평화로운 회합들 속에' 자신의 눈앞에서 일어나고 있음을 보았다.

런던의 왕립 증권거래소를 한번 보라. 여러 법정보다 더 위엄 있는 곳, 모든 민족의 대표들이 인류에게 유익하도록 서로 만나는 장소다. 그곳에서는 유대교도, 마호메트교도, 기독교도가 함께 모여 마치 모두가 같은 종교를 믿기라도 하듯 서로 거래를 하며, 불신자라는 명칭은 파산한 이들에게만 돌아갈 뿐이다. 거기서 장로파는 재세례파에게 비밀을 털어

놓고 국교도는 퀘이커교도의 약속에 의지한다. 그리고 모두가 만족한다.[94]

이 문단은 종교적 신조가 갈라놓은 이들을 상업이 하나로 통합하리라는 계몽된 믿음과 일치한다. 게다가 사람들이 만족하고 있다고, 또 기꺼이 만족하려 한다고, 견해가 다르지만 그 견해 차이를 인정하는 것으로 묘사함으로써 그 필로조프는 최고선summun bonum에 대한 재검토, 독실한 경신으로부터 더 심리 지향적인 자아로의 이동을 가리키고 있다. 따라서 계몽은 궁극적 질문인 '내가 어떻게 하면 구원받을 수 있을까'를 더 실리적인 '내가 어떻게 하면 행복해질 수 있을까?'로 바꿔놓았다—그리하여 개인적·사회적 조정의 새로운 프락시스praxis(이론과 실천의 종합, 이론의 활용—옮긴이)의 도래를 알렸다.

세련된 태도에 대한 이러한 강조는 사소한 에티켓에 대한 시시한 집착이 아니었다. 그것은 사회와 가정의 압제 그리고 뒤죽박죽이 된 사회적 가치들에서 기인한 개인적 트라우마와 고질적인 사회적 갈등을 치유하려는 필사적인 해결책이었다. 예의 바름은 교육을 통해 가르칠 수 있고—로크와 그의 후학들은 '세상에서 쓸모가 있는 배움'을 강조했다—실천을 통해 완벽하게 갈고닦을 수 있었다. 제임스 보즈웰James Boswell은 "사회에서 편안하고 행복하게 사는 훌륭한 생활의 기술은 올바른 행동거지를 배우고, 심지어 가장 친한 친구 사이에서도 예의를 지키는 것"[95](그 허랑방탕한 술꾼은 결코 습득하지 못한 태도다)이라고 설교했다.

무엇보다도 자아를 세련되게 가꾸는 것은 활동적인 사회성의 한 가지 역할이었다. 고독—즐거움과 개선의 커다란 장애 가운데 하나[96]—은 건강 염려증을 낳는다. 연구실에만 틀어박혀 있는 변비 걸린 학자는 울화병에 빠지고 만다. 데이비드 하틀리는 "저명한 교수들 사이에서 쉽게 발견되는 것 가운데 허영과 자기기만, 오만, 경쟁심, 시기심을 능가하는 것도 없다"고 개탄했다.[97] 계몽되기 위해서, 신사는 사회성이 있어야 하거나 존슨의 조어대로 '클럽에 들어갈 수 있을 만한clubbable' 사람이 되어야 한다(그리고 그 대大칸[토비아스 스몰렛이 존슨을 가리켜 문학의 대칸Great Chan of Literature이라고 부른 것에서 유래한 존슨의 별명 가운데 하나—옮긴이]의 문학 클럽Literary Club은 당대 최고의 지성들을 자랑했다). 미스터 스펙테이터나 프리메이슨 조직, 술집, 커피하우스, 화기애애한 사교 모임 같은 클럽들—합리적 사회의 자유로운 공화국의 축소판—이 여기저기서 생겨나 우정과 친선을 도모했다.[98] 그리고 계몽인들은 사람들을 즐겁게 해주는 기술과 기법을 마련하려고 나섰다. 인간 본성은 마음대로 변형할 수 있는 것이었다. 사람이란 유쾌하게 서로서로 맞춰줘야만 한다. 훌륭한 가정교육, 대화, 조심스럽게 삼가는 매력은 '인류의 평안과 행복에 최대한'[99] 공헌하면서 사회적 마찰을 극복하는 윤활제였다. 섀프츠베리는 "우리는 서로 갈고닦아주며, 일종의 원만한 부딪힘을 통해 서로의 모서리와 거친 면을 갈아 없애준다"고 성찰했다.[100] 여유로운 태도와 쾌활함, 공감, 자제와 온건함이라는 합리적 기술은 인간 본성을 인정하는 것을 토대로 하며, 모두 새로운 쾌락 계산 공식을 특징지었다.[101] 이 책은 이 특징적인 영국식 계몽의 전략을 강조할 것이다. 그것은 '1688년 이후post-1688' 프레임 안에서 시스템을 전복하려 들기보다는, 개인적 만족과 집단적 안정을 얻기 위해 시스템을 확보하려는 강력한 움직임이었다.

이러저러한 이데올로기들의 부침과 상관없이, 더 심오한 변환이 일어나고 있었다. 세속적 일반인들의 여론, 제4계급, 그리고 근대적 인텔리겐치아의 탄생과 유아기와 뒤숭숭한 사춘기를 동반한 정보 사회의 대두와 승리가 일어났다.[102] 많은 특징들이 영국의 문인들(특히 역설적인 반지성주의)의 특징이었고, 이것들은 계몽주의의 산고産苦의 독특한 상황들의 측면에서 바라볼 때만 이해될 수 있다. 계몽된 여론 형성자들은 자신들의 자아 정체성과 인쇄된 말로써 사회를 유혹하려는 전략에 대해 골똘히 생각하며 고민했다 ―그들의 허식을 꼬집은 스위프트 같은 풍자가들도 고민에 잠기긴 마찬가지였다. '펜은 칼보다 강하다'고 불워리턴Bulwer-Lytton은 곧 선언하게 된다. 그 재치 있는 통찰은 계몽주의 경험이 없었다면 훨씬 더 이상하게 들렸으리라.[103]

| 2장 |

어느
이데올로기의
탄생

옛 시대가 끝난 것은 잘된 일이니
새 시대가 시작될 때다.

—존 드라이든John Dryden[1]

나는 유럽의 나머지 지역과는 거의 닮지 않은 나라에 와 있다. 이
민족은 열정적으로 자유를 사랑하며 (…) 모든 개인은 독립적이다.

—몽테스키외Montesquieu[2]

1660년 이후 반세기는 영국의 권력정치와 권력정치의 상충하는 이데올로기들에 결정적인 전환을 가져왔다. 수년에 걸친 내전은 1649년 1월 30일에, 신에 의해 기름 부음을 받은 찰스 1세의 참수와 공화국의 수립, 귀족과 주교단으로 구성된 상원의 폐지, 그리고 장군들의 통치와 실패로 끝난 크롬웰의 호국경護國卿 통치, 그러니까 젊은 로크를 '이 거대한 정신병원 잉글랜드'라는 절망에 빠트린 사건들로 이어졌다.3 공위기에 잉글랜드의 전통적인 통치자들이 만신창이가 되어가는 동안, 신이 선택한 민족은 신형군新型軍, New Model Army(잉글랜드 내전 당시 의회파에서 창설한 군대로, 뛰어난 규율과 청교도적 열정, 급진적 정치사상으로 유명했다—옮긴이)의 장창병들에 의해 구원을 받거나 유린을 당했고, 지복천년설의 설교자들과 도덕률 폐기론(신의 은총으로 구원받은 기독교도는 십계명으로 대변되는 사회의 도덕률에서 자유롭다는 주장—옮긴이) 선동가들은 디거스Diggers('땅 파는 자들'이라는 뜻으로 토지 공유를 주창한 내전기의 급진 분파—옮긴이)의 공산주의부터 랜터스 Ranters('고함치는 자들'이라는 뜻으로 교회의 권위와 사적 소유 등을 거부한 급진 분파—옮긴이)의 자유연애에 이르기까지 광범위한 '새로운 예루살렘'의 계획들을 내놓았다. 그러니 모두가 왕정복고에 안도의 한숨을 내쉰 것도 당연했다. 찰스 2세가 런던으로 입성하던 날에 존 에벌린John Evelyn은 일기장에 '이렇게 기쁜 날도 없다'고 썼다. "나는 스트랜드가에 서서 행렬을 지켜보며 하느님을 찬양했다."[4] 두 번 다시 망명을 떠나는 일이 없기를 바란 사람은 왕 혼자가 아니었다. 이 오래된 정치 민족은 안정화에 매달렸고, 왕당파 의회의 많은 이들에게 이는 세상을 뒤집어엎고 나아가 1662년 제5왕국주의자 반란Fifth Monarchist Rising(잉글랜드 내전기에 활동한 비국교파 정치 집단 가운데 하나로 구약에 근거하여, 고대 이스라엘의 네 왕국에 뒤이어 다섯번째 왕국이 시작된다고 주장했다—옮긴이)이 보여준 대로 다시금 그렇게 할 의향이 넘쳐나는 이들에 대한 보복과 탄압을 뜻했다.[5]

억지로라도 원상 복귀시키기 위한 각종 조치들이 통과되었다. 주교들과 주교좌와 더불어 영국 국교회가 되살아났고, 국교회의 과거의 특권 대부분도 회복되었다. 검열이 재도입되었다. 이른바 클래런던 법령Clarendon Code—시정 기관법Corporation Act(1661)(성사를 받지 않은 사람은 시정市政 기관의 공직에 취임하지 못하도록 금지하는 법—옮긴이), 통일법Act of Uniformity(1662)(영국 국교회의 예배 형식과 기도서, 각종 전례를 통일한 법—옮긴이), 종교회합금지법Conventicle Act(1662)(비국교도가 5인 이상 모이지 못하도록 금지하는 법—옮긴이), 5마일법Five Mile Act(1665)(교구에서 추방된 성직자가 국왕과 교회에 충성 맹세를 하지 않으면 기존 교구의 5마일 이내로 접근하는 것을 금지하는 법령—옮긴이), 심사법Test Acts(1661, 1673)(가톨릭교도, 비국교도 등, 영국 국교회 소속 신자가 아닌 사람들을 공직에서 걸러낼 의도로 만들어진 일련의 공직자 자격 심사법—옮긴이)—은 비국교도를 탄압하고, 그들이 설교하고 가르치고 공직에 나설 권리를 제한했다. 예를 들어, 통일법은 모든 성직자와 교사에게 영국 국교회의 전례를 따르고 국왕과 교회에 충성 맹세를 할 것을 요구했다.[6] 다음 몇십 년은 왕권신수설 설교와 국왕의 마술적 치유의 절정이었다. 토머스 홉스는 악마의 화신인지도 모르지만, 강력한 군주가 반목과 광신을 끝내주길 바란 이가 그 혼자였다고는 도저히 말할 수 없다.[7]

어떤 면에서 왕정복고는 그럭저럭 굴러갔다. 그 무렵 크롬웰에 의해 이루어진 해외 정복을 바탕으로 무역이 번창했다. 궁정은 방탕한 광채를, '유쾌한 군주merry monarch'(찰스 2세의 별명―옮긴이)는 적어도 참견쟁이 열심씨Zeal-of-the land busy(벤 존슨의 희곡 「바살러뮤 축제Bartholomew Fair」에 나오는 독실한 척하는 위선적 청교도 캐릭터―옮긴이) 청교도들에게 학을 뗄 이들한테는 마음을 홀리는 매력을 뽐냈다. 문화적으로 또 예술적으로 현란한 반세기가 렌Wren과 기번스Gibbons, 렐리Lely, 넬러Kneller, 퍼셀Purcell의 작품들 그리고 드라이든과 애프라 벤Aphra Behn, 에서리지Etheridge, 위철리Wycherley, 콩그리브Congreve, 밴브러Vanbrugh, 파쿼Farquhar의 희곡들과 함께 이어졌고,[8] 1662년 국왕의 특허장을 받아 설립된 왕립학회는 과학으로 세상을 정복하는 전망을 약속했다.[9]

그러나 질서를 회복하는 일은 말이야 쉽지 실행하기는 어렵다는 것이 드러났다. 공위기 잉글랜드는 치명적일 정도로 분파들로 쪼개져갔고, 모두가 갚아야 할 원한이 있었다. 어떤 현실주의자도 왕국 전체가 다시 국교회의 품으로 돌아오리라고 기대할 수는 없었다. 궁정은 가톨리시즘을 만지작거린 반면에 일종의 중도파 다수는 억센 종파적 뿌리들을 짓밟았다. 이제 특정 종파 사람이라는 것은 억압적인 클래런던 법령이 심지어 주류적인 프로테스탄트 비국교도마저 소외시키자 영구적인 정체성을 띠게 되었다.

정치인들은 법과 자유, 종교적 사안을 둘러싼 합의, 국왕과 의회의 관계, 외국과의 제휴를 두고 충돌했다. 상업 정책이 '무역하는 민족'이 되어가고 있던 이들에게 더 중요해지기 시작하고, 루이 14세의 군사주의가 위협적이 되어갈수록 불화는 깊어지고 파당이 형성되었다.[10]

한편, 찰스는 위험한 정치적 불장난을 벌이고 있었다. 그의 사면령Declaration of Indulgence(1672)은 비국교도와 가톨릭교도를 탄압하는 법령들을 편의주의적으로 집행 유예했다. 이것은 그가 금방 철회할 수밖에 없었으나, 국교 반대파를 수용-('이해')할지 아니면 그들에게 재갈을 물릴지에 관한 문제를 둘러싸고 불가피하게 논쟁을 심화시킨 조치였다.[11] 그보다 조금 앞서 국왕은 도버 조약Treaty of Dover(1670)의 비밀 조항에서 태양왕이 주는 금에 대한 대가로 가톨릭으로의 개종을 제시함으로써 기만적으로 행동했고, 의회로부터 국왕의 독립성을 확보하려는 움직임을 보였다. 섀프츠베리 백작이 이끄는 더 극단적인 휘그들은 수상한 낌새를 눈치채고 무슨 수를 써서라도 재再가톨릭화를 저지하고자 필사적으로 음모를 꾸미기 시작했다. 이것은 정치적 국민을 두 쪽으로 쪼갰다. 찰스 2세의 교황교도 동생 제임스 2세의 왕위 계승은 프로테스탄티즘에 빤히 보이는 위협을 제기했기 때문에 사람들의 우려를 자아냈고, 그들의 과잉 반응은 날조된 '교황교도 음모'로 부채질되었다. 급진적 휘그들은 배제 위기Exclusion Crisis(1679년부터 1681년까지 의회는 국왕의 동생 제임스를 왕위 계승에서 배제하는 법안을 몇 차례 통과시키려고 했다. 이때 배제 법안 통과를 적극 추진한 사람들은 휘그파, 반대한 사람들은 토리파를 형성하게 된다 — 옮긴이) 때, 절박한 수단에 의존하여 찰스 2세의 사생아이지만 적어도 프로테스탄트인 몬머스 공작Duke of Monmouth을 왕위 계승자로 밀었다.[12] 사람들은 밀정 활동에는 역밀정 활동으로, 혐의 제기에는 맞고소로 대응했다. 수手 싸움에서 밀린 섀프츠베리는 도피했고, 비서인 존 로크도 망명지에서 섀프츠베리와 합류했다. 급진주의자들은 그 두 사람처럼 반체제 인사들의 온상인 저 네덜란드 공화국에서 피난처를 찾았고 프랑스에서 건너온 망명 귀족들과 공모했다. 특히 루이의 낭트 칙령 폐지(1685) 이후 불어난 망명 물결은 일종의 위그노 디아스포라를 탄생시키며 범프로테스탄트 과대망상을 부채질했다.

찰스의 재위 말기에 억눌려 있었던 위기는 1685년에 제임스 2세가 왕위에 오른 뒤 터져 나왔다. 몬머스의 반란은 세지무어에서 수치스럽게 끝났지만 그 환란의 여파로 국왕의 자의적인 탄압은 여러 고위 정치가와 주교, 힘있는 귀족, 시정 기관, 대학을 국왕으로부터 멀어지게 만들었다. 천성적인 보수주의자들은 법적 절차와 권리를 무시하고, 갈수록 대권을 통해서 통치하며, 교황교의 낌새를 풍기는 정권을 거부하는 일에 다혈질들과 일시적으로 한배를 타게 되었다. 제임스의 배우자 모데나의 메리Mary of Modena가 뒤늦게 후계자(이른바 '보온 팬 전설'에 따르면 가짜[보온 팬은 자루가 달린 납작한 프라이팬 모양의 철제 기구로, 이것을 뜨겁게 달궈 잠자리를 덥혔다. 메리의 아이가 사산되어 다른 여자가 낳은 아이를 보온 팬에 넣어 왕비의 처소로 몰래 들여왔다는 뜬소문이 돌았다—옮긴이])를 낳자, 일련의 사건들이 꼬리를 물면서 결국 네덜란드 총독 오라녜가의 빌럼William of Orange(영어식으로는 오렌지 공 윌리엄이라 한다. 이하에서는 윌리엄으로 통칭한다—옮긴이)은 영국을 침공하여 제임스 스튜어트James Stuart를 축출해달라는 요청을 받기에 이른다.[13]

그러나 1688년 11월 무혈의 '명예혁명'에 따른 제임스의 퇴위는 해소한 것만큼이나 많은 문제를 새로이 야기했다. 혁명 협정Revolutionary Settlement에서, 즉위 조건으로 윌리엄에게 부과된 권리장전The Bill of Rights은 정기적(3년마다) 의회 소집, 인신과 소유의 안전, 프로테스탄트에 대한 폭넓은 관용 및 기타 여러 자유를 보장했다. 사실상, 그 정치적 국민은 종교와 권리를 보호한다는 명분으로 자신들의 원초적 본능과는 반대로, 왕정복고 때라면 분명히 위험스럽고 사회 안정을 해친다고 여겼을 조치들을 부득불 통과시키게 되었다. 스튜어트 군주들의 어리석음과 의회 내 파벌주의, 기구한 운명이 결국 헌정 체제의 돌이킬 수 없는 자유화를, 대다수의 엘리트가 이번이 마지막이기를 바란 자유화를 가져오게 된다.[14]

그러나 공위기 때처럼 한번 나온 램프의 요정을 다시 집어넣을 수는 없는 일이었다. 제임스가 키운 악마들은 쉽게 잠재울 수 없었다. 오히려 정반대였다. 포스트 1688년 체제는 아직 검증되지 않은 것이었고, 관직은 차지하는 자가 임자였으며, 정치적 충성은 급변하고, 윌리엄과 메리 정권의 원칙과 정책은 격렬한 논쟁거리가 되었다. 왕권신수설과 가부장 정치를 논박하는 급진적 논변들은[15] 처음에는 제임스에 대한 저항을, 나중에는 그의 축출을 합리화하기 위해 구사되었다. 그러나 윌리엄은 대체 어떤 명목을 내걸고 군림하고 통치하는 걸까? 그러한 권리가 국민에 의해 그에게 부여되었단 말인가? 그렇다면 그것을 인민주권이라고 할 수 있을까? 만약 '프로테스탄트 바람'이 그를 1688년에 토베이로 실어왔다면, 신의 섭리는 성공한 왕위 찬탈자들을 모조리 축복해왔단 말인가? 제임스에게 신성한 충성 맹세를 한 성직자들은 그렇다면 양심을 걸고 윌리엄에게 충성 서약을 할 수 있을까?

게다가 1688년은 결코 최종 해결책이 될 수 없었다.[16] 재커바이트 Jacobites(1688년 명예혁명으로 쫓겨난 스튜어트 왕조의 복위를 지지한 분파. 1745년 재커바이트 봉기가 진압되면서 세력을 잃었다. '재커바이트'라는 이름은 쫓겨난 왕 제임스James 2세의 이름의 라틴식 변형인 'Jacobus'에서 온 것이다—옮긴이)의 쿠데타는 오랫동안 위협으로 남아 있었다. 오렌지즘(오렌지공이 대표하는 전투적 프로테스탄티즘. 루이 14세가 대표하는 가톨릭에 대항했다—옮긴이)은 프랑스에 맞서 잉글랜드를 '세계대전', 종교 전쟁의 대단원에 끌어들였다. 프로테스탄트 비국교도들과 윌리엄의 전략적 친교는 영국 국교회에 심각한 부담을 주었고, 종교적 긴장은 반反가톨릭 패닉을 부채질하면서, 8만 명쯤 되는 위그노 난민의 도착으로 격화되었다. 아일랜드 '평정', 윌리엄의 '대동맹' 전쟁 비용, 행정부와 상비군의 확대(많은 이들이 영국보다는 네덜란드의 이익을 위해 복무한다고 단언한)는 분열을 한층 심화시켰다.[17]

다소 덜 논쟁적인 앤 여왕의 통치와 더불어 상황은 진정되었지만, 정작 여왕이 후계자를 생산하는 데 실패함으로써 왕위 계승 문제라는 묵은 상처가 다시 불거졌다. 원칙의 문제들은—과연 누가 적법한 계승자인가 그리고 그러한 판단은 누구의 말에 따른 것인가?—갈수록 두둑해지는 전리품인 관직을 차지하고 보전하려는 휘그파와 토리파의 쟁탈전과 떼려야 뗄 수 없게 되었다.[18] 포스트 1688년은 따라서 교회와 국가, 국왕과 의회, 휘그와 토리, 고교회와 저교회, 신민과 시민이라는 근본 원칙들을 둘러싸고 '분열된 나라' 안에 '파당의 난무'를—스위프트에 의해 큰 모서리파와 작은 모서리파(『걸리버 여행기Gulliver's Travels』에서 삶은 달걀을 깨 먹을 때 크고 둥근 쪽으로 깰 것인지 작고 뾰족한 쪽으로 깰 것인지를 둘러싼 소인국 사람들의 극한 대립—옮긴이)로 풍자된—가져왔다. 그리고 이 모든 논쟁들은 잉글랜드 은행의 창립(1694), 새로운 금융 시장과 증권거래소의 설립, '국가 재정에 의한 군사 국가'[19]의 폭발적 성장과 더불어 국내적으로 중대한 제도적·경제적 변화의 와중에 벌어지고 있었다. 여기에 전쟁으로 찢기고 쑥대밭이 된 유럽이라는 국제적 상황이 배경처럼 상존했고, 그 국제 정세 속에서 프로테스탄트의 대의는 무시무시한 태양왕에 의해 때로 파멸이 가까워진 듯했었다.

이러한 위기의 시대는 뛰어난 논변가들이 쓴 소책자, 유인물, 여타 선전물이 사방팔방에서 무더기로 쏟아져 나오게 만들었다. 계몽주의의 촉매를 생성한 것은 1680년대부터 이어진 이 종교적-정치적 논쟁의 크레셴도였다. 자유와 소유권, 자율과 이성의 이름으로 압제와 성직자의 세속적 영향력을 규탄하는 논변의 집중 포화는[20] 특히 '재야Country' 분파를 형성한 전투적 휘그들이 주도했다.[21] 이러한 전개의 중대한 지적 결과들을 제대로 인식하려면 먼저 존 로크의 급진화를 검토하는 것이 유익할 것이다.[22]

왕정복고기에 로크는 옥스퍼드 크라이스트처치에서 '장학생'(사실상 '특별연구원') 지위를 누리고 있었다. 1632년에 서머싯에서 태어난 그는 아버지가 찰스 1세에 맞서 무기를 들었을 때 열 살이었고 따라서 올리버 크롬웰을 칭송했을 때는 스물한 살이었다. '그대, 하늘에서 내려온 완벽한 영웅이시여!'[23] 비록 청교도 가문 출신이긴 했지만 그는 공위기의 혼란상을 싫어했고, 그의 초창기 사상은 수동적 복종을 옹호하고 종교적 통일을 부과할 사법행정관의 권리를 지지하는 「통치에 관한 두 소고Two Tracts on Government」(1660~61년에 쓰였으나 출간되지는 않은)에서 분명하게 드러나듯이 무엇보다도 질서를 소중히 여기며, 보수적 성향을 띠었다.[24]

성직을 사양한 로크는 애슐리 경(나중에 섀프츠베리)의 주치의 겸 비서가 되어, 1672년 애슐리 경이 재무대신으로 재직하는 동안 상무위원회에서 일했다. 불가피하게 배제주의자들의 정치에 휘말리게 된 그는 섀프츠베리가 '교황교도 음모'를 조작할 때 도움을 주었을지도 모른다. 라이하우스 음모Rye House Plot(1682) 뒤에 감시를 받게 된 그는 자신의 서류를 파묻거나 불태운 뒤 연합제주United Provinces(에스파냐에서 독립한 7개 주로 구성된 네덜란드 공화국의 다른 이름—옮긴이)로 피신했고, 그의 장학생 지위는 왕명에 의해 철회되었다. 로테르담에서 그는 모의를 도모하는 휘그 망명객들과 항의

파Remonstrants(칼뱅주의에 반발하여 아르미니위스파의 교리를 채택한 네덜란드 프로테스탄트—옮긴이), 즉 최소한의 종교적 신조만 옹호하는 자유주의적 네덜란드 비국교파와 뜻을 같이했다. 위트레흐트로 옮겨간 그는 다시금 암투의 한가운데에 놓이게 되었고 아마도 몬머스 반란에 관해 모어돈트 Mordaunt 자작에게 자문관 역할을 했을 것으로 추정되며, 1686년 제임스 2세가 다른 혐의자들과 더불어 그의 인도를 요청하자 위트레흐트에서 추방당했다.

명예혁명 뒤 잉글랜드로 귀국한 로크는 『통치에 관한 두 논고Two Treaties on Government』(1690, 이하 『통치론』)를 익명으로 출판하며 혁명의 정당화에서 중심적 역할을 했다. 급진적 저작인 『통치론』은 배제 위기 당시 통치 계약 이론의 관점에서 반란을 정당화하기 위해 쓰였다(8장을 보라).[25] 그는 정치적 자문관으로서 준토 휘그Junto Whig(윌리엄 3세와 앤 여왕 치세에 국정 운영에 주도적이었던 휘그 분파—옮긴이)인 소머스Somers, 핼리팩스Halifax, 모어돈트에게 상당한 영향력을 행사했다. 또 물품세 위원으로서, 성장하는 국가 재정 관료제에서 활발히 활동했다. 상무위원회에 재직하면서 통상 정책에서도 정력적으로 활동했다. 잉글랜드 은행의 원래 출자자였으며 핼리팩스, 아이작 뉴턴과 더불어 1694~96년에 '대개주大改鑄'(전면적 화폐 재주조 작업—옮긴이)를 관장했다. 계몽사상가들은 철학자를 국가라는 배의 조타수로 보길 좋아했다. 로크는 완벽한 원형을 제시했다.

40년의 세월에 걸쳐서, 늘 조심스러운 이 철학자는 대담한 정신은 어떻게 어두운 시대에 의해 계몽된 확신들로 나아가게 되는지를 보여주는 심오한 급진화를 겪었다. 1660년대 초만 해도 종교적 환란을 두려워한 로크는 교회와 국가 안에서 질서와 복종을 적극 옹호했다. 상황에 반응하여 그는 주도적인 관용 이론가가 되었다. 그는 『인간 오성론Essay concerning Human

Understanding』(1690)에서 반反생득론적 주장을 전개했다(3장을 보라). 그의
『통치론』은 정부 책임성과 저항권 이론을 명시했다. 거의 확실하게 비공개
유니테리언Unitarian(삼위일체를 부정하고 예수의 인성과 신격의 단일성을 주장하
는 기독교도―옮긴이)이 되면서(5장을 보라) 그의 정통적 신앙은 허물어져갔
다. 한마디로, 왕정복고기의 보수주의자는 철학적 급진주의자로 변모했다.
"나는 로크와 섀프츠베리 경이 스피노자만큼 지독한 무신론자라고 본다"
고 어느 밀고자는 1706년에 옥스퍼드 유니버시티 칼리지의 학장 찰릿Char-
lett 박사에게 말한 바 있고, 로크는 옥스퍼드 토리 토머스 헌Thomas Hearne에
의해 '매우 나쁜 원칙들'의 소유자로 규탄받기도 했다.26

　　이러한 결정적 몇십 년을 평가하면서 저명한 미국 역사학자 마거릿 제
이컵은 계몽사상은 처음에 이러한 국내의 정치-종교적 분쟁과 태양왕의
제국적 야망의 맥락 속에서 자기 목소리를 찾게 되었다고 주장해왔다. 제
이컵은 1689년을 계몽사상의 탄생기로 지목하면서 '계몽주의'는 아이작
뉴턴의 『프린키피아Principia』(1687) 출간 직후, 명예혁명과 더불어 "그 온건한
형태와 급진적 형태 둘 다 대체적으로 잉글랜드에서 시작되었다"고 주장했
다.27 이후 수년에 걸쳐 논제들을 가다듬은28 그녀는 계몽주의 운동의 시
작을 저 정치적 위기와 지적 혁명의 접합에 일관되게 위치시켜왔다. 그 접
합은 들끓는 피난민들, 팸플릿 전쟁, 커피하우스와 클럽, 문필 공화국의 국
제적 그물에 의해 만들어진 자극적인 사회적 분위기로 조성되었다.
　　우연한 행운과 논리적 귀결에 따라 1714년 조지 1세의 즉위와 수포로
돌아간 추후 재커바이트 반란 그리고 그에 따른 하노버 왕조의 확고한 자
리매김과 더불어 진보적 이데올로기들은 승리했다. 헌정적 그리고 정치-종
교적 자유들은 정당성이 입증되었고, 국왕의 개인적 권력과 고공파high-

flying(국교회 내부에서 교회와 국가의 권위를 강조하는 분파. 성직자와 전례의 권위를 강조하는 고교회파High-church와 겹칠 때가 많다—옮긴이) 주교들의 요구는 자유와 프로테스탄티즘, 애국주의와 번영의 사중동맹에 대한 흔들리지 않은 헌신으로 드러나게 되는 것에 의해 제한되었다.[29] 이 일련의 사건들은 그러나 이상한 뒤틀림을 낳았다. 여태까지 자동적으로 반대파의 입장에 있었던 진보적 사상가들은 이제 새로운 왕조 아래 권력 중개인이 되었다.[30] 일단 허가법Licensing Act(1695)의 소멸이 사전 검열의 종식을 가져오자 대부분의 의견들이 처벌받지 않고 출판될 수 있었으므로 그들은 더이상 지속적 탄압을 두려워할 필요가 없었다. 비록 불경, 외설, 선동적 명예훼손 죄목은 아직 법령집에 남아 있었고, 눈에 거슬리는 출판물은 여전히 법정에 불려 나올 수 있었지만, 상황은 프랑스나 에스파냐, 앙시앵 레짐 유럽의 거의 모든 지역에서 볼 수 있는 것이나 로크가 망명 당시 직면했던 상황으로부터 한참 멀어졌다.[31] 이 예외적인 표현의 자유는 정신을 차지하기 위한 전투에 지속적인 에너지를 제공하고, 궁극적으로 계몽 운동가들이 자기 부모를 잡아먹게 이끈 인쇄물 전쟁을 촉발했다.

이러한 상황에서, 계몽 이데올로기들은 잉글랜드에서 독특한 어조를 띠게 된다. 현상 유지에 맹공을 퍼붓기보다는 좌우와 위아래의 반대파들에 맞서 현상 유지를 옹호했다. 밀렵꾼은 사냥터지기로 바뀌고 있었다. 군주들에 대한 준엄한 비판가들은 이제 그들을 위한 변론가에 가까워지고 있었다. 권력은 부패한다고 주장했던 이들이 이제 정치적 안정화의 도래와 더불어 휘그 정권을 프로테스탄트 자유의 보루로서 찬양하고 있는 자신들을 발견하게 되었다. 이것들이 역사가 존 포콕이 훌륭하게 짚어낸 역설들이다.

뛰어난 일련의 저작들에서 포콕은 영국을 내분과 신앙 전쟁으로 다시 몰아넣으려는 듯 보이는 재커바이트와 고공파 성직자들, 열성적 반국교파, '옛 대의'의 공화주의자들 잡탕에 맞서 1688년 이후와 1714년 이후의 합의들을 정당화하는 진보 담론들을 분석해왔다. 그는 피터 게이 학파를 겨냥하며 '영국 계몽주의라는 언급 자체를 어렵게 만드는 급진적 해방으로서의 계몽주의 패러다임'에 이의를 제기한다.[32] 그가 보기에 영국인들은 독특하게도 필로조프 없는 계몽주의를 누릴 수 있었는데, 적어도 1714년 이후로 더이상 타파해야 할 '가증스러운 것들'이 없었다는 바로 그 이유 때문이다.[33] 넓게 보아 자유화된 정권이 이미 집권하고 있기에 주로 요구되는 것은 골수분자들 그리고 로드Laud, 스트래퍼드Strafford('폭군 블랙 톰'), 크롬웰의 망령들에 맞서 정권을 수호하는 일이었다. 보통 이야기하는 종교에 대한 반감은 번지수를 잘못 찾은 일이 되었을 텐데, 관용법Act of Tolera-tion(1689) 이후로 신앙은 로크가 '기독교의 합리성reasonableness of Christianity'이라고 인상적으로 부른 것의 틀 안에서 작동했기 때문이다. 영국에는 이미 헌정 안에 국왕의 의지를 제한하는 요소가 내재해 있는 혼합 군주정이 들어섰기 때문에 국왕 시해를 고민할 필요도 없어졌다. 급진주의자들이 귀족 계급을 목매달자고 부르짖지도 않았는데, 귀족들이 재정적 이익을 위해서 봉건주의를 포기했기 때문이다. 따라서 포콕이 조심스럽게 '보수적 계몽주의'라고 부른 것이 1688년 합의 체제를 합리화하고, 그 적들을 병적인 것으로 규정하면서, 미래의 안전과 번영의 유혹적 전망을 눈앞에 흔들어 보이며 작동하고 있었다. 계몽주의는 확립되었고, 확립된 것은 계몽되었다.[34]

포콕은 언뜻 보기에 지적 전위가 현상 유지를 정당화하는 역설적 사례인 영국 계몽주의가 스튜어트 왕조 한 세기 동안의 트라우마적 경험에 대한 반동으로부터 정체성을 이끌어냈다고 주장했다. 그것은 잉글랜드를 유럽에서 가장 근대적이면서 (궁극적으로는) 가장 반혁명적인 국가로 만든 청교도혁명 이후 지배 질서의 이데올로기였다.[35] 혹은 더 도발적으로 말하자면, '너무 근대적이라서 계몽주의가 필요 없는' 영국은 '이미 근대성 그 자체와 싸우고 있었다.'[36] 따라서 특히 1714년 이후로 계몽 이데올로그들은 새로운 휘그 질서, 앙시앵 레짐[37]의 특정한 기능들을 지속시키기는 하지만 다른 유럽 강대국의 군주정과는 뚜렷하게 다른 질서를 수호하는 데 협조했다.

마거릿 제이컵은 그러한 견해를 보충하면서 더 나아가 뉴턴적 우주가 어떻게 적대 세력에 맞서 새로운 헌정 질서를 뒷받침하기 위해 호출되었는지를 보여주었다.[38] 홉스와 스피노자의 충격적인 유물론과 프로테스탄트 종파들의 구시대적 오컬티즘을 동시에 반박하면서 뉴턴 우주론은 변덕이 아니라 법칙에 의해 지배되는, 근대적이고 안정적이고 조화로운 기독교적 정체政體를 위한 완벽한 패러다임을 제공했다.[39] 신과 조지 왕가는 각각 우주와 국가의 입헌 군주인 셈이었다. 조지 2세의 배우자 캐럴라인 왕비가 리치먼드에 조성한 정원은 이러한 새로운 가르침을 뉴턴과 새뮤얼 클라크, 로크의 흉상에 담았는데, '그들이 이 나라의 영광이며, 인간 본성에 위엄을 새겼기' 때문이다. 세 사람의 흉상은 경험 과학, 합리적 종교, 명예혁명 원칙들의 삼위일체에 대한 신념을 표현하게 된다.[40]

조지 왕조 질서를 정당화하기 위한 계몽 프로파간다의 재편은 자연히 진보적 사상가들 사이에 격렬한 분열을 촉발했다.[41] '재야' 휘그나 '진정한' 휘그로부터 반대의 목소리가 흘러나왔고, '옛 대의'의 급진주의자들은 전염병처럼 퍼져나가는 관직 임명권과 지지자들에게 뿌리는 관직, 정치 싸움에 경악하고 분노했으며 1688년과 1714년은 국왕과 교회를 제압할 만큼 충분히 진행되지 못했다는 완강한 태도를 유지했다. 아이러니하게도 그러한 선동가들과, 1714년 이후로 정치적 수 싸움에서 아주 솜씨 좋게 밀려난 토리 사이에 이데올로기적 친화성이 생겨났다. 월폴에 의해 만년 야당으로 몰린 토리 재사ᅟ才士들은 자기들 나름대로 자유지상주의를 자랑했다. 다른 모든 면에서는, 유행에 민감한 문사들을 혹평한 독설가였던 조너선 스위프트는 자신의 정치적 묘비명으로 '아름다운 자유가 그의 외침의 전부였다'고 새길 수 있었다.[42] 그러한 자유주의적 외피를 슬쩍 걸치는 행위는 물론 토리들을 계몽주의자로 변신시키기보다는 계몽 선전가들이 어쩌다보니 이번만큼은 지배하는 편에 있게 된 시대의 재빠른 변장술을 드러낼 뿐이다.

극한 원한에 사로잡힌 스튜어트 시대 후기와 하노버 시대 초기의 이데올로기적 반감은 그냥 사그라지지 않았다. '이데올로기의 종말'이라는 휴면은 없었다. 그 세기 내내 자칭 진보들은 암흑과 전제주의에 대한 (때로는 가짜) 전쟁을 이어갔다. 사실, 골수 선서 거부자(1688년 명예혁명 이후 윌리엄과 메리에게 신종 서약을 거부한 국교 성직자들—옮긴이), 재커바이트, 토리, 뉴턴 반대자, 로크 반대자 등이 계속해서 떼로 존재하는 동안 옥스퍼드는 여전히 불평분자들의 소굴로 남았다(옥스퍼드의 전형적인 실패한 이상들이 모두 패배할 운명을 타고난 것만은 아니었다).[43] 게다가 계몽 선전가들은 불가피하게 새로운 적들을 만들었다. 그들의 적은 성마른 재사, 기질적인 반대론자들과 비관론자들만이 아니었다. 침례교도들과 복음주의자들은 기계적 우주 안의 합리적 종교는 불신앙과 무정부 상태로 향하는 미끄러운 경사면이라고 확신했다. 한편, 계몽된 비판가들은 법의 비밀들을 폭로한 제러미 벤담의 경우처럼 다음 몇십 년에 걸쳐 권력의 성채를 겨냥한 비판을 이어나갔다. 어떤 이들에게 합리적 종교의 논리적 귀결은 실제로 가차없는 기독교 거부로 이어진 한편, 로크와 그 밖의 인물들에 의해 공인된 권력에 대한 급진적 불신은 정부 자체가 불필요한 악이라는 가르침으로 이어졌을지도 모른다. 다음 장들은 이 계몽주의 탐정들이 어떻게 새로운 괴물을 추적해 나갔는지를 탐구할 것이다.

새 세기에 둘러싸고 통합법Act of Union(1707)이 통과되면서 근대인들moderns(신식 사고방식을 가진 사람, 신사상이나 조류를 수용하는 사람이라는 뜻—옮긴이)은 영국의 헌정적·종교제도적 틀이 근본적 자유들을 보장하는 것 같기 때문에 자신들이 광명 속에 살고 있다고 자부할 수 있었다. 자축할 만한 다른 근거들도 있었다. 이 시대는 변화뿐만 아니라 발전으로 충만한 듯했고, 평온한 시대가 손짓했다. 무역과 산업, 진취적 사업과 새로운 과학이 구식이거나 천박하거나 조야한 모든 것에 반하여 번뜩이는 활기를 가져오지 않겠는가?

그리스와 로마 문명은 물론 여전히 떠받들어졌다. 그러나 윌리엄 템플Sir William Temple 같은 존경받는 인물들이 칭찬한[44] 황금시대 네덜란드 공화국의 눈에 보이는 성공 이야기가 더 가슴에 와닿았고, 비록 진보는 결코 균일하지 않았지만 많은 이들은 잉글랜드 역시—아직 스코틀랜드는 아니라 해도—급속하고 주목할 만한 상업적 변화와 부르주아의 부유화, 그리고 인쇄와 오락, 예의범절의 본부인 런던에서 특히 가시적이며, 그곳에 의해 추진되는 발전을 누리고 있다고 단언했다.

런던은 유럽의 다른 어느 수도와도 구별되게 영국을 지배했다. '오늘날 이 도시는 왕년의 고대 로마와 같다'고, '자유의 거처, 예술의 장려자, 전 세계의 감탄의 대상'이라고 『런던 가이드London Guide』는 의기양양하게 선언했다.[45] 그리고 계몽주의는 압도적으로 메트로폴리스에서 화려하게 꽃피었을 뿐 아니라, 런던 내에서 문화의 축 자체가 이동하고 있었다.

예술은 언제나 종교계와 왕실, 귀족의 후원으로 살아왔다. 종교개혁 이전 교회는 예술 작품을 위촉하고 궁정 문화는 휘황찬란한 의례와 미술품 컬렉션, 이니고 존스Inigo Jones의 화이트홀 뱅퀴팅 하우스White Hall Banqueting House 같은 화려한 건축물로 자신을 표현했다.[46] 그러나 17세기 후반부터 문화적 무게 중심은 눈에 띄게 궁정에서 메트로폴리스 공간 일반으로 옮겨갔다—커피하우스로, 술집으로, 학술적 회합으로, 살롱으로, 회관으로, 토론 클럽으로, 극장으로, 갤러리와 콘서트홀로. 전에는 군주의 총아였던 예술과 문학은 상업과 시민의 짝이 된다.[47]

왕정복고와 100년 뒤 조지 3세의 즉위식 사이에 문화는 수도의 핵심 성장 부문이 되었다. 벌떼처럼 몰려든 흥행주와 출판업자, 저널리스트와 중개인은 기회와 일자리, 이윤을 찾아서 국왕과 궁정인만 바라보지 않았고 이제는 확실히 궁정이 더이상 주요 고객은 아니었다. 그들은 초콜릿 하우스, 클럽과 모임의 고객들을 바라보았다. 궁정에서 번화가로의 이러한 중심 이동은 런던이 최신 유행의 메트로폴리스가 되는 데 일조했다. 방문객들은 칩사이드부터 첼시까지 쉴 새 없는 활동과 빠르게 스쳐지나가는 뉴스, 유명 인사들, 패션, 풍설, 가벼운 오락거리에 감탄했다. 그들은 동부의 대화재 이후 활기를 띠던 시티(런던 시내에서 로마 시대 성벽으로 둘러싸여 있던 내성 구역으로 오늘날 런던 중심가의 금융 지구이다—옮긴이) 재건축과 개발중인 웨스트엔드의 호화로운 모습, 스트랜드가와 피커딜리 주변의 눈부신 상점가, 극장과 구경거리, 거래소와 시장, 선박이 북적이는 템스강과 산보객들이 어른거리는 왕립 공원들에 놀랐다. 수도는 문화 구경꾼을 위한 공간들로 넘쳐나는 멈추지 않는 행렬, 주점과 유람지, 매음굴에서 친목과 식음, 성적 쾌락을 제공하는 감각의 축제, 명성과 큰 재산을 얻을 수 있고 또 잃을 수도 있는 공간이 되었다.[48] 런던은 조지 왕조 시대 예술과 사상 속에서 종종 악당 역할에 캐스팅되기도 했지만, 그 자체로 주역이 되었다.

> 지금 여기에 악의, 약탈, 사건, 음모가
> 때로는 폭동이, 때로는 큰불이 일어난다.
> 악당들이 쉴 새 없이 매복을 하며,
> 무자비한 변호사가 먹잇감을 찾아 어슬렁거린다.
> 여기에 집들이 우레 같은 소리와 함께 네 머리 위로 무너지고
> 여기 어느 무신론자 여자가 너의 죽음을 이야기한다.[49]

중독적인 상상의 공간으로서 런던은 애디슨, 스틸, 디포 같은 에세이스트와 포프, 스위프트, 게이, 필딩, 여타 시인들과 소설가들 그리고 호가스 같은 화가에 의해 끝없이 찬미되거나 오명을 얻었다. 런던 사람들은 이런 묘사에 물리지 않았던 모양이다.[50]

뉴스와 신기한 이야깃거리, 잡담을 위한 곳으로 가장 중요한 공간은 커피하우스였다. 저 왕정복고기의 획기적 발명품은 급속히 퍼져나가, 1739년 한 조사는 수도에 무려 총 551군데―빈보다 10배나 많다!―의 커피하우스를 제시하며, 여기에 447군데의 술집과 207군데의 여인숙도 추가된다. 원래 시티 내 증권거래소와 세관 건물 주변으로 생겨난 커피하우스는 국내외 뉴스를 주고받는 정보 교환소 역할을 했다. 동인도회사와 급성장하는 여타 금융 기관(1694년부터는 잉글랜드 은행을 포함하여)의 고객들은 담배 연기 속에서 거래를 성사시켰다. 로이드의 커피하우스는 1691년 롬바드가로 이전하면서 해상 보험의 중심지가 되었고, 남해 거품 사건South Sea Bubble(18세기 전반, 남해회사를 중심으로 영국의 특허 무역회사들에 투기 열풍이 불었다가 주가가 대대적으로 폭락한 사건―옮긴이)의 희비극은 익스체인지앨리

Exchange Alley('증권거래소 골목'이라는 뜻―옮긴이)에 위치한 조너선스나 개러웨이스 같은 커피하우스 안팎에서 펼쳐졌다.[51]

사업이 원래의 존재 이유를 제공했다면, 커피하우스는 이내 문화적 네트워킹에 가장 결정적인 도구가 되었다. 드라이든은 코번트가든의 윌스에서 좌중을 사로잡았고, 나중에 포프도 그곳의 단골손님이 되었다. 애디슨은 근처의 버튼스를 즐겨 찾았고 토리의 재사들은 팰맬의 스미르나 커피하우스로 갔다. 베드퍼드는 배우들에게 인기가 많았다. 세인트마틴스 레인의 올드 슬로터스는 예술가들이 죽치고 앉아 있는 곳이 되었다. 그리고 에든버러 패거리들은 런던에 있을 때는 채링크로스 옆 브리티시 커피하우스에서 모였다.[52] 신문과 팸플릿이 진열된 그곳에서―챕터 커피하우스는 심지어 자체 도서관이 있었다―비평가들은 이런저런 의견을 늘어놓았으며, 최신 오페라와 짤막한 정치 풍자문, 궁정의 스캔들이나 이단적인 설교에 관해 열띤 토론이 진행되었다. 술집도 뉴스 센터로 기능했다. 더 나중에, "왜 신문을 가져다놓는지 아무 주인한테나 물어봐라"라고 젊은 윌리엄 코벳William Cobbett은 말했다. "신문이 사람들을 가게로 불러 모으기 때문이라는 답변이 돌아올 것이다."[53] 그러므로 그러한 모든 기관들은 고객들이 세상 돌아가는 사정에 밝게 만들었다. '우리는 정치가들의 나라가 되고 있다'고 〈크래프츠맨The Craftsman〉 매거진은 단언했다. "우리의 커피하우스와 술집은 그들로 넘쳐난다."[54] 문화를 추구하는 이들과 그들에게 맞춤 설계된 상업적 판로의 행복한 만남은 외국인들의 눈에 똑똑히 들어왔다. '이들 커피하우스에서 사람들을 엄청나게 끌어들이는 것은 가제트와 공중 신문들'이라고 스위스 방문객 세자르 드 소쉬르는 썼다. "영국인은 모두 뉴스에 굶주린 사람들이다. 장인匠人들은 최신 뉴스를 읽기 위해 커피룸에 가는 것으로 흔히 하루를 시작한다."[55] 아일랜드 성직자 토머스 캠벨Thomas Campbell

박사는 챕터에서 "앞치마를 두르고 겨드랑이에는 연장 톱을 낀 한 도금공이 가게로 들어와 자리에 앉아서 펀치 한 잔과 신문을 주문한 뒤, 귀족만큼 아주 여유로운 자세로 음료와 신문을 즐기는" 광경을 목격했을 때 '영국식 자유의 표본'을 보았다.[56]

커피하우스는 클럽의 원형으로 기능했고, 많은 클럽들은 〈스펙테이터〉를 통해 길이길이 남게 된 허구적 표본을 본떠서 만들어졌다. 조지 왕조시대 초기 런던에 존재했다는 2000개의 클럽과 동호회 가운데 일부는 사교 모임이었고(베드퍼드 커피하우스에 있던 최고의 비프스테이크 소사이어티처럼), 일부는 토론 클럽이었으며(로빈후드 소사이어티처럼), 일부는 예술 클럽이었다(딜레탄티 소사이어티처럼).[57] 킷캣Kit-Cat은 휘그 대귀족들과 문사들의 만남의 자리가 되었으며, 최고의 자리는 나중에 존슨 박사의 문학 클럽에 넘어갔는데, 소호 지구 제라드가에 있는 턱스 헤드에서 열린 모임에는 정치인 에드먼드 버크, 화가 조슈아 레이놀즈Joshua Reynolds, 극작가 올리버 골드스미스Oliver Goldsmith, 자연학자 조지프 뱅크스Sir Joseph Banks, 음악학자 찰스 버니Charles Burney, 연극계 인사들인 데이비드 개릭David Garrick, 리처드 브린슬리 셰리든Richard Brinsley Sheridan, 조지 콜먼George Colman, 역사가 에드워드 기번, 동양학자 윌리엄 존스Sir William Jones, 경제학자 애덤 스미스가 참석했다. 대체 다른 어느 곳에서 그런 기라성 같은 인물들을 수시로 만날 수 있겠는가?[58]

클럽들은 온갖 간판을 내걸고 생겨났다. 스피탈필즈 수학 소사이어티는 상인들을 위한 자기 계발 클럽이었다. '예술과 과학을 증진하기 위한 문필 공화국을 세우기 위해' 1731년에 설립된 '학문 장려를 위한 소사이어티'는 아마도 프리메이슨 지부였을 것이다.[59] 자유의 아들들Sons of Freedom이나 존 윌크스를 위한 활동을 전개한 반反프랑스회Antigallicans 같은 친목 클럽과 정치 클럽도 성행했다. 클럽들은 문화의 담지자를 자처하며 파리의 살롱이나 당시 수도에 부재한 대학의 일부 기능들을 충족시켜주었다. 클럽들은 대화의 회로를 확립했다.[60]

구성 방식은 클럽처럼 사적이지만 외양은 공적인 것은 영국의 획기적 단체 프리메이슨이었다. 회원들을 견습생과 직인, 장인이라는 세 계층으로 구분하고 공화국이라는 축소판을 본떠 만들어진 프리메이슨 지부는 계몽적 행위, 즉 형제애, 우호, 친목, 자유, 문명을 장려했다. 프리메이슨 단체의 정관은 '왕의 기술'(프리메이슨의 원래 기원, 즉 석공 기술과 프리메이슨주의—옮긴이)은 '자유롭게 태어난 이들에 의해 (…) 이 세상이 시작되었을 때부터 교양 있는 나라들에서' 실행되어왔다고 선언했다.[61]

프리메이슨은 경이적인 성공을 거두었다. 1717년 런던의 지부들이 통합되어 자체 그랜드 마스터Grand Master를 둔 잉글랜드 대지부Grand Lodge of England를 이루었다. 그로부터 80년도 지나지 않아 영국에만 52개의 소지부가 있었고, 1768년에 이르러서는 메트로폴리스에 설립된 87개를 포함해 영국에 300개에 달하는 지부들이 존재했다. 지부들은 영국의 헌정주의와 번영을 자축하고, 위대한 건축가Great Architect(당대의 이신론에 영향을 받아 프리메이슨에서는 신을 '우주의 위대한 건축가'라고 불렀다—옮긴이) 아래 미덕과 인류에 헌신하는 사회적 분위기를 조성했지만,[62] 한편으로 프리메이슨 역시 전형적으로 영국적인 이데올로기적 긴장들로 가득했다. 그것은 얼마간의 평등주의와 더불어 위계질서에 대한 공경, 사회적 배타성과 더불어 차별의 수용, 그리고 비의와 제의에 대한 취향과 더불어 합리성에 대한 헌신을 결합한 것이었다.[63]

전체적으로 클럽과 동호회, 지부의 급증은 언론 매체와 싸구려 글쟁이들의 증대와 맞물려, 각양각색의 공중 전반에 서비스를 제공하며 융성하는 인쇄술 기반 정보통신 사업으로서 문화를 신장시켰다(4장을 보라).

런던은 근대적 생각과 가치들을 선보이고, 정치적·예술적 신조를 과시하고, 새로운 것을 홍보하는 무수한 여타 공적인 플랫폼을 지원했다. 근대성을 홍보하는 이러한 연단 가운데 가장 두드러진 것은 극장이었다. 경건한 질서에 대한 위협으로 규탄받은 극장은 청교도들에 의해 폐쇄되었다. 1660년대에 다시 들어선 극장은 처음에 왕실과 귀족의 후원에서 운영 방향에 대한 힌트를 얻었지만 이내 객석이 갈수록 늘어나면서—18세기 후반에 드루리 레인 극장은 무려 3611석에 달했으며 심지어 노리치 극장도 1000석이 넘었다—더 폭넓은 관객층과 취향을 겨냥하기 시작했다.

오늘날의 텔레비전과 제법 비슷하게 선정적 내용과 교훈적 내용을 뒤섞고 시대극과 위인들의 생애, 역사, 풍자, 복잡한 도덕적 미로를 관객들에게 무더기로 제공하는 극장은 견해와 취향의 폭을 넓히는 한편 여론과 정치의 공명판으로 기능했다. 로버트 월폴에 대한 풍자극으로 받아들여진 존 게이John Gay의 〈거지 오페라Beggar's Opera〉(1728)는 따라서 경이적인 인기를 누려 개막 시즌에만 62차례 공연 횟수를 기록하며 무려 4만 명이 관람했다. 1763년에 귀족 난봉꾼libertine 샌드위치 백작Earl of Sandwich이 술친구 존 윌크스와의 약속을 어겼을 때, 그는 재빨리 게이의 오페라 주인공 맥히스Macheath를 배신한 도둑의 이름인 '제미 트위처Jemmy Twitcher'로 불리게 되었고, 그 별명은 이후로도 오랫동안 그에게서 떨어지지 않았다.[64]

상상을 위한 소재를 제공하는 극장의 역할을 보완한 것은 런던의 새로운 화랑들이었다. 팰맬에는 화상畵商 존 보이들John Boydell이 셰익스피어의 장면들을 묘사한 그림을 전문적으로 취급하는 셰익스피어 갤러리Shakespeare Gallery가, 플리트가에는 영시英詩들의 유명한 시행들에서 영감을 받은 작품들을 전시한 시인 갤러리Poets' Gallery가 있었다. 1769년에 창립된 로열 아카데미는 매년 전시회를 개최했는데 인기가 어마어마했다. 1769년 전시회 당시 어느 금요일에는 1680명이라는 놀라운 숫자의 관람객이 몰려들어 서머싯 하우스를 미어터지게 만들었다.[65]

박물관도 새로운 구경거리였다. 1753년 의회에서 법이 통과되어 설립된 영국 박물관British Museum은 유럽 최초의 공공 박물관으로서 '박식한 이들과 호기심이 많은 이들의 연구와 오락을 위한 공간일 뿐 아니라, 공중이 널리 이용하고 모두에게 유익한' 공간이 되기를 표방했다.[66] 무수한 사립 박물관도 여기저기에 들어섰다. '극락조들과 벌새들이 가장 아름다워 보였다'고 패니Fanny(프랜시스 버니Frances Burney, 1752-1840. 흔히 패니 버니로 불리며 서간체소설과 풍속소설의 고전으로 꼽히는 『이블리나Evelina』를 비롯해 다수의 소설과 희곡을 쓴 작가―옮긴이)의 자매 수전 버니Susan Burney는 레스터 스퀘어에 있는 애슈턴 리버Sir Ashton Lever의 박물관(그의 허세 넘치는 표현에 따르면 '홀로푸시콘Holophusikon'['자연 전체'라는 뜻의 그리스어―옮긴이])에 다녀와서 말했다. "펠리컨과 플라밍고, 공작(하나는 굉장히 하얀 것)이 여러 마리 있고, 펭귄도 한 마리 있다. 네발짐승들로는 거대한 하마hippopotamus(해마sea-horse)(영 단어 'hippopotamus'는 '강에 사는 말'이라는 뜻의 그리스어에서 유래했다. '해마'라는 설명은 수전 버니의 착각이다―옮긴이) 한 마리와 코끼리 한 마리, 런던타워에서 데려온 호랑이 한 마리, 그린란드 곰과 그 새끼, 늑대 한 마리, 표범 두서너 마리가 있다."[67] 환등기나 '에이도푸시콘eidophysicon'(초기 형태의 활동 그림 가운데 하나―옮긴이) 같은 다른 상업적인 활동 역시 호기심 많은 이들에게 세상의 경이들을 선보이며, 신기함과 센세이션을 활용해 돈벌이를 했다. 1773년 런던의 관광 명소들을 열거한 한 목록은 다소간 과장을 섞긴 했지만 '런던의 모든 거리마다 사자와 호랑이, 코끼리 등등이 있다'고 말했다. 차를 마시는 체로키 인디언 족장들, 난쟁이와 거인들, 돌을 먹는 사람들과 여타 기형 인간들, '철학적인 불꽃놀이'(18세기 후반에 유행한 실험 오락의 한 장르. 화학적·광학적·전기적 도구와 각종 기계 장치들을 이용해 번개와 같은 자연 현상을 흉내냈다 ―옮긴이), 체스를 두는 자동인형들, 건강이나 회춘, 최면술에 대한 강연―이 모든 것들과 그 밖에도 수십 가지 활동은 상상력을 세련되게 가다듬고, 논쟁을 촉발하며, 대단한 사람으로 비치길 원하는 모든이들에게 동반되는 문화적 경험이 되었다.[68]

그러한 발전들은 주로 모험 사업가entrepreneur라는 새로운 부류 덕분이었다. 극장 지배인 존 리치John Rich는 정교한 무대 장치와 화려한 배경 그림들로 극장을 꾸몄다. 오페라 단장 J. J. 하이데거Heidegger는 외설스러운 가면극을 무대에 올렸다. 복스홀 플레저가든(산책과 불꽃놀이, 음악회, 서커스 등 다양한 오락을 즐길 수 있는 위락 공원. 이 책에서 설명한 대로 조지 왕조 시대에 새로운 여가 공간으로 급부상했다 ―옮긴이)의 소유주 조너선 타이어스Jonathan Tyers는 미술가들과 작곡가들을 후원했다.[69] 급증하는 메트로폴리스의 공중은 따라서 그리 비싸지 않은 가격으로 교양을 더 잘 쌓게 되고, 세련된 취미 생활을 맘껏 누리며 자신의 취향을 발휘하면서, 새롭고 고상한 미술과 문학, 공연 세계를 공유할 수 있었다. 소문에 따르면 극장에 자주 들락거리는 한 연극 팬은 '멋진 구경에는 극장만한 곳이 없다'고 말했다고 한다. "피곤하게 고생하지 않고서도 1실링만으로 불이 잘 밝혀진 유럽 전부를 볼 수 있다."[70]

수도에 밀리지 않으려는 지방 도시들도 나름대로 뉴스와 이벤트, 문화 생활을 위한 장소를 개발했다. 메트로폴리스를 흉내내는 한편으로―'우리는 (…) 수도의 좋고 나쁜 유행들을 모두 따라 한다'고 뉴캐슬의 한 작가는 공언했다[71]―독특한 지역적 정체성을 구축했다. 요크, 엑서터, 브리스틀, 노리치와 여타 지방에서 정치적·문화적 활동은 발표회와 연극, 콘서트를 위한 무대, 특히 우아한 다목적 회관(지금도 매우 눈에 띄는)을 만들어냈고, 지역 유지들은 무도회와 자선 모금행사, 연주회와 공연을 위해 회관으로 모였다. 편안한 역마차 여관, 상점가, 공원과 우아한 광장들은 도회성을 과시하며 젠트리들이 볼일을 다 보고도 도시에 머물도록 유혹했다. 한편 바스와 그 밖의 온천 휴양 도시들 또한 비록 믿기 어려운 말이긴 해도 건강의 회복과 쾌락의 추구를 동시에 누릴 수 있는 곳이라는 말로 방문객을 유혹하며 호황을 누렸다.[72]

　　이러한 새로운 공공 위락시설로 활기를 띠고 충족되는 즐거움은 전반적인 경제 성장에 힘입었다. 잉글랜드는 이제 첫째가는 '장사하는 나라'라는 상투적 표현이 들려왔고, 그곳의 주민들은 '예의 바른 상업 민족'이라는 데 자부심을 느꼈다.[73] 식민화, 노예무역 부문에서 영국의 지배, 급속한 해외 팽창은 본국에서 소비 증가를 부추겼다.[74] 애디슨은 런던이 '지구 전체를 위한 일종의 대大상점'이 되었다고 선언했으며, 그러한 시각은 농업적·상업적·산업적 진보에 대한 저 국가적 찬가인 대니얼 디포의 『브리튼제도순회Tour Thro' the Whole Island of Great Britain』에 의해 나라 전체로 확산되었다.[75] 급성장하는 대서양 항구도시 브리스틀에 교구를 둔 성직자 알렉산더 캣컷Alexander Catcott은 상업에서의 영국의 지배적 우위에 환호했다. "상업의 증대 이후로 우리 섬은 사뭇 다른 모습을 띤다."[76] (장사를 천시하는) 전통적인 우월 의식에 반발하여 교역은 이득뿐 아니라 문명의 원천으로 치켜세워졌다.

　상업은 이득과 더불어 예술도 가져다준다
　대륙 너머로 퍼져나가는 상업에 의해 (…)[77]

문명만이 아니다. 교역은 신뢰와 조화, 통합을 촉진하며, 교류를 조성하고 나라의 여러 끄트머리를 단일한 회로로 묶는다고 무역을 추어올리는 이들은 주장했다. 더 좋은 우편 도로와 유료 고속도로, 역마차 서비스는 시공간을 극적으로 단축시켰다. 1754년에 뉴캐슬에서 런던까지는 6일이 걸렸다. 30년이 안 되어 그 시일은 절반으로 줄었다. 18세기 중반에 맨체스터에서 런던까지 가려면 나흘 반이 걸렸지만 1788년에 이르자 28시간으로 대폭 줄었다. 개선된 도로는 사회경제적 승수 효과를 보이며 교통을 증가시켰다. 삶의 속도는 빨라지고 멀리 떨어진 지역들은 소비와 뉴스, 유행의 국민 경제 안으로 빨려 들어갔다. 1740년에는 버밍엄부터 런던까지 하루에 단 한 대의 합승마차만이 도로를 누볐었는데 1763년이 되자 하루에 30대가 다녔다. 아서 영Arthur Young ―디포처럼 쉴 틈 없는 전도사― 은 분주하게 움직이는 국민이라는 생각에 한껏 찬사를 쏟아냈다.

> 순환에 전체적 자극; 새로운 사람들–새로운 생각들–새로운 노력들– 모든 산업 부문마다 새로운 활동; 나쁜 도로에서는 결코 볼 수 없는, 좋은 도로들 주변에 사는 사람들, 수도와 지방 사이에 (…) 밀물처럼 흐르는 이 모든 활기와 근면성.[78]

그러나 모두가 그렇게 생각한 것은 아니었다. 1790년에 존 빙John Byng 은 "나는 얼마 없는 유료 도로와 옛날의 형편없는 도로들을 기억할 만큼 나이를 먹었지만 (…) 그 시대를 아쉬워하는 극소수 가운데 한 명, 아니 어쩌면 유일한 사람일지도 모른다. (…) 이제는 런던의 모든 폐단과 협잡이 언제고 우리를 덮칠 기세다"라고 툴툴거렸다.[79] 이런 건방진 태도라니. 그동안 지방들이 얼마나 성장했단 말인가!

더 좋은 도로는 더 좋은 우편 서비스를 의미했다. 전통적으로 우편은 런던을 중심축으로 뻗어 나온 우편도로들을 따라갔을 뿐이지만 '크로스 포스트cross-post'(동일 메시지를 다수의 정보 채널에 올리는 행위―옮긴이)의 발전 덕분에 진정으로 격자형 경로가 출현했다. 1756년이 되자―일요일을 제외하고―런던에서 서쪽으로 플리머스까지, 그리고 런던에서 역시 서쪽으로 브리스틀, 스완지, 펨브로크까지 매일 우편 서비스가 운영되었다. 홀리헤드 우편도로는 아일랜드까지 우편을 배달하며 주중에 서비스를 제공했고 그레이트노스 로드 역시 매일 우편물을 날랐다. 반대로 프랑스의 대부분의 지방 도시들은 파리로부터 일주일에 두 차례만 우편물을 받았다.[80]

이 같은 우편 서비스의 향상은 각종 뉴스의 온상인 런던에서 가장 극단적 형태로 나타났다. 1794년 〈타임스〉는 이런 소식을 전했다.

> 새로운 1페니 우편 사무소는 공중에게 크나큰 편의를 제공하리라 기대된다. (…) 런던 각 지역에 매일 여섯 차례 우편을 배달할 것이며 (…) 아침 9시에 편지를 부친 사람들은 그날 오후에 런던으로부터 오는 답장을 받을 수 있을 것이다.[81]

이것이 가져온 충격은 오늘날의 전자우편의 출현과 맞먹었을 것이다.

그러한 발전은 의식의 혁명을 초래했다. 조지 콜먼은 '여행이 아라비아 사막을 건너는 캐러밴 같던 시절이 있었다'고 생각했다. 하지만 이제는 그 모든 것이 '도로의 개축' 덕분에 과거의 일이 되었다. "수도의 풍습, 유행, 오락, 폐단과 우행이 이제는 이 나라의 가장 외딴 구석까지 도달한다."[82] 그 결과는 '근 반세기 전만 해도 (…) [아프리카 끄트머리] 희망봉의 원주민들만

큰 수도 사람들과는 사실상 다른 족속으로 여겨졌던 지방민'을 국민 문화 안으로 포섭하는 '지구촌' 효과였다.[83] 스위스계 미국인 방문객 루이스 시먼드는 50년 뒤에 '이 나라에서는 아무도 지방에 갇혀 있지 않다'고 단언했다. 그리고 이 모든 과정에서 런던은 그 자체의 에너지에 사로잡힌 나라에서 줄곧 제일의 원동력이었다.[84] 1690년대에 사우스South 박사는 '나는 당신의 도시[런던]를 향상을 위한 최상의 장소라 여긴다'고 언급했다. "우리는 학교를 나와서 대학으로 가지만 대학을 나와서는 런던으로 간다."[85]

그렇다면 영국인들이 자신들을 유독 자유롭고 운이 좋은 종족으로, 아닌 게 아니라 비길 데 없이 계몽된 종족으로 추어올린 것도 놀랄 일은 아니다. 이 '만연한 애국적 자화자찬의 정서'[86]는 물론 선전으로 조장되었다. 1734년 6월 13일에 〈데일리 쿠랑Daily Courant〉은 이렇게 외쳤다.

유럽의 다른 지역들은 실제로 전쟁중이거나 전쟁이 나기 직전인 반면, 이 나라는 중단 없는 평화를 누리고 있는 이 순간을 우리는 기뻐한다. 우리의 무역은 그 어느 때보다 최고조인 반면, 다른 나라들은 자신들의 무능력 탓이나 정부의 특성 탓에 무역이 거의 없다. 우리는 대부분의 나라들을 어지럽히고 있는 종교적 소요로부터 자유롭다. 우리의 자유와 우리의 번영은 극히 안전하다.[87]

그러한 정서는 운문으로 표현되면 스코틀랜드인 제임스 톰슨James Thomson의 허장성세가 된다.

너처럼 축복받지 못한 민족들은

차례로 폭군의 손아귀에 떨어지겠지만

너는 자유롭고 위대하게 번영하리라

모든 민족들의 두려움과 부러움의 대상이 되리라

'브리타니아여 지배하라. 바다를 지배하라

브리튼 사람들은 결코 노예가 되지 않으리.'[88]

영국인들은 기회만 있으면 지체 없이 자화자찬에 나섰던 것 같다. "가장 행복한 나라 브리튼 만세! 너의 기후와 비옥함, 환경과 상업으로 행복하지만, 너의 법과 정부의 독특한 성격으로 더욱 행복하도다"라고 아일랜드 출생 올리버 골드스미스는 노래했다.[89] 찰스 처칠Charles Churchill은 또다른 '만세'를 불렀다.

자유 만세! 영광스러운 단어,

다른 나라에서는 거의 들리지 않는 (…)[90]

영국인들이 그렇게 기세등등할 정도로 승리에 도취되거나 자신들을 그토록 쇼비니즘적으로 과시한 적은 극히 드물었다─아이러니를 담아 자신을 '영국 애호가Britophil'라고 칭한 호가스의 판화들을 보라. 1729년 이탈리아를 여행하면서 허비Lord Hervey─포프의 '스포루스'[흥, 그 당나귀의 하얀 우유 같은 스포루스!/그 녀석이 풍자가 뭔지 알기나 해?/누가 나비를 죽이는 데 바퀴를 쓰겠나?'(알렉산더 포프의 풍자시 「아버스넛 박사에게 보내는 서한Epistle to Dr Arbuthnot」 중 일부) 스포루스는 네로가 총애한 미소년이며, 따라서 이 풍자시에서는 포프의 정적이자 당시 동성애자라는 소문이 파다했던 허비 경을 암시한다─옮긴이]─는 대구의 시를 읊었다.

이탈리아 방방곡곡을 둘러보면

빈곤과 오만을 빼면 무엇이 보이는가?

미신적인 어리석음이 벌이는 우스운 짓거리들

퇴락, 괴로움, 우울

전제적 권력의 아수라장

나라는 풍요로우나 그 땅의 주인들은 가난하네 (…)[91]

이탈리아가 (비록 비행의 소굴로 간주되긴 했어도) 영국인들의 관심의 초점이었던 때가 그리 오래전이 아니었다는 사실을 기억하는 게 좋을 것이다. 1775년 리스본으로 여행을 갔을 때 토머스 펠럼Thomas Pelham도 유사한 감정을 표출했다. "모든 영국인은 다른 나라와 비교하여 자기 나라가 얼마나 행복한지 생각하며 기뻐하고 감사해야 하지 않겠는가!"[92]

외국인 역시 '영국 애호가' 호가스가 멋지게 풍자한 이 희망찬 코러스를 놓치지 않았다. 스위스인 방문객 소쉬르는 영국인들이 툭하면 '잉글랜드만큼 완벽한 자유가 허용되는 나라는 세계 어디에도 없다'고 이야기한다고 지적했다.[93] 물론 술자리에서는 스콰이어 부비Squire Booby(헨리 필딩의 소설 『섀멀라Shamela』의 등장인물—옮긴이)와 그의 술친구들도 자기 주머니 챙기는 데만 급급한 관리들과 그 망할 놈의 세금 징수원들을 욕했지만, 외국으로 여행할 때면 현지 주민들을 조롱하거나 동정하고(그러면서도 한편으로는 외국의 회화와 화장한 아가씨들을 즐겁게 감상했다) 자신들은 '위대하고 자유로운' 땅에서 살고 있다고 으스댔다. 계몽과 애국주의는 아찔하고 자극적인 조합이었다.

그러나 계몽주의는 단순한 말 이상이었다. 사방으로 문자 그대로 더 많은 빛이 퍼져나갔다. '대부분의 거리들이 멋지게 불을 밝히고 있다'고 런던에 처음 도착한 소쉬르는 언급했다. "집 앞마다 랜턴이나 커다란 유리 구球가 걸려 있는데 그 안에 밤새도록 불을 밝히는 램프가 들어 있다."[94] 그로부터 얼마 뒤에 프로이센 사람 아르헨홀츠는 '옥스퍼드 거리에만 파리 전체보다 더 많은 램프가 있다'고 감탄했다.[95] 모리츠 목사도 '대단히 뛰어난 거리 조명 상태'에 깜짝 놀랐고 '그에 비한다면 베를린은 아주 형편없다'고 평가했다.[96] 독일의 한 제후가 밝은 등들이 모두 특별히 자신의 방문을 예우하기 위해 켜진 것이라고 생각했다는 이야기도 있다.[97]

취향과 과학기술이 저마다 일익을 담당했다. 납을 두른 여닫이창은 커다란 내리닫이창으로 교체되었다.[98] 애덤Robert Adam(스코틀랜드의 건축가, 인테리어 디자이너, 가구 디자이너—옮긴이)풍風의 인테리어 디자인은 연한 크림 색조를 선호했다. 그리고 1780년대부터 새롭게 등장한 아르강 오일 램프는 해가 진 뒤 실내조명에 커다란 변화를 가져왔다. 아르강 램프의 관 모양 심지와 유리 등피(등불이 꺼지지 않도록 바람을 막고 불빛을 밝게 하기 위해 남포등에 씌우는 원통형 물건—옮긴이)는 지속적인 밝기를 제공하고 연기와 냄새가 거의 나지 않아 촛불보다 월등한 조명을 선사했다. 버밍엄의 루나 소사이어티Lunar Society는 1770년대에 그와 같은 아이디어를 구상한 바 있었고, 결국 스위스인 루이 아르강Luis Argand이 자신의 램프를 특허 출원했을 때 버밍엄의 매슈 볼턴Matthew Boulton이 독점적 제조권을 따냈다.[99]

가스등의 출현도 그리 멀지 않았다. 볼턴의 친구이자 엔지니어인 윌리엄 머독William Murdoch은 1792년에 자기 집을 가스로 밝혔다. 10년 뒤 그는 아미앵 화약Peace of Amiens(1802년 체결된 영국과 프랑스 사이 강화 조약—옮긴이)을 축하하기 위해 볼턴과 와트의 공장을 환히 밝혔다—'놀랍고도 새로

운 (…) 눈부신 장관'이었다고 어느 열성적인 팬은 찬사를 연발했다.[100]

빛은 언제나 강력한 상징이었다. 빛의 탄생은 신의 최초의 행위였고fiat lux('빛이 있으라'), 천지창조의 마지막 날 기적은 인간 이성lumen animae의 빛이었다. 이사야는 '어둠 속을 걷던 인간'이 '커다란 빛'을 보았다고 말하며, 신약성서의 성 요한은 신플라톤주의적으로 '이 세상에 태어난 모든 인간을 밝혀준 진정한 빛'을 이야기한다. 죄인은 [세상을] '흐릿한 거울을 통해 보듯이' 볼 것이지만 예수는 '세상의 빛'이 될 것이다.[101] 한편, 불가타 성서는 주를 '나의 빛'이라고 부른다—Dominus illuminatio mea(옥스퍼드대학출판부의 모토이기도 하다). 케임브리지의 플라톤주의자들은 시편 20편을 따라 이성을 '주님의 촛불'이라고 말하는데, 신에 의해 인간 영혼에 심어진 불빛인 셈이다.[102]

빛은 세속적 의미도 띠었다. 태양왕이 빛의 은유를 자기 것이라 주장했다면, 나중에 영국은 그 은유를 자기 것으로 삼았다고 할 수 있는데, 과학적으로 놓고 볼 때 실제로 빛을 발견한, 다시 말해 빛의 원리를 규명한 사람은 영국인이었기 때문이다. 저 둘도 없는 뉴턴이 『광학Opticks』(1704)에서 설명한 대로 빛은 입자를 통해 퍼지며, 백색광은 다양한 색깔의 스펙트럼으로 이루어져 있고 반사와 굴절의 법칙을 따른다.[103]

> 모든 것을 드러내주는 다름 아닌 빛마저도
> 드러나지 않은 채 빛나고 있었으나 마침내 그 총명한 정신이
> 빛나는 낮의 의복을 모두 풀어헤치니 (…)[104]

물론 제임스 톰슨의 시행은 포프의 숭고한 시행에 비하면 어설프기 짝이 없었지만 말이다.

자연과 자연의 법칙은 밤 속에 감춰져 있었으니,

신이 가라사대 뉴턴이 있으라 하니 모든 것이 밝아졌다.[105]

뉴턴 이후로 빛에 푹 빠진 주요 자연철학자가 『시각, 빛, 색채 관련 발견들의 역사와 현황The History and Present State of Discoveries Relating to Vision, Light, and Colours』(1772)의 저자이자 계몽된 박학가 조지프 프리스틀리였다는 사실도 물론 우연이 아니다.[106]

빛과 계몽은 공중의 의식에 널리 퍼져 있었다. 윌리엄 영William Young은 1722년에 '지식의 빛'이 '이제 세계 도처에 출현하고 있다'고 주장했다.[107] 60년이 흘러 길버트 스튜어트Gilbert Stuart는 '철학과 성찰의 이 계몽된 시대'를 이야기했다.[108] 에이브러햄 터커Abraham Tucker는 『자연의 빛의 추구The Light of Nature Pursued』(1768)로 로크를 대중화했다. 기번은 '그의 자유롭고 계몽된 나라'에 찬사를 보냈다. 미들랜드의 지적 귀족층의 모임인 루나 소사이어티는 한 달에 한 번 (귀가가 용이하도록) 보름달이 뜰 때마다 만났다. 토머스 스펜스Thomas Spence는 '자유의 태양'을 칭송했다. 메리 울스턴크래프트는 '이 계몽된 시대'에 환호했다(반면 버크는 조소를 보냈지만).[109] 톰 페인은 아주 간명하게 표현했다. "우리가 해야 할 일은 빛처럼 분명하다."[110]

빛의 세속적이고 실제적인 함의가 얼마나 전면으로 부상했는지를 보여주는 표시로서 새뮤얼 존슨은 'enlighten'을 "환하게 밝히다, 빛을 제공하다, 가르치다, 지식을 증대시키다, 기운을 북돋우다, 신나게 만들다, 기쁘게 하다, 시야를 제공하고 시각 기능을 촉진하다"라고 정의했다.[111] 따라서 분명히 빛은 자연적 질서에 없어서는 안 될 요소였다. 그러나 그것은 어둠을 가르며, 암흑을 몰아내는 인공적인 탐조등이 될 수도 있었다. 빛의 매력

은 시각의 과학에 대한 강렬한 관심에서 분명히 드러난다. 케임브리지의
신학자 윌리엄 페일리는 "이 세상에 눈만큼 정교한 장치가 또 있겠는가? 그
하나만으로도, 지적 창조자의 필요성에 관해 우리가 이끌어낸 결론을 뒷
받침하기에 충분할 것"이라고 단언했다.[112] 무엇보다도 빛은, 경험주의가 앎
의 문제를 보는 것의 문제로 전환시키면서 새로이 지배적인 지위를 차지하
게 된 인식론에 결정적이었다. 따라서 이제는 안다는 것은 곧 본다는 것이
었다. 존 로크의 『인간 오성론』(1690)은 시각적 은유를 통해 인식을 설명하
는 이후의 다수 텍스트들에 패러다임, 즉 카메라 옵스큐라camera obscura로
서 인간 정신이라는 패러다임을 제시했다.[113] 레뮤얼 걸리버가 영문학 사상
최초로 안경을 낀 주인공이라는 사실도 어쩌면 우연이 아닐지도 모른
다.[114]

그렇게 강력한 의미와 상징으로 충만한 빛과 더불어 계몽은 구호가 되
었다. 리처드 프라이스 목사는 '세계의 민족들은 어째서 압제 아래 말없이
참고만 있는가?'라고 자문했다. "그들이 어둠 속에 묻혀 있거나 지식이 부
족하기 때문이 아닌가? 그들을 계몽하라. 그러면 그들을 한 단계 끌어올릴
것이다."[115] 아니나 다를까 톰 페인―단지 정치적 급진주의자가 아니라 연
기가 나지 않는 양초를 고안한 사람으로서―은 『인간의 권리The Rights of
Man』(1791–1792)에서 진리의 자명함을 주장하며 그러한 이미지를 짜냈다.
"태양은 자기를 어둠과 구별하기 위한 서명이 필요하지 않다."[116] 그는 빛은
신의 선물, 천혜의 자산이라고 주장했다. 윌리엄 피트William Pitt의 악명 높
은 창문세window tax에 사람들이 그렇게 극렬히 반발한 것도 놀랄 일이 아
니다. 어느 급진적인 재담가는 총리에게 '빌리 택스라이트 씨Mr. Billy Taxlight'
(세금이 붙은 빛이라는 뜻―옮긴이)라는 별명을 붙여주었다.[117]

이 모든 눈부신 담론들로 사람들이 빛에 도취되었고, 사람들 사이에서

변화에 참여하고 있다는 들뜬 몰입감이 생겨났다. 그들에게 'sapere aude'는 'facere aude'를 의미하게 되었다—단지 알기만 할 게 아니라 그와 더불어 행동하라! 새뮤얼 존슨은 모두가 '혁신을 좇아 미쳐 돌아가고 있다'고 투덜거렸을지도 모르지만 고대인에 비해 '자신의 시대'의 '우월성'을 칭찬할 수 있었다. 그러니까 '정부에 대한 존경심만 제외한다면 모든 측면에서' 말이다.[118] 아닌 게 아니라, 보즈웰은 빈말을 대단히 혐오한 그 박사가 '나는 지금 시대를 깎아내리며 고대를 칭송하는 이야기를 들을 때마다 화가 난다'고 항의했음을 기록한다.[119] 효용이라는 잣대에 따라 하노버 왕조 시대를 개혁하는 일에 60년의 인생을 헌신하게 되는 젊은 제러미 벤담은 다음과 같은 열정적 찬사를 내뱉으며 그 경력에 첫발에 내딛었다. "우리가 살고 있는 시대는 지식이 완벽을 향해 신속히 전진하고 있는 바쁜 시대이다. 특히 자연계에서는 모든 것이 발견과 향상으로 넘쳐난다."[120]

여러 모습의 잉글랜드가 존재했지만, 그중 하나는 과학을 확신하고, 합리적 지식의 확산에 헌신하며—실용적인 것이든 예술적인 것이든 지적인 것이든 간에—혁신에 매진한, 자기주장이 강한 성취자들의 무대였다. 그들은 새로운 물질적 복지와 여가의 장려에 헌신한 이들이었다. 야심만만한 지방민들, 국교 반대자들, 회의주의자들, 그리고 국가와 교회에 깊이 박혀 있는 전통적 권위에 분개한 정치적 현실주의자들이었다. 계몽주의를 조성한 이들은 바로 그러한 근대인들이었다.[121]

| 3장 |

쓰레기
치우기

이성은 인간 본성의 영광이다.

—아이작 와츠[1]

사교적인 사람들의 친교에 가까운 영국의 계몽주의는 그 일관성을 그들만의 특정한 어법과 이미지의 공유로부터 이끌어냈다—그것은 하나의 프로그램인 만큼 하나의 언어이기도 했다. 이 가운데 강력한 것은 앞서 본 대로 빛이었다. '이 밝아진 시대this enlightened age.' 또다른 핵심어는 해방이었다. 근대인들은 구조를 극적으로 표현했고, 탈출 기술을 연구했다.[2] 어떤 단체들은 저세상의 초월을 갈망했다. 어떤 단체들은 관습을 숭상하거나 르네상스 시대 이탈리아처럼 과거의 황금시대를 동경했다.[3] 반대로, 계몽된 이들은 쇠사슬을 끊고 새로운 미래를 주조하고자 했다.

해방은 자연스러운 성숙이나 어른이 되는 식으로, 인간을 단단히 감싸고 있던 포대기에서 벗어나는 것으로 그려질 수도 있다. 그러나 일반적으로 묘사되는 모습은 그보다는 더 격렬하고 트라우마적인 사건이었다. 눈가리개를 벗어던지거나 구속복을 찢고 풀려나오는 것이다. 의미론적인 모래

구덩이 속으로 빨려 들어가거나, 마음이 만들어낸 족쇄에 매여 있거나.[4] 사악한 적들에 의해 기만당한 계몽된 정신은 시대의 어두침침함이나 정신적 미로로부터 탈출하기를 갈망했다. 해방의 서사들은 물론 전례가 없지 않았다―민담은 잡아가는 자와 붙잡힌 자들의 이야기들로 넘쳐나고, 로맨스는 탐험의 여행기이며, 기독교의 중심 서사는 그 자체가 낙원을 상실했다가 되찾는 파멸과 구원의 이야기다.[5] 그러나 계몽주의를 이러한 서사와 구분하는 것은 인류가 소크라테스적인 '너 자신을 알라'와 그 근대적 귀결인 '너 스스로 하라'를 통해 자유를 추구한다는, 그 이야기 모델의 세속성이다.

탈출 시나리오는 두 가지 경험으로부터 직접적 호소력을 얻었는데 하나는 부정적이고 하나는 긍정적이다. 먼저, 과거에 크나큰 파괴를 야기했고 현재에도 여전히 어두운 그림자를 드리우고 있는 악의적인 세력의 위협이 있었다. 다른 곳과 마찬가지로 영국에서 프로테스탄티즘은 그릇되고 부패했을 뿐 아니라 악의 화신, 바빌론의 창녀, 묵시록의 짐승으로 그려진 가톨릭에 대항해 결코 안전하다고 느낀 적이 없었다. 부분적으로는 트리엔트 공의회(1545-63) 덕분에 로마 교회는 금서 목록과 종교재판, 예수회, 싸우는 교회the church militant(에베소서 6장 12절 참고―옮긴이)의 여타 군대들을 마음대로 부릴 수 있었고, 이 도구들은 화형 장작단으로 과업을 수행해나가면서 살육과 순교의 피투성이 참상을 남겼다. 프로테스탄트 동맹은 30년전쟁으로 큰 상처를 입었고 이제 루이 14세가 공세를 재개하는 중이었다. 영국인들에게 발작처럼 이따금씩 찾아와 공동의 대의와 그들이 실제로 소유한 것과 같은 공유된 정체성의 느낌을 심어준 것은 반反가톨릭주의, '종교라는 이름이나 외양 아래 여태껏 인간을 속박해온 가장 오만방자하고 폭압적인 정책의 멍에'에 대한 거의 본능적인 혐오였다.[6] 그러한 두려움들은 재커바이트주의(스튜어트 왕조 복위 지지론— 옮긴이)가 계속 기회를 엿보고 있는 한 쉽게 부채질되었다.

5장에서 상세히 설명하겠지만 계몽인들은 프로테스탄트의 반가톨릭주의를 물려받아 그것을 합리적으로 재구성했다. 로마는 회개의 여지가 없는 적으로 악마화되었다. 자기 비하와 압제에 대한 노예 같은 굴종의 변태적 극치인 로마 가톨릭은 신학적 독단론을 신성화하고 우상 숭배를 의례화했으며, 인간의 영혼에 감시 창문을 뚫어 넣었고, 이성의 촛불로 신의 말씀을 읽어야 하는, 구텐베르크 이후 모든 신자들의 의무를 부정했다.7

계몽된 반가톨릭주의는 더 나아가 연상 작용을 통해 유죄를 추정했다. 오직 성서만을 교의의 토대로 삼은 프로테스탄트는 로마 가톨릭교회의 신조가 동방 영지주의와 헬레니즘적 플라톤주의, 신新아리스토텔레스주의 및 여타 비기독교적 원천에 의존하고 있다고 맹비난했다. 화체설化體說과 연옥 같은 가톨릭 교의의 핵심 측면들은 성서적 근거가 전혀 없이 전적으로 스콜라 형이상학과 교회 전통, 바티칸의 교령에 근거해 날조된 것으로 드러났다. '새로운 과학'이 데카르트의 방법론적 회의나 베이컨의 경험주의를 통해 플라톤주의와 토마스 아퀴나스 신학을 공격함에 따라, 그 형이상학적 토대가 그토록 의심스러운 스콜라적 신학의 아성은 불가피하게 허물어질 것이었다. 프로테스탄티즘을 계몽된 사고와 단단히 결합시킨 로크는 『기독교의 합리성The Reasonableness of Christianity』(1695)에서 기독교도는 오로지 성서가 신의 말씀이고 예수가 구세주라는 것을 믿는다고 고백하기만 하면 된다고 주장하게 된다. 그러한 신앙고백을 제쳐둔다면 신학(다시 말해 신에 대한 지식)은 본질적으로 인간의 필요와 능력, 관심사를 벗어난 일이다.8

학문적 유산은 계몽된 선전가들에 의해 오류들의 희비극으로 거듭 조롱되었다. 현학가들은 천상을 올려다보다가 발을 헛디뎌 도랑에 빠지고 말았다는 것이다. 따라서 플라톤은 ─ 볼링브루크 자작에 따르면 ─ '허풍스러운 시인과 미친 신학자처럼' 굴면서 '인간을 진리의 추구로부터 멀어지게 만들었다.'9 기번도 마찬가지로 길을 잘못 든 학문을 개탄했다. 그는 "이 여러 대가들은 심오한 사상을 바탕으로 치열한 노력을 경주한 이들이었지만, 철학의 진정한 대상을 오인함으로써 그들의 노력은 인간의 이해를 향상시키기보다는 오히려 변질시키는 데 공헌했다"고 고대 후기의 신플라톤주의자들을 조롱했다. 더 나아가 중세에는 수도사 같은 결의론자들이 흔히 '굴종과 맹신'에 기울어 '노예의 악덕'에 빠졌고, 150년 동안 형이상학은 무익한 몽매주의를 지속해왔다.10

일단 교황청 프로파간다 기제와 엮이고 나면 전에는 그저 무해해 보이던 궤변도 확연하게 위험한 것으로 탈바꿈했다. 로마는 악마같이 교묘한 세뇌 기관을 쥐락펴락하니 그 속에서 사악한 도그마를 통해서든 현란한 이미지를 통해서든 죄악은 순진한 자를 함정에 빠트린다는 것이었다. 적그리스도의 악의 제국은 자유롭게 태어난 영국인이 천부적인 능력들을 향유하지 못하게 막는 치명적 위협으로 끝없이 묘사되었다.11

그러나 왕정복고 이후 엘리트들은 교황교로부터만 구제를 추구한 것이 아니었다. 그들의 집단 기억은 잉글랜드 내전으로도 얼룩져 있었다. 예정설이라는 칼뱅주의 도그마는 '열광'을, 개인적 무오류성에 대한 저 어마어마하며, 거부할 수 없으며, 반증 불가능한 확신을 낳았다(5장을 보라). 성령이 자신들을 감화시키는 대로 예언을 쏟아내는 장로파와 도덕률 폐기론파의 '기계적 설교자들'과 여타 자칭 성도들은 천년왕국적 유혈의 홍수를 일으켰다. 그러한 경험들은 악몽처럼 뇌리를 떠나지 않았다. 침착한 에드워드 기번은 1780년대에 수도 곳곳에서 날뛰는 고든 폭동 가담자들의 모습에서 여전히 급진적인 라운드헤드Roundhead(잉글랜드 내전기 의회를 지지한 분파―옮긴이) 광신도의 망령을 언뜻 볼 수 있었다―이 망령은 이내 버크의 『프랑스 혁명에 관한 성찰Reflections on the Revolution in France』(1790년)에서 재활용된다.12 교황교가 위로부터 부과된 전제정의 전형이라면, 청교도주의는 아래로부터 풀려난 무질서의 현현이었다. 어느 편이 더 유해하다고 누가 말할 수 있으랴?13

다행스럽게도 미혹과 황폐화, 죽음의 이 오랜 지배가 거의 끝난 것 같다고 암시하며 빛이 밝아오고 있었다. 성전聖戰은 한물간 것이 되고 있었다. 유럽 전역에서 군주들과 심지어 성직자들도 이단자와 마녀 화형에 대해 갈수록 조심스러워지는 한편, 외곬의 광신자들에 대한 희유시의 대중적 인기에서 분명히 보이듯 정신적 조류가 역전되고 있었다.

믿음의 반석을 장창과 총이라는
성스러운 말씀 위에 세운 자들은
모든 논쟁을
무오류의 대포로 결정하네 (…)
종교란 오로지
뜯어고치기 위해 존재하는 것인 양.14

특히―이것은 긍정적인 전개였다―자연과학은 지식을 위한 단단한 플랫폼으로서 어렵사리 나아가고 있다. 망원경과 현미경이 한없이 멀고, 한없이 크거나 작은 신세계들을 밝혀내고 있었다. 해부학은 신체 구조를 가감 없이 드러내고 있었고, 잉글랜드의 윌리엄 하비William Harvey는 혈액 순환 현상을 발견했다. 관찰과 실험은 자연의 법칙들을 드러내는 한편, 공기 펌프와 조금 더 뒤에 나온 뉴커먼Newcomen의 증기기관 같은 발명품들은 베이컨이 만천하에 외친 저 '모든 것을 가능케 하는' 것에 기여하고 있었다. 그리고 그사이 멋진 신세계들이 항해가들에 의해 발견되고 있었다. 그러므로 내전이 매캐한 냄새를 남겼다면, 그것이 휩쓸고 지나간 자리에는 희망의 조짐도 존재했다.

이 지적인 분수령은 '책들의 전투'를 통해 이정표가 세워졌다.[15] 르네상스는 철학과 과학, 문학과 예술에서 고전고대의 업적을 우러러봤다. 히포크라테스와 갈레노스는 여전히 의학의 성서였다. 인문주의자들은 계속해서 그리스 과학이 옹호한 지구 중심적이고 인간 중심적인 우주를 떠받들었다. 인간은 여전히 신이 창조한 우주 한가운데에 자리하며 그 우주의 척도였다. 크세노폰, 키케로, 리비우스, 베르길리우스와 여타 고전기의 여러 시인, 철학자, 모럴리스트, 역사가, 정치가는 문화의 학생들이 입학해야 할 덕성의 학교에서 한자리씩 차지하고 있었다. 르네상스의 '고대 마니아antico-mania'는 위안이 되었다. 지혜는 이미 문명의 담지자(고전고대―옮긴이) 속에 확고하게 새겨져 있다는 위안이었다.

그러나 계몽된 이들의 눈에 가장 먼저 나타난 것이 가장 좋다는 인문주의의 핵심 신조는 시간이 흐르면서 밀려났다. 결국 베이컨과 홉스가 지적한 대로 진정으로 오래된 것은 요즘 시대Modern Age였다. 역사 연구는 르네상스의 고대인과 동일시하는 것에 도전하고, 고대의 구세계와 총포 및 인쇄에 의해 특징지어지는 신세계 간의 급격한 차이에 방점을 찍으며 과거에 대한 새로운 시각을 만들어냈다. 아리스토텔레스나 프톨레마이오스에게는 알려지지 않았던 이국적 삶의 모습들을 드러내는 진짜 신세계들, 무엇보다도 아메리카가 발견되고 있었다. 게다가 17세기는 지적으로 혁명적이었음이 드러났다. 케플러와 갈릴레이가 개척한 천문학, 우주론, 물리학의 눈부신 '신과학'은 그리스 철학과 성서의 안이하고 진부한 내용들에 도전했다. 태양 중심의 천문학은 지구를 중심에서 밀어내 무한한 우주 안에서 딱히 특별할 것 없는 위치에 자리한 자그마한 행성으로 환원시켰다. 망원경을 통해 새로이 엿보이기 시작한 우주의 그 주눅드는 무한 공간에 두려움을 느낀 이는 파스칼만이 아니었다. 그리고 이 '새로운 천문학'은 자연에서 그 목적론적인 생기를 제거하고 자연을 기계로 환원한 새로운 '기계론적 철학'으로 보완되었다. 자연은 이제 보편적 법칙의 지배를 받으며 그 운동이 수학적으로 표현될 수 있는 물질 입자들로 구성된 기계일 뿐이었다. 비록 우리를 기죽게 하고 위험하더라도 과학은 또한 여러 장밋빛 전망을 보여주었다.

경험적 발견들은 권위에, 심지어 성서에도 열심히 의문을 던지는 새로운 정신을 조성했다. 이런 회의주의적 경향은 고분고분하지 않은 저 위그노교도 피에르 벨Pierre Bayle의 『사전Dictionnaire』(1697)에 활발히 드러나 있다.[16] 벨 세대 유럽의 위대한 지성들 다수는 진리를 추구하는 데 성서에 대한 무조건적 믿음이나 고대인에 대한 습관적 의존으로는 더이상 충분하지 않다고 결론 내렸다. 1690년까지도 윌리엄 템플의 『고대와 현대의 지식에 관한 에세이Essay upon the Ancient and Modern Learning』가 고대인들의 우월성을 강변했다면, 윌리엄 워튼William Wotton의 『고대와 현대의 지식에 관한 고찰Reflections upon Ancient and Modern Learning』(1694)은 적어도 과학에서만큼은 고대인이 근대인에 비해 완전히 빛이 바랬다고 반박했다. 그러나 근대가 시와 연극, 미술 분야에서 고대의 업적을 능가했는지 혹은 능가할 수 있는지는 여전히 뜨거운 논쟁거리였다. 자, 이 시대의 호메로스를 자처하는 분은 앞으로 나와주시겠습니까? 그러나 알렉산더 포프 같은 근대인들은 그 문제에 나름대로 해답을 갖고 있었다. 고전은 지금의 관객의 필요에 맞게 번역되고, 단순화되고, 현대화될 수 있다는 것이었다.[17]

그러한 혼란과 위기, 논쟁은 계몽주의 탈출 전략의 뼈대를 구성했다. 즉, 어둡고 다 쓰러져가며 위험해서 살기에 적합하지 않다고 규정된 정신의 잡동사니 창고를 깨끗하게 청소하라고 요구하는 것이었다. 형이상학은 헛소리로 일축되었고 전통적 가르침은 허구나 사기, 환상이나 우화, 오류로 조롱받았다.[18] 편협과 독단, 자만에 찬 체계 수립은 '아낙네들 이야기'(어리석은 미신이나 믿기 힘든 속설—옮긴이)와 여타 닳고 닳은 민간의 지혜 역시 비웃기에 바쁜 근대인들에 의해 규탄받았다. 크고 작은 온갖 구태의연한 정설들은 일소되어야 했다. 마술, 신비주의, 스콜라주의, 여타 오류의 사상 누각들은 허물어트리고 지식을 단단한 토대 위에 다시 세워야 했다. 따라서 계몽의 논자들은 왕겨를 헹구고 씻어내고 체로 치고 걸러서 그 속에서 정신의 낟알만 선별하는 일에 착수했는데, 이는 일찍이 1660년대 헬몬트(얀 밥티스트 판 헬몬트, 1580-1644. 플랑드르의 화학자, 생리학자, 의사—옮긴이)적인 화학자 조지 톰슨George Thompson 박사의 금지 명령 '말이 아니라 일을, 사고가 아니라 사물을 (…) 단순한 사색이 아니라 작업을'을 연상시키는 작업이었다.[19] 해방은 쉽게 오지 않으리라. "모든 시대와 나라의 인류 대다수는 의견과 관습, 심지어 자신들에게 익숙한 습관들에 단단히 매여 있다"고 자유사상가 존 트렌차드John Trenchard는 계몽된 저자들이 '어리석음'을 깔아뭉갤 때 즐겨 취하는 깔보는 태도를 풍기며 단언했다. "그들에게는 (…) 들리는 것과 보이는 것, 어리석고 이유 없는 공포, 편견, 환영, 망상이 (…) 진실하고 강력한 이성보다 더 많이 작동한다."[20]

이제 나쁜 옛 시절의 나쁜 방식들을 규탄하는 것은 관례가 되었다. 철학자이자 수학자, 훗날 주교가 된 조지 버클리George Berkeley는 스스로를 이렇게 자극했다. "기억하라. 형이상학과 기타 등등을 영원히 사라지게 하고 인간에게 공통 감각common sense(상식)을 회복시킬 것."[21] 로크의 제자인 3대 섀프츠베리 백작은 그와 비슷하게 '형이상학의 저 온갖 시끄러운 소음, 학문인 척하는 그 모든 것들'을 규탄했다.[22] 그렇다면 대체 어디에 진정한 탐구가 존재하는가? "철학적으로 사색한다는 것은 올바른 의미에서 훌륭한 교양을 한 단계 더 높이 실천하는 것에 불과하다."[23]—사고 활동이 자유로운 정신의 신사들에 의해서 이루어진다면, 탁상공론적인 학계의 내시들로부터 구조될 수 있다는 소리다.

이 같은 진리 전략에—애매모호함을 참지 못하고 명료함과 투명성을 높이 치는 태도—결정적인 것은 왕립학회의 변론자 토머스 스프랫Thomas Sprat이 '말의 속임수'라고 부른 것에 대한 불신이었다. '신과학'으로부터 본보기를 얻은 계몽의 사상가들은 말verba보다 사물res을 우위에 두었다. 말은 구체具體로 간주되어서는 안 되고 실제가 수사를 대체해야 한다. 스프랫은 언어가 "원시의 순수성과 간결성으로, 인간이 사물의 숫자와 거의 동일한 수의 단어로 그토록 많은 사물들을 전달했던 때로 되돌아갈 것"을 요구했다.[24] 새뮤얼 존슨은 스프랫이 '말은 지상의 딸이고 사물은 천상의 아들이라는 것을 망각할 만큼 사전학에 빠져 있지는 않다'고 생각했다.[25] '언어는 쉽사리 이해를 제한한다'고 버클리는 절망했다. "나는 내 연구에서 언어를 되도록 이용하지 않기로 결심했다."[26]

언어에 의한 표현보다 실제를 우위에 둠으로써 이제 막 도래한 영국 경험주의는 수량화 또한 긍정적으로 평가했다. 적어도 숫자만큼은 애매모호하지 않고 신뢰할 만하지 않은가? 스프랫과 더불어 왕립학회의 설립자인 윌리엄 페티Sir William Petty는 "비교급과 최상급 표현 그리고 지적인 논증을

이용하는 대신에 나는 숫자와 무게 혹은 측정 단위로만 표현하는 (…) 노선을 택했다"고 설명했다.[27]

그러나 부단한 지적 경계심은 필수적이었다. 광기는 고질적이고 오류는 쉽게 전염되기 때문이었다. 저마다 알 수 없는 소리를 지껄이는 혼란의 상태가 승리하고 말 것이라는 그들의 두려움은 알렉산더 포프의 악몽과도 같은 비전인 『던시어드Dunciad』(1728)에 깔려 있는데, 아둔함의 여왕에 의해 결국에는 이성이 퇴색하게 됨을 묘사한 『던시어드』의 클라이맥스 대목을 보라.

보라! 무시무시한 네 혼돈의 제국이 되살아났도다!!
빛은 모든 것을 소멸시키는 너의 말 앞에서 죽어간다.
너의 손! 그 거대한 무정부가 커튼을 드리우니
전 우주의 암흑이 모든 것을 뒤덮네.[28]

엉터리 작시作詩에 대한 포프의 혐오는 이야기 지어내기와 허구에 대한 불신을 반영했는데, 케임브리지대학 교수 아이작 배로Isaac Barrow가 했다고 하는 시 자체에 대한 악명 높은 폄하 발언, 즉 시란 '일종의 기발한 헛소리'라는 표현에서도 잘 드러난다. 비록 계몽주의의 대변인이라고는 도저히 말할 수 없지만, 포프는 선험적인 추측에만 의지하는 주석가, 과도하게 형식 논리에만 매달리는 사람, 좀스럽게 따지기 좋아하는 현학가, 박식한 척하는 사람과 기타 머저리들에 대한 계몽주의의 증오를 공유했다. 자신의 한계를 유념하라는 경고라는 점에서 그의 『인간에 대한 에세이』는 영웅시격 heroic couplet으로 쓰인 로크처럼 읽힌다.[29]

자연과학처럼 철학도 바위처럼 굳건한 토대 위에 새롭게 다시 세울 필요가 있었다. 그것은 명료해야 할 것이며, 장황한 말과 쭉정이, 조상 숭배를 싹 걷어내야 할 터였다. 그것은 자기 비판적이고 자연에 근거를 두어야 하며, 상식이나 경험과 일치해야 한다. 오로지 냉철한 사고와 평이한 언어, 솔직함과 중용만이 오류의 지배를 끝내리라. 대책 없이 깎여나가고 위조되고 손상되어 가치가 떨어진 지적 유통 화폐는 건전한 통화로 대체되어야 했다.[30]

그러한 확신들을 형성하는 데 인쇄 매체는 비록 양날의 검이긴 해도 핵심적 역할을 했다. 인쇄된 말은 예를 들자면 입에서 입으로, 대대로 전해지는 가르침에 내재한 부정확성과 불안정성, 과장과 대조적으로 명백하고 안정적인 사실을 보증하는 것으로 칭송되었다. 그런 의미에서 인쇄된 말은 단단하고 견고한 사실로 이루어진 베이컨적 과학을 보완했다. 그러나 인쇄된 책은 쉽게 맹목적 숭배의 대상이 되고 저자들은 권위로 화석화되었다. '책들의 전쟁'은 대체로 진리의 저장고로서 책의 의미적 불확실성에 달려 있었다.[31]

계몽을 수행하는 엘리트의 정체성에 중심적인, 해방을 향한 노력은 상징적으로 앞 세대의 대담한 지식인 세 명이 주도했다.[32] 한 명은 『방법서설』을 통해 냉정하게 사고에서의 코페르니쿠스적 혁명을 선언한 데카르트였다. 특히 그의 보편적 회의 그리고 제일 원리들로부터 나오는 명백하고 분명하고 확실한 추론에 대한 전적인 신뢰, 즉 '나는 생각한다. 고로 존재한다'는 일대 혁명이었다. 비록 감각들은 기만적이지만 이성은 진리를 확정할 수 있고 그의 신념을 정당화하기라도 하듯 그의 『기하학Geometry』(1637)은 좌표 기하학과 대수학을 개척했다. 그의 『철학 원리Principles of Philosophy』(1644)는 '원인과 결과'의 접촉 운동에 의해 유지되고 작은 와동渦動들로 이루어진 커다란 소용돌이로 돌아가는 기계적 우주를 신이 다스리는 기계론적 철학을 정립했다.

합리주의적 발판—코기토 에르고 숨cogito ergo sum—위에서 사고의 쇄신을 약속하는 데카르트의 철학은 왕정복고기 무렵에 잉글랜드에서 커다란 인기를 누렸고 헨리 모어Henry More 같은 케임브리지 플라톤주의자들을 비롯해 여러 사람들에게 수용되었다. 비물질적 영혼의 존재를 지지함으로써 데카르트는 합리적 인간homo rationalis의 존엄성을 복귀시키고 싶어하는 반反칼뱅주의자들에게 특히 호소력이 있었다. 그러나 데카르트 철학의 선험주의a priorism은 결코 확신을 주지 못했다.[33] 프랑스 철학자의 시계태엽 우주는 정체를 감춘 무신론으로 쉽게 거부될 수 있었다.[34] 게다가 인간을 제외한 어떤 생명체에도 의식이 없다고 부정한 그의 주장은 많은 영국 작가들에게 도통 설득력이 없고(동물들은 감각기관이 없단 말인가?) 냉혹하게, 신의 자비심을 정면으로 반박하는 것처럼 비쳤다. 그리고 데카르트 이원론의 생리학적 기반—신체와 영혼은 근본적으로 뚜렷하게 분리되며 오로지 뇌 깊숙이 자리한 솔방울샘이라는 불분명한 좁은 통로를 통해서만 연결된다—은 미봉책처럼 보였다. 솔방울샘에 관한 농담이 끝없이 돌고 돌았다.[35]

특히 자연철학에서 진보는 데카르트 물리학, 특히 그의 소용돌이 이론과 물질로 충만한 공간론plenum 그리고 당구공의 접촉 운동과 같은 역학을 전복했다. 이러한 이론들이 틀렸음을 입증하는 데 영국 과학자들이 앞장섰기 때문에—특히 뉴턴의 진공 중력 천체물리학과 보일의 공기 펌프에 의한 진공의 입증을 통해—영국에서 데카르트의 위상은 급속히 떨어졌다. 프랑스인은 파리를 뜨면서 충만한 세상을 떠나겠지만 런던에 도착하자마자 그것이 텅 비어 있다는 것을 발견하게 되리라고 볼테르는 비꼬았다.[36]

데카르트의 명성은 영국의 토착 사상가들, 특히 계몽주의에서 신격화된 프랜시스 베이컨의 명성과 멋지게 대비시켜볼 수 있다.[37] 그 철학적인 대법관의 자연철학의 개혁과 부흥을 위한 프로그램은 그의 『학문의 진보 Advancement of Learning』(1605)에서 처음으로 윤곽을 드러내는데, 베이컨은 신의 비밀을 파고드는 데 적대적인 교회 인사들을 물리치고자 그 책에서 적절한 수완을 발휘하여 과학과 신학 사이에 경계를 그었고, 따라서 아무런 제약 없는 탐구를 정당화했다.

베이컨은 아리스토텔레스 같은 권위에 대한 맹목적 숭배를 거부함으로써 지식 혁신의 포문을 열었다. 나쁜 학문은 자연이라는 책을 직접 관찰하는 대신에 곰팡내 나는 책에 자신을 파묻는다. 용어를 만지작거리는 동안 정작 물리적 실재는 무시하는 삼단논법을 반박하면서 그는 새로운 논리를 전개했다. 탐구는 자연 현상에 대한 충실한 기록과 더불어 시작되어야 하며, 그 기록들로부터 '아포리즘'(체계에서 자유로운 추론들)을 이끌어내는 것으로 나아간다. 그다음 이 아포리즘을 모아서 일반화로 나아가고 잘못된 일반화는 '부정 사례'를 이용하여 반증할 것이다.

과학은 감각과 더불어 시작해야 하긴 하지만 베이컨은 지각에 내재한 개인적인 왜곡과 사회적인 왜곡을 경고하며, 감각 경험을 왜곡하는 네 가지 '우상'(혹은 환영)을 규정했는데 바로 동굴, 종족, 극장, 시장의 우상이다 (이런 식의 철학적 반反우상론은 프로테스탄티즘과 짝을 이룸을 반영한다). 이러한 우상의 위험은 사실로부터 이론으로 제어된 상승을 통해서, 그다음 계속하여 매서운 실제 검증으로 이어지며 여러 세대에 걸쳐 인류에게 유익한 발견과 발명 속에서 극복될 수 있다. 과학은 집단적 기획이 되어야 하며, 연구 집단들(솔로몬의 신전)로 조직화되는 것이 가장 좋고, 그 축적된 발견들은 정신과 물질 양쪽에서 진보의 길잡이가 될 것이다.

『대혁신Instauratio Magna』(1620)(총 6권으로 구상되었으나 2권까지만 완성된 베이컨의 책이다. 유명한 『신기관Novum Organum』이 이 시리즈의 제2권이다—옮긴이)에 종합된 베이컨의 사상은 엄청난 영향력을 발휘하게 된다. 개혁을 위한 그의 청사진은 처음에는 내전 시기에, 그다음에는 1660년대에 왕립학회에 의해 채택되었고, 왕립학회는 '실험 철학의 아버지'로서 그가 불어넣은 영감을 인정했다. 볼테르는 훗날 달랑베르가 '모든 철학자 가운데 가장 박학하고 가장 능변인 철학자'라고 칭송하게 되는 이에게 찬사를 바쳤고 계몽의 의제들 다수를 지지한 것처럼 베이컨의 의제들을 지지했다. 그 의제들이란 성서 숭배에 대한 맹공, 전통과 사변, 선험적 체계에 대한 우상파괴적 거부, 관찰과 실험에 기반을 둔 탐구, 과학은 인류에 봉사해야 한다는 신념이었다. 사실, 인간의 세 가지 근본적 능력—기억, 이성, 상상—을 통해 지식을 구축하기 위한 베이컨의 청사진 작업은 『백과전서』의 '서론'에서 열렬히 수용되었다. 영국은 왕립학회의 마스코트로 그를 채택하면서 자신만의 거물 철학자를, 그것도 대법관을 지낸 철학자를 얻었다.

계몽주의의 자기 인식에 결정적인 세번째 근대 철학자는 가장 문제적이지만 또한 가장 안성맞춤인 인물이다. 토머스 홉스가 정치철학적 청소 작업에 열심이었다는 것은 놀랄 일이 아닌데, 그는 내전 당시 망명 생활로 내몰렸고, 내전기의 공포는 훗날 그의 원숙한 사고 곳곳에 스며들게 되었다.[38] 『리바이어던Leviathan』(1650)과 여타 저작에서 언어와 논리의 철저한 개혁은 장래의 평화와 질서에 불가결한 일로 여겨졌고, 홉스는 허황된 스콜라적 용어들을 겨냥한 급진적 유명론과 유물론을 통해 혹독한 철학적 숙청을 제안했다. "참과 거짓은 말의 속성이지 사물의 속성은 아니기 때문이다."[39] 흐릿한 사고와 잘못된 독단론은 혼란을 의미했다. "말은 현명한 이들의 계산 도구이기 때문이다. 그들은 그것으로 계산을 할 뿐이다. 그러나 말은 멍청이들의 돈이다."⁴⁰ 언어는 독자적인 생명을 얻도록 허용되어서는 안 된다. 실체는 불필요하게 늘어나서는 안 되며 모든 허구는 몰아내져야 한다—이 같은 명령들에 담긴 과격한 함의에는 비물질적인 것은 순전한 헛소리로 부정하는 것도 포함되어 있었다. "우주는 (…) 형체를 가지고 있다. 다시 말해, 실체가 있다. (…) 그리고 실체가 없는 것은 우주의 일부가 아니다."⁴¹ 그걸로 끝이었다. 그 함의는 중대했다. 영혼이 없으면, 영혼을 관장하는 성직자도 없다는 것이었다.

바로 이 유명론적·유물론적·일원론적 연필을 가지고 홉스는 인간 본성을 다시 그렸다. 인간은 기계, 움직이는 물질일 뿐이다. 생각들과 느낌들은 외부 압력에 의해서 감각기관들에 유발되는 자극들이며 그 자극들은 다시 관념들이라고 하는 뇌파들을 만들어낸다. 상상은 외래의 자극이 사라진 후 정신 속에 계속 남아 있는 관념들에 대한 의식이며, 기억은 그러한 관념들의 반추이다. 그러한 모든 활동들은 언어와 독립적으로 이루어지며 따라서 (데카르트한테는 미안하지만) 인간과 더불어 동물에게도 흔하다.

사람과 짐승은 또한 '정념'이 있다는 점에서, 즉 외부 자극에 의해 끊임없이 가동되며, 두뇌에서의 이미지와 상응하는 장기에서 동요를 경험한다는 점에서 같았다. 정서적으로 중요한 것은 현재 욕망의 충족만이 아니라 미래의 요구도 충족되리라는 확신이었다. 그러므로 행복은 최종적 목표finis ultimus를 가질 수 없고, 오히려 '한 가지 목표에서 다른 목표로, 욕구의 지속적인 진행'⁴²이다. 그러나 행복에는 절대적 대립항이 있는데 그것은 죽음이다. 따라서 폭력적 죽음에 대항하는 대책은 가차없는 자기방어를 포함하여 극히 중요하다. 인간은 고립된 섬이 아니기에, 그 결과 '명예와 부, 권위를 향한 지속적인 다툼'이 생겨나며 인간의 삶은 '고독하고 가련하고 끔찍하고 잔혹하고 짧은', 저 악명 높은 자연 상태의 악몽을 낳는다.⁴³ '오로지 죽음에 이르러서만 그치는 항구적이고 쉼 없는 권력 추구 욕망'으로서의 삶에 대한 홉스적 시각은 따라서 암울했다―일종의 세속적 칼뱅주의인 셈이다. 그의 철학적 결정론은 절대주의와 복종이라는 쓰지만 이로운 정치학을 위한 제일 원리를 제공하는 것으로, 따라서 질서를 위한 처방으로 제시되었다.[44]

왕정복고기의 재사들에게 홉스주의는 자기 본위의 권력 놀음의 블랙 코미디를 합리화해줄 수도 있었다―그 '맘스베리 괴물' 혹은 영국의 마키아벨리는 그의 거의 반사적인 반성직주의를 옹호한 로체스터 같은 난봉꾼들에게 매력적인 스승 역할을 할 수도 있었다. 그러나 비판가들은 규범적 자연법과 전통적으로 이해되는 기독교적 신성에 대한 그의 통렬한 부정에 경악했다.[45] 사실상 신을 권좌에서 몰아내거나 적어도 그 이름을 더럽힌 홉스의 신랄한 유물론은 '공허한 철학과 엄청난 전통들'―열에 들뜬 상상력이 낳은 천사와 악마, 그리고 여타 '공상적인 전승들'과 같은―만이 아니라 정확히 기독교 그 자체를 겨냥하는 것처럼 보였다.[46] 홉스주의자들은 비난의 표적이 되었다. 1668년 대니얼 스카길Daniel Scargill이라는 케임브리지 코퍼스크리스티 칼리지의 한 연구원은 '신을 모독하는 불경하고 무신론적인 소견'을 지녔다는 이유로 대학에서 쫓겨났으며, 1683년에 옥스퍼드 대학은 『리바이어던』을 그의 『시민론De Cive』(1642)과 함께 불길에 집어던졌다.[47]

따라서 홉스는 자신이 극구 부인했음에도 불구하고 무신론자나 다름 없는 자로 미움을 받았다. 그 점이 그를 계몽 철학자들에게 그토록 유용하게 만든 것이며, 독실하게 홉스를 부인하는 한, 철학자들은 홉스의 개념상의 쓰레기 청소의 여러 측면들을 자신들의 작업 안에 조용히 끼워넣을 수 있었다. 전술적인 홉스 때리기는 그들로 하여금 그들이 실제보다 처신이 바른 이들로 보이게 해주었다.

'학교들의 쓰레기'를 깨끗이 정화하는 이러한 계몽된 작업은 데이비드 흄에 의해 우렁찬 클라이맥스에 이르렀다.

> 이러한 원리들에 설득된 우리가 도서관에 들렀을 때 무엇을 때려 부수어야 할까? 예를 들어 만약 우리가 손에 신학이나 학교 형이상학 책을 들고 있다면 이렇게 자문해보자. 이 책에 수나 양에 관한 추상적인 추론이 담겨 있는가? 아니요. 사실과 존재의 문제들과 관련한 실험적 추론이 담겨 있는가? 아니요. 그렇다면 그 책을 불길에 내던져라. 그 책에는 오로지 궤변과 망상밖에 담겨 있지 않을 테니까.[48]

앞으로 나아가는 길은 '학교 형이상학'에 있지 않고 지적인 겸허함에 있었다. 무오류의 현인들의 정체를 폭로하는 것, 사실과 숫자로 건전한 토대를 놓고 비판의 문화를 만들어내는 것이었다. 만약 인간의 지식에 엄격한 제한이 있다 하더라도 상관없다. 신은 분명히 인간에게 이 세상의 일을 수행할 충분한 능력을 주었을 테니까. 바로 여기에 진정한 '건축 장인들'을 위한 길을 내기 위해 '터를 닦고 지식으로 가는 길을 가로막는 쓰레기를 없애는 변변찮은 일꾼으로서' 철학자 로크의 이미지가 가지는 엄청난 호소력이 있었다. '건축 장인들'이란 그러니까 로버트 보일Robert Boyle이나 토머스 시드넘Thomas Sydenham, 아이작 뉴턴 같은, 실제로 진리의 신전을 쌓아올리고 있던 과학자들이었다.[49]

그러나 이 근대적 유형의 핵심 철학자는 단연코 존 로크였다. 우리가 앞서 본 대로 1670년대부터 그는 정치적으로 급진화했고, 그후로는 정치 논쟁과 경제 정책, 통화 개혁, 종교적 관용의 장려에서 결정적 역할을 했다. 그의 『인간 오성론』(1690)은 새 시대에 걸맞은 새로운 인간에 대한 설득력 있는 비전을 제시한 걸작으로, 진정한 지식을 형성하는 데 따른 정신의 작용에 관한 분석을 바탕으로 한 것이었다.[50]

데카르트, 홉스, 여타 합리주의자들과 현저하게 대조적으로 로크의 진리 주장은 겸허함의 본보기였다. 갈릴레이를 우상처럼 떠받든 홉스에게 이성은 전능하여 어디로든 뻗어나갈 수 있었다. 로크에게 좁고 곧은 경험주의적 길로부터 조금이라도 벗어나는 것은 정신적 지뢰밭으로 통하는 길이었다. 홉스는 기하학적으로modo geometrico 논증들을 제시한 반면, 로크는 유클리드적 확실성을 보증할 근거를 전혀 찾지 못했다. 인간은 제약을 받는 존재이며, 이성은 인간의 목표들에만 충분한 정도이다.[51] 그의 반反선험주의와 순수 이성에 대한 불신은 『오성론』에 제시된 상대주의적인 인류학적 증거에 의해 뒷받침되었다. 그 책은 남아프리카 솔다니아만의 무신론자들부터 기독교를 믿는다고 함에도 불구하고 아이들을 생매장하고 밍그렐리안족과 영아를 잡아먹는 이들에 이르기까지 전 세계에 걸쳐 놀라울 정도로 다양한 인간의 믿음과 관습들을 기록해놓았다.[52] 인간의 믿음과 관습의 무한한 다양성은 생득적인 인지적·윤리적 진리라고 하는 것들 그리고 그것들에 토대를 둔 확실성의 체계들에 대한 로크의 극단적 불신을 뒷받침했다. 그러나 전면적 회의주의는 적절하지 않았다. 지식은 정신과 자연의 상호작용으로부터 나오는 구성체로서 획득될 수 있다.

언어 자체는 뒤죽박죽이다. 로크는 "모든 수사학의 기술은 오로지 잘못된 생각이 파고들게 하고 정념을 일으킴으로써 판단을 그르치게 하기 위한 것이다"라고 툴툴거렸다.[53] 그는 기만과 착각에 빠지는 인간의 능력을 줄줄이 읊으며 '이런 방식으로 의사소통하는 인간이 저지르는 여러 가지

의도적 잘못과 부주의'를 부각시켰다.[54] 언어적 오용은 여러 형태를 띤다. 새 표현들이 명료한 관념들에 단단히 결합되지 않은 채 생겨나고, 옛 표현들은 험프티 덤프티(루이스 캐럴의 『거울 나라의 앨리스』에 등장하는 캐릭터. 말의 뜻을 자기 멋대로 바꿔버리는 사람이다―옮긴이)식으로 왜곡된다. 철학자들은 "옛 표현들을 새롭거나 이례적인 의미로 응용하거나 개념을 명확히 정의하지 않고 새롭고 모호한 표현들을 도입함으로써, 혹은 일반적인 의미를 혼동시킬지도 모르게 새로운 표현들과 옛 표현들을 합침으로써" 실제로 애매모호함을 만끽한다. 로크는 이 후자의 행태가 미묘함과 예리함이라는 드높은 이름 아래 받아들여지고 있다고 냉랭하게 비꼬았다.[55] '관념들이 없는 명칭들'은 '공허한 말'에 불과하며 "[어떠한] 관념들에 일반적으로 통용되는 것과 다르게 명칭을 적용하는 자는 (…) 헛소리를 하고 있다."[56] 로크주의자들은 평이한 언어 사용을 자부했다.

관념들이 생득적이지 않은 것과 마찬가지로 언어 자체도 신이 주신 것이 아니다. 절대적인 정치적 권력이 부여되지 않은 것과 마찬가지로 빼앗길 수 없는 언어적 권위가 아담에게 부여된 적은 없다고 로버트 필머Robert Filmer의 가부장적인 정치 이론을 반박한 철학자는 썼다(8장을 보라). 그보다는 담화는 사람들 간의 합의에 의한 것이며, 기표와 기의 사이의 관계는 본질적으로 관습적이다. 언어는 근본적으로 도구적이고 기능적이며 '용이함과 신속한 전달'[57]에 맞춰졌을 때 가장 좋다. 그것은 올바르게 규제될 필요가 있었다.

따라서 지성의 정원은 잡초가 무성했다. 잡초를 뿌리 뽑기 위해 로크는 '나는 무엇을 아는가?', '그리고 나는 그것을 어떻게 아는가?'와 같은 기본적 질문과 씨름하기 위한 몇 가지 근본적인 기본 규칙들을 제시했다. 우선 '동의assent'와 '지식knowledge'을 구별하는 것이 필수적이었다. 동의(혹은 '믿음

faith')는 누구든 신의 말씀이라는 계시를 밝힌 자의 증언에 기댄다. 그러나 사람들이 그에게 동의를 할 수 있기 전에 그것이 정말로 계시였다는 확신이 있어야 한다. 그것은 맹목적 신뢰가 아니라 판단을 요구한다.[58] "캐묻고 혼자 힘으로 알아야 하는 이성적 인간이 믿음으로 채택된 신앙이나 종교에 만족할 수 있다니 (…) 나로서는 놀랍기 짝이 없다"[59]고 로크는 어느 지지자를 납득시킨다.

로크는 이성과 신앙은 서로 불화한다는 신앙 지상주의자의 노선을 인정하지 않는데, 후자는 실은 '오로지 정신의 단단한 동의에 불과한데 그것은 (…) 타당한 이유가 아닌 어떤 것에도 부여될 수 없기 때문이다.' 쉽게 속는 것은 경건함이 아니다. 이를테면 어떤 책을 그 저자에 대해 확인해보지도 않고 계시로 받아들이는 것은 순전한 미신이다 — 이성은 다름 아닌 신이 내려주신 것 아닌가? 그런데 신앙은 이성을 압도한다고 전제하는 태도가 어찌 신의 영광을 높이는 일이 될 수 있단 말인가?[60]

전형적으로 계몽된 조치로서 로크는 신이 계시할지도 모르는 진리들의 종류를 제한했다. 계시는 이성에 반하여 인정될 수 없고 '신앙은 우리의 지식과 모순되는 어떤 것도 우리에게 납득시킬 수 없다.' 그러나 굳건한 사실을 얻을 수 없는 문제들, 이를테면 천국이나 죽은 자의 부활 같은 문제들이 남아 있다. '발견할 수 없는 사안이기에' 그런 쟁점들은 '순수하게 신앙의 문제이다.'[61]

한마디로 로크는 보통 말하는 계시된 진리에 아무런 이의를 제기하지 않았는데, 어떤 것이 '신성한 계시인지 아닌지 이성이 판단해야 한다.' —그것은 지속적인 항소 법원이다. 초기 교부들의 '불가능하기 때문에 믿는다 credo, quia impossibile est'라는 좌우명은 신실함의 극치일지도 모르지만 "그것에 따라서 자신들의 견해나 종교를 선택하는 사람들에게는 나쁜 원칙이 될 것이다." 가짜 예언자를 극구 피하지 않는 한 정신은 쉽사리 '광신enthusi-asm', 즉 '인간의 두뇌가 만들어낸 근거 없는 공상들의 분출'의 먹잇감이 될 것이다. 의심의 여지없이 신은 거룩한 이들에게 직접 교통할지도 모르지만, 로크는 대중이 쉽사리 믿는 태도를 악용하는 것을 두려워했고 극도의 신중함을 촉구했다.[62]

『인간 오성론』과 『기독교의 합리성』(1695)에 제시된 신앙과 이성에 관한 로크의 이러한 지시 사항들은 이성을 미신과 광신에 맞선 성채로 만든 계몽된 인식론을 정식화하는 데 지대한 영향을 끼치게 된다. 그의 특징적인 기독교 신앙은 5장에서 더 살펴볼 것이다.

신앙의 '동의'와 대조적으로 자연적인 '지식'은 감각으로부터 나온다—비록 로크는 감각들이 '매우 좁은 범위에만 도달한다'[63]고 경고하기는 했지만. 계시는 확실성에 근거를 제시하는 반면에 감각 경험으로부터 얻어낸 '지식'은 개연성을 넘어설 수 없다. 여기서 로크는 스콜라적 삼단논법을 답답해 하던 베이컨의 태도를 공유하는데, 삼단논법은 '아무것도 추가하지 않은 채' 논리를 난도질하기 때문이다.[64] 반대로 경험적 지식은 정직한 사실의 문제들을 다루며, 비록 제한적이지만 축적되고 진보할 수 있다.

지식에는—신앙과 엉터리 삼단논리와는 분명하게 구분되는—두 종류가 있다. 하나는 직관적인 것이다. 이것은 더 확실하나 범위가 한정되어 있고, 아무런 입증을 요구하지 않는 진리들로 이루어져 있다. 이를테면 반원은 원보다 작다는 명제다.[65] 다른 유형('논증demonstration')은 감각 자료의 획득과 흡수로부터 생겨나고 '개연적' 지식을 낳을 것이다. 계시나 직관의 확실성은 불가피하게 부재한 반면에 이 개연적 지식이 인간에게 입수 가능한 진리의 주요 본체를 형성한다. 로크는 인간 능력의 한계를 강조하는 데서 시드넘과 보일, 뉴턴 그리고 그들의 동료들과 뜻을 같이했지만 그 한계를 극복할 수 없는 문제라고 보지는 않았다. "여기서 우리가 할 일은 모든 것을 아는 것이 아니라 우리의 활동과 관련이 있는 것을 아는 것이다."[66]

한편, 오성Understanding의 실제 작동 방식으로 눈길을 돌렸을 때 로크는 데카르트의 본유관념本有觀念을 부정했다.[67] 갓난아기의 마음은 '비어 있는 찬장', 빈 서판tabula rasa, '백지'[68]와 같고 지식은 오로지 경험을 통해서, 즉 오감을 통해서 획득된다.

> 나는 **오성**이란 빛으로부터 완전히 차단된 벽장과 그리 다르지 않다고 생각한다. 외부의 가시적인 닮은꼴들이나, 바깥의 사물에 대한 **관념들**이 들어올 수 있게 오로지 작은 틈새만이 조금 열려 있을 뿐이다. 암실에 생겨난 상들은 거기에 머무를 것이며, 때에 따라 발견될 수 있도록 가지런히 놓여 있을 것이다. 그것은 한 인간의 오성과 매우 닮아 있을 것이다.[69]

'관념'은 외부의 사물(예를 들어 눈)로부터 생겨나는데, 외부의 사물은 처음에는 자극sensation을, 그다음에는 '관념'을 수반하는 반성reflection을 유발한다. 그러므로 눈이 일으킨 감각은 '희다'라는 관념으로 이어질 것이며,[70] '관념'은 따라서 '인식의 대상object of the Understanding'인 셈이다. 로크의 어법은 독창적이다. '관념'은 우리가 생각할 때만이 아니라 우리가 보거나 감각적 투입에 반응할 때도 우리의 마음속에 있다. 따라서 지각의 대상은 사물이 아니라 관념이며, 관념은 외부 세계의 대상에서 기인하지만 관념의 존재는 또한 정신에 의존한다.

따라서 감각으로부터 파생된 관념은 처음에는 '단순'하지만 나중에는 '반성' 덕분에 결합되어 '복잡'해질 수 있다. 예를 들어, 유사한 감각의 반복으로부터 적당한 시간이 흐르면 시간과 공간 관념이 구성되며, 움직임으로 부터 작용과 힘이라는 관념이 생겨난다. 관념이 진짜이기 위해서는 반드시 외부의 어떤 것에서 기인해야 하며, 외부 세계의 인식 가능성을 규명하는 데서 '1차적' 속성과 '2차적' 속성을 구분하는 것, 다시 말해 실제 세계에 진정으로 내재하는 속성과 단순히 관찰자에게서 어떤 반응을 이끌어내는 것 사이의 구분은 필수적이다. 부피('1차적' 속성)에 대한 진술은 냄새에 대한 진술과 매우 다르다. 후자('2차적' 속성)는 문제가 되는 물질에 대해 본질적인 것을 전혀 말해주지 않으며, 오로지 냄새를 맡는 사람의 코에 대해서만 말해줄 뿐이다. 그것은 로크에게 전략적인 구분이었는데, 부분적으로 그러한 구분이 본유관념을 부인하면서 회의주의라는 비난을 피할 수 있게 해주었기 때문이었다. 그러나 결국에 이러한 전략은 유지 불가능한 것으로 드러나게 된다.[71]

로크는 인식론적 경로를 그려나가면서 감각과 반성으로부터 지각으로, 즉 사고 그 자체로 나아갔다. 이것은 응시contemplation, 과거 경험들의 보유retention와 그것들을 되살려내는 능력을 수반한다. 따라서 기억은, 판단 그리고 기지wit와 마찬가지로, 인식 능력에 필수불가결하다.[72] 기지는 관념들의 편리한 병렬을 의미하는데, 이 병렬은 변덕스럽고 정해진 질서가 없을 수도 있다. 판단은 관념들 사이의 정확한 구별을 보여준다. 대체로 홉스한테서 가져온 로크의 구분은 미학과 문학 비평에서 커다란 영향력을 발휘하게 된다.[73]

판단 작용과 관념의 습관적 연합에 의해서 질서나 아름다움, 자유와 같은 복합 관념들이 만들어질 수 있다.[74] 따라서 자유라는 관념은 누구나 자신이 원한다면 행동하거나 행동하지 않을 수 있다고 느낀다는 사실로부터 발생한다. 여기에 홉스에 대한 로크의 여러 반론 가운데 하나가 있다.

홉스에게 자유는 힘의 문제였다. 즉 인간은 그가 그렇게 할 수 있는 힘이 있는 것은 무엇이든 자유롭게 할 수 있다. 로크의 정치적 자유는 이러한 생각을 거부하는데, 행동은 의지의 행위act of will라는 의미에서 자발적일 수 있지만 그럼에도 불구하고 그것이 외부 강압(예를 들어 머리를 겨눈 총)의 소산이라면 진정으로 '자유롭지free'는 않다. 그러나 로크가 홉스의 권위주의적 정치를 반박하긴 했어도 두 사람은 진정한 지식과 정신의 작용에 대한 접근에서 공통점이 많았다. 홉스는 사고thinking를 운동motion의 역학으로 환원했다. 로크 역시 그에 비견될 만한 단순화 작업에 착수했다.

> 우리의 원래 관념들은 (…) 모두 이러한 극소수의 1차적인 원래 관념들, 다시 말해 [길이나 크기의] 연장extension이나 고체성solidity, 이동성mobility, 즉 이동하는 능력으로 환원될 수 있을 것이다. 이것들은 우리의 오감에 의해 우리가 몸으로부터 받아들이는 것이다. 지각이나 지각 능력, 사고, 원동력motivity, 즉 이동시키는 능력. 이것들은 반성에 의해 우리가 우리의 마음으로부터 받아들이는 것이다.[75]

로크는 홉스보다 왕립학회의 베이컨적 철학에 훨씬 더 감명을 받았다 (그는 실제로 1668년에 학회의 회원으로 선출되었다). 관찰과 실험에 대한 학회의 헌신은 그의 과학 철학에 토대를 제공했다. 그는 예를 들어 탐구를 기다리고 있는, 아직까지 본 적 없는 세계를 암시하는 현미경에 푹 빠졌다. "방금까지 황금의 노란색이었던 것은 사라지고 대신에 우리가 부분들의 조직을, 어떤 크기와 형상의 조직을 볼 수 있다니! 이 현미경은 우리에게 있는 그대로를 드러낸다."[76] 끈기 있는 관찰과 실험은 분명히 결실을 맺을 것이다. 그러나 로크는 결론이 증거를 넘어서는 안 된다고 경고했다. 지각 가능한 것과 측정 가능한 것으로 영원히 한정된 과학은 내적 실제inner reality에 대해서는 아무것도 말해줄 수 없다.[77] 따라서 스콜라적이고 데카르트적인 교만을 바로잡는 과정에서 로크는 지식의 한계를 존중함으로써 지식을 촉진할 것을 제안했다. 비록 '입증할 수 있는' 지식, 경험의 결실은 개연적 이상은 될 수 없지만 그럼에도 불구하고 유용하고 진보적이었다.[78]

따라서 관용과 정치적 자유에 대한 옹호와 더불어 로크는 정신의 발전적 능력을 옹호함으로써 계몽된 의제를 제시했다. 플라톤적이고 데카르트적인 선험주의를 기각하고, 지식은 개연적인 것의 기술이며 앞으로 나아갈 길은 경험적 탐구에 있다는 태도를 견지하면서, 그는 영국에서 계몽주의를 위한 강령이 된 방식으로 합리주의rationalism를 합리성reasonableness으로 대체했다.

급진적인 한편으로 로크는 재건하기 위해 철거했고, 병리적 용어와 교리들을 근절하기 위해 하나하나 분해했다. 어떤 이들에게 그는 우려스러울 만큼 회의적으로 비쳤는데, 그가 일반적으로 인정되는 진리와 본유관념들을 거짓이나 오도하는 것으로 판단했기 때문이다. 그러나 그는 기독교에서의 인간 타락의 의미를 축소하면서 단호하게 인간의 인식 능력들을 주장했다. 인간은 신의 존재를 자연 또는 자연의 법칙과 마찬가지로 알 수 있다는 것이었다. 그의 철학은 거대한 분수령이 되며 그는 영국 계몽주의를 주재하는 정신이 된다.

로크의 유산은 논쟁적인 것으로 드러난다.[79] 그의 견해들 다수—계시의 판관으로서의 이성, 본유관념과 도덕적 절대 원리의 부정, 생각하는 물질thinking matter(유물론—옮긴이)에 관한 그의 암시, 정체성과 의식에 대한 급진적 제안, 삼위일체에 대한 두드러진 침묵(5장과 7장을 보라)—는 그를 공격에 노출시켰다. 심지어 보통은 우군인 아이작 뉴턴조차도 한번은 그를 '홉스주의자'라고 비난했다.[80] 앞서 주목한 대로 그는 모교에서 규탄받았고 스틸링플리트Stillingfleet 주교는 그의 종교에서 무신론의 낌새를 느꼈다.[81] 모든 지식은 경험으로부터 나온다는 그의 확신은 사람들을 불편하게 만들었고 그의 '관념들의 [작동] 방식way of ideas'은 비위에 거슬렸다. 통치 '관념'이 분석되어야 한다는 매슈 틴들Matthew Tindal의 로크적 견해에 반발하여 조너선 스위프트는 따라서 이렇게 조롱했다.

이제, 그럼 이 세련된 담화 방식은 로크 씨에 의해 도입된 것으로 이해해야 하는데 (…) 소크라테스 시대부터 우리 시대에 이르기까지 과거에 세상의 모든 철학자들이 무지하게도 통치란 무엇인가Quid est Imperium라는 질문을 던졌다는 것인가? 하지만 이제는 우리의 표현을 바꿔야 할 것 같다. 그리고 인간 오성에 대한 근래 우리의 발전 이래로 철학자한테 쥐덫을 묘사하거나 정의해달라고 하든지 아니면 쥐덫이란 뭔지 말해달라고 부탁하는 대신에 나는 엄숙하게 물어야 한다. 쥐덫이라는 관념 안에는 무엇이 담겨 있는가?[82]

그럼에도 불구하고 로크의 경험주의는 뿌리를 내렸다. 존 해리스John Harris의 영향력 있는 백과사전 『렉시콘 테크니쿰Lexicon Technicum』(1704)은 로크를 따라서 관념을 '마음이 지각하는 것 그 자체'라고 정의했고, 제2판 (1710)에서는 본유주의innatism가 확실하게 반박되었다고 선언했다. 윌리엄 울러스턴은 1722년에 '타고난innate 준칙' 같은 것이 있는지 매우 의문스럽다고 표명했고, 체임버스의 『백과사전』(1728)은 "우리의 위대한 로크 씨가 이 문제를 논쟁의 여지없이 해소한 것 같다"고 단언했다.[83]

로크식 경험주의는 과학적 탐구에서 발전으로 향하는 길을 가리켰다. 아일랜드 신사 윌리엄 몰리뉴William Molyneux는 본유관념의 부정에 따른, 불편하긴 하나 흥미진진한 함의들을 제기했다. 예를 들어 누군가 선천적인 맹인이지만 이후에 수술을 통해 시력을 얻는다면 구와 정육면체를 즉시 구분할 수 있을까? 다시 말해, 형태라는 본유관념이 있을까? 몰리뉴는 아니라고 생각했다. 처음으로 시력을 얻게 된 사람은 결코 판단할 수 없을 것이다. 로크도『오성론』제2판에서 그 점을 인정하며 여기에 동의했다. 본유주의에 한 차례 더 타격을 입힌 셈이다.[84] 한편 합리론자인 라이프니츠는 동의하지 않았다. 맹인이었다가 갓 시력을 얻은 사람은 형태를 알아볼 수 있고 그것들 간의 차이를 구별할 수 있을 것이다. 반대로 버클리는 로크-몰리뉴 주장을 지지했다. 왕립학회의〈철학회보Philosophical Transactions〉에 발표된 외과의사 윌리엄 치즐던William Cheselden의 사례 연구를 바탕으로 버클리는『새로운 시각 이론에 관한 시론Essay Towards a New Theory of Vision』(1709)에서 갓 시력을 얻은 맹아는 사물을 즉각적으로 '보지' 못한다고, 다시 말해, 촉감에 의해 인지하는 것처럼 시각적 외관들과 거리들을 서로 일치시키지 못한다고 주장했다.[85] 치즐던은 로크식 체험주의experientialism가 그러한 개인을 핵심 검증 사례로 만들었다는 사실을 잘 알고 있었고, 그의 설명은 다시 볼테르와 디드로, 콩디야크, 뷔퐁, 칸트 등 여러 사람들에 의해 인용되었다.[86] 그러므로 시각을 나(주체)와 연관시킴으로써 로크의 인식론은 나중에 실험 심리학이라고 불리게 될 학문에서 연구를 자극했다.

'로크는 보편적이다'라고 윌리엄 워버튼William Warburton은 선언했다.[87] 1760년이 되자『오성론』은 그의 선집에 포함된 네 가지 판본과 더불어 아홉 가지 영어 판본이 돌아다녔고, 런던과 유럽 대륙에서는 라틴어 판본이 나왔다. 프랑스에서 판매는 예상대로 부진했다. 1700년에 프랑스어 번역본이 나왔지만 25년이 지난 뒤에도 여전히 팔리지 않은 재고가 남아 있었다. 그러나 1730년대부터 볼테르의 『철학 서한Lettres anglaises』(1733) 덕분에 프랑스에서의 관심도 부쩍 높아졌다. 그사이 영국에서는 로크에 대한 공격이 1702년에 익명으로 『로크 씨의 인간 오성론 옹호Defence of Mr Locke's Essay on the Human Understanding』를 출판한 캐서린 콕번Catharine Cockburn 같은 지지자들에 의해 반박된 한편, 일단의 작가들이 그의 견해를 널리 알렸다. 일례로 볼링브루크는 인간 지식의 잠재성을, 또한 그 한계를 공언했다. 이 같은 생각은 포프의 『인간에 관한 에세이』에서 운문으로 표현되기도 했다.[88]

로크는 학생들을 위해 압축, 요약되었는데, 특히 아이작 와츠의 『논리학Logic』(1724)은 1779년에 이르러 20판을 찍었다.[89] 헌신적 추종자들인 저 근면한 비국교도는 시와 로크의 죽음을 기리는 송가에서 찬탄을 드러냈다. 그는 『오성론』이 학문과 인간 삶의 무수한 사안에서 전 세계에 걸쳐 더 밝은 빛을 확산시켰다고 주장했으며, 『오성론』의 많은 챕터들이 '글자를 금으로 새길 만하다'고 밝혔다.[90] 영국 철학에서 로크의 지배력은 와츠와 이후의 다른 교과서들이 표준이 되면서 커져갔다. 그리고 그의 사상은 비록 일률적으로는 아니었지만 고등 교육에도 침투했다. 심지어 옥스퍼드도 일말의 관심을 보였다. 1703년에는 옥스퍼드에서 『오성론』을 금지하려는 움직임이 있었지만, 1744년의 학생 독서 목록에는 로크의 '형이상학', 즉 그의 『오성론』이 언급되었다. 그러나 11년 뒤에 그의 모교는 그러한 성급한 결정을 후회했고, 로크는 옥스퍼드에서 다시금 자취를 감췄다.[91]

토리 옥스퍼드에서는 예측 가능한 이러한 운명과 대조적으로, 로크의 철학은 휘그 케임브리지에서는 학과 커리큘럼에 빠르게 진입했다. 1730년에 모들린 칼리지 학장 대니얼 워터랜드Daniel Waterland가 학부생을 위해 쓴 『젊은 학생들에게 주는 조언Advice to a Young Student』은 이전의 논리학에서처럼 단지 학문 용어들을 정의하기보다는 실제로 추론 과정을 설명했다고 『오성론』을 칭찬했다. 워터랜드의 책은 계몽된 케임브리지에서 스콜라철학이 홉스와 데카르트, 라이프니츠, 버틀러, 버클리, 특히 로크에 의해 대체되면서 빠르게 사라지고 있었음을 보여준다.[92] 로크는 스코틀랜드의 대학들에서도 채택되었는데, 처음에는 1730년부터 에든버러대학 논리학 교수를 역임한 존 스티븐슨John Stevenson의 수업에서 채택되었다. 물론 거기서 근대인들의 왕자는 베이컨이었지만.[93]

그사이, 로크의 경험주의의 함의들은 조금씩 파악되고, 좀더 자세한 설명이 덧붙여지고, 도전받고, 이의가 제기되고, (그의 '인상들impressions'과 더불어) 흄의 감각주의와 하틀리의 관념 연합의 정교화의 첫 토대가 되었다. 에이브러햄 터커의 『자연의 빛의 추구』(1768)는 "본유관념과 진짜 본질 그리고 그와 같은 거추장스러운 헛소리를 일소하는 데"[94] 성공한 사상가에 대한, 비록 장황하지만 열광적인 해설처럼 읽힌다. 언어의 거짓과 허구를 타파하는 데 열심이었던 제러미 벤담 역시 진심 어린 경의를 표했다. "로크가 없었다면 나는 아무것도 알지 못했을 것이다."[95]

그러나 로크를 독서 공중 전반에 소개한 것은 〈스펙테이터〉였다. 지금까지 철학자가 가진 최상의 홍보 담당자였던 조지프 애디슨은 기지와 판단, 개인의 정체성, 언어의 미궁, 그리고 무엇보다도 미학에 관한 로크의 사상을 '상상의 즐거움Pleasures of Imagination'에 관한 일련의 놀라운 에세이를 통해 대중화했다.[96] 특히 자연을 이해하는 문제를 다루면서 그는 1차적 속성과 2차적 속성에 관한 로크적 견해를 특유의 가벼운 터치로 극적으로 묘사했다.

우리의 영혼은 현재, 기분 좋은 망상 속에 유쾌하게 길을 잃은 채 어리둔절한 상태이며 우리는 로맨스에서 마법에 홀려, 아름다운 성과 숲, 풀밭을 보는 주인공처럼 거닐고 있다. (…)그러나 어떤 비밀스러운 주문이 풀리자마자 환상적인 광경은 산산조각 나고, 서글픈 기사는 황량한 황야나 고독한 사막에 있는 자신을 발견하게 된다.[97]

저 다소 혼란스러운 식별의 코믹한 가능성은 대학에서 그의 학생다운 마음이 혼란에 빠져서 집으로 돌아온 잭 리저드에 관한 〈가디언〉의 설명에서 활용되었다. "첫 1주일 동안 그는 전적으로 역설을 다루었다. (…) 여자들이 일단의 매듭을 정리하고 있을 때, 그는 그들에게 모든 띠는 같은 색깔이라는 것을 입증해 보였다. 아니 그보다는 색깔이 아예 없다고 잭은 말한다."[98]

케네스 매클린Kenneth MacLean은 성서를 제쳐둔다면 로크의 『오성론』이 조지 왕조 시대를 지배한 책이라고 주장하면서, 지적으로 진지한 것부터—새뮤얼 존슨의 『사전』에 보이는 핵심 인용들—맞은편 스펙트럼의 장난스러운 암시와 아는 척하며 이름 들먹이기에 이르기까지 『오성론』의 수용 양상을 제시한다.[99] 1752년 4월 14일자 〈코번트가든 저널Covent Garden Journal〉에 실린 광고는 따라서 헨리 필딩이 쓴(소설 『톰 존스』를 말한다—옮긴이) 악행에 대한 경고가 특히 젊은이들에게 적절하다고 열심히 떠워주는데, "그러한 관념들이 서로 합쳐지면, 로크 씨가 사려 깊게 본 대로, 나중에는 도저히 떼어낼 수 없기" 때문이다.[100] 로크의 이름을 거론하면 책이 팔렸던 모양이다.

로런스 스턴도 마찬가지로 『트리스트럼 샌디』의 독자들이 '현명한 로크'를 당연히 알고 있거나 아니면 아는 사람으로 여겨지고 싶어한다고 생각했다. 책 초반부에 우리의 주인공은 그의 아버지가 매달 첫 주 일요일 밤에 시계를 감는 습관에 대해 설명한다.

> 이 습관으로 인해 생긴 불행은 단 한 가지인데, 그게 하필 나한테 엄청난 무게로 떨어졌고 나는 아무래도 그 결과를 무덤까지 지고 가게 될 것 같다. 설명하자면, 이 불행은 그 본성상 아무 상관관계가 없는 관념이 엉뚱하게 연상 작용을 일으키는 현상 때문에 야기된 것이다. 어머니는 바로 이 연상 작용으로 인해 시계태엽 감는 소리를 들으면 다른 어떤 일이 저절로 머리에 떠오르게 되었고 그 반대도 마찬가지였다. 이런 작용을 누구보다 훤히 꿰뚫고 있던 저 현명하신 로크 선생은 이와 같은 관념 간의 이상한 조합 현상이 세상에 존재하는 다른 온갖 편견의 원인보다 고약한 사건을 더 많이 만들어냈다고 단언하고 있다.[101]

빈 서판은 또한 그 소설과 그 밖의 여러 책들 곳곳에서 화두가 되었다. 메리 헤이Mary Hay의 『에마 커트니의 회상록Memoirs of Emma Courtney』에서 우리는 매우 명시적으로 마음은 흰 백지처럼 출발한다는 서술을 접할 수 있다.[102] 새뮤얼 리처드슨Samuel Richardson의 여주인공 파멜라는 그녀의 장래 남편이 친절하게도 선물한 로크의 『교육론Some Thoughts concerning Education』(1693)으로부터 유아의 마음에 대한 이해를 얻게 된다.[103] 그리고 몇 년 뒤에 체스터필드는 아들에게 "매우 현명하고 철학적이고 삼가는 사람은 어떻게 생각하는지를" 가르치기 위해 핵심 문단들을 표시한 같은 책을 한 권 보냈다.[104] 사정에 밝은 사람이 되고 싶다면 분명히 로크와 친해져야 했다.

영국 계몽주의 레퍼토리에 결정적인 것은 경험을 통해 무지에서 지식으로 성숙해져가는 정신이라는 로크식 모델과, 그러한 모델이 인류 전반의 진보에 시사하는 패러다임이었다. 개인은 감각을 통해 실질적 지식을 얻을 수 있고, 말을 통해 추론할 수 있으며, 신과 그의 동료 인간들에 대한 자신의 의무를 파악할 수 있다. 쉽게 오류에 빠지기에 인간은 불완전하다. 교육할 수 있기에 개량할 수 있다. 실수는 제거될 수 있고 발전은 시행착오를 통해 이루어지리라.[105] 로크를 계몽의 위대한 교사로 만든 것은, "자아의 합리적 제어 이론과 밀접하게 연관된 한편, 합리적 자기 책임의 이상 아래 지식과 자아를 묶은, 타당한 지식으로서 새로운 과학에 대한 설득력 있는 설명"의 제시였다고 이야기된다.[106]

| 4장 |

출판
문화

나는 책과 인간을 노래하네.

—알렉산더 포프[1]

모든 사람들의 주된 영광은 그 작가로부터 생겨난다.

—새뮤얼 존슨[2]

주로 우리나라의 상태를 고려한다면 지금 시대는 매우 적절하게 작
가의 시대라고 이름 붙여도 무방할 것이다.

—새뮤얼 존슨[3]

사회는 의사소통과 정보를 통해 하나로 묶인다.

—새뮤얼 존슨[4]

계몽에 결정적인 것은 펜의 전투―칼과 검열, 라이벌 펜에 맞선 전투였다. 지면 전쟁에서 기지와 박식, 비판은 암흑과 아둔함, 전제주의를 표적으로 삼았다. 가장 극적으로 프랑스에서 필로조프들은 교회와 국가에 맞서 깃펜을 휘둘렀고 국가와 교회는 그들대로 금서 목록과 검열 업무, 유치장과 법정, 심지어 바스티유 감옥을 통해 작가들과 출판업자들을 감독하고 괴롭히는 식으로 보복했다. 볼테르와 디드로는 둘 다 구금된 적이 있었고 그들과 여타 필로조프들은 망명지에서 지냈다. 프랑스 혁명 전야에 160명 이상의 검열관이 루이 16세의 사상경찰로 월급을 받고 있었다. 한편으로는 그들의 주목을 피하기 위해 네덜란드와 스위스로부터 국경을 넘어 금지된 출판물을 몰래 들여오는 정교한 네트워크가 고안되었다.[5]

잉글랜드에서는 이런 일들이 다른 식으로 진행되었다. 잉글랜드 내전과 대공위기의 출판 무한 경쟁 시대 이후로 왕정복고기에 검열이 재도입되었으나 1688년 명예혁명은 이를 좌절시켰다.[6] 1695년에는 면허법이 소멸되도록 방치되었고—부분적으로 서적출판업 조합Stationer's Company의 독점에 대한 불만에서—해묵은 사전 검열 제도는 두 번 다시 부활하지 않았다. 여태까지 런던과 요크, 옥스브리지에 한정되어 있던 인쇄업은 자유 시장이 되었고 출판 사후 탄압의 위험, 어쩌면 투옥이나 오명까지 감수할 대담한 작가나 서적상을 막을 길은 없었다. 그리고 탄압은 오히려 대니얼 디포가 『국교반대자들을 다루는 지름길Short Way with Dissenters』(1702)로 유죄 판결을 받은 이후 발견한 대로, 대중적 인기로 통하는 열쇠가 될 수도 있었다. 1688년 이후 목청 높여 외쳐진 빤한 표어 가운데에는 언론의 자유, 〈런던 이브닝 포스트〉가 1754년에 자기에게 편한 대로 선언했듯 '나머지 모두를 보호하는' 저 자유가 있었다.[7]

인쇄물이 폭발적으로 증가했다. 1620년대에 잉글랜드에는 약 6000종의 저작이 나왔다. 그 숫자는 1710년대에 거의 2만 1000종까지 증가했고 1790년대에 이르면 5만 6000종을 넘게 된다.[8] 몇몇 개별적 판매량은 인상적이다. 새뮤얼 리처드슨의 『파멜라』(1740)는 12개월 안에 5판을 찍었고, 디포의 『로빈슨 크루소』(1719)와 토비아스 스몰렛의 『로더릭 랜덤Roderick Random』(1748)은 첫해에 5000부를 찍었으며, 헨리 필딩의 『아멜리아Amelia』(1751)는 1주일 만에 그만큼이 팔렸다.[9]

소책자는 불티나게 팔렸다. 디포의 정치 풍자시 『진짜배기 영국인True-Born Englishman』(1701)은 4년 동안 정식 판만 9판을 찍었고 10여 종의 해적판도 나와서 총 8만 부에 달했다.[10] 몇 년 뒤 새셰버럴 논쟁과 관련한 소책자 세 권은 각각 5만 부 넘게 팔렸다. 1776년 리처드 프라이스의 『시민적 자유의 성격에 관한 고찰Observations on the Nature of Civil Liberty』도 역시 잘 나갔다.[11] 1660년에서 1800년 사이에 30만 종이 넘는 단행본과 소책자가 잉글랜드에서 출판되었고 부수는 도합 200만 부에 달했다.[12] 이 어림잡은 수치만으로도 알 수 있는 것처럼, 유럽 대륙의 사촌들 다수와 달리 잉글랜드의 문인들은 당국에 맞서 게릴라 전쟁을 벌일 수밖에 없었던 '문필 지하세계'를 구축했다고 보기 힘들다. 그보다 그들은 비평가, 여론 형성자, 지식 장사꾼으로서 자기 정체성을 내걸며, 확대되는 공중에 직접 말을 거고 당국에 의해 활용되기도 하고 악용되기도 하면서, 신생 문화 산업의 일부를 구성했다.

인쇄의 도래는 거대한 분수령으로 묘사되었다. 문자의 발명은 "우리 자신의 것은 물론이고 다른 사람의 노고와 연구 결과도 주인처럼 마음껏 누릴 있게 하면서" 인간의 모든 발견 가운데 가장 훌륭한 일이었다고 윌리엄 워딩턴William Worthington은 선언했고, 진보적 국교도 에드먼드 로Edmund Law는 인쇄 자체가 '학문의 완전성과 진보에 무한히 공헌해왔다'고 확신했다.[13] 문해력 역시 중시되었고, 스코틀랜드인들은 특히 '다재다능한 소년들lad o'pairts'(집안 배경이 변변찮지만 촉망받는 학생을 가리킨다 — 옮긴이)이 대학으로 갈 수 있는 발판이 된 자신들의 교구 부속학교를 자랑스러워했다.[14] 잉글랜드에서는 폭넓지만 쇠락하고 있는 문법학교 전통의 틈새들 사이로 수천 개의 상업적 사립학교와 비국교도 아카데미가 세기 초반의 자선 학교나 나중의 일요학교처럼 여기저기 생겨났다.[15]

물론 기준은 낮을 수도 있었다. 교구 학교들은 읽기는 가르쳤지만 쓰기는 가르치지 않는 경우가 흔했고, 학생들에게는 기독교 지식 촉진 협회에서 배포한 성서와 여타 신앙 서적들만 읽혔다. 그러나 책 읽는 눈은 결코 가려질 수 없는 법, 지독한 냉소주의자 버나드 드 맨더빌부터 〈반反자코뱅 리뷰Anti-Jacobin Review〉에 이르기까지, 평민들에게 글 읽는 법을 가르침으로써 분수에 맞지 않는 생각을 심어주는 어리석음에 맞서 많은 목소리들이 제기된 것도 그 때문이다. 무지는 가난한 자들의 가장 좋은 '아편'이라고 솜 제닌스Soame Jenyns는 생각했다.[16]

독자들은 기뻐했다. 에드워드 기번은 "인도의 보물과 바꾸지 않을, 무엇으로도 꺾을 수 없는, 읽을거리에 대한 어릴 적 애정"을 자랑스럽게 여겼고,[17] 평범한 노동자들은 독서 습관을 통해 혁명적인 변화를 경험한 삶에 대해 썼다. 목축업자 아버지가 시장에 다녀오라고 보냈을 때 어린 존 캐넌John Cannon은 '박식하고 호전적인 유대인 요세푸스 벤 구리온의 커다란 역사책'을 읽기 위해 그 지역의 정원사의 집으로 몰래 새곤 했다. 그 일은 "잉글랜드 역사에 대한 변함없고 물리지 않는 나의 애착의 첫발이었다." 징세관과 학교 교사가 되고 지역의 서기로 일하면서 캐넌은 나중에 그의 정원사 스승의 뜻을 이어가 책을 빌려주었다.[18] 일거리를 찾아 떠돌던 열네 살의 독학자 윌리엄 코벳은 서적상의 진열대에서 스위프트의 『통 이야기A Tale of a Tub』를 찾아냈다. 그는 전 재산을 털어났고—3펜스—건초 더미를 발견한 뒤 책을 읽기 시작했다. 유레카!—그는 "그 책은 무척 달랐다. (⋯) 말로 표현하기 힘들 만큼 나를 즐겁게 해주었다. 그리고 그 책은 내가 언제나 일종의 지성의 탄생으로 간주해온 것을 낳았다"고 회상했다. 코벳은 장차 인민의 호민관, 자칭 '잉글랜드 민중의 위대한 계몽가'가 된다.[19] 그와 비슷한 일이 랭커셔 직조공의 아들 새뮤얼 뱀퍼드Samuel Bamford, '독서라는 축복받은 습관'에 경의를 표하게 되는 또다른 사람한테도 일어났다. 그의 첫사랑은 이후로도 그에게 변치 않는 애독서가 되었다. "나의 특별한 관심을 끈첫 책은 조잡한 목판화가 실린 『천로역정Pilgrim's Progress』이었다."[20] 버니언은 밀턴과 포프로, 계속해서 다른 영문학으로 이어지며, 뱀퍼드를 급진주의자로 변신시킨 저 독립심으로 그를 무장시켰다. 그와 동시대 사람인 존 클레어John Clare는 노샘프턴셔 소택지의 문맹에 가까운 소농 집안에서 태어나 글자를 배웠고 일하다 몰래 빠져나와 울타리 뒤에 숨어 책을 읽으며 저 최고의 자조自助 우화인 『로빈슨 크루소』와 친숙해진 뒤 마침내 착취와 인클로저enclosure(주로 초지와 방목지로 쓰이던 이전 공유지에 울타리를 쳐서 사유화하던 움직임. 영국 농업혁명과 산업혁명, 자본주의화를 촉진한 핵심 과정으로 여겨진다—옮긴이)에 항의하는 성난 시인이 되었다.21 책이 제공한 권능은 하층민의 자존감에 결정적이었다.22

독서 습관은 문화적 애착의 양상을 바꿔놓았다. 1790년대에 제임스 래킹턴James Lackington은 "아주 빈한한 농부와 가장 빈한한 시골 사람마저도 일반적으로 아들딸들이 읽어주는 소설과 이야기를 듣느라 겨울밤이 긴 줄 모르며, 그들의 집에 들어서면 『톰 존스』, 『로더릭 랜덤』 및 기타 오락 도서가 베이컨을 넣어두는 선반에 꽂혀 있는 것을 볼 수 있을 것"이라고 언급했다.23 그러므로 '생활 여건이 열악하거나 형편이 기운 무수한 사람들이' 이제는 '딱히 합리적 쓸모가 없는 일에' 시간을 낭비하지 않게 되었으니 '혜택을 입었다고' 의기양양하게 말했다.24 계몽으로서의 독서라는 래킹턴의 설명은 명백하게 아전인수격인 발언인데, 서적상으로 살아가는 사람일 뿐 아니라 지식을 싸게 판다고 자부하는 사람한테서 나온 말이기 때문이다. 자수성가한 그는 핀스버리 스퀘어에 있는 그의 '뮤즈들의 신전'을 '세계에서 가장 싸게 파는 서적상'이라는 간판을 뽐내는 런던의 명소 가운데 하나로 만들었다. 1792년이 되자 그는 거대한 도서 목록과 염가 재고 정리라는 묘안에 힘입어 '연간 10만 부가 넘는' 어마어마한 매출을 올린다고 주장하고 있었다.25

래킹턴만이 출판물의 힘을 감지한 것은 아니었다. 그보다 일찍이 새뮤얼 존슨은 이제 집집마다 '다량의 지식의 장櫃이 제공되면서' '일반 문학이 각계각층의 모든 국민에게 속속 파고들었다'고 말했다.[26] 그와 비슷하게, 토머스 홀크로프트Thomas Holcroft는 동료 견습생한테서 『걸리버 여행기』와 〈스펙테이터〉를 빌렸던 1790년대를 술회하면서 차이점을 지적했다. 그가 어렸을 때 선술집에는 오래된 영국 발라드(이야기를 담은 시나 노래―옮긴이)가 몇 편 있었을지 모르지만 "지금과 달리 그때는 책이 없었다. 지금은 다행스럽게도 (…) 거의 모든 집에서 책을 찾을 수 있다."[27]

인쇄물이 주도하는 이런 의식의 변화는 부분적으로는 높은 문자 해득률에 달려 있었다―비록, 이미 1700년에 이르면 유럽 표준에서 봤을 때 제법 인상적인 수준이었지만, 영국의 문자 해득 수준은 다음 세기에 급격히 높아지지는 않았다.[28] 그보다는, 여기서 중요한 것은 독자의 총수가 아니라 독서가 국민 상당수에게 습관이 되었으며, 출판물 세계에 속한 사람과 나머지를 가르는 유리 칸막이가 더 중요해졌다는 사실이다. 문맹자는 가차 없이 비웃음을 산 반면, 독서는 심지어 막대한 재산이나 지위가 없는 사람한테도 문화적 매직 서클(소수의 특권 집단―옮긴이) 안으로 들어갈 수 있는 입장권을 제공했다. 사실 조지 왕조 시대 영국에서 핵심 양극화는 귀족과 평민 사이 혹은 부자와 빈자 사이가 아니라 출판에 의해 생겨난 메트로폴리스 문화 풀에서 헤엄치는 사람 대 거기서 배제된 사람, 여전히 본질적으로는 구전 문화에 속한 사람과 제임스 매킨토시Sir James Mackintosh가 "인쇄술의 확산은 (…) 배운 사람들의 견해가 (…) 상점과 촌락으로 흐르는 통로를 제공했다"고 말했을 때 염두에 두었을 사람 간의 양극화라고 주장되어왔다.[29]

코벳 같은 독학자들은 특히 그들이 인생 초기에 접한 근대적 저술―디포, 스위프트, 스몰렛 그리고 신문과 잡지에 고무되었다. 이것은 '집중적' 독서에서 '광범위한' 독서로의 이동을 반영했다.[30] 전통적으로 '보통 독자'

는 일단의 소중한 책들을 애지중지하며 몇 번이고 다시 읽었다—정확히 홀크로프트가 묘사한 모습이다. 래킹턴이 그를 고용한 구두 수선 장인에 대해 언급하며 "내가 모셨던 주인의 장서는 학교용 크기 성서와 와츠의 시편과 송가, 푸트의 세례에 대한 논고, 컬페퍼의 약초론, 낚시의 역사, 약제와 외과술 등의 처방을 다룬 미완성 책, 계산조견표로 이루어져 있었다"고 기억했다. 성서와 몇몇 종교 서적, 그리고 몇몇 실용적 '입문서'—그런 것들이 수공업 장인의 지식의 보고였다.[31]

반대로, 새로운 '광범위한' 독자 부류는 훨씬 다양한 범위와 대체로 최신의 자료에 접근할 수 있었다. 그들은 책들을 순회도서관에 반납하거나 다른 사람에게 넘겨주거나 아니면 불필요한 종이 뭉치로 바꾸기 전에 대충 훑어볼 수 있었을 것이다. 개인 대상의 책은 덜 희귀해졌고, 독자는 갈수록 책에 익숙해지면서 손에 잡히는 대로 이것저것 읽게 되었다. 블루스타킹(조지 왕조 시대 맥락에서는 문예 취향을 갖춘 여성을 가리킴—옮긴이) 프랜시스 보스커원Frances Boscawen은 '꼼꼼하게가 아니라 더 풍성하게 읽는다'고 지적했다.[32] 그것은 널리 비난받은 변화였다. 독서는 이제 기껏해야 아침나절의 오락으로 전락했다고 불평쟁이로 둘째가라면 서러워할 성직자 존 브라운John Brown은 투덜거렸다.[33] 그러나 새로운 습관이 전적으로 독서를 사소한 소일거리로 만드는 것만은 아니었다는 사실은 19세기 중반 서식스 잡화상 토머스 터너Thomas Turner의 일기에서 드러난다. 신앙심이 두텁지만 심심풀이 오락거리를 즐겨 찾았던 그 친구는 꽤나 인상적이게도 70권이 넘는 책과 간행물을 소장했는데, 그 가운데는 로크, 애디슨, 틸럿슨, 스틸, 스턴, 에드워드 영Edward Young 같은 대표격 계몽가들의 저작은 물론이고 셰익스피어와 밀턴의 작품도 포함되어 있었다. 그의 일기는 1745년 이후 10년 사이에 읽은 다른 책 50권과 간행물, 신문을 추가로 언급한다. 어느 저녁, 만약 술에 취하지만 않았다면 터너는 틸럿슨의 설교를 친구들에게 읽어주었을지도 모르며,[34] 일거리가 많지 않을 때는 가게에 앉아서 로크의 『교육론』 같은 묵직한 책들을 탐독했을 것이다. 터너는 마을의 교사도 겸직했으므로 어쩌면 로크의 교육적 조언을 좇아 학생들에게 계몽된 세계관을 전파했을지도 모를 일이다.[35]

터너의 일기가 확인해주듯이 출판물의 폭발적 증가에서 두드러진 것은 신문과 잡지 그리고 금방 읽히고 버려지는 여타 인쇄물들이었다. 신문 자체는 여전히 흥미로운 뉴스거리였다. 새 세기는 〈포스트보이〉, 〈포스트맨〉, 〈플라잉포스트〉를 물려받았다. 최초의 성공적인 일간지 〈데일리 커런트〉는 앤 여왕 치세에 창간되었다. 더 많은 신문들이 뒤를 이었다. 〈이브닝포스트〉, 〈세인트제임스 이브닝포스트〉, 〈화이트홀 이브닝포스트〉, 〈런던 저널〉, 〈데일리 포스트〉, 〈런던 이브닝포스트〉, 〈데일리 애드버타이저〉 등등이 창간된 한편, 〈런던 가제트〉는 공식 관보로 기능했다. 1700년까지는 이 모두가 런던에서 발행되었다. 1712년이 되자 수도에는 10여 종이 넘는 한 장짜리 신문들이 발행되어, 1주일에 2만 5000부 넘게 팔려나갔다. 1701년 〈노리치포스트〉를 필두로 지방 신문도 속속 출현했다. 1760년이 되자 35종의 지방 신문이 1주일에 20만 부 넘게 팔렸고, 판매량은 1800년에 이르러 두 배로 뛰었다. 18세기가 끝나기 전까지 대도시마다 자체 신문이 생겼다.[36]

1713년에 신문의 연간 총 판매부수는 250만 부 안팎이었다. 런던에서 9종의 일간지와 지방에서 50종의 주간지가 발행되던 1770년대가 되자 그 수치는 1200만이 넘었다. 런던에서만 일간지 13종과 주 3회 발행되는 신문 10종이 나오던 1801년이 되자 그 수치는 1600만으로 껑충 치솟았다.

존슨은 신문 매체의 도약을 두고 "가격의 저렴함 덕분에 보편적으로 이용되며, 다양성 덕분에 모든 이의 취향을 맞춰줄 수 있다"고 언급했다.[37] 새로운 세계가 사람들 눈앞을 획획 지나갔다. 조지 크래브George Crabbe가 1785년에 주목한 것처럼, 새로움은 독자를 끌어들이는 커다란 유인 요소였다.

> 나는 뉴스와 그 모든 김빠진 종이 쪼가리들을 노래하네
> 행상인은 아가리를 벌린 거리거리마다 시끄럽게 신문을 판다네.[38]

"우리나라 사람한테는 유머가 없는데, 나는 뉴스에 대한 우리나라 사람들의 일반적인 갈증보다는 그 점이 더 놀라운 것 같다"[39]고 스펙테이터 씨는 공언했다.

지방 신문은 점점 확대되는 공중에게 국왕과 전장에 관한 소식만이 아니라 그때그때의 유행과 세간의 화제, 흥분을 불러일으킨 사건을 전하면서 신문이 배달되는 그 지역에서 지표 노릇을 했다. 사실 그것은 우선 바로 그 공중을 창출했다. 1736년에 창간된 〈솔즈베리 저널Salisbury Journal〉은 그 세기 말이 되자 매호 판매부수가 4000부가 넘었으며(대부분의 파리 신문들보다 더 많은 부수였다) 자수성가한 발행인 벤저민 콜린스Benjamin Collins를 부자로 만들어주었다. 그는 자산 가치가 10만 파운드가 넘는 엄청난 유산을 남기고 죽었다. 〈솔즈베리 저널〉은 지역 뉴스와 전국 뉴스 외에 각종 사건사고, 공고, 책에 관한 글과 여타 기사 등 온갖 잡다한 내용을 제공했다. 〈솔즈베리 저널〉이 창간되고 35년 동안 웨식스주 78개 소도시의 약 200명의 교사가 신문에 광고를 실었는데 그중 상당 부분은 새로 설립된 학교를 광고하는 내용으로,[40] 이는 언론과 교육이 정신을 함양하는 데 밀접히 연

관되어 있었다는 사실을 보여주고 '지식은 신문을 통해 사람들에게 유포된다'는 존슨의 언명을 뒷받침한다.[41]

신문은 사람들이 전제하는 것을 변화시키고 화제를 불러일으켰다. "어느 부인은 값이 5펜스 나가는 잃어버린 강아지를 찾아주는 사람에게 5기니의 사례금을 준다"라고 스위스인 소쉬르는 1725년에 썼다.

> 한 남편은 무엇에도 외상으로는 자기 아내를 빌려주거나 팔지 말라고 독자에게 경고한다. (…) 돌팔이 의사는 자신이 모든 질병을 치료할 것이라고 광고한다. 강도를 당한 사람은 도난당한 재산을 되찾는 데 도움을 주는 사람에게 후사하겠다고 약속한다. 오락과 볼거리가 광고된다. 집과 토지, 가구, 마차, 말을 팔거나 임대한다는 공고, 책과 소책자 광고 등등이 실린다. 이런 신문들을 읽음으로써 이 커다란 도시에서 일어난 일과 오고간 이야기를 전부 알게 된다.[42]

신문이라는 발명품이 변화의 동력으로 환영받은 것도 놀랄 일은 아니다. 1753년에 "이전 시대를 능가하는 지금의 생활의 개선점 가운데 하나는 정보의 빠른 유통"[43]이라고 언급된 반면, 과거에 향수를 느끼는 이들은 그들대로 무엇을 탓해야 할지 알고 있었다. 1768년에 알렉산더 캣컷은—그는 무엇보다도 반反뉴턴주의자였다—'이 계몽된 시대에 모든 사람은 (저 간편한 지식의 전달자인 신문과 잡지로 사정에 아주 밝기 때문에)' 스스로 하나의 철학을(아닌 게 아니라 하나의 종교라고 덧붙일 수도 있겠다) 세울 자유'가 있다고 여긴다며 일갈했다.[44] 다소 극단적이긴 하지만, 이 브리스틀 성직자의 신랄한 비판은 "이 나라는 여태껏 교황교에 미치고 사제에 시달렸던 만큼 이제는 뉴스에 미치고 뉴스에 시달리고 있다"[45]는 1774년 조사이어 터커

Josiah Tucker의 강력한 대꾸와 마찬가지로 중요한 진실을 담고 있다.

신문과 나란히 문화적 변화의 또다른 동인은 대니얼 디포의 〈리뷰 Review〉(1704-13)에 의해 대중화된 정기간행물이었다. 그다음으로는 리처드 스틸Richard Steele이 아이작 비커스태프Isaac Bickerstaff라는 페르소나를 통해 1709년부터 주 2회 발행한 〈태틀러Tatler〉를 편집하고 대부분의 글을 썼다. 그에 뒤이어 1711년 3월 1일에는 〈스펙테이터〉 창간호가 조지 왕조 시대 사람들이 사랑한 호라티우스로부터 따온 문구 'ex fumo dare lucem(어둠을 빛으로 바꾸기 위하여)'와 함께 등장했다.[46] '스펙테이터 씨'의 사색이라는 틀을 빌린, 스틸과 조지프 애디슨 간의 이 합작품은 일요일을 제외하고 1712년 12월까지(1~555호) 매일 나왔고 가격은 단 1페니에 불과했다. 그다음 애디슨은 다른 합작자들과 뜻을 뭉쳐 1714년 6월부터 12월까지 주 3회 발행되는 두번째 시리즈를 출간했다. 다 합해서 무려 635호를 낸 것이다.

7장에서 더 알아보겠지만, 〈태틀러〉와 〈스펙테이터〉는 예절을 품위 있게 가꾸고, 새로운 철학을 대중화하고, 고상한 취향을 세련되게 가다듬으면서, 공중 일반에게 계몽된 시각과 가치들을 소개해주었다.[47] 극적으로 묘사된 장면들 사이로 도덕적 담화나 가상의 독자와 실제 독자의 편지를 끼워넣음으로써, 흔히 가정이나 저 '모두가 즐겨 찾는 장소', 즉 커피하우스에서 읽히던 일간 에세이라는 매체를 통해 공유된 우월성이라는 일종의 결탁의 감정이 형성되었다.[48] 이 모든 것의 색다름을 새뮤얼 존슨은 놓치지 않았다. 그는 〈태틀러〉와 〈스펙테이터〉가 나오기 전에 "잉글랜드에는 일상생활의 교사들이 없었다. 그때까지 어느 작가도 [예의를] 소홀히 한 미개함이나 문명 속의 무례함을 개혁하려고 나서지 않았다"[49]고 평가했다.

〈스펙테이터〉와 〈태틀러〉의 성공에 촉발되어 더 많은 정기간행물들이 뒤이어 등장했다. 이 가운데 일부는 스위프트가 집필한 〈이그재미너('조사관')〉(1710-14), 스틸의 〈가디언〉(1713), 발행인란에 '감히 알려고 하라sapere aude'를 달고 주 2회 간행된 앰브로즈 필립스Ambrose Philips의 〈자유사상가 Free-Thinker〉(1718-21)―세 권짜리 재판을 찍을 만큼 인기가 많았다(3년 동안 나온 잡지 전체를 총 세 권으로 묶어서 책으로 펴냈다는 뜻―옮긴이). 그리고 애런 힐Aaron Hill의 〈플레인 딜러Plain Dealer('솔직한 사람')〉 등이 두드러졌다. 간행물의 제목 자체가 모든 것을 말해준다. 헨리 필딩의 〈코번트가든 저널〉은 그의 〈그럽스트리트 저널Grub-Street Journal〉(1730-37)과 마찬가지로 에세이와 뉴스를 결합했다. 중대한 혁신은 1744년에 출현한 〈여성 스펙테이터 Female Spectator〉였다.[50] 극작가이자 소설가인 일라이자 헤이우드Eliza Haywood 가 편집한(비록 표면적으로는 여성들로만 이루어진 '클럽'에서 내는 것처럼 꾸몄지만) 이 잡지는 여성에 의해, 여성을 위해, 여성에 관해 쓰인 최초의 잡지로, 사랑과 결혼, 가족, 여성 교육, 예법과 건강에 관한 글로(과도한 차茶 음용으로 유발되는 히스테리에 대한 경고를 비롯하여) 채워져 있었다.[51]

그러나 〈태틀러〉와 〈스펙테이터〉 이후로 가장 탁월한 정기간행물은 의미심장한 제목을 단 불후의 〈젠틀맨스 매거진: 혹은 먼슬리 인텔리전서 Gentleman's Magazine: or Monthly Intelligencer〉였다(잡지 제목을 번역하면 '신사의 잡지: 월간 소식통'쯤 된다―옮긴이). 1731년에 존슨처럼 미들랜드 출신으로, 영악하게도 '신사 실배너스 어반'이라고 행세한 에드워드 영이 창간한 이 잡지는 폭넓은 관심사를 제공하는 종합 잡지였다. 〈젠틀맨스〉는 '같은 종류와 가격(6펜스밖에 안 했다)의 어느 책보다 더 많고 더 다양한 내용'을 담고 있다고 자부했다. 소재의 광범위함을 증명하듯, 창간호는 '이 달의 주간 논쟁과 에세이 개관'이라는 매우 긴 글 뒤에 4쪽은 시에, 6쪽은 '월간 소식'에 할애했으며, 결혼과 죽음, 승진과 사건사고, 그리고 '분실과 도난', 주가, 부고, 해외 소식, 도서, 파산 관련 기사와 더불어 맹신(펜실베이니아에서의 마녀사냥)에 대한 에세이, 원예에 대한 조언, 신문과 논평지 기사 요약문을 담고 있었다. 〈젠틀맨스〉는 10만 부가 넘는 발행부수를 기록했으며, 물론 실제 독자 수는 그보다 훨씬 더 많았다.[52]

존슨의 〈램블러Rambler('만필가')〉(주 2회, 1750~52년에 200호 넘게 발행되었다)를 비롯해 더 많은 간행물들이 뒤따랐다. 존슨의 '아이들러Idler('한담가')' 칼럼은 주간지 〈유니버설 크로니클Universal Chronicle〉(1758-60)에 실렸고, 골드스미스의 '중국 서한Chinese Letters'은 〈퍼블릭 레저Public Ledger〉(1760-61)에 실렸다. 시간이 흐르면서 패션 같은 특정 주제를 다루는 전문지도 등장했다. 서평지도 나타났다. 처음에는 〈먼슬리Monthly〉(1749)와 〈크리티컬Critical〉(1756)이 있었다. 그다음 1783년에 존 머리John Murray가 〈잉글리시 리뷰 English Review〉를 시작했고, 1788년에는 조지프 존슨Joseph Johnson이 〈애널리티컬 리뷰Analytical Review〉를 창간했으며, 1793년에는 리빙턴Rivington의 〈브리티시 크리틱British Critic〉이, 3년 뒤에는 〈먼슬리 매거진Monthly Magazine〉이 등장했다―이 같은 서평지들 사이에서 신간 도서에 관한 글이라는 메타 장르가 만들어졌다.[53] 1800년이 되자 잉글랜드에는 250종이라는 어마어마한 수의 정기간행물이 창간되어 활기찬 문화적 반향판과 의견 교환의 장이 생겨났다. 그 자신이 칼럼니스트인 보즈웰은 "정보와 오락을 제공하는 정기간행물은 근래의 가장 행복한 발명품 가운데 하나라고 할 수 있다"[54]라고 고찰했다.

독자 참여는 진짜든 꾸며낸 것이든 오늘날의 시청자 참여처럼 자신을 중요한 집단의 일원으로 여기도록 일반 독자를 설득하면서 그들을 끌어당기는 핵심 요소였다. 독자 참여는 『어티니언 가제트 혹은 기발한 사람들이 제기한 매우 이상하고 멋진 질문을 모두 해결하는 캐주이스티컬 머큐리

Athenian Gazette, or Casuistical Mercury, Resolving All the Most Nice and Curious Questions Proposed by the Ingenious』(1691)의 존재 이유였는데, 『어티니언 가제트』의 포맷은—사실 및 도덕률, 행동과 관련한 사항에 대해—독자들의 질문에 대답하는 방식이었다. 나중에 『어티니언 머큐리』로 이름을 바꾼 이 '여러분의 질문에 모두 대답해드립니다' 스크랩북은 괴짜 존 던튼John Dunton의 머리에서 나온 것이었다. 그는 말 많은 자서전에서 "에덴동산에서 아담과 이브의 타락에도 불구하고 지식에 대한 욕망은 결코 사그라지지 않았다"고 말했다. 그리고 그가 잡동사니 주간지를 창간한 것은 궁금한 이들에게 '진리의 희미한 모습을 조금'이나마 제공하기 위해서였다. 580호에 걸쳐 6000개에 가까운 질문에 대한 답변이 실렸는데, 주제는 여성 교육에서 영혼 불멸에 이르기까지 다양했다. 예를 들어, '남자는 여성이 자기를 사랑하는지 어떻게 알 수 있을까?'나 '남편이 자기 아내를 때리는 것은 정당할까?'[55] 같은 질문을 발견할 수 있다. 잡지는 나중에 총 20권의 단행본으로 제본되어 나왔고, 로크의 『인간 오성론』 초록과 토머스 스프랫의 『왕립학회의 역사 History of the Royal Society』 초록, 화학자 보일이 민간의학에 잠깐 손을 대본 결과물인 「보일 씨의 구체적 처방에 관한 논평」 등 여러 과학적 아이템을 제공한 증보판 『영 스튜던츠 라이브러리Young Students' Library』도 딸려 나왔다.[56] 던튼의 『어티니언 머큐리』는 '공중 씨Mr Public'[57]가 인생에서 지침을 얻는데, 어쩌면 부모와 성직자, 여타 덕망 높은 권위들을 밀어내는 과정에서 저널리스트에 의존하기 시작한 시점을 가리키는 문화적 변화의 기준점을 제공한다.

물론 그러한 간행물들은 인쇄업 쪽에 더 광범위한 혁신을 가져왔다. 신문과 잡지에 대한 그칠 줄 모르는 수요는 저술가라는 하나의 직업을 탈바꿈시켰다. 오로지 1700년 무렵에야 '직업 작가'는 문학 지형에 이름을 내기 시작했다. 1725년에 대니얼 디포는 저술이 "잉글랜드의 사업에서 매우 비중 있는 분야가 되어가고 있다"고 언급했다. "서적상은 제조업 장인이거나 고용주다. 여러 작가와 저자, 필경사와 하급 작가, 그 밖에 펜과 잉크를 다루는 모든 이들은 일꾼이다."[58] 그러한 '펜과 잉크와 함께, 돈을 받고 고용된 이들'의 고난은 헨리 필딩의 『작가의 소극Author's Farce』(1730)에서 최고의 싸구려 문사인 블롯페이지Blotpage('압지, 흡수지'라는 뜻—옮긴이)의 한탄에 포착되어 있다.

> 밥을 벌어먹기 위해 날림 글을 써대며
> 자기 머리에 의지해 살아가는
> 운명이란 얼마나 불행한가!
> 온갖 부류의 사람들에게
> 머리를, 머리를 들이미는 곳마다
> 머리를 들이밀고 끼어드는 곳마다
> 던지는 작가의 농담.[59]

블롯페이지는 문학계에 새로운 인물이었다. 1763년 존슨, 골드스미스와 함께 식사를 하던 보즈웰은 '런던의 직업 작가들과 함께 앉아 있는 것이' 얼마나 이상한지를 언급했다. 소니 맥해킷Sawney McHackit('Sawney'는 스코틀랜드인에 대한 경멸적 어감의 별칭이므로 소니 맥해킷은 '스코틀랜드인 싸구려 문사'의 통칭쯤 된다—옮긴이)은 아직 올드 리키Old Reekie(에든버러의 별칭—옮긴이)에 등장하지 않았었다.[60]

품팔이 글쟁이들의 본부는 실제 장소이자(바비칸 옆에 위치한) 하나의 이미지인 그럽스트리트였다.[61] 존슨에 의해 '짧은 역사물과 사전, 금방 잊히는 시를 쓰는 작가들이 많이 거주하는 무어필드 근처 거리'로 정의된 그럽스트리트는 '그럽스트리트의 대학', 저 '높이 치솟은 천재의 비옥한 온상!'[62]을 자조적으로 외친 그곳의 거주민들에 대한 씁쓸한 농담이었다. 그 사이, 그들은 페이터노스터 골목 서적상들이라는 '와글거리는 족속들', 저 '문학의 뚜쟁이들'[63]을 위해 아무 글이나 마구 써대는 막일꾼들에 의해 시궁창으로 같이 끌려 내려갈까 두려운 알렉산더 포프 같은 펜의 왕자들에 의해 경멸을 당했다.

'직업 작가'라는 그 새로운 부류에게 인생은 쉽지 않았으니, 존슨의 『리처드 새비지 씨의 인생Life of Mr Richard Savage』(1744)에서 가슴 아프게 환기되었듯이 그들은 빵과 명성을 얻기 위해 허덕였다. 그 자신이 가난한 서적상의 아들이었으니 존슨은 그 어려움을 익히 알고 있지 않았겠는가![64] 그러나 그들의 지위는 비록 더디게나마 점차 나아지고 있었다. 그리고 그것은 오로지 일부에게만 해당되었다. 이러한 여건의 개선은 로크적인 영국인의 재산권의 신성함을 저작물에까지 확대한 일련의 저작권법에서도 약간은 기인했다. 한 사람의 생각과 발명만큼 그 자신의 소유인 것도 없다고 비평가 존 데니스John Dennis는 공언했다. '재치'는 '일종의 자산'이라고 체스터필드도 동의했다.[65]

복잡한 새로운 저작권 관련법들은 출판업자의 권리를 확인하는 한편, 저자들에게도 얼마간의 권리를 내주었다. 런던의 '서적상들'(출판업자)은 스테이셔너스 컴퍼니Stationer's Company의 보호막 아래 전통적으로 전국적 독점(대학 출판사들을 제외하고)을 누려왔다. 허가법(1662년의 인쇄 허가법The Licensing of the Press Act을 말한다. 정확한 명칭은 '선동적이고 반역적이고 허가받지 않은 서적과 팸플릿의 인쇄에서 잦은 남용을 막고, 인쇄 행위와 인쇄기를 규제하기 위한 법'

이다ㅡ옮긴이)의 소멸은 100여 명가량의 수도 서적상들로 하여금 자신들의 지위를 위해, 저작권에서 나오는 이익을 독점하는 단체나 집단을 설립하고 뭉치게 만들었다.[66] 그러나 1710년 법령 이후로 그들이 배타적인 저작권을 행사할 수 있다는 것은 더이상 분명하지 않았고, 죽은 작가ㅡ예를 들면, 셰익스피어ㅡ의 작품에 대해서는 확실히 21년 넘게(1710년 법령 시행일로부터) 배타적 저작권을 행사할 수 없었다. 이미 출판되어 나와 있는 책들은 14년간 보호를 받을 것이고, 만약 저자나 저작권의 소유자가 여전히 생존해 있다면 보호 기간을 추가로 14년 갱신할 수 있었다.

이 불안정한 상황에서 출판업자들은 인기 있는 작가들과 거래를 하는 게 이득이라는 것을 깨달았고, 이제 인기 작가들은 협상에서 더 많은 원고료를 요구할 수 있게 되었다. 올리버 골드스미스는 『지구와 생물의 역사History of the Earth and Animated Nature』(1774)로 800기니를 받았고, 스코틀랜드 역사가 윌리엄 로버트슨William Robertson은 『카를 5세의 역사History of Charles V』(1772)로 거액 4500파운드를 받았다.[67] 따라서 잘나가는 작가들과 출판업자들은 호황을 누리는 산업이 되어가고 있던 분야에서 번영을 구가했다. "선생, 나는 밀러Andrew Millar(1705-1768: 스코틀랜드 서적상 겸 출판업자로, 존슨의 영어사전 작업에 자금을 댔다ㅡ옮긴이)를 존경합니다. 그가 문학의 가격을 높였기 때문이지요"라고 일급 서적상인 존슨은 선언했다.[68]

호가스의 불운하고 '괴로운 시인Distrest Poet'(격노한 음악가Enraged Musician와 한 쌍을 이루는 호가스의 작품으로, 예술가의 직업적 고뇌를 코믹하게 묘사했다ㅡ옮긴이)의 초상에 진실이 담겨 있음은 의심의 여지가 없다. 애덤 스미스는 '흔히 문인이라고 불리는 그 불우한 족속'을 조롱하게 되고 어떤 이는 '다락방의 작가와 광산의 노예 사이에는 차이가 없다'고 항변하기도 했다.[69] 그러나 직업 작가들은 좋은 입지를 얻어가고 있었다. 기번은 '다락방에서

나 궁전에서나 가치 있는 것은 별로 쓰이지 않았다'고 어쩌면 정확하게 지적했다.[70] 확실히, 그 자신을 포함해 점점 많은 수의 작가들이 금전적 성공과 대중적 인정을 같이 얻으면서 숨막히는 이러한 극단을 벗어났다. "나의 책은 모든 테이블마다, 거의 모든 화장대마다 놓여 있었다"고 그 역사가는 『로마제국 쇠망사』의 출판(1776-81)을 떠올리며 흐뭇해했다. 그 책은 단 1년 만에 3500부가 팔렸다.[71] 1700년 이전에는 경제적으로 자립할 수 있는 신사가 아닌 작가들은 일반적으로 후원자를 찾았고, 일부는―이를테면 게이John Gay와 프라이어Matthew Prior ―계속해서 후원자들의 호의를 누렸다.[72] 그러나 후원은 매춘처럼 느껴질 수도 있었고 그런 느낌은 존슨만이 아니라 많은 이들을 괴롭혔다. 어쨌거나 1730년대에는 소머스, 몬터규, 핼리팩스 같은 귀족들과 킷캣 클럽으로 대변되는 왕실과 귀족의 문학 후원의 황금시대는 저물어가고 있었다. 그러나 작가들은 물에 빠져 죽어가는 대신, 사실은 자신들이 얼마간의 경제적 독립을 제공하는 시장에 의해 부양되고 있음을 깨달았다. 존슨으로 말하자면, 그는 작가가 공중에 의존하고, 펜이 후원 연금에 독립적인 새로운 상황을 결코 유감스러워하지 않았다. 글래스고를 방문했을 때 그는 직업과 학식이 어떻게 서로 섞이지 않는지에 관한 해묵은 장광설을 들었지만 언제나 변함없이 위선적 헛소리에 엮이길 거부했다.

　존슨: (…) 자, 학식 자체가 하나의 직업입니다. 사람은 서적상한테 가서 얻을 수 있는 것을 얻습니다. 우리는 후원제를 끝냈습니다.

이제는 전기 작가가 평소와 다름없이 멍청한 말로 끼어들 차례다.

보즈웰: 작가들이 이제는 좀처럼 후원받지 못한다는 것은 안타까운 일입니다.

존슨: 그렇지 않소, 선생. 만약 학식이 어떤 사람을 부양하지 못한다면, 누군가가 자신을 먹여줄 때까지 그가 가만히 손놓고 앉아 있어야 한다면, 그에게는 나쁜 일이지만, 지금 그대로가 더 낫소이다. 후원이 있을 때는 얼마나 많은 아첨과 거짓이 횡행합니까!

보즈웰: 하지만 이제 우리는 한 사람한테 아첨하는 대신에 우리 시대 전체에 아첨하고 있는 실정 아닙니까?

존슨: 아니오, 선생! 세상은 언제나 사람이 자기가 생각하는 것을 말하고 또 자기 하고 싶은 대로 하도록 놔뒀소.[73]

존슨은 체스터필드가 자신의 영어사전의 후원자로서 도와주길 거절한 것을 두고 욕했지만, 그의 불만은 그 귀족 나리가 사전에 돈을 대주지 않은 것에 대한 불만이 아니었다. 결국에 거금 약 5000파운드에 달하는 재정 지원은 서적상들한테서 나왔다. 그 사전 편찬자를 언짢게 한 것은 체스터필드가 '단 한 마디의 격려나 호의적인 미소, 한 가지 도움'도 제공하지 않은 것이었다. 그러므로 그는 이렇듯 가시 돋친 말로 대갚음한다.

베르길리우스에서 목동은 마침내 사랑을 알게 되었고 바위틈에서 거주하는 사람이 되었다. 후원자는 물에 빠진 사람이 절박하게 발버둥치고 있을 때 무관심하게 쳐다보다가 그가 마침내 뭍에 오르면 그때서야 도움을 주겠다고 걸리적거리게 나서는 사람 아닙니까?[74]

그리고 1749년에 『인간 소망의 무상함The Vanity of Human Wishes』에서 존

슨은 의미심장하게도 다음과 같이 표현을 바꿨다(원래 시행에서는 후원자가 아니라 '다락방'을 비난했다).

자, 어떤 불운들이 학자의 삶에 엄습하는지를 보라.
고역, 시기심, 결핍, 후원자, 그리고 감옥.[75]

토리 재사들은 '타락한' 월폴 시대 궁정 후원의 소멸을 애도한 반면, 존슨은 이를 직업 작가들에게 뜻밖의 축복, 후원받는 것으로부터의 탈출로 보았다는 점에서 혼자가 아니었다. 영국의 시인들은 '더이상 생계를 위해 귀족들에게 의존하지 않는다'고 골드스미스는 단언했다. "그들은 이제 공중 외에 다른 후원자가 없으며 전체적으로 고려할 때 공중은 훌륭하고 관대한 주인이다."[76]

문학은 모든 형태와 크기로 유통되는 상품이 되었다. 존 웨슬리John Wesley는 4페니짜리 포켓판 『실낙원』 축약본—대중을 위한 밀턴—과 더불어 사전과 9쪽짜리 영어 문법책을 내놓았다.[77] 새로운 패키지도 개척되었는데, 예를 들어 일부씩 나눠서 출판하는 방식이었다. 존슨의 『사전』(1755) 초판은 4파운드 10실링이었다. 초판을 바짝 뒤쫓은 제2판은 회당 6펜스씩 165차례 주간 섹션 형태로 나왔다. 스몰렛의 『잉글랜드 전사全史, Complete History of England』(1757)는 6페니짜리 주간본으로 10만 부가 팔렸다.[78]

게다가 모험적인 사업가들은 표준적인 영국 시인들과 극작가들의 작품을 대폭 할인된 1실링 안팎의 염가판으로 내기 시작했다—사실상의 페이퍼백인 셈이었다. 이것은 저작권 보호 기간(최장 28년)이 만료되면 작품은 공유 저작물이 된다고 명시한 1774년 저작권법 때문에 가능해졌다. 이제 오래된 카르텔을 무너트릴 수 있게 되었다. 존 벨John Bell은 『초서부터 처칠까지 영국 시인 전집Poets of Great Britain Complete from Chaucer to Churchill』 시리즈에 착수하여 1776년부터 1792년까지 권당 1실링 6펜스 가격에 총 109권을 냈다―조잡한 지질로 찍은 판은 권당 6페니에 불과했다.[79] 곧 존 쿡John Cooke도 매주 출판되는 6페니짜리 영국 시인, 작가, 극작가 시리즈로 경쟁에 뛰어들었다.[80] 젊은 윌리엄 해즐릿은 우편 주문으로 부모님 집에 정기적으로 도착하던('어김없이 찾아오는 잔칫날') 쿡의 책을 통해 영문학을 게걸스레 탐독했다. 1770년대의 또다른 혁신은 음란하고 감상적 소설들로 평판이 자자한 윌리엄 레인William Lane의 미네르바 출판사 겸 대여점Minerva Press and Library이었다.[81]

따라서 더 많은 것들이 더 저렴하게 찍혀 나왔다. 책에 대한 접근도 쉬워졌는데, 지방 출판이 서점 호황을 가져오면서 특히 접근도가 높아졌다. 허가법 아래서 인쇄는 런던의 독점 사업이었고, 지방은 대형 단면 인쇄물broadside, 전단지, 광고지, 극장 프로그램 소개지, 표, 영수증, 기타 사업 인쇄물 없이 지내야 했다. 1700년에 버밍엄에는 서적상이 없었고 1720년대까지도 링컨에는 마을마다 돌아다니며 포고를 알리는 사람은 있어도 신문이나 인쇄업자는 없었다. 그 모든 것이 급속히 바뀌었다. 1740년이 되자 지방 도시 거의 200곳에 대략 400개의 인쇄물 배출 창구(인쇄소와 서점 등을 통칭한 것―옮긴이)가 있었고, 1790년대가 되자 이 수치는 300곳이 넘는 중심지에 거의 1000개로 증가했다. 1800년에 뉴캐슬은 20명의 인쇄업자만이 아니라 12명의 서적상과 3명의 판화가를 자랑할 수 있었다. 런던 사람 윌리엄 블레이크William Blake는 "이제는 서적상이 푸주한만큼 많다"고 평가했다.[82]

다수의 도서 클럽―대여제, 가입 회원제, 구독 회원제―과 도서관이 생겨나면서 반드시 책을 살 필요도 없었다. 1800년이 되자 수도에는 약

100개, 지방에는 약 1000개의 도서 대여점이 있었다.[83] 어떤 것들은 규모가 어마어마했다. 1793년에 벨의 런던 도서대여점은 15만 권의 장서를 보유하고 있다고 자랑했다. 이 가운데는 여러 종류의 순수문학 작품과 더불어 앤서니 앱솔루트Sir Anthony Absolute를 졸도하게 만든 미네르바 출판사 소설들도 포함되어 있었다.[84] 많은 대여점들이 역사서와 여행기, 그와 유사한 종류의 논픽션 책들을 다량으로 보유하고 있었지만 손님들이 선반에서 집어든 것은 소설과 희곡, 가벼운 읽을거리였다.

출판물의 폭발적 인기는 새로운 부류의 문인들을 낳았다. 노동 분업의 이론가 애덤 스미스는 "부유한 상업 사회에서는 사고하거나 추론하는 일도 다른 모든 고용과 마찬가지로 소수의 사람들에 의해 수행되는 하나의 특정 사업이 된다"고 생각했다.[85] 부상하는 새로운 직업 유형 가운데에는 비평가, 즉 저 문필 공화국의 판관이자 검열관, 개혁가를 자처하는 이들이 있었다. 이들은 비방의 대상이기도 했다.

> 자연학자들이 관찰해보니
> 벼룩 한 마리에 더 작은 벼룩들이 빌붙어 있고
> 또 그놈들을 물어뜯는 더 작은 놈들이 있고
> 더 작은 놈들한테는 그보다 더 작은 놈들이 붙어 있어서
> 이렇게 **끝없이** 이어진다네. (…)[86]

스위프트는 위와 같이 썼고, 한편 코벳은 "평론을 업으로 삼는 자들은 (…) 저열하고 돈에 고용된 무리"라고 불렀다.[87] 그렇다 하더라도 비평가는 계몽된 사람의 화신, 왕정복고기의 신랄한 재사가 정중한 예의범절의 시대

에 요구되는 더 세련된 캐릭터로 정화된 인물, 독단주의와 절대주의에 맞서 표현의 자유와 이성적 논쟁을 대변하는 인물이었다.[88]

비평가 선생Mr Critic은 다소간 풍자가와 겹쳤는데, 특히 계몽주의 초기에는 풍자 희극, 놀림, 패러디가 자유로운 사고와 반대, 전복의 이상적인 매체였기 때문이다. 그리고 비평가 선생의 동생은 서평가 선생Mr Reviewer이었다. 존슨은 리뷰를 '음모'라고 무시했을지도 모르지만[89] 비평과 마찬가지로 인쇄/출판이라는 배의 돛에 순풍을 달아주었다. 리뷰는 독자에게 무엇을 생각하고 말해야 하는지 가르쳐주는 한편, 자신들이 인구에 회자되기를 갈망하고 자신들의 목소리를 듣기 좋아하는 문화계 인사들이 몹시 소망해온 (비록 경멸받긴 해도) 문화적 나르시시즘을 키웠다.[90]

그들의 최고의 측근은 스펙테이터 씨, 기준을 정하는 사람이자 언제 어디서나 빠지지 않는 논평가 스펙테이터 씨였다. 자신이 출입하지 않는 커피하우스는 없다고 암시하는 그 애디슨적 페르소나는 그의 클럽의 개별적 일원들—성직자, 상류사회 인사, 상인, 시골 신사, 군인—의 특정 정체성들을 초월한 보편적 지위를 취하여 코즈모폴리턴적 인물, 건전한 판단력과 침착함, 관용적 다원주의의 전형 자체가 되었다.[91]

이러한 문학적 정체성들은 사고라는 업에 대한 애덤 스미스의 언급에서 암시되는 대로, 계몽주의가 사고하는 사람이라는 페르소나를 재발명할 때 그 핵심 요체였다. 최초의 위대한 미디어 인간인 조지프 애디슨은 '벽장과 서재, 학교와 대학에서 철학을 꺼내 와 클럽과 모임, 다탁茶卓과 커피하우스에 거하게' 할 것을 제안하면서 철학자를 문인으로, 따라서 세상물정에 밝은 사람으로 탈바꿈시키고자 했다.[92] 생각하기는 학자만을 위한 것이 아니며 난해한 젠체함을 낳는 '수도승 같은' 신학대학에서 구출되어야 한다. 필요한 것은 의견 다툼이 아니라 토의이고, 논쟁이 아니라 대화이며, 현학자연이 아니라 정중한 예의였다. 3대 섀프츠베리 백작은 "우리가 상정하는 대로 철학이 행복에 대한 연구라고 한다면 능숙하게든 미숙하게든, 모두가 어떤 방식으로든 철학적으로 사색해야 하는 것 아닐까?"라고 자문했다.[93] 따라서 철학은 형이상학의 문제가 아니라 세련된 생활 태도savoir vivre의 문제였다. "아름다움에 대한 취향과 품위 있고, 올바르고, 호감 가는 것에 대한 음미는 철학자와 신사의 인격을 완벽하게 연마한다."[94]

데이비드 흄도 여기에 동의하며 철학자의 재생을 촉구했다. 그는 "학구적 세계와 담화에 적합한 세계 간의 분리는 지난 시대의 커다란 결함이었다"고 주장했다. '학문은 대학과 좁은 방에 갇혀 있음으로써 주요한 패자가 되었고', 철학은 '이 침울한 은둔적 연구 방법으로' 나락에 빠졌으며, '전달 양식과 방법에서 도통 이해할 수가 없기에 학문의 연구 결론은 현실과 동떨어지게 되고 말았다.' 어디에 잘못이 있는가? 사고는 '어떤 추론에서도 결코 경험과 상의한 적 없거나 일상의 삶과 대화에서만 찾을 수 있는 그 경험을 추구해본 적 없는' 자기에 함몰된 학자들에 의해 독점되어왔다. 그러나 상황은 점차 나아지고 있다.

> 나는 이 시대의 문인들이 그러한 수줍고 부끄러워하는 기질을 많이 버린 것을 매우 기쁜 마음으로 바라보고 있다. 그런 기질은 그들을 인류로부터 거리를 두게 만들었다. 그리고 그와 동시에 세상사를 잘 아는 사람들이 책에서 그들이 가장 마음에 들어 하는 대화 주제를 떳떳하게 빌리는 것 역시 반가운 일이다.[95]

흄의 생애 자체가 사상가의 교착 상태 그리고 그 계몽주의적 해소를 구현했다. 20대에 이 스코틀랜드 철학자는 직업 인생의 위기로 미끄러져

들어갔다. 그는 법학 공부를 그만두고 철학이라는 험난한 분야로 뛰어들었다. 그는 의식에 대한 감각sensation 반응 하나하나를 가차없고 회의적인 정직성 아래 철저하게 조사하기 위해, 1차적 원리들과 선험적 추론으로 이루어진 철학을 포기하면서 자아에 관한 대담한 실험 과학과 씨름했다─ 훗날 그의 『인성론Treaties of Human Nature』(1739)으로 이어질 연구였다.

한동안 그는 열광적인 흥분 상태에서 연구해나갔지만 그러다 피로와 권태에 빠지고 말았다. "나는 더이상 내 정신을 예전에 내게 그렇게 커다란 즐거움을 주었던 그 수준까지 끌어올릴 수 없다." 그는 일을 하려고 노력했지만 1730년 봄에는 격심한 육체적·정신적 고통을 겪고 있었다. 특히 그가 스토아 철학자들의 저작에서 읽었던 저 용감무쌍한 '죽음과 가난, 치욕, 고통에 대한 성찰'은 완전히 정반대의 효과를 낳았는데, 그러한 성찰들은 그저 그가 아프다는 사실을 역설했을 뿐이기 때문이었다.

흄은 정신적으로 점점 이상해졌지만 자신의 상태가 전적으로 머릿속 문제라는 것을 좀처럼 믿지 않으려 했는데, 이를 인정하면 자신이 자제력을 잃었다는 불편한 함의를 자인하는 꼴이었기 때문이리라. 그러나 담당 의사는 속지 않았다. "그는 나를 보고 웃으며 말했다. (…) 내가 배운 사람의 병에 제대로 걸렸다고." 흄은 '에일 맥주와 항抗히스테리 알약', 적포도주와 승마를 처방받았다. 그의 신경과 마음은 활기를 되찾을 필요가 있었다. 다음 18개월 동안 흄의 건강은 좋아졌다가 나빠졌다가 했다. 여전히 그는 자신의 상태가 정신적이거나 성격적인 장애라는 것을 믿고 싶어하지 않았는데, 그렇다면 광증이나 꾀병이라는 뜻이기 때문이었다. 그러나 그는 자신의 상태에 약간의 심인성 기미가 있다는 것을 감출 수 없었다. 흄은 자신의 상태와 가장 유사한 사례가 종교적 광신도의 이상한 병증이라는 것에 주목했다. 그는 종교적 열광에 빠진 어느 젊은이라는 철학자에 대한 자기 비하적 초상을 그리면서 도저히 자신의 운명에 우쭐한 기분이 들 수 없었으리라.

스스로 예리하게 모니터한 이 신경쇠약이 흄의 철학적 기질과 신조를 형성하는 데 결정적이었다는 것은 거의 틀림없다. 이것은 추상적이고 고립된 순수 이성의 허약함을 보여주는 산 증거이기 때문이다. 사고는 감각으로부터 완전히 유리될 수 없으며 감각은 신체에 뿌리를 두고 있다. 신경쇠약은 틀림없이 흄에게 자신의 특별한 철학적 프로젝트—정체성의 문제를 해소하기 위해 감각을 파고들어 탐구하는 것—가 일종의 병적인 내적 관조를 낳았다는 것을 확신시켰다. 철학은 자서전이었다.

거의 한 세기 뒤에, 과학적 공리주의자에서 자유지상주의적 개인주의자로 변신한 존 스튜어트 밀의 신경쇠약의 결과와 현저히 유사한 방식으로 흄은 병에서 벗어나 새로운 부류의 철학자로 다시 탄생했다. 병적인 내적 관조에 푹 빠져 있는 사람들은 여전히 종교적 열광자로 남았다. 그러한 상태를 이해하고 극복하는 것은 흄적인Humean 철학으로 이어졌다. 그를 우울로부터 건져낸 것은 어떤 종교적 깨달음이 아니라 '자연 그 자체'였다. 세상을 누리고 사회성을 되찾음으로써 그는 자신의 정신적 균형을 회복했다. "나는 식사를 하고, 주사위놀이를 하고, 대화를 하고, 친구들과 즐겁게 지낸다. 그리고 (…) 이런 사색들에 다시 빠져들 때면, 그것들은 너무 김빠지고, 억지스럽고, 우스꽝스러워 보여서 정말이지 그런 사색들을 더이상 깊이 파고들 수 없다."[96] "철학자가 되어라. 그러나 너의 모든 철학 가운데에서도 여전히 한 인간이 되어라."[97]

일단 그의 『인성론』이 '출판과 동시에 사산되어버리자',[98] 흄은 철학의 포기로서가 아니라, 철학의 더 우월하고 근대적인 표현으로서 스펙테이터풍의 에세이와 역사서를 쓰는 데 눈길을 돌렸다. '로크가 완전히 잊힐 때에도 어쩌면 애디슨은 즐겁게 읽힐 것'99이라고 예측한 그는 자신의 스타일을 갈고닦는 데 착수하여 경력을 전환했다. 1744년에 에든버러대학 도덕철학 교수 자리에 지원했다 떨어졌지만 그는 7년 뒤 문인이라는 새로운 정체성을 가지고 그 도시에 정착하여 에세이와 『잉글랜드 역사History of England』 (1754-62)로 문학계에서 명성을 얻었다. 1763년에 파리 주재 영국 대사의 비서로 임명된 그는 디드로, 돌바크 같은 필로조프들과 교분을 나누며 저명한 살롱 인사가 되었고, 나중에는 런던에서 국무차관을 지내다 마침내는 은퇴하여 에든버러로 돌아갔다. 흄은 성공적으로 문인 겸 실무가로 변신하였다.100

대단히 영향력 있는 『수사학과 문학에 관한 강론Lectures on Rhetoric and Belles Lettres』(1783)에서 휴 블레어Hugh Blair는 사상가와 그의 공중의 문제를 한층 더 나아간 관점에서 접근했다. 진지한 책의 독자들은 무엇을 원하는가? 의심이 여지없이 그들은 '오락이 아닌 교훈'을 바라지만 가독성도 플러스 요소가 되어야 한다. "차갑고 건조한 방식으로 전달되거나 아니면 적당한 우아함과 아름다움을 갖춰 전달되는 동일한 진리와 추론들은 사람의 정신에 매우 다른 인상을 남길 것이다." 사실, 블레어는 '좋은 글쓰기'를 역설했다. 역사와 위인들의 행적에서 나온 예시들은 특히 소중한데, "그들은 실제 삶 그리고 인간의 행동과의 연관성을 보여줌으로써 철학을 추상으로부터 끄집어내고 사색을 강조하기 때문이다."101

게다가 이제는 수도승 같은 그 선조와 달리, 계몽 철학은 유용해야 하고 또 유용할 것이라고 주장되었다. 물론 애덤 스미스는 철학자의 '업'은 '무슨 일이든 하는 것이 아니라 모든 것을 관찰하는 것'이라고 생각했다. 그러나 심지어 이 관찰의 기술도 효용 지향적이 되어야 한다.102 진정한 철학자는 안락의자에 앉아 공상만 하는 사람이 아니다―예를 들어 증기기관

명성을 자랑하는 제임스 와트는 철학자라는 영예를 얻을 자격이 충분하다.[103] 스펙테이터 씨, 일명 보편적 관찰자가 사상가의 모범이라는 스미스와 그 밖의 인사들이 제시한 개념에서 철학 자체는 재정립되고 새로운 활력을 얻었다. 철학은 외딴 연구실에 틀어박힌 책벌레에게만 배타적인 어떤 형이상학적 신비가 아니라 계몽을 추진할 실제 세계에 대한 합리적 이해가 될 것이었다.[104]

인쇄 매체는 지식은 힘이라는 베이컨적 금언을 입증하며 계몽된 견해와 가치를 전파하는 원동력임이 드러났다(15장을 보라).[105] 챕북chapbook(행상인이 팔고 다닌 소설, 속요 등이 담긴 싸구려 소책자—옮긴이), 기도서, 만담집 등등과 더불어 인쇄물은 원예부터 채조까지, 목공부터 요리까지, 유익한 독학 안내서나 교육적 논문들, 조언이 담긴 설명서를 무수히 쏟아냈다. 해너 글라스Hannah Glasse의 『간단하고 쉬운 요리법The Art of Cookery Made Plain and Easy』(1747)은 심지어 '아가씨들의 고생을 크게 줄여주는'[106] 맞춤 조리법을 하인들에게 제공했다. 아동서도 생겨났고[107] 판화와 그림책도 융성했다.[108]

존슨의 『영어사전Dictionary of the English Language』(1755)을 비롯해 기념비적인 참고 도서도 등장했다. 존 해리스의 『렉시콘 테크니쿰Lexicon Technicum』(1704)은 최고의 근대적 영어 백과사전으로, 과학적이고 기술적인 측면에 비중을 두었다.[109] 해리스에게 영감을 받은 이프라임 체임버스는 더 포괄적인 저작을 편찬했다. 1728년에 2절판 두 권으로 출판된 『백과사전: 혹은 예술과 학문의 종합 사전Cyclopaedia; Or, An Universal Dictionary of Arts and Sciences』은 도판이 수록되어 있었고 가격은 4기니였다. 체임버스는 런던의 왕립학회 회원으로 선출되고 훗날 웨스트민스터 사원에 묻히는 영예를 안게 된다.[110] 1778년 비국교파 목사 에이브러햄 리스Abraham Rees는 체임버스의 백과사전을 네 권으로 재편집했고―주 단위로 총 418회에 걸쳐서 나왔다―나중에 잽싸게 또다른 판을 추가로 냈다. 그후 리스는 자신의 『백과사전: 예술과 학문 종합 사전 (…) 전기, 지리, 역사Cyclopaedia, Or an Universal Dictionary of Arts and Sciences ... Biography, Geography and History』편찬 작업에 착수했는데, 이 방대한 저작은 1819년에 4절판 총 39권으로 완결되었다.[111]

그사이 『브리태니커 백과사전』이 역시 조금씩 등장했는데(첫 권은 1768년), 괘선 없는 백지에 인쇄되어 총 100권이 넘게 나왔다. 4절판 총 2670쪽과 160장의 동판 인쇄 판화로 구성된 이 사전은 값이 12파운드밖에 안 되었다.[112] 『브리태니커 백과사전』 제3판(1787-97)은 1만 부가 찍힌 반면, 인구가 영국의 세 배인 프랑스에서 『백과전서』 구매자는 4500명에 불과했다. 따라서 인간의 모든 지식은 처음으로 영어로 그리고 중간계급의 주머니 사정 범위 안에서 쉽게 입수할 수 있게 되었다.[113]

비록 모든 출판물이 '계몽의' 기치 아래 나오지는 않았지만―산더미 같은 신앙 서적들이 출판되었다―출판은 공중의 마음속에서 지울 수 없을 만큼 진보와 연결되었다. 그리고 인쇄된 말을 통해서 특정하게 국민 문화가 구체화되고 있었는데, 모든 교육받은 영국인은 반드시 알아야 할 것을 가르치는, 특히 국내에서 이룩된 업적들에 대해 가르치는 저작들이 여기에 일조했다. 호러스 월폴Horace Walpole의 『잉글랜드 회화의 일화들Anec-dotes of Painting in England』은 최초의 잉글랜드 미술사 책이었다. 토머스 워튼 Thomas Warton의 『영시의 역사History of English Poetry』(1774-81)는 존슨 박사의 『시인전Lives of the Poets』(1779-81)을 보완했다. 취향의 문제에 관한 조슈아 레이놀즈의 『담론Discourses』은 1769년과 1791년 사이에 나왔다. 한편 음악에서는 존 호킨스Sir John Hawkins의 『음악의 이론과 실제의 일반 역사A General History of the Science and Practice of Music』(1776)가 같은 해에 나온 찰스 버니

Charles Burney의 빛나는 『음악의 일반 역사A General History of Music』로 짝을 이루었다.[114]

그 세기 초에 섀프츠베리는 '영국의 뮤즈들'은 '아직 유아기에 불과'하다고 불만을 표시했다.[115] 그러나 영국 작가들의 비평판과 보급판, 『영국 인명록Biographia Britannica』(1747–66) 같은 영국의 중요 인사 인명사전은 문화적 불안감을 가라앉히고 국가적 자부심을 진작했다. 셰익스피어 숭배 열기가 유행했는데, 특히 1769년 스트랫퍼드어폰에이번에서 데이비드 개릭이 연출한 셰익스피어 탄생 기념 축제의 공로가 컸다. '주옥같은 셰익스피어beauties of Shakespeare' 장르의 선집들이 출판되면서 이 대시인은 국민적 성인이 되었다—그의 의자에서 떨어져 나온 조각들이 유물로 팔려나갔다. 극작가이자 학자인 아서 머피Arthur Murphy는 '셰익스피어는 시에서 일종의 국교'라고 생각했다.[116] 웨스트민스터 사원의 시인의 자리Poets' Corner는 관광객들이 반드시 들러야 하는 명소가 되었다. 런던 서적상들의 업무용 명함들은 로크, 뉴턴, 보일, 클라크, 대주교 틸럿슨 같은 철학자, 성직자와 더불어 셰익스피어, 애디슨, 포프 같은 영웅들에게 경의를 표했다. 한편 코범Cobham 자작이 자신의 스토의 시골 대저택에 설계한 영국 위인들의 신전은 으레 있기 마련인 장군들과 왕족들 틈에서 셰익스피어와 베이컨, 밀턴, 뉴턴, 로크, 이니고 존스의 흉상을 자랑했다. 볼테르는 감명을 받았다. "영국인들은 고귀한 재능의 소유자들에게 크나큰 존경심을 품기에 그들 나라에서 능력이 있는 사람은 언제나 출세를 확신한다. 애디슨 씨는 잉글랜드에서 내무대신의 자리에 올랐다. 아이작 뉴턴 경은 왕립 조폐국 국장이 되었다. 콩그리브 씨는 상당한 자리를 하사받았다."[117] 작가들과 사상가들은 국가적 자산이 되었다.

"그사이, 우리에게는 팸플릿과 2절판 인쇄물half-sheet이 너무 많아져서 아침부터 밤까지 그것들을 읽어줄 사람을 고용하는 것이 좋을 것"이라고 1710년에 스위프트는 투덜거렸다. 그의 해법은? 아무것도 펼쳐보지 않는 것이다.[118] 의사인 토머스 베도스Thomas Beddoes는 쏟아지는 인쇄물에 대해 툴툴거린 또다른 사람으로, 저 끝없는 팸플릿과 간행물의 행렬은 머리를 어지럽게 만든다. '오늘, 신문 봤어? 새 희곡 읽어봤나? 새 시, 새 팸플릿, 최신 소설?'—듣는 소리는 오로지 그런 말들뿐이다. "이러한 질문들과 그로부터 나오는 쟁점에 대답할 준비가 되어 있지 않고는 지적인 친구들과 훌륭하게 교제할 수 없다." 그 결과는? "매주 수천 페이지에, 무거운 머리를 파묻고 핏발 선 눈을 굴려야 한다. 그러면 한 주가 끝날 때쯤 그 페이지들에 실린 내용에 관해 1주일 동안 우편마차로 밤낮으로 이리저리 실려 다닌 한 지방에 관해 아는 것만큼 많이 알게 될 것이다."[119] 그러나 이런 불평도 계몽을 위한 그의 열성을 잦아들게 하지는 못했고 그의 펜을 멈추게 하지도 못했다.

스위프트 같은 반동이든 베도스 같은 급진주의자든 많은 이들이 산더미처럼 쏟아지는 인쇄물 속에 진실이 묻히고 있다고 두려워했다. "주간 에세이, 애정 소설과 희곡, 정치 팸플릿, 종교를 매도하는 서적들이 나오게 된다. 이런 일반적인 '잡탕Hash'들과 더불어 따분한 무슨 '월간 잡동사니Monthly Mess of Dulness'에 도시와 지방의 변변찮은 '문학적 식사Literary Diet'가 제공된다"고 사제인 존 브라운은 탄식했다.[120] 고루한 인사들은 존슨이 '독자들의 나라'라고 인상적으로 그리고 찬성하여 부른 것을 두려워했다. 그러나 그 사전 편찬자로서는 문해력의 혜택을 결코 의심하지 않았다. 하기야 그 자신도 "요즘 시대에는 이 차고 넘치는 인쇄물 탓에 (…) 우리는 유행에 뒤처지지 않기 위해 부득이 저급한 글도 많이 읽을 수밖에 없다"고 구

시렁거리는 했다.[121]

지식의 확산과 그것을 지탱하는 문화 산업에 대한 비판적 반응을 그토록 신랄하게 만든 것은 '월간 잡동사니'에 의해 전달되는 이 풍성한 세속적 지식과 인스턴트 의견들, 그리고 도시적 가치들이 새롭고 전례 없었다는 사실이다. 사람들은 통에서 사과를 집듯 자신들이 읽은 책에서 제시된 신조들을 골라잡았다. 게다가, 에세이와 우미優美 문학belle-lettres(원래는 '아름다운 글'이라는 뜻으로 예술적·미적 가치가 뛰어난 모든 문학을 가리켰으나 점점 더 소설이나 시, 드라마 같은 장르로 분류되지 않는 문학, 즉 에세이나 비평문, 연설문, 편지 등 우아하고 수사적으로 뛰어난 논픽션 산문을 가리키게 되었다. 흔히 순문학으로 번역되지만 한국어에서 순문학은 대중문학과 대비되어 예술적 가치를 추구하는 소설이나 시를 가리키므로 여기서는 우미 문학이라고 번역했다―옮긴이), 소설의 홍수 속에서 삶과 문학은 거울 세계에서 서로를 반영하는 듯했다―스코틀랜드 제일의 정기간행물 제호가 실제로 '거울Mirror'이라는 사실은 분명 우연이 아니었다.[122]

그것은 전환점이었다. 출판 붐은 성직 계급과 분리된(물론 겹치는 경우도 있었지만) 인텔리겐치아를, 출판 산업을 통해 공중 일반과 연결된 '교양 있는 문학의 공화국'을 출현시키고 있었다.[123] 인쇄 테크놀로지와 잉여의 부富는 자칭 인민의 호민관으로 자리잡은, 공연 기획가와 비평가와 자본가가 만들어낸 기간시설에 의해 지탱되는 문화 행위자들을 뒷받침하고 있었다. 작가가 자신을 국민의 눈과 귀, 목소리로 내세우면서, 심지어 악명일지라도 공적 존재감을 과시하는 인물이 되면서 그 지위는 돌이킬 수 없을 만큼 그가 공중과 맺는 관계his relations to the public―아닌 게 아니라 그의 대외 홍보 이미지his public relations―와 밀접하게 엮이게 되었다. 저술 활동과 독서 공중은 인쇄 자본주의라는 동전의 양면이었다.

물론 작가들은 이 초짜 문화 청중을 어떻게 훈련시킬 것인지, 그들의 취향을 좇는 척하면서 취향을 어떻게 구축할 것인지라는 문제에 직면해 있었다. 일부는 경멸감을 감추지 않았다. '천박한 대중the Vulgar', 일명 '두 발 달린 파충류들'은 이제 '공중'으로서 공손한 대우를 기대한다고 누군가는 내뱉었다.[124] 그러나 풍자가들이 공중의 추정상의 촌스러운 무지를 멸시했더라도 이후의 작가들은 자신들의 명성이 그들의 갈채에 달렸음을 인식하면서 공중을 더 수용하는 경향이 있었다. 기번은 "공중은 좀처럼 틀리는 법이 없다"고 천명했다.[125] 존슨은 토머스 그레이Thomas Gray의 『시골 교회 묘지에서 쓰인 비가Elegy Written in a Country Church-Yard』(1751)에 관해 "나는 일반 독자와 의견이 일치해서 기쁘기 그지없다"고 논평하며 이러한 경향을 시사했다.[126] 이러한 경의의 표현들이 약간의 아첨을 동반한다면 그것은 또한 계몽주의에서 사상가와 공중 간의 깨지기 쉽지만 친숙한 관계를 반영했다.

| 5장 |

종교
합리화하기

이 시대의 보편적 의향은 합리적 종교에 기울어 있다.

—토머스 스프랫[1]

기독교가 이 왕국들에서 전적으로 이성적으로 추론되기 전에 (…)

—에드워드 무어[2]

신은 인류에게 무엇을 요구하는가? 누가 그분의 뜻을, 어떤 수단으로 알 수 있는가? 이러한 질문들이 계몽된 사고의 바로 핵심에 놓여 있었다.[3] 이 점을 명심해야만 두 가지 오류를 피할 수 있다. 하나는 '캐속cassock(성직자가 입는 검은색 긴 평상복—옮긴이)'을 걸친 사냥꾼들과 깽깽이를 켜는 사제들'이 좋은 포도주 저장실과 정부情婦를 두고 있으며, 회중은 꾸벅꾸벅 졸고, 재담가들은 불경한 발언을 해대고, 고위층은 십계명을 공공연히 어기며, 심지어 엄숙한 퀘이커교도마저 명랑하게 바뀌던 그 시대가 순전한 종교적 무관심의 시대였다는 가정이다. 호가스의 판화들, 우드퍼드Woodforde 주임 사제—성경보다는 쇠고기에 더 관심을 쏟은 사람—의 일기, '교회의 단잠'이라는 기번의 혹평, 그리고 다른 친숙한 일화들은 이러한 캐리커처에 얼마간 신빙성을 부여한다.[4] 초기 〈스펙테이터〉는 주일에 교회에 나가는 것은 '인류를 가꾸고 교화하기 위해서 생각해낼 수 있는 최상의 방법'[5]이기에 그것이 본질적으로 세속적이라는 인상을 풍겼다.[6] '위험에 처한 교회'는 왕권신수jure divino 고공파만의 외침은 아니었으며, 다수가 '불신앙'의 조류를 통탄했다. "기독교 교회의 형성과 설립 이래로 어느 시대에도 지금 우리가 사는 시대만큼 공공연하게 천명되는 무신론과 신성모독, 이단이 횡행한 적은 없다"고 1722년에 대니얼 디포는 한탄했다.[7] 잉글랜드에서는 어느 누구도 더이상 종교를 믿지 않는다고, 비슷한 시기에 몽테스키외는 빈정거렸다.[8]

그러나 무관심과 불신앙이 비록 존재했다 하더라도 결코 일반적인 것은 아니었다. 많은 이들, 특히 비국교파들은 선조들의 금욕적 신앙생활을 독실하게 고수했다. 교회와 예배당에서 주마다 프로테스탄트 국민들은 설교단에서 설교되는 성경 이야기를 들었고 실제로 그 내용을 노래로 불렀으니, 이 시기는 훗날 영어 찬송가의 황금시대로 통한다.[9] 엄숙주의가 존속했고―고위 성직자들은 여전히 극장조차 저주했다―배우는 그리스도의 살아 있는 일원이 될 수 없다고 윌리엄 로William Law는 호통쳤다.[10] 저명한 평신도 가운데에는 새뮤얼 존슨이 영원한 지옥불을 지지하며 '전능하신 신의 전통箭筒'은 '화살들로 채워져 있음'을 믿은 반면,[11] 불우 이웃 구제자이자 우산을 대중화한 사람인 조너스 한웨이Jonas Hanway는 '죽는 법을 배우는 것이 (…) 삶의 큰 일'이라고 주장했다.[12] 우리가 대중적 무관심을 상상한다면 이신론자들의 변증론과 회의주의자들의 놀림은 조리가 맞지 않는다.[13] 비록 이제는 은유적인 의미에서일 뿐이지만 종교는 여전히 뜨거운 쟁점이었다(이제 화형은 사라졌다는 뜻이다―옮긴이).

그럼 두번째 유언비어, 즉 종교를 비웃은 자들의 공격은 영향력 없는 인사들의 심술궂은 종이 화살에 불과했다는―첫째 시각의 정반대―견해는 어떤가? "지난 40년 사이에 출생한 사람 가운데 콜린스와 톨런드, 틴들, 첩, 모건, 그리고 자신들을 자유사상가라고 부른 저 부류 전체의 글을 한 자라도 읽은 사람이 있을까? 요즘 누가 볼링브루크를 읽는가? 대체 누가 그의 책을 처음부터 끝까지 다 읽겠는가?"[14] 1790년에 에드먼드 버크는 물었다. 그러한 인물들과 연관된 이신론의 도전은 단순히 격퇴된 게 아니라고 버크는 큰소리쳤다. 이신론은 애초에 무력했다는 것이다. 달리 말해 영국인들은 대륙의 사촌들을 전형적으로 대표하는 악명 높은 것들을 타파하라écrasez l'infâme는 전투 구호를 만들어내는 것 근처에도 가지 못했고, 기독교는 빅토리아 시대의 진지한 의심자들과 『종의 기원』이 등장하기 전까지 편안하게 자리잡고 있었다는 것이다.[15]

그러나 그것 역시 단순화된 시각이다. 메리 울스턴크래프트는 확실히 버크의 자신감을 공유하지 않았다. '젊은이들이 이신론자가 되는 게 요즘 유행이다'라고 버크의 페미니스트 정적은 혀를 찼다. "그리고 많은 젊은이들이 의심의 바다에서 표류하는 부적절한 책을 소지하고 있다."[16] 이 점에서 '방황하는 이성'을 경계하는 그 경건한 국교도는 자유사상의 침투와 관련한 성직자들의 두려움을 되풀이하고 있었다. "어쩌다 그렇게 되었는지는 모르겠지만 기독교가 이제 (…) 허구라는 점이 마침내 밝혀졌다는 것은 많은 이들에게 당연하게 여겨지게 되었다"[17]고 조지프 버틀러는 괴로워했다.

버크의 일축에도 불구하고 잉글랜드 이신론자들은 참신하고 예리했고, 영향력을 발휘했다—볼테르와 여타 필로조프들은 그들에게 큰 빚을 지고 있다.[18] 그리고 볼링브루크와 동료들이 버크 시대에 전보다 덜 읽히게 된 것은 꽤 다른 이유에서였다. 버크 시대가 되면 그들의 저작은 소임을 다했다. 새뮤얼 존슨은 언젠가 르네상스 궁정서들에 대해 '그 책들이 전보다 덜 읽힌다면' 그것은 '오로지 그 책들이 저자들이 의도한 예의범절의 개혁을 가져왔기 때문'이라고 말한 적이 있는데,[19] 같은 설명은 오거스턴 시대

(18세기 전반기―옮긴이) 이신론에도 타당하다. 자기 나름대로 종교적일 수 있는 신사의 특권에 대한 위협―고교회파와 선서거부파Non-jurors(명예혁명으로 제임스 2세를 축출하고 즉위한 공동왕 윌리엄과 메리에 대한 충성신서를 거부한 성직자들―옮긴이), 청교도와 이후에 감리교도나 여타 열성 종파들로부터의 위협―은 격퇴되거나 점차 잦아들거나 '광적인 변두리'로 주변부화되었다.[20] 입법 활동은 프로테스탄트에 대한 관용을 달성했고, 1717년에 정회된 종교회의Convocation는 그때 이후로 한 세기 넘게 소집되지 않아 국교회에서 그 '의회parliament'를 앗아갔다. 그리고 교회법정은 효력을 잃었다. 1800년이 되자 로드William Laud(캔터베리 대주교를 지낸 17세기 성직자. 예정설을 거부하고 전례와 성직자의 권위를 강조한 로드주의Laudism로 유명하다―옮긴이) 같은 걸출한 궁정 고위 성직자는 멸종했고, 애터버리 주교 같은 위협적인 성직자 음모가나 헨리 새셔버럴 같은 눈부신 선동정치가 혹은 스위프트 주임 사제(조너선 스위프트를 말한다―옮긴이) 같은 연단 변증가들도 더이상 존재하지 않았다.[21] 중요한 측면들에서 잉글랜드는 점차 '환속되었고laicized',[22] 이신론자와 스펙테이터 씨가 바랐던 세상, 교황교도와 청교도 신정 정치에 맞서 안전한 세계가 대체로 현실화되었다.[23]

사실, 성직자 집단은 이웃들의 삶과 그리 다르지 않은 삶을 추구하면서 부지런히 스스로 세속화하고 있었다. 스위스 여행가 소쉬르는 "외국인은 공공장소와 술집, 식당에서 성직자를 발견하고 깜짝 놀라게 된다. 그들은 거기서 속인과 똑같이 술을 마시고 담배를 피운다. 그러나 그들의 모습에 아무도 충격을 받지 않기 때문에 외국인도 금방 이 광경에 익숙해진다"[24]고 언급했다. 많은 지도적인 국교회 성직자들이 명성을 얻은 것은 그들의 독실함이나 신학이 아니라 다른 영역에서의 업적 때문이었다. 윌리엄 더럼William Derham과 길버트 화이트Gilbert White는 과학과 자연사에서, 리처드 벤틀리Richard Bentley와 윌리엄 워버튼, 리처드 허드Richard Hurd는 뛰어난 학식으로, 조지 버클리는 철학에서, 토머스 퍼시Thomas Percy와 로런스 스턴은 문학에서, 에드워드 영과 조지 크래브는 시에서, 윌리엄 길핀William Gilpin은 미학에서, 혼 투크Horne Tooke는 문헌언어학에서, 토머스 로버트 맬서스Thomas Robert Malthus는 정치경제학에서 명성을 얻었다. 운문과 골동품 연구에 손을 대거나 [법률 연구로—옮긴이] 밀렵꾼들을 기소한 수백 명의 시골 성직자는 말할 것도 없다.[25] 여행중인 에스파냐인으로 행세하면서 로버트 사우디Robert Southey는 이베리아 반도의 종교와 국교회 스타일 종교를 대비시켰다.

> 우리한테는 모든 것이 종교를 상기하기 적합하게 되어 있다. 해외를 나
> 갈 때면 항상 연옥에 대한 어떤 묘사나, 지위를 나타내는 어떤 십자 표
> 지, 정결하신 성모 마리아 상이나 십자가상을 보게 된다. (…) 잉글랜드
> 에서는 이런 것이 전혀 없다. 여기서 성직자는 그들의 삶에서만큼 그들
> 의 복장에서도 평신도와 별로 구별되지 않는다. 여기서는 신실한 하나
> 의 감정 속에서 왕국 전체를 동시에 통합시킬 저녁기도가 없다. 만약 이
> 곳 잉글랜드에서 종소리가 들린다면 그건 타종이 인기 있는 음악이기
> 때문일 것이다.[26]

계몽된 지성들은 더이상 종교를 경전을 통해 제공되고 아무런 의심 없이 믿고 받아들여지고 교회에 의해 감독되는, 불변의 계명의 집합과 동일시하지 않았다. 신앙은 사적 판단의 문제, 개별적 이성이 법에 명시된 관용에 의해 승인된 다종교 안에서 판단을 내리는 문제가 되어가고 있었다. 그사이 영국 국교회는 도덕률의 강제와 교육에서 독점권을 잃었다. 종교가 이성에 종속되면서 기독교는 더이상 '주어진 것'이 아니라 분석과 선택의

문제가 되었다. 그리고 어떤 이들에게 그것은 회의주의나 거부를 뜻했다.

17세기가 저물어가면서 한 가지 외침이 갈수록 크게 들려왔다. 종교와 이성은 하나이며 서로 힘을 합쳐야 한다는 것이다. '종교만큼 본성적으로 합리적인 것도 없다'고 벤저민 위치코트Benjamin Whichcote는 역설했고 로크도 그 존경받는 케임브리지 플라톤주의자에게 동의했다.[27] 성난 얼굴로 종교전쟁들을 되돌아보면 교황교도든 아니면 '무오류의 대포'[28]를 쏘아댄 청교도든 간에 역사는 종교와 이성 간의 동맹이 왜 중요한지를 보여주었다. 정치적 국민이 추구한 것은 우상숭배와 성직자 권력의 타파를 수반한 이성적 종교였다. 영국에서 계몽은 프로테스탄티즘에 반대해서라기보다는 오히려 프로테스탄티즘 안에서 이루어졌다.

계몽주의자들은 종교란 신의 정신과 인간의 본성에 걸맞게 합리적이어야 한다고 주장했다. 사악한 죄인들에게 저주를 내리는 복수심에 불탄 여호와라는 무시무시한 신을 거부하면서,[29] 계몽된 신학자들은 더 낙관주의적인 (펠라기우스주의적pelagian[원죄를 부정하고 인간에게 자유의지가 있음을 인정하는 학설─옮긴이]) 신학을 도입했다. 그들은 지고의 존재의 자비 그리고 신이 주신 기능들을 통해 자신의 의무를 완수할 인간의 능력을 천명했는데, 신이 주신 기능들 가운데 가장 주된 것은 이성, 바로 저 주님의 촛불이다. 조물주는 만군의 주 야훼보다는 국가의 헌정적 우두머리로 이해해야 한다. 볼링브루크 자작은 "신은 하나의 군주이지만 자의적인 군주가 아니라 제한된 군주다"라고 단언했다. 그의 권력은 그의 이성에 의해서 제한된다.[30]

앞서 본 대로 로크의 인식론에는 '동의'나 믿음을 요구하는 계시된 진리를 위한 자리가 있었다.[31] 이성은 이성대로 빛의 아버지Father of Light의 존재를 입증하고 성경의 계시가 진실임을 확인할 수 있고 근본 원리들을 지지할 수 있다. 그리스도는 메시아이고 사도들이 주장해왔던 유일한 교의는 그것뿐이다. 그들에게는 39개조Thirty-Nine Articles(1563년 영국 성공회가 합의한 기본 교리들—옮긴이)니 웨스트민스터 신앙고백Westminster Confession(1646년 영국 성공회가 합의한 칼뱅주의 신학에 바탕을 둔 기본 교리들—옮긴이)이니, 심지어 아타나시우스 신조Athanasian Creed(삼위일체론을 핵심으로 한 기독교의 기본 신조—옮긴이) 따위는 없었다. 대체 근본 교의를 넘어서 인간이 어떻게 전지전능함을 헤아릴 수 있단 말인가?[32]

여기에 '애써 일하고 글을 읽지 못하는 사람들'에게 맞춰진, 마치 천국으로 가는 계단은 '학술'을 통해서 구불구불 이어진다는 듯 '종교에서 언쟁을 벌이는 이들이 채워놓은' 저 궤변들로부터 자유로운 하나의 신조라는 전망이 놓여 있었다. 로크는 경전은 단순하며, "단어와 표현들의 평이하고 직접적인 의미로 이해되어야 한다"고 주장했다.[33] 경전과 자연에 드러나는 신의 뜻은 오성의 사용을 통해 추측되어야 한다. 왜냐하면

이성은 자연적 계시이며, 바로 그 자연적 계시를 통해, 모든 지식의 원천이신 영원한 빛의 아버지께서 당신이 인간의 자연적 능력들의 범위 안에 든 진리를 인류에게 전달하시기 때문이다.[34]

그리고 신이 요구하는 바는 인간의 능력 범위를 넘어서는 것이 아니라 사리에 맞는 행위에 의해서 충족될 수 있다.

인간이 할 일은 삶과 건강, 편안함, 즐거움에 도움이 되는 자연의 사물들을 향유함으로써, 그리고 이승의 삶이 끝났을 때 또다른 삶에 대한 낙

천적인 희망을 품음으로써 이 세상에서 행복하게 지내는 것이다.[35]

로크가 정확히 기독교에 중차대한 것이라고 생각한 것은 『인간 오성론』이 나오고 5년 뒤에 출간된 『경전에 드러난 그대로의 기독교의 합리성 The Reasonableness of Christianity, as Delivered n the Scriptures』(1695)에 제시되어 있다. 그는 스콜라철학적 덧칠을 벗겨내면서 복음을 처음 그대로의 순수성으로 회복시켰다. 핵심 진리―예수는 왕국이 도래할 것the Kingdom comes(한국어 성서에서는 흔히 '나라가 임하다'라고 번역된다. 여기서 나라, 즉 메시아의 왕국이 천국인지 아니면 이 세상에서 실현되는 왕국인지에 대해서는 역사적으로 다양한 해석이 존재한다―옮긴이)임을 선언한 메시아였다―는 물론 좀더 명확한 설명이 필요했다. 유대인들은 메시아를 선지자이자 제사장, 왕으로 생각했다. 그러나 이 반反성직자 철학자는 '비록 이 세 가지 직책들이'라고 운을 떼며 지적한다.

> 성서에서 우리 구세주에게 돌려지는 속성이긴 하지만, 나는 예수가 성서 어디에서도 제사장이라는 직함을 취하거나 그의 제사장직과 관련한 발언을 한 것을 본 기억이 없다. (⋯) 그러나 복음, 즉 메시아 왕국의 복된 소식은 그가 어디에서나 설파한 것이며 그는 그 복음을 세상에 널리 알리는 것을 자신의 과업으로 삼았다.[36]

또다른 문제도 있다. 그리스도는 자신을 받아들이지 않는 자는 누구도 그의 왕국에 들어오지 못할 거라고 선언했다.[37] 그렇다면 그 해묵은 딜레마, 즉 그의 말씀을 들어보지 못한 수백 만 인류의 운명은 어찌될 것인가? 위안이 되는 로크의 대답―그의 사고에서 자연법의 중심성을 보여주는 대답―은 달란트의 우화를 언급한다. 주님은 그분이 1달란트만 준 사람한테서 10달란트를 돌려받기를 기대하지 않으실 것이다. 계시와는 상관없이 인간은 이성의 법칙에 의해 지배되며 그는 "자신의 의무가 무엇인지 알아내는 정도까지 이 주님의 양초를 활용해야 한다."[38] 그리스도가 없더라도 이성은 자연법 아래서 올바른 삶을 가리킨다.

그렇다면 굳이 그리스도가 오실 이유가 뭐가 있을까? 로크는 메시아가 이 세상의 죄를 짊어지기 위해 보내졌다고 믿지 않기 때문에 다시금 그의 대답은 자연법에 의거한다. 이성은 정말로 신의 존재를 드러내주었으나 진리는 점차 흐릿해졌고, 사람들은 가짜 신들을 팔아대는 간교한 사제들에게 속아 넘어갔다. 그는 '악덕과 미신이 세상을 지배했다'고 설명한다. "어디서나 사제들이 자신들의 제국을 지키기 위해 이성을 종교와 아무 상관이 없는 것으로 배제했기에"[39] 그러한 속임수를 통해서 사람들은 '현명한 건축가Wise Architect'(조물주―옮긴이)를 잊어버리고 말았다. 통찰력이 있는 이들은 이성의 반석 위에 집을 지었으나 그것만으로는 무리를 설득할 수 없었다. 그리스인들한테는 여러 소크라테스가 있었지만 그러한 철학자들도 우중에게는 아무런 영향을 끼치지 못했고, 베드로 성인이 아테네를 찾았을 때 그는 그곳의 시민들이 마치 현인은 존재하지 않았던 듯 이성의 '명료하고 설득력 있는 빛'[40]을 도외시하고 의례와 희생제의에 빠진 채 미신에 젖어 있음을 발견했다. "이런 어둠과 오류 상태의 (…) 세상을 우리 구세주는 발견했다. 그러나 그분이 가져온 명확한 계시는 이 어둠을 몰아냈고' '보이지 않는 진정한 단 하나의 하느님'을 알렸다.[41] 따라서 그리스도는 새로운 진리들을 밝히기 위해 온 것이 아니라 악과 오류에 의해 가려진 진리를 '재선포하기' 위해 왔던 것이다.

평범한 사람들을 위한 로크의 기독교 안내에서 메시아를 받아들인 사람은 누구도 신학적으로 미묘한 세부사항을 두고 끙끙거릴 필요가 없다. 그는 "종교적 교리 문제는 다른 이들에게 남겨두겠다"고 가볍게 무시한다.[42] 다른 계몽사상가들과 마찬가지로 로크가 관심을 두는 것은 그리스도의 도덕적 사명―믿음은 실천이 없으면 헛되고, 종교는 미덕의 학교라는 것―이다.

로크는 신중한 급진주의자였다. 그리스도를 도덕의 안내자로 그림으로써, 특히 성삼위일체에 대해 침묵함으로써 그는 예수의 신성을 부정한 아리우스주의로 미끄러져가고 있었던 것 같다. 그러나 이후의 이신론자들과 달리 그는 성서에 대해서 아무런 불편함도 느끼지 않았다. 그에게 계시와 이성은 서로 적대자가 아니라 같은 편이었다. 그렇다 하더라도 그는 칼뱅주의적인 젊은 시절과 옥스퍼드 정통 교리로부터 한참 멀어졌다. 도그마는 탐구의 의무에 자리를 내주었다. 이 모든 것에서 그는 혼자가 아니었다.[43]

어쩌면 로크 같은 철학적 내과의가 그 시대의 참상은 상당 부분 과도한 권력을 행사하는 성직자 탓이며 신조는 이성에 복종해야 한다고 주장하면서 관용을 촉구했다는 사실은 그리 놀랍지 않을 것이다. 그러나 1689년에 캔터베리 대주교가 된 성직자가 그에 비견될 만한 견해를 지지했다니 놀라운 일이다. 볼테르나 그 밖의 인사들이 존 틸럿슨John Tillotson을 정말 비범하다고 여긴 점은 바로 그것이다. 그는 철저하게 로크적 분위기를 풍기면서 역설했다. "하느님을 섬기는 기독교의 의무는 두 가지 성사(세례성사와 성체성사―옮긴이) 그리고 그리스도의 이름으로, 또 그리스도의 중개로 주님에게 기도하는 것을 제외하면 자연의 빛이 인간에게 촉구하는 것말고는 없다."[44] 그의 친구 로크처럼 틸럿슨은 기독교가 단순하며 인간의 본성과 조화된다고 가르쳤다.

두 가지가 삶의 경로를 쉽게 만든다. 현재의 기쁨과 미래의 보상에 대한 보장이다. 종교는 수중의 그 보상의 일부, 즉 현재의 안락과 우리의 의무를 다했다는 만족감을 준다. 그리고 나머지 보상의 경우, 종교는 우리에게 천국이 줄 수 있는 최상의 보장을 제공한다.[45]

종교를 쉬워지도록 만드는 것은 그것이 합리적이라는 사실이다—그 사제는 '기독교의 합리성'이라는 표어에서 로크를 간발로 앞질렀을지도 모른다. 틸럿슨의 양식에 대한 호소에서, 토머스 브라운 같은 경건한 이들에게 그렇게 매력적이었던 신앙의 신비들은 설 자리가 없다. 교의에 사로잡히지 않은 이 광교회파 성직자는 장차 그 세기의 가장 인기 있는 설교가 될 설교에서 우리를 안심시켜주는 구절, "그의 계명은 무거운 짐이 아니로다" (요한1서 5장 3절)를 주해하면서 "하느님의 법은 합리적, 다시 말해 우리의 본성에 적합하며 우리의 이해관계에 유리하다"고 설명한다.[46]

따라서 틸럿슨은 모든 잉글랜드인이라면 지지할 수 있을 것이라 믿은 교리 안에 펠라기우스주의와 신의 자비를 결합시켰다. 결국 예수는 완벽한 신사가 아니었던가? "그분의 삶의 미덕은 정결하고, 허약함이나 결함은 조금도 섞여 있지 않은 훌륭한 품성의 증거"라고 메시아에 관한 그의 신원보증서는 시작한다.

그분은 비천함이 없는 겸허함, 나약함이 없는 천진함을, 간교함이 없는 지혜를, 좋은 일에서 완고함이나 자만심 없는 한결같음과 결연함을, 그리고 기질의 단호함을 지녔다. 한마디로 그분의 미덕은 허영 없이 빛났고, 조금도 도취됨 없이 영웅적이었으며, 조금도 과장되게 요란하지 않

으면서 매우 비범했다.[47]

회중에게 '과도하게 의로워지지'—너무 위험스럽게 '열광적이지'!—말라고 경고하면서 틸럿슨은 용감하게 예수를 일체의 광신의 비방으로부터도 구해냈다.

대주교의 중도주의는 논쟁에 지친 시대의 계몽된 엘리트에게 공감을 불러일으켰다. 그러나 가톨릭교의에 대한 그의 합리주의적 불쾌감은 부지불식간에 장차 문제의 빌미를 제공하게 되었는데, 교황주의에 맞선 그의 논증은 국교회에 반해서도 쉽게 활용될 수 있었기 때문이다. 틸럿슨은 감각의 증거에 위배된다는 근거에서 화체설transubstantiation('성변화'라고도 한다. 성찬식의 빵과 포도주가 성별聖別에 의해서 실제로 그리스도의 피와 살로 변한다는 주장이다—옮긴이)을 부정했다. 반세기 뒤에 데이비드 흄은 어려움 없이 바로 이 감각에 대한 호소를 기적 일반에 확대 적용했다.[48]

많은 이들이 기독교의 대의를 위해 이성을 동원했지만 17세기에서 18세기로 넘어갈 무렵에 기독교가 이성적일 뿐 아니라 추론에 의해 입증될 수 있다는 것을 증명하기 위해 가장 절치부심한 사람은 새뮤얼 클라크Samuel Clarke였다. 케임브리지에서 수학한 그는 처음에 '기독교 신앙의 어느 교리도 이성에 반하지 않는다는 명제'를 옹호함으로써 주목을 끌었다.[49] 나중에 클라크는 1704년 보일 강연에서 존재, 편재, 전능, 전지, 무한한 지혜, 창조주의 자비를 유클리드 기하학의 증명에서처럼 정확히 증명하고자 했다. 이를테면, 의존적인 존재의 연쇄가 영원토록 끝없이 이어지리라고 가정하는 것은 용어상의 모순, 즉 이율배반이다. 따라서 영원한 존재가 있는 것이 틀림없으며 그것의 부재는 난센스일 것이다. 스피노자에게는 미안한 말이지만, 우주 자체가 이 필연적 존재일 리는 없는데 물질은 모순 없이 파괴될 수 있기 때문이다.

자연 법칙의 불변성과 보편성 덕분에 클라크는 인간의 의무는 분명하다고 주장했다. 수학처럼 도덕 법칙도 '사물의 영원하고 필연적인 차이들'의 토대 위에 세워졌다. 그러한 법칙들의 강력한 본성을 부정하는 것은 '사각형은 밑변과 높이가 똑같은 삼각형 두 개가 아니'라고 말하는 것만큼 어처구니없다.[50] 그러나 그러한 철학적인 미묘한 논증으로 무신론자들에 맞서 신의 존재를 증명하려는 시도는 클라크가 증명을 시도하기 전까지는 아무도 신의 존재를 의심하지 않았다는 앤서니 콜린스Anthony Collins의 조롱을 불러왔다.[51]

게다가 기독교를 오로지 논리로만 입증하려는 시도는 교리상의 논란을 해소하지 못했다. 무려 1251개의 신약성서 텍스트를 샅샅이 살핀 클라크는 『삼위일체의 성서상 교리Scripture-doctrine of the Trinity』(1712)에서 성경은 아타나시우스파(삼위일체론)와 아리우스파(일원론)의 입장 어느 쪽도 지지하지 않는다고 물러설 수밖에 없었다. 삼위일체가 기독교도라면 어느 쪽으로든 선택할 수 있는 주제라는 결론에 클라크는 만족했을지도 모르지만, 그것은 이단의 혐의를 제기했고 이 학문의 좌장에게 주교직의 대가를 치르게 했다고 한다.[52]

기독교가 새로운 철학에 의해 드러난 것과 같은 우주적 질서에 의해 확인된다는 클라크의 신념은 광교회파들에게 소중한 새로운 자연 신학의 표준이 되었다. 따라서 본인이 왕립학회 회원이기도 한 국교회 사제 윌리엄 더럼은 『물리신학Physico-Theology』에서 천지창조에 대한 연구를 이렇게 결론지었다. "하느님의 작품은 모든 세계에 매우 가시적이어서 (…) 무신론자의 추악함과 비뚤어짐을 똑똑히 논증한다."[53] 그는 조지프 애디슨의 시편 19편 이행연구와 다소 유사하게 일류 디자이너가 설계하고 자비로운 조물주에 의해 주재되는 우주를 기뻐했다.

> 지칠 줄 모르는 태양은 날마다
> 조물주의 권능을 드러내고
> 모든 땅에 전능한 손길의
> 작품을 나타내는도다.[54]

수륙水陸의 구球는 인간을 위해 만들어졌으며, 인간은 신과 자연의 법칙의 인도를 받아 유덕하고 근면하고 행복한 삶을 이끌 것이었다. 신학자들과 성직자들이 이전에는 악마와 귀신, 이적을 무신론에 맞선 무기로 추구한 반면, 광교회파들은 뉴턴의 법칙들로 설명되는 우주적 질서를 전능한 신의 손길의 더 확실한 증거로 쌍수를 들고 환영했다. 사탄의 악의 제국과 그와 같은 이야기는 허깨비로 전락했다. 이성적 종교는 칼뱅적인 복수의 주님Lord of Vengeance과 바로크풍 악마론 그리고 그에 동반한 온갖 신학적 논쟁(바닥을 알 수는 없는 나락은 대체 지옥에 떨어진 자들을 얼마나 많이 수용할 것인가?)의 신빙성을 떨어트렸고, 아닌 게 아니라 그런 것에 명시적인 혐오를 표명했다. 그것은 불과 유황의 종말론을 망상에 빠진 비국교파나 미치광이 감리교도의 지껄임으로 일축하기 시작했다. 비록 전조와 예언에 대한 광신도들의 강박관념은 대공위기의 기괴한 무법천지를 상기하는 유익한 사례로서 기능할지도 모르지만 말이다.

'종교적 관용은 모든 해악 가운데 최대의 악이다'라고 1646년 토머스 에드워즈Thomas Edwards는 판단했다. "그것은 우선 교의에서 회의주의와 방만한 삶을 초래할 것이고 그다음 무신론을 야기할 것이다."[55] 한때 매우 정통적이었던 그러한 시각들은 갈수록 지지할 수 없게 되었다. 새로운 경향은 핵심 함의를 담고 있었다. 만약 종교가 이성적이고 기본 진리들이 지극히 이해하기 쉽다면 종교를 강요할 정당한 근거가 과연 있을까?[56] 어쨌거나 실용주의적 고려들은 강요가 아닌 다른 길을 가리키고 있었다. 박해는 사실 이단을 낳았고, 기독교 종파의 분열과 증식은 어느 종파든 간에 자신들이 신에 의해서 선택받았다는 주장이 틀렸음을 빤히 증거하지 않는가?

로크는 관용의 대사제가 되었고 그의 사상은 반反생득적 인식론으로부터 힘을 얻어갔다. 나중에 『관용에 관한 서한』에 드러나는 핵심 원칙들을 표명한 1667년 에세이에서, 로크는 민정관의 '신뢰, 권력, 권위'는 전적으로 '그 사회 사람들의 복리와 보존, 평화'를 지키기 위해 부여된 것이라고 논의하면서 종교적 정설을 강요할 수 있는 군주의 권리를 부정했다. 그러므로 군주의 권력은 전적으로 외적인 사안에만 미치며, 양심의 문제인 신앙에는 미치지 않는다. 신앙에 대한 국가의 개입은 어떠한 것이든 '간섭'이었다.[57]

그러한 국가 권력의 한계를 규명하기 위해 로크는 종교적 의견과 행위를 세 가지로 나눴다. 첫째, 신을 섬기는 것에 대한 사변적인 견해들과 양식들이 있었다. 이러한 견해들과 양식들은 사적인 일이거나 전적으로 신이 상관할 일로서, 사회에 영향을 끼치지 않기 때문에 '절대적이고 보편적인 관용을 누릴 권리'가 있다. 둘째, 타인에게 영향을 끼치며—이를테면 결혼이나 이혼에 관한 신념들—따라서 공적 관심사가 되는 것이 있다. 이런 견해와 행위 '역시 관용을 누릴 자격이 있지만 국가에 소란을 가져오지 않는 한도까지만' 관용을 누린다. 행정관은 따라서 그러한 신념들이 공공선을 해친다면 그러한 신념들을 알리는 출판을 금지할 수도 있지만 누구도 자신의 의견을 부정하도록 강요할 수는 없다. 강압은 위선을 낳기 때문이다. 셋째, 그 자체로 좋거나 나쁜 행위들이 있다. 이것들을 존중하면서, 로크는 [시민사회의] 통치자는 "사람들의 영혼의 잘됨이나 내세에 대한 그들의 관심사에 전혀 상관하지 않아야" 한다고 주장했다. 미덕을 보상하고 악을 벌하는 일은 신의 몫이며 행정관의 일은 그저 평화를 유지하는 것이다. 그러한 원칙들을 당대 현실에 적용하면서 로크는 관용을 옹호했지만 관용에도 제한을 두었다. 교황파에게는 관용을 베풀어서는 안 된다. 그들의 신앙은 '교황의 정부를 제외한 모든 정부에 절대적으로 파괴적이기' 때문이다. 무신론자도 관용의 대상이 아닌데, 그들이 하는 그 어떤 맹세도 믿을 수 없을 것이기 때문이다.

네덜란드 공화국에 정치적으로 망명해 있는 급진파 휘그로서 로크는 라틴어로 된 저작 『관용에 관한 서한』을 1689년에 출판하였다. 1667년의 논의를 상기시키는 이 책은 기독교가 강압에 의해 포교될 수 없다고 주장했다. 그리스도는 평화의 군주요, 그의 말씀은 사랑이며, 그의 수단은 설득이었다. 박해는 영혼을 구할 수 없다. 시민 정부와 교회 정부는 반대의 목표를 지니고 있다. 행정관의 일은 생명과 자유, 재산의 안전을 확보하는 것인 반면, 신앙은 영혼의 구제에 관한 것이다. 교회는 '적포도주를 위한 클럽'처럼 자발적 단체여야 한다. 교회는 조금이라도 성직 특권적인 기미가 있어서는 안 된다. 로크의 견해들에는 반박이 들어왔지만—예를 들어 주교인 스틸링플리트는 로크의 견해들을 '트로이 목마'라고 여겼다[58]—그럼에도 불구하고 그것들은 대체로 사상과 표현의 자유로 기운 시대에 혹은 그러한 자유를 체념하고 받아들인 시대에 호응을 얻었다.

1689년의 소위 관용법Toleration Act은 로크처럼 무엇보다도 현실 정치를 겨냥했고 완전한 관용을 부여하지는 않았다. 공식적으로는 '영국 국교회와 의견이 다른 프로테스탄트 신민들이 특정 법령의 처벌로부터 면제될 수 있는 법'인 이 법에서는 39개조 가운데 36개조를 수용하고 신종 선서 Oaths of Supremacy and Allegiance(영국 왕이 정치상, 종교상 갖는 지상권을 승인하고 신민으로서 충성을 맹세하는 선서—옮긴이)를 한, 삼위일체론 신봉 프로테스탄트 비국교파는 교사나 목사 자격을 취득할 수 있었다.[59] 가톨릭과 비기독교도는 이 법 아래서 공개적인 예배의 권리를 누리지 못했고 삼위일체를 부정하는 프로테스탄트는 여전히 옛 형법의 적용을 받았다. 사실, 유니테리언파는 한술 더 떠서 '성삼위 가운데 어느 하나라도 신임을 부정하는 것'을 위법 행위로 규정한 1697년 신성모독법에 의해 따로 범죄 집단으로 지목되었다. 1813년까지는 유니테리언파를 위한 공식적 관용법이 존재하지 않았고 스코틀랜드에서는 성삼위일체를 부정하면—1697년 경우처럼—여전히 사형에 처해질 수도 있었다.[60]

박해를 할 수 있는 여지는 여전히 있었다. 교회법정은 아직도 무신론과 불경, 이단을 죄목 삼아 투옥할 권한이 있었다(최대 6개월까지). 때로 제재는 보통법 아래서 지속되었고 의회는 서적을 불태우도록 명령할 수 있었다. 그렇더라도 애국자들은 잉글랜드가 연합제주와 더불어 종교적 관용을 기꺼이 수용한 최초의 나라라고 올바르게 천명했고, 그 같은 사실은 국가적 자부심의 문제가 되었다. "내 섬은 이제 사람이 살고 있었고 나는 신민이 매우 풍족하다고 생각했다. 그런 유쾌한 생각을 자주 하면서 내가 얼마나 국왕처럼 느껴지던지!"라고 디포의 조난자 주인공 로빈슨 크루소는 말한다. "우리한테는 신민이 고작 세 명이었고 우리는 종교가 다 달랐다. 내 부하 프라이데이는 이교도이자 식인종이며 스페인 사람은 교황파였다. 그러나 나는 내 영토 전역에 걸쳐 양심의 자유를 허락했다."[61]

두 가지 사태의 전개가 관용을 기정사실화했다. 1695년 허가법의 소멸과 잉글랜드가 이미 여러 종파로 나뉘었다는 사실이었다. 볼테르는 잉글랜드가 신앙은 여럿이지만 소스는 하나밖에 없는 나라라고 빈정댔는데, 비록 요리의 측면에서는 단조로울지라도 종파적 평온을 유지하는 비결인 셈이었다. "잉글랜드에 종교가 하나만 있다면 전제정의 위험이 존재할 것이고, 종교가 두 가지뿐이라면 서로 사생결단을 낼 것이다. 하지만 종교가 30가지 존재하니 모두가 평화롭게 산다."[62] 신앙은 더이상 왕국을 통일할 것으로 기대되지 않았다. 로버트 사우디는 잉글랜드를 방문한 에스파냐인의 입을 빌린 일종의 문학적 복화술을 구사하여 이렇게 지적했다.

이 나라에는 이단 종파가 너무 많아서 각 종파의 이름을 설명하는 사전이 출판되었을 정도이다. 종파의 이름을 나열한 목록은 괴상하기 짝이 없다! 아르미니위스파, 소치니파, 박스터파, 장로파, 뉴아메리칸, 사벨리우스파, 루터파, 모라비아파, 스웨덴보리파, 아타나시우스파, 성공회 교도, 아리우스파, 후정론파, 원죄전前 예정론파, 반율법주의파, 허친슨파, 샌드먼파, 머글턴파, 침례파, 재세례파, 유아세례파, 감리파, 교황파, 만인구제파, 칼뱅파, 위그노파, 선서거부파, 분리교회파, 헤른후트파, 던커파, 점퍼파, 셰이커교도, 퀘이커교도 등등. 참으로 대단한 명명법이로세![63]

이종성異種性은 종교가 의문의 대상이 되는 풍조를 낳았고, 이는 1731년 다음과 같이 쓴 어느 작가가 분명히 짜증을 내며 인식한 사실이었다. "나는 신이 정신인지 물질인지, 아니면 둘 다인지 그도 아니면 둘 다 아닌지, 세계가 영원한지 여부를 불가결한 경우가 아니면 더이상 검토하지 않을 것이다."[64]

여러 뜨거운 논쟁들 가운데 주요한 논쟁은 영혼의 성격과 운명에 관한 것이었다. 로크에게 정신적인 것의 실재는 홉스한테 미안한 말이지만 지극히 명백했다. "왜냐하면, 보거나 듣거나 등등으로써 내 바깥에 어떤 물질적 존재, 그 감각의 대상이 있음을 아는 한편, 나는 그보다 더 확실히 내 안에 보고 듣는 어떤 영적 존재가 있음을 알 수 있기 때문이다."[65] 비록 그 '실체substance'는 알려지지 않았지만, 물질보다 영혼을 받아들이는 일이 더 어렵지는 않은데 "육체 자체의 움직임은 어떤 어려움들로 지장을 받으며, 우리에게 설명되거나 이해되기 매우 어렵거나 어쩌면 불가능하기 때문이다."[66] 로크는 따라서 영혼이 존재함을 증명하며 '죽은 자의 부활'은 '기독교 신앙의 한 신조'라고 비판가들을 안심시켰다.[67] 우스터 주교 에드워드 스틸링플리트와 더불어 이 문제에 관한 로크의 변증론의 핵심은 다소간, 천국으로의 이전을 위한 필요조건은 '동일한' 육체의 부활이 아님을 부정하는 데 있었다. 육체는 시간을 거치며 변하지 않는가?

> 예하께서는 그가 자궁 속 태아였을 때, 옷을 걸치고 노는 어린아이일 때, 아내와 결혼하는 남자일 때, 그리고 자리보전을 하며 폐병에 걸려 죽어갈 때 그리고 마침내 부활한 뒤 그가 갖게 될 육체까지, 그 육체들이 같지는 않지만 각각은 모두 그의 육체라는 사실을 쉽게 이해하실 것입니다.[68]

로크는 죽은 자가 최후의 나팔 소리에 무덤에서 다시 일어설 때, [육신이 아닌—옮긴이] 그 사람 자체person가 심판받을 것이라는 점이 중요하다고 주장한다. 이 현세의 삶에서는 불가결하지만 육체는 부수적인 것이다. 로크 같은 계몽사상가들에게 그 사람의 본질이란 정신이었다. 반대로 영원한 보상과 처벌을 부과하는 데 관심이 있는 성직자에게 육체라는 요소는 그 사안에서 그렇게 쉽게 제외될 수 없었다. 스틸링플리트는 '실체'보다 '관념'을 우위에 두는 로크의 시각에서 회의주의로 가는 미끄러운 경사면을 알아차렸고, 그런 의심을 품는 사람이 그만은 아니었다.

마찬가지로 로크는 죽은 자의 부활을 지지한 반면, 개인의 불멸성이 영혼의 비물질성immateriality에 달려 있다고 주장하지 않았다. 의식은 비물질성을 수반한다는 것은 줄곧 기독교-플라톤주의 정통 신앙이었으며 근래에는 데카르트 철학에 의해 뒷받침되었다. 그러나 로크에게는 도그마를 제시하는 것은 인간이 해야 할 일이 아니다. 조물주가 사고의 속성에 적합하게 복잡한 물질을 부여하지는 않았을까? 그는 생각과 물질을 연결시키는 것은 영혼의 존재를 부정하는 것과 마찬가지라고 걱정하는 이들을 불멸성 자체는 그것 때문에 위협받지 않을 거라며 안심시킨다. 영혼이 비물질적인지 아닌지는 부활의 가능성에 영향을 끼치지 않는다.[69]

로크가 휘말렸고 훗날 더 격렬해진 또다른 논쟁은 그리스도의 신성을 부정한 아리우스주의를 둘러싼 것이었다. 삼위일체에 관해 의도적으로 말을 삼갔기 때문에 로크는 이를테면 존 에드워즈John Edwards의 『소치니주의의 실상Socinianism Unmasked』(1696)[70] 같은 책에서 이단을 옹호한다는 비난을 받았고, 그후로 이성이든 성경이든 그 무엇도 삼위일체론을 뒷받침하지 않는다고 주장하는 아리우스파는 이 위대한 철학자의 지지를 받고 있다고 비치기 쉬워졌다[71] —사실, 일부 역사가들은 로크가 계몽된 사고에 미친 가장 심대한 영향은 그의 침묵이 암묵적으로 소치니주의에 보낸 지지에 있다고 주장한다.[72] 광교회파는 실상 겉으로 드러나지 않는 아리우스파라는 주장은 확실히 그들에 대한 흔한 비난이 되었고, 반대파들은 그보다 더 심한 중상도 서슴지 않아서 틸럿슨은 '신을 물질로, 종교를 자유로 전락시킨' 일종의 홉스주의자라고 비난받았다. "그의 정치는 리바이어던이고 그의 종교는 광교회파적이며 (…) 그는 잉글랜드 전역의 무신론 재사들에게 그들의 진정한 사도이자 대주교로 여겨진다."73 관용—즉, 사람들이 서로 의견이 다를 수 있음을 허락하는 것—이 허용한 자유로운 탐구는 걷잡을 수 없는 이단의 확산을 의미했다.

따라서 관용은 결국 박해자의 이빨을 뽑았다. 로크는 유일하게 안전한 교회란 칼의 권력을 부정하는 자발적 단체라고 가르쳤다. 계몽된 사람들에게 이러한 사제 권력의 무장해제는 다른 모든 것과 마찬가지로 종교를 이성의 빛줄기와 비판의 유익한 힘에 노출시키는 데로 나아가는 결정적 조치였다.

관용과 교의의 요점들을 둘러싼 갈등은 성직 특권주의의 날개를 꺾으려고 작정한 반성직주의에 의해 부추겨지고 지속되었다. 1660년대부터 로크 본인이 '제단에서 타고 있는 숯'(이사야서 6장 6절 참고—옮긴이)으로 내란을 부채질했던 '간사한 자들'과 지배적인 의식들에 넘어간 '눈매가 날카로운' 교황과 밀교 전수자(날조된 모의 사건인 이른바 구교도 음모 사건Popish Plot의 연루자들을 말한다—옮긴이)들을 꾸짖고 있었다.74 '사제정략Priestcraft'(성직자들의 권모술수와 세속적 권력—옮긴이)은 배제 위기 때 만들어진 단어였다.

독실한 시대에, 사제정략이 시작되기 전에,
일부다처제가 죄가 되기 전에75

위와 같이 존 드라이든의 『압살롬과 아히토펠Absalom and Achitophel』(1681)은 시작된다. 다음으로 존 톨런드는 사제 지배를 '인류 다수가 사제들에 의해 계속 잘못에서 벗어나지 못하게 하는' 음모라고 보면서 그러한 비방을 자신의 트레이드마크로 만들었으며, 다음과 같은 신랄한 경구로 새 세기를 반갑게 맞았다.

종교의 안전이란 사제정략과의 전쟁이니
사제정략과 친구 사이인 자들은 인류의 적이다.[76]

반성직주의는 또한 앤서니 콜린스, 로버트 몰스워스Robert Molesworth, 월터 모일Walter Moyle, 헨리 네빌Henry Neville, 제임스 티럴James Tyrrell 그리고 '수도사풍의' 전제를 타파하는 데 몸 바친 '그리션 술집 패거리Grecian Tavern set'의 다른 일원들과 같은 '진짜 휘그들'의 허수아비였다.[77] 존 트렌차드와 토머스 고든Thomas Gordon의 〈독립 휘그The Independent Whig〉(1720-21)(8장을 보라)로 더욱 부채질된 성직자 때리기는 리처드 배런Richard Baron의 『사제정략의 기둥들과 흔들린 정통 교리The Pillars of Priestcraft and Orthodoxy Shaken』(1768)에서 절정에 달했다. 잉글랜드의 이신론자들과 더불어 프랑스 필로조프들을 인용하고 '모든 사제들에게 반대해야 할 항구적 이유들'을 불러주면서 배런은 "인간의 정신을 해방하고, 이성과 기독교에 매우 수치스럽게도 오랫동안 쇠사슬에 매여 있었던 인간들을 자유롭게 하리라"고 맹세했다.[78] 그러한 비방에 호전적인 워버튼 주교는 격노하여 쓰러질 지경이었다. 상스러운 자유사상가들이 어찌 감히 성직자를 "음탕하고, 탐욕스럽고, 양심과 자만심으로 똘똘 뭉치고, 야심에 불타고, 기만적이고, 신앙심이 없고, 구제불능인" 사람으로 그린단 말인가?[79]

어느 정도는 성직 계급이 실제로 권력의 기둥으로서 전보다 덜 가시적이 되고 그들의 목소리도 더 조용해지면서 반성직주의를 부르짖는 소란은 결국 잦아든 반면, 성직자 헐뜯기는 계몽의 수사에서 계속 비장의 무기로 남았다. 톰 페인은 일명 '박해'라고 불리는 사제정략을 맹비난했다. "맬서스 씨는 잘못을 인정하는 일이 불가능한 직종 소속이다"라고 뼛속까지 반성 직주의자인 제레미 벤담은 말했고,[80] 그의 추종자들인 프랜시스 플레이스 Francis Place와 제임스 밀James Mill은 거침없는 성직 혐오자로 드러났다.[81] 농민 시인 존 클레어는 1824년 일기장에 이렇게 털어놨다. "폭정과 잔인성은 종교 권력과 떼려야 뗄 수 없는 짝인 것 같다. 그리고 '모든 사제는 다 똑같다'는 경구는 진실에서 그리 멀지 않다."[82] 종교는 성직자에게 맡기기에는 너무 중요한 일 같았다.

국가의 관용에 의해 엄호되고 반성직적 적대감이 만연한 가운데, 근대적 인간이라면 어떤 종류의 종교를 옹호해야 하는가를 둘러싼 열띤 논쟁이 계속되었다. 정확히 어떤 신념이 실제로 분별 있는 동의를 받아 마땅한가? 앞서 본 대로 로크에게 바르게 이해된 기독교는 이성적이었다. 다른 이들, 즉 자칭, 타칭의 이신론자들은 이성이 지고의 존재와 인간의 의무에 대한 지식으로 가는 길을 비춰준다고 가정했지만—무신론은 미신만큼 맹목적인 것이다—더 나아가 기독교는 '자연 종교'에 더 덧붙일 게 없든지 아니면 어리석고 잘못된 요소를 포함하고 있으므로 정화되거나 재해석되거나 거부되어야 한다고 주장했다.

이신론자들은 각양각색이었다. 자칭 '기독교적 이신론자'이자 로크의 반反생득주의 지지자는 올소울스 칼리지의 연구원 윌리엄 울러스턴으로, 그의 책 『자연 종교 서설Religion of Nature Delineated』(1724)은 1만 부라는 인상적인 부수가 팔렸다.[83] 다소간 새뮤얼 클라크처럼 울러스턴은 종교적 진리는 유클리드 기하학처럼 단순 명백하다고, 천지창조를 고찰한 모든 이에게 분명하다고 주장했다. 그렇다면 애초에 계시가 왜 있단 말인가? 그것은 '이중의 안전 대책', 즉 신적 존재가 종교 실력이 기하학 실력보다 나을 게 없는 저잣거리 사람들에게 친절하게 제공한 설명이라는 것이다. 이런 종류 의 '두 겹 진리' 이론은 이신론자들이 상투적으로 꺼내 드는 설명이었다.

같은 올소울스 출신의 또다른 시민 신학의 옹호자는 고교회파를 향해 무차별 공격을 감행하며 경력을 시작한 매슈 틴들이었다.[84] 훗날 그의 저 작 『천지만물만큼 오래된 기독교 또는 자연 종교의 재판再版으로서의 복 음Christianity as Old as the Creation, or the Gospel as Republication of the Religion of Nature』 (1730)—그것은 이신론자들의 성경이 되었다—은 "신은 언제나 그분께서 인류에게 요구하는 것은 무엇이든 인류가 파악할 수 있도록 충분한 수단 을 주셨다"고 주장했다. 그러한 '수단'이란 합리성에 있다.[85] 이성이 시간을 초월하고 편재한 반면, 성경은 늦게 나타난 국지적 판본에 불과하다—아 무런들 신께서 처음에 당신의 법을 그런 방식으로(성경이라는 방식으로—옮 긴이) 드러냈을 거라고 생각할 수 있을까?[86]

인간에게 무엇이 육신에 좋고 나쁜지를 감각을 통해서 알려주는 무한히 선하고 자비로운 존재가 인간의 불멸의 부분에 대해서는 관심을 덜 쏟 았다고, 오성의 빛에 의해 자신의 영혼에 무엇이 이로운지 발견할 수 있 는 충분한 수단을 인간에게 언제나 부여하지 않았다고 생각할 수 있을 까?[87]

성경을 부인한 이들에게 구원을 거부하는 것은 신을 끔찍한 존재로 만 들 것이다. 그 대신 틴들은 전적으로 천지만물에, 다시 말해 보편적 이성에 바탕을 둔 신조를 제시한다. "신의 뜻은 자연이라는 책에 너무도 분명하고 완전하게 드러나 있으므로, 그 책을 들춰보는 이는 그것을 읽을 수 있으리라."[88]

대다수의 이신론자들처럼 틴들은 원초적 일신론, 진정한 유일신에 대한 믿음, 이성의 빛에 의해 밝혀진 순수하고 시원始原 그대로의 자연 종교라는 관념을 견지했다.[89] 그렇다면 어떻게 이 명백하고 단순한 진리가 왜곡되고 말았는가? 그것은 모두 성직자의 잘못이다.

사제들의 자만심, 야심, 탐욕이 (…) 종교의 심각한 타락의 (…) 원인이다.[90]

세속의 폭군들에 대한 사제 아첨꾼들이 낳은 폐해는 가톨릭교도한테만 국한되지 않는다.

프로테스탄트 성직자들도 로마 가톨릭보다 더하지는 않을지라도 적어도 그들 못지않게 아주 열성적이고 부지런하게 사람들을 노예로 삼고 자의적 권력을 조장해오지 않았던가?[91]

올소울스 칼리지 소속 사제에 의해 '부활한 스피노자'[92]로 지탄받은 틴들의 이신론적 발언은 여기서 그치지 않았다. 그는 아무 생각이 없거나 알고서도 모른 척하면서 단지 성경에서 그렇게 말했다는 이유로 성경에 나온 말을 진리로 받아들이는 자들을 조롱했다. 그것은 순환논증일 뿐이었다. 그는 "그 안에 담긴 교의들의 진리로써 어떤 책이 진리임을 입증하려고 하면서 동시에 그 책에 담겨 있기 때문에 그 교의들이 진리라고 결론 내리는 것은 괴상한 뒤죽박죽이다"[93]라고 놀렸다. 그는 또한 성경 안의 엉성한 대목들도 집어냈다. 성서의 소위 무오류성을 옹호하는 유일한 길은 모순된 내용에 맞닥뜨릴 때마다 의미를 비틀고 곡해하는 것이라고 단언했다. 이를테면 너무 빤히 보이는 모순점들에 직면하여 변증론자들은 흔히, 신이 스스로를 낮춰 무지한 유대인들에게 뜻을 전하다가 그렇게 된 것이 틀림없다고 주장해왔다. 그러나 틴들은 이런 식의 얼버무림을 수긍할 생각이 없었고, 그 대신 자신만의 성서 비평을 시도했다.

물론 르네상스 문헌학에서 파생된, 성서 해석에 관해 확립된 정전들이 존재했다. 스칼리거Scaliger와 하인지우스Heinsius, 그로티우스Grotius, 카소봉 Cassaubon과 여타 학자들의 학식은 마땅히 칭송되었고,[94] 텍스트 비평에서는 프랑스 가톨릭 리샤르 시몽Richard Simon에 의해 커다란 진전이 이루어지고 있었다. 그러나 부분적으로 피에르 벨에 의해 자극받아, 간교한 사제들이 심어놓은 '허튼소리들'을 폭로하려고 작심한 영국 이신론자들에 의해 이제 이설들이 제기되었다.

정직하게 읽은 틴들은 많은 신학적 교리들과 성서의 이야기들이 어리석으며 조물주를 아주 고약하게 그렸다고 주장했다. 배타적 구원의 교리는 끔찍하다. 만약 예수보다 앞서 태어난 유덕한 이교도들 앞에 천국의 문이 닫혀 있게 된다면 어찌 예수가 인류의 구원자일 수 있겠는가? 그리고 자연의 빛에 의해 드러나는 신성한 정수Divine Essence의 보편적 선과 성경에 기록된 대로 종종 드러나는 여호와의 치사한 행동 간의 모순은 또 어떤가? 예를 들어, 엘리야가 3년 반 동안의 가뭄을 야기했을 때처럼 그들이 저지르지도 않은 죄를 가지고 인간을 벌하기 위해 자연 질서를 위배하는 경우 말이다. 만약 그 옛날에 신이 무고한 자를 벌하기 위해 자연 법칙을 위반했다면 다시 신이 그렇게 비열하게 굴지 않으리라고 누가 확신할 수 있겠는가? 구약성서의 정의는 아닌 게 아니라 참으로 기괴하다. 어린이들이 자기를 대머리라고 불렀다고 엘리사가 주님의 진노를 요청하다니 얼마나 이상한가? 그렇게 이성의 눈부신 빛에 고스란히 폭로되자 성경, 특히 구약은 문제투성이로 보이기 시작했다.

한 가지 해법은 케임브리지 시드니 서식스 칼리지의 연구원으로서 사상의 많은 부분을 앤서니 콜린스에게 빚진 토머스 울스턴Thomas Woolston으로부터 나왔다.[95] 그의 『여섯 담화Six Discourses』(1727-30)는 문자 그대로 받아들이면 성서의 많은 내용은 평범한 상식에 반하거나 전혀 교훈적이지 않다고 평가했다. 다윗왕의 음탕하고 잔인한 행위들과 저 배교자 바리새인 바울의 사기 행각, 발람의 당나귀의 어리석은 이야기 등등 말이다. 오로지 자신의 주장을 강조하기 위해 누군가의 무화과나무가 말라 죽게 저주한 일에서 예수는 사유재산의 신성함을 침해했다(그러니까 어느 스튜어트 국왕만큼이나 못되게 행동한 것이다). 가다렌의 돼지에게 어찌 악령이 들어갈 수 있었을까? 모두가 알다시피 유대인은 돼지를 기르지 않는데 말이다. 또 예수가 어느 산꼭대기에서든 진짜로— 적어도 기적의 망원경이 있지 않고서야—세상의 모든 왕국들을 볼 수는 없었을 것이다. 그러한 서사들은 확실히 바보 같거나 불경하다.

치유의 기적도 문제를 야기했다. 예수가 정확히 어떤 질병을 치료했는지 불분명한데 그의 치유가 초자연적 행위였다고 어떻게 확인할 수 있을까? 아마도 '믿음과 상상력'이 개입되었으리라. 어떤 경우—침으로 소경을 치유한 행적 같은 경우—는 분명히 기적이 아니다. '우리 의사들도 연고와 세척액으로' 그만큼 할 수 있다. 다른 더 극적인 기적들의 경우 울스턴은 그냥 부정해버렸다. 죽은 나사로를 되살린 기적은 완전히 '꾸며낸 이야기'라는 것이다. 마지막 담화에서 울스턴은 부활의 문제를 다루었는데, 그리스도의 시신은 열성 신도들이 몰래 빼돌려서 사라졌다는 오래된 논증을

다시 써먹었다.[96]

그러나 그 가운데 어느 것도 그리 중요하지 않았는데, 울스턴은 오리게네스를 따라서 성서의 이야기들은 문자 그대로가 아니라 영성적으로 읽히도록 의도된 것이라고 결론 내렸기 때문이다. 따라서 그리스도가 예루살렘으로 입성할 때 탔던 당나귀는 사실 교회를 의미한다. 울스턴이 그러한 우화적 독해를 진지하게 시도한 것인지 아니면 그저 '사실 문제', '증거', '증언', '목격자'[97]를 지나치게 중시한 시대의 진지한 성서 직해주의를 조롱한 것인지 분간하기는 힘들다. 울스턴에게 맹비난과 법적 제재가 쏟아졌지만 볼테르에게 적어도 가장 인상 깊었던 것은 그의 저작이 막대한 판매고를 올렸다는 사실이었다.

그런 식으로 비판은 거룩한 기관에 의해 봉급을 받는 점잖은 신의 종복들에 의한 종교적 헛소리를 겨냥해 이루어지고 있었다. 그러나 이신론의 지지 기반은 더 넓었다. 다수의 변호사, 시골 신사, 의사 부류는 반성직적 농담을 던지고 사람들의 미신에 킬킬거렸고 악마 숭배적 제의를 벌인 프랜시스 대시우드Francis Dashwood의 헬파이어 클럽Hellfire Club의 경우처럼 야유와 심지어 신성모독도 주저하지 않았다. 이신론은 심지어 지방의 프티부르주아 전문가들까지 거느리고 있었다. 직업이 양초 제조업자인—직업부터 아주 적절하다!—솔즈베리의 토머스 처브Thomas Chubb는 정화 작업이라는 이름으로 기독교의 '타락한 교리'들에 진정한 종교를 대결시키는 것을 자신의 일로 삼았다. 그리고 그 타락한 교리들이란 무염수태, 삼위일체, 속죄, 성서의 완전 영감설(성서의 모든 내용은 신으로부터 영감을 받아 기록되었다는 견해—옮긴이) 등이었다.[98] 그러한 신학적 헛소리를 폐기처분하면서 처브는 합리성을 옹호하고, '인간 성향의 일부로서' 자애를 칭송하고, 인간 본성을 '옹호하고vindicated',[99] 자연법의 항구적 타당성과 관련해서는 로크를 지지했다. 세부 사항을 놓고는 로크를 비판하긴 했지만—자연 상태라는 허구는 '생명, 자유, 재산'에 대한 인간의 권리를 위해서는 너무 허약한 발판이다—그럼에도 불구하고 그는 그 철학자가 인간의 생각의 자유, 즉 인간의 저 본질적 속성의 자유를 옹호한 것을 전적으로 지지했다. 처브는 "인간에게 오성을 부여하고 (…) 그 오성을 이용하여 (…) 사물의 참과 거짓을 (…) 판단할 수 있게 함으로써" "인간을 자유롭고 책임이 있는 피조물로 만든 것은 하느님의 마음에 들었다"고 단언했다.[100] 자유를 무엇보다 최고로 여기면서 처브는 원죄, 예정설, 특별한 신의 섭리 관념을 모두 유해한 관념으로 일축했는데, 그 모두가 인간의 '행위는 (…) 자신들이 자유롭게 선택한 것이 아니라는' 잔인한 숙명론을 가르치기 때문이었다. 종교는 인간을 고귀하게 하는 반면, 제의는 인간을 비천하게 만들고 있으니, 이성만이 그런 찌꺼기를 걷어내고 신 아래서 유덕한 삶을 가르칠 터였다.

각자 다른 방식으로 울러스턴과 처브 같은 인물들은 꼴사나운 광신도들로부터 종교를 구해내고자 했을 뿐 다른 숨은 뜻은 없었다. 사제들의 무의미한 흰소리에 대해 다른 비판가들—울스턴도 그중 한 명이었다—은 더 음험한 속셈을 품고 있었던 것 같다. 그리고 만일 그 속셈이 무엇인지 추측하기 어렵다면, 우리는 교회에 대한 그 가장 통렬한 비판가 존 톨런드를 어떻게 이해해야 할까?[101]

가톨릭교도 부모 아래서—그의 아버지는 사제였던 것 같다—1671년 아일랜드에서 출생한 톨런드는 어린 시절에 프로테스탄티즘으로 개종했다. 몇몇 '저명한 비국교도'들에 의해 학교로 보내진 그는 레이던대학에 다녔고 거기서 로크와 친해졌다. 그후 그는 3대 섀프츠베리 백작 같은 이신론자들과 휘그들의 보호를—그러나 토리 귀족 할리 경의 보호도—여러 차례 받으면서 학자로서 줄곧 자유분방한 삶을 살았다. 능란한 좌담가인 톨런드는 권위에는 또다른 권위를 내세우고, 조롱조의 부인으로 자신의 행적은 조용히 감추면서 틸럿슨과 로크 같은 명망 있는 인물들을 최대한 벗겨먹는 것을 좋아했다. 그러나 그는 그의 초기 걸작인 『신비롭지 않은 기독교Christianity Not Mysterious』(1696)에서 자신의 근본적인 교의를 표명했던 것 같다. "이성은 모든 확실성의 유일한 토대다. (…) 복음에서 이성에 반하는 것이나 이성을 넘어서는 것은 없다."[102] 자신의 접근법의 요점을 설명하면서 그는 여느 때와 변함없이 그 과정에서 의심의 씨앗을 뿌렸다. "나는 먼저 진정한 종교는 필연적으로 이성적이고 이해할 수 있는 것이어야 한다는 점을 증명할 것이다. 그다음 나는 이러한 필요조건들이 기독교 안에서 발견됨을 보일 것이다."[103] 아닌 게 아니라 기독교 안에서, 그러나 여태껏 교회들이 해석해온 것과는 다르게 말이다!

톨런드는 필시 솔직하지 못하게, 기독교의 진정한 우수성은 다른 신앙들에서는 신비로운 것으로 여기는 것을 알기 쉽게 만드는 데 있다고 주장했다. 우리는 삼위일체나 그와 같은 뜻 모를 소리를 모조리 내버리고 원초적 단순성으로 복귀할 필요가 있다. 그는 '복음의 교리들은 이성과 대립하지 않는다'고 주장하면서 종교는 신비를 담고 있다는 믿음을 의심의 여지없이

기독교도들 사이에서 여태껏 진지하게 드러난 모든 어리석음의 원천이라고 여겼다. 그러한 구실(종교는 신비라는)이 없다면 우리는 화체설과 로마교회가 지어낸 이런저런 터무니없는 이야기들을 듣지 않게 될 것이고, 이 서방의 하수구에 거의 다 쏟아져 들어온 동방의 똥 같은 소리 어느 것도 듣지 않게 될 것이다.[104]

이 같은 주장으로부터 독자들은 일반적으로 인정되는 신앙이 대체로 나쁜 신앙임을 짐작할 수 있었을 것이다.

『신비롭지 않은 기독교』는 미들섹스 대배심에 고소되고 아일랜드 의회에 의해 분서 명령을 받는 등 엄청난 파란을 불러일으켰다. 로크는 거명되지 않았지만 당대인들은 톨런드의 저작에서 로크의 가르침들이 그 논리적 귀결로 도출되고 있다고 걱정스레 감지했다. 톨런드는 로크처럼 모든 확실성의 토대로서 이성을 최고로 떠받들면서 이성만이 무엇이 계시된 것인지 결정할 수 있다고 주장했는데, 지혜로우신 하느님이 계시를 포함해 모든 것을 이성이 설명할 수 있게 만들었기 때문이다.[105] 그러나 동의할 수 있는 지점은 거기까지였다. 로크가 기독교는 이미 이성 테스트를 통과했다고 믿은 반면, 톨런드는 기독교에서 신비로운 것은 모조리 폐기되어야 한다고 요구했다. 따라서 『신비롭지 않은 기독교』는 로크의 진리 철학을 옹호하는 듯 보이면서도 이성과 계시 사이의 아주 다른 유대 관계를 제안했다. 로크는 진리로 입증된 계시에서 제시되는 것은 무엇이든 수용해야 한다고 주장했다. 반대로 톨런드는 성서의 특정 사항들 각각을 '공통 관념들common Notions'에 부합하는지에 따라 판단해야 한다고 주장했다. '이성을 넘어서는' 것은 그 무엇도 검사를 통과할 수 없다. 종교는 신비가 없어야 한다는 그의 요구는 따라서 계시된 진리로서의 성서의 지위를 위협했다.

이 모든 것에서 톨런드는 또한 전형적인 이신론적 방식으로 쉽게 믿는 우중과 스스로 신에 관해 명백한 진리를 찾아낼 수 있는 '합리적이고 생각하는 일부' 간의 구분을 활용하고 있었다. 현명한 자들에게 성서의 '이적들'은 모두 현실적인 설명의 여지가 많다. 예를 들어 구름과 불기둥은 기적이 아니라 그저 장대 꼭대기에 달아둔 냄비에 들어 있던 연기 신호일 뿐이었다는 것이다.[106] 그의 『판테이스티콘Pantheisticon』(1720)은 "우리가 다수로부터 거리를 두면 안전할 것이다"라고 충고한다. "대중이란 최악의 것에 대한 증거이기 때문이다"[107]—그에게 대중이란 기껏해야 비위를 맞춰줘야 할 아이들이거나 최악의 경우, 요람에서 무덤까지 삶 자체를 거짓으로 전락시키는 저 음험한 신비장사치들과 공모하는, 쉽게 믿는 바보들일 뿐이었다.

> 우리가 세상의 빛을 보자마자 거대한 속임수는 사방에서 우리를 현혹하기 시작한다. 바로 산파의 손길부터 미신적인 의례와 함께 우리를 세상으로 내보낸다. 출산을 돕는 착한 여인들은 아기의 향후 인생에 관한 징조를 찾아내고자 여러 가지 우스꽝스러운 관찰을 하며 아기에게 액운을 막거나 행복을 가져다주는 무수한 주문들을 알고 있다. 어떤 곳에서는 사제도 강력한 많은 부적들처럼 특정 구절들을 읊음으로써 일찍이 아기를 자신의 예식에 입회시키는 데에서 여인네들의 이러한 수군거림에 밀리지 않는다.[108]

이성만이 인간을 미신에 사로잡힌 상태로부터 구해낼 수 있으며, '성스러운 이미지나 조상彫像, 특이한 장소나 값비싼 예배 형식 없이', 그저 신을 경배하고 미덕을 추구한 '고대 이집트인, 페르시아인, 로마인'의 진정하고 단순하며 자연스러운 종교를 회복할 수 있다.[109]

톨런드가 이신론자 가운데 가장 음흉한 축이었다면 가장 강력한 일격을 날린 사람은 앤서니 콜린스였다.[110] 그의 노선은 단순함 그 자체였다. "의견의 문제에서 생각하고 스스로 판단하는 것은 모든 사람의 자연적 권리이자 의무이듯이 사람이 자신의 의견을 자유롭게 표명하는 것도 허용되어야 한다." 케임브리지에서 교육받고 에식스의 자기 영지에서 살아가던 이

신사 변호사는 대신에 한 가지 단서 조항을 내걸었다. '그러한 의견들은 사회의 동요를 초래하지 않아야' 한다는 것이다.[111]

콜린스는 로크의 개인적 친구였다.[112] 연로한 철학자에게 보낸 장문의 편지에서 그는 존 노리스John Norris의 『관념적이거나 이해할 수 있는 세계의 이론에 대한 시론An Essay towards the Theory of the Ideal or Intelligible World』(1701-1704)에 보이는 플라톤주의를 공격하고 삼단논증을 비웃었으며, 동물은 의식이 없다는 데카르트의 믿음을 부정하고 생각하는 물질의 가능성을 옹호했다. 자연히 로크는 자신의 비판가들에 대한 이 혹독한 공격과 자신의 『인간 오성론』에 대한 옹호에 기분이 좋았다.[113]

톨런드처럼 콜린스는 정설에 정설을 대결시키기를 좋아했고, 영혼에 대해 로크를 옹호하면서 새뮤얼 클라크에 반기를 들었을 때 짓궂게도 자신의 주장에 틸럿슨을 끌어들였다.[114] 그의 『사제정략 완성Priestcraft in Perfection』(1709)은 예식을 주재할 교회의 권리를 부정했고 그의 저술에는 반성직주의의 기운이 가득했다—"평신도들은 사제들의 송아지들과 양떼다."[115] 콜린스의 성직자 때리기는 그의 악명 높은 『자유사상 담론Discourse of Free-thinking』(1713)에서도 계속되었다.[116] 성직자들 간의 '추악한 술수'와 반목을 통렬하게 까발림과 동시에 권위에 맞서 이성을 옹호한 이 책은 소크라테스를 '매우 위대한 자유사상가'로 신격화했다.[117]

성서의 신빙성에 대한 콜린스의 공격에는 후대의 이신론을 위한 단서가 담겨 있었다. 르클레르Le Clerc와 시몽, 여타 근대의 성서학자들의 연구에 기댄 그의 『그리스도 종교의 토대와 근거들에 대한 담론Discourse of the Grounds and Reasons of the Christian Religion』(1724)은 성서에 언급된 예언의 실현이 억지스러운 독해에 달려 있음을—그보다는 억지스러운 독해로 인해 무너짐을 보임으로써, 예언의 실현으로부터 이끌어낸 신의 영감설의 오래된 증명의 허약성을 폭로했다. 성서에 나오는 예언들의 문자 그대로의 실현을 증명하고자 케임브리지 신학자 윌리엄 휘스턴William Whiston은 그 예언들을 매우 자의적이고 터무니없는 방식으로 난도질해야만 했던 것이다![118] 예언은 곧 합리적 기독교의 아킬레스건을 드러낼 터였다.

　　이신론자들은 신앙을 정화하고 있다고 공언했다. 그러나 그들 가운데 더 급진적인 이들은 교회의 악폐와 신학자들의 기만에 도전하는 데 그치지 않았다. 그들은 흔히 이교의 어리석음이나 가톨릭의 기만, 영국 국교회의 오류에 대한 공격으로 자신들의 공격을 위장하긴 했지만, 일반적으로 받아들여지는 종교 자체에 관한 역사적·심리적·정치적 비판을 발전시켰다. 신을 공경하고 미덕을 가르치는 종교 자체는 순수하다. 그렇다면 종교는 왜 항상 나쁘게 변질되었던 것일까?

　　홉스에 의해 시작된(3장을 보라)[119] 잉글랜드에서의 이 급진적 비판은 부인과 부정으로 이어진 글을 쓴 수수께끼 같은 인물 찰스 블라운트Charles Blount에 의해 확대되었다. '우상숭배의 기원에 관하여On the Original of Idolatry'라는 부제가 붙은 그의 『에페소스인들의 디아나신은 위대하다Great is Diana of the Ephesians』(1680)는 전형적인 이신론적 '평행 신학parallel theology' 전략이었다. 이교도 신화들의 부조리를 폭로하는 작업은 식견이 있는 독자로 하여금 행간에서 기독교의 난센스를 읽어내게 유도했다. 예를 들어, 말하는 뱀 등등과 더불어 에덴동산의 타락 이야기는 어떻게 문자 그대로 받아들여질 수 있을까?[120] 블라운트는 격렬한 반응을 불러일으켰는데, 특히 찰스 레슬리Charles Leslie의 『이신론자를 상대하는 쉽고 간단한 방법Short and Easy Method with the Deist』(1689)은 성서를 순전한 사실이라며 옹호했다.[121]

　　1710년대가 되자 더 치명적인 비판, 즉 권력 정치와 정신병리학의 렌즈를 통해 바라본, 역사적 종교 그 자체에 대한 비판이 힘을 얻어가고 있었다. 이러한 논의에 따르면, 자연 종교는 천민들로부터 보호되기 위해 비밀스러운 성각聖刻 문자와 상징적 언어로 암호화되어야 했지만 원래는 단일 신교를 받아들였다.[122] 그러나 그 원래의 순수성은 버려지고 말았고, 모든 사회에서 종교는 엘리트를 위한 순수한 형태와 일반 대중을 위한 변질된 형태로 양극화되었다. 어떻게 그렇게 되었는가? 이에 대한 설명들을 고안해내면서 잉글랜드 이신론자들은 다양한 원천의 무기에 의존했다. 사제들의 사기를 폭로한 벨의 저작, 1695년 『마술에 홀린 세계The World Bewitch'd』라는 제목으로 영역된 네덜란드 발타사르 베커Balthasar Bekker의 *De Betoverde Weereld*(1691-1693)(이 책은 사실상 악마의 실재를 부정했다), 베르나르 퐁트넬Bernard Fontenelle의 예언가들에 대한 폭로, 마귀 들린 사람들에 대한 각종 병리학적 기록들이 그것이었다.[123]

존 트렌차드는 『미신의 자연사Natural history of Superstition』에서 종교는 두 종류로 나타난다고 주장했다. 진정한 종교와 가짜 종교로 말이다. 자비로운 조물주와 사랑의 복음에 대한 믿음은 진리의 정수다. 다른 모든 진술들은 거짓이다. 그리고 미신의 해악에 대한 그의 조사는 전 세계와 시대에 걸쳐 각종 숭배 의식과 신앙들을 살펴보면서 바로 그 거짓된 진술들에 초점을 맞추고 있다. 흄과 필로조프들보다 훨씬 전에 트렌차드는 종교 심리학의 핵심 질문들을 제기했다. 사람들은 왜 그렇게 미신적인가? 왜 기괴한 숭배 의식을 꾸며내고 신의 이름으로 이상한 행위를 하는가? 어떻게 성직자들의 책략에 속아넘어갈 수 있는가? 대체 무엇이 자칭 선지자들로 하여금 자신들의 환각에 신빙성을 부여하고 또다른 이들로 하여금 그것을 믿게 만들었는가?

트렌차드는 '우리의 격정과 결점의 원인들'을 탐구하면서 그 모든 찬란한 위업에도 불구하고 정신이 왜 쉽게 미신에 빠지는지 그 이유를 인간 본성에서 찾았다.[124] '우리의 기질에는' 미망에 빠지기 쉬운 '타고난 무언가'가 있다 — 원죄에 대한 일종의 심리-생리적 유비이다. 인간은 고통을 피하고자 한다. 죽음의 공포와 내세의 고통 및 처벌의 공포에 사로잡혀서 잠재적 박해자들을 알아내려는 충동에 시달린다.[125] 그러나 현상의 원인들은 감추어져 있기에, 불안한 마음에서 인간은 이교의 신들, 그리고 앞날을 내다보는 온갖 점치는 수단들을 지어내는 가운데 예언자들의 이야기나 허황된 상상을 받아들이게 된다. 트렌차드는 베커에게서 가져온 문단에서 이러한 각종 상상의 산물들을 열거한다.

> 이교의 신들과 여신들, 신탁을 점치는 자들과 예언자들, 님프들과 사티로스들, 파우누스와 트리톤, 퓨리들과 데몬들(복수의 여신과 귀신), 마법사들과 주술사들의 이야기들 대다수, 정령들과 유령들, 요정과 말썽쟁이 도깨비, 징조의 교리, 점을 치는 무수한 방법들, 즉 해몽Oneiromancy, 뜨거운 쇠 위에 짚을 태워 치는 점, 화산재점, 식물을 태워 치는 점Botanomancy, 양파점Cromniomancy, 주사위점, 기상점, 성명점, 숫자점, 땅점, 닭점, 해골점, 도끼점, 체점, 물점, 손톱점, 반지점, 수정구슬점, 거울점, 복화술점, 접시점, 보리점, 수상점, 포도주점Oenomancy, 강령술, 별점, 점성술, 전조, 인상학, 손금 보기, 일식과 월식, 혜성, 유성, 지진, 홍수, 여하한 보기 드문 현상 등등에 대한 공포는 이러한 결점들과 우리 자신, 그리고 다른 이들의 기만 탓이다.[126]

도취하는 의례에 몸을 내맡긴 미개인들은 환영을 '보고' 초자연적인 것을 경험했다. 벨한테서 그러한 '환각 체험'을 설명하는 가설을 빌려 온 트렌차드는 신체적 자극은 환영을 만들어내며 '감각기관들이 (···) 닫히고 막혀 있으면' 그러한 환영이 사실에 의거해 거짓임을 깨닫지 못하게 된다고 전제했다—수면중이거나 정신 착란, 광란 상태, 아프거나 충격을 받은 상태에서 일어날 수 있으며, 내면의 환영이 '아무런 경쟁자 없이 마음대로 지배하는' 경우들이다.[127]

로크의 경험주의적 인식론의 이러한 유용은 환영을 보는 '내면의 빛' 신비가들이 유일하게 진정한 '지식의 통로'인 외부의 자극들로부터 어떻게 차단되어 있는지를 설명한다. 따라서 환각의 희생자들이 그들의 '흐릿한 구름과 안개의 이미지들'을 '신들의 형상'으로 탈바꿈시키면서 환각은 실제와 혼동된다. 어떤 이들은 '지복의 환영'을, 어떤 이들은 '무시무시하고 끔찍한 도구를 든 악마들'을 본다. 희생자는 어쩌면 자신이 병bottle이나 시체, 신, 기타 등속이라고 생각할 수도 있다. '이런 종류의 사례'는 '베들럼(런던의 정신병원—옮긴이)에서 많이 볼 수 있다'고 트렌차드는 부연 설명을 단다.[128]

따라서 광증 문헌에 의존하여 트렌차드는 종교적 환영을 심리-생리적 자극으로 환원했다. 금식이나 채찍질은 혼미한 정신 상태를 유발하는 한편 비정상적인 경건으로 유명한 이들은 어김없이 우울한 기질의 은자였으며, 그들이 본 계시는 질병의 증상일 뿐이었던 것이다.[129] 처음에 외톨이 광신자가 쏟아낸 그러한 환영에 관한 말은 그후 기계론적 철학자에 의해 설명된 종교적 유행병처럼 빠르게 번져나갔을 것이다. "자연의 만물은 지속적으로 움직이며 내부 물질의 미립자와 증기를 영구적으로 발산하는데, 그것들은 다른 물체와 서로 부딪히고 작용한다."[130] 따라서 마법이 아닌 의학이, 어린아이들이 추한 노파나 여타 이른바 흑마술 앞에서 발작을 일으키는 이유를 설명한다.

3대 섀프츠베리 백작도 『독백Soliloquy』(1710)에서 진정한 신앙과 가짜 신앙의 경계를 긋는 도구로서 '인간 감정에 관한 연구'(우리라면 심리학이라고 부를 것이다)를 역설하며 유사한 견해를 제시했다. "이 학문에 의해서 종교 자체가 판단되고, 정령들이 연구되고 예언들이 검증되고 기적이 판별된다."[131] 고교회파와 선서거부파의 비굴한 종교-정치학에 넌더리가 난 이 휘그 귀족은 그의 영향력 있는 저술 『열광에 관한 서한Letter concerning Enthusiasm』(1711)에서 종교적 황홀경을 심리학적으로 설명해나간다. 성령이 강림한 '프랑스 예언자들'이 런던에서 알 수 없는 방언을 지껄이는 수법을 목격한 뒤 섀프츠베리는 트렌차드처럼 온갖 유형의 열성 신도들을 조롱했다. 가톨릭교도, 유대교도, 청교도, 위그노교도, 박해자와 종교재판관까지.[132] 인간은 자신들의 증오를 자신들이 믿는 신에 투영했던 것이다. "우리 내부에 불안과 두려움이 가득할 때 우리는 신한테서 분노와 진노, 복수와 공포의 존재를 본다."[133] 거룩한 전염에 대한 그의 설명은 트렌차드의 설명과 맞먹는다. "진노가 사람에서 사람으로 날아다닌다. 그리고 병이 목격되기 무섭게 사람들은 그 병에 걸리게 된다. 결국 종교 역시 패닉(공황 상태)이다."[134] 그러나 성마른 자들은 야만적이고 질투심 많은 신적 존재들을 상상하지만, 영혼이 위대한 사람은 복수심을 조물주의 속성으로 돌리지 않을 것이다. 그리고 올바르게 이해된 기독교는 인도적 종교라고 생각한 섀프츠베리 같은 이신론자들은 신앙에 먹칠을 해온 묵시록적 아수라장과 지옥불, 천벌에 대한 괴기스러운 감정적 폭발을 설명하기 위해 정신병리학에 의존했다.

이신론은 따라서 종교를 자연주의적으로, 사회적으로, 심리적으로 교차 검증했다. 현자의 고결한 신앙과 달리 지금까지 교회에 만연했던 것은 시니컬한 사제들이 부채질하고 악용해온, 눈을 희번덕거리는 백치의 공포였다. 계몽된 방식에 의해 종교를 정신병리학적으로 설명하는 작업을 완수하는 임무는 데이비드 흄에게 떨어졌다.

왕립학회의 베이컨적 모토 'nullius in verba(누구의 말도 믿지 마라)'를 지지하면서, 계몽된 지성들은 사실의 문제와 증거의 법칙, 과학적 방법론의 승리를 장담했다. 로크 같은 합리적 프로테스탄트들은 성서의 내러티브가 진짜로 밝혀진 역사적 사실이라는 바로 그 이유에서 기독교가 신임을 받을 만하다고 판단한 한편, 성서학자들은 기적에 관한 증언과 예언의 실현에 관한 증거들을 무수히 수집했다. 따라서 성서적 권위는 맹목적 신앙이 아니라 사실로 확인된 역사 일반과 같이, 믿을 만한 목격담에 의해 강화되는 엄격한 증거에 전적으로 달려 있었다.

콜린스의 『그리스도 종교의 근거와 토대에 대한 담론』과 유사한 저작들은 예언과 기적의 신빙성을 조금씩 벗겨내기 시작했다. 그 회의주의자의 임무는 프로테스탄트 변증론자들이 이미 전술적으로 기적의 범위를 좁혀놓았기 때문에 더 쉬워졌다. 그리스도와 열두 사도들이 행한 기적은 타당한 반면, 이후의 것들은 로마 가톨릭의 사기이거나 자료가 날조되었거나 근거가 박약한 민간의 경이담에 불과한 것으로 무시되었다. '기적의 시대'는 오래전에 끝났다. 복음이 이미 설파되었는데 하느님이 왜 경이적인 수단에 추가로 의존해야 한단 말인가?

증거가 빈약한 기적과 증거가 탄탄한 기적의 구분이라는 반론 가능성에 대해서는 신념에 기반을 둔 비판가들과 기회주의적 조롱꾼들 양쪽으로부터 의문을 제기했다―'기적'이 여전히 사람들의 눈앞에서, 심지어 데카르트의 도회적인 파리에서도 일어나고 있기에 더욱 그랬다.

1727년 5월 1일, 존경받는 얀센주의자 부제 프랑수아 드 파리François de Paris가 사망하여 생메다르 교구 묘지에 묻혔다. 추모자들이 그의 무덤에 몰려들었고 불치로 보이는 병자들―종기 환자, 장님, 귀머거리―의 '기적적' 치유가 이 성인에 의해 사후적으로 이루어졌다. 당대의 증언들이 풍부해 보이는데도 프로테스탄트들이 이와 같은 '기적들'은 그렇게 단호하게 부정하는 반면, 수천 년 전에 팔레스타인의 미개한 유대인들 사이에서 일어났다는 기적들은 받아들인다는 게 영 이상하지 않은가?[135]

'기적의 시대의 종언'이라는 프로테스탄트의 편리한 논리에 대한 중대한 도전은 케임브리지 트리니티 칼리지의 연구원인 코니어스 미들턴Conyers Middleton한테서 나왔다. 회의주의적 기질의 신학자이자 고전학자인 미들턴은 가톨릭의 전례와 미신을 이교적 다신론에 비유하기를 즐겼다. 가톨릭의 그 모든 향香은 베르길리우스의 베누스 신전에 대한 묘사를 상기시키며 예배자들은 여전히 과거의 반신들이 성인으로 대체되고 성당으로 개조된 옛 이교 신전 안의 신상 앞에 무릎을 꿇는다는 것이다. 따라서 이교 신앙은 가톨릭교를 위한 드레스 리허설이었던 셈이라고 그는 『로마에서 보낸 편지Letter from Rome』(1729)에서 암시한다.

미들턴은 그다음 기적의 문제로 넘어간다. 그의 『초기 시대부터 기독교 교회에 존속했다고 하는 기적의 능력들에 대한 자유로운 탐구Free Enquiry into the Miraculous Powers Which are Supposed to Have Subsisted in the Christian Church from the Earliest Ages』(1749)는 표면적으로는 성경의 기적들이 사실임을 입증하고 성서 이후의 기적에 대한 주장들의 진위를 따져본다는 의도를 내세웠지만 똑같은 비판이 신약성서의 사건들에도 적용될 수 있지 않을까 은밀히 암시하고 있었다. 그것은 사실상 모 아니면 도였다. 프로테스탄트들이 두 마리 토끼를 다 잡을 수는 없는 노릇이었다.[136]

같은 시기에 데이비드 흄—기적에 관해 미들턴보다 한발 늦었다고 느낀[137]—은 모든 형태의 종교에 대해 급진적 비판을 발전시키고 있었다. 그의 초기 저작 「기적에 관하여On Miracles」(1748)는 틸럿슨의 반反성변화 논의를 비록 의도하지 않았지만 그 논리적 귀결로 이끌었다. 기적이라고 주장되는 사례들은 자연의 한결같음에 대한 모든 감각 경험과 모순된다. 따라서 거부할 수 없는 결론은 우주적 질서가 깨졌다기보다는 그러한 '기적'의 목격자들이 속은 게―혹은 그들이 사람들을 속인 게―틀림없다는 것이다.[138] 그는 역설한다.

> 망상에 빠지지 않았음을 우리에게 확실히 보장할 만큼 성품과 교육, 배움에서 의문의 여지가 없고, 다른 이를 속이려는 속셈이 있다는 의혹을 전혀 사지 않을 만큼 확실한 정직성을 갖췄으며, 그들의 이야기가 거짓이었음이 드러날 경우 많은 것을 잃을 만큼 인류의 눈에 커다란 신뢰와 명성을 갖춘 충분한 수의 사람들이 증언한 기적은 모든 역사를 통틀어 찾을 수 없다. 그와 동시에 그들의 증언은 매우 공개적인 방식으로 이루어지고 세상에 널리 알려져서 그에 대한 탐사가 불가피할 정도가 되어야 한다. 우리에게 증언이 진실하다는 확신을 주기 위해서는 그와 같은 모든 여건들이 필수불가결하다![139]

더 이상 따질 수가 없는 논증이다. 그러나 그다음 비꼬는 듯한 방식으로 독자는 이 회의주의적 대단원을 경건한 신앙심에 대한 옹호로 받아들이도록 요청받는다. '우리의 가장 거룩한 종교는 믿음 위에서 세워지기' 때문에, 그리고 다른 어느 종교도 그렇게 우리의 믿음을 얻으려고 노력하지 않았으니까 기독교는 최고 중의 최고임이 틀림없다는 것이다. "우리는 기독교가 처음에 기적을 동반했을 뿐 아니라 심지어 오늘날에도 기적을 동반하지 않는다면 어떤 이성적인 사람이라도 그것을 믿을 수 없다고 결론 내려야 할지도 모른다."[140]

「종교의 자연사」(1757)에서 흄은 자기만족에 빠진 이신론자들의 진부한 논의를 향해 자신의 회의주의를 겨누면서 그들이 그렇게 자랑하는 오염되지 않은 원래의 단일신교나 자연 종교는 희망적 해석에 불과하다고 논박한다. 실제로는 모든 종교는 그 기원을 공포와 무지에 두고 있으며, 최초의 신앙들은 조잡하고 다신론적이었다. 결국에, 문명국의 다수(암시적으로는 성인 숭배 관습이 있는 로마 가톨릭교도와 삼위일체 신봉자들)와 마찬가지로 미개인들은 여전히 다신교를 믿지 않는가? 종교적 충동의 최초의 발현인 다신교는 저 인민의 아편인 미신을 낳고, 미신은 사제들을 낳았다. 초자연적 힘을 지닌 것으로 여겨진 마술사는 희생제물과 주문, 제의를 통해 화난 신들을 달랠 수 있었다.[141]

시간이 지나면서 정신의 진보는 다신교에서 일신교를, 혼란 속에서 명료함을 이끌어냈다. 그러나 단일신교는 그것대로 존슨의 『영어사전』에서 '개인적 계시에 대한 헛된 믿음, 신의 은총이나 신과의 소통에 대한 헛된 신념'으로 정의된 열광을 낳았다. 자기 신성화의 고취 상태에서 열광자는 신의 현현으로 믿어지는 초월적 무아지경과 드높은 황홀경을 체험한다. '모든 일시적 흥분이 신성시된다'고 흄은 설명한다. "인간 이성과 심지어 도덕성도 허위의 인도자로 거부된다. 그리고 광신적 미치광이는 위로부터의 영감으로 (…) 맹목적으로, 거침없이 자신을 내맡긴다."[142] 광신도는 성직자가 별로 필요하지 않으며, 그가 필요로 하는 것은 만인사제a priesthood of all believers(그리스도를 매개로 모든 신앙인은 동일하게 사제라는 뜻이다. 중재자로서의 성직자 계급을 인정하지 않는다 ― 옮긴이)이다 ― 열광이 정치적으로 그렇게 폭발적인 것은 그런 까닭이었다. 최초의 퀘이커교도들에서처럼 열광자는 신의 명령 아래 사회적 아나키스트, 법과 질서에 위협이 되었다. 내전에서 청교도들의 성공은 열광 덕분이었다. 자신들이 성전을 벌이고 있다고 생각한 성인들은 제단과 왕좌(기존 교회와 국왕—옮긴이)를 공격하는 데 주저하지 않았다. 그러나 미신은 미신대로 정치적 위험을 초래하는데, 사제들이 사악한 이익 집단을 형성하여 권력의 환심을 사거나 국가 내부에 경쟁 국가를 세우기 때문이다. 열광—광신적으로 편협하지만 인간들이 자신들의 자유를 주장하도록 몰아가는—과 미신—위협적인 반론을 통해 인간들이 법을 준수하게 만드는—에 대한 흄의 전략적 구분은 대단히 영향력이 있는 것으로 드러나게 되는데 특히 기번의 『로마제국 쇠망사』에서 두드러지게 감지된다.[143]

따라서 흄은 종교적 충동에 대한 자연주의적 설명을 제시함으로써 기독교를 사보타주하는 한편, 선사시대 단일신교라는 이신론의 신화도 마찬가지로 깨트렸다. 그렇다면 이제 종교에서 남은 것은 무엇인가? "수수께끼, 불가사의, 설명할 수 없는 신비가 전부다. 의문, 불확실성, 판단 유보가 이 주제와 관련한, 우리의 가장 철저한 검토의 유일한 결과인 듯하다."[144] 그렇다면 사물의 본성이란 도저히 헤아릴 길이 없단 말인가? 그것이 1751년에 쓰였지만 그의 사후인 1779년에 출판된 『자연 종교에 관한 대화Dialogues concerning Natural Religion』에 깔린 질문이다. 그 책에서 키케로를 본보기로 삼은 흄의 철학적 탐구는 기독교와 합리주의 둘 다의 종교적 진리 주장에 대한 이의 제기를 심화한다. 즉, 자연 종교란 없다는 것이다. 흄이 묘사한, 전통적 신자 데메아와 합리주의적 신자 클레안테스, 그리고 회의주의자 필로 간의 미결의 삼각 토론은 어떠한 종교적 전제도 자연의 질서나 악의 존재를 설명하지 못한다는 결론을 가리키고 있다. 우주의 수수께끼로부터 의로운 신이나 삶의 의미를 추리해내려는 시도는 썩은 동아줄을 붙들려는 일에 불과하다.

처음에 우주에 질서를 부여했고 여전히 질서를 유지하고 있는 특정한 지적 원인을 자연의 경로로부터 논증하고 추론해내는 동안 우리는 여전히 불확실하고 쓸모없는 원리를 끌어안고 있다. 그것은 그 주제가 인간 경험의 범위를 전적으로 벗어나기 때문에 불확실하다. 그 기반 위에서는 우리가 어떠한 행동과 행위의 원칙도 수립할 수 없기 때문에 (…) 쓸모없다.[145]

설득력 있는 변신론은 없다. 이신론자나 '합리적 기독교도'의 의로운 신이란 기껏해야 '가능성이자 가설'에 불과하다.

신과 신의 속성에 대한 지식은 사실로부터 도출될 수 있다는 주장에 대한 흄의 비판은 그의 『인성론』과 『인간 이해력에 관한 탐구Enquiry concerning Human Understanding』(이하 7장을 보라)에서 보이는 인과성에 대한 비판에 의거한다. 인과성이라는 개념은 분명 모든 지식의 기반이지만 인과성 그 자체는 입증 가능한 사실이 아니다. 경험은 사건들의 연속을 보여주지만 그 연쇄 속에 어떠한 필연성도 드러내지 않는다. 습관은 한 가지 사건으로부터 어김없이 다른 사건이 뒤따른다는 기대를 낳는다. 그러나 습관은 지식이 아니며 엄밀하게는 과거로부터 미래를, 알려진 것으로부터 미지의 것을 추정하는 일을 정당화하지도 않는다. 인과성은 따라서 분명히 사물의 질서로부터 도출된 원리가 아니며, 단지 정신적 가정일 뿐이다. 자연의 합리적 질서에 대한 믿음은 전제에 불과하다. 비록 유용하고 심지어 필수불가결한 전제이긴 하지만.[146]

믿는 자들과 합리주의자들을 맞대면시키면서 『대화』는 기독교든 이신론이든—그리고 마찬가지로 무신론에서도 종교의 문제가 증명되지 않았다고 결론 내렸다. 의심만이 유일하게 정직하고 명예로운 선택지다. 그러나 그것이 종교가 전혀 쓸모없다는 뜻은 아니다. 흄은 다음과 같이 진술했을 때 클레안테스에게 공감했을지도 모른다. "종교의 올바른 일은 인간의 마음을 다스리는 것, 그들의 행위를 인간답게 만드는 것, 절제와 질서, 순종의 기운을 불어넣는 것이다."[147] 거기에 계몽된 기독교도와 이신론자 모두 기꺼이 '아멘'을 외칠 수 있으리라.

말년에 흄은 제임스 보즈웰에게 자신은 '로크와 클라크를 읽기 시작한 이래로 결코 종교에 어떠한 믿음도 가져본 적이 없다'고 털어놓았다.[148] 그보다 몇 년 전에 그는 종교성을 '병자의 꿈'일 뿐이라고 했다.[149] 일찍이 1742년에 그는 자유와 지식의 진보 덕분에 '지난 50년 사이에 사람들의 견해에서 갑작스럽고 눈에 띄는 변화'를 감지했다.

이 섬에서 대부분의 사람들은 명성과 권위에 대한 미신적인 공경에서 벗어났다. 성직자는 많은 신망을 잃었다. 그들의 가식과 교조는 조롱되었다. 심지어 세상에서 종교도 스스로 거의 지탱할 수 없을 정도다. 왕이라는 타이틀만으로는 이제 별다른 존경을 이끌어내지 못한다. 그리고 왕을 지상의 신의 대리인이라고 부르거나 왕에게 그런 장엄한 명칭을 부여하는 것은 예전에는 인류의 마음을 사로잡았지만 지금은 모두한테서 폭소만 이끌어낼 것이다.[150]

물론 '호인好人, Le bon'(인정 많고 서글서글한 흄의 성품을 두고 프랑스의 지인들이 붙여준 별명이다―옮긴이) 데이비드는 여기서 요란한 과장과 함께 도발을 하고 있었지만, 분명히 신앙의 쇠퇴를 권위 전반에 대한 계몽의 공격과 연결시킨 것은 옳았고, 그 쇠퇴 과정에는 그 자신이 적잖은 기여를 했다.

흄은 회의주의자로 남았지만—그는 파리를 방문했을 때 무신론자들과 만난 적이 없다고 주장했다—한때 비국교파 목사였던 윌리엄 고드윈 William Godwin 그리고 장래 그의 사위이자 『무신론의 필요성The Necessity of Atheism』(1811)의 저자 퍼시 비시 셸리Percy Bysshe Shelley를 비롯한 다른 이들은 자신들이 무신론자임을 공공연히 밝히게 된다.[151] 역사적으로 이것은 놀라운 발전이었다. '무신론자'는 오랫동안 모욕으로 주고받아온 용어였으나, 18세기에 이르러서야 무신론은, 종교란 신뢰할 수 없고 부도덕하기에, 종교에 대한 원칙에 입각한 거부로 받아들여지게 되었다.[152]

그러나 대체로 잉글랜드 자유사상가들은 정통 종교와의 반목을 그러한 극단으로까지 몰고 가지는 않았는데, 이단적 견해로 고통을 당하거나 순교를 자초할 수밖에 없는 상황으로는 좀처럼 몰리지 않았기 때문일 것이다. 교수직을 얻지 못했을 때 흄은 '총장의 도당과 성직자의 편협함, 우중의 맹신'[153]을 비난할 수 있었고, 기번은 기번대로 영국의 몽매함에 콧방귀를 뀌었을지도 모르지만,[154] 불신앙은 흄이 에든버러 변호사협회 도서관의 사서가 되거나 외교관 자리를 얻는 것을 막지 못했으며, 기번의 불경함역시 그가 그 시대에 가장 칭송받는 역사가가 되는 것을 막지 못했다.[155] 계몽사상가들과 자유를 지키기 위해 노심초사하며 교권주의를 수상쩍게 여기는 국민은 종교가 엘리트 계층 사이에서 주로 미덕과 법의 지배를 가르치는 까닭에 가치 있게 여겨지는 풍조 속에서 대체로 서로 잘 지냈다.

로크는 정체를 감춘 아리우스파라는 의혹 속에서, 유니테리언주의는 점차 트로이 목마이자 급진적 정치와 종교를 자극하는 박차였음이 드러나게 된다(18장을 보라).[156] 무엇보다도 주류적 종교 의식이 미신적이고 영성적인 요소를 벗어던지게 되면서 '종교의 강력한 효능'은 면밀한 조사를 받게 되었으며,[157] 그런 만큼 합리적 기독교도들과 이신론자들 사이에서 마법의 실제와 이 세상에 미치는 사탄의 힘을 인정한 존 웨슬리에 대한 격렬한 반 감도 사라지게 되었다. 감리교는 엑서터 주교에 따르면 '사납고 유해한 열 광'이었다.[158] 계몽된 사고는 그 기반이 신성하기보다는 합리적인 한, 종교 를 인정했다. "나는 어느 독자도 내가 미개한 시대에 (만약 우리가 그 시대의 작가들을 믿어도 된다면) 인간의 믿음과 행위에 영향을 끼치기 위해 활용된 것과 같은 진정한 기독교를 옹호하기 위해 일어서리라고 생각하지 않기를 바란다"고 스위프트는 구시대 종교의 쇠퇴를 비꼬았다.

그것의 회복을 제안하는 것은 참으로 허황된 기획이리라. 그것은 토대 를 파헤치는 일, 일격에 모든 지성과 왕국의 지식의 절반을 파괴하는 일, 사물의 전체 틀과 조직을 깨트리는 일, 무역을 망치고, 예술과 학문 을 그 학자들과 더불어 소멸시키는 일, 한마디로 우리의 법정과 거래소 와 상점을 사막으로 바꾸는 일이 되리라.[159]

세기의 끝에 윌리엄 블레이크는 분연히 동의했다. "스피릿Spirits(영혼, 정령 이라는 뜻과 주정酒精이라는 뜻이 있다—옮긴이)은 합법이나 유령은 아니다. 특 히 로열진Royal Gin은 합법적인 주정Spirit이다."[160] 계몽주의는 진정한 종교(인 간을 선량하게 만들도록 고안된)와는 거의 반목하지 않았지만 사제들의 수중 에 있는 신성한 것의 마법은 두려워했다.

| 6장 |

과학의
문화

그리고 새로운 철학은 모든 것을 의문에 부친다.

—존 던[1]

17세기 들어 한참이 지나서도 새로운 과학은 여전히 수수께끼에 싸여 있었다. 코페르니쿠스, 케플러, 갈릴레이와 여타 탐구자들은 이제 '과학혁명'의 전당 안에 모셔졌으나 만신전은 몰이해와 저항에 부딪혔고 그것은 바티칸에만 국한되지 않았다.[2] 그들의 이론은 공상적이거나 틀리거나 무시무시한 것으로 여겨졌다. 박식한 밀턴은 만년에도 여전히 태양 중심 우주론에 전적으로 동의하지 않았다―어쩌면 그는 에덴동산으로부터의 추방이라는 성스러운 비극과 대비하여 행성 궤도가 어째서 매우 중요한지 이해할 수 없었을지도 모른다.

너와 너의 존재에 관련된 것만 생각하라
다른 세계들을 꿈꾸지 마라[3]

모럴리스트들과 재담가들에게 새로운 과학은 명료화와 종결보다는 혼란을 의미했다. 이론가들은 무용한 도그마를 펼치거나 회의주의의 씨앗을 뿌린다고 비난받았고, 학문 체계의 급증―아리스토텔레스주의, 파라셀수스주의, 헬몬트주의, 에피쿠로스주의, 데카르트주의, 가상디주의, 데모크리토스주의와 여타 일단의 '~주의'―은 신앙에서만큼 자연철학에서도 충격적인 사태인 것 같았다. 토머스 버넷Thomas Burnet의 『거룩한 지구론Sacred Theory of the Earth』(1681)의 출판에 뒤이은 우주론 전쟁에서처럼 가설이 난무했다. 10여 명의 지질학 이론가들이 지구를 만들었다가 부쉈다가 다시 만들었고 이후 답보 상태가 이어졌다. 이론 체계들은 기존의 성서 독해를 짓밟으면서 서로 충돌했다. 그 자신이 국교회 성직자인 버넷이 다음과 같이 주장했다고 할 수 있을 정도였다.

모세오경은
모두 짐작에 불과하며
인류의 아버지 아담과
그의 아내 이브 부인
그리고 악마가 이야기한 것은 말이지요,
농담일 뿐입니다, 선생
잘 꾸며낸 야바위란 말입니다.[4]

진기한 것에 관심이 많은 이들은 그들대로 쪼잔한 태도로 조롱받았다. 대체 그 온갖 화석과 성가신 것들은 왜 수집하는가?

오! 언젠가는 인류가 자신들의 눈과 이성이

고작 **파리**를 연구하기 위해 주어진 것이라 생각하게 되지 않을까?**5**

    토머스 섀드웰Thomas Shadwell의 『명인The Virtuoso』(1676)은 니컬러스 짐크랙Gimcrack(겉보기만 그럴싸하다는 뜻 ― 옮긴이) 경을 진짜 유용한 문제에는 태평스레 무관심한 엉뚱한 얼간이로 내세운다. 그는 수영의 '사변적인' 측면만을 좋아한다 ―『걸리버 여행기』(1726)에서 스위프트는 오이에서 햇살을 추출하고 삶을 기하학으로 환원하려고 열심인 라가도의 박식을 풍자했다. 석학들의 기벽은 풍자가들의 밥이었다.**6**

    1662년에 인가를 받아 설립된 왕립학회는 잠재적으로 지적 위신을 보유했지만 그 역시도 종종 조롱거리가 되었다.**7** 그사이 강경파들은 새로운 과학이 성서의 권위를 위태롭게 하고 신의 섭리를 대체한다고 경고했다. 데카르트적 물질 운동 메커니즘은 시계태엽 장치 우주로부터 신을 제외시켰고, 천지만물이 생명도 영혼도 의식적 목적도 없는 것이라고 여긴 반면, 새로운 철학의 다른 브랜드들은 그들 나름대로 아리스토텔레스적 영원론, 데모크리토스적 우연이나 루크레티우스적 결정론의 기운을 강하게 풍겼다. 케임브리지 플라톤주의자 랠프 커드워스Ralph Cudworth의 방대한 저작 『우주의 지적 체계True Intellectual System of the Universe』(1678)는 무신론으로 가는 그런 온갖 디딤돌을 혹평했다.**8**

    그러한 갈등과 혼란에도 불구하고 새로운 과학, 즉 당시 알려진 대로 '자연철학'**9**은 결국 놀랍도록 재빠르고 성공적으로 계몽의 담론 안에 편입되었고 이후로 그 둘은 막강한 동맹을 구축했다. 이것은 어느 정도는 애국자들이 이미 의지할 만한 베이컨적 강령을 갖고 있었던 행운의 결과,『새로운 아틀란티스New Atlantis』(1627)가 '모든 것을 가능케 함'을 떠들썩하게 나발불었던 결과이다. '인간의 오성은 잠잠히 있지 않는다'고 베이컨은 역설했다. "그것은 멈추거나 쉴 수 없으며, 줄곧 전진한다."[10] 그의 우렁찬 아포리즘—Antiquitas saeculi juventus mundi('고대는 세상의 청년기다'), '지식은 힘이다' 등등—은 책들의 전투에서 근대론자들에게 보내는 사기 진작 책이었다.[11] 『신기관』에서 체계화된 베이컨주의는 계몽주의의 핵심 자원이 되었다. 독단적인 스콜라주의와 마법사의 판타지 둘 다 귀납법과 실험적 연구로 대체되면서 자연철학은 그 대법관이 격찬한 저 '유용한 기술들useful arts'의 업적과 맞먹고 그것들을 확장하게 된다. 스프랫 주교는 『왕립학회의 역사』(1667)에서 베이컨을 왕립학회에 엮으면서 과학의 진전과 물질적 진보에서 실용적 인간들의 역할을 강조했다.[12]

왕정복고 이후 새로운 과학을 진보 이데올로기에 동화시키는 작업은 또다른 굉장한 행운, 즉 특출한 '자연철학자들'의 출현으로 가속화되었다. 이 기라성 같은 과학자들은 그들의 발견으로 국제적 영예를 얻었을 뿐 아니라 두려움을 불식시키고 오늘날 우리가 과학에 대한 대중적 이해라 부를 만한 것을 촉진하는 데 열심이었다. 공공의 인정을 구하면서—여기에는 데카르트와 스피노자, 홉스를 규탄한 것이 도움이 되었다—그들은 새로운 과학을 진보적 철학에 엮어 넣었다.

과학과 계몽주의의 결합에 비할 바 없이 중요했던 것은 아이작 뉴턴의 경력과 성취, 그리고 그를 둘러싼 이미지였다. 1642년에 태어난 신동 뉴턴은 1661년 케임브리지대학에 입학하여 1667년 트리니티 칼리지의 연구원이 되었고, 고작 2년 뒤에 루커스 수학 석좌교수가 되었다. 그때 그는 이미 수학의 두 분야, 즉 미분과 적분에서 거대한 족적을 남겼다. 그전 1666년 10월에 그는 미적분학의 기초를 정리한 논문을 작성했다. 그러나 뉴턴은 작성 당시 논문을 출간하지 않은 바람에 누가 먼저 미적분법을 발견했는지를 두고 40년 뒤 독일의 철학자 고트프리트 라이프니츠와 격렬한 불화를 촉발하게 된다. 뉴턴은 또한 태양 광선이 여러 가지 다른 광선들로 이루어져 있으며, 색깔은 백색광이 그 성분 광선들(가시광선―옮긴이)로 분리됨으로써 나타난다는 사실을 보여주는, 빛에 관한 초창기 연구 실험을 수행했다.[13]

1670년 무렵에 그는 연금술과 신학이라는 두 가지 다른 탐구 분야에 몰두하게 되었다. 연금술 저작을 광범위하게 읽으며 개인 연구실에서 실험을 하고 논문을 작성했다. 비록 그 연금술 저술 가운데 어느 것도 출간하지 않았지만―연금술은 빠르게 학문적 위신을 잃어가고 있었다―그것들은 아마도 그의 과학적 사고 전반에 영향을 끼쳤을 것이다.[14] 신학적으로 뉴턴은 로크보다 일찍, 그리고 더 급진적으로 삼위일체론이 허위라고 확신했다. 그는 공개적으로 밝히지 않은 아리우스파가 되었다. 그는 또한 성서 연구에도 몰두하여, 요한계시록과 다니엘서를 삼위일체론 이단의 부상을 예언한 것으로 독해했다. 연금술과 더불어 그는 자신의 아리우스파적 견해를 신뢰하는 일부 친구들에게만 내비쳤지만 그의 신학적 연구는 두드러지는 여러 계몽된 입장들을 예고했다.[15]

1684년, 동료 물리학자인 에드먼드 핼리의 방문은 뉴턴을 그의 초기 관심사로 다시 이끌었다. 2년 반에 걸친 집중적인 작업은 1687년에 출판된 걸작 『자연철학의 수학적 원리Philosophiae Naturalis Principia Mathematica』(일명 '프린키피아'―옮긴이)를 낳았다.[16] 『프린키피아』는 케플러의 천체 궤도 법칙과 지상에서의 운동을 다룬 갈릴레이의 운동학을 연결시킨 새로운 역학을 제시했다. 뉴턴은 태양계를 유지하는 힘들에 관한 종합적인 설명을 제시했을 뿐 아니라 보편 중력이라는 놀라운 일반화를 추리해냈다. 우주의 모든 물질 입자는 서로 끌어당기는데 그때 작용하는 힘은 질량에 비례하고 거리에 반비례한다. 자연에 대한 새로운 개념의 화룡정점이라 할 그 법칙의 명료성과 힘은 『프린키피아』가 자연에 대한 계몽된 사고를 지배하게 했다.

1704년 뉴턴은 그의 두번째 걸작 『광학』을 출간했다. 30년도 더 전에 도달한 빛에 관한 발견 내용을 설명한 이 책은 이후 실험 과학을 형성하게 될 추측들을 담은 열여섯 가지 '질문'으로 마무리된다. 끝내 그는 신학으로 되돌아갔다. 사후에 출간된 『고대 왕국 연대 수정Chronology of Ancient Kingdoms Amended』(1728)과 『예언에 관한 논평Observations on the Prophecies』(1733)은 성서 연대 연구—교황교의 수작과 사제들에 의해 왜곡된—를 천문학적 자료에 의거해 바로잡기 위한 시도였다.[17]

뉴턴은 1696년 케임브리지를 떠나 왕립 조폐국의 국장(나중에는 화폐 주조장)을 지냈고, 1703년에는 왕립학회의 회장으로 선출되어 1727년 죽을 때까지 역임하게 된다. 그는 1705년에 기사 작위를 받아서, 공로를 인정받아 작위를 서임 받은 최초의 과학자가 되었다. 그사이 그는 자신의 후견을 받는 일단의 후배들과 제자들을 끌어모으고 있었다. 데이비드 그레고리David Gregory, 존 케일John Keill, 로저 코츠Roger Cotes, 윌리엄 휘스턴William Whiston, 콜린 매클로린Colin Maclaurin은 뉴턴의 후원을 통해 대학 교수직을 얻었고 프랜시스 혹스비Francis Hauksbee와 J. T. 드사귈리에Desaguliers는 그의 도움을 얻어 왕립학회에서 자리를 얻을 수 있었다. 케일과 존 프렌드John Friend가 뉴턴의 적극적 옹호자로 활동하는 가운데 이 추종자들은 미적분학을 둘러싸고 라이프니츠와의 우선권 논쟁을 벌였고, 국교회 성직자 새뮤얼 클라크는 더 철학적인 측면에서 뉴턴을 옹호하는 활동을 벌여나갔다.[18] 그러한 추종자들을 보유함으로써 뉴턴은 하나의 학문 체계인 뉴턴주의가 되었다.[19]

물론 뉴턴의 권위는 그의 『프린키피아』에 기반을 두지만 수학적으로 굉장히 어렵기 때문에 많이 읽히기보다는 숭배되었다. 대중화가 필요했다. 처음에 이것은 『아이작 뉴턴 경의 철학에 대한 견해A View of Sir Isaac Newton's Philosophy』(1728)의 저자 헨리 펨버튼Herny Pemberton 같은 추종자들의 일이었지만, 시간이 지나면서 이탈리아인 프란체스코 알가로티Francesco Algarotti 같은 해외의 저자들을 포함해 더 폭넓은 집단이 관여하게 되었다. 알가로티의 책 *Newtonianismo per le dame*(1737)은 『여성들을 위한 아이작 뉴턴 경의 철학 해설Sir Isaac Newton's Philosophy Explain'd for the Use of the Ladies』(1739)이라는 제목으로 영역되었다.[20]

뉴턴 수학적 우주론은 그의 모교 교과 과정에 금방 도입되었다. 열렬한 지지자 가운데 한 명은 탁월한 고전학자이자 트리니티 칼리지 학장인 리처드 벤틀리로, 그는 첫 보일 강연Boyle Lectures을 담당했다(이하를 보라). 벤틀리는 벤틀리대로 초대 플룸 천문학 석좌교수이자 『프린키피아』 제2판(1709)의 편집자였던 로저 코츠와 뉴턴의 피후견인으로 그의 루커스 수학 석좌교수직을 승계한 윌리엄 휘스턴을 후원했다.[21]

뉴턴의 명성은 영국을 넘어 퍼져나갔고 실험과학자 피터르 판 뮈스헨브룩Pieter van Musschenbroek과 W. J. S. 흐라베산더Gravesande를 통해 특히 네덜란드 공화국에서 명성이 높아진 한편, 헤르만 부르하버Herman Boerhaave는 의학에 뉴턴적 시각을 추가했다. 프랑스에서는 데카르트의 플레니즘plenism(자연에는 진공이 없다는, 즉 모든 공간은 물질로 가득차 있다는 시각—옮긴이)이 강고했던 탓에 수용이 더 느렸다. 볼테르는 전문적 내용과 용감하게 씨름하기는 했지만 그의 『철학 서한』(1734)은 뉴턴을 주로 지적 영웅으로 추어올렸고,[22] 1730년대가 되어서야 클레로Clairaut와 모페르튀이Maupertuis 같은 뉴턴 동조자들이 왕립 한림원Académie Royale des Sciences에서 눈에 띄게

되었다.[23]

뉴턴의 업적은 다양한 방식에서 결정적이었음이 드러난다.[24] 『프린키피아』는 수학적 접근법을 주창했고 그것은 합리적 역학에 적용되게 된다. 다른 한편으로 『광학』은 부분적으로는 결론적 '질문들'에 제시된 물질에 관한 새로운 이론을 통해 열, 빛, 자기력, 전기에 대한 실험 연구의 장을 열었다. 이론이 더 상세히 서술된 1706년과 1717년 판에서 힘에 관한 뉴턴적 관념은 화학 친화성 같은 용해 문제들에 대한 견해와 더불어, 행성의 중력에서 미립자 간 상호작용으로까지 확대되었다. 뉴턴은 또한 1717년 판 '질문들'에서 상호 반발하는 입자들로 이루어진 초미세 유체 '에테르'라는 관념을 도입했다. 이것은 후대의 사고에서 전기와 열 등등을 설명하기 위한, 감지하기 힘든 다른 가설적 유체들을 낳으면서 유연한 이론적 자원임이 드러난다.

뉴턴은 잉글랜드 과학을 유명하게 만든 신, 좌우로 베이컨과 로크의 호위를 받는 지적 거인이었다.

> 뉴턴이여, 신이 그분의 무한한 작품을 추적하기 위해
> 인간들에게 빌려준 순수 지성이여,
> 모든 철학에서 지고의 단순한 법칙으로
> 너의 명성을 떨쳐라.[25]

위와 같이 제임스 톰슨은 「아이작 뉴턴 경의 죽음을 기리는 송가Ode on the Death of Sir Isaac Newton」(1727)에서 노래했다. 워즈워스는 나중에 더 낭만적으로 노래했다.

그 조용한 얼굴과 프리즘의 뉴턴

홀로 생각의 낯선 바다들을 영원히 항해하는

(…) 정신.[26]

'뉴턴'이라는 아이콘은 뉴턴과 그의 모든 업적을 혐오한 윌리엄 블레이크 같은 소수의 고집불통 비주류를 제외하고는 모두에게 칭송받으며 영국 계몽주의에 결정적이었음이 드러난다.[27]

뉴턴에게 결정적이었던 것은—그의 지지자들에 관한 한 그가 전지全知의 능력을 타고난 영국인이라는 사실과 별개로—그가 혁명적이면서도 광교회파적 기독교를 강화하는 자연에 대한 전망을 제시했다는 것이었다. 뉴턴주의는, 단순한 제일 원인에 그치는 것이 아니라 자연을 계속 유지시키고 이따금씩 교정의 손길을 덧붙이는, 적극적으로 개입하는 인격적 창조자를 내세우면서, 소수의 골수분자들을 제외하면[28] 무신론에 맞선 무적의 무기였다.[29] 더 나아가 로크처럼 뉴턴은 지적인 겸손함을 뿜어냈다. 데카르트와 이후 합리주의자들의 선험적 추측을 반박하면서 그는 경험주의를 선호했다. 그는 '어떠한 가설도 세우지 않으려hypotheses non fingo'[30] 했고, 신의 비밀을 캐내려 하지도 않았다. 따라서 그는 중력의 법칙을 규명했지만 그 원인을 밝혀냈다고 행세하지 않았다. 특히 최상의 계몽된 방식으로 뉴턴 과학은 미혹하는 형이상학을 넘어서 명백한 사실들을 세웠다. 뉴턴주의에서 영국의 과학 문화는 그 지속적인 수사를 발견했다. 겸허하고, 경험주의적이고, 협력적이고, 경건하고, 유용한 과학.[31] "세상에 내가 어떻게 보일지는 나도 모르지만, 나로 말하자면"이라고 운을 떼면서 그는 자신의 궁극의 경구에서 이렇게 회상했다.

나는 보통보다 더 매끄러운 자갈이나 더 예쁜 조개껍데기를 주우며 이따금 기분 전환을 하는, 바닷가에서 노는 어린아이였던 것 같다. 그사이 거대한 진리의 대양은 발견되지 않은 채 내 앞에 줄곧 있었다.[32]

모든 측면에서 뉴턴은 왕립학회의 공인된 공적 이미지와 부합했고 왕정복고기 자연철학의 여타 주도적 지성들, 특히 영예로운 로버트 보일과 부합했다. 철학적 겸손함으로 두드러지면서 더구나 좋은 집안 출신인 그 선구적 화학자 역시 이타적이고 경건한 자세로 연구를 추구했고 자연에 대한 탐구는 신에 이르는 길이라고 주장해왔다.[33]

뉴턴의 『프린키피아』가 1687년, 명예혁명 직전에 출판된 것은 천우신조였다. 그 자신이 케임브리지 선거구 의원이자 확고한 휘그인 뉴턴은 로크처럼 곧 윌리엄과 메리 치하에서 높은 관직으로 보답을 받았고, 그의 과학은 주로 보일 강연을 통해서 새로운 도덕적·정치적 질서를 뒷받침하는 데 이용되었다. 보일 강연은 보일의 유증에 의해 '그리스도 종교를 악명 높은 불신자들에 맞서' 입증하고자 런던의 연단에서 해마다 열리는 강연 시리즈였다. 1692년 첫 강연 시리즈에서 뉴턴의 피후견인이던 리처드 벤틀리는 신의 섭리에 의한 우주의 설계를 입증하기 위해 『프린키피아』를 이용했다. 1704~1705년 새뮤얼 클라크와 여타 초기 강연자들도 광교회파적 국교를 강화하고 경험적 탐구와 지적 자유, 합리적 종교의 가치를 주입하고자 뉴턴에게 의지했다. 그러나 이러한 강연은 기독교 신앙만 진작한 것이 아니다. 보일 강연은 새로운 정권의 입지를 강화하는 데도 보탬이 되었다.[34]

뉴턴주의적 우주와 1688년 명예혁명으로 등장한 정체 간의 친화성은 대대적으로 선전되었다. 스승이 죽고 이듬해에 뉴턴의 추종자 J. T. 드사귈리에는 물리학을 정치에 노골적으로 적용한 『뉴턴적 세계 체계―최고의 정부 모델, 우화적 시The Newtonian System of the World: The Best Model of Government, an Allegorical Poem』(1728)를 내놓았다. 이 책에서 영국의 군주정은 자유와 권리의 보증인으로서 칭송된다. "인력은 이제 철학적 세계에서와 마찬가지로 정치적 세계에서도 보편적이다."

> 행성들을 그토록 질서정연하게 움직이게 만드는 힘은
> 그가 말하길 조화와 서로 간의 사랑이다.35

신은 일종의 입헌 군주로서 찬양된다.

> 법칙으로 강제되는 그의 힘은 여전히 그들을 자유롭게 놓아두며
> 명령하지만 그들의 자유를 파괴하지 않는다.36

따라서 『프린키피아』는 자연뿐 아니라 사회를 위해서도 원자적 설명 모델(법칙에 의해 지배되며 자유롭게 움직이는 개인들)을 제공했다. 드사귈리에에게는 마침내 신의 섭리를 인간에게 밝혀준 천재한테 어떤 칭찬도 충분하지 않았다.

> 저 비할 바 없는 뉴턴,
> 아무리 세월이 흘러도 명성의 책에서 지워지지 않을 그 이름을
> 천체 과학은 전에 빛났던 모든 현인들보다
> 더 드높여왔다네.37

그의 이미지를 보호하는 데 열심인 제자들을 뉴턴이 보유했다는 것은

특히 운이 좋은 경우였다. 그의 사적인 문서들이 샅샅이 검토되어 이제는 잘 알려져 있는 대로, 뉴턴은 사실 대중적 소비를 위해 미화된 흠결 없는 인물과는 거리가 멀었기 때문이다. 그는 비전秘傳에 깊이 빠져들었고 그만의 독특한 아리우스주의는 굉장히 이단적이었으며 더구나 시기심이 많고 고압적이기까지 했다. 그러한 특성들이 대중에게 노출되었다면 계몽의 우상으로서 그의 위장은 완전히 벗겨져버렸을 것이다. 그러나 뉴턴 자신은 자신의 이런저런 견해들을 비밀로 했고 반反삼위일체론 같은 더 위험한 의견들을 공개적으로 타진해보는 일—때로는 스스로 희생을 치러가면서—은 휘스턴 같은 충성스러운 후배들에게 맡겼다(휘스턴은 케임브리지 교수직에서 해임되었다).[38]

그가 죽은 뒤로 뉴턴의 발견들—사실 새로운 과학 전반—은 이신론자 지질학자인 제임스 허튼James Hutton이나 지구의 영원성을 요란하게 주장한 낯두꺼운 범신론자 조지 호가트George Hoggart의 경우처럼 때로 기독교의 가르침을 반박하거나 그 기반을 약화시키는 데 사용되었다.[39] 그러나 영국에서는 뉴턴적 종합 덕택에 자연철학이 온건한 계몽주의의 합리적 기독교와 놀랄 만큼 죽이 맞았다—자연 신학의 활기찬 전통 안에 구현되어, 윌리엄 페일리의 영향력 있는 저작 『자연 신학Natural Theology』(1802)에서 정점에 달한 하나의 신성 동맹이었다. 그 책은 전략적 사례로 다음과 같이 포문을 연다. 시계로부터 우리는 시계공을 추론해내며,[40] 신체와 같은 교묘한 자연적 장치로부터 똑같은 논리에 의거해 신성한 시계공을 추리해내고 자연을 '통하여' 자연의 신까지 추론해낼 수 있다.

고개를 돌리는 축, 엉덩이뼈 움푹한 곳 안의 인대, 눈의 도르래, 즉 활차근육, 후두개, 손목과 발등의 힘줄들을 묶는 밴드, 손과 발에서 가늘게

째진 틈, 즉 구멍이 뚫린 근육, 장간막과 내장의 접합.[41]

이 모든 것이 전적으로 우연의 작품이라고 할 수 있을까?[42]

계몽주의는 자연의 구조 자체에 대한 새롭고 급진적인 설명의 승리를 확보했다.[43] 1660년 이후로 대학들을 그토록 오랫동안 지배해왔던 원소와 체액, 실체와 성질, 목적인으로 이루어진 아리스토텔레스 형이상학 그리고 그 경쟁 학설인 영적 우주에 관한 르네상스의 신플라톤주의적 비전과 비의적 비전은 수학적으로 표현 가능한 법칙의 지배를 받는 물체의 운동이라는 자연 모델에 마침내 밀려났다. 이 기계론적 철학의 등극, '과학혁명'에서 핵심 패러다임의 전환은 다시, 계몽된 사고에서 매우 두드러지는 자연에 대한 인간의 새로운 권리 주장을 승인했다.[44]

프랑스에서는 피에르 가상디Pierre Gassendi와 마랭 메르센Marin Mersenne 그리고 특히 데카르트에 의해서, 영국에서는 홉스에 의해서 개척된 기계론적 철학의 핵심 특징은 접촉에 의해 상호작용하는 미세 입자의 존재론에 있다. 이 미세 입자들은 크기, 형태, 운동이라는 '1차적 성질'만 지니고 있다. 다른 (2차적) 속성들—냄새나 색깔, 맛—은 인간의 감각기관과의 상호작용에 따른 주관적 산물로 여겨졌다. 데카르트주의에서 우주는 플레눔Plenum(물질로 가득찬 공간—옮긴이)이며 물질은 자동력이 없고 수동적이며, 운동은 당구공 접촉에 달려 있었다. 가정되는 다른 모든 운동 방식은 저속하거나 신비적인 것, 더이상 신뢰받지 못하는 마법의 유물로 조롱되었다. 자신의 기계론적 철학을 수정한 설명에서 뉴턴은 데카르트에게 이의를 제기하며, 힘이 중심적 역할을 맡는 물질 이론에서 원격작용遠隔作用을 단언했다. 중력과 연계되고, 다른 여러 현상들에 적용될 수 있는 이론이었다.

기계론적 철학은 다양하고 경쟁하는 여러 형태들로 초기 계몽주의에서 높은 위신을 획득했고, 그 영향력은 물리학에만 국한되지 않았다. 이를테면 '시계태엽' 사고방식이 생리학과 의학에도 침투했다. 스코틀랜드 내과의 아치볼드 피트케언Archibald Pitcairne과 조지 체인George Cheyne이 주도적으로 주창한 '치료 기계론'은 신체를 도르래와 스프링, 지레, 도관과 혈관으로 이루어진 시스템으로 보고 그 체액은 수력학의 법칙에 지배된다고 보았다. 생명 자체도 새로운 기계론적 패러다임 안에서 잠재적으로 설명 가능했다.

그러나 18세기 중반이 되자 엄격한 기계론은 생명 현상의 풍부한 복잡성, 특히 성장이나 생식 같은 속성들을 설명하지 못한다고 평가되었다. 영국 생리학의 '아버지'로 통하는 스코틀랜드 외과의 존 헌터John Hunter는 유기체는 무기물과 구분되는 고유의 활력을 갖고 있다는 생기론生氣論을 대신 들고 나왔다. 역설적으로 보이지만 생기론은 따라서 유물론을 뒷받침하기 위해 요청되었다. 영혼과 여타 정신적 힘들('아니마anima')의 자연적 속성과 발현에 대한 믿음을 제거하고 나자 이래즈머스 다윈 같은 계몽사상가들은 기계론적 철학이 '물활론자animists'들이 부각시킨 (세대 같은) 생명체의 특별한 성질들을 적절하게 설명하지 못한다고 느꼈다. 따라서 그들은 결정체結晶體의 성장과 같은 현상과 비교함으로써 자율 형성self-organization 능력을 모든 물질로 확대했다.[45]

영국에서는 물질에 대한 계몽된 이론화와 화학 연구, 열 연구 같은 실험 물리학 분야가 뉴턴주의에 의해 지배되었다. 그것은 데카르트 유類의 기계론과는 확연하게 달랐는데, 뉴턴주의는 진공의 존재를 받아들였을 뿐 아니라—공기 펌프 실험에서 입증되었듯이—우주에서 물질(엄격하게 정의된)의 양은 미미하다고 주장했기 때문이다. 조지프 프리스틀리의 시각적

이미지로 보자면 "태양계의 모든 단단한 물질은 견과 껍질 안에 들어갈 수 있을 것이다."[46] 다시 말해 '고형' 물체는 대체로 텅 빈 공간이며 그 구성 입자들 사이에 작용하는 여러 힘들의 강도 덕분에 투과되거나 붕괴되지 않는다. 이런 입자 간 힘들의 가장 대표적인 예는 중력이었지만 『광학』의 사변적 '질문들'에서 뉴턴은 앞서 본 대로, 전기 현상과 심지어 중력 자체도 설명하기 위해 '에테르'를 도입하면서 그와 유사한 미세한 힘들이라는 아이디어도 내비쳤다.

　뉴턴적 물질 모델은 도전과 변화를 겪었다. 1720년대와 1730년대에 로버트 그린Robert Greene과 존 라우닝John Rowning은 인력과 척력은 자연에서 운동을 유지하도록 서로 반대로 작용한다고 주장했다.[47] 이 주장은 계몽된 물질 이론에서 중대한 국면을 나타낸다. 뉴턴에게 힘은 신적 개입의 표현이었지만, 나중의 이론가들은 갈수록 물질이 본래 활동적이며 자연은 신의 직접적 의지와 관계없이 유지된다고 생각하게 되었다.

　이러한 움직임은 에테르 이론들의 수용과 수정으로 가능해졌다. 1740년대부터 에테르 이론들은 브라이언 로빈슨Bryan Robinson의 『아이작 뉴턴 경의 에테르에 관한 논고Dissertation on the Aether of Sir Isaac Newton』(1743) 같은 저작들로 널리 보급되었고, 유사한 종류의 '미세한 유동체' 이론들이 전기와 자력, 생리학과 같은 영역에서 제시되었다. 스코틀랜드인 제임스 허튼은 유동체 이론을 열, 그리고 나중에는 그의 『지구론Theory of the Earth』(1795)에서 지질학에 적용했다. 데이비드 흄과 애덤 스미스의 친구인 허튼은 자연에 대한 진정한 세속화 설명을 내놓았다. 열과 전기는 인력에 대응하여 배척의 원리로 작동하는 단일한 에테르적 물질의 변형들이라는 것이다. 우주에서 에테르적(밀어내는) 물질의 순환은 중력 물질과 상호작용하면서 이신론자인 허튼이 신의 단속적 개입이라는 저속한 관념으로 멸시한 것과 상관없이 운동을 유지한다.[48] 부분적으로 이러한 근거 위에서 허튼은 지구를 무한히 오래된 것으로 그릴 수 있었다―그것은 '시작의 흔적도 끝의 전망도' 보이지 않는다[49]―따라서 자연의 신은 뒤로 물러났다.

뉴턴의 '힘들forces'이 로크가 물질에 부여한 '힘들powers', 특히 감각에 영향을 끼치는 힘으로 흡수되면서 이 물질 이론의 세속화는 힘에 관한 사고에서도 눈에 띈다. 『물질과 정신 관련 논고Disquisitions Relating to Matter and Spirit』(1777)에서 조지프 프리스틀리는 대담하게 물질은 사실 그러한 로크적 '힘들'로 환원될 수 있다고 설명했다. '입자들'은 사실은 핵 주위를 도는 인력과 척력이 미치는 영역에 불과하다는 것이다. 이러한 힘들이 우리가 물질의 존재를 의식하게 해주는 로크적 힘들을 구성하기 때문에 각 입자의 중심부가 어떤지는 알 수 없다. 따라서 프리스틀리는 우리한테는 입자의 중심에 무엇인가가 존재한다고 판단할 근거가 없다고 결론 내린다. 그 힘들과 무관한 기본 물질의 존재는 진정한 뉴턴주의자라면 '꾸며내길' 바라지 않을 불필요한 가설들 가운데 하나다. 따라서 뉴턴의 '단단한solid' 비활동성 물질은 환상이다.

계몽된 유물론자로서 프리스틀리가 보기에 이러한 논의의 장점은 그것이 물질과 정신이라는 문제적인 데카르트 이분법을 무너트린다는 것이었다. 모든 물질은 사실상 정신화되거나 혹은 그 반대가 되며, 정신-육체 이원론의 신비는 해소된다.[50] 그러나 그의 반대파들은 그러한 견해가 물질이 살아 있다고 주장한 프랑스 유물론의 기미가 느껴지며, 따라서 로크의 '생각하는 물질'의 망령을 불러낸다고 비난했다. 따라서 물질 이론의 발전은 자연 질서의 과학을 정식화하는 것을 계몽의 시도들에서 중심적이게 만든 일단의 관심사들―인식론, 정신-육체 관계, 물리적 세계에 대한 신의 지배―을 하나로 모았다.

비록 뉴턴 덕분에 물리학의 발전이 가장 눈부셔 보이긴 했지만 발전한 것은 물론 물리학만이 아니었다. 18세기 중반이 되자 자연의 모든 측면에 대한 지식은 광범위한 전선에서 발전하고 있었다. 카를 폰 린네Carl von Linné 는 자연사학자들이 연구한 동식물계를 분류하는 체계에 도달했고, 올리버 골드스미스의 8권짜리 저작 『지구와 동물의 자연사』(1774) 같은 작품들은 새로운 독서 공중을 위해 생물계를 대중화하고, 13장에서 보게 되듯이 새로운 미학적 전망을 열어젖혔다.[51]

뉴턴의 '원수정元首政'은 계몽된 사고에서 중대한 국면이었음이 드러난다. 그것은 자연의 비밀이 마침내 파헤쳐졌다는 자신감을 강화하고 관찰과 실험으로 다룰 수 있는 물질적 현실에 대한 모델을 창조했다. 그리고 이 모델은 로크의 경험론과 완벽하게 들어맞았다. 더이상 살아 있거나 신비롭기보다는 대체로 비활동 물질로 이루어진 자연은 잴 수 있고, 측정할 수 있고, 정복될 수 있었다. 기계론적 철학은 (베이컨의 표현으로는) '신의 영광과 인간 상태의 구제를 위해' 인간이 자연에 정진하도록 허락받았다는 (사실 그럴 의무가 있다는) 믿음을 키웠다. 결국 자연은 거룩하거나 '혼을 담고 있지' 않으므로, 자연을 활용하고 지배하는 데 불경한 것은 전혀 있을 리 없다. 따라서 과학의 진보는 계몽된 프로파간다에서 중심축이 되었다. 길은 이제 빛 자체만큼 아주 밝게 불이 잘 밝혀졌다.[52]

과학은 공중 사이에서 정력적으로 선전되었다. 처음에 강연자들은 런던의 커피하우스에서 각종 구체와 태양계의 여타 기구들을 가지고 시계장치처럼 돌아가는 우주의 경이를 보여주는 시연회를 여는 한편, 화학이나 자기, 전기, 공기 펌프 실험들을 수행하기 시작했다.[53] 1713년 봄에, 예를 들어, 뉴턴의 제자 윌리엄 휘스턴은 세인트마틴스레인의 더글러스 커피하우스와 로열 익스체인지(왕립 증권 거래소—옮긴이) 근처 마린 커피하우스 양쪽에서 수학과 과학에 관해 열변을 토하고 있었다. 두 곳 다 전형적인 휘그파의 본거지였다. 그러나 가장 이름난 대중화 전도사는 왕립학회의 공식 실험가 드사귈리에였다. 같은 해에 그는 '수학에 전적으로 문외한인 사람들에게' 진공의 실제에 대한 실험 증거를 제공하는 한편, '기계로 작동하는 기관 일반'에 대한 흥미를 충족시켜주면서 21강으로 짜인 뉴턴 과학 강좌를 제공했다. 역학 원리들은 지레, 추, 도르래의 작동과 탄도학에 적용될 터였다—전쟁은 응용과학에 주요 기회를 제공했다.[54]

그러한 강연은 애덤 워커Adam Walker의 경우에서 입증되듯이 상류사회에서 인기를 끄는 경력의 시작을 가져올 수도 있었다. 프리스틀리와 친구 사이가 된 발명가이자 천문학 강연자인 그는 1778년 헤이마켓 극장에서 공개 시연회를 열었고, 하노버 광장에서 조금 떨어진 화려한 조지스트리트에서는 겨울마다 강좌를 열었다. 이 겨울 강좌 시리즈는 런던 지식인들의 주목을 끌었다—비록 패니 버니는 그의 '대화가 천박하다'고 느꼈지만. 1781년 무렵에 워커는 행성을 나타내는 다양한 크기의 밝게 빛나는 구들로 이루어져 어두운 강당에서 태양계의 운행을 보여주는 웅장한 20피트짜리 태양계의를 만들어, 에이도우라니온Eidouranion이라는 이름을 붙였다. 그는 웨스트민스터와 윈체스터 및 여타 퍼블릭스쿨에서 과학을 주제로 하는 방문 강연자로도 활약했다. 이튼에서 그의 청중 가운데 한 명이었던 퍼시 비시 셸리는 천문학과 전기, 화학, 자기, 유체정역학에 관한 그의 강연에 '완전히 매료되었다.'—셸리의 철학적 시에서 분명하게 드러나듯이 말이다.[55] 의학에도 대중 전도사가 있었다. 일례로 스코틀랜드인 제임스 그레이엄James Graham은 런던 스트랜드가에서 약간 떨어진 그의 건강의 전당Temple of Health에서 의료용 전기와 회춘에 관한 공개 시연회를 열었고 자신의 '천

상의 침대'를 전시했다.[56]

또한 다름 아닌 드사귈리에가 지방 최초의 과학·문학 협회인 링컨셔의 스폴딩 젠틀먼스 소사이어티Spalding Gentlemen's Society에서 강연을 하는 등 과학 대중화는 지방으로 퍼져나갔다. 일찍이 1712년에 〈뉴캐슬 커런트 Newcastle Courant〉는 로열 프리 그래머스쿨의 교장이자 내과의인 제임스 저린James Jurin 박사의 '유료 역학 강좌 실시'를 공고했다. 공고 내용에 따르면 "12개월이나 18개월 동안 주 3회, 회당 1시간의 강의로 수학을 전혀 모르는 신사분들도 어떤 기계의 운동 결과든 계산할 수 있게 될 것"이었다. 저린은 또다른 뉴턴주의자의 한 명으로, 계몽주의 분야에서는 천연두 접종의 선구자이기도 했다.[57]

휘스턴은 1724년 브리스틀에서 강연을 했다. 제임스 퍼거슨James Ferguson—남쪽으로 진출하는 적극적인 길을 택한 일단의 스코틀랜드인 가운데 한 명—은 1760년대와 1770년대에 바스와 브리스틀에서 공개 강연을 했다. 제임스 아든James Arden, 헨리 모이스Henry Moyes, 존 월타이어John Waltire, 벤저민 마틴Benjamin Martin과 그 밖에 다른 이들은 과학을 서부 지방으로 가져갔다. 경력 초기에 마틴은 글로스터와 솔즈베리, 뉴베리, 옥스퍼드, 치체스터, 바스, 레딩, 요크, 스카버러와 입스위치에서 강연을 했고, 1747년에는 최초로 버밍엄에 근거지를 마련했다.[58] 18세기 말이 되자 주요 지방 도시 중에 몇 주에 걸쳐 10회에서 20회의 강좌 코스를 제공하는 순회 강연자들이 돈을 벌어 가지 않은 도시는 거의 없었다. 그들은 강연 기간에 자신들의 책과 기구, 엉터리 의료 처방을 팔거나 토지 측량 조사를 수행하거나 개인 교습을 제공함으로써 수입을 보충했다. 한마디로 벤저민 마틴이 생각했듯이 "지식은 이제 상류층에서 인기를 끄는 것이 되었고 철학은 최신 유행의 학문이다. 따라서 이 학문을 함양하는 것은 고상한 일이고, 세련된 예의범절은 여기서 떼려야 뗄 수 없다."59

과학은 여러 방식으로 교양인의 세계에 진입하고 그 세계를 형성했다. 과학 기구 사업이 번창했다―박식한 신사나 재산이 있는 귀부인이라면 딱정벌레나 박제된 새가 전시된 장식장과 더불어 현미경이나 망원경을 하나쯤 갖춰둘 법했다.60 대중 과학서가 등장했는데 일부는 어린이를 겨냥한 것이었고, 백과사전이 대중 과학 보급에 지대한 역할을 했다.61 그렇게 과학이 교양 문화에서 자리를 찾아가는 한편으로 그것은 또한 실용적인 것으로, 국가적 진보의 엔진으로 장려되었다. 프랑스인 기 미에주Guy Miège는 잉글랜드에서 과학과 기술, 산업 간의 동맹에 환호하며 '기계 공학만큼 발전한 것도 없다'고 적었다. "여기서는 최고 품질의 시계와 기압계, 온도계, 공기 펌프, 온갖 수학 기구들이 만들어진다. (…) 상품과 항해 분야에서는 네덜란드인들을 제외하고 영국인들을 따를 자가 없다."62 약제사이자 기업가이자 왕립학회 회원인 존 호턴John Houghton이 낸 『농업과 무역 발전을 위한 선집Collection for Improvement of Husbandry and Trade』(1692)은 과학과 숙련 기술 간의 연계로부터 경제적 혜택을 얻을 수 있다고 주장하는 수십 가지 저작 가운데 하나였다.63 그러한 목소리들은 갈수록 커졌다. "유용한 기술과 과학, 현대 언어에 대한 연구는 쇠퇴한 민족들의 언어와 취향을 반영한 작품에 대한 연구보다 우월하다"고 『신구新舊 무역 원리 비교New and Old Principles of Trade Compared』(1788)는 선언했다.64 '인류의 역사를 살펴보라'고 또다른 과학기술 지지자는 이렇게 외친다.

야만에서 세련된 교양으로 향하는 문명의 점진적 단계를 검토해보면 가장 낮고 최악인 상태에서 가장 높고 완벽한 상태로 사회의 진보가 한결같이 숙련공이나 기술자의 형태로 인간의 행복한 분투에 의해 동반되고 주로 촉진되어왔음을 어김없이 발견하게 될 것이다. 모든 기계를 파괴하라. 그러면 우리는 순식간에 야만인의 상태로 전락하게 될 것이다.[65]

바로 그러한 생각이 스트랜드가에서 살짝 떨어진 곳에 위치한 기예, 상업, 제조업 진흥 협회Society for the Encouragement of Arts, Commerce and Manufactures(1754)의 목적 아래 깔려 있었다. 협회는 실용 예술과 장식 예술의 다양한 측면에서 혁신가들에게 보상으로 상금을 제공했다. 창립자인 윌리엄 시플리William Shipley는 '실험' 같은 유행어들을 퍼트리고 다니면서 기술적 전문성을 경제적 이득으로 전환하기 위한 프로젝트들을 거론하기도 했는데, 이 가운데는 다소 모험적으로, 양철을 얇게 씌운 방수 신발도 있었다(한 켤레에 1실링). 또다른 이들은 ─불길하게도!─'잉글랜드산 원료의 커피'를 만드는 것을 꿈꿨다.[66] 1770년대에 제임스 배리James Barry는 협회의 대강당을 꾸미는 여러 회화 작품을 선보였다. 그가 그린 철학자나 과학자의 초상화와 여타 초상화의 행렬은 고대인들로 시작해서 뉴턴 같은 당대 영국의 명인들을 새로운 올림포스 신들로 묘사한 그림에서 절정에 이르렀다.[67]

개량이라는 기치 아래 과학과 유용성, 박애의 계몽된 동맹의 주된 홍보자는 퀘이커교도 존 코클리 렛섬John Coakley Lettsom이었다.[68] 1744년에 서인도제도에서 플랜테이션 농장주의 아들로 태어난 렛섬은 교육을 위해 잉글랜드로 보내져서 런던과 에든버러에서 의학을 공부했다. 1767년 아버지가 사망하자 그는 집안 영지의 상속자로서 카리브해로 돌아왔다. 거기서 그는 경건하고 계몽된 행위를 실천했다. 그는 나중에 이렇게 회고했다. "성년이 된 나는 내 주요 재산이 노예라는 사실을 깨달았고 장래의 생계 수단을 고려하지 않은 채 그들에게 자유를 주고 아무런 밑천도, 친구 한 명도 없이 세상살이를 시작했다."[69]

런던에서 개업한 렛섬은 대단한 성공을 거두게 된다. 1782년에 그는 '때로는 1주일 동안 집에서 단 20분도 쉴 틈이 없었다'고 말했다.[70] 프리스틀리와 벤담의 후원자인 셸번Lord Shelburne을 비롯해 여러 저명한 인사를 환자로 둔 분주한 의료 활동으로 그는 부유해졌다. 1800년이 되자 그의 수입은 연간 1만 2000파운드라는 막대한 금액에 달했다. 사업이 번창하여 벌어들인 돈은 자선 활동에 쓰였다—"부자로 죽는다고 누가 우리에게 감사하랴?"[71] 지칠 줄 모르는 자선가인 렛섬은 여러 진취적인 기관의 설립자였다. 1770년에 그는 올더스게이트가에 최초의 종합 진료소를 열고 그곳 의사 가운데 한 명으로 일했다. 이 기관은 상주 약제사를 통해 빈민들에게 무료 외래 진료를 제공하고 왕진도 시작했다. 1774년, 그는 물에 빠진 사람을 소생시키는 기술을 널리 알리고 기법들을 개척하기 위한 (왕립) 인도주의 협회Humane Society 창립을 도왔다. 그는 결핵 환자 요양원인 마게이트의 왕립 해수욕 요양소Royal Sea Bathing Infirmary 설립의 적극적인 추진자였고, 런던 의학 협회Medical Society of London(1773)를 창립하는 것도 도왔다. 협회의 애디슨적인 목표는 개량과 친목을 결합하는 것이었다.

런던 교외의 캠버웰에 집을 지은 렛섬은 거기서 박물관과 도서관, 식물원에 재산을 투자했다. 다른 계몽된 퀘이커교도처럼 그는 사교성과 지식의 교류를 소중히 여기며, 조지 워싱턴, 벤저민 러시Benjamin Rush, 벤저민 프랭클린, 이래즈머스 다윈, 알브레히트 폰 할러Albrecht von Haller 등과 꾸준하게 서신을 주고받았다. 퀘이커교 평화주의에도 불구하고 렛섬은 1803년에 "살아서 이 자유로운 나라가 코르시카섬의 살인자이자 왕위 찬탈자의 영토가 되는 꼴을 보느니 차라리 칼에 죽기를!"[72]이라고 외치며 캠버웰 자원 보병 부대의 내과의가 되었다.

렛섬은 유용한 지식과 과학 실험, 의학의 발달, 도덕적 진보를 열렬히 지지했다. 지칠 줄 모르는 작가인 그는 주취에 반대하는 글을 쓴 한편, 『차의 의료적 특성과 차 음용의 효과에 대한 고찰을 담은 차나무의 자연사 The Natural History of the Tea Tree with Observations on its Medical Qualities, and Effects of Tea-Drinking』(1772)로 그 유해한 습관의 해악을 폭로했다. 그의 무수한 프로젝트 가운데에는 빈민을 위한 무료 급식소도 있었고, 교육을 향한 그의 열정은 놀이와 식단, 복장과 청결에 관한 조언을 제공하는 등 기숙학교의 운영에 관한 저술로 이어졌다. 이 부지런한 일벌은 적절하게도 '수도 인근의 정원에 유용성과 장식적 기능을 제공하는 부가물'로서 벌통에도 주의를 돌렸다. 런던으로부터 20마일 이내 지역에 최대 5만 개의 벌통이 유지 가능할 것이며, 이러한 벌통은 1개당 연간 1기니의 수익으로 국민을 부유하게 할 것이다.

1801년 렛섬은 자신의 여러 개선 방안들을 세 권짜리 책 『선행, 금주, 의학을 위한 조언Hints Designed to Promote Beneficence, Temperance, and Medical Science』에 모았다. 이 책은 빈곤, 출소한 죄수들, 매춘, 전염성 열병, 사마리아인 협회, 범죄와 처벌, 유언과 유언장, 분만 구호 단체, 귀머거리와 벙어리, 마을 단체들, 맹인, 실용서를 장려하기 위한 협회, 종교적 박해, 일요학교, 박애 협회, 진료소, 공수병, 해수욕 요양소, '밀빵의 대용물'—옥수수로 죽을 끓이면 돈을 절약할 수 있다—같은 다양한 주제에 관한 조언을 내놓았다. 그것은 진정한 계몽의 잡학백과omnium gatherum라 부를 만했다.

퀘이커교도로서 왕립 내과의 협회Royal College of Physicians 회원이 되지 못한 것에 속이 상했을지라도, 렛섬은 과학과 자기 직업의 열렬한 옹호자였다. 그는 신문지상에서 돌팔이 의사와의 전쟁을 벌였고 일찍이 천연두 예방접종의 옹호자가 되었으며 병원과 감옥 개혁가인 존 하워드John Howard

를 열렬히 옹호했다.

식물학과 화석, 의학, 자연사와 더불어 렛섬은 과학적 영농에도 열렬한 관심을 보여 영국에 사료용 사탕무를 도입하는 데 일조했다. 그러한 과학적·박애적 저작들은 모두 같은 시대 내과의 이래즈머스 다윈과 마찬가지로 이리저리 왕진을 다니는 동안 마차 안에서 집필된 경우가 많았다는 점에서 더욱 놀랍다. 다음 장들에서 등장하는 다른 이들—예를 들어 다윈, 리처드 러블 에지워스Richard Lovell Edgeworth, 조지프 프리스틀리—처럼 렛섬은 계몽된 영국인에 의한 실용적이고 과학에 기반을 둔 개량의 열렬한 장려를 전형적으로 예시한다.

여러 가지 활동으로 분주한 인생 이력에서 과학과 개량, 유용성을 더 높은 수준에서 하나로 합친 렛섬과 동시대 사람으로 조지프 뱅크스가 있었다.[73] 부유한 집안에서 태어난 그는 별다른 지적 열정을 보여주지 않은 채 이튼에서 옥스퍼드로 진학했으나 그곳에서 식물학에 매료되었고, 식물학 교수가 강의를 하지 않는다는 사실을 알게 되자 자비를 들여 그를 대체할 사람을 케임브리지에서 데려왔다.

드넓은 링컨셔 영지를 상속받은 뱅크스는 소호 스퀘어에 대저택을 짓고 그곳을 살롱과 클럽, 도서관 그리고 자연사 박물관으로 변신시켰다. 그의 박물관 학예사인 대니얼 솔랜더Daniel Solander 박사는 린네의 후배 중 한 명으로 점점 늘어가는 방대한 식물학 표본 컬렉션을 관리했다. 농업에 대한 공동의 관심으로 뱅크스는 조지 3세의 친구가 되었고 조지 3세는 그를 큐에 있는 왕립 정원의 원장으로 임명했다. 어느 모로 보나 잉글랜드인인—풍채 좋은 시골 지주, 농부, 낚시꾼, 링컨셔의 사법 집행관이자 통풍으로 고생하는—뱅크스는 그에 못지않게 계몽된 코즈모폴리턴이었다. 42년 동안 그는 환대와 후원을 하면서 왕립학회를 갈수록 독재적으로 이끌었고 국제주의를 열렬한 애국주의와 결합했다. '과학은 결코 전쟁을 하지 않는다'는 제너Jenner의 격언을 예고하듯, 그는 미국 독립전쟁 기간에 쿡 선장을 보호하는 데 열의를 보였던 벤저민 프랭클린에게 왕립학회의 금메달을 수여했다. 그리고 프랑스와의 전쟁에서는 사면초가에 몰린 석학들을 구하기 위해 개입하여, 나폴리 지하 감방에서 지질학자 돌로미외Dolomieu를 구해내기도 했다.

뱅크스의 오랜 경력은 그가 진보적 지식이자 국가적 자산으로 소중히 여긴 과학을 위한 쉴 새 없는 활동으로 점철되었다. 아직 젊었을 때 그는 뉴펀들랜드와 래브라도를 탐험했고 아이슬란드에서 식물을 채집했다. 그는 헤브리디스제도의 핑갈의 동굴을 방문해, 그곳의 크기를 기록하기 전에 먼저 오시안을 읊조렸다(헤브리디스제도 스타파섬에 있는 해안 동굴인 핑갈의 동굴Fingal's Cave은 오시안 서사시의 등장인물한테서 이름을 따온 것이다— 옮긴이). 1769년에는 금성의 자오선 통과를 관측하기 위해 최초의 대규모 국제적 과학 탐사의 일환으로 쿡과 함께 남양南洋을 방문하여 미어터져가는 그의 소호 스퀘어 캐비닛을 채울 1만 7000종의 새로운 식물을 채집해왔다.

뱅크스는 보터니만Botany Bay('식물학 만'이라는 뜻—옮긴이)—그의 열정의 대상을 본떠 이름 붙여진—을 유형수 식민지의 이상적 장소로 적극 추천했고, 이후로는 뉴사우스웨일스의 후원자이자 독지가가 된다. 그는 오스트레일리아로 보낼 양의 품종을 개량하고자 에스파냐산 메리노 양으로 실험을 했고, 블라이Bligh 선장을 시켜 폴리네시아에서 카리브해로 빵나무를 반출하고 뱅골에서 망고를 들여오게 했다. 아프리카 협회African Society의 후원자로서 그는 존 레디어드John Ledyard를 나일강 상류로, 멍고 파크Mungo Park를 니제르강 상류로 파견하는 일을 도왔다. 비록 거만하지만 고매하고,

모험심이 강하지만 독재적이며, 깊은 사회적 책임감을 느끼지만 기독교적 경건성은 거의 찾아볼 수 없는 사람이었던 뱅크스는 반세기 동안 과학과 지식, 부의 창출을 도모하는 데 자신의 재산을 쏟아부었다—그는 극도로 영국인다운 필로조프였다.

과학의 위신이 커질수록 지평이 넓어지고 희망이 생겼다. 모든 것이 탐구와 측정, 분석에 열려 있다는 희망이. 기구들이 힘이 되어주리라. 망원경, 현미경, 기압계, 온도계, 비중계, 경위의經緯儀, 펌프, 프리즘—이러한 기술적 장치들은 새로운 과학의 부속물이었고 새로운 과학은 책상 앞에서 밤을 지새우는 무익하고 공허한 연구가 아니라, 바쁘게 움직이며 자연을 직접 조사하는 작업이었다. 〈젠틀맨스 매거진〉은 달마다 주식 시세표처럼 깔끔하게 도표로 나타낸 일일 기압과 기온, 런던의 주간 사망 보고를 실었다. '과학은 너무 오랫동안 두뇌와 공상의 일만 해왔다'고 로버트 훅Robert Hooke은 『마이크로그라피아Micrographia』(1665)에서 인정했다. "이제는 자료와 분명한 사물에 대한 있는 그대로의 건전한 관찰로 돌아갈 때다."[74] 진정한 과학적 방법은 "눈과 귀로 시작하여 기억력을 통해 계속되며 판단력으로 이어지는 것이다. 그리고 거기서 끝나는 것이 아니라 다시 눈과 귀로 돌아가는 것이며, 이런 식으로 하나의 능력에서 다른 능력으로 향하는 지속적인 이동으로 수행되는 것이다."[75] 이 방법을 채택한다면 과연 무엇이 프로메테우스를 속박할 수 있으랴?

개연적 사고가 어느 정도는 신의 섭리를 대체하는 한편,[76] 자연적 사건만큼 사회적 사건도 근본적으로는 자연 법칙의 지배를 받는다는—따라서 원칙적으로는 과학적 계산과 설명과 통제를 할 수 있다는 확신이 커져갔다. '어떤 법칙도 거래 시장에서 가격을 정할 수 없다'고 더들리 노스Sir

Dudley North는 『무역에 관한 담론Discourses Upon Trade』(1691)에서 선언했다. "시장 가격은 저절로 형성되어야 하고 또 그렇게 형성된다." 즉, 상업은 근원적인 규칙성에 종속되며 가격은 물높이가 저절로 결정되듯 자기만의 수준을 찾을 것이었다.[77]

자연을 파악하는 일의 심리적·미적 동학은 천문학의 역사에 대한 애덤 스미스의 오랜 고찰에서 다루어졌다. 철학은 놀라움에서 시작된다는 플라톤의 주장을 거론하면서 그는 이상한 것에 대한 마음의 불편함이 이론과 모델, 공식을 통해 난제를 제거하려는 시도에 추진력을 제공한다고 생각했다. 그는 과학의 심리적 측면을 부각시켰다—그것은 뜻밖의 것에 대한 불안에서 시작되며, 변칙적인 것들이 익숙한 것으로 동화되면 안도하게 될 것이다. 과학 이론은 변칙성에 대한 동요를 극복할 때 만족을 준다.

그러나 지적 불만족이 과학적 이론화를 추진하는 유일한 이유는 아니다. 좋은 설명은 명료하고 일관되며 쉽게 이해되어야 한다. 관찰된 모든 현상을 설명하려는 영웅적인 시도에서 이론이(스미스는 프톨레마이오스 천문학을 예로 든다) 과도하게 정교해지고 다루기 힘들어질 때 불만이 생겨나고 새롭고 더 단순한 모델이 필요해질 것이다(스미스는 코페르니쿠스의 태양중심설을 예로 든다). 스미스는 흄을 연상시키는 정식화에서 '철학은 자연의 원리들을 연결하는 학문'이라고 요약한다.

평범한 관찰로 얻을 수 있는 최대의 경험을 축적한 뒤에 자연은 지금까지 일어난 모든 일과 전혀 연결되지 않은 고립적 사건들로 가득한 것처럼 보이며, 따라서 그것은 상상력의 편안한 움직임을 방해한다. 그에 따라 말하자면 단속적이고 돌발적으로 생각들이 꼬리에 꼬리를 물게 된다. 따라서 그것은 어느 정도 (…) 심란함과 혼란을 가져오는 경향이 있다. (···) 철학은 일관성이 없는 그 모든 대상들을 하나로 묶는 보이지 않는 사슬을 대변함으로써 이 삐걱거리며 부조화스럽게 보이는 혼돈에 질서를 도입하려고 노력한다.[78]

그러므로 미개한 정신은 어디서나 무질서와 맞닥뜨리며 과학의 진보는 규칙성을 향한 추구이다. 적어도 일관성과 질서가 자연에 존재하는 한, 부단히 활동하고 분투하는 진보적 정신이 원하는 것은 그 일관성과 질서이다. 따라서 스미스는 과학의 부상을 이하 10장에서 논의될, 문명의 온갖 추측적 역사conjectural histories로 발전해온 인간 정신의 더 넓은 진화의 역사에 엮어 넣었다. 흄의 절친한 친구로 흄처럼 기독교도가 아니었던 스미스는 과학을 '열광과 미신이라는 독에 대한 가장 훌륭한 해독제'라고 칭송한다.[79]

따라서 '미신'의 신빙성을 떨어트리는 것과 더불어 뉴턴주의는 '진정한' 과학을 '사이비'와—'오컬트적이고', '마술적이며', '천박한' 것들과 구분함으로써 계몽된 목표에 복무했다. 이것은 점성술의 위신을 실추시키는 작업에서 눈에 띄게 일어났다.[80] 르네상스 시기 내내 그 고대의 기술은 공유된, 사실은 지배 문화의 여전한 일부로서 궁정인과 성직자, 시골 사람들 모두에게 받아들여졌고, 잉글랜드에서는 윌리엄 릴리William Lilly와 그의 맞수인 존 개드버리John Gadbury 같은 전문가들의 저작으로 1650년경 정점에 달했다. 두 사람의 책은 전국적으로 인기를 누렸다.[81] 그러나 왕정복고 뒤로 식자층에서 점성술에 대한 공감은 결정적으로 식고 말았다. 새로운 과학의 승리가 이러한 거부에 커다란 공헌을 했다. 프톨레마이오스의 지구 중심적 우주론은 대우주와 소우주 간, 즉 천구와 인간 간 상호 대응성을 상정했다. 그러나 새로운 천문학이 밝힌 대로 천상이 완벽하지도 않고 불변하지도 않는다면, 지구는 무한한 우주 안의 하찮은 행성에 불과했고, 우주가 기계적 제2의 원인들에 의해 지배된다면 점성술은 답해야 할 질문이 너무 많았다.

그러나 점성술을 부정하는 태도는 사회-문화적 반응이기도 했다. 점성술은 내전기에 평민적 급진주의와 허황된 공화주의적 예언 관행으로 신뢰할 수 없고 천박하다는 공격에 취약해지면서 지울 수 없을 만큼 오명을 얻고 말았다. 1700년에 이르자 점성술에 호의적이었던 왕립학회 회원들—이를테면 존 오브리John Aubrey— 은 모두 죽었고, 수도의 일류 인사 중에 그들을 대신하려고 나서는 사람은 없었다.

그러나 계몽인들 사이에서 매력은 쇠퇴했지만 점성술은 여전히 대중적 인기를 유지했다. 지방의 점술가들은 비록 주변부에서이긴 했지만 점성술을 계속 실행했다. 다른 오컬트 현상들과 마찬가지로—예를 들면 손금 보기나 관상술—점성술은 과학에 의해 완전히 숨통이 끊어지지 않았다. 그보다는 변동하는 문화적 환경 속에서 틈새시장을 찾았다.[82] 책력 판매량은 여전했지만 그 외형은 바뀌었다. 많은 책력들이 더 '합리적'이 되었고 일부 18세기 판본들은 예언 부분을 모조리 빼버렸다. 다른 편찬자들, 리처드 손더스Richard Saunders 같은 경우는 독자들에게 「점성술의 무가치를 논의함A Discourse on the Invalidity of Astrology」을 제공하면서 신의 심판을 알려준다는 점성술을 반박했다. 대놓고 적대적인 그의 책력은 점성술의 과학적 토대 결여를 비웃고 릴리와 개드버리, 자기 홍보에 능한 휘그 열성분자 존 패트리지John Patridge가 내놓은 다른 '무시무시한 내용들'을 조롱했다.[83]

섀프츠베리가 알았다면 기뻐했을 것처럼 조롱은 통했다. 피에르 벨의 『사전Dictionnaire』(1697)은 점성술을 시시한 것으로 조롱했다—심지어 그는 독자들에게 구태여 공식적인 반증을 대지도 않았다! 그러한 무시는 전염성이 강했다. 1708년의 예언에서 조너선 스위프트는 아이작 비커스태프라는 필명 아래 옛 점성술사들의 정치적 예언을 풍자했는데 그의 주요 목표물은 다시금 존 패트리지였다. '비커스태프'는 패트리지가 1708년 3월 29일 11시에 열병으로 죽을 것이며, 뒤이어 루이 14세는 7월 29일에 그리고 교황은 6주 후에 죽을 것이라고 예언했다. 때가 되자 패트리지의 예정되어 있던 죽음을 알리는 엄숙한 글이 등장했다. 그 점성술사는 자신의 계속되는 생존을 입증하려고 했지만 그의 사후의 항의도 헛수고임이 드러나게 된다. 엘리트 계층 사이에서 점성술은 농담거리로 전락했다.[84]

진지한 대중 교육가들은 그들대로 조롱보다는 정신의 진보가 마침내 그 허튼수작을 끝장내리라고 보는 쪽이었다. 스위프트의 조롱문 뒤로 한 세기가 넘어서 유용한 지식 확산을 위한 협회가 펴낸 1828년도 『영국 책력British Almanac』은 지구와 천체의 데이터를 풍부히 제공하고 있었지만 점성술 내용은 전혀 없었다. '그 시각부터 점성술의 제국은 끝났다'고 엄숙하게 선언되었다. 패트리지의 부고처럼 이 부고 역시 굉장히 성급한 것으로 드러난다.[85]

다른 관행들도 유사한 변신을 경험했다. 17세기 말부터 운수 보기, 지팡이로 수맥이나 광맥 찾기, 손금 보기, 인상학, 골상학, 그와 유사한 비기祕技들은 엘리트 사이에서 신빙성을 잃은 반면, 아마추어들에 의해 계속해서 통용되었다. 최상층 사람들은 마찬가지로 식물의 상징과 관련성에 관한 식물학적 구전 지식이라는 오래된 주술적 의학으로부터 거리를 두었다. 앤 여왕 이후로 영국 국왕들은 연주창連珠瘡(결핵이나 박테리아 감염으로 갑상샘 림프절이 붓고 헐어서 생기는 부스럼. 오로지 손을 갖다 댐으로써 연주창을 낫게 한다는 국왕의 신통한 치유력은 왕권신수설의 물리적 증거로 여겨졌다 — 옮긴이)을 만지는 관행을 그만두었다(프랑스에서 부르봉 국왕들은 1830년까지 연주창을 만졌다).[86] 과학적 태도가 끼어들면서 고대의 지혜들은 정당성을 잃었다. '나는 지금까지 쓰인 어느 책보다 더 훌륭한 요리책을 쓸 수 있다'고 새뮤얼 존슨은 의기양양하게 말했다. "그것은 철학적 원리들에 입각한 책이 될 것이다."[87]

계몽적 사고에 대한 과학의 핵심적 공헌은 지적 진보에 대한 동의의 신념과 실증적 지식의 최고 척도에 대한 소유권 주장에 있었다. 이러한 노선을 따르는 진보를 보여주는 이야기들은 무수히 많다. 따라서 체임버스의 『백과사전』(1738)은 히포크라테스와 더불어 의술의 탄생과 중세인들에 의한 그 타락 과정을 추적한다.

> 그러나 마침내 그것들[갈레노스의 오류들]은 두 가지 수단에 의해 일소되고 타파되었다. 주로 프랑스에서 히포크라테스의 순수한 학문의 회복에 의해서, 그후 연금술사들과 해부학자들의 실험과 발견에 의해서, 마침내 하비가 그의 공개적 시연 입증에 의해 고대인들의 이론 전부를 뒤엎고 과학의 확실한 기초를 깔았을 때 이루어졌다. 하비 시대 이후로 의학은 어느 학파의 독재로부터도 자유로워졌고, 해부학, 화학, 물리학, 식물학, 역학 등등의 확실한 발견들에 의해 개선되고 있다.[88]

의학의 진보를 묘사하는 스케치들은 저마다 그러한 결론을 부연한다. 『통풍에 대한 논평Strictures on the Gout』(1775)에서 의학 저술가 새뮤얼 우드 Samuel Wood는 지난 2천 년을 돌아보며 '모든 것이 짐작'일 뿐이었던 '고대 의사들의 몽매한 상태'를 꾸짖는다. 그는 '불후의 하비의 혈액 순환의 발견 이전에는 생리학이란 존재할 수 없었다'고 주장한다. 그러나 "이러한 빛이 우리에게 비친 이후로 고대의 짐작과 추론, 체계는 태양 앞의 아침 구름처럼 모조리 사라져야 한다."[89] 전체적으로 보면 '우리가 우리의 선조들보다 훨씬 유리하다는 것은 분명'하며 이론적 진전들이 실질적 결실을 맺었다. "과거에 고통받던 이들이 겪었고 그로 인해 비참한 삶을 마감했던 여러 질병들이 쉽게 치료되는 것을 본다." 계몽된 상투 어구를 장황하게 늘어놓으면서 그는 자신감을 품고 그의 개인적 전공인 통풍을 비롯해 오랫동안 불치로 여겨진 질병의 정복을 내다보았다.

멋진 돌파구에 대한 기대는 화학자, 내과의, 연구자, 교육가, 시인, 소책자 저자인—아닌 게 아니라 '미스터 후기 계몽주의'의 현현인 토머스 베도스의 더 장대한 의학적 꿈을 채색하기도 했다. 열렬한 실험주의자인 베도스는 정치와 더불어 화학에서의 프랑스 혁명도 반갑게 맞았다.[90] 과학이 건강 분야에서 변화를 가져오길 기대하며 그는 역사를 진보의 이야기로 읽었다. 고대인들에 대해서는 애매모호한 태도를 취하고—그는 플라톤의 '신비적 문단들'을 비판했다—암흑시대를 사제들의 미신으로 안개 낀 시대로 일축한 반면, 16세기와 17세기의 업적을 절찬했다.[91]

베도스는 새로운 기체 화학을 호흡기 질환에 응용할 가능성을 요란히 선전하며 1793년에 '자연의 가장 깊은 비밀들이 매일 벗겨지고 있는 화학으로부터', '매우 자주 발생하고 고통스러우며 가망 없는 질병을 잃는 이들에게 안전하고 효과적인 치료제'를 기대할 수 있다고 예측했는데, 그가 말한 질병이란 바로 폐병(결핵)이었다. 후기 계몽주의의 완전가능성주의 perfectibilism(인간 본성이 완전해질 수 있다는 신조—옮긴이)에 고무된 그는 '지금은 의약이 그러한 완성으로부터 멀어 보일지라도' '현재 일부 무생물에 발휘되는 것과 같은 동일한 능력이 생물체에도 발휘될 수 있게 획득될 것이며 질병의 치료와 예방뿐 아니라 인생에서 가장 좋은 시기를 연장하고 건강을 더 활력 넘치게 하는 기술이 언젠가 연금술의 꿈을 절반쯤 실현시키리라'는 데 의심의 여지가 없다고 내다봤다.[92] 따라서 화학은 의학의 천년 왕국을 알리는 전조인 셈이었다. 그는 루나 소사이어티 친구인 이래즈머스 다윈에게 이렇게 알렸다.

> 다음 편지에서 당신께 제가 지금까지 치료한 질병 목록을 알려드릴 생각입니다. (…) 실제로 여러 상황들이 의술 분야에서 커다란 혁명이 바로 목전에 와 있다고 가리키는 듯합니다. (…) 그리고 당신께서 다양한 동식물의 조직과 똑같이 인간 조직도 문화로부터의 개량에 민감하다고 가정하는 것이 터무니없지 않다고 생각하신다면, 아마도 그렇게 생각하실 거라 거의 확신합니다만, 의학 분야뿐 아니라 인간 본성의 구조 자체에서의 유익한 변화에 대한 희망을 품고 있는 저와 당신도 뜻이 같을 것입니다.[93]

과학이 어떻게 삶을 혁명적으로 변화시킬 것인지에 관한 베도스의 프로메테우스적 기대는 무한한 가능성의 피조물로서 호모사피엔스에 대한 그의 계몽된 비전에 의해 단단히 뒷받침된다. 정신은 원죄에 의해 저주받거나 본유관념에 의해 구속받지 않는다. 경험주의자 베도스는 개량에 아무런 제한도 두지 않았다. 자연의 진리들은 감각에 열려 있고, 교육 자체는 가장 넓은 의미에서 실험적이라는 것이다.[94]

과학은 진보로 가는 마스터키인 듯했다. 비국교파 의사인 존 에이킨 John Aikin은 이렇게 주장했다. "자연철학으로부터 유래한 과학과 학문들에서 커다란 진전들을 주장하지 않는다 해도, 드넓게 사고하는 인간이라면 인간 정신의 철학, 그러니까 법의, 상업의, 통치의, 도덕의, 그리고 덧붙이자면 종교의 철학이, 이 시대가 이전 시대들에 대해 주장할 수도 있을 우월성에 크게 기여해왔음을 어찌 부인할 것인가?"[95] 한마디로 무엇이 정신을 구속할 수 있을까? 조지프 프리스틀리는 신의 인도 아래 지성이 끝없이 승리하는 모습을 그렸다. "지식은 (…) 증대될 것이다. 그 물질과 법칙 둘 다를 포함하여 우리는 자연을 더 쉽게 부릴 수 있게 될 것이다."[96] 과학은 따라서 모든 영역에서 더 밝은 미래의 기초로 묘사되었다. "영국의 위계질서는 (만약 그 조직에 불건전한 것이 조금이라도 존재한다면) 심지어 공기 펌프나 전기 장치에 벌벌 떨 이유가 있다"고 그는 주장했다.[97]

그러나 과학의 근거가 모두에게 언제나 그렇게 이성적으로 보인 것은 아니었다. 결국에, 인생 말년을 뉴턴처럼 다니엘서의 예언을 탐독하며 보낸 사람은 프리스틀리였으며, 달에서 거주민을 발견하게 되리라 자신한 사람은 천문학자 윌리엄 허셜William Herschel이었다. 이성의 수호자로서 과학의 타이틀은 확실한 것이었는가? 과학은 겸허함이라는 계몽된 준거들을 허용할 수 없었던 것인가?[98]

| 7장 |

인간
본성의
해부

그렇다면 너 자신을 알고, 신이 너를 살펴보리라 짐작하지 마라.
인류의 올바른 연구 대상은 인간이라.

—알렉산더 포프[1]

전체적으로, 나는 미덕의 목록을 인간의 의무 전체로부터가 아니라
키케로의 의무론으로부터 가져오고 싶습니다.

—데이비드 흄[2]

그가 물었다. 그럼 당신은 누구시오?
나를 골치 아프게 하지 마십시오.

—로런스 스턴, 『트리스트럼 샌디』[3]

이성적 종교로 초래된 성서 본위주의의 탈각과 더불어 인간의 조건을 해결하려는 필요성이 계몽주의 사고에서의 중심 무대로 이동했다. '모든 과학은 인간 본성에 크고 작게 연관되어 있음이 분명하다'고 데이비드 흄은 그가 주제별로 제목을 지은 『인성론』(1739~1740)에서 천명했다. 인식론, 윤리학, 미학, 정치학만 인간 본성에 결박되어 있는 게 아니라 수학과 자연과학도 '어느 정도 인간과학에 의존'했다.⁴ 분명히 포프는 제대로 포착했다. 인류의 올바른 연구 대상은 아닌 게 아니라 인간이었다.

프로테스탄트 성서 숭배로부터의 반동은 인간의 성격과 운명을 전면적으로 다시 그릴 것을 요구했다. 종교개혁 신학은 비참한 진실들을 설교했다. 인간은 타락했고, 그의 정념들은 저열하며, 죄인은 자신의 노력으로는 구원을 얻을 수 없는 반면, 칼뱅주의자들은 준엄한 신의 의지가 성인들을 제외한 모두를 영원한 파멸로 이미 예정해놓았다고 주장했다. 타락Fall

을 통해 낙원Paradise은 상실되었고 속죄를 향해 있을지도 모르는 여정은 순례자의 여정이 되어야 할 것이다. 버니언Bunyan에게 천상의 도시Celestial City로 가는 고난의 길은 허영의 시장을 거쳐 구불구불 이어지며, 허영의 시장에서 그리스도인Christian과 그의 동행 믿음씨Faithful는 군중에게 돌팔매질을 당하고 족쇄가 채워지고 우리에 내던져져 사람들의 구경거리가 된다. 믿음씨는 말뚝에 묶여 화형에 처해진 반면, 그리스도인은 도망쳐 나와 안락Ease이라는 부드러운 평원에 도착했지만, 그에게 이는 수난의 끝이라기보다는 그 시작에 가까웠다. "그 평원의 저멀리 끝에는 금전Lucre이라는 작은 언덕이 있었고, 그 너머로는 의심하는 성Doubting Castle이 있었다."5

낙원에서 눈물의 골짜기로 추방당한 인간의 장구한 영웅담은 비국교파 아이작 와츠Isaac Watts의 어린 시절의 한 사건에서 포착된다. 그 경건한 이야기에 따르면, 하루는 그의 어머니가 소년의 시를 우연히 발견했다. 뛰어난 실력 때문에 아들의 작품인지를 의심한 어머니는 그에게 꼬치꼬치 캐물었다. 그 시들이 진정 자신의 작품임을 입증하기 위해 소년은 자신의 이름 철자를 딴 10행시를 지었다.

나는I am 추하고 더러운 흙덩어리,
그러니So 이 세상에 태어난 이래로 줄곧 그래왔네
비록Although 여호와의 은총이 매일 내게 내려지지만
분명히As Sure 이 마귀 사탄이 나를 기만할 것이기에
오소서Come 주여, 저를 사탄의 손아귀에서 구하시도록.

저를 씻어주소서Wash me, 오 그리스도여 당신의 피로
그리고And 신의 은총을 내려주소서,

그다음Then, 내 마음 구석구석을 살피시어

제가That I 만사에 알맞기를

당신을 섬기고Service to thee, 당신을 찬양하기에도.⁶

어린 와츠는 곤경에 처했다. 자신의 재능을 입증하는 것—자만의 죄악에 가까운 일—은 자신의 타락을 증언하기를 요구했다. 계몽된 사고는 그러한 신조들을 신과 인간 둘 다에 비천한 것으로 치부하는 것이었다. 리처드 스틸은 '내가 인간 본성의 존엄보다 더 기쁘게 숙고하는 것은 없다'고 단언했다.⁷

그러나 이것이 아우구스티누스적 음울이 즉각적으로 그리고 보편적으로 계몽된 환희로 대체되었다는 소리는 아니다. 18세기 내내 계몽된 의제들에 대해 다양한 입장을 취해온 많은 모럴리스트들은, 인간이 '천지간을 기어다니고 있다고' 상상한 햄릿의 저 기독교 인문주의자의 관용어로 진술된 냉철한 도덕 준칙을 계속해서 제기했다.⁸ 널리 호소력을 발휘하며 퍼져 있던 것은 키케로와 세네카로부터 도출된 위엄 있는 스토아주의로, 그것은 인간 소망의 헛됨과 감각의 올가미를 경고했다. 인생에는 즐길 것보다 견뎌야 할 것이 더 많다고 새뮤얼 존슨은 단언했다. 기독교적 스토아주의는 인간의 가슴속에서 선과 악이라는 극단적 힘들이 서로 싸우고 있음을 부각시켰다—천사 대 야수, 영혼 대 육신, 이성 대 욕구.⁹ 이러한 인간 모델에서 인간 조건은 그 이율배반들에, 힘든 양자택일의 불가피성에 의해 규정된다. 환상과 기만에 맞서 싸워야 할 무대에 올려진 "인간의 주요 미덕은 자신의 본성의 충동들에 저항하는 데 있다"고 존슨은 지적했다.¹⁰

칼뱅주의 시나리오와 마찬가지로 이 키케로풍 시나리오에도 명랑한 향락주의, 쾌락으로 가는 꽃길은 없었다. '행복에는 뭔가가 항상 모자라다'

고 존슨의 〈램블러The Rambler〉는 설명한다. 왜냐하면 그가 다른 데서 언급한 대로 '이 세상의 모든 것에서 우리는 바라는 뭔가가 있기 마련이고 우리는 그것을 헛되이 바랄 수밖에 없기' 때문이다. 인간은 한마디로 "행복에 어울리게 태어나지 않았다."[11] 그러한 음울한 철학에 결정적인 것은 가벼운 기분 전환이 아니라 위엄과 고결성이었다. 가짜 신들과 어리석은 기대들을 부인하는 것이다. 바스티유 함락 6년 전에 존슨은 '이 시대는 혁신을 좇아 미쳐 내달리고 있다'고 경고했다.[12] 새로운 것에 대한 교만하고 어리석은 숭배를 논파하는 것은 물론 버크의 『프랑스 혁명에 관한 성찰』(1790)의 핵심이기도 했다.[13]

그러한 전통주의자들은 인간 조건에 대한 순진한 낙관주의에 멸시의 눈초리를 보냈다. 오거스턴 시대 풍자가들은 특히 우쭐대는 반거들충이 학자들의 안이한 어리석음을 조롱했다. 『통 이야기』(1704)와 다른 곳에서 스위프트는 여러 신식 철학자, 시인, 교수, 교육가로 이루어진 어중이떠중이가 모두 강박적인 유아론에 시달리는 모습을 그려낸다. 『통 이야기』의 어리석고 고집 센 화자는 '지금 나는 요즘 작가들 사이에서 아주 흔히 볼 수 있는 실험을 시도중이다'라고 불쑥 내던진다. "그것은 아무것도 아닌 것에 관해서 쓰는 것이다."[14] 그러한 흰소리는 특이성에 대한 근대의 심취, 새로운 과학의 이름으로 인간 존재를 속 편하게 기계나 꼭두각시로 환원하고 싶어하는 태도를 전형적으로 예시한다. 존슨과 버크 같은 인문주의자들은 자유 의지와 도덕적 선택을 발휘해야 할 인간의, 비록 벅찰지라도 고결한 의무를 포기하려는 낌새가 조금이라도 보이면 질색했다. 스위프트의 악명 높은 '온건한 제안자들'과 오거스턴 풍자 문학에서 웃음거리가 된 온갖 만병통치약 행상꾼들은 인간의 더 높은 의무들에 대한 반역자였다. 포프는 포프대로 특히 『던시어드』(1728)에서 자신들의 천재성에 기고만장한 삼류 글쟁이들의 초상으로 악당들을 줄줄이 불러 세웠다. 보수적 모럴리스트들은 거듭하여 신식 인간, 즉 진보에 대한 경솔한 신념에 의해 속아넘어가 자신의 인간성을 포기하고 안일한 낙관주의와 번드르르한 변명들에 완전히 몸을 내맡긴 저 딱한 부류에게 분노나 재담을 날렸다.[15] 도덕적 정직성은 포프의 표현대로 인간은 '태어났지만 죽을 수밖에 없고, 이성적으로 사고하지만 잘못을 저지를 수밖에 없다'는 인식을 요구했다. 사실, 그러한 자기변명조의 교만에 대한 가장 유려한 경고는 포프로부터 나온다.

중간 상태의 이 좁은 길목에 놓인
음울하게 현명하고 무례하게 위대한 존재.
회의주의자가 되기엔 너무 많은 지식을
스토아주의자가 되기엔 너무 많은 결점을 지닌
그는 가운데서 망설인다. 행동해야 할지 쉬어야 할지 주저하며
자신을 신으로 아니면 짐승으로 여길지 주저하며
정신이냐 육체냐 어느 쪽을 고를까 주저하며
태어났지만 죽을 수밖에 없고, 사리분별이 있지만 잘못을 저지른다.
너무 적게 생각하든 너무 많이 생각하든
그의 이상이란 무지와 비슷하니
생각과 격정의 혼돈, 모든 것이 혼란스럽네.
여전히 스스로를 기만하고 또 깨우치면서
반쯤은 높이 오르기 위해 반쯤은 추락하기 위해 창조된
만물의 위대한 주인이지만 모든 것의 먹잇감.
쏟아지는 끝없는 오류 속에서 진리의 유일한 판관,
이 세상의 영광이자 농담, 수수께끼![16]

인간의 허위를 폭로하면서도 포프는 미묘한 선을 긋는다. 인간의 높은 콧대를 꺾으면서도 그는 알고자 하는, 따라서 어쩌면 자신을 구제하고자 하는 인간의 능력을 격려한다는 점에서 밀턴이나 버니언보다는 훨씬 쾌활하다—아닌 게 아니라 몇몇 대목의 분위기에서는 포프가 계몽의 선율을 연주하고 있는 것처럼 들린다. 결국에, 비록 가톨릭이긴 했지만, 포프는 볼링브루크의 자연 종교와 섀프츠베리의 자애주의에 실컷 취했고 정념들에 대한 그의 믿음은 흄을 예견한다.

> 그러므로 가장 확실한 미덕은 정념으로부터 나오며,
> 거친 자연의 활력은 뿌리에서 작동하고 있네.[17]

그러한 고전적 가치들에 공감하면서도 근대적 사상가들은 그들대로 비극적 특성이나 인간의 허위들을 깨트리는 데 몰두하지 않았다. 그들의 욕망은 인간 잠재성에 대한 긍정적 전망을 고무하는 열렬한 것이었다.[18] 물론 모든 시대마다 낙관주의자들과 비관주의자들은 섞여 있었고, 낙관주의자와 비관주의자라는 범주 자체도 무척 문제적이다. 그러나 계몽된 지성들이 인간 조건에 관해 희망을 느꼈음을 부인하는 것은 이상할 것이다.

새로운 낙관주의자 가운데 눈에 띄는 이는 3대 섀프츠베리 백작이었다.[19] 분명히 로크의 복사판은 아니지만 그로부터 개인 지도를 받은 섀프츠베리는 홉스의 암울한 가르침을 조롱했다. 오로지 죽을 때에만 끝나는 저 권력을 향한 욕망과 공포라는 음울한 지배적 감정만 한없이 곱씹던 『리바이어던』의 저자는 '친절함, 우정, 사교성, 친구를 사귀고 대화하는 기쁨,

자연스러운 애정이나 이런 종류의 감정들을 언급하는 것을 잊지는 않았는지'?[20] 그러나 홉스가 섀프츠베리의 유일한 근심거리는 아니었다. 지옥불 설교자들도 선한 본성과 종교는 어울리지 않는다는 망상적 도그마로 똑같이 인류를 비방해왔다. 세속적이든 기독교적이든 그러한 인간 혐오를 모두 거부하고 케임브리지 플라톤주의자들을 존경한 섀프츠베리는 인간을 자연적으로 사회적인 존재로 격상시키고 미덕에 대한 사심 없는 사랑을 권유했다. "먹고 마시는 것이 자연스럽다면 무리 짓기 역시 그렇다. 어떤 욕구나 감정이 자연스럽다면 우정의 감정도 마찬가지다."[21]

섀프츠베리는 인간의 능력을 칭송했다. 이성과 조롱, 비판과 대화는 오류를 떨쳐내고 진리의 대의를 촉진할 것이다. 그는 '좋은 기질은 열광에 맞선 최고의 방어책일 뿐 아니라 경건함과 진정한 종교의 최고의 토대'인 한편, '야유의 자유'는 '예의바른 언어로 모든 것에 의문을 던질 자유이자 불쾌감을 주지 않으면서 어떤 논의를 펴거나 반박할 수 있게 허용하는 것'이라고 주장했다.[22] 그의 『성격론Characterticks』(1711)은 같은 해에 창간된 〈스펙테이터〉와 유사한 목표를 공유했다. 즉, 나쁜 습관에서 빠져나와 좋은 습관을 들이도록 독자를 구슬리는 것이었다. 그리고 이 잡지와 똑같이, 그의 일상적인 대화체 형식의 글은 굉장히 인기가 많아서 『성격론』은 1790년대까지 적어도 10판을 찍었다. 자신에게 만족감을 줄 감언을 듣고 싶어하는 독서 공중 사이에서 공감을 불러일으켰던 모양이다.[23]

훗날 개인 심리라 불리게 될 것을 마침내 온전히 파악하기 위해 인간 본성의 원류를 밝혀내려는 움직임에 대해서는 새로운 기대들이 모아졌다. 일단 파악되기만 한다면, 동물이든 기계든 인간은 그 최적의 사회적 역할을 수행할 수 있도록 미세 조정될 수 있을 것이었다. 베살리우스 이후 해부학과 새로운 기계론적 철학은 둘 다 피부 밑이나 해골 아래 신체 내부를 탐구하는 기획을 허락했다. 인간 모터의 작동 방식을 통달하기 위해서는 먼저 철저히 벗겨볼 필요가 있었다. 이러한 시각을 일찍이 표현한 고전적 저작이 바로 『리바이어던』이었다.[24] 그러나 홉스가 찾아냈다고 주장하는 것은—인간은 인간에게 늑대다homo lupus homini—추측건대 무신론을 함축한 만큼, 인간의 존엄성에 상처를 내면서 성직자들에 못지않게 계몽인들에게도 정나미 떨어지는 견해였다. 그럼에도 불구하고 인간을 조각조각 잘라내어 분석해보자는 홉스의 제안은 호소력을 잃지 않았다.

그러한 탐구는 여러 대변자들이 있었고 다양한 형태를 띠었다. 예상대로 뉴턴이 결정적 인물이었음이 드러나는데, 그는 『광학』 말미에서 앞길을 가리킨 것처럼 보인다. 질문 31은 이렇게 진술한다. "이 방법을 추구함으로써 자연철학이 그 모든 부분에서 마침내 완벽해진다면 도덕철학의 한계도 확장될 것이다."[25] 아이작 경은 따라서 자연과학에 근거를 둔 인간 본성에 관한 진정한 과학의 전망을 내보였다. 앞으로 살펴보겠지만 이는 데이비드 흄을 유혹한 학문이었다.[26]

이 주제에 대한 한 가지 대중적인 접근은 자연 질서 안에서의 인간의 위치를 명시하는 데 있었다. 그로티우스와 푸펜도르프 같은 법학자들과 관련하여, 오래전에 확립된 전통은 자연법 아래서 인간의 의무를 설명해왔다.[27] 그러한 설명에는 인간의 동일성에 관한 암묵적이거나 종종 명시적인 전제가 깔려 있었다. quod semper, quod ubique, quod ad omnibus('언제나, 어디서나, 모두에 의해서')라는 고전적 경구를 반복하며, 과학적이기 위해서는 인간의 권리와 의무에 관한 설명은 본질로 곧장 다가가기 위해 지역적·시대적 변형을 초월해야 한다고 주장되었다. 운동 법칙에 버금가는 보편성을 보유했음이 드러날 때만 인간 본성에 관한 표현은 입증된 설명력을 발휘하고 진실하다는 느낌을 줄 것이었다. 흄이 주장한 대로 만약 인류가 모든 시대와 모든 장소에서 '대체로 똑같다'고 가정된다면, '인간 본성의 지속적이고 보편적인 원리들을 발견하고자' 염원하는 것은 현실적이었다.[28]

자연법 이론들은 보통, 이전 상태를 환기함으로써 현재 받아들여지는 질서를 때로는 의문시하고 때로는 확인하는 추정적 인류학과 엮여 있었다.[29] 기본적인 욕구와 필요, 능력을 제외한 모든 것을 제거한 채 인간을 원래의 자연 상태에 두는 사고 실험은 인기 있는 것으로 드러났고, 특히 로크의 『통치론』(1690)에서 그 영향력이 대단했다.[30] 현존하는 사회가 어느 정도나 '자연스러운지' 혹은 '부자연스러운지'는 시작점으로부터 변천을 재구성함으로써 검사해볼 수 있다. 사실, 그 탐구를 한 단계 더 거슬러가는 것도 가능했다. '어떤 논리적(시간상) 지점에서 인간은 단순한 동물성을 뛰어넘어 확연하게 인간답게 되었는가?' 그것이 몬보도Lord Monboddo의 진화론적 추측 뒤에 놓인 쟁점이었다(10장을 보라).[31]

그러나 '자연'에서 '사회'로 그러한 흐름을 추적하는 작업은 대체로 보아, 문자 그대로 또 현세적으로 받아들여지기보다는 입증도 반증도 할 수 없는 이야기로 여겨졌고, 스코틀랜드 교수 애덤 퍼거슨Adam Ferguson은 인간 본질에 관한 탐구는 실제의 역사적 내레이션과 혼동되어서는 안 된다고 주장했다. '자연 상태를 어디서 찾을 수 있는가?'라는 질문을 받을 때,

우리는 여기 있다고 대답해도 될 것이다. 그리고 우리가 지금 그레이트 브리튼 섬이든 희망봉이든 마젤란해협이든 어디에서 이야기하고 있는지는 중요하지 않다. (…) 궁전이 부자연스럽다면, 시골집도 마찬가지다. 그리고 고도로 정련된 정치적 · 도덕적 판단들은 감정과 이성의 최초의 작용보다 그 성질이 더 인공적이지 않다.[32]

따라서 인간 본성의 규명이 시공간에서의 인류의 위치에 대한 인류학적 재구성을 수반할 수 있다면 문서고에 근거를 두고 있든 상상력에 기반을 두고 있든 간에 인간 내면으로의 여행은 똑같이 수행될 수 있다. '우리가 어떤 종류의 피조물인지 알기 위해서' 우리는 '우리 본성의 본체를 탐구해야 한다'고 1747년에 글래스고대학 도덕철학 교수 프랜시스 허치슨Francis Hutcheson은 생각했다.[33] "틀림없이 정신의 해부에 의해서 우리는 정신의 능력들과 원리들을 발견할 수 있다"[34]고 다음 세대 스코틀랜드 철학자 토머스 리드는 선언했다. 계몽된 프로그램에서 중심적인 것은 오성에 대한 분석이었다. 그러한 철학자들에게 밀턴의 방식으로 인간 행위자를 죄악과 사탄, 신앙과 타락의 시나리오 속에 새겨넣는 것은 더이상 유익해 보이지 않았다. 마찬가지로, 존슨풍 인문주의에 의해 그려지는 것처럼, 가슴속에서 선과 악, 영靈과 육肉 사이의 검투사적 대결은 학문이라기보다는 이제 설교처럼 보였다.[35] 그런 수사들은 이제 그만! 필요한 것은 인간 능력과 동기, 행동에 관한 냉정하고 객관적인 연구였다.

　　로크적 경험주의를 지지하는 사상가들에게 정신과 감정의 메커니즘으로 통하는 열쇠는 환경의 자극을 통한 의식과 성격의 생성에 대한 감각주의적 분석에 있었다. 그것은 한 걸음 더 나아간 함의를 지녔다. 자아 일반에 대한 이해와 특정 개인의 자아에 대한 이해는 내면성을 우선시함을 의미했다. 한때 객관적이고 외부적인 명령들과 영원한 적합성eternal fitness(새뮤얼 클라크가 도덕의 토대로 제시한 개념. 그에 따르면 도덕의 토대는 사물들 간의 불변의 차이와 관계, 적합성에 있으며 이러한 사물들의 영구불변의 적합성, 즉 사물의 자연적 질서에 부합하는지 일탈하는지에 따라 어떤 행위가 도덕적인지 비도덕적인지가 판가름된다. 한마디로 클라크에게 비도덕적 행위란 비합리적 행위다—옮긴이)으로 여겨졌던 것은 연상 작용들의 연쇄의 산물로, 내적 힘들의 기능으로,

상황과 경험의 소산으로 재구성될 필요가 있었다. 석판에 새겨진 진리들은 이제 심리학적으로 설명되었다. 지금까지는 깊이 의심받았던 주관성이 이제는 타당한 것으로 조심스럽게 인정되고 있었다.

주관성에 대한 이 새로운 강조가 탐구되고 일찍부터 존중되었던 영역은 미학이었다. 결국에 취향을 개인화하는 것이 도덕성 자체를 개인화하는 것보다는 더 설득력이 있고 덜 위협적이었다. 사실, 미에 대한 사랑은 개인의 우수한 미적 판단의 발휘를 요구한다는 관념은 명백한 호소력이 있었다. 3장에서 주목한 대로 〈스펙테이터〉는 로크의 경험주의적 미학을 대중화했지만 미에 대한 감상의 내면화는 대체로, 그와 동시에 '취향'을 초월적인 것과 연관시킴으로써 취향을 격상시키고자 했던 섀프츠베리에게 빚진 바가 많았다.[36] 그는 어여쁨loveliness은 객관적으로 실제라고 주장했고, 그것은 그가 찬미한 신성한 자연의 장관이었다. 그러나 그러한 어여쁨에 대한 음미는 여느 장삼이사가 본능적으로 경험하거나, 판단을 표명할 권리가 있는 것이 아니었다. 인간은 가슴속에 그 감상 능력의 씨앗을 품고 있지만 그것은 함양이 필요했다. 취향은 기계적 계산을 넘어 예민한 직관적 구별만이 아니라 열광에 가까운 음미도 수반한다. 미적 무아지경은 저속한 자기 욕구 충족을 초월하여 더 큰 전 우주에의 참여를 의미했다.

섀프츠베리의 미학적 신조—미는 보편적 기준들을 따르지만 자기의 취향을 함양한, 영혼이 위대한 사람만이 미를 인식하고 향유할 것이다—는 도덕성에 대한 그의 가르침과 일치했다. 천지만물은 본래적으로 선하며 따라서 미덕은 외부 명령에 대한 칼뱅주의적이거나 홉스주의적인 맹종에 있지 않다. 그리고 인간의 목적은 자기완성으로 이어질 미덕의 사심 없는 추구에 있다. 미덕은 훌륭한 집안 교육과 일치하는 상냥한 기질로부터 나온다. 취향과 미덕의 발휘는 따라서 비슷한 행위이다.[37]

미란 비록 보는 이의 눈 안에 있지는 않더라도 적어도 그것은 지각할 넉넉한 영혼을 요구한다는 섀프츠베리의 시각은 그의 추종자이자 체계화주의자인 프랜시스 허치슨에 의해 확장되었다.[38] 허치슨의 『미와 질서, 조화, 설계에 관한 탐구Inquiry concerning Beauty, Order, Harmony, Design』(1725)는 로크의 '관념 작동 방식way of ideas'을 끌어온다. "미라는 단어는 우리 안에 떠오른 관념으로, 미의식은 이러한 관념을 받아들이는 우리의 능력으로 여겨진다."[39] 허치슨은 아름다움이 단지 대상에 머물러 있고 대상으로부터 뿜어져 나오는 것이 아니라 지각 행위로부터 분리될 수 없다고 주장한다. 심리학적으로 설명하는 그의 사고방식은 예상대로 데이비드 흄에 의해 상대주의적인 길로 한 걸음 더 나아가게 된다. 흄은 1757년에 '미란 대상 자체 내의 속성이 아니다. 그것은 단지 마음속에 존재할 뿐이다. (…) 각 마음은 다른 미를 인식한다'고 결론 내린다.[40] 그것은 젊은 버크한테도 중심적이어서, 같은 해에 나온 버크의 『숭고와 미 관념의 기원에 관한 철학적 탐구A Philosophical Enquiry into the Origin of Our Ideas of the Sublime and the Beautiful』는 숭고에 대해 본질적으로 감각론적인 독해를 선보인다. 미학적 범주는 1차적으로 공포와 같은 감정들을 동반한 상상적 경험에 의해 규정된다(9장과 13장을 보라). 나중에 스코틀랜드인 아치볼드 앨리슨Archibald Alison은 1790년에 유사한 주제를 발전시키면서 이렇게 설명했다. "숭고의 대상이든 미의 대상이든 어떤 대상이 마음에 제시될 때 나는 모든 인간이 그의 상상 속에서 깨어나는, 원래 대상의 특성이나 표현과 닮은 생각들의 연쇄를 의식한다고 생각한다."[41] 따라서 로크적 연상주의associationism[관념 연합주의] — 앨리슨의 '기호와 그것이 의미하는 대상 간의 끊임없는 연결' — 는 미적 경험의 계몽된 분석을 지배하게 된다. 그러나 주관성은 그러한 문제에서 과학을 배제하지 않는데, 미적 연상은 흄을 비롯한 이들에게 다름 아닌 중력 못지않게 확실한—따라서 그만큼 확정 가능한—것으로 간주되었기 때문이다.[42] 아름다움은 정신의 메커니즘 속으로 동화되었다.

아름다움과 같이 자연의 질서와 고전적 비평의 정전들에 의해 정해진다고 전통적으로 간주되던 쟁점들이 심리적인 사안으로 재구성되면서 그러한 정신 작용의 해명은 분명히 더 시급한 문제가 되었다. 내적 '자아'란 정확히 무엇이란 말인가? 기독교적 이원론이 가르치듯 그것은 비물질적인 불멸의 영혼인가? 아니면 그것의 부속물이나 그 굴절인가? 아니면 그것은 훨씬 더 일상적인 무언가, 감각들 그리고 판단력이나 기억력과 같은 능력들과 관계가 있는 것인가? 뭐라 설명하기 힘든 이 좋은 무엇을 어떻게 알 수 있는가? 내적 관조를 통해서? 아니면 뇌나 신경의 해부를 통해서? 이것들은 계몽된 모럴리스트들이 직면한 커다란 쟁점들이었다.

이런 맥락에서 시급한 질문은 자기 정체성의 질문이 되었다. '나'라는 것은 무엇을 의미하는가? 홉스는 이렇게 지적했다. 'Person(인격)이라는 단어'는

> 라틴어[이고] 가장假裝, disguise 혹은 인상 위에 위조된 한 사람의 외양outward appearance을 뜻한다. 때로는 더 특정하여, 가면이나 복면처럼 얼굴을 가리는 그 부분을 가리키기도 한다. (…) 따라서 하나의 인격Person이란 무대 위와 평범한 대화에서의 배우Actor와 같다. 그리고 사칭한다Personate는 것은 연기한다는 것, 즉 자신을 다른 사람으로 내세우는 것이다.[43]

여기서 홉스는 변함없이 두 방향을 가리킨다. 한편으로 그는 정신을 움직이는 뇌 물질로 환원하는 전복적인 유물론을 가리킨다. 다른 한편으

로는 확실한 질서에 대한 철학의 추구는 인간의 외면적 발현에 초점을 맞추도록 이끌었다.

개별적 인격과 내면의 의식 간의 연관성은 『인간 오성론』 제2판(1694)에서 제기되었는데, 로크는 그 책에서 '자아는 자아가 확신할 수 없는 실체의 동일성이나 다양성에 의해 규정되지 않으며, 오로지 의식의 동일성에 의해 규정된다'고 선언했다.

> 내가 보기에 **인격**Person이란 이 **자아**에 대한 이름이다. 어떤 사람이 그 **자신**himself이라 부르는 것을 발견하는 경우마다 같은 **사람**the same Person이 있다고 말할 수도 있다. (⋯) 이 개별적 인격personality은 오로지 의식에 의해 현존재를 넘어서 과거의 존재로까지 그 **자신**을 확장한다.[44]

로크는 '의식consciousness'이라는 단어를 '한 사람의 의식적 존재conscious being를 구성하는 인상, 생각, 느낌의 총체'라는 의미로 사용하면서, 개별적 인격은 근본적으로 육체가 아니라 오성에 있다고 주장한다.[45] 따라서 영혼의 자아 현존self-presence을 인상이나 감각과 같이 찰나적인 현상에 전적으로 달려 있게 함으로써, 비판자들의 눈에 로크는 영혼의 자아 현존을 완전히 해체하는 데로 위험천만하게 가까이 간 것 같았다. 그러나 이는 그에게 걱정을 안기지 않았다. 그가 보기에 그의 해석은 회의주의와 불신으로 가는 수문을 열기는커녕 그렇게 함으로써 육체성이라는 쭉정이로부터 분리된, 정신에 대한 더 고결한 전망을 제공했다. 그는 확실히 자아의 실존에 관해 아무런 의심도 품지 않았다. 그는 이렇게 썼다.

> 만약 내가 통증을 느낀다는 것을 내가 안다면 내가 느끼는 통증의 존재

에 관해서만큼 확실하게 나 자신의 존재를 자각하는 것이 분명하다. 반대로 만약 내가 의심하는 것을 안다면, 나는 내가 의심이라고 부르는call doubt 그 생각만큼 확실하게 의심하는 대상의 존재를 자각하고 있다. 그렇다면, 경험은 우리가 우리 자신의 존재에 관한 직관적 지식intuitive knowledge을 갖고 있음을 확신시킨다.[46]

그럼에도 불구하고 그러한 가르침은 잠재적으로 자아의 영구적 통일성에 관한 신념들을 흔들었다. 로크의 제자인 섀프츠베리는 나르시시즘적이지는 않더라도 자기 관조적으로 생각이 흐르면서 그러한 성찰들을 실컷 즐겼다. 섀프츠베리 백작에게 '개별적 인격이란 무엇인가'라는 이론적 질문은 '나는 누구인가'라는 개인적 질문으로 번졌다. 지위와 신분에 대한 귀족적인 옹호를 꿋꿋하게 견지하면서도, 그는 '정말이지 나를 잃어버렸다거나 나 자신을 잃어버렸다고 말할 수 있는' 정체성의 알쏭달쏭한 문제들을 성찰하면서 점점 더 자아라는 수수께끼에 빠져들었다―이것은 한없이 역행적인 샌디Shandy풍의 가능성들을 띤 결론이었다.[47]

자아의 통일성, 영구성, 동일성에 관한 그러한 사변들의 전복적인 파급효과는 의무, 책임성, 결정론을 둘러싼 논쟁들에서 감지되었다. 많은 논쟁들은 조지프 프리스틀리와 윌리엄 고드윈의 필연론적 사상으로부터 나왔지만[48] 그러한 갈등은 새뮤얼 클라크와 앤서니 콜린스 간의 의견 교환에서 처음 구체화되었다. 합리주의적 기독교도들에게 지속성은 의식의 본질이었다. 지속적 의식의 편재는 영혼의 불멸성을 확인하며, 그것은 다시 최고의 지적 존재를 입증하는 것이다. 콜린스는 이러한 정통 견해들을 반박하면서 의식은 물론 오성의 소재지이긴 하나 그럼에도 불구하고 간헐적이고 파편적이라는 로크의 암시로부터 함의를 끌어냈다. 콜린스는 생각이

쉼 없이 이어지지는 않는 반면—예를 들어 잠자는 동안에는 생각이 끊긴다—혼수상태나 망각, 정신착란은 지각이 불연속적이고 가분적divisible임을 입증한다고 역설한다.[49] 그러한 예들은 이 자유사상가 변호사에게 최상의 기회를 제공했다. '어떤 관념들에 우리가 자아라는 용어를 적용하는지 따져보자'라고, 그는 그러한 불편한 사변에 도발적인 성격을 가미하며 제안했다.

> 만약 어떤 사람이 간밤에 누군가가 저지른 살인으로 나를 고소했지만 나는 그 살인에 대해 아는 바가 없다고 하자. 나는 내가 그 행위를 저질렀다는 것을 부정하며, 도저히 그 일을 나 **자신**에게 돌릴 수 없다. 내가 그랬다는 것을 모르기 때문이다. 다시금, 내가 한 시간 동안 잠시 광란에 사로잡혀 있었고 그동안 어떤 남자를 죽인 뒤 내가 저지른 일에 대해 조금도 의식하지 못한 채 나 **자신**으로 되돌아왔다고 하자. 살인을 다른 사람이 저질렀다고 생각하는 앞의 경우와 마찬가지로 나는 그 행위를 나 **자신**에게 돌릴 수 없다. 미친 사람인 나와 정신이 멀쩡한 나는 이 세상의 어느 두 사람만큼 확연히 구분되는 다른 두 사람이다.[50]

콜린스의 감질나게 하는 이 법의학적 사변은 도덕적·법적 영역에서 개인의 책임성 개념들을 문제적으로 만들 뿐 아니라 책임과 처벌이라는 신성한 원칙들에도 이의를 제기한다. 자아 정체성을 둘러싼 그러한 논쟁들은 계속될 운명이었다. 특히 일단 흄이 불을 댕긴 다음에는 말이다(아래를 보라).

어쩌면 로크 이후의 사변들에 수반되는 위험성, 즉 만약 신학적이거나 스토아주의적인 절대적 실체들이 폐기된다면 코기토cogito(데카르트의 유명한 명제 '나는 생각한다, 고로 존재한다'를 가리킨다. 여기서는 '사고하는 주체'라는 의미이다—옮긴이), 저 공적 인간의 근간은 해체될 것이라는 위험성을 배제하기 위해서 일부 도덕철학자들은 정신의 신성한 해부 목록을 작성하고자 나섰다. 여기서 주목할 만한 이들은 특히 스코틀랜드의 대학에서 빛난 '능력 심리학faculty psychology' 학파였다. 이들은 확실히 근대적이면서 동시에 스코틀랜드 교회와 시민사회 후원자 양쪽에게 도덕철학이란 기본적으로 신이 내린 천부의 의무를 인간에게 가르치는 일이라고 안심시켜줄 도덕철학을 구축하고자 한 '중도파'였다.

이러한 노선을 따라서, 글래스고에서 프랜시스 허치슨—'나는 여기서 새로운 빛New Light으로 불린다'고 이죽거렸다(18세기 중반 이후 스코틀랜드 장로파의 원조인 맹약파의 전통 교리를 고수하는 이들은 '옛 빛'이라는 의미의 구파Old Light/Auld Licht로, 서약에 덜 구애되고 개인적인 구원을 중시하며 복음주의 쪽에 다소 경도된 이들을 '새로운 빛'이라는 의미의 신파New Licht/New Light라 불렀다—옮긴이)—은 관조로부터 이끌어낸, 인간의 타고난 정신적 능력들에 대한 정교한 분류를 발전시켰는데, (중력처럼 내적 힘으로 간주되는) '도덕 감각'의 실제를 입증하고 따라서 회의주의와 버나드 드 맨더빌의 냉소적인 에고이즘을 반박하기 위해 고안된 분류 체계였다.[51] 장로파 정치를 감안할 때 정신의 내실內室들을 위한 허치슨의 청사진은 대담하게도 자연주의적 윤리 안에 구축된다—그는 죄의 논의를 비켜가면서 '최대 다수에게 최대 행복을 가져오는 행위는 최선이다'라고 선언한다.[52] 그의 선구적인 공리주의—'도덕성의 잣대는 양심이 아니라 결과에 있다'—는 정신이라는 복잡한 장치 안에 미덕을 향한 성향, 즉 자연스럽게 선에 기우는 도덕 감각을 심어놓은 이는 다름 아닌 신이라는 주장으로 학문적 위신을 얻을 수 있었다.[53] 그러한 의견들은 허치슨의 여러 가지 신념들, 즉 인류의 자연스러운(즉, 천부적인)

선함에 대한 옹호, 적응과 최종인(목적인)에 대한 옹호, 기준과 도덕적 목표로서의 행복에 대한 옹호를 이끌어낸다. 선험적인 것을 경험적인 것으로 대체하려는 그의 결심도 똑같이 분명하게 드러난다. 왜냐하면 그가 '인류의 올바른 임무를 보여주는 분명한 증거를 위해'—십계명이나 클라크적인 영원한 적합성 대신—'우리의 구조와 틀'에 기대기 때문이다.[54]

허치슨은 『도덕철학에 대한 짧은 개관A Short Introduction to Moral Philosophy』 (1747)에서 인간 본성의 구조에 대한 분석은 육체와 영혼 둘 다를 고려해야 한다고 제안한다. 그 둘 가운데 영혼은 오성과 의지라는 두 종류의 능력을 타고난 '더 고귀한' 부분이다. 오성은 '지식을 겨냥한 모든 능력들을 담고 있는' 한편, 의지는 '행복을 추구하고 불행을 피하려는 우리의 모든 욕망'을 담고 있다.[55]

허치슨이 오성에 의해 말하는 바는 지식을 산출하기 위한 능력의 총체이다. 이러한 능력들에는 감각들senses—특정한 대상을 접했을 때 (로크적) 관념들을 떠올리게 만드는 영혼의 그 능력들—이 포함된다. 어떤 감각들은 (시각처럼) 어떤 인상이 신체에 새겨질 때 영혼 안에 느낌이나 생각들을 자극하는 신체 기관에 의존하는 식으로 외부적이다. 어떤 감각들은 내부적이다—다시 말해 의식consciousness이나 반성reflection으로 더 잘 알려져 있는 것이다. 반사 감각reflex 또는 추후 감각subsequent senses도 있는데, 그 가운데 허치슨은 미적 감상 외에도(이미 논의한 것이다) 진리의 발견으로부터 파생되는 즐거움, 공감 또는 동료 의식, 행동 욕구, 그리고 양심 또는 '도덕 감각'을 거론한다.

양심 또는 '도덕 감각'에 의해 우리는 영혼의 작용에서, 우리의 생활 태도와 언행에서 무엇이 품위 있고 아름다우며 명예로운 것인지 알아본다. (…) 이 감각에 의해 승인되는 것을 우리는 바르고 아름답다고 여기고 그것을 미덕이라 부른다. 이 감각에 의해 비난받는 것을 우리는 저열하고 흉하고 사악하다고 여긴다.[56]

이 선과 악에 대한 감각은 모든 시대와 장소를 불문하고 신에 의해 주입된 것으로 보편적이다. 도덕 감각에 기초하지만 도덕 감각과 구분되며, 동료들의 인정을 의식하는 가운데 작동하는 명예심과 수치심도 있다. 마지막으로 인간의 약점들을 교정하는 데 필수적인 섀프츠베리적 조롱 감각이 있다.

오성을 보완하는 것은 의지인데 의지는 행복을 추구하는 과정을 조율한다. 그러한 소망들은 두 종류로 나타나는데 이기적인 소망과 사심 없는 소망이다. 이기적인 바람에는 꾸준하고 지속적인 감정들이 있다—자기 자신을 위해서 좋은 것을 바라는 마음, 악에 대한 혐오, 좋은 일이 생겼을 때 기뻐하고 나쁜 일이 생겼을 때 슬퍼하는 감정이다. 그리고 난폭하고 맹목적이며 격렬한 충동들도 있는데, 권력과 명성, 부에 대한 욕구를 포함한다. 사심 없는 감정들로는 차분한 욕망들(자애심이나 선의와 같은), 반감, 기쁨(자부심이나 오만, 허식과 같은 형태를 띨 수도 있다), 슬픔(수치심, 회한, 실의를 포함한다)이 있다. 그다음으로 격정적인 욕망들이 있는데, 여기서 허치슨은 자신이 떠맡은 분류학적 임무에 결국에는 좌절한 듯 '차분한 것과 격정적인 것을 언제나 구분할 수 있게 정해진 이름들은 없다'고 덧붙인다.

정신psyche의 조직화에서 마지막으로 오성과 의지에 똑같이 관련이 있는 성향도 있다. 이 성향들은 네 가지다. 첫째는 관념이나 감정들을 연합시키는 (로크적) 성향으로, '얼마나 이질적이거나 서로 다르든 간에, 이 성향은 즉시 우리의 마음에 강한 인상을 만들어낸다'—허치슨의 시각에서 볼 때 '우리의 기억력, 즉 과거의 사건을 회상하는 능력과 심지어 언어 능력마저도 바로 이러한 성향 덕분이다.' 둘째는 습관으로, '영혼과 육체의 본성상, 우리의 모든 능력은 연습에 의해 증대되고 완벽해지기' 때문이다. 셋째로, 부와 권력과 같이 바람직한 목표를 위한 수단으로 보이는 것은 뭐든 손에 넣고자 하는 욕망이 있다. 마지막으로, 웅변력이 있다.[57]

따라서 허치슨은 이러한 감정들이 구조화된 의식의 일부로서 어떻게 신에 의해 주입되었는지를 역설하며 회의주의를 우회하면서 도덕성을 내면화—유덕한 행위는 내부의 충동으로부터 나온다—했다. 다소간 동시대 린네의 식물학에서처럼, 허치슨의 것과 같은 정신의 품목들은 그가 자인하듯이 인공적artificial일지도 모르지만 다소간 문자 그대로의 의미에서 신성한 조물주Divine Artificer가 인간, 즉 미덕을 행하고 행복을 얻기 위해 이 세상에 태어난 저 합리적인 동물animal rationalis에게 부여한 능력들에 대한 자연사적 분류법을 의미했다. 그러한 체계는 학계에서 공통 감각 철학Common Sense Philosophy이라는 이름의 도덕철학의 근간이 되어, 스코틀랜드(와 북미)의 대학 교육 과정을 떠받쳤는데, 부분적으로는 맨더빌식 시니시즘과 흄식 회의주의의 홍수에 맞선 모래주머니 역할을 하기 위해서였다.[58]

허치슨의 철학과 같은 철학들은 암암리에, '심리학'으로 알려지기 시작한 학문의 일부였다.[59] 전통적인 지식의 도표에서, 마음이나 영혼에 대한 연구는 '영물학靈物學, pneumatology'이라는 제목 아래 분류되어왔다. 영물학이란 '비육체적인' 실체(신, 천사 등등)에 관한 학문, 그에 따라 신학의 영역 안에 자리한 분과 학문이었다. 그와 반대로, 계몽된 담론들은 불멸의 영혼에 관한 신학적 연구와 뚜렷이 구분되는, 정신과 관련된 자연학적 지식의 영역에 대한 지도를 그리기 시작했다. 따라서 체임버스의 『백과사전』(1727)은 심리학을 신학보다는 인류학, 즉 인간 일반에 관한 자연학적 연구의 일부를 구성하는 '영혼에 관한 논의'라고 정의했다.[60] 『백과사전』은 로크적 용어로 영혼과 정신을 설명한다. 영혼을 생리학 그리고 논리학과 연관시킴으로써, 또 정신에 관한 연구를 영물학에서 심리학으로 이전시킴으로써, 체임버스의 텍스트는 심리학을 새로운 철학의 일부로 확립했다.[61] 아래에서 논의할 데이비드 하틀리David Hartley는 이와 유사하게 1749년에 '심리학, 즉 인간 정신에 관한 이론'을 '자연철학' 안에 두면서 언급한다.[62] 따라서 영혼이 로크에 의해서처럼 심리화되고, 하틀리와 하틀리 저서의 편집자였던 프리스틀리에 의해서처럼 심지어 물질화되어가면서, 계몽적 사고는 인간에 관한 연구를 신학적인 영역으로부터 들어냈다. 그에 따라 정신에 관한 새롭고 본질적으로 자연주의적인 혹은 세속적인 이해가 틀이 잡혀가고 있었다.

따라서 정신에 관한 참신한 접근법을 끌어안은 계몽적 사고는, 윤리학이 비록 여전히 플라톤과 아리스토텔레스, 크세노폰, 키케로, 성경, 에라스뮈스와 몽테뉴 같은 르네상스 인문주의자들과 여타 다수의 존경받는 권위자들에 의지하면서도 인간의 자연적인 자질을 구성하는 능력이나 성향에 관한 경험적이고 자기 반성적인 조사와 일치하도록, 아니 그로부터 도출되도록 했다. 그러한 주장은 예전이라면 인간의 타락이라는 교리 관점에서 덜 중요하게 취급되었을 것이다. 그러나 펠라기우스 신학이 다시 유행하면서 이제는 인간의 임무는 존슨이 표현한 대로 '그의 본성의 충동들에 저항하는' 것이 아니라 그러한 감정들을 적절히 길들이는 것으로 여겨졌다. 그리고 감정 훈련은 다시 인간 본성 자체라는 난제를 해소하는 일에 달려 있었다.

그렇다면 인간의 기질은 어떠한가? 말할 필요도 없이 여기에 단일하고 계몽된 시각은 없었고 그 대신 의견 차이와 논쟁, 대화가 있었다. 그러나 전선戰線은 로테르담 출신으로 런던에 정착한 내과의 버나드 드 맨더빌에 의해 18세기 초에 그어졌다. 교육상으로는 데카르트 학파이며 라브뤼예르 La Bruyère와 라로슈푸코La Rochefoucauld의 톡 쏘는 도덕적 풍자를 열렬히 흠모한 맨더빌은 인간을 해부하는 일, 다시 말해 독자를 이 풍속극 무대의 뒤편으로 끌고 가는 일을 즐겼다.[63] 그에 따르면 가면을 벗겨내면 홉스적 에고이즘과 권력을 향한 갈망이나 명성에 대한 자부심이 드러난다. '사심 없는' 행위는 알고 보면 이기적인 것으로 드러나고 '미덕'은 이기심과 만족, 권력 확대를 향한 지칠 줄 모르는 갈망을 감춘다.[64]

훗날의 프로이트처럼 맨더빌은 모럴리스트들과 성직자들이 부르짖는 육체의 욕망에 대한 강박적 부인에 사로잡혔고, 특히 성적으로 무엇을 '하지 말라'는 강박적인 금지 명령들에 특히 흥미를 느꼈다. 『가면이 벗겨진 처녀The Virgin Unmask'd』에서 그는 남자와 여자는 항시적으로 달아오른 상태라고 설명한다. 남녀는 육체적 만족을 갈망한다. 그러나 풍습은 성적 만족을 연기하거나 제한하는 정교한 규칙을 내놓는다. 여성은 특히 순결을 유지하거나 적어도 '미덕'(정숙함—옮긴이)을 갖췄다는 명성을 쌓도록 기대된다.[65] 맨더빌은 성적 규제의 경제학에서 그러한 장치들에 전적으로 반대하지는 않지만—그러한 장치들은 서로 충돌하는 욕망들을 조화시키고 시스템이 돌아가게 한다—위선자들한테 솔직하게 인정하라고 부추기길 좋아했다.

맨더빌이 성적인 문제에서 결코 벗어나지는 않았지만, 그의 의학 이외 저작들의 핵심에는 욕망과 부인否認의 또다른 변증법이 자리잡고 있었는데, 바로 이익과 명성에 대한 갈망이었다. 거듭하여, 그는 자기 시대의 중심적 역설로 파악한 문제를 다루었다. 개인들은 명백하게 부와 명성을 얻을 모든 기회를 이용하고 있었다. 금전, 재산, 과시와 과시적 소비—이 모두가 권력과 위신을 부여했다. 그러나 물욕은 탐욕에 대한 공식적 비난의 십자 포화에 직면하여 채워지고 있었다. 실제로는 모두가 하고 있는 일이 사치와 악덕으로 비난받았다. 왜 그런가? 이것들이 그의 악명 높은 저작 『투덜거리는 벌집: 혹은 정직해진 악당들The Grumbling Hive: or, Knaves Turn'd Honest』에서 다뤄지는 쟁점이었다. 6보격 433행짜리 광시狂詩, doggerel(주로 풍자적·희극적 효과를 노리고 변덕스럽고 거친 운율로 지은 시―옮긴이)의 형태를 띤 이 도덕적 이야기는 나중에 장황한 산문 논평이 잔뜩 달려 『벌의 우화: 혹은 사적 악덕, 공적 혜택The Fable of the Bees: or Private Vices, Public Benefits』(1714)으로 다시 나왔다. 악명 높은 판본이 새로 나올 때마다 점점 두툼해지는 작품이었다.[66]

맨더빌은 성공적인 '벌집'을 상상했다. 모든 벌들은, 가능한 모든 수단을 동원해 성공하려고 분주하게 윙윙거리는 야심 찬 에고이스트들이다. 노동과 장사, 여타 방법으로 정직하게 돈을 벌려고 하지만 사기나 협잡, 절도 같은 더 수상한 방편으로도 돈을 번다.

> 모든 직업과 신분은 약간의 속임수를 알고 있으며,
> 기만이 없는 천직은 없다.[67]

대우주에서 집단적 행위는 개인적 행위를 반복한다. 달리 말해, 전체적으로 국가적 벌집은 거만하고 공격적이며 호전적이다. 따라서 활동적이고 공격적인 개인과 사회는 둘 다 번영한다.

> 그러므로 모든 부분마다 악덕이 가득하지만
> 전체는 하나의 낙원이다.

평시에는 우쭐해하고 전시에는 두려움의 대상인

그들은 외국인들의 찬탄을 받았고

부와 인명이 남아도니

다른 모든 벌집보다 우세했다.

참으로 축복받은 나라였다.

범죄들이 모여 그들은 위대해졌다.[68]

번창하는 벌집의 비결, 연금술사가 발견하려고 한 비법은 무엇인가? 맨더빌의 대답은 도발적이었다. 세상을 돌아가게 하는 것은 악덕, 다시 말해 기독교적 질책의 말을 평범한 영어로 번역하면 자기 이익self-interest이었다.

따라서 악덕이 재간을 길러내고

재간은 시간과 근면과 힘을 합쳐

생활의 편의를 도모해왔다.

그것은 진정한 기쁨이자 편안과 안락이니

그렇게 높은 수준에서, 아주 가난한 사람도

과거의 부자보다 더 잘 살았고

더할 나위가 없었다.[69]

아니 그보다는 도덕적 엄숙주의가 발언권을 갖기 전까지는 더할 나위가 없었다. 부패가 만연했다고 독실한 자들은 호통을 쳤다. 이 체제는 허영과 탐욕을 낳고 필요 이상으로 인위적 욕망을 만들어낸다. 방종하고 낭비적이다. 육체의 욕망을 억누르는 대신에 자극한다. 사치와 방탕을 향한 갈망을 낳는다. 이 모든 것이 끝나야 한다고 그들은 주장했다.

그렇다면 미덕의 이름으로 자기 부정의 체제가 들어섰을 때 무슨 일이 일어났을까? 검약이 왕이 되고 표리부동한 속임수는 금지되었다. 그 결과는 비참한 쇠락이었다. 강직과 금욕은 부산한 시장 경제가 필요 없었다. 수요는 사라지고 게으름과 빈곤이 생겨났다. 맨더빌은 의로움이 지배하게 된다면 문명이 제공하는 여러 보상들을 포기해야 하며 도토리나 씹어야 할 거라고 결론 내린다.

그런고로, 냉소적인 맨더빌에게―아이러니하게도 스토아적인 그의 반대파에게도 마찬가지로―선택은 필수적이었다. 부와 일자리, 즐거움, 세련되고 고상한 교양―한마디로 애디슨적인 사회적 부가물들―을 얻는 것은 가능하다. 단, 도덕을 부르짖는 자들이 악덕이라고 부르는 것을 추구함으로써 말이다. 반대로, 진부한 문구대로 가난하지만 정직하게 살 수도 있다. 맨더빌을 짜증나게 혹은 즐겁게 한 것은 속 편하게 방탕을 꾸짖고 자신들의 웅변에 감춰진 함의에는 귀를 막은 자들의 근시안적 어리석음 혹은 뻔뻔한 위선이었다.

왜 '도덕성'이 역효과를 초래하는가? 도덕성 자체의 본성과 목적들에 대해 성직자들과 여타 사람들이 유발한 허위의식 때문이다. 그것이 맨더빌이 『벌의 우화』 1723년 판에 '사회의 본성에 대한 탐구'를 추가한 이유다. 우리가 올바르게 이해한다면 진정한 도덕성은 욕망의 부정이 아니라 욕망의 규제의 문제가 되어야 한다.[70] 인간 본성은 적나라하게 이기적이다. 본성상 맨더빌적인 인간은 기본적 필요(음식, 생존, 성 등등)에 따라 움직이며 가장 노골적인 방식으로 그 욕구를 충족하려고 하는, 본질적으로 홉스적인 인간이다. 그러한 벌거벗은 에고이즘은 불가피하게 갈등을 낳으며, 갈등 관리는 에고이즘을 문명화하기 위한 관습적 규범들을 정하는 현명한 입법가가 떠맡아야 한다. 소유 본능은 재산법으로 다스려야 하며, 욕정은 결혼

생활로 길들여야 한다. 처음에는 타인의 소유물을 훔치는 것으로 이어진 시기심은 노동과 교환, 금전에 대한 사랑으로 정상화된다. 따라서 올바르게 인식되면 사회는 어느 정도 만족의 연기와 상당한 도덕적 가식이라는 대가를 지불하고 벌거벗은 에고이즘을 욕구 실현을 위한 더 평화롭고 유익한 수단으로 정제하는 교묘하게 고안된 제분소다. 그러면 안 될 게 뭐 있는가? 따지고 보면, 심지어 점잖은 위신도 그것이 주는 즐거움이 있지 않은가?

도덕적 관례와 품행은 미묘한 사회적 규범들을 준수하기 위해 지니고 다니는 신분증이었다. 명예와 수치는 여기에 자극제가 된다. 얼마나 냉소적으로 보든 간에, 게임의 규칙을 지키는 자들은 인정을 받겠지만 그러지 않은 이들은 오명을 뒤집어쓰게 될 것이다. 인간의 허영심을 생각할 때 찬사와 불명예의 적절한 분배는 삶이 계속 돌아가게 만드는 강력한 유인책을 제공한다.

궁극적으로, 시스템을 작동하게 만드는 것은 "저 강력한 위선의 습관으로서, 그 습관 덕분에 우리는 심지어 우리 자신한테서도 엄청난 자기애와 그것에서 갈라져 나온 여타 성향들을 감추는 법을 요람에서부터 배우며",[71] 설교자들이 저열하다고 일컫는 것은 적절하게 위장만 하면 필수불가결한 사회적 에너지가 된다. "악덕은 위대하고 강력한 사회들과 떼려야 뗄 수 없다"고 맨더빌은 비꼰다. "그리고 그 사회의 부와 위대함이 악덕 없이 지속된다는 것은 불가능하다."[72] 그렇다면 그 모든 것의 궁극적 교훈은?

그렇다면 불평을 집어치워라. 바보들만이 정직한 벌집을
위대한 벌집으로 만들려고 애쓴다 (…)

사기와 사치, 자만이 살아야 한다,
우리가 그 혜택을 받는 동안.[73]

달리 말해, 맨더빌은 당대인들이 갈망하는 안일한 도덕적 자화자찬을
거부하고자 했다.

대단한 악덕 없이 세상의 안락을 누리고
전쟁에서 명성도 얻고 편히 살기를 바라는 것은
머릿속에만 있는
헛된 유토피아일 뿐.[74]

불가피하게도, 맨더빌은 감히 타락을 지지한 만용을 부린 탓에 기독교
도덕가들에게 ('맨 데블man devil'[인간 악마―옮긴이]로) 매도당했다. "악덕과
사치는 전에 보지 못한 옹호자와 변호인을 찾았다"고 비평가 존 데니스는
한소리를 했다.[75]

인간 본성은 타락했으며, 탐욕과 시기는 악랄하며, 돈에 대한 사랑이
모든 악의 뿌리임을 독자들에게 가차없이 상기시키면서 맨더빌은 말하자
면 엄숙주의자들이 줄곧 설교해왔던 것을 확인시켜주고 있었다. 그러나
『벌의 우화』와 『가면이 벗겨진 처녀』의 메시지는 회개가 아니라 오히려 그
반대였다. 인간은 과연 사리사욕을 추구하지만, 그것이 바람직하지 않은가?
탐욕과 욕정, 허영심, 야망은 사회적으로 승인된 방식으로 추구된다면 유
익하다. 이기심은 세상의 무대를 향해 방향이 올바르게 설정된다면 사회
적 조화를 이끌어낸다. 흄이나 스미스보다 훨씬 전에, 맨더빌은 이렇듯 '사
적 악덕'이 '공적 혜택'을 낳으리라고 암시하고 있었다―맨더빌은 그러한

결과를 낳기 위해 입법가에게 기대를 걸었고 스미스는 '보이지 않는 손'에 주목했다.

그러한 새로운 가치 평가는 전혀 독특하지 않았다. 포프는 『인간에 관한 에세이』에서 '자기애와 사회성'은 올바르게 관리되면 똑같은 것으로 드러날 거라고 제안하지 않았던가?[76] 그러나 맨더빌은 섀프츠베리의 고고한 이상주의를 야유하며 이단아를 연기하는 데서 특별한 즐거움을 느꼈다.[77] 앞서 본 대로, 섀프츠베리의 추종자인 허치슨은 자비로운 신 아래 인간적 품위를 지지하는 것으로 응수했고,[78] 다른 무수한 도덕가들도(11장에서 검토할 것이다) 분명하게 악덕을 반박하고 미덕을 계몽된 자기 이익의 추구와 연결하는 철학을 발전시켰다.

인간을 과학적으로 탐구하는 작업의 위대한 옹호자는 데이비드 흄으로, 1793~40년에 나온 그의 『인성론』은 부제가 구체적으로 적시한 대로 '실험적 추론 방법을 도덕적 주제들에 도입하기 위한 시도'였다.[79] 어느 정도는 개인적인 이유에서—20대에 겪은 신경쇠약—흄은 '인간의 과학'은 필연적으로 그 성향상 회의주의적임을 분명히 했다. '나는 어디에 있는가? 혹은 나는 무엇인가? 어떤 원인들로부터 나는 지금의 상태로 존재하게 되었고 어떤 상태로 돌아갈 것인가?'라고 묻는 것이 본질적이다.[80] 이 관점에서 그는 믿음의 토대를 탐구했고—받아들여지는 '진리'는 대체로 희망적 관측이며, 기꺼이 속으려는 의향을 보여줄 뿐이다—그의 유명한 비판은 '이다is(사실)'로부터 '해야 한다ought(당위)'로 비논리적인 사고의 비약을 자행한 엉성한 형이상학자들과 신학자들을 겨냥했다. '도덕 과학의 뉴턴'이 되고 싶어한 흄은 '주의깊고 엄밀한 실험들'로부터 이끌어낸 정신에 대한 엄정한 설명을, '경험과 관찰'에 근거를 두고 있는 '유일하고 견고한 토대'를 확립하고자 했다.[81] 선험주의는 나가라! "인간 본성의 궁극적인 원래 성질들을 발견했다고 행세하는 어떠한 가설도 주제넘고 터무니없는 것으로 처음부터 거부되어야 한다."[82]

아닌 게 아니라 흄은 로크의 경험주의를 더 밀어붙여 로크의 지식의 범주를 '믿음belief'의 범주로 분류했다. 흄이 무작위적이거나 이해 불가능한 우주라는 것을 보여주려고 작정했다는 소리가 아니다. 그는 우주를 이해하기 위한 인간의 정신적 능력이 불완전하다는 것을 보여주려 했을 뿐이다. "내 판단들의 자연적 오류 가능성을 성찰할 때, 나는 이성적으로 추론하는 대상들만을 숙고할 때보다 내 의견들에 확신이 덜 선다."[83](이 문장에서 판단은 개연성, 즉 믿음에 대한 판단judgements of probability이며, 어떤 대상들에 관해 숙고한다는 것은 지식에 대한 판단judgements of knowledge이다 — 옮긴이) 그러나 그는 한결같은 일반적 경험으로 물러설 각오가 되어 있었다. 그는 유명한 질문을 던진다. "여러분은 그리스인과 로마인의 감정과 성향, 인생 경로를 아시겠는가? 프랑스인과 잉글랜드인의 기질과 행동을 잘 연구하길. (…) 인류는 어느 시대 어느 장소에서나 모두 비슷하다." 그리고 그러한 기반 위에서 그는 '인간 본성의 지속적이고 보편적인 원리들을 발견'하고자 하는 과학의 실현 가능성을 자신한다.[84]

『인성론』의 제1권은 정신적 능력과 지식, 믿음과 관련한 핵심 주제를 다룬다. 경험과 관찰로부터 도출되지 않은 모든 개념들을 제거할 것을 주장하면서, 흄은 자아와 세계에 대한 우리의 지식은 관찰과 관조로부터 파생된 지각들(인상들)에 제한되어 있다고 주장한다. 모든 타당한 생각이나 관념들은 감각 인상, 내적 인상이나 느낌 그리고 그로부터 파생된 연상들로 거슬러갈 수 있다. 실체에 대한 해묵은 스콜라적 교리는 공허한 장광설이며, 인과력은 발견될 수 없다 —우리는 자연의 일양성—樣性,

uniformity(한결같다, 변함이 없다는 뜻―옮긴이)에 대한 믿음 앞에서 끝나는 '지속적인 동시 발생constant conjunctions'(우리가 말하는 인과관계란 두 가지 현상이 지속적으로 동시에 일어남을 관찰한 데서 얻는 인상에 불과하다는 뜻―옮긴이)에 복종해야 한다.[85]

이러한 이유로 어떠한 고정된 자아도 인식할 수 없다(아니, 그 함의에 따르면 애초에 고정된 자아는 없다). 흄은 자아 정체성에 대한 로크의 논의를 이어받아(이상을 보라) 회의주의적 결론으로 밀고 간다. 경험은 '인상들'로 이루어져 있기에, 그리고 이 인상들은―콜린스에게게처럼 흄에게도―불연속적이기에, 사실 한 '사람'과 같은 명백하게 한결같은 단일성 따위는 없으며 그저 연속성의 파편적인 인상들만 존재할 뿐이다. 따라서 개인의 정체성이란 대단히 일시적이고 의심스럽기 짝이 없다. 유신론자인 로크에게는 여전히 자명했던 진리들은 회의주의적인 흄의 면밀한 검토 앞에서 살아남을 수 없었다. 자신을 들여다본 그는 일관되고 절대적인 자아를 발견할 수 없다고 털어놓았다. 그저 지각들perceptions의 흐름만이 존재할 뿐이다. 잠을 자는 동안 존재는 사실상 중단된다. 이질적인 지각들을 혼합하지 못함을 고려할 때, 따라서 정체성은 "우리가 지각들에 돌리는 하나의 성질에 불과한데, 우리는 지각들에 대해 숙고할 때 상상 속에서 그에 대한 관념들을 결합시키기 때문이다. (…) 개인적 정체성에 대한 우리의 개념은 전적으로 관념들의 연쇄를 따라 매끄럽고 중단 없는 사고의 진행으로부터 생겨난다."[86]

따라서 『인성론』 제1권이 요지에서 충격적일 만큼 회의주의적이었다면 각각 정념과 도덕을 다룬 제2권과 3권은 더 긍정적인 인상을 풍긴다. 자부심과 겸손, 사랑과 증오 같은 욕망들에 대한 분석은 '도덕 감각'이라 부르는 내적 감정 혹은 정서를 밝혀냈다.[87] 인간 존재에 필수불가결한 성향들의 작용을 설명하면서, 흄은 기독교 신학자들과 플라톤주의자들이 모두 욕구를 규탄해왔음을 주목했다. 신학자들은 욕구를 죄악으로 개탄하고, 플라톤주의자들은 이성으로 욕구를 통제할 것을 요구했다. 반대로 흄에게 정념은 가족에 대한 사랑, 소유에 대한 애착, 명성에 대한 욕망 같은 없어서는 안 될 사회적 특징들의 진정한 원천이었다. 자부심같이 매도된 정념들은 사회의 진짜 접착제다. 자부심을 헐뜯는 이들을 '수도사 냄새가 난다고' 딱지를 붙이면서, 흄은 잘 규제되는 자부심을 옹호한다. 사실 아량, 즉모든 위대한 영웅들에게 돌려지는 저 속성은 '한결같고 확고한 자부심과 자긍심일 뿐이거나 대체로 그러한 정념을 띤다.' 게다가 '원기 왕성한 자부심'은 사회에 필수적인데, 사회가 매끄럽게 작동하려면 '우리의 출신이나 재산, 직업, 재능, 명성'에 의해 고정된 사회의 위계질서가 유지되어야 한다. 사람이 자기 위치에서 훌륭하게 처신하기 위해서는 자부심이 필요하다—무차별적인 겸손은 사회적 삶을 혼돈으로 환원시킬 것이다. 이기적으로 부도덕하다고 전통적으로 비난받아온 것들 상당 부분을 흄은 유익한 것으로 복귀시켰다.[88]

흄은 경전들이 명하거나 권위 있는 당국들이 권고하거나 클라크나 울러스턴에 의해서처럼 현상의 적합성으로부터 합리적으로 추론된 의무들과 실제 세계 간의 논리적 간극에 주목했다. 자신의 본성에 맞서 싸워'야 한다'고 인간에게 명령하는 것은 행성들한테 중력에 저항하라고 촉구하는 것만큼의 쓸모가 있을 뿐이다. 냉소적인 맨더빌과 달리 사회적으로 보수적이고 자기만족적인 흄은 독자들을 격분시키기보다는 인간의 감정과 신념, 행동의 실상들을 받아들이게 하고, 그것들을 사회적으로 유용하게 인도하기를 원했다.[89]

그러한 측면에서 중요한 것은 바람직한 사회적 행위는 이성이 아니라 감정으로부터 나온다는 것이었다. 따라서 유명한 역설에서 흄은 이성은

'정념의 노예'이고 노예여야만 한다고 주장했다―감정은 중력처럼 동기를 구성하고, 따라서 사람들이 실제로 마음이 움직여서 하는 행동을 좌우하기 때문이다.[90] 이성 그 자체는 행위를 개시할 수 없는데 이성 그 자체가 동기는 아니기 때문이다. "자기 손가락에 생채기가 나기보다는 전 세계의 파괴가 더 낫다고 여기는 태도가 이성에 반하는 것은 아니다"라고 그는 아주 방약무인하게 성찰한다. 엄밀하게 말해, 플라톤이 상상한 것과 같은 이성과 정념 간의 내전 같은 것은 없다―그 질문(이성과 정념 간의 투쟁)은 고약하게 설정된 것이다. 이성은 정념에 '복무하고 따르는 것말고 다른 어떤 것도 감히 할 수 없다.'[91]

따라서 인류는 자연적 성향을 억제하기보다는 함양해야 한다. 인간이 정상적인 성향들을 내버리고 난폭한 상상들의 노리개가 되면 잉글랜드 내전에서처럼 엄청난 피해가 뒤따를 수도 있다. 그러한 상상들은 혼란과 파괴를 야기하는 것으로 드러나게 마련이다. 초월적 진리나 본유관념, 선험적 계율은 없기 때문에 저 '인간 삶의 위대한 안내자'인 관습을 따르는 것이 유리하다. 인간 본성을 탐구한 계몽주의의 가장 비타협적인 항해자는 따라서 아이러니하게도 그 함의가 매우 보수적인 결론에 도달하게 되는데, 모럴리스트로서 흄은 유용성과 사회적 안심에 대한 필요에 기반을 두고 자신의 방안을 모색한 지극히 현실적인 실용주의자였기 때문이다.

따라서 행위는 체계적으로, 자연주의적으로 설명된다. 사회는 특정한 기본적 필요―안전과 자기 존중 등등―를 충족시키기 위해 발달해왔다. 인간 본성의 과학은 이러한 실용적 행위들이 심리적인 현실들에 근거하며, 따라서 어떤 그럴듯한 초월적 가치 체계나 추상적 형이상학 혹은 유토피아적 전망의 이름으로 쉽사리 부정될 수 없음을 확인한다. 맨더빌이 풍자로 보여준 것을 흄은 과학을 통해 입증해 보였다.

두 데이비드—흄과 하틀리—는 매우 다른 사람이었지만 그들의 철학은 놀랍도록 서로 수렴한다. 흄처럼 하틀리의 사고는 정신의 구성에 대한 전통적인 생각들을 뒤집으며, 개념적으로 급진적인 인간 본성에 대한 탐구를 수반했다. 흄에게서처럼 그의 분석의 함의는 보수적이라기보다는 실용적이었다. 사실 하틀리의 함의는 더 관습적인데, 불신자인 흄과 반대로 그는 기독교의 본질들을 옹호했기 때문이다. 그가 그 본질들을 때로 독특하게 비틀어보기는 했지만 말이다.[92]

가난한 국교회 성직자의 아들이었던 하틀리는 뉴턴 수학과 로크 철학이 합쳐져 핵심 교육과정을 이루던 바로 그 시기에 케임브리지에서 수학했다. 그는 지저스 칼리지에서 선임 연구원 자리를 이어가다 일반적인 관행대로 1730년에 결혼하면서 연구원 자리에서 물러날 수밖에 없었다.[93] 기독교도로서 신실하긴 했지만 39개조에 대해서는 의심을 품고 있었다. 이러한 의심은 다른 많은 이들과 마찬가지로 하틀리가 성직에 종사하는 것을 막아서, 그는 대신에 의학을 공부했다. 왕립학회 회원으로 선출된 하틀리는 고위 지성인 집단에서 활동했고 그의 친구들 가운데는 학회장인 한스 슬론Sir Hans Sloane과 국교회 신부 스티븐 헤일스Stephen Hales(생리학 실험으로 유명한), 손꼽히는 국교회 신학자 조지프 버틀러가 있었다.

1749년에 출판된 『인간과 그 구조, 의무, 기대에 대한 고찰Observations on Man, His Frame, His Duty, and His Expectations』은 세속과 내세의 존재 두 측면에서 고려된 인간에 관한 포괄적 철학을 제시한다. 모든 지식은 경험으로부터 나온다고 확신한 하틀리는 로크의 연상주의적 경험주의에 크게 기대지만, 조심스러운 로크가 생각의 물질적 기반 문제에 말려드는 것을 피한 반면,[94] 정신의 미스터리는 근대적 물리과학으로 해소될 수 있다고 믿은 그의 후배는 그 문제에 대담하게 뛰어들었다.

하틀리는 쾌락과 고통의 심리학을 행동 철학의 핵심으로 제시한 국교회 사제 존 게이의 『미덕의 근본 원리 또는 도덕성에 관한 서설Preliminary Dissertation Concerning the Fundamental Principle of Virtue or Morality』(1731)의 혁신적인 연상주의적 공리주의를 흡수했다. 로크와 게이를 따라,[95] 하틀리는 인식과 도덕의 생득론을 기각했다. 그는 복잡한 관념들은 '영혼의 감각들sensations of the soul'의 반복적인 투입에 의해 단순한 관념들로부터 잇달아 나오며, 그밖에 다른 이론은 신비주의를 팔아먹는 일이라고 주장했다. 연상(관념 연합) 원리를 통해, 1차적인 감각들은 복잡한 결합을 통해 고통들과 쾌락들로 합성될 수 있는데, 이것은 여섯 가지, 즉 상상력, 야망, 자기이익의 추구(다시 저속한 것과 세련된 자기이익으로 나뉜다), 공감, 신인융합감神人融合感, theopathy으로 나타나며, 각각은 (자연적으로 타고나지 않았다는 의미에서) 인위적이다.

인간은 따라서 행복을 위해 프로그래밍 된 기계이며, 인간 개선에 관한 기독교의 초월적 신학은 경험 그 자체로 타당성이 입증된다. 하틀리는 "일정 정도의 영성spirituality은 인생을 거치면서 나타나는 필연적 결과다. 감각적으로 느낄 수 있는sensible 쾌락과 고통은 매일 점점 더 연합에 의해, 그 자체에서는 감각 가능한 쾌락이나 고통을 제공하지 못하는 대상들로 이전되어야 하며, 그리하여 지적인 고통과 쾌락을 낳는다"[96]고 선언했다. 이것은 논쟁의 여지가 없는데 결국에 쾌락이 고통보다 수적으로 우세하기 때문이며, 그래서 "연합은 (…) 선악과를 먹은 자들의 상태를 낙원의 상태로 환원시키는 경향이 있다."[97] 정신은 신에 의해 경험과 연상이 어김없이 더 높은 진리로 이끌리는 방식으로 설계되었다. 예를 들어 어린아이는 부모를 그들로부터 얻는 쾌락과 연관시키게 되고 시간이 지나면 원래의 동기를 잊고 부모를 사랑하게 된다. 반대로 처음에 돈을 돈으로 구입할 수 있는 것들에서 얻는 쾌락과 연관시킨 수전노는 똑같이 원래의 연관을 잊고서 결국에는 순수한 탐욕만 경험하게 된다.[98] 감정들과 가치들은 따라서 정신 활동으로부터 나오는 구성물이며 교육적·환경적 영향들은 쾌락과 사회적으로 바람직한 대상들이 연관될 수 있게 최적으로 조직되어야 한다. 인간은 가장 엄밀한 의미에서 이타심에 이르지 못할지도 모르지만 분명히 자애심을 베풀 수 있다. 하틀리는 이렇게 주장한다.

> 자애는 그에 동반된 고도의 명예와 자긍심을 갖고 있으며, 우리가 도움을 베푼 사람은 물론이고 다른 이들로부터도 우리에게 많은 이점과 친절의 보답을 가져다준다. 그리고 그것은 내세의 보상에 대한 희망과 신앙의 기쁨, 그리고 자기만족, 즉 도덕 감각의 쾌락과 가장 긴밀하게 연관되어 있다. (…) 따라서 우리가 타인을 위해 큰 쾌락을 포기하거나 큰 고통을 감수하게 하는 그러한 연상이 우리 안에 어떻게 형성되는지는 쉽게 알 수 있다.[99]

하틀리는 설명 원리로서의 연상주의에 기대면서 로크를 뛰어넘어 연상주의를 물리적 토대, 즉 신경계의 해부와 '뇌 속에서 자극받는 움직임들'의 생리학 위에 세운다. 자신의 과학적 공리를 위해 하틀리는 이번에는 뉴턴에게 눈길을 돌린다. 『광학』의 '질문들'에서 뉴턴은 빛이 매체 안에서 어떻게 진동하는지를 보여주었다. 그러한 진동은 망막에 영향을 준다고 하틀리는 설명한다. 이 분자적 운동들은 눈에 닿은 다음 추가적인 파동을 야기하고 그것은 신경을 따라 뇌까지 전달된다. 따라서 연상은 복합 관념들과 기억, 성향의 물리적 기체基體를 이루는 항구적인 흔적들을 낳는 가운데, 뇌와 척수의 백색 수질髓質에서 일어나는 반복적인 진동의 관점에서 물질적 속성을 띠게 된다.

라메트리La Mettrie와 여타 프랑스 필로조프들과 달리 하틀리는 자신의 유물론적 심리-생리학을 포괄적인 기독교 신학의 용어로 표현했다. 유물론은 결코 무신론으로 가는 길이 될 수 없다는 것이다. 바로 신이 우리는 알 수 없는 그분의 이유로 물질에 그 모든 힘을 부여했기 때문이다. 더욱이 그러한 유물론에 의해 수반되는 필연론은 하틀리에게 중단되지 않는 인과 작용과 자연의 일양성을 가장 확실하게 보장하는 것이며, 따라서 신의 한 없는 제국을 보장하는 것이기도 했다. 결정론은 물리적·도덕적 원인 둘 다에서 엄격한 인과의 연쇄를 내포하며, 이것은 가차없이 제일의 대원인First Great Cause(신에 대한 자연철학적 표현—옮긴이)으로 이어진다. 사실, 『고찰』의 제2권은 이 체계를 사후의 인간의 전망에 대한 설명으로까지 확대한다.

하틀리의 사고는 후기 계몽주의 인간과학에 결정적이었음이 드러난다. 그것은 자연주의적 시각에 확고하게 자리잡은 도덕 감각과 학습이론을 제공했고, 그 자신은 독실했지만 그가 보여준, 의식과 행위에 관한 기계적 이론 안에서의 감각과 운동, 연상, 자유의지의 통합은 효용 개념의 세속화를 가리켰다. 그의 모델은 심리학과 교육학에서의 연상주의 전통에 자극을 주면서, 심리학적·생물학적·사회적 진리의 근원으로 받들어지게 되는 모델이었다. 하틀리의 추측성 신경계 생리학도 나중에 신경생리학에 영향력을 발휘한 감각 운동sensory motor 이론들에 원형을 제시하며, 파블로프의 조건반사 개념의 먼 조상이 되었다.

하틀리의 영향력은 광범위했다—일찍이 그의 저술에 열광한 콜리지는 자신의 첫아이에게 하틀리라는 이름을 붙였다. 『인간 정신론Theory of the Human Mind』이라는 새로운 제목으로 나온 『고찰』의 1775년 판에서 조지프 프리스틀리는 비록 신경학을 빠트리긴 했지만 하틀리가 연상주의를 자연에 관한 유니테리언 철학에 맞게 활용했기 때문에 하틀리의 결정론을 높이 평가했다. 반대로 이래즈머스 다윈은 하틀리의 신경학적 메커니즘을 『주노미아Zoonomia』(1794)에서 제시한 의학적 분류 체계와 『자연의 신전Temple of Nature』(1803)에서의 진화론의 토대로 삼았다. 『정치 정의에 관한 탐구 Enquiry concerning Political Justice』(1793)에서 이루어진 윌리엄 고드윈의 필연적 진보에 관한 논의는 하틀리의 도덕 개량론에 의지했다. 사실 하틀리는 후기 계몽주의에서 흄보다 영향력이 더 큰 것으로 드러나는데, 인간을 완벽하게 만들 수 있다는 그의 비전—자애로운 신의 가호 아래 과학적으로 이해할 수 있는, 행복을 향해 예정된 성향—은 과학과 경건을 결합시키고 홉스나 맨더빌의 혐오스러운 이기주의를 배제하면서 정확히 진보주의자들이 필요로 한 인간 본성 이론이었기 때문이다. 하틀리의 이론의 아킬레스건은 마음을 불편하게 하는, 그리고 많은 이들에게는 불쾌한 유물론에 있었다. 자주 그렇듯이 계몽된 해법은 예민한 감수성에 거슬리는 것으로 드러났으며, 지속적으로 논쟁의 도발거리를 제공했다.

연단의 독단론과 공식적 형이상학을 살짝 비켜가면서, 계몽사상가들은 인간 본성에 관한 연구를 자연주의적이고 경험주의적이며 분석적인 발판 위에 세웠다. 물론 인간에 관한 어느 자연과학이든 신의 형상을 따라 창조된 순례자 그리스도인을 저속한 물질 운동 법칙에 좌우되는 짐승이나 꼭두각시 혹은 기계로 환원한다는 비난을 받기 쉬웠다. 따라서 신랄한 스위프트풍 풍자의 표적이 되기도 쉬웠다. 그러나 인간 본성에 대한 새로운 과학적 접근은 인기를 얻으면서 특히 인간과학과 사회과학이 뿌리를 내리고 뻗어나가는 데 일조했다.[100] 18세기가 저물어갈 때 두걸드 스튜어트는

'18세기 초 이래로 우리의 대학들에서 얼마나 커다란 변화가 점진적으로 이루어졌는가!' 하고 감탄했다.

목적론, 변증법, 영물학에 관한 연구는 로크의 『오성론』의 계획에 따른 인간 정신에 대한 연구로 대체되어 얼마간 성공을 거두었다. 그리고 몇 몇 학과에서는 철학적 비판의 원리들에 대한 베이컨의 『탐구 방법Method of Inquiry』(『신기관Novum Organum』을 가리키는 듯하다—옮긴이)과 정치경제 의 원리에 대한 연구로 대체되었다.[101]

그런 학계 너머로, 버니언의 순례자Pilgrim에서 지각 있는 사람man of sense 으로의 전환은 훨씬 더 거대했다.

| 8장 |

정치
과학

자유는 우리 본성의 첫째 축복이다.

—기번[1]

데이비드 흄이 1741년 한 논고에서 정치가 과학으로 환원되어야 한다고 제안했을 무렵이 되자, 그러한 생각은 사실 진부할 정도여서 『걸리버 여행기』(1726)에서는 이미 조소적인 농담거리로 등장한다. 걸리버는 '유럽의 명민한 지성들이 해온 것과 달리 아직까지 정치를 과학으로 환원하지 못했다'고 브롭딩낵 사람들의 '무지'를 나무란다.[2] 그리고 앞서 본 대로 1728년에 드사귈리에는 과학을 통한 사회 질서의 타당성을 입증하는 『뉴턴적 세계 체계: 최상의 정부 모델』을 내놓았다. 그는 "우주의 전지전능한 설계자에 의해 정해진 법칙에 따라 우리 자연계 정부를 가장 닮았을 때의 정부를 가장 완벽한 (…) 현상이라 간주해왔다"고 주장했다.[3]

그러나 국가가 과학적 분석에 열린 대상으로서 해석된다면, 현실에서 정치 자체는 여전히 경합하는 수사修辭들의 투기장이었고 계몽된 연단에서 중심 강령은 자유였다.

절대주의(입헌군주정)로부터의 자유: 자의적 구금으로부터의 자유, 배심 재판, 법 앞의 평등, 가택에 대한 자의적 침입과 수색으로부터의 자유, 어느 정도 제한된 사상, 표현, 양심의 자유, 의회 내 반대의 권리 그리고 선거와 선거의 떠들썩한 소요에 의해 얻을 수 있는 자유(혹은 그와 외견상으로나마 유사한 것)에 대한 간접적 참여와 더불어 (…) 이동과 교역의 자유, 자신의 노동을 팔 수 있는 자유.[4]

자유가 그러한 열정을 불러일으킨 것도 놀랄 일은 아닌데, 휘그적 근대주의자들의 눈에 스튜어트 왕조는 자유를 없애려고 작정한 것처럼 보였기 때문이다. 찰스 1세는 의회 없이 지냈었다. 찰스 2세는 의회와 영국 국교회를 아무렇게나 대했고, 그의 수차례에 걸친 국가 부채 지불 정지 선언은 자산 안정성과 재정적 신뢰를 약화시켰다. 그다음 제임스 2세는 자의적 구금과 도시 자치체들과 대학의 토지 보유권 및 여타 형태의 자산에 간섭함으로써 신성한 법의 불가침성을 침해했다. 게다가 찰스와 제임스 둘 다 해외의 가톨릭 절대주의를 우러러보며 국왕 대권을 휘두르고 제멋대로 권력을 행사했다. 로버트 필머의 『가부장권론Patriarcha』(1680)은 군주정을 신성하다고 여겼고, 재커바이트주의를 은밀히 추종하는 이가 오랫동안 상당수 있었다.[5]

그러한 사고에 대한 가장 대표적인 거부는 존 로크한테서 나왔고 배제 위기 때 쓰인 그의 『통치론』은 1690년에 출판되었다.[6] 제1권에서 로크는 수동적 복종을 반박하고 왕권은 아담을 거쳐 신으로부터 물려받은 것이라는 필머의 관념을 거부했다. 그러한 가부장주의는 '모든 인간에 대한 쇠사슬'을 만들어냈다.[7] 그는 '세계의 모든 정부는 오로지 힘과 폭력의 산물이고 인간은 오로지 짐승의 규칙을 따라 함께 살아가며, 그 속에서는 가장 강한 자가 모든 것을 차지한다'는 시각도 논박했다―비록 '힘이 옳다'[8]는 주장의 저자로 홉스의 이름을 거론하지는 않았지만 말이다. 정치권력을 '공공선을 위한 (…) 입법 권리'로 정의하면서 로크는 그 원천이 아담이나 무력에 있지 않다고 주장했다. 자연 상태로부터의 이행이라는 검증도 반증도 불가능한 이야기에서 설명된 대로, 정치적 정당성은 동의에서만 나올 수 있다는 것이었다.[9]

로크는 원시적인 정부 이전 상태를 상정한다. 거기서 사람들은 (도둑질과 폭력을 멀리하는 것과 같은) 시민사회의 모든 기본적 권리들과 의무들로 구속된 채 살아가는데, 바로 '자연 상태에는 그것을 다스리는 자연법이 있기' 때문이며 '그 법은 모두에게 강제적이다. 바로 그 법인 이성은 모든 인류를 가르치고 인간은 이성만을 따르는데, 모두가 평등하고 독립적이기에 아무도 다른 사람의 생명이나 건강, 자유, 소유를 침해해서는 안 된다.' 이 자연법은 신의 명령이며 인간은 신의 '소유'이기 때문에 구속적이다.[10]

그다음 자연 상태에서 이성에 의해 인정된 천부적 권리와 소유를 보호하기 위해 '모두'의 자발적 동의에 따라 정치 사회가 수립된다. "인간이 모여 국가를 이루고 스스로 정부 아래 들어가는 중요하고 주된 목적은 각자의 소유의 보존이다."[11] 정부는 국민이 동의한 계약을 유지할 의무가 있으며, 국민은 통치자에 대해, 파기할 수 없는 잔여 권위를 보유한다. 달리 말해, 자연 상태에서 개인은 비록 자연법에 구속되긴 하지만 자율적이다. 시민사회에서 행동은 공적 판단에 종속된다―생명, 재산, 자유의 보호를 강화하기 위한 탈바꿈 속에서 사인은 공인이 되며 사적 행위는 공적 행위로 대체된다.[12] 계약 위반시 정부에 저항할 최후의 권리는 보유된다―개별적으로는 행사될 수 없지만 '인민'에 의해서는 행사되는 권리(의도적으로 모호하게 남겨진 개념)이다. "공동체는 이런 측면에서 언제나 최고 권력이라고 말할 수 있다."[13] 정부가 정당하게 기능하는 한, 이 잔여 인민 권력은 사용되어서는 안 된다. 그러나 군주가 '인민을 예속하거나 파괴'하려 한다면 인민은 '하늘에 호소할' 권리가 있다—정확히 어떻게 호소해야 하는지, 사려 깊은 로크는 설명하지 않았다. 게다가 그는 이 권리가 무질서를 위한 항구적 토대가 되지 않는다고 불안한 독자들을 재빨리 안심시키는데, '폐해가 너무도 크고, 다수가 이를 느끼고 거기에 넌더리가 나기' 전까지는 이 권리가 행사되지 않을 것이기 때문이다. 따라서 국민은 반란을 일으키는 데 더디게 굴 것이다.[14] 심지어 '통치하는 쪽에서 저지른 크나큰 잘못들도 (…) 국민은 숨죽인 불만이나 투덜거림 없이 견딜 것'이며 '일련의 권력 남용과 기만, 농간'이 오랫동안 잇달아 자행된 뒤에야 저항이라는 수단에 의지하게 될 것이다.[15] 로크는 늘 그렇듯이 아슬아슬한 줄타기를 하고 있었다. 무정부 상태는 전제정에 대한 답이 아니다.

자유에 대한 로크의 옹호는 그의 재산권에 대한 이론에 기댄다. '신은 아담과 그 후손에게 세상을 주었다'[16]는 필머의 주장을 반박하며, 그는 신이 '인간의 자식들에게 땅을 주었고, 그것을 인류에게 공통으로 주었다'고 성경 구절을 인용한다.[17] 자연 상태에서 인간은 자신이 노동을 투입한 땅을 법적으로 자기 것으로 삼는다.

비록 땅과 모든 열등한 생물은 인류 공통의 것이지만 모든 인간은 저마다 자기 자신이라는 **소유물**을 갖고 있다. 이 보잘것없는 인간은 자신을 제외한 어느 것에도 권리가 없다. 그의 육체의 **수고**, 그의 손이 해낸 **작업**의 결과물은 온전하게 그의 것이라고 말할 수 있다. 그렇다면 자연이 제공하고 남겨둔 상태에서 그가 추출한 것은 무엇이든, 그는 자신의 **노동**

과 결합시키고 그 자신의 것과 섞으며 그렇게 함으로써 그것을 그의 소유물로 만든다.[18]

따라서 노동은 한 사람의 노동의 산물로부터 타인을 배제한다.[19] 기본적 '부가가치' 원리—'자연에' 덧붙여 뭔가를 땅에 추가함으로써 노동은 침해할 수 없는 권리를 만들어낸다—가 어떻게 '노동 자산이 토지 공동체를 능가할 수 있는지'에 대한 로크의 문제를 해소했다. 물론 인클로저 운동이 탄력을 얻어가고 있던 시기에 고도로 불평등한 농업 자본주의의 과실을 누리는 자산 소유 독자들에게는 매력적인 해법이었다.[20] 따라서 재산은 정부에 앞서기 때문에 군주가 마음대로 간섭할 수 없다.

합의된 '화폐의 발명'[21]으로부터 자연 상태에 대한 대한 추가적이고 결정적인 변경이 발생하며, 이는 '더 많은 재산 소유'에 대한 합법적 동의와 '재산에 대한 권리' 그리고 그에 따라 근면이 가져온 모든 변화의 허용으로 이어진다. '필요 이상으로 소유하려는 인간의 욕망은 사물의 내재적 가치를 변화시키며'[22] 나중에 교환가치라 부르게 되는 것을 사용가치에 추가한다.

로크는 필요는 원래 물물교환을 통해 충족되었다고 설명한다. '1주일이면 썩어버릴 자두를 1년은 족히 갈 견과류'와 교환함으로써 인간은 자연 상태의 천지만물의 보존에 아무런 해도 끼치지 않았는데 '누구나 공동의 저장물을 낭비하지 않았기' 때문이다.[23] 따라서 아무것도 '낭비'되지 않았기 때문에 물물교환은 자연법과 일치한다. 자연법을 위배하는 일은 '그의 소유가 많음'이라기보다는 '그 안에서 무엇이든 쓸모없이 소멸'하고 마는 것이다.[24] 다음으로 금과 같이 '썩지 않고 인간이 오래 간직할 수 있는 어떤 물건'에 의지하여 화폐의 발명이 뒤따른다.[25] 어떤 이들은(로크는 그렇게 상정한다) 다른 이들보다 더 근면하기에 화폐 경제의 출현은 불가피하게 '불균형적이고 불균등한 토지 소유'26를 초래하며, 그에 따라 재산 격차를 허용하고 축적과 절약을 촉진한다. 투박하게 표현해서 자본주의는 신의 법의 축복을 누리는 반면, 절대주의는 그렇지 않다.

비록 로크는 두려움을 가라앉히고자 했지만—반란의 권리는 최후의 수단이다—그의 정치학의 급진적 잠재력은 쉽게 부정할 수 없었다. 사실, 1780년대로부터 돌이켜보며, 실용주의적인 조사이어 터커는 당대의 '새로운 빛'파, 즉 리처드 프라이스 같은 국교 반대자들에 의해 유용되는 로크 이론의 불편한 경향을 개탄했다. 터커는 자연 상태와 최초 계약에 대한 상정과 더불어 사회계약론이 현실이 아니라 계몽주의자들이 경멸해 마지않은 정확히 저 형이상학적인 허깨비에 뿌리를 내렸다고 투덜댔다. 1770년대에 미국의 반란 세력과 그 뒤 1790년대에 본국의 톰 페인 추종자들이 그렇게 활용하기 좋았던 것은 바로 그 점이었다.27

그러나 로크 생전에 그의 정치적 공식화는 다소간 요점을 벗어난 것이었다. 『통치론』은 원래 섀프츠베리 백작의 배제주의 정치(요크 공작 제임스를 왕위 계승에서 배제하려 했던 움직임을 말한다. 2장 참조—옮긴이)를 정당화하기 위해 쓰인 것이었다.28 그러나 명예혁명의 여운이 남아 있던 1690년에 출간되면서 최초 계약에 관한 그의 저항 이론은 사실상 군더더기가 되었다—아닌 게 아니라, 그때가 되자 압제에 대한 저항을 정당화하기보다는 윌리엄 국왕 아래 새로운 질서를 정당화하고자 하는 승승장구하는 휘그에게는 잠재적 골칫거리였다. 1688년 이후 핵심 문제는 '권력을 남용한 통치자에게 저항할 수 있는지 여부보다는 후원과 공채, 직업 상비군에 토대를 둔 정권이 통치자와 피치자 둘 다를 타락시키지는 않는지'였다고 여겨진다.29

그렇다면 자유에 관한 대안 담론들이 무대 중앙을 차지하게 된 것도 놀랄 일은 아니다. 그 가운데 두드러진 것은 마키아벨리가 리비우스의 로마 역사에 대한 논의, 즉 『로마사 논고』에서 발전시킨 국가의 성쇠에 대한 분석을 바탕으로 한 것인데, 이는 제임스 해링턴James Harrington의 『오세아나 Oceana』(1656)에서 영국의 상황에 맞게 가다듬어졌다.[30] 해링턴의 추종자들은 정치 사회들에서 자유의 번영(혹은 실패)을 각 사회의 사회-정치적 건강 (혹은 병리)의 관점에서 설명한다. 원래 반反스튜어트 휘그파에 의해 개발된 이 이론은 이후에 반정부 ('재야' 혹은 '진정한') 휘그파에 의해 1688년 이후 정부를 겨냥해 휘둘러졌고, 정치적 운명의 반전 덕분에 야당인 토리파에 의해 자기들 목적에 맞게 활용되었는데 특히 볼링브루크 자작이 유명했다. 공공심으로 똘똘 뭉친, 정치 도덕에 관한 불편부당한 감찰관처럼 행세한 볼링브루크의 『장인The Craftsman』은 부패에 대해 훈계하면서 특히 과두정의 대大지도자 로버트 월폴을 겨냥했다 — 적의 이데올로기적 의상을 가로챈 고전적인 사례다.[31]

이 '시민적 전통', 즉 폴리비오스와 여타 그리스-로마 사상가들에게 많이 빚진 일단의 사상은 정체政體의 역사적·제도적 현실들을 다뤘다.[32] 건강한 국가의 본질은 선출된 의회(입법 기관)와 다양한 입법, 행정, 사법 기능 간의 권력분립을 수반한 균형 잡힌 국가 신체, 즉 국체國體에 있었다. 그리고 국방을 위해서 시민 집단을 모집하는 군사력에 있었다. 정체의 구성은 넓게 말해 공화주의적이며, 정치적 자유는 군대와 의회의 참여에 달려 있었다. 유덕하고 자유로운 국가와 상반되는 것은 전제주의 — 방어를 상비군과 용병에 의존하며, 인민을 정치적 노예로 전락시키는 균형 잡히지 않은 위헌적 국가였다.[33]

그러나 헌정과 시민 군대는 영구적 자유를 보장하기에 충분치 않다. 인민 자신은 진정한 공공심virtù과 도덕적 자질을 갖춰야 한다. 오로지 그렇게 함으로써 정치적 자유가 유지될 수 있다. 그러한 기풍은 다시금 알맞은 토대에 의존한다. 경제적으로 시민은 '독립적'이어야 한다—즉, 생산이나 상업 활동에 직접적으로 관여할 필요가 없어야 한다는 말이다. 아리스토텔레스의 관점으로는, 재산 소유자와 유산 계층을 떠받치는 운명을 타고난 자들—상인, 장인, 여성, 평민—간에 분명한 구분선이 그어져야 한다.

그러나 만약 시민이 탐욕스럽게 사적 이익을 공적 미덕 위에 두는 것으로 귀결된다면, 이 시민적 전통에 따르면, 공동체는 추잡한 패악 상태로 빠질 것이고 공화정의 바로 그 영혼을 위협하는 악성 종양이 될 터였다. 탐욕과 무관심은 제도의 부패를 재촉할 것이고 그 결과 정치적 덕성과 자유를 상실할 터였다.

팸플릿 저자들과 커피하우스의 논객들은 상업 사회, 특히 벼락부자들, 그리고 그들의 지폐와 주식, 증권과 은행, 사기와 이중거래 외에 예속을 낳는다고 의심받는 국채와 여타 새롭고 수상쩍은 형태의 금융 거래들에 의해 초래된다고 주장되는 파멸에 두려움을 표명했다. 잉글랜드의 근간인 젠트리와 자영농은 허약해지고 있다고 여겨진 반면, 시티(런던 중심가의 금융지구—옮긴이)의 새로운 부호들은 떵떵거리며 사치를 과시했다.

정치적 자유에 관한 이 신新로마식 담론의 두드러진 사례는 존 트렌차드와 토머스 고든의 『카토 서한Cato's Letters』(1720-23)이었다. 휘그파 의원인 트렌차드는 월터 모일Walter Moyle과 함께 쓴 글로 윌리엄 3세의 상비군에 대한 가장 결정적인 '공화정적Commonwealth' 공격을 감행한 바 있다. 트렌차드는 처음에는 월폴을 위해 팸플릿을 썼지만 점차 환멸을 느꼈고, 1720년에 몰스워스Lord Molesworth와 더불어 의회에서 총리의 남해 거품 사건의 처리 과정을 공격하는 데 앞장섰다.[34] 그다음 그는 고든과 합심하여 반反월폴 주간지 〈런던 저널〉에 '카토'의 편지들을 내놓았다. '카토'는 거품 사건을 '로비노크라시Robinocracy'(월폴 정권)와 돈놀이 탓으로 돌리며 맹비난했고, 토지 소유적landed 독립성의 이름으로 한갓 '금전'을 비방하고 신성한 '재산의 안정성'을 위험에 빠트린 '우리 신용의 살인자들'을 폭로했다.[35]

그러나 트렌차드와 고든은 그들의 신新해링턴주의 사상을 로크식 계약론과 접목하기도 했다. '카토'에 의해 표명된 양도할 수 없는 권리라는 신조는 분명하게 통치론 제2부와 맥을 같이했다. '모든 인간은 자유롭게 태어났다'고 '카토'는 선언한다.

> 아무도 그 자신의 생명에 관한 것이나 그 자신의 종교를 마음대로 할 권력을 갖고 있지 않으며, 따라서 생명과 종교에 관한 권력을 다른 어느 누구에게도 양도할 수 없다. 그는 그의 후손의 생명이나 자유, 종교 혹은 그가 획득한 재산을 양도할 수 없는데, 그가 자유롭게 태어난 것과 마찬가지로 그의 후손 역시 자유롭게 태어날 것이며, 그의 사악하고 어리석은 거래에 의해 구속받을 수 없다.[36]

자유, 저 '모든 인류의 양도 불가능한 권리'는 '모든 인간이 자신의 행동을 마음대로 할 수 있는 힘이자 자신의 노동과 기술, 근면의 열매를 누릴 권리'라는 로크식 표현으로 정의된다.[37] '카토'는 그러한 권리들이 옹호되었을 뿐 아니라, 더 나아가 대담하게 '인간은 자연적으로 평등'하며 '아무도 다른 사람들보다 높거나 낮게 태어나지 않았다'고 주장했다.[38] 정부는 필머식으로 '신의 직접적 계시'에 의해서 공인되기는커녕 자신들의 권리를 지키기 위해서 인민이 세운 창조물이다. 따라서 무력은 '아무런 자격도 줄 수 없다.'[39] '최근의 행복한 혁명'을 승인한 것은 다름 아닌 '스스로 판단하고 무법한 무력에 저항하는' 이 '인민의 원칙'이었던 것이다. 그리고 저항이 도가 지나치지 않을까 독자들이 걱정할까봐 '카토'는 로크를 상기시키면서 신민은 평화를 어지럽히는 것을 매우 경계하기 때문에 부당한 처사가 참을 수 없을 지경에 이르렀을 때만 저항이라는 수단에 의존할 거라고 역설한다. 사실 진짜 위험은 인민이 너무 나중까지 기다리는 것인데, '전제는 지상의 거의 전부를 집어삼키고 (…) 세상을 도살장으로 만들기' 때문이다.[40] 영구적인 경계가 필수적인 것이다.

그러므로 초기 계몽주의 자유의 강령은 여러 항목으로 이루어져 있었다. 로크의 자연적 자유는 시민적 인문주의의 정치 해부학과 여타 전통들로 접합되었다. 다시 말해 앵글로색슨 자치의 이상과 그에 상응하는 '노르만 멍에' 이론 그리고 보통법과 헌정 체제에 대한 찬양이 여기저기서 들려왔다.[41]

> 그때 온전하고 완벽한 청사진이 드러났다
> 상호 견제하고 떠받치는 권력들
> 국왕과 귀족, 평민들로 섞인
> 영국의 비할 데 없는 헌정의 청사진이.[42]

헌정 체제는 제임스 톰슨의 시 「자유Liberty」(1735)에서 '자유의 여신'에 의해 기려졌다.

1688년 이후 잉글랜드는 따라서 세계에 교훈을 가르칠 운명을 타고난 자유인의 땅이었다. "자유의 정서와 항시 유효한 법에 의한 보호는 평민들이 신분이 높은 사람이나 심지어 관직에 있는 사람한테도 별반 경의를 표하지 않는 이유"[43]라고 프로이센인 방문객 아르헨홀츠는 투덜댔다. 아닌 게 아니라 그러한 자유인의 허세는 정치적 현실에서 얼마간 기반을 두고 있었다. 저널리스트들은 언론의 자유를 여봐란듯이 내세우며 자신들이 영국 독립성의 수호자 역할을 한다고 으스댔다. "신문이 누리는 자유를 규탄하는 자들은 (…) 자신들이 무슨 말을 하는지 모르고 있다"고 1754년에 〈런던 이브닝 포스트〉는 천명했다. "나머지 모든 자유를 보호하는 것은 (…) 바로 이 자유다."[44] 지방 신문들도 한목소리로 맞장구를 쳤다. 〈레딩 머큐리Reading Mercury〉는 '모든 영국인은 신문을 장려함으로써 자신이 언론의 자유 지지에 기여한다는 것을 인식해야 한다'고 단언했다.[45] 토머스 헤이터 Thomas Hayter의 『출판 자유론Essay on the Liberty of the Press』(1755)과 윌리엄 볼란William Bollan의 『공공 사안에 대한 말과 글의 자유 고찰The Freedom of Speech and Writing upon Public Affairs Considered』(1766) 그리고 그와 유사한 저작들에서 이루어진 논의들에 따르면 언론의 자유는 다른 모든 자유의 초석이었다. 그것은 '영국의 자유의 위대한 수호신'이라고 법학자 윌리엄 블랙스톤William Blackstone은 천명했고, 팸플릿 저자 '유니우스Junius'는 그것을 '영국인의 모든 시민적·정치적·종교적 자유의 보호 장치'라고 표현했다.[46] 이것은 말 그대로 휘그의 주문呪文이 되었다. 리처드 셰리든은 '어떤 종류나 형태의 전제정이든 그에 맞서 자유로운 언론만 배치시켜달라. 그러면 영국의 자유는 흔들림 없이 버틸 것이다'[47]라고 공언했다. 언론 자유를 떠받치는 논거는 서적상 존 올먼John Almon에 의해 설명되었다. 인간은 본성상 의사소통을 좋아하는 동물이다. 사회가 확대되면서 먼 거리를 가로질러 의사소통이 이루어지기 위해서는 글로 말을 보충할 필요가 있게 되었다. 올먼은 언론의 자유는 근본적 권리이기 때문에 출판의 자유도 그에 뒤따라야 한다고 결론 내린다.[48]

데이비드 흄에 의해 그 특유의 실용적인 논의가 추가로 제시되었다. 언론 자유는 공공질서를 해치지 않는, 역설적이게도, 안정화 요인이다. 공중은 불안을 조장하는 사람들이 주장하는 것처럼 쉽게 속지도 않고 위협적이지도 않으며, 사적인 독서는 사실 정치적 온도를 낮춘다.

사람은 책이나 팸플릿을 차분하게 혼자서 읽는다. 그 주변에는 감정을 전염시킬 사람이 없다. (⋯) 따라서 출판의 자유는 아무리 악용된다 하더라도 대중의 동요를 거의 자극할 수 없다. (⋯)
인류의 경험이 증가하면서 **인민**이 지금까지 묘사된 것처럼 그렇게 위험한 괴물이 아니라는 점과, 그들을 거친 짐승처럼 끌고 가거나 몰고 가기보다는 이성적 동물처럼 인도하는 것이 더 좋다는 점도 밝혀졌다. 연합 제주가 모범을 보이기 전에는 관용이 좋은 정부와 양립할 수 없다고 여겨졌다. 그리고 다수의 종파가 조화를 이루며 평화롭게 공존하는 것은 불가능하다고 생각되었다. (⋯) 잉글랜드는 시민적 자유에서 유사한 본보기를 세웠고 비록 이 자유는 현재 이따금 약간의 소요를 야기하는 것처럼 보이지만 아직 어떤 유해한 효과도 낳지 않았다.[49]

한마디로 자유의 옹호자들은 잉글랜드의 전통과 '신성한' 헌정에 환호했다─호러스 월폴은 침대 한편에는 마그나카르타Magna Carta 사본을, 반대편에는 찰스 1세의 사형 집행 영장을 두고 잤다.[50] 명예혁명은 자유의 정점이었다. 1688년 이전 시기는 지적인 '신비'와 '교황교'에 의해 특징지어졌다고 존 테일러는 성찰했다.

오, 빛나는 상서로운 날! 그날의 혁명에 자유가 그 천상의 몸을 일으켜 행복한 우리 땅에 미소를 띠었노라. 압제와 박해의 공포 앞에서 구조된

인간은 자유롭게 자신의 오성을 발휘하기 시작했다.[51]

그리고 이 휘그 신화는 계몽의 빛깔을 띠기 시작했다. 자유는 단지 정치적 축복일 뿐 아니라 문화의 요람이었다. '절대 권력이 있는 곳에는 공중公衆이 없다'고 섀프츠베리 백작은 역설했다.[52] 반대로 자유는 문명을 의미한다. "모든 교양은 자유 덕분이다. 우리는 일종의 원만한 충돌에 의해 우리의 모난 구석과 거친 면을 문지르고 갈고닦는다."[53]

시민적 인문주의는 자유가 독립적인 자유보유 자산에 의해 보장되는 것으로 보았다. 1694년 잉글랜드 은행의 설립으로 생겨난 지폐와 공채로부터 이익을 얻는 부자들과 달리, 토지 소유자만이 진정으로 나라에 이해관계가 걸려 있다는 것이다. 신新 해링턴주의자들은 추잡한 금전과 엽관獵官으로 손을 더럽힌 파렴치한 장사꾼들에 의해 오래된 헌정 체제가 파괴될까 두려워했다. 볼링브루크는 "지주 계급이야말로 우리 정치 선박의 진정한 소유자다. 흔히 말하는 금전 계급은 그 자체로는 배의 승객에 불과하다"[54]고 주장했다.

이러한 위험은 어떻게 미연에 방지될 수 있을까? 어떤 이들은 영국이 카토나 플루타르코스가 묘사한 고대 그리스나 로마 공화정의 선례를 유의해야 한다고 주장한다. "그리스의 공화 도시들은 자신들의 자유를 유지하는 동안은 역사상 존재한 가장 영웅적인 동맹체였다"고 제임스 해리스James Harris는 주장했다. 그들은 '가장 교양 있고, 용감하고, 현명한 자들'이었다.[55] 그러나 그러한 비전들은 현실과 딱할 만큼 동떨어져 있지 않은가? 하노버 왕조가 다스리는 영국은 점점 더 부유해지고 자신감에 차고 중앙집권화하고 있었고 세계무대에서 영국이 새로이 누리는 위대함이 무역과 정복, 강력한 행정부에서 기인함을 과연 누가 신빙성 있게 부인할 수 있으랴? 그러나 이 모든 것은 시민적 인문주의 도그마에 따르면 자유에 심각한 위협이 되었다.[56] 그러니 현실에서 휘그의 패권은 그것이 수호하고 있다고 주장하는 바로 그 자유를 전복한 것 아닌가? 그리고 만약 그렇다면 영국의 자유란 허상이거나 심지어 가짜인 것인가?[57] 많은 이들이 물론 그렇다고 외치며, 계속해서 '부패'의 수사를 구사하고 현실을 개탄했다―이런 목소리의 대표자로는 특히 존 브라운 신부를 들 수 있는데, 비운의 종말에 대한 경고로 가득한 저작 『이 시대의 풍속들과 원칙들에 대한 평가Estimate of the Manners and Principles of the Times』(1757)는 상업이라는 암이 야기하는 국가적 퇴락을 진단했다.[58] 그러나 이러한 예레미야(성경에 나오는 히브리 선지자로서 불평이 많거나 재앙을 예고하는 사람이라는 뜻―옮긴이)들은 상업 사회의 정당성을 옹호하고자 애쓰는 새로운 계몽의 담론에 의해 도전받고 있었다.

우리가 앞서 본 대로 계몽된 사고는 스콜라적 사고를 회피했다. 그것은 세계를 이해하기를 원할 뿐 아니라 거기에 영향을 주고자 했다. 이런 움직임에서 조지프 애디슨과 리처드 스틸보다 더 영향력이 있는 이는 없었으니 그들의 〈태틀러〉와 〈스펙테이터〉, 〈가디언〉은 계몽의 핵심 입장들을 고무했다.[59] 생각들은 확산되지 않으면 안 되고 그 목적을 위해서 그들은 "지식이 책에 묶여 있거나 도서관의 외진 곳에 모셔져 있는 대신에 공중에게 드러나는 날을, 모든 모임에서 논의되고, 모든 테이블에서 표출되는 날을 고대했다."[60]

리처드 스틸은 '아이작 비커스태프'라는 페르소나를 취하여, 주 3회 발행되는, 예의범절과 사회도덕의 개혁을 위해 헌신하는 〈태틀러〉를 편집했다. "이 신문의 전반적 목적은 잘못된 생활 기술을 폭로하고 간사함과 허영, 허식을 폭로하며, 우리의 의복과 담화와 행동에서 전반적 단순성을 권장하는 것이다."[61] 신문은 뉴스를 보도하고 잡다한 에세이나 정보를 다뤘지만 사회 개량이 처음부터 중심적이었다.

판매 부수가 4000부에 근접하던 〈태틀러〉 최종호가 발행되고 두 달 뒤인 1711년 3월 1일 〈스펙테이터〉가 창간되었다. 그것은 즉각적인 대성공을 거두었다. 존 게이는 "모든 이들의 손에 〈스펙테이터〉가 들려 있으며, 신문은 식탁과 커피하우스에서 우리의 아침 대화의 지속적인 화제"라고 신이 나서 말했다.[62] 제10호가 나왔을 무렵 애디슨은 '매일 3000부가 보급되고 있다'고 자랑하고 있었다—그리고 '신문 한 부마다 스무 명의 독자'라는 그의 추정에 따르면 '런던과 웨스트민스터에 대략 6만 명의 추종자'가 있다는 뜻이었다.[63] 신사 클럽들은 〈스펙테이터〉를 두고 토론하기 위해 만났고 잡지는 스코틀랜드부터 수리남까지 읽혔다. 저 선구적인 미디어 인사들이 일궈낸 실제 독자 규모는 상당했지만, 그보다 더 중요한 것은 그들이 공중의 상상을 사로잡았다는 사실일 것이다. 그들은 장안의 화제였다. 조예가 깊은 엘리트의 분위기를 영리하게 유지하는 사교계 인사인 스펙테이터 씨는 최초의 미디어 인간이었다.

취향과 도덕률을 가르치면서 '명랑함과 품위'를 결합하는 데 뜻을 둔 〈스펙테이터〉의 '아침 강의'는 '바쁜 이들은 훑어볼 만한 시간을, 게으른 이들은 훑어볼 만한 인내심'을 지닐 수 있도록 다양성과 가벼움, 산뜻함을 추구했다. 무지와 독단론, 폭력, 상스러움, 어리석음, 불화를 초래하는 것—고상한 예의범절을 저해하는 것은 무엇이든 표적이 되었다. 교양과 예의범절, 스타일을 장려하면서 〈스펙테이터〉의 세속적 설교들은 거짓 가치들과 겉치레, 어리석음—말장난 같은 저질 취향에 맞서 전쟁을 선포했다.

정치적이거나 종교적인 통일성이 부재한 상태에서 훌륭한 취향은 유산 엘리트 계층을 하나로 묶어줄 새로운 사회적 접착제가 되었다. '스펙테이터 동우회'64 사이에서 꽃핀, 점잖은 교양인honnête homme에 의한 교양 있는 역할극과 침착하고 자신감 있는 자기표현은 모두가 배우이자 관객인 도회풍의 무대 위에서 무엇보다 중요해졌다. 경건하게 경의를 표하면서, 애디슨은 성 아우구스티누스는 인생을 '순례'라고 부른 반면에 에픽테토스는 세상을 '모두가 각자 맡은 역할이 있으며' 그에 따라 판단될 '하나의 극장'으로 여겼다고 말했다. 둘 가운데 애디슨이 추천한 이는 고전기의 모럴리스트(에픽테토스―옮긴이)였다―비록 스틸과 더불어 애디슨은 당대 가장 영향력 있는 기독교도였다고 할 만하지만 말이다.65

　"정부를 두 부류의 국민으로 뚜렷하게 나누는 끔찍한 분열심보다 한 나라에 더 큰 심판이 떨어질 수는 없다. (…) 격렬한 당파심이 극도로 맹위를 떨치게 되면 내전과 유혈사태가 야기된다."66 그러한 상처는 치유되어야 한다. '나의 신문은 뉴스나 정치에 대한 고찰, 파당에 관한 것은 단 한 자도 싣지 않는다'고 평화적인 애디슨은 자부했다. 그는 '유행하는 불신앙의 기미나 외설적 생각들, 성직 계급이나 결혼에 대한 풍자, 인기 있는 조롱거리 같은 것'은 싣지 않을 터였다.67 정치와 추문은 잘 팔릴지 모르지만, 그는 '사람들의 마음을 파당의 쓰라림'으로부터 떼어놓으며 합의를 이끌어내는 것을 목표로 했다.68 그러나 '열기의 인간들Men of Heat'(열광자, 광신자들―옮긴이)의 원수인 대니얼 디포와 나중의 데이비드 흄처럼, 중용과 근대성의 수용을 설교하는 〈스펙테이터〉의 반反정치성은 물론 철저하게 정치적이었다. 새로운 정치적 극단주의는 과거의 광신처럼 파멸적이었다. 분열된 사회는 하나로 접합되어야 하며 정치적 열정들은 관리될 필요가 있었다.69 그들의 스타일로 사람들을 사로잡고 천박한 이들의 예의범절이나 시대에 뒤떨어진 가식과 최신 유행의 가식 둘 다를 조롱하며, 〈태틀러〉와 〈스펙테이터)는 라이프 스타일 정치라는 젊은 발상을 팔고 사회적 성공의 매혹적인 모습을 엿볼 수 있는 기회를 제공하며 희망을 유포했다. 애디슨은 "인간이 연민과 자애, 인간성의 상호 발휘로 해악을 덜어낸다면 인간 삶의 불행의 절반은 사라질지도 모른다"고 썼다.[70] 그러나 개량의 대가는 규제였으며, 커피하우스 구석자리에서 글을 쓰는 스펙테이터 씨는 명단을 공개함으로써 교정을 부과하면서 자신을 '보편적인 눈'으로 상상했다. 풍속 개혁 협회의 경우와 같이 권력 오남용을 감시하기 위한 '감독관'도 파견될 터였다. 차이라면 전자는 빈곤층을 감독하는 반면, 〈스펙테이터〉는 엘리트를 감독하고자 했다는 것이다.[71] 결국 외양이 중요했다. 독자들은 개인의 모든 측면—거동과 예의범절, 의복과 태도—은 한 사람의 성품과 지위를 알아볼 수 있게 만드는 사회적 기호이며, 따라서 자아와 사회를 호응시키려면 주의가 필요하다는 사실을 상기하게 되었다.

연일 모습을 드러내면서 〈스펙테이터〉나 그와 유사한 신문들은 끼리끼리 대화를 나누고 이런저런 소식 듣기를 좋아하는 신식 엘리트 계층의 현명한 조언자가 되었다. 이런 신문, 잡지의 호소력은 친숙한 인물들—원조 연속극 주인공들?—이 등장하는 대화체 에세이에서 맵시 있는 도회인을 향했지만, 판을 거듭하고 무수히 모방되면서 결국에는 독서 국민 일반을 사로잡았다. 1760년대에 에든버러 취향의 휴 블레어Hugh Blair 목사는 〈스펙테이터〉가 '모든 이의 손에' 들려 있다고 언급할 수 있었다. 성직자이자 교사, 문인인 바이시머스 녹스Vicesimus Knox도 〈스펙테이터〉를 읽지 않는 사람이 거의 없다'고 동의했다.[72] 많은 이들이 〈스펙테이터〉가 가져온 충격을 증언한다. 볼테르는 영어 실력을 키우는 데 〈스펙테이터〉를 이용했고, 벤저민 프랭클린은 거기서 문체를 배웠으며, 또다른 미국인인 제임스 매디슨은 〈스펙테이터〉가 '적절한 감수성과 지식 욕구, 정신과 예의범절의 개량을 위한 취향을 주입'했다고 회고했다.[73] 스펙테이터풍 간행물은 따라서 계몽된 품행의 바이블이었다.

애디슨과 스틸은 런던을 삐딱한 시선으로—바빌론이나 로마, 혹은 허영의 시장으로—바라보면서 자라온 정치적 동물을 위해 글을 쓰고 있었다—실제로, 그들은 런던을 이상理想이 이해관계에 종속되고 취향이 번드르르한 싸구려 감성에 종속되는 가식의 소굴로 그릴 수 있었다.[74] 이 아우구스티누스적 혹은 신新해링턴주의적 허깨비를 몰아내면서 그리기도 했다. 그러나 그들은 호의에 토대를 둔 번영하는 공적 영역이라는 대안적 이미지를 환기했다. 주점이나 커피하우스, 거래소에서 각계각층 출신의 동반자들—젠트리, 성직자, 군인, 상인—과 얼굴을 맞대는 느긋한 분위기 속에서 이익보다는 이타심에 의해 촉발된 진정한 우정이 꽃필 것이다. 그에 따라 미덕을 위한 인간의 자연스러운 능력이 발휘되고 삶이 윤택해질 것이다. 그런 근대적 도시는 미덕을 타락시키는 것 못지않게 함양할 수 있다. 일단 미덕이 상업과 손을 잡으면 청교도들의 금욕주의와 인문주의자들의 불안은 다행스럽게도 과거의 일로 치부될 수 있을 것이다.

대체로 애디슨과 스틸 덕분에 새로운 정치는 저 전통적 수사修辭들을 몰아내기 시작했는데, 특히 1714년 이후 정권이 약속된 평화와 번영을 진정으로 가져오는 것처럼 보이면서 그랬다. '대내적 평화와 질서와 더불어 공적 자유가 거의 중단 없이 융성했다'고 데이비드 흄은 살아생전에 감지되는 놀라운 변화들을 두고 찬가를 불렀다.

무역과 제조업, 농업이 성장했다. 예술과 과학, 철학이 함양되었다. 심지어 종파들도 상호 적의를 제쳐둘 수밖에 없었다. 평화의 기술에서의

진보와 전쟁에서의 용맹과 승리로부터 똑같이 유래한 이 나라의 영광이 전 유럽에 퍼져나갔다.[75]

실용적 도덕성을 고취하는 것은 흄의 과제에서 중심적이었는데, 이는 어쩌면 1740년 『인성론』을 완성한 뒤 체계적 철학을 포기하는 대신에 애디슨풍의 우아한 에세이 쓰기를 선택한 그의 결정을 설명해줄지도 모른다. 인간의 품행에 관한 도덕적 훈계를 하는 수단으로서 에세이는 그의 특별한 재능과 목적에 맞았다. 애디슨과 스틸은 유산 계급 도회인이 복잡한 사회 안에서 사적 행복을 달성하는 법을 가르치면서 그들의 사회적 염원을 다루었다. 흄은 그런 신흥 상업 질서가 여전히 옹호될 필요가 있다고, 특히 야단스러운 도덕가들에 맞서 변호될 필요가 있다고 인식했다.

시민적 인문주의의 성우聖牛(비판이 허용되지 않는 제도나 생각—옮긴이)에 도전하면서 흄은 시장 사회가 자유와 손발이 척척 맞는다고 주장했다. 그는 "우리가 티레와 아테네, 시라쿠사, 카르타고, 베네치아, 피렌체, 제노바, 안트베르펜, 홀란드, 잉글랜드 등등을 거쳐 상업의 발전을 추적해보면 상업이 자유 정부에서 자리를 잡아왔음을 알 수 있다"고 주장했다.[76] 부패를 초래하기는커녕 경제 발전은 사회 개량에 불가결하다. 시장에 의해 산출되는 물질적 재화의 풍요는 빈곤과 궁핍의 해악을 대체하면서 '사회의 주요 이익'을 약속하며, 이는 더 많은 인구를 끌어모아 안전을 향상시키고 규모의 경제와 노동 분업을 활용함으로써 확보될 수 있다.[77]

탐욕은 무질서를 폭발시킨다고 시민적 인문주의자들은 주장해왔고, 흄은 『인성론』에서 바로 이 걸림돌에 주목했다. 획득을 위한 '만족할 줄 모르고 영구적이며 보편적인' 열망은 사회를 직접적으로 파괴한다는 점을 그도 시인했지만, '재산의 안전을 확보하기 위해 제한되는' 경우는 그렇지 않다. 그런 필수불가결한 안정성은 정의에 의해 제공되며, 정의는 재산과 재산 양도의 법규들 그리고 계약 이행의 의무를 확립한다. 그러나 정의는 선험적 이성에 의해 파악되는 어떤 본유관념이나 영구적 적합성이 아니다. 정부 자체는 사람들이 침입자들에 맞서 스스로를 지킴으로써 외적 안전을 제공해야 할 때 점진적으로만 출현한다. 로크의 사고에서와 달리 정의는 따라서 결과적이다—흄은 매우 오독된 구분에서 정의가 '자의적'이지 않으면서 '인위적'인 미덕이라고 주장한다. 1차적이라기보다는 파생적인 정의는 관습의 산물이다. 정부가 이성이 아니라 필요의 부산물인 것처럼 말이다.[78]

흄은 로크의 자연 상태를 무용한 허구라고 깎아내린다. 정의와 도덕성은 시행착오를 거치며 인간의 필요에 따라 실용적으로 생겨났다.

> 제한된 아량과 이기심이 제멋대로 발휘될 때 사회가 제대로 돌아가지 못한다는 사실을 경험을 통해 발견한 뒤, 그와 동시에 사회가 바로 그러한 정념들을 충족하는 데 필수적임을 깨달은 뒤, 자연스레 인간들은 상업 활동이 더 안전하고 편리하게 이루어질 수 있게 하는 그러한 법규의 제약 아래 스스로를 두게 되었고 (…) 따라서 자기 이익 추구는 정의의 확립의 원래 동기다. 그러나 공공 이익에의 공감은 도덕적 승인의 원천으로, 도덕적 승인은 그 미덕(공공 이익에의 공감—옮긴이)을 뒤따라온다.[79]

전쟁은 최초로 인간들로 하여금 지도자들에게 익숙해지도록 했다. 일단 소유가 생겨나자 그들은 장차 사법정의의 책임을 떠맡게 된다. 방어와 더불어 사법정의의 집행을 공직자에게 맡기는 것이 모두의 진정한 이해관계와 부합된다는 인식이 뒤따르게 되며, 공직자들의 명성은 그러한 기능들의 유능한 일처리에 좌우된다. 따라서 정부는 로크한테처럼 필요악이 아니라 그보다는 사회 진보의 원천이자 신호였다. 정부에 대한 필요와 그 효용으로부터 그에 대한 충성의 의무도 생겨났다.[80]

다음으로 흄은 경제 발전의 함의들을 다루는 것으로 넘어간다. 먼저 신해링턴주의자들은 틀렸다고 지적한다. 사치는 정부에 대한 복종의 동기를 확보하고 사회적 삶을 위한 바람직한 환경을 만들어내는 좋은 것이다. 고대의 지혜를 정면으로 반박하면서, 흄은 로마의 쇠망은 '아시아적' 사치의 도입에서 기인하지 않았다고 주장한다. 과도한 정복과 제국 정부의 무능력을 탓해야 한다는 것이다.[81] 사실, 기예에서의 진보는 자유에 유리한데 그것은 안정적인 사회 질서를 조성하기 때문이다. '저속하고 조야한 나라들'에서 지주와 그 아랫사람들은 가망 없을 만큼 서로 불화하며 사회적 갈등을 촉발한다. 초기 전제정들 치하에서 주민들은 노예였고, '기본적인 의식주나 안전을 충분히 누리지' 못했다.[82] 학문이나 교역도 그런 조건에서는 발전할 수 없었을 것이다. '자유로운 정부'에서 법이 뿌리를 내릴 때 발전이 시작될 수 있다. 자유를 염원하던 초기 공화국들의 시민들은 법의 지배를 도입함으로써 권력 억제를 추구했다. 이것은 차례로 생산적 활력을 낳으며 다른 분야로 활력을 확산시키는데, 따라서 그러한 공화국들은 지식과 기술, 예술 진흥의 온상이 되었다. 상업과 정책에 의해 서로 연결된, 초기 그리스인들의 외국과의 접촉이나 '이웃나라들과 독립국가들'과의 교류 또한 문명의 발흥을 촉진했다. 동지중해의 소규모 국가들 간의 경쟁의식은 단일적 대제국 특유의 숨막히는 획일성을 방지했다. 따라서 흄은 법과 제도, 안정과 질서—상업과 문화 둘 다의 전제 조건—가 원래 '공화국들만의 산물'이라고 결론 내렸다.[83]

그러나 흄의 으뜸 패는 근대 군주정이 공화정의 명목상 선조들보다 본질적으로 공화정에 더 가깝다는 주장이었다. "문명화된 군주정에 대해서 이전에 공화정을 찬미하는 데만 쓰였던 표현, 즉 공화정은 사람이 아니라 법에 의한 통치라고 단언해도 될 것이다."[84] 노예제는 고대 전제정을 멸망으로 이끈 요인이었다. 노예는 가정생활을 허락받지 못하므로 노예 인구는 전쟁으로 충원되어야 했다. 그러나 초기 도시국가들도 그보다 더 지속 가능하지 못했는데, 여자와 외국인, 노예를 예속 상태에 묶어둔 엘리트 시민들이 국가를 이끌었기 때문이다. 초기 민주주의에 전형적이었던 공개적 민회는 운영하기가 번거로웠고 공직 윤번제는 파벌 싸움과 반목의 암초 위에서 난파했다. 정치적 혼란이 뒤따랐고 고대 정체들은 쿠데타와 도편추방, 대대로 이어지는 피의 복수로 갈가리 찢긴 채 소요와 혼란을 낳았으며 도시국가들을 전리품과 영예를 향한 끝없는 전쟁으로 몰아넣었다. 그에 따른 인구 감소는 경제 발전을 저해하는 한편, 정치와 전쟁의 황홀한 매력은 생산적 노동이 멸시됨을 뜻했다. 노예 노동과 초기 정권들의 끊임없는 전쟁은 한마디로 경제 성장에 유리하지 않았다. 그러나 그 모든 동란에도 불구하고 적어도 문명의 씨앗들은 뿌려졌다. 기술과 자유 인문 교양의 함양은 정신을 자극하고 잔혹한 정념들을 누그러트렸다.

그 세련된 교양과 기술들이 발전할수록 인간은 더 사교적이 된다. 학문으로 풍요로워지고 풍성한 대화 소재를 갖추면 인간이 고독하게 지내거나 동료 시민들과 그렇게 먼 거리를 유지하며 사는 데 만족하기란 불가능한데, 그런 상태는 무지하고 야만적인 민족에게 특징적인 태도다. (⋯) 따라서 근면과 지식, 인간성은 해체할 수 없는 사슬로 서로 연결되어 있으며 더 세련되고 (⋯) 더 호화로운 시대의 고유한 특징임을 알 수 있다.[85]

이 같은 정념들의 문명화 능력에 대한 흄의 신뢰에서 계몽된 낙관주의가 공공연히 드러난다. 통치와 자유는 불화하지 않는다. 권위가 없다면 자유도 없다.

따라서 흄의 비전에서 문명의 진전은 성인이나 영웅을 요구하지 않는다. 비인격적 힘들이 누구도 개인적으로 성취할 수 없었던 것을 인간들로 하여금 집단적으로 성취하게 이끈다. "시대의 기운이 모든 기예에 영향을 끼친다. 그리고 인간의 정신은 무기력 상태에서 깨어나 발효 과정을 거쳐 도처에서 스스로를 변화시켜 모든 기예와 학문에서 발전을 가져온다."86 바로 이런 맥락에서 그의 애디슨적인 간청은 영국을 갈가리 찢고 있는 무모한 정치적 당파 싸움에 반대하여 이뤄진 것이었다.

그렇다면 미덕과 행복은 흄의 근대적 상업 세계에서 온갖 궁정인과 폽 fop(외모와 겉치레에 과도하게 신경쓰는 경박한 사람─옮긴이), 투기꾼에도 불구하고 어떻게 실현될 수 있을까? 그는 애디슨의 대답을 내세운다. 좋은 삶은 중대사를 다루는 세계─전장이나 의사당 바닥─가 아니라 가족과 친구들 안에서, 인생 부침의 난타를 피하고 자존감이 지켜질 수 있는 사교적인 배경에서 실현되어야만 한다는 것이다. 구성되고 고이 간직되어야 할 것은 사적인 환경이다─애덤 스미스가 곧 설명하게 될 것처럼, 사람들은 타인의 눈으로 자신을 보는 기술을 익혀야 한다. 과거는 위력의 차지였다. 칼을 두들겨 찻숟가락으로 만드는 지금, 문명은 이제 정신으로 눈길을 돌려야 한다. 사람들이 타인의 의견을 너그러이 용납하고 의로움보다 존경을 더 높이 칠 수 있을 만큼 느긋한 사적 공간이 조성되어야 한다. 신뢰와 화해, 대화는 괴벽과 가식, 편견을 닳게 할 것이다. 흄이 채택한 스펙테이터적 가치들은 신념과 행동이 자기비판과의 거리 두기, 가정적 애정과 우정을 기르기 위한 욕구로 조절되어야 한다고 주장한다. 오로지 그렇게 해야만 사회적 승인을 얻을 수 있다. 마침내 여기에 애덤 스미스의 공헌이 있다.

애디슨과 스틸은 학자가 아니었고, 흄은 결코 교수 자리를 얻지 못했다. 그러나 흥미로운 인생의 반전으로, 글래스고대학 교수 애덤 스미스가 스펙테이터 씨의 철학자가 되었을 때, 그들의 가르침은 더 공식적인 표현 통로를 얻게 되었다.[87] 학생들에게 한 강의를 바탕으로 한 스미스의 『도덕 감정론Theory of Moral Sentiments』(1759)은 도덕의 원칙들 그리고 근대적 상업 사회에 몸을 담은 자기 계발 지향적인 중간층 사람들, 스펙테이터 씨 클럽을 즐겨 찾는 단골들보다 사회적 사다리에서 몇 단 더 낮은 사람들의 사회적 삶의 원칙들을 제시한다. 스코틀랜드 젊은이들에게 한 강의에서 스미스는 특히 부와 자유, 상업적인 정치 공동체를 유지하기 위해 필요한 정치적 지혜를 다루면서 상업적 인간의 에고를 고전적 공화주의자의 시민적 미덕보다 격상시켰다.

스미스는 다른 스코틀랜드 철학자들처럼 자연과학상의 방법론을 도덕 과학에 도입하기 위해 애쓰는 한편, 주로 실용적인 윤리적 목표를 견지하고 있었다. 즉, 학생들에게 시민으로서의 역할을 가르치는 것이었다('불편부당한 관찰자'라는 의미심장한 제목이 붙은 그의 논의에서 분명히 드러나듯이).[88] '우리는 자신이 남부끄럽지 않고respectable 존경받기respected를 바란다'는 심리적 사실을 다루면서, 그는 '행복은 사랑받고 있다는 의식에서 생겨난다'고 주장한다. 로크가 가르친 대로 미덕은 학습된 행위다. 칭찬받을 만한 사람이 되고자 하는 욕망은 타고난 것이 아니라 획득되는 것이며,[89] '불편부당한 관찰자'는 누구나 상충되는 선택을 하게 되는 복잡한 사회적 상황에 대처하고 존경을 얻는 데 도움이 될 수 있게 스미스가 제안한 장치였다.

'불편부당한 관찰자'는 스미스에게 여러 가지였다. 그것은 구체적 상황 속에서 그 사람의 승인이 중시되는 실재 인물('주의깊은 관찰자')의 정체성이 될 수도 있다. 더 고차원적 수준에서 '불편부당한 관찰자'는 실제 세계보다는 상상 속에 존재한다—그는 '우리 행동거지의 가상의 관찰자'다. 가장 고차원적 수준에서 그 인물은 '추상적이고 이상적인 관찰자'로서 전적으로 내면화된다. 다시 말해 양심인 것이다. 이 내면의 재판소—'가슴속의 반신半神'—는 따라서 사회적으로 복잡미묘한 상황에 대처하기 위해 불러낸 감시자, 얼터 에고alter ego다. '나 자신의 품행을 점검하려고 노력할 때'라고 스미스는 숙고한다.

> 내가 나의 행동을 승인하거나 비난하거나, 거기에 선고를 내리려고 애쓸 때, 그런 모든 경우에서, 말하자면, 내가 나 자신을 두 사람으로 분리하는 것은 분명하다. 그리고 조사관이자 판관인 나는 그 행동에 대해 조사 받고 판단 받는 사람인 또다른 나와는 매우 다른 캐릭터로 나타난다.[90]

전반적으로 불편부당한 관찰자는 '우리가 어느 정도 타인의 눈으로 우리 자신의 행위의 적절성을 따져볼 수 있는 거울'이다.[91]

공감으로부터 도출되는 스미스의 대인 관계적 조정 이론—다른 사람의 처지에 자신을 대입해보는 것—은 사회는 복잡하며 까다로운 사회적 상황에서 사람들이 유용하고 행복하고 유덕한 삶을 영위하고, 늘어나는 기회들을 이용하는 것을 돕는 미묘한 기술을 요구한다는 애디슨과 스틸, 흄의 인식과 더불어 그들이 이미 제시한 실용적 도덕의 맥락에서 읽혀야 한다. 근대인들이 카토적 엄격성으로 후퇴함으로써 편견과 유행, 환상의 소용돌이로부터 벗어날 수 있다고 상상하는 것은 어리석다. 현대인들은 가정, 커피하우스, 술집과 살롱 같은 사회적 공간, 사회 각계각층의 사람들이 친구나 동료로서 대화를 나누고 관용과 절제, 상호 존중을 배울 장소를 가꿈으로써만 유덕한 삶을 살 수 있는 것이다.[92]

스미스는 독립적인 정신을 지닌 개인들 간의 관계를 무엇보다 높이 평가하면서, 그들이 어떻게 정의감과 공적 책임들, 개인적 정체성을 획득할 수 있는지를 보여주고자 했다. 단일한 거대 정치-경제 제도를 불신하는 그는 클럽이 다름 아닌 사회의 도덕적 역사의 모델로 기능할 수도 있을 것이라는 흄의 통찰을 반영하면서 맞대면 관계와 자발적 집단의 형성을 높이 쳤다.[93] 다른 사람들이 우리에게 어떻게 비칠 것인지를 고려함으로써, 그리고 사회의 거울을 들여다봄으로써, 스미스는 우리가 '스스로를 우리 자신의 행위의 관찰자로 가정한다'고 지적했다.[94] 둘도 없는 로버트 번스Robert Burns가 表現한 대로,

오 어떤 힘이 우리에게 주신 선물인가?
다른 이들이 보는 것처럼 우리를 보는 능력은.[95]

어느 측면에서 스미스의 철학은 맨더빌의 에고이즘을 반영했지만, 『벌의 우화』의 작가가 사람들은 칭찬에 급급하기 때문에 집단에 순응한다고 생각한 반면, 스미스는 사람들이 또한 칭찬받을 만한 사람이 되고 싶어한다고 여겼다. 그의 시각은 감정의 시대의 도래에 어울리게 도덕적 유인들이 내면화된 시각이었다.[96]

계몽된 정치 담론은 상업 사회를 영국식 자유의 토양 위에 수립함으로

써 그 정당성을 입증했다. 애디슨과 스틸은 대중화 임무를 떠맡았고 흄과 스미스는 이론을 제공했다. 자기만의 독자적인 길을 갔고, 비록 맨더빌보다 더 세련된 방식으로 하긴 했지만, 흄은 그 시대의 자아상에 도전하면서 계몽된 정치 담론에서 이후에 등장할 새로운 방향 전환을 위한 의제, 즉 상업 사회를 옹호하고 평화와 번영, 사회성에 상업 사회가 기여하는 바―사실 그 불가결함―를 확립하는 데 관심을 둔 의제를 수립했다. 경제 발전이 어느 정도까지 정치적 자유와 합치될지는 17장에서 더 검토될 것이다.

적어도 처음에, 정치에 관한 흄의 과학적 분석과 현재 상태에 대한 변증은 자유에 대한 휘그파의 옹호와 충돌할 이유가 별로 없었다. 심지어, 결국에는 말썽꾼 선동가인 조지프 프리스틀리도 경력 초기에는 '개인적 자유personal freedom'보다 '시민적 자유civil liberty'를 낮게 치면서 다소간 흄처럼 보이기도 했다. 프리스틀리는 '행복은 사실 내재적 가치가 있는, 입법의 유일한 목표다'라고 주장했다. "그리고 정치적 자유라는 것은 이 목표를 달성하기 위한 수단일 뿐이다. 좋은 법이라는 이점을 가지고 있으면, 정치적 권력이 없을지라도 한 국민은 커다란 행복을 누릴 수도 있다."[97] 그러나 때가 되면 이 초기의 조화는 문제적인 것으로 드러난다.

| 9장 |

세속화

오거스턴 저널리스트들과 비평가들은 자신들의 사회에서 진행되던 사회적 · 경제적 변화들에 대해 전적으로 세속적인 인식을 표현한 사상 최초의 지식인들이다.

—J. G. A. 포콕[1]

사회 구석구석에 스며든, 종교개혁 이전 가톨릭주의의 전형적인 종교성이 새로운 질서에 자리를 내주면서 긴 18세기는 비록 불균등하게나마 가차없는 세속화를 재촉해왔다. 새로운 질서 안에서 성스러운 것은 일상생활을 지배하는 속세의 영역 너머로, 그 영역에 반하여 정화되고 경계가 그어졌다. 적어도 도시에서는 교회가 더는 주요 회합 장소가 되지 않았고, 성직자들도 으뜸가는 권위의 당국이라는 지위에서 밀려나고 있었고, 일상생활과 연례행사들도 전례와 기독교 달력으로부터 분리되어가고 있었다. 이미 프로테스탄트 상업 사회의 특징적 면모를 보여주는 그러한 변화들은 계몽된 요청들에 의해 촉진되었다.[2]

옛 방식들은 새로운 비판의 분위기 속에서, 그리고 가속화되는 새로운 생활 템포로 도전을 받았고, 거룩한 관습이나 '신의 뜻'은 삶의 질문들에 더이상 자동적으로 대답을 제공하지 않았다. 물질문화가 융성하면서 '비즈니스business'('분주함'과 '사업'이라는 의미 둘 다에서)가 중요해지고 국가적 맥박이 빨라지고 실용적 계산들이 더 많은 의미를 띠게 되었다. 시간—영원한 시간보다는 일시적이고 현세적인 시간—은 돈이 되었고, 아닌 게 아니라 재산이 되었다. 새뮤얼 피프스Samuel Pepys는 첫 시계를 손에 넣고서 아주 기뻐했다. 50년 뒤에 프랑스인 여행객 앙리 미송Henri Misson은 '이제 런던에는 대형 괘종시계가 굉장히 많고 거의 모든 사람이 회중시계를 갖고 있다'고 썼다.³

상업 민족에게 갈수록 시간이 귀중해지면서 영국인들은 분주한 민족으로 주목받게 되었다. 그들은 '매우 빨리 걷는다'고 프랑스인 여행객 그로슬레Grosley는 기록했다. "그들의 생각은 전적으로 사업에 빠져 있기에 그들은 약속 시간을 매우 잘 지킨다."⁴ 언제나 시간에 쪼들리는 런던 사람들은 심지어 테이크아웃 패스트푸드에 의존하게 되었다. '하루는 빵집에 들어가서'라고 시작하며, 로버트 사우디는 에스파냐인 페르소나를 가장하며 이렇게 썼다.

나는 여주인에게 왜 이런 험악한 날씨에도 창문을 열어두는지 물어보았다—대부분의 빵집들이 창문을 열어놓는 것을 보았다. 여주인은 만약 창문을 닫으면 수입이 하루 40, 50실링은 줄어들 거라고 대답했다. 지나가면서 작은 롤빵이나 비스킷을 집은 다음 잠깐 가게 안으로 들어오지도 않고 그냥 동전을 던지고 가는 사람이 너무 많기 때문이다. 이렇게 지칠 줄 모르는 민족이 또 있을까?⁵

업무 지향이 시간 지향에 자리를 내주면서 시간 규율도 강조되었다. 존 화이트허스트John Whitehurst가 친구인 조사이어 웨지우드Josiah Wedgwood의

에트루리아 작업장에서 사용할 수 있게 특수 계시기計時機를 디자인하면서 공장 시간은 심지어 출퇴근 시간 기록으로 표현되었다.[6] "무엇보다도 시간에 적절한 가치를 두는 법을 배우라"고 존 바너드Sir John Barnard는 충고했다.[7] 심지어 귀족들도 교훈을 알아챘다. "시간의 진정한 쓰임과 가치보다 네가 더 잘 알았으면 하고 바라는 것도 없고 또 사람들이 그리도 모르는 것도 없다"고 체스터필드Lord Chesterfield는 아들에게 이렇게 훈계했다.

> 나는 자기 시간을 아주 잘 관리하는 어느 신사분을 알고 있는데, 그는 자연적 욕구 때문에 변소에서 보내야 하는 시간마저도 허투루 보내는 법이 없어서 그 자투리 시간을 모아서 라틴어 시들을 모조리 독파했단다. 예를 들어 그는 호라티우스 시집의 흔한 판본을 한 권 사서 몇 장석 찢은 다음 변소에 들고 가서 읽고는 클로아키나Cloacina(로마 신화에서 하수구의 수호 여신—옮긴이)께 바치는 제물로 내려보냈단다. 그가 그런 식으로 귀중하게 아낄 수 있는 시간이 매우 많았으니 너도 그의 본을 따르려무나. (…) 그러면 그런 식으로 읽은 책은 무엇이든 너의 머릿속에 잘 남게 될 것이다.[8]

기도와 신앙 행위는 계속되었지만 어디서나 세속적인 분위기에서 신의 섭리Providence를 믿는 경건한 습관은, 자조를 수행하고 가능하면 자기 일을 주도하고자 하는—아닌 게 아니라 장래를 대비하려는provident 새로운 열성에 의해 도전받았다. 예를 들어, 질환과 관련하여 병원 건립의 물결이 일었다. 중세 병원hospital은 '요양원hospiece', 즉 도움이 필요한 이들에게 '환대hospitality'를 베푸는 거룩한 장소, 진료보다는 좋게 죽는 것과 구원을 더 중시하는 곳이었다. 그리고 중세 병원 대부분은 종교개혁기에 파괴되었다. 그러나 새로운 병원들은 가난한 환자들을 위한 치료와 간호의 중심지였다(부자들은 여전히 자기 집에서 간호를 받았다). 런던의 대형 병원 다섯 곳이 유증과 민간의 자선사업을 통해 새로이 건립되었다. 웨스트민스터(1720), 가이스Guy's(1724), 세인트조지스(1733), 런던(1740), 미들섹스(1745) 병원이었다. 지방과 스코틀랜드에도 진료소가 뒤이어 들어섰고, 유기된 영아를 위한 블룸즈버리의 업둥이 병원Foundling Hospital, 해산 병원, 성병을 위한 '머리털' 병원(예로부터 나병[한센병] 환자를 위한 구호소를, 나병 환자들의 증상 부위를 덮은 머리털lock이나 '헝겊 조각rag'에서 따와 '머리털 병원lock hospital'이라 했고, 이 이름이 다시 성병 환자를 위한 병원에도 쓰이게 되었다—옮긴이), 매춘부를 위한 '마그달레네' 기관 같은 전문 기관도 생겨난 한편, 새로운 진료소들은 외래 환자들에게 약을 제공했다.[9] 1774년에 런던에 설립되어, 설립 목표를 환기하는 이름이 붙은 인도주의 협회는 각종 구조 기술, 특히 익사자를 위한 구조 기술을 널리 보급했다. 네덜란드의 어느 선구자를 본받은 이 단체는 장비를 보급하고 상을 수여하고 구강 대 구강 소생술과 담배 연기 관장, 전기 자극 등을 가르치는 소책자를 배포했다. 존 코클리 렛섬 같은 저명한 의사들이 장려하고 상류층 인사들이 후원한 이 협회는 〈젠틀맨스 매거진〉 같은 정기 간행물에 자신들의 견해를 싣는 한편, 신문들은 응급 처치법을 설명했다.[10] 인간의 개입은 이제 희생자들을 숙명으로부터 낚아채고자 했다.

여태까지 초자연적으로 설명되던 다양한 현상들, 이를테면 광기나 자살도 이 '세계의 탈주술화'의 일부로 세속화되었다.[11] 유아 살해 풍습은 이제 마법에 홀려 저질러진 결과로 여겨지지 않았고, 아동 살해라는 민사적 맥락에서 해석되기 시작했다.[12] 때가 되자 토머스 로버트 맬서스 신부는 국교도 성직자임에도 불구하고—어쩌면 바로 그 때문에—『인구론Essay on the Principle of Population』(1798)에서 이론의 여지없는 '신의 역사役事하심'은 결국에는 마귀나 묵시록의 네 기수와는 아무 상관이 없고 식량과 성性을 향한 인간 욕구의 수치상의 불균형으로부터 자동적으로 따라 나오는 일일 뿐임을 입증해 보였다고 주장할 수 있었다.[13]

사망자 통계표로 공개된 통계 도표는 우연한 사고들을 성장하는 수량화 문화 속에서 규칙적인 패턴으로 전환하는 데 일조했다.[14] 아파서 쓰러지는 것은 전통적으로 존재의 임의성을 상징하거나 본질적으로 세상에서 신의 섭리가 지니는 의미들을 가리켰다. 치명적 우환이 닥치면 머리는 하늘로 향했다. 그러나 이제 의사들은 생체 의학적 패턴들을 파악함으로써 자신들의 통제력을 확대하고자 애썼다. 신체의 생리학적 작용들은 평가되고 측정되고 숫자로 매겨졌으며, 기대 수명 격차 같은, 보험과 연금 등에 필수적인 계리적計理的 계산이 뒤따랐다―후기 계몽주의의 지도적 인사인 리처드 프라이스와 윌리엄 프렌드William Frend 둘 다 보험계리인이었다는 것은 우연이 아니다. 높은 사망률을 보이는 위기들은 육해군 및 민간 의사들의 조사 대상이 되었고, 특히 1750년 이후로는 일단 천연두와 여타 유행병의 주기성이 확인되면 그러한 전염병이 예측될 수 있으며 따라서 통제될 수 있을 거라는 기대가 생겨났다.[15] 열렬한 뉴턴주의자이자 왕립학회의 서기이며 저명한 내과의사인 제임스 저린이 천연두 접종을 위한 통계학적 근거를 확실히 제시했다는 것은 의미심장하다.[16]

많은 영역들이 20세기 시각에서 볼 때 '우연 길들이기'라고 부르는 것들을 겪었다. 물론 그보다는 덜 시대착오적으로, 초월적인 것의 부정이나 그것과의 거리 두기라고 여겨질 수도 있을 것이다.[17] 이는 사회과학적 사고틀의 등장에서 잘 예시된다. 사회적 현상들은 비인격적이고 보편적인 법칙의 관점에서 설명될 수 있어야 한다는, 정치경제학, 인류학, 사회학, 심리학, 인구학 같은 새로 출현한 학문 분야의 범주들 안에서 표현되어야 한다는 믿음 말이다.[18] 이 모든 것은 미미하지만 누적적으로 유의미한 일상의 무수한 조짐들과 맞아떨어졌다. 교양 있는 유산 계급 사회는 역경에 처하거나 미지의 사태에 부닥쳤을 때 갈수록 신의 손길을 찾지 않게 되었다는, 확실히 사탄의 농간을 생각하지 않게 되었음을 보여주는 조짐들이었다. 주위 환경은 여전히 위험천만하고 안전하지 못하고 질병이 휩쓸고 가는 공간이었지만, 이제 위험 요소risk는 언론에 의해 그리고 은행, 연금, 소화 펌프, 천연두 접종, 병원 입원 부상자 수 같은 실용적 요소를 통해 전달되는 우수한 정보—유행병, 가격, 위기, 전쟁, 날씨 추이에 관한—를 통해 관리될 수도 있었다.[19] 생명보험과 화재보험도 확산되었다. 존 빙은 1790년대에 심지어 사륜 짐마차도 피닉스 보험회사 문장을 새기고 있는 것을 볼 수 있다고 언급하며 '많은 이들이 화재를 당하기 때문에 이는 새로운 안전장치다'라고 썼다.[20] 집안에 쥐가 들끓어 골치가 아픈 왕정복고기 점성술사 일라이어스 애시몰Elias Ashmole은 부적으로 쥐를 쫓아내려 했는데, 다음 세기가 되자 전문적인 쥐잡이들이 신문에 자신들의 서비스를 광고하고 있었다. 복권의 등장은—운에 관한 복권의 철학은 섭리주의에 반하는 것처럼 보인다—이 더 세속적인 경향을 상징한다.[21] 한편 오랜 세월 신성시된 많은 전통들이, 예를 들면 결투나 귀족적인 명예 규범 전반이 이제는 미신적이거나 비합리적이거나 원시적인 것으로 의문시되고 있었다.[22]

계몽된 사고는 관습에는 이성으로, 영적인 것에는 세속적인 것으로 맞서면서 신체와 건강에 대한 기존의 태도에 이의를 제기했다. 진보적인 의사들은 분만과 관련하여 교회가 허가한 '무지한' 산파들을 고용하는 것을 그만두고 대신에 의학적으로 훈련받은 남성 산과 의사에게 맡길 것을 촉구했다. 해부학 전문가인 그들은 대개는 분만을 현명하고 상냥한 자연에 맡길 것이며 응급 상황에서는 새로 발명된 집게를 이용할 터였다.[23] 일단 안전하게 분만되면 아기들은 더이상 포대기로 꽁꽁 싸매서는 안 되고—그건 또다른 양식의 상징적 속박이다!—대신 맘껏 돌아다니게 놔두어야 하며, 인공적으로 양분을 공급받는 대신에 자연이 의도한 대로 젖을 먹고 자라고, 유모가 아니라 생모의 젖을 빨아야 한다.[24] 아기들은 애지중지 키워서는 안 되며 강하고 튼튼하게 자랄 수 있도록 바깥에서 자유롭게 뛰놀도록 북돋아주어야 한다. 따라서 이성, 자연, 건강은 함께 간다고 여겨지고 미신은 과학의 햇살 아래 점차 시들 것이다. 이 새로운 '출산 패키지'는 교양 있고 진보적인 의견들—근대 과학과 이성, '자연적'인 것이라는 듣기 좋은 소리들과 가족적 애정에 대한 호소—과 꼭 맞았기 때문에 신빙성을 얻었다. '농민' 산파에서 대학을 졸업한 남성 산과 의사로의 전환, '관습'(유모의 돌봄)에서 '자연'(어머니의 젖가슴)으로의 전환, '미신'(약한 뼈를 지지하는 것으로서 포대기 감싸기)에서 '과학'(활동이 곧 강건함을 촉진한다)으로의 전환—이 모두는 무지로부터 정보로, 편견에 찬 과거로부터 새로운 멋진 미래로 탈출하는 꿈과 조화를 이루었다. 아닌 게 아니라 침침하고 폐쇄된 분만실에서 밝은 햇살 아래 출산으로의 전환은 '계몽'의 정수를 적절하게 포착한다.[25]

육체적 건강에 기울이는 마땅한 관심을 고려할 때 이래즈머스 다윈 박사와 여타 인사들은 왜 수명이 연장되어서는 안 된단 말인가 하고 고민했다. 결국에는 죽음을 피할 수 없다면, 진보적 사상가들은 적어도 거기에 전통적인 지옥불의 공포가 없길 바랐다. 기독교는 전통적으로 죽음을 내세로 가는 문턱으로 그렸다. 가톨릭교도에게 최후의 자비를 베푸는 것은 최고로 중요했다. 성사聖事 없이 죽은 착한 사람은 (예를 들어 자기 죄를 고백하지 않음으로써) 지옥에 떨어질지도 모르지만 성사를 받은 죄인은 구원받는다. 비非사제 전략을 견지한 프로테스탄트는 의식적으로 의연하게 죽음을 맞이하도록 교육을 받았다. 주로 종교적 이벤트로 간주된 기독교도의 임종은 따라서 죽음이 전혀 두려운 일이 아니라는 것을 입증하고자 고도의 드라마를 연출했고 아르스 모리엔디ars moriendi(죽음의 기술)는 죽음의 정복이라는 대본을 짰다. 물론 죽음은 공포를 자아냈다. 그리고 풍부한 기록들은 영원한 망각이든 심연이든 간에 사후에는 과연 무엇이 기다리고 있을지 새뮤얼 존슨과 제임스 보즈웰 같은 기독교도들이 느낀 처치 곤란한 공포를 증언한다(존슨의 경우는 영원한 천벌을 두려워했다).

계몽인들은 그러한 병적 상태에 맞서 싸우면서 물리적 소멸에 대해 솔직함을 권장함으로써 죽음에서 신비를 걷어내고자 했다.[26] 여기에서 중심적인 것은 합리적 기독교도와 이신론자들, 회의주의자들, 무신론자들 모두가 똑같이, 영원한 천벌의 신학, 즉 우매한 대중에게 겁을 주어서 성직자의 권력과 이익을 극대화하고자 사제 집단의 비뚤어진 마음이 꾸며낸 저 허구를 맹공격하는 것이었다. 계몽주의자들은 또한 기독교도들로 하여금 마지막 순간의 개심이나 꿋꿋하고 침착한 태도에서 일말의 동요의 흔적을 볼 수 있기를 기대하며 이교도들의 임종 자리를 찾도록 유도하면서 마지막 가는 길의 품위를 장려했다. 주제넘게 흄의 임종 자리를 찾은, 근심에 찬 제임스 보즈웰은 그 불신자가 '편히' 세상을 뜨는 것에 경악했다.[27] 넓게 말해, 죽어가는 사람이 신을 소리쳐 부르고 악마를 거부하는 식으로 옛 아르스 모리엔디가 각본을 짠 경건한 '좋은 죽음'으로부터, 필요하다면 의사들이 새롭게 사용할 수 있게 된 아편의 도움을 받아 평온한 별세라는 이상으로 향하는 움직임이 있었다.[28]

어떤 이들은 영원한 망각이라는 생각을 받아들였고('죽음 다음에는 아무것도 없다'고 로체스터Rochester는 잘라 말했다),[29] 내세 자체에 대한 개념들도 달라지고 있었다.[30] 로크적인 『자연의 빛 추구』(1768)에서 에이브러햄 터커는 생기 잃은 육체의 우울한 모습은 충격적이었다고 인정했다. 그러나 '이것은 상상에서만 그럴 뿐 오성에서는 아니다. 이 능력(오성―옮긴이)을 참고한 사람이라면 누구든 이 모든 상황들에 암울한 것은 전혀 없다는 것을 첫눈에 알아차릴 테니까.' 그는 평화롭게 죽는 법을 배우는 일, 장례 의식들과 관련된 악몽 같은 환영들과 그에 따른 지옥과 천벌, 마귀에 관한 야단법석을 극복하는 일이 필수적이라고 결론을 내렸다.[31]

세속화는 또한 죽음을 둘러싼 사회적 의례들에도 침투했다. 유언에서 신에 대한 언급들은 형식적 서두로 축소되고 있었다. 전형적인 영어 유언장이 가족에게 재산을 전달하는 도구로서 거의 배타적으로 기능하게 되었다. 그리고 장황한 장례 설교는 언론의 부고에 자리를 내주고 있었다.[32]

그럼 하층민들은 어땠을까? 그들의 삶과 죽음은 여전히 기도와 민간 특효약, 신의 섭리의 문제로 남을 운명이었을까? 민간 보건에서 교육은 진보적 의사들에 의해 수행된 성전이 되었다. 1769년에 처음 출판되어 판을 거듭한 윌리엄 버컨William Buchan의 『가내 의술Domestic Medicine』은 일반 독자들에게 이성과 절제, 위생, 자연의 법칙에 주의를 기울임으로써 추구해야 할 계몽된 건강 철학을 설명했다. 환자는 더이상 자신을 운명에 맡길 필요가 없다. 지식과 기량이 목숨을 구하리라.[33] '인류에게 더 광범위하게 의료 혜택을 제공하는 데' 투신한, 에든버러에서 교육받은 버컨은 민주적인, 후기 계몽주의의 의학 대중주의를 기꺼이 수용했다. 사람들이 병에 대해 무지하다면 이는 '의술을 여전히 의사 집단이 독점하고 있기 때문이다.' 너무도 오랫동안 의사들은 의학을 수수께끼로, 나아가 죽은 언어를 사용하고 '그것을 업으로 삼으려는' 자들의 지저분한 탐욕에 복무하는 폐쇄적 사업장으로 만들어왔다. 교황 지배는 사제정략을 낳았다. 마찬가지로 '기술을

위장하고 감추려' 하면서 의사들은 의사정략doctorcraft을 만들어냈다.[34]

버컨은 익숙하고 환히 드러내는 은유에 의존하여 설명한다. "자신의 건강과 관련한 문제에서 아무것도 모르는 상태로 남고 자신의 오성을 활용하지 말라는 소리를 듣는 동안 그들은 꿍꿍이가 있는 악당들의 봉이 될 것이다." 독점은 무지를 존속시켰다. 버컨은 미국의 일류 의사이자 독립선언서 서명자 중 한 명인 벤저민 러시Benjamin Rush를 인용하면서, 의사들이 아주 오랫동안 '많은 인공적 치료제에 대한 독점'을 유지해왔다고 분개했다. 그러나 "정부의 경우와 마찬가지로 의학에서도 새로운 질서가 등장하고 있다." 따라서 근대는 의학의 민주화를 요구했고 이는 정보의 자유를 뜻했다. 그는 "공정한 법에 대한 복종을 이끌어내기 위해 정부의 업무가 비밀리에 처리될 필요가 없는 것처럼, 환자가 치료받기 위해 복용하는 약에 대해서는 아무것도 몰라야 한다는 법은 없다"고 설명했다.[35]

그렇다면 그는 어떤 미래를 그렸을까? 버컨은 대부분의 질병과 상처는 자가 치료가 가능하다고 주장했다. 설사부터 목뼈 탈구까지 양식 있는 일반 남녀의 능력 범위를 벗어나는 병상의 문제들은 별로 없다. 어리석은 민간 처방과 직업적인 신비화를 피하기만 하면 된다. 버컨은 따라서 이렇게 질책한다.

추락이나 그와 유사한 상황에 의해, 목숨이 붙어 있지 않은 것처럼 보이는 불운을 당한 사람은 모조리 곧장 죽음에 회부하는 그 지독한 관습. 그 불행한 사람은 따뜻한 집안으로 옮겨져 침대에 눕혀지는 대신에 일반적으로 황급히 교회나 헛간, 아니면 춥고 축축한 집안으로 실려가 거기서 환자를 사혈瀉血하려는 무익한 시도 끝에 (…) 죽었다고 포기되어 방치된다.

그러한 치명적인 바보짓은 '무지'의 결과로서, '사고로 죽은 것으로 추정되는 사람은 누구든 사람이 거주하는 집안에 두지 않도록 금한 고대의 미신적 관념으로 뒷받침되는'—'이성과 인간성, 상식의 모든 원칙에 반하는' 행태이다.[36]

버컨의 책은 민중을 위한, 민중에 의한 의학의 이상을 위풍당당하게 선언했다.[37] 그러나 다른 모든 것들에서와 마찬가지로 건강에서 계몽적 사고가 모두 일치하지는 않았다. 버컨의 흠잡을 데 없는 자유주의적 정치에 헌신하는 의사들도 민중의 의학이라는 그의 신념을 반드시 공유하지는 않았다. 자가 처방은 사공 없는 배처럼 위험할 수 있으니까.

이 딜레마에 부닥친 한 급진적 의사는 6장에서 이미 언급한 토머스 베도스였다. 미들랜드 무두장이의 아들 베도스는 프랑스 혁명을 너무도 열렬히 지지하여, 1793년에 옥스퍼드대학 화학과 부교수 자리에서 사실상 쫓겨나고 말았다. 브리스틀 교외 클리프턴으로 물러나 개업한 베도스는 1799년에 그곳에 기체 역학 연구소Pneumatic Institution를 열었고, 새로 발견된 산소와 아산화질소(웃음 가스)로 결핵을 치료할 수 있기를 바랐다. 반反피트Pitt 독설이 담긴 글과 부유층을 위한 건강 관리 안내서를 집필하는 한편, 하층 계급을 겨냥한 의학 평론도 내놓았다. 항간에 떠도는 속설들은 그에게 거슬리기 짝이 없었다. 결국 교육이 답이었다—사람들은 자신들이 잘못 알고 있는 내용을 싹 '잊어버리고' 참견하지 말아야 한다. 문외한의 의학은 나쁜 의학이며 치료는 훈련받은 이들에게 맡겨야 한다.[38]

계몽 절대주의의 이 의학적 변형을 표방하면서 베도스는 의학이 모두에게 열린 단순한 기술이 될 수 있다는 버컨의 언명으로부터 멀어지고 있었다. 물론 대중의 무지는 근절되어야 하지만 사람들이 알아야 하는 것은 의학이 아니라 훌륭한 식단과 운동, 절제에 기반을 둔 건강한 삶이다. 무엇보다 그는 '생리학적 지식을 가내家內에' 적용하고 싶어했다. 그러한 지식 적용은 로크와 루소, 그리고 다름 아닌 베도스의 장인 리처드 러블 에지워스가 주창한, 감각에 기반을 둔 교수법에 의거하여 '아이들에게 신체의 각 부위를 구분하는 법을 정확하게 가르침'으로써 시작해야 했다.[39]

버컨, 베도스 그리고 여타 진보적 의사들은 무지를 방조하는 기득권층의 이해관계를 강하게 규탄하고 불의와 억압이 인민의 건강을 해친다고 주장하면서 사회와 의료계의 현상 유지 태도를 비판했다. 베도스는 피트가 노동자들을 빈곤에 빠트리는 높은 세금과 인플레이션을 유발하고 주전론主戰論적인 정책을 추구한다고 비난했으며, 의술을 돈과 유행에 의해 왜곡된 '병든 영업'이라고 힐난했다. 따라서 의학은 계몽주의가 그저 커피하우스의 공허한 잡담이 아니라 행동 철학임을 확인시켜주면서, 계몽적 사고의 실제적 적용의 선명한 사례를 제시한다.[40]

건강 관리는 다른 영역들을 규제하려는 시도들에서 유사한 사례를 찾을 수 있다. 변칙성은 제러미 벤담이 특히 질색하는 것이요, 법률적·행정적 시스템의 구현은 그의 존재 이유였다. 형틀은 그저 '우연의 게임'일 뿐인바, '법의 제비뽑기'는 범죄와 처벌을 터무니없이 임의적으로 만들었다.[41] 개혁가들은 특히 판사석에서 보여주는 가혹함과 관대함 사이를 오가면서 범죄 억지의 모든 희망을 수포로 돌리는 불합리한 혼란상을 종식시키고자 했다.[42] 비슷한 맥락에서 벤담은 "잉글랜드 전역에 제멋대로 생겨난 일단의 소규모 극빈자 시설들은 여기저기 흩어져 있고 서로 무관하여 (…) 모든 것이 불투명하고 불분명하다"고 구빈법의 불합리성에 강하게 이의를 제기했다. 마찬가지로 그는 지방 행정을 두고는 "모든 것이 편협하고, 모든 것이 특수하며, 모든 것이 능력 범위 밖이며, 모든 것이 상상을 초월한다. 그리고 모든 것이 갈수록 나빠지는 동안 모든 것이 손쓸 도리가 없어진다"고 투덜 댔다. 뒤죽박죽은 체계적 방법에 자리를 내주어야 한다.[43]

다른 변칙성과 악폐도 간소화와 합리화의 표적이 되었다. 역법 개혁은 영국이 (드디어) 1753년에 그레고리우스력으로 전환하면서 도입되었다.[44] 영어가 법률 언어로서 노르만 프랑스어를 대체했고,[45] 크리켓은 1744년에 규칙을 받아들인 한편, 이듬해에는 에드먼드 호일Edmund Hoyle의 불후의 저 작『휘스트, 쿼드릴, 주사위놀이, 체스에 관한 소고를 담은 교양 있는 도박 꾼The Polite Gamester, Containing Short Treatises on the Games of Whist, Quadrille, backgam- mon and Chess』이 나왔다.

언어 개혁을 주창하는 이들도 있었다. 프랑스어풍 신조어의 침공에 반 대하는 외국인 혐오적 목소리가 난무하는 가운데, 영어 규범을 통일하고 감독하기 위한 제안들이 학계에서 나왔고,[46] 〈젠틀맨스 매거진〉은 "우리 언 어에 부족한 단어들을 파악하고 모든 이들의 마음속에 자연스럽게 떠오 르는 생각들을 정확하고 분명하게 전달할 수 있게, 적절한 인물이나 위원 회가 지명되어야" 한다고 촉구했다.[47] 그의 『영어사전』(1754) 서문에서 새뮤 얼 존슨은 영어—'질서 없이 방대하며 규칙 없이 활동적인 그 언어'—에 도 마침내 규칙성이 도입되어야 한다고 촉구했다. 물론 존슨도 이프라임 체임버스처럼 프랑스 스타일의 학술원은 독재적이라고 거부하기는 했다.[48] 판을 거듭한 조지프 프리스틀리의 『영어 문법의 기초The Rudiments of English Grammar』(1761)는 문법을 단순화했고 데이비드 흄의 프랑스어투 문체를 나 무랐다. 존 워커의 『영어 발음 사전Pronouncing Dictionary of English』(1774)은 '스 코틀랜드, 아일랜드, 런던 토착민이 각자의 특이한 언어 습관을 피하기 위 해 지켜야 할 규칙'을 제공했다. 이는 변함없이 정치적 의도가 담긴 교정적

의제였다.[49] 아일랜드 출신 토머스 셰리든Thomas Sheridan은 『영국의 교육: 영국의 무질서의 근원British Education: or the Source of the Disorders of Great Britain』(1756)에서 영어를 우수한 제3의 '고전' 언어로 묘사하면서 영국의 문학적 유산을 근대적이고 교양 있는 가르침을 위한 토대로 삼을 것을 주장했다.

> 문체의 전범으로서 시에서 밀턴, 극에서 셰익스피어, 산문에서 (…) 스위프트, 애디슨, 드라이든, 윌리엄 템플 경은 로마 시대의 베르길리우스, 카이사르, 툴리우스, 살루스티우스와 같은 진정한 고전으로 간주될 만하다. 그리고 그들이 그 로마 작가들과 똑같이 대대로 마땅히 전해지지 않을 이유도 없다.[50]

응용 기술도 체계화론자들의 눈길을 피해 가지 않았다. 1728년 배티 랭글리Batty Langley는 『원예의 새로운 원리New Principles of Gardening』(1728)를 출판했고, 1747년에는 언뜻 보기에 역설적인 『규칙과 비율로 개량된 고딕 건축Gothic Architecture, Improved by Rules and Proportions』(조지 왕조 시대 고딕 양식은 수시로 규칙에서 벗어났다)이 역시 랭글리에 의해 출판되었다. 외국의 전제에 맞서 영국식 자유를 옹호한 저 황소고집 윌리엄 호가스도 『미의 분석The Analysis of Beauty』(1753)에서 '오락가락하는 미의식'을 고정시키길 바랐다.[51] 그러나 질서를 잡고 규칙을 부여하려는 그러한 기획들은 벤담의 파란만장한 이력이 분명하게 보여주듯이 흔히 소소한 성과만 거두었을 뿐이다. 뭐든지 있는 그대로 내버려두려고 작정한 이들을 제외하면 이러한 경향에 대한 계몽된 반론들은 대륙의 중앙집권화와는 다른 영국식 '자유'를 옹호했다—전국적 일제 조사를 수행하기 위한 제안들을 막고 포즈냅적인 Podsanpaian(포즈냅Podsnap은 디킨스의 『우리 공통의 친구Our Mutual Friend』에 등장하

는, 현실에 안주하고 자기만족적인 인물이다―옮긴이) 빅토리아 시대 사람들한
테까지 한없이 지속될 편견이었다.[52]

일부 영역들에서 18세기는 인식과 실천 둘 다에서 주목할 만한 세속
화를 초래했다. 광기를 보자. 왕정복고 전에 정신 이상은 악마가 들린 것이
든 성스러운 귀재를 타고난 것이든 간에 아무튼 영적인 상태로 흔히 간주
되었다. 그러나 1660년에 광기는 영혼의 우환일 수도 있다는 생각, 따라서
진정으로 구원을 위험에 빠트린다는 생각은 더이상 인정할 수 없게 되었
다―그것은 귀신론자들의 도그마에 너무 가까워서 불편했다. 대신에 의
사들은 광증을 모종의 신체적 질환으로 구분했다. 따라서 "정신의 모든 변
화는 신체 기관에서의 변화를 가리킨다"고 니컬러스 로빈슨Nicholas Robinson
박사(우연치 않게도 열성적 뉴턴주의자이기도 했다)는 주장했다―광증이 장기
臟器 병리학으로 진단된다면 불멸의 영혼은 손상되었다는 비방을 자동적
으로 피할 수 있는 한편, 그 질환이 진짜인 것 또한 확인되어 안도할 수 있
는 그런 전제였다. 광증은 단순히 '공상적인 생각이나 망상'의 문제―그 역
시 낙인을 찍는 일이었을 것이다―가 아닌데, 바로 로빈슨이 주장한 대로
그것은 '물질과 운동의 진정한 기계적 효과'로부터 발생하기 때문이다.[53]
부분적으로는 광기가 인간의 타락과 관련한 조건에서의 본질적 요소
로 간주되었기 때문에 정신 이상자들을 위한 그 어떤 특화된 기관도 좀처
럼 설립되지 않았다. 거의 유일한 예외인 런던의 베들렘 병원(베들럼)에서
입원 환자들은 흔히 사슬에 묶이거나 방치되었고, 사혈과 구토제로 이루
어진 편협한 치료법이 여전히 주를 이루었다. 그곳의 문은 넋을 잃고 쳐다
보는 구경꾼들에게 열려 있었고 베들럼은 풍자가들의 즐거움이었다.[54]
이 모든 것이 바뀌었다. 계몽된 내과의들이 귀신론적 입장을 버리고 질

환 모델을 채택함에 따라 광인들은 귀신 들린 이가 아니라 환자로 천명되었고, 따라서 처치와 치료가 적용 가능해졌다. 이를 위해서는 그에 맞는 환경이 필요했다─그러니까, 정신병원 말이다. 광란의 무리로부터 멀리 떨어진, 가급적 전원적인 환경이 좋았다. 민간과 자선 정신병원이 여기저기 들어선 한편, 베들럼은 1770년경에 일반인이 방문하는 장소가 되었다. 그리고 그 무렵부터 진정제나 기계적인 구속에 의지하는 수단들은 그것대로 대인 관계 관리라는 새로운 테크닉의 도전을 받았다. 심리학의 세속화(7장을 보라)와 더불어 진짜로 심리적인 질병이라는 것을 생각할 수 있게 되었고, 불멸의 영혼이 악마에게 사로잡혔다는 암시 없이도 '이해력 착란disor-dered understanding'(정신착란─옮긴이)을 이야기하는 게 가능해졌다. 1798년이 되자 정신과 전문의인 알렉산더 크리치턴Alexander Crichton은 '우리 영국 심리학자들'의 유산을 환기할 수 있었는데, 영국 심리학자들이란 로크, 하틀리, 리드, 스튜어트, 프리스틀리, 케임스였다.[55] 신新로크적 이론들은 정신 이상이 개인적 비극, 예를 들어 상실이나 비탄, 짝사랑의 산물로 해석될 수 있음을 보여줄 수 있다고 공언했다. 로크 철학이 득세한 케임브리지에서 교육받은 윌리엄 배티William Battie 박사는 모든 광기를 '착각에 따른 상상'으로 간주했다.[56] 물론 그러한 관념은 잘못된 연상이라는 로크의 이론으로부터 나왔다. 로크적 정신의학자이자 레스터 광인 수용소 소장인 토머스 아널드Thomas Arnold에게 '상상력이란 언제나 바쁘게 발휘되면 너무 활발해진다.'[57]

그리고 일단 광기가 더이상 초자연적 힘으로 돌려지지 않게 되자 이래 즈머스 다윈 같은 회의론자들은 집단 히스테리와 종교적 멜랑콜리를 광신도들과 감리교도들 탓으로 돌리고 열광을 그 자체로서 정신착란의 한 증상으로 규정할 수 있게 되었다. 악마는 더이상 사람을 미치게 하지 못한다.

이제 악마나 지옥불을 믿는 것이 다윈 같은 내과의들에게는 광기의 표시였다.[58]

이러한 상황에서 '정신적 치료moral therapy'는 마법의 단어가 되었다. 광인은 다른 이들과 마찬가지로 이성과 차분함, 훌륭한 모범으로 치료해야 한다. 1796년에 문을 연 일류 정신병원 요크 요양원York Retreat을 방문한 루이 시몽은 그곳이 '거의 전적으로 이성과 친절함에 의거해' '훌륭하게' 운영되고 있음을 발견했다. "그곳은 퀘이커교도들이 설립한 곳이다. 환자 대부분은 자유롭게 돌아다닐 수 있고 소란이나 무질서는 없다."[59] 따라서 정신이상의 경우에 계몽사상가들은 무지한 종교적 설명과 그러한 설명에 흔히 뒤따르는 방치나 학대가 이성과 인간성으로 대체되고 있다고 자랑스럽게 내세웠다. 요크 요양원은 비록 퀘이커교도들이 퀘이커교도들을 위해 운영하는 곳이긴 했지만 전적으로 세속적 치료 방법을 구사했다는 것은 주목할 만하다.

자살에 대한 변화된 반응도 뚜렷하게 유사한 사례를 제공한다.[60] 기독교권에서 '자기 살해'는 종교적 죄악이자 사법적 범죄, 신과 국왕에 대한 죄, 종교 법원과 민사 법원의 사안이었다. 튜더 왕조 시대 이래로 배심원들은 일상적으로 펠로 데 세felo de se(고의적 자기 살해)라는 평결과 더불어 사후 엄벌을 내려왔다. 자살한 사람은 기독교식 매장이 거부되며 시신은 심장에 말뚝을 박아 교차로에 묻었다. 그리고 그 중죄인의 재산은 국왕에게 귀속되었다. 이 가혹한 처벌은 프로테스탄트 신학의 엄격주의를 나타내는 한편—신에 맞선 고의적인 반란으로서의 자살—새로운 군주정 아래 국왕권의 결연한 행사를 보여주는 기회였다. 청교도주의는 징벌성을 배가했다.

사회 각계각층과 다른 여러 분야에서와 마찬가지로 왕정복고는 변화를 가져왔다. 검시관 법원이 심신 상실 상태non compos mentis 평결을 내린 것이 이내 표준이 되었다. 희생자에게 정신적 불안정을 드러내는 독립적인 징후나 그러한 실제 내력이 있었는가? 자살 자체가 정신착란의 증거로 충분하지 않은가? 자기 파괴의 이 '의료화' 혹은 '심리화'는 교회 묘지 매장을 허용했고, 희생자의 재산을 몰수하는 관행을 종식시켰다. 로크가 필머에 반대하여 재산에 대한 자연권을 단언하고 있던 바로 그 순간에 국왕에 반대하여 공동체의 의지를 행사한 주목할 만한 사례였던 것이다.

어쨌거나 자아에 대한 변화하는 철학들은 엘리트 계층이, 자살에 대한 '고대 로마'의 변명을 고귀한 태도로 칭송하는 것으로 이어졌다. 1737년 5월 4일, 한때 〈스펙테이터〉의 기고가였던 유스터스 버젤Eustace Budgell은 호주머니에 돌을 잔뜩 채운 뒤 템스강에 투신했다. 그의 책상에서 유서가 발견되었다. "카토가 하고, 애디슨이 인정한 일은 나쁜 짓일 리 없다."[61] 데이비드 흄과 그 밖의 다른 이들도 자살에 대한 계몽된 변론을 내놓았다.[62] 상류 사회가 죽음이 치욕보다 낫다고 주장하며 자살 행위를 눈감아주는 한편, 계몽된 논자들은 완고한 논자들의 의표를 찌르기 바라며 징벌을 포기하고 연민을 택했다. 1770년 열일곱 살에 음독자살한 시인 토머스 채터턴Thomas Chatterton은 낭만주의적 자살 숭배에 나름의 역할 모델을 제공했다.[63]

이러한 변화들—영국을 세계의 자살 수도로 악명을 떨치게 만든—은 많은 측면에서 역사가 키스 토머스Keith Thomas의 설명, 즉 종교개혁 시기에 처음에는 기독교 섭리주의가 강화되었다가 나중에 과학과 합리주의의 레이저 광선에 의해 촉발된 베버적 탈주술화Entzauberung 아래서 약화되었다는 설명을 뒷받침한다.[64] 그러나 그 변화들은 근대 초기 문화사에 대한 또다른 대중적 해석, 즉 왕정복고 이후 엘리트 문화와 민중 문화 간 괴리가 점차 커졌다는 해석은 지지하지 않는다. 상층이든 하층이든 1660년 이후 다양한 자살 시나리오들이 유사한 경로를 따랐다. 자기 머리통을 날려 버린 귀족 난봉꾼에 대한 공중의 반응은 연못가에서 자취를 감춘 배부른 목장 처자에 대한 반응(두 자살 사건은 무관하지 않을 수도 있다)과 다르지 않았다. 예전에는 힐난받던 자살이 이제는 흔히 동정심을 이끌어냈다. 국교도 신부 우드퍼드Woodforde는 자신이 아는 자살자들에 대해 연민의 정밖에 없었다.[65] 포프는 묻는다.

> 너무 많이 사랑하는 게 천국에서는 죄인가?
> 너무 여린 마음이나 너무 확고한 마음을 지닌 게,
> 연인의 행위나 로마인의 행위를 한 게 죄인가?
> 고결하게 생각하거나 용감하게 죽은 이들이
> 하늘로 밝게 돌아가는 일은 없단 말인가?[66]

자살에 대한 이런 재개념화에 결정적이었던 것은 인쇄 문화의 등장이다. 여태까지 자살에 의미를 부여하는—압도적으로 처벌적인—교회의 역할을 미디어가 가로챈 것이다. 그리고 미디어의 노선은 철저하게 인도주의적이었다. 신문과 잡지는 자살을 '인간적 관심을 끄는' 이야기들로, 아닌 게 아니라 선풍적인 이야깃거리로 탈바꿈시켰고, 유서와 마지막 편지, 끝장난 사랑 이야기를 실음으로써 대리적이고 흔히 병적인 대중의 몰입을 부추겼다. 여기서도 다른 분야에서와 마찬가지로 매체는 계몽된 '인도주의적 서사'를 나타내는 새로운 세속적 의미를 표명했다.[67] 삶 그 자체처럼 자살도 세속화되었다.

미치광이들과 자살자들의 경우에서 분명히 드러나는 대로 불가촉천민, 악인, 죄인에서 연민의 대상으로 바뀐 이러한 위상 변화는 사회의 여러

다른 분야에도 반영되었으며, 이는 여태까지 종교적이거나 도덕적인 비난을 샀던 것들이 이제는 양가적인 변호를 찾을 수도 있음을 의미했다. 도덕적 재단과 사회학적 시선을 넘어 그리고 거기에 맞서 개인의 책임에 대해 어떻게 균형을 맞출 것인가 하는 골치 아픈 문제는 악덕과 빈곤에 관한 광범위한 토론에서, 자유 의지와 결정론에 관한 논쟁에서, 그리고 공리주의의 결과론적 철학에서(16장을 보라) 고개를 쳐들게 된다.

새로운 세속적 모델을 좇아 전통적 기독교 신조를 거부한 가장 뚜렷한 사례는 마술의 신빙성에 대한 불신으로, 정령 일반의 실제성과 그 작용과 관련한 논쟁을 배경으로 하여 일어난 변화였다.[68] 홉스 같은 유물론자들이 전개한 비판에 의해 조명된 대로 역사적 기독교는—엘리트 계층이든 민간이든—정령이 충만했다. 1730년대 요크셔에서의 어린 시절을 두고 조지프 프리스틀리는 "어둠에 대한 생각 그리고 악령과 유령에 대한 생각들이 매우 긴밀하게 엮여 있었던 것이 나의 불행이었다"고 회고한다. 엄격한 칼뱅주의 양육으로 '공포에 사로잡힌' 그는 『천로역정』에서 '철창에 갇힌 남자'의 이야기를 불안에 떨며 읽었다'고 기억했다. 그는 그 '무지와 어둠의 상태'에 대한 회상은 '종교에 대한 이성적 원칙들에 남다른 가치관을 부여하게 한다'고 힘주어 말했다.[69] 어린 시절에 대해 비슷하게 끔찍한 기억이 있던 제러미 벤담도 20년쯤 뒤에 이렇게 회고했다. "이 유령이라는 주제는 내 삶의 고문거리였으며, 악마는 삶 어디에나 그리고 내 안에도 존재했다." 벤담은 프리스틀리처럼 어린 시절 읽은 버니언에 대해 평가하면서 "당시 나의 미신적 두려움을 인식했더라면 내 불행이 얼마나 덜했을 것인가!"라고 반문했다.[70] 성숙한 지성인으로서 두 사람 모두 어린 시절 공포와 눈물을 자아낸 정령을 완전히 부인했다.

공중이 정령의 존재를 부정한 최고의 사례는 마법이었다. 사탄과 그의 수하들이 지상의 일에 개입한다는 믿음은 성서에 의거하여('너는 무당을 살려두지 말라'라고 주님은 모세를 통해 말씀하신다―출애굽기 22장 18절) 교회에 의해서만이 아니라 로버트 버튼Robert Burton 같은 대표적 지성인들에 의해서도 오랫동안 견지되어왔다.[71] 그러한 합의는 1650년 이후에 무너졌다.[72] 이는 어느 정도는 그 정의상 악령의 실재를 배제하는 유물론을 주장한 홉스 같은 합리주의적 철학자들 덕분이었다.『리바이어던』에서 그는 '요정과 유령, 도깨비, 그리고 마법사의 능력에 대해 무식한 사람들이 품는 견해'를 '꿈'과 '감각'을 구별하지 못하는 무능력 탓으로 돌렸다. "마녀들로 말하자면, 나는 그들의 마법이 아무런 힘도 없다고 생각한다"고 잘라 말했다. 하기야 홉스도 '그러한 몹쓸 짓을 저지를 수 있다는 그들의 잘못된 믿음'을 이유로 그러한 사기꾼들의 처벌에 찬성하기는 했다.[73]

그러나 왕정복고 이후 잉글랜드에서 가장 뚜렷해진 것은 선험적 부정의 승리가 아니라 경험과 인간성의 근거에서 널리 퍼진 사실상의 믿음의 퇴색이었다. 〈스펙테이터〉에서 애디슨은 '나는 일반적으로 마법이라는 것이 있고 또 있어왔다고 믿는다'고 주장한다―자신이 진심임을 분명히 인식시키는 기만 수법이다. 하지만 그다음에 그는 자신이 '마술에 대한 어떤 특정한 실례도 믿을 수 없다'고 말한다. 저 재치 있는 공식을 내세운 뒤 그는 마녀로 오해받은 사람들이 사실은 '무지하고 잘 속는 이들'에 의해 희생양으로 몰린, 얼마나 불쌍한 노파들인지 설명하는 일로 넘어간다. 어느 할망구가―그녀를 몰 화이트라고 하자―일단 '마녀라는 명성'을 얻으면 커다란 위험이 기다리게 된다.

만약 그녀가 교회에서 무슨 실수라도 저지르고, 잘못된 장소에서 아멘을 외친다면 사람들은 곧장 그녀가 자신의 기도문을 거꾸로 외우고 있었다고 결론 내린다. (…) 만약 젖 짜는 아낙이 평소와 달리 버터를 빨리 못 만들면 몰 화이트가 우유를 휘젓는 통 바닥에 있다는 소리다. 만약 어느 말이 마구간에서 땀을 흘리면 몰 화이트가 그의 등에 올라타고 있었기 때문이다.[74]

그러므로 그는 핍박을 멈출 것을 요청하며 글을 마무리한다.

나는 **잉글랜드**에 몰 화이트가 없는 마을이 거의 없다고 들었다. 노파가 노망이 들기 시작하고 교구의 보살핌을 받아야 하게 되면, 대개 그녀는 마녀로 둔갑하고 마을 전체가 엉뚱한 망상과 가상의 전염병, 무시무시한 꿈으로 가득찬다.[75]

애디슨의 견해는 발타차르 베커의 데카르트적인 『마법에 들린 세계』(1691-3)가 던지는 이론적 일침은 부족하나 어쩌면 바로 그 이유 때문에 더욱 효과적인 저작인 프랜시스 허친슨Francis Hutchinson 신부의 영향력 있는 『마법에 관한 역사적 시론An Historical Essay Concerning Witchcraft』(1718)과 일치한다.

훗날 주교의 지위에 오른 휘그파인 허친슨은 '선한 영과 악한 영에 대한 냉철한 믿음은 모든 훌륭한 기독교도 신앙의 일부'라고 선언하면서 로크와 애디슨처럼 정령의 존재를 인정함과 동시에 그러한 확신은 '마법에 관한 항간의 속설을 지지하는 황당무계한 신조들'과는 완전히 다르다고 주장한다.[76] "잘 속는 다수는 언제든 장난을 치려 하고, 노파들을 물에 빠트려 헤엄치게 하고 설명하기 힘든 증상이나 이상한 사건마다 놀라며 침소봉대하려고 할 것이다."[77] 그러나 시간이 흐르면 교육이 오류를 약화시킬 것이다. '마법'은 자연적 원인에 의해 설명 가능하다. 마법에 대한 성경의 언급은 번역이 잘못된 것이다. 민간의 유령 이야기는 엉터리다.[78] 허친슨은 또 '노파들'의 자백은 진지하게 '고려되어서는 안 되며' 악마와의 계약이라는 자랑을 로크적인 손사래와 함께 '그저 상상'일 뿐이라고 일축했다.[79]

허친슨은 요하네스 바이어Johannes Weyer, 레지널드 스콧Reginald Scot, 존 웹스터John Webster, 발타차르 베커의 회의주의를 거듭 언급하며 마녀 광풍의 심리학을 사회적 패닉으로 보고 파고들었다. 원칙적으로 마법을 부인하지는 않았고 영리하게 사두개주의Sadduceeism(부활, 천사, 영혼 불멸을 믿지 않는 유대교 일파—옮긴이)에 반대하는 두 편의 설교—하나는 그리스도의 기적을 다시금 확인하는 설교이고 하나는 천사의 실재성을 확언하는 설교—를 덧붙이긴 했지만, 그는 마법은 주로 후진적 가톨릭 왕국들에서 만연하며, 패닉을 촉발하는 것은 폭도를 선동하는 책들과 참견하길 좋아하는, 마녀 잡는 사람들이라고 주장했다.

허친슨은 계몽된 잉글랜드에서 그토록 두드러졌던 온건하고 진보적이며 인도주의적인 휘그 사상가의 전범이었다. 과격파 홉스가 '미신'을 순전한 사기로 환원시킨 반면, 이 국교도 성직자는 자기기만과 히스테리, 사회적 압력과 낙인 효과를 사려 깊게 감안했다. 사람들은 자신들이 마녀라고 믿도록 구슬려지기는 너무 쉬웠다—"노파들은 자신들에 대해 그런 망상을 품기 쉽다." "노환과 쇠약에 시달리는 어느 불쌍한 늙은이를 생각해보라"라며 그는 독자들의 동정심에 호소한다.

마을의 어중이떠중이가 그녀의 집을 둘러싼 채 방 한가운데에 바보처럼 놓여 있는 늙은이를. 그다음 그녀의 몸무게 전체가 의자에 실리도록 다리를 엇갈려 묶는다. 그러고는 스물네 시간 동안 잠도 못 자고 음식도 들지 못한 채 계속 고통을 견뎌야 한다. (…) 그런 그들이 자신의 인생에 지쳐버렸다면 심문관의 마음에 들 아무 이야기라도 자백하는 게 뭐 그리 이상하겠는가?[80]

마지막 잉글랜드 '마녀'로 판결 받은 제인 웨넘Jane Wenham 같은 경우는 '대부분의 무고한 사람들이 자신을 변호하기가 얼마나 불가능한지'를 보여준다. 어느 '야만적인 교구'에 살고 있던 유순한 노파인 그녀야말로 허친슨의 시각에 따르면 말레피키움maleficium(흑마술, 요술 ─ 옮긴이)의 진짜 피해자이며, 따라서 진정으로 연민을 받아 마땅한 사람이었다.[81] 애디슨 그리고 허친슨의 경우와 같은 믿음은 무지몽매한 이들에 대한 우월의식과 사제정략에 대한 반감을 기회 삼아 교육받은 엘리트 계층 사이에 뿌리를 내렸다. 「마법에 관하여」(1724)라는 에세이에서 토머스 고든은 따라서 사제들이 마법에 대한 공포를 조장한다고 비난했는데, 마법을 물리치는 일에서 공식적 독점을 누리는 이들이 바로 그들이었기 때문이다. 여기에서 그들은 군중의 맹신의 도움을 받았지만 잉글랜드는 이제 개선되고 나아지고 있었다. "노파는 비참할지도 모르지만 그렇다고 이제 그것 때문에 교수형을 당하지는 않는다." 이 이신론자 휘그는 자신의 자유주의적 감수성을 자랑스러워했다 ─ 그는 '악마가 아니라 전능하신 하느님이 이 세상을 다스리신다는 것을 믿을 만큼 대단한 이단'이었다. 계몽의 모든 대변자들처럼, 그는 악마로 들끓는 세계에서는 살고 싶은 마음이 없었다.[82]

그러한 인도주의적 시각은 대중을 내려다보는 우월적 태도를 풍기며, 생각이 바른 이들의 특징적 언어로서 언론과 강단으로부터 퍼져 나왔다. 1736년 마녀로 의심받던 여자가 '헤엄을 치도록 물에 빠트려진' 뒤, 레스터셔 성직자 조지프 적슨Joseph Juxon은 한 설교에서 연민에 대한 호소와 함께 마법에 의문을 제기했다. 용의자들은 전형적으로 '친구도 없고, 세월의 무게에 구부정해져 노환에 시달리는 그런 이들이다. 다른 이들을 귀찮게 굴기는커녕 자신을 돌볼 힘도 없을 이들이다.' 그러나 두려움과 미신이 하도 만연하여 '무지하고 무력한 이 불쌍한 화상들을 배척하는 (⋯) 무리가 항상 형성되어 있다.' 고발은 그 싹부터 잘라내야 하는데, 특히나 '처음에는 평판이 좋지 않은 이들이 고발을 당하지만' 혼란으로 치달으면서 '의심은 결국에 품성과 평판이 흠잡을 데 없는 이들한테까지 떨어질 수도 있기' 때문이다. 확실히 엘리트 계층은 자신들이 마녀사냥에 연루될 위험을 감수하고 싶지 않았던 것이다![83]

마법, 마술, 그리고 초자연적인 것은 1736년 마법 법령이 폐지된 뒤에도 오랫동안 논쟁거리가 된다. 많은 이들이 손쉬운 대상을 비난하고, 케케묵은 시각들을 개탄하면서 애디슨적인 도덕적 우위를 채택했다―이 세상은 어쩌면 고작 주술적 능력을 참칭하는 이들에 의해서 속아왔는지도 모른다고, 1727년에 나온 저자 미상의 책 『마술의 체계A System of Magick』는 선언한다.[84] 1736년 법령 폐지에 즈음해서 나온, 역시 저자 미상의 『마법에 관한 담론A Discourse on Witchcraft』은 영국인들이, 사제의 '협잡'과 '천민'들의 어리석음이 마침내 잠재워진 행복한 시대에 계몽된 나라에서 살고 있다고 칭찬한다.[85]

안일한 우월감에서 세련된 독자들과 한통속이 된 언론은 선정적인 마법 관행들과 기괴한 미신들을 신이 나서 폭로했다. 1773년 그런 신문 중 하나는 '마녀와 마법이라는 우스운 관념이 여전히 하층민들 사이에 만연해 있다'고 운을 뗀 뒤 월트셔에서 마녀로 몰린 사람에게 가해진 잔인한 물고문을 자세히 설명한다.[86] 또다른 웨식스 마을의 '세라 젤리코트라는 이는 생각 없는 저속한 대중이 마녀한테 보통 가하는 (…) 징벌을 피했는데', 진정 계몽된 방식으로 이루어진, '일부 인정 있는 신사들의' 시의적절한 개입과 '분별 있는 치안 판사의 조심' 덕분이었다.[87]

인도주의가 눈에 띄는 그 시대에 심지어 마녀는 매춘부와 마찬가지로 편견에 시달리는 슬프고 외로운 인물로 정형화된 채, 서사의 여주인공이 될 수도 있었다. 그러한 감상적 경향은 이미 허친슨한테서 엿보인다―심술궂은 교구민들이 제인 웨넘에게 '약간의 순무를 내주길 거절했을 때' 독자들은 '그녀가 순순히 순무를 내려놓았다'는 설명을 듣는다.[88] 크리스토퍼 스마트Christopher Smart의 『우드스톡의 착한 악마의 진짜 사연The Genuine History of the Good Devil of Woodstock』(1802)은 유사한 동일시를 요청한다. 마을 사람들은 불쌍한 제인 길버트를 비정하게 대했고, 그녀를 마녀라 부르며 위해를 가했다. 그러나 부분적으로는 동정적인 사회 고위층의 도움을 받아 연명하며 그녀는 괴롭힘을 훌륭한 기독교도처럼 견뎠다. 결국 그녀는 유산을 상속받았고 이전까지 자신을 박해한 이들에게 모범적인 자비심을 보여주었다.[89]

마녀와 유령의 실재가 부인되면서 악마적인 것과 마술적인 것은 교양 있는 문화로부터 자취를 감추기보다는 얼굴과 위치를 바꾸었다. 초자연적인 것은 번창하는 오락과 인쇄 문화의 영역에서 무해한 것으로 변신했다. 물론 이런 과정에 완전히 새로운 것은 없다. 초자연적인 것은 언제나 예술의 주요 소재였다―『햄릿』의 유령이나 『맥베스』의 마녀들을 보라.[90] 그러나 마녀는 영어 무대에서 역할 변화를 겪게 된다. 셰익스피어의 마녀들은 불길하고 초자연적이었다. 반대로 토머스 섀드웰Thomas Shadwell의 『랭커셔 마녀들Lancashire-Witches』(1681)과 『아일랜드 사제 티그 오 디블리Tegue o Dively the Irish Priest』(1682)는 반교황, 친휘그 색채의 돈벌이 싸구려 익살극 안에 조야한 코믹 릴리프(희극적인 분위기 전환 장면―옮긴이)를 제공한다. 섀드웰의 마녀들은 무대장치의 도움을 받아 무대 위로 날면서, 그 우스꽝스러움을 적절하게 극적으로 폭로한다. 섀드웰의 마녀 묘사가 인기를 누렸다는 사실은 교황파 음모 패닉 속에서 마녀가, 계몽된 휘그들이 음흉한 토리들과 사나운 아일랜드인들을 풍자하는 데 활용하는 일종의 정치적 축구가 되었음을 보여준다. 몇 년 뒤 앨런 램지Allan Ramsay의 목가극 『다정한 양치기』The Gentle Shepherd』(1715)는 새로운 인물을 도입한다. 무해하나, 두려움이 많고 쉽게 믿는 촌사람들에 의해 초자연적 힘을 얻게 되는 '마녀'를 등장시킨 것이다. 물론 램지는 스코틀랜드의 애디슨이었다.[91]

　　판타지풍 악마 역시 오거스턴 풍자 문학의 초자연적 키치kitsch(저속한 싸구려 취향 또는 손쉽게 미적 경험을 충족시킬 목적으로 생산되는 천박한 예술작품―옮긴이) 무대장치에서 비중 있게 등장하는데, 특히 포프의 『머리타래의 겁탈The Rape of the Lock』(1712)에서 두드러진다. 그의 『던시아드』는 고르곤과 용, 마귀, 마법사가 단역으로 얼굴을 내비치는 가짜 고전 광상극 속에서, 지옥의 여신들―'덜니스Dulness(아둔)'와 '클로아키나'―이 인간들을 홀리고, 신을 달랠 것을 요구하는 악마적 우주를 불러낸다. 풍자는 또한 윌리엄 호가스의 동판화 〈순진한 믿음과 미신, 광신Credulity, Superstition and Fanaticism〉(1762)에서 초자연적 장치를 설명해준다. 원래는 '열광을 묘사하다Enthusiasm Delineated'라는 제목이 붙은 이 작품은 감리교도들을 조롱하기 위해, (그때가 되면 다행스럽게도) 우스꽝스러운 것으로 전락한, 사탄과 마녀, 정령의 동맹을 눈앞에 그려낸다. 히스테리 상태의 신도들은 광란에 빠진 것처럼 보이는 한편, 한때 높은 평가를 받은 조지프 글랜빌Joseph Glanvill의 혼령을 지지하는 책 『사두개주의 승리하다Sadducismus Triumphatus』(1681)와 존 웨슬리의 설교로 지지되었던 온도계는 감리교도의 지성의 온도를 '절 망'에서 '미쳐 날뛰는 광기'까지 표시된 눈금으로 측정한다. 그럼 이 모든 정신적 열광의 원천은? 한 손에는 꼭두각시 사탄을, 다른 한 손에는 마녀 인형을 꼭 쥐고서, 고깔모자를 쓰고 빗자루에 올라탄 채 설교단에서 열변 을 토하는 광신자였다.[92] 오거스턴 문학가들은 따라서 여전히 초자연적인 것을 무대에 올릴 수 있었지만, 대체로 그것을 의식적으로 과장되게 희화 화함으로써였다. 당대의 문화적 맥박에 변함없이 민감한 새뮤얼 존슨은 "이제 자신의 비극에서 인물들의 모든 행위를 마법에 걸린 상태에 의존하 게 만들고, 주요 사건들을 초자연적 요인의 도움을 받아 만들어내야 하는 시인은 개연성의 한계를 넘어섰다고 힐난받고, 극장에서 탁아방으로 쫓겨 나 비극 대신에 요정 이야기나 쓰는 운명을 맞게 될 것"[93]이라고 고찰했다.

따라서 현실의 마녀들이 비록 악몽으로부터는 아닐지라도, 교육받은 이들의 의식으로부터 빠르게 희미해져가고 있던 바로 그 순간에 마녀 캐 릭터는 코믹 그로테스크로서 번성했다. 때가 되면 마녀성witchiness은 또다 른 방식으로 현현하게 된다. 악마가 검음[黑]과 정력을 도발적으로 결합하 며 흑인으로 변신했다면,[94] 마을의 쭈그렁 할망구는 팜므파탈과 요부로 대 체된다―물론 숄을 두른 노파는 그녀의 오두막과 고양이, 솥단지와 더불 어 낭만주의 환상동화와 아동문학, 영화에서 만년을 누리게 되지만 말이 다.[95]

그러한 예술적 여정 속에서 마녀 민담과 초자연적인 것의 심리적 진실 이 표면에 부상함에 따라 초자연적인 것은 새로운 상징적 리얼리티를 얻 게 되며, 후기 계몽주의의 내면성으로의 돌입을 보여준다. 존 로크가 아이 들을 '유령' 이야기에 노출시키는 것에 대해 경고하고 한 세기 후에 낭만주 의자 찰스 램Charles Lamb은 유령과 도깨비한테 겁먹는 것에서 느껴지는 반대 감정의 병존을 풍부한 상상력으로 음미했다. 그는 친척 아주머니가 마녀라고 믿는 어린 소녀의 페르소나를 취한 채 '나는 겁에 질려 어쩔 줄 모른 채 침대로 뒷걸음질쳤다'고 썼다. "침대에서 나는 괴로운 상상으로 아침까지 잠을 설쳤다."⁹⁶ 여기서 램은 후기 계몽주의 환상가들을 지속적으로 매혹하는 방식으로 마녀 相像을 심리학적으로 그리고 성적으로 그려낸다.

초월적인 것에서 심리적인 것으로 초자연적인 것의 이러한 재형상화는 시학에서의 더 폭넓은 발전을 가리킨다. 그때가 되자 이성에 의해 종교로부터 세탁되고 있던 어둡고, 악마적이고, 불안을 주는 요소들은 위생 처리된 채 새로운 예술적 장르의 외피를 두르고 귀환하고 있었다. 특히 숭고에 대한 컬트는 초자연적인 것을 미학화했다. 『숭고와 미 관념의 기원에 관한 철학적 탐구』(1757)에서 에드먼드 버크는 '무시무시한terrible' 것이 우리를 매혹하는 현상에 대해 고전적인 심리학적 설명을 제공한다. 숭고는 안전함 속에서 누리는 공포감이다. 유령, 악귀, 미지의 것과 섬뜩한 것에 대해 느끼는 두려움은 이제 극장의 박스석이나 거실 소파에서 편안하고 안전하게 즐길 수 있다.⁹⁷

새로운 미학은 거대한 산맥이나 혼령에 대한 경탄을 훨씬 넘어서는 함의를 지녔다. 그것은 종교를 심리화함으로써 그것을 회복시켰다.⁹⁸ 어떤 이들에게는 새로운 미학이 심지어 비합리주의적 신비화에 대한 계몽주의의 통렬한 비판으로 입지를 잃어가는 것처럼 보이던 성스러운 것the holy에 대한 관념 자체를 다시 채워넣었다고도 할 수 있다. 이런 측면에서 중대한 계기는 로버트 로스Robert Lowth의 히브리 시에 관한 강연이었다. 옥스퍼드 시학 교수인 로스는 히브리의 성스러운 시가詩歌를 '태고의 진정한 시의 유일한 표본'으로 칭송하는 (라틴어) 강의를 했다.⁹⁹ 종교적인 것을 예술적인 것으로 취급한다는 점에서 그는 하나의 경향의 일부였다. 신약성서에 나오는 마귀들과 기적들을 다루는 논의에서 앤서니 블랙웰Anthony Blackwell은 기독교의 증거들에 관한 합리주의적 집착을 신앙의 심리학으로 대체했다. 그에 따르면 성경에서 귀신떼에 들려 고통받던 이(마가복음 5장 참고—옮긴이)는 멋지게 극적으로 묘사되었다고 주장한다.

> 날뛰는 마귀를 처음 보고 경악과 공포에 휩싸인 채 벌벌 떨지 않는다면 (…) 인류의 온유한 구세주께서 지옥의 마귀들에게 그 비참하게 고통받는 이한테서 떠나라고 명령하실 때 우리는 어떤 종교적 외경심과 공경, 다정한 헌신의 마음을 품을 수 있겠는가![100]

여기서 성경은 연극조가 되며, 그 영적 권위는 불신의 유예suspension of disbelief(콜리지가 고안한 비평 용어로 작품의 감상을 위해 독자가 불신을 접어두고 작품의 전제들을 받아들이는 것을 말한다—옮긴이)에 의존하는 것으로 묘사된다.[101] 예수가 나사로를 무덤에서 다시 일어나게 한 에피소드에 주목한 블랙웰은 마치 성경에서의 기적의 진실성은 주로 섀프츠베리적인 고상한 감수성에 대한 호소에 담겨 있기라도 한 듯, 마찬가지로 서스펜스와 경악의 극적 특징들을 강조한다.[102]

에드거 앨런 포라면 성경을 미스터리와 상상의 작품이라고 불렀을 것으로 성경을 규정한 이는 블랙웰 혼자만이 아니었다. 제임스 어셔James Usher의 『클리오 혹은 취향에 관한 담론Clio or, Discourse on Taste』(1769)에서 열광은 공포와 호기심, 경건한 환희를 자극하는 힘으로 찬사를 받는다. "숭고 속에서 우리는 경악한 우리 자신을 느끼며, 우리의 동작은 정지되고 감정이 잦아들 때까지 한동안 호기심 어린 두려움과 침묵에 휩싸이게 된다." 버크를 따라서 어셔는 숭고를 구성하는 모호성, 변칙성, 외경심은 주로 '보이지 않고 어마어마한 힘의 관념'과 연관되어 있다고 본다―한마디로 신이다. 따라서 신은 심리적 실체가 되었다. 근대적인 신식 인간들은 그러한 감정을 미신적이라고 조롱했을지도 모르지만 공포와 외경심은 인간 경험에서 본질적이다.[103]

초자연적인 것을 심리화하고, 미학화하고, 따라서 그 타당성을 재인정하는 숭고의 역할은 고딕풍에 대한 컬트에서 두드러진다. 고딕 장르는 호러스 월폴의 『오트란토 성The Castle of Otranto』(1765)에서 출발하여 래드클리프Radcliffe 부인의 소설들과(그녀의 '합리적으로 설명되는 초자연적 현상들'과 더불어), 『수도사 암브로시오Ambrosio, or the Monk』의 작가 매슈 루이스Matthew Lewis의 작품, 그리고 더 복잡한 방식으로는 메리 셸리의 『프랑켄슈타인Fran-kenstein』(1818)으로 이어진다.[104] 이런 작품들은 일상을 초자연화하면서 상투적 요소들을 취급한다. 안개로 둘러싸인 성, 사탄에게 맹세한 악당, 마귀, 유령, 요술사, 성질 나쁜 여자, 기이하고 섬뜩하고 기괴한 것과의 불장난―그리고 그 모든 것을 떠받치는 것은 공포와 무한한 미지의 것에 대한 버크적 집착이었다. 유령 같은 요소들은 귀신 들림이라는 악마학의 오래된 테마로, 억압된 것의 귀환을 통해 새로운 성적 전율을 촉발하는 한편, 인쿠비incubi와 수쿠비succubi('몽마夢魔'라고도 한다. 각각 꿈에 나타나 잠자는 여성과 남성을 범한다고 하는 악마, 귀신―옮긴이)는 그 전형적인 후기 계몽주의 미술가 헨리 푸젤리Henry Fuseli에 의해 내면화되고 성애화되었다.[105] 낭만주의는 성경에서 화가의 스튜디오와 서재, 무대, 그리고 나중에는 스크린까지 초자연적인 것의 전환에 핵심 역할을 했다. 오랫동안 신학자들의 특권이었던 순수와 악, 현세의 것과 영원한 것의 저 쟁점들을 탐구하게 되는 이들은 19세기에 작가와 예술가가 되며, 나중에는 정신분석가들이 떠맡게 되는데 이는 '낭만주의는 (…) 엎질러진 종교다'라는 T. E. 흄Hulme의 금언에서 인정되는 경향이다. 낭만주의자들에게, 예술적 창조성은 거룩한 것을 재정의하는 것이었다. "상상은 영원히 축복받는, 주 예수의 성육聖肉이다"라고 블레이크는 주장했다.[106]

혼령 들림, 광기, 자살, 마법 같은 문제에서 변화하는 태도와 관행들은 중대한 발전을 증언한다. 성서의 문자적 의미와 그 신 중심적인 비전이 엘리트 계층에 대해 누려온 지배력의 쇠퇴를 증언하는 것이다.[107] 성서 문자주의에 대한 도전은 인류 역사 자체에 대한 새로운 해석들을 비롯해 다른 분야들에서도 구체화되었는데 이는 아래에서 살펴볼 것이다.

계몽된 사상가들은 활동적 신을 활동적 인간으로 대체한 자연 질서 모델의 관점에서 삶을 합리화하고자 했다. 전지전능을 주장하는 그러한 월권행위의 오만은 합리주의 괴물들의 콧대를 꺾는 데 열심인 풍자가들에게 절호의 기회를 제공했다. 스위프트는 근대성의 사도들이 이성의 악마에 사로잡혀 있음을 지겹도록 보여주었다.[108] 1770년대에 제러미 벤담은 젊은이의 유쾌한 자기 조롱조로 고백한다. "세계는 모든 개혁가들과 체계의 장사꾼들이 미쳤음을 얼마간 근거 있게 확신하고 있다. (…) 간밤에 나는 내가 한 종파의 창시자가 되는 꿈을 꿨다. 물론 대단히 성스럽고 중요한 인물이었다. 그것은 공리주의 종파라고 일컬어졌다."[109] 자신을 열광자로 패러디하는 것은 다소간 그의 흥미를 돋우었다. "로드 S. ─그러니까 셸번 경Lord Shelburne ─라는 훌륭한 이가 나를 찾아왔는데, 그가 나에게 말했다. 구원받으려면 어떻게 해야 합니까? 저는 나라를 구원하기를 간절히 바랍니다. 내가 그에게 답했다─내 책을 집어들고 나를 따르시오."[110] 이성을 미치광이로 바꾸는 이 불편한 경향에도 불구하고 계몽은 이를테면 마녀 법령의 철폐, 통치에 관한 왕권신수 이론들의 소멸, 그리고 연주창을 만지는 관행의 폐지 같은 획기적인 사례들로 드러나는 근본적인 가치관의 변화를 가져왔다.[111] 주술 또한 의학에서 자취를 감췄다. 살무사 껍질, 강꼬치고기의 턱, 유니콘의 뿔은 약전에서 사라졌다. '금지된 지식'에 대한 두려움과 더불어 '이적'에 대한 중세 기독교도의 지지는 '진기한 것'에 대한 계몽된 주석 달기와 확증, 그리고 '경이'에 대한 조소에 자리를 내줬다.[112]

하지만 기독교 섭리주의에서 더 세속적이고 과학적인 세계관으로의 프로그램적 변화는 균형 잡힌 시야 속에서 살펴보아야 한다. 결국에는 여전히 모두가 범상치 않은 것을 엿볼 수 있기를 열망했다. 대니얼 디포의 『유령의 역사와 실제에 관한 시론Essay on the History and Reality of Apparitions』(1727)은 영물학의 전통적인 영적 세계를 극적으로 그려내는 한편, 근대적 초심리학을 예고한다.[113] 1750년 2월의 런던 지진은 지옥불을 부르짖는 설교자 윌리엄 로메인William Romaine과 그에 대응하는 주교 토머스 셜록Thomas Sherlock 둘 다 신도들에게 천벌의 위협 앞에서 회개하라고 촉구하며 패닉을 불러일으켰다. 토비아스 스몰렛은 이렇게 기록했다.

> 4월 8일 저녁에, 수도 주변 벌판이 엄청난 수의 사람들로 들어찼다는 사실이 후대에는 거의 믿기지 않을 것이다. (…) 그들은 두려움에 떨고 무척 조마조마해하며 이튿날 아침까지 기다렸으나 날이 밝자 그 무시무시한 예언은 거짓으로 드러났다.[114]

런던 시내 하숙집에 유령이 출현했다고 하는, 수도 언론들의 과장 보도가 만들어낸 1760년대 코크레인Cock Lane 유령 사건 같은 스펙터클한 일화는 메리 토프트Mary Toft ─ 자신이 토끼를 낳았다고 주장하여, 왕실 외과

의이자 해부학자를 비롯해 많은 이들을 감쪽같이 속여넘긴 서리Surrey 여인—사건 같은 떠들썩한 사건이 대중이 얼마나 쉽게 속는지를 적나라하게 보여준 것처럼 초자연주의의 지속적인 인기를 상기시키는 사례다.[115]

심성의 심대한 전환에 필수적인 세속화와 자연화는 계몽인을 나머지 사람들과 구분하는 사회적 차원도 띠었다. 경이의 가치 절하는 곧 추상적 합리성의 승리가 아니라 지성인들의 정체성 변화였는데, 그들에게 경이와 기적은 저속한 것으로서, 빛의 경기장 안에 있다는 것이 의미하는 바에 대한 안티테제 그 자체로서 일축되었다.[116] 어쨌거나 그러한 변화는 현실에 못지않게 수사修辭에도 존재했으며, 그것이 단순히 '진보'로 여겨져서도 안 되는데, 한 사람의 합리성이란 곧 또다른 이의 맹신이기 때문이다. '이 세상에서 미신이 쫓겨났다고들 한다'고 헤스터 트레일Hester Thrale은 1790년에 언급했다. "말도 안 되는 소리다. 책과 대화에서만 쫓겨났을 뿐이다."[117]

| 10장 |

근대화하기

우리는 지금 얼마나 역사가 없는지 고려해야 한다. 그러니까 믿을 만한 진짜 역사 말이다.

—새뮤얼 존슨[1]

정치 혁명으로 막을 올리고 내린 조지 왕조 세기는 이따금 막간의 정치 혁명을 겪으면서 급속하고 심대한 사회-경제적 변환을 가져왔다. 계몽사상가들이 변화의 역학을 설명하고, 과거와 현재, 미래를 잇는, 궁극적으로는 진보라는 포괄적 비전의 관점에서 이론을 수립해야 한다는 충동을 느낀 것도 놀랄 일은 아니다.[2]

역사 서술 자체도 변화하고 있었다. 르네상스 문헌학자들은 문서의 복원, 편집, 연구를 개척한 반면, 17세기에는 금석문과 주화, 고고학적 증거의 활용으로 나아가고 있었다. 이러한 전통들은 계속되었지만 그런 '고물故物 연구가'에 불과한 이들이 심취한 연구는 계몽주의 시대에 새로운 철학적 역사가 부류에 의해 도전받았다. 그들은 박식하지만 한편으로 알기 쉽고, 교훈적이며, 무엇보다 오락적인 과거를 우아한 산문으로 창조해내기를 열망하는 이들이었다. "역사에서 발견되는 유익한 점은 세 가지인 것 같다"고 흄은 쓴다. "생각을 즐겁게 해주며, 이해를 향상시키고, 미덕을 고양한다."[3]

혁신적 특징들이 이 새로운 역사를 두드러지게 했다. 월터 롤리Sir Walter Raleigh의 『세계사History of the World』(1614), 윌리엄 하월William Howell의 『세계사History of the World』(1680-85), 보쉬에Bossuet 추기경의 개괄적인 『보편사Histoire universelle』(1681)와 여타 표준적 저작들은 천지창조에서 시작하여 신의 섭리에 따라 선택된 민족이 신으로부터 문명을 전수받았다는 '신의 시점'의 서사였다. 1669년부터 1678년까지 티오필러스 게일Theophilus Gale은 아담과 모세(유능한 역사가이자 철학자)로부터 셋과 에녹(천문학), 노아(항해술), 솔로몬(건축술), 욥(위대한 철학자)에 이르기까지 모든 기술과 과학이 유대 민족에서 기원했음을 보여주는 『젠타일의 궁정The Court of the Gentiles』(젠타일은 '이교도'라는 뜻으로, 유대 민족이 이민족을 가리켜 부르는 말—옮긴이)이라는 4부 구성의 방대한 저작을 출간했다.[4] 그러한 성서 중심의 저술들은 사양길에 접어들고 있었다.

사실, 흄과 기번 같은 역사가들은 거리를 둔 채 종종 아이러니한 태도를 취하며 이제 기독교의 등장 그 자체에 자연주의적 관점에서 접근했다. 흄의 『잉글랜드 역사』(1754-62)는 종교의 발현에 부단히 적대적이었다. 수도사들과 금욕적 고행자들은 권력에 미친 위선자들이었으며, 교회는 기만과 미신을 통해 굴러갔다. 십자군에 불을 댕긴 것은 광신과 탐욕이며 교리를 둘러싼 다툼은 어리석기 짝이 없었다.[5] 여기에 기번의 도도한 아이러니로 가는 전주곡이 있었다. 기번의 『로마제국 쇠망사』의 15장과 16장은 기독교의 성장을 신의 섭리가 아니라 부차적 요인들로 설명하며 섭리적이라기보다는 인간적인 기독교의 원천들을 폭로한다. 그 부차적 요인들이란 유대인들로부터 물려받은 기독교도들의 경직되고 편협한 열성, 내세에 대한 교리, 초기 교회가 주장한 기적적 권능, 금욕적인 기독교 도덕, '기독교 공화국'의 조직이었다.[6] 아래서 논의될 추측적 역사는 포괄적인 사회 진화의 서사로써 기원에 대한 성서의 설명을 대체했다.

무미건조한 고물 연구antiquarianism를 경멸한[7] 계몽주의 역사가들은 더 폭넓은 독자층을 겨냥했다. 애국적 역사들도 인기가 많아서 길버트 버넷 Gilbert Burnet의 『종교개혁의 역사History of the Reformation』(1679-1715)는 종교개혁과 명예혁명을 통해 국가적 자유의 행진을 찬미하는 프로테스탄트-휘그 역사 서술의 긴 줄 가운데 처음일 뿐이었다.[8] 심지어 대단히 우월한 기번(잉글랜드인, 철학자, 휘그)도 쇼비니즘의 기미가 없지 않았다. 그는 "우리는 원시적 야만주의의 가장 낮은 썰물로부터 현대 문명의 최고조까지 사회의 점진적 진보를 고찰한다"라고 의기양양하게 뽐낸다.

> 아르키메데스의 구球를 이성적 동물로 오해했을지도 모를 벌거숭이 브리튼족과, 뉴턴과 그의 동시대인들을 대조해보면, 아르키메데스 자신도 뉴턴의 학교에서는 변변찮은 제자에 불과했을 것이다. 그리고 우리 해안을 따라 떠다닌 고리버들과 가죽으로 지은 보트와, 대양의 가장 먼 물가까지 방문하고 지배하는 가공할 해군을 비교해보자. 애국적 허영심의 맹신적인 편견에 빠지지 않고서 우리는 이 지상의 주민들 가운데 두드러진 위치를 차지할 만하다.[9]

그러나 저 세계주의자는 또한 늘 그렇듯이 이슬람에 관해 체계적으로 썼고, 미래의 뉴질랜드인에게 유럽의 역사가 어떻게 비칠지를 숙고했다.

흄은 역사가의 임무를 '가장 번영한 제국들의 등장과 발전, 쇠퇴, 최종적 멸망, 그리고 그 위대성에 공헌한 미덕과 그들을 파멸로 이끈 악덕을 언급하는 것'이라고 규정했다.[10] 잉글랜드사에 적용하면 이는 사회-문화적 현상에 방점을 찍는다는 뜻이었다. 그는 '기술과 학문의 등장과 진보, 쇠퇴'는 '흥미로운 숙고의 대상이며, 민사 거래에 대한 서술과 긴밀하게 연결되어 있다'고 고찰한다.[11] 자신이 보통 '암흑시대'라고 부른 시대를 되돌아보며 그는 다수의 연대기를 그저 지어낸 이야기로 일축했고, 나무랄 데 없는 필로조프답게 야만인들의 지루함을 일반적으로 '문명화된 국가들의 역사에서 (…) 가장 교훈적인 일부를 구성하는' '저 격변들'과 대비시켰다.[12]

인간 본성은 언제 어디에서나 똑같다는 일양론—樣論적 확신의 관점에 선 계몽된 역사가들은 과거는 감춰진 행동의 원동력들의 측면에서 이해할 수 있으며, 인간의 동기는 한결같기 때문에 과거는 현재에도 적실성이 있다고 주장했다.[13] 나중에 '역사주의자historicist'들이 그러한 생각은 죽은 자들의 마음을 파헤치는 데 실패했으므로 시대착오적이라고 타박하게 되지만 계몽주의 역사가들은 그런 비판에 꿈쩍도 안 했을 것이다. 그들은 역사야말로 실례로써 가르치는 철학이라는 자신들만의 '철학적' 태도를 무엇보다 소중히 여겼기 때문이다. 그리고 볼링브루크의 금언이 명백하게 밝힌 대로,[14] 계몽된 역사는 세계관을 넓히는 한편, 국가 운영자들에게 가르침을 제공하면서 교훈적인 것으로 받아들여지기를 대놓고 의도했다. 그는 "역사는 교육 과정에서 흔히 접하게 되는 민족적 편파성과 편견을 우리 머릿속에서 깨끗하게 몰아내는 기능을 한다"고 주장했다.[15] 역사의 도덕적 교훈 가운데 가장 위대한 것은 인간사—특히 고대 그리스-로마 같은 극히 일부의 예외를 제외하면—가 범죄와 어리석음의 악몽이었다는 것이며, 인류는 그로부터 깨어나 벗어나야 한다는 것이다.[16]

계몽된 역사 서술은 오류를 진실로써 대체하고 있다고 주장했지만, 그들은 사실 옛 신화를 새 신화들로 바꾸고 있었다—그들 자신의 정신 상태도 신화 창조적이긴 마찬가지였다. 그러나 자신들의 신화 만들기를 깨닫지 못했다 해도, 계몽주의자들은 신화를 만들어내는 상상력 그 자체에 대한 거대한 인류학적 설명들—혹은 병리학적 설명들—을 구성하기 위해, 개별적 설화들에 대한 설명에 그치지 않는 정력적인 신화 해부학자들이었다.

신화 박물관—그리고 그것은 주로 그리스-로마 전설들을 의미했다—은 다양한 각도에서 접근되었는데, 논의를 단순화하기 위해 기독교적 시각, 이신론적 시각, 합리주의적 시각이라고 부를 수 있을 것 같다.[17] 기독교적 사고에 따르면, 비록 이교도의 설화들이 성경적 진리가 변질된 형태로서 교훈적으로 읽힐 수 있다고 해도 신화—즉 이교주의—는 본질적으로 틀린 것이다. 새뮤얼 셕퍼드Samuel Shuckford의 『연결된 세계의 성스럽고 세속적인 역사The Sacred and Profane History of the World Connected』(1728)는 전형적인 예로, 성서적 연대와 인물, 사건을 기준으로 삼아 모든 비성서적 전승들을 자신 있게 성경에 일치시켰다. 신화를 암호화된 역사로 보는 그의 '에우헤메로스주의적' 독해에서 고대의 신들은 사실은 다른 이름과 이교의 외피로 위장된 노아와 그의 아들들이다.[18] 18세기 후반 최고의 기독교 신화학자 제이컵 브라이언트Jacob Bryant에게 노아는 프로메테우스, 데우칼리온, 아틀라스, 테우트, 크수투스, 이나쿠스, 오시리스, 헬리우스, 제우스, 디오스, 디오니소스, 바쿠스, 나우스, 노우스 등 진정한 유대-기독교의 버전에서 유래한 현지의 신화들 안에서 다양한 방식으로 불려왔다.[19] 기독교의 특권적 위치를 당연시하는 그와 같은 습관은 윌리엄 워버튼한테서도 두드러진다. 그의 『모세의 거룩한 임무Divine Legation of Moses』(1737-41)는 역설적이게도 천국과 지옥 교리는 정치적 이유에서 고안된, 순전히 인간의 산물이라는 자유사상가들의 주장을 수용함으로써 기독교 정통 교의를 변호한다. 그렇기 때문에 이 주교는 히브리 신정정치는 틀림없이 신에 의해divinely 주재되었을 것이라고 추리하는데, 구약에는 미래의 보상과 징벌에 대한 언급이 없기

때문이다.[20]

한편, 이신론적 접근은 이미 살펴본 대로 원시적 일신교를 전제한다. 그 전제로부터 이교의 다신교와 기독교 교의들(유사類似 다신교적 삼위일체나 성인들과 더불어)은 최고 존재에 대한 원초적 숭배의 타락한 버전들이라는 논의가 도출된다. 따라서 존 톨런드는 『세리나에게 보내는 편지Letters to Serena』(1704)에서 '우상숭배의 기원과 이교주의의 이유들'을 탐구하면서 어리석은 이교의 설화들과 순수한 일신교를 대비시킨다.

> 까마득한 고대의 이집트인, 페르시아인, 로마인, 히브리의 첫 족장들(성서에 '열조列朝'라고 나오는 이스라엘 민족의 조상, 아브라함, 이삭, 야곱—옮긴이)은 (…) 성스러운 형상이나 이미지가 없었고 특별한 장소나 비용이 많이 드는 예배 방식도 없었다. 그들 종교의 단순한 평이함은 신성의 단순성에 가장 적합하기 때문이다.[21]

신화는 종교적이거나 도덕적인 신조들을 전달하기 위해 선택된 수단이 되었다고 톨런드는 설명하는데, 설화들은 사람들을 홀리는 매력이 있기 때문이다. 문제는 시간이 흐르면서 그리스와 이집트, 히브리의 전설들이 수도사 작가들에게 '거짓말의 기술'을 위한 모델을 제공했다는 것이다. "훈계에 의한 있는 그대로의, 꾸밈없고 단순한 설교 방식은 재미없고 불쾌하다는 것을 깨달았기에 따라서 자연히 미신적이고 잘 속는 이들의 마음을 사로잡고 달래기 위해 얼마간 설화를 섞는 것이 필요하다고 여겨졌다."[22] 종교적 교리에 신화를 입히는 것은 가르침 자체가 거짓임을 드러냈고, 사제 계급은 그 역겹고 터무니없는 교리들을 감추기 위해 우화들을 팔아먹었다. 그러나 우화가 공공연한 미덕의 유인책이라고 한다면 톨런드는 우화

를 인정할 수 있었는데, 이솝으로 말하자면 그는 흔히 '미덕을 고무하고 악덕은 배격하는' 작가였다.[23]

합리주의적 시각은 신화를 저 미신의 어머니, 즉 무지에 갇힌, 무서운 존재들에 대한 유아적인 어리석음의 징후로 판단했다. 이런 시각의 뿌리는 피에르 벨과 『우화의 기원De l'origine des fables』의 작가 베르나르 드 퐁트넬Bernard de Fontenelle 그리고 데이비드 흄으로, 세 사람 모두 신화를 원시적 정신 상태의 징후라고 폭로했다. 야만인의 정신은 세계를 강박적이거나 우화적으로 설명하는 흥분된 상상력을 발휘한다. 그리고 얼핏 봐서는 한갓 헛소리 무더기로 비칠지라도 신화는 분명 세계를 이해하기 위한 원시인의 시도의 암호화된 기록으로 읽힐 수 있다—원시적 정신 상태란 아이의 정신 상태와 같다. 벨은 『사전』(1697)에서 그리스와 로마 신화의 어처구니없고 부도덕한 이야기들을 집어서 조롱했고, 그렇게 함으로써 그런 이야기들에 성서의 에피소드들을 병치시켰다. 주피터는 간통을 일삼는 신이며—자 보시라!—다윗왕도 마찬가지다. 찰스 블라운트 이후로 그러한 시각은 영국에서 계속 영향력을 발휘하게 된다.[24]

신화에 대한 가치 평가는 갈수록 덜 적대적이었다. 애덤 퍼거슨은 전형적인 태도로 "일리아스나 오디세이의 설화, 헤라클레스나 테세우스, 오이디푸스 전설을 인류 역사와 관련한 사실 관계의 문제에서 권위로서 인용하는 것은 우스운 일"이라고 말한다. 그러나 그런 지적이 전부는 아니다. 그는 다음과 같이 말을 잇는다.

그런 전설들은 그 시대의 정서와 관념들이 어떠했는지를 확인하기 위해서, 혹은 상상력을 동원하여 그런 이야기를 엮어내고 기꺼이 암송하고 또 그 이야기들을 우러러본 그 민족의 천재성을 특징짓고자 할 때 매우

정당하게 인용될 수 있을 것이다.[25]

퍼거슨의 관점, 즉 역사적 자료가 부족한 곳에서는 신화가 지나간 시대의 사고 구조를 엿보는 창을 제공한다는 관점은 널리 받아들여졌고 특히 독일의 헤르더Herder에게 영향을 끼쳤다. 퍼거슨은 독자적인 신화를 발전시킨 민족들과 그 밖의 다른 이들로부터 빌려온 민족들을 구분하면서 그리스의 신화에 대한 존경심을 드러냈다. "시인의 열정이 민족의 정신 곳곳에 충만해 있었고 천재들의 구상들이 속인들에게 전달됨으로써 민족적 정신의 자극제가 되었다."[26] 비코처럼 퍼거슨은 더 투박한 토착 민족들의 정신 구조를 규명할 수도 있는 신화 비교 연구를 권장했다.[27] 그러나 다른 이들은 시큰둥했다. "이교의 작동 방식은 우리에게 흥미롭지 않다"고 헛소리를 용납하지 않는 새뮤얼 존슨은 다음과 같이 단언했다. "호메로스나 베르길리우스에서 여신이 등장하면 우리는 지겨워진다."[28]

성스럽다기보다는 자연스러운 역사를 엮어내려는 욕망은 또한 언어에 대한 당대의 연구에서도 드러난다. 그것은 뜨거운 주제였다. 데카르트는 동물과 인간을 구분하는 것은 언어 능력이라고 눈에 띄게 결론 내렸다.[29] 3장에서 이미 본 대로, 언어의 순수성과 병리성의 문제들은 계몽주의자들이 진리의 부침을 이해하는 데 결정적이었다. 한편으로 언어의 진보는 문명의 흥성(혹은 쇠락)의 지표로 널리 받아들여졌다.[30] 무엇보다도 언어의 기원은 성서의 권위 자체가 필연적으로 다퉈질 수밖에 없는 분야가 되었다. 언어는 창세기에서 말한 대로 진정으로 신의 선물인가? 그렇다면 그것이 어떻게 타락할 수가 있단 말인가? 그리고 세상에는 왜 그렇게 많은 언어들이 존재하는가? 그러나 일단 언어의 아담적 기원이 도전받는다면 인류 역사의 구약성서 버전 자체도, 성경의 진리 위상도 위협받지 않을까? 논쟁이 후끈 달아오른 것은 당연했다.[31]

르네상스 문헌언어학은 성경을 기반으로 했다. 창세기에 따르면 언어는 하느님이 아담에게 모든 사물에 이름을 붙이라고 명령한 에덴동산 시절로 거슬러올라간다. 그리고 성경의 설명의 핵심 요소들은 문헌학적 정설 안에 모셔졌다. 최초의 단어들은 이름들이었다. 신의 지시로, 아담은 동물들에 이름을 붙였다. 그가 붙인 이름들은 보이는 모습들sights에 소리sounds를 단 것이다. 한편, 언어의 혼란은 창세기에 따르면 바벨탑과 하늘에 오르려는 인간의 불경한 시도로부터 유래한다. 한마디로 신성한 이론들은 모든 인류가 원래 같은 언어로 말했으나 훗날 생겨난 언어의 차이는 그후에 바벨탑에서의 인간의 교만을 꺾기 위해 신이 정하신 일이라고 주장했다.

여기에 단어들에 최대의 의미를 부여하는 체계가 있었다. 성경은 아담의 이름 짓기를 원죄 이전 상태로 돌렸으므로, 인문주의자들 사이에서 그러한 원시적 이름표들은 언어의 '정수'였음이 틀림없다고 널리 여겨졌다. 따라서 히브리어로 기록된 인류의 최초의 언어를 해독하는 일은 오랫동안 가려져온 천지창조에 관한 신성한 진리들을 드러내고, 어원은 신과 인간 둘 다의 정신의 비밀을 규명할 거라고 예측되었다. 문법학자들 사이에서 인기 있었던, 원래는 투명하고 확정적이고 진실한 언어에 관한 이런 시각은 저 순수성의 복원에 대한 희망을 안겨주었고, 따라서 체스터 주교이자 왕립학회의 회원인 존 윌킨스John Wilkins 같은 이들이 품은, 바벨탑의 결과를 뒤집어 언어를 재통일할 보편 언어를 향한 꿈에 힘을 불어넣었다. 새롭고 '완벽하게 연마된' 언어라는 가능성은 나중에 단일 언어의 지구화를 신적 지식의 완성으로 가는 단계로 본 윌리엄 워딩턴과 존 고든John Gordon 같은 종교적 작가들의 흥미를 불러일으켰다. 보편 언어는 '인간 천재성의 최

대, 최후의 업적 가운데 하나'일 것이라고 프리스틀리는 주장했다.[32]

계몽된 이론가들은 옛 문헌학적 신조들 전부나 일부와 의견이 갈렸다. 아담 언어 이론을 정면으로 반박하는 영국 작가들은 좀처럼 없었지만— 맨더빌은 그 소수 가운데 한 명이었다—비판가들은 언어를 다른 기술들과 마찬가지로 인간의 발명품이나 자연적 획득물로 취급하면서 언어 탄생에 관해 정교한 자연주의적 대안 설명을 발전시켰다. 홉스주의적·유명론적 방식으로, 로크는 단어의 의미야말로 '완전히 자의적'이라고 역설했다.[33]

언어가 신이 내려주신 것인가 하는 질문이 일단 제기되자 그 질문은 다음과 같은 질문으로 이어졌다. 언어가 실제로 어떻게 발전할 수 있었을까? 어떤 이들은 특정한 발화와 지정된 대상의 속성 사이의 '자연적' 대응으로부터 언어가 발생했으며, 그러한 대응이 머릿속에 특정한 음성 배열을 촉발했을 거라고 주장했다. 이 이론의 지지자들은 자연적 의성어('꽝', '쉭' 등등)와 인간의 본능적 말재주를 중시했다. 따지고 보면 심지어 소리 내어 말할 필요도 없는 몸짓처럼 다른 '자연적' 의사소통 수단도 있지 않은가? 윌리엄 워버턴은 "초기에 대화는 말과 몸짓이 뒤섞인 담화로 이루어졌다. (…) 이 관행은 그럴 필요성이 없어진 뒤에도 오랫동안 존속했다. 특히 동방 민족들(자연히 요란한 몸짓이나 동작을 하는 버릇이 있는) 사이에서 그러했다"고 말했다.[34] 인간은 따라서 신체적 표현에 타고난 재능이 있지만 목소리, 즉 내면의 감정들—욕망, 바람, 배고픔, 공포 등—을 토해내는 '자연스러운 외침들cris naturels'이나 감탄사와 함께 이루어지는 몸짓들이 결정적이다. 반복은 암기 그리고 전송 정보를 위한 음성의 재생으로 이어진다. 단순한 음성 신호의 사용은 정신 작용의 범위를 확대하고, 그것은 다시 신호를 향상시키고, 그 숫자를 증가시키며 신호를 더 친숙하게 만든다.[35] 따라서 언어는 필요로부터 발생한 뒤 정신적·사회적 진보와 나란히 갔다고 흔히 주장되었다.

『언어의 기원과 발달Of the Origin and Progress of Language』(1773-92)에서 몬 보도는 어원학이 곧 인식론을 명확히 한다는 로크의 견해를 받아들였다. '언어의 기원'은 '관념들의 기원에 대한 탐구가 없다면' 파악될 수 없기 때 문이다.[36] 따라서 그는 '언어 연구가 올바로 이루어진다면 그로부터 인간 정신의 역사를 가장 잘 배울 수 있다'고 주장하며, 특히 '그 발전의 초기 단 계들에서는 언어 속에 보존된 것말고는 다른 어떤 기록도 있을 수 없다'고 생각했다.[37]

이 스코틀랜드 판사는 전적으로 자연주의적이고 진화론적인 그만의 언어발생론을 내놓았다.[38] 해부학적 근거와 여타 근거를 바탕으로 그는 오 랑우탄은 인류 종 가운데 아직 언어 능력이 없는 종이라고 확신했다.[39] 유 의미한 발화는 매우 어려운 작업이어서 오로지 인간만이 그러한 능력을 획득할 수 있었다. 언어 능력은 생득적이지 않다. "홀로 사는 미개인뿐 아니 라 한 인종 전체, 다시 말해 거대 유인원은 언어를 사용하지 않는 부류로 여태까지 발견되어왔기 때문이다."

> 그들은 인간과 모습이 똑같다. 지금까지 유럽에서 발견되어온 미개인들
> 처럼 네 발로 기어다니는 게 아니라 직립보행을 한다. 그들은 막대기를
> 무기로 사용한다. 그들은 사회를 이루어 살아간다. 그들은 나뭇가지로
> 오두막을 짓고, 흑인 처녀들을 납치해 가서 노예로 삼는다.[40]

몬보도는 데카르트주의자들이 '언어가 인간에게 자연적이며, 따라서 말을 하지 못하는 동물은 무엇이든 인간이 아니다'라고 주장한 것에 주목 한다.[41] 그러나 오랑우탄의 경우 언어의 결핍은 순전히 우연적이며, 따라서

언어가 인간을 동물과 근본적으로 구분 짓는다는 전제를 무너뜨리기 때문에, 이러한 주장은 입증을 회피한 채 논점을 사실로 단정하고 있다. 인간이 유일무이하기보다는 여기서 자연은 다른 데서와 마찬가지로 연속성을 보여준다. 오랑우탄은 이제껏 언어 능력이 결핍된 인간이다. 언어의 역사는 따라서 호모사피엔스의 생물학적-사회적 진화라는 더 넓은 차원의 한 장일 뿐이다.[42]

신화학과 문헌언어학, 인종의 기원과 다양화나 지구 자체의 물리적 성장 같은 다른 연구 분야들에서, 성서적 서사는 세월에 걸친 발달을 부각시키는 자연주의적 설명에 의해 논박되거나 합리적으로 이해되거나 은유적으로 이해되었다.[43] 영국에서 성서의 역사성을 철저히 묵살하는 사상가는 거의 없었지만, 많은 이들이 신적 원인을 자연적 원인으로, 기적적 개입을 점진적 발달로 대체하면서, 그리고 암묵적으로든 노골적으로든 모세오경이 허용하는 것 이상으로 더 긴 시간 규모를 가정함으로써, 성서를 논외로 취급하거나 적당히 무시했다.[44]

인간 사회와 문화의 역사들은 더욱이 전통적으로 타락의 일대기, 에덴이나 황금시대로부터의 탈선으로 해석되어왔다.[45] 그러나 '고대인 대 근대인' 논쟁과 여타 논의에서 그러한 염세적 해석은 개량에 대한 커져가는 신념에 의해 도전받고 있었다. 사람들이 변화를 가장 바라고 필요로 하고 또 그 변화가 가장 극적이었던 곳보다 이 점이 더 분명한 곳은 없었다. 바로 주변부에서였다.[46]

18세기는 코즈모폴리턴 성향과 국지적 충성심 사이에서 갈등하는 지식인들에게 충성심의 충돌을 가져왔다. '세계의 시민'이 되는 것은 그리스-로마의 가치들에 깊이 물든 이들에게는 매력적이었고, 종파적이고 쇼비니즘적인 편협한 신념의 소유자들에게는 혐오되었다. 그러나 민족적 정체성을 부르짖는 목소리도 갈수록 커지고 있었다. 계몽된 자유지상주의는 결국에는 압제자로부터의 독립을 요구했고, 뿌리와 인종, 토착어와 관습, 역사에 대한 새로운 매혹은 민족성의 감정을 배양하고 있었다.[47]

잉글랜드인을 가려내고 때로는 그것을 단단하게 굳히는 신화들은 이 책에서 중심적이다. 그것은 무엇보다도 앵글로색슨식의 정치적 자유에 대한 자부심이고, 자유주의적 프로테스탄티즘, 합리적 종교, 상업적 성공과 문명화 과정 간의 우호 협정이다. 적어도 개념적으로는 그러한 계몽의 공식 안에 포함되는 것은 잉글랜드인만이 아니다―'브리튼 사람은 결단코 노예가 되지 않으리라'라고 스코틀랜드인 톰슨은 〈앨프리드Alfred〉라는 가면극에서 노래한다.[48] 그러나 잉글랜드인이 아닌 사람들 사이에서 정서가 언제나 그렇게 또렷한 것은 아니었다. 스코틀랜드인, 웨일스인, 아일랜드인―13개 주 식민지인의 경우에서처럼 해외의 브리튼 사람은 말할 것도 없고― 은 분열된 느낌을 받기 십상이었다. 물론, 지식인들 사이에서의 '켈트 민족주의'를 소급해 적용하거나 과장하는 것은 잘못일 것이며, 잉글랜드인이 아닌 브리튼인은 형편에 따라서 자신을 '잉글랜드인English'이라고 부르는 데 별로 거리낌이 없었다.[49]―이는 무엇보다 그렇게 많은 뛰어난 '켈트' 명망가들이 기꺼이 고국의 황야를 버리고 그 대도시the Great Wen(런던의 별칭―옮긴이)에서 부와 명성을 추구했다는 사실을 가리키는 지표다. 남쪽으로 향하는 도로를 따라가는 스코틀랜드인들의 행렬은 악명 높았고,[50] 어느 계몽주의 1군으로든 출전할 수 있을 웨일스와 아일랜드 출신 인사들―예를 들어, 리처드 프라이스, 윌리엄 존스, 로버트 오언Robert Owen, 리처드 스틸, 존 톨런드, 한스 슬론, 셰리든 부자, 로런스 스턴, 올리버 골드스미스, 에드먼드 버크― 은 성년기의 삶을 모국에서 보내지 않는 쪽을 택했

다. 고향에 남은 애국자로 통하는 이들도 그렇게까지 나라 사랑에 불타오
른 것처럼 보이지 않을지도 몰랐다. 더블린 성 패트릭 성당의 주임 사제였
던 조너선 스위프트는 '내 생각에 사람은 누구도 전적으로 비참하지는 않
다'고 운을 뗀 뒤, '만약 그가' 일명 '이 노예들의 섬' '아일랜드에서 살아갈
운명을 타고난 게 아니라면'이라고 덧붙인다. 물론 아일랜드 문제에 대한
그의 해법은 아일랜드 아기들은 맛 좋은 먹을거리가 될 거라고 주장하는
『온건한 제안A Modest Proposal』(1729)에 제시되어 있다. "푹 고아서 스튜로 먹
든, 통구이로 먹든, 화덕에 구워 먹든 아니면 팔팔 끓여 먹든 말이다. 그리
고 프리카세Fricasie(닭고기나 송아지 고기 찜의 일종—옮긴이)나 라구Ragoust(고
기와 야채, 각종 양념을 넣어 끓인 요리—옮긴이)로 먹어도 똑같이 맛있을 거라
장담한다."51

조지 왕조 시대 웨일스는 여전히 시골이었고, 인구밀도가 낮았다. 그곳
은 세련된 도시나 대학을 자랑하지 않았고, 일부 주교들은 심지어 자신의
관구를 구경해본 적도 없었다. 웨일스 젠트리 계층은 학식으로 명성이 높
지 않았고—19세기가 되고 한참 지나서까지도 토머스 피콕Thomas Peacock
은 소설 『헤들롱 홀Headlong Hall』(1816)에서 웨일스 지주가, 다시 말해 그의
주인공 해리 헤들롱('앞뒤 가리지 않고'라는 뜻이다—옮긴이)이 실제로 책을
몇 권 소장하고 있다는 설정으로 독자들의 웃음을 자아내리라 기대했다.52
그러나 약간의 빛이 있었다. 글라모건 계곡 출신으로, 욜로 모가눅Iolo
Morganwg으로 통한 에드워드 모건Edward Morgan은 유니테리언이자 볼테르와
여타 필로조프들의 열렬한 추종자로 사제정략에 대한 그들의 증오를 공유
했다. 그는 전설에 따르면 서쪽으로 항해하여 아메리카를 발견하고, 대평
원 한복판에 그의 동포들을 정착시켰다는 중세 웨일스인 매독Madoc에 대

한 열광적 숭배를 시작한 사람이다. 신세계로의 웨일스인들의 이주가 부상하면서 오랫동안 잊힌 저 용감한 부족을 찾아내려는 열망이 자연스럽게 커져갔다—이에 대한 관심은 런던 남부 시드넘에 거주하는 박식한 성직자 존 윌리엄스John Williams 박사의 『주후主後 1170년 오언 기네드의 아들 매독 왕자의 아메리카 발견에 관한 구전의 진실 탐구An Enquiry into the Truth of the Tradition Concerning the Discovery of America by Prince Madog ab Owen Gwynedd about AD 1170』(1791)로 더욱 부추겨졌다.53 특히 13개 주의 반란과 더불어 매 도시언들(매독과 함께 아메리카에 정착했다는 이들―옮긴이)은 자유의 개척자로, 잉글랜드의 멍에를 벗어던진 최초의 사람들로 일컬어질 수 있었다. 그의 민족주의적인 자유지상주의 수사는 나중에 자코뱅주의로 강화되었다.54

모가눅은 또한 문헌언어학에 푹 빠져 있었고(그는 웨일스어와 원시 히브리어 사이의 친연성을 추정했다), 드루이드 신화와 문학, 역사에도 사로잡혀 있었다(드루이드교도들은 자코뱅의 원형으로 제시되었다).55 음유시인 전통을 되살릴 목적으로 그는 아이스테드포드Eisteddfod(음유시인들이 모여 노래와 시를 즐겼다는 중세 웨일스의 축제―옮긴이)를 일종의 민족 문화적 아카데미로 상상했다. 저 옛날 아니에린Anierin과 탈리에신Taliesin(두 사람 다 6세기의 전설적 음유시인―옮긴이)의 시대에 아서왕과 그의 기사들은 웨일스 시가의 후원자들이었다는 말이다. 고대 음유시인들의 야외 모임 고르세드Gorsedd에 대해 알아가면서 모가눅은 의상과 회원, 의례까지 갖춘 고르세드를 다시 환생시켰다. 부활한 첫 고르세드는 '전통의 발명'에 공헌하면서, 웨일스 출신 런던 사람에 의해 1792년 프림로즈 힐에서 연출되었다. 이 시점에서 캄브리아(옛 웨일스의 별칭―옮긴이)-브리튼 복고주의는 정력적인 런던의 웨일스인 소사이어티, 귀네디곤Gwyneddigon의 후원을 받아 대체로 메트로폴리

탄풍이었다.

아일랜드는 얘기가 달랐다. 그곳은 언어와 토지, 종족성, 신앙, 부, 가혹한 반反가톨릭 형법으로 쪼개진 적대적 주민들이 살아가는 갈등의 도가니였다. 그리고 프로테스탄트 지배 계층에 대한 반감도 격렬했다. 더블린과 코크, 여타 몇몇 도시에서 아일랜드는 또한 문명의 소재지를 자랑했다. 더블린의 경우에는 의회와 유서 깊은 대학, 그리고 약간의 전문직 법인 단체들이 자리잡고 있었다.

조지 왕조 시대 아일랜드는 근대화에 헌신하는 기관들을 낳았는데, 특히 더블린 소사이어티가 유명했다. 1731년 '농업과 제조업, 여타 유용한 기술의 향상'을 위해 설립된 이 단체의 회원들은 주로 지주 계급 출신 프로테스탄트 신사들이었으며, 주교와 판사, 법정 변호사, 의사와 군인이 간간이 포함되어 있었다. 단체의 지향은 실용적이었다. 농학 논문이 회람되고, 새로운 농기구가 시도되고, 실험이 진행되고, 최고의 작물을 생산하는 사람들에게는 상금이 제공되었다. 1770년에 이곳을 방문한 아서 영은 아일랜드 농경법에 전반적으로 그리 깊은 감명을 받지는 않았지만 개량을 추진 중인 지주들을 여럿 만났다. 더블린은 교양 있는 문화를 위한 극장과 회관들을 자랑했고—1741년에는 헨델이 〈메시아〉를 지휘하기 위해 더블린을 방문했다—아일랜드 의회와 법원은 자랑스러운 웅변의 전통을 이어갔다. 버클리가 경력 초기에 가르치기도 했던 트리니티 칼리지는 유명한 토론 협회들을 뽐냈다. 그리고 과학을 진흥하기 위해 왕립 아일랜드 아카데미가 1785년 창립되었다.[56]

스위프트부터 심사령에 대한 버크의 규탄에 이르기까지 아일랜드의 권리를 둘러싼 논쟁도 치열하게 전개되었다. 그러나 1790년대가 되어서야

비로소 계몽된(그때쯤이면 혁명적이기도 한) 주장들에 의해 직접적으로 채색된 언어로 불만이 표출되기 시작했다.[57]

스코틀랜드는 또 달랐다.[58] 웨일스와 달리 그곳은 대도시도 많고 인구가 밀집된 지방이었다. 아일랜드와 달리 프로테스탄트가 압도적으로 많았고, 준식민지도 아니었다. 인문주의 학문의 빛나는 전통을 함양하고, 칼뱅주의 덕분에 학교 교육에 깊이 헌신하는 문화로 스코틀랜드는 심지어 연합법Act of Union(1707)에 따라 독자적 의회가 사라진 뒤에도 자체 교회 Kirk(영국 국교회와는 구별된 스코틀랜드 장로교회―옮긴이)와 자체 법률·교육 체계, 자체의 문화적 위신을 이어갈 항구적인 원천들을 계속 유지했다. 에든버러와 글래스고, 그리고 정도는 덜하지만 애버딘과 세인트앤드루스 같은 대학 도시들에는 성직자와 변호사, 의사, 유한 신사 계급이 고도로 집중되어 있었고, 이들 중 다수는 문인이기도 했다. 따라서 전문직과 지주 계급, 대학에 뿌리내린 채 확고하게 자리잡은 문화적 관행들이 눈에 띄었다.[59]

스코틀랜드 역시 혼란을 겪고 있었지만―18세기 중반을 넘어서까지 재커바이트주의를 중심으로 한 충성심과 이해관계, 이데올로기 갈등으로 쪼개졌다―연합왕국으로의 통합 이전, 몹시 후진적이고 가난에 쪼들렸던 민족에게 급속한 경제, 사회 발전을 위한 기회도 손짓하고 있었다. 어떤 이들에게 1707년 정치적 주권의 이양은 민족적 굴욕이었다. 어떤 이들에게는 실제로 눈에 보이는 문화적·지적·사회적 발전들―'문명사회'의 발전―덕분에 그러한 상실이 주로 노스탤지어의 문제로 보였다.[60] 그러나 중요한 것은 어느 스코틀랜드 사상가도 눈앞에서 일어나는, 그리고 예상되는 변화에 대한 뼈저린 자각을 피해 갈 수 없었다는 사실이다. 따라서 많은 이들은 스코틀랜드 민족이 겪고 있는, 혹은 겪게 될 전환들을 이론화해야 한다는 의무감을 느꼈다.

스코틀랜드 계몽주의가 어느 정도까지 국내산인지에 대해서는 여전히 의견이 분분하다.[61] 많은 이들이 계몽의 횃불이 외부에서, 구체적으로 메트로폴리스의 예의 바른 문화에서 왔다고 믿었다. 옥터타이어의 램지 Ramsey of Ochtertyre는 '앤 여왕 시대의 〈태틀러〉, 〈스펙테이터〉, 〈가디언〉의 출현'은 무교양의 스코틀랜드인을 '예의 바른 학자'로 잉글랜드화했다고 믿었다.[62] "해외로부터 전해지는 정보와 자유주의적 감수성liberality의 지속적인 흐름은 갑작스러운 천재성의 폭발, 외국인한테는 1745년 반란 직후 이 나라에 일종의 마법에 의해 별안간 터져 나온 것처럼 비칠 게 틀림없는 폭발을 설명할지도 모른다"고 더글러드 스튜어트도 동의했다.[63]

확실히 런던은 런던대로 식자 문인들을 유혹했다. 1755년 건축가 로버트 애덤은 '더 크고, 더 광범위하고, 더 영예로운 무대, 그러니까 잉글랜드 생활'에 대한 필요성을 설명하면서 '스코틀랜드는 좁은 구석일 뿐'이라고 한탄하고, 에든버러의 누이에게 농담조로 자신 '같은 천재'가 '스코틀랜드에서 재능을 썩히는 것'은 '애석'한 일이라고 말한다.[64] 한편 자신의 스코티시즘(스코틀랜드식 말투, 습관 등등—옮긴이)을 없애는 데 열심인 데이비드 흄은 런던을 '내 나라의 수도'라고 부르고 오랜 친우인 애덤 스미스에게 '스코틀랜드는 나에게 너무 좁은 곳'이라고 털어놓았다.[65] 흄은 결코 열렬한 애국자가 아니었다. 통합 이전에 스코틀랜드는 뒤처져 있었던 것이다. 당시에 '모든 유럽 민족들 중에서 어쩌면 가장 무례하고, 가장 궁핍하고, 가장 요동치고, 가장 불안정했을'[66] 스코틀랜드인들은 교양 있는 문명사회 수준에도 이르지 못했다. 게다가 스코틀랜드의 왕들은 결코 질서를 유지하지 못했다. 그러나 그는 '템스 강둑에 거주하는 야만인들'[67]에 관해 똑같이 툴툴거리면서 지적으로 의미 있는 작품이 잉글랜드에서 나와 칼레도니아의 승리들을 누르고 우쭐해하고 있다는 것을 부정할 줄도 알았다. 1757년에 그는 길버트 엘리엇한테 '이상하지 않은가?'라고 의문을 제기했다.

> 우리가 우리의 군주와 우리의 의회, 우리의 독립 정부, 심지어 우리의 주요 귀족들의 존재를 상실했을 때, 우리가 우리의 억양과 발음에 불만스러울 때, 우리가 쓰는 언어의 매우 변질된 방언을 말할 때, 정말이지 이런 상황에서 우리가 진짜로 유럽에서 문학(여기서 문학은 픽션과 논픽션을 포괄한 모든 저술을 말한다—옮긴이)으로 가장 이름난 민족이라는 게 이상하지 않은가?**68**

그러나 잉글랜드와 스코틀랜드 계몽 전통 간에 엄격한 구분을 짓는 것은 시대착오적인데, 그런 명확한 구분은 대체로 이후의 민족주의를 반영할 뿐이기 때문이다. 철학, 도덕과학과 자연과학에서 트위드강 이북과 이남 간의 공통분모는 차이점을 능가한다. 프랜시스 허치슨이 맨더빌을 리부팅하기 위해 섀프츠베리를 흡수한 것이든, 혹은 조지프 프리스틀리, 토머스 리드, 제임스 비티James Beattie와 여타 '공통 감각' 철학자들 사이에서 오랫동안 이어져온 유물론 논쟁이든 간에 잉글랜드와 스코틀랜드 사상가들은 끊임없이 대화를 주고받았다.**69** 공유하는 언어와 공유하는 독자층을 고려할 때 양측의 지적 전통이 서로를 자양분으로 삼았다는 것은 놀랄 일이 아니다. 1750년 이후로 에든버러대학에 다니는 잉글랜드 학생들의 수가 크게 불어난 한편, 흄과 스미스, 스몰렛처럼 스코틀랜드를 이끄는 유명인 다수는 잉글랜드에서 커리어의 일부를 보내거나 심지어 더 먼 곳으로 뻗어나갔다. 계몽된 스코틀랜드인들에게 코즈모폴리턴이라는 것은 아주 중요했다.

구성 성분이 무엇이든 간에 스코틀랜드 계몽주의의 촉매는 분명하다. 1707년, 그곳의 엘리트 계층은 정치적 독립을 더 나은 경제적 시대를 약속하는 잉글랜드와의 연합과 맞바꾸고서,[70] 무기를 들라는 재커바이트의 호소를 거부했다. 컬로든Culloden 전투(1746년 4월 16일) 시기에 이르자 연합은 가시적인 사회경제적 성과를 내고 있었고,[71] 그에 따라 새뮤얼 존슨은 1770년대에 하일랜드 지방('야만성에서 갓 벗어난' 저 '나라')을 방문했을 때 깜짝 놀랐다.

> 민족적 풍습의 변화가 그렇게 빠르고, 그렇게 거대하고, 그렇게 전반적인 곳도 없는 듯하다. (⋯) '구닥다리 생활 방식'을 보길 기대한 우리는 이곳에 너무 늦게 찾아왔다. 씨족들은 이제 그들의 원래 성격을 거의 잃어버렸고, 그들의 흉포한 기질은 완화되었고, 그들의 군사적 열정은 소멸되고, 그들의 독립적 위엄은 누그러지고, 정부에 대한 그들의 멸시는 완화되고, 그들의 족장에 대한 존경심은 약해졌다.[72]

괄목할 만한 발전이 연합 이후 수십 년 동안 이어졌다. 처음에는, 1688년 이후로 서약파 유형의 칼뱅파 교조주의자들이 지배해온 스코틀랜드 국교회(장로교회—옮긴이)에서 권력 투쟁이 벌어졌다. 1696년에는 에든버러 출신 토머스 에이킨헤드Thomas Aikenhead라는 10대가 불경죄로 유죄 판결을 받아 사형에 처해졌고, 마녀들이 여전히 처형되고 있었다.[73] 1714년부터 글래스고대학 신학 교수 존 심프슨John Simpson은 이단이라며 괴롭힘을 당했다. 세인트앤드루스대학의 교회사 교수 아치볼드 캠벨Archibald Campbell도 1736년에 『사도들은 열광자가 아니었음을 입증하는 담론A Discourse Proving that the Apostles were No Enthusiasts』(1730)이라는 저술 때문에 이단으로 고발을 당했다. 그리고 1738년 프랜시스 허치슨, 1744년 글래스고대학 신학 교수 윌리엄 리치먼William Leechman도, 1756년 데이비드 흄도 마찬가지로 이단이라고 고발당했다. 케임스 경Lord Kames은 『도덕성과 자연 종교의 원리들에 관한 시론Essays on the Principles of Morality and Natural Religion』(1751)에서 표명한 결정론적 철학 때문에 광신도들의 공격을 받은 한편,[74] 존 홈John Home 목사는 희곡을 썼다고 공격을 받았다.

그러나 시간이 흐르면서 강경 노선을 따르는 스코틀랜드 장로교회 지도부는 신앙을 이성과 근대적 학문으로 완화하고 싶어하는 '중도파'의 도전을 받아 흔들렸다.[75] 중도파의 주도적 등불인 휴 블레어Hugh Blair 목사와 윌리엄 로버트슨William Robertson 목사의 빛나는 커리어에서 분명히 드러나듯이 결국 중도파의 대의가 우세하게 되었다. 에든버러에서 교육받은 블레어는 〈에든버러 리뷰〉 창간호에서 허치슨의 『도덕철학의 체계』에 대해 호의적인 서평을 발표하면서 본색을 드러냈는데, 여기서 그는 자애에 관한 허치슨의 과도하게 미학적인 관점에 이의를 제기하긴 했지만 도덕성을 다루는 그의 방식을 칭찬했다. 1776년과 1788년 사이에 블레어는 에든버러대학에 새로 생긴 수사학과 문학 교수직을 역임하면서, 〈스펙테이터〉를 높이 평가하고 심지어 문학의 한 형식으로서 소설을 옹호하기도 한 영향력 있는 저작 『강의록Lectures』(1783)을 내놓았다. 당대에 오시안에 대한 옹호로 가장 큰 대중적 찬사를 받았던 블레어는 종교적으로 자유주의적인Latitudinarian 설교로 길이 기억되었고 또 그 설교 덕분에 부유해졌다―그는 에든버러에서 자기 마차를 소유한 첫 성직자였다.[76] 한편 로버트슨은 1759년에 『스코틀랜드 역사History of Scotland』를, 1769년에는 『황제 카를 5세의 역사History of the Emperor Charles V』를, 1777년에는 『아메리카의 역사History of America』를 출간하면서 흄, 기번과 더불어 영국 계몽주의 역사가 삼두 체제를 구축했다.[77] 그는 에든버러대학의 학장과 나중에는 스코틀랜드 교회 중도파의 지도자가 되면서 1763년 스코틀랜드 교회 총회General Assembly의 의장으로 지명되었다. 이는 그때쯤이면 스코틀랜드 교회가 얼마나 자유화되었는지를 보여주는 증거다.

연합 이후 문화는 폭넓은 전선에서 앞서 나갔다. 〈에든버러 이브닝 커런트Edinburgh Evening Courant〉, 러디먼Ruddiman의 〈위클리 머큐리Weekly Mercury〉, 〈스캇츠 매거진Scots Magazine〉, 〈칼레도니언 머큐리Caledonian Mercury〉(1739년에 이르자 1400부라는 발행 부수를 자랑했다) 같은 신문이 출현했다.[78] 클럽과 개량 협회들도 여기저기서 생겨났다. 이지 클럽The Easy Club은 의미심장하게도 〈스펙테이터〉를 읽기 위한 목적으로 시인 앨런 램지의 주도하에 1712년부터 모이기 시작했다. 미러 클럽The Mirror Club도 거의 같은 활동을 한 한편, 애덤 스미스가 창립 회원인 실렉트 소사이어티Select Society(1754~64)는 지위가 있는 사람들을 위한 토론 클럽이었다.[79] 농업 지식 향상을 위한 영예로운 협회The Honourable Society for the Improvement in the Knowledge of Agriculture(1723~45)도 엘리트 계층의 요구에 부응했다. "이 같은 세련된 기술들이 발전할수록 사람은 더 사교적이 된다"고 흄은 그러한 자발적 단체의 역할에 관해 논평했다.

> 그들은 도시로 떼 지어 몰려든다. 지식을 수용하고 전달하기를, 자신들의 기지나 잘 교육받은 예의범절을 과시하길 좋아한다. (…) 특정 클럽과 협회들이 어디서나 만들어진다. 남녀가 편안하고 사교적인 방식으로 만난다. 그리고 사람들의 행동과 기질이 급속히 세련되어진다. (…) 따라서 **근면**과 **지식**, **인간성**은 끊으려야 끊을 수 없는 사슬로 연결되어 있다.[80]

신사들을 한데 묶는 그러한 클럽들의 성공은, 잉글랜드와 달리 스코틀랜드에서는 그때까지 직업 작가 집단이 없었기 때문에 특히 결정적이었다. 두걸드 스튜어트는 1730년대까지도 스코틀랜드에 작가라는 직업이 알려지지 않았음을 언급했고—에든버러 '글쟁이들의 거리'는 없었다—'북방의 아테네'에서 저술 활동을 한 사람들은 신사와 변호사, 신학자, 학자와 의사들이었다.[81]

　　그사이, 대학들은 대학들대로 근대화되고 있었다. 특히 에든버러와 글래스고에서 구식 학생감 시스템regenting system(이 시스템에서 교수는 전공만이 아니라 모든 것을 가르치면서 일반 교사처럼 행동해야 했다)은 전문화된 교수 시스템으로 바뀌었다.[82] 정실주의적 경향에도 불구하고 대학들은 철학, 과학, 의학 분야에서 기라성 같은 재능인들의 전당이 되었고, 많은 걸출한 저작들이 학계 안팎에서 나왔다.

　　1754년 블레어와 스미스를 비롯한 일단의 문인들에 의해 원조 〈에든버러 리뷰〉가 창간되었다. 비록 고작 2호까지만 나오고 사라졌지만—아무래도 시기상조라고 할 정도로 조숙했던 것 같다—원조 〈에든버러 리뷰〉는 미래를 가리키는 자침을 제공했다. 스미스는 제2호이자 최종호에서 이렇게 말한다. "학식의 세계에 이제 막 모습을 드러내려 하는 이 나라는 아직까지 저명한 저작들을 너무 적게 내놓아서, 그 저작들을 주로 비평하는 잡지가 상당 기간 대중의 관심을 붙들고 있기가 거의 불가능하다." 잡지의 우선적 관심사는 대륙의 저작들을 흡수하는 데 있었고, 본보기를 보이기 위해 스미스는 다름 아닌 『백과전서』에 관한 해설에 착수했다.[83] 스코틀랜드식 글쓰기의 정식화를 사명으로 삼는 〈에든버러 리뷰〉는 언어의 '저속함'을 질책했다. 브리튼섬 북부에서 보이는 '지식의 진보'의 힘겨움은 정제된 글쓰

기 기준이 결여된 나라에서 겪는 '올바른 표현의 어려움'에서 기인한다고 창간호의 서문은 설명했다.[84]

따라서 이항 대립―활기찬 잉글랜드 대 시들시들한 스코틀랜드라는 대립뿐 아니라, 발전하는 스코틀랜드 저지대 대 후진적 고지대라는 대립―이 너무도 분명한 가운데 스코틀랜드 사상가들은 사회적 차이와 변화를 조명하는 이론적 모델들을 내놓지 않을 수 없었을 것이다. 어쩌면 가장 야심 찬 기획은 보기 드문 고지대 주역들 가운데 한 명인 애덤 퍼거슨, 즉 그런 기획에 알맞게도 경력이 군인과 성직자, 교수에 걸쳐 있는 사람한테서 나왔다. 그의 『문명사회의 역사에 관한 시론An Essay on the History of Civil Society』(1767)은 특히 사회 발전에 대한 두 가지 역사적 논의―'저속한 국가들의 역사에 관해'와 '정책과 기술의 역사에 관해'―속에서 상업 사회로 나아가는 국가들의 도덕적·물질적 진행을 분석했다. 마지막 세 부분―'민사상 기술과 상업 기술 발전에서 기인하는 결과에 관해', '국가들의 쇠퇴에 관해'와 '부패와 정치적 노예에 관해'―은 그 제목들이 분명히 하듯 근대성으로의 이행에 대한 역사-도덕적 비용 편익 분석을 제시했다.[85] 발전한 상업 사회의 문제들에 대한 그의 진단은 '저속함에서 문명화로의' 발전에 관한 개관을 제공하면서, 여전히 미덕을 견지한 채 경제 발전을 추구하려는 스코틀랜드의 시도와 관련한 시민적 인문주의의 불안감을 표명했다. 새로운 종류의 상업적·헌정적 자유를 추구하는 나라에서, 게다가 원시적 사회와 선진적 사회 간의 경계선에서 태어난 퍼거슨은 비록 『시론』이 고지대를 거명하지 않은 채 후진 경제를, 잉글랜드를 길게 다루지 않은 채 상업화를, 연합을 시사하지 않은 채 국가State를 논의하고 있다 해도 스코틀랜드의 문제들에 깊이 몸담고 있었다. 커다란 쟁점은 근대 국가에서 전통적인 시민적 덕성이 차지해야 할 자리—혹은 대체 가능성—였다. 근대화가 상무적尙武的·시민적 정신의 불가결한 전통들을 약화시키고 결국에는 자유를 훼손하지 않을까? 그렇다면 분명 풍요의 대가는 너무 큰 것 아닌가?[86]

『시론』은, 퍼거슨에게 동의하지 않지만 그와 마찬가지로 더 넓은 역사적 캔버스 위에서 스코틀랜드와 새로운 스코틀랜드를 말없이 그려 보이는 데이비드 흄과 암묵적 대화를 나누고 있다. 흄은 스파르타(그에 대해서는 중세 스코틀랜드를 참고하라)와 근대 상업 사회 간의 대비를 다룸으로써 고대와 근대의 정체政體들에 관한 그 나름의 비교 작업을 수행했다.[87] 자유 사회의 사례로서 스파르타는 살툰의 앤드루 플레처Andrew Fletcher of Saltoun부터 퍼거슨에 이르기까지 스코틀랜드 '공화국인Commonwealthmen'들에 의해 오랫동안 칭송받아왔지만,[88] 흄은 스파르타식 미덕을 옹호하는 반反사치론을 콕 찍어 공격했다. 그는 무역이 타락이 아니라 예의범절과 평화, 진보를 가져온다고 주장했다.[89] 그 무렵에 루소도 학문과 예술에 관한 『담론』(1750)에서 치켜세웠던 스파르타의 무용에 대한 구식 찬미를 반박하면서, 흄은 토지 소유 전사 계급을 자유 사회의 초석으로 떠받드는 시민적 인문주의 전통을 전복했다. '인간 삶에 대한 신중한 관찰'로부터 이끌어낸 '인간 과학Science of man'을 시도하면서,[90] 흄은 스파르타 같은 전사 국가는 바람직하지 않고 시대에 뒤떨어진 것인 반면, 근대 상업이 가져온 '세련된 교양의 시대'는 '가장 행복하고 유덕한' 시대라고 주장했다.[91]

흄은 '사치의 예술'을 역사적 맥락에 위치시켰다. 그의 초기 국면은—애덤 스미스의 최초 사회 상태로 곧 재등장하게 된다—'미개 상태', 즉 사냥과 고기잡이에 할애되는 자급자족 경제다. 이후로 사회들은 농업을 추구하게 되는데, 농업 경제는 조만간 자유롭게 예술에 전념할 수 있는 '잉여

인구'를 지탱할 수 있게 된다. 많은 이들이 잉여 예술 집단이 없었다면 접하지 못했을 '즐거움을 얻을 기회'를 얻으면서 복지가 확산된다.[92]

스파르타는 그러한 발전에 극명한 예외로서 두드러졌다—아닌 게 아니라 '고전적' 덕성의 완벽한 모범으로서 스파르타는 약소국들에 대한 도덕적 질책으로서 내세워졌다. 스파르타에서 일어난 일은 그곳의 경제적 잉여 인구가 경제가 아니라 군사 활동에 전념했다는 것이다. '그 국가(그 군사 기구)의 위대성'과 '그 구성원의 행복' 사이에는 긴장이 분명히 존재했다.[93]

사치의 시대는 더 행복하며, 그 시대의 행복은 세 가지 요소로 이루어져 있으니 바로 '게으름'과 '행동', '쾌락'이다—이 가운데 마지막 요소인 쾌락은 분명히 행동과 연결되어 있는데, 행동은 정신에 활기를 불어넣고, 그에 따라 자연스러운 욕구를 만족시키고 부자연스러운 욕구들을 억제하기 때문이다.[94] 그러나 흄은 행동을 높이 평가하면서 키케로의 레스 푸블리카res publica—국사國事에의 참여—에 대한 몰두가 아니라 '근면industry'(조직적 노동, 직업 활동이라는 뜻—옮긴이)의 사적 추구를 칭찬하고 있었다. 사람들은 더 '호화로운 생활 방식'과 '사치스러운 쾌락'을 위한 욕망에서 활동에 나서거나 열심히 일하게 된다.[95] 이것들은 육체적 욕망의 충족에 영합하기 때문에 고전고대의 모럴리스트들과 기독교도들 양측에 의해 천시되었으나 흄은 그러한 질책들과 거리를 두고 '무해한' 사치를 칭송한다. 수도승과 '열성의 광란으로 어지러워진' 사람들만이 좋은 음식이나 옷과 같은 무해한 것들을 비난할 수 있으리라. 정말이지 흄은 사치가 야기한 쾌락의 세련됨이 사실은 천박한 탐닉의 감소를 의미했다고 반론을 펼쳤다—폭식가들은 '요리법에 대한 세련된' 취향을 가진 베르사유의 궁정인들이 아니라 야만인 무리다. 현대 상업 사회의 '무절제'에 대한 도덕주의적 공격은 따라서 잘못된 것이다.[96]

스파르타 같은 미개 국가들은 사회적 품위와 인간성이 줄곧 부족했던 반면, 근면의 도래는 진보적인 힘들을 풀어놓았다. '모든 예술과 학문'은 향상되었고, '심대한 무지'는 사라졌으며, '육체의 쾌락과 더불어 정신의 쾌락'이 함양되었다.[97] 흄은 순진한 농민들을 땅에서 유혹해낸다는 소위 저 퇴폐의 소굴, 도시의 타락에 대한 진부한 도덕주의적 비판을 반박했다. 도시적인 것에 대한 케케묵은 반감을 뒷받침하는 것은 퍼거슨에 의해 옹호된, 쟁기와 칼을 든 유덕한 시민이라는 해링턴 모델이었다. 머리부터 발끝까지 근대인인 흄에게는 반대로 문명과 예의 바름, 시민적 삶이 다 같은 것이었다.[98] 사교성과 인간성은 '법, 질서, 치안, 규율'을 장려한다. 그리고 '근면과 지식, 인간성이 끊으려야 끊을 수 없는 사슬로 서로 연결된 것'은 '세련된' 시대에 와서다.[99]

스파르타의 왕들은 복지보다 전쟁을 중시했다. 그러나 흄에게는, '인간성' 그 자체가 기질과 매너 측면에서 '부드러워질' 것을 요구했다.[100] 몽테스키외의 『법의 정신』(1748)에서 명시된 '온화한 상업doux commerce의 신조'를 상기시키듯이 말이다.[101] 저 바람직한 매너의 유순화를 보여주는 한 가지 신호는 현대의 전쟁들이 덜 잔혹해진 반면, 시간이 흐르면서 용기—미개한 나라들에서는 최고의 미덕인—의 위상 역시 낮아졌다는 것이다. 그러한 유순화는 유약함으로의 전락을 의미하지는 않는다고 흄은 걱정을 덜어준다—당대 프랑스와 잉글랜드의 국력은 분명하게 '사치'가 군사적 노쇠로 이어지지 않았음을 입증하지 않는가!![102]

흄은 '엄격한 도덕가들'의 스파르타식 이상에 대한 적극적 대안으로서 자유에 대한 '근대적' 개념, 친구인 애덤 스미스가 곧 더 온전하게 구명할 개념을 제시했다. 스파르타 사회는 헬롯helot(고대 스파르타의 예속민—옮긴이)과 '군인 혹은 신사'로 나뉜 그 엄격한 양극화에 의해 제약되었다.[103] 사치의 증대의 바람직한 한 가지 결과는 그러한 거친 양분화를 끝내는 데 있었다. 노예제는 행복에 '해로운' 반면, 상업 사회에서는 모든 사회 구성원이 '이러한 상품들의 혜택을 얻을' 것이므로 주민들이 전체적으로 행복할 터였다.[104]

흄은 인간과학에 대한 호소로 논증을 매듭짓는다. '더 자연스럽고 일반적인 추이에 반하는 폭력적인' 스파르타는 예외적 사회였다―스파르타가 실제로 존재하지 않았다면 우리는 그런 사회가 성립 불가능하다고 여겼을 것이다![105] 근대 국가들은 그러한 존재 방식으로 회귀해서는 안 되고 사실 회귀할 수도 없다. 스파르타는 천만다행으로 우리가 상실해버린 세계다. 오늘날 한 도시가 '공공선에 대한 열정'[106]으로 불타오르는 주민들로 이루어진 '요새화된 병영'으로 존재하리라는 생각은 도통 현실성이 없으니, '우리가 가장 강력하게 주의를 기울이는 대상은 우리 자신에게 국한되기' 때문이다.[107] 정부는 신민들을 진정으로 움직이게 하는 그러한 감정들로 그들을 다스려야 한다―그들은 '탐욕과 근면, 예술과 사치의 기풍으로 신민들을 살아 숨쉬게' 만들어야 한다.[108]

'엄격한 도덕가들'이 혐오하는 저 탐욕은 흄에게는 역설적이게도 '시민적 자유'의 '자극제'였고,[109] 그 '발휘와 작용'에 대해 '인간의 마음이 그보다 더 지속적으로 갈망하고 요구하는 것도 없다.'[110] 탐욕은 '언제나, 어디서나, 모든 사람들에게'[111] 작동한다―'최대한 보편적인 원리들'[112]을 기대하는 흄식 인간과학에서는 중대한 보편성이다. 그러므로 정치학에 대한 이해는 '인간 본성을 심사숙고해온' 모두가 '신동'이라고 평가한 스파르타 같은 별종에 바탕을 두어서는 안 된다.[113]

흄은 속내를 고스란히 드러내는 단어를 선택하여 인류한테서 악덕을 제거하려면 '기적적인 전환'이 요구될 거라고 주장했다.[114] 행정관들은 사람들을 있는 그대로 다루어야 하고, 하나의 악덕을 사회에 덜 해로운 다른 악덕들에 의해 상쇄시켜야 한다. 정부는 명령에 의해 '좋은 삶'을 부과할 수 없다. 그보다는 인간 본성은 정해져 있으므로 통치자는 정념들을 건설적인 방향으로 흐르게 해야 하고, 복리를 도모해야 한다. 스파르타는 완전히 틀렸다. '근면과 기술과 무역'은 올바르게 이해된다면 '군주의 권력'을 증대시킬 것이다. 그러나 그러한 권력의 증대를 스파르타 군사주의의 경우에서처럼 '신민들의 행복'을 희생하여 사들여서는 안 된다.[115]

상업 국가는 힘이 센 반면에 비非교역사회는 제자리걸음만 하고 있다고 그 18세기 철학자는 평가했다. 밑바닥의 병사들은 무지하고 오만하고 게으르다. 문명화된 국가는 그 사회의 비군사적 속성들 덕분에 효과적인 군사력을 이룰 것이며, 특히 부유한 국가에서는 군대를 세금을 통해 일으킬 수 있기 때문이다.[116]

흄은 '지금 세계에서 잉글랜드는 어느 나라보다 우위를 점하고 있음'을 시사하며 무엇보다도 상업 사회는 진보적이라고 주장했다. 잉글랜드의 성공 비결은 '다수의 기계적 기술'의 보유뿐 아니라 '모두가 가능한 한 자신의 노동의 성과를 누려야' 하기 때문에 '이러한 기술의 산물이 다수의 사람들 몫으로 돌아간다는 데' 있다. 혜택의 공평한 확산은 인간 본성과 조화를 이룬다.[117] 전체적으로 보아, 계몽된 인간과학은 분명한 교훈을 가르쳐준다. 스코틀랜드는 가능한 한 신속하게 잉글랜드식으로 변모해야 한다고.

따라서 흄은 근대인들을 위한 나팔을 울렸다. 스코틀랜드는 스파르타를 모방해서는 안 되고, 그 상상된 공동체를 향해 노스탤지어가 낭비되었다는 것이다. 어느 정도는 개량을 향한 인간의 충동 덕분에 시대는 계속 앞으로 나아갔다. 퍼거슨과 달리, 그리고 근대화가 이점만이 아니라 해악도 야기한다고 보는 애덤 스미스와도 어느 정도는 달리, 흄은 사회 변화의 방향에 관해 전적으로 낙관적이었다.

그러한 전제들은 하나의 원동력에 의해 작동되어 펼쳐지는 역사 계획 모델에 각인되었다. 발전의 모든 요소들이—경제적·도덕적·법적·문화적·정치적 요소들이—공생적으로 상호작용하는 가운데, 사회가 일련의 단계를 거치는 것은 거의 필연이라는 생각은 1750년 이후 사고방식에서 하나의 특징이 되었고, 특히 스코틀랜드에서 만연했다. 그러한 역사 모델이 제2의 천성이 된 사람으로는 흄의 친척인 케임스 경Lord Kames 헨리 홈Henry Home이 있었다.[118] 일찍이 『도덕성과 자연 종교의 원리들에 관한 시론』(1751)—스코틀랜드 교회가 위험하다고 판단한 저작—을 펴낸 뒤, 인간 조건에 관한 판관이자 지칠 줄 모르는 이 사색가는 『역사적 법 논고Historical Law-Tracts』(1758)에서 법의 기원과 발전의 역사로 관심을 돌렸고, 각종 사회 제도의 역사적 발전상을 추적하는, 도덕에 관한 네 권짜리 인류학 연구서인 『인간 역사에 대한 스케치Sketches of the History of Man』라는 방대한 저작으로 1774년에 자신의 논의를 매듭지었다.[119]

법을 다루면서 케임스는 대담하게 법적 합리성 자체는 시대를 초월하는 것이 아니라 역사화되어야 한다고 주장한다. "한 나라의 법은 그 주민들의 습속과 상황, 그들의 정부와 일치할 때 완벽해진다. 그리고 이것들은 좀처럼 정체되는 예가 없으니, 법도 그것들의 변화와 함께 가야 한다."[120] 또한 그 법의 대가는 인간의 '뛰어난 전유 성향'을 분석하면서 '사적 소유가 없다면 근면한 활동도 없을 것이며, 근면이 없다면 인간은 영원히 미개인으로 머무를 것'이라고 여겼다. 그는 '사회의 여명기'에 개인은 자신의 소유물을 지키고 사적 복수를 추구했다고 설명한다. 적절한 시간이 흐르면 재산 분쟁이 벌어져서 판결을 내리는 데는 제3자가 요청된다. 그러한 판결인들은 분쟁 개입의 권한을 꾸준히 획득하고, 한편으로 민사 재판관할권이 발전한다. 하지만 형사 재판관할권은 더 느리게 진전되는데, '복수, 즉 규율을 받지 않는 본성의 그 굉장한 특권은 결코 순순히 포기되지 않기' 때문이다.[121] 그럼에도 불구하고 사적 복수는 너무도 파괴적인 것으로 드러나므로, 정부는 결국에 유혈의 원수지간을 기소하는 역할을 떠맡게 된다.[122]

케임스는 법의 역사에서 눈길을 돌려 사회 변화의 더 넓은 철학을 개략적으로 그려 보이는 쪽으로 이끌렸다. "생존을 위한 수렵과 어로는 인간의 최초 직업이었다. 양치기의 삶은 성공을 거두었다. 다음 단계는 농업 생활이었다."[123] 그러한 '진보적인 변화들'은 '보편적으로' 발견될 수 있으나 오직 농업 단계에서만 '진정한 사회정신'이 등장했으니, 그것은 '호혜이자 개인들의 근면이 자신들과 더불어 타인들한테도 유익해지는 것'이다.[124]

다른 이들은 존 달림플Sir John Darlymple의 표현대로 '인간이 어떻게 가장 조야한 단계에서 가장 세련된 사회 단계까지 도달했는지'를 밝히며 유사한 패턴들을 정식화했다. 『가장 초창기 이야기부터 현재까지 에든버러의 역사History of Edinburgh, from the Earliest Accounts to the Present Time』(1787)에서 알렉산더 킨케이드Alexander Kincaid는 '스코틀랜드 전역에서 그 시대 습속의 전반적인 모습'을 그려 보이며, 엄밀하게 경제적 단계라기보다는 문화적 단계로 생각되는 '야만성'에 특별히 주목한다.[125] 그러나 그러한 생각들은 몽테스키외의 습속의 지도를 인류의 자연사 속에 역사적으로 위치시키려는 시도에서 애덤 스미스가 설명하고 나중에 그의 추종자 존 밀러가 설명한 4단계 이론에서 가장 철저하게 표현되었다.[126] 스미스는 루소보다는 크루소에 가깝게 들리는 사고 실험에서, 사회의 4단계란 '수렵 사회, 목축 사회, 농업 사회, 상업 사회'라고 설명한다.

만약 다수의 사람들이 무인도에 표착한다면 그들의 생명을 유지해줄 첫 양식은 대지가 자연히 생산하는 과일과 그들이 잡을 수 있는 짐승들한 테서 나올 것이다. 이것들이 항상 풍족할 수는 없으므로, 마침내 그들은 언제든 가까이에 둘 수 있도록 일부 짐승들을 길들이게 되었다. 시간이 지나면 심지어 이것들만으로도 충분하지 않게 될 것이다. 그리고 그들 은 대지가 저절로 상당량의 식물을 산출하는 것을 보고, 그것을 더 많이 산출할 수 있도록 식물을 재배하는 일을 생각하게 될 것이다. 그리하여 농업이 생겨나니, 농업은 한 나라의 지배적인 일거리가 될 수 있기 전에 적잖은 개선이 요구된다. (…) 상업의 시대는 자연히 농업의 시대의 뒤 를 잇는다.[127]

각각의 연속적인 단계에서 발생하는 역동적 긴장은 다음 단계로의 이 행을 촉발할 것이다. 따라서 가축떼는 '재산의 불평등'으로 이어지고, 이는 '최초로 정식 정부를 탄생시켰다. 재산이 있기 전까지는 정부도 있을 수 없 는데' 정부의 핵심 자체가 '빈자들로부터 부자들을 방어하는' 것이었기 때 문이다.[128]

이러한 시각들을 정교하게 가다듬은 사람은 존 밀러였다. 모든 스코틀 랜드 진보주의자처럼 글래스고대학의 이 법학 교수는 명예혁명과 연합법 에서 생겨난 거대한 혜택들을 칭송했다. "그러므로 이 행복한 시기로부터 상인들과 제조업자들은 새로운 측면을 띠게 되었고, 급속도로 발전을 이 어가면서 사회 상태와 사람들의 성격 및 습속에서 무수한 변화들을 낳았 다."[129] 그의 준準유물론적 버전은 네 단계의 경제적 논리를 강조했다. 인류 의 첫번째 목표는 말할 필요도 없이 '생존 수단을 획득하는 것, 필수품과 생활의 편의 및 편리를 위한 설비를 획득하는 것이었다.' 그후 그들의 목표는 '타인의 공격에 맞서 자신의 안전과 재산을 지키는 것'이었다. 처음에는 재산 그 자체가 단순했기 때문에 정치적 대책들도 단순했지만, 더 큰 재산은 '그 정부가 더 복잡해질 것'을 요구했다. 그런 이유로 "부富의 발전을 추적함으로써 우리는 그에 따른 정부의 발전 과정을 발견할 수 있을 것이다."130

밀러는 네 가지 연속적인 상태들을 조목조목 설명한다. 처음에는 '수렵과 어로, 대지에서 저절로 자라는 과일을 채집하여 살아가는 사람들'인 미개인이 있었다. 그다음 목축인의 시대가 왔다. 그다음은 농부, 마지막으로 상업 민족들이 생겨났다.131 전체적으로, 그는 포괄적이고 순도 높은 진보의 이야기를 들려준다.

> 그들의 전망들은 점진적으로 확대되고, 그들의 욕구와 욕망들은 갈수록 더 깨어나며 삶의 여러 편의를 추구하는 과정에서 더욱 요구된다. 그리고 다양한 제조업 분야들이 그와 떼려야 뗄 수 없는 동반자인 상업, 그리고 안락함과 풍요의 자연스러운 산물인 과학, 문학과 함께 도입되어 성숙하게 된다.132

환경은 왜 어떤 사회들이 다른 사회들보다 더 발전하는지를 설명해주면서 그러한 발전들에 일정한 역할을 하지만, 스미스처럼 밀러는 본질적으로 진보를 인간의 본성 그 자체로, 즉 '자신이 처한 조건을 개선하려는 성향과 능력'으로 돌리는데, 그러한 인간 본성은 '어디서나 진보의 여러 단계들에서 놀라운 통일성을 가져왔다.'133

흄과 스미스, 밀러의 철학들에서 개량은 사실상 보장된 것이고, 진보의 경로는 어디서나 또렷해졌다. 따라서 두걸드 스튜어트는 스미스의 공로를 평가하면서 그의 『언어 기원론Dissertation on the Origin of Language』(1761)을 당대의 전형적인 '특정한 종류의 탐구', 즉 '과거의 제도와 생각, 관습, 예술과 현재의 그것들 간의 뚜렷한 차이'를 설명하려는 시도의 '모범'으로 상찬했다. '어떤 점진적 단계들을 통해 처음의 미개하고 단순한 노력들로부터 그토록 놀랍도록 인공적이고 복잡한 상태로의 이행이 이루어졌는지'를 살펴보는 과정에서, 엄밀한 사실들은 물론 흔치 않았고, 그래서 답변은 또다른 원천, 즉 추측에서 구해져야 했다. "우리의 선험적 결론들은, 표면적인 시각에서 봤을 때 의심스럽고 믿기 힘들어 보이는 사실의 신빙성을 확인시켜주는 경향이 있을 수도 있다." 스튜어트는 그러한 추측에 기반을 둔 설명들이 호기심을 충족시키는 역할만 하지는 않는다고 주장한다. 그것들은 변화가 어떻게 '자연적 원인들에 의해 생겨났을 수도 있는지'를 보여주는 과학적 가치를 지니고 있다. 이런 설명 방법에는 이름을 붙일 만하다. "나는 실례를 무릅쓰고 여기에 이론적 혹은 추측적 역사라는 이름을 붙이겠다."[134] 진보는 따라서 계몽의 무기고에서 너무도 중요한 이론적 무기가 되어, 이론을 뒷받침할 데이터가 부족할 때는 추측이 데이터를 대신하게 된다.

성서가 인간 조건을 설명하는 데 충분한지 의문이 제기되면서 역사의 거대한 캔버스를 이해하려는 시도가 서둘러 이루어졌고, 급속한 물질적·사회적 변화는 계속 진행중인 진보라는 관점에서 현재를 위치시키려는 시도들을 고무했다. 미개함에서 세련됨으로의 이행을 다루는 이론들이 위세를 떨쳤고, 스코틀랜드의 급속한 발달—새비지savage에서 스캇츠맨Scotsman으로('미개인에서 스코틀랜드인으로'—옮긴이), 에덴동산에서 에든버러로—을 고려할 때 특히 그곳에서 인기를 끌었다. 근대화는 번영만 가져온 게 아니었다. 그것은 예의범절로부터 삶의 모든 부문들로 뻗어나가는 포괄적 힘이었다. 밀러는 '사회 상태의 개선들은 풍요와 세련됨의 결과이며, 가장으로

하여금 권위를 행사할 때 더 부드럽고 온화하게 행동하게 만들' 것이라고 의기양양하게 선언했다. "더 풍요롭고 안전하게 살아가므로 사회적 애정들을 발휘하고, 기질을 더 부드럽게 하고 인정을 부여하는 경향이 있는 그런 기술들을 계발하기 쉬울 것"이다.[135] 진보는 인간화하는 것이었다.

스코틀랜드인들은 마침내 계몽되는 것에 ─그리고 풍족해지는 것에─ 대단히 기뻐했다.[136] 그리고 그들은 자신들의 견실한 학문적·철학적 전통을 자랑스러워하면서 인간 정신과 그 개량 능력에 관한 고상한 이론들을 통해 그 같은 자신감을 합리화했다. 사회 변화의 단순한 이론가에 그치지 않는 애덤 퍼거슨 역시 예를 들면,『도덕철학의 원리 적요Institutes of Moral Philosophy』(1796)를 내놓았다. 인류학적 배경을 개략적으로 설명한 '종의 역사'에 관한 장들 뒤에 퍼거슨은 '개인의 역사'를 다루면서 의식, 감각과 지식, 관찰, 기억, 상상력, 추상, 추론, 예지, 성향, 정서, 욕망, 자유의지를 살펴본다. 인간의 지적 잠재력 자체는 한계를 몰랐다.[137]

정신 진보의 역사가로서 퍼거슨의 뒤를 이은 사람은 스코틀랜드 학계의 명가 출신으로 또다른 전형적인 박학가 교수인 두걸드 스튜어트였다. 1772년 스튜어트는 노쇠한 아버지를 대신해 에든버러에서 수학 강의를 맡게 되었다. 6년 뒤 그는 퍼거슨의 강의도 떠맡았고, 1785년 퍼거슨이 물러나자 도덕철학 교수직으로 자리를 옮겨 엄청난 성공을 거두게 된다. 그의 핵심 저작들 전부─『인간 정신에 관한 철학 강요Elements of the Philosophy of the Human Mind』(1792), 『철학적 에세이Philosophical Essays』(1810), 『인간의 활성 능력과 도덕적 능력에 관한 철학The Philosophy of the Active and Moral Powers of Man』(1828)─는 공통의 프로그램을 드러낸다. 정신 발달에 관한 베이컨적 철학이라는 프로그램이다.

형이상학적 사색으로부터 벗어난 탐구가 관찰과 실험에 의거해 물리적 현상들의 연관성을 지배하는 법칙의 발견으로 방향이 돌려졌을 때, 자연철학은 과학의 지위를 이미 획득했다고 스튜어트는 주장했다. 자연과학은 이질적인 현상들을 종합할 수 있는 더 커다란 일반성의 법칙 아래 이러한 동일성들을 이끌어냄으로써 진보해왔다. 정신에 관한 철학도 유사한 수단으로 발전해야만 한다.

스튜어트에게 가장 필요한 것은 사회(경제와 정치를 포함하여) 과학과 의식에 관한 과학을 포괄하는 식으로—비록 두 가닥으로 이루어지긴 하겠지만—일원화된 인간과학이었다. 그는 의식 현상은 추측에 의해 편견 없이 취급되어야 하며, 현상의 관계들을 지배하는 법칙들은 귀납적으로 입증되어야 함을 강조한다. 정신과학은 물리학에서의 뉴턴의 원리들과 나란히 '우리의 성질의 일반 법칙들'에 대한 지식을 추구할 것이며, 뉴턴 법칙들처럼 헤아릴 수 없이 다양한 사실들에 대한 연역적 설명을 촉진할 것이다.

정신과학은 '공통 감각의 원리들'을 전제했지만, 토머스 리드가 애용한 그 표현은 오류가 있었는데, 회의주의에 맞선 '공통 감각(상식)'에 대한 그의 호소는 교육받은 계층에 맞선 속인俗人, the vulgar(학식이 없거나 고상한 맛이 없는 속된 사람—옮긴이)에 대한 호소처럼 들렸기 때문이다. 스튜어트는 대신에 '인간 믿음의 근본적 법칙들'을 이야기하는 쪽을 택했다.

스튜어트는 앞선 스코틀랜드 사상가들로부터 그의 유도동기leitmotiv, 고정관념이 되다시피 한 발상을 이끌어냈다. 바로 '철학적 학문들'의 통일이라는 발상이었다—논리학, 도덕철학과 정치철학, 정치경제학, 미학, 이 모든 것은 정신에 관한 철학에 의존하고 있었다. 이를 위해, 가장 넓은 의미에서의 심리학에 토대를 둔 '하나의 커다란 전체로 간주되는' 인간 본성에 관한 연구가 요구되었다. 그는 또한 그의 자연철학적 시각들을 합리적 종교 안으로 통합시키는 데 관심이 있었다. 영혼은 우리가 내면에 대한 관조로 의식하는 어떤 것이 아니다. 그보다는 영혼에 관한 우리의 지식은 전적으로 '상관적', 즉 의식 현상으로부터 이끌어낸 것이다. 정신의 비물질성은 죽음 이후의 삶을 기대하게 만들었고, 인간 본성에 깊이 자리잡은 성향들은 그러한 기대를 실현시키는 미래의 삶을 필요로 했다―예를 들어, 더이상 환원 불가능한 선악 관념은 신적 정부를 요구하고 또 암시했다. 스튜어트는 역사에서 정신의 진보적 발현을 발견하기 위한 스코틀랜드 학계의 시도의 정점을 대변했다.

계몽된 희망들에서 중심적인 것은 인간과 사회로 과학적 사고를 확장한다는 목표였다. 강력한 대학 전통을 지닌 급변하는 사회에서 살아가던 스코틀랜드인들이 진보에 관한 명료하고 일관된 철학들에 특히 공헌하면서 그러한 움직임에서 그토록 두각을 나타냈다는 것은 별로 놀랄 일이 아니다.

| 11장 |

행복

현재는 오락의 시대, 쾌락의 황금기다.

— 새뮤얼 포코너Samuel Fawconer[1]

오 행복이여! 우리 존재의 목적이자 목표여!
좋음, 쾌락, 안락, 만족! 너의 이름이 무엇이든 간에

— 알렉산더 포프[2]

이토록 부산한 세상의 맥박은 무엇인가?
쾌락에 대한 사랑 (…)

— 에드워드 영[3]

인간 삶의 최고선最高善, summum bonum이 무엇에 있는지 알려주겠다.
그것은 『트리스트럼 샌디』를 읽는 것, 더운 날에는 풀무로 신발에
바람을 불어넣는 것, 추운 날에는 난로에 감자를 구워 먹는 것이다.

— 페일리 부주교[4]

계몽의 거대한 역사적 분수령은 쾌락의 승인에 있었다. 이 장은 이 책의 전반부를 정리하면서 그 과정이 얼마나 들쭉날쭉하며 제한되었든지 간에 세속적 행복의 추구가 최고선summum bonum으로서 점점 더 수용되었음을 살펴볼 것이다.

계몽주의 이전에는 탕아도, 인생의 향락도 없었다거나 감각과 상상력을 자극하는 쾌락들은 전적으로 백안시되었다고 암시하는 것은 터무니없을 것이다. 고대에 에피쿠로스와 그의 추종자들은 욕망의 충족이 아니라면 적어도 고통의 회피를 우선시하는 쾌락주의를 옹호했다.[5] 이교의 주신제酒神祭는 르네상스에 잘 알려져 있었고,[6] 목가적 회화와 시는 풍요로운 자연이 아낌없이 열매를 내어주는 전원적인 황금기의 목가를 대놓고 찬미했다.[7] 기독교의 달력에는 금식일 못지않게 축일도 많았고—열이틀간의 크리스마스와 쟁기 주일Plough Sunday과 쟁기 월요일Plough Monday(공현절 다음 첫 월요일로 한 해 농사의 시작을 알리는 날이다. 쟁기 주일은 쟁기 월요일의 바로 앞 일요일이다—옮긴이), 참회 화요일(사순절 시작 전날. 사순절에는 금식을 할 것이 므로 수확한 우유와 달걀이 상하기 전에 팬케이크로 만들어 먹는다—옮긴이), 만 우절과 다수의 성인의 날들—장인들은 직군별로 특정한 축일이 있었다. 예를 들어 제화공들한테는 성 크리스핀 축일이, 양철공들한테는 성 바울 축일이 있었다. 친숙한 주제들—바쿠스와 베누스의 향연, 풍요의 뿔, 흘러 넘치는 그릇—은 현실과 예술적 상상 속에서 축일 그리고 모든 것을 벗어 던지고 즐기는 방종의 시간과 장소가 항상 있었음을 보여준다.

그러나 관능주의는 확고하게 거부되어왔다. 플라톤은 육욕을 반란 선 원들로 묘사했고—리즌Reason(이성) 선장만이 난파를 방지할 것이다—스 토아주의자들은 그들대로 쾌락주의를 거품으로 일축했다. 현자는 한순간 의 쾌락에 아랑곳하지 않고 비물질적이고 영원한 것에서 진리를 찾아야 한다. 스토아주의는 따라서 육욕의 거부, 금욕과 고행으로부터만 오는 기 독교식의 진정한 복됨을 다소간 예견했다.[8] 음욕은 원죄의 결과였다. 어디 에나 존재하는 낙원 추방의 이미지들, 즉 당스 마카브르danse macabre(죽음의 춤)와 메멘토 모리memento mori(죽음을 기억하라)를 통해 기독교도들은 현세 는 인간의 저주받은 타락을 상기시키기 위해 땀 흘려 일해야 하는 눈물의 골짜기이며, 에고이즘은 악하고 교만은 마음에서 내던져야 할 것이라고 배 워왔다. 토머스 브라운Sir Thomas Browne에 따르면 '육신의 세계 안에는 행복 이 없다.' 사물들의 유혹적인 쾌락들에 관한 기독교 교회의 근심을 암시하 며 지목된 7대 죄악으로는 시기와 탐욕 그리고 심지어 다소간 생뚱맞게도 탐식이 있다. 이 죽음의 그림자의 골짜기에서 육체의 고행은 영혼의 풀려 남이었다.[9]

그러한 경건한 기독교들은 여전히 많았다—기번은 남의 흥을 깨는 그러한 이들이 자신들이 경배하는 신한테서 어떻게 '호감 가는 모든 속성들'을 빼앗아가버렸는지를 보며 짐짓 비웃었다.[10] 소설 『라셀라스Rasselas』(1759)에서 해피 밸리Happy Valley(행복의 골짜기—옮긴이)가 전혀 행복한 곳이 아님을 보여준 새뮤얼 존슨은 불행 계산법이라고 부를 만한 것을 제시했다. "불행은 육체적인 방식으로 수반되며, 우리의 존재와 엮여 있다. 그러므로 그것을 완전히 감소시키려는 모든 시도는 쓸모없고 헛되다."[11]

띄엄띄엄 밝은 시기가 얼마간 존재하긴 했어도, 쾌락주의 자체는 전통적 기독교 안에서 전적으로 비난을 받아왔다. 계몽주의의 신선한 점은 이따금씩 진탕 먹고 마시거나 신비적인 황홀경 혹은 귀족만의 특권으로서가 아닌 (영혼을 정화하는 것만이 아니라) 감각들을 추구하고 (다음 세상만이 아니라) 이 현세에서 목표 실현을 추구해도 좋다는, 모든 사람들에게 해당되는 일상적 권리로서 쾌락에 정당성을 부여했다는 것이다.

이러한 전환은 앞서 본 대로 부분적으로 기독교 내에서 일어났는데, 광교주의Latitudinarianism(종교에서의 관용적이고 자유주의적인 태도—옮긴이)가 지상에서의 즐거움이 천상에서의 보상을 미리 보여주는 조화로운 우주의 창조자로서 자애로운 신을 제시했기 때문이다. '선행을 하는 것은 세상에서 가장 기분 좋은 즐거움'이라고 대주교 틸럿슨은 설명했다. "그것은 자연스럽고, 그런 것은 모두 정말 기분 좋은 것이다."[12] 핼리팩스 후작은 '항상 폭풍우나 천둥만 몰아쳐서는 안 된다'고 단언했다. "맑은 하늘은 때때로 교회를 더 천국처럼 보이게 할 것이다."[13]

더 중요한 것은 고대 사상들의 복권과 인간 본성에 대한 계몽된 철학들 덕분에 쾌락주의 또한 교회 너머에서 고개를 들기 시작했다는 점이다. 새로운 과학은 인간을 본질적으로 쾌락을 추구하고 고통을 회피하도록 유도되는 기계로 보는 기계적 모델을 촉진했다. 『리바이어던』(1651)에서 홉스는 주로 고통과 죽음을 회피하는 쪽을 지향하는 소극적 쾌락주의를 제시한 한편, 맨더빌은 그 나름대로 냉소적 에고이즘을 적극 내세웠다. 비록 위선적으로 부인할지라도 모든 이들은 사실 이기적 쾌락을 추구한다.[14] 기독교와 인문주의 양쪽의 전통적인 계율에 대한 도전 탓에 홉스와 맨더빌은 비난을 한몸에 받았지만, 그들의 핵심적 메시지는 비록 조심스럽다 하더라도 점진적으로 수용되었다. 자기 부정보다는 자기 충족을 끌어안아야 하는데 그것이 인간 본성에 내재하며 또 사회에 이롭기 때문이다. 훗날의 사상가들은 다른 점에서는 충격적인 이러한 결론들을 그럴듯하게 설명했다. 다양한 담론 영역들에서 독특한 모습을 띤 이러한 결론들을 여기서 잠시 검토해보자.

한 가지는 앞서 언급한 대로 신성 그 자체 안에 있었다. 1700년에 이르자 자연 신학은 신을 완벽한 우주의 자애로운 설계자로 그리면서 명성을 날리고 있었다. 아이작 경의 발자취를 따라 보일 강연자들은 지구를 법칙의 지배를 받을 뿐만 아니라 인간의 쓰임이 의도된 서식지로 제시했다.[15] 인간은 땅에서 나오는 산물들을 취하고 동물들을 길들이고 채석할 수 있었다.[16] 물론 우주적 낙관주의는 볼테르의 『캉디드』와 새뮤얼 존슨의 『라셀라스』에서 풍자되면서—이데올로기적으로 정반대인 두 사람의 접점인 두 책은 3만 명이 사망한 리스본 지진 이후 1759년에 출간되었다—끝없는 질문들을 야기했다.[17] 그러나 설계의 자연 신학은 여전히 영향력이 막강하여 윌리엄 페일리 부주교의 기독교 공리주의에서 정점에 이르게 되었으니 페일리는 이렇게 속삭인다. "결국에는 행복한 세상이다."[18]

지상의 행복과 신성한 행복의 결합은 에이브러햄 터커에 의해 그와 유사하게 직설적인 공리주의적 용어로 표현되었다. 터커는 천국을 '회계장부가 규칙적으로 기록되고 모든 사람들이 자기가 가져오거나 가져간 동전한 닢까지도 철저하게 차변과 대변에 기입하는 만인의 은행'에 비유했다. 신의 예금 금고는 잉글랜드 은행에 비해 많은 이점이 있었다. 완벽한 안전이 보장될 뿐 아니라 이자율도 어마어마하다. 기독교도가 처지가 궁할 때마다 '심부름꾼 천사'는 '알맞은 금액을 전혀 예기치 못할 때 내 손안에 찔러 넣어줄 것'이었다. 터커는 인간의 고통 전체는 22년마다 한 번 찾아오는 통증의 1분과 맞먹을 거라고 계산했다.[19]

이 새로운 기독교적 행복주의와 나란히 섀프츠베리 경과 그의 숭배자 프랜시스 허치슨이 주창한 도덕철학과 미학 전통이 있었다. 미덕의 쾌락들에 대한 섀프츠베리의 열광적 찬미는 엄숙함과 무덤을 비웃으면서 쾌락의 미덕들을 옹호하게 될 이들을 위한 길을 가리켰다.[20] 그리고 허치슨은 맨더빌의 저작을 경멸했지만 맨더빌이 정식화한 진술(특히 '최대 행복' 원칙에 대한 시대를 앞선 그의 표현)은 도덕성을 동일한 심리학적 방면으로 밀고 갔다.[21]

초기 계몽 철학자들은 심리학으로 윤리학에 새로운, 그리고 바라건대 더 견고한 토대를 부여했다. 도덕성은 전통적으로 신의 법이나 우주적 적합성의 객관적인 시스템, 즉 절대적인 옳고 그름, 의무와 정의로 설정되어왔다. 그러나 미덕은 갈수록 내면의 촉구를 따르는 문제로 다시 사고되었다ㅡ선은 계명에 복종하는 것이 아니라 동기들을 다스려 활용하는 데 있었다. 아우구스티누스의 엄격주의와 반대로 인간 본성이 손쓸 수 없을 만큼 타락하지는 않았다는 것이 새로이 역설되었다. 그보다는 정념들은 자연히 인간에게 양호한 것이며ㅡ어쨌거나 쾌락은 공감으로부터 이끌어낼 수 있다. 한마디로 미덕은 쾌락에 대한 진정한 심리학의 본질이며, 아닌 게 아니라 그 자체가 보상이다(미덕의 자기 보상이 쾌락이라는 말이다ㅡ옮긴이).[22]

훌륭한 취향과 훌륭한 윤리는 미덕의 미학 안에서 결합되었다.

신의 성격과 윤리학에서의 그러한 변화들은 사회적 인식에서의 변화들과 일치했다. 순례자는 전통적으로 신의 드라마에서 하나의 캐릭터, 1막 처음부터 낙원에서 추방된 원죄자로서 곧장 그의 대단원이 드러나는 캐릭터였다. 그러나 계몽사상가들은 더 장밋빛인 렌즈를 통해 세상을 보았다. 과학과 기술이 자연에 대한 인간의 통제권을 주장해가면서 문명은 자연 환경과 인위적 환경 양쪽에 급속하고 대대적인 변화를 낳고 있었다. 사람들도 변화하고 있었다—그리고 어쨌든 사람들은 전 세계에 걸쳐서 체격과 외양, 세계관과 전망, 기대에서 극단적으로 달라 보였다. 그렇다고 볼 때 호모 라티오날리스homo rationalis는 결국에는 존재의 대사슬에서 정해진 위치를 차지하고 있는 어떤 초월적인 영혼이 아니라 복합적인 외부의 영향과 자극들에 따라 조형되는 산물이다. 인간은 호모 파베르homo faber일 뿐 아니라 호모 호미니스 파베르homo hominis faber, 즉 자신의 운명을 만드는 자다. 인류는 필머적인 사슬에 매여 태어난 게 아니라 로크가 주장했듯이 자유롭게 태어났다.[23]

자연 전반처럼 인간은 부분들로 구성된 기계로 이루어져 있으며, 운동의 물리 법칙 못지않은 심리 법칙들을 드러낼 '도덕적moral(앞 장에서 설명한 대로 도덕철학이라는 이름 아래 하틀리 심리학이 탄생한 것처럼, 이 시기에 도덕적이라는 단어에는 윤리적·정신적·심리적이라는 의미가 모두 포함되어 있었다—옮긴이) 해부' 기법들을 통해 과학적 연구에 열려 있다.[24] 그러한 자연주의적 가정들을 토대로 사상가들은 개인주의와 자기 개량self-improvement에 대한 권리, 그리고 행복에 대한 권리를 옹호했다. 『로빈슨 크루소』(1719)는 (거의) 혼자 힘으로 문명을 (재)발명하고 자신의 운명을 개척해야 하는 난파의 딜레마라는 방식으로 자연 상태의 인간에 대한 공상을 그려 보였다. 사실, 맨더빌에게서처럼 사회를 저마다의 필요와 욕망, 충동으로 고동치며 의기투합하거나 충돌하는 개체들로 이루어진 벌집으로 표현하는 것은 흔해졌다. '마음이 원하는 것은 무한하다'고 부동산 개발업자이자 내과의사인 니컬러스 바번Nicholas Barbon은 주장하면서,25 '자신의 조건을 개선하기 위한 보통 사람들의 한결같고 끊임없고 부단한 노력'을 찬양한 애덤 스미스를 의식하는 시각을 드러냈다.26

자기 이익을 추구할 자연권은 계몽주의의 진부한 문구가 되었다. 자기 이익이 공적 미덕의 가식보다 더 낫다는 맨더빌의 역설은 흄과 스미스에 의해 덜 거북하지만 더 설득력 있게 주장되었다. 조사이어 터커는 '자기애'는 '인간 본성의 위대한 동자動者'라고 주장했다. 그리고 제임스 스튜어트Sir James Steuart에 따르면 '자기 이익 추구의 원리'는 '인간 행위의 보편적 동인'이므로 다음과 같이 주장할 수 있다.

> 사회를 다스리는 최상의 방법, 그리고 하나의 계획에 따라 저마다 행동할 수 있게 하는 최상의 방법은 정치가가 개인들 각각의 이해관계에 가능한 한 가장 일치하는 행정 시스템을 구축하고, 사람들이 사적 이익 이외의 원리로부터 (…) 행동하게 될 거라고 착각하지 않는 것이다.27

공공선을 개별적 이해관계들로 쪼개는 이 분자화는 미덕의 사유화에 버금갔다.

선과 악, 옳고 그름, 미덕과 악덕의 문제들은 따라서 초기 계몽주의에서 의무에 관한 도그마로부터 인간 본성에 관한 사실 문제로 재주조되었다. 우리는 어떻게 알 수 있는가? 우리는 기계에 불과한가, 아니면 우리에겐 자유의지가 있는가? 아니면 어쩌면 케임스의 주장에서처럼(10장을 보라)

우리는 그저 우리에게 자유의지가 있다고 생각할 뿐인가? 우리는 우리의 충동들을 따라야 하는가? 그렇게 충동을 따르는 것을 우리가 어찌할 수 있는가? 이러한 질문들을 제기했기 때문에 계몽사상가들은 흔히 사회적 인간에 대한 최초의 근대적 분석가, 최초의 사회학자이자 인류학자, 사회심리학자, 행형학자行刑學者 등등으로 불려왔다.[28]

마음을 백지 상태로 상정하고 따라서 인간을 근본적으로 유연한, 미정未定의 변화가 가능한 존재로 보면서, 로크는 엄청나게 영향력이 있는 것으로 드러났다. 『인간 오성론』과 『교육론Some Thoughts concerning Education』(1693)은 데카르트적 코기토뿐 아니라 인간 타락의 엄혹한 교리들도 부정하면서 인간의 형성을 전적으로 경험을 통한 학습, 연상을 통한 학습의 산물로 제시했다.[29] 상황의 자식인 인간은 그다음으로 자신의 환경을 변형할 능력을 소유했다. 환경에 의해 언제까지나 도전받는 인간은 끊임없이 변화하고 있었다.[30] 무엇보다도 이성, 주主의 저 촛불은 행복을 합리적으로 추구하도록 그를 인도했다. '나는 나 자신에게 제안한 그 행복을 충실하게 추구할 것'이라고 로크는 진술했다. "나의 건강에 기여하고, 나의 개선과 상태, 그리고 지식과 명성이라는 여타의 더 견실한 쾌락들과 일치하는 한, 나는 모든 무해한 오락과 즐거움을 즐길 것이다."[31] 데이비드 하틀리의 철학에서 합리적 쾌락주의는 유물론적 뿌리[32]를 내릴 토양을 발견한 한편, 유니테리언교도 조지프 프리스틀리는 18장에서 살펴보게 될 것처럼 행복 추구를 결정론적이지만 신의 섭리에 따른 진보 이론 안에 위치시켰다.

이러한 학습의 인식론들은 계몽사상가들에 의해, 행동을 본질적으로 쾌락적 충동들에 의해 추동되는 것으로 묘사하는 심리학적 모델들로 통합되었다. 데이비드 흄은 전통적 우위를 뒤집으면서 이성을 정념들의 노예로 보았다. 감정들에 대한 믿음은 사회 응집과 복리 후생에 기여할 것이다. 나아가 적절한 통로로 돌려지고 다듬어진다면 '자기애와 사회성'은 '같다'는 것이 드러날 터였다.[33]

감각론적 심리학은 인간을 감각 입력들에 의해 활성화되는, 자극과 반응들의 앙상블로 투영하면서 새로운 실제적 쾌락주의를 용인했다. '쾌락은 이제 너의 교육에서 남은 주요 부분이다'라고 체스터필드는 아들을 가르쳤다. 현세에서 적정하게 조절된 행복 추구는—아닌 게 아니라 행복에 대한 권리는— 문인들의 인기 화제가 되었다.[34] "인간은 일반적으로 사회에 맞게 형성되고, 사회에서 즐거움을 누리는 동물로서 그려진다"고 헨리 필딩은 힘주어 말했다.

> 이런 상태에서만 그의 다양한 재능들이 발휘될 수 있고, 그의 무수한 필요들이 해소될 수 있고, 노출되는 그의 위험들이 회피될 수 있고, 그가 열심히 구하는 무수한 쾌락들이 향유될 수 있다. 한마디로, 내가 말하는 훌륭한 예의범절이란 (…) 남을 즐겁게 해주는 기술, 나의 대화 상대들의 행복과 안락에 최대한 이바지하는 기술을 말한다.[35]

따라서 교양 있는 이들 사이에서 『천로역정』의 가르침들은 묘하게 구식으로 들리기 시작했다. '행복은 존재하는, 진짜로 가치 있는 유일한 것'이라고 솜 제닌스는 주장했다. "부나 권력, 지혜, 학식, 힘, 아름다움, 미덕, 종교, 심지어 삶 자체도 행복의 산출에 기여하지 않는다면 중요하지 않다."[36] 그러한 시각들의 집대성은 공리주의였고, 벤담의 최대 다수 최대 행복의 원리는 애덤 스미스가 체계화한 새로운 정치경제학과 맞장구를 치게 될 터였다. 자유 경쟁 시장과 합치하여 추구되는 에고이즘은 '보이지 않는 손' 덕

택에 공공선을 낳을 터였다(17장을 보라).[37]

그러므로 계몽사상은 새로운 인간 모델과 행복을 위한 이론적 근거를 내놓았다. 인간 본성의 가소성可塑性은 사람이 지속적으로 자신을 만들어내고 개조해가도록 교육되거나 조정될 수 있다는 뜻이다. 특히 자연적 질서는 쾌락뿐 아니라 조화로운 진보를 가져다주리라는 믿음이 커졌다. 그리고 그것은 부분적으로는 '새로운 쾌락주의자'가 또다른 겉모습의 '옛 난봉꾼'이 아니라 사교적인 행위를 통해 만족을 추구할 줄 아는 감성의 소유자이며, 그나 그녀의 좋은 성품은 쾌락을 취함과 더불어 그것을 부드럽게 다룰 것이기 때문이었다. 따라서 우리는 마침내 결정적으로 중요한 애디슨과 스틸로 되돌아간다.

〈스펙테이터〉는 인간의 다양한 결점들, 특히 청교도적 깐깐함과 왕당파의 방종한 향락주의libertinism를 조롱했다. 성인인 척하는 자들은 신의 자애를 깎아내리는 반면, 난봉꾼들은 주색에 빠져 자신을 망쳤다. 세번째 길, 즉 사회적 환경 안에서 합리적인 쾌락들의 온건한 추구로 지속적인 즐거움을 얻을 오네트 옴honnête homme(표면적인 뜻은 '정직한 사람'이지만, 17세기 프랑스 문학에서 이상적으로 표현된 절제와 균형 감각을 갖춘 이상적 캐릭터. 몰리에르의 『타르튀프』에 나오는 클레앙트가 대표적이다─옮긴이)의 길이 제안되었다. 애디슨주의는 개인적으로 만족스러우면서 사회적으로 조화롭다고 판단되는 세련된 취미 활동들─가벼운 독서, 다화茶話, 번화가에서 제공하는 즐거움들─을 인정했다. 이리하여 계몽사상은 쾌락의 추구를 인정했는데, 바로 계몽주의가 쾌락을 재정의했기 때문에 쾌락은 추구하기에 바람직한 것이었다. 전체적으로 봐서 로크식 심리학과 자아에 대한 스펙테이터풍 양식론, 공리주의, 정치경제학을 통해 표출된 이 영국식 이데올로기는 소비 자본주의 안에서 세련된 쾌락주의와 계몽된 자기 이익을 고취했다.[38]

극도로 자신만만한 정량적인 역사학자만이 어떤 사회들은 다른 사회들보다 더 많은 쾌락을 달성한다거나 쾌락을 더 좋아한다고 주장할 것이다. 벤담의 쾌락 계산법에도 불구하고 쾌락은 측정하기 어렵다.[39] 그러나 욕망은 시대에 따라서 다른 형태를 띤다고 말할 수는 있다. 그러므로 계몽된 쾌락 추구의 변화하는 장소들과 배출구들을, 다시 말해 더 많은 사람들에게 소비하거나 낭비해버릴 수 있는 돈을 더 많이 남겨준 상업 경제 안에서 커져가는 풍요에 대한 반응들을 살펴보는 것도 의미 있을 것이다.[40]

쾌락 취하기는 물질문화에서의 변화들—인위적 환경, 도시 유락지의 이용 가능성, 실내와 옥외 휴양 시설, 그리고 안목 있는 소비자들에게 여흥과 재미를 선사할 수도 있을 '쾌락 기계들'(유흥 기구들—옮긴이)—에 의해 변형되었다.[41] 활기찬 '기분 좋은' 요소는 사람들의 기분을 띄워주었다—아닌 게 아니라 1780년대가 되자 그 사회는 열기구 덕분에—열기구를 탈수 없다면 열기구 기념 모자라도 사면 된다[42]—실제로 사람이 인류 역사상 최초로 대기 중으로 솟구칠 수 있게 된 사회였다. 1808년부터는 심지어 유스턴스퀘어에 있는 '스팀steam 서커스' 구역에서 콘월 출신 기술자 리처드 트레비식Richard Trevithick이 설계한 역사상 최초의 여객 증기기관차인 '나 잡아봐라Catch-me-who-can'를 타고서 레일 위를 빙빙 돌 수도 있었다. 그러나 누가 어떤 쾌락들을 취했는가? 부유함이 확산되면서 한때 소수에게만 허락된 오락들이 흔히 좀더 많은 이들에게, 때로는 대중에게까지 개방되었다. 계몽된 쾌락들은 이성의 범위 안에서 최대 다수를 위한 것이었다.

전통적으로 배타성은 자극적 풍미를 주는 것이었다. 오로지 유한계급만이 튀는 쾌락에 몰두할 시간과 돈이 있었다. 자유 시간은 귀족 태생에게 소중한 특권이었고, 여가의 결여는 빈곤이 내리는 처벌 또는 흔히 부정한 돈벌이에 사로잡혀 있다고 알려진 욕심 많은 상인의 계산속의 표지였다. 끝나지 않는 노역의 부담은 의존성을 의미했다. 반대로 여가는 정신과 육체의 수양을 허락하고 아리스토텔레스가 칭송하고 섀프츠베리가 맞장구친 저 영혼의 위대성을 고양했다.[43]

지주 계급 사회는 결코 네고티움negotium(사업, 일)을 천시하지 않았다. 결국에 그 사회는 정력적인 농업 자본가로서 경제적 이해관계를 도모하고 정치가, 치안판사, 군사 지도자로서 영향력을 행사하는, 엄청나게 야심 차고 부를 축적하는 엘리트 계층을 이루었다. 그러나 대귀족들은 특히 오티움otium(여유로움)을 높이 쳤다. 그들은 좋은 삶에 대한 호라티우스의 이상들integer vitae, sceleris que purus('삶으로 손상되지 않고, 악덕이 없는'이라는 뜻으로 호라티우스가 지은 장송가에 나오는 표현이다 —옮긴이)에 동의했다. 특히, 계몽된 가치들에 민감하기에 그들은 자신들의 지속적인 권위는 무력이 아니라 매력에, 즉 부러움을 사는 생활양식을 여봐란듯이 과시하는 것에 의존함을 인식했다. 그리하여 그들은 과시적 문화 소비에 몰두하는 '유한계급'을 이루었다.[44] 지배 계급에게 일과 쾌락은 전통적으로 손발이 척척 맞아 돌아갔다. 심지어 때로는 파산의 위험까지 무릅쓰고 지주 계급의 여가로 진입하려는 부유한 중간 계급의 열성은 그 엄청난 매력을 방증한다. 그러나 그야말로 도회적이고 부르주아적인 여흥들도 등장하고 있었다. 새로운 반전으로 쾌락과 여가는 상업화되고 있었다.[45]

전前 산업화 시대의 영국은 농업 생활의 리듬과 기독교 축일들, 정치적 달력에 따라 조직된, 타종과 모닥불, 잔치가 있는 대단히 전통적인 여가 양식들을 유지해왔다.[46] '옛 여가Old Leisure'는 목가적 분위기를 띠었다. 자산 계급은 자신들의 영지에서 사냥을 통해, 늘 피비린내 나는 수렵법으로 충실하게 옹호되는 의례들과 권리들을 상징적으로 누렸다. 홀컴Holkham, 호턴

houghton, 블레넘Blenheim 그리고 여타 대저택들은 시골 영지와 미술, 도서 수집, 골동품 애호 같은 귀족적 취미 생활들의 연관 관계를 굳혔다. 젊은이들의 통과 의례인 그랜드 투어만을 제외하면 귀족의 유락遊樂은 가문의 영지 주변에 몰려 있었다. 물론 도시에, 이상적으로는 최신 유행의 본거지인 웨스트엔드에 본부를 하나 두고 있을 필요도 있었지만 말이다.[47]

하층 계급들은 그들대로 전통적으로 마을 스포츠, 놀이, 그리고 직업(견습생 의례들)과 연관된 흥청망청한 축제나 농촌 달력 행사(수확 축제 등등)를 통해 간헐적인 분출구를 얻었다. 그러나 이것들은 설교자들과 치안판사들이 거나한 한바탕 술자리와 그에 뒤따르는 난동 그리고 이후에 감출 수 없는 결과물인 사생아 출산을 동반하는 무질서와 나태를 비난함으로써 갈수록 반대에 부딪히게 된다. 농촌의 여가는 갈수록 더 배타적으로 특정 계급 취향으로 흐르게 되고, 그래서 쾌락이 다수의 구미를 맞추게 된 곳은 본질적으로 도시의 공적 영역이었다.[48]

여가와 쾌락의 옳고 그름과 잘잘못은 열띤 토론의 대상이었지만, 사회 변화와 상업적 기회주의는 도덕가들을 내버려둔 채 앞서 나갔다. 윌리엄 로 같은 복음주의자들은 여전히 무대를 비난했을지도 모르지만, 싫든 좋든 새로운 오락 양식들이 유행하게 되었고 공중은 극장으로, 크리켓 경기로, 상금이 걸린 권투 시합으로, 화려한 볼거리와 온천 휴양지로 떼로 몰려다니면서 자신들의 견해를 몸소 표명해주었다. 직업 배우들과 극장 매니저, 화가, 스포츠맨, 미술품 거래상, 저널리스트, 비평가, 문화 중개인이라는 지원 팀들이 좌우하는 오락 산업도 부상했다. 최초로 시장이 유흥 전문인들로 구성된 영구적인 인력 풀을 지탱했다.[49] 물론 이 모든 것에는 비판가들이 있었다. 그러나 계몽 경제학자들과 진보적 사회 논평가들의 새로운 원외 집단들은 시장 문화, 스포츠, 출판과 여가를 가리켜 경제적으로 생산적인 실체들, 문명과 사회적 단합을 위한 힘들, 그리고 개선의 지표라고 주장하기 시작했다.

물론 여가와 오락 산업은 상업적 에너지와 '소비자 혁명' 덕분에 확대될 수 있었다.[50] 커튼과 카펫, 접시와 복제 판화에 이르기까지, 가정에서는 새로운 내구 소비재들을 집안으로 사들이고 있었다. 이때까지 부자들의 전유물이었던 가내 물품들이 더 흔해지면서 집안은 점점 더 안락해졌다. 천을 씌운 폭신폭신한 의자, 식탁보, 책장, 벽이나 벽난로 선반을 장식할 판화와 각종 골동품들이 있었다. 아이들에게는 상점에서 구입한 장난감, 게임과 직소jigsaw 퍼즐들이 나타났다. 성서와 『폭스의 순교자 열전Foxe's Book of Martyrs』(1554)같이 오랫동안 사랑받아온 책들과 나란히 잡지와 소설, 희곡, 설교문, 정치 소책자, 연감, 그리고 뉴스와 참신한 것에 대한 취향을 만족시키는 여타 잠깐 읽다 버려지는 것들이 지평을 넓혀주었고, 국민의 나머지 절반이 어떻게 살고 있는지 더 잘 알게 만들어주었으며, 그래서 높아지는 물질적·가상적 기대들을 채워주었다.[51]

도시 공간 자체도 리모델링되었다. 조지 왕조 시대 도시는 유흥에 시간과 돈을 쓰게 설계된 사회문화적 중심지로 점점 더 기능하게 되었다.[52] 상점들은 더 매력적이고, 더 밝고, 더 통풍이 잘되어, 최신 유행을 따르는 손님들을 끌어들이는 공간이 되었다.[53] 원래 전통적인 상점은 작업장이었는데, 이제는 완제품을 전시하는 소매 직판점이 되었다.[54] 외국인들은 감탄했다. '모든 물품이 파리나 다른 어느 도시에서보다 눈에 보기에 더 매력적이었다'고 독일 소설가 조피 폰 라 로슈Sophie von La Roche는 평가했다. "커다란 유리 창문 안쪽에 그야말로 사람이 생각할 수 있는 모든 것이 가지런히, 보기 좋게 진열되어 있고, 고를 수 있는 것도 워낙 많아서 다 가지고 싶어질 정도다."[55] 구경하는 재미가 대단했다. "산더미처럼 쌓인 상품들의 양이 얼마나 어마어마한지!" 수도 최대의 판화 판매상인 보이들Boydell 상점을 방문한 그녀는 감탄해 외쳤다. 쇼핑은 눈이 휘둥그레지는 오락이 되었다.[56]

조지 왕조 시대 쾌락에 대한 사랑의 본보기로 플레저 가든pleasure garden보다 더 좋은 게 뭐가 있을까? 양어지養魚池와 불꽃놀이, 연주자들과 가면극을 갖춘, 밀회 장소로 그만인 그런 위락지들이 런던의 근교 마을들 사이에 최대 200곳까지 우후죽순처럼 생겨났다.[57] 산책로와 조각상, 활인화 등이 배치된 복스홀Vauxhall은 런던 최초의 거대한 최신식 행락지가 되었다. 그곳에는 악단이 연주하는 음악과 춤이 있었고, 사람들은 작은 수풀 사이로 화려하게 장식된 정자에서 음료를 홀짝거릴 수도 있었다. 1742년에는 첼시 호스피털(찰스 2세 때 설립된 상이군인과 퇴역병을 위한 요양원―옮긴이) 바로 옆에 래널러 가든Ranelagh Gardens이 개장했다. 복스홀과 경쟁하던 그곳의 주요 명소는 중앙에는 오케스트라가 자리하고 박스석이 층층이 들어선 지름 150피트의 로툰더rotunda(원형 홀)였다. 단 몇 실링에 모든 사람에게 개방된 플레저 가든과 행락지는 조지 왕조 시대 쾌락 혁명의 화룡정점이었다.[58]

극장 같은 다양한 형태의 오락도 이제는 중간급 교양 수준의 관객을 겨냥했다.[59] 전통적으로 스포츠는 농업적·종교적 연례행사와 관련한 지역 사회의 제의였다―예를 들면 참회 화요일의 마을 축구가 그렇다.[60] 이제 돈을 내는 관객과 마찬가지로 돈을 받는 스포츠 선수가 등장했다. 경기가 점점 커졌고 대니얼 멘도자Daniel Mendoza, 톰 크립Tom Cribb, '젠틀맨' 존 잭슨 John Jackson 같은 현상 시합 전문의 스타 권투 선수들이 등장해 수천 명의 사람들을 맨주먹 권투 시합으로 끌어모았다.[61] 크리켓도 관중 스포츠가 되었다. 경마에서처럼 그 소구력訴求力의 상당 부분은 도박에 있었다.[62] 스포츠 저널리즘이 관심을 부채질했다.

스포츠처럼, 그때까지는 대체로 집안에서 이루어지거나 궁정과 귀족 후원자들에게 독점되었던 다른 활동들도 조직화·상업화·전문화·전국화되었고 교양 있는 문화에서 논의되었다. 조지 왕조 시대 잉글랜드는 콘서트와 여타 음악 이벤트를 폭넓게 후원했다. 헨델의 〈수상 음악Water Music〉(1717)과 〈왕궁의 불꽃놀이 음악Music for the Royal Fireworks〉(1749)은 복스홀에서 초연되었고, 그의 성스러운 오라토리오에서는 경건함과 쾌락이 만났다. 손꼽히는 대륙 음악가들은 런던에서 콘서트 투어를 했고 몇몇 음악가들, 특히 누구보다도 헨델은 직업상의 기회가 궁정의 카펠마이스터 Kapellmeister(악단, 성가대 등의 음악을 총괄하는 직책. 악장樂長, 음악감독이라고도 한다―옮긴이)한테 제공되는 것보다 더 구미가 당겨 아예 런던에 정착했다.[63]

화려한 장관과 볼거리가 차고 넘쳤다. 플리트 스트리트와 스트랜드부터 채링크로스를 거쳐 레스터스퀘어와 소호, 피커딜리까지 거대한 띠를 이룬 거리들에는 선정성과 뉴스, 경이를 뒤섞은 홀과 부스, 진열장이 늘어섰다. '에티오피아 미개인'을 구경하러 모이시라! 1778년 6월 〈데일리 애드버타이저Daily Advertiser〉는 "이 놀라운 짐승은 유럽에서 여태껏 목격된 어느 종과도 다르며, 인간과 야수 사이의 고리인 것 같다. (…) 그리고 잉글랜드에서 전시된 역대 최고의 신기한 볼거리가 되도록 허락받았다"고 보고했다. 이듬해 로버트 바커Robert Barker는 레스터플레이스에 거대한 그림들을 전시하는 파노라마를 세웠고, 인근 리슬 스트리트에서는 제임스 라우더버그James Loutherbourg가 에이도푸시콘Eidophusikon(환등기 마술)을 선보였다―타워와 스트랜드의 엑서터 체인지에서 열리는 동물 쇼들, 그리고 9월마다 군중을 스미스필드에서 열리는 바살러뮤페어로 끌어모은 요지경 상자는 말할 것도 없었다.[64]

그러한 발전들에서 중요한 것은 시장의 힘이었다.[65] 조지 왕조 시대 잉글랜드에서 박물관과 갤러리를 위한 추진력은 전형적으로 여가, 그리고 자신들의 시설을 선보이며 참신한 것, 진기한 것, 신기한 구경거리, 상업적 기회를 살려서 이득을 보려고 열심이었던 교육적인 모험 사업가들, 체험에 대한 대중의 갈구에서 나왔다.[66] 이 여가의 상업화는 전통적인 민중의 오락을 중단시키지 않았다—아닌 게 아니라, 어떤 측면에서 그것은 적극적으로 아마추어와 지역 공동체의 활동들을 촉진했다. 예를 들어, 진취적인 사업가 존 월시John Walsh에 의해 활성화된 악보 출판 덕분에 집안의 연주자들은 보이스Boyce나 안Arne 같은 작곡가들이 곡을 쓰자마자 그런 곡들을 집에서 비올이나 플루트로 연주하기 쉬워졌다.[67] 피프스부터 시작하여, 편지들과 일기들은 비록 우리에게는 거북할지 몰라도, 유쾌하기 그지없는 쾌락의 탐닉에 대한 풍성한 증거를 제공한다. 예를 들어, 그때는 낮은 가격과 파인애플 같은 이국적 식품의 도입에 힘입어 음식에서 눈에 띄는 기쁨을 얻던 시절이었다. 그리고 식탁 위의 쾌락은 술병의 쾌락으로 목구멍을 따라 씻겨 내려갔다. 음주는 인생에서 두번째로 큰 기쁨이라고 새뮤얼 존슨은 평가했다.[68]

물론 근대인들은 한 문명이 선호하는 성향들을 보여주는 진정한 바로미터는 성애 문화에 있다고 주장할지도 모른다. 새뮤얼 존슨의 제일의 쾌락은 상대적으로 기록이 별로 남아 있지 않고 보통은 선정적인 왜곡의 대상이다. 그럼에도 불구하고 18세기 잉글랜드에서 성이 역사적으로 흔치 않은 방식으로—어쩌면 우리 시대와 비교될 만하게—공개적으로 과시된 것은 분명하다.[69] 가장 가시적인 지표는 물론 매춘이었다. 런던 한 곳에만 최대 3만 명의 거리의 여자들이 있었다고 한다. 제임스 보즈웰의 일기는 매춘부 무리가 던지는 추파에 무너지지 않고 스트랜드나 세인트제임스 파크를 거닐기는 불가능했음을—적어도 런던 사교계의 그 젊은 한량한테는—암시한다.[70] 장로교도 양육에서 벗어난 보즈웰은 모든 쾌락을 누려보고 싶어 근질근질했다—1772년에 그는 존슨과 함께 있는 것에 관해 '행복의 완성을 느꼈다'고 썼다. "나는 그냥 앉아서 마음속으로 흐뭇해했다."[71] 보통의 육욕을 가진 남자로서 그는 '사랑스러운 여성과 진정한 육체적 애정을 주고받는 것보다 남자가 지상에서 누릴 수 있는 더한 기쁨'은 없다고 생각했다.[72] 그리고 그는 자신이 설파한 것을 열정적으로 실천하여 1763년 런던에서 한량으로 지내는 동안 많은 성적 활약상을 보여주었는데, 그중에는 최근에 개장된 웨스트민스터 다리에서 한 창녀를 취한 일(안전한 섹스를 위해 콘돔을 하고서)도 있었다.[73]

포스트 검열의 시대는 성애물 생산의 폭발을 가져왔다.[74] 의미심장한 제목이 붙은 한 베스트셀러는 존 클리랜드John Cleland의 『쾌락의 여인의 회상록Memoirs of a Woman of Pleasure』(1749), 대중적으로는 『패니 힐Fanny Hill』로 알려진 작품이었다. '쾌락의 여인'이라는 개념 자체는 마초적 편견을 드러내지만—성적 대상으로서의 여성—그것은 에로틱한 향유에 대한 자신감을 전달한다. 그 책에서 포주인 콜Cole 부인은 "이런저런 쾌락은 모두가 목적지로 삼는 항구라고 여겼고, 그곳으로 부는 바람은 만약 아무에게도 해를 끼치지 않는다면 다 좋은 바람이라고 생각했다."[75] 클리랜드는 호가스에게는 비극이었던 '창녀의 행로'를 승리의 행로로 탈바꿈시킨다. 패니는 자기의 직업을 즐기고 거기서 이득을 얻는 한편으로 자신의 첫 손님과 사랑에 빠지고 마침내는 그와 결혼한다—그리하여 그녀는 도통 믿기지 않는 계몽된 판타지 안에 쾌락과 이득, 로맨스를 하나로 결합한다.[76]

매춘은 제쳐두고라도 근대인들은 에로틱한 쾌락에 몰두했다. 아우구스티누스 신학에서처럼 섹슈얼리티를 정욕으로 비난하거나 주로 생식적인 관점에서만 간주하기보다, 조지 왕조 시대 섹스 조언 문학은 섹스가 그 자체로 하나의 쾌락이자 부부 관계에 이바지하는 것이라고 주장했다.[77] 사생아 두 명을 포함해 자식을 열네 명 본, 선도적인 의사 이래즈머스 다윈 박사는 사랑에 '인간 기쁨의 가장 순수한 원천, 그것이 없다면 김빠졌을 인생의 컵에 넣는 한 방울의 코디얼cordial'(향신료와 허브 등을 첨가한 맛 좋은 강장 음료—옮긴이)이라는 찬사를 바쳤다.[78]

왕정복고 시대의 가장 노골적인 남성의 성적 아이콘은 난봉꾼으로, 그 귀감(혹은 사악한 천재)은 로체스터 백작 존 윌모트John Wilmot였다. 버넷 주교는 그 방탕아를 두고 "그는 남자가 여자들을 취하는 것을 막는 일은 인류의 자유에 대한 비합리적인 강요라고 생각했다"고 썼다. '씹하는 기계'라는 로체스터의 자아상 뒤에 자리한 철학은 홉스적이었다.[79] 맨더빌은 나중에 반청교도적인 리비도의 해방을 합리화했다. 그의 『매음굴에 대한 온건한 비호 혹은 오입질에 대한 시론Modest Defence of the Public Stews; or An Essay Upon Whoring』은 성적 충동의 배출의 억제가 아닌 그러한 충동을 일정한 방향으로 돌려 배출하는 문제를 논의했다.[80] 난봉꾼 러블레이스가 새뮤얼 리처드슨의 감상적인 『클래리사Clarissa』(1748)의 악당이라면, 존 윌크스의 『여성에 대한 에세이Essay on Woman』(1763)는 어떻게 자유연애가 자유 일반에 대한 계몽된 추구로 동화될 수 있는지를 보여주었다.

인생은 몇 차례 좋은 씹을 제공해줄 수 있을 뿐
그러고 나면 우리는 죽으니까.[81]

그러나 성적 충족에 대한 인기 있는 이미지가 오네트 옴, 즉 '분별력 있는 인간의 성적 충족 이미지가 됨으로써, 애디슨적인 예의 바름이 로체스터의 난봉 행각의 위세를 약화시키고 있었다. 체스터필드는 유명한 자식 교육에서 아들에게 남녀 간의 밀애는 젊은이의 교육의 일부이며 바람직하지만, 그것이 예의를 갖춰 이루어지는 한에서라고 가르쳤다.[82]

에로티시즘과 계몽은 이교주의의 발견(혹은 발명), 즉 단순하고 우아하며, 자연스러운 문명에 대한 신고전주의적 취향에 의거한 본격 에로틱 철학들을 통해 더욱 융합되었다. 여기서 핵심 인물은 철저한 유물론자이자 쾌락주의자인 이래즈머스 다윈으로, 린네의 생식에 따른 식물 분류 체계를 대중화한 그의 『식물의 정원Botanic Garden』(1791)은 식물에서 나타나는 일처다부제를 다음과 같이 암시한다.

도금양 그늘 아래 향기로운 게니스타GENISTA가 피어나
열 명의 상냥한 형제들이 도도한 처녀에게 구애하네.
그대의 향기로운 제단 앞에 **두** 기사가 무릎을 끓고,
멜리사MELISSA를 숭배하노라! 그 옆에는 **두** 종자가 시중을 든다.
(게니스타는 금작화속 식물의 학명이며, 시의 첫 두 행은 금작화 꽃 한 송이 안에 열 개의 수술과 한 개의 암술이 있는 모습을 묘사한 것이다. 멜리사는 향수박하속 식물의 학명이고, 여기서 무릎을 끓은 두 기사는 짧은 수술 두 개, 시중을 드는 두 종자는 긴 수술 두 개를 가리킨다―옮긴이)[83]

다윈은 '성애의 신들'을 찬양하면서 자연 과정들의 신화화로 제시된 고대와 동방의 이야기 속 일단의 님프nymph(숲이나 강의 정령―옮긴이)와 실프sylph(공기의 정령―옮긴이)들을 불러내 과학적 식물학과 고대 신화학을 결합했다.[84] 그는 그리스 신화를 자연의 진리들의 의인화된 재현으로 보았다.

고대 이교의 신화 체계가 사랑으로 점철된 까닭은 바로 자연스러운 인간—기독교의 금욕주의가 불길한 승리를 거두기 전의 인간—이 자연은 성에 의해 돌아감을 감지했기 때문이다.[85]

다윈이 고대의 다산의 신 숭배와 제의들을 알 수 있었던 것은 당시에 발굴된 헤르쿨라네움과 폼페이에 대한 보고들 덕분이었다. 나폴리 주재 영국 대사 윌리엄 해밀턴Sir William Hamilton은 미술품 수집가이자 가톨릭 신앙 비판가, 성경에 어긋나는 지질학적 연대의 옹호자이자 이교주의의 주창자였다.[86] 그의 「프리아푸스 숭배 유물에 관한 설명An Account of the Remains of the Worship of Priapus」(프리아푸스는 남근으로 표현되는 풍요와 다산의 신—옮긴이), 즉 고대 이교의 남근 숭배 의식이 현대 가톨릭 종교에 은폐된 형태로 살아남았음을 입증하는 논고는 1786년에 리처드 페인 나이트Richard Payne Knight라는 부유한 미술품 감식가에 의해 같은 주제에 대한 나이트 본인의 논설과 더불어 개인적으로 출판되었다. 페인 나이트는 그 나름대로 모든 신앙들, 특히 기독교에 존재하는 남근 숭배의 흔적(오월제 기둥 같은)들은 남근이 '매우 자연스럽고, 철학적인 체계나 종교의 매우 합리적인 상징'임을 입증한다는 주장을 폈다. 한마디로, 계몽된 자연 숭배의 상징이라는 것이다. 고대 그리스는 황금시대, '미개인의 장점들이 문명화된 생활의 장점들과 결합한' 유일한 시기였다. 생식 원리들을 기리는 그리스인들의 축제에 관해 열광적인 그는 당연하게도 유대-기독교를 성토했다. "유대인들은 (…) 위계적 대제사장의 지배를 받고 있으면서 엄격함과 금욕의 겉모습으로 그 대제사장 지배를 무시무시하고 공경할 만하게 만들려고 애썼다." 제도화된 종교는 항상 개인적 행복에 적대적이었고 더구나 정치적 억압의 도구였으니, 페인 나이트는 "줄곧 인류를 괴롭혀온 가장 커다란 저주 두 가지는 바로 독단적 신학, 그리고 그에 따른 종교적 박해"라고 규탄했다.[87] 그는 혼인 관계의 해소 불가능성을 공격하면서 '여자 쪽의 간통의 이유와 더불어, 이혼을 정당화해야 하는 이유들이 많다'고 주장했다. 고드윈, 다윈과 더불어 나이트는 반동적 비난의 표적이 되었고, 1790년대에 반자코뱅적인 『문학활동The Pursuits of Literature』에서 국민의 도덕을 해친다고 지탄받았다.[88]

　　제러미 벤담도 편협성과 금욕주의를 개탄하고 성교를 '한 잔의 육욕상의 단 음료'라고 표현하는 성적 자유주의자였다. 그는 자신이 고안한 파놉티콘panopticon에 갇힌 죄수들이 부부 생활을 할 수 있게 배우자의 방문 허용을 찬성하는 글을 쓰는 한편, '온갖 비정상적인 성적 욕구'의 합법화를 추구했다. 비정상적인 욕망이란 마치 굴을 좋아하는 입맛처럼 '취향'의 문제일 뿐이기 때문에, 그는 '악습'(그러니까 동성애)에 대한 장래의 관용을 촉구했다. 어쨌거나 동성애는 '제3자에 대한 가해 우려에서 자유로운' 희생자 없는 범죄였다. 종교상의 반대자, 즉 비국교도가 처벌받지 말아야 하는 것과 마찬가지로 '성적인 비국교도'도 처벌받아서는 안 되었다.[89]

　　이 자리는 18세기의 성적 지향을 조사하는 자리가 아니지만—당시의 성적 지향을 계몽된 의견들의 굴절 변화로 모조리 환원하는 것은 잘못일 것이다—이 시기에는 오랜 성적 금기들이 몽매한 편견들이라고 널리 공격을 받고 있었고, 에로틱한 쾌락의 정당성이 옹호되었음은 역설할 만하다. 이에 대한 증거는 성적 쾌락에 관해 열광적일 뿐 아니라 어느 정도는 평등주의적이기도 한 에세이의 저자 스콧 로버트 월리스Scot Robert Wallace의 글에서 찾을 수 있다.[90] 그의 「성교 또는 남녀 간의 교섭Of venery, or of the Commerce of the two Sexes」은 "사랑과 욕정은 매우 긴밀하게 엮여" 있고 "가장 수줍어하는 처녀나 가장 정숙한 부인이 종종 최고의 매춘부보다 욕정이나 성교에 대한 의향을 더 많이 갖고 있다"고 주장했다.[91] 이상화되거나 플라토닉한 사랑은—플라톤적인 모든 것과 마찬가지로—환상이었다.

나는 남자가 훌륭한 여인의 마음과 행실의 뛰어난 점들을 흠모하면서 그녀와 개인적으로 친해지고 싶다는 비밀스러운 소망을 품지 않을 수 있다고는 좀처럼 믿지 않는다. 미덕과 명예, 신중함이 그가 무례를 범하지 않게 막을지도 모르지만, 그의 관심은 육욕적인 것과 언제나 뒤섞여 있다. 만약 신체 건강하고 원기 왕성하다면 그는 기꺼이 그녀의 품안으로 달려들 것이다. 여성들이 느끼는 바를 나는 모르지만 어쩌면 가장 수줍어하는 처녀나 정숙한 부인에게도 같은 종류의 정열적인 욕망들이 없지 않을지도 모른다.[92]

'간음은 말려야 한다'고 한발 물러섬과 동시에 월리스는 간음이 '오로지 약하게 처벌되어야' 한다고 믿었다. 그는 정조의 결여가 '여성의 품성에서 매우 커다란 오점으로 간주되어선' 안 된다고 주장했다. 따지고 보면, 과부가 재혼해도 된다는 것을 누가 부정하겠는가? 여성의 정조에 대한 대중의 집착은 어떻게 도덕적 다수가 '어리석고, 엉뚱하고, 부자연스럽고, 터무니없고, 근거 없는 발상들을 머릿속에 집어넣게 되었는지'를 보여준다. 욕망은 자연스러운 것이며, "오로지 한 여자만을 즐기는 데 그렇게 크나큰 행복을 부여하는 것에 자연에는 아무런 근거가 없다." 그러므로, 그는 "우리의 풍습에서 허용되는 것보다 훨씬 더 자유로운 남녀 간의 교섭을 장려하고, 여성들도 남성들과 마찬가지로 구혼을 할 수 있게 허용"하고자 했다.[93] 놀라운 점은 월리스가 장로교 목사였으며 스코틀랜드 장로교회 총회장이었다는 사실이다.

과거의 향락의 맥을 짚기란 힘들다. 그러나 시각적 증거들의 도움을 받을 수는 있다. 호가스와 여타 화가들의 판화는 영국인들이 쾌락을 탐했을 뿐 아니라 그들이 그렇게 만끽하는 것을 기록하고 싶어했다는 풍성한 증거를 제공한다. 모두가 즐거운 시간을 보내는 서민적인 비어 스트리트나 서더크페어의 이미지들과 나란히 호가스는 남부럽지 않은 부르주아 가정들도 묘사했는데, 어쩌면 그들의 조부모들이 그려지는 모습일 수도 있는, 죽음을 상기하는 해골이 어두운 그림자를 드리운 이미지(17세기에 크게 유행한 바니타스 정물화를 가리킨다—옮긴이)나, 반대로 빅토리아 시대의 그들의 손자 손녀들의 이미지, 즉 진지하게 유익한 활동에 참여하고 있는 모습들과 달리, 차를 마시고 아이들이나 애완동물과 놀고 산보를 나가고 낚시를 하고 플레저 가든을 방문하고—한마디로 온갖 애디슨풍 활동을 하면서 종종 행복한 표정을 지은 채 즐거워하는 모습을 묘사했다.[94] '진지함의 중요성에 뿌듯해하고importance of being earnest'(매사에 진지한 태도와 사회적 의무의 중요성을 강조하는 빅토리아 시대 풍속에 대한 풍자극인 오스카 와일드의 희곡 제목이다—옮긴이) 그들의 여왕은 결코 재미있어하지 않았던(속설에 따르면 빅토리아 여왕은 어느 만찬 자리에서 다소 경박한 우스갯소리를 듣고는 '과인은 전혀 재미있지 않군we are not amused'이라고 쏘아붙였다고 한다. 속설의 사실 여부와 상관없이 '재미있어하지 않다not amused'라는 표현은 이제는 어떤 상황에서든 근엄한 공적 페르소나를 유지한 빅토리아 여왕과 그 시대의 경직된 풍조를 비꼬는 표현으로 쓰인다—옮긴이) 빅토리아인들이, 쾌락을 좋아하던 그들의 계몽된 선조들을 매서운 눈초리로 못마땅하게 되돌아본 것은 우연이 아니다.[95]

| 12장 |

양식良識부터
감성까지

소설들이 영겁의 지옥에 빠트려온 가련한 이들의 그 숫자란!

—아서 영[1]

초기 계몽주의의 토론을 지배한 이들은 공적 사안에 대해 의견을 개진한 공인公人이었다. 국가는 법과 자유의 합법적 기반 위에 세워지고, 종교는 이성적이고 관용적인 성격으로 바뀌고, 철학은 불순물이 제거되고, 이성은 바로잡히고, 새로운 과학은 촉진되고, 도회적 삶은 예절 바른 사회성의 우월한 생활수준으로 격상되어야 했다. 시각 예술을 형성하고 있던 고전주의나 팔라디오주의Palladianism와 짝을 이루듯 위신 있는 문학 장르들은 고귀하고 시민적이었다. 바로 교육을 통해 고전고대를 사랑하도록 주입받은, 원로원의 자줏빛 의복을 걸친 이들에게 걸맞은 비극과 서사시 장르였다. 한편, 다른 스타일 영역에서는 오거스턴 풍자 장르가 공적인 매너와 도덕률의 교정을 꾀했다.

초기 계몽주의의 선두 주자들은 그들대로, 귀족들과(예를 들면 섀프츠베리와 볼링브루크) 의원들(애디슨과 스틸, 트렌차드와 고든 같은), 고위 성직자(특히 틸럿슨 대주교)와 학계 인사들(뉴턴이나 로크 같은), 법조인들(앤서니 콜린스 같은), 그리고 그 동류들이 심심찮게 섞인 응집력 있고 강력한 엘리트 집단을 형성했다. 정계와 문학계의 정상급 인사들을 한자리에 모은, 세간의 이목이 집중된 휘그파 킷캣Kit-Cat 클럽은 귀족들이―뉴캐슬, 서머싯, 데번셔, 맨체스터, 도싯, 몬터규 공작과 링컨, 바스, 윌밍턴, 카베리, 칼라일, 버클리, 핼리팩스 백작 등등―주도했다. 출판업자 톤슨Tonson과 극작가이자 건축가인 밴브러만이 지주 계급이나 부유한 사회적 배경 출신이 아니었다. 똑같은 구성이 더 넓은 후원자층에도 적용되었다. 예를 들어, 〈태틀러〉는 귀족과 상류층 구독자 비율이 상당했다. 구독자 명단에 이름을 올린 752명 가운데 열 명 중 한 명은 잉글랜드 귀족이었다. 여기에 추가로 스코틀랜드나 아일랜드 귀족이 35명 있었고, 26명이 귀족의 자제들이었으며 그만큼이나 많은 수의 귀족 가문 귀부인들도 잡지를 구독했다. 주교 8명을 비롯하여 총 166명의 귀족이 명단에 올라 전체의 22퍼센트를 차지했다.[2]

그러한 상황은 19세기를 거치면서 사회적·지적·문화적으로 변화했다. 지적 탐구의 초점은 계몽주의 내부로 이동했다―개인적인 것은 정치적인 것이 되었다.[3] 이것은 어느 정도 이전에 고취되던 이상들로부터의 거리 두기나 이탈을, 옛 비판들에 대한 비판을 수반했다. 예를 들어 애디슨적 예의범절의 '진실하지 못한' 가면에 혹평이 가해졌다. 그러한 예의범절이 체스터필드가 아들에게 보내는 편지같이 대단히 패러디하기 좋은 형태를 띨 때면 특히 그랬다―체스터필드는, 존슨 박사의 고전적인 이중의 촌철살인을 빌리자면, 창녀의 도덕과 춤 선생의 매너를 보여주었다.[4]

그러한 초점 이동들은 발달중인 내적 논리를 반영했다. 국내적 평화와 번영이 소비와 인쇄 자본주의를 지원하면서, 더 많은 사람들이 세련된 문화가 제공하는 기회들에 참여하고 세상에서 자신의 위상과 자신의 가치를 높일 시간과 여유를 갖게 되었다. 활동가의 모습이든 관객의 모습이든 문화적 행위자의 인력 풀은 갈수록 더 많은 수의 여성들과 지방 출신들, 그리고 중간 계급과 심지어 하층 계급 인물들을 아울렀다. 거물과 저명인사들로 이루어진 옛 특권층을 넘어선 분파들이 이 넓어지는 서클로의 진입에—민심이 천심이라는 계몽된 보편주의로 장려되고 정당화된 발전상으로서—성공했다. 그럼에도 불구하고 그들은 '배제된 자들'로서의 정체성 의식을 얼마간 보유하기는 했다.[5] 외부자이면서 동시에 내부자인, 불어나는 이 주변적 인물 집단은 불가피하게 긴장을 낳았고, 이들을 다룰 이 장에서는 대체로 1750년 이후로 '내부의 계몽주의'의 변증법을 추적하고 자아와 그 딜레마들을 이해하는 새로운 담론 양식들을 검토한다.

개인의 심리와 '심리학'의 근대적 투시도를 구축한 것은 계몽 철학이었다(7장을 보라). 정신에 관한 로크식 철학들과, 소설, 우미優美문학, 초상화, 일기, 편지 같은 그보다 덜 엄격한 장르들에서 대대적으로 논의된 주관성 모델들 사이에서 시너지 효과가 나타났다. 이 변증법은 부상하던 개인주의와 자의식, 자기규정과 자기 개량에서 핵심적 함의를 띠었다. 이 시기에 '자서전'이라는 단어가 처음 출현한 것은 우연이 아니다. 아닌 게 아니라, 영혼에 관한 글쓰기에서 청교도의 전통적인 영성적 자기 성찰의 장르가 더 세속적인 고백 양식으로 보완된 셈이었다.[6] 델라리비어 맨리Delariviere Manley 같은 초창기 로맨스 작가들부터 감상적 소설가들을 거쳐 메리 울스턴크래프트와 그녀의 자매 자코뱅(18세기 후반에서 19세기에 걸친 용법에서 자코뱅이란 반드시 프랑스 혁명가들을 가리키는 게 아니라 보수주의자들이 보기에 과격파, 급진파를 가리키는 것이다. 과격파의 의미로서 '자코뱅'은 20세기에 영어권에서 '볼셰비키'로 대체되었다—옮긴이)에 이르기까지 계몽의 자기 형성에서 여성의 목소리가 더 영향력을 발휘하게 되면서 성과 젠더에 관한 재고찰도 이루어졌다. (여성의 목소리에 관해서는 14장도 보라).

1인칭 서간문학과 소설로 세상에 널리 이름을 알린 새로운 자아들—허구의 트리스트럼 샌디가 두드러진다—은 종종 반항조로 비인습적이고 규범적인 구조들에서 벗어나 있었으며, 자기에게 몰두하고, 자신만의 독자성에 취해 있었다. 고전적 교훈들을 내버리면서 의심스러운 것이 확고한 것보다 더 소중한 것이 되었고, 불완전한 것이 완결된 것보다, 거친 것이 부드럽고 순한 것보다, 변덕스러운 것이 한결같은 것보다 더 귀히 여겨졌다. 유동성, 분투, 변하기 쉬움은 모두 새로운 두근거림을 획득했다. 진정성, 체험, 느낌과 '가슴 안의 진실'에 관한 관심이 갈수록 많이 표명되면서, 전통, 관습, 가부장제 그리고 토템적 권위의 상징들에 맞서는 반란의 기운이 감돌았다.[7]

이 반역성은 아이러니하게도 어마어마한 어느 남성 아이콘을 우상화했다. 바로 장자크 루소였다. 고백의 양식으로 루소는 한없이 매혹적인 자기성selfhood을 찬양했다. '내가 더 나은 사람이 아니라면, 적어도 나는 [타인과] 다른 사람'이라는 그의 울림이 큰 선언은 후기 계몽주의의 비공식 신조가 되었고, 훗날 낭만주의에 의해 채택되었다.[8] 애디슨의 시각에서 볼 때 한 사람의 의무는 명랑한 순응주의자로서 재기발랄한 것이었다. 루소의 『고백록Les Confessions』이 설파하는 복음에서는 다루기 힘든 미가공 다이아몬드에 진정한 가치가 있었다. 비순응성의 풍조가 관례가 되었고 자기 몰입이 높이 평가되었다. 내적 체험에 새로운 특권을 부여하는 것은 내부와 외부, 사실과 환상 간의 엄격한 고전적 구분들을 전복했고, 개인들에게 내면의 충동들을 따라서 스스로를 독특한 개인으로 재개조하도록 가르쳤다. '나는 내 마음을 안다'고 앤 리스터Anne Lister는 루소를 상기시키며 일기에

토로했다.[9]

　그러한 변화들의 한 가지 표지는 창조성 논쟁의 재개였다. 언뜻 보면 로크의 백지 상태 개념이 그 문제를 해결한 것 같았다. 모두가 서로 아주 비슷하게 태어났고, 본유관념이 존재하지 않는 것과 마찬가지로 본래적인 천재도 존재하지 않으며, 정신이나 성격상의 차이들은 경험의 산물이다. 1773년에 보즈웰은 "존슨 박사는 교육의 차이에 의해서가 아니라면, 어느 아이가 다른 아이보다 더 낫다는 것을 부정했다"고 기록했다.[10] 멋진 아이러니인데, 그러한 반생득론적 관점은 체스터필드도 지지하여, 그는 아들에게 사람은—비록 도저히 여자는 아니지만—지적으로 똑같은 수준에서 출발한다고, 흠잡을 데 없이 평등주의적인 정서를 가르쳤다. "아마 짐마차꾼도 밀턴이나 로크, 뉴턴과 똑같이 좋은 신체 기관을 갖고 태어날 것이다."[11] 프리스틀리도 뉴턴의 정신에 특별한 것은 전혀 없다고 생각했다. 애덤 스미스도 동의했다. "상이한 사람들 사이에서 타고난 재능들의 차이란, 실제로는 우리가 알고 있는 것보다 훨씬 적다."[12] 고드윈도 마찬가지였다. "천재는 우리와 함께 태어나는 게 아니라 탄생 이후에 만들어지는 것이다."[13]

　그러한 로크식 관점들은 문학 창작에 관한 고전적 가르침들과 일치했다. 포프 같은 대가들에게 예술성이란 타고난 재능도 아니요, 불가사의한 영감을 받아 생겨나는 것도 아니었다. 『비평론Essay on Criticism』(1711)에서 그는 그것은 근본적으로 숙련된 재주의 문제라고 말했다.

> 진정한 재치란 돋보이게 차려입은 자연이라
> 흔히 생각된 것이지만 결코 그토록 잘 표현되지 못한 것.[14]

　조슈아 레이놀즈Joshua Reynolds도 비슷하게 생각했다. 그의 미학은 성스러운 깨달음이나 저절로 솟아나는 창조성이라는 공상적인 개념들을 취급하지 않았다. 그는 '수호신의 부름과 영감을 기다린다'거나 '상상력이 가장 힘차게 끓어넘칠 때를 기다린다' 같은 온갖 이야기들이 너무 '허세를 부리는' 말일 뿐 아니라 '해롭다'고까지 여겼다. '신이 내린 재능'도 '기계적인 일'도 아닌 회화는 하나의 훈련과 지식, 연습이 필요한 기량이었고, 참신성은 '그토록 잘 표현되지 못한 것'보다 덜 중요했다.[15] 물론 상상력은 중요하게 평가받았다―애디슨은 '상상의 즐거움'을 칭송했고, 이 문구는 같은 제목의 1774년 마크 에이킨사이드Mark Akenside의 시에 포함되었다. 그러나 그것은 광기로 이어질 수도 있는 저 '상상력의 위험한 득세'를 미연에 방지하기 위해 학식과 재치, 판단력으로 적당히 누그러뜨릴 필요가 있었다.[16]

이 모든 것은 천재를 독특함에 대한 찬미로 재형상화한, 그 세기 중반을 전후로 부상한 새로운 사고방식에 의해 도전받았다. 정신 작용에 대한 기계적 모델들, 특히 연상 모델은 식물 성장을 본뜬 창조적 과정들의 유기적 이미지로 대체되었다.[17] 『독창적 작품에 관한 추측Conjectures on Original Composition』에서 국교도 성직자이자 시인인 에드워드 영은 독창성과 창조성에 경의를 표했다―자연은 "모조리 원본들인 세계로 우리를 데려간다. 이 세상의 어느 두 얼굴도, 어느 두 마음도 똑같지 않다."[18] 애디슨주의자들이 치켜세운 '인류 공통의 판단력'과 여타 온갖 결정적 비법들은 이제 따분하다고 비난받았다. 개성은 마음껏 풀어헤쳐져야 한다. 영은 비굴한 모방을 조롱하며 영감을 찾아 시인들을 자연으로 돌려보냈고, 거기서 '천재성은 거침없이 배회하리라.' 오거스턴 문인들이 추구한 합의 대신에 색다름이 평가받아야 한다. "원본으로 태어난 우리가 어쩌다 모사본으로 죽게 되었는가?"라고 영은 한탄한다. "우리가 [글쓰기라는―옮긴이] 경솔한 짓을 저지르게 되자마자(말하자면 그렇다), 저 참견꾼 흉내쟁이 모방이 펜을 낚아채고 우리 본성의 타고난 구별 표지를 지워버리고, 자연의 친절한 후의를 지워버리고 모든 정신적 개별성을 파괴해버린다."[19] 셰익스피어는 딱 두 권의 책, 자연이라는 책과 인간이라는 책만 읽어서 운이 좋았다. 그리고 "만약 밀턴이 그의 학식 가운데 일부를 삼갔다면 그의 뮤즈는 더 많은 영광을 얻었을 것이다." 최고의 천재들은 자연의 학교를 다녔고, 그 밖에 다른 스승은 몰랐던 이들이며, 예술가의 첫째 규칙은 아무런 스승도 두지 않는 것이어야 한다. "국외로부터 들여오는 가장 화려한 수입품보다 그대 정신의 고유한 성장을 선호하도록 그대 자신을 존중하라."[20]

윌리엄 샤프William Sharpe의 『천재에 관한 논고A Dissertation upon Genius』(1755)와 알렉산더 제라드Alexander Gerard의 『천재에 관한 소고An Essay Upon Genius』(1774)[21]도 유사한 논조를 취하여 독창성을 우선시했고, 자연적 성장의 유비를 통해 문학 창작을 건강한 원래 정신의 발로로 보았다. 진정한 '영혼'을 담을 수 있는 '식물처럼 성장력이 있는' 천재는 비합리성이라는 오명으로부터 옹호된다. '심지어 가장 총애하는 자식들에게 자연은 좀처럼 완벽한 판단력을 부여하지 않는다'고 제라드는 주장한다. "그러나 매우 상당한 정도의 판단력은 언제나 진짜 천재에게 속한다."[22]

천재에 대한 재고는 열광의 복권을 가져왔다. 초기 계몽주의 종교 비판가들에 의해 무자비하게 매도된 열광은 열렬한 감성으로—바로 그런 까닭에, 고맙게도 어떠한 공적 위협도 결여된 것으로—재발명되었다. 그리하여 무균 처리 되고 불온성이 제거되고 사적인 것이 된 열광은 고딕적 광포함을 격찬하고 예술보다 자연을 높이 치는 조지프 워튼Joseph Warton의 『열광자: 또는 자연을 사랑하는 자The Enthusiast: or Lover of Nature』(1744)와 더불어 우선 미적 영역에서 복귀했다.[23] 이전의 묵시록적 외관을 벗어버린 열광은 사적 독서가 상상력에 불을 지피고 감정에 재료를 제공하면서 현란

한 미학으로 꽃피었다.[24] '열광적 찬미는 좀처럼 지식을 촉진하지 않는다'
는 레이놀즈의 신고전주의적 금언을 거부한 윌리엄 블레이크는 열광이 '처
음이자 마지막 지식 원리'라고 대답한다. '순전한 열광'은 '우리를 조금 이끌
어줄 것'이라고 레이놀즈는 한발 물러선다. 그러나 블레이크는 '순전한 열광
은 전부다!'라고 반박한다.[25]

내적 자아를 정당화하는 후기 계몽주의의 핵심 개념은 감성이었다.[26]
물론 그것은 앞선 원천들에 기댔다. 〈스펙테이터〉는 전통적인 남자다움을
거부하기 위해 우월한 남성들에게 호소했다. 드로캔서draw-can-sir 부류의 허
풍쟁이 난폭자들과 턴벨리 클럼지 경들은 모두 우스꽝스럽고 용납할 수
없는 야만적 과거의 유물이었다(드로캔서는 빌리어스Villiers의 소극 「리허설the
Rehearsal」에 나오는 캐릭터로 종막에서 네 편 내 편을 가리지 않고 모든 인물을 죽여
버린다. 턴벨리 클럼지 경은 밴브러의 희곡 「재발the Relapse」과 셰리든의 「스카버러로
의 여행A Trip to Scarborough」에 나오는, 귀족한테 아첨하는 캐릭터다 — 옮긴이). 한편
숙녀들은 그들대로 더이상 말없이 순종하며 가만히 있지 말고 감정을 느
끼라고 배웠다. 그리고 감성이 예민한 영혼을 형성해내는 데에는 다른 필
수적인 요소들이 가까이에 있었다. '영구적인 양식으로서의 갈망'이 '근대
소비주의에 대한 이해에 열쇠'가 된 만큼, 물질문화, 출판 미디어, 그리고 번
영은 자기 함양을 위한 기회들을 갈수록 사회의 더 많은 부문에 제공했
다.[27] 귀감들과 잡지들을 통해 매개된[28] 고양된 정서적 투입이 난롯가와 가
정, 개인적인 애정에서 이루어졌다. 20세기 서사들, 특히 정신분석학적인
서사들에서는 가족이 수시로 자아실현을 좌절시키는 것으로 묘사되었다
면,[29] 새로운 계몽주의의 가정성은 개인을 해방시켰다.

계몽사상가들은 자아에 대한 의식을 검토하고 강화하는 데 새로운 심

리-생리학적 모델들에 의존했다. 신이 내려준 기독교도의 영혼이나 데카르트적 코기토에 이의를 제기하면서 포스트-로크식 사고는 의식을 무한한 잠재성, 외부 세계와 내부의 '형언하기 어려운 무엇je ne sais quoi' 사이에서 신호를 내보내는 신경섬유 조직들의, 불확정적이고 흔들리는 네트워크에 의존하는, 변화하는 감각들의 총합으로 제시했다.[30] 신경학은 이제 막 그이름을 얻었으며, 신경에 대한 대중적인 학설들은 인간이라는 동물을 플라톤적인 호모 라티오날리스도 아니고 기독교의 원죄자도 아닌, 경험의 산들바람으로 떠돌아다니며 신경 시스템을 통해 이루어지는 공감과 감정, 각인된 인상들로 충만한 육체화된 자아로 제시했다. 뉴턴주의자 내과의 조지 체인의 '영국인 병English malady'이라는 조어는 여기서 징후적이다.[31] 내면 고조와 우울의 병, 이 새로운 달콤쌉싸름한 불평은 전통적인 버튼적 멜랑콜리아와 형식적으로 닮았으나 미묘하고 의미심장한 차이들이 존재한다. 멜랑콜리한 사람은 「뜻대로 하세요As You Like It」의 자크처럼 고독하거나 아웃사이더였다. 반대로 영국인 병에 시달리는 자는 체인에 따르면 공손한 예절 바름의 산물이었다. 이 전형적인 계몽주의적 심신 장애로 치닫게 하는 것은 유동적이고 개방적이고 부유한 사회의 압력과 쾌락들이었다. 체인은 그 심신 장애가 사회적 모방과 경쟁, 대량의 식사와 음주, 축 늘어져 있기, 허리를 단단히 조이기, 늦게 잠자리에 들기, 머리를 어지럽게 하는 경쟁적인 담화 등등 현대적인 라이프 스타일이 신경 체계에 가하는 공격들에서 발생한다고 주장했다. 체인은 특수한 신분에 한정된 병인론病因論을 강조했다. 그 병은 더 단순하고 원시적인 사회들이나 시골 사람들한테는 알려져 있지 않다. 그들은 모두 그것의 희생자가 되기에는 신경학적으로 너무 결핍되어 있기 때문이다. 그리하여 계몽주의는 진보만이 아니라 그 이면도 만들어냈다. 감정의 실력자들을 괴롭히는, 문명의 질병이라는 발상을.[32]

두 세대 뒤에, 『신경성 기질에 관한 견해A View of the Nervous Temperament』 (1807)에서 토머스 트로터Thomas Trotter는 그의 선임자가 진단한 신경성 장애들이 급증했을 뿐 아니라 계몽주의 일반처럼 사회적 계층을 따라 침투하여, 중간 계급 그리고 여성까지도 괴롭히고 있다고 주장했다.[33] 트로터는 유동적인 압력밥솥 사회는 시민들이 신경을 곤두세우고 살게 만든다고 주장한다. 그들은 자극제에 빠지게 된다—차와 담배, 술과 마약이라는 해악에. 강력한 습관성 자극제들이 갈수록 많이 음용되지만 수확 체감의 법칙이 적용된다. 그 결과는? 통증, 불면증, 심기증과 여타 해로운 결과들은 다시금 의약적 처방을 요구하고 그중 일부는—무엇보다도 아편은—처참한 부작용을 낳으며, 그 자체가 또다시 습관성이 된다. 자극제에 대한 병적인 갈망으로 돌아가는 현대 사회는, 그 '정신없이 숨가쁜' 생활로 중독된 사회가 되어가고 있다고 트로터는 주장했다.[34] 신경과민은 나르시시즘을 낳고, 그 자체는 심기증과 히스테리를 촉발했다. 문명과 상상력이 낳은 질병들은 모더니티가 제시하는 약속과 함정들을 급격하게 의학적 사안으로 탈바꿈시키면서 자의식이 강한 자들을 괴롭히게 되었다.[35]

그리하여 이 고약한 세상을 살아가기에는 너무 선량한, 감정이 풍부한 인간들이 유행하게 되었고,[36] 강렬하게 민감하고 우아하게 세련된, 극도로 예민한 감정으로 축복받거나 혹은 저주받은 그러한 '섬세한 사람들'에 대한 매혹이 커져갔다. 멋쟁이 집단과 유행을 선도하는 의견과 이미지를 굴절시키고 승인하던 우미문학 사이에서는 도덕성 자체가 개인적 성향과 갈망들을 수용하는 식으로 섀프츠베리를 따라 미학적이고 주관적인 분위기를 띨 수도 있었다(7장을 보라). 의무는 더이상 모세의 석판에 새겨지거나, 유클리드적인 우주적 적합성으로부터 연역되거나 사회적 관습에 의해 지시되지 않았다. 데카르트의 명확한 코기토가 흄의 인상과 소망, 욕망의 다

발로 용해되면서 진리는 내면화되고 사유화되었다.[37]

　　개별적 인격들과 출판물 간의 관계들이 갈수록 더 치열한 힘의 장이되면서 픽션이 '자아를 다시 생각'하기 위해 선택된 매체로 부상했다. 소설들이 정확히 그것이었다. 인쇄의 발명 이후로 태어난 문학 장르의 하나인 소설 말이다.[38] 픽션이라는 상상의 제국을 구축하는 데서, 특히 1750년 이후에 최고의 자리를 차지한 장르는 그 시작부터 개인주의나 특정한 정치적 자유주의와 연관되었던 소설이었다. 막강한 영향력을 발휘한 디포의 서사들은 이방인이나 외톨이로서의 주인공—로빈슨 크루소, 몰 플랜더스Moll Flanders[39]—과의 동일시를 요청했고, 이것들에 감성 소설들이 뒤따랐다. 세라 필딩Sarah Fielding의 『데이비드 심플의 모험The Adventures of David Simple』(1744)과 헨리 브룩Henry Brooke의 『우수한 바보The Fool of Quality』(1765-70), 올리버 골드스미스의 『웨이크필드의 목사The Vicar of Wakefield』(1764), 로런스 스턴의 『트리스트럼 섄디』(1759-67) 및 『감상적 여정A Sentimental Journey』(1767) 그리고 헨리 매켄지Henry Mackenzie의 『감성인Man of Feeling』(1771)은 독자의 공감을 단단히 붙들고 대리적인 감정적 동일시를 제공하는 수십 편의 신파물 가운데 선구적이거나 인기를 누린 작품일 뿐이다. 매켄지는 주인공인 고아 할리를 런던으로 보내 사기꾼들과 야바위꾼들의 수중에 떨어지게 만들지만, 한편으로 회개한 매춘부 앳킨스 양의 모습으로 미덕들과도 조우하게 만들고, 주인공은 그녀와 친구가 된다. 고향으로 돌아오는 길에 그는 인생이 망가진 군인과 조우하는데 알고 보니 그는 할리의 어린 시절 멘토 에드워즈로 드러나고, 에드워즈의 불행과 희생에 관한 애절한 이야기는 할리한테서 더 많은 눈물을 짜낸다. 고향에 도착한 두 사람은 에드워즈의 아들이 의지할 데 없는 두 아이만 남긴 채 죽었다는 것을 알게 된다. 할리는 옛 스승을 간호하다 열병에 걸리고, 이 열병과 보답받지 못한 사랑이 합쳐져 차례로 병고와 반가운 죽음이 찾아온다. 공식은 끝없이 계속된다.[40]

리처드슨의 『찰스 그랜디슨 경Sir Charles Grandison』(1753-54)의 주인공은 '딸아, 펜을 들렴. 난 너무 감상적이란다'라고 외친다. 스턴이 유행시킨 바로 그 '감상적'—거칠게 말하자면 '감정이 충만한'—이라는 표현은 존 웨슬리에 의해 우스꽝스러운 것으로 일축되었다. "나는 『프랑스와 이탈리아를 거치는 감상적 여정A Sentimental Journey Through France and Italy』이라는 책을 무심코 집어 들었다. 감상적이라니!" 그는 폭발하고 만다. "대체 저게 뭔 소린가? 이건 영어가 아니다. 차라리 대륙Continental 여정이라고 하는 게 낫겠다. 아무 의미 없는 표현이다. 이건 그 어떤 명확한 생각도 전달하지 않는다."[41] 감상성은 〈레이디스 매거진Lady's Magazine〉(1770-1832) 같은 간행물로 더욱 유행하게 되었다. 이 성공적인 월간지에 허구한 날 실리는 소설들은 상투적 요소들로 가득한 이야기를 전문으로 했다. 즉, 첫사랑, 그다음에는 부모의 반대나 구혼의 다른 장애물, 그다음 플롯에서 약간의 급변, 마지막으로 작가의 보이지 않는 손 덕분에 이루어지는 갈등 해소. 그러한 공식은 반세기 동안 잡지의 소설들에서 대들보로 드러나게 된다.[42]

그러나 감상적 소설가들은 종종 개인적 경험에 의존했다. 빽빽 울어대는 아이들만 잔뜩 남긴 채 남편이 떠나자 샬럿 스미스Charlotte Smith는 자신을 지긋지긋한 세상에 내던져진 영락한 집안 출신의 여주인공으로 투영했다. 줄줄이 이어지는 소설마다—『에멀라인Emmeline』(1788), 『에설린드Ethe-linde』(1789), 『셀레스티나Celestina』(1791), 『데즈먼드Desmond』(1792), 『낡은 시골 대저택An Old Manor House』(1793), 『워릭의 편력The Wanderings of Warwick』(1794), 『추방자The Banished Man』(1794), 『몬탈버트Montalbert』(1795), 『마치먼트Marchmont』(1795), 『젊은 사색가The Young Philosopher』(1798)—그녀의 여주인공들은 그 형태가 전제적인 아버지든, 끔찍한 남편이든, 부정직한 변호사든, 비열한 성직자든, 그리고 각양각색의 불한당들과 망나니들이든 간에, 법적인 협잡과 남성 권력에 의해 고통을 받는다. 그녀는 그런 판에 박힌 소설들을 1년에 한두 편씩 꼬박꼬박 찍어냄으로써—재정적으로 또 정서적으로— 망가지지 않고 자신을 유지할 수 있었다.[43]

감성과 고통의 멜로드라마화를 통해 변화를 알리는 한편, 감상소설에서 도덕적 무게중심은 언제나 비정한 세상에 의해 마음에 상처를 받은 남녀한테 있었다.[44] 이 소설들은 곤경에 처한 미덕을 에티켓 교본이나 설교문보다 더 내밀하고 사적인 어조로 극적으로 묘사했다. 도덕적 투쟁은 흑백논리로 그려질 수도 있겠지만—불명예 대 절조, 금전적 이득 대 충심—소설에서 그런 진퇴양난의 딜레마는 천로역정의 우주적 우화나 브루투스나 카토, 루크레티아 같은 스토아주의적 위엄으로 그려지지 않고 지극히 평범한 부르주아 배경 속에서 개성적으로 형상화되었다. 근대적 딜레마들은 밀턴식 죄와 구원이 아니라 괴로운 마음과 두근거리는 가슴을 다루는 플롯들 속에서, 돈만 아는 부모에 대한 분열된 충성심이나 가슴 대 머리의 문제들이었다. 감상적 서사들에서 마음이 넓고 감성이 풍부한 남녀 인물들은 세상의 범죄와 잔인한 만행에 직면하고—무엇보다도 그러한 해악들을 가슴 깊이 느끼고—폭포수 같은 눈물로 반응한다. 오로지 인간성으로만 무장한 채 고난의 길에 발을 내디딘 남녀 주인공은 어디에나 도사리고 있는 악의나 불행을 발견하며, 그리하여 새로운 궁지를 부각시킨다. 여기서 제시된 대로, 만약 사악한 세상에서 이성과 선행이 결국 승리하지 않는다면 어떻게 될까?

감성 숭배 혹은 감상성 숭배는 그리하여 낙관적인 〈스펙테이터〉에 의해 그 무렵에 묘사된 광경보다 더 칙칙한 광경을 그렸다. 악전고투하는 개인은 행복한 결말을 기대할 수 없다. 그러나 그러한 인생의 시험대들은 보상도 있다는 것이다. 곤경과 좌절 그리고 패배는 도덕적 우월성을 확인해 주고 개인적 지조의 묘미를 부각시켰다. 그리고 어쨌거나 미심쩍어하는 비판가들이 언제나 암시했듯이, 그러한 소설들의 전율을 통해서, 그 같은 숭배 현상이 대리적 황홀감과 부정한 정념들로, 가상적인 오이디푸스적 반항이나 가상적인 간통의 잠자리 쾌락들로 독자를 공공연히 초대하지 않았던가?

그러나 소설의 새로움은 무시되어서는 안 된다. 다이제스트 판본과 잡지 단편들이 시대의 대표 서사로서 성서의 자리를 이어받은 것처럼, 바로 그러한 소설들과 파생 작품들을 통해―『패멀라Pamela』가 성직자들에 의해 강단에서 크게 낭독되었다는 이야기가 전해지지 않는가?―자아와 자아가 갈망하는 것들, 그리고 그 모호성을 파고드는 계몽된 여정이 추구되고 대중화되었다. 소설은 볼링브루크의 표현을 조금 변형하자면 예시를, 그것도 수상쩍은 예시를 들어 가르치는 새로운 철학이었다. 벼락출세한 이 장르는 문화의 부르주아화와 여성화의 결정적인 표시이기도 하다. 샬럿 스미스, 마리아 에지워스Maria Edgeworth, 아멜리아 오피Amelia Opie, 메리 브런튼Mary Brunton 같은 작가들이 1800년 전후로 베스트셀러 작가로 등극하면서, 공적인 관습과 도덕률의 형성에서 여성들이 인쇄된 글을 통해 중대한 공헌을 하기는 이때가 처음이었다.[45]

대중의 당혹감과 반동적인 독설이 소설 장르에 쏟아졌고, 소설 장르가 '현대적' 가치들로 물들어 있던 만큼 이런 비판들은 오늘날의 팝 문화에 대한 일부 반응과 비슷하다.

여성의 심장을 가장 현혹하는 것은 소설이니

아가씨는 읽고-녹아내리고-한숨짓네-

어느새 사랑이 그녀를 엄습하고-

그러면-아아, 불쌍한 처녀여!-안녕, 가련한 정조여![46]

위에서 인용한 극작가 조지 콜먼George Colman의 경고와 같은 무수한 경
고들은 문화 소비자들이 혼자만의 독서에 푹 빠져 정신을 못 차린 채 아찔
한 공상의 삶을 살고 있다고 폭로했다. 소설 독자층은 출판물의 소용돌이
로 빨려 들어간, '새파란 견습생들, 풋내기 처녀들' 혹은 존슨의 표현으로
는 '젊은이들, 물정 모르는 이들, 게으름뱅이들'이라고 널리 주장되었다.[47] 소
설이 끊임없이 공급하는 어질어질한 심리적 혼란은 신경성 질환이나 심지
어 쇠약증을 촉발할 수도 있는 자기 성애적 갈망과 같은 신체적 결과들로
이어진다고들 했다. '그녀는 신체적 탕진에 저 가장 유쾌한 대용물인 소설
에 뛰어들었다'고 메리 울스턴크래프트는 『메리Mary』(1788)에서 여주인공의
천박한 어머니에 관해 고찰했다—아이러니하게도 바로 그녀가 쓴 소설
가운데 하나에서 말이다.[48] 소설이 촉발하는 병적인 공상적 삶은 독자들
을 탈선으로 이끌 거라고 소설가는 확신하는 것이다. "비정상적으로 섬세
하고 낭만적 감성을 키워온 여성들이 갈수록 커지는 열렬한 애정으로 매
일같이, 온종일 자신들을 사랑해줄 수 있는 남편을 만났더라면 얼마나 행
복할까 상상하며 인생을 낭비하는 것은 흔히 일어나는 일이다."[49] 소설은 결
혼에 관해 여성들을 '속이면서' 미덕을 타락시킨다고 비평가 리처드 베린
저Richard Berenger는 비난했다. 소설만 읽지 않았다면 '훌륭한 아내와 어머니'
가 되었을 숙녀들이 소설에서 팔아먹는 '낭만적 사랑'에 대한 과대한 기대
로 인해 '사회적 삶'의 적절한 '애정'들로부터 고개를 돌렸다. 그는 교훈적

이야기를 끄집어낸다. 부유한 상인의 외동딸인 '클라린다'는 자신의 '상상의' 주인공이 아니라는 이유로 남편감을 거부하고서 '소설 읽기'라는 빠져나올 수 없는 습관'에 자신을 내맡기고 말았다.[50] 교육가인 바이시머스 녹스도 동의했다. 소설은 "골방의 구석진 곳에서 마음을 오염시킨다. (…) 그리고 고독 속에서 악덕의 온갖 적의를 가르친다."[51]

소설의 대중적 오명은 그 옹호자들의 신랄함에서 엿보인다. 제인 오스틴은 "우리 가족은 엄청난 소설 독자이며, 그 점을 부끄러워하지 않는다"[52]고 농담을 던졌다―『노생거 사원Northanger Abbey』(1818)에서 다른 말로 설명된 반항적인 발언이다.

> 소설가의 역량을 매도하고 그의 노고를 깎아내리고, 오로지 추천할 만한 천재성과 재치, 심미안을 담고 있는 성취들을 무시하고 싶어하는 일반적이다시피 한 경향이 있는 것 같다. '난 소설 독자가 아니에요―나는 소설 따위는 좀처럼 들여다보지 않습니다―내가 종종 소설을 읽는다고 생각하지 마십시오―소설치고는 정말 괜찮네.'―이런 게 흔히들 하는 위선적인 말이다.[53]

그러나 다른 곳에서 보수적인 오스틴은 『이성과 감성Sense and Sensibility』(1811)의 매리엔과 『오만과 편견Pride and Prejudice』(1813)의 더 어린 베넷 자매들을 통해 그러한 어리석음들을 드러내면서, 사적인 열정을 공적 의무보다 미화하는 소설의 위험한 경향을 까발렸다. 무엇보다도 허구적 캐릭터들을 인생의 본보기로 삼는 프로젝트는 어리석고 해롭다―『샌디턴Sanditon』(1817년에 집필된)의 코믹한 악당 캐리커처 에드워드 데넘 경을 보라. 그는 자신에게 맞지 않게 감상 소설들을 지나치게 많이 읽었다. 그의 상상력은 일찍이 리처드슨의 온갖 열정적이고 가장 바람직하지 않은 부분들에 홀딱 빠졌다. 그리고 감정과 형편의 온갖 반대를 무릅쓰고 남자가 집요하게 여성을 뒤쫓는 일에 관한 한, 그후로 등장하여 리처드슨의 족적을 따르는 작가들이 그의 문학적 시간의 상당 부분을 차지해왔고 그의 인격을 형성해왔다.[54]

'소설 읽기가 미덕의 대의명분을 더 고취하거나 해치는 경향이 있는가?'는 1783년 에든버러의 판테온 협회의 토론 주제였다. 그 평결은?—아슬아슬한 판단 보류였는데, 이는 아마도 휴 블레어와 헨리 매켄지 그리고 그들의 미러 클럽이 에든버러 문인 집단 사이에서 소설 장르의 위상을 높이는 데 크게 힘써온 사실과 관계가 있을 것이다. 역시 1783년에 나온 『수사학과 우미문학에 관한 강의Lectures on Rhetoric and Belles Lettres』에서 블레어는 그러한 '허구적 역사들'은 '교훈을 전달하고, 인간의 삶과 풍속을 그리고, 우리가 정념에 이끌려 빠지게 되는 잘못들을 보여주는 데' 도덕적으로 유용하다고 주장하며 소설 장르에 쏟아진 비난을 반박했다. 옛 '말썽꾼 기사 로맨스'를 혹평한 그는 일상적 삶의 풍경들을 묘사한다며 현대의 '통속familiar 소설'을 칭찬했다. 그는 '우리의 소설가들 중에 가장 도덕적인 작가는 『클래리사』의 작가 리처드슨'이라고 덧붙였다. 하나의 장르로서 소설의 위상—교훈적인? 독자를 타락시키는?—은 아무런 해답도 나오지 않은 채 끝없이 논의되었고, 특히 다름 아닌 소설들 안에서의 토론 주제였으니, 초기 계몽주의의 공적인 우선 사항들이 더 사적인 집착들에 밀려나고 있다는 분명한 신호였다.[55]

소설은 도덕적 난국과 사회적 딜레마들을 탐구하면서 '인도주의적 서사들'을 펼쳐놓았다. 토머스 래커Thomas Laqueur는 '18세기부터 한 다발의 새로운 서사들이 평범한 사람들의 괴로움과 죽음에 관해 비상하게 상세한 방식으로 이야기하게' 되었고, 이러한 서사들이 독자의 공감을 불러일으켰다고 주장해왔다.[56] 그의 질문—왜 도덕적 공민권이 그렇게 해서 어느 특정 시기에 한 집단에는 확대되지만 다른 집단에는 확대되지 않는지—은 감상적인 시대의 판별적인, 참여engagé 소설들과 관련하여 특히 적절하다. 그리고 그 플롯들에 담긴 편견들과 합쳐져(18장에서 더 다룰 것이다), 그 소설들의 '리얼리즘'이 중간 계급에 설득력 있는 매력 요소가 되었다는 것은 분명하다. "나는 한 무리의 숙녀들이 새로 나온 소설의 캐릭터들의 처신에 대해 논의하는 것을 들었다"고 로버트 사우디는 밝힌다. "그 캐릭터들이 마치 그들이 알고 지내는 진짜 인물들이기라도 한 것처럼."[57] 계몽된 심리 문학 작가들은 무엇이 상상의 산물을 그토록 진짜처럼 보이도록 만드는지를 깊이 고민했다. 데이비드 하틀리는 상상의 가공할 위력을 증언하면서 '의심스럽거나 심지어 허구적이라고 여겨지는, 하나의 흥미로운 사건의 빈번한 재발'은 '몽상에 빠질 때, 소설을 읽을 때, 연극을 볼 때 등등에서처럼 점차 그것이 진짜 사건처럼 보이게 만든다'고 고찰했다. 허구의 이야기들에 관해 몽상에 잠기는 가운데 단 하나의 에피소드에 관해 골똘히 생각하면 결국에 그 에피소드를 진짜처럼 느낄 수도 있다.[58]

데이비드 흄은 의미심장하게도 마음을 '일종의 극장, 여러 지각들이 연속적으로 등장하는 곳, 그것들이 무한히 다양한 형태들과 상황들로 지나가고, 다시 지나가고, 미끄러져 사라지고, 뒤섞이는 곳'[59]이라고 보았으며, 소설 읽기에 내재한 공감적인 투사는 애덤 스미스의 『도덕 감정론』(1759)의 심리학과 통했다.[60] 스미스적인 도덕론이 자아가 공적 무대에서 연기하는 것으로 그린 것처럼, 소설 읽기도 상상적 동일시를 부추겼다. 독자들은 구경꾼으로 행세함과 동시에 한편으로 소설의 사건 속에 뛰어들도록 이끌렸다. 그러한 수법은 물론 결코 새로운 것이 아니고, 소설 읽기에만 국한된 것도 아니다. 1760년대에 젊은 제임스 보즈웰은 자신이 온갖 페르소나의 의상을 걸쳐봤다고 기록한다. "우리는 어느 정도는 우리가 선택한 캐릭터일지도 모른다."[61] 때로 그는 아버지나 그의 지인들(이를테면 존슨이나 코르시카 애국자 파올리Paoli 장군 같은)을 자신의 본보기로 삼고 싶어했고, 또 때로는 자신이 아이네이아스, 맥히스(〈거지 오페라〉에 나오는), '도락가'라고 상상했다. 그러나 '내 삶의 연극'에서 그를 가장 끌어당긴 역할은 스펙테이터 씨의 역할이었다. 보즈웰은 '애디슨 씨가 될 만한 기질', 아니 그보다는 그의 '의향'을 스틸의 '유쾌함'과 결합시키고자 하는 성향을 토로했다. '한 재산'으로는 런던을 만끽하기에 충분하지 않지만 '스펙테이터가 멋지게 묘사한 것과 같은 상상력과 감정을 겸비한 사람이라면 매우 활기 넘치는 즐거움을 누릴 수 있다.' 울스턴크래프트적 도덕가라면 보즈웰의 방탕한 삶의 비극은 그가 대책 없이 환상과 현실을 구분하지 못한 데 있다고 결론 내렸을지도 모른다.[62]

보즈웰과 같은 경우들은 독자 일반—특히 머리가 텅 빈 젊은 여성들—이 소설의 캐릭터와 플롯에 너무 감정 이입한 나머지 픽션과 현실을 혼동하게 되고, 따라서 잘못된 길로 이끌리게 된다는, 만연한 두려움을 설명하는 데 일조한다. 그것은 물론 해묵은 테마—세르반테스의 『돈키호테』(1605-15)의 주제—이며, 샬럿 레녹스의 인기를 끈 소설 『여자 키호테The Female Quixote』(1752)의 제목에서도 암시된다.[63] 이 작품은 모든 조지 왕조 시대 소설들의 중심에 자리잡은 문제를 고민했다. 허구의 진실이란 무엇인가? 레녹스의 여주인공 애러벨라는 로맨스를 '삶의 진짜 초상들'이라고 생각하면서 그런 작품들로부터 '그녀의 모든 관념들과 기대들'을 이끌어냈다. 그것은 물론 잘못이었지만, 만약 결국에 소설이 '진짜 초상들'을 제공하지 않는다면, 그렇다면 어째서 여자 돈키호테가 그럴 수 있어야 한단 말인가?

평범한 독자들이 픽션에 미혹되고 있다는 불안감은 커져갔다. 그들이 리처드슨풍 여주인공들의 운명을 두고 손톱을 물어뜯고 뺨을 눈물로 적시고 있는 건 아닐까?—세라 필딩은 클래리사가 '모든 독자들에게 친한 지인처럼 취급'되었다고 주목한 바 있다.[64] 그리고 독자와 허구의 대상의 수상쩍은 동일시, 이 '삶의 소설화'는 한 단계 더 나아간 수수께끼를 제시했다. 바로 작가와 그 혹은 그녀의 캐릭터들의 결합에 의거한 생략elision이었다. 이러한 혼란은 1759년부터 깜짝 놀랄 만한 1인칭 내면 소설인 로런스 스턴의 『트리스트럼 샌디』의 출현으로 심화되었다. 그 선풍적 인기는 부분적으로 그 놀라운 비인습성과 감상성, 특히 토비 삼촌과 트림 하사한테서 보이는 두 요소에 기댔다. 그러나 대체로 그것은 1인칭 화자, 다름 아닌 트리스트럼과 그의 작가 스턴 사이의 작가적 페르소나의 미끄러짐에서 기인했으며, 스턴과 나중에 『감상적 여행』의 주인공으로 나오는 요릭 목사 간의 미끄러짐도 마찬가지다.[65] 스턴은 유쾌하고 대담하게 캐릭터와 작가의 구분을 흐렸으며 독자는 주인공의 자기 현시적인(무심코 자신을 드러내는—옮긴이) 충동들을 눈감아주도록 요청받았다. "내 펜한테 물으라—펜이 나를 지배하지 내가 펜을 지배하는 게 아니다."[66]

스턴은 자신이 유명 인사가 되었음을 발견했고—아니 그보다는 자신을 유명 인사로 만들었고, 그의 글은 대규모 공중公衆에 의해 유지되는 인쇄 문화의 부흥 전에는 상상도 못할 방식으로 대중의 관심을 사로잡았다. 작가의 친구 존 홀 스티븐슨John Hall-Stevenson이 쓴 『두 서정 서한Two Lyric Epistles』(1760)은 『트리스트럼 샌디』를 칭찬하고, 변호하고, 공격하고, 모방하고, 무엇보다도 홍보하는 파생작과 모방작의 홍수 가운데 첫 사례일 뿐이었다. 단 1년 사이에 그런 작품이 20종이나 출현했다. 『트리스트럼 샌디의 저자에 맞선 시계 제조공의 항변The Clockmaker's Outcry against the Author of the Life and Opinions of Tristram Shandy』(1760)은 월터 샌디의 가내의 정기적 일과로 야기된 시계와 성애화를 개탄한 한편, 소설에서 가명으로 지나가듯 언급되는 '제러마이아 쿠나스트로키우스'의 성적 도착은 1760년 '그의(제러마이아의―옮긴이)'『해명Explanatory Remarks』의 출판으로 이어졌다. 픽션은 픽션을 낳고, 삶과 창작물은 어지럽게 선회하며 하나의 가면극이 되었고, 미디어의 대대적 띄워주기가 탄생했다. 자기 포장에 뛰어난 현란한 스턴(트리스트럼/요릭)은 바이런 이전에는 따라올 사람이 없을 만큼 자신을 스타로―영국인 루소로―탈바꿈시켰다.[67]

『트리스트럼 샌디』는 주인공의 신경을 노출함으로써 예민한 구석을 건드렸고, 스턴 자신의 들뜬 상상력에 드리워진 휘장을 걷어내면서 암암리에 작가의 과시 행위의 작품으로서 기능했다. 만약 현학적인 학식에 대한 그의 패러디가 박식한 퇴물에 대한 고전적인 계몽된 비판을 제공했다면, 새로운 것은 그의 '의식의 심전계心電計'였다.[68] 오성을 내면화하면서 그는 당시 유행하던 심리학, 특히 로크의 심리학에 광범위하게 기댔다. 스턴의 자랑―나는 먹고살기 위해서가 아니라 유명해지기 위해 썼다―은 그가 독자 대중이 이제는 가공의 이야기에 의해 매료될지도 모른다는 것을 깨달았다는 사실과, 작가들이 이제는 어떻게 대중의 사고의 감독 역할을 떠맡고 있는지를 보여준다.

『트리스트럼 샌디』가 코믹하게 감상적인 반면, 나중에 나온 소설들은 로맨틱한 것, 멜로드라마적인 것, 성적인 것을 주구장창 이야기했는데, 이는 호러스 월폴의 『오트란토 성』(1764)이 열어젖힌 고딕 유행에서 특히 두

드러진다. 지하 저 밑바닥에 감춰진 감정에 대한 매혹은 작가들로 하여금 낭만주의적 자기표현에 뛰어들게 했다. 콜리지와 워즈워스 둘 다 처음에는 계몽주의 심리학의 렌즈를 통해, 특히 로크와 하틀리 심리학을 통해 자신들의 시적 창조 과정들을 철저하게 분석했다. 워즈워스가 1798년에 착수한 『서곡Prelude』은 '나 자신의 정신의 성장'에 대한 명상이었다.

의식의 미스터리들은 소설과 더불어 자서전과 일기에서 심리학적·철학적으로 분석되었다.[69] 허구, 철학, 삶이 서로 겹치는 두드러진 일례는 런던 출신 비국교도 프티부르주아 지식인 메리 헤이스Mary Hays의 대단히 자전적인 서간체 소설 『에마 코트니Emma Courtney』(1796)에서 찾아볼 수 있다.[70] 소설의 주인공 에마는 오거스터스 할리에게 빠지는데, 그는 이름부터가 헨리 매켄지의 『감성인』의 주인공을 상기시킨다. 보답 없는 연모의 감정을 품은 채 에마는 편집광적으로 할리를 뒤쫓으며, 사랑과 자기 연민으로 그를 맹공격하고, 그녀의 애정은 '한낱 관습도 초월'하므로 심지어 몸을 허락하겠다는 제안까지 하지만('나의 친구여—당신에게 나를 드릴게요.') 아무 소용도 없다. 그다음에는 비극에 비극이 꼬리를 물고 눈물 짜는 피날레로 이어진다.[71]

헤이스의 책에서 아주 눈에 띄는 것은—그리고 그 작품을 후기 계몽주의의 완벽한 카메오로 만드는 것은—정념들과 문제들이 당대의 사상에서 곧장 가져온 표현들로 쓰인 그 서술 방식이다.[72] 헤이스는 친구인 윌리엄 고드윈의 『정치적 정의에 관한 탐구Enquiry concerning Political Justice』(1793)에서 주창된 결정론과 더불어 하틀리의 연상주의 심리학에 광범위하게 기댔다. 그리하여 그녀의 여주인공은 '저항할 수 없이' 자신의 정념으로 내몰린다. 에마의 주장에 따르면 여기에 대한 책임은 잘못된 감상적 자녀 양육, 특히 당시에 울스턴크래프트도 규탄한 바 있는 여아 양육 방식이다. 불가피성이 연쇄적으로 결합하여 탄생한 '감성의 자식'이기에 그녀의 혹애惑愛와 그 결과들은 그리하여 전적으로 그녀의 통제 밖이다.[73] '정념의 노예가 된' 그녀는 그녀 자신의 '그릇된 다정함'의 '제물'이 되고 말았다. 그녀는 '그렇다면 나의 정념과 싸우는 것이 아니면 거기에 굴복하는 것이 미덕인가?'라고 묻는다. 함축된 답변은 분명했다.[74]

헤이스의 여주인공이 겉보기에는 '정념에의 탐닉'이 가져오는 화에 대한 '경고로서' 제시되기는 했지만, 그녀는 분명히 낭만적으로 다루어졌다. 비록 진술된 의도는 과도한 여성적 감성에 대한 울스턴크래프트적 폭로를 지지하는 것이었음에도 불구하고,[75] 헤이스는 비판과 찬양을 결합했다. 그녀는 이러한 이중의 메시지를 확실히 알고 있었기에 부도덕적이라는 비난을 예상하고서 '느끼고 생각하는 소수', '범속한 상규'를 넘어서는 저 계몽된 독자들을 향해 호소의 목소리를 높였다.[76]

헤이스의 빌둥스로만Bildungsroman('교양소설', '성장소설' 등으로 번역된다. 주인공의 교육과 자아 형성, 성장이 주된 서사를 이루며 그 전형으로 괴테의 『빌헬름 마이스터의 수업시대』를 들 수 있다—옮긴이)은 인상적이긴 하지만, 맛깔나게 위험스러운 그 모호한 다의성多義性으로 포장된 후기 계몽주의의 자아에 대한 초상 측면에서 결코 유례없지는 않다. 그녀의 여주인공은 진정성과 관련해서는 성실한 철학적 원칙들의 옹호자이지만, 미친듯이 불타는 감정의 지옥이기도 하다. 지독하게 독립적이지만, 상황의 소산이다. 의지가 강하지만 한편으로 그녀의 통제 너머 힘들에 의해 추동되는, 그녀를 둘러싼 환경의 산물이다. 무엇보다도 이 소설은 온통 전기적이다. 에마의 허구적 고통들은 작가의 첫사랑이었던 존 에클스와 그다음 윌리엄 프렌드—자체적으로 상당히 인정받는 계몽주의 인사이자 자코뱅주의 때문에 그 무렵 케임브리지대학에서 쫓겨난—를 향한 메리 헤이스 자신의 정념을 정확히 구현했다. 소설 속에서 에마의 서신은 프렌드에게 보낸 헤이스 본인의 연애 편지, 그리고 고드윈과 주고받은 서신을 그대로 실은 것이나 다름없다.[77] 그리하여 사실과 허구는 후기 계몽주의의 주관성 안에서 융합된다.

이 이야기는 또한 묘하게도 또다른 윌리엄과 메리—고드윈과 울스턴크 래프트—의 생애와 사랑을 상기시킨다(원래 윌리엄과 메리는 흔히 명예혁명으로 즉위한 공동왕 오렌지 공 윌리엄[오라녜 공 빌럼]과 메리 여왕을 가리킨다—옮긴이). 고드윈은 아내가 아이를 낳다가 죽은 뒤에 쓴『여권 옹호의 저자에 대한 회상Memoirs of the Author of the Vindication of the Rights of Woman』(1798)에서 메리가 유부남인 헨리 푸젤리한테 빠져서 자신을 내맡겼다고 밝혀 세간을 경악시켰다. 푸젤리와의 불륜 이후 그녀는 길버트 임레이Gilbert Imlay와 관계를 맺어 혼외 자식을 낳았다. 그녀는 그뒤 두 차례 자살을 시도했고 결국 고드윈에 의해 임신을 하게 된다. 마지막으로 그녀는 임종 때 종교를 찾지 않았다.[78] 창피한 줄 모르고 주절주절 늘어놓는 인생사—미네르바 출판사(18세기 말과 19세기 초 고딕소설과 감상적 소설 출판으로 유명했던 출판사—옮긴이) 여주인공처럼 서술된 페미니스트의 인생—에 아연실색한 찰스 루커스Charles Lucas는 그 작품에 '고드윈이 쓴 자기 아내의 밀통의 역사'라는 새로운 제목을 붙였고, '사변적 방탕의 편리한 교본'은 토머스 마티아스Thomas Matthias가 제시한 부제였다.[79] 그러한 작품들의 논평가들은 저자들이 자신을(그리고 다른 사람들도) 그렇게 세상에 드러내는 데 깜짝 놀랐다. 작가들이 자신들의 감정적 속옷을 공개적으로 세탁하며 악덕과 죄악에 면죄부를 내어주는 가운데, 그러한 문학적 노출증은 진실과 허구의 그 전복적인 융합을 통해서 충격을 가져왔다.

이런 측면에서『맨스필드 파크Mansfield Park』(1814)에서 제인 오스틴이 버트럼 가족 가운데 도덕적으로 느슨한 젊은이들이 부적절한 성적 연극을 실컷 즐길 속셈으로 아우구스트 폰 코체부August von Kotzebue의 문란한 희곡『연인의 맹세Lover's Vows』를 무대에 올리는 부분을 못마땅하게 묘사한 것은 우연이 아니다. 그녀는 아마도 현대 독일 드라마에 대한 〈반反자코뱅 리뷰〉의 공격을 알고 있었을 것이다. 코체부에 대한『군도Die Räuber』(프리드리히 실러의 낭만주의 희곡―옮긴이)의 익살스러운 희화화는 '모든 이들이 그들이 좋아하는 것을, 좋아하는 장소에서, 좋아하는 때에, 좋아하는 방식대로 착수할 수 있도록(그 자신의 판단에 의거하여) 신의 법이든 인간의 법이든 (…) 그에게 부과된 모든 법의 속박으로부터 벗어날 것'을 옹호했다.80 그리하여 비판가들은 후기 계몽주의의 유해한 경향들을 조롱했다. 내면성과 상상력을 자유롭게 풀어헤침으로써 가슴의 반란을 정당화하는 비현실적 소설들이 나오고 있었고, 신성한 자아의 이름으로 규범들에 도전했다.

감성과 개인주의는 그리하여 서로서로 불을 때주었다. 소설이 제공하는 대리적 체험은 터져 나오는 감정을 분출시키고 거기에 대본을 써주었다. 감성은 또한 성적 변신의 촉매가 되었다. 성이 순전히 기능적이거나(생식의 수단) 죄악이었던 옛 기독교적 질서를 대체하면서, 이제 에로스가 자기 현시적인 것, 내면의 감춰진 자아의 최고 비밀이 되었다. 실제 삶에서, 그리고『에마 코트니』같은 소설들에 반영된 것처럼 영혼의 외침은 리비도적 상상, 거부되지 못할 에로틱한 악마―그것이 리처드슨의 러블레이스의 방탕한 계집질에서든, 클래리사의 갈망에서든, 요릭 목사의 감상적 바람둥이 행각에서든 아니면 에마의 열정에서든―가 되었다. 진실은 주관화되었고, 에로스는 근대적인 것의 표현 양식이 되었다.81

이러한 변화들의 급진성은 그것들이 촉발한 공포 속에서 드러난다. 사회의 기둥들은 방종의 유행병을 규탄하고, 도덕적 붕괴와 파국적인 쇠퇴,

히스테리, 문명의 질병들과 기타 등등을 예견했다—후대의 반反프로이트적 역풍이 떠오른다. 남성 쇼비니스트들은 '신여성'들의 주장에 말문이 막혔다.[82]

이 같은 발전들은 다의적인 효과들, 무엇보다도 여성들에게 양가적인 영향을 끼쳤다. 개인적 해방은 그것이 얼마나 '진정한' 해방이든 간에 흔히 여성을 성적 대상으로, 고혹적이게 섬약하고, 위험한 충동들로 눈물을 글썽이는 희생양으로 로맨틱하게 미화하는 일종의 변신의 비용을 치르고서 달성되었다. 감성이 부추긴 모성의 이상화는 마찬가지로 빅토리아 시대 집안의 천사를 질식시킬 듯했던 가정적인 인형의 집 분위기를 조성했다.[83] 남자들에게 끼친 영향들도 똑같이 복잡했다. '나약함'에 대한 불안이 생겨났고, 감성이 높이 평가되기는 했지만, 한편으로 나중에 동성애로 알려지게 되는 것에 대한 커져가는 두려움을 부채질했다.[84]

이 장은 후기 계몽주의에서 인생과 예술, 현실과 허구의 혼합—아닌게 아니라 그것들 간의 혼동을 추적해봤다. 출판물의 폭발적 증가와 함께 문학 작품은 인생의 안내서로서, 자아상을 빚어내기 위해 대령된 거울이 되었다. 계몽된 염원들은 사유화되었다. 텍스트, 특히 사적인 읽을거리로 의도된 픽션은 새로운 가상의 감정적인 가능성들과 자아 정체성에 대한 더 심화된 성찰 그리고 사회-윤리적 비판을 위한 발판들을 만들어내면서, 그러한 심리적인 변신들과 정체성 전환들에서 커다란 중요성을 띠었다. 빌둥스로만으로 상징되는 감정적 개인주의가 전면에 나서게 되었고, 삶은 새로운 각본을 취했다—해즐릿이 '가식적인 감상성의 언어'가 '가식적인 종교의 언어'를 밀어냈다는 말로 표현한 바가 바로 그것이었다.[85] 그것은 진리와 자유를 향한 역동적인 계몽된 추구에서 새롭고 중대한 국면을 알렸다.

| 13장 |

자연

온 땅이 (…) 저주받고 오염되었다.

—데이비드 흄[1]

자연의 길을 따르고, 정신 나간 의견들을 버려라.
모든 상태들이 거기에 도달할 수 있고, 모든 머리들이 생각할 수 있
도다.

—알렉산더 포프[2]

우리가 인간사를 다루면서 구사하는 모든 표현들 가운데 자연스러
운natural과 부자연스러운unnatural이라는 표현이 그 의미가 가장 불명
확하다.

—애덤 퍼거슨[3]

계몽주의의 핵심 개념은 자연이었다. 심히 수수께끼 같은 자연은 그 반대말의 측면에서 가장 쉽게 접근할 수 있다. 그것은 칼뱅주의가 상상한 타락하고 썩어가는 우주를 반박하며, 신에 의해 창조된 객관적이고 숭고한 외적 실재에 대한 긍정이었다. 자연적인 것은 난삽하고 왜곡된 그 모든 것, 기만적인 것, 겉만 번드르르한 것에 대한 안티테제로 기능할 수도 있었다. 섀프츠베리 같은 초기 계몽주의 사상가들에게 자연은 신성한(영원하고 초월적인) 것과 인간적인 것 사이를 이어주었다. 그것은 인류의 정화와 완성을 가리켰고, 인간의 공감들을 인위성의 협소한 한계들 너머로 확장시켰다. 질서정연하고, 객관적이고, 합리적이고, 장엄하고 장대한 자연은 규범들과 이상들을 소중히 간직하고 있었다. 그러한 수단들을 통해 낭만주의에서 절정에 이른 자연 신앙과 자연의 신성함에 관한 종교를 지속시키는 한편, 이전의 기독교 가르침들이 폄훼했던 천지만물의 영역을 되찾는 것이

가능해졌다.[4] 포프가 '자연을 따르라'고 명한 것도 당연하다.

여전히 신성하게 반짝이는
맑고, 변함없고, 어디에나 비치는 한 줄기 빛,
생명, 힘, 아름다움은 모두에게
예술의 원천이자 목적, 시험대를 알려야 한다.[5]

특히, 자연의 계몽된 신격화는 그때까지 기독교 담론에서는 드물었던 미학적 규범의 긍정을 수반했다. 11장에서 강조된 것처럼, 감각의 솔직한 충족을 부인하거나 폄하하는 전통들이 많이 있었는데, 플라톤주의, 청교도주의, 합리주의적 반反감각주의, 프로테스탄트의 반反우상숭배와 성상 파괴 등등이 그것이다. 몽방투Mont Ventoux에 오른 뒤 페트라르카는 프로방스의 눈부신 풍광을 굽어본 것이 아니라 성 아우구스티누스의 책을 펼쳐들고 영적인 정상을 찬미했다.[6] 그 모든 것이 계몽주의와 함께 변했다. 18세기가 영국 풍경화와 미학 저술의 첫 위대한 시대인 것은 우연이 아니다.[7]

계몽주의는 '환경environment'이라는 단어를 만들어내지 않았지만—그것은 좀더 나중인 토머스 칼라일Thomas Carlyle과 함께 왔다—그 사상가들은 우주 만물에서 인간의 위치를 다시 생각하는 문제에 사로잡혀 있었다. 신에 대한 새로운 독해와 새로운 인간에 대한 새로운 모델들이 등장하면서 신의 피조물에게 부여된 위치에 대한 인식도 불가피하게 변화했다. 이것은 복잡한 방식으로 이루어졌다. 자연에 대한 인간의 권리나 책임과 관련한 모호성에 대한 얼마간의 통찰은 전날 찰스 2세의 복위를 축하하는 139주년 행사와 관련하여 1799년 5월 30일자 〈바스 크로니클Bath Chronicle〉에서 엿볼 수 있다.

지난 몇 년 동안 우리는 5월 29일에 떡갈나무 잔가지를 모자에 꽂고 떡갈나무 가지로 가옥과 상점 유리창을 장식한 결과로 이 도시 주변의 숲과 어린 나무들에 가해진 심각한 손상을 매우 유감스럽게 언급해왔다(우스터 전투에서 의회군에 패한 장래의 찰스 2세가 보스코블 숲 떡갈나무 뒤에 몸을 숨겨 목숨을 부지했다고 하는 '국왕의 떡갈나무' 전설을 기념하는 것이다—옮긴이). 위에 암시한 관행이 **충성심**을 표현하기 위한 것이라면, 우리로서는 그저 이것이 매우 부적절한 표시 방식이라고 주장하겠다. 충성의 표시가, 매년 사유재산에 대한 이러한 침해로 생겨나는 개인들의 피해와 공적 손실을 승인하지는 않을 것이기 때문이다.[8]

여기서 암시된 것처럼, 공적 세습재산이나 심지어 애국주의로 상징화된 자연은 사유재산으로서의 자연과 쉽사리 대립할 수 있었다.

오늘날에는 '자연'이 사회적 범주라는 생각이 받아들여지는데, 사이먼 샤마Simon Schama는 이렇게 설명한다. "비록 우리는 자연과 인간의 인식을 두 영역으로 분리하는 데 익숙하지만, 그것들은 사실 분리할 수 없으며 (…) 풍경은 마음의 작품이다."[9] 요즘에 잉글랜드에서 자연으로 통용되는 것은—환경 보존론자들이 개발업자들에 반대하여 보호하는 바둑판처럼 펼쳐진 들판, 산사나무 산울타리와 관목—대체로 계몽주의 시대 영농과 풍경 정원 조성, 소작농 강제 축출 작업의 산물이다. 알렉산더 포프는 '모든 자연은 그대에게 알려지지 않은 예술일 뿐'이라고 선언하면서 경건함을 의도했지만, 저도 모르게 조지 왕조 시대 환경사에 대한 암호 해독기를 제공하고 있었다.[10]

영국 계몽주의의 정신적 풍경의 틀을 잡은 것은 무엇인가? 시야는 넓어지고 있었다. 프톨레마이오스적인 닫힌 세계는 무한한 뉴턴적 우주에 자리를 내주어야 했고, 쿡Cook 선장 같은 세계일주 항해가들은 수륙의 지구를 통합된 전체, 계몽된 코즈모폴리터니즘의 무대 배경으로, 인간을 전 세계의 시민으로 그리도록 시인과 철학자 모두를 고무했다.[11]

그러나 우주 만물에 대한 지평선은 또한 극적으로 축소되고 있기도 했다. 우주를 개념화할 때 18세기 후반의 과학도는—이를테면 왕립학회의 창립 회원과 달리—아마도 자신의 시야에서 천당과 지옥, 그리고 밀턴한 테는 편재한 마귀와 혼령, 마녀로 이루어진 각종 사탄의 군대를 배제했을 것이다.[12] 1829년 칼라일은 한탄했다. "사실인즉슨, 사람들은 비가시적인 것에 대한 믿음을 잃어버리고, 오로지 보이는 것만 믿고 그에 따라 소망하고 일한다. (…) 신성하고 영적인 것이 아닌 오로지 물질적인 것, 즉각적으로 실용적인 것만이 중요하다."[13]

우리가 여기서 막스 베버가 '세계의 탈주술화'라고 부른 것을 선취하게 된다 할지라도, 지구 행성은 아직 테니슨Tennyson과 여타 빅토리아 시대 정직한 의혹자들을 얼어붙게 만든, 무의미한 마그마 응고 덩어리로 환원되지는 않았다. 포프를 안내인 삼아 조지 왕조 시대 사람들은 자연을 신적인 기교의 걸작품으로 독해했다—사람들은 자연을 '통해' 자연의 신을 우러러보았다. 어느 일요일 신실한 신도들은 줄지어 교회를 나서면서 경외감에 머리 위를 우러러보지 않을 수 없었다. 조지프 애디슨이 운율을 맞추고 정연하게 가다듬은 시편 111편의 표현을 빌리자면

천상의 푸르른 모든 하늘과 더불어
저 높은 광활한 창공과
반짝이는 천국, 빛나는 틀은

그 위대한 원본을 선포한다.[14]

그러한 확신에 찬 광교주의적 세계관에서 한낱 자연 따위는 있을 수 없었다. 천지창조가 있었고, 그것은 초목과 초식동물부터 존재의 대사슬을 거쳐 시편 작가(다윗왕—옮긴이) 또는 애디슨의 위대한 원본까지 이어지는, 크고 작은 온갖 피조물에 지정된 역할과 의상, 대본을 갖춘 성스러운 대강당으로 여전히 남아 있다.

> 보라, 이 공기, 이 태양, 이 대지를 통해
> 모든 사물이 재빨리, 활짝 탄생하는 것을
> 진보하는 생명은 위로, 얼마나 높이까지 갈 수 있겠는가!
> 두루두루 얼마나 드넓게! 저 아래로 얼마나 깊게 뻗어나가랴![15]

지구 경제(생태계—옮긴이)가 하나의 드라마 아니면, 마찬가지로 하나의 대영지라는 인식은 자연계와 인간 간의 상호 의존적인 매일의 물질적 현실들과 짝을 이루었다.[16] 따지고 보면, 대다수의 사람들은 아직도 대지에 기대어 살았고—1700년에 잉글랜드 주민 가운데 여덟 명에 한 명꼴로만 인구 5000명이 넘는 도시에 살았다—양떼 수가 사람 수를 능가했다. 인간과 가축떼와 들판 간의 압도적인 근접성이—물리적·정신적·정서적 근접성이—존재했다. 우주 만물의 모든 것이 저마다의 자리와 지위가 있다는 생각은 어린아이와 늑대, 거인과 괴물이 뒤섞여 나오는 민담을 듣고 사는 민간의 심성과도 일치했다. 이것은 길버트 화이트의 『셀본의 자연사와 고적Natural History and Antiquities of Selbourne』(1788/89)이 예시하는 엘리트 문화와도 맞았다. 『셀본의 자연사』에서는 제비와 고슴도치도 명예 교구민으로 인간화되어 등장한다.[17] 그리고 그 같은 세계관은 놀랍도록 인간 중심적인 신조와도 일치했다. 어떤 세계 종교들과 달리, 기독교 신학은 인간만이 불멸의 영혼을 지니고 있고 따라서 구원받을 수 있기에, 만물이 신에 의해 인류에게 맞춰져 있다고 단언했다. 창세기는 인간에게 '바다의 물고기와 하늘의 새와 모든 가축과 온 땅과 땅 위를 기어다니는 모든 짐승을 다스릴' 권한을 부여했다. 그리고 인간의 타락과 대홍수 이후에도 주님은 '생육하고 번성하여 땅에 충만하라, 땅을 정복하라'라고 재차 위임 권한을 내려주지 않으셨던가?[18]

계몽된 감수성을 지닌 사람들에게 자연은 달리 말해 사탄이 차지한 황야가 아니었다. 그렇다고 본래적으로 살아 있거나 거룩한 것도 아니었다—교회는 언제나 범신론적 이교주의에 맞서 싸워왔다. 자연은 원천이라기보다는 '인간의 생존과 쓸모, 고려를 위해 주로 설계된' 것이라고 케임브리지 신학자이자 뉴턴 보급자 리처드 벤틀리는 주장했다.[19] "부를 획득하고, 우리의 지식을 증대하고, 심지어 오로지 우리의 눈과 변덕스러운 생각을 만족시키기 위해서 우리는 필요하다면 전 지구를 샅샅이 뒤지고, 지구의 뱃속까지 침투하고, 가장 깊은 바닥까지 내려가고, 이 세상의 가장 멀리 떨어진 지역까지 갈 수 있다"고 벤틀리의 동료 물리신학자 윌리엄 더럼 신부는 주장했다. 그리고 신의 섭리는 그토록 자애롭기에 인간이 얼마나 욕심이 많든 간에 '여전히 우주 만물은 고갈되지 않을 것이며, 먹을 것과 약제, 살 곳과 건물, 위생과 원기 회복, 심지어 휴식과 오락을 위한 것이 부족하지 않을 것이다.[20] 19세기로 접어들 때까지도 퀘이커교 지질학자 윌리엄 필립스William Philips는 '만물이 인간의 이로움을 위한 것'이고 인간은 '우주 만물의 주인'이라고 독자들을 안심시킬 수 있었으니, 이러한 견해는 윌리엄 페일리의 『자연 신학Natural Theology』(1802)과 1830년대에 여러 저자들이 쓴 『브리지워터 논고Bridgewater Treatises』에 반영되어 있다.[21]

합리적 종교는 자기 성 안의 부자와 그의 성문 앞 빈자의 일상의 필요들에 맞춰 조정된 환경이라는 느낌을 유지시켰다.[22] 개울에는 책이, 돌에는 설교가 있었고, 나무에는 글이 있었다. 나무줄기는 갈보리(그리스도가 십자가에 못박힌 곳. 골고다의 라틴어식 지명이다—옮긴이)의 메아리를 전달하는 삶의 지주였다. 그러나 나무는 사회적 도덕률도 가리키고 있었다.

> 오랜 **귀족적인** 나무 만세! 그리도 크고 좋구나!
> 너 **평민적인** 덤불이여, 만세!

위와 같이 왕정복고기에 에이브러햄 카울리Abraham Cowley는 '시골에 드리운 거대한 떡갈나무들'[23]에 대한 버크의 찬가를 예견하듯 노래했다. 하나의 정치체에서처럼, 자연에서도 모든 것에는 저마다의 위치와 목적, 의미와 도덕이 있었다. 풍토병이 있는 곳에는 신께서 그 지방에 자연적인 치료제를 심어두시지 않았는가? 1760년대에 에드워드 스톤Edward Stone 보좌 신부가 또다른 나무, 즉 버드나무의 껍질에 치료 성질이 있음을 발견한 것은—훗날 아스피린 발명으로 가는 첫 단계였음이 드러난다—부분적으로는 그가 습지대가 류머티즘을 유발함과 동시에 그에 대한 치료제도 내놓을 거라고 신실하게 확신했기 때문이다—팡글로스Pangloss 박사라면 자랑스러워했을, '모든 것이 최선'이라는 낙관주의가 옳음을 입증해주는 근거인 셈이다.[24] 모든 환경은 그리하여 하나의 무대였다—대중적인 자연사 저술 『지구와 동물의 자연사』(1774)에서 올리버 골드스미스는 '그분의 영광의 위대한 극장'을 찬미했고, 신이 또한 천상의 예술가라면 자연은 적절한 반응을 이끌어내도록 설계된 하나의 배경으로서, 화가의 눈을 통해서 제대로 음미될 수 있다고 주장했다.[25]

자연을 이렇게 이상적 서식지로 표상하는 태도는 부분적으로는 명예혁명을 누리는 애디슨의 세대가 심대한 환경 위기를 물려받았고 거기에 열심히 맞서 싸움으로써 생겨났다. 1630년에 조지 헤이크월George Hakewill은 '세상이 썩어간다는 생각이 속인들뿐만 아니라 성직자와 일반인 양쪽의 학식 있는 사람들한테 매우 널리 퍼져 있다'고 생각했다.[26] 종교개혁의 논평가들은 고전적인 오랜 비유들과 성경의 예언들을 단언했다. 이 눈물의 골짜기는 오래되고 낡아빠진 난파선이다. 세상의 종말이 가까웠다는 것이었다.[27] 세계가 이울고 있다는 천년왕국설의 신봉자들은 대체로 어디에서나 기후가 악화되고 있고, 토양은 점점 더 고갈되고 있으며 역병은 늘어가고 있다고 선언한 바 있다. 신학자 토머스 버넷은 『지구에 대한 신성한 이론Sacred Theory of the Earth』에서 천지창조 당시에 지구의 표면은 달걀 껍질처럼 매끈매끈했지만, 산맥들의 존재 자체와 더 나아가 그것들의 끊임없는 침식은 모든 것이 금이 가고 갈라져서 '폐허와 쓰레기'로 돌아가고 있음을 보여준다고 주장했다. 근대인이 거주하는 곳은 타락의 결과로 생겨난 '작고 더러운 행성', 노쇠한 구球이자 원죄에 대한 처벌이라는 것이었다.[28]

변전성變轉性에 대한 버넷의 주장이 바로크식 수사修辭의 기미가 있다면, 다른 이들은 직접적으로 감지할 수 있는 환경적 퇴락, 즉 절벽 붕괴, 산사태, 지진, 화산 폭발, 토사로 막히는 강어귀 등등을 지적했다. 본국에서는 존 에벌린이 매연과 삼림 파괴를 개탄한 한편, 해외의 바베이도스와 새로운 식민지의 관찰자들은 화전 개간과 사탕수수 같은 단일작물 플랜테이션 농업이 심각한 가뭄과 돌발 홍수와 파괴적인 토양 침식을 가져와, 한때 비옥한 지역을 얼마나 불모의 땅으로 만드는지를 보고 경악했다.[29] 원죄와 근대의 탐욕이 합쳐져 많은 이들이 병든, 말기 행성의 증상으로 진단한 것들을 설명해주었다.

그러나 그러한 신학적 생태비관주의는 계몽된 사고방식에 의해 도전받았다. 명예혁명은 자유와 질서, 번영과 진보를 옹호하는 새로운 정권을 수립시켰다. 그리고 그 변호자들, 특히 보일 강연자들은 명예혁명을 자연의 법칙에 따라 설명함으로써 새로운 정부 질서를 옹호하는 환경적 비전을 제시했다. 1688년의 정치적 협정을 보완하고, 그보다 한층 더 1714년의 하노버 왕가의 정당성을 보완하면서, 자연은 그 안정성 덕분에 새로이 칭송되었다. '섭리의 장엄한 설계'는 그리하여 '딱 맞는 균형 상태'로 '지구를 보존'한다고 뉴턴주의적 지질학자이자 내과의인 존 우드워드John Woodward는 『지구의 자연사에 관한 시론An Essay towards a Natural History of the Earth』(1695)에서 결론 내렸다.[30]

그 저작에서 우드워드는 노아의 대홍수—성경과 물리적 증거 양쪽에 의해 확인되는, 문자 그대로 역사상 실존하는 것으로 우드워드는 기꺼이 받아들인 사건—같은 사건들은 언뜻 보기에는 '오로지 격변과 무질서'를 암시한다고 솔직하게 인정했다.

그러나 우리가 좀더 가까이 다가가 더 자세히 살펴보면 (…) 혼란과 보기 흉한 기형 속에서 가장 완벽한 질서와 아름다움을 (…) 만들어내고 (…) 여러 모든 단계와 시기들을 하나의 목적, 그것도 가장 고귀하고 탁월한 목적, 다름 아닌 전 인류의 행복을 지향하는 (…) 꾸준한 손길의 흔적을 찾아낼지도 모른다.[31]

잉글랜드 군주정과 기적들에서처럼, 격동하는 지구의 혁명적 커리어는 끝났다. 모든 것은 이제 평형 상태이며, 지구 몸체는 건강하게 균형이 잡혀 있다. 그리고 마지막 지구적 혁명—대홍수—은 징벌적인 것이 아니라 건설적인 것, '자연계의 정부'에 새로운 '헌정'을 도입하는 하나의 '개혁Reformation'이었다. 그 혁명 내내 주님은 홍수 이후의 지구를 빈약하게 만들어, 인간이 땀 흘려 수고하게 하고, 그리하여 착실한 근면을 강제함으로써, 인류를 '아주 끔찍한 비참과 노예 상태로부터 행복이 가능한' 존재로 탈바꿈시켰다.[32]

계몽된 이론가들은 더 나아가 지구를 지배하는 자연 법칙들은 '불변적'이고 '진보적'이며, 익숙한 현상들은 이를 주관하는 신의 설계의 관점에서 재해석된다고 주장했다.[33] 침식되어가는 산맥들은 한때는 망가진 것으로, 파국(보통은 노아의 홍수)의 징후들로 받아들여졌지만, 이제는 그것들의 긍정적 기능들이 강조되었다—'평야는 산맥들이 침식되어가는 만큼 더 비옥해진다'고 골드스미스는 설명했다.[34]

산맥이 없으면 비도 내리지 않고 비옥함도 없다고, 새 세대의 물리지리학자들은 생태학적 재앙의 예언들을 일축하며 주장했다. 『지구론Theory of the Earth』(1795)에서 스코틀랜드 내과의이자 지질학자인 제임스 허튼은 산맥의 침식은 암석 부스러기를 만들어내며, 이것이 강물을 타고 내려와 해저를 형성하고, 향후 수백만 년 뒤에 새로운 지층의 토대가 되며, 그 지층의 궁극적 부식은 다시금 비옥한 토양을 형성하고 그것은 다시…… 이렇게 끝없이 순환하게 된다고 주장했다. 1755년에 엄청난 재난을 초래한 리스본 지진 이후로 따가운 주제가 된 화산과 지진도 마찬가지다. 겉보기에 파괴적인 그러한 과정들도 모두 사실은 자연의 우호적인 작용에 필수적인 일부라고 이제는 주장되었다.

우리가 이 지상계를 구성하는 부분들을 추적해보면, 그리고 우리가 그러한 여러 부분들의 전체적 연결을 살펴보면, 그 전체 모습은 어떤 목적에 맞춰 특이하게 구성된 하나의 기계다. 우리는 그 기계 제작에서 명백히 드러나는 능력에 걸맞은 목적을 이룩하고자 지혜로 수립된 기본 조직을 인식하게 된다.[35]

허튼은 지구야말로 인간에게 완벽한, 항구적인 서식지를 형성하도록 자체 유지와 보수가 가능한 곳이라고 주장했다.[36] 한 서평가는 생태 비관으로부터 생태 찬미로의 전환을 감지했다. "어디나 폐허와 불모뿐이라는 삭막하고 암울한 시각은 제거되고, 자연 경제에 대한 현명하고 지속적인 공급이라는 기분 좋은 전망이 제시된다."[37]

계몽주의의 새로운 환경 비전은 뉴턴과 로크를 결혼시켰다. 법칙이 지배하는 하나의 기계인 지구가 소유권과 가치의 노동 이론을 통해 신이 인류에게 지배권을 주었다고 합리화하는 소유적 개인주의와 나란히 갔다. 인간은 지구와 그 과실을 유용할 권리가 있다.[38] 지구를 정복하고 번성하라는 성경의 명령은 그렇게 합리화되었다. 존 던John Donne(형이상학적 시로 유명한 17세기 시인. '누구를 위하여 종은 울리나', '인간은 누구도 섬이 아니다' 같은 유명한 표현이 그한테서 나왔다—옮긴이)의 시대는 덧없는 변전성을 보았고—'모든 것이 산산조각 났고, 모든 응집력이 사라졌다'—청교도들은 묵시록적인 불과 홍수를 예견했었다. 그러나 1690년대부터 환경은 철학적으로 안정화되었다.[39] 보일 강연자들 같은 경건한 기독교도들과 허튼 같은 나중의 이신론자들은 애덤 스미스가 자유 시장 경제를 자기 조정적이고 최적화된 것으로 여기게 되는 것과 다소 유사하게 항상적 상태의 지구 경제를 그렸다.[40] 올리버 골드스미스는 이러한 견해들을 예시하면서, 지구를 신이 내려준 '거주지', 주님의 임차인들이 누릴 수 있는—그의 영지를 개량하기 위해 피땀 흘려 일한다는 조건으로—장원의 대저택으로 묘사했다.

> 한편으로는 그가 필요로 하는 것들은 친절하게 제공되지만, 또 한편으로는 그의 근면을 자극할 무수한 불편들이 존재한다. 이 거주지는 공기, 목초지, 물 같은 온갖 편의를 제공하지만 인간이 경작하지 않는다면 불모의 땅에 불과하다.
> 그리하여 한편으로 이로운 점들이, 다른 한편으로는 불편한 점들이 존재하는 세계는 이성의 적절한 거처이며, 생각하는 자유로운 피조물의 근면을 실행하기에 가장 알맞은 곳이다.[41]

그래서 지구는 위기 상태가 아니다. 그것은 보편적 법칙의 지배를 받으며 인간을 위해 만들어진 자기 조정 시스템에 의해 작동한다. 신은 자애롭고, 악마의 존재에 대한 믿음은 사실상 상실된다(이 기계에 혼령ghost은 있을지 모르지만 그렘린gremlin은 확실히 없다). 그리고 자연에 대한 이 철학은 경건하고 교훈적인 자연 시詩에 의해 더욱 대대적으로 선포되었다. 리처드 블랙모어Richard Blackmore의 『천지창조The Creation』(1712) 같은 작품들은 우주의 영광들을 찬양하고 그 창조주에게 찬가를 불렀다.[42] 성직자 시인인 에드워드 영의 『불평The Complaint』—보통은 부제인 '밤의 생각들Night Thoughts'로 부르는—은 제임스 톰슨의 『사계The Seasons』와 같은 해, 마크 에이킨사이드의 『상상의 즐거움들』이 나오고 2년 뒤인 1746년에 완성되었다.[43] 영은 공간의 광대함과 신의 능력을 표현하며, 자연계를 찬미했다.

바다와 강, 산과 숲, 사막과 암석들,
높이 튀어나온 곳과 한없이 깊은,
자연의 구조나 광대한 시간대로부터
입을 쩍 벌린, 어둡고, 천장이 높은 동굴.**44**

유사한 정서가 헨리 브룩의 『우주의 아름다움Universal Beauty』(1735)에도
표현되어 있다.

참으로, 영구한 설립자가 저 깊이 누워 있고,
자신의 작품 위로 창조자가 드높이 난다.
그러나 그분의 작품은 우리가 미치지 못할 만큼 무한하니
클라크들이 증명할 수 있거나 뉴턴들이 탐구할 수 있는 것을 능가하는
도다!**45**

브룩은 새로운 과학에 반대하지 않았다. 그는 자만에 관한 교훈적인
생각을 밝히고 싶었을 뿐이다.
『상상의 즐거움들』에서 에이킨사이드는 그 나름대로, 진정한 베이컨적
방식으로, 신의 책으로서의 자연을 찬미했다.

그녀(자연―옮긴이)는 섬세한 거푸집 안에서 어떤 것들을
더 정결한 불꽃으로 담금질하고 두들겼다.
여기에 전능한 불이 조화로운 세계의 책을 펼친다.
그 자신(창조주―옮긴이)의 모습을 그대로 담은 필사본을.**46**

18세기 중반의 무운시無韻詩들은 그렇게 자연에 대한 찬가를 드높였다. 환경철학과 시는 계몽의 질서를 뒷받침했다. 월폴이 정치적 안정의 관리자인 것과 다소 비슷하게 신은 자연 질서의 설계자였다.

그리고 안정성만이 아니다. 개량도 있었다. 오래전에 베버와 토니Tawney가 주장한, 프로테스탄티즘 신학은 개인의 자아실현 의무를 강조했다. 자연을 경작하는 것은 매일의 양식 이상의 영적인 보답을 약속했다. 계몽된 저자들은 자연을 이용할 수 있는 인간의 권리—심지어 그의 의무—에 관해, 골드스미스에 따르면 "자연의 무분별한 부족들을 자신의 의지에 복속시키고 (…) 지상에 질서와 통일성을 가져올" 권리에 관해 거리낌이 없었다.[47] 조지프 글랜빌은 베이컨을 다른 말로 바꿔 표현하면서 "알려져 있는 자연은 (…) 자연철학을 통해서 (…) 인간 생활의 편익에 따라 정복되고, 경영되고, 이용될 수 있을 것"이라고 주장했다.[48]

그러한 시각들은, 물론 유럽인들이 어쨌거나 환경에 대해 몇 세기 동안 해왔던 일을 뒷받침했다. 나무를 베어내 숲을 없애고, 하천에 둑을 쌓고, 쟁기로 땅을 갈고, 작물을 심고, 채굴하는 작업 말이다. 습지의 물을 빼고 삼림을 벌채하는 일은 암흑과 질병에서 토지를 해방시키고, 황무지를 부로 탈바꿈시킨다며 높이 평가받았다.

최근에 급진적 역사가들과 페미니즘 역사가들은 베이컨 이후의 사고 방식에서 공격적이고 마초적인 요소가 어머니 같은 대지에 대한 소위 유기적이고 조화로운 관념들을, 착취당하고 심지어 강간당한 자연이라는 새로운 비전으로 대체해버렸다고 질타해왔다. 로버트 보일은 반反미신적 태도에서 '인간이 자연이라고 부르는 것에 대해 품고 있는 공경은 신의 열등한 피조물들에 대한 인간 제국의 지배를 저해하는 걸림돌이었다'고 투덜거렸다. "많은 이들이 그것(지배—옮긴이)을 (···) 시도해서는 안 될 불경한 것으로 간주해왔기 때문이다." 그런 양심의 가책은 집어치워라![49] 이런 유형의 인간의 환경 지배는 주목해야 하지만, 한편으로는 넓은 차원에서 봐야한다. 인간과 환경의 관계와 관련한 계몽주의의 핵심적 패러다임은 대립적이라기보다는 협력적, 사실 확연히 전원적이다. '드넓고 잘 갖추어진 세계에 너희를 두었노라'라고 식물학자이자 국교회 성직자인 존 레이John Ray는 신이 인간에게 설명하는 모습을 이렇게 상상했다.

나는 너희에게 너희의 기술과 힘을 발휘하고 적용할 수 있는 재료들을 제공했다. (···) 나는 지구를 언덕과 계곡, 평원과 초지, 숲으로 구분했다. 이 지역들은 모두 너희의 근면한 노동을 통해 경작되고 개량될 수 있다. 나는 너희가 밭을 갈고 짐을 나르고 수레를 끌고 이동하는 수고를 덜어주기 위해서 부지런한 소와 참을성 많은 당나귀, 힘세고 유용한 말을 너희에게 맡기노라. (···)[50]

일단 신이 인간에게 신적 계획에서의 인간의 위치를 설명하자, 레이는 그분이 보신 것에 대한 신의 평가에 대해 고찰한다.

나는 너그럽고 은혜로운 인간 존재의 조물주께서 지구를 아름다운 도시와 성들, 보기 좋은 마을과 시골 저택들 (···) 그리고 황량하고 척박한 황무지와 잘 가꿔진 문명화된 지역들을 구분하는 여타 모든 것들로 지구를 꾸미는 인간의 근면에 매우 흡족해하신다고 생각한다.[51]

인간과 자연의 관계를 전형적으로 규정하는 모델은 그러므로 농장이었다. 레이와 동시대인인 매슈 헤일Sir Matthew Hale에 따르면, 신은 위대한 자유 토지 보유자이며, 세계는 그의 소유지, 인간은 그의 임차인이다. 그 대법관은 '인간 창조의 목적'은 '이승이라는 이 훌륭한 농장에서의 신의 청지기, 빌리쿠스villicus(로마 시대에 시골 빌라의 운영을 관장하던 하인이나 노예—옮긴이), 토지 관리인이나 농부가 되는 것'이라고 법적 용어를 써서 설명했다. 이런 이유로 인간은 '더 흉포한 동물들의 난폭함과 잔혹성을 교정하고 줄이기 위해'—한마디로 '지상을 아름답고, 유용하고, 비옥하게 보존'하기 위해 '힘과 권위, 권리와 지배권, 신탁과 관심을 부여받았다.'[52] 성서 안에서든 아니면 베드퍼드셔에서든, 훌륭한 청지기라는 헤일의 아버지 같은 은유를 누구나 이해했을 것이다. 자연은 잘 내어줄 테지만, 훌륭한 영농의 원칙들이 지켜질 때만 그럴 것이다. 가축과 작물을 토양에 맞추고, 적절한 윤작법을 채택하고, 장기적 지속 가능성을 위한 계획을 세우고 문자 그대로 이익을 땅에 다시 갈아 묻는(재투자—옮긴이) 것이다.[53]

그러한 세심한 영농—약탈적이 아니라 부모 같은—의 이미지들은 활동을 허용하고 환경 윤리와 미학을 규정했다. 이런 측면에서 선구적인 것이 존 에벌린의 책으로, 그의 『수림지 혹은 국왕의 영토에서의 삼림과 목재 번식에 관한 담론Silva, A Discourse of Forest Trees and the Propagation of Timber in His Majesty's Dominions』(1662)은 낭비적인 토지 관행들을 규탄하고, 목탄과 목초지를 얻기 위해서 '우리의 더 신중한 선조들이 건드리지 않은 훌륭한 숲과 삼림을 뿌리째 뽑고, 쓰러트리고, 남김없이 깎아내는' 경향을 통해 어떻게 '막대한 파괴'가 자행되었는지를 폭로했다.[54] 지속 가능한 경제적 성장은 건전한 보존 관행에 달려 있다는 에벌린의 신념은 18세기에 널리 옹호된 자연에 대한 새로운 경영적 접근법의 기조가 되었다.

'개량'은 자본주의적 영농, 특히 인클로저에 대한 암호명으로 기능하는 한편, 풍경식 정원 조경에도 적용되면서 흔히 토지에 적용되는 꼬리표였다. 존 호턴의 간행물 『농사와 무역을 위한 선집A Collection for the Improvement of Husbandry and Trade』(1692-1703)과 티머시 노스Timothy Nourse의 『캄파니아 펠릭스 또는 농사의 혜택과 개량Campania Foelix, or a Discourse of the Benefits and Improvements of Husbandry』(1700) 같은 초창기 저작들로부터 농업 개발은 방대한 새로운 교육용 문헌을 통해 널리 홍보되었다. 법학자에 그치지 않고 영농 개량자이기도 했던 케임스 경 헨리 홈이 펴낸 『신사 농부: 합리적 원칙들의 시험을 거치게 함으로써 농업을 개선하려는 시도The Gentleman Farmer; Being an Attempt to Improve Agriculture by Subjecting it to the Test of Rational Principles』 (1776)(신사 농부란 자기 토지를 보유한 자영농이나 단순히 토지를 임대해주지 않고 영농에 직접 참여하는 시골 지주층을 가리킨다―옮긴이)는 워낙 인기가 많아 1798년에 4판까지 나왔다.[55]

한편 농업은 과학에도 눈길을 돌렸다. 에든버러대학 교수 윌리엄 컬런 William Cullen의 학생 조지 포다이스George Fordyce는 농사에서의 화학적 측면들을 적극 알리는 『농업과 재배의 기초Elements of Agriculture and Vegetation』 (1765)를 내놨다. 에든버러에서 의학을 공부한 또다른 사람 알렉산더 헌터 Alexander Hunter 박사는 요크 농학회를 설립하고, 1770년부터 1772년까지 네 권으로 나온 농업에 관한 글 모음인 『농경론Georgical Essays』을 편집했다.

브롭딩낵의 왕은 "전에 곡식 이삭 한 알이나 풀 한 가닥만 자라던 땅에 이삭 두 알이나 풀 두 가닥을 자라게 할 수 있는 사람은, 누구든 정치가들 전부를 다 합친 것보다 자기 나라에 더 귀중한 공로를 세우는 것이며 인류에게 더 큰 상을 받아 마땅하다"라는 길이 남을 발언을 했다.[56] 그리하여 정치경제에 기여하면서, 농업 개발은 계몽사상이 옹호한 인간과 자연의 새로운 관계를 구현했다. 토양에 대한 직접적 통제력의 발휘, 그로써 토양을 인간에게 굴복시키고 그리하여 더 많은 수확량을 얻는 것이다.

비단 지질학자에 그치지 않는 스코틀랜드인 제임스 허튼은 그 밑에 깔린 철학을 이론화했다. 허튼은 에든버러에서 의학을 공부한 뒤 1752년에 실제 농사의 기술을 배우기 위해 노퍽의 농장으로 이사했다. 이후에 대륙을 여행하면서 외국의 영농 방법을 관찰한 뒤 가족 영지로 돌아와 무수한 혁신을 이루었다. 그의 인생 말년은 1000쪽이 넘는 야심 찬 '농업 원리Principles of Agriculture'라는 저술(여전히 미출간이다)에 바쳐졌는데, '영농 사회가 건전한 과학적·경제적 원리들에 따라 농사를 짓고 있는지 판단하는 데 도움을 주고 농촌에서 공공의 이익을 도모하기' 위한 책이었다.[57] '원리'는 과학적 농업을 인간과 자연의 관계에 프로메테우스적 변화를 가져오는 것으로 그렸다. '농업은 과학적 활동'이며, 이를 통해 인간은 '지상에서 신과 같은' 존재가 되어 '이 세계의 체계에 질서를 부여하고 이런 종류의 동물은 살고 저런 종류의 동물은 죽게 좌지우지한다'고 허튼은 썼다.[58]

허튼의 친구 이래즈머스 다윈은 과학적 농업의 또다른 열성 옹호자였다. 『본초학Phytologia』(1800) 서론에서, 그는 '농업과 조경이 (…) 무수한 단편적 사실들과 막연한 의견들로만 이루어져 있고, 그것들을 하나로 이어줄 진정한 이론이 없는 기술 분야로 줄곧 머무르는 데' 안타까움을 표명했다.[59] 이는 바뀌어야 했다. 합리적이고 자본주의적인 사업 안에서 통합될 때만 그 시도는 진척을 보일 것이었다.

방목권은 토지와 그것이 길러내는 가축 양쪽에 소유권이 없다면 존재할 수 없다. 그리고 기술의 발명과 농법에 필수적인 도구 제작을 위해서 누군가는 생각하고 누군가는 노동해야 한다. 그리고 일부의 노력은 다른 이들의 노력보다 더 큰 성공으로 보답받을 것이므로, 사회의 신분 간의 불평등이 틀림없이 뒤따를 것이다.[60]

왕립기술학회Royal Society of Arts(1754)의 농업 분과 위원회는 그들 나름 대로 혁신에 상을 수여했고, 진보에 대한 열광은 바스와 서부 잉글랜드 왕 립 농업 협회the Royal Bath and West of England Society(1777) 같은 농업 협회의 설 립으로 나타났다. 베드퍼드 공작과 여타 지주들은 소작인들이 나와서 자 신들의 농법을 설명하도록 하면서 최상의 품종에 상을 수여하는 농산물 경진대회를 열었다. 그러한 열성은 1793년, 정부 자금으로 지원되는 민간 단체인 농업 회의소의 설립으로 이어졌다.

농업 개발 사업에서 농부이자 여행가, 작가, 『농업 연감Annals of Agricul- ture』의 편집자, 마지막으로 새로 설립된 농업 회의소의 총무를 역임한 아서 영만큼 지칠 줄 모르는 활동가도 없었다.[61] 1767년에 쓴 글에서 그는 '농업 은 의심의 여지없이 다른 모든 기술, 사업, 직업 활동의 토대'라고 선언했다. 그리고 그는 저 위대한 브롭딩낵식 계명의 요점을 설명했다. '전에 잎사귀 하나만 나던 곳에 잎사귀 두 장이 나게 하라.' 비법은? '화폐 가치로 가장 큰 이윤을 내는 것이라면 무엇이든 그 작물을 재배하라.' 여기에 장애물 은? 온갖 비참한 결과를 동반하는 농업 빈곤의 악순환이다. 적게 투입하면 거기서 적게 얻을 수밖에 없다는 말이다.[62]

농업을 '제조업 가운데 최고'로 간주하는 영에게 신농업은 더 효율적인 환경주의를 약속했다.[63] 옛 공유지들은 낭비waste를 뜻했다─그것들은 자 연의 낭비이고 그러므로 신의 너그러움에 대한 낭비이고 개인과 국가 양 쪽에 낭비적이다. 개방지에서 가장자리 땅뙈기와 갈지 않고 남겨둔 밭이랑 들이 실제로 '황무지waste'로 알려져 있다는 것은 많은 것을 드러내주지 않는가?[64] 그러므로 '도덕경제'로부터 '정치경제'로의 이행, 부분적 용익권으로부터 완전한 사적 소유로의 이행은 자연의 허비를 끝내고 모두에게 이득을 가져올 것이다. "나는 인클로저에서 기인하는 보편적 혜택이 완전히 입증되었다고 생각한다."[65] 자본주의식 농장과 공유지는 그리하여 각각 근면과 게으름의 우화가 되었다. 영은 전국을 누비며 환경적 개량에 대한 찬가를 소리 높여 외쳤고 노퍽을 방문했을 때는 이렇게 썼다.

> 개량의 기운이 거주민들을 사로잡기 전에는 홀컴부터 호턴까지 모든 시골이 황량한 목양장牧羊場에 불과했지만, 이 찬란한 기운이 놀라운 효과를 가져왔다. 왜냐하면 양 이외에는 사는 것이 없다시피 한 끝없는 황야와 허허벌판의 미개간지 대신에 시골은 모두 인클로저로 구획되어, 조금의 소홀함도 없이 경영되고, 풍성한 거름을 주고, 사람들이 충분히 거주하고, 이전 상태에서보다 100배나 많은 소출을 낸다.[66]

인클로저는 단지 토지를 개량만 하는 게 아니다. 영에 따르면 비록 '개방지의 고트족과 반달족'이 '인클로저 구획의 문명'을 여전히 접하고 있지만, 인클로저 구획은 '시골을 개선한 만큼 사람들도 크게 변화'시켰다. "방문해보라고 추천을 받아 찾아간 농부들의 대화에서 어쩌다 우연히 만난 사람들의 대화로 옮겨가면, 나는 한 세기의 시간을 잃어버린 것 같거나 하루에 1000마일을 이동해온 기분이다."[67] 이 전국적인 개량 운동에서 농업의 지도자들은 마땅히 귀족이어야 하지만, 물론 그들도 악명 높은 귀족적 낭비벽을 버려야 한다. "전에는 버려진 땅이었던 곳을 뒤덮은 채 물결치는 곡식 이삭에서 얼맥스Almack's(런던의 유명한 사교 클럽—옮긴이)의 가장 빛나는 스타보다도 50배나 더 강한 광채가 난다."[68] 그러나 기본 메시지는 아주 단순했다. "내게 최고의 농부는 가장 위대한 자다." 아마도 농부 조지Farmer George(조지 국왕은 열렬한 농사 애호가였다)가 그 글을 읽기를 염두에 두었던 것 같다.[69]

2000건이 넘는 인클로저 법안과 그에 영향을 받은 토지가 600만 에이커가 넘으면서, 인클로저와 진보적 영농 일반은 계몽인들 사이에서 이득과 온정주의를 결합했지만 또한 소중한 가치들을 통합하면서 적절한 환경 관리 모델을 제시했다. 전통적인 아르카디아풍의 목가적 신화들—자발적으로 아낌없이 베푸는 전원적 자연이라는 이미지—은 여전히 수용될 수 있었다.

오 평야의 기쁨이여,
행복한 님프와 행복한 시골 젊은이들,
순진하고 즐겁고 자유롭고 유쾌하게
춤추고 장난치며 시간을 흘려보내네[70]

이렇게 헨델의 〈아시스와 갈라테아Acis and Galatea〉(1718)에서 코러스는 노래했다. 유사 중농주의적 신조가 접목될 수도 있었다—모든 가치의 근원으로서의 자연이라는 관념이나 "모든 광대한 나라들에서 토지는 가장 크고 가장 중요하며 가장 지속적인 부의 일부를 이룬다"[71]라는 애덤 스미스의 격언이 그렇다. 그리고 마지막으로 프로테스탄트 윤리가 비료로 기능하리라. 노동은 사적 이득을 공적이고 생태학적인 선으로 변화시켰다. 그러므로 농사에 좋은 것은 나라에도 좋다는 것이 통념이 되었다. 잉글랜드의 친구는 대지의 친구였다. 게인스버러의 붓에 의한 유명한 초상화로 기억되는 시골 지주 로버트 앤드루스 씨와 그의 갓 결혼한 신부 프랜시스는 분명히 동의했다. 소유와 유복함, 미학은 분명히 그들의 풍경의 정치학에서 하나로 합쳐졌다. 그 모든 것의 주인들인 앤드루스 부부가 눈앞의 풍경을 둘러보는 동안 황무지도, 소작민도, 빈민이나 밀렵꾼도, 그리고 심지어 어떤 행복한 님프도 그들의 권력과 프라이버시를 침해하지 않는다.[72]

그리고 아낌없이 베푸는 자연이라는 이러한 환경 비전은 주로 휘그적이고 귀족적일지라도 특권층에만 국한되지 않았다. 그것은 자연 경제를 인류의 행진을 뒷받침하는 것으로 그런 사람들에게도 똑같이 유용했다. '지구상에서 거주가 가능한 곳의 4분의 3이 현재 아직 미개간 상태'라고 윌리엄 고드윈은 경악해서 지적하며 성서의 '가서 번성하라'를 정치적 급진주의로 설명했다. 제대로 경영되면 자연은 인간의 무한한 개량을 지탱할 것이다. "인구가 계속 증대되는 무수한 세기가 흘러가도 지구는 여전히 그 주민들을 지탱하기에 충분할 것이다."[73] 그것만이 아니라, 고드윈과 다른 여러 사람들에게, 자연을 길들이는 것은 문명화 과정을 더욱 진척시키는 것이었다—야생의 환경은 야생의 종족을 낳기 때문이다. 애디슨과 스틸의 〈스펙테이터〉가 부르주아 계급을 매끄럽게 가꾼 것처럼, 농업은 시골에 문화의 씨앗을 뿌리고 있었다.[74] 이 아늑한 합의는 맬서스의 암울한 『인구론』이 등장할 때까지 그대로 유지되었다. 제로섬 게임으로서의 생태계라는 맬서스 신부(국교회) 버전의 생태계는 유토피아 혁명가들의 기운만 꺾은 게 아니었다. 그것은 환경 관리가 인간의 진보를 어떻게 담보하는지와 관련하여 공유된 광교파적 가정들의 포기를 의미했다.[75]

계몽된 옹호자들은 앞서 말했듯이 사적 이득과 장기적인 공적 혜택을 위해 자연 자원의 책임 있는 운영을 위한 정책들을 장려하며 환경을 하나의 농장으로 표상했다. 야생의 정복은 자부심의 원천이었다.

나는 홍수의 입을 막고, 대양을 온순하게 다스리고

사치스럽게 흘러넘치는 강을 다스리고, 마치 감옥에 가두듯

강둑으로 강물을 가두었다.

친절한 수문들이 보석으로 풀어줄 때까지

개울은 댐으로 고삐를 채우고, 복종하도록 가르쳐

마치 앞길이 보이듯이 곧게 흘러가네 (…)[76]

위와 같이 찰스 2세의 육지측량부 측량감이었던 조너스 무어Sir Jonas Moore가 펜스의 배수 사업을 기념하여 쓴 시는 이어진다. 굳이 푸코주의자가 아니더라도 자연에 대한 거대한 속박의 이 판타지가 전하는 취지는 금방 파악할 수 있다. 황무지를 길들이는 것은 줄곧 인기 있는 테마였다. 컴브리아 국수주의자 존 돌턴John Dalton은 "경작되지 않았던 야생의 땅이 풍요롭게 개간된 것을 보면, 우리는 자연의 얼굴이 완전히 바뀐 것을 보고 경이와 놀라움에 사로잡힌다"[77]고 열광해서 말했다.

그러나 야생이 수익성 있고 쾌적하게 바뀌어가면서 환경의 또다른 측면이 문제로 부상하고 있었다. 전통적으로 다소 양식적이고, 흔히 담장을 두른, 시골 대저택의 부속지로 설계된 정원이 그것이다.[78] 부유함과 야심이 그 모든 것을 변화시킬 참이었다. 갈수록 웅장해지는 저택들로 특징지어지는 귀족적 지위 확대의 시대에 왜 작게 사고하는가? 조지프 애디슨은 제안했다. "영지 전체가 여기저기 늘어선 농장들에 의해 일종의 정원으로 탈바꿈해도 되지 않을까? (…) 그러면 자신의 소유지에 보기 좋은 풍경을 만들지도 모른다"—다시 말해 한 사람의 영지가 자연 전역에 무한히 뻗어 있는 것 같은 인상—윌리엄 켄트William Kent의 하하ha-ha(정원을 보호하면서도 탁

트인 조망을 제공하도록 설계된 담—옮긴이)의 발명으로 강화된 환영을 창조하는 것이다.[79] 그러나 애디슨의 온건한 제의는 정원의 문제를 더 골치 아프게 만들었을 뿐인데, 시골의 대토지의 특징적 요소들을 와해시키는 것처럼 보였기 때문이다.

자연이 야생의 분위기를 띠는 한, 그 반의어인 정원은 질서정연해야 했다—그러므로 그 바둑판 같은 구획과 미로, 산울타리, 오솔길과 조각상을 갖추고 마치 모형 도시를 연상시키듯 보기 흉한 야생에 맞서 문명을 보호하는 성채로 기능하는 고전적인 르네상스의 양식적 정원들이 조성된 것이다. 그러나 자연 자체가 하나의 농장으로서 질서를 가지게 되고, 의회가 보낸 측량관들의 지도와 거리 측정기로 기하학적으로 도형화되는 만큼, 인공성은 자연히 그 설득력 있는 존재 근거를 잃었다. 자연이 길들여지자 야생 자체가 마침내 미학적으로 높이 평가되었다. 마치 계몽 엘리트 계층이 마법과 귀신 들림에 대한 믿음을 내던지자 초자연적인 것이 고딕 소설과 유령 이야기로 재포장될 기회가 무르익은 것과 마찬가지였다.

이탈리아식 정원의 폐소공포증적 분위기와 베르사유 정원의 메마른 대칭미라고 점점 더 비난받는 것을 거부하면서, 영국식 정원은 노골적인 인공성과 깨끗하게 손질된 잡다한 장식들을 내버리고 자연을 따르도록 개조되었다. 대저택들도 양식적 정원을 폐기한 한편, 자작용 농장과 채마밭을 보이지 않게 숨겼다. '케이퍼빌리티' 브라운'Capability' Brown(본명은 랜슬럿 브라운Lancelot Brown이다. 조경 설계를 맡은 귀족들 영지에서 '잠재성'을 보는 능력으로 이런 별명을 얻었다—옮긴이)으로부터 영감을 받아, 한 세대의 정원사들은 대저택을 파크랜드parkland(작은 수풀이 자리한 탁 트인 풀밭. 영국식 정원의 특징적 요소다—옮긴이)의 바다로 둘러싸인 섬으로 탈바꿈시키면서 새로운 아르카디아풍 현실 도피를 조성했고, 그 꾸밈없는 단순성—풀밭과 몇몇 수풀, 드넓게 펼쳐진 호수만으로 이루어진—은 기교를 드러내지 않은 기교 덕분에 자연으로 받아들여질 수 있었다.[80]

이 새로운 발전의 저변에 깔린 문화적 심리는 저 위대한 빅토리아 시대 정원사 존 클로디어스 라우든John Claudius Loudon에 의해 완벽하게 이해되었다.

> 잉글랜드에서 농업에 투입된 토지들이 유럽의 다른 어느 나라들보다 일찍이 대체로 산울타리와 산울타리 나무들로 구획되면서 잉글랜드 시골의 경관은 (…) 기하학적 양식으로 배치된 드넓은 귀족 영지와 더 닮아 보였다. 그리고 이런 이유로, 세계의 다른 어느 지역보다 일찍이 (…) 공원pleasure ground을 배치하여 자연의 불규칙성을 모방하려는 시도가 잉글랜드에서 생겨났다.[81]

취향은 결코 정체 상태에 있는 법이 없었다. 이제는 브라운이 깎아내고 다듬고 베어내는 데 집착하는 사람으로 조롱받을 차례였고, 그의 후계자들, 특히 험프리 렙턴Humphry Repton과 리처드 페인 나이트는 꾸밈없는 자연이라는 브라운의 표준을 유지하는 동시에 그것을 그 논리적 귀결로 이끌고 갔다. 그들은 공상에 아첨하며, 시골 영지 위에 '마법의 지팡이'를 흔들어 버젓이 야생을 집 코앞까지 가져왔다. 마치 피콕의 『헤들롱 홀』에서 '우주의 생김새에 새로운 윤곽'을 부여하겠다고 약속한 렙턴풍 조경사인 마마듀크 마일스톤이 촉구한 것처럼 말이다.[82] 일부는 예상대로 벌거벗은 자연의 이 새로운 인접성에 위협을 느꼈다. "나이트의 시스템은 내게 취향의 자코뱅주의처럼 보인"다고 애나 수어드Anna Seward는 중얼거리면서 "제멋대로인 야생의 풍성함이 곧 우리의 풍경적 섬을 아메리카의 미개간 사바

나처럼 울창하고, 잡초가 무성하며, 축축하고 건강에 해로운 공간으로 바꿔버릴 것"이라고 개탄했다.[83]

그러나 조경에서 이 새로운 고귀한 야만성을 완전히 거부하기는 힘들었는데, 그것은 상전벽해와 같은 취향의 변화가 허락한 것이었기 때문이다. '야생은 기쁨을 준다'고 섀프츠베리는 그 세기 초에 선언했었다. "우리는 (…) 인공적 미로들과 궁전 정원의 가공된 야생에서보다 이 본래의 야생 속에서 야생을 더 즐겁게 관조한다."[84] 그리고 그러한 판단은 그 휘그적인, 즉 자유를 사랑한다는 증명서와 더불어 환경에 대한 미학에 커다란 변화를 가져왔다.

산맥들을 보자. 'mundus senescens'(이울고 있는 세계—옮긴이)의 비유는 산맥을 병리학적으로, 자연의 뾰루지로 간주했었다. 조슈아 풀Joshua Poole의 시인 안내서 『잉글리시 파르나서스English Parnassus』(1657)는 60가지 정도의 형용어구를 추천하는데, 많은 것들이 싫은 감정을 드러낸 것이다—'오만한, 무뚝뚝한, 야심 찬, 불모의, 인적 없는, 버려진, 멜랑콜리를 자아내는, 길 없는' 등등이었다. '산의 어둠'은 오래갔다. 1747년까지 〈젠틀먼스 매거진〉은 웨일스가 '보통은 열 달 동안 눈에 덮여 있고 열한 달 동안 구름에 뒤덮인, 음울한 지역'이라고 평가했다.[85]

산맥을 미학적으로 드높이는 태도는 많이 조롱받았지만 그럼에도 불구하고 유력한 비평가로서 롱기누스Longinus를 열렬히 지지한 존 데니스의 공로가 컸다. 알프스 산맥을 '겹겹이 쌓인 폐허'라고 묘사하는 한편, 그는 그것들의 '엄청나'고 '무시무시한' 특성들을 음미할 수 있었다.[86] 사람들의 반응은 한 세대 안에, 경외감에 사로잡힌 찬미로 바뀌었다. "낭떠러지와 급류, 절벽 어느 하나 종교와 시를 품고 있지 않은 것이 없다"고 토머스 그레이는 1739년에 알프스를 넘으면서 떨리는 목소리로 말했다.[87] 그러한 생각들은 산맥들이 예술의 눈을 통해 정당화되고, 자연적 대상에 그치기보다는 회화로서 인식될 수 있었기 때문에 가능했다. '낭떠러지와 산들, 급류, 늑대, 우르릉 소리, 살바토레 로사Salvatore Rosa(17세기 이탈리아 화가로 그의 화풍은 원原낭만주의로 평가받는다—옮긴이)'라고 1739년에 호러스 월폴은 썼다.[88] 아닌 게 아니라 윌리엄 길핀William Gilpin에 의해 1780년대에 이론화된 회화적 원칙의 정수는, 한 풍광을 가늠하는 잣대는 그것이 멋진 회화를 낳을 수 있는 속성들을 얼마나 잘 구현하고 있는지에 있다는 것이었다.[89] 그러나 문명화된 질서의 미학에 대한 진정한 도전은 에드먼드 버크의 『숭고와 미 관념의 기원에 관한 철학적 탐구』(1757)와 함께 찾아왔는데, 이 책에서 버크는 거대하고, 험준하고, 적막한 것과 '고양시키고, 무시무시하고, 장엄한 종류의 생각들을 낳는' 여타 모든 것들을 극찬했다. 험준한 바위, 낭떠러지, 급류, 바람이 휩쓸고 가는 산등성이, 고지대의 미경작지—이런 풍광들은 이제 미적 취향의 정점이 되었으니, 인간의 손길로 다듬어지지 않고 인간의 지배를 받지 않았다는 바로 그 이유 때문이었다.[90] '여기에 비한다면 인간이 지은 대성당들과 궁전들은 다 뭐란 말인가?'라고 조지프 뱅크스는 핑갈의 동굴을 보고 수사적으로 물었다. 그의 자문에 대한 자답은 이렇다.

인간의 작품은 자연의 작품 앞에서 작아지는 만큼 모형이나 장난감, 모방에 불과하다. 지금 건축가들이 가장 뽐내는 게 무엇인가? 바로 균형성이다. 그러나 그가 연인인 자연을 능가한다고 자부하는 유일한 부분이 여기 자연의 수중에서 발견되며 오랜 세월 동안 묘사되지 않은 채 존재해왔다.[91]

그러한 정서를 통해 '자연적 초자연주의'라고 불리는 것, 즉 자연은 성스럽고 '인간이 측량할 수 없'다는 신新이교적이고 낭만주의적인 관념, 이를테면 셸리의 『자연적 식단 옹호Vindication of Natural Diet』(1813)의 채식주의에서 명백히 드러나는, 어쩌면 생물에 대한 새로운 존경이 반영된 정서가 등장했다.[92]

숭고에 대한 컬트는 미학적 방향 감각 상실의 조짐을 보였다. 그리고 시골 자체가 거슬리는 침범을 겪고 있던 바로 그 순간에 뛰어난 풍광이라는 것에 의문이 제기되고 있었다. 침범이란 바로 중공업이었다. 동굴과 험준한 바위, 깊은 협곡이 숭고할 수 있고, 그러므로 미적으로 품격 있다면, 용광로들과 공장들은 어떤가? 두 곳이 이 예상 밖의 미적 경험을 위한 실험실이 되었다. 슈롭셔와 더비셔였다. '콜브룩데일 자체는 매우 낭만적인 곳이다'라고 여전히 여행중이던 아서 영은 1785년에 촌평했다.

그것은 거대한 두 언덕 사이에 구불구불 이어지는 골짜기다. (…) 나무로 울창하게 뒤덮여, 가파른 비탈에 매우 아름다운 숲이 드넓게 펼쳐져 있다. 사실 너무 아름다워서 비탈 아래 [인간의—옮긴이] 기술이 펼쳐놓은 각양각색의 꼴도 보기 싫은 참상과 그다지 조화를 이루지 못한다. 거대한 기계가 들어선 단조 공장, 제철소 등등에서 나는 소음과 석탄을 태우는 용광로에서 솟구치는 화염, 석회 가마에서 나오는 연기가 참 숭고하기도 하다.[93]

농학자의 미학적 당혹감이 아마도 우리가 기대할 만한 것이리라. 애나 수어드는 시인이기에 더 확실한 생각을 갖고 있었다. 그녀는 공업에 대해 적대적이지 않았고, 버밍엄에 관해 열광적 찬사를 늘어놨다. 그곳에서 '뒤집히고 뿌리 뽑힌 산울타리, 덤불, 나무들'은 '회반죽을 바른 건축용 말뚝, 길게 뻗은 거리들과 더 웅장한 광장'으로 개선되었다. 다시 말해 도시화와 공업이 문명을 창조해냈다. 그러나 공업의 적지는 도시에 있었고, 한때 아름다웠던 슈롭셔로 눈길을 돌렸을 때 그녀의 어조는 바뀌었다.

오, 침범당한 콜브룩!…
—이제 보이네
싱그럽고, 향기롭고, 고요한 영역이
퀴클롭스에게 찬탈당했음이, —
들리는가, 그대의 아늑한 골짜기 사이로
북적거리는 바지선의 어지러운 외침과
육중한 엔진이 쩽그렁거리는 소리,
암갈색 화염을 날름거리는 셀 수 없는 불길이
언덕 위에서 서로 다투며
짙은 유황의 거대한 연기 기둥으로
여름의 태양을 가리네.[94]

존 셀 코트먼John Sell Cotman의 1802년 수채화 〈매들리 인근 베들럼 용광로Bedlam Furnace, near Madeley〉도 인근의 공장 지대에 대해 못마땅하다는 판단을 내놓는다. 코트먼에게 공업은 분명히 자연을 유린하고 있었고—아닌 게 아니라 베들럼을 벼려내고 있었다. 공업이 환경을 물리적 또는 미학적인 면에서 망친다는 낭만주의적 확신이 힘을 얻고 있었다.[95]

공업적인 더비셔는 미학 논쟁의 또다른 초점이 되었다. 더비셔의 경제와 아름다움을 옹호하는 많은 지지자들이 있었고—특히 조지프 라이트 Joseph Wright를 들 수 있는데, 그는 방적기 발명가 리처드 아크라이트Richard Arkwright 같은 지역 유지들의 초상화를 그렸다—명소도 적지 않았다. 도브데일, 매틀록 하이 토어 그리고 동굴과 성, 광산 및 광천수 온천과 공장을 갖춘 더원트 계곡이 있었다. 제임스 필킹턴James Pilkington의 『더비셔의 현재 상태에 대한 시각View of the Present State of Derbyshire』(1789)은 라이트의 '매끄럽게 움직이는 마법 연필'을 칭찬하면서 이렇게 천명한다. "아마 어느 고장도 (…) 이보다 더 멋진 풍광을 자랑할 수는 없을 것이다." 라이트의 〈방적 공장. 매틀록 인근 크롬퍼드 전경Arkwright's Mill. View of Cromford, near Matlock〉(1782-83년경)은 자연과 공업이 서로를 보완하는, 즐거움의 두 원천으로 보여준다. 1779년 드루리 레인 극장에 오른 〈더비셔의 경이The Wonders of Derbyshire〉 무대 배경에서 화가이자 무대 디자이너인 필립 제임스 드 라우더버그는 마찬가지로 공업과 극적인 풍광 둘 다 어떻게 숭고미를 띠는지 보여주고자 했다.[96]

모두가 설득된 것은 아니었다. 신경질적인 여행객인 토링턴 자작 존 빙은 1790년에 "관광객으로서 말하자면 이 계곡들은 아름다움을 잃어버렸다. 시골 오두막집은 우뚝한 붉은 공장에 밀려났고 (…) 소박한 농민들은 (…) 방자한 직공으로 바뀌었다. (…) 시냇물은 수문과 수로로 물길이 뒤틀렸다"[97]고 언급했다. 아이스가스Aysgarth의 '목가적 계곡'에 있는 활활 불길을 내뿜는 커다란 공장에 눈길이 미치자 그는 더욱 분통이 터졌다.

계곡 전체에서 평화가 사라졌다. 반역과 평준화 시스템들이 이야기되는데, 어쩌면 반란이 가까운지도 모르겠다. (…) 리처드 아크라이트 경은 가문과 이 지방에 커다란 부를 가져왔을지 모르지만 관광객으로서 나는

그의 시책들이 지긋지긋하다.[98]

위에서 분명히 드러나는 대로, 애나 수어드한테와 마찬가지로 빙한테
도 자연의 혼란은 사회의 혼란의 전조였다.

빙의 통렬한 비난은 미학적 전문가들에 의해 지지되었다. 풍경 이론가
유브데일 프라이스Uvedale Price는 더원트강의 '눈부신 자연적 아름다움'을
사랑했고, 따라서 매틀록 인근 강둑에 들어선 공장들을 개탄했다. "황홀한
한 편의 풍경을 망치려는 목적에서 그것들을 따를 만한 게 없다." 그는 "보
기 흉함에 상을 준다면 그 공장들이 탈 것"이라고 빈정댔다.[99]

더욱 시사적이게도 농업 개발로 오랫동안 적극 옹호되어왔던 것이 실
제로는 환경 악화와 미학적 빈곤을 가져왔다고 주장할 수도 있게 되었다.
자본주의적 농업에는 물론 언제나 비판가들이 따라다녔다. 올리버 골드스
미스의 『버려진 마을The Deserted Village』(1770)은 인클로저 운동의 인구 격감
효과를 비난했다. 윌리엄 카우퍼William Cowper는 인클로저가 야기한 농촌
자산 수탈을 비판했다―"영지들은 경관들이다. (…) 얼마간 응시되고 나
서, 경매로 팔려나간다." 그리고 존 클레어John Clare는 나중에 가장 강한 어
조로 비난을 이어갔다.[100] 그러나 주목할 것은 왕년의 열광자들도 점점 더
불만을 품게 되었다는 사실이다. 심지어 아서 영도 개량이 어떻게 농촌 노
동자들의 조건을 악화시켰는지를 인식하면서 자신의 금과옥조를 의문시
하게 되었다. "빈민들이 인클로저 토지에서 미래에도 지금까지와 같은 취
급을 받아야 한다면, 잉글랜드의 모든 공유지들이 차라리 바다에 가라앉
아버렸으면 좋겠다."[101]

그것은 브라운의 뒤를 이어 계몽주의 시대 영국의 대표적인 조경가였
던 험프리 렙턴의 커리어에 반영된 위기다. 곤경과 부채로 쓸쓸함을 맛본

그의 마지막 작품에는 지주 계급의 무책임성에 대한 훈계가 담겨 있다. 그는 '나는 자주 질문을 받았다'고 회고한다.

> 미美의 측면에서 시골의 개량이 부의 증대와 나란히 간 것인지 아닌지에
> 대해 (…) 이제 나는 진실을 말해도 될 것 같다. (…) 시골의 취향은 모두
> 가 경배하는 제단에 절해왔다. 그리고 개인들의 부는 시골의 모습을 변
> 모시켰다.[102]

렙턴은 자신의 테크닉을 기가 막히게 패러디함으로써 이러한 혐오스러운 변화들을 예시해 보였다. 그는 그의 '레드 북Red Book'으로 명성을 얻었는데, 거기서 고객과 대중에게 조경의 이점들을 보여주는 '전'과 '후'의 모습들을 제시했다. 그러나 이제 그는 최근에 '개량된' 어느 영지의 참상과 '오랜 소유주'한테서 어느 졸부에게 팔리기 전의 원래 모습을 대조했다.

개선되지 않은 원래 조망은 매력적이었다. 렙턴은 길가에 그늘을 드리운 '오래된 너도밤나무'를 전경에 제시한다. 나뭇가지들은 벤치에 앉아 휴식을 취하는 가족들을 향하고 있다. 근처에는 스타일stile(사람은 넘어갈 수 있지만 동물은 넘어가지 못하게 설치한 나무 울타리—옮긴이)과 '고색창연한 나무들'이 가득한 사유지 풀밭으로 이어지는, 모두에게 개방된 오솔길이 있다. 오른쪽에는 수목이 울창한 공유지가 있었다. 여기에 담긴 정서는 지주의 자애로움이었다.

이 모든 것이 '돈을 다른 모든 고려보다 우선시하는' 새 소유주에 의해 망가졌다.

나무를 베어내고 공유지에 울타리를 치는 법안을 통과시킴으로써 [그는]

모든 지대를 두 배로 올렸다. 이끼와 담쟁이덩굴로 뒤덮인 울타리는 높고 촘촘한 말뚝 울타리로 교체되었다. 사슴에만 국한된 게 아니라 사람도 출입을 금지하도록 (…) 벤치는 사라졌고, 발 받침대를 둔 스타일은 덫과 [건드리면 발사되는—옮긴이] 용수철 총에 관한 경고문으로, 오솔길은 감독관의 명령으로 막혔다는 표지판으로 바뀌었다.[103]

이 벼락부자는 어쩌면 토머스 피콕의 『크로칫 캐슬Crotchet Castle』(1831)에서 '사냥감과 공중도덕의 위대한 보호자'로서 '공유지와 숲에 울타리를 치고, 오두막집 텃밭을 없애고, 마을 크리켓 잔디밭을 자신의 잔디밭으로 편입시키고—순전히 주일의 거룩함을 위해서—오솔길을 막고 선술집을 폐쇄한' 사이먼 스틸트랩Sir Simon Steeltrap의 모델일지도 모른다.[104] 그리하여 마을 주민들과 구경꾼들 모두에게 환경은 망가졌다. 화가인 존 컨스터블 John Constable이 '신사의 파크는 내가 질색하는 것이다. 그것은 자연이 아니기 때문에 아름다움이 아니다'라고 선언하게 되는 것도 그리 놀랍지는 않을 것이다.[105]

윌리엄 블레이크도 상업적 자본주의, 그 형이상학적 토대들(세 마녀: 베이컨과 로크, 뉴턴)과 그 예술적 아첨꾼들(레이놀즈), 그 냉담함과 추악함을 혐오했다. 「예루살렘」으로 흔히 알려진 시(사실은 그의 서사시 『밀턴Milton』의 서시序詩)는 잉글랜드의 아름답고 푸른 들판을 회고하며, 그곳을 현대의 '어두운 사탄의 맷돌들'과 대조한다. 그러나 그 시가 블레이크를 콜브룩데일이나 더원트데일을 돌아다니는 심미적인 관광객처럼 보이게 만든다면, 그보다 사실과 먼 것도 없으리라. 소호에서 태어나 램버스에 거주한 블레이크는 머리부터 발끝까지 런던내기였다. 아닌 게 아니라 그 어두운 사탄의 맷돌들은 아크라이트의 면직 공장이 아니라 블랙프라이어 반대편 강둑에 자리한, 증기기관으로 돌아가는 앨비언 제분소였을지도 모른다.[106] 그리고 새로운 예루살렘에 관해 썼을 때, 블레이크는 그곳을 아름답고 푸른 들판의 어디로 상상했을까?

> 이슬링턴부터 메리번까지
> 프림로즈 힐과 세인트존스 우드까지 들판에
> 황금 기둥들이 세워졌네
> 거기에 예루살렘의 기둥들이 들어섰네.[107]

블레이크의 이 종결부가 보여주듯이, 환경이란 상상된 풍경이며, 생태계는 관찰자의 눈 속에 존재한다. 계몽된 문화는 감각들로 느끼는 환경과, 인간의 생산 활동과 자연의 지속 가능성의 조화에 대한 환상을 품은 대지를 창조했다.[108] 그러나 자연을 향한 계몽된 태도의 중심에는 역설이 자리 잡고 있었다. 계몽된 인간은, 특히 그 회화적인 구현 속에서, 인간에 의해 훼손되지 않은 자연을 발견하기를 원했다. 그러나 인간이 그 훼손되지 않은 자연을 발견할 때, 인간은 오로지 상상에서만일지라도 그것을 미학적으로든 농업적으로든 '개량'하려는 충동을 억제할 수 없었다. 18세기가 막을 내릴 무렵이 되자, 공리주의적 자연―개량된 자연―은 점점 더 문제시되고 있었고 낭만주의는 자연을 초월적이고 신성하고 주관적인 것으로 만들고 있었다. 낭만주의 아래서 자연은 새로운 종교가 되었다.

| 14장 |

정신에
성별이
있을까

그는 오로지 하느님을 위해서, 그녀는 그 안의 하느님을 위해서.

—존 밀턴[1]

왜 (…) 여성은 하찮은 사람이 되어야 하는가?

—패니 버니[2]

세상은 거대한 감옥이며, 여성은 노예로 태어나지 않았던가?

—메리 울스턴크래프트[3]

여성은 만사가 불리하다.

—캐서린 매콜리[4]

내 평생, 펼쳤을 때 여성의 변덕에 관해 뭔가를 언급하지 않은 책은 한 권도 없었던 것 같군요. (…) 하기야 어쩌면 당신은 그것들이 모조리 남자들이 쓴 것이라고 말하겠지요.

—제인 오스틴[5]

만약 이성을 갖춘 말[馬]들의 공화국이 있다면(스위프트 박사가 생각하듯이) 암말은 측대보側對步로 걷는 법을 배우지 못한다는 게 그들 사이의 확고한 신조일 것이라고 확신한다.

—레이디 메리 워틀리 몬터규[6]

계몽주의가 물려받고 비판한 세계는 남성의 세계, 실제로 그리고 공식적 승인에 의한 가부장 세계였다―스튜어트 왕조에 대한 핵심 변론에는 실제로 가부장권론Patriarcha이라는 제목이 붙지 않았던가?[7] 성경, 법과 여타 권위들이 공동으로 남성 우위와 여성의 종속을 확고히 했다.[8] '결혼에 의해 남편과 아내는 법적으로 한 사람'이라고 대표적인 법률가인 윌리엄 블랙스톤은 천명했다. "다시 말해, 바로 여성의 존재 혹은 법적 존재는 혼인중에 유예되거나 적어도 남편의 법적 존재로 편입되거나 통합된다."[9] 모든 아내는, 여왕을 제외하고는, 그녀의 동산動産과 마찬가지로 남편의 권위 아래 있다고 주해가 달려 있었다. "그녀는 남편의 동의 없이는 어느 것도 임대하거나 결정하거나 팔거나 내주거나 양도할 수 없다."[10] 한 익명의 시인은 이렇게 투덜거렸다.

젊어서는, 아버지의 지엄한 명령과

노심초사하는 눈길이 그녀의 의지를 지배하고

도도한 오라비가 경계를 서며

그녀를 더욱 꼼짝 못하게 가둬두네.

그다음 무시무시하게 눈썹을 찌푸린

폭군 같은 남편이 등장하네.

그는 더는 연인의 모습이 아니니

그녀의 노예가 이제는 그녀의 주인이 되었구나.[11]

　　그러한 권한들은 전문가를 자처하는 다른 남성들에 의해서도 되풀이 되었다. 1779년에 출판된 종합적인 『여성의 역사History of Women』에서 윌리엄 알렉산더William Alexander는 비판적인 어조로 여성들한테 배제된 법적 권한들을 열거했다. "우리는 여성이 우리의 왕홀을 휘두르도록 허용하지만(영국 왕실은 여성의 왕위 승계가 가능했다 — 옮긴이), 법과 관습에 따라 그녀를 자신의 가족을 다스리는 것을 제외한 여타 통치로부터 배제한다. 마치 왕국을 이끌고 통치하는 일과 살림을 꾸려나가는 일 사이에 여성의 천재성과 역량으로 맡을 수 있는 공직은 하나도 존재하지 않는 것처럼 말이다."[12] 역사적으로 여성은 부럽지 않은 역할을 맡도록 운명지어졌고, "대개는 제대로 된 교육을 받지 못하거나 미미한 교육만 받을 뿐이며 엄한 법률상의 제한에 의해 항상 의존 상태에 놓여 있다."[13] 그러나 미래를 낙관할 만한 근거가 있다고 그 스코틀랜드 외과의는 전형적으로 계몽된 제스처를 취하며 덧붙인다. 여성은 '노예'로 시작했으나, 사회는 진보하고 있으며, 진보는 언제나 여성 지위의 향상과 나란히 간다는 것이다. 여성의 지위는 아닌 게

아니라 문명화 과정의 리트머스 시험지였다.[14]

멸시하거나 대놓고 여성 혐오적이지는 않다 해도, 여성을 무시하는 것처럼 들리는 의견들이 넘쳐났다.

소년들한테서 대단히 칭송받는 그 대담하고 독립적이고 진취적인 기상은, 다른 성性에서 발견될 때는 장려되어선 안 되고 억압되어야 한다. 소녀들은 비록 자신의 생각이 옳다는 것을 안다고 할지라도, 자신의 의견을 일찍 접는 법을 배워야 한다.

이런 선언은, 놀랍게 들릴지도 모르지만 여성의 펜에서, 바로 해나 모어 Hannah More의 펜에서 나온 말이다.[15] 다른 작가들 —그리고 남자들만이 아니다—은 성별화된 눈앞의 상황을 신과 자연이 정한 거라고 여기며 현상 유지를 옹호했다. "우리는 일반적인 토대로서 남녀 간에는 불평등이 존재하며, 세계의 더 나은 운영을 위해 입법가가 될 남성들이 인간에게 부여된 이성 가운데 더 큰 몫을 차지하고 있다고 단정해야 한다"[16]고 핼리팩스 백작은 『딸에게 주는 충고Advice to a Daughter』(1688)에서 독단적으로 선언했다. 그리하여 남성들은 단순히 우위에 있을 뿐 아니라, 그들의 우월성은 계몽주의의 저 필수불가결한 속성인 이성의 신에 의한 불균등한 분배 덕분이다. '여성들은 더 크게 자란 아이들일 뿐이다'라고 동료 귀족인 체스터필드는 놀린다. "그들은 재미나게 수다를 떨 줄 알고 때로는 재치도 있지만, 탄탄하고 합리적인 양식良識으로 말하자면, 나는 그런 양식을 갖춘 여자나 스물네 시간 내내 이치에 맞게 판단하거나 행동하는 여성을 알지 못한다."[17] 다른 이들은 그러한 모욕을 자제하면서도 밑바탕에 깔린 전제들에서는 체스터필드와 공모했다. 다시금, 여성 교육의 새로운 시스템에 관한 혹평을 쓴

해나 모어는 여성 교육의 '진짜' 목적은 그들을 '훌륭한 딸과 아내, 여주인, 사회의 일원이자 훌륭한 기독교도'로 만드는 것이어야 한다고 주장했다.[18] 윌리엄 해밀턴Sir William Hamilton은 조카딸을 사교계에 처음 소개하면서 '네 라틴어 지식은 비밀로 단단히 간직해라'라고 주의를 주었다. "아가씨가 많이 배웠다는 것은 흔히 커다란 결점으로 여겨진단다."[19] 그러한 조언들은 자신들은 아가씨가 진정 잘되길 바라는 마음이라는 확신에서 남녀 모두 한테서 나왔다.

많은 이들이 그러한 모욕에 반발했다. 마거릿 캐번디시Margaret Cavendish 뉴캐슬 공작 부인은 1663년에 '우리는 마치 사람이 아니라 짐승한테서 태어난 것처럼 살아가고 죽는다'는 의견을 내비쳤다.[20] 레이디 메리 워틀리 몬터규Lady Mary Wortley Montagu는 몇 세대 뒤에 '세계 어느 곳도 영국만큼 우리 여성이 그처럼 심한 멸시를 당하는 곳도 없다'고 생각했다. "우리는 지독히 무지하도록 교육받고, 우리의 타고난 이성을 억누르기 위해 동원되지 않는 기술이 없다."[21] 동방의 전제정에 비해 영국식 자유를 칭송하는 우쭐거리는 수사들을 고려할 때, 콘스탄티노플 주재 영국 대사의 아내로서 그녀가 터키 여성들이 영국 여성들보다 자유롭다고 결론 내린 것은 무척 아이러니하다. 콘스탄티노플의 목욕탕에서 사귄 여성들을 부러워하면서,[22] 레이디 메리는 자신이 거기서 목격한 여성들의 연대와 험담이 오가는 런던의 티 파티를 대조했다. 그녀가 보기에 일부다처제에도 불구하고 터키 여성들은 베일 덕분에 얼마간 자유를 누렸고, 그 '끊임없는 가장무도회'는 '들킬 위험 없이 그들이 하고 싶은 대로 할 자유를 전적으로 부여한다.'[23] 그녀는 쓸쓸하게 자신이 '기구'에, 다시 말해 그녀의 코르셋에 속박된 것처럼 감금된 사람이라고 생각했고, 현지 여성들은 그녀의 주인이 그녀를 코르셋 안에 가둔 거라고 여겼다.[24]

여성의 종속을 영속화하는 인습들의 음모를 향한 레이디 메리의 분개는 널리 공유되었다. 훗날 제인 오스틴처럼, 『여성 옹호론Essay in Defence of the Female Sex』(1696) —1750년까지 다섯 판본이 출판된— 의 작가 주디스 드레이크Judith Drake는 이런저런 책의 저자들이 흔히 남성이기 때문에 책으로는 여성에 관해 진정으로 알 수 없으며, '남자들은 우리에게 반대하는 집단이기에 그들의 증거는 정당하게 거부될 수 있다'고 보았다. 그럼에도 불구하고 '일부 학식 있는 남성들의' 권위를 인용하면서, 그녀는 '모든 영혼들은 동등하고 비슷하며, 그러므로 남성적 영혼과 여성적 영혼 같은 구별은 존재하지 않는다'고 반박했다. 따라서 "우리는 남성에 의해 그들은 그렇게 헛되이 자랑하는 견실한 분별력이 부족하다고 얼마나 잘못 여겨지고 있는가? (…) 우리의 영혼은 그들의 영혼만큼 완전하고, 우리 영혼이 의존하는 신체 기관들은 일반적으로 더 우아하다."[25]

그리하여 생물학적으로, 또 현실적으로 여성들은 조지 왕조 세기에 차별을 받았다. 일부 페미니스트들은 그러한 편견들이 여성들을 맹목적으로 떠받드는 여성적 미덕과 감성들의 이상화와, '분리된 영역들'을 생물학적 근거에 입각하도록 하려는 새로운 시도들로 강화되고 있었다고 주장하기는 하지만, 차별이 새삼스러울 것은 없었다. 남성들의 총의는 확실히 '숙녀다움'을 명했고, 제임스 톰슨은 '영국의 여성들'에게 다음과 같이 그 의무를 설파했다.

질서정연한 가정은 남성의 최고의 기쁨이며
순종적인 지혜와 겸손한 솜씨,
걱정을 지우는 온갖 다정한 기술로,

미덕을 기르고 행복에 생기를 불어넣고,

심지어 고통도 다스려 기쁨 이상의 것이 되게 하고

인간 삶의 모든 올가미도 감미롭게 하라.

이것이 여성의 위엄과 칭찬이 될지어다.[26]

그러나 그런 규정들을 과도하게 중시할 필요는 없는데, 여러 측면에서 계몽주의 문화는 꽤 여성 친화적이었기 때문이다. 비록 법전상으로는 아니라 해도 실질적으로 가부장제가 전반적으로 완화되었다는, 들쑥날쑥하지만 분명한 증거가 존재한다. 구애와 약혼, 혼인 그리고 자식들을 향한 부모의 행동과 관련하여, 교육받은 계층 사이에서 기대되는 것들은 로런스 스톤Lawrence Stone이 '감성적 개인주의affective individualism'의 발흥이라고 이름 붙인 상전벽해와 같은 급변, 즉 가부장적 거리 두기와 공경에서 친밀감과 심지어 평등의 증대로의 이행을 겪는 중이었다.[27] 법률상의 완강한 불평등에도 불구하고, 결혼은 다정한 동반자 관계의 관점에서 이상화되고 상호 교환으로 제시되었다. '남편과 아내는 항상 함께하며 동일한 사교 집단과 어울린다'고 프로이센인 방문객 아르헨홀츠는 놀라운 듯 언급했다. "둘 중 한 사람만 만나게 되는 것은 아주 드문 일이다. 부부는 다른 집을 방문할 때 언제나 함께 간다. 영국에서 그렇게 하지 않는 것은 파리에서 어디든 아내와 함께 다니는 것보다 더 우스꽝스러운 일일 것이다."[28]

그러한 변화는 남성의 행위에 새로운 규범을 가져왔다. 스콰이어 웨스턴(『톰 존스』에 나오는)과 난봉꾼 러블레이스(『클래리사』), 티럴(윌리엄 고드윈의 『케일럽 윌리엄스Caleb Williams』) 같은 인물들은 받아들여질 수 없는, 남성의 특권과 힘을 남용하는 마초적인 남자다움의 계몽되지 못한 측면으로 악마화되었다. 전제적인 아버지와 이중 잣대의 부당함도 규탄되었다. 초창기 페미니스트인 래티시아 필킹턴Laetitia Pilkington은 이렇게 지적했다. "자연의 모든 현상 가운데, 나는 왜 남성이 우리 여성을 질책할 때 순결을 지키지 못한 것을 두고 그렇게 가혹하게 나오는지 궁금하다. 우리를 유혹한 자들이 우리를 비난하는 자들이 된다는 게 참으로 어처구니없지 않은가?"[29] 다른 이들은 의아해하듯 눈썹을 치켜세웠다. 으뜸가는 냉소주의자 버나드 드 맨더빌은 "점잖은 체통과 예의범절을 유지하기 위해 여성들이 불법적인 방식으로 변을 보기보다는 시름시름 앓다가 쇠약해져 죽는 것이 사회의 이익이 된다"고 빈정댔다.[30] 남성성을 근대화하고 싶은 사람들은 가정적 미덕들을 권장했다. 리처드 스틸의 출판물—비상하게 시대를 앞선 『기독교도 영웅The Christian Hero』(1701)과 감상적 희극 『다정한 남편The Tender Husband』(1705)—은 부부간 행동을 세련되게 개량하려는 초창기 운동에 앞장섰다.[31] 리처드슨의 마지막 소설 『찰스 그랜디슨 경』의 주인공은 호감이 가는 남성 캐릭터의 새로운 표준을 세웠다. 한편 데이비드 흄은 '남녀가 편안하고 사교적인 방식으로 만나고, 남성의 행동거지와 더불어 기질도 빠르게 세련되어지는' 혼성 만남의 유행을 칭찬했다.[32] 그러한 사교는 널리 우려되는 것과 달리 유약함으로 이어지지 않고 우월한 남자다움으로 이어졌다. "예절 바른 사람들 안에 있는 남성들은 [다른 사회들—옮긴이] 못지않게 명백하지만 더 너그러운 방식으로 자신들의 권위를 발견한다. 바로 예절 바름과 존중, 한마디로 기사도적인 정중함으로."[33]

결혼 생활은 곧 군주제의 축소판이라는 가부장제의 금언이, 가정은 정서적 따스함의 안식처이자 사회화의 매개체라는 새로운 이상에 자리를 내주면서, '감성인man of feeling'은 높은 평가를 받게 되었다.[34] '몰리molly'(동성애자)와 외국풍 멋쟁이, 경박한 사람은 감성이 과도하게 발달한 경우로 비난받았지만, 계몽된 담론은 '과하게 멋을 부리foppish'지도 '음탕'하지도 않은 남성들을 높이 치고, '남자다운 자유'와 '우주의 훌륭한 질서'를 화해시키고자 했다. 예를 들어 새프츠베리의 이상은 과거로는 발다사레 카스틸리오네Baldasare Castiglione의 르네상스 '궁정인'을 상기시키고, 미래로는 찰스 그랜디슨 경을 예견하는 본보기를 제시하면서 '이성에 복종하는 정신과, 인정 넘치고 모든 자연스러운 애정에 알맞은 성정'을 갖추는 것이었다.[35]

그리고 변화하는 문화적 가치들이 가정 내의 더 큰 상호성을 권장하면서 여성의 공적 지위도 논의의 여지는 있지만 향상되었다. 여성들은 조지 왕조 시대의 공적 생활과 정치(거리와 살롱 양쪽)에서, 자선사업과 애국적 활동 그리고 유한 문화(후원자로서 또 공연자로서)에서 필수적 역할을 담당했다.[36] 성추행에 대한 두려움과 '평판'을 잃을 걱정 때문에 여성들이 도시의 공적 공간들로부터 배제되고 있었다는 오늘날의 페미니스트들의 주장에도 불구하고,[37] 영국의 여성들은 대단한 공적 독립성으로 전 유럽적 명성 혹은 오명을 누렸다. '영국에서 숙녀들은 신사들만큼 자유롭다'고 1762년 존 포터John Potter는 언급했다. "그리고 이곳에는 사회적 예법을 거스르지 않은 채 한쪽 성이 다른 쪽 성만큼 공공연하게 공중 오락이나 여흥에 참여할 수 있다." 그는 물론 과장했지만 역사가 조이스 엘리스Joyce Ellis는 친구와 극장, 심지어 커피하우스를 가기 위해 '도시 여성들이 베일을 쓰지 않고, 또 대부분의 경우에는 여성 보호자도 대동하지 않은 채 자유롭게 거리를 걸어 다녔다'고 보았다.[38] 소수의 남녀 공용의 커피하우스와 클럽들이 있었으며,[39] 1770년대부터 여성 토론 협회와 혼성 토론 협회들이 런던에 우후죽순처럼 생겨났는데, 토론 주제로는 1798년 11월 12일 웨스트민스터 포럼에서 제기된 질문—'혼례에서 순종 서약은 아내가 남편에게 언제나 순종할 의무를 지우는가?'—같은 것들이 있었다. 예상대로 〈타임스〉는 '토론하는 숙녀들은 바느질하는 게 훨씬 나을 것'이라고 투덜거렸지만, 신문의 항의는 소용이 없었다. 런던에서 적어도 50군데 가까운 장소가 그러한 토론 협회를 위해 대여되었다.[40]

무엇보다도, 여성의 참여와 어쩌면 여성의 지위는 인쇄 문화가 제공한 새로운 기회들을 통해 나아지고 있었는데, 특히 애프라 벤, 덜라리비어 맨리, 엘리자 헤이우드Eliza Haywood가 일찍 문학적 명성을 얻자 다른 여성들도 지적으로 빛을 발했다.[41] 앤 콘웨이Anne Conway의 데카르트 사상을 담은 『고대와 현대 철학의 원리The Principles of the Most Ancient and Modern Philosophy』가 1690년에 라틴어로 출간된 한편, 캐서린 트로터 콕번은 로크를 옹호하는 최초의 저작들 가운데 하나를 출판했다. 전반적으로 여성 교육도 향상되었다. 존슨 박사는 1778년에 '이제 우리 숙녀들은 모두 글을 읽을 줄 안다'고 촌평했다.[42] 그는 물론 젠체하는 여성들을 폄하했고(여성 설교자는 뒷발로 걸어다니는 개와 같다는 말은 유명하다), 그의 『영국 시인 전기』(1779-81)에는 여성 작가가 나오지 않지만, 그러한 배제는 여성들이 인쇄 문화에서 갈수록 커다란 역할을 담당하게 되면서 점차 약화되고 있었다.

1777년 리처드 새뮤얼Richard Samuel은 로열 아카데미에 〈살아 있는 영국의 아홉 뮤즈The Nine Living Muses of Great Britain〉라는 집단 초상화를 전시했고, 초상화는 그뒤 『존슨의 교양 있는 새 여성 문고Johnson's Ladies New and Polite Pocket Memorandum』(여기서 존슨은 런던의 유력한 서적상이자 출판업자인 조지프 존슨으로, 상기의 존슨 박사와 다른 인물이다—옮긴이)에 실렸다. 그것은 고전적 휘장을 걸친 일종의 근대적 만신전이었고, 그 만신전은 지식인 여성이자 스토아 철학자 에픽테토스의 번역가인 엘리자베스 카터Elizabeth Carter, 로열 아카데미의 두 명의 여성 회원 가운데 한 명인 앤젤리카 카우프먼Angelica Kaufmann, 교육가이자 시인, 에세이스트인 애나 래티시아 바볼드Anna Laetitia Barbauld, 성악가 엘리자베스 린리Elizabeth Linley, 교육가이자 여덟 권짜리 『잉글랜드 역사History of England』(1763-83)의 저자 캐서린 매콜리 Catharine Macaulay, '블루스Blues(bluestockings: 배운 여성, 지식인 여성을 가리키는 표현—옮긴이)의 여왕'이자 저명한 문학 살롱의 우두머리 엘리자베스 몬터 규와 아일랜드 출신 배우이자 소설가, 극작가인 엘리자베스 그리피스Elizabeth Griffith, 시인이자 소설가, 복음주의자인 해나 모어, 그리고 소설가인 샬 럿 레녹스로 이루어져 있었다.

여성들은 공적 문화에서 인정을 얻었다. 그들은 조지 발라드George Ballard의 『언어와 학문, 예술 분야에서 저술과 실력으로 명성을 떨친 영국의 여러 여성들에 대한 회상록Memoirs of Several Ladies of Great Britain who have been Celebrated for their Writings or Skill in the Learned Languages, Arts and Sciences』(1752), 티오필러스 시버Theophilus Cibber의 『시인 전기Lives of Poets』(1753), 『현존하는 영국의 유명 작가 500인 목록Catalogue of 500 Celebrated Authors of Great Britain, Now Living』(1788), 『신新인명사전New Biographical Dictionary』(1796), 『영국의 생존 작가들에 대한 문학적 회상록Literary Memoirs of Living Authors of Great Britain』(1798)에 등장하는 한편, 메리 헤이스의 여섯 권짜리 『여성 전기Female Biography』(1803)는 전적으로 여성들만 다루었다.[43] 여성들이 글을 기고하기도 한 정기 간행물 붐으로 인해 작가들은 남녀 독자 모두에게 호소할 만한 글을 써야 했다. 여성들의 열망에 동조적인 글들이 언론에, 이상할지도 모르지만 특히 〈젠틀맨스 매거진〉에 수시로 등장했다.[44]

아닌 게 아니라 18세기에서 19세기로 넘어갈 무렵 거의 모든 베스트셀러 소설가들이 여성이었다. 마리아 에지워스, 엘리자베스 해밀턴Elizabeth Hamilton, 아멜리아 오피, 메리 브런튼, 제인Jane과 애나 마리아 포터Anna Maria Porter, 시드니 오언슨Sidney Owenson —오로지 월터 스콧Sir Walter Scott만이 판매고에서 그들과 필적할 수 있었다. 조애나 베일리Joanna Baillie는 당대 최고의 극작가였고, 여성들은 또한 시에서 두각을 나타냈다—적어도 399명의 여성 시인이 1760년부터 1830년 사이에 자기 이름으로 시를 발표했고, 추가로 82명의 익명 작가들이 여성이었던 것으로 확인된다. 『여성의 상황에 대한 생각Thoughts on the Condition of Women』(1799)에서 메리 로빈슨Mary Robinson은 20명이 훌쩍 넘는 저명한 여성 문학비평가와 에세이스트, 역사가, 전기 작가, 번역가, 고전학자를 열거하며 여성이 "스몰렛과 리처드슨, 필딩 이후로 쓰인 소설 가운데 가장 뛰어난 소설들을 썼다"고 주장했다.[45]

남성 이데올로기와, 문화 생산자로서 어엿한 한자리를 원하는 여성들의 권리 주장 사이에 적잖은 긴장이 존재했기에, 논쟁은 성의 진정한 본성에 대한 것으로 불가피하게 번져나갔다. 익숙한 성서적·형이상학적·심리학적 학설들과 더불어 중요하게 부상한 한 가지 진리 주장은—과학의 시대로서 당연하게도—생물학이었다. 생리학적·의학적 연구들이 마침내 여성의 본성의 비밀을 풀고, 따라서 그들의 적절한 사회적 지위도 결정해줄 것이라고 주장했다. 해부학적 신체 구조가 숙명이다. 그리고 많은 의학적 전문가들에 따르면, 그러한 '여성 과학'이 현現 상태와 공식적으로 양립하는 성별화된 질서를 결정한다. 비록 핼리팩스적인Halifaxian 여성의 열등성을 옹호하기는커녕 남녀가 (넓게 말해서) 대등하지만 상이한 자질들을 지니고 있다고 보는 질서이긴 했지만 말이다.[46]

해부학적·생리학적 사고에 따르면 여성의 신체 구조는 출산을 위해 신과 자연에 의해 특별하게 설계된 한편, 심리적으로도 여성들은 부드럽고 남을 보살피게 되어 있어, 그에 따라 결혼에 적합하여 '그들 존재의 주요 목적'은 모성이라는 것이다. 여성의 생식기는 남성 생식기가 역전된 것(질은 음경이 뒤집힌 것)이라는 식으로, 여성의 신체는 남성 신체의 엉성한 실패작이라는 고대의 아리스토텔레스적 생각은 남녀의 신체가 근본적으로 다르다는 생각으로 대체되었다고 주장된다. 골격이나 신경계처럼 남녀에게 공통되는 것으로 여겨진 해부학적 구조들은 이제 차이를 부여받았다. 이전까지는 하나의 이름을 공유했던 난소와 고환 같은 신체 기관들이 이제는 구별되어 따로따로 이름이 붙었다. 여성의 두뇌에 관한 일부 연구들은 여성의 두뇌가 남성의 두뇌보다 작다고 주장하여 여성이 지적인 활동에 부적합함을 암시했다.[47]

그러한 결론들은 특히나 남녀의 신경계를 성별에 차이를 두어 해석하는 데 전적으로 기댔다. 이런 연구들은 여성의 신경은 남성의 신경보다 더 민감하다고 보았고, 충동을 의지력으로 제어하는 능력도 의문시되었다. 자칭 생의학 전문가들은 거부할 수 없는 이러한 생물학적 사실들을 고려할 때, 자연이 여성들에게 부여한 모성의 역할에 여성들이 헌신하는 것이 곧 사회적 선善이라고 주장했다. 그들은 그저 부박한 여인이기를 그쳐야 하지만 남성을 모방해서도 안 된다. 그보다는 자연을 따라서 '본래의 자기 자신'이 되어야 한다.[48]

이러한 신조는 장자크 루소에 의해 극단적 형태로 구체화되었는데, 루소는 감정의 화신, 오로지 가슴all heart만 있는 사람—그도 아니면, 메리 울스턴크래프트의 통렬한 요약에 따르면 '머리가 없는' 가내 노예를 진정한 여성으로 칭송했다.[49] 완전히 발전한 루소식 견해는 영국에서 그다지 호응을 얻지 못했지만, 영어 작가들은 남녀를 불문하고 그런 사고의 일부 측면들에 찬성했다. 루소의 교육학 논고인 『에밀Émile』(1762)의 열렬한 칭송자로서 다름 아닌 울스턴크래프트가, 여성만의 특별한 자질은 양육이라는 그의 관념을 지지한 여러 사람 가운데 한 명이었다. 그러나 여성들은—루소의 헛소리에도 불구하고—타고난 이성적 능력을 계발함으로써만 훌륭한 어머니이자 건전한 교육가가 될 수 있다. 남성이 '시민으로서의 의무를 반드시 다해야 하고 그러지 못할 때 멸시를 받는다면', 그의 아내도 똑같이 '가족을 돌보고 아이들을 교육하고 이웃을 돕는 일'에 전념해야 한다. 울스턴크래프트는 미래 세대가 훌륭한 딸과 아내, 어머니가 되도록 이끄는 도덕적 지도에 헌신하면서, 여성이 '어둠 속을 더듬으며 집안에 갇혀 있어야만' 하는 것을 압제라고 여겼다. 이상적인 결혼은 성적 매력이나 낭만적 열정에 기반을 둔 것이 아니라 상호 존중과 애정, 양립 가능성에 바탕을 두어야 한다.[50]

그러나 계몽주의의 팔라딘paladin(기사 — 옮긴이)임을 자랑스러워하는 소수의 남성들은 인류의 보호자라는 특권적 역할에 맞게 여성을 훈련시키는, 루소가 특히 애착을 보인 프로젝트(『에밀』의 자매편 『소피Sophie』에서 표명된)의 실행에 나섰다. 루소와 부드럽고 순종적인 여성들에 대한 그의 비전의 크나큰 숭배자인 루나 소사이어티의 토머스 데이Thomas Day는[51] 살아 있는 인형을 하나 얻어서, 유행을 경멸하고 가정 안에 물러나 살며 남편과 자식들에게 헌신하는 완벽한 아내로, 피그말리온식 변신을 하도록 시도함으로써 이론을 실천에 옮겼다. 친구의 도움을 받아 데이는 실험 대상으로 슈르스버리 고아원에서 열두 살의 금발 소녀를 얻어 사브리나 시드니(세번 Severn강과 그의 정치적 영웅인 휘그 순교자 앨저넌 시드니Algernon Sidney를 따서)라고 이름 지었다. 그다음 그는 런던 고아 양육원으로 가서 열한 살짜리 갈색 머리 루크레시아를 그녀의 동무로 데려왔다. 추문을 피하기 위해 그는 두 피보호자를 프랑스로 데려가, 저 제네바 철학자의 가르침을 따르는 교육 계획들을 적용함으로써 사치품과 드레스, 작위와 경박한 유희에 대한 열렬한 루소식 경멸로 불타오르게 하고자 애썼다. 그러나 두 소녀는 서로 다투고 그를 짜증나게 했으며 마침내는 천연두에 걸리기까지 했는데, 루크레시아는 '도저히 극복할 수 없게 멍청한' 것으로 드러났다. 1년 뒤 데이는 잉글랜드로 돌아와 루크레시아를 모자 장인의 견습생으로 보냈고 사브리나는 리치필드에 정착시켰다.[52] 그러나 그의 약혼자로 예비한 소녀의 기질을 훈련시키려는 그의 실험은 정말이지 환상이 깨지는 작업이었다. 사브리나를 고통에 면역이 되게 하려고 녹은 밀랍을 팔에 떨어뜨렸을 때—홀륭한 루소식 실험이다—그녀는 실제로 움찔했다. 설상가상으로 그가 그녀의 치마에 대고 공포탄을 쏘았을 때 그녀는 비명을 질렀다. 사브리나가 형편없는 실험 대상이라고 결론 내린 데이는 그녀를 기숙학교로 보내버렸고, 나중에는 그녀를 역시 정신박약이라고 판단하고는 포기해버렸다.[53] 결국 데이는 에스더 밀너Esther Milner라는 여성한테서 마음이 맞는 영혼의 짝을 찾았다. 남편의 거듭된 노력 덕분에 밀너는 스파르타식 생활 방식에 성공적으로 단련되어 하프시코드를 포기하고 하인도 없이 지내게 되리라는 것을 받아들였다. 교훈적 소설 『샌퍼드와 머튼Sandford and Merton』(1783)에서, 데이는 동이 트기 전에 일어나 가사에만 헌신하며, 계몽된 페미니스트들은 자연적인 의무들을 다하지 못하도록 여자들을 망치고 그들을 하찮아 보이게 만든다고 믿었던 최신 유행하는 악습을 전적으로 포기한 완벽한 루소식 여성의 초상을 그려 보였다.

데이가 그의 패거리한테서도 엉뚱한 괴짜로 간주되긴 했어도, 자연이 자신의 생물학적 자질을 실현하기 위해 여성에게 도덕성의 수호자라는 신성한 의무를 부여했다는 관념은 많은 이들에게 호소력이 있었다. 첫 책 『딸 교육에 관한 생각Thought on the Education of Daughters』(1787)에서, 메리 울스턴크래프트는 떠오르는 세대의 보모로서의 여성을 찬미했고,[54] 그렇게 고상한 토대 위에서, 바보같이 웃음을 흘리고 훌쩍거리고 시시덕거리는 응석받이 요부들—사랑을 자신들의 소명으로 삼아, '아기방의 귀여운 옹알

이를 항상 간직하고 있으며, 감상적으로 앵돌아진 표정을 짓는 법을 배운 뒤 혀짤배기소리를 내는 것을 잊는 않는', 그리하여 섹슈얼리티를 성적 억압의 트로이 목마로 탈바꿈시키는 여자들에 대한 깊은 경멸을 드러냈다.[55] 남자들, 그리고 자신들의 허영에 영합하는 지각없는 여성 집단의 나쁜 습관들은 여성들의 나약함을 지속시킬 뿐이다. 제인 오스틴은 '여성들의 명청함은 그들의 개인적 매력을 크게 높이는 것'이라고 일갈한다.[56] 섹슈얼리티가 어떻게 자매애를 망치는지 아는 울스턴크래프트는 여성을 종속 관계로 가두는 선남선녀들 간의 공모를 특히 개탄했다. 남자들에 의해 '아이 같은 태도'를 보이도록 유도된 여성의 '심신 능력은 미녀에 대한 난봉꾼의 관념에 희생된다.'[57] 그런 이유로 그녀는 여성을 '다정한 아내와 합리적인 어머니'보다는 '유혹적인 애인'으로 만들도록 설계된 잘못된 교육 시스템을 규탄했다.[58] 여성 안의 진정한 힘은 감상성이나 유혹을 멀리할 것과 자제력을 요구했다.

> 소설과 음악, 시, 그리고 남성의 기사도적인 정중함은 모두 여성을 감각의 피조물로 만드는 경향이 있으며, 그리하여 그들은 아둔한 사람으로 형성된다. (…) 이 과도하게 확장된 감수성은 자연히 정신의 다른 능력들을 이완시키고, 마땅히 지성이 최고의 힘을 발휘해야 함에도 이를 저해한다.[59]

이성이 저 '오늘날의 광증'인 감성에 대해 승리해야 한다고 울스턴크래프트는 주장했다. 로크를 칭송하면서 그녀는 정신적 자기 규율을 권장했다.[60]

여성에 대한 긍정적 이미지를 증진하는 데, 비록 양가적일지라도 영향력을 발휘한 사람은 애디슨과 스틸로, 그들의 글은 여성에게 문명화 임무를 제시했다. 놀림과 질책을 뒤섞으며, 두 사람은 여성 교육의 개선을 촉구했다. 여성들은 남편의 훌륭한 동반자가 되고 자식들에게는 좋은 본보기가 되도록 더 이성적으로 처신해야 한다. 두 에세이스트는 여성의 역할을 예우함으로써 그들을 치켜세웠다. 스위프트의 신랄한 표현으로는, 비록 '그 것을(그 역할을—옮긴이) 여성화'했을지라도 말이다.[61]

1709년 창간된 〈태틀러〉('잡담가'라는 뜻이다—옮긴이)는 '공공 정신이 넘치는 남성'들만이 아니라 여성도 겨냥한 것으로, 스틸은 '여성에 대한 경의를 표하여 이 제호를 지었다.'[62] 그 가시 돋친 찬사는 여성들의 담화를 폄하하는('잡담') 반면, 제호를 지은 작가 본인도 수다를 떠는 일을 마다하지 않는다. 그는 '내가 영혼에도 일종의 성별이 있다고 말할 때, 여성을 모욕하려는 뜻은 없다'고 썼다. 그것은 〈스펙테이터〉에서 되풀이되는 견해이다. 〈스펙테이터〉는 '남성의 영혼과 여성의 영혼은 각자에게 의도된 활동에 따라 매우 다르게 만들어졌다'고 선언했다.[63] 존 던튼John Dunton이 옹호한 풀랭 드 라 바르Poulain de la Barre의 시각, 즉 'l'esprit n'a pas de sexe'(정신에는 성별이 없다)에 반박하며, 애디슨은 '다름 아닌 영혼에도 일종의 성별'이 있을지도 모른다는 반대 가능성을 과감히 내놓았다.[64] 지금은 이상하게 보일지도 모르지만, 저명한 귀부인들은 애디슨의 시각과 여성들에 대한 그의 태도를 환영했다. 지식인 여성 엘리자베스 몬터규는 '여성들은 그에게 무한한 은혜를 입었다'고 칭찬했다.

그(애디슨—옮긴이) 이전에는 여성들은 신의 피조물이라는 별명으로 불리고, 햄릿이 말한 대로 무지를 자신들의 자랑거리로 삼았었다. 애디슨 씨는 그들에게 무지와 거짓된 섬약함, 가식과 아이 같은 걱정이 여성의 인격에 망신거리임을 보여주었다. 여성의 성품은 나약한 게 아니라 부드러워야 하고, 소심한 게 아니라 유순해야 한다. 그는 우리의 여성적인 특징들을 남자답게 만들지 않으면서 우리한테서 그 특징들을 치유하기 위해 최선을 다한다.[65]

자신들이 계몽되었다고 생각하는—비록 남자처럼 되고 싶다는 열망은 없을지라도—여성들은 그러므로 스펙테이터적인, 교양 있는 인쇄 문화의 합리적 서클 안에 속하는 것이 자신들의 지위를 높인다고 믿었을 수도 있다.

애디슨의 온건한 제의를 숙고하고, '영혼에 정말로 성별이 있을까' 궁금해하는, 헨리 매켄지의 소설 『줄리아 드 루비녜Julia de Roubigné』의 등장인물 사비용은 '관습과 교육이 우리의 생각 속에 하나의 성별을 심어놓았다'고 결론 내린다.[66] 물론 거기에 문제의 본질이 있다. 정말로 여자의 영혼이 있고 남자의 영혼이라는 게 있다면, 그것은 자연의 결과물일까 양육의 결과물일까?—보통은 그토록 충실한 로크주의자인 애디슨은 도저히 이해할 수 없게도, 아닌 게 아니라 로크 본인과 마찬가지로 이 질문을 다루지 않는다.

모든 것이 합리성, 그러니까 인류와 해방의 저 위대한 도구의 능력에 달려 있었다. 여성들은 자연적으로 정확히 남성만큼 합리성을 공유하는 것일까? 그렇다면 현존하는 사회-법률적 질서는 분명히 억압적임이 틀림없다. 마찬가지로, 만약 1688년 이후 이데올로기가 역설하듯이, 군주가 이제는 신이 부여한 권리에 의해서가 아니라 계약에 의해서 왕이 된 것이라면, 어떤 근거에서 아버지들과 남편들은 여성들에 대한 자신들의 우위를 적법하게 주장할 수 있을까?[67]

> 아내와 하인은 똑같다
>
> 부르는 이름에서만 다를 뿐.[68]

위와 같은 소박한 2행 대구에서 레이디 메리 처들리Lady Mary Chudleigh는 비록 하인 문제는 아닐지라도 젠더 문제의 정곡을 찔렀지 않은가!

이 골치 아픈 난문에 대한 응답들은 복잡하고 혼란스러웠다. 로크는 모든 마음은 남녀 모두 백지 상태에서 시작하고 그러므로 똑같이 훈육에 수용적이라고 천명했다.[69] 그러나 그는 이런 생각 노선의 논리를 끝까지 추구하여 여성의 당대의 법적 혹은 직업적 지위를 의문시하는 데까지 나아가지는 않았다.[70] 다양한 여성 작가들이 로크의 저작을 발판으로 삼았다. 휘그 교육 이론가 캐서린 매콜리는 여성성을 '남자답고, 고결하며, 위엄과 힘을 갖춘' 것으로 보면서, '인간의 성품에서의 성적 차이라는 관념'을 조롱하며—그것은 '자연에 대한 면밀한 관찰'에 의해 논파되리라—남녀 공통 교육을 옹호했다.[71]

남녀 공통의 합리성이 내포하는 의미는 단순하면서 동시에 복잡했다. 바스슈아 메이킨Bathsua Makin은 『고대의 숙녀 교육을 부활시키기 위한 시론Essay to Revive the Antient Education of Gentlewomen』(1673)에서, 그리고 주디스 쿡Judith Cook은 『여성 옹호론Essay in Defence of the Female Sex』(1696)에서 교육은 근본적인 권리라고 주장했다—잘 교육받은 아가씨들은 어쨌거나 국가적 자산이 아니던가?[72] 그런 의견들 가운데 가장 유창한 목소리는 메리 애스텔Mary Astell이었다. 물론 그녀의 위상은 단순히 페미니스트라는 조잡한 범주화를 거부하기는 한다. 뉴캐슬에서 태어난 메리 애스텔은 1687년 런던으로 옮겨와서, 신을 주변화했다며 로크의 감각주의적 인식론을 공격한 '마지막 케임브리지 플라톤주의자' 존 노리스John Norris의 지적 동반자가 되었다. 이후의 여성 지식인들과 달리 애스텔은 로크를 거부했다. 그녀가 보기에 로크의 『기독교의 합리성』(1695)은 기독교 신앙과 영국 국교회를 위협했는데, 그녀는 『기독교The Christian Religion』(1705)에서 로크의 정부에 관한 계약 이론을 반박하고 대신에 신성한 왕권이라는 이상을 복귀시켰다.[73] 섀 프츠베리를 '이신론적'이라고 규탄한 그녀는 수동적 복종을 찬성하며 휘그주의를 거부한 한편,[74] 『비국교도와 그 후원자들을 다루는 좋은 방법A Fair Way with the Dissenters and Their Patrons』(1704)과 『우리나라의 반란과 내전의 원인들에 대한 공정한 탐구Imparital Enquiry Into the Causes of Rebellion and Civil War in This Kingdom』(1704)를 통해 교회 정치에서의 비국교도에 대한 처벌을 주장하고 비저항의 토리 신조들을 옹호했다.[75]

애스텔은 그러나 여성의 지위와 관련해서는 그렇게까지 보수적이지 않았다. 『결혼에 관한 고찰Some Reflections upon Marriage』(1700)에서 그녀는 가족 내 '절대적 주권'의 원칙을 공격하고 '자신들이 노예로 태어났음을 깨달은 저 여성들'의 '온순하고, 순종적이며, 의존적인 기질'을 거부했다. "모든 인간이 자유인으로 태어났다면 어째서 모든 여성은 태어날 때부터 노예인 걸까?" 그러나 여성의 영적인 독립을 옹호하고 여성들을 장식적인 매력으로만 치부하는 것을 개탄하는 한편으로, 그녀는 '반란의 나팔'을 불며 아내들을 '저항하거나 거짓 서약한 배우자를 버리도록' 이끌지도 모르는 사람들에 대해 경고했다.[76] 정치적으로 고교회파 토리인 메리 애스텔은 기독교의 성별화된 위계질서를 허물고 싶은 마음은 전혀 없었다. 여성은 남성과 영적으로 동등하지만 아내들은 남편에게 복종해야 한다는 것이었다.

애스텔의 주요 염원은 도덕적이고 영적인 주체로서 여성의 발전을 기하고 증대할 수 있게 하는 더 나은 교육이었다. 정신의 함양은 하나의 권리다. 남자는 활동적인 삶을, 여성은 관조적인 삶을 영위하게 창조되었지만, 그러기 위해서는 그들의 영혼이 올바르게 육성되어야 한다. 이런 목적을 위해 그녀가 제시한 해법이 여성 '수도원'으로, 이 기관은 "그 이점(속세로부터 벗어나는 것―옮긴이)을 바라는 사람들을 위해 세속에서 벗어난 은거지일 뿐 아니라 최고선에 이바지할 수 있게 우리를 준비시키는 조기 교육 기관"일 것이었다.[77] 여성만의 독립된 교육 기관이라는 그녀의 발상은 세라 스콧Sarah Scott의 유토피아 소설 『밀레니엄 홀Millenium Hall』(1762)을 비롯해 나중에 다양한 반향을 일으켰다. 『밀레니엄 홀』은 일단의 아가씨들이 노약자와 빈자, 장애인을 돌보며 여성적 유토피아를 창조해내는, 여성만으로 이루어진 사회봉사 공동체를 묘사한다. 공동체는 주로 남성한테 학대를 당한 여성들로 구성되어 있으며, 애스텔이 제안한 여성 칼리지보다는 더 감상적인 대신에 덜 지적이다.[78]

계몽된 사상가들은 여성이 남성과 동등한 이성적 영혼을 타고났다고 주장했다. 그러므로 그들의 정신은 마땅히 교육을 받아야 한다. 그러나 아마도 애스텔의 경우가 암시하는 것과 같이, 사회적·정치적·경제적으로 여성의 더 큰 자유나 급진적으로 새로운 역할과 권리들에 대한 일체의 요청은―여성에 의한 것이든 아니면 기사도적으로 그들을 대변하여 발언하는 남성에 의한 것이든―훨씬 드물었다. 마찬가지로 이중 기준에 대한 광범위한 비판에도 불구하고―아니 어쩌면 그 때문에―훗날 성 해방으로 불리게 될 것에 대한 요구는 흔치 않았다. 현재 상태를 직설적으로 거부한 보기 드문 사례는 의미심장하게도 프랑스 혁명기의 저작인 울스턴크래프트의 『여성의 권리에 대한 옹호A Vindication of the Rights of Woman』(1792)였다.[79]

일생 국교도이긴 했지만, 울스턴크래프트는 리처드 프라이스와 런던 근교의 뉴잉턴그린에 있는 합리적 비국교도 무리한테서 지적·정치적 교육을 받았고, 1780년대에 그곳에서 학교를 운영했다. 그녀가 교육가(『딸 교육에 대한 생각Thoughts on the Education of Daughters』), 소설가(『메리, 한 편의 이야기 Mary, a Fiction』(1788)), 아동 작가(『실제 인생에서 나온 신기한 이야기들Original Stories from Real Life』(1788)), 〈애널리티컬 리뷰Analytical Review〉의 평론가라는 직업을 거치며 순탄치 않은 삶을 이끌어가는 동안, 그녀의 정치화는 점차적으로 이루어졌다. 버크의 『프랑스 혁명에 대한 고찰』에 대한 답변인 『인간 권리에 대한 옹호A Vindication of the Rights of Men』(1790)는 버크를 권력에 대한 아첨꾼이자 압제의 변호자로 규정했다.[80]

『여성의 권리에 대한 옹호』에서 울스턴크래프트는 여성 교육의 결함과 잘못된 지도에 항의했다. 여성은 자기 인생의 진정한 목적이 남성을 기쁘게 하는 데 있다고 생각하도록 교육받아야 한다는 주장에 격분한 울스턴크래프트는 '무기력한 무활동과 멍청한 묵종'의 장려에 맞서 독설을 퍼부었다. 여성은 '순진함이라는 미명 아래 무지'를 강요당하고, 남성은 그들한테서 오로지 '온순함과 사근사근함, 나긋나긋함'—지성의 활발한 발휘와는 전혀 양립할 수 없는 미덕들—만을 찾는다. '친절한 교사들이여!' 그녀는 씩씩거렸다. "우리는 무엇을 위해 창조되었는가? 순수함을 지키기 위해서라고 말할 수 있을 것이다. 그것은 아이 상태를 의미한다."[81]

스스로를 '철학자'이자 '도덕가'로 내세운 울스턴크래프트는 종속에 대한 자신의 거부를 정치화했다. "사회가 매우 다르게 이루어질 때까지는 자식들은 부모의 말에 복종할 것이기 때문에, 안타깝지만 부모들은 여전히 복종받기를 고집할 것이다." 그렇다면 이 모든 것에 대한 해답은?—'여성적 방식의 혁명'이다. 그러나 혁명이 어떻게 야기되고 정확히 무엇을 초래할지는 불분명했다.[82] 그럼에도 불구하고 그녀의 호소는 얼마간 반향을 얻었다. 비국교도 애나 래티시아 바볼드는 1795년에 『여성의 권리The Rights of Woman』에서 이렇게 선언했다.

> 그렇다, 상처입은 여성이여! 일어나 너의 권리를 주창하라!
> 너무도 오랫동안 비하되고, 멸시받고 억압당한 여성이여!
> 편파적인 법에도 불구하고 통치하기 위해 태어났으니,
> 가슴 위에 너의 타고난 제국을 되찾으라 (…)[83]

'계몽되지 못한 시골 여성들' 앞으로 쓴, 『정신적 종속의 불의에 관하여 잉글랜드 여성들에게 보내는 편지A Letter to the Women of England, on the Injustice of Mental Subordination』(1799)에서 메리 로빈슨도 유사하게 여성들을 결집시킨다. "그대를 비하하는 번쩍거리는 하찮은 족쇄를 떨쳐버려라. (…) 딸들이 자유주의적으로, 고전적으로, 철학적으로, 유용하게 교육받게 하라."[84]

얼마나 극적이든 간에, 그러한 선언들은 모두 그 선언들이 빠트린 내용 때문에 주목할 만하다. 울스턴크래프트는 여성들이 재능을 계발하도록 촉구하지만 여성의 투표권이나 정치적 활동에 대한 계획안은 전혀 없었다. 여성들을 대신해 그들의 뜻을 주장하는 남성 개혁가들도 마찬가지였다. 민주주의자 카트라이트Cartwright 소령은 여성이 투표에 적합하다는 생각을 반박했고,[85] 『정부론Essay on Government』(1824)에서 벤담주의자 제임스 밀도 마찬가지로 가상의 대표권에 관한 낡아빠진 상투적 논리(여성들의 이해관계는 '그들의 아버지나 그들의 남편의 이해관계에 포함되어 있다')를 내세우며 여성을 배제했다.[86]

그럼에도 불구하고 정치를 운위하는 계몽된 여성들은 지지를 받지 못

한 채 과감하게 나섰고 널리 공격을 받았다. 존 베넷John Bennett은 여성이 남성과 동등하다는 것을 부정한 데 그치지 않고 『여성 교육에 관한 논평Strictures on Female Education』(1787)에서 여성의 '과잉 교육'을 경고했는데, 그렇게 되면 '세상은 그 가장 아름다운 장식을 잃게 될 것이고 (…) 남성은 고된 수고 한가운데에서 기댈 수 있는 부드러운 품을 잃게 될 것'이기 때문이다.[87] 성직자인 리처드 폴힐Richard Polwhele은 울스턴크래프트를 악마화하면서, 드센 여성들이 신이 내린 질서를 뒤집으려 한다고 비난했다.

나는 본 적 없는 새로운 광경에 몸서리치네

여성성이 사라진 여성이 오만한 거동을 과시하는 광경에,

소녀들이 가슴을 버리는 척하며

조각술의 프로테우스를 불러내는 광경에,

몸이든 마음이든 똑같이 쉽사리

프랑스식 기행이나 프랑스식 신조에 내맡겨버렸네.[88]

자연('신법과 인간의 법 모두의 저 위대한 기반')에 호소하면서, 그 콘월의 성직자는 자신의 자리를 거부하는 여성은 "곧 '부정한 욕정에 따라 육체를 좇고, 정부를 멸시'하게" 될 것이라고 단언하는 한편으로, "겸손하게 붉어진 얼굴이 자신감 넘치는 지성의 반짝임보다 언제나 더 매력적일 것"이라는 생각을 너그럽게 수용한다.[89]

더욱이 그것은 '여자는 여자를 경계하라'의 고전적 케이스였다. 마거릿 캐번디시—'미친 매지mad Madge'라는 별명으로 고생하던—는 애프라 벤이 대담성 때문에 같은 여성들로부터 비난을 산 것처럼 그녀의 유별난 견해들 때문에 같은 여성들로부터 공격을 받았다. '여성의 지성은 나쁜 결과를

가져오기 십상이다'라고, 기백이 넘치는 래티시아 필킹턴에 대해 레이디 메리 워틀리 몬터규는 신랄하게 평가했다. "유감스럽지만 지성에서 탁월한 여성들 대다수가 순결성에서는 실패한 것 같다."[90] 또 캐서린 매콜리는 너무 정치적으로 글을 쓴다고—그리고 서른여섯 살 연하의 남자와 결혼했다고— 동료 여성 지식인들한테서 배척당했다. 엘리자베스 몬터규와 해나 모어 둘 다 그녀의 글을 읽기를 거부했다.[91] 모어는 채편Chapone 부인이 그랬던 것처럼 울스턴크래프트 같은 '여성 정치꾼'을 질책했고,[92] 채편 부인이 보기에 『여성의 권리에 대한 옹호』는 '많은 터무니없는 생각들과 부도덕한 주장들, 역겹고 상스러운 내용들'이 망친 책이었다.[93] 래티시아-머틸다 호킨스Laetitia-Matilda Hawkins는 그녀대로 『여성의 정신, 그 능력과 활동에 관한 서한Letters on the Female Mind, Its Powers and Pursuits』(1793)에서, 파리에 살면서 프랑스 혁명에 관한 동조적인 내용을 전하고 있던 급진주의자 헬렌 마리아 윌리엄스Helen Maria Williams를 비난의 희생양으로 삼았다. 그녀는 '조물주는 그분이 우리를 창조하신 모습, 바로 종속 계급 외에 다른 어느 것으로도 우리를 의도하시지 않았다'고 주장하며 성차별적인 현재 상태를 옹호했고, '한 왕국의 이해관계에 대한 통치는 내가 이해하기엔 너무 복잡한 주제이며, 나는 내 동포 여성들이 공부를 단념하라고 설득할 것'이라고 호언장담했다.[94]

그러한 반응들은 방어적인 불안감을 무의식적으로 드러내고 있었다—마치 카이사르 아내의 경우처럼 애초에 의심을 받을 여지를 없애는 것이 절대적이었다. 여성들은 자신들이 잃을 것이 너무 많다는 것을 잘 알고 있었다. 정치 같은 더러운 분야에서 남성들을 본받다가는 때묻지 않은 덕성으로부터 나오는 도덕적·정신적 우위를 내줄 우려가 있었다. 그들은 남자의 세계에서 겪는 호된 시련에 맞서기 위해 서로 뭉쳐야만 했다. 더욱이 밑도 끝도 없이 되풀이되는 것은 정신 함양에 대한 요구였다. 여성이 사회적·가정적으로 제 몫을 다하는 책임감 있는 성인이 될 수 있고, 도덕적 주체로서 자신의 삶을 일정 정도 합리적으로 좌우할 수 있는 모종의 독립성을 부여할 정신 함양이었다. 이것이 에픽테토스의 번역가인 엘리자베스 카터와 엘리자베스 몬터규—존슨 박사가 '내가 만나본 그 누구보다 대화에서 더 큰 지성을 발휘하는' 부인이라고 칭찬한—같은 여성 지식인들 주변으로 몰려든 집단에 중요한 것이었다.[95] 적어도 열여섯 번이나 찍으며 대단한 인기를 끈 책 『정신 함양에 관한 서한Letters on the Improvement of the Mind』(1773)에서 또다른 블루스타킹 채펀 부인은 여성의 정신도 남성의 정신처럼 취급되어야 한다고 요구했다.[96] 제일의 요청은 그리하여 사회적-성적 재조직화가 아니라 정신적이고 영적인 평등과 '영구적인 아기 취급Baby-ism'을 끝내기 위한 교육에 대한 권리의 수용이었다.[97] 여성은 스스로 사고해야 한다. 영국 계몽주의의 경우에서 흔히 그렇듯이, 구상된 해법은 정신의 해방에 있었다.

이성의 시대는 캐서린 벨지Catherine Belsey 같은 포스트모더니즘 페미니스트들에 의해 여성에 대한 재앙으로 그려져왔다. "진리와 이성에 대한 계몽주의의 헌신이, 우리는 이제 역사적으로 단 하나의 진리와 단 하나의 합리성, 실제로는 여성의 (…) 종속을 정당화하게 작동해온 하나의 진리와 합리성을 의미해왔다고 인식해도 된다."[98] 다른 페미니스트들은 이의를 제기하며, 일부는 여성이 계몽주의에 의해 불리한 입장에 처하기는커녕 오히려 계몽의 전위에 서 있었다고 주장하기까지 한다. 소비자이자 함양자, 감정의 전달자로서 여성들은 근대인의 탄생에서 전면에 위치해 있었다는 것이다. "근대적 개인은 무엇보다도 한 여성이었다"고 비평가 낸시 암스트롱Nancy Armstrong은 단언한다.[99]

| 15장 |

교육:
만병통치약?

나는 교육받지 않은 인간 영혼은 채석장의 대리석처럼 간주한다.

—조지프 애디슨[1]

한 아이의 교육을 책임지는 자는 사회의 가장 중요한 의무를 책임
지는 자다.

—토머스 데이[2]

젊은이들을 교육하는 데 고용된 부류보다 한 나라가 그토록 크게
빚을 지고 있는 부류도 없다고 우리는 감히 말하겠다. 왜냐하면 만
약 문명인과 미개인 사이의 유일한 구분을 만들어내는 것이 교육이
라면, 확실히 많은 것이 교육 직무에 투신한 사람들 덕분이니까.

—『브리태니커 백과사전』(1800)[3]

모범 계몽인은 교육받은 성인, 유복하고 독립적이라고 여겨지는 남자였다. 그는 '스펙테이터 씨', 사리분별이 뛰어나거나 감성이 풍부한 남자다. 여성도 일종의 낙선자 모임의 동인이라기보다는, 적어도 원칙적으로는 이 계몽인 클럽의 명예 회원이 될 수 있다고 여겨졌다. 하지만 다른 이들은 어떨까?

아이들은 중요성이 분명히 지대했다. 아이들은 특별한 주목을 한몸에 받게 되었으니, 진보적인 지성들에게 그토록 귀중한 더 밝은 내일의 기수가 될 것이기 때문이었다.[4] 그리고 아이들에 관한 의견들도 급격한 변화를 겪고 있었다. 주류 기독교의 신조는 대표적인 복음주의 교육가 해나 모어에 의해 간명하게 요약되었다. "아이들은 타락한 본성과 악한 성향을 지닌 채 세상에 태어나는 존재이니, 교육의 커다란 목표는 그것을 교정하는 것이어야 하지 않을까?"[5] 그러한 원죄 교리—매를 아끼면 아이를 망친다는 성경적 표현―에 따라 잔혹하고 정말이지 피투성이인 양육 관행이 설파되고 실천되어왔었다. 흔히 죄의 신학으로 합리화된 전통적인 양육 대부분은―그리고 이런 양육은 가난한 이들에게만 해당되지 않는다―가혹했고, 미성년자는 필머적인 넓은 의미에서 그 부모들이나 부모를 대신하는 이들의 소유물이라는 믿음에 따라 가정, 학교, 작업장 어디서나 어린이에 대한 매질이 흔했다. 어떤 역사가들은 더 나아가 전前산업사회에서는 아이들을 그저 성인보다 작은 사람으로 볼 뿐, 아동이라는 뚜렷이 구분되는 개념이 거의 없었다고 주장하기도 한다. 그렇다면 아동이라는 조건에 특권을 부여할 만한 모종의 이유가 존재할 수 있을까?[6]

그러나 1780년대에 이르자 모어 양은 불리한 입장에 놓이게 되었으니, 못된 죄인이라는 아이들에 대한 강경 노선 시각에 계몽인들이 도전했기 때문이다. 인간 본성을 개량 가능하다고 여기고 더 밝은 미래를 내다보는 그들은 아동에 대한 참신한 모델과 교육의 잠재성에 대한 넉넉한 비전이 없다면 진보란 있을 수 없다는 점을 알았다. 그리고 여기에서는 다른 많은 것들과 마찬가지로 로크가 열쇠를 쥐고 있었다.[7]

"우리가 만나는 모든 사람들 가운데 열에 아홉 명은 선량하든 악하든, 유용하든 쓸모없든, 교육에 의해 지금의 그가 된 것"이라고 로크는 『교육론』(1693)에서 주장했다. "인류한테서 커다란 차이를 만들어내는 것은 바로 그것이다."[8] 프로테스탄트 엄격주의자들은 어린이가 진정으로 양육을 통해 유덕한 상태에 도달할 수 있을지 의심스러워한 반면에―사악함이 너무 확고하게 박혀 있어서 인간의 수단만으로는 도저히 구제불능이다―로크는 아기의 마음을 '사람이 마음대로 빚거나 원하는 형태로 만들 수 있는 밀랍이나 백지'[9]에 비유했다―물론 정확히 '사람이 마음대로' 할 수 있는 문제는 아니지만 말이다. 이제 부모들은 (필머한테는 그랬던 것처럼) 자식들의 소유주가 아니라 자식들을 합리적이고, 책임감 있는 기독교도로 길러내도록 신의 요구를 받은 수탁인인 것이다.[10]

로크는 아이들의 순수성을 이상화하지 않았다―감상주의는 나중에 나타나고 어린이 숭배는 오로지 낭만주의와 더불어 시작된다. 그러나 그는 실제로 인간 본성을 외부 영향에 의해 변형 가능한 것으로 간주했다. 아기들은 앞날이 정해지지 않은 상태로 태어나며, 이럭저럭 서로 똑같기 때문에 그들의 장래 기질도 가장 넓은 의미에서 양육에 달려 있을 것이다. 이런 전제로부터 많은 것이 도출된다. 교육은 협소하게 학업에만 국한되어서는 안 된다. 그것은 많이 알게 되는 것이 아니라 인생을 위한 앎, 즉 인격과 습관, 행동거지에서의 훈련이다. 자신이 얼마나 책에 관해서 언급하지 않는지를 보고 독자는 놀랄지도 모른다고 로크는 경고한다. 그러나 책만 파고드는 것은 요점이 아니다.[11] 중요한 것은 훌륭한 성향을 형성하도록 정신을 올바른 사고 습관으로 훈련시키는 것이다. 『오성론』의 경험주의적 인식론을 적용하여, 로크는 한편으로 지나치게 현학적인 학업이나 다른 한편으로 어리석은 옛날 동화들―'그의 머리를 완전히 쓸모없는 하찮은 것들로 채우는 작품들'―대신에 어린이는 자신의 관찰 능력을 이용해 눈앞의 세계를 알아가는 교육을 받아야 한다고 주장한다. 가벼운 상상력은 견실한 분별력에 자리를 내줘야 하며,[12] 특히 하인들이 아이들에게 '유령과 도깨비 (…) 무시무시한 귀신 같은 관념들'로 겁을 주지 않게 해야 한다고 로크는 부모들에게 충고한다. 일단 그런 '귀신에 관한 생각이 (…) 아이들의 여린 마음속에 들어가면' '두 번 다시 끄집어낼 수' 없고, 아이들은 '이후로 평생토록 어둠과 그늘을 두려워하게' 된다는 것이다.[13]

매질을 했다가 응석을 받아줬다가 하는 식의 일반적인 양육 방식은 아이들을 신경질적이고 짜증을 잘 내게 만들 뿐 자제심을 길러줄 수 없다. 그러나 그러한 자제력이야말로 무엇보다 중요하다. 이 '자신의 욕망을 억누르는 기술'에 결정적인 것은 격려와 본보기다.[14] 교사는 위협과 물리력을 통해서가 아니라 이성에 호소하고 의지를 이겨냄으로써 교육을 해나가야 한다. 인간의 더 고등한 기관—엉덩이가 아니라 두뇌—에 초점을 맞추는 교육은 심리적으로, 즉 칭찬과 질책, 자존감과 수치심을 통해 규율을 주입하고 인격을 형성해야 한다.

내과의답게 로크는 건강을 간과하지 않는다. 그는 "대부분의 아이들의 체질은 너무 애지중지 다뤄져서 망쳐지거나 적어도 손상된다"[15]고 주장한다. 아이들은 수영을 많이 해야 하고, 심지어 겨울에도 매일 찬물로 발을 씻어야 하며—신발에 '물이 새어 들어오면' 더 좋다.[16] 여자아이들의 옷은 헐렁해야 한다. "좁은 가슴, 짧고 고약한 숨결, 병든 폐와 뒤틀린 체형은 딱딱한 보디스bodice(어깨부터 허리까지 덮는 여성 상의. 주로 후크와 고리로 조여 입었다—옮긴이)와 꼭 끼는 옷의 자연스럽고 지속적인 효과다."[17]

식단은 단순해야 하고, 식사는 불규칙적이어야 하지만—위장의 변덕을 다 들어주어서는 안 된다—배설은 규칙적이어야 한다. 변비는 '특히나 신경을 쓸 이유가 있는 신체의 불편함'이기에, 로크는 아이들이 아침 식사 후 즉시 변소에 가도록 훈련될 수 있다고 생각했다.[18] 아이들의 응석을 받아주는 것은 잘못된 일이다. "만약 아이가 포도나 사탕과자를 먹고 싶은 마음이 들 때 반드시 그걸 먹어야 한다면 (…) 그가 자라서 욕망이 그를 술이나 여자로 이끌 때도 반드시 그 욕망이 충족되어야 하지 않겠는가?"[19] 교육의 목표는 '미덕'이며, 미덕은 '이성이 우리의 욕망들의 정당함을 인정하지 않을 때 우리 자신에게 그러한 욕망의 충족을 거부하는 능력'에 있다고 주장하는 로크는 아이들이 '심지어 바로 요람에서부터 욕망 없이 지내도록'[20] 길러져야 한다고 촉구했다. 그러나 단련과 잔인성은 완전히 별개다. '노예 같은 훈육'은 '노예 같은 기질'을 낳을 것이기 때문이다.[21] 보상과 처벌은 신체적 형태를 띠어서는 안 되고, 그보다는 '칭찬과 망신'을 주는 형태가 되어야 한다. 두려움과 경외감이 부모들에게 자식들에 대한 지배력을 먼저 부여한다면 사랑과 우정은 뒤따라 나올 것이다.[22] 그러므로 로크는 장밋빛 전망을 전혀 그리지 않는다. 아이들은 통제 속에서 기뻐하니, 부모는 '자연의 필요'와 '변덕의 필요'를 구분해서 후자는 결코 충족시켜주지 말아야 한다.[23]

긍정적인 측면을 보자면, 정신적·신체적 능력들이 고무되어야 한다. 기계적인 주입식 교육은 쓸모가 없고 호기심이 중요하다. 로크는 직접 해봄으로써 해답을 찾고 실수를 통해서 배우는 과정에 대한 루소의 믿음을 완전히 선취하지는 않았지만, 어린이의 머릿속에 죽은 사실들을 욱여넣는 방식은 확실히 찬성하지 않았다. 아이들은 새로운 것을 선뜻 받아들일 수 있고 배움에 목마른 상태를 유지해야 한다는 것이다.[24] 로크는 예절 바른 행동거지와 가정교육에 무관심하지 않았지만, 훗날의 체스터필드와 달리 그의 방점은 문명의 상징적 지표들보다는 기독교도로서의 의무를 다할 줄 아는 책임감 있고 합리적인 인간의 발전에 찍혀 있었다.[25] 소녀도 소년과 크게 다르지 않은 능력을 타고났다고 간주한 그는 남녀 아이들을 훈육하는 데 '커다란 차이'가 있다고 예단하지 않았다.[26]

로크의 시각은 대단히 영향력이 큰 것으로 드러났다—일찍이 1728년에 로크 씨의 탁월한 교육론은 모두에게 알려져 있다고 체임버스의 백과사전은 공언했다.[27] 4분의 3세기 뒤에 『교육론』은 최소 25종의 영어판과 16종의 프랑스어판, 3종의 독일어판, 6종의 이탈리아어판, 1종의 스웨덴어판, 2종의 네덜란드어판이 나왔다. 충실한 추종자인 아이작 와츠는 통치와 교육에 관한 로크의 이론이 함께 "진정한 자유의 토대와 젊은이 및 연장자에게 올바른 자제의 규칙을 제시했다"고 주장했다.[28] 제임스 톨벗James Talbott은 로크에게 동의를 표하며 자선 학교 설립자들이 유아에게 특별한 주의를 기울일 것을 촉구했으니, 유아의 마음은 '어떤 자국이든 남을 수 있는 (…) 백지나 부드러운 밀랍'을 닮았기 때문이고,[29] 존 클라크John Clarke의 『문법학교 청소년 교육에 관한 시론Essay upon the Education of Youth in Grammar-schools』(1720)도 마찬가지로 로크의 심리학적 접근법을 지지한다. 클라크는 그 주제에 관한 '읽어볼 가치가 있는' 유일한 책은 '로크 씨의 책'이라고 주장한다.[30] 그러한 견해와 찬사가 어디나 존재했다. 정말이지 교육학이 대유행하게 되었다. 1762년에서 1800년 사이에 영어로 무려 200편의 교육 논문이 출판되었다.[31]

로크는 계몽 교육가들한테 굉장한 영향력을 발휘했다. 이미 언급한 대로 휘그파 캐서린 매콜리는 남녀 공통 교육을 옹호하며 로크의 주장을 되풀이했다. 매콜리는 부모들이 '여성 교육은 남성 교육의 정반대가 되어야 한다는 터무니없는 관념'을 거부할 것을 촉구했다―그들은 똑같은 교육을 받아야 한다. "아이들이 함께 자라게 하라. 그들의 놀이와 공부를 똑같게 하라. 감독자들의 지속적인 존재 아래 순수성 덕분에 무해한, 그리고 자연이 향유하는 그 모든 자유를 아이들이 누리게 하라."[32]

확고한 애국자인 만큼, 매콜리는 아기를 포대기로 단단히 싸는 것을 프랑스식 관습이라며 반대했다.[33] 아이들한테는 과일, 달걀, 채소, 그리고 고기를 조금만 먹여야 한다―'고기 맛은 인간의 입맛에 자연스럽지 않다.' 설탕은 나쁘다('자연은 우리한테서 치아를 빼앗아갈 생각이 결코 없다'), '따뜻한 술과 따뜻한 침대, 따뜻한 취침모자'는 빼고 냉수 목욕과 '강인한 습관들'

을 들여라. 어머니들은 아이들에게 옷을 너무 겹겹이 입히면 안 되며, 여자
아이들한테는 절대 코르셋을 착용시키면 안 되고, 구두나 양말도 신겨선
안 된다. 혀 짧은 아기 말투도 금지된다. 매콜리는 지독히도 빈정거리는 말
투로 모유 수유도 금지했다. '훌륭한 숙녀'라면 어찌 고작 '자식에게 몸에
좋은 것을 먹이기' 위해 '온갖 즐거움'을 포기하길 기대할 수 있겠는가?[34]

　　다른 교육가들은 로크를 찬양하는 한편, 특히 1762년에 루소의 『에밀』
이 나온 뒤로는 그의 이론에 자신들만의 관점을 추가하기 시작했다.
"1765년에 (…) 나는 내 아들을 루소의 체계에 따라 교육시켜야겠다는 강
한 욕망을 느꼈다"고 루나 소사이어티의 회원이자 발명가인 리처드 러블
에지워스는 회상했다.[35] 그러나 그 실험은 재앙으로 드러났다. 리틀 딕Little
Dick은 (예상대로) 제멋대로가 되었다. '나는 내 아이의 정신 및 기질과 관련
한 곤경에 엮이게 되었다'고 아버지는 인정할 수밖에 없었다. "그 아이의 기
분에 내키지 않는 일이라면 무슨 일이든 거기에 관심을 쏟도록 권고하는
게 힘들었다." 심지어 그의 제네바 스승(루소―옮긴이)도 에지워스의 교육의
결과들을 보고는 비판을 주저하지 않았다.[36] 그러나 루소의 영향력에 대
한 증거들은 딸 마리아와 함께 쓴 에지워스의 기념비적 저서 『교육의 실제
Practical Education』에서 여전했으며,[37] 이 책은 행동에 의한 학습을 강조하고,
기술적·과학적 교육, 그리고 실용 교육―가장 넓은 의미에서 '실험적'인 교
육을 적극 권장했다.[38]

　　로크처럼, 에지워스 부녀는 유아야말로 이성적 존재로 취급되어야 한
다고, 아이에게 공감하여 아이가 스스로 사고하도록 유도하고 자신의 지
적 능력의 발달을 누릴 수 있도록 자극해야 한다고 주장했다. 아이들은 자
유롭게 말하고 행동하도록 격려받아야 한다. 게임은 손재주를 가르칠 수
있는 것이어야 하고, 장난감은 교육적이고 실용적이어야 하며, 아이들의 흥

미에 공감을 보여야 한다. 기억력은 주입식 암기가 아니라 '잘 짜인 연상 과정'을 통해 훈련되어야 하고, 교사는 아이들이 '자신의 생각들을 일반화 하고, 자신의 관찰과 원리들을 적용하도록' 격려해야 한다.[39] 이상적인 '학교' 는 애완동물과 농장 동물도 갖춘 넓은 땅 위에 자리잡은 가정일 것이다.

에지워스 부녀에게 교육이라는 이름에 걸맞은 교육은 반드시 진정한—다시 말해, 로크적인—심리학에 기대야 한다. 교과서를 통한 학습을 주변으로 밀어낸 이 부녀에게 중요한 것은 재능의 발달과 지적·도덕적 판단력의 성숙이었다. 어느 것도 우연에 맡겨서는 안 된다. 학습 환경은 주의 깊게 통제되고, 아이들이 '이상하고 저속한 버릇들을 배우지 않도록' 하인 들과의 접촉을 면밀히 감시해야 한다.[40]

『교육의 실제』는 몇몇 측면에서 로크를 넘어섰는데, 그런 측면은 과학과 수공 작업에 대한 강조에서 특히 두드러진다. 에지워스는 일찍부터 '재미 삼아 기구 제작을 했고,'[41] 평생 동안 이런저런 통신 수단과 마차의 개량—전형적인 계몽주의 프로젝트—에 손을 댔다. 숙녀다운 '재주들'—그리고 종교도[42]—에 대한 침묵이 두드러지는 두 저자는 여자아이한테, 루소가 선호했던 인형 옷 입히기보다는 기계 제작과 화학을 공부시키고자 했다. 여아는 자라서 '한 가족의 훌륭한 어머니뿐만 아니라 훌륭한 경제가, 훌륭한 여주인'이 되어야 했다.[43]

에지워스 부녀는 자신들이 설파한 것을 실행에 옮겼다. 그들은 마리아의 여러 동생들의 성장을 연구했고, 다소 놀랍게도 '야생 소년' 피터를 대상으로 실험을 수행했다. 1724년 독일 하노버 바깥 숲에서 발견된 피터— 어리고, 말을 못하며, 동물 같은—는 잉글랜드로 보내져, 그를 교육시키고 그의 발달을 연구할 임무에 나선 존 아버스넛John Arbuthnot 박사의 지도 아래 맡겨졌다. 『교육의 실제』는 에지워스 부녀가 본성 대 양육 논쟁을 테스트해보기 위해 그때쯤이면 꽤 나이든 어른이 된 피터를 대상으로 한 심리학적 실험들을 묘사한다. 피터는 '감각들이 아주 온전한' 반면, '몇 단어만을 불완전하게, 특히 킹 조지'를 말할 수 있을 뿐이었다.[44] 그의 저능함을 측정하기 위한 실험들이 고안되었고, '자동적 습관들'을 깨트림으로써 그의 신체적·정신적 기능을 활성화하려는 시도들이 이루어졌다.[45] 예를 들어 일과 중의 하나로 피터가 물을 떠오면 에지워스 집안 아이들은 물통의 물을 쏟아버리고 대신에 1실링을 놔두었지만, 그가 한 일이라고는 그 허드렛일을 되풀이하는 것뿐이었다.[46] 그와 같은 실험들은 교육을 '실험 과학'으로 만들려는 에지워스 부녀의 목표에서 핵심적인 것이었다.[47]

단순히 이론가에 그치지 않는 리처드 에지워스는 교육의 사회적 임무에도 열성적으로 헌신했다. 그는 아일랜드의 보통교육을 옹호하면서, 대중의 문해력은 시한폭탄이 될 거라고 두려워하는 이들의 좁은 시야를 규탄했다. 교육은 빈곤층의 습관을 고칠 뿐 아니라 그들이 법을 더 잘 지키게 만들 것이다. 그는 글로스터 주일학교에서 교육받은 소년 3000명 가운데 단 한 명만이 범죄로 돌아섰다고 지적했다.[48]

에지워스 집안 사람들과 후기 계몽주의 서클들의 여타 인물들은 교육을 하나의 종교로 만들었다. 리처드의 사위인 급진적 내과의 토머스 베도스는 아이들에게 '합리적 장난감'—화학물질, 목공을 위한 나무, 과학 기구와 분해해볼 수 있는 간단한 기계들—을 주어야 한다고 열변을 토했다. '한 아이의 영혼은 (…) 본질적으로 그의 감각들에 있다'는 토머스 데이의 약간 충격적인 견해를 거론하면서,[49] 베도스는 로크의 경험주의를 옹호했다. 감각으로부터 이끌어내지 않은 개념들(이를테면 지옥불)은 무의미하며, 앵무새같이 기계적 반복을 통한 배움은 전제정의 도구이고, 순응성을 주입하기 위한 세뇌의 일종이다. 올바른 교육은 "사람들의 정신을 인간답게 교화하는 데 필수불가결하며, 바로 거기에 문명사회의 안녕이 직접적으로 의존한다."[50]

베도스의 사고의 한 가지 논리적 귀결은 그가 『조기 교육에 관한 서한 초록Extract of a Letter on Early Instruction』(1792)에서 옹호한 것처럼 보통교육이었다. 그러나 이 사안을 어떻게 실행할 것인지를 둘러싸고 계몽주의자들은 전혀 한마음이 아니었다. 비록 열렬한 교육가들이었지만, 비국교도들은 영국국교회의 독점을 뒷받침하지 않을까 우려하여 국립학교 교육에는 완강히 반대했다. 여기서 프리스틀리는 까칠한 국교회 신부 존 브라운과 맞붙었다.[51] 『시민적 자유와 방종, 분파 싸움에 관한 생각Thoughts on Civil Liberty, Licentiousness and Faction』(1765)에서 브라운은 모두가 우러르는 스파르타 모델에 따라 동일한 국교회 국민 교육을 권유했었다.[52] 브라운이 바란 것을 프리스틀리는 개탄했다. 물론 획일적인 국가 교육은 현상을 유지하는 데는 최선이다—그렇지만 바로 그것이야말로 비국교도들이 질색하던 것 아닌가? 어떻게 사회가 제자리에 머무름으로써 진짜로 혜택을 볼 수 있을까? "세상에서 가장 훌륭한 국가가 현재의 상태로 고정되어야 한다면, 나는 시간이 지나면서 그 국가는 최악의 국가가 될 거라고 확신한다."[53] 훗날 존 스튜어트 밀처럼 프리스틀리는 차이를 열렬히 상찬했다. "아테네인들의 다양한 품성은 스파르타인들의 동일한 품성보다 확실히 더 나았다."[54] 그리고 다양성은 교육적 다원주의를 요구했다.

게다가 영국의 교육 체계는 국교회에 진출할 사람들을 교육하도록 설계되었다. 그러나 상황은 변했고, 이제 소년들은 '활동적인 민간(군대나 종교 영역이 아니라는 의미에서—옮긴이) 생활'을 위해, 특히 상업 활동에 걸맞게 교육받아야 하며, 이를 위해서 역사 분야와 '민간 정책' 부문에 맞춰 최신의 교과 과정이 도입되어야 했다.[55] 그러나 하층민을 위한 교육은 철저하게 기능적이어야 했다. '빈곤층에는 쓰기가 필요하지 않다'는 규칙을 내세운 주일학교 선구자 해나 모어와 이상하리만치 유사한 발언에서,[56] 프리스틀리는 노동자 자녀에게는 제한된 지평을 고려하여, 노동자 자녀에게는 읽기와 쓰기, 산수를 가르치는 동시에 그들을 계속 고분고분하게 관리할 방안을 전망한다. "인생의 전망이 가장 안 좋은 사람들은 자신들의 현재 위치에 만족감을 느끼고, 선하고 지혜로운 신의 섭리에 대한 확고한 믿음을 품도록 가르칠 수 있다."[57]

비국교도 학교들은, 특히 그곳의 분위기가 점점 더 자유주의적인 색채를 띠면서 고등 교육의 이상적 형태로서 프리스틀리의 찬사를 받았다. 교과서에 로크의 『오성론』이 포함되어 있던 글로스터 아카데미는 1711년에 그곳의 교사인 새뮤얼 존스Samuel Jones가 학생들이 '자신[존스—옮긴이]의 견해에 가능한 모든 반대 의견을 자유롭게' 표명하도록 허용했다는 이야기가 있다. 1715년부터 킵워스와 힌클리 학교에서 가르치던 존 제닝스John Jennings도 학생들에게 로크를 소개했고, '탐구에서의 최대의 자유'를 장려했다. 킵워스의 학생이었던 필립 도드리지Philip Doddridge는, 신학을 가르칠 때 '제닝스 씨는 (…) 진리와 증거가 결정하는 바에 따라 때로는 칼뱅주의자, 때로는 아르미니위스파, 또 때로는 백스터Baxter 지지자가 된다'고 언급했다. 도드리지는 나중에 노샘프턴 학교를 운영하면서 그와 같은 자유주의적 전통을 유지했고,[58] 그 전통은 1751년 그가 사망한 뒤에도 데번트리에서 케일럽 애시워스Caleb Ashworth에 의해 이어졌다. 1752년 데번트리에 도착했을 때 프리스틀리는 애시워스가 열린 태도를 갖고 있음을 발견했다. 그는 '우리 학업의 전반적 방침은 자유로운 탐구에 굉장히 유리했다'고 썼는데, 두 교사의 '견해가 서로 달랐기' 때문이다. "애시워스 박사가 모든 문제마다 정통파의 견해를 취했다면, 조교사 클라크 씨는 이단의 견해를 취했다."59

최상의 교육 방식에 관해서는 어떠한 합의도 이루어지지 않았다. 사디스트적인 버스비Busby 박사 아래서 6년간 수학했던 웨스트민스터 시절을 질색한 로크는 가정교사를 선호했다. 어떤 이들은 기부 재산으로 설립된 오래된 사립학교나 문법학교를 선호했고, 또 어떤 이들은 신설 상업 아카데미를 선호했다. 빈곤층한테는 부인학교(보통 일정한 교양을 쌓은 여성이 아동들에게 읽기와 쓰기, 기초적인 산수 등을 가르치는 공부방―옮긴이)와 자선학교가 있었고, 18세기 말에 이르면 주일학교들이 생겨났다.60 그러나 계몽 사상가들은 잉글랜드의 고색창연한 대학들을 비판하는 데는 모두가 한뜻이어서, 특히 옥스퍼드대학의 경우 애덤 스미스, 제러미 벤담, 그리고 그곳 연구원들의 '따분하고 과도한 음주'를 야유한 에드워드 기번 같은 동문들의 혹평을 면치 못했다.61 1715년, 정부의 요청에 따라 험프리 프리도Humphrey Prideaux는 개혁안을 제출했다. 종신 연구원들과 대다수의 지도 교수들을 규탄하면서―'그 사람들한테는 도저히 개 한 마리도 맡길 수 없다'― 노쇠한 교수들을 위해 '드론 홀Drone Hall'(수면 유발용의 단조로운 설교 회관―옮긴이)을 기부 받아야 한다고 촉구했다.62 그러나 스코틀랜드에서 에든버러와 글래스고대학이 승승장구하는 사이, 케임브리지에서의 교과 과정의 현대화와 시험 제도의 합리화에도 불구하고 잉글랜드에서 대학 개혁은 성과가 별로 없었다. 잉글랜드에서 계몽을 지지하고 자극한 것은 학계를 벗어난 공간들이었다.

봇물처럼 쏟아진 교본과 자기 계발 텍스트들과 더불어,63 이 시기의 핵심적 발전은 지도와 교화, 합리적인 오락을 결합한 책들을 바라는 계몽된 부모들과 교사들의 요구를 충족시키는 아동문학이 사실상 발명된 것이었다. 전통사회에서 '어린 시절'이란 존재하지 않았다는 아리에스Ariès의 부정을 시사하는 듯이, 왕정복고기까지는 특정하게 아동을 위해 창작된 글이나 놀이가 거의 존재하지 않았다. 오늘날의 관점에서 보면, 아동문학으로 오인될 만한 작품들 대다수는 ─ 예를 들어 옛날이야기나 챕북chapbook(민담, 속요, 설화, 종교나 정치 논설 등 다양한 장르의 짤막한 글을 흔히 목판 삽화와 함께 인쇄한 근대 초기 대중문학의 일종 ─ 옮긴이) ─ 전체 대중문화의 일부를 이루었다.[64] 그러나 18세기에 이르자 계몽주의의 각인이 박힌 아동 대상 책들이 흔해졌다. 그리고 일부 모험적 사업가들은 아동에게 맞춘 인쇄 자본주의를 전문으로 삼았는데, 『톰 텔레스코프Tom Telescope』(1761)와 『구디 투슈즈Goody Two-Shoes』(1765)를 낸 출판업자 존 뉴베리John Newbery가 두드러진 사례다.[65]

책은 오락과 교훈을 동시에 제공해야 한다는 계몽된 시각을 반영하여, 『구디 투슈즈』는 다음과 같은 메시지들로 가득하다.

성공하고자 하는 이는
다섯시까지 일어나야지!

호가스의 게으른 견습생과 근면한 견습생의 경우처럼, 새로운 아동문학에서는 착한 사람은 잘살게 되는 반면, 나쁜 사람은 결국 안 좋은 결말을 맞았다.[66] 폭력, 특히 동물 학대는 규탄받았다.[67] 로크는 아이들이 심술궂게 굴지 않도록 가르친 한편, 독실한 아이작 와츠는 『어린이와 젊은이 교육론Treatise on the Education of Children and Youth』에서 아이들이 '몽둥이로 수탉을 때리게' 해서는 안 된다고 주장했다. 동물을 괴롭히는 아이는 커서 폭

군이 될 테니까.[68]

아닌 게 아니라, 아동에 대한 재구성과 병행하여 계몽주의는 동물의 지위나 동물과 인간의 관계를 새롭게 사고했다.[69] 전통적인 농업 사회는 기독교 교리에 의해 승인된 지극히 현실적인 시각을 주입해왔다. 즉, 인간은 만물의 주인이니 오로지 인간만이 불멸의 영혼을 지녔기 때문이다. 신은 아담에게 동물을 지배할 권한을 부여했다. 인간은 동물을 길들이고, 이용하고, 사냥하고, 죽이고, 요리하고, 먹어도 된다는 것이다.[70]

장기 18세기 동안 상황은 변했다. 부유한 도시 거주자들에게 동물 세계와의 접촉은 갈수록 미미해졌다. 그들은 이제 동물이 태어나는 순간이나 길들여지는 과정, 도살되는 모습을 볼 기회가 없을 수도 있었다. 마차를 타고 돌아다니면서 심지어 더이상 말을 탈 일이 없을 수도 있었다. 교육받은 사람들은 일을 통해서가 아니라 생각과 마음을 통해서 동물과 관계를 맺게 되었다. 무엇보다도 새로운 과학은 사회가 이제는 점점 더 괴리되고 있던 저 자연을 탐구하는 것이 사회의 권리이자 의무, 즐거움이라고 가르쳤다. 곤충 사냥과 딱정벌레 수집이 유행하게 되었고, 동물은 과학 연구를 위해 점점 더 많이 희생되었다. 예를 들어 스티븐 헤일스Stephen Hales 주임 사제는 개구리부터 말에 이르기까지 다양한 종을 대상으로 선구적인―그리고 극도로 소름 끼치는―실험을 수행했다.[71] 그러한 작업들은 생체 실험이나 해부를 수반하기도 하지만, 그런 작업들이 일으킬 수도 있는 어떠한 가책도 그 모든 것이 자연과 자연의 신을 이해하는 더 고귀한 목적에 봉사하는 것이라는 생각으로 잠재워졌다.

그러나 도시 사회는 지적인 호기심만 품었던 것은 아니다. 그것은 새로운 감수성도 드러냈다. 어린이, 노예, 고귀한 미개인, 고아, 장님, 귀머거리와 벙어리, 몸을 버린 여자, 동물 등은 동정의 대상이 되었고, 그들의 고통을 줄여주려는 박애주의적 충동이 의미심장하게도 고위 성직자나 의회, 부호나 대중이 아니라 교육받은 전문직 부르주아 계층한테서 나타났다. 무심결의 폭력―'고양이 목매달기'와 여타 비정한 심심풀이 장난―은 1751년 호가스의 〈잔인성의 네 단계〉 연작 판화에서 비난의 표적이 되었으며, 곰 곯리기와 닭싸움 같은 잔혹한 스포츠는 공격을 받게 되었다.

작업 공간에서 동물과의 유대가 감소하면서 급진적으로 새로운 주장이 등장했다. 인간과 동물은 기본적으로 동일하다는 주장이었다. 영혼을 제쳐둔다면, 인간과 동물은 둘 다 감정을 갖고 있었다. "문제는 그들이 이성적으로 사고할 수 있는가 혹은 그들이 말을 할 수 있는가가 아니라, 그들이 고통을 느낄 수 있는가이다"라고 제러미 벤담은 설명한다. 애완동물은 인간화되었고, 벤담 자신은 '등과 귀를 긁으면서 만족스럽게 꿀꿀거리는' '잘생긴 돼지'를 키웠다.[72] 그리고 스턴의 토비 삼촌은 '코 주위를 앵앵거리던' 파리 한 마리를 차마 해칠 수 없었다.[73] 그러므로 계몽된 사고는 동물세계에 대한 태도가 뚜렷하게 부드러워지는 것으로 나타났다. 섀프츠베리와 허치슨을 시로 승화하면서 제임스 톰슨은 연민을 이렇게 표현했다.

하지만 낚시 바늘에 벌레를 꿰지 말라.
비틀고 몸부림치며 극심한 고통을 겪는 벌레를
배고픈 물고기가 한입에 깊숙이 삼키네.
꼼짝없이 걸려든 그 미약하고 불쌍한 녀석한테서
바늘을 빼려고 하면 살이 찢어지며 피가 흐르니
낚시꾼의 부드러운 손에도 고통과 공포가 아닌가 (…)[74]

한편 솜 제닌스와 여타 논자들은 짐승한테도 내세가 있을 것이라고 생

각했다.[75]

동물 실험 결과들이 '고문 기술'을 확장하는 데 열중하는 의사들에 의해 '과시적으로 매일같이 발표되고' 있다고 새뮤얼 존슨은 1758년에 불만을 토로했다.[76] 그리고 그런 의사들에는 '가장 즐기는 취미 활동이 개를 테이블 위에 결박한 다음 산 채로 절개하는 것'인 사람들이 포함된다고 조롱했다.[77] 그러한 실험은 과학 대 감성이라는 딜레마에서 핵심적이었고, 동정심을 유발하도록 구상된 회화인 미술가 조지프 라이트의 〈새를 이용한 공기 펌프 실험An Experiment on a Bird in the Air Pump〉(1768) 묘사에서 특히 두드러진다. 진공을 실증해 보이려는 순회 강연자의 제물이 된 새는 유리 용기에 갇혀 숨이 차서 파닥거린다. 새는 과연 살까, 죽을까? 관객 중 일부는 기체 법칙의 증명에 완전히 몰입된 모습이며 일부는 두려움에 떨고 있다. 라이트의 작품이 상징하는 것은 인간과 자연의 새로운 분리이기도 했다. 전통적으로 성령의 상징인 비둘기는 이제 물리적으로, 또 상징적으로 실험 기구에 의해 인간한테서 분리, 고립되었다.[78]

따라서 동물들은 '훌륭한 대의들'이자 동시에 계몽된 사상의 흡수 정도를 가리키는 지표가 되었다. 토머스 데이, 저 범용汎用 계몽인은 말 못하는 짐승들을 적극 옹호했다. 동물을 길들이기 위한 처치들이 잔인하고 불필요하다고 믿은―동물을 잘 대우해라, 그러면 심하게 다룰 필요가 없을 것이다―그는 자신의 이론을 망아지를 대상으로 시험해보고자 했다. 그러나 그는 아내를 훈련시키는 법에 관한 루소의 이론을 시험해봤을 때처럼 그다지 성공을 거두지 못했다. 망아지는 별안간 튀어나가면서 그를 안장에서 내동댕이쳤고, 그 인도주의자는 그때 입은 부상으로 죽었으니, 데이는 영국 계몽주의의 진정한 순교자였다.[79]

교육가들은 아이들이 동물에 대해 새로운 태도를 가져야 한다고―동물이 심지어 교훈을 줄 수 있다고 역설했다. 세라 트리머Sarah Trimmer의 『아동의 오락과 교육을 위한 우화Fabulous Histories Designed for the Amusement and Instruction of Young People』는 예를 들어, '동물들이 주기적으로 수행하는 청결과 근면 활동'을 지적했다. 게으름뱅이는 벌한테, 불성실한 하인은 개한테 꾸짖음을 들을 수 있으리라.[80] 존 뉴베리의 어린이 과학 입문서 베스트셀러인 『톰 텔레스코프』는 동정심을 촉구했다. 새의 알을 훔치거나 그 새끼들을 괴롭히는 것은 야만적이다. 친절함은 일시적 변덕에 그쳐서도 안 된다. 톰은 '짐승들이 자신을 즐겁게 해주는 한 그것들한테 잘해주지만, 자기 집 문 앞에서 떨고 있는 불쌍한 아이들한테는 성을 내며 빈손으로 돌려보내는' 한 이웃에 대한 이야기를 들려준다.[81]

계몽된 교육가들은 정직하고 올곧은 태도는 작위, 지위, 출생에 있지 않고 내면의 선함에 있다고 가르쳤다. 귀족적 악행을 폭로한 고전은 토머스 데이의 『샌퍼드와 머튼』(1783-89)으로, 대략 45종의 영어판이 나왔을 뿐 아니라 프랑스어와 독일어로도 번역되었다.[82] 토미 머튼은 멋쟁이 신사인 반면, 해리 샌퍼드는 농부의 아들이었다. 책은 정직한 해리가 토미의 가족들을 접하고 그들의 가치관에 대해 느끼는 혐오감을 이야기한다.[83] 책의 권두 삽화는 '일이나 직업, 예술과 학문이나 여타 활동을 하지 않는 부유하고 사치스러운 사람보다 지구상에 더 쓸모없고, 한심하고, 비참한 동물이 있을지 모르겠다'[84]고 직설적으로 선언한다. 그것이 책이 더없이 진지하게 예시해 보이는 교훈이다. 머튼가家 사람들이 예시하는 것처럼, 우수한 부류라는 자들은 정작 우수한 자질이 전혀 없다. 해리는 이렇게 논평한다. "우리의 책무를 수행하거나 약속을 지키는 측면에서 근면과 능률, 엄격함으로 말하자면 (…) 이러한 자질들은 거기서는 천박한 서민들한테만 어울리는 자질로 취급되었고 (…) 그들의 모든 지식과 교육의 커다란 목표는 오로지 낭비하고, 소비하고, 파괴하는 것이다."[85]

『샌퍼드와 머튼』 그리고 그것과 같은 종류의 책들은 경박함에 대해서도 전혀 관심이 없다. 계몽된 작가들은 공상에 호소했다가는 아이들이 책임감 있는 사람이 아니라 무책임한 난봉꾼이 될 거라고 우려했다.[86] 바로 그래서 과학이 아동서에서 널리 권장된 것이다. 과학은 참됨을 무엇보다 높이 치고, 추론 능력을 발달시키는 데 공헌했다. '톰 텔레스코프'에 의한 『뉴턴 철학 체계Newtonian System of Philosophy』는 뉴턴주의를 계몽 경험주의의 프리즘을 통해 가르쳤다.[87] 그 꼬마 로크주의자는 이렇게 설명한다. "우리의 모든 생각들은 감각이나 반성reflection에 의해, 다시 말해 보고, 듣고, 냄새 맡고, 맛보고, 만져서 느끼는 다섯 가지 감각이나 마음의 작용에 의해 얻어진다." 1760년에서 1800년 사이에 2만 5000부가 팔려나간 이 책은 인도주의와 연관되어 로크와 뉴턴이 얼마나 널리 아동들의 사고를 형성하고 있었는지를 드러낸다.

루시 에이킨Lucy Aikin의 『어린이를 위한 시Poetry for Children』는 '지난 세대의 동화 같은 이야기들'을 거부했는데, 이제 다행스럽게도 그런 이야기들은 더 이상 위협이 되지 않으니 '이성의 지팡이'가 '용과 요정, 거인과 마녀'를 사라지게 만들었기 때문이다.[88] 이 비국교도 작가는 '실제 세상에 대한 허상'을 심어준다는 이유로 소설도 묵살하지만, 건전하고 유익하기만 하다면 운문은 옹호했다. 윌리엄 고드윈이 써서 옥스퍼드가에 있는 자기 서점에서 팔았던 아동용 소책자는 그와 유사하게 고지식하고 도덕주의적인 성질을 띠었다. 고드윈의 『아이들을 위한 연극Dramas for Children』(1808)에서 거만한 귀족한테 괴롭힘을 당하는 한 프리그prig(예의범절과 사회적 관행에 목매는 사람―옮긴이) 캐릭터는 '내 선조들은 체통 있는 집안의 가장들이었다'[89]고 열변을 토한다. 부모가 "나에게 노동을 해야만 하는 처지를 물려준 것은 물론 사실이지만, 나는 부모로부터 독립성을 사랑하고, 비열하거나 부정직한 행동은 일체 싫어하는 태도를 물려받았다."[90] 그의 교훈적인 이야기들에서 어린 소년들은—때로는 어린 소녀들도—악당들과 거인들을 쓰러뜨리는데, 이성과 정의가 그들 편이기 때문이다(물론 그 실제적인 철학자는 부분적으로는 도깨비들에 대한 악몽 같은 공포를 방지하고자 이야기 속의 동화 같은 온갖 요소들을 합리적으로 설명하는 데 신경쓰긴 한다).[91]

이런 부류의 진보적 청소년 문학의 주요 인물은 비국교도 의사 존 에이킨의 누이 애나 바볼드였다. 영향력 있는 『가정의 저녁 시간: 어린이 이야기보따리Evenings at Home: Or the Juvenile Budget Opened』(1794-98)에서 그녀는 노예제와 제국을 규탄하고, 과학과 공업, 상업을 치켜세운다.[92] 그러한 과도하고 대놓은 설교는 찰스 램을 미치게 만들었다. "바볼드 부인의 작품은 어린이 방에서 옛 전래동화들을 모조리 없애버렸다"고 그는 콜리지에게 쓴 편지에서 분통을 터뜨렸다.

> 우리가 어린 시절에 동화와 민담을 듣고 자라는 대신에 머릿속에 지리와 자연사를 잔뜩 집어넣었다면, 지금 우리가 어떤 모습일지 생각해봐! (⋯) 망할 인간들! 그 가증스러운 바볼드 패거리, 그러니까 어른과 아이한테서 인간적인 모든 것을 망가트리고 죽이는 그 원흉들 말일세.[93]

로크 같은 부류, 에지워스 부녀, 그리고 바볼드 부인 주변의 자유주의적인 비국교도 일파는 아동을 그들의 미래를 위해 합리적이고 책임감 있는 성인으로 계몽하기를 원했다. 어린 시절은 따라서 개량으로 나아가는 거대한 고속 통행로상의 한 단계를 이루었다. 그러나 낭만주의는 곧 어린

시절을 인류의 가장 순수한 표현이라는 환상으로 그리고 아동 개발가들로부터 그것을 지키려 할 터였다.[94]

영향을 받기 쉬우며, 개량을 기다리고 있는 아동 모델은 계몽사상가들에 의해, 전적으로 책임감 있는 사람으로 여겨지지 않거나 아직은 그렇게 여겨지지 않는 계층들, 특히 스스로 초래한 악덕의 '희생자들'이지만 그럼에도 불구하고 교정과 개심改心이 가능하다고 믿어진 사람들한테까지 쉽게 전달되었다. 계몽된 환경결정론은 그러한 '불우한 자'들이 자신들의 진정한 잘못 때문에 과실이나 범죄에 빠진 것이 아니기 때문에 책임은 환경이나 진짜 악당들—하녀를 꾄 난봉꾼, 일하는 사람들을 궁핍으로 몰아넣고 거지들을 도둑으로 전락시킨 비정한 사회(9장을 보라)[95]—에게 돌려야 한다고 주장했다. 구원은 교회가 처방하는 대로 고해나 기도, 구세주의 피를 통해서가 아니라, 적절한 박애주의적 인도 아래 재교육을 통해 찾아올 것이었다(인도적인 스타일의 협회들에 대해서도 역시 9장을 보라).

계몽주의는 완고한 편협성이나 미신으로 억압받는 개인이나 소수자의 대의명분을 치켜세웠다. 난쟁이나 남녀추니 같은 '괴물'과 '기형인'은 동정과 과학적 흥미—관음증도—를 이끌어냈다.[96] 계몽된 사고에서 이전까지의 악당은 희생자로 탈바꿈할 수도 있었다. 『유대인을 동화시켜야 하는 이유Reasons for Naturalizing Jews』(1714)에서 이신론자 존 톨런드는 예를 들어, 사회에서 유대인에게 동등한 지위를 부여해야 한다고 제의했다. 유대인 해방은 1753년에 통과된 유대인 법Jew Bill을 통해 시도되었으나, 대중의 떠들썩한 반발로 법은 이듬해에 곧 폐지되었다.[97] 소설 『해링턴Harrington』(1817)에서 마리아 에지워스는 스스로 생각 없는 반유대주의라고 인식하게 된 것이 야기한 피해에 대해 개인적인 배상 행위에 나섰다. 그녀의 전작前作 『부재지주『The Absentee』(1812)에서 유대인 캐릭터에 대한 무신경한 정형화에 대해 한 유대인 독자가 불만을 제기한 바 있었다. 『베니스의 상인』의 파격적 개작인 『해링턴』은 그러한 오류를 시정하기 위한 것이었다.[98]

진보주의자들이 계몽된(혹은 계몽시키는) 유럽인과 세계의 다른 주민들의 관계를 다룰 때, 그들은 흔히 그러한 사람들을 다른 부류의 아이들로 이해했다. 하노버의 '야생 소년'을 언급하면서 몬보도는 피터 이야기가 '일개 동물에서 문명화된 삶의 첫 단계까지, 인간 본성의 진보의 역사를 다룬 짤막한 연대기 혹은 개요'라고 여겼다.[99]

발견의 작업은 계속 진행되었다. 제임스 쿡James Cook('이전의 어느 누구보다 나를 더 먼 데로 이끌 뿐 아니라, 내 생각에 인간이 갈 수 있는 가장 먼 곳까지 나를 이끄는 야망을 품고 있는 나')은 남극의 유빙을 최초로 본 유럽인이었다.[100] 탐험은 뉴스였다. 1774년 제임스 브루스James Bruce가 아비시니아에서 귀환하자마자, '아프리카는 정말이지 유행이 되어가고 있다'고 호러스 월폴은 호러스 만Sir Horace Mann에게 말했다. 5년 뒤 멍고 파크의 『아프리카 내륙 여행Travels in the Interior Districts of Africa』은 몇 달 만에 1500부가 팔리면서 베스트셀러가 되었다. 실제 여행과 더불어 가상의 여행도 계몽된 이들에게 타자와의 조우를 위한 실마리를 제공했다. 『로빈슨 크루소』, 『싱글턴 선장Captain Singleton』, 『걸리버 여행기』, 『로더릭 랜덤Roderick Random』, 『라셀라스』, 『바테크Vathek』, 『뮌히하우젠 남작의 놀라운 모험Marvellous Adventures of the Baron Munchausen』. 달나라로, 지하세계로, 태평양으로, 아니면 인도양으로— 가상의 여행자들은 어디로든 모험을 떠났고, 일군의 문학 작품들은 아래에서 논의할 애프라 벤의 대단한 인기를 누린 소설 『오루노코, 왕족 노예Oroonoko or the Royal Slave』(1688)처럼 이국적 세계를 등장시켰다.[101]

'인류의 거대한 지도가 즉시 눈앞에 펼쳐진다'고 에드먼드 버크는 기뻐했다. "야만적 상태나 점진적 이행, 그리고 세련된 양식이 동시에 한눈에 들어온다."[102] 계몽된 정신들은 따라서 지구를 열어젖혔다고 자랑스러워할 수 있었다. 그것은 모두가 그토록 신실하게 소망하는 지식의 확산을 촉진하고, 인류의 통합과 평화의 대의를 장려하지 않겠는가?[103] 물론 그러한 희망은 서양과 나머지 세계의 관계에 관한 낙관주의를 키웠다. 진보주의자들은 항해술과 과학이 전설적인 남반구 거대 대륙 같은 해묵은 공상들의 실체를 밝혀내고 타자를 탈신화화하고 있다고 믿은 한편, 민족지학은 지도상에서 '괴물 종족들'—키클롭스(외눈박이 거인족, 『오디세이아』의 폴리페모스가 가장 유명하다—옮긴이), 개머리 인간dogheads(견두인大頭人, 'cynocephaly'라고도 한다. 고대와 중세 지리지에 등장하는, 개나 자칼의 얼굴에 사람 몸을 한 종족—옮긴이), 사람을 잡아먹는 식인종과 거인들—을 없앴다. 비록 새로운 '미개 종족들'이 불길하게 등장하여 신화상의 종족들이 막 떠난 빈자리를 다시금 메우게 되지만 말이다.[104]

이국적인 땅과 종족들은 차이의 문제를 제기했다. 아프리카와 서인도 제도의 '지금 거기'는 지난날 유럽의 '여기 그때'와 정확히 똑같을까? 열대 지방은 살아 있는 역사일까? 그리고 이상하고 머나먼 곳의 종족들의 존재 방식은, 크루소한테 어리둥절해했던 프라이데이의 경우처럼, '문명인'들의 확실성에 이의를 제기하는 것일까? 그러나 문명을 확고하게 피고석에 불러 세운 사람은 바로 사납게 격분한 스위프트였다.[105] '사실대로 말하자면', 하고 걸리버는 유럽인들의 발견과 관련하여 불쑥 내뱉는다.

나는 그러한 경우들에서 제후들의 분배 정의와 관련하여 몇 차례 가책을 느꼈다. 예를 들어, 일단의 해적들이 어디로 향하는지도 모르는 채

폭풍에 떠밀려가다가 마침내 돛대 꼭대기에서 망을 보던 소년이 육지를 발견하면, 그들은 약탈을 하러 상륙했다가 아무런 해도 끼치지 않는 한 종족을 만나 그들로부터 환대를 받고, 그 땅에 새로운 이름을 붙인 다음 국왕을 위해 그곳을 공식적으로 접수한다. (…) 그들은 20~30명의 원주민을 죽이고는 (…) 귀환하여 사면을 받고 (…) 기회가 생기자마자 배들이 파견되어, 원주민들이 몰려나거나 몰살을 당하고, 원주민 군주들은 황금을 찾아내도록 고문을 당하고 (…) 그토록 독실한 원정에 고용된 이 가증스러운 도살자 일당은 우상을 숭배하는 야만인들을 개종시키고 교화시키기 위해 파견된 오늘날의 식민지 이주민들이다.

"그러나 인정하건대, 이러한 설명은 영국인들의 마음에 조금도 영향을 주지 않는다"고 스위프트의 주인공은 명백히 안도감을 드러내며 결론 내린다.[106] 아닌 게 아니라 인류의 주인인 척하는 유럽인들의 가식은 공격과 조롱을 받았고, 반식민주의적 사고 기류는 강했다. 로크는 정복의 권리를 부정했고, 애덤 스미스는 정복의 경제적·전략적 비용에 질겁한 반면, 다른 이들은 인도주의적 태도를 취했다. "나는 지리상의 발견들이 성공을 거두길 딱히 바라지 않는데, 그 발견들이 정복과 강도질로 귀결될까봐 영 걱정스럽기 때문"이라고 새뮤얼 존슨은 천명했다. '그대들의 식민지들을 해방시키라!' 이는 제러미 벤담이 얼마 뒤 프랑스 혁명가들에게 공개적으로 건넨 충고였다.[107]

인류의 다양성을 정면으로 마주하고 그에 대한 인식이 커져가면서 계몽된 인류학이 신속히 구축되기 시작했다.[108] 인류 간의 차이는 성경의 서사에 의해 설명되어온 게 기존의 관례였다. 고작 몇 천 년 전에 인류는 에덴동산에서 창조되었다. 노아의 대홍수와 바벨탑의 결과로 부족들이 퍼져 나가면서 타락이 시작되었고, 변질된 언어와 신앙, 신화, 풍습이 증가한 한편, 함Ham의 저주 탓에 함의 자손들은 검음(전통적 기독교에서는 흑인종이 노아의 아들 함의 후손들이라고 여겼다—옮긴이)과 야만으로 전락하였다. 단일기원설(인류는 원래 단일했다)과 문명에서 야만으로의 전락을 상정하는 이 기독교 거대 서사는 폭넓은 지지를 받았다. 그것은 경험적 연구들에 개연성 있는 작업 프레임—이를테면 종교에 대한 비교 분석들—과 도덕적 명령들도 제공했다. 모두가 신의 자식들이기 때문에 원주민들 역시 기독교적 정의로 대우해야 한다는 명령을. 그러한 시각들은 19세기 전반 영국의 가장 저명한 인류학자이자 『인류의 형이하학적 역사 연구Researches into the Physical History of Mankind』(1813)의 저자 제임스 콜스 프리처드James Cowles Prichard의 탐구들에서 여전히 핵심을 이루었다. 그러나 그때쯤이면, 퀘이커교 출신으로 에든버러에서 수학한 두걸드 스튜어트의 제자는, 많은 것을 추측에 기대는 만큼 관찰에도 기대는 새로운 토착화 이론들에 열심히 맞서 싸우면서 수세적인 쪽이었다.[109]

　　존 밀러가 발전시킨 종류의 단계적 사회학들은(10장에서 살펴보았다) 계몽된 인류학을 형성했고, 그 과정에서 낙원으로부터의 타락이 아니라 원시성으로부터의 인간의 진보를 추적한다고 주장했다. '조야함에서 세련됨으로'라는 계몽의 준거 틀은 다양한 지점에서 성서의 설명에 이의를 제기했다. 그것은 최초의 에덴 상태로부터의 퇴보에 의문을 제기했고, 세계 곳곳의 종족들 사이에 보이는 유사한 신앙 체계들과 풍습들의 증거는 기존처럼 공통의 근원으로부터의 확산을 입증해주는 증거가 아니라, 전 세계의 원시인들이 직면했던 원형적 트라우마들, 바로 공포와 경이, 무력감, 무지에 대한, 병행적인(서로 유사하지만 다른 장소에 존재한다는 뜻이다—옮긴이)

심리적 반응들의 징후로 해석해야 한다고 주장했다.[110]

　　인종적 분화 또한 문제시되었다. 이 문제는 왜 어떤 사람들은 흑인인가 하는 질문으로 제시되었다. 계몽 담론들은 다양한 해답을 들고 나왔다. 어떤 이들은 흑인성은 열대 지방 생활의 산물, 즉 아마도 혹독한 기후에 대한 유익한 적응 결과—순응성 모델에 따른 해답—일 것이라고 주장했다. 반대자들은 그러한 급진적 환경론에 이의를 제기하면서, 만약 흑인들이 적도의 태양에 노출되어 시간이 흐르면서 피부가 검어졌다면, 그럼 그 후손들의 피부색은 더 추운 기후대에서 살고 난 뒤에는 왜 밝아지지 않느냐고 반문했다. 어떤 이들에게 피부 색소 불변성은 인류 다원설을 가리켰다. 흑인들은 완전히 구별되는 종, 따로 창조된 피조물인 것이다. '인간과 언어의 다양성'을 다룬 케임스는 인류 다양성의 증거를 가지고 씨름한 많은 이들 가운데 한 명이었다. 그는 틀림없이 특수한 창조들이 있었을 것이라고,[111] 흑인들은 오랑우탄 및 당시 열대 지방에서 발견되던 그와 비슷한 거대 유인원들과 동족일 수도 있다고 암시하면서[112] 결론 내린다. 다양한 함의들이 뒤따를 수도 있었다. 다원설은 흑인들이 지울 수 없을 만큼 다르고 열등하지만, 적도 인근에서 살아가도록 독특하게 적응했다는 것을 의미할 수도 있었다—노예제를 합리화하는 한 가지 방식이다. 논쟁은 열띠게 진행되었으나 해소되지 않았고, 이 문제를 둘러싸고 단일한 계몽주의 공동 노선은 존재하지 않았으니, 특히 비유럽인들이 균질화가 불가능할 만큼 너무도 다양했기 때문이다.

　　중국은 연구의 대상이자 활기찬 논쟁의 주제가 되었고,[113] 무엇보다도 아시아 학회의 초대 회장 윌리엄 존스Sir William Jones가 산스크리트를 숙달하게 되면서 힌두교 인도도 마찬가지로 관심의 대상이 되었다.[114] 조지 세일George Sale이 1734년 쿠란을 영어로 번역하면서, 이슬람에 대한 지식은 역사서와 과학 저술, 경전들의 번역을 통해 확산되었고, '철학적' 여행자들은 무슬림 세계에 관한 대중적 문헌을 저술했으니, 레이디 메리 워틀리 몬터규의 오스만 제국에 관한 서한이 대표적이었다.[115] 그러므로 정보가 증가하면서 '오리엔탈리스트' 논쟁이 갈수록 치열해졌다.[116]

동방에 대한 정형화된 고정관념들은 중세 이래로 깊이 뿌리박혀 있었다. 위대한 아시아의 황제들은 극악무도한 전제자들이고, 이슬람은 '사칭자'가 날조해낸 사기라는 것이었다. 아시아적 상상력은 이국적이고, 관능적이고, 번드르르한 예술을 낳았다. 계몽된 사고는 그러한 부정적인 상투적 관념들에 다소간 도전했다. 이신론자들과 회의론자들은 이슬람에서, 기독교에서보다 더 잘 살아남은 '자연' 종교(원시적 일신교)의 흔적을 발견할 수 있었다. 그러므로 무함마드는 기번의 『로마제국 쇠망사』에서 영웅적 인물로, 이슬람교는 다른 신앙들을 비교적 관용하는 종교로 그려졌다.[117] 가장 애용된 장치는 '고귀한 현자'(혹은 브라만brahmin)인데, 고귀한 미개인에 대응하는 이 인물은 유럽에서 거꾸로 된 그랜드투어를 하며 기독교 세계가 자신들을 비춰볼 수 있는 거울을 들어주었다. 그러므로 올리버 골드스미스의 『세계 시민The Citizen of the World』(1762)은 렌 치 알탄지Lien Chi Altangi라는 현명한 중국인을 등장시켜, 고국으로 보내는 일련의 서한들에서 영국의 모습을 낱낱이 해부한다.[118] 중국풍의 대유행(족자나 비단 같은 장식용 벽걸이, 램프, 상아 조각, 러그, 도자기, 중국풍 문양)은 동양 미술을 대중화했다 ─ 큐가든Kew Gardens(런던 남부에 있는 왕립식물원 ─옮긴이)의 파고다와 브라이턴의 로열 파빌리온Royal Pavilion(훗날 조지 4세가 되는 섭정 왕세자가 바닷가 휴양지 브라이턴에 세운 왕실 리조트 ─옮긴이)(여기서 중국풍과 인도풍 장식 모티프는 특유의 방식으로 합쳐진다)을 보라. 윌리엄 벡퍼드William Beckford의 『바테크』(1786)

에서처럼 동양풍 이야기에 대한 열광적 추종 현상도 나타났다.

그러나 동양의 몇몇 측면들은 호응을 얻었다 하더라도 밑에 깔린 전제들은 거의 흔들리지 않았다. 진보 이론가들은 아시아에서 주요한 반대 예시를 찾아냈다. 바로 정체停滯였다. 후진적인 모든 것에 대한 공리주의적 멸시를 여봐란듯이 과시하며, 벤담의 추종자 제임스 밀은 힌두교는 '역겹고 혐오스러우며' 인도의 법은 '말도 못하게 후진적'이고, 인도 예술은 '조야'하다고 여겼다. 아대륙인들은 더럽고, 정직하지 못하고, 유약하고, 정나미 떨어지게 '관능적'이다. "영어책 책꽂이 한 칸이면 인도의 모든 도서관을 합친 것보다 낫다"[119]고 매콜리는 곧 결론 내리게 된다.

그럼 아메리카와 아프리카, 그리고 새로이 발견된 태평양 섬들의 원주민들은 어떻게 이해해야 할 것인가? 기독교는 원시인들을 함이나 카인의 이교도 자손들로 간주해왔고, 그러한 멸시적 태도는 쉽게 세속화되고 합리화될 수 있었다. 아메리카 원주민들의 유목 생활은 그들을 스코틀랜드 철학의 4단계 문명 피라미드의 밑바닥에 놓은 한편, 로크주의자들은 아메리카 원주민들이 농업을 발달시키지 못했기 때문에 그들이 그렇게 확연하게 허비한 토지를 유럽인들이 몰수해도 된다고 주장할 수도 있었다.[120]

그러나 계몽사상가들은 원주민들을 자연의 자식들 —그들은 구세계의 타락에 때묻지 않아서 유덕하고 고결하다 —로 이상화할 수 있었고, 이신론자들은 그들이 최고 존재에 대한 직관적 지식을 드러낸다고 멋대로 상상할 수도 있었다. 진짜 야만인은 정복자 백인이다 —특히 피에 굶주린 신부들의 부추김을 받은 에스파냐인들이라면 말이다. 그러한 시각들은 고귀한 야만인에 대한 숭배를 부채질했다.[121]

여기에는 노예제에 대한 커져가는 비판에 대한 뿌리와 근거도 일부 있었다.[122] 1700년 당시에는 노예무역의 온당함에 공개적으로 의문을 제기하는 사람이 거의 없었다. 그것은 영국의 위대함을 보장하는 상업 경제에서 핵심적인 요소였다. 노예제도는 완곡하게 포장될 수도 있었다. 1740년에 어느 작가는 흑인들을 식민지로 이주시킴으로써 '노예로 삼기'보다는 '흑인들을 그들의 폭군들로부터 몸값을 치르고 구제'한다고 표현하며, 식민지에서 그들은 '법과 복음의 감화 아래 지복에 훨씬 더 가까워진다'고 썼다. 아닌 게 아니라 이상화는 가능했었다. 제임스 그레인저James Grainger의 『사탕수수The Sugar-Cane』(1764)는 플렌테이션 농장의 목가적인 전원생활을 즐기는, 만족한 흑인 젊은이들을 등장시킨다.

> 잘 먹고, 잘 입은 그들을 인간답게 대우해준 주인의 미소를
> 얻기 위해 너도나도 애쓰네.[123]

그러나 정서는 신속하고 급격하게 변화했다. 아무렴, 누구도 처음부터 노예로 태어나지는 않았다. 로크의 필머에 대한 반박은 자연 상태에서는 모두가 자유롭다는 것을 보여주지 않았던가? 그러므로 예속은 폭력과 불의의 산물임이 틀림없다. 잉글랜드에서 살아가는 아프리카인들의 두드러지는 인간성과 문화적 성취는—이를테면 작가 올로다 이퀴아노Olaudah Equiano나 스턴의 친구 이그네이셔스 산초Ignatius Sancho—그들이 타락한 함의 자손들이 아님을 입증한다.[124] 게다가 법은 서서히 바뀌고 있었다. 1772년 노예 제임스 서머싯James Somersset 건과 관련하여 왕좌 재판소의 판결을 전달하면서, 맨스필드Lord Mansfield는 판결 내용만 놓고 보면 영국 내에서는 노예제가 불법이라고 판단했다.[125]

계몽주의의 주도적 인사들은 노예제를 규탄하는, 커져가는 목소리에

합류했다.[126] 저 믿음직한 바로미터인 토머스 데이는 '노예제는 (…) 인류에 반하는 끔찍한 범죄'라고 쓰면서 '노예제를 실천하는 자는 지상에서 일소되어야 마땅하다'고 주장했다.[127] 1791년, 그의 루나 소사이어티 친구 조사이어 웨지우드는, 무릎을 꿇은 채 쇠사슬에 묶인 손을 처들고 간원하는 노예의 모습과 '나는 인간이자 형제가 아닙니까?'라는 모토를 새긴 수천 점의 카메오(주로 마노와 같은 귀금속을 깎아 부조를 새긴 장식으로, 넓게는 타원형 부조 장식을 가리키기도 한다 ─옮긴이)를 제작했다. 한편, 루나 소사이어티의 또다른 회원인 이래즈머스 다윈은 노예무역을 운문으로 조롱했다.

들어라, 오 브리타니아! 강력한 사상의 여왕이여!
그대 위에서 아름다운 예술과 유순한 종교가 미소 짓네.
그대의 교활한 자식들이 아프리카 해안을 침략하여
살인과 약탈, 도둑질을 자행하고도 그걸 무역이라고 부르다니!
쇠사슬에 매인 노예는 무릎을 꿇고
팔을 활짝 벌리며 그대에게 눈을 들어 탄원하네.
굶주림에 핼쑥하고, 상처와 고된 노동에 짓밟혀서
'우리는 형제가 아닙니까?' 외치지만 슬픔에 목이 메어 더는 말을 잇지
못하네—
—대기여! 너의 푸르른 창공으로 그들의 외침을 전하라
—대지여! 그들의 피를 덮지 마라![128]

벤담은 잔혹한 노예 법들에 경악하여 "식민지인들은 이 점을 곰곰 생각해보라. 만약 그러한 법률이 필요하다면, 식민지는 인류에 대한 수치이자 만행이다. 만약 필요하지 않다면, 이런 법들은 다름 아닌 식민지들에 수

치다"라고 썼다.[129] 자신의 공리주의적 원칙에 따라 모든 것을 저울질해본 뒤, 벤담은 설탕과 커피가 행복을 가져다준다는 점은 인정하지만 "만약 그 것들이 30만 명의 사람들을 그러한 강제적 집행의 공포로만 유지될 수 있 는 상태로 놔두어야만 얻을 수 있는 것이라면, 과연 우리가 그러한 해악을 상쇄할 수 있는 사치나 쾌락을 고려할 수 있을까?"[130]라고 묻는다. 또다른 공리주의자인 윌리엄 페일리는 노예제가 '불가피한 일'이라는 해묵은 논증 을 혹독하게 반박했다.

> [토지가] 노예 노동에 의해서처럼 편리하고 저렴하게 경작될 수 없다고들 한다. 이 말은 플랜테이션 농장주가 현재 6펜스에 파는 설탕 1파운드가 [노예제 경작이 아닐 때는—옮긴이] 6펜스 반 페니 미만으로는 도저히 공 급될 수 없다는 뜻이다—그러고도 이게 불가피한 일이라니![131]

정신에 호소하는 그러한 캠페인들에서 합리적 비국교도는 예상 가능 하게도 전면에 서 있었다. 디포는 『자크 대령의 생애Life of Colonel Jacque』 (1722)에서 노예무역을 규탄하고 더 나은 처우를 호소했다.[132] 자유에 대한 '자연권'의 폐지에 극도로 민감한 조지프 프리스틀리는 '그의 합리적인 본 성의 모든 이점들이 박탈당하도록' 인간을 '한낱 금수'로 전락시키는 노예 제를 개탄했다. 케임브리지의 진보적인 침례교 목사 로버트 로빈슨Robert Robinson은 노예무역을 자연권의 위반으로 규탄했다. 급진 유니테리언교도 토머스 쿠퍼Thomas Cooper는 아이들이 '자의적 권력의 행사에 의해, 양심이 억압당하고, 재산을 약탈당하고, 가족들이 흩어지고, 번영하던 국가들이 파멸에 이른' 역사를 배워야 한다고 주장한 한편, 노예무역에 대한 반대는 '자유를 우리의 생득권이라고 주장하는'[133] 모든 영국인의 의무라고 천명했다. 복음주의적 로비가 결국에는 의회에서 노예무역 폐지를 이끌어냈다면, 비판적인 여론의 큰 흐름은 계몽 자유주의에 크게 빚지고 있다.134

고귀한 미개인들은 오랫동안 낭만화되어왔다. 애프라 벤의 『오루노코』의 주인공인 젊고 잘생긴 아프리카 왕자는 그의 고결한 양부의 딸 이모인다와 사랑에 빠진다. 두 사람은 처음에는 이모인다를 자기가 차지하려고 한 국왕이 개입해서, 그다음에는 노예로 팔려서 헤어지게 된다. 벤이 방문한 적 있던 영국 식민지 가이아나(수리남)에서 다시 만난 오루노코와 이모인다는 노예 반란을 이끌지만 실패하고, 결국 오루노코는 식민지인들에 의해 죽음에 내몰린다. 소설의 교훈은 명백하다. 아프리카의 '왕족 노예'가 유럽인들보다 훨씬 고귀하다는 것이다(하기야 그는 왕자이고 그것도 '로마인' 코Roman nose[매부리코. 흔히 결단력, 고귀함, 지성 등을 상징하는 것으로 여겨졌다 — 옮긴이]를 타고난 왕자가 아니던가!).135

그러한 소설들에서 제기되는 딜레마들을 고려할 때, 질문은 갈수록 긴급해졌다. 고귀한 미개인들을 어떻게 해야 할 것인가? 그들은 보편적인 인간 본성을 공유하므로, 문명화는 그들의 마땅한 권리가 아닐까? 그들은 교육받고 서구화될 기회를 가져야 하는 것 아닐까? 폴리네시아 젊은이 오마이는 시험 케이스를 제공했다. 잉글랜드로 보내진 그는 명사로 떠받들리고, 그를 초대한 주인들에 의해 왕자의 지위로 격상되고, 대중의 시선을 한 몸에 받고, 조슈아 레이놀즈에 의해 초상화가 그려졌다—그것도 고전적인 의상을 걸치고!136 그러나 '야생 소년' 피터와 토머스 데이의 사브리나처럼 오마이는 그가 교화의 모범이 되길 기대했던 지지자들에게 실망스러운 존재임이 드러났다. 그는 알고 보니 학습 속도가 더딘 사람이었고, 영어 실력은 여전히 형편없었으며, 쿡의 세번째 항해 때 고향으로 돌아가면서 농기구 같은 '유용한' 자산 대신에 깜짝 장난감 상자와 갑옷 한 벌을 챙겨감으

로써 그의 멘토들을 답답하게 만들었다.[137]

제임스 쿡은 그럼에도 불구하고 폴리네시아인들 사이에서 스미스나 밀러라면 진보에 필수불가결하다고 여겼을 문명화된 삶의 특징들, 바로 법과 결혼, 재산, 지위 등을 목격했다고 믿었다.[138] 이런 이유로, 그는 프랑스인 함장 부갱빌Bougainville이 그들에 관해 그린 낭만화된 초상을 두고 논쟁을 벌였다. 타히티인들이 사유재산이 없는 듯 묘사하는 것은 그들에게 모욕이다. 그들은 그렇게까지 원시적이지 않다! 그 자신이 농부의 아들이며, 공상에 눈멀지 않았다고 자부하는 그 견실한 요크셔 사람은 타히티제도의 거의 모든 나무들이 사실은 저마다 원주민들의 재산이라고 말했다. 자랑스럽게 내세워지는 그들의 자유연애도 원시주의의 결과가 아니었다. 성적 문란함을 허용하기는커녕 타히티인들의 성도덕은 잉글랜드나 프랑스에서 실제로 실천되는 성도덕과 그렇게 다르지 않다는 것이다. 그의 배가 처음 상륙했을 때, 몸을 팔고 싶어하는 여자들에게 둘러싸인 것은 사실이라고 쿡은 시인하지만, 타히티인들도 포츠머스로 노를 저어 온다면 똑같은 일을 겪지 않을까?

안락의자 필로조프 디드로는 항해가라기보다는 신화 창조자였지만, 쿡 본인은 자신만의 계몽된 범주 안에서 사고했다. 타히티인의 성 풍속에 대한 그의 '옹호'(그는 그렇게 보았다)는 인간 본성은 전 세계에 걸쳐 동일하다는 널리 퍼진 균일론적·코즈모폴리턴적 확신에서 나왔다. 더욱이 그는 사유재산과 사회적 분화는 번영하는 어떤 사회에든 필수 조건이라는 정치경제학자들의 신조를 수용했다. 벌거벗은 오스트레일리아 원주민과 달리 타히티인들은 번영을 누리고 있었다. 그러므로 그들한테는 사회적 신분과 사유재산 제도가 있는 게 틀림없다는 것이다.

폴리네시아인들이 유럽인들과 다른 풍습과 생활양식을 자랑한다는 사실만으로 그들이 자동적으로 **열등**하다고는 볼 수 없고, 그 점이 그들을 착취하거나 노예로 삼는 것을 정당화하지 않는다는 것은 말할 필요도 없었다. 정복할 권리란 확실히 없었다. 모턴Lord Morton은 쿡에게 편지를 쓰면서 '이 부족들의 피를 흘리게 하는 것은 중대 범죄'라고 주장했다. "우리는 전능한 창조주의 손으로 빚어진 인간을 상대하고 있기 때문입니다. (…) 그들은 그들이 살고 있는 다양한 영토들의 자연적, 그리고 엄밀한 의미에서, 법적 소유주입니다."139 쿡은 가만히 앉아서 판단하기보다는 그들이 처한 상황의 관점에서 다른 종족들을 이해하기 위해 노력해야 한다는 관용주의적 원칙을 지지했다.140 그 자신이 그토록 공헌한, 원주민들의 땅에 대한 유럽인들의 잠식에 대해 쿡은 그다지 긍정적이지 않았다.

우리는 벌써부터 악에 물들기 쉬운 그들의 도덕을 타락시키고, 그들한테 전에는 알지 못했던 욕구와 아마도 질병까지 퍼뜨리고 있는데, 이는 그들과 그들의 선조들이 누렸던 행복한 평온을 어지럽힐 뿐이다. 만약 누구든 이러한 주장의 진실을 부인한다면 아메리카 전역의 원주민들이 유럽인들과의 교역으로 대체 무슨 득을 보았는지 가르쳐주라.141

이국의 부족들에 대한 그런 양가적인 태도는—농민들에 대한 태도와 더불어—후기 계몽주의의 감상적 문화에 나타나는 고귀한 미개인을 특징 짓는다. 타히티섬의 낙원에 관한 1779년의 어느 시의 제목—상처 받은 섬 사람들Injured Islanders—은 자명하게 보여준다. 오타헤이테의 여왕 오베레아는 그곳을 발견한 월리스 선장한테 섬 주민들을 이전의 평화와 행복으로 복귀시켜달라고 간청한다. 섬의 현재와 이전 상태('사치가 야심에게 위대해지라고 가르치기 전' 상태)를 대비시키면서 여왕은 이렇게 말한다.

어찌 잊을 수 있으랴, 타히티의 자식들이 그 기쁨의 나날을
얼마나 유쾌하고, 얼마나 만족하며 보냈는지를![142]

한편, 『인류Humanity』(1788)에서 코트니 멜모스Courtney Melmoth는 백인과
함께 타락이 찾아오기 전, 그토록 '평화롭고 축복받은, 바나나가 자라는
풍요로운' 곳의 순진무구한 원주민들이라는 유사한 그림을 제시했다.[143]

근대화론자들은 낙관주의자들이었다. 그들은 가망 없는 퇴락이 아니
라 해결되어야 할 문제들이라는 관점에서 사고했다. 그들은 자신들의 자애
심을 자랑스러워했고, 개량을 가져올 자신들의 능력을 높이 평가했다. 아
직 계몽되지 않은 자들은 천진난만한 아이이거나 희생자였다. 누구도 영
벌永罰의 운명을, 구제 불가능할 정도로 영벌의 운명을 타고나지는 않았
다—교육과 인류애는 원주민들이 문명인의 지위로 진입하는 것을 허락하
리라. 포스트모더니즘은 계몽사상가들의 이성의 '제국주의'를 비난하지만,
그들의 전략들은 인간의 차등적인 가치라는 경직된 위계적 시각과, 보편적
유기reprobation(원죄적 타락에 의해 신에게 버림받은 상태—옮긴이)와 지옥의 영
벌이라는 칼뱅주의적 확신 둘 다를 거부했다.[144]
아이와 동물은 단순한 케이스였다. 그러나 우리가 본 대로 비유럽인들
은 더 복잡한 도덕적·실제적 딜레마를 드러냈다. 그리고 더 절실한 난제들
이 있었다.

| 16장 |

속인

누군가는 사고해야 하고 누군가는 노동해야 한다.

— 이래즈머스 다윈[1]

민중은 진정한 시금석이었다. 계몽 자유주의는 자유를 인류의 타고난 조건이라고 여겼다. 누구도 정당하게 노예 상태로 태어나지는 않았다. 로크 인식론의 백지 상태는 의식의 차이를 없앴다. 인간 본성의 균일론적 신조는 재능과 욕구의 차이를 온갖 것에 돌렸다. 그리고 반反특권적인 논의들은 삶을 모두가 동일선상에서 출발하는 경주로 묘사했다. 일종의 형제애가 선언되었다. '나는 인간이자 형제가 아닙니까?'[2]

일반 대중을 향한 계몽된 엘리트의 태도는 그럼에도 불구하고 심히 불분명했고, 흔히 통합이나 평등보다는 두 국민, 두 심성, 두 부류의 인간—그리고 온전하게 합리적이라고는 도저히 볼 수 없으며, 훌륭한 애디슨풍 신사는 확실히 아닌, 냄새 나는 존재들과의 짜증나는 근접성을 의미했다.

---

* 이 장에서 '속인'은 'the Vulgar'의 번역어로, 통속적인 일반 대중이라는 뜻이다—옮긴이.

호라티우스의 odi pofanum vulgus et arceo('나는 싫어하고 경멸한다, 속된 무리를')는 성경의 '부름 받은 사람은 많으나 뽑힌 사람은 적다'와 공명하면서 고전 교육을 받은 사람의 입에서 흔히 튀어나왔다.3 스위프트는 '인류의 태반은 사고할 능력보다는 차라리 날 수 있는 능력이 있다'고 단언했다.4 그렇다면 빈곤층에 대한 계몽된 식자의 태도는 어땠을까? 그리고 그것은 계몽주의의 워털루Waterloo('결정적 패배'나 '실패'라는 의미—옮긴이)로 판명났을까?

진보적인 엘리트는 민중을 좋아했다. 적어도 선별적으로는. 그리고 특정 개인들은 부지런하고, 인정받을 만한 자격이 있으며, 헌신적이라고 칭찬받았다. 호가스는 집안의 하인들을 그림으로 그렸으며, 새뮤얼 존슨은 유언장에서 하인인 프랜시스 바버에게 연금 70파운드를 남겼고, 체스터필드는 '본래는 나와 동등하나, 우리 인생의 운수의 차이에 의해서만 나보다 아랫사람일 뿐인' 하인들에게 2년 치 임금을 유산으로 남겼다. 낮은 신분에서 출세한 재능 있는 사람들은 비록 생색을 내는 듯한 태도일지언정 상류 사회에서 환영받았다. 그 지방 성직자의 지지 덕분에, 농업 노동자였던 스티븐 덕Stephen Duck은 '도리깨질꾼 시인'으로서 캐럴라인 왕비의 후견을 얻을 수 있었던 한편, 로버트 번스는 에든버러 식자층 사이에서 일시적으로 '하늘한테서 배운 쟁기꾼'5이라는 칭송을 들었다.

베이컨주의는 상아탑에 갇힌 학계의 알맹이 없는 공론에 비해 숙련된 일꾼의 기술을 높이 쳤고, 일부 분야에서는 시골 사람들의 슬기가 계속해서 귀히 여겨졌다. 비록 계몽인들은 이제 점성술과 신통력에 코웃음을 쳤지만 의사들은 여전히 구전 의술을, 적어도 일단 그 마술적 잔재가 사라진 구전 의술을 존중하기도 했다. 레이디 메리 워틀리 몬터규는 튀르크의 민간 풍습으로부터 천연두 종두를 접했고, 글로스터의 시골 의사 에드워드 제너Edward Jenner는 젖 짜는 여자들의 잡담에서 예방 접종에 대한 단서를 얻었다.[6]

메트로폴리스 인쇄 문화의 승승장구하는 진보가 전통적인 구전 문화를 약화시켰다면, 그것은 또한 구전 문화에 대한 흥미를 촉발시키기도 했다. 민중의 정신세계가 매혹의 대상이 되었고, 민담과 노래, 속담을 수집해 보존하려는 운동이 벌어졌다.[7] 예를 들어 애디슨은 1711년에 〈체비 체이스Chevy Chase〉라는 옛 속요에 지면을 할애하여 〈스펙테이터〉 독자들을 놀라게 했다. 그러나 동료 오거스턴 작가들처럼 진정한 문학은 '규칙'을 따라야 한다고 확신한 그는 속요를 '영웅시'로 제시하는 가운데 그것을 『아이네이스Aeneis』에 비유하고 그 '장엄한 단순성'을 칭찬했다.[8] 노샘프턴셔 성직자 토머스 퍼시Thomas Percy는 1765년 『영국 시가의 유물Reliques of English Poetry』을 출판하여 속요 부흥을 자극했다. 노섬벌랜드 퍼시 백작가의 후손임을 주장할 수 있도록 '피어시Pearcy'라는 본래 이름에서 속물적으로 철자를 바꾼 잡화상의 아들인 그는 이 '유물들reliques'—의식적인 의고주의('relique'는 'relic'의 고어체다—옮긴이)—에 〈체비 체이스〉와 더불어 〈바버라 앨런Barbara Allen〉과 〈패트릭 스펜스 경Sir Patrick Spence〉 같은 유명한 노래 가사들을 다수 포함시켰다. 비록 그는 속요가 민중의 마음에서 생겨난 것으로 보지 않았지만—그보다는 궁정 후원을 누린 중세 음유시인들의 작품이었다—『유물들』은 영국과 유럽 모두에서 민요 전집으로서 명성을 얻었다.[9]

스코틀랜드에서 민중의 뮤즈(예술적 영감—옮긴이)에 대한 관심은 『오르페우스 칼레도니우스Orpheus Caledonius』(1725)의 출판으로 이어졌다(칼레도니아는 스코틀랜드의 라틴식 옛 이름, 오르페우스는 그리스 신화의 시인이자 음악가—옮긴이). 에번 에번스Evan Evans는 『고대 웨일스 음유시인들 시가의 실례

Some Specimens of the Poetry of the Antient Welsh Bards』를 편집했고, 리스 존스Rhys Jones는 『웨일스 시인들의 걸작Gorchestion Beirdd Cymru』을 1773년에 펴냈다. 이러한 민요 재발견은 그 세기 최대의 문학적 사기인 오시안 시가에서 절정에 달했다.[10] 컬로든 전투Battle of Culloden(1745년, 스튜어트 왕가의 복위를 꾀하는 재커바이트 반란이 최종적으로 패배한 전투. 스코틀랜드 민족주의에서 결정적 사건 가운데 하나다―옮긴이) 이후 시대에, 주로 켈트 문명을 옹호하려는 시각에서 제임스 맥퍼슨은 『스코틀랜드 하일랜드에서 수집한 게일어나 어스어(아일랜드 게일어―옮긴이)에서 번역된 고대 시 단편Fragments of Ancient Poetry, Collected in the Highlands of Scotland, and Translated form the Galic or Erse Language』을 내놓았다. 그는 '하일랜드 호메로스' 오시안으로부터 유래했다고 하는 이 시들을 하일랜드 소농들이 읊는 것을 들은 적이 있다고 주장했다. 여기서 시적 상상력은 '자연에 가장 가까운' 이들한테 가장 강하다는 확신이 실증되는 듯했다. 맥퍼슨의 시가집 예찬자들은 더 많은 게일어 '단편들'을 수집하기 위한 시도에 자금을 댔고, 역시 저 옛 음유시인이 지은 두 서사시, 『핑갈Fingal』(1762)과 『테모라Temora』(1763)가 뒤이어 나왔다. 오시안 시가집들의 신빙성에 대해서는 갈수록 의혹이 커져갔지만, 1800년에 이르자 본국에서만 최소 열 가지 판본이 나왔고, 독일어, 이탈리아어, 에스파냐어, 프랑스어, 네덜란드어, 덴마크어, 스웨덴어, 폴란드어, 러시아어로 무수한 판본들이 나왔다.[11]

민중의 예술적 영감의 진정한 대변자 역할을 맡은 켈트 음유시인들은 하프를 뜯으면서 영웅주의나 사랑과 죽음에 관해 민중의 언어로 읊는 이들로 그려졌다. 워즈워스는 곧 『서정시집Lyrical Ballads』(1798)에서 "미천하고 소박한 삶이 일반적으로 선택되었으니 바로 그런 처지에서 가슴의 본질적 열정들이 더 나은 토양을 찾을 수 있기 때문이다. (…) [그들은] 더 꾸밈없고

더 힘 있는 언어로 말한다"고 천명하면서 평범한 일반인들을 우러르게 된다.[12]

계몽된 엘리트들은 하층 계급 전반을 향해, 새로운 존 불John Bull 인물상(조지 왕조 세기에 한없이 혹사당하는 인물로 그려진)을 향해 공감을 표할 수도 있었다.[13] 그들의 노동이 왕국을 지탱했고, 그들은 보답이나 감사를 거의 받지 못한 채 노고를 견뎠다. 그들의 고된 노동의 존엄성은 살롱의 공감을 산 한편, 후기 계몽주의는 탐욕스러운 지주와 야비한 대지주들, 그리고 서민들의 정직함이나 무지, 취약성을 악용한 여타 사람들에게 짓밟히는 오막살이 소농과 짐마차꾼을 두고 눈물을 흘렸다. 올리버 골드스미스의 『버려진 마을』(1770)은 인클로저 운동의 희생자들을 애통해한다. 탐욕의 먹잇감이 된 영국의 농민들이 닥치는 대로 토지를 빼앗긴 날은 영국에 불운한 날이었다.

> 먹잇감에 불운을 재촉하며, 그 땅에 해가 닥치노라.
> 부가 쌓여가고, 인간은 타락하는 그곳에.[14]

그리하여 시골 사람들은 퀄리티 스트리트Quality Street(섭정 시대 상류 사회를 배경으로 한 J. M. 배리Barrie의 풍속 희곡―옮긴이)의 타락으로 더럽혀지지 않은 선善으로 그려질 수 있었던 반면, 교육받은 엘리트는 그들에게 전반적으로 그렇게 동조적이지 않았고 낙천적 전망을 품지도 않았다.[15] 이신론자들에게 어중이떠중이들은 쉽게 믿고, 전례와 신경信經(기독교 신앙을 일정한 형식으로 요약한 것―옮긴이), 심지어 그들을 제지하기 위해 성직자가 필요한 자들이었다. 뉴턴주의자 의사 조지 체인은 사회에서 '기민하게 사고하는 사람, 느리게 사고하는 사람, 그리고 아무런 사고도 하지 않는 사람'을 냉담하게 구분했고,[16] 촌스러움은 언제나 웃음거리로 제격이었다. '내 장비들을 어느 읍내 강연장으로 나르고 있었을 때가 기억나는군요'라고 순회 강연자 벤저민 마틴Benjamin Martin은 청중의 속물근성에 호소하며 회상한다.

어중이떠중이들이 뭔지 알아보려고 문 근처로 몰려들었죠. 개중 한 약삭빠른 사람이 곧장 외쳤습니다. '우리 마을에 쇼가 펼쳐지려나보다! 이걸 구경하려면 얼마를 줘야 하지?' '1기니!'라고 누군가 대꾸하자, '말도 안 돼'라고 먼젓번 사람이 다시 말했습니다. '이건 굉장한 쇼야. 틀림없이 점잖은 나리들만 이걸 볼 수 있다니까.'[17]

그렇다면, 기본적으로 누가 천국의 문을 통과하여 계몽된 이성의 엘리시움으로의 입장이 허락될 수 있었을까? 물론 민중the people이었다. 그러나 그건 언제나 파악하기 까다로운 관념이었다. 1765년에 글을 쓴 국교회의 존 브라운 신부에 따르면, 민중이란 '지주 젠트리, 성직 녹을 받는 시골 성직자, 재산이 상당한 상인과 장인 다수, 상당한 자산이 있고 근면한 자유토지보유농'이나 자영농'이었다 —명백히 어떤 사람들은 다른 사람들보다 훨씬 더 평등했던 모양이다.[18] 3년 뒤에 '레굴루스Regulus'라는 필자는 〈폴리티컬 레지스터Political Register〉에 글을 쓰면서 '민중'의 범주에서 '통치의 사안을 판단할 능력이나 거기에 신경을 쓸 만한 재산이 없는 일자무식의 어중이떠중이'를 배제했다.[19] 습관적으로 상정하자면, 그러한 사회적 구분선을 긋는 데는 요령이 필요했다. '모든 사람은 선천적으로 평등하다'고 로크는 설명한다. 그러나 내가 온갖 종류의 평등을 이해해야만 한다고 할 수는 없다. 연령이나 미덕은 정당한 우위를 제공할 수도 있다. 재능의 우수성과 실력은 어떤 사람들을 보통의 수준보다 더 위쪽에 둘 수도 있다. 출신은 어떤 이들로 하여금, 그리고 결연이나 은혜는 또다른 어떤 이들로 하여금, 자연 혹은 감사하는 마음, 여타 측면들이 마땅하게 만들었지도 모르는 사람들에게 복종하도록 만들 수도 있다.[20]

기독교의 매력은 무지한 자들, '손은 쟁기와 삽에 익숙하고, 머리는 좀처럼 숭고한 관념들로 고양된 적 없는'[21] 이들에 맞춰 적응한 신앙이라는 점에 있었다. 로크의 은근히 깔보는 태도—[인류의] '최대 집단인 그들은 알지 못하므로 그냥 믿어야 한다'[22]—는 이신론의 이중 진리론, 즉 합리적인 이들에게는 종교, 단순 무지한 이들에게는 미신이라는 원칙을 인정했다.

일부는 그보다는 관대한 태도를 보였다. 『사계』(1730)에서 제임스 톰슨은 '신과 같은 정신으로 철학을 고양시키는' '계몽된 소수'와, 하늘에 혜성이 지나가는 것을 보고 벌벌 떨며 '눈먼 경탄과 신령스러운 믿음에 쉽게 빠지는' '맹종하는 무리'의 어리석음을 대비시켰다—무지개에서 '떨어지는 영광'을 붙잡으러 달려가는 속담 속의 시골 젊은이를 보라.[23] 에픽테토스 번역자인 유식한 엘리자베스 카터는 자신이 호지Hodge와 더불어 날씨를 예견하고 심지어 날씨를 불러낸다는 명성을 얻었다는 사실을 깨닫고 전혀 유쾌해하지 않았다—그녀는 '나는 정말로 그런 헛소리는 심지어 최하층 사이에서도 사라졌을 거라 생각했다'고 화를 참아가며 썼다.[24] 신동이나 전조, 여타 미신들에 대한 민간의 믿음은 엘리트의 우월감을 충족시켰을지라도 한편으로는 그들의 속을 긁었다. 버나드 드 맨더빌은 '근시안적인 속인들은 원인들의 쇠사슬에서 좀처럼 하나의 사슬 너머를 보지 못한다'25고 생각했다. '속인들 아무한테나 왜 편재하는 창조주를 믿느냐고 물어보라'고 흄은 제안한다. "그는 목적인目的因의 아름다움을 결코 언급하지 않을 텐데, 그런 것을 모르기 때문이다. (…) 그는 아무개가 뜻밖에 갑작스레 죽은 일, 또다른 아무개가 떨어져 다친 일, 이번 철의 심한 가뭄을 들먹일 것이다."26

한마디로 용어들은 다루기 까다로운 것이었다. 헨리 필딩은 '하찮은 사람'이란 '대략 1200명을 제외한 영국의 모든 사람들'이라고 유명하게 정의 내렸다.27 섀프츠베리는 '민중'을 한껏 치켜세웠다―'민중'이 '포함되는' 곳에서를 제외하고는 '공중'이란 있을 수 없다. 그러나 그 표현으로 그는 고전기 폴리비오스 양식으로, 공화국의 자유로운 시민들, '이를테면, 세상을 두루 보았고, 유럽의 여러 나라들의 관습과 풍습을 잘 아는 사람들'이라고 이해했다. 따라서 수적인 다수는 배제되었다.28 자유로운 정신이 결여된 '한갓 속인'은 '비굴한 복종심'에서만 행동할 수 있을 뿐이고―심지어 그때에도 그들은 '흔히 눈앞의 교수대 같은 교화 장치가 필요하다'―아닌 게 아니라 '악마와 지옥은 감옥과 교수대만으로는 불충분한 곳에서 잘나갈 것이다.'29

그러한 구별 짓기는 계몽된 지성들의 반사작용이었다. '교양 있는 상상력의 소유자는 속인들은 수용하지 못하는 많은 즐거움들을 누린다'30고 〈스펙테이터〉는 주장했다. 취향이 모든 것을 말해주리라―아닌 게 아니라 취향은 사회적 구별의 진정한 표지가 되었다고, 제임스 밀러James Miller의 『심미안The Man of Taste』(1735)은 가볍게 놀린다. "세련된 신사들과 숙녀들은 안목 있게 옷을 입고 (…) 화가들은 안목 있게 그린다."31 한편 데이비드 흄은 '인류 가운데 우아한 부류들, 한낱 동물의 삶에 빠져 있지 않는 이들'을 상대로 발언했다.32 메리 앤 래드클리프Mary Ann Radcliffe는 '세련됨과 섬세함'은 매너를 망각한 '불쌍하고 비천한' 자들 위로 숙녀들을 격상시켜준다고 썼다.[33] 시인 윌리엄 셴스톤William Shenstone은 한층 더 직설적이었다. '속인들은 일반적으로 옳지 않다.'[34]

이러한 구별의 퍼레이드에서 저속하게 여겨진다는 전망은 참을 수 없는 것이었다. 스코틀랜드 공통 감각 학파 철학자 토머스 리드는 자연히 자신과 같은 부류와 폭민을 구별했다. "속인은 사실을 아는 것에 만족한다. (…) 그러나 철학자는 이러한 사건이 어떻게 발생했는지를 알고 싶어하고, 그것을 설명하거나 그 원인을 찾아내고 싶어한다."[35] 그러니 그가 자신이 친 덫에 걸렸을 때 느낀 경악을 상상해보라. 흄의 비판에 반박당한 그는 '대단히 굴욕적이게도 나는 속인과 같이 분류되었다'고 인정했다.[36] 물론 로크가 집안의 하인들이 도깨비와 마녀에 관한 어리석고 이상한 이야기들을 전해서 [아이들에게—옮긴이] 잘못된 사고 연상을 심어주지 않을까 전전긍긍한 것처럼(9장을 보라),[37] '농민의 촌스러움peasantry'은 천연두처럼 잘 옮는 것이라고 오랫동안 걱정되어왔다. 대중이 예의 바른 교양 문화를 흉내낼까봐, 어쩌면 소설을 읽음으로써 '특출함이라는 위험한 꿈에 빠져들지는' 않을까 우려스럽기도 마찬가지였다.[38]

그리고 만약 촌뜨기가 세련되어진다면,
누가 미천한 의무들에 신경쓸 것인가?
그들은 송시와 편지를 끼적이는 데서
윗사람들한테 지시하는 것으로 나아갈지도 모른다.[39]

그렇다면 전체적으로 '민중'의 정의는 보는 사람의 눈에 달려 있었고, 인류의 귀감이든 불가촉천민이든, 여러 가지 이데올로기적 역할을 수행할

'민중들'의 레퍼토리가 있었다. 계몽인들이 자신들의 자애로운 꿈속에서 완벽해진 민중을 상상하길 좋아했다면, 그것은 철저하게 그들의 관점에서였다. 단기적으로 민중은 주로 문제들로서 그려졌다.

계몽된 기질은 낙관적이었고, 민중 문제에 대한 해법들은 쾌활한 낙천가들에게서 저절로 나타났다. 그들은 진보의 전망에 희망을 걸었다. 오늘의 속인은 내일의 교양인이 될지도 모른다. 그러므로 1780년대에 트레일 부인은 그 세기 전환기 이래로 '여성의 예의범절'에서 감지되는 개선을 지적했다. 그녀가 10대 초반의 딸들에게 〈스펙테이터〉를 소리 내어 읽어주었을 때, 그들은 그 '저속함vulgarisms'에 웃음을 터트렸다. 가장 분명하게 사태를 보여주는 일은 '내 머리를 빗겨주던 하녀'가 그 웃음에 합세한 것이었다. 만약 70년이 지나, 심지어 하인도 다름 아닌 스펙테이터 씨보다 더 정중해 보인다면, 참으로 안심되는 일이 아닐까? 〈젠틀맨스 매거진〉도 담화에서의 천박함이 상당히 사라진 것에 주목하면서—이제는 '최하층민'만이 '땀sweat'이라고 말한다(똑같이 땀이라는 뜻이지만 'sweat'보다 더 유식한 단어인 'perspiration'을 염두에 둔 발언임—옮긴이)—트레일 부인에게 동의한다. '우리는 매일같이 점점 더 섬세해지고 있다'고 그 필자는 비꼬듯 말하며, '물론 그와 동시에 더욱 유덕해지고 있다. 그리고 세계에서 가장 세련되고 예의 바른 국민이 될 거라고 확신한다'고 덧붙인다.[40] 촌스러움이 옳는 것이면 교양 있는 예의 바름이라고 왜 안 그러겠는가?

역사는 모두가 문명화 에스컬레이터를 타고 있는지도 모른다고 암시했다. 1801년, 과거를 되돌아보면서 국교회 사제 리처드 워너Richard Warner는 '16세기와 17세기 우리 조상들을 충분히 만족시켰던 스포츠들'이 얼마나 '협잡꾼의 장난, 저글링 곡예사와 공중제비 도는 사람, 댄서들의 묘기와 떠돌이 무언극 배우의 익살, 그리고 소 긁리기라는 우아한 여가 활동으로

(…) 이따금 변화를 주는 오일장의 위험한 유희'였는지를 개탄했다. 과거에는 심지어 지체 높은 사람들도 천박한 재미에 몸을 담갔다. 다행스럽게도 모든 게 변했다. "국민적 예의범절이 점점 더 세련되어지면서 우아함에 대한 관념들도 그에 비례하여 늘어났고, 공공의 유흥도 그들이 현재 보여주는 취향과 화려한 장관에 서서히 가까워졌다."[41]

그러므로 만일 시간 자체가 교육적이라면, 학교 교육은 그 과정의 속도를 높여줄 것이었다. 대중 학교 교육을 위한 이니셔티브는 대체로 기독교 박애 사업가들한테서—18세기 전반기의 자선학교 운동과 18세기 말까지 이어진 주일학교 운동—나왔다.[42] 그러나 이전 장에서 본 대로 계몽된 사고도 거기에서 일정한 역할을 했다. 저 '도덕 세계의 증기기관', 기계적인 모니터링 교육 방법을 개척한 앤드루 벨Andrew Bell과 조지프 랭커스터Joseph Lancaster가 고안한 교육 계획에서처럼 말이다. 분업에 따라 배치된 학생 모니터 위원들은 단 한 명의 교사로부터 모든 학생들한테 지도 사항을 전달할 수 있었다. 1797년 벨은 "학업 기계 전체를 돌아가게 만드는 지적 기관이란 그런 것이다. 그러한 (…) 원칙 위에서 모든 교실과 공장, 작업장, 구빈원, 교도소, 구빈법 행정, 그리고 모든 공적이거나 심지어 사적인 기관도 규모와 상관없이 운영되어야 한다"[43]고 썼다. 뉴래너크에 세워진 모험 사업가 로버트 오언의 새로운 모델 사회는 민중의 완전 구현 가능성과 인간의 변형 가능성에 대한 계몽된 신념에 달려 있었다. 로크와 엘베시우스Helvétius를 따르는 이 무신론자는 그의 전 직원을 행복한 일꾼들로 주조하기 위한 광범위한 교육 시설을 설립했다.[44]

그러므로 시간과 교육은 효과적인 것으로 드러날지도 모른다. 하지만 그러한 과정들은 도움의 손길이 필요했다. 평민들을 더 절제된 집단으로 만들기 위해, '거친' 습관들의 평판을 떨어트리고 억누르는 데 에너지가 투입되어야 했다. 엘리트 계층은 이제는 '저속'하다고 여겨지는 민간의 여가 활동과 거리를 두면서, 이성과 도덕성, 맨정신, 법과 질서에 반한다고 새롭게 공언된 곰 곯리기 같은 난폭한 오락을 근절시키거나 중단시키려고 나섰다.[45] 진보적 여론은 서민의 주취, 사통私通, 방탕을 규탄하고, 새로운 제조업 경제에 적응시키기 위해 노동 계급 사이에서 새로운 자존self-respect을 고취하고자 했다. 지역의 식량 폭동 이후 출간된 『요업 종사 젊은이들에게 고함Address to the Young Inhabitants of the Pottery』(1783)에서 도자기 제조업자이자 '게으름 부리지 말라'를 자신의 '열한번째 계명'으로 삼은 사람인 조사이어 웨지우드는 대중의 방탕한 행각을 비판하고, 만약 노동 계급이 협조하여 음주벽과 시간을 안 지키는 버릇, 무기력과 그들이 선호하는 유흥을 포기한다면, 근면이 그들에게 제공할 가시적인 개선 사항을 자세히 설명했다.[46] 그의 의사 친구 이래즈머스 다윈은 급진주의자 동료 의사인 토머스 베도스와 마찬가지로 음주의 폐해에 맞선 캠페인을 벌였다.[47]

반反알코올 선전 활동은 다수의 '민중의 친구들friends of the people'에 의해 이루어졌다. 계몽주의자로서 흠잡을 데 없는 자격증을 갖춘 의사 제임스 파킨슨James Parkinson은—그는 급진적인 런던통신협회London Corresponding Society의 주도적 회원이었다—노동 빈민층이 읽을 수 있도록 공공장소에 게시할 전단으로서 『건강으로 가는 길The Way to Health』(1802)을 썼다.[48] 그는 사람 대 사람으로서 말했다. 그러니까 계몽된 전문가가 촌뜨기에게 말을 거는 식이었다. "여러분 대다수는 여러분이 흘린 땀으로 생계를 잇고 노동을 통해 사회를 이롭게 하는 사람들이니, 내가 육체적 활동과 노동에 관한 몇 가지 언급으로 가르침을 시작한다고 놀라지는 않을 것이다."[49] 육체노동은 목가적인 비전 안에서 표현된다. 그러니 정직한 노동은 노동자에게 신체적 건강을 부여하리라.[50] 감상적인 스코틀랜드 의사 시인 존 암스트롱 John Armstrong을 인용하면서, 파킨슨은 '농민의 노역은 건강에 의해 잘 보답' 받으니 '힘은 사용함으로써 점차 커지고, 과도하게 아끼면 오히려 사라지기 때문'이라는 시각을 옹호한다.[51]

그리하여 술꾼들은 법을 어긴 자들과 마찬가지로 지면을 통한 호소의 대상이 되었다. 앞서 설명한 대로 인과성과 인격에 대한 계몽된 모델들은 잘못에 대한 책임에 관한 새로운 관념들을 제시했다. 전통적으로 중상을 당해온 마녀 같은 특정 집단은 이제 희생자로 그려졌다. 갈수록 상황의 산물로 묘사되고 있으며 따라서 동정의 대상이 된 매춘부의 경우도 마찬가지였다.

매춘은 널리 토론되었다. 1758년 치안판사 존 필딩John Fielding은 거리의 여자들의 범죄 책임성을 숙고하면서 '일하는 과부의 딸들이 가난하고 글도 모른 채 온갖 유혹에 노출되면 과연 어떻게 될 수밖에 없을까?'라고 되물었다. 답은 뻔하다. "그들은 심지어 그들의 정념이 어떤 죄책감을 느낄 수 있기 전에도 필요에 의해 어쩔 수 없이 매춘부가 된다."[52] 그들에게 대체 다른 대안이 있을까? "여성에게 허락된 생계 수단은 미미하다. (…) 그리고 생계 수단 대부분은 남성들이 차지하고 있다. 수익은 너무 적고 (…) 일자리를 구하기도 대개는 너무 어렵다." 고용주들은 시골에서 온 순진한 여자들을 악용하는 쪽을 선호하여 도시 여자들을 고용하길 싫어했다.[53] 처벌은 사태를 악화시킬 뿐이었다. 조너스 한웨이가 『단속의 결점Defects of Police』 (1775)에서 쓴 대로

아직 어리고 죄에 물들지 않은 여자를 **범법자**로 취급하면 그녀의 수치심은 없어져버릴 것이다. 그녀는 자신을 인류 안에서 **추방당한 자**로 여기고

싶은 마음이 들 것이다. 아무런 제지도 받지 않고 계속해서 죄를 짓게 될 것이다. 그녀의 마음은 점차 딱딱하게 굳어갈 것이다. 도통 자비를 얻을 수 없고, 그토록 가차없이 자신에게 가혹한 이 세상을 자신이 언제 어떤 식으로 뜨게 될지 신경쓰지 않고, 모든 일에 무심해질 것이다.[54]

그러므로 계몽된 사고는 비난의 화살을 매춘부 개인한테서 다른 데로 돌렸다. 『공중 매음굴에 대한 온건한 옹호A Modest Defence of the Public Stews』 (1724)에서 버나드 드 맨더빌은 공리주의적 표현으로, 상업적 섹스는 남성의 성적 충동을 고려할 때 차악이자, '유덕한' 여성들에 대한 추행을 방지하는 유일한 길이라고 주장했다.[55] 그러나 지배적인 이미지는 희생자로서의 매춘부 이미지였다. 본래 유덕하지도 사악하지도 않은 매춘부는 사회의 소산, 호가스의 〈창녀의 행로A Harlot's Progress〉(1730-31)에 그려진 것과 같은, 사악한 도시로 왔다가 냉혹한 포주와 비정한 고객들에게 착취당하는 순진무구한 소녀로 전형적으로 묘사되었다. 계몽의 작업 프레임은 따라서 개인적 책임과 속죄의 작업 프레임이 아니라 사회적 문제와 해법의 모색이라는 작업 프레임이었다.[56]

그렇다면 무엇을 해야 할 것인가? 계몽된 지성들은 제도적인 해답들을 전략적으로 들고 나왔다. 처벌이 아니라 갱생을, 매질이 아니라 감화원을 말이다. 런던의 맥덜런 호스피틀Magdalen Hospital은 바로 그 목적을 위해, 매춘부들을 위험에서 건져내 그들에게 규율과 정직한 다른 기술을 가르친 다음 취업시킬 목적으로 1758년에 설립되었다.[57] 아이들이 교육될 수 있는 것처럼, 문제 인간들도 재교육될 수 있었다.

그러한 개조 과정에서, 계몽된 의사는 흔히 자신을 사회적 장애들의 진단과 치료까지 이어지는 간편 지침서를 갖추고 있는 것처럼 묘사했다.

어리석음과 불의투성이인 아픈 사회에서 토머스 베도스 같은 계몽된 인물들에 따르면, 올곧은 의사야말로 공공선을 위한 처방을 내릴 가장 좋은 위치에 있었다[58]—베도스의 『아이작 젠킨스, 그리고 그의 아내 세라의 병환과 그들의 세 자식의 사연The History of Isaac Jenkins, and of the Sickness of Sarah his Wife, and their Three Children』(1792)을 보라.[59]

노동 빈곤층을 겨냥한 이 개량적 이야기에서 한 슈롭셔 노동자의 가족에게 병이 들이닥친다. 의사를 부를 여력이 없던 젠킨스 가족은 동네의 돌팔이한테서 약을 산다. 그들이 더이상 돈을 줄 수 없게 되자 약장수는 젠킨스 가족에게 발길을 끊는다—"돌팔이 의사는 환자가 낫든지 죽든지 어림 반푼어치도 신경쓰지 않는다. 그들이 원하는 것은 뭘 모르는 사람들을 벗겨 먹는 것뿐"[60]이라고 소설의 화자는 독자에게 직접 설명한다.

운 좋게도 하루는 외과의사인 랭퍼드Langford가 (계몽주의의 전형적인 반성직주의의 터치로!) 사냥을 나갔다가 부상을 입은 주임 사제를 살피러 가는 길에 우연히 그곳을 지나간다. 랭퍼드는 세라와 이야기를 나누게 되고, 아이들이 아프다는 말을 듣고는 무료로 그들을 치료해주고 그녀의 넋두리를 들어준다. 세라의 남편은 술을 입에 대기 시작했다. 설교하길 좋아하는 의사가 여기서 끼어들어 남편의 이러한 탈선은 타고난 타락 탓이 아니라 이 가족에게 들이닥친 끔찍한 사건(몇몇 무지렁이들이 말을 놀라게 하여 젠킨스 집안의 큰아들이 놀란 말의 발길질에 차여 죽고 말았다)에서 기인한 것이라고 설명한다. 비탄에 잠긴 아이작은 술로 슬픔을 달래고 있었고, 가족은 고통받고 있었다. 화자는 '가증스러운 음주 관행'을 규탄하는 한편, 아이작이 '비난을 받아야' 할 것이 아니라 '동정을 받아야' 한다고 판단한다. "빈자들은 잘못된 길에 빠지기 쉽고, 악해서라기보다는 잘 모르기 때문에 잘못을 저지르는 경우가 훨씬 많다."[61]

의사는 아이작과 터놓고 이야기를 나누고 약을 처방해주었으며, 의사의 질책에 부끄러움을 느낀 아이작은 일에 복귀한다. 랭퍼드가 빌려준 돈으로 가족은 술집 주인에게 진 빚을 갚을 수 있었다. 의사의 지시를 따른 아이작은 회복된다—그러나 그의 고약한 주인 심콕스는 (또다른 계급 지향적이고 가시 돋친 비판으로서) 방탕한 행각으로 수종에 걸려 역겹도록 비참한 종말을 맞는다. 아이작은 '절주에 따른 넉넉한 형편과 (…) 술에 취하고 불만이 많은 거지 신세'[62] 간의 차이를 알게 되면서 모든 것이 행복하게 마무리된다. '교양 있는 독자'를 위한 '에필로그'는 로크의 관점에서, 빈곤층을 악한이 아니라 적절한 관심과 주의를 기울인다면 개과천선할 수 있는 상황의 희생자로 바라볼 것을 촉구한다.[63] 그러므로 이 우화는 은총을 통해서가 아니라 계몽된 원조를 통한, 그리고 사제가 아니라 의사를 통한 범법자의 구원을 가르친다.[64]

현실적으로, 사태의 핵심은 나라를 축내거나 소란의 화약고가 되기 쉽다고 판단되는 극빈층을 겨냥한 프로그램과 전망들에 있었다. 빈곤에 맞서 무엇을 해야 할 것인가? 이성은 그리스도의 가르침 가운데 거지한테서 성스러움을 보고 내일을 염두에 두지 않는 측면들에 불신의 눈초리를 보냈다. 왜 게으름에 보상을 내리는가? 조지프 프리스틀리는 신설된 구호 병원 리즈 진료소Leeds Infirmary 기금 마련 설교에서, 깊이 생각하지 않고 베풀면, "세상에 최선의 의도를 품고서 나태와 방탕, 협잡을 조장하는 것과 다를 바 없는 일을 하게 될지도 모른다"[65]고 경고했다. 로크가 내세운 자연법의 합리적 개인주의는 각자에게는 그 자신과 그의 소유를 보살피고, 자신의 여건을 개선해야 할 의무가 있다고 주장했다.[66] 대처Thatcher 여사가 등장하기 훨씬 전에 기독교 경제학자들은 '일하지 않는 자는 먹지도 말라'라고 사도 바울을 인용한 한편,67 스펙테이터 씨의 상인 친구인 앤드루 프리포트Sir Andrew Freeport는 거지들한테 먹을 것을 나눠주는 것이 쓸모없는 것보다 더 나쁘다고 여겼는데, 그러면 거지들의 나태함을 굳히게 될 테기 때문이라는 것이었다.68

계몽된 엘리트가 자선을 거부했다는 소리가 아니다. 오히려 정반대다. 베푸는 것은 의무가, 아닌 게 아니라 우월한 영혼들이 누리는 '사치'가 될 수 있었다.69 그러나 그것은 무차별적으로 행해져서는 안 된다. 적절한 대상을 목표로 삼아 그에 맞춰 조정되어야 한다. 그것은 기부자를 쪼들리게 만들지도, 수혜자를 타락시키지도 않으면서 결과를 내야만 한다. 계몽주의자들은 자선의 작동 방식을 다루면서 자극과 행위, 원인과 결과를 분석하여 선행과 나란히 거기에 들어가는 돈에 합당한 가치가 무엇일지 저울질했다. 만약 그것이 순전히 마음에서 우러나는 것이라면, 박애 사업은 너무도 쉽사리 반생산적이 되고, 노동 의욕을 꺾고, 사기詐欺의 먹잇감이 될 것이다. 그러나 자선은 없애야 할 것이라기보다는 베풀어야 할 어떤 것이었다. 그것은 결국 가장 중대한 미덕, 상류층의 고상한 인간성을 보여주는 문장紋章, 야비한 인색함과 찔끔찔끔 나눠주는 교구 구빈법의 제도화된 구호를 넘어서는 관대함이었다. 여기에서 조지 왕조 시대 사람들은 주의깊은 머리로 너그러운 가슴을 인도하면서 감상성이라는 스킬라Scylla와 계산이라는 카리브디스Charybdis 사이를 솜씨 좋게 빠져나가고자 했다(스킬라는 『오디세이아』에서 오디세우스의 항해를 방해한 머리 여섯 달린 바다 괴물이다. 스킬라 옆으로는 바닷물을 삼켰다 토해내는 거대한 소용돌이 괴물 카리브디스가 있다. 스킬라와 카리브디스 사이란 진퇴양난의 형국을 뜻한다 ─옮긴이).

다른 많은 문제들에서와 마찬가지로, 이에 관해서 계몽인들은 그야말로 자화자찬했다. 기부자의 관대함은 '인류의 자비가 (…) 진보해왔고, 현시대를 특별히 빛나게 함'[70]을 입증한다고 1784년 리즈 진료소의 연례 보고서는 진술했다. 우리는 아낌없이 내주면서 '현시대의 진정한 교양과 고상한 품위의 모든 이점들을 거둬들인다'[71]고 프리스틀리는 주장했고, 유사한 어조로 또다른 병원 기금 조달자인 윌리엄 와츠William Watts는 동료 시민들에게 '자선이 넘쳐나는 시대와 나라에서 자비로워질'[72] 것을 촉구했다. 이스트미들랜즈는 세계를 선도할 수 있으리라. "이 점에서, 그리고 다른 모든 인간적이고, 예의 바르고, 자비롭고, 기독교도적인 측면에서 언제나 대단히 덕망 있는 레스터 카운티가 신성한 영향력 아래, 이 땅에 대한 자유와 사회적 미덕의 본보기이자 찬사가 되기를."[73] 다른 논의들도 무게를 실었다. 진료소는 '모든 자선 행위 가운데 가장 값싼 것, 가장 적은 비용으로 할 수 있는 최대의 선'[74]이라고 프리스틀리는 지적했다.

그러므로 합리적 박애를 위한 역할이 존재했다. 그러나 그것은 또다른 현실의 맥락, 바로 구빈법의 맥락 안에 놓아야만 한다. 구빈법에 대한 요청은 불길하게 번져가고 있었다. 번영과 구빈법에도 불구하고 빈곤은 왜 지속되고, 심지어 악화되는가? 구빈법이 어쩌면 그것이 치료한다고 주장하는 바로 그 질병을 만들어내거나 악화시키는 것은 아닐까? 그렇다면 구빈법을 개혁해야 하지 않을까? 계몽된 잉글랜드는 번창하는 자본주의 경제 안에서 사라지지 않는 종기인 빈곤을 둘러싸고 격렬한 논쟁을 가져왔다.

엘리자베스 시대 이래로, 잉글랜드는 국가의 법으로 정한 구빈법을 자랑스러워했다. 잉글랜드와 달리 유럽 가톨릭 국가들과 칼뱅주의 스코틀랜드에서는 구호금 분배가 교회에 맡겨져 있었다.[75] 1662년 법정거주지법이 확인했듯이, 구호 책임은 행정 교구parish('행정구'라고도 한다. 원래는 빈민구호법을 위해 설치된 행정 단위이지만 현재는 주country 아래 최소의 지방 행정 단위다—옮긴이)에 있었다. 극빈자는 소속 교구의 원외(원조가 구호기관, 병원 따위 시설의 밖에서 이루어진다는 뜻—옮긴이) 구제를 받을 권리가 있었다. 법정거주지의 이면은 수급권 박탈이었다. 교구는 자기 교구에 정해진 거주지가 없는 사람들한테는 구호 책임이 없었고, 늙고 병든 가난한 부랑자는 떨려났다.

18세기 초에, 빈민 감독관들은 구호금을 나눠주는 데 꽤나 후했던 것 같다. 노동력의 공급이 계속 달리는 한, 노동력을 관리하는 것은 이치에 맞았다. 그러다가 관련 수치와 구빈세가 치솟았다. 1700년 연간 비용은 대략 60만 파운드였다. 1776년에 이르자 빈민 수당은 150만 파운드까지 치솟았고, 그다음 1803년에는 420만 파운드까지 급등했다.

여기에 대한 설명과 해답을 찾으려는 시도들은 복잡하게 얽혀 있는데, 모든 층위에서 빈민에 대한 공중의 태도가 매우 상반되었기 때문이다. 신체 건강한 이들의 팔자는 흔히 그들 탓으로 돌려졌다. 디포는 '자격 없는 자들'에 대해 투덜거렸다.

> 벌이가 좋을 때 그들은 하루 벌어 하루 먹고사는 정도 이상으로는 일하지 않으려고 한다. 아니면 일을 해서 돈을 벌어도 술 마시고 노는 데 흥청망청 써버려서 돈이 전혀 쓸모가 없다. 다시금 경기가 나빠지면 어떻게 되는가? 그러면 그들은 시끄럽게 불만을 늘어놓고, 반항적으로 뻔뻔하게 굴면서, 가족을 교구에 내버린 채 도망쳐서 곤궁한 거지 신세가 되어 여기저기를 떠돈다.[76]

『근래 강도 증가의 원인에 대한 탐구An Inquiry into the Causes of the Late Increase of Robbers』(1751)에서 헨리 필딩은 유사한 비난을 쏟아낸다. 범죄의 주요 원인들은 구빈법의 실정失政과 더불어 '최하층 민중'의 '낭비적'인 습관이다. 경기 호황과 여가의 상업화는 빈민들 사이에서 유해한 취향과 기대를 낳았다. '대지의 열매를 섭취하는 것말고 아무런 다른 목적도 띠지 않고 태어나는 것은 극소수의 (…) 특권'이라고 그는 불쾌감을 드러냈다. 술과 노름이 근면을 약화시키고 있고, 어설픈 행정과 잘못된 자선으로 훼손된 구빈법은 상황을 악화시킨다.[77] 프레더릭 모턴 이든Frederick Morton Eden은 나중에 "노동 빈곤층의 불행은 빈약한 수입보다는 (…) 앞날을 내다보지 않고 절약하지 않는 습관에서 기인한다"[78]고 거만하게 말했다. 다시 말해, 특정한 핵심 그룹만이 '희생자'라는 계몽된 새로운 지위에 자격이 있었다. 대다수의 경우에 이성은 책임을 요구했다.

그러므로 책임이라는 미덕을 장려하기 위해 많은 이들이 임금이 낮게 유지되어야 한다고 요구했다. "빈곤층을 근면하게 만드는 유일한 길은 수면과 휴식을 제외하고 남는 모든 시간을 일하지 않으면 안 될 처지에 두는 것"이라고 윌리엄 템플 경은 잘라 말했다. 한 세기 뒤에, 아서 영은 "하층 계급은 계속 가난하게 두어야 한다. 그러지 않으면 그들은 결코 부지런해지지 않을 것이라는 점은 바보가 아니라면 모두가 안다"[79]고 맞장구를 쳤다. 그러나 저임금 해법의 단점은 지적된 대로, 노동자들을 극빈의 문턱에 둔다는 점이었다. 사소한 사고나 질병, 업계의 불황이 찾아오면 견실한 한 가족이 금방 빈궁한 상태에 빠져 공적 구호의 대상이 되었다.[80]

해법을 요란하게 들고 나오는 계획가들이 부족한 적은 없었다. 비록 장기적 해법이긴 하지만 많이 선전된 한 가지 해법은 앞서 본 대로 정신을 개조하는 것, 근면과 경건한 신앙심, 근검절약의 습관을 들이도록 하층 계급을 계도하는 것이었다. 계발 소책자와 자선학교, 설교 등등은 인격을 배양하고 노동 법칙을 가르치는 것을 겨냥했다. 하지만 그러자면 시간이 걸릴 터였다. 그러므로 갈수록 지지를 받은 대책은 구호에 부대조건을 다는 것이었다. 특히 빈민 구제는 자유의 상실을 의미해야 한다. 데우스 엑스 마키나deus ex machina(고대 연극에서 막판에 기계 장치를 타고 등장하는 신이라는 뜻으로 편리한 갈등 해결책을 말한다―옮긴이)는 구빈원 노역소, 제러미 벤담의 금언에 따르면 '악한을 갈아 넣어 정직하게 만들고 게으름뱅이를 갈아 넣어 근면하게 만드는 맷돌'(18장을 보라)이 될 것이었다. 거기서 빈자들은 밥값을 할 테고(그러므로 납세자들의 부담을 덜어주고), 규율과 숙련 기술을 배울 것이다. 공리주의적 돌멩이 하나로 여러 마리 새를 잡을 수 있으리라.

로크는 필연적이다시피 이러한 접근법의 초기 옹호자였다. 상무부를 위해 준비한 그의 『구빈법에 관한 시론An Essay on the Poor Law』(1697)은 빈곤과 실업의 원인을, '식량 부족이나 고용의 부족이 아니라' '규율의 완화와 습속의 타락'이라고 거침없이 진단했다―정책 형성자 로크는 철학자 로크보다 더 냉혹하게 들린다. 그러므로 '빈곤층을 일하게 만드는' 첫 단계는 '엄격한 법 집행을 통해 그들의 방탕을 억제하는 것이어야 한다.'[81] 빈곤층의 후견인들은 학교를 운영하는 극기 훈련원을 만들고 농부들과 수공 장인들로 하여금 훈련원을 나온 원생들을 견습생으로 고용하도록 요구해야 한다. '구걸하는 게으름뱅이'―사지가 멀쩡한데 일하지 않는 사람―는 배에서 일하도록 끌려가야 하고, 고아들은 구빈원 노역소에 보내져서 '묽은 죽'을 먹으며 남아는 세 살부터, 여아는 다섯 살부터 하루에 열네 시간씩 일해야 한다.[82]

로크와 동시대 사람인 박애주의적 퀘이커교도 존 벨러스John Bellers와 토머스 퍼민Thomas Firmin은 구빈원 노역소와 더불어 아이들에게 근면의 습관을 길러주고 그들을 일하게 만들 훈육 활동은 궁핍 문제도 해결할 것이라 주장했다.[83] 『유용한 직업과 농사를 위한 근로학교 설립 제안Proposals for Raising a College of Industry of All Useful Trades and Husbandry』(1696)에서 벨러스는 전형적인 중상주의적 방식으로 '한 나라에 노동자는 아무리 많아도 지나치지 않다'고 단언하며 공동 출자를 기반으로 운영되는 300명 정도의 생산자들로 이루어진 부락을 제안했다—'공동생활을 한 원시 기독교의 사례와 비슷한 공동체.'84

구빈원 노역소는 브리스틀에서 1697년에 처음 시도되었다. 다음 몇 십 년 동안 구빈원은 수백 군데 넘게 들어섰다. 이 기관은 사회 일각에서 어쩌면 비록 음흉할지라도 아낌없는 찬사를 받았다. 존 다이어John Dyer는 『양털The Fleece』(1757)에서 사회의 떨거지들을 위한 해법으로서 행복한 구빈원을 반겼다.

> 어이, 부지런한 자들의 거처에서
> 일하지 않고 양식을 구하는 너 가난뱅이야,
> 고약한 속셈을 품고 불운을 가장하며
> 집집마다 떠도는, 어이, 장님과 절름발이들.
> 진짜 소망을 억누른 채 축 처진 발걸음으로,
> 쓰라린 가슴을 안고 폭풍과 빗속을 헤치고
> 울퉁불퉁한 길과 황량한 산을 터덜터덜 걸어가는
> 행복이 강요된 너 고통의 자식들이여.85

그러나 그들이 약속한 물건을 인도하지 못하자, 구빈원을 더 규율 잡히고 비용 효율적인 곳으로 만들기 위해 개정된 방안들이 제시되어야 했다. 제러미 벤담은 강제적이고 보편적인 시스템인 내셔널 채러티 컴퍼니National Charity Company의 수립을 권고했다. 이것은 거지들과 극빈자를 끌어모아 구빈원 노역소에 격리시킬 목적으로 국가의 인가를 받은 민간 기업체다. 회사는 거리에서 빈둥거리는 자들을 싹 쓸어갈 권한을 갖게 될 터였다—그들은 구빈원에 '들어올 수밖에 없을 것이다.'[86] 특히 이 제도는 근면한 습관을 기르도록 훈련받을 젊은이를 겨냥했다. '1분 1초도 빈둥거리는 데 허비되어서는 안 될 것'이라고 벤담은 쓴다(18장을 보라). 행정적 세부 사항들은 구빈원을 비용 효율적으로 만들도록 명시되어 있었다. 돈과 시간의 낭비는 '도덕적 부기'에 의해 회피될 것이었다. 파놉티콘처럼[87] 내셔널 채러티 컴퍼니는 민영화된 임대 시스템으로 운영될 텐데, 벤담은 국가 일자리는 독직을 초래할지도 모르는 반면에 경쟁 입찰은 효율성에 기여할 거라고 굳게 믿었기 때문이다.

극빈에 직면하여 일부 강경론자들은 자본주의 자체가 빈곤을 낳고 있으며, 이는 어쩌면 불가피하고 심지어 이로울 수도 있다고 결론 내렸다. 공리주의자인 스콧 패트릭 커훈Scott Patrick Colquhoun은 맨더빌적 노선을 따라서 '빈곤은 사회에서 필수적이고 불가결한 요소'라고 주장했다.[88] 확실히 관심은 갈수록 부와 인구 증가율 간 균형에—그보다는 새로운 두려움의 대상이 된 불균형에—맞춰졌다.

전에는 인구가 많다는 것은 언제나 높이 평가받는 일이었다. '일손의 증가와 그들의 올바른 고용은 통치의 위대한 기술'[89]이라고 로크는 썼다. 윌리엄 페티 경은 '사람은 가장 근본적이고 가장 귀중한 주요 상품'이라고 주장했다. 니컬러스 바번은 사람은 '나라의 부와 힘'이라고 선언했다.[90] 중상주의는 근면한 일손의 증대를 환영했다. 그러나 18세기 말에 이르면, 교구 사제인 조지프 타운센드Joseph Townsend가 맬서스를 예견하는 저작인 『구빈법 논고Dissertation on the Poor Laws』(1786)에서 논의한 대로 인구과잉이 위험으로 인식되었다.[91] 좋은 뜻을 가진 사회 개량 시도들은 인간의 과도한 생식 충동 때문에 실패할 수밖에 없다고 그 국교도 합리주의자는 설명했다. 빈곤을 구제하려는 개입은 어김없이 상황을 악화시킨다. "빈곤층이 어느 정도는 앞날을 내다보지 않고 아끼지 않아서, 사회의 가장 비천하고 더럽고 낮은 일자리를 채워줄 사람들이 언제나 있는 것은 자연의 법칙인 것 같다." 유일한 대책은 '한 가지 욕구가 다른 욕구를 다스리게 내버려두고' 그 결과를 견디는 것이었다.[92]

그러므로 타운센드는 자연이나 시장이 성공과 실패, 부와 빈곤을 결정해야 한다는 후기 계몽주의 정치경제학자들의 확신을 지지했다. 그런 것은 국가 규제가 아니라 개인적 책임의 문제였다.[93] 유사한 시각들이 토머스 로버트 맬서스의 『인구론』(1798)에서 더 살을 붙여 나왔다.[94] 과학적 사실과 숫자들을 존중하는 시대에 그의 강점은 수적으로 표현된 자연의 철칙에 있었다.[95] 식량 공급은 2, 4, 6,… 산술급수적으로 조금씩 늘어난다. 인구는 2, 4, 16,… 기하급수적으로 급증한다. 이 단순한 연산의 함의는 미코버 씨 Mr Micawber(디킨스의 소설 『데이비드 코퍼필드』에서 빚쟁이들에게 시달리는 가난뱅이 캐릭터—옮긴이)라면 금방 알아챘을 듯이, 빈곤이 기아와 전쟁, 역병의 확실한 견제 장치라는 것이다. 『인구론』의 후속 판들이 역설한 것처럼, 빈곤층이 도덕적 억제라는 유익한 예방적 조치를 취해 자연에 선수를 치지 않는다면 말이다. 성욕의 절제와 한참 늦춘 결혼이 빈곤을 완화할 것이다.

맬서스적 덫은 쓰기에 좋은 영리한 패였다. 자신보다 더 진정한 인류의 친구도 없을 것이고, 누구도 사회 개량에 자신보다 더 열렬하거나 자유주의적일 수 없을 거라고 맬서스는 자처했다. 자연의 인색함이 이러한 목표들을 좌절시키고, '자연의 거대한 잔치'에 모든 사람의 자리가 없다 해도 그건 맬서스의 잘못이 아니다.[96] 숫자들과 싸워봐야 소용이 없다고, 토머스 러브 피콕이 '팩스 씨Mr Fax'라고 이름 붙일 그 계몽된 비관주의자는 주장했다(피콕의 소설 『멜린코트Melincourt』에서 맬서스를 모델로 한 팩스 씨라는 캐릭터가 나와 결혼하려는 젊은이들을 뜯어말린다. 팩스는 'facts', 즉 '사실'이란 뜻이다—옮긴

이).[97]

사람들을 교구 빈민 구제에 기대지 못하게 하는 한 가지 확실한 방도이자, 그러므로 빈곤층의 수를 낮게 유지할 수 있다고 추정되는 장기적인 수단은 빈민 구제책을 완전히 폐지하는 것이었다. 타운센드가 옹호하고 맬서스도 궁리한 이 온건한 제안은 빈민 구제가 신중함을 위한 유인 동기를 없애기 때문에 빈곤을 완화하기는커녕 오히려 부채질한다고 주장했다. 안전판을 제거하면 사람들은 스스로 부양할 것이다. '배고픔은 가장 사나운 동물도 순하게 길들일 것'이라고 현실주의자 타운센드는 주장했다. "그것은 예의범절과 품위, 순종과 복종을 가르칠 것이다." 그러나 이 대담한 조치—자연적 제재를 적용하면 모두가 제자리를 찾을 것이다—는 결코 시도되지 않았다. 자신들의 인간성을 자부하는 조지 왕조 시대 정치가들은 그런 극단적 조치를 꺼렸다. 어쨌거나 빈민 구제는 유용한 미끼였다. 먹이를 주는 손은 물리지 않을 테니, 구빈법은 주요한 사회 규제 기능을 했다.[98]

대중에 대한 계몽된 태도는 심히 양가적이었다. 물론 일반적으로 빈민층은 위협이라기보다는 골칫거리에 더 가깝게 여겨지긴 했다. 소요와 폭동에도 불구하고, 엘리트 계층은 제3신분이 들고일어날 것이라고 진지하게 믿지 않았다. 그러나 앞으로 보게 될 것처럼, 제3신분에 대한 공포는 1790년대에 상당한 근거를 가지고 치솟는다.[99] 그러므로 인도주의는 계속해서 스스로를 과시했지만,

부유하고 풍요로운 땅에서
아기들이 가난에 내몰려
고리대금업자의 차가운 손이 그들을 먹이는 걸

보고 있는 게 거룩한 일인가?[100]

블레이크가 이렇게 물었을 때 아무도 그의 비난에 대답하지 못했다.

부르주아적 합리성을 주입함으로써 민중 문화를 개혁하려는 움직임은 당연히 엘리트 계층의 공감의 한계를 드러내며, 어떤 의미에서는 '문화 제국주의'라는 비난을 정당화한다.[101] 그러나 자랑스럽게 내세워진 계몽주의 프로그램들이 사회 통제를 위한 수단에 불과했다고 보는 것은 다소 진부하다. 역사적으로 뚜렷이 눈에 들어오는 것은 근대인들이 개량의 모델을 통해 민중 문제와 문제 인간들에게 접근하고 그들과 씨름하고자 했다는 사실이다. 아이들이 교육 가능하며 정신질환도 치료될 수 있다는 새로운 낙관주의가 존재한 것처럼, 불한당 역시 정직해질 수 있고 창녀도 훌륭한 주부로 변신할 수 있을 것이었다.[102]

이 문화투쟁의 더 폭넓은 정치는 열띠게 논쟁되어왔다. 일부 역사가들, 특히 로버트 머침블레드Robert Muchembled는 프랑스에서의 '문화 변용'에 대한 분석에서 교회와 국가가 중앙 권력을 강화하기 위해 체계적으로 민중 문화를 제어하려고 나섰다고 주장했다. 그러나 그의 견해는 엘리트 계층의 문화 정화 작업의 음모적 성격과 그 효능을 과장했다고 비판받아왔다.[103] 다른 역사가들은 다소 다른 관점을 취해, 합리성의 진부한 표어들이 다른 것보다는 문화적 헤게모니를 통해서 엘리트 계층에 기여했다고 주장한다. 과학은 대지에 뿌리박힌 민중 문화의 마술적 기반을 약화시켰고, 옛 '도덕경제'는 자연 법칙에 근거한다고 여겨지는 개인주의적이고 경쟁적인 새로운 정치경제에 의해 공격받았다.[104] 이 '강압적'이고 '헤게모니적'인 독해 방식 둘 다에서 민중 문화는 치안 단속이나 프로파간다를 통해 위로부터 지배되는 것으로 그려진다. 그러나 잉글랜드에서는 억압만큼 유혹을 강조하는 게 이치에 맞다. 근대화의 세계관은 강요보다는 침투를 통해, 인쇄 자본주의의 수요와 공급 메커니즘을 통해 승리했다. 통신의 개선과 신문 및 잡지, 학습용 도서의 보급은 시골 사람들이 메트로폴리탄 문화에 더 익숙해지게 하고 그곳의 유행에 맞추게 만들었다.[105] 시장의 숨은 설득자(교묘한 상업 광고업자—옮긴이)는 계몽의 강령에서 또다른 항목이었다.

| 17장 |

부의
추구

우리의 여건을 개선하려는 욕망 (…) 자궁에서부터 우리와 함께하여 무덤에 들어갈 때까지 우리를 떠나지 않는 욕망.

—애덤 스미스[1]

영국은 하노버 왕가 아래서 번영했고, 소비 사회가 부상했으며, 계몽된 담론은 그러한 논쟁적 발전을 촉진하고 합리화하면서 한편으로는 의문시했다. 가장 초기의 인물이자 가장 활동이 왕성한 경제 선전가로는 대니얼 디포가 있었다. 뉴잉턴 그린 아카데미―'공기 펌프'를 비롯하여 그곳의 '실험실'로 명성이 높은―에서 교육받은 비국교도인 디포는 전형적인 이행기의 인물, 불신 가득한 청교도적 금욕주의의 구세계와 이성과 욕망, 풍요의 신세계 사이에 걸쳐 있던 인물이었다.[2] 악마론과 초자연적인 것에 조예가 깊었던―그의 저작 『악마의 정치적 역사Political History of the Devil』와 『마법 체계System of Magick』(둘 다 1726년에 출간)를 보라―그는 『유령의 역사History of Apparitions』(1727)와 더불어 그 세기의 가장 유명한 유령 이야기, 『빌 부인 유령의 진상True Relation of the Apparition of One Mrs Veal』(1706)을 쓴 인물이었다.[3] 그러나 악마를 거론할 때 그는 부당 이득을 추구하는 근대적인 정치적 협잡을 염두에 두는 경향이 있었고, 진정한 근대인다운 느낌도 준다. 그는 로크적 언어로, 인간은 '백지 수표이고, 영혼은 인간 안에 깨끗한 종잇조각 처럼 자리잡고 있으며 그 종이 위에 인생의 교사들이 삶의 교훈을 작성하게 된다'고 썼다.[4] 『브리튼제도 순회』(1724-27) 같은 저작들은 영국의 상업, 공업을 열심히 띄워줬다.

허비와 탐욕, 허영과 오만에 대해 근심하고 걱정하며 사시사철 훈계를 늘어놓는 설교가인 디포는 중간 계급의 가치들로 부의 축적에 위엄을 부여했다. 그는 교역이 '확실히 가장 고결하고, 가장 교육적이고, 유익한 생활 방식'이라고 선언하는데, 그것이 개인의 신중함을 장려하고 사회의 '프레임 전체를 활기차게' 만들기 때문이다.[5] 매매 행위는 흔히 과학적 탐구와 합리적 계산에 따라 이루어진다. "교역보다 자연의 경로를 더 정확하게 따르는 것도 없고, 원인과 결과는 낮과 밤만큼 곧장 뒤따라 나온다."[6] 이 행복한 사실에 주님을 찬양하라. 디포는 '교역을 위한 세상을 마련한, 천지창조의 조화와 신의 섭리의 아름다움과 배려'를 찬미했다.[7]

주류 중상주의의 방식으로, 디포는 영국의 미래에 대한 크나큰 희망은 외국, 특히 아직 그 잠재력이 거의 활용되지 않은 식민지와의 통상의 확대에 있다고 믿었다. 교역은 영국을 부유하게 만들 뿐 아니라 '우리와 다른 유럽인들이 이미 정착한 곳의 민족들을 문명화하고, 벌거벗은 미개인들이 옷을 걸치게 하고, 야만적인 민족들에게 어떻게 살아야 하는지를 가르쳐 줌으로써' 신의 역사를 수행할 터였다.[8]

근대적 상업 사회는 초기 계몽주의에서 끊임없이 회자되었다. '교역은 주역 배우 (…) 한 국가를 강대하게 만드는 필수 조건'이라고 맨더빌은 주장했다.[9] 〈스펙테이터〉는 교역의 혜택에 관해 열성적으로 늘어놓았고,[10] 헨리 필딩은 상업이 '정말로 나라 전체에 완전히 새로운 얼굴을 부여하고 (…)

사람들의 예의범절과 풍속, 습관을 거의 전적으로 바꿔놓았다'고 감탄했
다.[11] 거의 처음(이자 마지막)으로 상인 계급은 세간의 호평을 누렸다. 애디
슨은 무역상들이 "훌륭한 서비스의 상호 교환을 통해 인류를 하나로 묶고,
천혜의 자원들을 분배하며, 빈자들을 위해 일자리를 찾고, 부자들에게 부
를, 위인들에는 위대함을 더해준다"고 득의만면하여 적었다.[12] 그러나 이 시
장사회가 번성하려면 경제 활동에 대해 신뢰할 만한 분석과 변증이 분명
히 필요했다.

　　시장을 옹호하는 일에서 근대적 견해는 일과 부富에 대한 태도에서 놀
라운 일련의 전환이라는 중대 국면을 초래했다. 그리스 철학과 기독교 신
학은 저마다 재물에 대한 사랑을 비난했다. 교회는 황금은 천하고, 탐욕은
사악하며, 노동을 통하지 않은 이익은 고리대금이라고 여겼다. 가격과 임
금은 과잉에 대한 경건한 불신과, 정당한 가격이라는 것은 진정으로 존재
한다는 믿음, 즉 철학자들과 행정관들이 이해할 수 있게 정당한 가격이 신
이 정하신 분배 정의의 체계 안에 각인되어 있다는 믿음에서 널리 규제되
었다. 생필품으로 이윤을 취하는 것은 특히 비윤리적이었기에 이는 입법
대상이 되었다 ─ 무엇보다도 곡물 거래는 누구도 굶어 죽거나 폭동을 일
으키지 않도록 규제되었다.[13] 이러한 신념들은 모든 사람은 아담의 자식이
므로 모두가 신이 주신 토지에 접근할 권리를, 적어도 공유지와 방목권의
형태로, 즉 E. P. 톰슨이 '공통의 관습customs in common'이라고 부른 것의 표
현으로서 보유하고 있다는 유서 깊고 경건한 믿음에 의해 민간의 마음속
에 보완되었다.[14]
　　개인의 경제적 거래를 질서 잡힌 방식으로 처리할 기독교도의 의무는
공화commonwealth 일반에 반영되어왔다. '중상주의'는 스튜어트 왕조 세기와

그 이후까지를 지배한 경제적 관점으로, 그 이름에 걸맞게 제임스 스튜어트 경Sir James Steuart의 저술에서 정점에 달했다가, 애덤 스미스의 『국부론An Inquiry into the Nature and Causes of the Wealth of Nations』(1776)에 의해 권좌에서 내려왔다.[15] 중상주의(스미스에 의해 '현대의 체제modern system'라고 일컬어진)는 개인의 알뜰함을 국가에 투영하여 훌륭한 집안 살림을 그 모델로 삼았다. 동인도회사 이사이자 『대외무역에 의한 잉글랜드의 국부England's Treasure by Forraign Trade』(1664)를 쓴 토머스 먼 경Sir Thomas Mun 같은 중상주의 옹호자들은 국가의 경제적 복리를 주로 수출 초과로 발생하는 무역 수지 흑자로 측정했다. 부를 돈이나 금은과 결부시키는 중상주의 옹호자들은 보유금의 비축을 좋다고 여겼다. 부의 축적이나 금은괴의 축적 그리고 무역 수지 흑자에 기여하는 모든 것은 정부 규제의 적절한 대상인데, 이런 정부 규제책으로는 특히 수출 장려, 수입 제한, 핵심 상품의 전매를 들 수 있다.

계몽된 사고는 그러한 정책들이 비과학적이며 따라서 소용이 없다는 공격을 꾸준하게 전개하는 것이었다. '무역 수지 균형과 관련하여 빈틈없는 경계심, 자신들의 금은이 모조리 빠져나갈지도 모른다는 두려움을 품고 있는' 이들을 상대로 한 흄의 저술 「무역 수지 균형에 관하여Of the Balance of Trade」(1787)는 한 나라는 만약 그곳의 주민들과 산업을 계속 보유한다면 결코 자국의 돈을 잃는 것을 걱정할 필요가 없다고 주장한다. "모든 이웃하는 나라들 사이에서 각 나라의 기술과 근면에 거의 비례하여, 영원히 금전을 보존하는 게 틀림없는 자율적 경제 메커니즘이 존재하기 때문이다."[16] 그러므로 중상주의의 신조들은 근시안적이다. 그런 신조들이 어떻게 확립되었는지는 그다음 애덤 스미스에 의해서 설명되었다.

해외 팽창, 무엇보다도 신세계의 발견은 스미스에 따르면, 유럽의 상업지역들을 '아메리카의 번창하는 수많은 경작자들을 위한 제조업자이자 운송업자로, 어떤 측면에서는 아시아와 아프리카, 아메리카의 모든 나라들을 위한 제조업자로 탈바꿈시켰다. 이러한 유익한 분배 회로는 부의 창출은 본질적으로 통화와 무역 통제의 문제—다시 말해 통상 관리 문제라는 환상을 낳았다. 그리하여 부의 진정한 원천은 줄곧 감춰져왔다. "이 중상주의 시스템 전체를 짜낸 사람들이 누구인지 알아차리는 것은 그리 어렵지 않을 것'이라고 스미스는 예의 재치를 발휘하며 언급한다. '이해관계가 완전히 무시되어온 소비자들은 아니라고 봐도 된다."[17] 규제 대신에 노동과 소비—즉, 그 근본에서는 욕망—가 새로운 사고의 중심에 놓여야 한다.

개입에 대한 중상주의의 신념은 표피적이고, 기회주의적이며, 흔히 해롭다고 비판가들은 갈수록 주장했다. 부와 돈, 무역과 교환의 체계적인 메커니즘을 파악하지 못했기 때문에 규제는 상황을 악화시킬 뿐이며, '속되게 국정 운영자나 정치인이라고 불리는 교활한 동물'이 뒤에서 조종할 때는 특히 그렇다. 규제 대신에 필요한 것은 현금 이전移轉의 거시경제, 부와 정금正金, 돈과 상품의 장단기적 관계에 대한 정보에 정통한 이해였다. 경제 정책은 통치자들의 소망 목록이 아니라 경험적 현실에 토대를 두어야 하며, 독점가들의 책략 역시 확실히 그 토대가 아니다.[18]

경제 활동 자체에 대한 이해에서 심오한 재평가가 그와 동시에 진행되고 있었다. 옛 '도덕경제'는 더 우월한 존재 근거를 주장하는 새로운 '정치경제'[19]로부터 공격을 받고 있었다. 정치경제는 부의 창출과 수요의 충족에 대한 과학적 이해—클래런던이나 콜베르Colbert 같은 이들이 명령한 것이 아니라 실제로 일어나는 일, 염원이 아니라 현실에 대한 분석이라고 일컬어졌다. 이 논쟁들에 불을 붙인 발화점은 곡물 시장의 규제 철폐와 인클로저 문제—용익권用益權을 대체하는 완전한 재산 사유화였다.[20]

계몽된 분석가들은 경건한 계율, 특권과 관행들로부터 거리를 두면서 좋든 싫든 경제 활동은 변경 불가능한 그 자체의 기본법들에 의해 지배된다고 주장했다. 도덕경제, 공정 가격, 노동에 대한 정당한 대가 등등과 같은 이상들은 모두 매우 훌륭한 것일지도 모르지만 치명적인 결점이 있다. 무엇보다 그 이상들은 인간 본성을 반영하지 않는다. 인간은 비록 홉스적으로 그렇게 적나라하게 탐욕스럽지는 않을지라도, 최소한 긁어모으길 좋아하는 동물이며, 경제 활동의 동기는 자기 개선을 향한 한결같은 인간 욕망에 뿌리를 내리고 있는 만큼, 바로 그러한 인간의 축적 본성에 있었다. 언제 어디서나 존재하는 그 동기들을 무시하거나 뛰어넘을 수 있다고 기대하는 정책은 실패로 끝날 터였다.[21]

도덕경제는 그러므로 자멸적인 반면, 새로운 정치경제는 목적과 수단, 개인과 시스템, 즉 자아와 사회에 대한 올바른 이해를 바탕으로 한다고 자부했고, 경제적 힘들이 어떻게 균형 상태로 '자연히 이끌리는지'를 입증하기 위해 자연과학, 특히 뉴턴 물리학이 흔히 원용되었다. 조사이어 터커는 설명한다. "상업의 유통은 태양계의 원심력 및 구심력과 유사한, 사회의 두 가지 뚜렷한 행동 원리들의 추진력으로 돌아가는 것으로 생각될 수 있다."[22] 스미스 역시 정확히 동일한 설명 모델에 의존했었다. 가격은 '말하자면, 자연 가격을 향해 지속적으로 이끌린다.'[23]

그리하여 사물의 본질상 경제 활동은 물처럼 자체의 수위를 찾을 것이며, 따라서 규제는 무익하고 정말이지 완전히 반생산적이다. 그것은 결정적인 1690년대에 찰스 데버넌트Charles Davenant에 의해 대수학적으로 표현된 시각으로, 데버넌트는 제아무리 좋은 의도라 할지라도 의회의 개입과 상관없이 곡물의 시장 가격이 어떻게 우세하게 될지를 다음과 같이 설명했다.

만약 B가 그것[상품─옮긴이]을 내놓지 않는다면, 대신에 같은 것을 C와 D한테서 구할 수 있을 것이며, 만약 그들 누구한테서도 구할 수 없다면, 그것은 외국에서 같은 가격으로 구할 수 있을 것이다. 그리고 그로부터 우리가 흔히 내재적 가치Intrinsick Value라고 부르는 것이 생겨난다. (…) 각 상품은 저마다의 가격을 찾게 된다. (…) 지상至上 권력은 많은 것을 할 수 있으나 자연 법칙들을 바꿀 수는 없으며, 그 자연 법칙들 가운데 가장 원초적인 법칙은, 모든 인간은 저마다 자신을 보존해야 한다는 것이다.[24]

'교역은 그 본성상 자유롭고, 그 자체의 물길을 찾아내며, 자신이 나아가야 할 경로를 가장 잘 가리킨다'고 데버넌트는 흠잡을 데 없이 자유주의적인 유체 정역학의 어조로 단언한다. "지식은 자연을 마음대로 좌우하려고 할 때 가장 흔하게 틀린다."[25] 이윤 추구는 그저 인간 본성이므로, 교역을 자유롭게 놔두고 경제 행위자들이 알아서 하게 내버려두는 것이 가장 낫다. "교역, 아니 그보다는 근면과 재간에 대한 주요 자극은 인간의 엄청난 욕구이며, 인간은 그 욕구를 만족시키기 위해 애를 쓰기에 일할 마음이 생기는 것이지, 그 밖의 다른 어떤 것으로도 인간이 일할 마음이 들게 하지는 못할 것이다. 인간이 기본적인 필수품에만 만족한다면, 우리는 가난한 세계에 살게 될 것이다."[26] 여기서, 늘 그렇듯이 계몽된 사고는 상아탑에 갇힌 학자들과 설교를 늘어놓는 성직자들의 곰팡내 나는 가르침에 맞서 자연에 호소한다.

이 학파의 자유주의적 이론가들 가운데 선구자는 예상대로 로크였다. 재산만이 아니라, 교환과 돈 역시 그의 사상 체계 안에서는 자연 상태에 이미 자리잡고 있었고, 자연법과 인간의 합리성이나 근면에 지배를 받았다. 가치는 노동에 의해서 창출되었다. 그러므로 재산에 대한 법적 보호를 넘어서는 경제 규제는 국가의 일상적 소관이 아니다.[27]

그러므로 새로운 정치경제는 '자연적'인 경제적 힘들에 대한 '과학적 옹호'를 지지하여 부에 대한 종교-도덕적 또는 경세가적인 규제 활동을 거부했다. 탐욕에 반대하는 기독교의 계명들은 한쪽으로 밀려나고, 이득 추구가 세속화되고 사유화되거나 평가 절상되었다. 존슨 박사—엄격한 도덕가이지만 한편으로는 인정사정 볼 것 없는 현실주의자—는 '인간이 돈 버는 일보다 더 죄를 짓지 않으면서 종사할 수 있는 일은 별로 없다'[28]고 굳게 믿었고, 애덤 스미스의 정신적 스승인 프랜시스 허치슨은 난폭한 정념과 평온한 정념을 구분하면서 '부에 대한 차분한 욕망'을 역시 후자에 배치했다.[29]

새로운 정치경제학을 인간 욕망, 구체적으로 '우리의 여건을 개선하려는 욕망'의 과학 안에 정초시키면서 그것을 체계화한 사람은 애덤 스미스였다.[30] '자기 개선'에 대한 끊임없는 충동을 고려할 때, '모든 사람'은 '교환을 통해 살아가며 사회 자체는 바로 상업 사회라고 하는 사회로 성장하게 된다'[31]는 결론이 나온다. 요컨대, 이기심은 세상을 돌아가게 만든다. "우리가 우리의 저녁을 기대할 수 있는 것은 푸주한, 양조업자, 제빵업자의 선의 덕분이 아니라 그들 자신의 이해관계에 대한 그들의 고려 덕분이다."[32] 스미스의 공식—시장이 결정하게 하라—은 자연을 신뢰하고 그에 따른 수요와 필요의 작용을 신뢰하는 계몽된 경향을 표현한다. 그렇게 하면서 그는 오랜 시민 인문주의적 도덕률과 대면해야 했다. '부자가 되라enrichissez-vous'라는 명령은 사회정치적 안정성과 양립할 수 있을까? 부유함의 추구는 미덕을 손상시키지 않을까? 그리고 신新해링턴주의자들이 두려워한 것처럼, '사치'는 자유를 전복하고 계급들이 서로를 적대하게 만들고 공화국을 타락시키지는 않을까?

흄처럼 스미스도 협소한 '경제학자'가 아니었으니, 그는 인간 전반에 대한 연구, 특히 과학적 탐구의 철학과 미학, 언어, 윤리, 사회 법칙에 대한 연구에 관여했다. 상업 사회의 '거대한 쟁탈전'에 시선을 집중시키면서,[33] 그는 '한 정치경제의 부정적 효과들, 어느 정도는 불공평하고 가혹한, 특히 노동 인구 사이에서 소외를 낳는 효과들'[34]에 관해 아무런 환상도 품지 않았다. 『국부론』은 그러므로 자유, 정의, 국민-국가 관계, 그리고 상업 사회에서의 삶의 질에 관한 계몽된 논의에 대한 더 폭넓은 기여의 관점에서 평가되어야 한다.

글래스고에서의 초창기 강의에서 스미스는 '풍요와 자유'를 '인간이 누릴 수 있는 가장 커다란 두 축복'으로 제시했다.[35] 그것은 어쩌면 충격을 주려고 의도한 조합이었을 것이다. 고대에는 상반되는 두 가지 자유 개념이 통용되었다.[36] 예를 들어, 세네카와 에픽테토스가 설파한 스토아주의적 시각에서 자유는 육체의 갈망이 합리적 의지에 의해 다스려지는 평정의 상태였다. 한편으로 키케로와 리비우스가 제시한 자유에 대한 '시민적civic' 시각도 있었는데, 이 두 로마 공화주의자들에게 자유란 공공선의 실현을 목표로 하는 정치 활동 속에 있었다. 전자의 정치적 수동성과 후자의 '직접 행동' 둘 다를 거부하면서, 스미스는 계몽의 필요조건들에서 핵심은 모든 사람이 '어느 정도는 상인이 되는' 상업이라고 주장했다.[37] 고전고대의 사상가들은 그런 사회를 다소 수치스러운 사회라고 비판했겠지만, 스미스한테 그런 사회는 오로지 상업 사회에서만, 아닌 게 아니라 상점 주인들의 나라에서만 완전하게 발현되는 '거래하고, 물건을 사고팔고, 교환하려는 일반적인 성향'[38]과 일치했다.

스미스는 부단한 활동성restlessness이 풍요를 낳는 자극제라고, '부의 증대'는 '인류 대부분이 자신들의 여건을 개선하고자' 할 때 이용하는 수단이라고 주장한다.[39] 상업 사회는 그러므로 인간 본성과 조화를 이룬다. 여기에 진정으로 '부자연스러운' 것은 '인간 본성의 한계를 넘어서는'[40] 완전성을 가르친 스토아주의적 '평정'의 이상이라는 결론이 뒤따른다. 스토아주의가 경제생활을 폄하하는 반면, 스미스는 '이기심'을 잘 살아보려는 보편적이고 기특한 욕망으로서 설명했다.[41] 더욱이 공화국 전통의 중요성을 축소하면서, 스미스는 흄처럼 인간 에너지를 위한 적절한 무대는 공적이거나 정치적인 장, 명예나 영광도 아닌, 사적이고 자기 본위적인 활동들이라고 주장했다. 그리스-로마 사상가들에게 가계를 돌보며 시간을 보내는 것은 진정한 남성 시민의 품위를 떨어뜨리는 일이었다. 정말이지 그런 일은 아랫사람, 농민, 수공 장인, 여자, 노예한테나 어울리는 일이다. 반대로 스미스한테 그것은 인류 전반의 자연스러운 업무였다. 아닌 게 아니라, 그것은 공적 혜택이니, 경제적 교환은 사회적 지원 네트워크를 구축하기 때문이다. '문명화되고 번창하는 나라'에서는 심지어 '가장 초라한 사람'도 '다수의 노동자들의 공동 노동' 없이는 자신이 걸치고 있는 셔츠 한 장도 구할 수 없을 것이다.[42] 그러한 상호 의존성으로부터 상업 사회의 독특한 강점이 나온다.

물론 스미스에게 의존성은 사람을 타락시키는 것이었다―이는 흠잡을 데 없이 고전적인 시각이자 자유를 독립성과 동일시하는 시민 인문주의에서 중심적인 시각이다.[43] 그러나 신해링턴주의자들에 따르면, 타락의 주요 원천과 독립성에 대한 위협은 상업의 성장, 지폐, 신용 집합체, 공공 부채(8장을 보라)에 있었다. 스미스는 이러한 사고를 거부했다. 의존성은 타락을 낳는다는 점을 부정하지 않으면서도, 그는 '상업'은 그런 결과를 '방지하는 크나큰 예방책'이라는 반대 주장을 펼쳤다. 경제 활동은 병리적이지 않고 예방적인 것, 건전한 체질을 보호하는 것이다. 시민적 인문주의자들에게 역사는 데카당스로의 전락이었다. 스미스에게는 반대로 역사는 진보의 행렬이었다.

'네 단계' 이론의 스미스식 변종에서 '가장 낮고 가장 조잡한 사회 상태'는 사냥꾼의 시대였다.[44] 그 생산 양식에서는 '재산이 거의 존재하지 않'지만 그러한 부재는 동시에 의존성을 배제했다.[45] 반대로 두번째—양치기의—시대는 불평등의 증대를 야기했고, 그와 더불어 예속이 생겨났다.[46] '재산의 우위' 덕분에 타타르Tartar 족장은 수많은 가솔들을 거느릴 수 있었고, 그들에게 족장은 '자연히 장군이자 판관'이었다.[47] 세번째 시대, 농부의 시대도 대체로 마찬가지였다. 유목민 군사 지도자가 우두머리 양치기인 것처럼, 세번째 시대에도 권력은 가장 많은 땅을 소유한 지주한테 있었다.[48]

네번째, 상업 시대는 분기점을 이루었다. 마침내 '거래하고 사고팔고 교환하는' 자연스러운 성향이 자유롭게 발휘되어 상호 의존성의 유익한 네트워크를 수립하게 된다. 교역이 타락을 낳는다고 묘사한 루소를 반박하면서, 스미스는 상업 사회가 완전히 새롭고 우월한 형태의 자유, 즉 법 아래서의 자유, 문명의 진정한 보증 마크를 가져온다고 생각했다. 풍요와 자유, 사치와 문명 간의 이 결합의 비밀—그는 이것이 앞서 흄에 의해 조명된 바 있음에 주목했다[49]—을 탐구하면서 스미스는 봉건 영주들의 몰락에 눈길을 돌렸다.

대大봉건 영주는 딸린 수행원과 가솔을 유지하면서 자신의 부를 유목 부족장처럼 사용했다. 그의 잉여를 아낌없이 쏟아낼 다른 배출구가 어디 있겠는가?[50] 그러나 소비 기회들이 부상하자 사람들은 자연스럽게 그 기회들을 붙잡았으니, '소비'란 결국 스미스에게 '생산의 유일한 목적'이었다.[51] 상품 소비로의 이러한 돌파구를 허용한 것은 '소리 없고 눈에 잘 띄지 않는 외국과의 교역의 작동'인데, 대외 무역의 효과는 과연 극적인 것으로 드러나게 된다. 그는 설명한다.

> 왜냐하면, 한 쌍의 다이아몬드 버클이나 어쩌면 그만큼 경박하고 쓸모
> 없는 어떤 것에 봉건 영주들이 생계유지, 혹은 그와 동일한 것, 즉 연간
> 1000명의 사람을 유지할 수 있는 생활비를 내놓았고, 그와 더불어 1000
> 명의 가솔이 그에게 줄 수 있는 권위와 무게감도 내놓았다. (…) 그리하
> 여 모든 허영심 가운데 가장 유치하고 천박하고 야비한 허영심의 충족
> 을 위해 봉건 영주들은 그들의 권력과 권위 전부를 점차 팔아넘겼다.[52]

봉건 영역으로의 그런 '시시한 장신구와 노리개'[53] —다시 말해, '가내
의 사치'[54] —의 침투는 금전적·상업적 사회를 장기적으로 개인적 의존의
속박으로부터 해방시켰다. 일단 임차인들이 독립성을 얻자, 지주들은 '더이
상 통상적인 사법정의의 집행에 간섭할 수 없게' 되었다. 모든 사람이 저마
다 자율적 경제 주체인 탈봉건 사회에서 전형적인 법과 질서는 근대적 자
유의 보증인이 되었다.[55]

특정한 영주와 주인에 대한 의존에서 자유로워진 상업 사회의 개인들
은 비인격적인 시장과 시장의 계약적 사회 시스템에 고유한 독립을 누리게
되었다. '공공의 행복에 가장 중요한 이 사회 혁명'은 의도적인 행위로 돌릴
수 없으니, 지주나 상인 누구도 '그 거대한 혁명을 미리 내다보거나 알지'
못했고, 어느 쪽도 '공공에 봉사하겠다는 의도가 조금도' 없었기 때문이
다.[56] 정치적·개인적 비르투virtù(덕성)에 대한 시민적 인문주의의 믿음에도
불구하고, 공공선은 의식적인 계획, 어떤 위인이나 원로원의 의지에 의해서
달성되지 않았다.

상업 사회에 특징적인 자유는 부분적으로는 비용 효율이 초래한 부에

기대고 있었다. 성공은 규모에서 나왔다. 더 큰 시장들은 전문화를 초래했고, 전문화는 차례로 생산성을 낳았다. 그러므로 스미스의 불후의 핀pin 제조업 사례에서 열 명의 직원들은 분업 덕분에 하루에 4만 8000개의 핀을 만들 수 있던 반면, 분업이 없었다면 각자 하루에 20개도 만들지 못했을 것이다. 시장 사회는 그러므로 '사회 최저층까지 확대되는 보편적인 풍요'를 낳았다.[57] 반대로, 루소 스타일의 독립성은 다수를 '비참한 빈곤' 상태로 몰아넣으며, 그러한 독립성에 따라오는 결과는 스미스의 시각에서는 전혀 보상이 아니다. 빈곤한 사회들은 냉담하다. 스미스는 그런 사회들이 흔히 '영아들과 노인들, 그리고 고질병을 앓는 사람들을 말살하거나 때로는 유기하는 데' 의존한다고 지적한다. 반대로 풍요는 '축복'이다. 오로지 발전한 시장 사회에서만 물질적 풍요를 누릴 수 있다. '영국의 평범한 일용 노동자는 생활 방식에서 인도의 군주보다 더 큰 사치를 누리는' 한편, 그의 거처는 '많은 아프리카 왕의 거처를 능가한다.' 그러므로 번창하는 문명국가의 농민은 미개인 군주보다 형편이 더 낫다.[58]

사회의 엄청난 불평등에도 불구하고,[59] 상업 사회는 또한 인류의 두번째 커다란 축복, 바로 자유를 소중히 보존한다. 봉건적 속박에서 자유로운 개인들은 예를 들어 마음대로 직업을 바꿀 수 있다—스미스는 아들이 아버지의 직업을 따르도록 강요하는 아시아의 '폭력적'인 관행을 비난했다.[60] 상속권의 안정적 보장과 더불어 직업 선택권은, 모든 사람은 저마다의 방식대로 자신의 이해관계를 자유롭게 추구할 수 있는 천부의 자유권이라는 시스템 속에서 개인들을 '현재 우리가 자유라는 단어로 표현하는 그대로'[61] 자유롭게 만들었다.[62]

개인적 자유는 정치적 함의를 담고 있었다. 정부가 사치 금지법 같은 조치들로 '개인들의 사적인 활동을 감독하는 것'은 '가장 주제넘고 무엄한 짓'이었다.[63] 경제적 복지는 국왕의 칙령이 아니라 공적 자유라는 비인격적인 법치 체제에서 생겨나는 신뢰에서 유래한다. 고전 공화주의에 비해 근대의 헌정적 자유의 우월성은 법 아래서의 자유가 모두를 위한 자유인 반면에—스파르타에 대한 흄의 평가와 비교해보라—고대의 정치적 자유는 소수만 누렸고, 불쾌한 만큼 비생산적인 노예제에 의해 유지되었다는 사실에 있었다.[64] 맨더빌과 달리 스미스는 부가 실제로 '노동에 대한 넉넉한 보상'으로 증대된다고 생각했는데, 노동에 대한 넉넉한 대가가 부지런함에 대한 인센티브였기 때문이다.[65] 임금이 높은 곳에서는 노동자들이 더 '적극적이고, 부지런하며, 신속하다'—스코틀랜드보다 잉글랜드에서, 농촌 지역보다 도시 지역에서 말이다.[66] 노동자들이 인구의 태반을 이루므로, 그들의 처지를 개선하는 것은 무엇이든 번영하는 사회로 이어진다.[67]

스미스에게 근대적 자유는 정의에 의해 완화되었다.[68] 그는 정의를 효용의 문제들로 환원했다고 흄을 비판하는 한편으로 그 오랜 친구를 충실하게 따랐다. 『도덕 감정론』(1759)에서 스미스는 사회를 돌아가게 하는 것은 너그러운 아량이 아니라(상인들은 그런 아량 없이 살아간다)[69] 정의라고 주장했다. 정의가 바로 '건물 전체를 지탱하는 대들보'였다.[70] 그 미덕은 그 주요 필요조건이 타인들에게 해를 끼치지 않는 데 있다는 의미에서 소극적이다. "우리는 흔히 가만히 앉아서 아무것도 하지 않음으로써 정의의 모든 원칙들을 실현하는지도 모른다."[71] 이런 측면에서 스미스의 사고방식은 아리스토텔레스와 루소 둘 다와 상반되는데, 스미스가, 단지 법을 따름으로써 공적 의무를 수동적으로 실행하는 것이 가능하다고 믿기 때문이다. 질서 잡힌 상업 사회에서 현재 상태에 대한 지지는 '선량한 시민'에게 '최선의 방책'이다.[72] 자유와 공명정대한 삶은 활발한 '공화주의적' 정치 생활을 추구할 수 있을 만큼 좋은 집안에서 태어난 부유한 자들에게만 배타적으로 해당되는 것이 아니다.

시민적 인문주의와의 단절이 가장 분명하게 드러나는 지점은 바로 여기였는데, 그가 법률주의(형식적 법률 준수에 얽매이는 경향—옮긴이)는 사회의 활력을 앗아갈 것이라는 애덤 퍼거슨의 염려를 공유하지 않았기 때문이다. 『시민사회의 역사에 관한 시론An Essay on the History of Civil Society』(1767)에서 퍼거슨은 국가의 행복이 '공정한 통치에 따라올 평온함으로만' 측정된다면 자유는 위험에 처한다고 주장했다[73] —그것은 '우리가 흔히 상상하는 것보다 전제정에 더 가깝다.'[74] 그는 개인적 참여를 요구하지 않는 통치 시스템은 '정치적 기상을 잠들게 할 것'이라고 걱정했다. 그러므로 근대 사회는 물론 중요한 각종 자유들을 구현하긴 하지만, 그는 사회 구성원들이 '자신들이 소유한 자유에 걸맞지 않게'[75] 될까봐 염려했다. 시민적 자유가 오래 지속되기 위해서는 '개인들이 자신의 자리에서 자신과 공중을 위해 행동할 것'[76]을 요구한다. 퍼거슨은 스파르타 모델이 시대착오적임을 인정하면서도 진정한 '권리들'은 오로지 개인의 정치적 행동에 의해서만 유지 가능하다고 보았다.[77]

스미스는 시민적 기상에 대한 그러한 수사적인 호소에 콧방귀를 뀌었다. 공공선은 '일반의지'에 의존하지 않으며, 특수의지들의 상호작용을 통해 가장 잘 촉진될 수 있다. 이것은 물론 '보이지 않는 손'의 메시지였다—각자는 '오로지 자신의 이득만을 도모하지만', 그럼으로써 '의도적으로 사회의 이득을 증진하고자 할 때보다 흔히 사회의 이득도 더 효과적으로 증진한다.'[78] 정말이지 그는 '공공선을 위해 교역을 한다고 하는 자들에 의해 선행이 이뤄지는 것을 본 적이 없다'고 신랄하게 덧붙인다.[79] 정치가들은 사실 법의 지배 안에 고이 간직된 자유에 대한 확실한 위협인데, 그들이 너무나도 흔히 '군주가 각계각층의 신민들에게 의무를 지고 있는 평등한 처분과 정의에 명백하게 반하는'[80] 방식으로 시민들에게 영향을 주는 의제들을 추구하기 때문이다. 정부는 국방과 '엄정한 통치'를 통한 '정의의 집행', 그리고 교육 같은 특정한 공적 사업들로만 활동을 국한해야 한다.[81] 상업 사회의 복잡성과 상호 의존성은 시민적 인문주의의 영웅적 행위를 쓸모없는 구식으로 만들어버렸다.

스미스의 '보이지 않는 손'을 순수하게 경제적 관점에서 바라보는 것은 그러므로 근시안적이고 얄팍한 것이다. 흄과 스미스에게 중요한 것은 공공선이라는 신성한 이상의 비정치화이다. 그들에게는 개인적 행복과 물질적 안녕이 무대 중앙으로 이동했고, '선good'을 어떤 고고한 정치적·도덕적 미덕과 동일시하는 태도는 가치를 잃었다. 사회적 상호 의존성은 개인적 덕성의 행위들에 정초한 어떤 사회 개념이든 뒷전으로 밀어냈다.

개인적 의도와 사회적 결과 사이의 이러한 불일치를 고려할 때, 스미스는 사치가 초래하는 결과들은 비록 그 원인이 어리석다 할지라도—저 '천박하고 유치한' 다이아몬드 버클이라니![82]—유익하다고 주장했다. 그가 상상이 눈앞에 제시하는 번드르르한 '쾌락들', 즉 '부와 위대함이 가져다주는 쾌락들'과 대조적으로 '인간 삶의 진짜 행복'을 거지의 '마음의 평화' 속에서 어떻게 찾아낼 수 있는지 때로 훈계를 늘어놓기 하지만, 그러한 스토아주의는 그의 사고를 거의 지배하지 않는다.[83] 하지만 스미스는 경제 활동을 촉발하는 데서 상상의 역할을 결코 폄하하지 않는다.[84] 홉스로부터 줄곧 그려진 대로, 상상은 '정신이 만들어낸 허구에 불과'[85]할지도 모르지만 상상을 그토록 강력한 자극제로 만드는 것은 바로 정신이었다. 다름 아니라 '부와 위대함이 가져다주는 쾌락이 (…) 어떤 웅대하고 아름답고 고귀한 것으로서 상상을 자극하기' 때문에, 사람들은 '인간의 삶을 고양시키고 아름답게 꾸미는 모든 학문과 예술'86을 가능케 한 노역에 스스로 헌신한다. 이것이 어떻게 유감스러워할 사안이 될 수 있을까? 상상은 '미개한 숲'을 '쾌적하고 비옥한 평원'87으로 탈바꿈시켰다. 재화는, 고정된 필요라기보다는 '욕구들'88을 충족시키기에 생산되고 소비되었다. 스미스는 결론 내린다. "인간 생활의 노동 전부는 우리의 세 가지 소박한 필요인 의식주를 입수하는 데가 아니라, 우리의 취향의 섬세함과 미묘함에 따라서 그 편의들을 구하는 데 투입된다."89 '진짜' 만족에만 몰두하는 스토아주의자들과 여타 사람들은 사실 인류를 비참한 궁핍으로 내몰고 있다.90

'자연적 자유의 시스템'을 지지하여 전통적인 시민 인문주의와 그 루소주의 변종을 거부하는 이러한 태도는 벤담 공리주의와 일치하는 것과 마찬가지로 개인을 신뢰하는 스미스 자신의 성향과도 일치했다. 스미스와 벤담은 함께, 부상하는 자유방임주 정치경제의 본체에 지적 기반을 제공했다.91 그러한 견해들은 낙관주의를 낳았고, 흔히 그렇듯이 계몽주의는 애국적인 것으로 드러났다.

계몽주의는 호모 키빌리스homo civilis에서 호모 에코노미쿠스homo economicus로의 이행을 이끌었는데, 그 과정은 이기심과 자기 이익 추구를 계몽된 이데올로기로서 합리화하고, 미덕의 사사화privatization(고전 공화주의의 공적 영역에서 발휘되는 특성이었던 미덕이 사적 영역에서 발휘되는 개인적 특징이나 품성이 되었다는 뜻이다—옮긴이) 그리고 사치, 자부심, 이기심, 탐욕의 탈도덕화를 수반했다. 협조주의corporatism(국가와 여러 사회적 집단이 협력하여 경쟁을 제한하고 보다 강력하고 통제된 국민경제를 지향하는 경향을 말한다—옮긴이)는 개인주의에 자리를 내주었다. 다른 곳에서는 가부장주의paternalism(아버지와 자식의 관계처럼 지배와 보호가 교차하는 사회관계. 온정주의라고도 한다―옮긴이)의 옹호자인 에드먼드 버크는 '우리에게 필수적 의식주를 제공하는 것은 정부의 힘에 있지 않다'고 지적했다. '식량의 자유무역에 반하는' 규제는 '무의미하고 야만적이며 사실 사악하다.' 그는 커다란 위험은 '정부가 너무 많이 간섭하는 데 있다'[92]고 결론 내린다. 바로 그래서 해즐릿은 '정치경제학이란 지주의 신성한 권리들을 의미한다'[93]고 사족처럼 덧붙일 수 있었던 것이다. 자유방임주의가 지배적 신조로 등극하면서 전통적 가치들에서 분리된 경제 활동은 자체의 도덕률―세상에서 호모 파베르, 즉 누구에게도 신세지지 않는 합리적이고 독립적인 행위자로서 자신만의 길을 헤쳐나가는 강직함―을 취하게 되었다.

자본주의 소비 사회는 그러므로 자연, 욕망, 개인적 자유의 관점에서 정당화되었다. 새로운 이데올로기는 전통적인 도덕적 반감을 대체하면서 스스로 부자 되기self-enrichment가 어떻게 개인적으로 개량적이고 사회적으로 응집적일 수 있을지를 가르쳤다. 정치경제는 급성장하는 자본주의와 사회 질서를 융합하여 단일한 계몽의 담론으로 탈바꿈시켰다. 그러나 개인주의는 언제나 그렇게 쉽게 정치경제의 요구에 맞춰 조정될 수 없었다.

| 18장 |

개혁

자연 세계의 발견과 개량에 상응하는 것이 도덕 세계의 개혁이다.

—제러미 벤담[1]

자유를 발견한 계몽주의는 규율도 발명했다.

—미셸 푸코[2]

[모든] 지식은 세분되고 확대될 것이다. **지식**은 베이컨 경이 말한 대로 **힘**이기에 인간의 힘은 사실 증대될 것이다. 자연은 그 물질과 법칙을 포함하여 우리가 더 마음대로 부릴 수 있게 될 것이다. 사람들은 이 세계에서 자신이 처한 상황을 훨씬 더 편하고 안락하게 만들 것이다. 그들은 아마도 이 세계에서 자신의 수명도 연장하고, 하루가 다르게 저마다 더 행복해지고, 타인들에게 행복을 더 잘 전할 수 있게(그리고 내 생각에는 행복을 전하고 싶은 마음이 더 들게) 될 것이다. 그러므로 이 세계의 시작이 어떻든 간에, 그 끝은 찬란하고 낙원과 같을 것이며, 지금 우리가 무엇을 상상하든 그 이상일 것이다.

—조지프 프리스틀리[3]

후기 계몽주의는 계속해서 법과 자유, 자유로운 사고, 관용이라는 오래된 구호를 외쳤지만, 그 구호들의 목표물은 갈수록 1688년 이후 질서post-1688 order의 요소들을 향하게 되었다. 원래 계몽된 전위대는 교황과 사제들, 국왕과 궁정인들에 맞서 반대하는 목소리를 내는 지주 신사들로 이루어져 있었다. 원로원 신분의 후손인 그들은 대단히 우월한 엘리트 계층, 토지를 소유하고 부유하고 세련된 교양을 갖춘 집단을 이루었다.[4] 그러나 시간이 흐르면서, 인쇄 자본주의가 제 할일을 하면서 중간 계급과 그 아래 출신의 사람들, 여성과 비국교도 같은 소수자 집단처럼 전통적으로 배제되어온 부문들도[5] 현재 상태에 안주하고 있는 모든 '가진 자들', 즉 헌정 체제와 명예혁명, 브리타니아여 지배하라Rule Britania 등등에 의해 성화聖化된 '온건 계몽주의' 휘그 국가의 급소를 공격하면서 항의의 목소리를 내기 시작했다. 그러므로 18세기 잉글랜드를 지배한 휘그적·에라스투스주의적Erastian(교회에 대하여 국가 우위를 주장하는 견해—옮긴이) 정치 질서 속에서 자유주의적 지식인들이 융성했음을 역설하면서 마거릿 제이컵은 '그 세기 말에 오로지 소수 정예의 서클 안에서만, 잉글랜드의 과학적 개량의 주창자들은 기성의 사회적·정치적 질서에 반대하는 쪽으로 자신들의 열의를 돌렸다'[6]고 올바르게 덧붙인다. 맨체스터 출신 비국교도 의사 존 에이킨은 정곡을 찔렀다. 그는 1790년 공개 서신에서 아들에게 주의를 주었다. "너의 자연스러운 인맥은 왕과 귀족들에게 있지 않다. 너는 사회에서 가장 유덕하고 가장 계몽되었으며 가장 독립적인 부문, 중간 계급에 속한다."[7] 에이킨의 누이인 아동문학 작가 애나 바볼드도 똑같이 자신과 같은 교파의 신도들이 '근면과 미덕이 넘쳐나는 중간 계층'에 속한다고 칭송했다. "우리한테는 우리를 눈멀게 만들 특권도, 우리의 입을 막을 황금 자물쇠도 없다."[8] '역병과도 같은 자주색(자주색은 흔히 왕족이나 고위직의 상징이다—옮긴이)'을 면할 수 있어서 기쁜 메리 울스턴크래프트도 마찬가지로 '중간층은 가장 많은 미덕과 능력을 보유하고 있다'고 주장했다—그 중간층에서 '재능이 가장 잘 꽃핀다.'[9]

조지프 프리스틀리는 '내가 비국교도로 태어나, 영국 국교회 같은 타락시키는 체제의 족쇄에 매이지 않게 된 사실에, 그리고 내가 옥스퍼드나 케임브리지에서 교육받지 않은 사실'에 '신께 감사드린다'[10]라고 버밍엄 친구들을 안심시켰다. 여기서 분명히 드러나는 대로, '세상'과—치안판사들과 부자들에서 귀족원(영국 의회의 상원—옮긴이)에 이르기까지 저 모든 권력자들과—불화한다는 것에서 기인하는 새로운 자부심이 있었다. "이 나라의 귀족이란 악덕 속에 교육받고, 아주 어린 시절부터 편견 속에 길러졌으며, 그가 처음 호흡한 유해한 전염성의 공기를 매일같이 숨쉬는 자가 아니면 누구란 말인가?"[11]라고 되물었다. 정당한 분노의 목소리를 점차 높이는 이 사람들은 인생의 희생자들을 대변하는 일을 맡기 시작했다—그들은 심지어 번스처럼 조그맣고 겁 많은 생쥐를 위해 눈물을 흘릴 수도 있었다. 그들의 신조는 그러므로 이렇게 표현되었다. "사회—문명개화한 사회—는 언제나 잘못되었다. 그 사회에 맞서 행동할 용기를 갖춘 개인은 언제나 옳다."[12] 1688년 이후 영국은 정의롭고 자유로운 곳으로 진보주의자들에게 지지를 받았으나, 비판 정신은 이제 새로운 올곧음과 더 급진적인 에너지를 지닌 새 세대의 운동가들로 채워졌다.

무엇보다도 후기 계몽주의는 '옛 부패Old Corruption', 윌리엄 코빗William Cobbett이 곧 '괴물the Thing'[13]이라고 부르게 될 괴물 과두정 국가에 의해 뒷받침되는 저 귀족 자본주의와 지주 권력과 상업 권력, 그리고 신분과 부의 연합체에 대한 공격을 전개했다. 공식 이데올로기는 잊어라. 헌정 체제는 사실 수호신이 아니라고 이제 비판가들은 주장했다. 그보다는 국가의 종양에 수술 나이프를 대려고 하는 자들은 정부 기구와 사회의 위계질서는 흔히 더 은밀한 방식이긴 해도 여전히 억압적이라고 주장했다. "잉글랜드의 공적 성격은 (…) 사라지고 말았다'고 급진 아나키스트 윌리엄 고드윈은 이전의 '시민 인문주의'의 수사학을 되풀이하면서 한탄했다. "나는 우리가 상업 사회, 숫자 계산의 사회로 변했음을 알아차렸다. (…) 계약업자, 이사들, 벼락부자들—동료 시민들의 활력들로 제 살을 찌운 자들—이 한때는 웬트워스와 셀든, 핌 부류가 채웠던 자리를 대신 차지했다."[14](웬트워스, 셀든, 핌 모두 17세기 왕권과 의회 권력 사이의 대립에서 두드러졌던 정치가들이다—옮긴이) 그러한 발언이, '계산가들calculators'을 혹평한 버크의 입에서 쉽게 나올 수도 있었다는 사실은 후기 계몽주의 급진주의자들이 어느 가부장적인 반동 못지않게 상업주의에 얼마나 적대적일 수 있는지를 잘 보여준다.

다른 데에서는 공통점이 별로 없었을지라도, 버크와 윌버포스Wilberforce, 고드윈은 모두 상류층의 비행에 질색했다.[15]

기성 권력 기계로부터 요란하게 거리를 두는 자들은 목소리를 키우면서 독립성을 이구동성으로 상찬했다. 미들랜드 출신이자 자수성가한 인물인 새뮤얼 존슨은 『영어사전』 서문에서 자신의 대작을 '어떤 위인의 후원도 받지 않고' 완성했다고 자랑하면서, 자신은 의존성이 늘어나는 것을 보고 싶지 않다는[16] 이유로 영국에 아카데미가 생겨날 가능성을 일축한다. 데이비드 흄의 '모든 의존성에 대한 경멸'은 현존하는 그의 첫 편지(1727년 7월 4일자 마이클 램지Michael Ramsey에게 보낸 편지)에서부터 확연히 드러난다. '자신의 기질의 완전한 주인'인 사람은 정말이지 운이 좋은 사람이라는 것이다.[17] 애덤 스미스한테도 가장 필요한 것은 '최고도의 자제self-command'였다. 그는 학생들에게 '어느 것도 의존성만큼 흔히 정신을 타락시키고, 무기력하게 만들고, 저하시키는 것도 없다'고 가르쳤다.[18] 그의 후배인 존 밀러도 '탐구하는 정신의 독립성'[19]을 무엇보다 높이 쳤다. '아, 비참한 의존성이여!'이라고 패니 버니의 희곡 『하찮은 재사才士들Witlings』(1779)에서 한 등장인물은 외친다.[20] 프랑스 혁명을 논박하면서 왕년의 급진주의자 페일리 부주교는 '의존과 순종의 신성한 영혼'[21]을 칭찬했을지도 모르지만, 그것은 계몽의 황소 눈앞에 펄럭이는 붉은 천이었다. 메리 헤이스의 급진적 페미니즘 소설 『에마 코트니의 회상록』(1796)에서, 한 등장인물은 '계몽된 이성의 첫번째 교훈'을 이렇게 단언한다. "바로 그 원칙에 의해서만 사람은 자신이 될 수 있는 존재가 될 수 있으니, 그것은 독립성이다."[22]

18세기의 마지막 30년 사이에 정치적 억압과 사회적 부패, 귀족층의 도덕적 방종에 대한 비판은 점점 거세졌다. 사적인 판단의 자유와 신도 모두가 사제라는 프로테스탄트의 권리가 세속화되면서, 중간 계급 내에서 권위자를 자처하는 이들은 정직과 성실에 박수를 보냈다.[23] 새로운 도덕적 진지함은 엄격하고 맹렬한 자기반성을 촉구했다. 어떤 이들에게 진리는 이제 가슴 안에 존재했으니, 성실한 마음이 유혹에 대한 변함없는 파수꾼이기 때문이었다.[24] 또 어떤 이들에게는 명철한 두뇌와 자제가 올바름의 수호자 역할을 해야 했다. 어느 쪽이든 진실한 다윗은 자만의 골리앗을 쓰러트리리라.

소설은 타락을 비판하기 위한 주요 매체를 제공했다. 1780년대와 1790년대의 성난 감상소설은 가족 갈등과 세대 간 불화를 중심으로 하는 플롯들로 귀족의 특권과 뻔뻔함을 조롱하고 노동자들과 하인들, 딸들과 소작인들한테 가해지는 가슴 찢어지는 압제를 멜로드라마화하고, 특히 여성들의 글은 이중 잣대를 공격했다. 미덕은 소박한 시골집의 소산인 반면, 궁정에는 악덕이 들끓었다. 엘리자베스 인치볼드Elizabeth Inchbald의 『자연과 기술Nature and Art』(1796)은 두 사촌의 이야기를 들려준다. 부유한 부모한테서 응석받이로 자란 한쪽은 인생을 망치고 말지만, 다른 쪽은 천우신조로 열대의 섬에 조난을 당하여 고귀한 미개인들에 의해 양육된다. 타락한 대귀족과의 대비를 두드러지게 하는 캐릭터로서 정직한 원주민과 사악한 대지주에게 유혹당하는 소박한 시골 처녀라는 중심 모티프들로 인치볼드는 대중적 도덕을 역설했다. 진실함은 지고의 미덕이며, 타락은 가장 가증스러운 악덕이다.[25] 많은 이들처럼, 그녀는 아늑한 부르주아의 가정생활을 감상적으로 다뤘다.

『휴 트레버의 모험The Adventures of Hugh Trevor』(1794)과 여타 많은 신랄한 이야기의 작가 토머스 홀크로프트는 이런 교훈적 형태의 또다른 '사회 참여' 소설가였다. 마구간 소년, 제화공, 스타킹 방직공, 유랑자, 교사, 극작가, 번역가라는 잇따른 인생 경험들로 급진주의자가 된 제화공의 아들은 보통 사람으로서의 감각을 갖고 있었고, 지칠 줄 모르고 쏟아낸 희곡과 소설, 에세이, 평론, 전기, 역사서, 여행기, 번역문 속에서 새로운 철학을 대중화했다. 잔인하고 타락한 자들에 대한 그의 증오는 계몽된 환경결정론에 의해 완화되었다. "인간은 그들이 살아가는 체제의 유해한 영향으로 타락하고 이기적이 된다. (…) 그들은 저열함을 사랑하는 게 아니다. 그것은 그들에게 강요된다."26

친구인 윌리엄 허튼에 의해 '기독교도일까 아닐까 한 사람'으로 기억되는 로버트 베이지Robert Bage, 루나 소사이어티의 주변부에 머문 그 미들랜드 출신 제지업자는 유사한 후기 계몽주의의 메시지로 가득한, 상냥하게 아이러니한 소설들을 줄줄이 내놓았다. 그의 상투적인 플롯은 도덕적 시련을 동반한다. 남녀 주인공은 낭만적 서사에서처럼 모든 것을 초월하는 격정이 아니라 정직성과 이타심, 사회적 가치라는 더 이성적인 시험들을 통해서 서로에게 걸맞은 사람임을 입증해야 한다.27 『험스프롱: 그는 그런 사람이 아니므로Hermsprong: Or Man as He is not』에서 독일 혈통에다가 프랑스 혁명을 지지하고 토머스 페인의 독자인 젊은이는 콘월의 어느 시골 마을에 도착하여 그론스데일 경—의석을 사고파는 인간, 지주, 아버지 같은 다양한 인물로 등장하면서 언제나 타락한 압제자인 베이지의 판에 박힌 악당 캐릭터—의 딸의 생명을 구해준다. 그녀와 사랑에 빠진 험스프롱은 흠잡을 데 없는 정치적 올바름으로 고무된 사람인지라, 사랑에 빠졌음에도 불구하고 그녀의 결점들에 관해 그녀에게 설교를 해야 할 의무가 있다고 느낀다. 그녀는 그녀대로 본분을 다하는 순종적 딸 노릇을 하고, 그는 그녀가 관습과 편견에 매여 있는 한 그녀와 결혼하지 않으려 한다.28 그러므로 마음과 머리 둘 다에서 시험을 겪은 현상태는 후기 계몽주의의 도덕주의의 까다로운 기준에서는 많이 부족한 것으로 드러났다.

새로운 정치적 급진주의도 등장했다. 1760년대 행정부 권력의 전횡에 맞서 '윌크스와 자유' 선동에 의해 촉발된[29] 이 새로운 급진주의를 표방한 집단은 런던 시의원 존 소브리지John Sawbridge(캐서린 매콜리의 아버지)와 훗날 혼 툭Horne Tooke으로 알려진 존 혼John Horne 신부 같은 주도적 인물을 포함하는 권리장전 지지자 협회였다.[30] 협회는 반反뇌물법, '완전하고 평등한 인민 대의제', 연례 선거, 의회의 정부 지출 승인 전 불만 사항의 시정, 연금과 유명무실한 관직의 금지, 아일랜드 문제에 대한 관심, 그리고 아메리카에 '필수적인 과세권'의 회복 등을 비롯해 국회의원 후보자들에게 부과할 11개조 강령─급진주의 의제의 중추가 될 요구 사항들을 내세웠다.[31]

아메리카 식민지의 독립선언(1776)과 독립전쟁은 영국의 급진화에 결정적인 것으로 드러났는데, '계몽된' 잉글랜드가 구체제 압제라는 생소하고 익숙지 않은 모습으로 그려진 반면에 계몽된 염원들은 신생 공화국 미국에서 실현되었기 때문이다. 아메리카는 오랫동안 사람들을 매혹해왔다. '처음에 모든 세상은 아메리카였다'고 로크는 판단한 한편,[32] 조지 버클리는 다음과 같이 천명했다.

제국의 경로는 서쪽을 향해 간다.
첫 4막은 이미 지나갔고,
드라마는 제5막으로 막을 내릴 것이니
시간의 가장 고귀한 자식은 마지막 자식이네.[33]

아메리카는 미래와 동일시되기에 이르렀다─프랑스 태생 작가 J. 헥터 세인트 존 드 크레브쾨르Hector St John de Crèvecoeur는 아메리카인들을 의미심 장하게도 '신인new man'34이라고 불렀다. 놀랍게도 무려 6만 부가 팔린 리처 드 프라이스의 『시민적 자유의 성격에 관한 고찰』(1776)은 식민지인들의 자 치 권리를 지지하고, 그들의 땅을 구세계에서는 꿈에서나 그려볼, 개인적· 시민적 자유를 진정으로 누릴 새로운 국가로 그렸다. "나는 진심으로 만족 감을 느끼며 보편적 자유를 위한 혁명이 아메리카에서 일어났음을 본 다—인간사에 새로운 전망을 열어젖히고 인류 역사에서 새로운 장을 펼 치는 혁명이."35 제러미 벤담은 그대로 '오늘날 지구상에서 가장 계몽되지 는 않았을지라도 대단히 계몽된 국가 가운데 하나인 새롭게 탄생한 저 국 가'36를 찬미하게 되었다. 한편 블레이크의 서사시 『아메리카: 하나의 예언 America: A prophecy』(1793)에서는 혁명의 혼魂인 오르크Orc가 대양에서 솟아 올라 제국의 종식을 선언한다. "서쪽을 바라보는 잉글랜드 국왕이 그 광경 앞에 몸을 떤다."37

그사이 헌정 지식 촉진 협회Society for Promoting Constitutional Information가 1780년 설립되어 정치 개혁을 위한 선전을 쏟아냈는데, 협회의 대표적 활 동가로는 합리적 비국교파Rational Dissenters 존 제브John Jebb와 어디서나 빠지 지 않는 토머스 데이, 존 카트라이트 소령 같은 저명한 개혁가들이 있었다. 4년 전 『선택하라Take your Choice』에서 카트라이트는 연례 의회와 남성 보통 선거, 무기명 투표, 균등 대표제, 의원 수당 지급의 내용을 담은 급진적 강 령을 작성했다. 그는 반세기 동안 연설과 소책자를 통해 개혁을 위한 캠페 인을 쉬지 않고 벌였고, 1792년에는 인민의 벗Friends of the People, 그다음 1812년에는 햄든 클럽Hampden Club 창립을 도왔다. 꾸준히 성장한 헌정 지 식 촉진 협회는 1782년에 이르자, 문헌언어학자들인 윌리엄 존스와 혼 툭 등이 포함된 웨스트민스터 협회Westminster Association라는 또다른 급진주의

간부 집단이 찬성하는 급진적 의회 개혁 프로그램을 지지했다. 급진 휘그인 리치먼드 공작은 1782년 협회의 만찬에 참석하여 '마그나카르타', '인민의 지상권', '우리 품안에는 아메리카가, 우리 발밑에는 전제정이'라는 건배사와 함께 자리를 빛냈다. 그러나 너무 급진적이어서 폭넓은 지지를 받을 수 없었던 협회는 1785년 피트의 의회 개혁 법안이 수포로 돌아간 뒤 주춤했지만, 프랑스 혁명으로 활기를 되찾고 떠오르는 세대를 계몽하기 위해 노력했다.[38]

이 시기의 전형적인 계몽 급진주의자는 1740년대에 런던에 정착하여 개혁 이상주의의 오랜 경력을 시작한 스코틀랜드인 제임스 버러James Burgh였다.[39] 그는 초창기 글에서 '정서와 관습'의 전적인 개혁을 촉구하면서 올곧은 귀족들로 구성된 전국적인 대협회를 기대했고, 젊은 조지 3세에게 웨스트민스터 의회라는 아우게이아스의 외양간을 청소하고(헤라클레스의 열두 가지 과업 가운데 하나인 아우게이아스의 외양간 청소를 가리킨다. 흔히 어려운 임무, 난제를 가리킨다—옮긴이) 어떻게 국민들을 통합시킬지를 가르치며 1760년대 전반기를 보냈다. '바빌론의 도덕가'는 정치화되었고, 1770년대의 더 인민주의적인 분위기 속에서 '헌정 회복을 위한 전국 대협회'를 제안했다. '진정한 독립 휘그의 정신으로' 쓰인 『정치 논고Political Disquisitions』(1774-45)는 귀족층을 비판의 표적으로 삼고 국가적 타락을 개탄하는 한편 폭정과 부패에 대한 헌정적 견제를 촉구하면서, 공적 자유를 지지하는 고전적인 공화정 저자들을 되살려냈다. 활력을 감소시키는 사치의 영향에 대한 그의 초창기 비판은 국가적 재난의 전조로 탈바꿈했다. "1000만 명의 사람들이 가만히 앉아서 불한당 같은 군사 정부가 자유를 뒤엎는 것을 보고만 있지는 않을 것이다."[40]

버러의 수사修辭는 성서에서 유래했다.[41] "불경하게도 당신의 지상의 대리자를 자처하는 자들에게 지고의 지배권을 주장하소서"라고 그는 만군의 주에게 요청했다. "일어나 (…) 그대의 번개로 세상을 밝히라."[42] 그러나그의 정치는 갈수록 새로운 자유주의의 가치들과 언어를 표현했다. 스미스가 독점과 귀족적 방탕을 비난하고, 프리스틀리가 '능력들을 발휘할 자유로운 기회'를 추구했듯이, 버러는 모두에게 '영예를 획득할 동등한 기회'를 요구하기 시작했다. 공정함과 균등한 기회는 그러한 분파들 사이에서커져가는 후렴구가 되었다. '경마장의 경주마들이 동일선상에서 출발하듯이, 모든 사람은 동등한 이점들을 가지고 동등한 상황에서 출발해야 한다'고, 프리스틀리와 프랭클린이 칭송한 비국교도 목사 데이비드 윌리엄스David Williams는 공언했다. "그다음부터는 모든 것이 능력과 자질에 달려 있다."[43] 고드윈도 마찬가지로 인생의 능력주의적 경주를 기대했다. "우리 모두 공평하게 시작하고, 사회 제도들의 모든 이점들과 영예들에 모두가 재능과 노력에 비례하여 접근할 수 있게 하자."[44] 자유주의는 후기 계몽주의의 자식이었다.

정치 개혁가들은 종교적 자유의 확대를 촉구하는 부류와 공동 전선을형성했다. 장로파 비국교도들 사이의 기류는 소치니주의나 유니테리언주의로 향하는 한편,[45] 영국 성공회 합리주의자들은 39개조의 전횡에 갈수록 적대감을 드러냈다. 그들의 영감의 원천은 피터하우스의 학장이자 케임브리지 신학부를 주재하는 자유주의 성향의 천재 에드먼드 로였다. 그의제자이자 요크셔 리치먼드의 교구 사제rector(대십일조와 소십일조를 모두 수령하는 교구 사제—옮긴이) 프랜시스 블랙번Francis Blackburn은 자신이 품고 있는신념들을 한 '훌륭한 평신도 노신사' 덕분으로 돌렸다고 한다. 그 주인공은바로 "젊은이, 케임브리지에서 자네가 처음 읽을 책은 '로크의 통치론'일세"

라고 말한 에드먼드 로였다.[46] 정치와 종교 양쪽에서 충실한 자유주의자였던 블랙번은 『신앙고백The Confessional』(1766)에서 성경이, 그리고 성경만이 프로테스탄트의 종교이기 때문에, 어느 교회든 성경을 신의 말씀으로 인정한다는 고백을 넘어서는 어떠한 교리에 대한 동의도 요구할 권리가 없다고 주장했다. 어쨌든 39개조는 신학적으로 미심쩍었고, 강제적인 교리 동의는 영성적인 부정직을 초래했다.

케터릭의 사제vicar(소십일조만 수령하는 교구 사제―옮긴이) 티오필러스 린지Theophilus Lindsey같이 소치니주의로 기운 국교도들을 필두로, 39개조 신조의 수정과 동의 강요 폐지를 위한 운동이 전개되었다. 런던 페더스 주점에서 열린 모임은 39개조에 대한 동의를 성경에 대한 믿음의 고백으로 대체하자는 블랙번의 제안을 구체화하여 1772년에는 평민원(영국 의회 하원―옮긴이)에 청원서를 제출하기에 이르렀다. 청원이 거부되자 린지는 국교회를 떠났고, 사위인 존 디즈니John Disney도 장인의 뒤를 따랐다. 그 직후 셸번 백작과 그래프턴 공작 등 여타 대귀족들의 지지를 얻어, 린지는 스트랜드에서 살짝 떨어진 에식스가에 잉글랜드에서 최초로 정식 유니테리언파 교회를 열었다. 그처럼 지체 높은 후원자들을 등에 업은 유리테리언 교파는 영국에서 상당한 세력이 되었다. 1800년에 이르자 거의 200개의 예배당이 들어서 있었다.[47]

린지의 우군으로는 피터하우스에서 로의 또다른 제자로, 역시 피터하우스에서 그리스어 신약성서와 수학을 가르친 존 제브가 있었다. 제브는 연례 시험을 제안하며 케임브리지 우등 졸업 시험 개혁을 촉구하는 운동을 펼쳤다. 점차 유니테리언파 경향을 띠게 된 그 역시 페더스 주점 청원에 참여했고, 이후 성직에서 사임하고 의사로 일했다.[48] 그는 다음과 같이 주장했다.

생각이 있는 성직자들 다수가 예수의 인성과 관련하여 아리우스나 소치니우스의 설을 받아들일 마음이 있다는 것은 이제 잘 알려져 있다. 그리고 아타나시우스의 견해가 비록 통일령에 의해 승인되기는 했지만, 이제는 성경을 읽는 거의 모든 독자들에 의해 타파되고 있다는 것도 잘 알려져 있다.[49]

물론 이는 희망적 관측이지만, 그럼에도 불구하고 그 시대를 보여주는 표지다.

영국 성공회 내부의 이러한 자유주의적 경향과 나란히 가지만, 그 결과에서 훨씬 더 무게감 있는 것은 비국교의 급진화였다. 윌리엄과 메리 치하에서 비국교도는 예배의 자유를 얻었지만 시민적 평등은 얻지 못했다. 이후 수십 년에 걸쳐 많은 비국교도들 사이에 신학적 자아 탐구에서 더 합리적이고 정치적인 자세로의 태도 변화가 일어났다. 그리고 그들은 커져가는 역사적 운명 의식을 통해 자신들의 힘을 입증했다. "당신의 존재 자체가 국교 반대의 이유를 바꾸는 것에 달려 있다. 과거에 그 이유는 우월한 신앙, 그리고 믿음과 예배의 우월한 순수성에 대한 생각이었다"고 데이비드 윌리엄스는 1777년 동료 비국교 신자들에게 밝혔다.

이제는 그것은 유일하게 합리적이고 정당한 국교 반대의 이유로 바뀌어야 한다. 바로 보편적이고 양도 불가능한 사적 판단의 권리, 지식과 도덕, 종교의 모든 주제들에 대한 논쟁 및 토론의 자유와 제약 없는 탐구의 필요성이다. 이것은 **지적 자유**라고 해도 될 것이다. 이것이 국교 반대의 일반적 이유가 되어야 한다.[50]

그 '요동치는 시대'에 합리적 비국교파는 '지적 자유'를 행사하면서, 계몽된 프로테스탄티즘의 탁월한 전형이자 조지프 프리스틀리를 대사제로 두었던 유니테리언주의 쪽으로 점차 기울었다.[51]

영구 운동하는 펜을 쥐고 태어난 박학가—그의 저술은 책 스물여섯 권을 채우며, 그는 아니나 다를까 교정쇄를 수정하다가 죽었다[52]—프리스틀리는 합리적 기독교도의 끝없는 진보의 삶의 존재 근거로서 탐구의 자유를 다른 누구보다도 옹호했다. "인간의 시민적 권리를 지지하면서 거의 어디서나 눈부시게 쏟아져 나오고 있는 새로운 빛에 맞춰 우리 젊은이를 교육시켜라"라고, 그는 1791년 해크니 아카데미에서 촉구했다.

> 모든 젊은이들이 자신의 정신을 확장하고, 거세게 일고 있는 바람을 안고, 찬란한 열광을 맛보게 하라. 그 찬란한 열광의 위대한 대상들이란 한창 융성하고 있는 학문과 예술, 제조업, 상업이자, 전쟁과 전쟁이 인류에게 야기하는 모든 참화의 소멸, 그리고 야만적 시대의 소산이었던 모든 쓸모없는 차별의 폐지다.[53]

계몽의 시대를 다루는 대다수의 역사가들에게 대체로 무시된 프리스틀리는 영국만의 특징적인 계몽주의의 발전에서 중심적인 인물이다.

1733년 요크셔의 가난한 모직 절단공의 아들로 태어난 프리스틀리는 어머니를 일찍 여읜 뒤 잘사는 친척 아주머니한테 입양되었다. 장로교도이지만 편협한 신도는 아니었던 그녀는 그 지방의 비국교도 목사들한테, 심지어 '이단적 견해로 미움을 받는' 목사들한테도 '그들이 정직하고 선량한 사람들이라고 생각하면' 언제나 문을 열었다.[54]

어릴 적에 프리스틀리는 칼뱅주의적 공포를 온전히 체험했다. 그는 훗날 "성령의 직접적 도움에 의거한 새로 태어남이 구원에 필수적이라고 믿었지만, 나 자신은 그런 종류의 체험을 전혀 누릴 수 없었으므로, 나의 능력으로는 도저히 형용할 길이 없을 만큼 심한 고뇌를 이따금 겪었다"[55]고 회고하게 된다. 칼뱅주의적 '어둠'과의 이러한 접촉들은 그를 '종교의 합리적 원리들이 지닌 가치에 대한 특이한 의식'[56]으로 내몰았다 — 왜냐하면, 결국 그의 아주머니의 집에서 차를 들던 이단자들이, '정직하고 선량한 사람'이라면 정당하게 스스로 사고할 수 있음을 보여주었기 때문이다.[57]

장로교 성직에 나아가도록 앞날이 정해진 프리스틀리는 열여섯 살 때까지 문법학교에서 교육을 받은 다음 현대 언어들은 물론이고 칼데아어, 시리아어, 아랍어를 공부하고 물리학, 수학, 화학, 철학을 배웠다. 열아홉 살에 그는 데번트리 아카데미에 입학했고, 그 자유주의적 교육 기관을 언제나 소중히 기억하게 된다. 1787년, 그는 한 공개서한에서 윌리엄 피트에게 '당신들의 대학들은 고인 물을 닮았지만, 우리의 학교들[즉, 비국교도 아카데미들]은 자연스러운 물길을 따라 흐르는 강물과 같다'[58]고 말하기도 했다. 케케묵은 옥스브리지(옥스퍼드대학과 케임브리지대학 — 옮긴이)와 달리, 비국교도 아카데미의 교육 방법들 자체가 탐구 정신을 함양한다고 프리스틀리는 주장했고, 자유로운 생각의 상호 교환을 즐긴 그는 맹렬한 논쟁가가 되었다. 그의 제자 중 한 명은 '자신이 낸 의견에 아주 강한 반대가 제기되었을 때에도 그는 조금이라도 불쾌한 기색을 보인 기억이 없다'[59]고 말했다.

데번트리에서 프리스틀리는 데이비드 하틀리의 『인간에 대한 고찰 Observations on Man』(1749)을 우연히 접했다가 하틀리의 '연상[관념 연합] 법칙'에 의한 정신 작용의 설명에 완전히 설득되었다. 하틀리 철학의 명쾌한 단순성은 허튼소리를 용납하지 않는 프리스틀리의 로크적 성향을 만족시켰다. 여기에는 신비로운 '능력들'이나 '내재적인 본능'은 없고, 오로지 관념들과 그 원인들 및 결과들만 있을 뿐이었다. 게다가 하틀리는 교육이 전부이며, 진보의 전망은 무한하다고 암시했다. 배움을 통해 완전해질 수 있는 가능성을 가리킴으로써 연상주의는 교육과 진보 양쪽에 대한 믿음을 정당화했다.[60] 특히, 독실한 하틀리가 자유의지와 정신-육체의 이원론을 거부한 점에서 프리스틀리는 자신도 결정론자이자 유물론자이면서 동시에 기독교도가 될 수 있음을 확신했다. "하틀리 박사와 비교하면 나는 흄 씨가 아이에도 못 미친다고 생각한다."[61] 흄의 보수주의 정치는 어쨌거나 그의 경박한 불신앙처럼 프리스틀리의 구미에 맞지 않았다.[62] 하틀리의 진지한 도덕성과 신앙은 반면에 그의 마음에 맞았다. 앤서니 콜린스의 『인간의 자유와 필연에 관한 철학적 탐구Philosophical Inquiry concerning Human Liberty and Necessity』(1714)는 자유의지에 관한 그의 믿음을 약화시켰고, 하틀리는 이제 그에게 대안을 제시했다. 그는 평생토록 그의 충실한 신봉자가 된다. 1775년 그는 하틀리의 『인간에 대한 고찰』을 『연상 원리에 토대를 둔 하틀리의 인간 정신론Hartley's Theory of the Human Mind on the Principle of the Association of Ideas』으로 축약했고, 15년 뒤에는 콜린스의 『철학적 탐구』 신판을 냈다.[63]

1755년 스물두 살에 프리스틀리는 서퍽, 니덤 마켓에서 처음으로 신도들 앞에 섰다. 목회자로서 그는 성공적이지 못했다. 그는 말을 더듬었고, 아리우스주의에 기운 그의 비정통적 신학은 회중의 원성을 자아냈다. 체셔의 낸트위치로 옮겨간 그는 학교를 세우고 '전기 장치'와 공기 펌프를 비롯한 과학 장비를 사들였으며, 1761년에는 비국교도 대학 가운데 얼마 안 지나 가장 빛나는 명성을 누리게 될 워링턴 아카데미의 '어학 교사'가 되었다. 거기서 그는 비평, 문법, 역사, 법에 관한 자신의 고찰들을 세상에 밝혔고, 그의 『전기 도표Chart of Biography』(1765)와 『새로운 역사 도표New Chart of History』(1769)는 교과서로 인기를 얻게 된다.[64] 이 박학가는 결코 기가 죽은 적이 없었다. 그는 잉글랜드의 가장 박식한 법학자한테 대담하게 도전한 『블랙스톤의 주해에 대한 논평A Few Remarks on Blackstone's Commentaries』(1769)을 낸 독학 변호사이자, 『웅변과 비평에 관한 강의Course of Lectures on Oratory and Criticism』(1777)를 출간한 말더듬이였다.[65] 그에게 전문화는 비밀스럽고 의심스러운 것이었다.

런던을 몇 차례 방문했을 때, 프리스틀리는 여러 과학자나 철학자와 사귀었는데 그중 비국교도 신학자이자 법정 서기, 통계학자였던 리처드 프라이스와 벤저민 프랭클린이 특히 눈에 띈다.[66] 프랭클린과의 교류는 전기에 관한 이해를 과학적 기반 위에 두는 저작인 『최초 실험들을 포함한 전기의 역사와 현재 상태The History and Present State of Electricity, with Original Experiments』(1767)로 이어졌다.[67] 자신의 전기 현상 탐구는 '전기의 인력도 중력의 인력과 동일한 법칙을 따르며, 따라서 거리의 제곱과 같음'[68]을 실험적으로 보여주는 첫 연구였다고 그는 자랑스럽게 밝혔다. 그 저작은 또한 과학적 방법론에 대한 그의 생각들도 담고 있다. 본령은 베이컨풍 사실 수집가인 이 자유사상 논쟁가는 이론을 무시하지 않았다. 독단론을 배격했을 뿐이다. "아끼는 한 가지 가설에 오랫동안 매달려온 철학자는 (…) 때때로 가장 명백한 사실의 증거 앞에서도 그 가설의 오류를 납득하지 못한다."[69]

1767년 프리스틀리는 리즈 밀힐의 사람들한테 설교해달라는 요청을 받아들였고, 이번 회중은 그의 종교적 입장을 마음에 들어했다. 그는 삼위일체론과 속죄의 정통 신앙을 버린 지 오래였다.[70] 평이하고 단순한 것을 옹호하는 이 계몽의 투사는 이제 그리스도가 성부와 '같은 실체'(성부, 성자, 성령의 실체가 같다는 소위 삼위동질설. 삼위일체론과 더불어 서구 기독교의 근간이 되는 신조다—옮긴이)라는 것을 부정했을 뿐 아니라, 그에게 신성이 있다는 것 자체를 부정하며 아리우스주의에서 소치니주의로 옮겨갔다. 메시아는 그저 '우리와 같은 사람', '하느님에 의해 인정받은 사람'이었을 뿐이다. 그는 조금도 잘못을 저지르지 않고 흠 하나 없는 존재가 아니라, '한 덩어리의 빵과 마찬가지로 하느님의 피조물'이다. 그의 대담한 소치니주의는 그리스도에 대한 경배를 '우상숭배'라고 거부한 한편—정말이지 신학적인 평등화가 아닌가?—삼위일체론은 화체설만큼이나 나쁘다고 매도했다.[71] 1769년 창간된 프리스틀리의 〈신학적 보고寶庫, Theological Repository〉는 자유로운 종교적 탐구에 헌신한다고 공언한 최초의 잡지였다.[72]

프리스틀리의 이후 신학 저작들, 특히 『기독교 타락의 역사An History of the Corruptions of Christianity』(1782)와 『예수 그리스도에 관한 초기 견해의 역사 History of Early Opinions Concerning Jesus Christ』(1786)는 소치니주의가 복음과 일치함을 입증하는 데 바쳐진 책이다.[73] 그러나 자신이 한탄한 대로, 그는 누구도 만족시켜주지 못할 운명이었다. "나의 철학적 지인들 태반은 내가 기독교 신앙을 고수하는 것을 조롱하지만, 전반적인 기독교도들은 나를 그들 가운데 하나로 치지 않는다."[74] 정말이지 그랬다. 불신자인 기번은 그에게 '유용한 진짜 개선이 이루어질 수 있는 학문들'에만 전념하라고 말한 반면,[75] 기독교도들은 그들대로 원죄와 삼위일체, 속죄 개념을 거부하는 유물론자이자 결정론자를 받아들이기 힘들었다. 존 웨슬리는 그를 '기독교의 가장 위험한 적들 가운데 하나'라고 평가했다. '열광'을 질색한 프리스틀리는 익명으로 출간한 『기독교 신자들에 대한 호소Appeal to the Professors of Christianity』(1770)에서 반격에 나선 반면,[76] 감리교도들은 다음과 같은 찬송가에서 기독교도적 사랑을 과시했다.

당신의 손길을 뻗으소서, 삼위일체의 하느님.

유니테리언 마귀를 내쫓고

그의 교리를 지옥까지 뒤쫓으소서.[77]

그러나 이런 공격들에도 프리스틀리는 눈 하나 깜짝하지 않았으니, 어디서나 섭리의 손길이 작동하고 있음을 보았기 때문이다. 『철학적 필연성의 이론 예증the Doctrine of Philosophical Necessity Illustrated』(1777)은 '심지어 박해자들도 핍박받는 자들에게 앞자리를 내어주고, 그들이 한 단계 더 높은 완전성으로 나아가게 하고 있을 뿐'[78]이라고 설명했다. 그러므로 신이 역사役事하는 방식은 진보적이다. 1795년 작은아들이 일찍 죽었을 때, 그는 아들이 '사후에 좋은 상부구조가 들어설 수 있을 어떤 토대를 성품 속에 지니고 있었다'[79]는 믿음을 표명했다. 심지어 죽은 자도 개량될 운명이었다.

그렇다고 프리스틀리의 리즈 시절이 신학의 탈신비화에 온전히 할애된 것은 아니다. 1772년 그는 광학의 역사를 다룬 책을 발표한 뒤[80] 화학에 빠져들었다. 그다운 실용주의적 기질에 의거해 그의 첫 화학 출판물은 수입 온천수를 인공 탄산수로 어떻게 대체할 수 있을지를 가르쳤다. '상이한 종류의 공기들', 즉 대기 구성에 관한 문제를 다루는 그의 『상이한 종류의 공기들에 관한 실험과 고찰Experiments and Observations on Different Kinds of Air』(1774)은 그가 '탈脫플로지스톤 공기'라고 부른 것, 즉 오늘날의 산소에 관한 지식을 넓혔다. 비록 그가 산소라는 명칭이나 그 명칭 뒤에 있는 라부아지에의 이론을 인정하지는 않았지만 말이다.[81] 과학은 프리스틀리에게 국가적 명성을 가져다주었고, 1771년 조지프 뱅크스는 그에게 쿡의 제2차 태평양 탐사 원정에서의 '과학 참관인' 자리를 제안했다. 그러나 그의 신학적 이설이 점차 악명을 얻으면서 그 계획은 물거품이 되었다. 하지만 이듬해 셸번 백작은 그를 '사서이자 문학 동반자'로 임명했고, 그는 1780년까지 그 자리에 머물다가 버밍엄으로 옮겨갔다.

프리스틀리의 첫 철학 출판물은 1774년에 나왔다. 『리드 박사의 「공통 감각 원리들을 토대로 한 인간 정신 탐구」, 비티 박사의 「진리의 불변성과 자연에 관한 논고」, 오즈월드 박사의 「종교를 위한 공통 감각에의 호소」에 대한 검토An Examination of Dr Reid's Inquiry into the Human Mind on the Principles of Commonsense, Dr Beattie's Essay on the Nature and Immutability of Truth, and Dr Oswald's Appeal to Common Sense in Behalf of Religion』였다. 이 책은 견실하게 흄을 겨냥했기에, 리드와 그의 동료 스코틀랜드 공통 감각 철학자들의 사상은 프리스틀리의 승인을 받았을지도 모른다.[82] 그러나 그는 충성스러운 하틀리 신봉자이자 하틀리를 통한, 로크의 '관념들의 작동 방식'의 신봉자였던 반면, 스코틀랜드 철학자들은 로크의 그 학설 안에 모든 흄식Humean 악의 근원이 놓여 있음을 알아차리고 불편함을 느꼈다. 프리스틀리는 리드의 『탐구』는 '교묘한 궤변의 작품'일 뿐이라고 평가한 다음, 장로교 목사이자 철학자인 제임스 오즈월드에게 눈길을 던진다. 그는 "로크 씨를 통해 이런 종류의 지식에 대한 기본 원리들에 입문한 어느 누구에게든, 대체 그러한 저작이 경멸이 아닌 다른 어떤 의견을 불러일으킬 수 있다니 (…) 도저히 설명하기 힘들다"[83]고 생각했다. 정신에 관한 로크와 하틀리의 과학적 이론들을 '일일이 열거하는 것 자체가 정말로 성가실 정도로 그렇게 많은, 독립적이고 자의적이고 본능적인 원리들'로 대체한 점에서 그는 공통 감각 철학이야말로 몽매주의라고 여겼다.[84] '공통 감각'은 사실 신비화의 완곡한 표현, 탐구의 심화에 대한 걸림돌에 불과하다. 그들의 이른바 '본능적인' 진리들—예를 들어 '[객관적] 외부 세계external world'에 대한 믿음—은 전부 단 하나의 원리에 의해 경험으로부터 도출될 수 있다. 바로 연상 원리다.

자신이 펴낸 하틀리의 책에서, 프리스틀리는 "인간 전체는 똑같은 성분으로 이루어져 있고, 지각의 속성은 (…) 뇌의 구조와 같은 그러한 유기적 구조의 (…) 결과"[85]라고 주장했다. 그러한 유물론은 당연히 엄청난 소란을 야기했다. "모든 신문에서 나는 계시를 믿지 않는 불신자로, 무신론자와 다를 바 없이 그려졌다"[86]고 프리스틀리는 항의했다. 그러나 그는 그러한 비난이 종교적으로, 또 철학적으로 근거가 없음을 보여주려고 단단히 작심했다.

신학적으로 볼 때, 유물론은 불멸성과 대립하는 것으로 여겨져왔다고 그는 『물질과 영혼에 관한 논고Disquisitions Relating to Matter and Spirit』(1777)에서 시인한다. 그러나 인간은 '자연적으로' 불멸은 아니며, 오로지 신이 그를 부활시키기로 했기 때문에 불멸일 뿐이다. 그것은 주로 육신의 부활이고, 정신의 부활은 오로지 정신이 육체에 결합되어 있는 것에 따른 결과일 뿐이다. 철학적인 반反유물론은 물질이 자동력이 없고inert(스스로 운동할 수 없다는 뜻―옮긴이), 불가입성이며impenetrable(두 물체가 동시에 동일한 공간을 점유할 수 없다는 뜻―옮긴이), 고형solid(일정한 모양과 부피가 있다는 뜻―옮긴이)이라는 신빙성을 상실한 개념들에 바탕을 두고 있다.[87] 그러므로 물질과 정신적 능력은 양립 불가능하지 않지만, 두 가지 대립되는 실체로서 정신과 물질에 대한 전통적 교의를 거부하는 데는 합당한 근거가 있는데, 왜냐하면 이원론(그는 이것을 교황교와 동일시했다)은 그 둘이 어떻게 상호 작용하는지를 도저히 설명하지 못하기 때문이다.

다시 1777년에, 이번에는 『철학적 필연성의 이론 예증』에서 프리스틀리는 콜린스와 하틀리에게 크게 기대서 자유의지에 대한 논박을 확실히 매듭짓는다.[88] 자유의지는 신학적으로 오류인데, 섭리를 배제하기 때문이다. 그것은 형이상학적 헛소리이니 행위를 이해할 수 없게 만들기 때문이다. 그리고 윤리적 측면에서 반대할 만한데, 도덕적 선택을 자의적으로 만들기 때문이다. 그러한 이론상의 주먹다짐에서 옛 동료 리처드 프라이스는 훌륭한 맞수임이 드러났고, 두 사람 사이에 오간 편지(『유물론과 철학적 필연성의 이론들에 대한 자유로운 논의A Free Discussion of the Doctrines of Materialism and Philosophical Necessity』(1778)라는 제목으로 출판되었다)는 허심탄회한 의견 개진의 모범으로 여겨진다. 프라이스는 기독교는 자유의지를 설파했고, 자유의지만이 도덕적 책임을 정초할 거라고 주장한다. 프리스틀리는 자유의지가 자의적이고, 비합리적이며, 반反섭리적이라고 거부한다. "바위가 스스로 움직일 수 있다고 결론 내릴 근거가 없는 만큼, 우리는 인간이 스스로 움직일 수 있다고, 그러니까 그가 아무런 동기 없이 의지를 발휘할 수 있다고 결론 내릴 근거가 없다." 오로지 신만이 그러한 힘을 갖고 있다.[89] 프리스틀리가 보기에 '비난받을 만한'이나 '저열한' 같은 표현들은 싹 지워져야 했다. 대신에 개인들은 좋거나 나쁜 동기에서 행동했다고 말해야 하며, 사회적 행복은 이런 행위나 저런 행위로 늘어나거나 줄어들 거라고 말해야 한다. '보상과 처벌'을 통한 능숙한 사회적 조작은 도덕성과 준법성을 촉진할 것이다.[90]

그러한 윤리적 공리주의는 또한 프리스틀리의 정치적 사고에도 뚜렷한 흔적을 남겼다. 그는 '일체의 당파적 언어'를 백안시하면서, 고도의 국가정치high politics(국가의 생존, 안보와 직결되는 정치 활동. 보통, 외교와 군사 분야 등에 국한되는 협소한 의미의 정치를 가리킨다 ─옮긴이)는 별로 신경쓰지 않았다. 그의 관심사는 자유였다. 그러나 자유가 당대의 지배적인 사회정치적 토양에서 번영할 수 있다는 생각을 갈수록 받아들이지 않게 되면서, 여기서 비국교도로서 그의 경험은 그를 급진화시켰다.

프리스틀리의 초창기 저작 『통치의 두 가지 제일 원리들에 대한 논고

Essay on the First Principles of Government』(1768)는 두 종류의 자유, 즉 시민적 자유와 정치적 자유를 구분했다.[91] 전자는 자신의 행위들을 좌지우지할 수 있는 권한, 국가의 구성원들이 보유하고, 국가의 관리들은 침해해서는 안 되는 권한인 시민적 자유였다. 후자는 '정부에의 권리', 즉 투표하고 공직을 맡을 수 있는 권리였다.[92] 이 둘 중 근본적인 것은 시민적 자유였다(그는 두 가지 커다란 자유는 종교와 교육의 자유라고 주장했다). 정치적 리더십의 문제들은 반대로 실용적인 것이다 — 누가 권력에 의해 가장 덜 부패하는가? "구성원들, 다시 말해 어느 국가의 국민 대다수의 행복과 잘됨이, 그 국가와 관련한 모든 것을 최종적으로 결정하는 최대의 기준이 되어야 한다(이 문장을 읽고서 벤담은 '흡사 내면의 황홀경에 빠진 듯 유레카를 외쳤다')."[93] 정부는 관습적으로 자기의 관할로 간주되어온 많은 사안들에 더이상 간섭하지 말아야 하고, 만약 기존 질서가 최대의 행복이나 시민적 자유에 파괴적이라면 저항은 허용된다. 관용에 관해서 프리스틀리는 로크를 크게 능가하여 '종교 사안에서의 무제한의 자유' — 비국교도와 마찬가지로 로마 가톨릭교도와 무신론자에 대한 '완전한 관용'을 지지했다.[94]

　그러나 소수파를 옹호하면서도 1760년대까지 프리스틀리는 여전히 영국의 헌정 체제에 만족하고 있었고, 비록 국교회를 '현세의 수입 때문에 세속적 사고방식을 가진 사람들'이 맺은 동맹으로 무시했을지라도 해체를 촉구하지는 않았다. 그러나 시간이 흐르면서 비국교도를 옹호하는 그의 소책자들의 논조는 점차 공격적으로 바뀌었다.[95] 1785년, 『이 나라에서의 자유로운 탐구의 현주소에 대한 성찰Reflections on the Present State of Free Inquiry in this Country』에서, 그는 비국교도들이 "오류와 미신의 낡은 건물 아래 조금씩 화약을 놓고 있으며, 그러면 앞으로 단 하나의 불꽃이 튀어 즉각적 폭발을 일으킬지도 모른다"고 묘사했다 — 그래서 '화약 조Gunpowder Joe'라는

별명이 생겼다.[96]

1780년 프리스틀리는 버밍엄에 거처를 잡고 루나 소사이어티에 가입했다. 그는 신新산업의 심장부에 살면서 미들랜드 산업가들의 자유방임적 태도에 점차 동조해갔다. 그다음 그는 구빈법을 비판했는데, 그가 보기에 구빈법은 '바로 인간 본성을 저하시키고 (…) 인간과 관련한 섭리의 목적들을 저해하며 (…) 그를 금수만도 못한 상태로 전락시켰다.'[97] 중앙집권적 입법에 반대하여 경고한 반면, 프리스틀리는 사회적 규율에 관해 엄한 사람으로 드러났다. 극형, 독방 수감과 빈약한 식단은 효과적이고 유용한 범죄 억제책이 될 것이다. 그리고 예방이 처벌의 요점이므로, 근본적으로는 무고한 자가 벌을 받는 것이 유죄인 자가 빠져나가는 것보다 더 낫다.

그의 훗날 정치에서 결정적인 것은 프랑스 혁명이었다. 영국의 여론이 강경해지면서 프리스틀리는 점점 더 급진적으로 변해갔다. 『프랑스 혁명에 대한 성찰을 읽고 에드먼드 버크에게 보내는 서한Letters to Edmund Burke Occasioned by His Reflections on the Revolution in France』(1791)과 같은 해에 익명으로 출간한 『통치의 일반 원리들에 대한 정치적 대화A Political Dialogue on the General Principles of Government』에서 분명히 드러나듯이,[98] 그는 영국을 최상의 헌정 체제로 더이상 생각하지 않았고, 영국 국교회는 이제 '기독교라는 고귀한 식물 위에 피어난 곰팡이'[99]처럼 보였다. 국왕과 귀족원, 평민원 사이의 균형에 주권이 있다는 시각을 버리고, 그는 이제 '우리의 유일하게 올바른 주권자는 의회'[100]라고 주장했다. 세습 작위와 왕권은 '산업과 산업의 지배적인 풍조' 앞에서 무너져야 할 봉건적 유물이다.[101] 오랫동안, '종교에서는 유니테리언, 정치에서는 삼위일체론자였던' 그는 이제 양쪽 모두에서 유니테리언을 자처했다. '사람들 한 명 한 명과 마찬가지로 국가마다 단 하나의 의지만 있어야 하고'[102] 그것은 바로 인민의지다. 평민원을 개혁하라. 그러면 '다른 모든 개혁은 아무런 어려움 없이 이루어질 것이다.'[103] 피트에게 보내는 서한에서 프리스틀리는, 심사령을 폐지함으로써 비국교도를 구제하는 데 실패한 총리를 규탄하며 '모든 역사에서 가장 시기심 많고, 가장 소심하고, 물론 가장 앙심이 깊은 자들로 기록된'[104] 주교들에 대한 피트의 저자세를 조롱했다. 그러한 선동적인 발언은 많은 적을 낳았다.

1791년 7월 14일 버밍엄에서 '혁명의 친구들' 주최하에—정작 프리스틀리는 그 자리에 없었다—바스티유 감옥 습격을 기념하는 한 만찬 자리가 마련되었다. 당국의 방조 아래 '천벌 받을 프리스틀리'라고 외치는 폭도가 현지의 비국교도 예배당 곳곳에 쳐들어가 불을 지르고, 이내 프리스틀리 자택으로 발길을 돌려 그의 서재와 실험실을 파괴했다. 프랑스인들은 예상대로 국민의회 의석을 제공함으로써 그를 예우했지만, 이런 조치는 본국에서 그의 인기에 도저히 보탬이 될 리 없었고, 1793년 프랑스가 선전포고를 한 뒤에는 더욱 그랬다. 그래서 1794년 프리스틀리는 아메리카로 떠나 펜실베이니아 노섬벌랜드에 정착했다. 비록 특정 교회에 정식 목사로 임명되지는 못했지만—유니테리언주의는 미국에서도 수상쩍은 것으로 여겨졌다—『계시 종교의 증거와 관련한 강론Discourses Relating to the Evidence of Revealed Religion』(1794-99)으로 출판되는 일련의 소치니주의 강론을 했다.[105] 신세계에서 접한 정치적 불관용에 놀란(그리고 좋은 하인들을 구하기 어렵다는 것을 깨달은) 프리스틀리는 미국인들에게 '유럽 대부분의 나라들에 비해 미국에는 지식뿐 아니라 미덕도 적다'[106]고 언제나 그렇듯 솔직하게 이야기했다.

미국으로 건너가기 전에 프리스틀리는 '재림'을 설명한 바 있다. 「고대의 예언과 비교한 현재 유럽의 상태」(1794)는 '성경에서 예언된 환난의 시대가 가까이 왔다'는 그의 신념을 드러낸다. 다니엘서의 예언들을 연구한 그는 그리스도가 20년 안에 재림할 거라고 예견했다. '나는 계시에 나오는 커다란 짐승에 달린 뿔 열 개가 현재 유럽의 군주 열 명을 뜻한다고 본다'고 설명했는데, 그에게 '프랑스 국왕의 처형은 그 뿔 가운데 첫번째 뿔이 떨어진 것'이고 넬슨Nelson의 승전들은 이사야의 예언들을 실현한 것이었다. 뉴턴의 시대에는 정상이었던 예언서에 대한 그러한 몰입은 이제 시대착오가 되어가고 있었다.[107]

대담하고, 에너지 넘치며, 꾸밈없이 말하던 프리스틀리는 궁극의 '평범한 사람의 계몽주의'를 구현했다. 진리는 단순하고 모두에게 열려 있다. 자연권에 대한 그의 헌신은 그의 공리주의와 일치했고, 둘 다 개량을 추구하는 최우선의 목표에 복무했다. 국가의 압제, 사제와 미신으로부터의 자유를 설파한 그의 자유주의는 가르치고 규율을 부여하기 위한 새로운 기관들—공장, 감옥, 학교, 병원—에 대한 옹호와 나란히 갔다. 권력의 신비화에 맞선 싸움에서, 유물론은 과학이 민중에게 행복을 가져다줄 미래를 약속했다.[108] 이 모든 것에서 제일 중요한 것은 정신의 자율이었다. '만약 자유로운 탐구가 기독교 자체의 파괴로 이어진다면'이라고 운을 떼면서 그는 이렇게 고찰한다.

그런 이유에 의거해 탐구를 그만두어서는 안 된다. 우리로서는 기독교가 진리라는 전제 위에서만 기독교의 승리를 바랄 수 있기 때문이다. 만약 기독교가 자유로운 탐구의 영향력 앞에서 무너진다면 이는 기독교가 진리가 아니라는 결론일 수밖에 없다.[109]

그러한 발언들은 솔직하고 치우침이 없는 비국교도 정치학의 전형이다. 공정한 기회가 주어진다면 진리는 승리하고, 자유는 계몽을 가져올 것이며, 계몽은 인류를 고무하리라.[110] 프리스틀리 안의 섭리주의자 역시 부조화로부터 궁극적으로 조화가 생겨나리라고 확신했다. 그는 1787년 "자유로운 토론은 시간이 지나면 합리적이고 영구적인 일치를 낳을 것이다. 진리가 모든 대결에서 마침내 승리할 것임을 의심할 필요는 없다"[111]고 썼다.

개혁을 향한 요구는 비록 많은 공통점을 갖고 있었지만 매우 다양한 모습으로, 상이한 언어와 우선적 관심사들로 무장한 채 나타났다. 어쩌면 후기 계몽주의 개혁가들 가운데 가장 체계적으로 급진적인 인물은 제러미 벤담일 텐데, 지극히 긴 생애를 일편단심으로 개혁에 바친 그는 공리utility라는 준거에 따라 다른 무엇보다도 법률('모든 것이 암흑'인 분야) 개혁에, 그렇지만 국가 개혁에도 헌신했다.[112]

토리파 변호사의 아들로 태어난 벤담은 웨스트민스터 학교를 다닌 뒤 1760년 열두 살의 애송이일 때 옥스퍼드에 진학했다. 대학을 졸업한 다음 링컨스인Lincoln's Inn 법학원에 입학했다가 저명한 법학 교수 윌리엄 블랙스톤의 강의를 듣기 위해 잠시 모교로 돌아왔다. 저 '경이의 해' 1776년(이 해에 미국 독립선언서와 스미스의 『국부론』, 기번의 『로마제국 쇠망사』, 페인의 『상식Common Sense』이 나왔다 ─ 옮긴이)에 익명으로 출간된 벤담의 첫 저작 『정부에 관한 단상Fragment on Government』은 영국 헌정과 보통법에 대한 그 저명한 법학자(블랙스톤 ─ 옮긴이)의 자족적인 찬가가 허상임을 폭로했다.[113] 일시적인 관심밖에 끌지 못했지만 재치 있고 간결한 『단상』은 벤담의 프로젝트에서 근간이 되는데, 훗날 그의 모든 이론화를 이끌 공리 원칙을 정식화했기 때문이다.

자연은 인류를 두 주권자의 지배 아래 두었으니 바로 **고통**과 **쾌락**이다.

그 두 주인만이 우리가 무엇을 해야 하는지를 가리키며 우리가 무엇을 할 것인지를 결정한다. 한편으로는 옳고 그름의 기준, 다른 한편으로는 원인과 결과를 잇는 고리가 그들의 권좌에 단단히 매여 있다. 그들은 우리가 행하고, 말하고, 생각하는 모든 것에서 우리를 지배한다. 그들의 속박을 벗어던지려고 갖은 애를 쓴들, 그 점을 입증하고 확인해주기만 할 뿐이다. 인간은 말로는 그들의 제국을 부인하는 척할지도 모르지만, 실제로는 그 제국에 내내 종속되어 있다. **공리 원칙**은 이 종속을 인정하고 그 체계의 토대로 종속을 전제하는데, 그 체계의 목적은 이성과 법의 힘으로 행복의 뼈대를 세우는 것이다. 그것을 의문시하려는 체계들은 [말의―옮긴이] 의미 대신에 소리를, 이성 대신에 변덕을, 빛 대신에 어둠을 다룬다.[114]

다음 반세기에 걸쳐 권력의 그늘진 구석과 법에 탐조등을 들이대며 이러한 원형적인 계몽의 관점들을 정교하게 가다듬는 동안, 그의 기본 원칙들은 결코 흔들리지 않았다.

사회의 올바른 목표는 구성원들의 행복이며, 그 목적에 이바지하는 것이 입법가의 일이다.[115] 행복이란 개인의 쾌락을 극대화하고 고통은 최소화하는 것이다. 정부는 그가 평민이든 귀족이든 각각을 동등하게 취급하여 모두의 복지를 도모해야 한다. 국가 정책의 근본은 개인의 안전과 소유권이다. 처우와 재산의 동등함도 중요하다. 다른 조건들이 동일하다면 평등은 공공의 행복을 극대화하는데, 모두가 쾌락과 고통을 경험하는 비슷한 능력을 갖고 있으며 재산이 한 단위 추가될 때마다 한계 효용은 체감하기 때문이다. 그러나 절대적 평등은 재능과 근면성 등에서의 차이 때문에 부자연스럽다. 만약 사유재산이 위협받는다면, 공동체에 퍼질 불안감과 재산을 상실한 자들이 느낄 고통 탓에 사유재산의 몰수가 효용이나 쾌락을 극대화하는 길도 아니다. 안전에 대한 공격은 결국 기대, 즉 현재를 미래와 잇는 가상의 고리에 대한 공격이다. 그러므로 비록 극심한 불평등은 시간이 지나면 점차 줄어나갈 수 있지만, 안전은 제일의 목표다.

국민에게 봉사해야 하는 정부는 투명하고 해명 책임성이 있어야 한다. 대중의 눈길은 실정에 맞서 국민을 보호할 것이다. 정부는 이해관계와 의무를 결합하도록 법을 이용하여 이해관계를 조화시키는 시스템을 만들어야 한다. 법은 동기들에 관여해야 한다―그러므로 '의지의 논리'를 창출하는 데 그 '행위의 원천들'을 철저하게 분석하고 분류하는 것이 결정적이다.[116] 제재sanction―인간이 특정한 방식으로 행동하도록 유인하는 쾌락이나 고통의 원천들―에는 다섯 가지, 즉 물리적·정치적·도덕적(또는 대중적)·종교적·정서적 제재가 있다. 이 가운데 정치적 제재만이 주권자가 직접적으로 행사할 수 있지만, 국가는 또한 여론처럼 간접적 설득 수단도 활용할 수 있다.

제재 시스템을 조정하면서 최적의 개인 행위를 촉진할 법과 처벌의 프레임워크를 제공하는 일은 정부에 달려 있다. 그러나 모두가 잠재적으로는 각자의 이해관계를 잘 안다 해도, 아직 교육받지 못한 사람은 아이들처럼 한 치 앞도 내다보지 못하므로 미래를 고려하지 않고 눈앞의 기회만 붙잡거나 날려버린다. 그러므로 교육과 규율, 법은 필수적이다. 사회 통제의 주요 수단으로서 법은 사람들이 이해할 수 있어야 하고, 또 알려져야 한다. 모두가 법률 위반은 발각되고 처벌될 것임을 이해해야만 한다.

계몽주의의 진정한 자식인 벤담은 권력이 신비화에 의해서 편안히 자리잡고 있다고 생각했다. 군주정, 교회, 귀족, 전문 직업층, 그들 모두가 자기 이익에 도움이 되는 신화들을 지어냈다. 왕권신수설, 유서 깊은 헌정 체제,

신학, 의례, 선례 말이다. 특히 역겨운 것은 전통의 전횡에 대한 변호사들의 숭배다. "아! 언제쯤 관습의 멍에를, 다른 폭군들이 자기들의 노예로 삼는 저 눈먼 폭군인 관습의 멍에를, 비참함을 영속시키는 저 관습의 멍에를 떨쳐낼 것인가?—언제쯤 이성이 그 권좌에 오를 것인가?"[117]

권력은 낱낱이 파헤쳐지고 허구는 폭로되어야 한다. 그러나 쾌락-고통의 연계성은 진짜인데, 인간 본성에 기반을 두고 있기 때문이다. 최대 다수의 최대 행복은 옳고 그름을 판단하는 유일한 과학적 기준이다. 다른 모든 준거들(관습, 계약, 명예, 신의 의지 등등)은 궁극적으로 공리의 변형들로 수렴하거나 헛소리다. 심지어 인간의 권리라는 것도 일종의 헛소리다.[118] 모든 사회 제도는 그것이 초래하는 결과의 관점에서, 즉 행복 산출 경향에 따라서 평가되어야 한다. 그러므로 법을 입안할 때 정치가는 경향과 의도를 고려해야 한다.[119]

이것이 벤담이 동기들의 분석을 그렇게 중요하게 여긴 이유다. 근저에서 모든 제재들은 물리적인 제재로, 즉 계산 가능한 쾌락에 대한 기대와 유형有形의 고통에 대한 두려움으로 환원할 수 있다. 하나의 쾌락이나 고통의 현금 가치는 그 강도와 지속성, 확실성, 인접성, 다산성fecundity(같은 종류의 제재들이 그것에 뒤따를 공산), 순수성purity(반대 유형의 제재들이 뒤따르지 않을 개연성)에 따라 달라질 것이다.[120] 무엇이 인간을 움직이는지에 대한 포괄적인 지식은 법학의 정초가 될 것이다.

벤담은 정전적인 모든 계몽주의 영웅들, 특히 베이컨을 우러러보았다. '빛이 있으라fiat lux는 곧 전능하신 신의 말씀이었다—실험이 있으라Fiat experimentum는 곧 그분이 지금까지 창조한 가장 빛나는 천재의 말이었다'고 그는 외친다.[121] 로크는 그의 또다른 우상 가운데 한 명이었고, 엘베시우스도 마찬가지였다. '법의 요강은 로크와 엘베시우스가 쓰기 전에는 효과적으로 달성될 수 없었을 일'이니 두 사람이 말의 요술을 폭로했기 때문이다.[122] 그리고 그의 철학적 급진주의는 계몽의 핵심 가치들을 확연히 구현했다. 로크부터 혼 툭에 이르는 많은 이들처럼, 벤담은 모호한 언어를 질색하여 이를 교정하기 위해 법과 정치의 새로운 용어집을 만들어냈다. 그러나 아이러니하게도 그의 정확성 추구는 이해하기 어려운 신조어와 언어적 유아론을 초래하여, 벤담은 영어로 번역되어야 한다고 해즐릿이 비꼴 정도였다.[123]

더 나아가 그는 육체적인 것에 대한 이른바 정신적인 것의 우위를 부정하고—'행복의 양이 똑같다면 핀 놀이(바늘 밀기 놀이)도 시만큼 좋다'—감각적 쾌락주의에 대한 기독교적 인간주의의 혐오를 조금도 드러내지 않으면서, 떳떳하게 유물론자를 자처했다.[124] 현금 가치는 모든 것에 부여될 수 있었다. 벤담의 유물론은 자신의 신체 처분—논쟁적인 이슈다—에 대한 그의 태도에서도 드러난다.[125] 일찍이 벤담은 '만약 내가 어떤 질병으로 죽는다면' 그리고 '그 질병에 대한 연구가 외과 의술이나 의학' 발전을 가져올 것이라면 죽은 뒤 자기 시신을 해부하라고 지시했다. 나중에 그는 방부 처리 기술에 대한 조사를 수행한 뒤 『자가 조상彫像: 산 자들에 대한 죽은 자들의 추가적 쓸모Auto-icon; or Farther Uses of the Dead to the Living』(1831)를 썼다. '자가 조상'의 형태로 위인들의 박제상이 교육용으로 전시되어야 하고 그 공정은 조각상을 제작하는 것보다 저렴하리라.[126]

벤담은 확고한 개인주의자였다. 행복은 개인의 목표이며, 모두가 자신의 행복이 어디에 있는지 가장 잘 안다. 그리고 다른 모든 조건이 동일하다고 가정하면, 정부나 사회는 가능한 한 간섭을 하지 말아야 한다. 그러므로 그는 시장이 자연적으로 이해관계를 찾아주는 기능을 신뢰하여 애덤 스미스의 자유방임 경제학에 찬동했다. 그는 자연권 이론들을 미심쩍게 여긴 반면('거창한 헛소리'), 개인의 자유의 최우선성에 관해서는 프리스틀리와 유사한 결론에 도달했고, 이미 논의한 대로 성性을 규제하는 법의 자유화를 추구했다.[127]

특권을 혐오한 벤담은 교회 기독교를 싫어했다. 제도화된 종교는 전제정이며 신학은 터무니없는 소리였다. 1777년에는 '성경을 읽은 뒤에 아타나시우스 신경의 교리들을 마음에 들어할 수 있는 사람'은 '천치가 될 각오가 된 상태'[128]라고 천명했다. 그로부터 45년여 뒤에 출간된 『바울이 아니라 예수Not Paul but Jesus』는 유서 깊은 이신론의 방식으로 사도 바울이 사기꾼임을 입증했고,[129] 같은 시기에 벤담은 또한 '차갑고, 이기적이고, 사제로 들끓고, 변호사로 들끓고, 귀족으로 들끓고, 지주로 들끓고, 병사들로 들끓는 잉글랜드'를 규탄했다.[130]

벤담주의는 무엇보다 탁월한 행동의 철학이었다. 구빈법과 더불어(16장을 보라), 벤담이 투신한 주요 십자군 운동은 감옥 개혁으로 그때쯤에 감옥은 우려의 주원인이었다. 9장에서 언급한 대로 영국 형벌 체계는 비판의 대표 표적이었다. 법령집이나 판사석의 판결, 목에 칼 채우기 같은 형벌에는 합리성이 거의 없었다─정의는 잔혹성과 자비의 변덕스러운 조합이었다. 형법전刑法典의 가혹성은 특히 그 자의성의 관점에서 역효과를 낳았고, 감옥은 '악행의 도량'이었다.[131] 혼란은 일관성으로 대체되어야 하고, 신체적 처벌은 심리적 제재들로 강화되어야 한다고 개혁가들은 주장했다.

그러한 비판에 대응하여, 그 세기 말에 현대적인 형무소가 고안되기 시작했고, 노역소와 정신병원 옹호자들처럼 현대적 교도소 지지자들은 건물에 의한 구원에 대해 열렬한 믿음을 드러냈다. 이전의 유치장이 질병과 타락의 소굴로 비난받는 가운데, 새로운 모범적 형무소들은─효율적이고, 규율 잡혀 있고, 경제적이며, 책임성이 있는─범죄 문제의 해법으로 내세

워졌다. 장기 징역형은 범죄자에게 마침내 진정한 처벌을 내릴 거라고 개혁
가들은 주장했으니, 장기 징역형이 인간의 가장 달콤한 권리, 바로 자유를
앗아가기 때문이었다. 바로 똑같은 이유로 그것은 범죄를 억지할 터였다.
그리고 무엇보다도 중요하게는 죄수들을 갱생시킬 터였다. 신체형과 극형으
로 구성된 전통적 메뉴는 사람을 짐승처럼 만들었던 반면, 처음부터 그 목
적에 맞춰 건립되고 과학적으로 운영되는 교도소의 세심하게 조정된 '식이
요법'은 변덕과 잔인성, 부패를 '적당한 양의 고통'의 적용으로 대체하여 사
람들을 새롭게 주조할 터였다.[132]

　　일부 개혁가들, 특히 조너스 한웨이와 존 하워드 같은 복음주의자들은
죄수들을 독방에 수용하고 침묵의 격리를 강요하는 '분리 시스템'에 희망
을 걸었다. 전통적인 죄수 하위문화들은 그렇게 해서 분쇄되고, 범죄성은
더이상 전염성을 띠지 않고, 고독은 개심을 이끌 것이었다.

　　벤담은 그러한 시각들 전부는 아니지만 많은 부분을 공유했고, 파놉티
콘이라는 건축학적 보석을 통해 자신만의 '정신에 대해 여태까지 전례가
없는 다량의 권력을 획득하는 새로운 양식'을 내놓았다. 이 건물의 기본 구
조는 원형이나 다각형으로, 건물의 둘레로 감방들이 있다. 건물 한가운데
에는 긴 통로와 관리실로 이루어진 중앙 감시 구역이 있어서, 거기서 교도
소 당국자들이 자신들의 모습은 드러내지 않은 채 지속적인 감시를 할 수
있다. 최첨단의 건축 기법은 이를 가능케 할 터였다. 아치, 계단, 기둥, 통로
는 주철로 만들어질 텐데, 주철이 벽돌이나 석재보다 더 가볍고, 더 유연하
면서 부피가 덜하고, 어쩌면 더 저렴할 수도 있기 때문이다. 이 건물은 또
한 부패성 감염과 불에 잘 견딜 것이다. 천장 채광창을 비롯해 유리가 광
범위하게 사용되고 감방마다 커다란 창이 두 개씩 있을 것이다. 각자 독방
에 수감된 모든 죄수들에 대한 완전한 가시성을 보장하는 중앙 전망대(거

미줄 한가운데의 거미)를 비롯해, 교도소의 독특한 설계는 총체적 감시를 통한 절대적 통제와 질서 달성을 목표로 했다.[133]

그만큼 중요한 것은 운영 프로그램이었다. 죄수들은 매우 열심히 일해야 한다. 처벌 방식의 일환으로서 노동은 그들의 범죄의 비용을 부담하고, 규율을 주입하기 위한 것이었다. 수감자들은 하루에 열네 시간씩 앉아서 하는 작업을 하고, 하루 두 끼 식사를 하는 데 한 시간 반을 보내는데, 아침 식사에 30분, 저녁 식사에 한 시간이 할애된다. 일과중 아무리 '자투리' 시간이라도 죄수들이 어떻게 보내고 있는지 설명되지 않는 시간은 없으며 죄수들은 지속적인 감시를 받는다. 이 계획—'악한들을 갈아 넣어 정직하게 만드는 맷돌'[134]—은 공리주의적 단순성을 구현했다. "도덕이 교화되고—건강이 지켜지며—근면이 북돋워지고—가르침이 널리 확산되고—공적 부담이 경감되고—경제가 말하자면 반석 위에 놓이듯 자리잡는다—구빈법이라는 고르디아스 매듭이 잘리지 않고 풀린다—이 모든 게 건축에 담긴 간단한 아이디어로 말이다!"[135]

벤담은 감옥 행정에 세 가지 공리주의적 준거를 제시했다. 관대함(죄수는 그의 생명이나 건강을 위협하는 방식으로 신체적 고통을 겪지 않아야 한다), 가혹함(죄수의 상태는 극빈자의 상태보다 더 바람직하지 않아야 한다), 그리고 경제성(앞의 제한 조건들을 제외하고 나면 경제성이 우선시되어야 한다).[136] 인간성과 효율성은 그러므로 나란히 가도록 의도되었다.[137]

벤담은 그의 새로운 학문의 힘에 대해 신과 같은 전망을 품었다. '야심찬 자들 가운데 가장 야심 찬 J. B.'라고 그는 생각에 잠긴다. '그의 제국— 그가 꿈꾸는 제국—은 인류 전체에 미치고 그들 전부를 포괄하며 (…) 장차 모든 시대와 (…) 장소를 초월할 것'[138]이었다. 그의 제국은 완벽한 통제mastery에 대한 평생의 환상, 공리를 극대화하는 대의에 기여하는 꿈이었다.

'만약 일정 수의 사람들한테는 일어날 수 있는 모든 일의 주인이 되는 방법을 찾는 것이 가능하다면'이라고 운을 떼면서 그는 이렇게 숙고한다.

> 바라던 효과를 낳을 수 있도록, 주변의 모든 일을 처리하는 것이 가능하다면, 어느 것도 그들의 고려에서 벗어날 수 없으며, 바라던 효과를 저해할 수 없도록 그들의 행위, 그들의 관계, 그리고 그들의 삶의 모든 상황들을 확실히 할 수 있다면, 이런 종류의 방법이 정부가 매우 중요한 여러 대상들에 적용할 수 있는 매우 강력하고 매우 유용한 도구일 것이라는 점은 의심할 수 없다.[139]

벤담은 신의 역할을 하기를 꿈꿨을 뿐 아니라 공리주의를 일종의 세속의 종교로 탈바꿈시켰다. '오늘밤 나는 한 종파의 창시자가 되는 것을 꿈꿨다'고 그는 쓴다. "물론 대단히 중요하고 신성한 인물이다. 그것은 공리주의자들의 종파라고 한다."[140] 이 점에서는 그는 정곡을 찔렀다. 소용돌이치는 영국 계몽주의의 흐름 안에 있던 다른 대다수의 인물들과 달리, 그는 의지할 수 있고 헌신적인 '제자'들을 데리고 있었다. 각종 법률 개혁들, 특히 사형 법령들을 축소하기 위한 캠페인에는 새뮤얼 로밀리Samuel Romilly가 열성적으로 나섰다.[141] 귀족적 부패에 대한 걷잡을 수 없는 증오를 품고 있던 미천한 출생의 스코틀랜드인으로, 그의 비서(이자 사도 바울)인 제임스 밀은 벤담의 정치사상을 민주주의적 방향으로 발전시켰다.[142] 수공업자 프랜시스 플레이스—벤담처럼 맹렬한 무신론자이자 산아제한론자—는 스승의 『바울이 아니라 예수』(1823)를 언론을 통해 소개하는 데 일조했다.[143]

그러나 공리는 벤담만의 독점물이 아니었다—결국 그 관념 자체는 국교회 신부 존 게이와 프랜시스 허치슨, 조지프 프리스틀리를 비롯해 다양한 원천들에서 나왔다. 신학적 공리주의자들 가운데는 윌리엄 페일리가 그들의 대사제였다.[144] 케임브리지 학생들의 필독 지정 도서가 될 운명을 타고난 그의 첫 저서 『도덕철학과 정치철학의 원리The Principles of Moral and Political Philosophy』(1785)는 1789년 이전 시대의 놀라운 신학적 급진주의를 드러낸다. 노예제는 '추악한 폭정'이며, 소유의 불평등은 그 자체로 악이다. 그리고 '부자가 그의 하인들과 장인들, 차지인들과 일꾼들을 부양한다고 생각하는 것은 착각이다. 사실은 그들이 그를 부양한다.' 그는 '국교에 동의하지 않는 모든 사람들에 대한 완전한 관용'이 있어야 하는 한편, 충성 선서는 '그에 대한 저항이 공동체에 유익할 정도로 국왕의 잘못된 행위나 우둔함이 너무 심할 때는 국왕에 대한 저항을 허용'한다고 주장했다. 특히 그는 사유재산의 '괴상하고 부자연스러운' 분배 상태를 조롱한, 비둘기에 대한 우화를 거론한다. 100마리 비둘기 가운데 99마리는 '그들이 가진 모든 것을 모아서 쌓은' 다음 그것을 '한 마리, 가장 약하고 어쩌면 그 비둘기 떼 가운데 가장 나쁜 비둘기를 위해' 지킨다는 것이다.[145] 케임브리지 신학자 한테서 나오기에는 꽤나 수위가 센 발언이며, 1802년 〈반反자코뱅 리뷰〉가 '가장 단호한 자코뱅마저도 그 책 안에서 자신의 원칙들에 대한 정당화와 자신의 행위에 대한 승인을 발견할 수 있을 것'이라고 단언하는 데 주저하지 않은 것도 놀랄 일은 아닐 것이다.[146]

'제2의 계몽주의'는 자유와 관용, 헌정주의에 대한 이전의 약속들에 단호하게 동의했다. 그러나 그 요점은 영국의 사회-정치적 질서의 성공보다는 결점들을 강조하는 데 있었고, 반만 실현된 약속들의 완수를 촉구했다. 이 '계몽주의 안의 계몽'의 염원과 요구들은 맨체스터 면직업자이자 비국교도, 정치 활동가였던 토머스 워커Thomas Walker에 의해 잘 요약된다.

[우리는 추구하지 않았다] 재산과 소유물의 평등을. (…) 개혁 친구들이 주장한 평등은 **권리의 평등**이다. (…) 모든 사람이 사회의 혜택과 보호를 동등하게 받을 자격이 있으며, 법을 만드는 사람을 선출할 때 동등하게 목소리를 내고 (…) 그가 갖고 있는 어떤 재능이든 유리하게 발휘할 공평한 기회를 갖는다. '모든 인류가 영구적으로 똑같게 하라'는 법칙이 아니다—신과 자연이 이를 금한다. 그보다는 '모든 인류가 인생의 경주에서 공평하게 출발하게 하라'는 것이다.[147]

1770년대와 1780년대에 흔했던 이러한 견해들은 사회의 폭넓은 계층에서 지지자를 얻었다. 그러나 1794년, 워커가 이 글을 쓰고 있던 때에 이르자 그 견해들은 논쟁적이 되었다.

| 19장 |

진보

자연은 순환하지만 인간은 진보한다.

—에드워드 영[1]

인간의 행동을 논의하는 잘 쓰인 책들은, 모두가 사실 정신 진보의
무수한 역사서다.

—토머스 홀크로프트[2]

[우리는] 오로지 개선되기 위해 산다.

—애니 와트[3]

누구도 농업과 제조업에서 앞으로 이루어질 진보에 한계를 설정할
수 있다고 자부할 수 없다. (…) 우리가 유용한 발견들의 최고점에
도달했다기보다는 이제 시작점일 뿐이라고, 문턱을 간신히 넘었을
뿐이라고 가정하는 게 훨씬 더 자연스럽고 합리적이지 않을까?

—조사이어 터커[4]

철학과 무역의 성공에 건배를!

—이래즈머스 다윈[5]

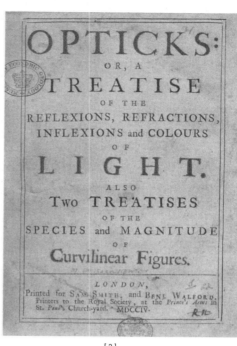

[1]
[2]

빛

계몽된 영국인들은 자신들이 빛에 관해 특별한 자리를 차지한다고 믿었는데, 『광학』으로 저 신비로운 실제의 진정한 과학적 성격을 처음 규명한 사람이 뉴턴이었기 때문이다[2]. 요란한 애국주의적 스펙터클과 함께 일단의 찬양 이미지들이 둘도 없는 아이작 경을 신격화했다[1]. 광학 기술의 발전은 여러 분야 가운데, 특히 실내 및 거리 조명과 더불어 등대의 개선을 가져왔다[3]. 한편 유익하고 오락적인 지식의 확산은 매직 랜턴(환등기)의 발명으로 용이해졌다[4].

[3]
[4]

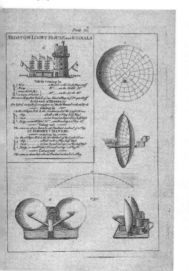

[5]

[6]

[7]

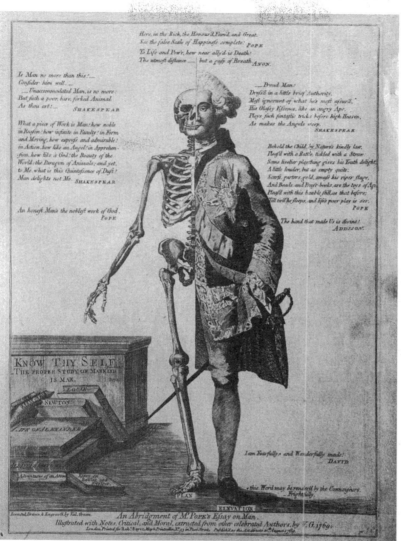

[8]

말

에드워드 기번은 '일찍부터 생겨나 아무도 꺾을 수 없는 책에 대한 사랑'에서 커다란 기쁨을 누렸으며, '독서의 즐거움은 인도의 보물과도 바꾸지 않을 것'이라고 말했는데, 많은 이들도 기번한테 동의했을 것이다. 그러나 독서에 대한 사회의 시선은 독자 집단과 읽을거리의 종류마다 다소간 상이했다. 소파에 다리를 걸치고 앉아 호라티우스의 『찬가』를 읽는 신사는 분명히 보기 좋은 모습이지만[5], 케임브리지 서재의 책벌레는 케케묵은 과거의 냄새를 풍기며[6], 문간에 앉은 시골집 주인이 들여다보고 있는 것이 성경이 아니었다면 지나가는 이들의 이맛살을 찌푸리게 했을 테고[7], 황홀경에 빠진 여성 철학자는 얕은 배움의 위험성에 대한 구체적 사례였다[9]. 알렉산더 포프 본인은 인류의 참된 연구 대상은 인간이라고 주장했지만, 책도 거기에 도움이 될 수 있다. 무덤 앞에 쌓여 있는 책 중에는 로크, 뉴턴과 더불어 포프도 있다[8].

[10]

[11]

가족

핵가족은 계몽주의에 의해 자연스러운 제도로 높이 평가받았으며, 계몽주의자들은 엄격한 가부장적 권위주의가 남편과 아내, 부모와 자식 간의 다정하고 친밀한 유대로 대체된, 발전된 형태의 핵가족을 특히 높이 샀다[10]. 상류 사회는 집 안에서나 밖에서 아이들, 동물들과 노는, 격식을 차리지 않는 집단으로 묘사되는 것을 좋아했다[11, 13]. 존 베이컨의 응접실은 그 시대의 아이콘들로 의미심장하게 장식되어 있다. 망원경, 공기 펌프, 그리고 밀턴과 베이컨, 뉴턴의 카메오 초상화를 주목하라[12].

개혁

'무엇이든 오로지 개선할 것만을 찾아내기 위해 만들어진 나는 진정한 영국인'이라고 윌리엄 고드윈은 선언했고, 그 점에서 그는 옛 방식을 바꾸고 모든 것을 더 좋게, 더 빠르게, 더 효율적으로 또는 더 값싸게 만들고 싶어서 안달이 난 한 시대의 정신을 반영했다. 시골에서 영국인들은 자신들의 합리적인 농법을 자랑스러워했고[14], 도시들 간의 통신은 유료 도로와 시간표에 맞춰 운행하는 역마차('매우 널찍하고 따뜻한')로 더 빨라졌다[15]. 고아원은 유기된 아기들에 대한 인도주의적 관심을 보여주며[16], 반대로 타이번Tyburn은 게으르고 구제 불능인 자들을 기다리고 있는 끔찍한 운명을 보여준다[17]. 1783년에는 타이번 자체도 개선의 희생 제물이 되었다.

[14]

[15]

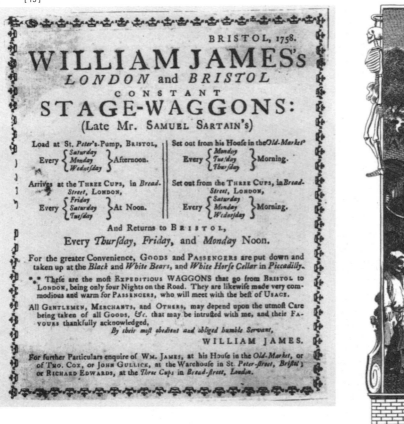

[16]

[17]

Proverbs CHAP: I. Verf: 27, 28.
When fear cometh as desolation, and their
destruction cometh as a Whirlwind: when
distress cometh upon them, then they shall
call upon God, but he will not answer.

Plate II   Published according to Act of Parliament Sept 30 1747

[18]

[19]

여가

근대인들은 업무와 여가 사이에 딱 맞는 균형을 찾고자 했다. 영국인들은 시간을 낭비하지 않는 사람들로 자처하기를 좋아하여 거리의 행상인한테서 테이크아웃 음식을 사는 습관이 (가난한 굴뚝 청소부 소년들한테만 국한되지 않고) 생겨났다[18]. 저렴한 우아함을 추구하는 사람들은 웅장한 원형 홀(조지 왕조풍 '돔'!)을 갖춘 래널러가든Ranelagh Gardens에서 단 몇 실링에 우아함을 얻을 수 있었다('돔'!: 콜리지의 시 「쿠블라 칸Kubla Khan」의 유명한 시행 '저 찬란한 돔이여That Sunny Dome!'의 인유引喩다—옮긴이)[19]. 그보다 더 야단법석인 여가 활동은 이 그림에서 롤런드슨Rowlandson이 포착한 서펀타인Serpentine 호수에서 누구나 즐기는 겨울 스케이트다[20].

[20]

[21]　　　　[22]

유쾌함

계몽인들은 사교성이 건강하고 균형 잡힌 개인과 교양 있고 안정적인 사회에 기여한다고 입을 모았다. 그들은 코번트가든Covent Garden(청과, 야채 시장부터 돌팔이 의사와 고급 매음굴까지 모든 것을 찾을 수 있는 곳) 같은 마음에 드는 도시 공간들과[21], 프리메이슨회같이 유행하는 새로운 단체들을[22] 식민화함으로써 유쾌한 여흥을 누리는 데 나섰다. 조금이라도 기회만 된다면, 영국인들은 느긋하게 담배를 피우거나 이야기를 나누거나 아니면 더할 나위 없는 침묵 속에 푹 빠질 수 있는 클럽에 앉아 있을 터였다[23].

[23]

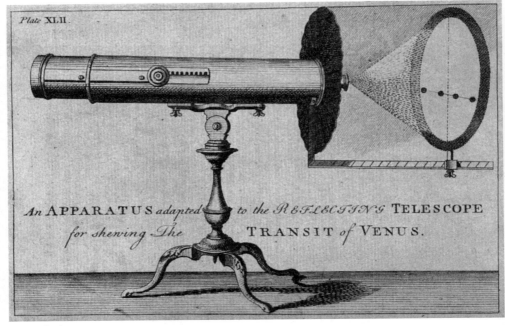

Plate XLII.

An APPARATUS adapted to the REFLECTING TELESCOPE for shewing The TRANSIT of VENUS.

[24]

과학

고대인들에 대한 근대인들의 우월성을 보증한다고 생각되는 것이 있다면, 그것은 바로 과학의 진보였다. 그리고 그 진보는, 중간 계급의 응접실을 빛내주도록 판매용으로 널리 제공된 과학 기구들[24]과, 젊은 셸리의 마음을 '완전히 사로잡은' 천문학과 여타 과학에 관한 논의들을 선보인 애덤 워커의 강연 같은 대중 과학 강연들[25]에서 가장 분명하게 손에 잡힐 듯 구현되었다. 그러나 구름으로부터 전기를 이끌어내려는 워커 같은 이들의 시도는 다른 이들에게는 터무니없거나 불경해 보였을지도 모른다[26].

[25]

[26]

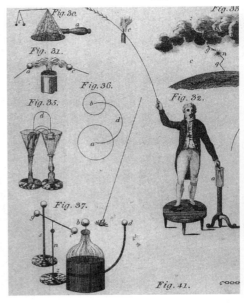

[28]

ASIATIC DEVICES ALLUSIVE TO THE COSMOGONY.

새로운 지평선들

발견은 계몽 과학과 탐험의 표어였고, 지리학적·민족지학적 지식의 진보는 조지 왕조 시대 국가의 제국적이고 상업적인 야심과 완벽하게 들어맞았다. 발견의 결과는 종종 대단히 양가적이었다. 바다코끼리 사냥은 새로운 동물 사랑 풍조와 잘 통하지 않았을지도 모르며[27], 서아프리카와 신세계 간의 노예무역은 확실히 갈수록 비난을 받았다[28]. 서구인의 눈에 동방의 경이들은 여전히 종종 기이하게 느껴졌고, 다른 모든 문명에 대해 유럽의 우월감을 키우는 데 기여했다[29].

[29]

[30]

[31]

[32]

[33]

초상

계몽주의는 저명인사를 숭배했고, 그러니 스코틀랜드 철학자 데이비드 흄이 동포 앨런 램지에 의해 찬란히 빛나는 모습으로 그려진 것이나[30], 선도적인 여성 지식인들과 예술가들이 '영국의 살아 있는 아홉 뮤즈'로 신격화된 것도 놀랄 일은 아니다[31]. 아직 영국 과학의 독재자가 되기 전의 조지프 뱅크스는 실제보다 더 멋지게 그려질 용의가 있었던 모양이다[32]. 랜슬럿 브라운은 그의 '보통 사람'의 태도를 유지했고[33], 이래즈머스 다윈은 결연해 보이며[34], 지리학자 제임스 허튼은 생각에 잠긴 모습인 반면[35], 같은 루나 소사이어티의 회원 조지프 프리스틀리는 자신의 모습이 '사마귀 하나까지 있는 그대로' 역사에 남기를 바랐던 것 같다[36]. 케임스와 휴고 아넛Hugo Arnot, 몬보도의 캐리커처에서 제임스 케이는 논쟁을 좋아하는 스코틀랜드 계몽주의의 특징을 잘 잡아냈다[37].

[34]

[36]

[35]

[37]

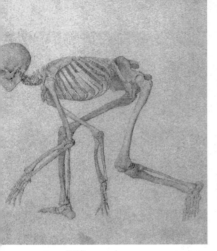

[38]

인간 과학

인간 과학은 계몽주의에 중심적이었기에 미술가들은 인간 골격 습작에 몰두했다[38]. 갓 창립된 로열 아카데미(왕립미술원)는 실제 모델을 기용한 수업에서 해부와 미술을 가르치는 일을 맡은 해부학 교수를 두었다[39]. 자궁 안 태아와 어머니의 관계에 대한 강렬한 관심은 모성애와 훌륭한 보살핌의 결정적 중요성에 대한 새로운 확신을 뒷받침하고 강화하는 데 일조했다[41, 42]. 의사는 새로이 영웅적 역할을 부여받았다. 퀘이커교도 내과의인 존 코클리 렛섬이 익사 사고 희생자를 되살리기 위해 설립된 왕립 인도주의 협회에서 활동중인 모습을 보라[43]. 그러나 건강이 더 중요해졌다고 한다면, 계몽주의는 심기증心氣症 환자, 즉 자신의 건강에 대해 너무 많이 걱정한 나머지 아픈 지경에 이른 사람(여성들도 갈수록 늘었다)의 공포에도 시달리게 되었다[40].

[39]

[40]

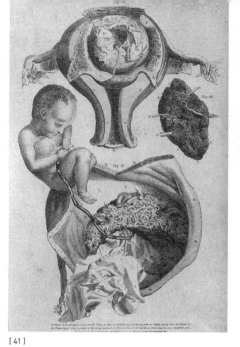

[41]

[42]

[43]

[44]

공업

세계 최초의 '산업혁명'으로 드러날 것에 착수
한 계몽 잉글랜드에서는 급성장하는 상업과 제
조업의 나라에 걸맞게 예술과 기예, 장인의 기
술 간의 연계가 높이 평가되었다. 더비Derby의
그 유명한 조지프 라이트와 별개로, 지방의 다
른 예술가들도 제조 공정 속에서 아름답게 기
려졌다. 제임스 크랭크James Cranke는 워링턴의
유리 제조 과정을 묘사한 한편[44], 조파니Zof-
fany는 안경 장인이 작업중인 모습을 포착했다
[45]. 수공 장인들의 자부심은 그들의 정교한
업무용 명함에서도 빛난다. '헤이마켓 근처 팬
튼가 골든헤드'에 자리한 리처드 시덜의 약방에
서는 '각종 화학 약품과 생약을 제조, 판매합니
다'[46].

[46]

역사는 진보적이라고, 발전의 시대의 물마루를 장식한 계몽주의 운동가들은 이구동성으로 갈수록 크게 외쳤다.[6] '루소는 원래는 모든 것이 좋았다는 것을 입증하려고 애쓴다'고 메리 울스턴크래프트는 지적했다. "일군의 작가들은 지금 모든 것이 좋다는 것을 입증하려고 애쓴다. 그리고 나는 앞으로 모든 것이 좋을 것임을 입증하려고 애쓴다."[7] 시선은 미래에 고정되었다―비록 기독교 종말론의 묵시록적 미래가 아니라 현시점과 맞닿아 있는 미래였지만. 아닌 게 아니라 계몽주의는 공상과학소설과 미래학적 소설의 탄생을 가져왔다―예를 들어 새뮤얼 매든Samuel Madden의 『20세기 회상록the Memoirs of the Twentieth Century』(1733)이나, 익명으로 나왔지만 연대기적으로 그렇게 부정확하지는 않은 『조지 4세 시대, 1900~1925The Reign of George VI, 1900-1925』(1763) 등이 있다.[8]

진보의 분위기는 어디서나 팽배했다. 영국 국교도 에드먼드 로는 '전반적인 세계의 지속적 발전'에 대한 자신의 신념을 토로한 한편, 스코틀랜드인 존 밀러는 '인간과 여타 동물 간의 가장 놀라운 차이 가운데 하나는 자신의 정신적 능력들을 향상시키는 인간의 놀라운 역량에 있음'[9]을 가르쳤다. 합리적 국교 반대에 흥분한 리처드 프라이스는 이렇게 자문했다.

> 이 세기가 막 시작되었을 때 과연 누가 생각이나 했겠는가, 몇 년 만에 인류가 번개의 무시무시한 힘을 인간의 의지에 종속시키고 공기정역학 기계(기구氣球를 말한다―옮긴이)로 비행 능력을 획득하게 되리라고? (…) 유사한 많은 발견들이 이루어지길 기다리고 있을지도 모른다. (…) 그리고 (만약 정부가 그쪽 방면으로 장애물을 세우지 않는다면) 지상에서 대부분의 해악들이 제거되고, 모세의 역사(구약성서―옮긴이)에 따르면 현재 상태 이전에 존재했던 저 낙원의 상태를 회복할 때까지 발전의 행진이 멈추지 않으리라고 기대하는 것도 터무니없지는 않을 것이다.[10]

심지어 '인구론'의 맬서스도 자신의 인구학적 비관론을 찬란한 지적 성취에 맞서 대비시키며, '자연철학에서 근래에 이루어진 위대하고 예기치 못한 발견들과 (…) 제약을 벗어던진 열렬한 탐구 정신'[11]을 상찬했다. 이 모든 것에서 자기 개선은 기본 음조가 되었다. 『아들에게 보내는 편지Letters from a Father to his Son』(1796)에서 존 에이킨은 인간이 어떻게 '개량 가능한 존재'인지를 역설하고, '민간 제도들을 통한 완벽함'이 어떻게 '도달 가능한지'를 강조함으로써 (버크에게 눈을 부라리며) '개선에 반하는 장광설'과 '반대하며 조롱하는 태도'[12]에 맞섰다.

진보에 대한 후기 계몽주의의 믿음은 확실히 세속적 신정론神正論(신은 전지전능하고 선한 반면, 현실에는 악과 불의가 존재하는 모순을 설명하거나 해소하려는 철학적·종교적 주장—옮긴이)이었지만—진보는 계몽주의의 아편이었다—종교적 신화 창작의 소산으로서 '모든 것은 좋아질 것'이라는 믿음은 '모든 것은 최선을 위해 존재한다'는 이전의 라이프니츠적 낙관주의와 정확히 같은 방식으로 자기만족적이지는 않았다. 울스턴크래프트가 설명했듯이, 세계는 아직 완벽하지 않다. 그보다는 비판, 개혁, 교육, 지식, 과학, 산업 그리고 순전히 인간의 에너지를 통해 그 세계를 완벽하게 만드는 것이 인간의 의무다. 당시 일어나고 있던 깜짝 놀랄 만한 정보 혁명이 모든 변화를 가져올 것이었다. 발전의 현세적인 '제2원인'은 '각계각층의 모든 사람과, 모든 국가와 일족, 어족, 민족에 대한 지식의 확산', '이제는 중단시킬 수 없으며, 갈수록 빠른 속도로 진행되는'[13] 진보라고 데이비드 하틀리는 공언했다. 그리고 미래에 대한 이 모든 낙관주의, '금지된 지식'에 관한 대대로 내려오던 공포의 탈각은 하틀리, 프라이스, 프리스틀리 같은 사람들의 사고 속에서 신의 섭리—제일 원인—가 그러한 발전을 보장한다는[14] 확신이나, 이신론자 이래즈머스 다윈의 모델에서 제시된 대로, 사회 진보는 전체적으로 생물학적 진화에 의해 보증된다는 확신에 의해 북돋아졌다.

진보는 '개선improvement', 바로 조지 왕조 시대 저 궁극의 유행어의 보편화였다. 공중은 새로움에 푹 빠졌다. 풍경, 정원, 제품, 예법, 취향, 예술과 문학—모든 것이 끊임없이 '개선되고' 있다고 칭찬받았고, 광고업자들은 의복이나 요리에서의 우아한 '최신' 유행이나 상업에서의 '현대적 방법'을 과대 포장했고, 문학 고전들은 대중을 위해 현대화되었다. 모두가 그에 열광한 것은 아니며—스위프트풍 풍자가들은 그저 새로움을 위한 새로움의 추구를 조롱했다—바로 그 이유 때문에 변화가 진정으로 교육적이고, 도덕적으로 유익하며, 사회적으로 이롭다고 공중을 끝없이 안심시킬 필요가 있었다.[15]

과거와 현재에 관한 전통적 의심들은 기번, 다름 아닌 피상적인 신조들에 기질적으로 회의적인 인물에 의해 다루어져 완화되었다. 시민적 인문주의자들이 두려워한 것처럼, 로마를 멸망시킨 참화들이 '이 계몽의 시대'에 재발하지는 않을까? 그렇지 않다. 커다란 '위안과 희망의 원천'은 바로 개선의 영속성이라고 『로마제국 쇠망사』는 독자의 근심을 덜어준다. 미개 상태로부터 인간은 '점차 동물을 부리고, 대지를 비옥하게 하고, 대양을 가로지르고, 하늘을 측정하는 수준으로 올라섰다.' 그러한 개선은 물론 '빛과 어둠이 교차'하면서 '일정하게 이루어지지'는 않았지만 '4000년에 걸친 경험은 우리의 희망을 넓혀주리라.'─기술적 능력은 결코 소실될 수 없으며, 어떤 민족도 '원래의 야만 상태로 되돌아가지' 않을 것이기 때문이다. 그러므로 근저에서 인류는 '모든 시대는 저마다 인류의 진정한 부와 행복, 지식, 그리고 어쩌면 미덕도 증대시켜왔고, 또 여전히 증대시키고 있다는 기분 좋은 결론에 동의'해도 된다. 게다가 진보는 예측할 수 있는 한계가 없으니, 일단 진보가 이루어지면 그 개선의 결과는 되돌릴 수 없기 때문이다. 기번의 역사서 전반부를 마무리하는 긴 에세이 「서양에서의 제국의 몰락에 대한 고찰」은 새로운 '고트족' 침입자가 누구든 먼저 근대적 업적들, 특히 군사적 기술을 흡수함으로써만 성공할 수 있었다고 설명한다. "정복할 수 있기 전에 그들은 먼저 야만인이기를 그만두어야 한다."[16] 한마디로 1800년에 이르자 진보는 매콜리의 '정신의 행진'에서 휘그주의의 거창한 아이디어, 즉 위대한 만병통치약으로 탈바꿈할 휘그주의의 도깨비불이자 계몽주의의 줄 맨 끝에 섰던 저 토머스 러브 피콕에 의해 놀림받을 그런 것들이었다.[17]

6장에서 이미 조명했듯이, 과학과 실증적 지식은 낙관주의를 낳는 강력한 원천이었다. 시간이 흐르면서 과학 문화는 사회 곳곳으로 침투하고 지방으로까지 퍼져나가면서 더 널리 그리고 더 급속하게 확산되었다.[18] 왕립학회는 여전히 국가에서 가장 지위가 높은 과학 단체였지만, 런던 린네 학회Linnean Society of London(1788)와 왕립 연구소Royal Institution(1799)를 비롯한 단체들이 수도에 추가적으로 들어섰다. 에든버러 왕립학회The Royal Society of Edinburgh는 1783년에 창립되었고, 그에 상응하는 아일랜드 학술 단체 로열 아이리시 아카데미Royal Irish Academy는 1785년에 창립되었다. 잉글랜드 지방들의 경우, 버밍엄의 루나 소사이어티와, 맨체스터, 뉴캐슬, 여타 상업과 산업 중심지들에서 생겨난 유사한 단체들에서 과학과 국교 반대주의, 정치 개혁주의가 만나 힘을 합쳤다. 과학은 그 효용만이 아니라 문명화 과정에 없어서는 안 될 것으로 찬사를 받았다. 뉴캐슬에서 문학·철학회를 창립하면서 유니테리언 목사 윌리엄 터너William Tuner는 그 실용적 가치 못지않게 문화적 가치를 강조했다. 그러한 학회들이 '사회적 교류의 즐거움과 이점을 증대'[19]하지 않겠는가? 맨체스터의 거두인 토머스 헨리Thomas Henry는 자연철학 활동이 '술집이나 도박장, 매음굴'[20]보다 훨씬 바람직하다고 천명했다. 맨체스터 문학·철학회는 합리적 문화로서의 과학에 대한 이러한 비전을 실현하고자 1781년에 설립되었는데, 초기 회원들은 그 지역의 의사들과 제조업자들이 주축을 이루었고, 명예회원으로는 이래즈머스 다윈과 조지프 프리스틀리, 조사이어 웨지우드가 있었다.

과학에 대한 계몽된 신념을 구현한 그러한 모임들 가운데 가장 정력적인 단체는 미들랜드 서부 지방에서 생각이 같은 지도적 인사들을 한자리에 모은 루나 소사이어티였다. 18세기 초에 버밍엄은 여전히 장이 서는 소읍에 불과했지만 이내 급속히 팽창했다. 1760년에 이르자 버밍엄은 이미 상당히 커져서 주민이 3만 명에 달했고, 매슈 볼턴의 소호 공장에서 국제적 명성을 날리는 공작 기계 산업을 일구었다. 훗날 애향심으로 충만한 버밍엄 시사市史를 집필하게 되는 윌리엄 허튼은 이 도시에서 다른 곳에서는 접한 적 없는 기풍을 발견했다. "나는 여태껏 꿈꾸는 자들 사이에 있었지만, 이제 나는 잠에서 깨어난 사람들을 보았다."[21]

대략 1765년부터 일단의 친구들—산업가, 과학자, 교육가, 비국교파 목사와 의사—이 한 달에 한 번 보름달이 뜰 때 볼턴의 집에서 만나 과학과 기술에서의 혁신과 그들이 그 창출에 중요한 역할을 하고 있던 새로운 산업 체제에 관해 토론하기 시작했다. '루나 회원들의 교제와 그들의 활동은 자신들의 세계의 의식적인 형성을 보여준다'고, 더욱이 '산업화가 진행중인 잉글랜드의 문제들, 즉 어찌된 영문인지 산업화와 동시에 18세기 잉글랜드의 특징으로 간주되는 고전적 조화와 오거스턴 균형이라는 그림과 들어맞지 않는 문제들을 해결하기 위한 의도적이고 부단한 노력을 보여준다'고 주장되어왔다—아니 더 간결하게 표현하자면, '뉴턴들과 로크들의 나라는 볼턴들과 와트들의 나라가 되었다.'[22]

'개선'은 자본주의적 영농, 특히 인클로저에 암호명 역할을 하면서 토지 이용에도 흔히 적용되는 꼬리표였다. 13장에서 논의되었던 농업에서의 개발 정신은 갈수록 과학과 연관되었다. 600쪽짜리 『본초학』(1800) 서론에서 이래즈머스 다윈은 일례로 '농업과 원예는 여전히 (…) 단편적인 무수한 사실들과 막연한 의견들로만 이루어져 있을 뿐, 그것들을 하나로 이어줄 진정한 이론은 없는 기술'이라고 안타까움을 표명했다.[23] 이런 현실은 변해야 했다. 그러한 영역들은 정치경제의 가르침들 덕분에 전적으로 합리적이고 사업적으로 바뀔 때에만 진정으로 진보할 것이었다. '방목권은 토지와 그 땅이 길러내는 가축 양쪽에서 소유권이 없다면 존재할 수 없다'고 그는 주장했다.

그리고 기술 발명과 농업에 필수적인 도구 제작을 위해서 누군가는 생각하고, 누군가는 노동해야 한다. 그리고 한쪽의 노력들은 다른 쪽의 노력들보다 더 큰 성공으로 보답을 받을 것이므로, 사회의 신분 간의 불평등이 틀림없이 뒤따를 것이다.[24]

자본주의적 농업이 합리적인 것으로 그려지는 가운데, 농사는 제조업의 형태로 경영되게 되었고, 로버트 베이크웰Robert Bakewell의 통통한 양들은 마치 뉴턴의 프리즘처럼 계몽주의의 아이콘이 되었다.[25] 이 레스터셔 사육업자는 값나가는 살점 부위를 극대화하고 뼈와 쓸모없는 부위를 최소화도록 소와 양, 돼지를 선별하여 노골적으로 식육 생산 기계처럼 사육했다. 그리하여 동물은 기계로 탈바꿈했다.[26]

이런 사례가 암시하듯이, 만약 농업이 찬양된다면―정말이지 아서 영의 표현대로 '모든 제조업 가운데 최고'로서[27]―그것은 이제는 가장 열렬한 찬사를 받는 진보, 바로 제조업의 또다른 분야였던 셈이다. 진보주의자들은 호모 파베르(도구적 인간―옮긴이)의 이미지를 장려하면서 숙련 작업이라는 전통적 의미에서의 제조업industry에 대한 매혹을 표현해왔다.

이들은 너의 축복이니 숙련Industry의 거친 힘이여!
애써서 땀 흘리고 수고하는 노동
하지만 온갖 고상한 기술의 원천이자
삶의 온화한 교양의 근원
인류의 양육자여![28]

1744년 제임스 톰슨은 그렇게 노래했었다.

절망에 빠진 로빈슨 크루소는 자신이 처한 곤경을 살펴보고 이렇게 말한다. "나는 물에 젖어 있었고, 갈아입을 옷가지나 먹고 마실 것, 나를 안락하게 해줄 것이 아무것도 없었다. 굶주려 죽거나 들짐승한테 잡아먹히는 것말고는 눈앞에 전망이 없었다." 그러나 디포의 주인공한테는 난파선에서 건져낸 무기들과 도구들로 구원이 찾아왔다. 바로 나이프와 포크, 삽과 도끼, 바늘과 실, 머스킷 총과 화약, 총알이었다. 도구는 되살아난 문명의 기초를 이루었다. "나는 여태껏 도구를 다루어본 적이 없었지만, 시간이 흐르면서 열심히 노력하고 애쓰며 수완을 발휘한 끝에, 마침내 내가 만들어낼 수 있는 것만으로 부족함이 없음을 깨닫게 되었다. 특히 내게 도구가 있다면 말이다."[29]

혁신은 폭넓은 전선에서 성큼성큼 나아가고 있었다. 수차 기술은 실험적 효율성의 모범이 되었고, 엔지니어 존 스미턴John Smeaton은 등대 디자인을 개량했다. 1758년 '버밍엄 개량 마차'는 옆면에 '마찰 제거'라는 문구를 요란하게 선전했으며, 1801년이 되자 리처드 트레비식은 개량된 증기기관차를 선보였다. 무엇보다도 방직 기술이 몰라보게 변했고, 증기 기관이 물리적 힘에 혁명적 변화를 가져왔다. 산업화가 속도를 내기 시작했고 생산이 급속히 증가했다. 1780년에 연간 평균 900만 파운드였던 수출액은 그 세기가 끝날 무렵 2200만 파운드로 치솟았다. 1765~74년에 1만 6700톤에 달했던 철과 강철의 선적량은 1800년에 이르자 거의 두 배로 늘어났다. 같은 기간 면화 수출액은 23만 6000파운드에서 537만 1000파운드로 어마어마하게 불어났다.[30]

이 놀라운 변화의 여명기에 쓰인 존 돌턴의 『서경시敍景詩Descriptive Poem』

(1755) 서문은 많은 것을 말해준다. 서문은 농업에 대한 찬가로 문을 연다.

> 야생의 미개간지가 풍요로운 농지로 바뀐 것을 보라. 그곳의 작물이 자라던 과정을 보지 않고 그저 다 자란 상태만 본다면, 우리는 자연의 표면이 완전히 바뀐 것을 보고 경이와 놀라움에 사로잡히게 된다.

그다음 서문의 어조는 크게 바뀐다.

> 그러나 그러한 광경이 주는 즐거움이 아무리 대단하고 합리적일지라도, 그 즐거움은 무역 도시의 엄청난 성장과 새로운 건물의 등장이나 인구의 이주를 바라보며 느끼는 즐거움을 능가하지 못한다. 30년도 채 안 되는 사이에 화이트헤이븐 항구와 도시가 탄생한 것에 필자가 느끼는 만족감이 그 정도다.[31]

작가들과 미술가들은 찬탄하듯 펜이나 붓으로 기술적 진보를 기록해나가면서 발생기의 산업화를 문화화했다. 더비셔 화가 조지프 라이트는 그 지역 산업계의 거물들을 그들의 직업들의 상징과 함께 초상화로 남겼다. 지질학자 존 화이트허스트Jhon Whitehusrt는 지층 단면 일부와 함께, 납 광산주 프랜시스 하트Francis Hart는 방연석方鉛石 덩어리와 함께, 공장주 리처드 아크라이트는 방적기 모델과 함께 있는 모습으로 그려진 한편, 크럼퍼드에 있는 아크라이트의 면직 공장도 그림의 소재로서 라이트의 눈길을 끌었다.[32]

계몽주의자들에게 제조업의 매력은 다방면에 걸쳐 있었다. 기술은 새로움의 최첨단으로서 헤드라인 뉴스가 되었다. '런던, 맨체스터, 버밍엄의 사람들은 증기기관 공장에 미쳐 있다'고 매슈 볼턴은 제임스 와트를 안심시켰다.[33] 산업은 또한 규율 잡힌 합리성의 대표적 사례였다. 도자기 제조업자로서 본인이 어엿한 실험가였던 조사이어 웨지우드는 직원들 사이에서 시간 엄수를 확립하기 위해 시간기록계를 도입하여, '사람을 잘못을 저지를 수 없는 기계로 만들어내고자' 했다.[34] 1783년에 그는 웨스트미들랜즈 곳곳에서 뚜렷이 드러나는 진보에 찬사를 보냈다.

> 근면과 기계가 이 행복한 변화의 원인이다. 방향이 바르게 설정되고 오랫동안 지속된 일련의 근면한 활동들은 우리 고장의 모습을 더 좋은 쪽으로 변화시켜왔고, 그곳의 건물과 땅, 도로, 주민들의 풍습과 행동거지도 좋게 바꿔놓았다.[35]

다시 말해 사업은 부만이 아니라 복지도 증진했다.

제조업은 새로운 부류의 영웅을 배출하고 있다고 열성적 지지자들은 주장했다. 자수성가 인물로 이야기되는 그는 공장, 괴철로塊鐵爐와 주조소를 건립하기 위한 자본을 마련하고, 이윤을 재투자하고, 생산력을 조직하고, 노동력을 모집, 훈련시켜 배치하고, 시장의 트렌드와 기회를 판단하는, 주로 '산업계의 선장들Captains of Industry'(토머스 칼라일이 처음 쓴 개념으로, 개인적 부의 축적이 국가적 발전에 기여하는 경제인을 가리킨다—옮긴이)이었다. 새뮤얼 스마일스Samuel Smiles가 나서기 훨씬 전부터 산업가는 국가적 영웅으로 치켜세워졌다. 애나 바볼드의 『가정의 저녁 시간: 어린이 이야기보따리』(1794-98)에 나오는 어린이용 이야기 중 한 편은 리처드 아크라이트가 부와 명성을 얻은 것을 상찬한다. '이게 제조업자들이 할 수 있는 일이란다'라고 아빠는 아이들에게 거의 신성모독에 가까운 계몽의 언어로 설명한다.

'여기서 이 사람은 일종의 조물주이고, 위대한 조물주처럼 그도 자신의 작업에 흡족해하며 보기에 참 좋다고 말해도 된단다.' 자식들에게 공장을 구경시켜주면서 이야기 속 아버지는 그 모든 게 얼마나 재미난 일인지를 힘주어 말한다. "교육받은 정신은, 유행하는 무수한 오락거리에서보다 핀 하나가 만들어지는 과정을 보는 데서 더 큰 재미를 느낀다."[36]

모험 사업가는 근대적 에너지의 전형으로 일컬어졌다. '볼턴 씨가 내게 한 표현을 절대 잊지 못할 것'이라고 제임스 보즈웰은 소호 공장을 방문했을 때를 회고했다. "'선생, 나는 여기서 세상 모두가 갖고 싶어하는 것을 팝니다. 바로 힘이지요.' 그는 작업장에 대략 700명의 사람을 고용하고 있으며 (…) 그는 이 부족의 가부장인 것처럼 보인다."[37] 봉건사회에서 상업사회로의 이행을 분석하는 이들에게 통하는 모티프로서, 산업은 칼을 두드려 다시 보습으로 만드는, 전쟁을 평화로운 경쟁으로 대체하는 수단으로 추천되었다. '당신은 정말로 우리가 프랑스를 완전히 정복할 수 있다고 생각합니까?'라고 1771년 조사이어 웨지우드는 시장 전망에 관해 물었다—그 생각만으로도 그의 '혈관의 피가 더 빨라지는' 느낌이었다.[38]

웨지우드는 볼턴처럼 계몽된 사고를 통해 사업을 추구하는 것으로 눈에 띄는 대단히 새로운 부류 가운데 한 명이었다. 비록 그가 받은 정규 교육은 미미했지만, 그는 이성에 대한 절대적 신념과 측정하고, 무게를 재고, 관찰하고, 기록하고, 실험하는 데 열성을 보여주었다. 도자기 제조업에서 모든 문제들은 '실험에 굴복'할 거라고 그는 주장했다.[39] 그의 합리적 세계관은 사업을 넘어 종교에서 유니테리언주의, 정치에서 급진주의로까지 확산되었다. 그는 노예제에 반대했으며, 아메리카 식민지인들과 훗날 프랑스혁명의 열렬한 지지자였다. 그는 크게 사고했다. '나는 전 세계를 깜짝 놀라게 할 거야'라고 사업 파트너인 토머스 벤틀리에게 공언했다. '자네도 알다시피 나는 시시한 건 싫어하잖아.'⁴⁰ '전 우주의 꽃병 제작자 총수'가 된 웨지우드가 사망했을 때 그의 자산 가치는 50만 파운드에 달했다.

그러므로 사업가가 계몽 절대 군주론자에 대한 영국의 답변처럼 나타났다면, 로버트 오언은 기업가들 가운데 태양왕(절대 군주의 대표자인 프랑스 루이 14세의 별명—옮긴이)이자, 산업 제국에 계몽된 발상들을 적용하는 데서의 완벽한 예증이었다. 웨일스 중부에서 태어난 오언은 심부름꾼으로 첫 직장을 얻었다. 그다음 그는 포목업계로 진출, 승승장구하여 맨체스터 어느 회사의 사업 파트너가 되었다가 19세기로 넘어갈 무렵 클라이드사이드의 뉴래너크 공장의 동업자이자 관리자가 되었다. 이후 20년 동안 그는 기업가 정신과 사회 개혁을 결합했다. 『새로운 사회관A New View of Society』 (1813)에서—오늘날의 표현으로는 '회사 목표 선언문'이라고 불릴 것이다—오언은 합리적인 보통교육을 기반으로 한 사회 개조를 촉구했다. 제조업은 행복을 위한 토대를 제공하겠지만, 일단 시장의 자의성에서 벗어나고, 사회적 효용에 따라 재조직될 때에만 가능하다. 인격은 올바른 환경의 영향력에 의해 구축될 것이다. 만약 노동 계급이 지금처럼 무지하고, 짐승 같고, 범죄 성향을 띤다면 그건 사회 탓이다.

오언은 주변에 보이는 모든 변화들을 소리 높여 알렸고, 그 자신이 그런 변화들을 가져오고자 노력하고 있었다. "30~40년 전에 이 나라의 상업과 제조업, 교역을 담당하던 사람들은 제국(영 제국—옮긴이)의 지식과 부, 영향력이나 인구의 극히 일부만 이루었다"고 그는 설명한다.

그 시기 이전에 영국은 본질적으로 농업적이었다. 그러나 그때부터 지금까지 국내 거래와 대외 무역이 매우 급속하고 엄청나게 증가하여, 상업이 정치권력이나 영향력을 많이 보유한 어느 나라에서도 일찍이 누려

본 적 없는 중요한 위상을 얻게 되었다.[41]

그러나 자유방임은 장기적 번영과 복지를 확보하는 데는 소용이 없는데, '입법적 개입과 지도'가 없다면 시장의 힘들이 '매우 개탄스럽고 영구적인 폐해'[42]를 낳을 것이기 때문이다. 비록 산업화가 인류에게 막대한 혜택을 약속했지만, 지금의 경쟁 체제하에서는 누군가는 엄청나게 부유해지는 반면에 누군가는 가난해질 운명이다. 산업의 잠재적인 사회 이점들을 이끌어내기 위해서는 협동이 필요하다. 사람들은 환경의 산물이므로 교육이 중대한 차이를 가져올 것인즉, '인격 형성과 하층민들의 전반적 개량을 위한 국가적이고, 철저히 숙고되고, 비非배타적인 시스템'을 위한 오언의 계획에 따르면 그렇다.

> 그 주제에 일생을 헌신한 경험에 의거하여 나는 어느 공동체의 일원이든 게으름과 빈곤, 범죄, 처벌 없이 살아가도록 점진적으로 훈련될 수 있다고 주저 없이 말하겠다. 왜냐하면 그것들은 하나같이 세계 전역에 자리 잡은 지배적인 다양한 체제들의 오류의 결과이기 때문이다. 그것들은 필연적으로 무지의 결과다.[43]

그는 뉴래너크 공장 마을에서, 박물관 같은 시설들과 더불어 학교 교육 과정으로 노동자들을 행복에 맞게 프로그램화하고자 했다. 여기서는 말 그대로 사회 실험이 진행되고 있었다.

실험은 인류의 다양한 의견과 관습, 악덕과 미덕이 어디서 생겨나는지를, 그리고 그 가운데 최선이나 최악을 다음 세대에 수학적으로 정확하게 가르칠 수 있을지를 보여줌으로써, 세상의 도덕적 · 종교적 원칙들을 개조할 특정 수단들을 틀림없이 입증해줄 것이다.[44]

불신자인 오언은 '예언된 천년왕국, 즉 (…) 노예와 죄수, 예속된 남녀, 종과 아이가 영원히 자유롭게 풀려나고, 육체와 정신에 대한 억압이 더이상 없는 그때'를 그려 보이며 기독교의 관용어구들을 세속화했다.[45] 로버트 사우디는 오언에게 거의 동의하지 않았지만, 그럼에도 불구하고 이 지상의 천국의 선구자야말로 놀라운 사람이라고 느꼈다. "개개인들이 천년왕국이라는 말을 어떤 식으로 인식할지는 나도 모르겠다"면서 사우디는 오언이 펼치던 장광설을 기억했다.

그렇지만 범죄와 빈곤이 존재하지 않고, 건강이 크게 개선되며, 곤궁은 거의 없고, 지식과 행복이 백배로 늘어나는 사회가 형성될 수도 있다는 것을 안다. 그리고 지금 이 순간, 그러한 사회 상태가 보편화되는 것을 막는 데는 무지를 제외하고는 어떤 장애도 끼어들지 않는다.

그 장애를 극복하기 위해, 직원들의 행복을 백배로 증대하고픈 그 기업가의 소망을 반영하여 학교와 박물관, 음악당, 무도장이 건설되었다고 사우디는 언급했다. 그러므로 오언은 산업화라는 기획 안에서 포괄적이고 자애로운 통제를 상상하고 실현하며 교육과 규율로써 그의 '인간 기계'들에 대해 엘베시우스적 관심을 드러내는바, 그것은 계몽사상의 논리적 종착점이었다.[46]

계관시인 헨리 제임스 파이Henry James Pye의 『교양의 진보Progress of Refinement』(1783)에서 1822년 셸리의 미완의 유작인 『삶의 승리The Triumph of Life』에 이르기까지 과학과 상상력, 시와 사회 이론을 통합하면서 많은 이들이 개량을 찬미하는 송가를 지었다.[47] 리처드 페인 나이트의 『문명사회의 진보The Progress of Civil Society』(1796)는 루크레티우스Lucretius의 『사물의 본성에 대하여De rerum natura』를 본떠서 총 6부로 나뉘어 있었는데, 그 각각의 제목—'사냥에 대하여', '방목에 대하여', '농업에 대하여', '기술과 제조업, 상업에 대하여', '기후와 토양에 대하여', '통치와 정복에 대하여'—은 그가 애덤 스미스의 사회 단계 이론의 내용들을 시적으로 표현함으로써, 계몽된 사변인류학을 운문으로 짓고 있었음을 분명하게 보여준다.

> 각자 노고의 결실이 필수품이든 사치품이든
> 자신의 수요를 능가함을 깨달았네.
> 저마다 남아도는 것을 내놓으니
> 그 대가로 더 유용한 물건이 돌아왔네.
> 저마다 너무 많이 소유한 것을 맘껏 내주면서
> 나머지를 똑같이 풍성하게 누렸다네.[48]

그러나 가장 저명하고 주목할 만한 진보의 예언자는 이래즈머스 다윈이었다. 1731년 노팅엄 인근에서 태어난 다윈은 고대 유물에 관심이 많은 '정직하고 근면한' 어느 변호사의 아들이었다.[49] 1750년 소년은 케임브리지대학 세인트존스 칼리지에 들어갔고, 그다음 의학 학업을 마치기 위해 (다른 많은 이들처럼) 트위드강을 건너 에든버러대학으로 갔다. 학업을 마친 뒤 그는 다음 25년간 그의 연고지가 될 리치필드에서 개업했다.

프리스틀리처럼 말을 더듬긴 했지만 에너지와 열정이 흘러넘치는 다윈은 대화를 지배하는 사람이었고, 관습과 기독교를 겨냥한 조롱과 재담으로 유명해졌다. 1760년대부터 그는 루나 소사이어티로 발전하게 되는 '박식한 미치광이' 서클과 친해졌다. 가장 초기 그의 절친한 친구는 당시에는 아직 주로 쇠쇠 제작자였던 매슈 볼턴이었다. 다윈은 '화염 전차'를 만들어 볼까 생각하고 있었다. 볼턴은 그런 증기기관차의 실현 가능성을 의심스러워했지만 다윈의 열성이 그를 증기로 이끌었고, 그러므로 볼턴이 제임스 와트와 동업하게 되는 길을 닦았다. 1760년대 후반에 다윈이 '가장 좋아하는 친구'는 벤저민 프랭클린의 추천 편지를 갖고 미국에서 온 윌리엄 스몰 William Small 박사였지만, 1760년에 도자기 제조소를 연 조사이어 웨지우드 와도 점차 가까워졌다. 정력적인 웨지우드는 잉글랜드 최초의 대규모 운하인 트렌트-머지 운하 건설을 추진하는 과정에서 다윈이라는 굳건한 동지를 얻었고, 다윈은 소책자를 쓰거나 비용이 많이 드는 이 투자 사업에 대한 유력한 후원을 얻어냄으로써 친구를 도왔다.

다윈 패거리에 다음으로 합류한 사람은 리처드 러블 에지워스로, 그는 뒤집히지 않는 마차를 설계하고 싶다는 소망을 다윈과 공유했다. 둘 다 열성적인 교육가이기도 했는데, 다윈의 경우 교육에 대한 관심은 부분적으로는 당시 고향을 떠나 더비셔에서 살고 있던 장자크 루소와의 친교로 자극받은 것이었다. 에지워스의 『교육의 실제』(1798)(15장을 보라)는 에지워스의 책 못지않게 진보적인 다윈의 『여성 교육 방안Plan for the Conduct of Female Education』(1797)보다 훨씬 더 묵직한 책으로 드러났다.[50]

글래스고를 기반으로 한 제임스 와트는 증기기관을 개량한 분리 콘덴서 개발을 선도했다. 1767년 그의 발명품이 아직 완벽하게 개발되지 않았을 때, 잉글랜드로 온 와트는 이미 증기의 열광적 지지자가 된 다윈을 방문하여 자신의 발명의 청사진을 제시했다. 다윈과 와트는 변치 않는 친구가 되었고, 시간이 흐르면서 와트는 격려와 아이디어, 의학적 조언을 구하며 친구에게 의지했다. 같은 해 다윈의 에든버러 옛 동무인 제임스 키어 James Keir가 군대에서 퇴역하여 웨스트 브롬위치에 정착했는데, 키어는 그곳에 세운 알칼리 제조소에서 소금으로 다량의 가성소다를 제조하는 데 성공하여 화학 산업의 출범을 도왔다.

1760년대 후반부터 이 일단의 친구들─볼튼, 다윈, 스몰, 웨지우드, 에지워스, 와트와 키어─에 훗날 다른 인물들이 합류하여(1780년 버밍엄에 정착한 조지프 프리스틀리가 가장 눈에 띈다) 이따금씩 모이게 된다. 만남은 점차 정기 모임이 되어 회원들은 매달 보름에 만나게 되었으니─그래서 루나 소사이어티('월광회月光會'라는 뜻이다─옮긴이)라고 한다─근대적 기술 세계의 다름 아닌 중추에서, 모임 뒤 집에 돌아가는 길을 밝게 비추는 데 도움을 얻고자 보름날로 정한 것이다.

다른 무엇보다도 내과의로서 다윈은 대략 40년간 의사로 활동했고 『주노미아Zoonomia』(1794-96)─그의 1400쪽짜리 대작으로 제3판은 무려 2000쪽에 달했다─는 하틀리의 유물론적 신경생리학에 강한 영향을 받은 본질적으로 의학 이론서다.[51] 바쁜 진료 속에서도 다윈은 다른 여러 분야에 무한한 에너지를 쏟아부었다. 1771년 그는 말하는 기계, 즉 기계식 발성 기관을 만들어보려고 이것저것 시도했고,[52] 이듬해에는 웨지우드 그리고 엔지니어인 제임스 브린들리James Brindley와 함께 그랜드트렁크 운하(트렌트-머지 운하─옮긴이)에 관해 긴 토론을 가졌다. 또 친구인 브룩 부스비 Brooke Boothby와 손잡고 리치필드 식물학회Lichfield Bontanic Society를 창립했는데, 시간이 지나 이 학회는 린네 저작의 번역본을 내놓는다. 그의 식물학적 관심사는 또한 리치필드 서쪽 한 부지에서 꽃을 피워, 1778년 다윈은 그곳에, 훗날 동명의 그의 시에 영감을 제공하는 식물원botanic garden을 설립한

다.[53]

　예술과 과학, 의학, 약학과 기술을 결합한, 비대한 다윈은 가장 폭넓은 관심사의 소유자였을 뿐 아니라 계몽된 가치들의 체현 그 자체였다. '그를 아는 모든 사람들은 공감과 자애심이 가장 두드러진 특징이었다는 점을 인정할 것'이라고 키어는 썼다. "그는 세상에 너무도 흔히 강요되는 수도승 같은 금욕과 위선적 허식을 경멸했다. 행복의 전달과 고통의 경감은 그에게 도덕적 가치의 유일한 기준으로 여겨졌다."[54]

　다윈의 자애는 기독교적 가치와 동기로부터 독립적인—사실은 그에 적대적인—자애였다. 일찍부터 그는 이신론을 선호하여 기독교를 거부했다. '이 멋진 피조물들을 만들어낸 우월한 존재Ens Entium(존재들 중의 존재, 즉 신을 가리킨다—옮긴이)가 있다는 것은 수학적 논증이다'라고 선언하지만, 이성은 그 제일 원인이 여호와라고 믿을 만한 근거는 주지 않았다. "그가 특정한 섭리로 사물들에 영향을 끼친다는 것은 그렇게 명백하지 않다. (…) 자연의 빛light of Nature(타고난 지혜를 가리킨다—옮긴이)은 내세에 대한 단 하나의 논거도 제시하지 않는다."[55] 정말이지 그는 기독교의 전능한 하느님이 매우 역겹다고 생각했다. 진정으로 사랑하는 아버지라면 어떻게 무고한 자식들에게 끔찍한 질병을 내릴 수 있겠는가?[56] 다윈은 질투심 많은 주님이라는 관념이 매우 비뚤어진 관념이라고 여겼다. 그는 처벌과 죄의식, 고통에 대한 기독교의 강박관념을 질색했다. 그리고 그의 『주노미아』는 종교적 열광과 미신을 병리적인 것으로 묘사하며, 그러한 신앙심을 광기의 증상으로 진단한다.[57] 다른 많은 계몽된 냉소자들처럼, 다윈도 불경不敬에 취미가 있었다. 예를 들어, 그는 말하는 기계로 '주기도문과 사도신경, 십계명을 속어로' 암송시켜보려 했다.[58]

　하틀리 철학을 적극 옹호한 다윈은 철두철미한 유물론자였다. '다윈 박사는 종종 이렇게 말하곤 했다'고 경건한 퀘이커교도 시멀페닌크Schim-melpenninck 부인은 기억했다. (다윈이 남자 동무들 앞에서는 '잠자는 동물'이 아닌 다른 표현을 썼을 거라는 의심이 든다.)

인간은 먹는 동물, 마시는 동물, 잠자는 동물이자 물질세계에 위치한 동물이며, 오로지 그 물질세계만이 인간 동물이 바랄 수 있는 모든 것을 제공할 수 있다. 그는 그 밖에도 실제로 이 세계의 자원들을 탐구하고 자신의 쓸모에 맞게 이용할 수 있는 인식 능력을 타고났다. 바로 이것이 현실이다. 여타 모든 것은 존재하지 않는다. 의식과 감정은 상상의 산물일 뿐이다.[59]

반기독교 유물론은 다윈의 인도주의를 형성했다. 편협한 독단가들은 비난하기를 좋아하지만 이성인은 탐구하고 공감할 것이다. 영아 살해를 저지른 어느 어머니에 대한 이야기를 듣고 그는 동정을 표하는 편지를 썼다.

자연에 가장 어긋나는 이 범죄를 저지른 여성들이야말로 가장 크나큰 연민의 대상이지요. 그들이 받은 교육은 그들 안에 정숙함, 즉 수치심을 너무 많이 낳아서 이 인위적인 정념이 다름 아닌 자연의 본능을 전복해버리는 것입니다! 그들의 마음속에 얼마나 격렬한 싸움이 벌어지고 있겠습니까? 그 고뇌라니! (⋯)
그러므로 무엇보다 끔찍한 이 범죄의 원인은 사실은 한 미덕의 과잉, 지나친 정숙함, 즉 지나친 수치심입니다. 인간 본성이 처한 조건이란 게 그렇다니까요![60]

정치적으로 다윈은 뼛속까지 자유주의자였다. 그의 책과 편지 곳곳에는 전제정, 노예제, 유혈에 대한 규탄('나는 전쟁을 싫어한다')이 울려 퍼진다.[61] 한번은 조사이어 웨지우드한테 '방금 이런 이야기를 들었네'라고 격분하여 말한 적이 있다. "우리 섬에 있는 노예들에게 채우는 입마개가 버밍엄에서 만들어진다고 말이야. 만일 이게 사실이라면, 그리고 그런 도구를 어느 연사가 평민원에 가서 전시할 수 있다면 커다란 효과를 볼 수도 있을 거야."[62] 처음부터 그는 프랑스 혁명을 지지했고, 1791년 버밍엄 폭동 이후에는 프리스틀리에게 그가 광신자들에 괴롭힘을 당한 것을 두고 개탄하는 편지를 썼다 ―그러면서 한편으로는 신학적 설교를 늘어놓는 것을 그만두고, 더 유용한 일들, 즉 과학 실험을 하며 지내라고 정중하게 충고하기도 했다. '세상의 모든 시대에 거의 모든 위대한 지성들, 즉 인류에게 혜택을 가져오기 위해 애써온 이들은 인류에게 박해를 받아왔다'고 그는 더비 철학회를 대신하여 프리스틀리에게 썼다.

갈릴레이는 그의 철학적 발견 때문에 종교 재판에 의해 투옥되었고, 소크라테스는 '이 세상에는 단 하나의 신이 있다'고 가르친 대가로 독배를 받았지요. 당신의 적들은 이성으로는 당신의 주장을 꺾을 수 없자 폭력에 의존한 것입니다.[63]

다윈의 정치는 그러나 결코 혁명적이지 않았다. 법과 질서, 소유권은 자유 시장 자본주의와 산업화의 프레임워크 안에서 달성될 사회 진보에 불가결한 요소였다.

무수한 아이디어들과 관점들을 표명하면서, 다윈은 최초의 포괄적 생물 진화 이론을 발전시켰다. "모든 온혈 동물이 살아 있는 하나의 섬유 세포에서 생겨났고, 위대한 제일 원인이 거기에 동물성을 부여했다고 상상하는 게 너무 대담한 일일까?"[64] 비록 오늘날 일반적으로 받아들여지는 그의 손자(자연선택에 의한 생물 진화론을 주창한 찰스 다윈을 가리킨다―옮긴이)의 이론과는 다르지만, 이래즈머스 다윈의 추측들은 당대의 과학에 잘 입각해 있었고 계몽주의의 중심적인 철학적 교의들을 표명했다.[65] 자연은 어디서나 움직이고 있다고 그는 주장했다. 나비는 애벌레에서 나오며, 생물들은 환경에 스스로를 적응시켜나간다―'장기간 눈에 덮여 있는 위도대의 토끼들과 자고새들은 겨울 동안에는 털이 하얘진다.'[66] 더욱이 '인공적이거나 우연적인 개량'을 통해, 존재는 마치 좋은 혈통의 개나 고양이를 번식시킬 때처럼 대대로 전달되는 '커다란 변화들'을 겪는다.[67] 가축화를 통해 인공 사육종을 생산할 수 있는 인간의 능력은 자연의 모습 자체를 바꾸고 있는 듯하다. "엄청난 크기의 품종들 다수는 번식되고 있으며, 비록 신종 동물은 아니라 해도 계속해서 적어도 변종으로 존재한다."[68]

그러므로 자연은 변화하며, 다윈에게 자연의 역동성을 이해하는 출발점은 유기체가 갖고 있는 내재된 운동성motility(자동력이라고도 한다―옮긴이)에 있다. '섬유질의 수축마다 감각 능력의 소모, 즉 생기가 존재한다.'[69] 살아 있는 생물체는 환경의 투입input에 순전히 기계적인 방식으로 반응하지 않고, 자체의 내재된 반응성을 갖고 있는 존재다.[70] 한마디로 생물체는 환경과의 상호작용 능력을 갖고 있는 존재다.[71]

섬유질은 '자극irritation'을 낳으면서 수축하는 능력을 갖고 있다. 자극은 '감각sensation'으로 이어진다. 한편, 쾌락과 고통은 욕구와 혐오의 감정들을 낳으면서 한 차원 높은 신체적 작용인 의지를 만들어내고, 그것이 쾌락과 고통의 감각들에 반응하여 행동하는 생물체의 능력을 구성한다. 그러나 의지를 신빙성이 떨어지는 신학적 자유의지 개념과 혼동해서는 안 되는데

(그는 여기서 하틀리와 프리스틀리에 의존해 설명한다), 자유의지란 정신이나 오성의 자의적 행위에 불과하다.[72]

정신의 기능들을 더듬어나가면서 다윈은 의지volition와 습관habit 간의 연결고리를 다루었다. 하나의 동작action의 빈번한 반복은 행동behavior의 패턴을 구축한다. 일단 습관이 자리를 잡으면, 이후의 수행은 의식적인 정신의 작용을 덜 요구한다. 그러므로 피아노의 초심자는 자신의 모든 집중력을 기울여야 하는 반면, 전문 피아니스트는 다른 것들에도 주의를 기울일 수 있다. 습관은 의지를 대체하지 않으며, 다수의 동작들을 동시에 수행하는 존재의 복합적 필요에 더 잘 적응되도록, 의지를 한층 더 높은 차원으로 밀어 올릴 뿐이다.[73]

고립적인 동작들로부터 행동 패턴으로 나아가는 의지의 힘은 변화를 이해하기 위한 종합적 모델을 제공했다. 동물들은 ─ 인간도 포함하여 ─ 일련의 기질, 능력, 성향, 숙련을 처음부터 타고나지 않는다. 로크를 사숙한 다윈은 본유관념과 그 변종인 스코틀랜드 공통 감각 학설들을 헛소리로 치부했다. 그보다는 특정한 동작들의 반복을 통해 습관이 형성되고,[74] 그 습관은 세월에 걸쳐 수정을 거침으로써 행동을 환경의 압력과 기회, 적소에 맞춰 적응시킨다고 생각했다. 감각의 제재sanctions ─ 쾌락과 고통 ─ 는 유기체의 학습을 가능케 하며 학습을 통해 진보가 가능하다. 감각 반응은 습관을 통해 모든 생명체에 변화하고 진보할 수 있는 능력을 부여하는 의지로 전환된다.[75]

그러한 적응적 행동이 진정으로 복잡한 형태를 취하도록 하는 것, 특히 그것을 인간한테서 가능케 하는 것은 유기체의 한발 더 나아간 힘, 바로 연합association이었다.[76] 이 연합의associative 능력 ─ 다윈은 로크와 하틀리, 흄이 설명한 것과 같은 고전적 개념의 관념 연합을 염두에 두고 있었다 ─

은 중력의 끌어당김과 같고,[77] 그것이 하나의 전체로서 유기체의 행위에서 이루어지는 대단히 미묘한 상호작용성에 대한 열쇠다. 다윈에게 감정의 표현―분노, 공포, 웃음―은 모방의 능력에 의해 부모한테서 자식으로 대대로 전달되는, 반응의 연쇄들이 낳은 학습된 산물로 이루어져 있었다.

연합은 다윈의 진보 개념에, 그러므로 그의 진화론에서 결정적이었다. 그 메커니즘을 통해서 행동은 이를테면 아름다움에 대한 의식과 인류와 여타 사회적 동물들 사이에 상호 애정을 야기하는 공감의 느낌들을 낳으면서 갈수록 복잡한 표현을 달성한다. 상상을 통해서 두뇌는 경험의 저장소가 된다.[78] 그리고 그 상상은 다시금 생식에서 결정적 역할을 한다.

생식과 유전의 메커니즘을 둘러싸고 열띤 논쟁이 오랫동안 지속되어왔다. 다윈은 초기 기계론적 철학자들 사이에서 인기 있었던 '전성설적preformationist' 이론들, 즉 태아의 성장은 처음부터 '주어진given'(온전하게 형성된―옮긴이) 미소微小 부분들의 기계적인 확장에 불과하다는 이론을 거부했다. 그는 자식은 대대로 전달되는 복사본으로 남아 있지 않다고 반박했다.[79] 무엇보다도 다윈은 자식한테로 유전적 전달에서 정신이 일정한 역할을 담당한다고 확신했다. 그런 종류의 시각들이 드물지 않았으니, 민간의 속설과 특정한 의학 이론가들은 모두 어머니의 상상에, 즉 수태시 상상한 내용들을 태아한테 아로새기는 힘이 있다고 믿었기 때문이다―'괴물 같은'(기형아―옮긴이) 출산들은 그런 식으로 설명되어왔다.[80] 그러한 시각은 다윈에 의해 거부되었지만, 그는 유사한 (그리고 똑같이 성차별적인) 이론, 즉 태아에게 인상을 아로새기는 것은 남성의 상상이라는 발상을 제시했다.[81] 이리하여 '개량', 즉 경험의 산물들이 자식에게 전달될 수 있는 하나의 메커니즘이 제시되었다. 동시대인 라마르크의 경우처럼 이래즈머스 다윈의 진화론은 획득 형질의 유전이라는 아이디어로 구축되었다.

다윈은 유성생식이 한 종의 미래에 최적이라고 주장했다. 더 단순한, 전성前成 생식 형태들―예를 들면, 식물 구근의 번식(영양생식―옮긴이)을 말한다―은 세대에 걸쳐서 점차 퇴화로 이어진다.[82] 어쨌거나 성적 결합은 '기쁨'의 기회를 제공하며, 한층 더 이점이 있다. 상상이나 정신의 '관념들'이 다음 세대로 전달될 수 있는 수단을 공급함으로써 성적 번식은 진화적으로 진보적일 수 있으며, 한 세대의 적응 형태들은 다음 세대로 전달될 것이다.[83]

생물에 대한 분석은 생물이 '그것의 욕구와 혐오, 쾌락과 고통 또는 자극이나 연합의 결과, 부분적으로 자력으로 이루어내는' 반복적·지속적·점진적인 수정 능력을 갖고 있음을 보여준다. '그리고 이렇게 획득된 형태나 성향 다수는 후세로 전달된다.'[84] 그러므로 진화에 대한 논증은 생명의 일반적 활기animation에 입각하고, 또 그것에 의해 결론이 도출되며, 다윈으로 하여금 전체로서의 진화적 과정을 두 손 들어 환영하게 만든다.

> 이렇게 상상하는 게 너무 대담한 일일까? (…) 모든 온혈동물은 살아 있는 하나의 섬유에서 발생했으며 위대한 제일 원인이 거기에 동물성을, 새로운 부위들을 획득할 능력을 부여했고, 자극과 감각, 의지, 연합에 의해 유도되는 새로운 성향들이 뒤따른다고, 그러므로 자체의 내재적 활동에 의해 지속적으로 개량해나갈 능력과 그러한 개량 결과들을 대대로, 끝없이 후세에 전달할 능력을 보유하고 있다고 상상하는 게?[85]

창세기에 대한 급진적 대안으로서, 진화는 다윈의 『주노미아』에서 대체로 생명의학적 용어로 최초로 확립되었다. 그 인간적·사회적 함의들은 1803년 유작으로서 출간된 그의 교육적 시 『자연의 신전』에서 더 철저하게 설명된다. 거기에서는 성운의 응집부터 근대 사회에 이르기까지, 버섯부터 군주들에 이르기까지 변화의 장엄한 파노라마가 펼쳐진다. 자극은 생명력의 최초 계기로서, 활기찬 힘들의 잠재력을 열어젖히고, 감정들을 깨어나게 한다.

이제 긴 신경들의 은빛 끝자락이 합쳐지고
신선한 감각이 두뇌에 가득 퍼지니
새로운 느낌마다 솟구치는 예리한 감정들에
어린 뺨은 상기되고 두근거리는 가슴은 차오르네.[86]

자극으로 유도된 감각은 이내 쾌락과 고통에 대한 지각들을 활성화시키고 의지를 촉발한다.

고통과 쾌락으로부터 재빨리 의지 작용이 일어나
강한 팔을 들어올리거나 호기심 많은 눈길을 돌린다.[87]

그다음 이 현상들은 연합과 정신의 깨어남을 낳는다.

마지막으로 무수한 **연합들**이 떼를 지어 생겨나
생각과 생각이 서로 이어지고, 움직임과 움직임이 달라붙으니
그로부터 상상된 기쁨과 자의적 슬픔이
일련의 긴 사슬들로 흘러나오네.[88]

그리고 관념 연합(연상)과 더불어 습관과 모방, 상상, 나아가 더 고도의

정신적 능력이 나오며, 이는 다시 언어, 기술과 학문, 미美에 대한 사랑 그리고 공감에 의해 생겨나는 도덕적이고 사회적인 능력들을 낳는다. 그러한 진화적 과정을 통해 인간은 천지만물의 주인이 되었고—그의 탁월한 지위는 신성하게 부여된 임무나 데카르트적인 어떤 생득적innate 자질에서 기인하지 않았고, 기본적인 물리적 사실들 덕분에 얻은 것이다. 예를 들어 고도로 민감한 손은 우월한 의지력과 이해력의 발전을 허용했다.[89]

'모든 자연은 영구적인 개선 상태로 존재'하고, 그래서 생명은 무한한 개선의 잠재력을 가지고 있다.[90] 물과 뭍에서 급증하는 유기체들의 끝없는 상호 경쟁은 또한 죽음과 파괴, 심지어 멸종을 초래하기도 한다.

> 굶주림의 팔뚝이 죽음의 화살들을 날리니
> 서로 전쟁중인 세계는 거대한 도살장이로다![91]

그럼에도 불구하고, 애덤 스미스의 경우처럼 다윈의 관점에서의 경쟁 법칙은 궁극적으로 개선을 가져오며, 총인구의 증가는 맬서스적 비참함이 아니라 우주적 행복 계산에서 행복의 증대를 의미했다.

> 지구상에 외쳐라, 번식이 어떻게 죽음과 싸워
> 죽음을 물리치고— 행복이 살아남는지
> 생명이 늘어나는 종족들로 모든 기후대를 채우고
> 재생하는 어린 자연이 어떻게 시간을 정복하는지를.[92]

다윈의 진화론은 무한한 개선이라는 영국 계몽주의 극치의 이론을 제공했다.[93]

다윈에 의해 구체적인 형태가 주어지고 대부분의 후기 계몽주의적 시각에서 암묵적으로나 명시적으로 드러나는 인류 진보의 대서사시를 『실낙원』과 『인간에 관한 에세이』 같은 더 이전의 비전들과 대조해보라. 밀턴에게 근본적인 것은 신과 인간의 관계였고—아담의 죄는 신의 명령을 위반한 데 있었다—인간의 운명은 초월적인 계시로 표현되었다. 포프는 포프대로 신에 의해 정해진 척도에 따라 고정된 인간 조건에 대한 시각을 제시했다.

중간 상태의 지협에 자리한
음울하게 현명하고 무례하게 위대한 존재 (…)⁹⁴

정체적인 '존재의 대사슬'을 염두에 두고서,⁹⁵ 포프는 존재를 신적인 것과 동물적인 것 사이에 매달려 있다고 보았고, 이런 처지는 우스운 동시에 한탄스러운 곤경이었다.

절반은 상승하도록, 절반은 떨어지도록 창조된
만물의 위대한 주인, 하지만 모두의 먹잇감.⁹⁶

반대로 다윈은 진화에 입각하여 전적으로 낙관적이고, 자연주의적이며, 세속적인 그림을 그려 보였다. 인간의 능력들은 '정신의 진보'로 확장되는 생물학적이고 생리학적인 발달의 산물이었다.⁹⁷ 거기에는 밀턴풍 루시퍼나 타락이 없을 뿐 아니라 정신과 육체 사이, 인간과 자연 사이에 겪게 되는 포프풍 갈등도 없었다. 인류를 신이 아니라 자연의 관점에서 바라보면서, 다윈은 인류에게 훨씬 더 격상된 지위를 부여했다. 인간만이 자연적 질서를 의식하고 있다는 것이다. 포프가 자긍심을 오만하다고 멸시한 반면, 다윈에게는 앞선 흄의 경우와 마찬가지로, 자긍심과 그것이 거둔 승리들은 자연에 정당한 기초를 두고 있다. 인류를 포프는 풍자하고, 다윈은 상찬한다.

진화론에 대한 다윈의 비전은 강력한 이데올로기적 함의를 담고 있었다. 그의 저술들은, 사회생물학을 통해 합리화된, 산업 사회에 대한 초기의 완전한 옹호에 가깝다.[98] 그의 자연주의적 신정론에서 생존 투쟁과 성 선택, 경쟁은 자연 질서의 일부로 제시되었다. 그러나 그의 비전에서 그만큼 두드러진 것은 사랑, 공감, 협력이었다—그의 시들과 편지들은 폭력, 잔인성, 전쟁과 제국에 대한 그의 변함없는 증오를 풍성하게 증언한다.[99] 그의 관점이 인간에 대한 기계적 시각에 불과한 것도 아니었다. 사실 그는 인간이 하나의 기계에 불과하다는 비방으로부터 인간을 건져내고 싶어했다. 그는 인간 내부의 에너지와 충동들, 학습 능력과 학습 욕구, 호모 파베르의 창의성과 적응성, 스스로를 만들어내는 인간을 강조했다. 다윈은 기계 시대에 걸맞은 인간에 대한 비전을 제시했지만, 기계인 인간에 대한 비전을 제시한 게 아니다.

진보는 궁극의 계몽주의 복음으로 드러난다. 그것은 낙관주의에 불을 붙였고 하나의 프로그램을 가리켰다. 더 나은 미래에 대한 약속은 현재 잘못으로 남아 있는 것은 무엇이든 노출하고 부각시킬 것이라는 강령을. 그것은 희망의 비전, 변화의 신조였다. 『실낙원』이 인간을 대하는 신의 방식들을 정당화할 수 있도록 인류의 이야기를 거역과 죄악, 처벌—그리고 어쩌면 구원—의 관점에서 들려주었다면, 그리고 『인간에 대한 에세이』가 비록 원칙적으로는 적어도 자기 인식을 통해 개선이 가능하긴 해도, 하나의 수수께끼로서 인간에 대한 알쏭달쏭한 시각을 제시했다면, 다윈과 그 동료들은 스스로를 만들어내는 인간에 대한 인간 중심적 시각—무한한 가능성들이라는 프로메테우스적 비전을 제시했다. 신은 멀리 떨어진 최고 원인이 되었다. 중요한 것은 자연에서 활동하는 인간이었다. 거대 서사인 신정론은 세속화되었다.[100]

| 20장 |

혁명기:
'요즈음의 철학'

인간들의 자발적 행동은 그들의 의견에서 기인한다.

—윌리엄 고드윈[1]

진리의 거부할 수 없는 본성이란 그런 것이니, 진리가 바라고 원하는 전부는 드러날 자유다. 태양은 자기를 어둠과 구별하는 데 서명이 필요하지 않다.

—토머스 페인[2]

잉글랜드의 국가적 기억은 명예혁명Glorious Revolution을 자랑스러워했다. 노리치에서 열린 명예혁명 100주년 연회들을 기록하면서 〈노픽 크로니클 Norfolk Chronicle〉은 1788년 11월 1일에 이렇게 보도했다.

혁명은 영국의 역사에서 의심할 여지없이 가장 영광스럽고 행복한 시대다. (…) 그때부터 영국은 (…) 유럽의 자유와 프로테스탄트 신앙의 대들보였다. 그때부터 농업과 제조업, 상업은 높은 수준으로 발달하여 이 사회의 부를 놀랍도록 증대시켜왔다. 그때부터 학문과 우미문학, 사회생활의 기술들이 (…) 인류사의 어디에서도 필적할 수 없을 (…) 방식으로 개선되어왔다.[3]

한 비국교도가 연회의 주인으로 참석한 가운데 100명이 넘는 신사들이 도시 중심가의 주점 메이즈 헤드Maid's Head에 모여 만찬을 함께했다. '윌리엄 국왕에 대한 불후의 기억'을 기리며 만세 삼창이 이루어졌다. 연회에 참석한 '교구의 주교'가 축하를 받았고, '카운티의 지사'와 '시의회 의원들'도 마찬가지였다. 더 급진적인 건배사들도 나왔다. '인민의 지상권'과 '노예들에게 자유를'이 외쳐졌다. 그보다 더 구체적인 행동으로서 만찬 참석자들은 도시의 구치소에서 썩어가고 있는 비참한 채무자들을 위해 즉석에서 기부금을 모았다.⁴ 행사는 영국 계몽주의의 진정한 기운을, 다시 말해 진보적이지만 도발적이지는 않으며, 고위 성직자들과 인민 모두에 대한 건배사를 포함할 만큼, 국교도와 비국교도를 끌어안을 만큼, 불우한 자들에게 동정을 표할 만큼 관용적이고 자신감이 넘치는 분위기를 포착한다. 그러한 여유롭고 관용적인 낙관주의는 프랑스 혁명의 발발과 더불어 오래가지 못했다.

원래, 존 불은 바스티유 감옥의 습격에 박수를 보냈다. '참으로 굉장한 인류 역사 최대의 사건'이라고 휘그 지도자 찰스 제임스 폭스Charles James Fox는 천명했다. 이래즈머스 다윈은 그것이 '보편적 자유의 여명'이라고 환호한 한편, 그의 친구인 조사이어 웨지우드는 그 '영광스러운 혁명glorious revolution'—의미심장한 표현이다—에 '기뻐했다.'⁵ 한동안 많은 이들이 붉은 모자bonnets rouges(프랑스 혁명 당시 혁명의 열성적 지지자들이 쓰던 모자—옮긴이)를 쓰고 다니고, '시투아앵citoyen'(프랑스어로 '시민'의 남성형. 여성형은 'citoyenne'이다—옮긴이)이라는 인사를 주고받는 등 축제 분위기였다(두 세기 뒤 베를린 장벽 붕괴 당시 유럽 곳곳의 반응에 비견할 만했다). 워즈워스의 시구는 당대의 분위기를 이렇게 포착했다.

보인다, 보여! 모든 애국적 미덕이 그 뒤를 따르며

빛나는 자유가 성공을 거두었네!⁶

젊은 윌리엄은 1790년 영국해협을 건너가 '저 위대한 연방 기념일' 7월 14일 직전에 프랑스 땅에 상륙했다. 나중에 『서곡Prelude』에서(비록 그때쯤이면 풋내기 시절의 급진주의자는 이미 어조를 바꿨지만) 그는 이렇게 회고했다.

그때 유럽은 기쁨으로 전율했고,
프랑스는 절호의 시간대 절정에 있었으며,
인간 본성이 거듭나는 듯했지.⁷

구체제를 소각하는 모닥불 주위를 돌며 춤추기는 쉬웠지만, 혁명은 또한 역사의 장대한 가장행렬 안에서 이해되어야 했다. 그것이 1789년 11월 4일 리처드 프라이스가 명예혁명을 기리는 연설을 하고자 자리에서 일어났을 때 염두에 두고 있던 것이었다.⁸ 명예혁명은 영국의 정치적 통념에서 보수적인 사건으로 기록되어왔다. 헌정주의자들은, 제임스 2세가 실제로는 '퇴위'했으며 합법성의 거대한 사슬은 결코 끊어진 적이 없다고 주장했다. 대담하게도 이 목사이자 박사는 명예혁명을 프랑스에서 현재 벌어지고 있는 사건들과 연결시키는 일에 나서면서 1688년에 대한 그러한 독해에 도전했다. 영국이 시작했던 일을 프랑스가 완성하고 있다. 이제 인민의 권리를 위한 경종이 울렸다. 그러므로 그의 장황한 연설의 결론에서는 진정으로 급진적인 기운이 느껴졌다. '세계의 모든 압제자들이여, 떨어라!' 이 힘없고 늙은 비국교도는 사자후를 토했다.

이 얼마나 격동적인 시대입니까? 내가 이때까지 살아 있다는 것에 감사합니다. '주여, 이제는 말씀하신 대로 이 종이 편안히 눈감게 되었습니다. 주님의 구원을 제 눈으로 보았습니다'(누가복음 2장 29~30절 ─옮긴이)라고 말할 수 있을 정도입니다. 나는 지금까지 살아서 미신과 오류를 약화시키는 지식의 확산을 지켜볼 수 있었습니다. 인간의 권리들이 어느 때보다 더 잘 이해되는 것도 지켜보았고, 한때 자유에 대한 생각을 잊어버린 것처럼 보였던 민족들이 자유를 갈망하는 것도 봅니다. 나는 지금까지 살아서 분노에 찬 결연한 3000만 민중이 노예제를 물리치고, 거부할 수 없는 목소리로 자유를 요구하는 것을 볼 수 있었습니다. (…) 한 혁명의 혜택들을 누린 뒤, 나는 무사히 살아서 다른 두 혁명, 어느 쪽이나 영광스러운 혁명들의 목격자가 될 수 있었습니다.[9](앞의 혁명은 명예혁명을, 뒤의 두 혁명이란 미국 독립혁명과 프랑스 혁명을 말한다 ─옮긴이)

'압제자들'에게 질책의 손가락질을 하며 프라이스는 경고했다.

당신들은 이제 세계를 암흑 속에 가둬둘 수 없소. 갈수록 커져가는 빛과 자유-성liberality에 맞서려고 더이상 애쓰지 마시오. 인류에게 권리를 회복시키고 악폐를 시정하겠다고 동의하시오. 인류와 당신들이 함께 파멸하기 전에 말이오.[10]

그리고 그는 동포들에게도 도전했다. 만약 그들이 1688년의 진짜 원칙들을 지지할 뿐 아니라 자유의 진정한 신봉자라면, 프랑스 혁명을 끌어안아야 한다고.

그 도전을 받아들인 사람은 에드먼드 버크였다. 그의 『프랑스 혁명에 관한 성찰』(1790)은 혁명의 엄청난 중요성을 결코 의심하지 않았다. '지금까지 일어난 사건 중 가장 놀라운 사건'이다. 그러나 과거 1770년대에 아메리카 식민지의 반란자들과 여타 자유주의적 대의들을 옹호했던 이 베테랑 휘그는 혁명가들('가장 유능한 폐허의 건축가들')을 수 세기에 걸쳐 힘겹게 쌓아올린 건축물을 파괴하려고 작정한 '식인의 철학자들'로 몰아세웠다. "프랑스인들은 (…) 그들의 군주정과 교회, 귀족층, 법률, 조세, 육군과 해군, 상업, 기술과 제조업을 바닥까지 완전히 무너트려버렸다." 그들의 분노는 파괴의 분노다. '기사도의 시대는 지나갔다'고 버크는 쓴다. '궤변가, 경제학자, 계산가의 시대가 뒤를 이었다. 유럽의 영광은 영영 끝장났다.' 버크가 보기에 정치는 하나의 학문으로 환원되어서는 안 되는 모양이다.[11] 버크는 결코 개혁을 경시하지 않았지만─'일정한 변화의 수단이 없는 국가는 그 보존의 수단도 없다'[12]─변화는 점진적으로 이루어져야 하고 모두가 합의하는 것이어야 한다고 주장했다.

버크의 웅변조차도 전반적 조류를 막을 수는 없었다. 급진적 수공 장인들과 프티부르주아들로 구성되고 언론인들과 지식인들, 사회에 불만을 품은 신사들이 이끄는 정치협회들이 여기저기서 생겨났다. 헌정 개혁을 요구하는 목소리들이 되살아났다. '프랑스인들이여, 당신들은 이미 자유롭다'고 1792년 런던통신협회는 천명했다. '그러나 영국인들이 그렇게 되려고 준비중이다.'[13] 이듬해 협회가 받은 한 편지에는 '제발 우리에게 계몽의 말씀을 전해주시오'라고 적혀 있었다.[14] 역시 1792년에 창립된 민중의 벗 협회Society of Friends of the People는 의회 개혁을 요구하면서, 영국을 자유의 낙원이 아닌 과두지배 체제의 감옥이라고 여겼다. 잉글랜드인 여덟 명 가운데 한 명꼴로만 선거권이 있었고, 의원들 가운데 수적 다수는 고작 1만 1000명이 넘는 투표자들에 의해 선출되었다.[15]

많은 이들이 버크에게 응사應射했다. 버크의 '이성에 대한 치명적 반감'[16]을 질타한 메리 울스턴크래프트의 『인간의 권리에 대한 옹호』(1790)를 비롯해, 『성찰』은 최소 38편의 답변을 이끌어냈다. 그러나 부패한 기성 체제와 그 앞잡이들에 맞서 누구보다도 인민의 대의를 옹호한 사람은 톰 페인이었다. 처음부터 '깡패 무리'에 의해 수립된 체제를 공격하면서 『인간의 권리』(1791-92)는 도시 급진주의의 구현이자 평민 계몽주의의 선도자인 구두수선공, 인쇄업자, 방직공, 목수에게 직접 말을 걸었다. 페인으로 인해 크게 놀란—T. J. 마티아스Mathias는 '촌뜨기 소농들이 이제는 산과 황야, 길가에서 『인간의 권리』를 읽는다'[17]고 우는소리를 했다—피트는 1792년 5월 '선동적 글'을 금지하는 포고령을 내렸다. 페인은 현명하게도 영국을 떴지만, 그의 영감을 남기고 갔다. 이듬해 나타나 교회에 대한 공격을 감행한 그의 저작 『이성의 시대The Age of Reason』는 제목이 급진적 표어가 되었다. 그들은 '압제자들의 축구공과 셔틀콕'으로 남을 작정인가? 1797년 노어Nore의 항명자들(영국 해군의 정박지 노어에서 터져 나온 선원 반란을 가리킨다―옮긴이)은 물었다. '아니. 이성의 시대가 마침내 돌아왔다.'[18]

누군가는 희망을 품었고, 누군가는 두려워했다. 혁명의 불길이 영국해협을 뛰어넘을 거라고. 자코뱅주의는 인화성이 강했고 불만의 불쏘시개는 어디나 있었다. 치솟는 물가, 농민 폭동(특히 인클로저를 둘러싼), 그리고 사회 불안을 야기하는 산업화가 있었다. 반란의 기운이 감돌았고, 옛 가부장주의가 무너지고 있었으며, 그와 함께 지배층에 대한 존경심도 사라지고 있었다. 해묵은 복수심에 새로운 무기를 쥐여주면서 익명의 시인은 높으신 나리들에게 경고한다.

너희들은 빈자들이 꿀꿀이죽과 엿기름 찌꺼기를 먹고 살았으면 좋겠고
우리는 너희들의 머리를 기요틴 아래서 보면 좋겠네.

한편 교회 문에 내걸린 공고문은 새로운 정서를 드러냈다. '너희들의 헌정 체제는 물러가라. 공화국을 세우자!'[19] 그것은 더이상 '우리의' 헌정이 아니라 '너희들 것'이었다. 이 새로운 '그들 대 우리'의 정서는 토머스 워커에 의해 포착되었다. 이 맨체스터 제조업자는 '어떻게 소수는 줄곧 떵떵거리며 부유하게 잘도 살아온 반면, 다수는 무지와 악덕, 고통과 빈곤 속에서 힘겹고 비참하게 연명하고 있는지!'를 사람들이 점차 깨닫게 되었다고 언급했다.[20]

그러나 구질서는 아직 결정적으로 시험받지 않았다. 일단 프랑스가 영국에 선전포고를 하자, 본국의 급진주의자들은 궁지에 몰리게 되었다. 공포정치는 지금까지의 지지자들 다수를 혁명에서 멀어지게 만들었다.[21] 유산 계급은 똘똘 뭉쳤고, 자발적인 것이든 연출된 것이든 애국적 지지의 움직임이 외국의 적들과 프리스틀리 같은 국내의 '반역자들'에 맞서는 '국왕과 교회' 집회로 불어났다. '선동적인 글'에 대한 포고령(1792)은 톰 페인에 대한 언급을 위험스럽게 만들었고, 시위자들은 프리스틀리의 모습을 한 인형을 목매달았다.[22]

대안 의회에 참석했다고 급진파 지도자들이 식민지 유형에 처해진 1793~94년의 스코틀랜드 재판들은 다른 곳의 전투적 분자들에게 경고로 작용했다. 그사이 잉글랜드에서는 피트가 급진적 협회들이 "인간의 권리들에 대한 요즘의 신조들로 획책된 (…) 체계적이고 대대적인 반란"[23]을 일삼고 있다고 믿으면서, 아니 그렇게 믿는다고 공언하며 거미줄 같은 스파이 조직을 세웠다. 1794년 4월 인신보호법의 발효가 정지되었고, 다음달에는 혼 툭, 존 셀월John Thelwall, 토머스 하디Thomas Hardy를 비롯한 런던의 급진주의 지도자들을 상대로 반역죄 기소 절차가 개시되었다.[24] 그해 말에 그들이 무죄 선고를 받은 것은 정부한테 오히려 전화위복이었으니, 그들의 순교는 피트가 작심하고 폭정을 휘두르고 있다는 비난에 신빙성을 부여했을 것이기 때문이다.[25]

급진적 동요는 가라앉았고, 1794년 이후에 반대파의 명맥을 이어가게 한 것은 경제적 고통이었다. 1795년—밀 가격이 급등하던 해—10월에 국왕이 탄 마차에 돌멩이가 날아들자 피트는 '두 가지 법Two Acts'(선동적 회합법과 반역적 행위법을 말한다—옮긴이)이라는 수단으로 위기에 더 단단히 대비할 기회를 붙잡았다. 선동적 회합법은 치안판사의 허가 없이는 50명 이상의 모임을 금지하는 한편, 반역적 행위법은 선동죄 법률들을 확대했다. 정부에 반대하는 휘그 잔류파의 지도자 찰스 제임스 폭스는 모든 의회 개혁가들이 적어도 엄밀하게 따져서는 이제 유형에 처해질 수 있다고 쏘아붙였고, 아직 급진주의자 국면에 머물고 있던 새뮤얼 테일러 콜리지는 '전제정의 시체 같은 평온이 (…) 관대한 자유의 상태를 뒤따를 것'이라고 예언했다.[26] 1795년에 이르자 반대파의 목소리는 틀어막혔고, 위기의 시점에 여론은 영국의 최우선 사안은 국가적 생존이라고 판단하여 정부와 보조를 맞췄다. 그러나 아일랜드에서는 사정이 달랐으니, 그곳의 정치적 불만은 혁명적인 1790년대에 비등하여 울프 톤Wolfe Tone의 격려와 아일랜드인 통합 운동United Irishmen movement을 통해 아일랜드 현지의 저항과 자코뱅 이데올로기 간 동맹을 이끌어냈지만, 결국에는 내부의 알력 다툼과 혹독한 탄압으로 수포로 돌아갔다.[27]

그러나 만약 혁명의 위협이 물러갔다면, 논평가들은 구질서 역시 사라지고 있음을 감지했다. 영국 사회는 혼란에 휩싸여 있었고, 이제는 더이상 유럽 대부분의 지역에서 찾아볼 수 있는 농촌적 질서에 기반을 두지 않았다. 노동자들이 땅을 떠나고 있었다—아니 그보다는 인클로저와 농업 자본주의가 가져온 다른 혁신들에 의해 쫓겨나고 있었다.

'두 가지 대의, 오로지 두 대의만이 농민층이 들고일어나게 만들 것'이라고 급진주의자에서 토리로 전향한 로버트 사우디는 단언했다. '견딜 수 없는 억압이나, 종교적 열성'이다. 그러나 적당히 위안을 주는 그 시나리오는 더이상 적용되지 않았다. "가난한 제조업 노동자들이 반란에 더 쉽게 선동된다. 그들은 자신들이 사는 지역에 대한 애착이 없다. (…) 그들은 자신들을 정치인들로 생각할 만큼 정치 세계에서 무엇이 오가고 있는지를 잘 안다."[28] 잉글랜드의 지배층들은 주의를 기울여야 한다. "만약 제조업 시스템이 계속해서 확장된다면, 혁명이 필연적으로 일어날 것이며, 틀림없이 가장 무시무시한 형태로 일어나리라고 믿는다."[29]

계몽의 친구들은 혁명의 친구들이 되었다. 런던통신협회는 '국민의 정신들에서 하나의 혁명'을 야기하기 위해 정치적 지식을 전파하는 일에 착수했다. '계몽된 국가는 즉시 자유로워진다.'[30] 계몽된 철학의 주요 탁선관은 토머스 페인이었다.[31]

퀘이커교도로 태어난 페인은 코르셋 제조자, 교사, 물품세 징수관이라는 파란만장한 이력을 거친 뒤 미국으로 이주하여 『상식』(1776)을 써서 식민지 반란을 옹호했다. 프랑스 혁명이 발발하자 유럽으로 돌아온 그는 영국에서 반란의 기운을 부채질했다. 그의 『인간의 권리』 제1부는 1791년 3월에 3실링—정부로서는 돼지 같은 다수 민중의 손에 들어가지 못할 거라고 기대한 꽤 비싼 가격—에 나왔다. 그러나 이 책을 보급한 런던통신협회의 도움에 힘입어 단 몇 주 만에 5만 부가 팔려나갔다.[32] 더 저렴한 판본을 구할 수 있게 해달라는 호소가 페인에게 잇따르자,[33] 1년 뒤에 나온 제2부는 6펜스짜리 판본으로 나왔고, 제1부의 염가 재판본도 같이 나왔다.[34]

1793년에 이르자, 전하는 말에 따르면 무려 20만 부가 시중에 팔려나갔다—버크의 『성찰』의 판매 부수는 그 수치의 고작 7분의 1에 불과했다.[35]

'문명국이라고 하는 나라들의' 암울한 압제의 현실을 드러내며 페인은 선언했다. '노인들은 구빈원으로, 젊은이들은 교수대로 가고 있는 현실을 볼 때, 정부 체제에서 뭔가 잘못된 게 틀림없다.' 무엇을 탓해야 할까? 무엇에 책임을 돌려야 할까? 페인이 보기에는 특권이었다. '세습적 입법가라는 발상은 (…) 세습적 작가라는 발상만큼 어처구니없다.'[36] 권력은 인민한테서 나오고 계속 그들에게 있어야 한다. "무덤을 넘어서까지 다스리겠다는 자만심과 주제넘은 뻔뻔함은 모든 전제정 가운데서 가장 우스꽝스럽고 오만방자하다."[37]

페인은 제후와 귀족이라는 말 자체에 야유했으니, 그런 단어들은 세습이라는 헛소리에 의존하고 있는 만큼 이성에 대한 모욕이었다. '인류는 이제 그들이 생각해서는 안 된다거나 글을 읽어서는 안 된다는 명령을 듣지 않을 것이다.' 연금과 후원, 전쟁에 수백만 파운드를 허비한 자의적 권력은 끝장나야 하며, '선출과 대의'에 의한 정부로 교체되어야 한다. 권력 남용에 대한 유일한 안전판은 남성 보통 선거권에 있었다.

페인은 자신의 예언들에서 대담하게 나섰지만—군주정과 귀족 제도는 '유럽의 계몽국가들 어느 곳에서도 7년 이상을' 못 갈 것이다—퀘이커교도로서의 본색에 걸맞게 유혈을 부르짖지는 않았다. 엄격한 평등을 꿈꾼 것도 아니다. '자유의 밑바닥은 수면처럼 평평'하지만 재능과 근면에서의 차이들에 근거하여 '소유가 평등하지 않으리라는 점은 확실'하다.[38]

페인과 버크 간의 다툼은 역사를 지배하는 것과 관련이 있었다. 버크는 혁명적 협정Revolutionary Settlement(영국 헌정 체제의 근간 가운데 하나인 명예혁명과 권리장전으로 합의된 내용을 말한다—옮긴이)은 후세도 구속하는 것이므로, 국민에게 자신들의 통치자들을 선택하거나 파면할 권리가 없다고 주장했었다. 그러나 사실 1688년 의회가 한 일은 바로 그 일이라고(기존의 통치자를 쫓아내고 새로운 통치자를 선택한 일—옮긴이) 페인은 반박하며 '모든 시대와 세대는 모든 경우에, 각자 독자적으로 행동할 자유가 있어야 한다. 앞선 시대와 세대가 그랬던 것처럼 말이다'라고 주장했다. '무덤을 넘어서까지 통치하는 것'은 순전한 전제이며, '기사도의 시대'를 그리워하는 버크의 한탄은 어이가 없다. 그는 '깃털을 동정'하지만 '죽어가고 있는 새는 잊어버린다.'[39]

인간의 권리들의 기원은 인간 자체의 기원, 바로 천지창조에 있다. 모든 역사들과 특히 모세적 역사—'신적 권위로 받아들여지든 단순한 역사적 권위로 받아들여지든'—는 '한 가지 요점, 즉 인간의 단일성을 확립하는 데' 뜻을 같이하는데, "그 말인즉슨 (…) 모든 인간은 동등한 자연적 권리들을 가진 채 평등하게 태어났다는 뜻이다."[40] 시민적 권리들은 이러한 권리들에 근거를 두며, 시민적 권리들은 시민 사회가 그런 것처럼 똑같이 로크적 이유에 의해 존재하니, 모든 자연권들이 개인 혼자에 의해서는 안전하게 지켜질 수 없기 때문이다. 종교의 자유 같은 일부 자연권들이 시민 사회에서 건드려지지 않고 그대로 남았지만, 자신의 사안에서 판단하고 행동할 권리는 사법정의를 위해 양도되었다. 합법적 정부는 인민주권에 의지한다.

『인간의 권리』 제2부는 미국혁명을 그 출발점으로 삼는데, 신세계는 '정치 세계에서, 보편적 개혁의 원칙들이 시작될 수 있는 유일한 곳'이었기 때문이다. 무수한 신앙을 믿고 있는 그곳 정착민들의 다양성은 타협의 정신을 가져올 수밖에 없었고, 야생을 개척하는 데는 협력이 필요했다. 미국의 정치 체제가 번영을 촉진하는 반면에 유럽은 '가난한 빈곤층'으로 가득한데, '정부의 탐욕스러운 손길'이 '각종 산업의 구석구석마다' 뻗어 있기

때문이다.[41]

인민주의에서 유래하는 페인의 입장에서는 언뜻 보면 모순이 느껴진다. 그는 자유주의를 끌어안았다. 인간은 자유롭게 태어났고, 계약에 의해 세워진 국가는 '사회와 문명이 편리하게 대처할 역량이 없는 몇몇 사안들을 총족시켜주는 것을 넘어서는 필요하지 않다.' 달리 말해 '정부는 최선의 상태일 때도 필요악일 뿐'이자 '잃어버린 순수의 증표'다.[42] 그러나 제2부의 결론부에서 그는 국민의 필요에 부응하는 정력적인 국가에 대한 그림을 그려 보인다. 40만 빈곤 가구 구호, 보편적 초등교육, 14세 미만 아동을 위한 가족 수당, 노령 연금, 출산 수당, 장례 보조, 청년 작업장과 런던 빈민을 위한 공공 근로. 여기에 돈을 대기 위해서 페인은 군사비 지출 삭감과 누진 소득세에 기대를 건다. 문명사회는 이렇게 말할 수 있는 사회다. '우리 사회의 빈자들은 행복하다'고.[43]

『인간의 권리』는 급진주의의 성서가 되었다. 후속작인 『이성의 시대』(1794-96) 역시 그만큼의 계몽주의 텍스트로서, 신학자들과 고위 성직자들에 대한 엘리트주의적 이신론의 비판을 인민주의적 언어로 옮긴 책이었다.[44] 구약성서의 잔인하고 자의적인 하느님에 대한 분개심으로 끓어오르는 이 책은 성서의 '수수께끼들'을 조롱하고 자연 종교를 칭송한다. "인간에게 선을 베풀라고 가르치는 모든 종교는 선하다."[45] 페인의 반反신조는 이어진다. "나는 유대 교회와 로마 가톨릭교회, 그리스 교회, 튀르크 교회, 프로테스탄트 교회가 믿는다고 공언하는 신조를 믿지 않는다."[46] 제도 종교는 이성을 모욕하고, 성서는 추악한 이야기들로 가득하며, 주교들은 폭군들의 아첨꾼이고 교회들은 '인류를 겁주고 노예로 삼기 위해, 그리고 권력과 이득을 독점하기 위해' 세워졌다. 사제정략의 파괴가 신비를 팔아먹는 짓거리를 끝장내는 대로 '현시대는 그때부터 이성의 시대라 불릴 자격이 있을 것이다.'[47] 페인은 계몽된 코즈모폴리터니즘을 끌어안았고—그는 '나의 조국은 전 세계'라고 주장했다—'현세대가 미래에 새로운 세상의 아담으로 비칠 날'을 고대했다.[48] 희망의 목소리로 엄청나게 인기가 있었던 그는 불경한 찬가에서 칭송되었다.

> 신이여 위대한 토머스 페인을 구하소서,
> 그의 '인간의 권리'는 모든 영혼에게
> 설명하네.
> 그는 눈먼 사람이 보게 만드네
> 그들이 얼마나 멍청한 노예인지를
> 그리고 자유를 가리키네
> 극에서 극까지.[49]

그러나 다른 이들에게 페인은 악마의 화신이었다. 그의 저작들은 금서가 되었고, 페인의 책을 배포한 서적상들은 투옥되었다.[50]

18세기 말에는 많은 정치 이론들이 계몽사상의 이런저런 조류들을 구현하고, 종종 다른 전통들—기독교나 유토피아, 인민주의 전통—에 기대기도 하면서 현장으로 뛰쳐나왔다. 이 가운데 철학적으로 가장 급진적인 것은 고드윈의 아나키즘이었다.[51]

1756년 비국교도 목사의 아들로 태어난 윌리엄 고드윈은 비판의 온상인 혹스턴 비국교도 아카데미에서 배운 뒤 하트퍼드셔주 웨어의 비국교 신도의 목사가 되었다. 그의 칼뱅주의 신앙은 처음에는 루소와 돌바크, 엘베시우스를 읽음으로써, 그다음에는 조지프 프리스틀리의 가르침에 의해 흔들렸다. '화약' 조Joe(조지프 프리스틀리의 별명―옮긴이)와 달리 그는 유니테리언주의에서 그치지 않았다. 5년 뒤 그는 목사직을 그만두고 곧 무신론자로 전향했다. 1783년 스물일곱 살에 런던으로 간 고드윈은 긴 여생을 그곳에서 보내며 가난한 문인의 삶을 이어가는 동안 급진 정치에 엮이게 되었다―사실 그는 리처드 프라이스의 1789년 설교 자리에 있었다.

고드윈은 1791년 5월, 『인간의 권리』가 나온 직후 자신의 대작을 구상했다―그러나 페인과 달리 그는 대의代議의 수사修辭를 초월하여 근본적인 것들을 다룰 작정이었다. 1793년 2월에 나온 『정치적 정의 원칙들에 관한 탐구An Enquiry concerning the Principles of Political Justice』는 즉시 고드윈을 유명하게 만들었다.[52] 그것은 '사실상 나의 삶의 진로 전체를 정한 (…) 책'이었다고 급진주의자 크래브 로빈슨Crabb Robinson은 회상했고, 그는 '심지어 그것을 위해 기꺼이 순교자가 될 생각'이었다.[53]

『탐구』는 로크적 경험주의와 하틀리적 결정론, 감각주의, 그리고 공리주의를 섞어 독특한 종합을 이룬 책이었다.[54] 개인적 차이들은 교육과 외부 영향들에서 생겨난다. 본유관념과 본능을 거부한 고드윈은 개인 정체성이라는 복합체를 낳는, 생각의 격자망을 의미하는 약어로서 정신이라는 단어를 잠정적으로 쓰긴 했지만, 인간이 진정으로 엄밀한 의미의 정신을 갖고 있다고 말할 수 있을지조차 의심했다. 이성은 개인에게 물러섬 없는 지성의 발휘와 구속받지 않는 사적 판단을 통해 최대 행복을 위해 일할 의무를 부여했다. '올바른 추론과 진리는 적절하게 소통될 때 언제나 오류를 꺾고 틀림없이 승리한다'고 그는 주장했다. "진리는 전능하며 (…) 인간은 완전해질 수 있다."[55] 진리는 승리할 것이니, 악이란 기본적으로는 못됨이 아니라 무지이기 때문이다.

그러나 비참함이 만연했으니, 전제정과 상류 생활의 방탕, 고삐 풀린 자본주의 탓이었다.[56] 페인과 여타 대부분의 급진주의자들과 달리 고드윈은 정부의 개혁이 아니라 그 폐지를 추구했다. 마치 자유 시장 자본주의가 불필요한 욕구들에 대한 노예 상태와 헛된 노동의 짐을 낳듯이, 불필요하고 반생산적인 정부는 자기가 근절한다고 자처하는 해악을 만들어냈다. 해답은 정부 자체의 안락사에 있었다.

불의는 근본적으로는 잘못된 교육의 산물이다. '모든 악행은 실행에 옮겨지고 우리 행동의 원칙으로 채택된 오류와 실수에 불과하다.'[57] 그러한 거짓 가치들은 일단 사람들이 자신의 의무에 대한 합리적 이해에 도달하면 사라질 것이다. 명예심, 아량, 감사, 효성, 약속, 용맹이나 우정 같은 주관적 정서들은 진정한 도덕철학이나 정의 사회에서 설 자리가 없다. 예를 들어, 불이 나 사람이 죽게 생겼을 때, 우리는 위대한 프랑스 작가 페늘롱 Fénelon을 구해야지 페늘롱의 누이나 자기 어머니를 구해서는 안 된다(고 고드윈은 악명을 떨치게 되는 우화에서 설명한다). 도덕가를 구조함으로써 우리는 주관적 감정에 영합하기보다는 인류에게 옳은 일을 하는 것이기 때문이다.[58]

이 비합리성의 제거 과정에서 사라지는 것은 또한 법과 처벌이라는 조합 전체였다.[59] 사법체계는 효율적으로 작동하지 않는다. 처벌은 구식이든 신식이든 모두 쓸데없는 고통의 부과이며, 교수대는 정당한 논거가 아니다.[60] 고드윈의 엄격한 프리스틀리적 결정론을 고려할 때 처벌은 더욱이 말이 되지 않았다. 사람은 나이프처럼 외부로부터의 자극으로 움직이게 된다—그 무기는 '물리적 충동'에 의해 움직이며, 인간은 '유인과 설득'에 의해서 움직인다. 그러므로 '암살자는 그가 저지른 살인에 대해 단검만큼이나 어찌할 수 없다.'[61] 그러므로 살인자를 미워하는 것은 살인자의 무기를 미워하는 것처럼 비이성적이다. 사실, 못마땅함이 적당할지도 모르지만, 악에 대한 우리의 반감은 전염병에 대한 반감과 같은 종류일 것이다. '사건의 연쇄'에 의해 지배되는 필연론적 우주에서, 악한들이 그들이 저지른 범죄에 책임이 있다고 주장하는 것은 어리석은 짓이다(라고 이 신앙을 버린 칼뱅주의자는 주장했다). 그들이 범죄를 저지를 동기가 없어지도록 사회는 철저히 재구성되고 사람들은 철저히 재교육되어야 한다.

개인적 판단에 대한 침해는 '전횡'이며 최소화되어야 한다. 고드윈은 그러므로 결혼, 동거, 오케스트라, 콘서트, 무대 연극을 못마땅해하는데, 모두가 '개인성'을 말살하기 때문이다.[62] 정부는 '악'이며, 인민 통제의 방식으로 요구되는 최대치란 앵글로색슨 스타일의 지방 행정구 위원회 정도다.[63] 사적 판단을 최우선시하라. 그러면 '전쟁, 범죄, 소위 사법 체계, 그리고 정부도 없는' 미래를 기대할 수 있을 것이다.[64]

아닌 게 아니라, 그것만이 아니라 '질병이나 괴로움, 우울이나 원한'도 없을 것이다. '각자는 말할 수 없는 열정을 가지고 모두의 선을 추구할 것이다.'[65] 일단 사람들이 진정으로 이성적으로 행동하게 되면, 건강 악화와 노화도 사라지고 불멸성이 뒤따를 것이다. 이것은 인구 과잉으로 이어지지 않을 텐데, 그 자체가 비이성적인 성욕 역시 시들해져 성교를 그만둘 것이기 때문이다. 그 결과는? "전 인구는 (…) 아동이 아니라 성인 인구가 될 것이다. 세대는 세대로 이어지지 않을 것이고, 진리도 (…) 30년마다 자기 경력을 다시 시작하지 않아도 된다." 정말이지 중년 독신남의 천국이다.[66]

'정신은 언젠가 물질에 대해 전능해질 것'이라는 프랭클린의 추측을 인용하면서 고드윈은 성찰했다. "만약 지성의 힘이 다른 모든 물질에 우월하게 확립될 수 있다면, 우리는 필연적으로 질문을 던지게 되지 않을까, 우리자신의 육체라는 물질에 대해서라고 왜 안 되겠는가 하고."[67] 의무는 욕망을 대체해야 한다.

합리적 인간은 이제 쾌락에 대한 사랑에서 먹고 마시는 게 아니라, 먹고 마시는 것이 우리의 건강한 생존에 불가결하기 때문이다. 이성적인 인간은 그다음에 자신의 종을 번식시킬 텐데, 이러한 활동에 지각 가능한 어떤 쾌락이 부가되어 있어서가 아니라 종은 번식하는 것이 맞기 때문이다.[68]

고드윈의 임무는 믿음과 행위를 원자 수준까지 철저히 갈아버리는 것이었는데, 결국 '개인성이란 지적 탁월함의 정수'이기 때문이다.[69] 그는 계몽의 정신 자체—끊임없는 비판, 자기반성, 영구적 각성—를 찬양했으니, 반성되지 않는 삶이란 살 가치가 없기 때문이었다. "현명한 사람은 없음[無]에 만족한다. (…) 현명한 사람은 자신의 성취, 심지어 자신의 원칙이나 의견에도 만족하지 않는다. 그는 그것들에서 끊임없이 오류를 찾아내고 있다. 그의 교정과 탐구에는 끝이 없다."[70] 고드윈의 믿음은 또한 점진주의에 귀속되었는데—'우리는 많은 개혁을 겪겠지만 혁명은 아니다'—폭력은 강압이며, 모든 강압은 쓸모없거나 그보다 더 나쁘기 때문이다.[71] 개선은 '계몽된 자들과 현명한 자들'로부터, 내부로부터, 정신으로부터 이루어져야 한다. "어떤 사람들이든 그들의 인식을 계몽하는 것말고는 그들의 제도를 개선할 효과적인 길은 없다."[72] '이성이 유일한 입법가'라는 결론이 뒤따른다.[73]

많은 측면에서 고드윈은 도그마적인 합리주의자였으나, 그렇다고 그가 복잡성을 의식하지 못한 것은 분명히 아니다. 소설 『있는 그대로의 실상: 케일럽 윌리엄스의 모험Things as They are, or the Adventures of Caleb Williams』(1794)에서, 그는 『탐구』에서 추천한 것과 정확히 같은 방식으로 계속해서 부패를 폭로했다. 잉글랜드에는 그들만의 바스티유들이 있다. 법이 작동하는 방식은 영국이 자랑스럽게 내세우는 불편부당함을 배신했다. 약자와 강자 사이에 정의는 통용되지 않는다. 잔혹한 지주들은 아랫사람들을 찍어누르고자 법을 매수했다. 적법 절차는 귀족 살인자 포클랜드를 건드리지 않는 반면, 케일럽 같은 무고한 자들을 괴롭힌다. 그러나 『케일럽 윌리엄스』는 또한, 비록 『정치 정의』에서 곱씹어본 것은 아니지만 거기서 나오는 문제들을 탐구한다. 포클랜드의 치명적 비밀—그는 잔혹한 티럴을 살해했다—을 알게 된 케일럽은 비밀을 감추라고 압박하는 위협에 시달린다. 주인공이 마침내 진실을 밝힘으로써 포클랜드의 인생이 망가지는 것으로 다시 쓴 소설의 결말에서, 고드윈은 『탐구』에서 설파한 철학에 사실상 의문을 제기한다. 인간성에 양보하지 않는, 가차없는 진실과 정의의 추구에 의문을 제기한 것이다. 진실의 추구가, 케일럽이 달아나고자 했던 파괴적 힘의 덫에 그 자신을 빠트릴 때 '진실은 전능하다'는 『탐구』의 확신은 문제적인 것으로 드러난다. 파국은 포클랜드의 질문으로 표현된다. "이성적인 인간이라면 무익한 진실에 희생할 것인가? 자애와 인간성, 인간의 마음에 소중한 모든 고려들이 그 메마른 진실을 제쳐두어야 한다고 요구할 때."74

위선을 공격하고, 곧장 요점으로 들어가 사적인 이성을 토대로 한 행위의 총체적 전환을 상상하면서, 고드윈은 계몽의 논리를 어느 누구보다, 심지어 벤담보다 멀리까지 밀고 나갔다. 바로 그의 극단주의는—특히 정념에서 자유롭고 합리적인, 소름 끼치는 휴이넘houyhnhnm 같은 그의 인간 모델—풍자가들에게 선물이나 다름없었다. 고드윈의 복제인간들은 당대의 코믹 소설에 등장하여—아이작 디즈레일리Isaac D'Israeli의 『보리엔Vaurien』 (1797)의 영리한 씨Mr Subtile와 주제별로 구성된 엘리자베스 해밀턴Elizabeth Hamilton의 『요즘 철학자들의 회상록Memoirs of Modern Philosophers』(1800)의 근시안 박사Dr Myope[75]—실컷 떠들어댄다. '그러므로 자신을 영원히 모욕거리로 만드는 그의 어리석음은 생각조차 하기 힘들다'고 사우디는 박장대소했다. '와서 날 걷어차주시오—그것이 그의 변함없는 언어다.'[76] 그럼에도 불구하고, 개혁적 서클들 사이에서 고드윈은 매우 영향력이 있는 것으로 드러났고, 계몽적 사고를 그 논리적 결론까지 밀고 나간 사람으로 기려졌다.

고드윈만이 정의의 이름으로 권력의 폐기를 옹호한 것은 아니다. 1790년대는 『이성의 공화국 The Commonwealth of Reason』(1795)에서 이성과 부패를 대결시킨 다음 우렁찬 목소리로 자유('다른 사람의 권리들을 침해하지 않으면서 (…) 모든 것을 하는 힘')[77]를 옹호한 윌리엄 호지슨William Hodgson을 비롯하여 유토피아주의자들을 잇따라 배출했다. 그러나 특히 인상적인 인물은 토머스 스펜스Thomas Spence이다.

뉴캐슬 수공 장인의 열아홉 자식 가운데 한 명으로 태어난 스펜스는 교회 신도들 사이에서 재화를 공유하는 것이 옳다고 믿는 종파인 샌드먼파Sandemanians였다. 고드윈과 다른 여러 사람들과 마찬가지로 그의 훗날 사상은 그의 초창기 종교적 견해들을 합리화한 산물이다. 1770년대에 뉴캐슬시 자치체가 공유지인 타운무어에 울타리를 쳐서 구획하고 유용하려 하자, 스펜스는 현지 철학회에서 타운무어는 행정구의 소유라고 열변을 토했다. 그는 자신의 급진적 사상을 전파하고자 1792년 런던으로 옮겨가 하이홀본High Holborn에 '자유의 벌집에서'라는 가게를 차리고 자신의 토지 개혁 제안서를 『자유의 정오의 태양The Meridian Sun of Liberty』(1796) 중 '인간의 진짜 권리들'이라는 제목으로 다시 내놓았다.[78] 그는 또한 〈돼지고기 또는 돼지 같은 다수를 위한 가르침Pig's Meat, or Lessons for the Swinish Multitude〉이라는 제목의 1페니짜리 주간지를 발행했다. 버크에게 '엿 먹어라'라고 말하는 셈인 이 주간지에는 해링턴과 로크, 볼테르와 계몽주의 만신전의 여타 작가들한테서 가져온 발췌문이 실려 있었다.[79]

토지 국유화는 스펜스의 만병통치약이었다. '스펜시어니아Spenceonia'에서 토지는 조합 소유가 되어, 지방 행정구 단위로 임대될 터였다. 행정구 의회는 학교와 영업 활동, 민병대를 관리하며, 지역 사회를 다스린다. 공동 소유권이란 생득권이었다. "자연 상태에서 토지의 소유와 사람들 사이의 자유가 평등해야 한다는 것을 부정할 만큼 어리석은 이는 거의 없을 거라고 기꺼이 희망한다."[80]

스펜스의 정치는 그러므로 해링턴을 거꾸로 뒤집어놓은 형태였다. 『오시아나』에서 토지는 독립성을 확보해준다. 반대로, 스펜스에게 토지 소유권은 귀족적 억압의 도구였다. 그의 『사회를 자연 상태로 복원시키는 자The Restorer of Society to its Natural State』(1807)[81]는 사유재산이란 천국의 위대한 지주에 의해 신성하게 정해지기는커녕 적나라한 침략에서 기인한다고 주장했다. 인민의 생득권인 토지는 피밭field of blood(핏값으로 마련한 땅이라는 뜻. 마태복음 27장 7~8절 참조―옮긴이)이 되었으니, 누구든 돈이 있는 자는 인민의 마땅한 권리를 속여서 가로챌 수 있기 때문이다.

토지에서와 마찬가지로 언어에서도 스펜스는 수평파였다. 그의 『영어의 대보고Grand Repository of the English Language』(1775)는 글자 하나마다 음音도 하나라는, 흠잡을 데 없이 평등주의적인 원칙에 근거한 개정 알파벳을 제안했다. 철자법이 입말[口語]의 발음과 너무 동떨어져서 문자 언어는 '소수의 소유물'로 전락하고 말았는데, 이를 바로잡기 위해 스펜스는 새로운 기호들을 고안했다. 그의 책은 그 근원을 노출시키고 단순화함으로써 언어를 탈신비화하려는 계몽 운동의 일부를 구성했다.[82]

그러나 이런 유형의 대표적 언어 개혁가는, 1794년 '국왕의 죽음을 도

모하고 계획'했다는 혐의로 기소된 혼 툭이었다. 이 대담한 정치적 급진주의자는 『펄리의 오락The Diversions of Purley』(1786)에서 자신만의 어원학적 이론을 상세히 설명하며 언어가 어떻게 '형이상학적 협잡'의 권력 정치에 매수되었는지를 밝혀냈다.[83] 그의 '기호의 철학'은 개별적 단어들을 앵글로색슨어 뿌리까지 추적하면서 국가 권력의 '노르만 멍에' 이론을 지탱하는 영어 서사를 제시했다. 툭은 문법학자들의 정통 학설들을 거부하면서 개별 단어들의 의미와 품사들에 관해 과격하게 단순화된 설명을 내놓았고, 온갖 언어학적 엘리트주의('협잡')에 맞서 싸웠다. 그 '협잡꾼'이 토리파 사전 편찬자 새뮤얼 존슨이든, 관념론적 형이상학자 몬보도 경이든, 『헤르메스: 보편 문법에 관한 철학적 연구Hermes, or a Philosophical Inquiry concerning Universal Grammar』(1751)에서 위계적인 언어 구조를 자연적·사회적 위계질서의 반영으로 취급한 궁정풍의 제임스 해리스James Harris든 간에 말이다. 역사에 대한 버크적 신화처럼 해리스의 이론은 툭이 보기에 현질서에 합법성을 부여하기 위해 고안된 이데올로기적 책략이었다. 언어학은 말들이 엮어낸 권력의 신비화를 풀어헤쳐야 한다.[84]

급진적 의사 토머스 베도스 역시 '단어들이 뒷받침해온 오랜 착각들과 그 착각들이 초래한 사적·공적 적대감'을 지적했다.[85] 마찬가지로 찰스 피곳Charles Pigott 역시 『단어들의 진정한 의미를 설명하는 정치적 사전Political Dictionary, Explaining the True Meaning of Words』(1795)을 써서 공식적 기호들을 억압의 도구라고 폭로했다. 예를 들어, 은행권銀行券이란 '자의적 권력을 지지하는 우격다짐과 억지 주장을 써놓은 얇고 매끈매끈한 종이쪽지'가 아니면 뭐란 말인가? 유사한 사고방식의 또다른 탈신비주의자 비판가 윌리엄 프렌드도 '금전정략money-craft'은 '사제정략priest-craft만큼 위험스러워질 것'이라고 우려하며 지폐야말로 우상 숭배의 매체라고 폭로했다.[86] 말에 대한 로크의 급진적 의식은 건재했다.

토지 개혁은 아메리카, 저 급진적 꿈들의 땅에 '만민평등사회Pantisocracy'를 세우려고 한 젊은 새뮤얼 테일러 콜리지와 로버트 사우디의 공동체주의적 기획들로도 나타났다.[87]

가장 행복했던 시절의 앨비언에서 본 것보다 더 밝은 아침이 고요한 희망과 함께 밝아오는 곳.[88]

프랑스 혁명의 열정에 불타오르고 채권자들에게 시달리던 콜리지는 브리스틀의 젊은 급진주의자 무리, 특히 사우디에게 이끌려 1793년 케임브리지대학을 그만두고 시와 설교, 책자 펴내는 일에 투신했다. 급진주의자 친구들은 구세계에 의해 때묻지 않은 펜실베이니아 서스크해너 강둑에 들어설 유토피아 공동체를 구상했다.[89] '서로의 성격을 잘 아는' 남자 열두 명, 여자 열두 명이 아메리카로 출항할 예정이었다. 생계를 위해서는 하루 두세 시간의 노동이면 충분할 테고, 연구와 토론, 양육에 자유 시간을 충분히 쓸 수 있으리라. 현실에 발을 디디고 있던 친구인 토머스 풀Thomas Poole은 이렇게 썼다. "그 계획을 실현할 수만 있다면 그들은 정말로 이성의 시대를 실현하리라. 그러나 인간 본성이 제아무리 완성 가능한 것이라 하더라도, 아직은 그러한 시스템의 규제하에 오래 버틸 수 있을 만큼 완전하지는 않은 것 같다."[90]

비록 그들의 계획은 예상 가능하게도 나락으로 떨어졌지만, 젊은 콜리지는 천사의 날개라도 단 듯 여전히 계몽의 횃불이었다. 베이컨적인 '지식은 힘'이라는 기치를 내건 그의 『파수꾼Watchman』(1796)은 '사람들은 저마다 자신의 의견을 형성하는 것에 비례하여 자유롭다'[91]고 선언했다. '로크 와 하틀리, 여타 학자들을 열심히, 또 감히 말하자면, 집중적으로 공부'한 뒤,[92] 그는 유니테리언주의, 결정론, 유물론 그리고 진보의 신조를 옹호했었 다.[93] '생각의 물질성'에 관해 사우디에게 신이 나서 이야기하면서 말이다.[94] 이미 고드윈, 다윈, 프리스틀리 같은 급진적 지식인들이 길을 닦아놓았 다.[95] 도덕적 개량은 점진적이지만 필연적일 터였다. 사회는 '사심 없고 사 고하는 애국자들의 (…) 소수이지만 영광스러운 무리'의 인도를 받아 이 세 계를 다시 낙원으로 바꿀 터였다.[96] 콜리지의 『종교적 사색Religious Musings』 (1794)은 '축복받은 미래'로 나아가는 인간 운명에 대한 '하나의 비전', 즉 '현재 사회 상태. 프랑스 혁명, 천년왕국. 만인의 구원. 결론'을 제시했다— 그러니까 인류의 전 역사가 그 안에 담겨 있는 셈이었다.[97] 영국 낭만주의 가 대체로 콜리지 서클의 창조물이라고 한다면, 그러므로 그것은 계몽의 자식이었다. 비록 자신의 아버지를 부인하는 자식이긴 해도 말이다.

왜냐하면 콜리지의 시각이 변했기 때문이다. "나는 시끄럽게 울어대는 아기 같은 선동의 나팔을 부러뜨렸다"고 1798년 그는 선언했다. '그리고 그 파편들은 회개의 광 안에 흩어져 있다.'[98] 첫아들에게 하틀리라는 이름을 붙여주어 많은 것을 시사했던 콜리지는 둘째 아들의 이름은 버클리라고 지어서 유물론에서 관념론으로의 전향을 암시했다. 1801년 풀에게 쓴 대 로 그는 '하틀리에게 배운 연상 학설을 내던졌고', '그와 더불어 요즘 불신 자들의 온갖 불경스러운 형이상학—특히 필연의 학설'을 내버렸다.[99]

사우디처럼 갈수록 국왕과 교회를 부르짖는 반동이 되어간 콜리지는 계몽 경험주의를 버리고 독일 관념론과 초월주의를 받아들였다. 앞선 시대 의 종교적 전통들을 되돌아보고, 칸트적 형이상학으로 잠시 새기도 한 그 는 정신의 생득적 활동을 전면에 내세우는 정신에 관한 이론을 지지하면서 로크를 맹비난했다. 콜리지는 자신이 낡고 수동적이며 기계적인 것으로 폄하한 '공상fancy' 능력에 맞서, 그리고 그것을 뛰어넘는 유기적 '상상력imagination'의 학설을 발전시켰다. 그리고 인간은 자연히 종교적이라고 주장했다. 타파된 경험주의를 '철학의 길고 불길한 쇠퇴'의 안타까운 한 장章으로 간주하면서,[100] 그는 로크주의자들에 의해 버림받은 (신新)플라톤주의를 구원하고 부활시킬 터였다.

콜리지의 적대감은 갈수록 활활 타올랐다. 1810년에 그는 '뉴턴은 한갓 유물론자였다'고 썼다. '그의 체계에서 정신은 언제나 수동적이다—외부 세계에 대한 게으른 방관자일 뿐이다.'[101] 훗날 계몽철학의 여파를 살펴보던 콜리지의 신랄함이 거기서 기인했던 것이다.

자연 상태, 즉 인류의 기원에 관한 오랑우탄 신학이 창세기 1~10장을 대체했다. 자연권이 시민의 의무들과 특권들을 대체했다. 관념 없는Idea-less 사실들, 역사로부터 잘못 가져온 증거들, 경험의 근거들 등등이 원칙들과 원칙들로부터 이끌어낸 통찰들을 대체했다. (…) 어중간한 인물들 클럽에 의한 통치, 리뷰와 잡지, 무엇보다도 신문에 의한 통치.[102]

피콕이 이 예언가를 패러디한 것도 무리는 아니다. '우리의 도덕적·정치적 저술에는 범용한 빛이 너무 많다'고 『악몽의 수도원Nightmare Abbey』의 플로스키 씨Mr Flosky는 콜리지의 『속세의 설교Lay Sermons』(1817)를 다른 식으로 바꾸어 표현하며 단언한다. '그리고 빛은 신비의 커다란 적이다.'[103]

하지만 계몽주의에 대한 낭만주의의 거부가 자동적으로 정치적 보수주의를 의미하지 않는다는 사실은[104] 윌리엄 블레이크의 이력을 보면 분명하다. 자유의 선지자인 이 런던의 미술가 겸 시인의 뿌리는 17세기 도덕률 폐기론 분파에 있었고, 그는 더 나중에 등장한 영성주의의 세례도 받았다.[105] 그의 초기작 『달의 섬An Island in the Moon』(1784-85년경)은, 역겨운 유물론의 우상이라는 이유로 프리스틀리를 '인플래머블 개스Inflammable Gass'('가연성 기체'와 '선동적 허튼소리'라는 중의적 의미가 담겨 있다 ─ 옮긴이)'라고 풍자하는데, 여기서 그는 다른 철학자들에게 이의를 제기하는 프리스틀리의 대꾸 ─ '유어 리즌, 유어 리즌?Your reason, Your reason?'('당신이 그렇게 생각하는 이유는?', '당신의 근거는?'이라는 뜻 ─ 옮긴이) ─ 를 아예 그의 이름, 즉 유리즌 Urizen으로 탈바꿈시켜버린다.[106]

야코프 뵈메Jakob Böhme(17세기 신지론자 ─ 옮긴이)를 추종하는 영성주의자인 블레이크에게, 계몽주의의 죄악은 신의 영광과 인간의 기적 모두를 부정하는 그 유물론에 있었다. 유물론은 베이컨과 로크, 뉴턴의 끔찍한 삼위일체에서 기인한다. '베이컨의 철학은 영국을 망쳤다'고 그는 한탄한다. '그의 제일 원리는 불신심Unbelief이다.'[107] 영적 재능을 부정하는 '로크의 등장'도 그만큼 유해했다.[108] 계몽주의 철학의 단색조 유물론은 자본주의적 억압, 즉 산업화, 빈곤, 노예제, 매춘, 전쟁의 추악한 현실을 반영한다.[109] 그리고 합리주의 그 자체는 궁극적으로 신성한 신비에 대한 신성모독이었다.

조롱해라, 조롱해, 볼테르와 루소여
계속 조롱해라, 그래봤자 헛수고다!
바람에 맞서 모래를 던지면
너희들한테 다시 날려들 뿐.[110]

탈신비화에 몰두하는 계몽가들은 이성의 잠이 괴물을 낳는다고 주장했다. 그러나 블레이크는 이성 자체가 '정신이 주조한 족쇄'를 낳는, 병든 사람의 꿈이라고 여겼다. 반대로 그는 성스러운 영감으로 충만했다.[111] 블레이크는 '정직한 이는 모두 예언가다'라고 선언하며, 성스러운 광기라는 실추된 사고를 되살려냈고,[112] 악마 같은 저 삼위일체를 숭배하는 사악한 계몽주의에 맞서 분노하며 영원토록 '자유의 아들'[113]로 남았다.

> (…) 신이여 우리를 지키소서
> 단일한 시각과 뉴턴의 잠으로부터![114]

반反계몽주의는 계몽주의 자체만큼이나 오래되었다. 열변을 늘어놓는 합리화주의자들에 대한 스위프트의 염세적 의인화, 존슨의 음울한 현실주의, 합리적 종교는 종교가 아니라고 주장한 윌리엄 로 같은 이들, 그리고 어쩌면 데이비드 흄을 몰아세운 저 스코틀랜드 공통 감각 철학 유파 말이다.[115] 1790년대는 그러한 사고방식이 인간 본성의 허약함이나 타락을 다시금 주장하면서 더 일관된 토대 위에 자리잡는 과정을 목도했다.

반동은 버크의 『성찰』과 더불어 1790년 11월에 철학화되었다. '우리는 인간이 각자 보유한 이성을 토대로 서로 거래하며 살아가게 하는 것이 우려스럽다'고 그는 선언했다. "인간 각자가 보유한 이 이성의 양은 적은 것 같기 때문이다. (…) 선입견은 위급시에 언제든 적용될 준비가 되어 있다. (…) 선입견은 인간의 의무를 그의 습관으로 만든다."[116] 버크는 원자론적 개인주의에 맞서 협조적corporate 전통주의를 동원하면서, 영구적 진보를 믿는 계몽된 신념에 대한 지지를 갑작스레 철회했다. "인간의 도덕성에서 새로운 발견은 이루어지지 않았고, 또 앞으로도 새로운 발견은 이루어지지 않을 것이다. 통치의 위대한 원리들이나 자유에 대한 생각들에서도 새로운 발견은 거의 없었으니, 그것들은 우리가 태어나기 전부터 이해되어온 것이다.”117

더욱이 이 노련한 휘그는 혁명적 열기의 어두운 비밀을 폭로했다. 새로운 계몽은 더 크고 환하게 밝혀진 옛 광명illumination일 뿐이며, 프랑스 혁명은 부활한 열광이지만 이번에는 종교가 빠진 열광일 뿐이라는 것이었다. 그리하여 급진적 대의는 버크에 의해 메스머리즘mesmerism(18세기 독일 의사 프리드리히 안톤 메스머Friedrich Anton Mesmer가 주장한 이론. 동물 자기력이라는 보이지 않는 힘에 의한 치료를 주장했다 ─ 옮긴이) 같은 기이한 열광 현상이라는 오명을 뒤집어썼다. 천년왕국을 선언한 프라이스 같은 예언자와 자체적으로 행동하는 '너 스스로 하라' 국가를 적극 추천하는 합리주의적 형이상학자는 모두 손쉬운 표적을 제공했다. 궤변가나 생각 없는 군중이나 전혀 다를 바가 없다고 버크는 암시했다.118

영국 급진주의와 프랑스 혁명, 그리고 필로조프들과 순전한 광명주의illuminism(1776년 계몽주의 영향 아래 설립된 비밀 결사 바이에른 광명회Illuminati와 여타 유사 단체의 사상을 말한다. 제도 종교, 미신, 몽매주의, 억압적인 국가 권력에 대한 비판을 주장한 광명회는 바뤼엘 신부와 이하 본문에 나오는 로빈슨 때문에 또 다른 비밀 결사인 프리메이슨과 더불어 세계 지배를 꿈꾸는 국제적 음모 집단으로 묘사되는 경우가 흔하다 ─ 옮긴이)를 연결한 또다른 사람은 에든버러 교수 존 로빈슨John Robinson으로, 그의 『유럽의 모든 종교와 정부에 맞선 음모의 증거Proofs of a Conspiracy against All the Religions and Governments of Europe』(1798)는 근대인들에게 '피로 얼룩진 경로'를 버리라고 촉구했다. 그는 '광명은 어둠보다 더 나쁜 것으로 드러났다'119고 천명했다. 그러나 대부분의 반동들은 그보다 더 소박했다. 변호사 존 리브스John Reeves는 1792년 11월에 '공화파와 수평파에 맞서 자유와 소유를 보호하기 위한' 협회의 설립 취지서를 발표했다. 자유의 운명이 소유권의 수호에 달려 있다고 믿는 리브스는 급진주의자들에게 '수평파'라는 꼬리표를 붙였다.[120] 다른 이들 역시 지금까지 계몽된 활동가들이 종교적 열광주의자들에 맞서 동원한, 이 강력한 두려움을 지겹도록 떠들어댔다. '진정한 기독교도는 결코 수평파일 리가 없다'고 아서 영은 역설했다. 진정한 기독교도는 '프랑스 정치나 프랑스 철학에 귀 기울이지 않을 것이다.'[121]

계몽된 생각들을 부추기는 것처럼 보이는 미친 짓은 〈반反자코뱅 리뷰〉에 더할 나위 없는 먹잇감이었는데, 이 잡지는 상퀼로트(sans culotte: 프랑스 혁명 당시 평민 급진파—옮긴이) 미치광이들에 대한 길레이풍(James Gillay: 영국의 정치 풍자만화가—옮긴이) 캐리커처들로 환호했다.

나는 신을 믿지 않고, 죄를 두려워하지 않는
열렬한 자코뱅
좋을 때나 힘들 때나 언제든 돌진할 준비가 되어 있네,
자유를 위하여 (…)[122]

그리고 계몽의 의제를 『던시어드』 같은 헛소리로 전락시켰다.

이성, 철학, '엉터리, 헛소리'
평화와 우애, 뒤죽박죽 엉망진창
뒤죽박죽 엉망진창, '엉터리, 헛소리.'[123]

1798년 8월호 잡지에 실린 한 삽화는 '새로운 도덕The New Morality'의 제단 앞에서 예배하고 있는 독실한 신자로 탈바꿈한 이성의 사도들을 보여준다. 수탕나귀 고드윈은 『정치 정의』를 들고 시끄럽게 울어대고 있고, 악

어로 묘사된 페인은 코르셋을 입고 있으며, '무죄 방면된 중죄인' 홀크로 프트는 족쇄를 차고 있다. 한편 '무지의 풍요의 뿔'에서는 『여성 학대Wrongs of Woman』와 메리 울스턴크래프트에 대한 고드윈의 『회상록』이 흘러나온 다.[124] 의미심장하게도 〈반자코뱅 리뷰〉는 작금의 모든 해악의 근원을 콕 집었다. '우리는 이 나라에서 신문사의 설립을 유감스러운 일로 오랫동안 간주해왔다.'[125] 그러나 그 존재 자체만으로 〈반자코뱅 리뷰〉는 암묵적으로 동일한 철학을 끌어안았다 — 출판 권력이라는 철학을. 아닌 게 아니라 그 것은 급진주의자들이 사랑하는 제호 'Magna est Veritas et Praevalebit'(진 실은 위대하고 승리할 것이다)를 공유했다.[126]

이래즈머스 다윈의 『식물의 사랑The Loves of the Plants』에 대한 희문戱文인 「삼각형의 사랑The Loves of the Triangles」에서 〈반자코뱅〉은 고드윈적인 완전성 구현 가능론자가 자처하는 주장을 패러디했다.

우리는 다음과 같이 주장하는 바이다. 입증 가능하듯이, 만약 우리가 우 리의 **활력**을 발휘함으로써 **들판의 양배추**의 수준에서 상대적으로 총명하 고 위엄 있는 존재 상태인 현재의 수준까지 상승했다면, 만약 이러한 **정 력들**이 선입견의 작동과 어리석음으로, 국왕-정략과 사제-정략으로 억 제되거나 억눌리지 않는다면, 우리는 (⋯) 계속해서 있는 힘껏 노력하여 우리 자신을 확장시킬 것이다. 인간을 두 발 달린 현재의 상태에서 그의 재능과 염원에 더 걸맞은 지위로 끌어올릴 것이다. 거기서 그의 **전부**는, 말하자면 정신이고 (⋯) **자신의 동의에 의해서**가 아니라면 결코 죽지 않는 단계로.[127]

다른 풍자들도 유사한 합리주의적 헛소리에 키득거렸다. 『힌두 라자의 서한Letters of a Hindoo Rajah』(1796)에서 엘리자베스 해밀턴은 베이퍼 씨Mr Vapour(부질없는 망상, 허황된 공상이라는 뜻—옮긴이) 같은 이름에, 채식주의 같은 기벽을 갖고 있고, 어린 참새들이 벌떼처럼 무리지어 다니도록 진지하게 훈련시키는 철학자들을 선보였다.[128] 그녀의 나중 작품인 『요즈음 철학자들의 회상록』(1800)은 원시의 행복을 찾아 호텐토트족 사이에 정착할 계획을 세우는 브리지니타 바더림이라는 캐릭터로 메리 헤이스를 희화화했다. 진보주의적인 두 가지 컬트 현상—고귀한 미개인과 완전성 구현 가능주의perfectibilism—은 글리브 씨Mr Glib(번드르르한 말이라는 뜻—옮긴이)—이번에도 고드윈에 대한 풍자다!—가 산책에서 돌아오고 있는 땅딸막한 브리지티나를 만났을 때 일석이조로 단번에 처리된다.

> '안녕하십니까, 여성 시민?' 그는 그녀를 보자마자 외쳤다. '활력을 발휘하고 계시는군요. 바로 그거죠. 활력은 모든 것을 해냅니다. 당신의 다리를 단숨에 길게 만들어주죠. (…) 계몽된 사회에서는 더이상 짧은 다리가 없습니다. 모든 호텐토트족은 오월제 기둥처럼 길고 곧을 겁니다!¹²⁹[129]

복음주의 역시 계몽된 자들을 배척했다. 인맥이 좋은 브리스틀의 교사이자 극작가인 해나 모어는 1780년대에 종교적·정치적 보수주의자로 명성을 얻었다—그녀는 자신이 키우는 고양이한테 '수동적 순종'과 '비저항'이라는 이름을 붙여주게 된다.[130] 『일반 사회에 대한 명사名士의 매너의 중요성에 관한 생각Thoughts on the Importance of the Manners of the Great to General Society』(1788)과 『상류 사회의 종교에 대한 판단An Estimate of the Religion of the Fashionable World』(1791)은 애디슨적인 교양 있는 예의 바름을 비판했다. '계몽된 철학의 아름다운 가면 아래, 모든 종교적 제약들이 무시된다.' 그녀는 '거룩함이 없다면 아무도 주님을 보지 못할 것'이라고 주장했다.[131] 일찍부터 프랑스 혁명에 대해 매우 영국적인 자세를 취한 그녀는 1789년 11월에 호러스 월폴에게 말했다. '저는 전제정과 교황교보다 더 큰 해악을 생각할 수 없습니다. 무정부 상태와 무신론만 빼고 말이죠.' 또 나중에는 '자유, 평등, 인간의 권리로부터 주님, 우리를 구하소서!'라고 외쳤다.[132]

사람들은 인쇄물이라는 독에 망가지고 있었다. '소설은 이제 해로워졌다'고 모어는 개탄한다. '그것들은 동시에 (…) 파괴적인 정치, 개탄스러운 방탕, 뻔뻔한 불신앙에 동원되기' 때문이다. 평민들이 페인을 열심히 들여다보는 동안, 쓰레기 같은 소설의 여주인공들은 차茶와 '소설, 형이상학'으로만 이루어진 식사를 했다.[133] 이다음엔 대체 뭐가 나타날까? 울스턴크래프트의 『여성의 권리에 대한 옹호』가 즉시 『인간의 권리에 대한 옹호』의 뒤를 이었을 때 그녀는 폭발하고 말았다. '우리의 계몽주의가 실컷 퍼붓고 있는 이 광명이 다음번에 들이닥칠 때는 젊은이의 권리, 아동의 권리, 유아의 권리에 관한 엄숙한 논의로 세상을 밝힐 것이다!' (그녀의 추측은 틀리지 않았다. 1797년에 토머스 스펜스는 『유아의 권리Rights of Infants』를 내놓는다.)[134]

그래도, 인쇄물에는 인쇄물로 싸워야 한다는 것을 인식한 모어는 1795년에 '값싼 소책자 보고寶庫'를 구상했다. 한 부당 대략 1페니의 값이 매겨진 이 소책자들의 판매고는 놀라웠다—발행 후 첫 6주 사이에 다양한 소책자들이 다해서 30만 부나 팔려나갔고, 1796년 3월에 이르자 총 판매 부수는 200만 부에 달했다.[135] '프랑스 혁명 탓에 당시 심각한 위기감을 자아내고 있던 유해한 신조들에 대항하기 위해' 그녀는 1793년 『마을 정치Village Politics』—여기에는 '초심자를 위한 버크'라는 부제가 붙었다—로 반격 활동을 개시하여 그것을 '영국의 모든 숙련공, 직인, 노동자'에게 보냈다. 윗사람들에 대한 순종의 메시지를 거듭 주입하는 그녀의 또다른 책 『폭동: 빵 반 덩어리가 빈손보다 낫다The Riot: or Half a Loaf is Better than No Bread』(1795)는 정직한 대장장이 잭 앤빌과, 자신과 이름이 같은 톰 페인의 저작에 넘어가 '새로운 헌정 체제와 자유, 평등'을 원하는 석공 톰 호드 사이 대화의 형태를 취한다. 잭은 묻는다. '자네 무슨 책을 읽고 있나? 왜 그렇게 서글픈 표정을 짓고 있는 건가?'

톰: (자기 책을 쳐다보고 있다) 서글픈 것도 당연해. 내가 매우 불행하고 비참하다는 것을 이 책에서 알게 됐거든. 이 책을 만나는 행운을 겪지 못했다면 절대 몰랐을 거야. 와! 이건 정말 소중한 책이야!

잭: 그래도 서광이 보이는군. 책을 찾아보지 않는다면 내가 불행하다는 걸 모를 거 아냐? 대체 뭐가 문제인데?

톰: 문제? 난 자유를 원해.

잭: 자유? 누가 자네한테 영장이라도 발부했대? 이봐, 기운 내. 자네가 대체로 정직한 사람이라는 건 내가 틀림없이 보증하지. 물론 로즈 앤 드 크라운에서 술을 마시고 말을 너무 많이 하긴 하지만 말이야.

톰: 아니, 아니. 난 새로운 헌정 체제constitution를 원해.

잭: 그래? 난 자네가 끝내주게 건강한 줄 알았는데? 그럼 얼른 의사를 불러야겠네('constitution'에는 체질이나 체격이라는 뜻도 있다—옮긴이).

톰: 아픈 게 아니야. 나는 자유와 평등, 인간의 권리를 원한다고.

잭: 아, 무슨 말인지 이제 알겠군. 자넨 수평파이자 공화주의자이구먼! 틀림없어. (…)

톰: 나는 민중의 친구야. 나는 개혁을 원해. (…) 프랑스에서 사람들이 누리고 있는 것과 똑같은 자유와 행복을 원해.

그러자 참을성 많은 잭은 뿌루퉁한 톰에게 '모두를 평등하게 만드는 그런 일이 일어난다면 진료소와 구호소, 자선학교, 주일학교는 없어질 거야. (…) 누가 거기에 돈을 대겠어? 평등은 거기에 돈을 댈 수 없어'라고 설명해야 했고,[136] 현재의 권력자들에게 복종해야 한다는 사도 바울의 말을 인용한 다음, 잉글랜드에는 세계 최고의 국왕과 법, 자유가 있다고 친구를 안심시켰다. 톰이 '제 할일에만 신경쓰기'로 동의하고 둘이 함께 〈잉글랜드의 로스트비프〉를 부르며 모든 것은 행복하게 마무리된다.[137] 모어의 『신식 철학자 팬텀 씨와 그의 하인 윌리엄의 생애History of Mr Fantom the New-fashioned Philosopher and his Man William』(179?) 역시 유사한 노선을 따라서, 급진 철학에 빠져 결국 교수형을 당하게 되는 윌리엄 윌슨이라는 성미 급한 하인 캐릭터가 등장한다. '신식 철학자'라는 제목 자체가 모든 것을 말해준다.[138]

복음주의적 각도에서 계몽주의를 공격한 또다른 사람은 윌리엄 윌버포스William Wilberforce였다.[139] 그는 '합리적 종교'란 '명목상의 기독교', 합리적 기독교도란 사실상 이교도일 뿐이며, 신앙은 '가장 중차대한' 것, 참십자가의 종교가 되어야 한다고 주장했다.[140] 1785년, 당시 헐Hull을 대표하는 젊은 하원의원이었던 윌버포스는 '이 시대의 보편적인 타락과 방종'으로 촉발된 '공화국에 대한 절망감'을 기록했다. 이것이 '개혁 아니면 파멸'의 문제라고 확신한 그는 자신의 임무를 밝혔다. '전능하신 하느님이 내 앞에 두 가지 커다란 목표를 세우셨다'고 그는 1787년 10월 28일 일기에 엄숙하게 적었다. 두 가지 목표란 '노예무역의 폐지와 풍속의 개혁'이었다. 그의 복음주의는 인간의 타락성과—인간은 '배교자, 높았던 원래 자리에서 추락하여 그 본성이 타락한 피조물'이다—십자가에 못박힌 그리스도를 기반으로 했다.[141] 그의 『진짜 기독교와 대조적으로 이 나라의 중간 계급과 상류 계급 기독교도에 만연한 종교 체제에 대한 현실적 시각A Practical View of the Prevailing Religious System of Professed Christians in the Higher and Middle Classes in this Country Contrasted with Real Christianity』(1797)—복음주의자들의 안내서가 되는—은 '어떤 사람이 일반적인 의미에서 기독교의 진리를 인정한다면 (…) 그에게 불만을 품을 별다른 이유가 없다는 것'은 '흔한 통념'이 되었다고 주장했다.[142] 광교주의 일반뿐 아니라 구체적으로 페일리의 공리주의 ('결국에는 행복한 세상이다')를 반박하면서,[143] 윌버포스는 인간의 유예 상태, 도덕적 시련과 구속救贖을 강조하면서 더 음울한 신성을 재천명했다.

> 기독교는 이 세계가 신으로부터 소외된 상태라고 간주하는 것처럼 보인다. (…) 죄의 악함이 얼마나 강한지에 대해 우리 안에 진정하고 올바른 의식을 낳는 것이 (…) 모든 도덕적 작가들의 원대한 목표가 되어야 한다. (…) 자, 그런데 여기서 페일리 박사는 실패한 것 같다.[144]

인간의 죄 많음을 확신한 윌버포스는 다시금 속죄를 기독교에서 중심적인 요소로 만들었다. 정치적 결과들을 유념해야 한다. 그는 '우리의 국가적 어려움들은 직간접적으로 주로 종교와 도덕의 쇠퇴에 그 원인을 돌려야 한다'고 썼다.[145]

반동으로의 후퇴의 가장 두드러진 사례는 토머스 로버트 맬서스였다. 그의 아버지 대니얼 맬서스는 루소의 개인적 친구이자 계몽주의의 선각자로서, 아들을 가장 선진적인 교사들에게 맡겨 교육시켰는데, 워링턴 아카데미의 길버트 웨이크필드Gilbert Wakefield와 1784년 케임브리지 지저스 칼리지에서 그를 가르친 윌리엄 프렌드(그는 나중에 그의 자코뱅주의 때문에 케임브리지에서 쫓겨났다)가 특히 눈에 띈다. 로크와 하틀리를 섭렵한 아들은 철학적 급진주의자가 되도록 훈육받았다 ─요즈음이라면 오이디스푸적 반항이라고 부를 일이 일어나기 전까지는 말이다.[146]

혁명의 샴페인 거품은 자연히 커다란 기대를 자아냈지만, 그 기대는 합리적으로 정당화되었을까? 맬서스는 『인구론』(1798)에서 묻는다. 급진주의자들은 완전성 구현의 가능성을 약속했지만, 인류가 정말로 그러한 프로메테우스적 꿈을 실현할 참인가?[147] 버크나 윌버포스와 달리 맬서스는 '새로운 여명'의 매력을 결코 부정하지 않았지만, 그의 심리적 기조는 경계하는 분위기였다. 무한한 진보의 프로그램은 내재적으로 파멸을 낳을 수밖에 없으며─지식은 성장을 낳을 것이고, 성장은 부를 증대시킬 것이며, 그러면 부는 인구 폭발을 부채질할 것이다─그리고 그 점은 뼈아픈 진실에 주의를 기울일 것을 요구한다.

> 인구는 언제나 생계유지 수준으로 유지되어야 한다. 그러나 어떤 작가도 (…) 이 수준을 가능케 하는 수단에 관해 딱히 탐구해본 적이 없다. 그리고 그가 생각하기에, 미래 사회의 어떤 크나큰 개선에든 가장 강력한 장애가 되는 것은 이러한 수단들에 대한 시각이다.[148]

이런 식으로 맬서스는 미래를 꿈꾸는 선각자들의 맹점을 제대로 찔렀다. 중상주의자들과 공리주의자들에게는 인구가 많을수록 좋았다─저인구 왕국은 노동자와 병사, 납세자가 부족했다. 하지만 그러한 인구 증가의 함의는 고드윈과 『인간 정신 진보의 역사적 개관 초고Esquissse d'un Tableau Historique des Progrès de l'Esprit Humain』(1795)의 저자인 콩도르세 후작 같은 진보의 선지자들에 의해 철저하게 숙고되어본 적이 없다고 맬서스는 반박한다. 환상이 사고를 앞질러버린 것이다. "그들이 의도적으로 눈을 감았다고 말할 권리는 물론 없다. 하지만 우리 모두는 오류에 빠지기 너무 쉽다"[149]고 이 영국 국교회 성직자는 비꼰다.

백일몽을 꾸는 몽상가들을 반박하는 맬서스는 사실들을 선호하여 수사修辭와 '한낱 추측들'을 멸시하면서 자신을 냉철한 현실주의자로 내세운다.[150] 오로지 그만이 '부분적으로는 흄에 의해, 그리고 대체적으로 애덤 스미스 박사에 의해 더 많이 설명된'[151] 생산과 재생산의 문제들에 대한 과학적 접근법을 채택했다. 쟁점은 크나큰 기대와 인구학적 현실 사이의 괴리에 있었다. '늘어나는 인구가 빈곤의 된서리에서 자유로워진다면', 인구는 '틀림없이 급속히 증가할' 텐데 풍요는 조혼을 유발할 것이기 때문이다.[152] 콩도르세는 이 인구 과잉의 심연을 언뜻 엿보았지만 그 함의들 앞에서 뒷걸음질치고 말았다.[153] 그는 늘어나는 인구가 기회가 아니라 오히려 장애라는 점을 인식했다는 영예를 누려 마땅하지만, 다음에는 그 쟁점을 회피하는 잘못을 저질렀다.[154]

콩도르세가 안주한 지점에서 맬서스는 걱정이 한가득이었다.[155] 급증하는 인구는 개선을 방해할 수밖에 없다. 급진적 계획들은 황홀하지만 유토피아적 거품은—고드윈의 철학은 '여태까지 등장한 어느 철학보다 가장 아름답고 매력적'이었다[156]—자연적 사실들에 의해 터트려진다. 열성분자들은 모든 해악을 구체제 탓으로 돌렸다. 구질서를 폐지하라. 그러면 짜잔! 모든 것이 가능해진다. 그러나 "고드윈 씨가 그의 저작 전체에 걸쳐서 저지르는 커다란 오류는 문명사회에서 보이는 거의 모든 악습과 빈곤을 인간의 제도들 탓으로 돌리는 것이다."[157] 진짜 장애는 정치가들의 악덕이 아니라 사물의 이치다.

그렇다면 자연은 생산과 재생산의 균형을 어떻게 맞출까? '나는 두 가지 가정을 타당하게 전제해도 될 것 같다.' 즉, '식량은 인간의 생존에 필수적'이라는 가정과 '남녀 사이에 정념은 필연적이며, 앞으로도 대체로 현재 상태 그대로일 것'이라는 가정이다('이 두 가지 법칙은 (…) 우리 본성의 고정된 법칙인 듯하다').[158] 인구는 그러므로 불가피하게 자원을 초과하여 위기, 즉 기아, 전염병, 전쟁을 촉발하는 경향이 있다. 그것이 바로 급진주의자들이 결코 직시한 적 없는 커다란 문제다—그들은 경솔한 제안들만을 들고 나왔을 뿐이다. '남녀 간의 정념은 시간이 지나면 소멸할 수도 있다'는 고드윈의 어리석은 추측을 생각해보라.[159] 다시 말해 자연 자체가 사회적 평등의 꿈을 좌절시킨다.[160] 이 두 가정이 철칙임을 인정한다면 비관론만이 유일한 현실주의다. "궁핍과 악습(매춘이나 낙태 등을 말한다—옮긴이)을 낳지 않으면서 인구의 우월한 힘이 억제될 수 없다는 것은 (…) 너무나도 설득력 있는 증거이다."[161]

그러므로 맬서스는 자연이 오만한 인간에게 언제나 복수할 태세를 갖추고 있는 암울한 미래를 그려 보인다. 『인구론』의 후속 판들은 파국을 피할 수 있다고 주장하기는 했다—'도덕적 억제'를 통해서 말이다. 가족을 부양할 수 없는 자들은 결혼을 자제하거나, 결혼했다면 성생활을 그만두어야 한다. (맬서스 신부님은 피임을 혐오했다. 피임은 악습을 승인하니까.)

맬서스는 정치적·도덕적인 각계각층에서 많은 반대자들에게 반박당했다. 그리고 많은 의미에서 맬서스 논쟁은 계몽주의의 난제였다. 인간과 자연은 선한가? 19세기 전체를 요란하게 관통한 이 질문은 대체로 이 책의 범위 바깥에 놓여 있다. 하지만 일찍이 맬서스를 논박했던 두 박사에 대해 간략하게 살펴보는 것도 좋을 것이다. 두 사람 모두 계몽된 추론을 기반으로 그를 논박했기 때문이다.

1805년 비국교도 내과의인 찰스 홀Charles Hall은 나중에 반反맬서스적

'부록'을 추가한 『유럽 국민들에 대한 문명의 효과The Effects of Civilization on the People in European States』를 내놓았다.[162] 저 국교회 신부처럼 이 의사 역시 빈곤이라는 유령에 시달렸다. 그러나 홀은 문제의 근원이 대단히 부당한 정치 체제에 있다고 주장했다. 사회는 부자와 빈자라는 두 국민으로 분열되었다─'부자의 죽음에 대한 빈자의 죽음의 비율은 1대 2다.' 빈자의 직업은 그들의 건강에 해롭다. 그들의 도덕적 교육은 방치되었고, 그들의 정신은 계발되지 않았으며, 그들의 처지는 견딜 수 없다. 이 모든 것은 착취적인 경제 질서 탓이다.[163] 맬서스는 '이 문제와 관련하여 문명이 어느 것에도 책임을 져야 한다고 간주하지 않는다'고 홀은 지적한다. "그가 말한 대로 동일한 결핍과 빈곤이 필연적으로 모든 체제에서 발생할 것이기 때문이다." 하지만 그런 생각은 틀렸다! 정치는 중대한 역할을 했다. 지배자들은 문제를 만들어낸 다음에 자연을 탓한다. 홀은 해법을 추구하면서 스펜스와 여타 사람들처럼 토지 재분배에 주목했다.

두번째 비판가는 비국교도인 토머스 재럴드Thomas Jarrold였다.[164] 1770년에 태어난 그는 에든버러대학에서 의학을 공부한 다음 맨체스터로 가서 개업한 뒤 거기서 제조업계와 어울렸고 『인류학: 인간의 형태와 피부색에 관한 논고Anthropologia, or Dissertations on the Form and Colour in Man』(1808)와 교육, 품성, 빈곤에 관한 여타 저작들을 저술했다.[165] 『인간에 관한 철학적·생리학적·정치적 논고: 맬서스 씨의 '인구론'에 대한 답변Dissertations on Man, Philosophical, Physiological and Political; In answer to Mr Malthus's 'Essays on the Principle of Population'』(1806)에서 재럴드는 궁핍은 인간의 타고난 팔자가 아니라고 주장한다. '전쟁과 기아, 역병의 자연법칙적 원인은 없다.' 재앙은 '인간의 어떤 어리석은 행위로부터 발생하는 것이거나 무지의 결과다.'[166] 인간이 자신의 파멸의 주체이므로, 참상의 만연이 그 필연성을 입증하지는 않는다.[167] 인구 과

잉이라는 불길한 전망은 어쨌거나 근거가 없다. 인구 증가는 많은 힘들에 의해 억제된다. 미개한 부족들은 너무 호전적이라서 인구가 팽창할 수 없지만, 문명사회에서는 다양한 집단들이—예를 들면 매춘부들과 교수들—후손을 거의 배출하지 않는다. '인간은 한갓 동물이 아니기' 때문에 다산성은 생물학적 상수가 아니라 사회적 변수다.[168]

홀과 재럴드는 똑같이 맬서스를 논박했지만 그야말로 정반대의 입장에서였다. 홀에게 굶주림과 빈곤은 자연이 아니라 자본주의의 산물이었다. 재럴드에게는 이래즈머스 다윈한테서와 똑같이, 현대 자본주의 사회가 그러한 맬서스적 딜레마로부터의 해방을 제시했다. 홀은 고드윈처럼 정치적 행위가 빈곤을 근절할 거라고 믿었다. 재럴드는 인구 과잉에 관한 어떠한 위협도 사회가 점차 번영하면서 사그라질 거라고 믿었다. 두 사람 모두 맬서스가 본질적으로는 인위적이고 역사적이며 정치적인 조건들을 자연의 탓이라고 인식함으로써 도출되는 체념적 숙명론에 빠졌다고 비판했다. 맬서스의 비하적인 전망—성적 욕구의 노예로서의 인간—에 맞서 홀과 재럴드 둘 다 신의 의도와 인간의 존엄성을 옹호했다. 그리고 둘 다 더 나은 상황을 고대했다—'이 시대는 인류가 처한 조건이 지금보다 훨씬 더 나아질 때로 서둘러 나아가고 있다'고 재럴드는 결론 내렸다. "바라던 이 아침의 첫 여명을 나는 이미 보았다고 생각한다."[169] 둘 다 계몽의 낙관주의를 대담하게 재천명했던 것이다.

그러나 전체적으로, 1815년 워털루 전투에서 절정에 달한 전쟁 시절은 정치적인 국민 및 정부와 불화하게 되었고, 그 세기의 성취들, 특히 표현과 집회의 자유 그리고 1688년 이후에 얻어낸 다른 기본적 자유들을 옹호하는 수세적인 싸움에 관여했던 계몽인들에게는 암흑기였다. 그들은 반동의 새로운 이데올로기들의 반대에 직면했을 뿐 아니라, 이전의 우군들은 배에서 뛰어내리고 있었다.

그러나 일부는 귀족적인 풍자를 통해, 변절한 낭만주의자와 복음주의자, 토리에 대해 확고부동하게 계몽된 적대감을 표현한 젊은 바이런처럼 변치 않는 모습을 보였다.[170] 또다른 사람은 스무 살 때 급진주의자 콜리지에게 완전히 사로잡혔던 윌리엄 해즐릿이었다. 유니테리언파 목사의 아들로 태어난 해즐릿은 아직 어린아이였을 때 아버지의 서재에서 〈태틀러〉와 『톰 존스』, 여타 근대의 온갖 고전들('묻혀 있던 보물들')을 읽었고, 그리하여 계몽인으로서 흠잡을 데 없는 자격 증명서를 획득했다. 화가로서 실패한 그는 다작多作하는 통렬한 에세이 작가이자 저널리스트, 강연자로 생계를 이어가게 된다. 난폭하고, 완강하며, 마침내 쓰라린 실망만 남게 된 해즐릿은 자신이 외톨이라는 의식이 있었고('토성의 기운 아래 태어난'[점성술에서 토성은 멜랑콜리, 지성, 창조성 등과 관련이 있다―옮긴이]), 이 점은 그가 비국교도 출신이었다는 사실에서 크게 기인했다. 국교 반대의 반체제성을 고찰하면서 그는 "국교 반대자들 사이에서 자란 것이 (어쩌면) 나의 불운이었다. (…) [그는 해크니 아카데미에서 공부했다] 그들은 타인들을 너무 삐딱한 시각으로 보고, 자신들이 자처하는 독특한 입장들을 너무 높게 평가하는 자들이었다"[171]고 언급했다.

해즐릿은 프랑스 혁명에 환호했다. "새로운 세계가 놀란 눈앞에 열리고 있었다. (…) 이 새로 태어난 희망 앞에 너무 웅대한 것이란 없었다. 인간의 행복으로 이어지는 길이 낙원으로 이어지는 『천로역정』에 나오는 그림들처럼 똑똑히 보이는 듯했다."[172] 그리고 그는 배척당하고 또 배척하면서, 흔들림 없는 자코뱅으로 남았다.[173] '자유에 대한 사랑은 폭군에 대한 증오에 있다.'[174] 일종의 산문적 바이런인 해즐릿은 자신의 시대를 배반의 시대라고 규정했다. 잉글랜드는 스스로를 배반했고 프랑스는 혁명을 배반했다. 호반 시인들(콜리지와 워즈워스, 사우디 등 레이크 디스트릭트 호숫가에서 살았던 낭만파 시인들을 가리킨다―옮긴이)은 그들의 자코뱅주의를 배반했다. 영국 정치가들은 헌정과 자유의 정신을 배반했다. 버크는 그의 자유주의적 원칙들을 배반했고, 벤담은 인간성을, 맬서스와 고드윈은 경험을 배반했다. 해즐릿의 깊은 환멸은 계몽된 희망들이 산산조각 났다는 의식에서 나왔다. 그는 1819년 『정치적 에세이Political Essays』에서 '나는 정치가가 아니다'라고 주장했다.

> 하물며 정파인이라고 말할 수도 없다. 그러나 나는 전제정을 증오하며 그 도구들을 경멸한다. (⋯) 나는 자유와 노예제가 호환 가능한 용어라는 것을 부정하며, 옳고 그름, 진실과 거짓, 풍요와 기아, 한 민족의 안락과 비참함이 완벽한 무관심의 대상들이라고 생각하지도 않는다. 그것이 그 문제에 관해 내가 아는 전부다. 그러나 이런 사안들에게 관해서는 나는 여전히 구제불능으로 남을 것 같다.[175]

조지 3세 치세는 그리하여 미친 군주(조지 3세는 유전병으로 의심되는 광증이 주기적으로 도져서 재위 말년은 왕세자가 섭정으로 다스렸다―옮긴이)와, 비이성의 승리를 슬퍼하는 해즐릿 같은 계몽인들, 그리고 뒤쪽에서 킬킬거리고 있는 스위프트의 유령과 함께 막을 내리고 있었다.[176]

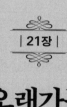

| 21장 |

오래가는
빛?

책은 이해력에 언제나 비밀스러운 영향을 끼친다.

—새뮤얼 존슨[1]

자신의 글이나 행동으로 사람들의 정신에 영구적인 변화를 초래하는 자는 한 왕국에 혁명을 초래한 정복자나 정치가 못지않게 인류의 역사에서 중요하게 간주되어 마땅하다.

—토머스 데이[2]

18세기는 (…) 지난 모든 과거 가운데 인간 본성에 가장 영예로운 시대였다. 지식과 미덕이 늘어나고 확산되었다. 인류에게 유용하고 인간이 처한 조건을 개선하는 학문과 기술이 이전의 어느 세기보다 더 크게 향상되었다.

—존 애덤스[3]

포스트모더니즘은 적어도 한 가지 미덕을 가지고 있다. 포스트모더니즘은 근대성과 그 기원들에 관한 탐구를 재개했다.[4] 언제, 왜, 어떻게 '근대적' 자아와 '근대적' 사회가 생겨났는가? 우리는 르네상스 시대의 '자기 형성' 인간으로까지 뿌리를 거슬러가야 할까, 아니면 우리의 탐구를 더 후대로 끌어와야 할까?[5] 이 책은 근대적 정신 상태의 탄생에서 18세기가 결정적이었다고 평가하며, 영국의 사상가들이 그러한 과정에서 두드러졌고 아닌 게 아니라 시기적으로 일렀다고 주장했다. 영국에서의 계몽주의를 운위하는 것은 말이 될 뿐 아니라, 그렇게 하지 않는 것이야말로 난센스일 것이다.

온갖 정치적 색깔의 당대인들이 동의했듯이, 근대적 태도는 인쇄 문화의 폭발로부터 떼려야 뗄 수 없었다. '이 새로운 기술에 의해서 우리는 미래의 인간 개선의 소멸 가능성으로부터 안전해진 듯하다'고 윌리엄 고드윈은 선언했다.

> 지식이 너무도 많은 개인들에게 전달되어서 그 반대자들이 지식을 억압
> 할 기회를 얻을 수 없다. 학문[그러니까 지식]의 독점은 실질적으로 끝났
> 다. 복사본의 손쉬운 증대, 책의 저렴함을 통해서 모두가 지식에 접근할
> 수 있다. 고대에 존재했던, 같은 사회 내 다른 일원들 간의 극단적 정보
> 불평등은 줄어든다.[6]

고드윈은 인쇄술이 '인류의 해방'을 도왔다고 공언하면서 울지Wolsey 추
기경이 다음과 같이 발언한 데에 공을 돌린다. "우리는 인쇄기를 파괴해야
한다. 그러지 않으면 인쇄기가 우리를 파괴할 것이다."[7]

검열의 폐지는 새로운 질서를 예고했다. 명예혁명 지지자들은 출판의
자유를 떠들썩하게 치켜세웠고, 이후의 급진주의자들은 출판의 자유가
한층 큰 변화를 가져오리라고 기대했다—비록 1790년대의 암울한 시절에
는 펜이 다시금 위협받는 것처럼 보였을지도 모르지만 말이다.

> 이 결정적 시기에, 오 구해주소서, 오 구해주소서
> 지식의 나무를 권력의 도끼로부터 (…)[8]

염려하는 이래즈머스 다윈은 『자연의 신전』에서 그렇게 간청했다. 계몽
된 활동가들이 예고하고 있던 것은 투사로서의 작가에 의해 주재되고 지
휘되는 새로운 질서였다. 그리고 앞서 1740년대에 데이비드 흄이 '통치자
들은 여론 외에는 자신들을 뒷받침할 것이 없다'고 솔직하게 고백한 이래
로, 상황의 논리는 전통주의자들이 동일하게 반격에 나설 것을 요구했다.

진보주의자들에게만이 아니라 모두에게 말은 칼이 되었다.[9]

이러한 발전들에서 필수적인 것은 어느 면에서는 콜리지가 곧 '클레러시clerisy'(종교 생활을 책임지는 성직자clergy에 대응하여 민족 문화의 지도와 유지에 책임이 있는 지식층, 문인 집단이라는 의미로 콜리지가 만들어낸 단어다 — 옮긴이)라고 부르게 될 집단을 예시하는, 문화 생산자들과 중계자들로 이루어진 신흥 간부 집단 — 흄부터 저 아래 블롯페이지(헨리 필딩의 희곡 『작가의 소극』에 등장하는 삼류 문인 캐릭터 — 옮긴이)와 그의 동류에 이르기까지 — 이었다.[10] 애덤 스미스는 '부유하거나 상업적인 사회에서는 생각하거나 논리적으로 사고하는 것이, 다른 모든 직업과 마찬가지로, 무척 소수의 사람들에 의해 수행되는 특정한 업무가 되며, 그 소수의 사람들은 노동하는 방대한 다수가 지닌 모든 사고와 판단력을 공중에게 제공한다'고 말했다.[11]

저명한 역사가 프랑코 벤투리Franco Venturi는 18세기 잉글랜드를 두고 잉글랜드의 '투쟁들'은 '신생 인텔리겐치아의 투쟁들이 아니었다'고 쓴 적이 있지만, 그는 분명히 틀렸다.[12] 사상가들이 다양한 모습으로 등장하며, 어쩌면 벤투리가 염두에 두고 있었을 카르보나리 시대의 이탈리아 아방가르드는 프랑스 필로조프들과 더불어, 조지 왕조 시대 런던이나 맨체스터, 버밍엄 — 에든버러나 더블린은 말할 것도 없고 — 의 사상가들을 모델로 한 것이 아니었다. 그러나 영국 작가들은 변화의 기획자로서 별로 중요하지 않은 인물들이었다고 도저히 말할 수 없다. 그들이 지옥불을 조롱하고 폭군과 교황주의자들을 저주하며, 앤 여왕 치하에 그레션 커피하우스에서 만나던 '진정한 휘그들'이든, 루나 소사이어티의 자유주의적인 테크노크라트이든, 콜리지에 의해 열광에 사로잡힌 홍안의 청년 만민평등사회주의자pantisocrat이든, 급진적 런던 출판업자 조지프 존슨의 서점 주변을 서성거리며 저녁을 먹던 작가들이든 말이다. 존 에이킨, 애나 바볼드, 이래즈머스 다윈—이것은 더 유명한 사람들만을 알파벳 순서로 나열한 것이다—존 디즈니, 리처드 러블 에지워스, 토머스 어스킨Thomas Erskine, 조지 포다이스, 윌리엄 프렌드, 헨리 푸젤리, 윌리엄 고드윈, 메리 헤이스, 토머스 헨리, 토머스 홀크로프트, 티오필러스 린지, 존 뉴턴John Newton, 토머스 페인, 리처드 프라이스, 조지프 프리스틀리, 혼 툭, 조지 워커와 메리 울스턴크래프트, 그리고 조금 더 뒤에 나온, 험프리 데이비Humphry Davy, 마리아 에지워스, 윌리엄 해즐릿, 토머스 로버트 맬서스, 헨리 크래브 로빈슨, 윌리엄 워즈워스. 이들 지적인 저명인사는 전부 단 한 명의 출판업자와 연결되어 있었다.[13] 그러한 명사들은 음모극의 인물들을 거의 닮지 않았다. 해즐릿처럼 자신을 '자코뱅'이라고 부르는 사람은 거의 없었고, 일부는 노골적인 반동으로 돌아서게 된다. 그러나 그 점은 긴장이 고조된 프랑스 혁명기에 지식 장사꾼들의 복잡하고 변하기 쉬운 충성심을 실증할 뿐이다. 대체 어떤 준거로 그러한 '철학자들'—이 단어의 계몽적 의미에서 보자면 '다른 사람보다 마땅히 더 위대하고 더 좋은 무엇이 되어야 하는 자들'[14]—의 목록에 '신생 인텔리겐치아'라는 칭호를 거부할 것인가?

이 사상 엘리트에는 영국 국교회와 비국교도 양측의 성직자들이 포함되어 있었지만, 이 집단은 제도 교회와의 어떠한 일차적인 동일시로부터도 급속하게 멀어지고 있었다. 궁정이나 대귀족, 혹은 내각에 의해 주요 재정 지원을 받지도 않았다. 작가들과 사상가들은 점점 더 자율적인 개인으로서 활동했고, 근본적으로는 자기 자신과 자신들의 저작을 구매하거나 자신들의 강연을 듣는 공중, 그리고 출판업자 같은 문화적 중개인을 제외하고는 어느 누구에게도 신세지지 않게 되었다. '사회학적 관점에서 볼 때'라고 운을 떼며 독일 사회학자 카를 만하임Karl Mannheim은 이렇게 말한 적이 있다. "근대에 관한 결정적 사실은 (…) 사제 계층이 독점하고 있던, 세상에 대한 이 교회의 해석이 깨진 것 (…) 그리고 자유로운 인텔리겐치아가 부상했다는 것이다." 만하임의 해석은 벤투리의 해석보다 영국의 현실을 더 잘 조명한다.[15]

근대적 사상가를 위한 새로운 페르소나가 형성되고 있었다. 대학에 틀어박혀 있는 현학가나 '따분하고 음주가 과한' 교수가 아니라, 에세이 작가든 순회 과학 강연가든 간에 도회적이고 사회성이 있는 유형, 인류의 전위에 서 있으면서 민중을 위해 글을 쓰고 발언하며 그들과 교감하는 인물이었다. 대략 한 세대 뒤에 '문필가Man of Letters로서의 영웅'을 찬양하면서, 토머스 칼라일은 설교단과 공문서 송달함을 능가하며 말을 퍼트리는 데 기여한 프리랜서 지식인들과 문인들의 업적을 칭송했다. '인쇄물은 우리의 의회다.'[16] 그리고 빅토리아 시대 중기에 이르러 존 스튜어트 밀이 여론이야말로 순응주의적 구속복을 부과한다고 비판하게 되었다면, 그 여론의 계몽적 선임자는 대체로 비판과 변화를 추동하는 힘으로 간주되었다.[17]

우미문학, 소설, 잡지, 신문, 통속소설의 부상과 더불어 영국은 인쇄물로 뒤덮이게 되었고, 실제적·가상적으로 정교한 피드백 고리가 등장하여 작가와 독자를 연결시켰다. 계몽된 문인은 복합적인 의상을 걸쳤다. 그는 골칫덩이, 개혁가, 근심하고 걱정하는 예레미야, 풍자가, 가십 칼럼니스트, 선지자, 스승, 선전가, 감시견, 민중의 호민관이었다.[18] 많은 이들이 극적인 자세를—자기 홍보적이고, 자기 광고적이고, 고드윈이나 메리 헤이스가 '모든 것을 털어놨을' 때처럼 심지어 날카롭게 자기 고백적인 자세를—취했다. 지식인들은 서로에 관해 글을 쓰며, 올바른 생각을 하는 자기도취적 패거리의 분위기를 풍기게 되었고,[19] 작가들과 예술가들이말로 정말로 중요한 사람들, 세계의 진정한 입법가라는 생각을 슬그머니 확산시켰다.

세속의 사상가들은 자신들을 비판가로, 그리고 무엇보다도 교사로 내세웠다. 그들은 피콕의 사이드롭Scythrop ─퍼시 비시 셸리로도 알려진─처럼 '세계를 개혁하기' 위한 열정에 사로잡힌,[20] 인류의 교육가가 될 터였다. 그것은 신들한테서 불을 훔쳐 지상으로 가져오거나, 적어도 프로메테우스적 열망으로 관습에 맞서는 것을 의미하는 임무였다.

점차 등장하고 있던 이 인텔리겐치아 계급은 자신들이 사고의 첨단에 있다고 자부했다. 그들은 전통과 편견, 기득권과 억압의 족쇄를 잘라내고, 자유의 제일 원칙들을 수호할 터였다. 인신보호법, 표현의 자유, 출판의 자유, 자유무역, 보통교육을. 개선refinement 또는 더 나중의 수정된 표현으로 말하자면, 개량self-improvement이 대두되었다. 그의 스승이 스펙테이터 씨든 톰 텔레스코프든 간에 스승으로부터 약간의 도움을 받아 모두가 스스로를 만들어낼 것이었다.

베이컨의 『새로운 아틀란티스』부터 로버트 오언의 『새로운 사회관』에 이르기까지, 주요한 유행어는 새로움이었다. 새로운 용어들이 만들어지고 있었고, 옛 용어들은 새로운 의미를 획득하고 있었다. 지식인intellectual, 자서전autobiography, 합리주의rationalism, 인도주의적humanitarian, 공리적utilitarian, 여론public opinion, 낭만주의romanticism, 이데올로기ideology, 원시적primitive, 10년간decade(1790년부터 1799년까지를 가리키는 1790년대처럼, 흔히 마지막 숫자가 0으로 시작하는 연도부터 10년간을 의미한다─옮긴이), 근대화하다modernize, 현시대의contemporary, 구식의antiquated, 저널리스트journalist, 그 밖에 근대성의 많은 키워드들이 바로 그것이다. 당연히 신조어neologism 자체가 신조어였고, 정치적 명사로서 '급진주의자radical'라는 단어도 1790년대에 생겨난 말이었다.[21] 사상 전쟁은 무수한 '-이즘ism'과 '-올로기ology'를 낳았으니, 계몽주의의 저 최후의 재사ォ± 토머스 러브 피콕의 풍자문학에서 눈부시게 패러디된 현상이었다. 『멜린코트』(1817)에서 그의 텔레그래프 팩서렛 경은 "인간들이

매우 쉽게 -ites, -onians, -avians, -arians(~주의자, ~지지자, ~신봉자, ~인의 뜻을 지닌 접미사 —옮긴이)로 바뀔 수 있다는 것이 발견되었다. (…) 삼위일체론자Trinitarians, 유니테리언Unitarians, 아무것주의자Anythingarians."22 〈영국 비평 British Critic〉이 '문필 전쟁 상태'라고 이름 붙인 것으로 이어질까봐 우려하며, 누군가는 무정부 상태라고 일컬은 펜과 종이의 전쟁에는 새로운 다원성이 존재했다. 이 전쟁 상태에서 기존 질서의 옹호자들은 '펜을 휘두르고 잉크를 흘릴' 의무가 있었다.23

계몽된 지성들은 자신들이 단지 새롭기만 한 게 아니라 다르다고 자부했다. 버크는 '반대의 의견 차이dissidence of dissent'24에 조소했고, 그의 발자취를 따른 J. C. D. 클라크는 '구질서를 무너뜨리는 데 어느 것보다 많은 일을 한' 것은 '국교 반대의 등장'이라고 결론 내렸을 때 문제를 제대로 짚고 있었다.25 그러나 클라크는 '반대'를 교회적 관점으로 너무 협소하게 규정한다—그보다는 비판하고, 질문하고, 전복하려는 충동의 보편적 표현으로서 규정하는 편이 훨씬 더 낫다. 메리 셸리Mary Shelley —저 계몽주의의 (문자 그대로) 자식—가 결국에는 그 모든 것에 이별을 고했을 때 그녀의 반동과 직면하는 것은 얼마나 많은 것을 보여주는가?26 어머니 메리 울스턴크래프트의 죽음에서부터 시작되어 그녀의 인생 초기에 점철된 개인적 비극들은 급진적 과유불급의 비참한 어리석음을 뼈저리게 느끼게 해준다. 셸리와의 결혼은 그녀에게 어린 아들 하나만을 남겼다. 어린 퍼시도 그의 아버지처럼 스스로 생각하는 사람으로 키워야 한다는 말을 들었을 때, 그녀는 기겁하여 진저리를 쳤다. '제발, 그 애가 다른 사람들과 똑같이 생각하도록 가르쳐요.' 그리고 이 일이 순탄하게 이루어지도록 그녀는 아들을 해로Harrow 스쿨(상류층 자제들이 다니는 영국의 사립 중등학교—옮긴이)에 보냈다. 그는 특별한 족적을 남기지 않고 하원의원이 되었고, 어머니를 안심시키듯 별

볼 일 없는 순응주의자로 남았다.[27]

다른 어느 곳에도 알려지지 않은 일단의 사상들을 낳는 데 영국이 특별했다거나, 아니면 심지어 마땅히 최초였다는 것은 이 책이 주장하는 바가 아니다.[28] 그러나 우리는 어느 쪽도 쉽사리 일축해서는 안 된다. 앞서 봤듯이, 페리 앤더슨은 영국이 '끓어오르는 사상의 발효'를 가져오지 않았다고 결론 내렸고, 로버트 파머는 영국 계몽주의라는 표현이 '귀에 거슬리고 어울리지 않는다'고 평가했다. 그러나 그러한 회의론자들에 맞서, 나는 영국에서 정신 상태의 변화를 가져오는 데, 그리고 어느 정도는 해외의 발전상에 영향력을 발휘하는 데 있어서 로크와 뉴턴, 애디슨과 스틸, 흄과 스미스, 하틀리와 벤담, 프라이스와 프리스틀리, 그리고 여타 많은 이들의 중요성을 주장했다. 새로움을 두고 다투는 어떤 경쟁에서든 영국의 작가들은 확실히 대륙의 동료들과 견줄 만하다. 만약 계몽주의에 '아버지'가 있다면 로크의 친부 주장이 다른 누구의 주장보다 더 설득력이 있으며, 벤담은 전 세계적인 호소력을 발휘할 운명인 공리주의의 가장 혁신적인 주창자였다. 앤서니 콜린스보다 더 자유로운 자유사상가도 없었고, 조지프 프리스틀리보다 더 고집 센 자유주의적인 개인주의자도 없었으며, 한편으로 아나키즘의 창시자인 윌리엄 고드윈은 제일 원칙들로부터 정치적·도덕적 삶을 철저하게 합리적으로 재고하는 놀라운 임무를 자처했다. 물론 해즐릿이 '비국교도 목사 위에 접목된 형이상학자'라고 불렀던 그 산문적인 지식인한테는 디드로의 매력과 장난기 어린 재치가 완전히 결여되어 있었다. 그러나 자율적인 새로운 인간에 대한 그의 모델은 여전히 숨이 멎을 만큼 독창적이며 도전적이다.

'어느 한 나라의 계몽주의'의 역사를 쓰는 것은 나의 계획이 아니었지만, 두 가지 핵심적 측면에서 영국은 실제로 '자기 방식'대로 했고, '영국 계몽주의의 영국성'에 대한 강조는 어느 정도 타당성이 있다.[29] 계몽주의는 브리튼제도에 일찍 찾아왔고, 그래서 그 주창자들은 그것을 창조해야 했을 뿐 아니라 일단 계몽을 이룩하고 난 다음에는 그것을 옹호해야 하는 임무를 수행했다—그들의 일은 비판하고 해체하는 것만이 아니라 설명하고 정당성을 입증하고 확장하는 일이 되었다. 영국에서 계몽주의는 그러므로 하나의 끝이자 시작이기도 했다.[30] 그러나 '임무 완수'라는 심리는 계속되는 비판과 전복, 진보적인 것의 문제화를 분명히 배제하지 않았다. 특히 후기 계몽주의는 서구 민주주의 국가들의 자족적 안일함에 대항한 1960년대의 청년 반란과 그리 다르지 않게, 명확하게 자신을 표현하는 새로운 서클 가운데서 개인적 자기 발견을 부단히 추구했고, 수사와 현실 사이의 간극에 맞섰다.

영국 계몽주의가 대륙의 전형적인 계몽주의와 뚜렷하게 구별되는 또 다른 점은 구석구석까지 스며든 개인주의였다. 로크는 통치자에 맞서 개인적 권리들을 역설했다. 흄은 시민적 덕성보다 사적인 삶을 더 소중히 여겼다. 스미스는 자유로운 시장에서의 개인 행위자를 옹호했다—보이지 않는 손은 사적인 선에서 공공선을 가져올 것이다. 벤담은 모두가 평등하며 각자는 자신의 이해관계를 가장 잘 판단한다고 주장한 한편, 고드윈은 체계적인 아나키즘을 정식화했다. 영국식 사고의 보증 마크는 진보를 개인적인 개량의 문제나 (병원과 학교, 자선단체의 경우처럼) 자발적 단체의 작업으로 묘사하는 데 있었다. 칸트적 정언 명령들은 영국에 와서는 쾌락 계산에서 대응물을 찾았다. 대단히 계몽된 사고는 규율과 감시, 통제에 대한 푸코의 강조와 상충되면서 의견 불일치와 해체로 향했고, '그 괴물'을 해체하는 것—혹은 자기 자신의 일을 하는 것이었다.[31]

계몽의 시도들은 일찍이 꽃을 피웠다. 자유와 자기 이익 추구, 세련된 교양으로 이루어진 로크-애디슨 삼위일체는 교양 있는 사회에서 확실하게 자리잡았으니, 오로지 스위프트, 웨슬리, 블레이크처럼 스스로를 주변화하는 자들에 의해서만 가치 절하되고, 그 허위가 드러났다.[32] 그러나 더 길고 오랜 작업에 걸쳐서, 자유롭고 개방적이지만 안정적인 사회의 추구—역동적 개인주의와 사회적 질서정연함을 결합한—는 18세기 후반의 사회적·이데올로기적 균열에 의해 실패하게 되었다. 은유를 바꿔보자면, 파멸을 예견하던 자들이 경고했던 그대로, 소유적 개인주의가 결국에는 자승자박하고 있었던 것이다.[33]

사회-정치적 고통과 긴장이 점차 심화되면서 자유주의적 이데올로기들은 산산조각 나기 시작했다. 누군가에게는, 앞서 보았듯이, 자유지상주의적 수사修辭가 자코뱅 급진주의로 이어졌다—톰 페인의 책 제목들을 보라. 상식, 이성의 시대, 인간의 권리. 한편으로 부르주아 자유주의는 휘그적인 〈에든버러 리뷰〉(1802년 창간)에 의해 옹호된 대로 계몽의 이데올로기에 다른 면모를 부여했다. 거기서 개인주의는 정치경제학의 철칙들에 복종하기 위해 존재했다. 사회적 조화는 시간과 작업 규율, 행형학과 과학적 구빈법을 요구했다. 한편, 인도적 충동들은 원형적인 빅토리아식 감상주의로 흘러 들어갔다.[34] 그사이 기존 질서의 변증론자들은 계몽주의적 전제들로부터 자신들만의 결론을 이끌어내기 시작했다. 특히 맬서스는 입법 행위가 결국에는 고통과 기아를 완화할 수 없음을 입증하기 위해 과학을 동원하면서 욕망을 새롭게 윤색했다.[35] 더 극적이게도, 프랑스 혁명의 파란은 많은 이들로 하여금 편을 바꾸게 했다.

그러나 길게 봤을 때, 계몽의 이데올로기들은 폐기되지 않았다. 그것들은 뼛속까지 깊게 파고들어 있었다. 자본주의에 대한 세속적 정당화를 제공함으로써, 이 이데올로기들은 계속해서 빅토리아 시대 자조自助의 자유주의와 자유 시장 이데올로기에 특색을 부여했다—스미스로부터 스마일스까지 이어지는 길이었다.36 이 이데올로기들은 합리적 자조를 치켜세움으로써 계급 전쟁에 대한 마르크스주의의 신조들이나 공산사회주의에 맞서 토박이 급진주의자들을 면역시키는 사회 개량적이고 도덕적으로 교화된 미래를 약속했다. 골상학, 세속주의, 페이비언주의Fabianism는 모두 나름대로 계몽주의의 유산이었다. 빅토리아 시대 초기에 존 스튜어트 밀은 모든 영국인은 암묵적으로 '벤담주의자이거나 콜리지주의자'라고 선언할 수 있었다. 전자는 명백히 계몽주의의 자식이었다.37 유명한 알레비Halévy 테제(19세기 영국 사회가 유럽 대륙의 다른 나라들에 비해 비교적 안정적이었던 것은 노동 계급에게 근검과 절제, 개인적 성취 등을 강조한 감리교의 영향 덕분이라는 프랑스 역사가 엘리 알레비의 주장—옮긴이)는 수정이 필요할지도 모른다. 어쩌면 감리교가 아니라 그보다는 계몽주의가 영국인에게 프랑스인에 맞서, 정말이지, 아닌 게 아니라 추후의 모든 혁명들에 맞서 예방주사를 놓았던 것이리라.38

이러한 전개들 전부가 명명백백했던 것은 아니며 또 매우 심대한 긴장을 동반하지 않았던 것도 아니다. 계몽된 행동주의는 언제나 충돌하는 이해관계를 수반했고, 그 탄력적인 이데올로기적 자원들은 급진적인 목표를 위해서 배치될 수도 있었으며, 재산을 소유하고 금권정치적이며 교양 있는 사회 계층들에 의해서 그들이 실추시키거나 전향시키거나 주변화하고자 하는 자들에 맞서 동원될 수도 있었다. 나의 이야기는 '진전'의 이야기가 아니라, 그보다는 모순과 투쟁, 아이러니로 얼룩져 있으며, 무수한 피해자와 희생자를 남긴 문화투쟁의 이야기였다.

계몽주의의 거창한 아이디어가 정말로 뿌리를 내렸음을 보여주는 것은 이 지속적인 이데올로기 전쟁이다. '만약 자유로운 탐구가 기독교 자체의 파괴로 이어진다면, 그런 이유에 의거해 탐구를 그만두어서는 안 된다'고 프리스틀리가 고찰한 적이 있음을 기억할 것이다. "우리로서는 기독교가 진리라는 전제 위에서만 기독교의 승리를 바랄 수 있기 때문이다. 만약 기독교가 자유로운 탐구의 영향력 앞에서 무너진다면, 이는 기독교가 진리가 아니라는 결론일 수밖에 없다."[39] 여기서 '기독교'를 '계몽주의'로 치환하면 프리스틀리의 진술은 자유로운 탐구에 대한 근대의 헌신, 계몽주의가 심은 자유의 나무, '당신의 근거, 근거'를 밝히라는 저 무례한 요구, 금지된 지식을 부정하고 거부하는 태도에 대한 합당한 해석이 된다.[40] 이제 한 가지를 더 치환하면서 이 책을 마무리하자. 희망과 인간성, 겸손을 결합하면서 윌리엄 해즐릿은 후기 계몽주의자 가운데 가장 호전적이었던 인물인 토머스 홀크로프트에게 아낌없는 찬사를 보낸다.

> 그는 진실을 들을 수만 있다면 진실이 거짓보다 자연히 우세하다고 믿었다. 일단 발견되기만 하면, 가만히 놔둬도 그것은 틀림없이 금방 퍼져나가 승리할 것이다. 그리고 인쇄술은 이러한 결과를 가속화할 뿐 아니라, 여태까지 인류의 도덕적 · 지적 진보를 매우 느리고, 들쭉날쭉하고, 불확실하게 만들었던 그러한 사고들을 방지할 것이다.[41]

이를 영국 계몽주의 전반으로 치환해보면, 그 이상들에 대한 이보다 더 정확한 요약도 없을 것이다.

감사의 말

계몽주의에 대한 나의 관심은 유명한 68학번의 일원으로서 케임브리지 크라이스츠 칼리지에서 잭 플럼, 퀜틴 스키너에게 배웠던 시절에서 시작된다. 잭은 내게 18세기가 흔히 제시되는 것처럼 양식화된 고도의 정치풍속극의 시대와는 거리가 멀고 그보다는 격동의 시대, 아닌 게 아니라 대 분수령이라는 것을 보여주었다. 퀜틴은 퀜틴대로 지성사의 도전들에 대한 나의 흥미를 돋우었다. 이 멋진 교사들이 나의 사고를 얼마나 열어주었는지를 알면 이 책의 주인공들의 마음도 훈훈해질 것이다.

1974년 광부 파업 동안 전력 차단으로 인해 촛불 아래서 타자를 쳐서 준비한 나의 첫 케임브리지 역사학 강의 주제는 영국 계몽주의였다—당시에는 (그리고 지금도 마찬가지라고 의심되는데) 의외라는 반응을 이끌어내는 주제였다. 그로부터 반세기 동안 이 주제에 대한 나의 열정은 결코 식은 적이 없으며, 나는 언제나 나의 견해를 종이에 옮겨야겠다고 생각해왔다.

지난 세월 동안 많은 학자들이 나의 시각에 이의를 제기해왔고 또 나의 사고를 명확히 가다듬는 데 도움이 되었다. 나는 특히 미쿨라시 테이치Mikuláš Teich에게 감사하고 싶은데, 1970년대 후반에 우리가 '국가적 맥락에서의 계몽주의'에 대한 세미나 시리즈를 기획해야 한다는 그의 제안은 내 생각이 애처로울 정도로 편협하지는 않다는 위안을 안겨주었다. 실배너 토마셀리Sylvana Tomaselli에게도 특별히 감사를 표하고 싶다. 그녀는 줄곧 이 주제와 관련하여 내가 쓴 모든 글의 헌신적 독자였으며 또 계몽된 급진주의자들에게 그토록 소중한 솔직함을 타고난 비판가이다.

나는 이 주제를 명시적으로나 간접적으로 다뤄온 다른 학자들의 글에도 크게 빚지고 있다. 그중에서도 존 포콕, 마거릿 제이컵, J. C. D. 클라크, 그리고 스코틀랜드에 관해서는 니컬러스 필립슨을 따로 언급할 필요가 있다. 상반되는 방식으로 또 상이한 의견들을 통해 이들은 저마다 씨름해야 할 문제가 있다는 점을 역설해왔다.

이 책을 집필하는 열두 달 동안, 해너 오거스타인Hannah Augstein, 빌 바이넘Bill Bynum, 루크 데이비슨Luke Davidson, 브라이언 돌런Brian Dolan, 알렉스 골드블룸Alex Goldbloom, 피오나 맥도널드Fiona MacDonald, 마이클 니브Michael Neve, 클레어 스파크Clare Spark, 크리스틴 스티븐슨Christine Stevenson, 제인 월시Jane Walsh, 앤드루 웨어Andrew Wear가 초고와 개별 장들을 읽어주었다. 귀중한 지적과 비판, 자극, 친절한 지원을 아끼지 않은 그들에게 깊은 감사를 표한다.

나는 근래에 웰컴 트러스트에 의해 해체된 런던의 웰컴 의학사 연구소에서 행복한 여러 해를 보냈다. 그곳의 여러 직원들, 특히 내게 커다란 지원을 제공한 나의 비서 프리다 하우저Frieda Howser, 연구 조수 캐럴라인 오버리Caroline Overy, 그리고 복사기 옆에서 나를 도와준 앤디 폴리Andy Foley와 스튜어트 프리커Stuart Fricker에게 감사의 인사를 건넬 수 있게 되어 기쁘다. 샐리 스코블Sally Scovell과 샤론 메신저Sharon Messenger도 모범적으로 연구를 지원해주었고, 도저히 끝이 보이지 않는 초고들을 다시 타자하는 작업은 지칠 줄 모르는 실라 롤러Sheila Lawler, 잰 핀커튼Jan Pinkerton, 트레이시 위컴Tracey Wickham이 질 도일Jill Doyle과 조애너 카푸리스Joanna Kafouris의 도움을 받아 수행했다. 제드 롤러Jed Lawler는 어느 컴맹을 도와주었다. 펭귄 출판사에서는 각각 교정과 도판 조사, 색인 작업을 전문적으로 수행해준 샐리 할로웨이Sally Holloway, 시실리아 매케이Cecilia Mackay, 재닛 더들리Janet Dudley에게 감사한다. 1998~9학년도에 연구를 위한 휴식년과 함께 특별 연구 기금을 제공한 영국학술원에 깊이 감사드린다. 덕분에 오랫동안 미뤄왔던 이 책을 마무리할 수 있었다.

나의 출판인 사이먼 윈더Simon Winder에게 감사한다. 그는 연신 유용한 지적들이라는 실용적인 형태로 이 책에 대한 믿음을 보여주었다. 마지막으로 나의 에이전트인 질 콜리지Gill Coleridge에게 감사의 말을 전하고 싶다. 지난 10년에 걸쳐 그녀는 뒤죽박죽인 나의 문필 생활에 체계성을 부여하여 그야말로 큰 변화를 가져왔다. 여기에 무슨 말을 더 보태랴!

주

서론

1. J. G. A. Pocock, 'Clergy and Commerce'(1985), p. 528.
2. J. G. A. Pocock, 'Post-Puritan England and the Problem of the Enlightenment'(1980), p. 91.
3. The Revd Richard Price. *A Discourse on the Love of our Country*(1789), pp. 11-12.
4. 예를 들어, Robert Darnton은 로크와 톨런드를 '전前계몽주의'에 넣는다. 'George Washington's False Teeth'(27 March 1997). 나는 계몽주의 본령으로부터 그것의 가장 영향력 있는 경험주의, 관용, 자유의 철학자와, 가장 도전적인 이신론자를 분리해야 할 이유를 모르겠다. 마찬가지로 나는 '선취'에 관한 논의들도 의심스럽다. 예를 들어 A. C. Kors and Paul J. Korshin (eds.), *Anticipations of the Enlightenment in England, France and Germany*(1987).
5. "18세기 사람들은 성별 구분 단어 사용에 일반적으로 꽤 정확했고, 'man' 같은 표현을 인간 남성이 아닌 다른 뜻으로 사용하는 경우는 거의 없었다"고 적절히 지적되어왔다. Margaret R. Hunt, *The Middling Sort*(1996), p. xiii. 그럼에도 불구하고 당대의 관찰은 고려해볼 만하다.

   'Man'이라는 단어는 인간이나 남성, 성인成人, 시신, 조각상, 그림, 체스판 위의 말을 가리킬 때 쓰지만, 어느 경우에 그 단어가 쓰이는지에 따라서 의미가 지시되므로 우리는 그 의미를 오해하지 않는다.

   Abraham Tucker, *The Light of Nature Pursued*(1997[1768]), vol. i, p. 241.
6. 혼란이 쉽게 생겨난다. 오타를 좋아하는 사람들은 다음 문장을 재미있어할 것이다. '우리가 스코틀랜드 계몽주의Scottish Englishtenment를 언급할 때[원문 그대로임](…)'.

Pocock, 'Post-Puritan England and the Problem of the Enlightenment', p. 92.

7. Norman Davies, *The Isles*(1999); Alexander Grant and Keith Stringer (eds.), *Uniting the Kingdom? The Making of British History*(1995).

8. 정치 이론에 관해서는 J. G. A. Pocock, *The Machiavellian Moment*(1975)(한국 어판은 J. G. A. 포콕, 『마키아벨리언 모멘트』 1·2, 나남, 2011), and *Virtue, Commerce and History*(1985); 문화에 관해서는 John Brewer, *The Pleasures of the Imagination*(1997); 애국주의에 관해서는 Linda Colley, *Britons*(1992) 를 보라.

9. 로크와 로크적 전통에 대한 John Yolton의 설명은 모범적이다. *John Locke and the Way of Ideas*(1956), *Locke: An Introduction*(1985), and *Lock and French Materialism*(1991).

10. '영어권 계몽주의'의 한층 더 나아간 측면, 즉 미국의 경험은 여기서 완전히 누락되 었다. 다른 학자들이 나를 위해 미국 연구를 이미 해주었는데, 특히 Henry F. May, *The Enlightenment in America*(1976), and Ernest Cassara, *The Enlightenment in America*(1988)를 보라.

11. 영국 예외주의로는 E. P. Thompson, 'The Peculiarities of the English', in *The Poverty of Theory and Other Essays*(1978)(에드워드 파머 톰슨, 『이론의 빈곤』, 책 세상, 2013), pp. 35-91.

12. 그런 종류의 연구로서 귀중한 사례로는 Fania Oz-Salzberger, *Translating the Enlightenment*(1995); Vincenzo Ferrone, *The Intellectual Roots of the Italian Enlightenment*(1995); Franco Venturi, 'Scottish Echoes in Eighteenth-Century Italy'(1985), pp. 345-62.

13. Henry Steele Commager, *The Empire of Reason*(1978).

14. J. L. Talmon, *The Rise of Totalitarian Democracy*(1952).

15. 계몽주의에서 아우슈비츠로 이어지는 프랑크푸르트학파의 길에 관해서는 M. Horkheimer and T. Adorno, *The Dialectic of Enlightenment*(1990)(Th. W. 아도 르노, M. 호르크하이머, 『계몽의 변증법』, 문학과지성사, 2001), p. 6을 보라. 이것은 얼마나 뛰어난 논변이든 간에 역사적으로는 완전히 헛소리다. 그렇지만 나치의 용법 에서 Aufklärung(계몽)이 '프로파간다'를 의미했음은 기억해야 한다.

16. Michel Foucault, 'What is Enlightenment?'(1984). 이에 관한 논의로는 David R. Hiley, 'Foucault and the Question of Enlightenment'(1985-6); Christopher Norris, '"What is Enlightenment?"'(1994); Jürgen Habermas, 'Taking Aim at the Heart of the Present'(1986)를 보라.

17. 역사적인 지식이 부족한 포스트모더니스트들이 멋대로 상상하는 이 '정신이 주조

한 족쇄'의 세계에 관해서는 Terry Castle, *The Female Thermometer*(1994), p. 13을 보라. 장 보드리야르의 포스트모더니즘적인 미친 독해에 관해서는 Jonathan Dollimore, *Death, Desire and Loss in Western Culture*(1998), p. 123도 보라.

주된 요지는 계몽 합리성이 자유와 민주적 권력 부여의 도구가 아니라 반대로 억압과 폭력의 도구라는 것이다. 공통의 인간성에 대한 계몽주의의 세속적 강조와 마찬가지로, 보드리야르에게 이것은 그가 '인류의 암'이라고 부르는 것을 초래했다. 보편적 인간성이라는 발상은 해방의 포괄적 범주이기는커녕 차이의 악마화와 정상적인 것의 억압적 특권화를 가능케 했다.

18. 앞 문장은 다음과 같다. '암흑으로의 가속적 추락과 우리 사이에 서 있는 몇 안 되는 것 가운데 하나는 18세기 계몽주의로부터 물려받은 일단의 가치들이다. 이것은 유행하는 시각이 아니다.' Eric Hobsbawm, *On History*(1997)(에릭 홉스봄, 『역사론』, 민음사, 2002), p. 254. 유사한 시각으로는 Robert Wokler, 'The Enlightenment Project and its Critics'(1997)를 보라. 계몽주의에 대한 구조주의와 포스트모더니즘의 처참한 독해는 'George Washington's False Teeth'에서 로버트 단턴에 의해서도 저격된 바 있다. 미국 포스트모더니즘에서의 계몽주의의 정치학은 Karlis Racevskis, *Postmodernism and the Search for Enlightenment*(1993)에서 속속들이 논의된다.

19. Mark Goldie, 'Priestcraft and the Birth of Whiggism'(1993), p. 210. E. P. 톰슨도 유사한 노선을 따라서 평가한다.

프랑스에서는 정통파와 계몽주의의 군대가 서로 대치했다. [그러나](⋯) 영국에서 계몽주의는 거대한 조수가 들이닥쳐 둑이 무너지는 식으로 진행되기보다는, 그 경사 지형이 이미 밀려오는 조수를 받아들일 준비가 된 하구의 침식 해안과 갯벌, 후미로 스며드는 식으로 진행되었다.

'The Peculiarities of the English' in *The Poverty of Theory and Other Essays*(1978), p. 58.

20. Joseph Priestley and Richard Price, *A Free Discussion of the Doctrines of Materialism and philosophical Necessity*(1994[1780]).

21. 슬로건은 Robert Darnton, 'In Search of the Enlightenment'(1971)였다. 최근의 평가로는 Haydn T. Mason (ed.), *The Darnton Debate*(1998); Peter Burke (ed.), *New Perspectives on Historical Writing*(1991), 특히 Jim Sharpe, 'History

from Below', pp. 24-41; John Bender, 'A New History of the Enlightenment?' (1992); 명암에 관해서는 P. Hulme and L. Jordanova (eds.), *Enlightenment and its Shadows*(1990).

22. '계몽된' 신념은 계몽된 활동가들한테만 국한되지 않았다. 이런저런 '계몽된' 확신에 대한 지지가 한 개인을 자동적으로 그 '대변인'으로 탈바꿈시키지는 않는다. 계몽인들이 비난이나 비판을 독식한 것도 아니다. 예를 들어 조너선 스위프트는 애매모호한 형이상학과 로마 가톨릭 신앙, 오컬트주의를 로크나 흄처럼 심하게 조롱했지만, 염세적인 기독교에 근거하여 진보주의자들을 주제넘은 자들로 마찬가지로 비난했다. 영국에서 계몽주의에 대해 제한을 설정하는 것은 그 문화의 다원적이고 개방적인 성격을 곡해하는 일이 될 것이다.

23. Yolton, *Locke: An Introduction*, p. 1에서 인용.

24. Mark Goldie (ed.), *Locke: Political Essays*(1997), p. xiii를 보라.

25. Janet Semple, *Bentham's Prison*(1993), p. 100.

26. R. A. Knox, *Enthusiasm*(1950), p. 388.

27. William Hazlitt, *The New School of Reform*(1901-6[1862]), p. 188.

28. 목적, 수단, 차악과 관련한 계몽된 결의론에 관한 현명한 언급은 Jean Starobinski, *The Remedy in the Disease*(1992)를 보라.

29. W. J. Bate, J. M. Bullitt, and L. F. Powell (eds.), *Samuel Johnson: The Idler and Adventurer*(1963), p. 457.

30. George Birkbeck Hill, *Boswell's Life of Johnson*(1934-50), vol. ii, p. 170. Alvin Kernan, *Printing Technology, Letters and Samuel Johnson*(1987), p. 19도 보라.

31. David Hume, *Essays Moral, Political and Literary*(1898[1741-2]), vol. i, essay vii, p. 54.

32. 앞으로 분명해지겠지만, 나는 18세기 영국을 George Saintsbury의 *The Peace of the Augustans*(1916)에서 칭송된 '휴식과 다과茶果의 장소'보다는 변화의 도가니로 보는 학파의 시각에 찬성한다. 나의 논점은 'English Society in the Eighteenth Century Revisited'(1990)와 'The New Eighteenth Century Social History' (1997)에서 개진했다.

1장 맹점?

1. Perry Anderson, 'Origins of the Present Crisis'(1965), p. 17.

2. Immanuel Kant, *Beantwortung der Frage*(1912-22[1784]), vol. iv, p. 169. 영역
은 Isaac Kramnick (ed.), *The Portable Enlightenment Reader*(1995), pp. 1-7을
보라. 또다른 저명한 기고가는 모제스 멘델스존Moses Mendelssohn이었다. James
Schmidt, 'The Question of Enlightenment'(1989). 그러한 협회들에 관해서는
Richard van Dülmen, *The Society of the Enlightenment*(1992), pp. 52f.

3. 칸트는 '우리 시대는 특히나 비판의 시대이며, 모든 것이 비판의 대상이 되어야 한
다'고 주장했다. Norman Kemp Smith (ed.), *Immanuel Kant's Critique of Pure
Reason*(1963), p. 9; R. Koselleck, *Critique and Crisis*(1988), p. 121.

4. Dorinda Outram, *The Enlightenment*(1995), pp. 2f를 보라.

5. 칸트는 독서를 통해 시야를 넓혔고, 흄의 『인간 이해력에 관한 탐구An Enquiry con-
cerning Human Understanding』(1748)를 읽음으로써 유명한 '도그마적인 선잠'에서 깨어
났다.

6. Jeremy Black (ed.), *Eighteenth Century Europe 1700-1789*(1990), p. 402; C. B.
A. Behrens, *Society, Government and the Enlightenment*(1985).

7. 예를 들어 이 책 2장을 보라. 모리츠 목사와 요한 빌헬름 폰 아르헨홀츠 같은 프로
이센 사람들은 잉글랜드에서 너무 많은 자유를 발견하고는 겁을 먹었다. 칸트도 서
쪽으로 갔다면 동일한 반응을 보였을지도 모른다. 나의 지적은 물론 칸트의 철학적
천재성을 의심하는 것이 아니며, 여기에 대해서는 Ernst Cassirer, *Kant's Life and
Thought*(1982); J. B. Schneedwind, *The Invention of Autonomy*(1998)를 보라.

8. 검열에 관해서는 Eckhart Hellmuth, 'Enlightenment and the Freedom of the
Press'(1998); Black (ed.), *Eighteenth Century Europe 1700-1789*, p. 404를 보라.
필립스에 관해서는 George S. Marr, *The Periodical Essayists of the Eighteenth
Century*(1971), p. 57를 보라.

9. 3대 섀프츠베리 백작 앤서니 애슐리 쿠퍼가 장 르 클레르에게(1706), B. Rand, *The
Life, Unpublished Letters and Philosophical Regimen of Anthony, Earl of
Shaftesbury*(1900), p. 353에서 인용. 섀프츠베리는 현대 영국인들이 다행스럽게도
비판의 문화 속에서 살고 있다고 고찰하면서 '열광에 관한 서한'을 시작했다. 1688년
이 모든 것을 달라지게 했다. '나는 혁명 이후 근래의 잉글랜드가 (…) 옛 잉글랜드
보다 훨씬 더 낫다고 생각했다.' Anthony ashley Cooper, 3rd Earl of
Shaftesbury, *Characteristicks of Men, Manners, Opinions, Times*(1999[1711]),
vol. i, p. 10.

10. '이성의 시대'에 대한 어떤 순진한 믿음도 Carl Becker의 심술궂은 *The Heavenly
City of Eighteenth Century Philosophers*(1932)에 의해 산산이 깨졌다. 근대성 개
념에 관해서는 Marshall Berman, *All That is Solid Melts into Air*(1983)와 Miles

Ogborn, *Spaces of Modernity*(1998)를 보라. Ogborn(p. 10)은 근대성은 '계몽주의를 배경으로 하여 전통의 속박으로부터 개인의 해방, 사회의 점진적 분화, 시민사회의 부상, 정치적 평등, 혁신 및 변화와 결부'되어왔다고 쓴다. 그리고 '이 모든 성취는 자본주의, 산업화, 세속화, 도시화, 합리화와 결부된다.'

11. Peter Gay, *The Enlightenment, An Interpretation*, vol. i: *The Rise of Modern Paganism*(1967)(피터 게이, 『계몽주의의 기원』, 민음사, 1998), vol. ii: *The Science of Freedom*(1970).

12. 영향력 있는 수정주의는 Robert Darnton, 'In Search of the Enlightenment'(1971)와 'The Hight Enlightenment and the Low-Life of Literature in Pre-Revolutionary France'(1982)이다. Haydn T. Mason (ed.), *The Darnton Debate*(1998)도 보라. Outram, *The Enlightenment*는 계몽주의 역사 서술에 대한 간결한 개관을 제공한다.

13. Ernst Cassirer, *The Philosophy of the Enlightenment*(1951), p. 174. 벤담은 '위대한 철학자가 아니었다'는 존 스튜어트 밀의 평가와 비교해보라. F. R. Leavis (ed.), *Mill on Bentham and Coleridge*(1962), p. 48.

14. L. M. Marsak (ed.), *The Enlightenment*(1972); L. G. Crocker (ed.), *The Age of Enlightenment*(1969). 개설서인 Robert Anchor, *The Enlightenment Tradition*(1967)은 딱 한 명의 영국인만 그나마 좀 다루는데 데이비드 흄이다(pp. 61-4). Dorinda Outram이 간략하게 생애를 조명하는 계몽주의의 주역 열아홉 명 가운데 영국인은 단둘, 로크와 뉴턴뿐이며, 흄과 벤담, 스미스가 누락된 것은 도저히 이해가 안 된다. *The Enlightenment*, pp. 128-32를 보라.

15. James Schmidt (ed.), *What is Enlightenment?*(1996). 여기에는 이유가 있다. 책은 칸트에게 초점을 맞춘다. 명예로운 예외는 Isaac Kramnick (ed.), *The Portable Enlightenment Reader*(1995)이다.

16. J. V. Price, 'Religion and Ideas'(1978); Christopher Hill, *Reformation to Industrial Revolution*(1969), p. 281; A. R. Humphreys, *The Augustan World*(1954); Pat Rogers, *The Augustan Vision*(1974); Kenneth Clark는 R. W. Harris, *Reason and Nature in the Eighteenth Century*(1968), p. 234에서 인용. 유사한 판단으로는 Douglas Bush, *Science and English Poetry, a Historical Sketch 1590-1950*(1967), ch. 3을 보라.

17. Henry Steele Commager, *The Empire of Reason*(1977), p. 4; Robert R. Palmer, 'Turgot: Paragon of the Continental Enlightenment'(1976), p. 608. 그보다 몇 년 전에 Alfred Cobban은 계몽이라는 표현이 영어에 '들어와서 거의 정착하지 않았다'고 여겼다. *In Search of Humanity*(1960), p. 7.

18. W. O. Chadwick, *The Secularization of the European Mind in the Nineteenth Century*(1975); *Oxford English Dictionary,* 2nd ed.(1989-), 'Enlightenment' 항목도 보라. '일루미나티illuminati' 등등에 관해서는 Richard van Dülmen, *The Society of the Enlightenment*(1992), p. 105를 보라.

19. *The Shorter Oxford English Dictionary on Historical Principles*(1973)는 Arthur Wilson, 'The Enlightenment Came First to England'(1983), p. 3에서 인용. 윌슨은 잉글랜드에서의 계몽주의를 인정하지만 이상하게도 잉글랜드 계몽주의의 기여는 1700년경이 되자 끝났다고 주장한다(p. 4).
무교양주의로 말하자면, 일찍이 1813년에 바이런은 '이 지식인들에게 귀를 기울여도 될 만큼 건강이 괜찮으면 좋겠네'라고 한숨을 쉬며 말한 바 있다. Raymond Williams, *Keywords*(1988)(레이먼드 윌리엄스, 『키워드』, 민음사, 2010), p. 141에서 인용. 윌리엄스의 더 폭넓은 논의는 대체로 부정적인 'intellectual' 항목 도입부를 보라. W. E. Houghton, *The Victorian Frame of Mind 1830-1870*(1975)과 유난 떠는 영국 반지성주의의 대표 사례로서 Paul Johnson, *Intellectuals*(1988)(폴 존슨, 『지식인의 두 얼굴』, 을유문화사, 2005)도 보라.

20. John Redwood, *Reason, Ridicule and Religion*(1976). 거기서 영국 자유사상가들에 대한 가장 악랄한 비판은 그들이 '교회를 위험에 빠트렸고 풍속의 퇴락으로 보이는 결과를 심각하게 야기했다'(p. 196)는 것이다. 레드우드의 독선적인 책은 적어도 옛 교의들이 얼마나 급진적으로 공격받았는지를 인정하기라도 한다. 그때는 진정 '분열된 사회'의 위기의 시대였다. 이 책은 1996년 재판본에도 대체로 수정되지 않은 사실 관계 오류가 넘쳐나기 때문에 대단히 조심해서 다룰 필요가 있다. 본서에서 묘사하는 현상을 인식하는 John Gascoigne, *Joseph Banks and the English Enlightenment*(1994)도 언급하고 갈 필요가 있다.

21. J. C. D. Clark, *English Society, 1688-1832*(1985)와 *Revolution and Rebellion*(1986). "영어권에서 당시 누구도 '계몽Enlightenment'을 언급하지 않았다"는 근거를 들어 계몽주의를 부정하는 클라크의 경우는 고의적인 곡해다. *The Language of Liberty*(1994), p. 14. 결국엔 당시 많은 사람들이 '이 계몽된 시대'를 언급하지 않았는가? 이에 대한 비판으로는 Joanna Innes, 'Jonathan Clark, Social History and England's Ancien Regime'(1987); G. S. Rousseau, 'Revisionist Polemics'(1989); Frank O'Gorman, 'Recent Historiography of the Hanoverian Regime'(1986); Jeremy Black, '"England's Ancien Regime"?'(1988).

22. 정말이지 논쟁이 전무할 뿐 아니라 종합도 태부족하다. 조지 왕조 시대 사상에 대해 마지막으로 나온 주요 연구서라고 해봐야, 도저히 믿기 힘들겠지만, 오래전 1876년에 나온 Leslie Stephen, *History of English Thought in the Eighteenth*

*Century*이다. 본인이 불가지론자이며 따라서 계몽주의의 자식이지만, 스티븐의 어조는 회의주의자들이 자신 같은 진정한 의심꾼이라기보다는 말만 번드르르할 뿐이라고 질책하는 학교 선생 같다. 옥스퍼드 교수인 Mark Pattison은 '진정한 영국 성공회 신자는 그 시기를 교회 역사에서 아예 싹 빼버린다'고 농담조로 이야기했다. B. W. Young, 'Knock-Kneed Giants'(1993), p. 87. '과학혁명'에 관한 논쟁에 관해서는 6장을 보라.

23. F. M. Voltaire, *Letters concerning the English Nation*(1926[1733]), pp. 41-2; Ahmed Gunny, *Voltaire and English Literature*(1979). 1753년에 볼테르는 영국인 그랜드투어 여행객 윌리엄 리에게 '유럽에서 자유의 그늘이 가장 적게 남아 있는 유일한 나라'에서 온 것을 축하한다고 말했다. Jeremy Black, *Convergence or Divergence?*(1994), pp. 144-5. 이에 대한 논의로는 Daniel Roche, *France in the Enlightenment*(1988), p. 11을 보라. 잉글랜드를 방문하고 찬탄한 또다른 방문객들에 대해서는 A. C. Cross, 'By the Banks of Thames'(1980)을 보라.

24. F. M. Voltaire, *Philosophical Dictionary*(1962[1764])의 서문, p. 9를 보라.

25. Voltaire, *Letters concerning the English Nation*, pp. 73, 76. 볼테르는 이렇게 천명했다. '지금까지 로크 씨보다 더 사려 깊거나 체계적인 천재성을 간직한 사람도 없을 것이고, 로크 씨보다 더 예리한 논리가도 없을 것이다.'

26. Denis Diderot, *Oeuvres complètes*(1875-7), vol. ii, p. 80. '계몽주의의 진정한 시조'인 볼테르와 몽테스키외는 '잉글랜드 철학자들과 위인들의 제자였다.' *Oeuvres complètes*, vol. iii, p.416, Gay, *The Enlightenment*, vol. i, p. 12에서 인용.

27. Joseph Texte, *Jean-Jacques Rousseau and the Cosmopolitan Spirit in Literature*(1899), pp. 86-7에서 인용.

28. Texte, *Jean-Jacques Rousseau and the Cosmopolitan Spirit in Literature*, p. 260.

29. Edward Gibbon, *Memoirs of My Life*(1966[1796]), p. 125; Joséphine Grieder, *Anglomania in France, 1740-1789*(1985).

30. Franco Venturi, *Utopia and Reform in the Enlightenment*(1971), p. 67.

31. Diderot, *Oeuvres complètes*, vol. iii, p. 416, Gay, *The Enlightenment*, vol. i, p. 12에서 인용.

32. Norman Torrey, *Voltaire and the English Deists*(1930); Ahmad Gunny, *Voltaire and English Literature*(1979); I. O. Wade, *The Structure and Form of the French The Enlightenment*(1977), vol. i, ch. 5; M. C. Jacob, 'Newtonianism and the Origins of the Enlightenment'(1977); Ross Hutchison, *Locke in France(1688-1734)*(1991). 벤저민 프랭클린은 울러스턴의 『자연 종교 서설』이 자신

의 정신적 발전에 결정적이었다고 인정한다. Douglas Anderson, *The Radical Enlightenment of Benjamin Franklin*(1997), p. 6; Franco Venturi, *Utopia and Reform in the Enlightenment*(1971), p. 60.

33. R. L. Cru, *Diderot as a Disciple of English Thought*(repr. 1966), ch. 3.

34. Jean-Jacques Rousseau, *The Confessions of Jean-Jacques Rousseau*(1954[1781-8]), p. 110(장자크 루소, 『고백록』 1·2, 나남, 2012). 〈스펙테이터〉는 1714년, 〈가디언〉은 1725년, 〈태틀러〉는 1734년에 프랑스어로 번역되었다.

35. Mary P. Mack, *Jeremy Bentham, An Odyssey of Ideas, 1748-1792*(1962), p. 4.

36. A. Rupert hall, 'Newton in France: A New View'(1975)를 보라. 뉴턴은 오랫동안 영국의 패권과 동의어였다. 19세기 초에 한 그리스 과학 저널은 '베이컨 뒤에 뉴턴이 등장하여 영국의 영원한 영광과 광명을 환하게 밝혔다'고 썼다. George N. Vlahakis, 'The Greek Enlightenment in Science'(1999), p. 330.

37. Dorat, 'Idée de la poesie allemande'(1768), p. 43, Texte, *Jean-Jacques Rousseau and the Cosmopolitan Spirit in Literature*, p. 335에서 인용.

38. Jean Le Rond d'Alembert, *Preliminary Discourse to the Encyclopedia of Diderot*(1995[1751]), p. 109.

39. Cru, *Diderot as a Disciple of English Thought*, p. 351. 디드로와 스턴은 친구 사이였다. 셰익스피어는 1770년대 초반에 독일을 휩쓸었다. James Macpherson, *Fragments of Ancient Poetry Collected in the Highlands*(1760)가 독일어(1768), 프랑스어(1777), 러시아어(1792), 네덜란드어(1805), 덴마크어(1807-9), 체코어(1827)로 번역되면서 오시안은 엄청난 인기를 누렸고, 괴테의 『젊은 베르터의 고뇌』(1774)의 플롯에서도 중요하게 등장한다. Jeremy Black, *Convergence or Divergence?*(1994), p. 155. 리히텐베르크는 『로빈슨 크루소』의 일부에 클롭슈토크 Klopstock의 『메시아Messias』를 한 번이 아니라 두 번이라도 포기하겠다고 말했다. M. L. Mare and W. H. Quarrell, *Lichtenberg's Visits to England as Described in his Letters and Diaries*(1938), p. xxiii.

40. Texte, *Jean-Jacques Rousseau and the Cosmopolitan Spirit in Literature*, p. 335에서 인용.

41. Geoffrey Hawthorn, *Enlightenment and Despair*(1976), p. 10.

42. Gay, *The Enlightenment*, vol. i, p. 3. 계몽주의의 동질성에 대한 게이의 강조에 대해서는 *Historical Journal*(1968), pp. 190-95에 실린 Betty Behrens의 서평에서 이의가 제기되었다. Henry F. May, *The Enlightenment in America*(1976)도 보라.

43. L. M. Marsak (ed.), *The Enlightenment*(1972), p. 3; Lester G. Crocker, introduction to John W. Yolton (ed.), *The Blackwell Companion to the*

Enlightenment(1991), p. 1. 계몽주의의 '중심부'로서의 프랑스에 관해서는 Darnton, 'George Washington's False Teeth'를 보라. Daniel Roche는 파리를 '계몽주의의 수도'라고 부른다. *France in the Enlightenment*(1998), p. 641.

44. R. R. Palmer, *The Age of the Democratic Revolution*(1959-64).

45. 계몽주의는 '근대화 이론'의 프리즘을 통해서도 독해되어왔다. A. M. Wilson, 'The Philosophes in the Light of Present-day Theories of Modernization' (1967); H. B. Applewhite and D. G. Levy, 'The Concept of Modernization and the French Enlightenment'(1971); Joyce Appleby, 'Modernisation Theory and the Formation of Modern Social Theories in England and America'(1978).

46. Gay, *The Enlightenment*, vol. i, p. 3.

47. J. H. Plumb, *In the Light of History*(1972)는 얼마나 소수의 영국인만이 '유물론적 철학'을 채택했는지를 개탄하면서 이를 '비이성'의 부활로서 설명한다. 여기서 프랑스와의 암묵적인 대비는 문제가 있다. 다음 장들에서 설명하겠지만 하틀리, 프리스틀리, 이래즈머스 다윈 같은 사상가들과 더불어 잉글랜드에도 유물론자들이 적지 않았다.

48. 이에 대한 논의는 예를 들어, Roy Porter and Mikuláš Teich (eds.), *The Enlightenment in National Context*(1981)를 보라.

49. '꽤 온화한 사건'으로서 프랑스 전성기 계몽주의에 대한 시각은 Robert Darnton, 'In Search of the Enlightenment', pp. 118-19를 보라.

50. A. C. Kors, *D'Holbach's Coterie*(1976)는 심지어 돌바크 서클 대다수의 인생조차도 얼마나 관습적이었는지를—그들의 귀족적 배경에서 예상할 수 있듯이—보여준다.

51. D. Spadafora, *The Idea of Progress in Eighteenth Century Britain*(1990), pp. 10-11에 따르면 그렇다. '프랑스 계몽주의가 영국의 계몽주의와 같은 요소를 어느 정도까지 갖고 있었는지는 잉글랜드가 아니라 스코틀랜드에서 확인할 수 있다.'

52. 어쨌거나, 영국에서도 소위 체계적 저술들이 실제로 나왔으니, 벤담의 무지막지한 법전이 대표적이다.

53. Joseph Addison and Richard Steele, *The Spectator*(1965), vol. i, no. 10, p. 44(12 March 1711); Cicero, *Tusculan Disputations*(1927), V. iv. 10, pp. 434-5. 지식과 글의 사회적 생산에 관한 선구적 연구는 J. H. Plumb, 'The Public Literature and the Arts in the Eighteenth Century'(1972)와 *The Commercialization of Leisure*(1973); Pat Rogers, *Grub Street*(1972)를 보라. 본서 4장을 보라.

54. Thompson, 'The Peculiarities of the English', p. 42; Roy Porter and Mikuláš Teich (eds.), *The Enlightenment in National Context*. 영국성에 대한 성

찰은 Nikolaus Pevsner, *The Englishness of English Art*(1976)를 보라.

55. E. P. 톰슨은 "가난한 양말 제조공, 러다이트 운동에 가담한 전모공cropper(모직물의 표면을 잘라내 다듬는 직공─옮긴이), '시대에 뒤떨어진' 베틀 직조공, '유토피아적' 장인과 심지어 조애나 사우스콧Joanna Southcott한테 넘어간 추종자까지도 이해심을 가장한 후대의 어마어마한 멸시로부터 구해내길" 바랐다. *The Making of the English Working Class*(1968), p. 13(E. P. 톰슨, 『영국 노동계급의 형성』 상·하, 창작과비평사, 2002).

56. Thompson, 'The Peculiarities of the English', p. 58.

57. J. H. Plumb, 'Reason and Unreason in the Eighteenth Century', in *In the Light of History*(1972), pp. 23-4. 플럼의 발언들을 뒷받침하는 훌륭한 연구는 Kathleen Wilson, *The Sense of the People*(1995)이다.

58. 사회적 변화에 관해서는 J. A. Sharpe, *Early Modern England*(1987); Trevor May, *An Economic and Social History of Britain, 1760-1970*(1987); John Rule, *Albion's People*(1992)과 *The Vital Century*(1992); Jeremy Black, *An Illustrated History of Eighteenth-Century britain, 1688-1793*(1996); Roy Porter, *English Society in the Eighteenth Century*(1990)를 보라.

59. C. Hibbert (ed.), *An American in Regency England*(1968), p. 47.

60. R. Nettel (ed.), *Journeys of a German in England in 1782*(1965), p. 33

61. A. F. Prévost, *Mémoires et aventures d'un homme de qualité*(1927[1728-31]), p. 136.

62. R. Brimley Johnson (ed.), *Bluestocking Letters*(1926), p. 90.

63. Tobias Smollett, *Travels through France and Italy*(1766), vol. ii, pp. 197-8. C. Maxwell, *The English Traveller in France, 1698-1815*(1932); Brian Dolan, *Exploring European Frontiers*(1999).

64. John Locke, *An Essay concerning Human Understanding*(1975[1690]), bk I, ch. I, para. 6, p. 46(존 로크, 『인간지성론』 1·2, 한길사, 2015), J. L. Axtell, *The Educational Works of John Locke*(1968); Alexander Pope, *An Essay on Man*, in J. Butt (ed.), *The Poems of Alexander Pope*(1965[1733-4]), p. 516도 보라.

65. 예를 들어, 정치경제의 발전(본서의 17장을 보라). 공리주의는 자본주의 경제를 위한 청사진이다.

66. 이 표현은 애덤 스미스의 것이다. *Lectures on Jurisprudence*(1982[1762-3]), vol. iv, p. 163.

67. [John Gay], 'A Dissertation Concerning the Fundamental Principle and Immediate Criterion of Virtue', in W. King, *An Essay on the Origin of*

Evil(1721), pp. xvii–xviii.

68. W. Paley, *The Principles of Moral and Political Philosophy*(1785), p. 61.

69. Joseph Priestley, *Lectures On History*(1793), vol. ii, p. 47.

70. Joseph Butler, *Fifteen Sermons Preached at the Rolls Chapel*(1726), sermon xi, p. 70; Donna T. Andrew, *Philanthropy and Police*(1989), p. 39에서 논의된 다. Christopher Cunliffe (ed.), *Joseph Butler's Moral and Religious Thought*(1992)도 보라.

71. Joseph Priestley, *Lectures on History and General Policy*(1788), vol. ii, p. 231. J. A. Passmore, *Priestley's Writings on Philosophy, Science and Politics*(1965), p. 260도 보라.

72. Madame du Boccage, *Letters concerning England, holland and Italy*(1770), vol. i, pp. 28–9.

73. H. C. Robbins-Landon, *Haydn in England 1791-1795*(1976), p. 97. 하이든은 콘서트와 위촉 작품으로 엄청난 사례금을 받았다. 1794년 자선 콘서트로 800파운드의 순이익을 거둔 그는 '이것은 잉글랜드에서만 가능하다'라고 평가했다.

74. E. P. Thompson, 'The Moral Economy of the English Crowd in the Eighteenth Century'(1971).

75. J. Passmore, *The Perfectibility of Man*(1970), pp. 158f.

76. 그러므로 신과 자연은 전체적 틀을 연결시키고
  자기애와 사회성을 같게 만들었네.

  Alexander Pope, *An Essay of Man*, bk III, ll. 317–18, in J. Butt (ed.), *The Poems of Alexander Pope*, p. 535; C. H. Vereker, *Eighteenth-Century Optimism*(1967); A. O. Lovejoy, *The Great Chain of Being*(1936).

77. Anthony Ashley Cooper, 3rd Earl of Shaftesbury, *Characteristicks of Men, Manners, Opinions, Times*(1999[1711]), vol. i, p. 273.

78. Sir F. M. Eden, *The State of the Poor*(1797), vol. i, p. 468. 이든은 여기서 애덤 스미스에 기대고 있다.

79. '사람이 자기 생각이나 심지어 변덕에 따라서 살 수 있는 곳으로 런던보다 더한 곳은 없다.' Pastor Wendeborn, *A View of England*(1791), vol. i, p. 184.

80. Lawrence Stone, *The Family, Sex and Marriage in England, 1500-1800*(1977), ch. 9; J. H. Plumb, 'The New World of the Children in Eighteenth-Century England'(1975); D. Owen, *English Philanthropy, 1660-1960*(1965); B. Rodgers, *Cloak of Charity: Studies in Eighteenth-Century*

Philanthropy(1949). 계몽주의 정치경제에 의해 승인된 자본주의 경제는 물론 이 인도주의가 근절하기를 바란 바로 그 폐해들을 만들어내고 있었다.

81. E. P. Thompson, 'Patrician society, Plebian Culture'(1974)와 'Eighteenth-Century English Society'(1978), p. 139; Ian Gilmour, *Riot, Risings and Revolution*(1992); Nicholas Rogers, *Crowds, Culture and Politics in Georgian Britain*(1998).

82. J. W. von Archenholz, *A Picture of England*(1790), p. 24.

83. Madame du Boccage, *Letters concerning England, Holland and Italy*, p.44.

84. G. May, *Madame Roland and the Age of Revolution*(1970), p. 131에서 인용 (9장 전체가 이해를 분명히 해준다); Neil McKendrick, John Brewer and J. H. Plumb, *The Birth of a Consumer Society*(1982).

85. 'Of the First Principles of Government'(1741), in David Hume, *Selected Essays*(1993), p. 25.

86. Michel Foucault, *Discipline and Punish*(1977)와 Michael Ignatieff, *A Just Measure of Pain*(1978)의 언급들은 시사하는 바가 많다.

87. 이 개념에 대한 설명에 관해서는 Thompson, 'Patrician Society, Plebian Culture'를 보라.

88. J. Woodward, *To Do the Sick No Harm*(1974); M. G. Jones, *The Charity School Movement*(1938).

89. Nettel, *Journeys of a German in England in 1782*, pp. 30, 69; M. Grosley, *A Tour to London, or New Observations on England*(1772), vol. iii, p. 168; C. de Saussure, *A Foreign View of England in 1725-29*(1995), p. 25; Hibbert, *An American in Regency England*, p. 25; Abbé Prévost, *Adventures of a Man of Quality in England*(1930), p. 119.

90. Peter Burke, *Popular Culture in Early Modern Europe*(1978).

91. 저자 미상, *A History of Little Goody Two Shoes*(1766), 속표지.

92. Hibbert, *An American in Regency England*, p. 52에서 인용.

93. J. H. Plumb, *The Growth of Political Stability in England 1675-1725*(1967)에서 해석된 대로 정치에도 그에 상응하는 경향이 분명 존재한다. 인간 본성의 개조에 관해서는 J. A. Passmore, 'The Malleability of Man in Eighteenth-Century Thought'(1965)를 보라.

94. Voltaire, *Letters concerning the English Nation*, p. 34. 볼테르는 왕립 증권거래소에 모여든 무리를 찬양한 애디슨에게 맞장구를 치고 있었다─'개인 사업을 상의하기 위해 모여든 이방인과 내국인의 군집은 매우 다채롭고, 이 메트로폴리스를 온

세계를 위한 일종의 집산지로 만든다.' Addison and Steele, *The Spectator*, vol. i, no. 69, p. 293(Saturday, 19 May 1711). 암스테르담 증권거래소도 같은 이유로 칭송되었다.

95. F. A. Pottle (ed.), *Boswell's London Journal*(1950), p. 63; 'learn retenu', F. A. Pottle (ed.), *Boswell in Holland, 1763-1764*(1952), pp. 47, 49, 390.

96. Samuel Johnson, letter to Richard Congreve(25 June 1735), in R. W. Chapman (ed.), *The Letters of Samuel Johnson*(1952), vol. i, p. 6.

97. D. Hartley, *Observations on Man*(1749), vol. ii, p. 255.

98. J. Brewer, 'Commercialization and Politics'(1982).

99. Henry Fielding, 'An Essay on Conversation', in *Miscellanies, by H. F., Esq.* (1743), vol. i, p. 159.

100. Shaftesbury, *Characteristicks of Men, Manners, Opinions, Times*, vol. i, p. 39.

101. 사교적 자아의 표상은 R. Sennett, *The Fall of Public Man*(1977); F. L. Lucas, *The Search for Good Sense*(1958)와 *The Art of Living*(1959); S. M. Brewer, *Design for a Gentleman*(1963)을 보라.

102. 미국 학계는 특히 '공론장'의 탄생이라는 위르겐 하버마스의 관념에 열렬한 관심을 보인다. 조지 왕조 시대 잉글랜드에서 여론의 중요성은 부정된 적이 없기에 이것은 바퀴를 재발명한 격이다. Jürgen Habermas, *The Structural Transformation of the Public Sphere*(1989)와 'Further Reflections on the Public Sphere'(1992)를 보라. 유용한 해설은 Craig Calhoun, 'Introduction: Habermas and the Public Sphere', in *Habermas and the Public Sphere*(1992), pp. 1-50; Geoff Eley, 'Nations, Publics and Political Cultures' in Calhoun, *Habermas and the Public Sphere*, pp. 289-339; Robert C. Holub, *Jürgen Habermas: Critic in the Public Sphere*(1991). 비판에 대한 힌트는 한 호 전체를 하버마스와 역사만을 다룬 *Eighteenth Century Studies*에 실린 서문인 Dena Goodman, 'The Public and the Nation'(1995)을 보라.

103. 칼과 펜(그리고 암시적으로 음경)에 대한 말장난은 오랫동안 흔한 것이었다. 왕정 복고기의 카 스크로프Sir Carr Scrope는 '너의 칼이 무해한 것처럼 너의 펜은 가득차 있구나'라고 생각했다. Warren Chernaik, *Sexual freedom in Restoration Literature*(1995), p. 80.

2장 어느 이데올로기의 탄생

1. John Dryden, 'Secular Masque'(1700), in *The Poems of John Dryden*(1959), pp. 202-3.
2. Joseph Texte, *Jean-Jacques Rousseau and the Cosmopolitan Spirit in Literature*(1899), p. 60에서 인용.
3. Maurice Cranston, *John Locke: A Biography*(1957), p. 42. 스튜어트 시대 정치에 관해서는 Mark Kishlansky, *A Monarchy Transformed*(1996); Derek Hirst, *Authority and Conflict*(1986); Barry Coward, *The Stuart Age*(1980). 공위기 급진주의에 관해서는 Christopher Hill, *The World Turned Upside Down*(1972)과 *God's Englishman*(1970)을 보라.
4. E. S. De Beer (ed.), *The Dairy of John Evelyn*(1955), vol. iii, p. 246.
5. Ronald Hutton, *The Restoration*(1985); J. R. Jones (ed.), *The Restored Monarchy, 1660-1688*(1979). 지속적인 위협에 관해서는 Richard Greaves, *Deliver Us From Evil*(1986), *Enemies Under His Feet*(1990), *Secrets of the Kingdom*(1992); Michael R. Watts, *The Dissenters*(1978), vol. i, p. 222를 보라. 1662년 봉기는 잔인하게 진압되었다.
6. Ursula Henriques, *Religious Toleration in England 1783-1833*(1961), p. 9: Robert S. Bosher, *The Making of the Restoration Settlement*(1951).
7. 홉스에 관해서는 Quentin Skinner, *Reason and Rhetoric in the Philosophy of Hobbes*(1996)와 이하 3장을 보라. 신성한 왕권의 부속물에 관해서는 Raymond Henry Payne Crawfurd, *The King's Evil*(1911); Marc Bloch, *The Royal Touch*(1973)(마르크 블로크, 『기적을 행하는 왕』, 한길사, 2015)를 보라.
8. 왕정복고기 문화에 관해서는 Paula R. Backscheider, *Spectacular Politics*(1994); John Brewer, *The Pleasures of the Imagination*(1997), ch. I; James Anderson Winn, *John Dryden and His World*(1987); Michael Foss, *The Age of Patronage*(1971).
9. Michael Hunter, *Science and Society in Restoration England*(1981), *The Royal Society and its Fellows 1660-1700*(1994), *Establishing the New Science*(1989).
10. 국제정치에 관해서는 Jeremy Black, *A System of Ambition?*(1991)을 보라.
11. Watts, *The Dissenter*, vol. i, pp. 221f.
12. John Kenyon, *The Popish Plot*(1972); Paul Hammond, 'Titus Oates and "Sodomy"'(1997); John Miller, *Popery and Politics in England 1660-1688*(1973).

13. W. A. Speck, *Reluctant Revolutionaries*(1988); Robert Beddard (ed.), *The Revolution of 1688*(1991).

14. J. R. Jones (ed.), *Liberty Secured?*(1992); J. G. A. Pocock (ed.), *Three British Revolutions, 1641, 1688, 1776*(1980); Geoffrey Holmes, *The Making of a Great Power*(1993); Lois G. Schwoerer, *The Revolution of 1688-1689*(1992)는 근래의 수정주의에 맞서 권리장전의 급진성을 강조한다.

15. G. J. Schochet, *Patriarchalism in Political Thought*(1975); 섀프츠베리의 왕권신수설에 대한 반박은 Paul Hammond, 'The King's Tow Bodies'(1991), p. 33을 보라.

16. 물론 훗날 영국의 이데올로기에서 모든 혁명을 끝낼 혁명으로 묘사되기는 했다. Christopher Hill, *Some Intellectual Consequences of the English Revolution*(1980), p. 19를 보라.

17. 윌리엄과 메리 공동왕 치하의 정치적 긴장에 관해서는 Geoffrey Holmes and W. A. Speck, *The Divided Society*(1967); Geoffrey Holmes (ed.), *Britain after the Glorious Revolution 1689-1714*(1969), *The Birth of Britain*(1994); J. P. Kenyon, *Revolution Principles*(1977); Clyve Jones (ed.), *Britain in the First Age of Party, 1684-1750*(1987), pp. 195-219; Holmes and Speck, *The Divided Society*를 보라. 난민들에 관해서는 I. Scoutland (ed.), *Huguenots in Britain and their French Background, 1550-1800*(1987).

18. Geoffrey Holmes, *British Politics in the Age of Anne*(1987).

19. John Brewer, *The Sinews of Power*(1989); Geoffrey Holmes, *Augustan England*(1982).

20. 앤 여왕 치하 원한에 관해서는 Geoffrey Holmes, *The Trial of Doctor Scheverell*(1973).

21. Caroline Robbins, *The Eighteenth-century Commonwealthmen*(1968).

22. Cranston, *John Locke: A Biography*; John Marshall, *John Locke: Resistance, Religion and Responsibility*(1994).

23. Mark Goldie (ed.), *Locke: Political essays*(1997), pp. xiiif. 이 책에는 탁월한 서문이 실려 있다.

24. John Dunn, *Locke*(1984), p. 23.

25. Marshall, *John Locke: Resistance, Religion and Responsibility*, p. xvi.

26. J. W. Gough, *John Locke's Political Philosophy*(Oxford: Clarendon Press, 1950), p. 134; J. C. D. Clark, *English Society, 1688-1832*(1985), p. 47. 헌은 로크의 『인간 오성론』이 '케임브리지에서 많이 읽히고 연구된다'고 투덜거렸다. 불신자들

에 관해서는 Michael Hunter, 'The Problem of "Atheism" in Early Modern England'(1985)를 보라.

27. Margaret C. Jacob, *The Cultural Meaning of the Scientific Revolution*(1988), p. 97. *The Radical Enlightenment*(1981)에서 '계몽주의는 온건한 형태와 급진적인 형태 모두 잉글랜드에서 시작되었다'는 언급(p. 79)과 '유럽 계몽주의의 실제 뿌리는 (…) 프랑스 절대주의에 맞선 대륙의 반대와 더불어 스튜어트 절대주의에 맞선 잉글랜드의 혁명적 경험에 있다'는 그녀의 견해(p. 84)와도 비교해보라. 1680년대의 유럽의 더 폭넓은 급진주의에 관해서는 P. G. M. C. Hazard, *The European Mind, 1680-1715*(1964)와 Margaret C. Jacob, 'The Crisis of the European Mind' (1987)를 보라.

28. '계몽주의는 온건한 형태와 급진적 형태 모두 잉글랜드에서 시작되었지만 유럽에서 지적 성숙에 도달했다.' Jacob, *The Radical Enlightenment*, p. 79. 그리고 '유럽 계몽주의는 1689년에 시작된다.'(p. 84)

29. 하노버 왕조 초기 정치에 관해서는 J. H. Plumb, *The Growth of Political Stability in England, 1675-1725*(1967); G. Holmes, 'The Achievement of Stability'(1981); Jeremy Black (ed.), *Britain in the Age of Walpole*(1984)와 *The Politics of Britain, 1688-1800*(1993); Hiram Caton, *The Politics of Progress*(1988). 재커바이트에 관해서는 Paul Kleber Monod, *Jacobitism and the English People, 1688-1788*(1989)을 보라.

30. Reed Browning, *Political and Constitutional Ideas of the Court Whigs*(1982).

31. 대륙의 검열에 관해서는 Robert Darnton, *The Forbidden Best-Sellers of Pre-Revolutionary France*(1996)를 보라.

32. J. G. A. Pocock, 'Conservative Enlightenment and Democratic Revolutions' (1989), p. 84.

33. J. G. A. Pocock, 'Post-Puritan England and the Problem of the Enlightenment'(1980), p. 105.

34. J. G. A. Pocock, 'Clergy and Commerce'(1985); Jacob, *The Radical Enlightenment*, p. 94와 비교하라.

35. Pocock, 'Clergy and Commerce', p. 528; Jacob, *The Radical Enlightenment*, p. 94와 비교하라.

36. J. G. A. Pocock, *The Machiavellian Moment*(1975), p. 477와 *Barbarism and Religion*(1999), vol. i, p. 294. 포콕처럼 제이컵은 영국의 길을 일종의 '특수한 경로 Sonderweg'로 본다. Margaret C. Jacob, *The Cultural Meaning of the Scientific Revolution*(1988), p. 139.

37. J. C. D. Clark는 *English Society, 1688-1832*(1985)와 *Revolution and Rebellion*(1986)에서 '앙시앵 레짐'을 하노버 왕조 잉글랜드에 적용한다.

38. Jacob, *The Radical Enlightenment*, p. 94.

39. Margaret C. Jacob, *The Newtonians and the English Revolution, 1689-1720*(1976). 그녀는 또한 포콕의 보수적 계몽주의의 왼쪽에 더 급진적인 움직임이 있었다고 주장했다. *The Radical Enlightenment*.

40. Jacob, *The Cultural Meaning of the Scientific Revolution*, p. 124.

41. 1990년대 노동당 '구파'와 '신파' 사이 우위 다툼이 이와 얼마간 유사한 사례다.

42. 스위프트에 관해서는 David Nokes, *Jonathan Swift: A Hypocrite Reversed*(1985), p. 295; Isaac Kramnick, *Bolingbroke and His Circle*(1968); Bertrand A. Goldgar, *The Curse of Party*(1961)와 *Walpole and the Wits*(1976); J. A. Downie, 'Walpole: The Poet's Foe'(1984)를 보라.

43. Clark, *English Society, 1688-1832*와 *Revolution and Rebellion*; C. B. Wilde, 'Hutchinsonians, Natural Philosophy and Religious Controversy in Eighteenth-century Britain'(1980). 휘그 케임브리지에 관해서는 3장을 보라.

44. Sir William Temple, *Observations upon the United Provinces of the Netherlands*(1972[1673]); Simon Schama, *The Embarrassment of Riches*(1988).

45. Brewer, *The Pleasures of the Imagination*, p. 52에서 인용.

46. Kevin Sharpe, *Criticism and Compliment*(1987); Kevin Sharpe and Peter Lake (eds.), *Culture and Politics in Early Stuart England*(1993); Michael Foss, *The Age of Patronage*(1971)와 비교하라.

47. J. M. Beattie, *The English Court in the Reign of George I*(1967); R. O. Bucholz, *The Augustan Court*(1993).

48. 메트로폴리스의 경이에 관해서는 Miles Ogborn, *Spaces of Modernity*(1998); Roy Porter, 'Visiting London'(1994); M. Byrd, *London Transformed*(1978)를 보라.

49. Samuel Johnson, 'London'(1738), in Patrick Cruttwell (ed.), *Samuel Johnson: Selected Writings*(1986), p. 42.

50. 자신들을 바라보며 즐거워하는 런던 사람들에 관해서는, Roy Porter, 'Capital Art'(1997)를 보라.

51. Aytoun Ellis, *The Penny Universities*(1956); Bryant Lillywhite, *London Coffee Houses*(1963).

52. Brewer, *The Pleasures of the Imagination*, p. 44.

53. Geoffrey Alan Cranfield, *The Press and Society from Caxton to*

Northcliffe(1978), p. 89.

54. *The Craftsman*(4 October 1729), Herbert M. Atherton, *Political Prints in the Age of Hogarth*(1974), p. 61에서 인용. *The Craftsman*(20 March 1727)도 보라. '귀하의 선임자분들도 그랬듯이, 귀하도 신원을 밝히지 않고 이따금씩 저녁에 커피 하우스에 오시면 좋겠습니다. 그러면 귀하도 사람들의 생각과 의견을 진짜로 알게 될 것입니다.' Simon Varey (ed.), *Lord Bolingbroke: Contributions to the Craftsman*(1982), p. 8. 조너선 스위프트는 이의를 제기했다. '런던 커피하우스의 메 아리가 왕국의 목소리라고 착각하는 것은 너무 많은 사람들이 빠지는 잘못이다.' *The Conduct of the Allies*(1711), p. 47.

55. C. de Saussure, *A Foreign View of England in 1725-29*(1995[1902]), p. 111.

56. James L. Clifford (ed.), *Dr Campell's Diary of a Visit to England in 1775*(1947), p. 58.

57. 클럽에 관해서는 Peter Clark, *Sociability and Urbanity*(2000); Kathleen Wilson, *The Sense of the People*(1995), p. 67; Marie Mulvey Roberts, 'Pleasures Engendered by Gender'(1996); Howard William Troyer, *Ned Word of Grub Street*(1968), p. 151. 유럽과의 비교는 Richard van Dülmen, *The Society of the Enlightenment*(1992), pp. 1f., 85.

58. 존슨의 모든 친구들이 모였다면 '우리는 으뜸가는 대학을 얻었을 것'이라고 보즈 웰은 생각했다. R. W. Chapman (ed.), *Samuel Johnson, A Journey to the Western Islands of Scotland and James Boswell, The Journal of a Tour to the Hebrides*(1970), p. 228.

59. D. G. C. Allan, *William Shipley: Founder of the Royal Society of Arts*(1968), p. 8.

60. 계몽된 사교성에 관해서는 Brewer, *The Pleasures of the Imagination*, p. 44. 살 롱에 관해서는 Dena Goodman, *The Republic of Letters*(1994)를 보라. 대니얼 디 포는 *Augusta Triumphans or The Way to Make London the Most Flourishing City in the Universe*(1728)에서 런던대학을 제안했다.

61. Margaret C. Jacob, *Living the Enlightenment*(1992), p. 32와 *The Radical Enlightenment*, p. 110; 유럽적인 더 넓은 차원에 관해서는 Ulrich Im Hof, *The Enlightenment*(1994), p. 139; van Dülmen, *The Society of the Enlightenment*, pp. 151f를 보라. 프리메이슨 회원들은 뉴턴적 은유에 끌렸다. 예를 들어 1779년에 켄트의 성직자이자 프리메이슨인 제임스 스미스는 지부 회원들 앞에서 자애를 칭송 하며 이렇게 설교했다. '자애가 인간을 하나로 묶듯 인력은 우주를 하나로 묶는다.' Jacob, *Living the Enlightenment*, p. 56.

62. Jacob, *The Radical Enlightenment*, p. 110; John Money, 'Freemasonry and

the Fabric of Loyalism in Hanoverian England'(1990); John Brewer, 'English Radicalism in the Age of George III'(1980), p. 359.

63. Wilson, *The Sense of the People*, p. 71.

64. 극장의 정치에 관해서는 Marc Baer, *The Theatre and Disorder in Late Georgian London*(1991).

65. Brewer, *The Pleasures of Imagination*, p. 60; Iain Pears, *The Discovery of Painting*(1988); David H. Solkin, *Painting for Money*(1993).

66. Richard D. Altick, *The Shows of London*(1978), p. 25.

67. Roy Porter, 'John Hunter: A Showman in Society'(1993-4), pp. 21-2에서 인용.

68. Altick, *The Shows of London*, pp. 69, 35, 47.

69. 가면무도회는 종종 대담한 형태의 자유를 제공했는데, 필딩이 관찰한 대로 '얼굴을 가리는 것'은 '마음을 드러내는 것'이었기 때문이다. Terry Castle, *Masquerade and Civilization*(1986), p. 73에서 인용. Pat Rogers, *Eighteenth Century Encounters*(1985), pp. 11-17, 28; Pears, *The Discovery of Painting*, pp. 77-87; Louise Lippincott, *Selling Art in Georgian London*(1983).

70. Paula R. Backscheider, *Spectacular Politics*(1994), p. 172.

71. P. Clark and P. Slack, *English Towns in Transition, 1500-1700*(1976), p. 156에서 인용.

72. Trevor Fawcett, *The Rise of English Provincial Art*(1974); Peter Borsay, 'The Rise of the Promenade'(1986), and *The English Urban Renaissance*(1989); Phyliss Hembry, *The English Spa 1560-1815*(1990).

73. Paul Langford, *A Polite and Commercial People*(1989); Jonathan Barry and Christopher Brooks (eds), *The Middling Sort of People*(1994).

74. Neil McKendrick, 'Introduction. The Birth of a Consumer Society'(1982); Maxine Berg and Helen Clifford (eds.), *Consumers and Luxury*(1999); John Brewer and Roy Poter (eds.), *Consumption and the World of Goods*(1993); Lorna Weatherill, *Consumer Behaviour and Material Culture, 1660-1760*(1988); Carole Shammas, *The Pre-Industrial Consumer in England and America*(1990).

75. Addison and Steele, *The Spectator*(1965), vol. i, no 69, p. 293(Saturday, 19 May 1711). 잉글랜드를 띄워주는 다른 책들로는 Bishop Gibson이 편집하고 현대화한 William Camden, *Britannia*(1695)와 Edward Chamberlayne, *Angliae Notitia*(1669)가 있다.

76. Alexander Catcott, *The Antiquity and Honourableness of the Practice of*

Marchandize(sn, 1744), p. 14. David Dabydeen, 'Eighteenth-century English Literature on Commerce and Slavery'(1985), p. 26에서 인용.

77. Edward Young, *The Merchant*(1730), vol. ii, p. 1. Dabydeen, 'Eighteenth-century English Literature on Commerce and Slavery', p. 31에서 인용.

78. Ogborn, *Spaces of Modernity*, p. 202에서 인용. 도로에 관해서는 Henry Homer, *An Enquiry into the Means of Preserving and Improving the Publick Roads of This Kingdom*(1767), pp. 3, 6, 8을 보라. 워릭셔의 성직자인 호머는 '국내 [운송] 시스템의 혁명 가운데 지난 몇 년 사이에 잉글랜드에서 이루어진 것보다 더 놀라운 혁명도 없다'고 주장했다. '모든 것이 급송의 형태를 띤다.'

79. C. Bruyn Andrews (ed.), *The Torrington Diaries*(1934-8), vol. ii, p. 149. 그는 '진심으로, 왕국의 유료 통행로 가운데 절반이 갈아엎어졌으면 좋겠다'고 투덜거렸다. '통행로에서 거리의 여성 같은 차림새와 모습의 젖 짜는 처자들과 마주친다.'

80. Ogborn, *Spaces of Modernity*, p. 203; Howard Robinson, *The British Post Office*(1948), pp. 99f; John Rule, *The Vital Century*(1992), pp. 224-5, 249; Daniel Roche, *France in the Enlightenment*(1998), p. 234.

81. *The Times*(28 Feburary 1794).

82. George Colman in *St James's Chronicle*(6 August 1761).

83. Langford, *A Polite and Commercial People*, p. 117에서 인용.

84. L. Simond, *An American in Regency England*(1968), p. 59.

85. Robert DeMaria Jr, *Johnson's Dictionary and the Language of Learning*(1986), pp. 132-3. '배움은 인구가 많은 도시들에서 가장 발전한다. (…) 그곳에서, 말하자면 이 커다란 대학의 성원들은 성장하고, 예의범절을 배우며, 논리가 아니라 삶을 공부하고 서신 교환자처럼 세상을 알게 된다'고 말하는 올리버 골드스미스의 언급과 비교해보라. *Enquiry into the Present State of Polite Learning in Europe*(1759), pp. 183-4.

86. E. P. Thompson, Linda Colley, 'Radical Patriotism in Eighteenth-century England'(1989), p. 183에서 인용.

87. Jeremy Black (ed.), *Britain in the Age of Walpole*(1984), p. 1.

88. James Thomson, *The Masque of Alfred*(1740), in Roger Lonsdale (ed.), *The New Oxford Book of Eighteenth-century Verse*(1984), p. 192. 자유는 상업의 번영을 낳고, 그 결과는 다음과 같았다.

자유를 찾은 뮤즈들은
그대의 해안으로 돌아오리라.

절세의 미의 왕관을 쓴 축복받은 섬!
미인을 지킬 늠름한 용사들이 있도다!
'지배하라, 브리타니아, 바다를 지배하라,
브리튼인들은 결코 노예가 되지 않으리.'

89. Oliver Goldsmith, 'The Comparative View of Races and Nations'(1760), p. 286. 일종의 명백한 운명으로서 선민의식에 대한 프로테스탄트 관념의 세속화에 관해서는 Christopher Hill, *The World Turned Upside Down*(1972), p. 248을 보라.

90. Charles Churchill, *The Duellist*(1984[1764]), p. 512.

91. Jeremy Black, *The British and the Grand Tour*(1985), p. 174. Black, 'Ideology, History, Xenophobia and the World of Print in Eighteenth-century England'(1991)도 보라.
이탈리아를 여행하는 동안 기번은 압제를 목격하고는 기겁했고, 한때 유명했던 파도바대학이 '꺼져 가는 양초'처럼 줄어들고 있음을 깨달았다. Gibbon, *Memoirs of My Life*, p. 135.

92. Black, *The British and the Grand Tour*(1985), p. 180.

93. C. de Saussure, *A Foreign View of England in 1725-29*(1995), p. 111.

94. Madame Van Muyden (ed. and trans.), *A Foreign View of England in the Reigns of George I & George II*(1902), p. 67.

95. Johann Wilhelm von Archenholz, *A Picture of England*(1791), p. 85.

96. Carl Philip Moritz, *Journeys of a German in england*(1982[1783]), p. 36.

97. Joachim Schlör, *Nights in the Big City*(1998); Porter, 'Visiting London'.

98. 1752년에 리틀턴 박사는 콘월에서 내리닫이창이 없는 오두막집은 거의 없다고 관찰했다. 6년 뒤에 몬터규 부인은 럼리 성을 방문하여 그곳이 '내리닫이창으로 과도하게 현대화되었다'고 불평했다. B. Sprague Allen, *Tides in English Taste(1619-1800)*(1958), vol. ii, p. 73. '현대화되었다modernized'라는 단어의 새로운 용법에 주목하라.

99. Robert E. Schofield, *The Lunar Society of Birmingham*(1963), pp. 196, 347; Wolfgang Schivelbusch, *Disenchanted Night*(1988), p. 11. 더 자세한 정보는 D. King-Hele (ed.), *The Letters of Erasmus Darwin*(1981), p. 146을 보라(다윈은 웨지우드에게 주로 오일 램프에 관해 열한 통의 편지를 썼다). Benjamin Rumford, 'Of the Management of Light in Illumination'(1970[1812]). 많은 루나 소사이어티 회원들의 초상화가 그 빛의 화가 조지프 라이트에 의해 그려졌다. Benedict Nicolson, *Joseph Wright of Derby*(1968)를 보라. Michael Baxandall, *Shadows*

and Enlightenment(1995)도 보라.

100. Caroline A. Davidson, *A Woman's Work is Never Done*(1982), p. 33에서 인용.

101. 이사야서 9장 2절; 마태복음 4장 16절; 요한복음 1장 9절; 고린도전서 13장 12절. Rosalie L. Colie, *Light and Enlightenment*(1957). 이사야서의 구절은 헨델의 〈메시아〉에서 곡이 붙여졌다.

102. Frederick J. Powicke, *The Cambridge Platonists*(1971), pp. 23f. 케임브리지 플라톤주의자들은 하나의 빛이 다른 빛을 꺼트리지 않는다고 주장했다. 빛에 대한 전적으로 기독교적인 관념에 대해서는 Charles Wesley, 'Morning Hymn'(1740)을 보라.

그리스도, 그분의 영광이 하늘을 가득 채우네.
그리스도, 진정하고 유일한 빛 (…)

Lonsdale, *The New Oxford Book of Eighteenth-century Verse*, p. 335에 수록됨.

103. Isaac Newton, *Opticks, or A Treatise of the Reflections, Refractions, Inflections & Colours of Light*(1704); George Berkeley, *An Essay towards a New Theory of Vision*, 2nd edn(1709); G. N. Cantor, 'The History of "Georgian" Optics'(1978); Marjorie Hope Nicolson, *Newton Demands the Muse*(1946).

104. James Thomson, 'Ode to the Memory of Sir Isaac Newton'(1727), in Lonsdale, *The New Oxford book of Eighteenth-century Verse*, p. 190

105. Alexander Pope, 'Epitaph: Intended for Sir Isaac Newton in Westminster Abbey'(1730), in John Butt (ed.), *The Poems of Alexander Pope*(1965), p. 808.

106. 조지프 프리스틀리는 '어둠에서 빛으로, 미신에서 건전한 지식으로의 변화'를 말한다. *Memoirs of Dr Joseph Priestley, Written on Himself*(1904[1795]), p. 156.

107. Jeremy Black (ed.), *Eighteenth Century Europe 1700-1789*(1990), p. 186.

108. Gilbert Stuart, *The History of the Establishment of the Reformation of Religion in Scotland*(1780), p. 206.

109. Gibbon, *Memoirs of My Life*, p. 186; Thomas Spence, *The Meridian Sun of Liberty*(1796); Mary Wollstonecraft, *A Vindication of the Rights of Men with a Vindication of the Rights of Woman*(1995[1790 and 1792]), p. 112; Edmund Burke, *Reflections on the Revolution in France*(1790), p. 207. 버크적 숭고는 물론 어둠을 복귀시켰다. Edmund Burke, *Philosophical Enquiry into the Origin of Our Ideas of the Sublime and the Beautiful*(1757).

110. Thomas Paine, 'American Crisis'(1776-83), in *The Complete Writings of*

Thomas Paine(1945), vol. i, p. 125.

111. *Dictionary of the English Language*(1755)에서 존슨은 'vision'을 다음의 네 가지 범주로 나눴다.

1. 시력: 보는 능력.
2. 보는 행위.
3. 초자연적인 광경, 유령, 허깨비.
4. 환영, 꿈에 보이는 것. 꿈은 잘 때 보이는 것이지만, 환영은 깨어 있는 사람한테 보일 수 있다. 꿈은 자연스러운 것으로 여겨지지만, 환영은 기적적인 것으로 여겨진다. 그러나 꿈과 환영은 흔히 혼동된다.

두 가지 범주는 가시적인 것, 두 가지 범주는 비가시적인 것에 대한 지각과 연관되어 있다. 로크적 전통은 비가시적인 것(유령, 허깨비, 초자연적 혼령, 기적, 망상)에 대한 지각을 병든 상상력의 작용으로 본다.

112. William Paley, *Natural Theology*(1802), p. 81, Searby, *A History of the University Cambridge*, vol. iii, p. 299.

113. Robert A. Ferguson, *The American Enlightenment 1750-1820*(1997), p. 28의 논의를 보라. Leigh Schmidt, *Hearing Things*(2000), ch. 1; 본서 3장을 보라. 로크는 인간의 심리를 '사물의 빛나는 부분과 어두운 부분 사이의 경계'로 보았다.

114. Rogers, *Eighteenth Century Encounters*, p. 1. 그 장치는 다의적이다. 안경은 그가 앞을 보는 것을 도와주지만 그의 시력이 나쁘다는 것을 확인시켜준다.

115. Richard Price, *A Discourse on the Love of Our Country*(1789), pp. 15-16.

116. Thomas Paine, *The Rights of Man*(1984[1791]), p. 159.

117. Theo Barker (ed.), *The Long March of Everyman 1750-1960*(1978), p. 64.

118. George Birkbeck Hill, *Boswell's Life of Johnson*(1934-50), vol. iii, p. 3; D. Spadafora, *The Idea of Progress in Eighteenth-century Britain*(1990), p. 40의 논의를 보라.

119. Hill, *Boswell's Life of Johnson*, vol. iii, p. 3, and vol. iv, p. 217. '이 시대가 고대보다 더 낫다고 진심으로 생각합니다'라고 그 전기 작가는 잘라 말했다. James Boswell, 'On Past & Present', *The Hypochondriack*(January 1782), in M. Bailey (ed.), *Boswell's Column*(1951), no. 52, p. 267.

120. Jeremy Bentham, *A Fragment of Government*(1988[1776]), p. 3.

121. Clark, *English Society, 1688-1832*, p. 42. 내가 언급한 것은 클라크의 주장의 요점이다.

3장 쓰레기 치우기

1. Isaac Watts, *Logick*(1724), introduction.

2. Basil Willey, *The Eighteenth century Background*(1962), p. 1. 윌리는 탈출이 달성되었음을 강조했다('어디서나 안도감을 접합 수 있다'). 그 못지않게 중요한 것은 사람들이 탈출을 추구했다는 점이다. 감금과 구조의 테마는 장기 18세기에 걸쳐 줄곧 전면에 존재했다. John Bender, *Imagining the Penitentiary*(1987).

3. Peter Burke, *The Renaissance Sense of the Past*(1970).

4. 블레이크의 표현에 관해서는 G. Keynes (ed.), *The Complete Writings of William Blake*(1957), p. 170을 보라.

5. W. B. Carnochan, *Confinement and Flight*(1977). 민담에서의 테마는 Marina Warner, *From the Beast to the Blonde*(1994)를 보라. 기독교적 서사는 Christopher Hill, *A Turbulent, Seditious and Factious People*(1989)과 *The English Bible and the Seventeenth-century Revolution*(1993)을 보라.

6. John Toland, Stephen H. Daniel, *John Toland: His Methods, Manners, and Mind*(1984) p. 6에서 인용. Linda Colley, *Britons*(1992). John Lucas, *England and Englishness*(1990).

7. 그러한 편견들에 대한 분석은 Christopher Hill, *Antichrist in Seventeenth-century England*(1971)를 보라.

8. P. C. Almond, *Heaven and Hell in Enlightenment England*(1994)는 기독교 신학을 채색해온 그리스 형이상학에 대한 합리적 프로테스탄티즘의 거부를 조명한다. J. G. A. Pocock, *Virtue, Commerce, and History*(1985), p. 143도 보라. 비교秘敎 전수자로서의 플라톤에 관해서는 Joseph Priestly, *An History of the Corruptions of Christianity*(1871[1721]), pp. 9, 113, 132를 보라. 여기서 플라톤은 '동방 철학'과 한데 묶여 취급된다. 이하 5장을 보라.

9. Henry St John, Viscount Bolingbroke, *Essays on Human Knowledge*, in *The Works of Lord Bolingbroke*(1969[reprint of 1841 edn]), vol. iii, p. 294.

10. Edward Gibbon, *The History of the Decline and Fall of the Roman Empire*(1994[1776]), vol. i, pp. 398-9.

11. '사제정략'에 관해서는 이하 5장을 보라. 가톨릭주의는 대단히 유혹적이기에 갑절로 위험했다. 계몽주의 인물들 가운데 적잖은 이들이 일시적으로 가톨릭으로 개종한 경험이 있는데, 대표적인 예로 피에르 벨, 에드워드 기번, 제임스 보즈웰 등을 들 수 있다. Colin Haydon, *Anti-Catholicism in Eighteenth-century England, c.1714-80*(1993).

12. J. E. Norton (ed.), *The Letters of Edward Gibbon*(1956), vol. ii, p. 245; Iain McCalman의 논평, 'Mad Lord George and Madame La Motte'(1996) ; Pocock, *Virtue, Commerce, and History*, p. 155.

13. 종교전쟁들의 트라우마에 관해서는 Christopher Hill, *Some Intellectual Consequences of the English Revolution*(1980); Michael Heyd, *'Be Sober and Reasonable': The Critique of Enthusiasm in the Seventeenth and Early Eighteenth centuries*(1995); R. A. Knox, *Enthusiasm*(1950)을 보라.

14. Samuel Butler, *Hudibras, Part I and II and Selected Other Writings*(1973[1963]), The First part, canto I, 'The Argument', p. 7, ll. 193-5.

15. R. F. Jones, *Ancients and Moderns*(1936); Joseph M. Levine, *The Battle of the Books*(1992)를 보라.

16. Elisabeth Labrousse, *Bayle*(1983).

17. Jonathan Brody Kramnick, *Making the English Canon*(1999)에서 논의된다.

18. 벤담이 좋아한 표현: Jeremy Bentham, *The Book of Fallacies*(1824). '픽션의 계절은 이제 끝났다'고 그는 *A Fragment on Government*(1988[1776]), p. 53에서 천명한다—Mary P. Mack은 "일찍이 『통치론 단편A Fragment on Government』에서 그는 '역병을 옮기는 픽션의 숨결'을 규탄했다"고 주목한다. *Jeremy Bentham, An Odyssey of Ideas, 1748-1792*(1962), p. 76.

19. Jones, *Ancients and Moderns*, p. 261. 톰슨의 말이 분명히 보여주듯이, 옛것과 새것, 허구와 사실을 대비시키는 수사는 결코 계몽주의에만 국한되지 않았다.

20. David L. Jacobson and Ronald Hamowy (eds.), *The English Libertarian Heritage*(1994), p. 272.

21. G. J. Warnock, *Berkeley*(1969), p. 15. Ian Tipton, *Berkeley: The Philosophy of Immaterialism*(1995); Peter Walmsley, *The Rhetoric of Berkeley's Philosophy*(1990)도 보라.

22. Anthony Ashley Cooper, 3rd Earl of Shaftesbury, *Characteristicks of Men, Manners, Opinions, Times*(1999[1711]), 'Miscellany III', vol. ii, ch. I. '희롱하는 영혼을 낳은 것은 박해하는 영혼이다.' 'Sensus Communis', section 4.

23. Shaftesbury, 'Miscellany III', in *Characteristicks of Men, Manners, Opinions, Times*, vol. ii, ch. I, p. 206. Lawrence E. Klein, *Shaftesbury and the Culture of Politeness*(1994), p. 34. 그는 칼뱅주의와 홉스를 동일한 논변으로 공격했다. 두려움에 바탕을 둔 그들의 도덕률은 미덕에서 미덕을 앗아가버렸기 때문에 그들은 둘 다 고상하지 못하다는 것이다. 섀프츠베리가 대화 형태를 선호했다는 사실은 지적 개방성에 기운 그의 성향을 보여준다. Michael Prince, *Philosophical Dialogue in the*

British Enlightenment(1996).

24. Thomas Sprat, *The History of the Royal Society of London, for the Improving of Natural Knowledge*(1667), p. 43; P. B. Wood, 'Methodology and Apologetics'(1980); Hans Aarsleff, *From Locke to Saussure*(1982), pp. 8f; Robert Markley, *Fallen Languages*(1993).

25. Samuel Johnson, *A Dictionary of the English Language*(1755), para. 17. 그럼에도 불구하고 그는 다음과 같이 결론 내리며 말을 옹호한다. '기호들이 그것들이 나타내는 사물처럼 영구불변해질 수 있다면 좋겠다.' Robert DeMaria Jr, *Johnson's Dictionary and the Language of Learning*(1986), p. 155.

26. George Berkeley, *Treatise concerning the Principles of Human Knowledge*(1710), p. 152.

27. C. H. Hull (ed.), *The Economic Writings of Sir William Petty*(1899), vol. i, p. 244. Richard Olson, *The Emergence of the Social Sciences, 1642-1792*(1993); Alessandro Roncaglia, *Petty: The Origins of Political Economy*(1985); Richard Stone, *Some British Empiricists in the Social Sciences, 1650-1900*(1997), pp. 41f.

28. Alexander Pope, *The Dunciad*(1728), book IV, ll. 653–6 in John Butt (ed.), *The Poems of Alexander Pope*(1965), p. 800.

29. 사실 포프는 어느 정도는 섀프츠베리와 볼링브루크를 대중화하고 있었고, 두 사람은 모두 많은 사상을 로크한테서 빌려왔다. Brean S. Hammond, *Pope and Bolingbroke*(1984).

30. C. G. Caffentzis, *Clipped Coins, Abused Words, and Civil Government*(1989), p. 46. 1695~96년의 화폐 대개주大改鑄를 관장한 로크는 법정화폐의 가치는 내재적인 것으로 여겨져야 한다고 믿었다—그것은 정치가들의 뜻에 좌우되어서는 안 된다. John Dunn, *Locke*(1984), p. 40. 가장자리를 깎아낸 주화나 위조 화폐에 대한 걱정은 이미지 메이킹의 시대에 가면과 여타 형태의 기만에 대한 불안에 상응했다. Roy Porter, 'Making Faces'(1985).

31. Walter J. Ong, *Orality and Literacy*(1982); Elizabeth L. Eisenstein, *The Printing Press as an Agent of Change*(1979). 미술에서 일어난 유사한 우상파괴는 Andrew Graham-Dixon, *A History of British Art*(1996)를 보라.

32. 물론 세 명의 선구자를 집어내는 것에는 자의적인 측면이 있다. 다른 이들도 엄청난 영향력을 발휘했다. 스피노자는 무신론자 도깨비로 홉스와 쉽게 짝을 이룬다. R. L. Colie, 'Spinoza and the Early English Deists'(1959).

33. John Cottingham, *Descartes*(1986); Marjorie Hope Nicolson, 'The Early

Stage of Cartesianism in England'(1929); Martin Hollis (ed.), *The Light of Reason*(1973); William Barrett, *Death of the Soul*(1987), pp. 14f; Sylvana Tomaselli, 'The First Person'(1984); Roger Smith, 'Self-Reflection the Self' (1997).

34. Alan Gabbey, 'Cudworth, More and the Mechanical Analogy'(1992); Rosalie L. Colie, *Light and Enlightenment*(1957), p. 124; G. A. J. Rogers, 'Descartes and the English'(1985).

35. 예를 들어 사랑샘이라는 것도 있었다. '강한 정유精油와 등화수燈花水(오렌지 꽃에서 채취하여 증류시킨 향료—옮긴이) 냄새가 나는 (…) 솔방울샘 (…) 우리는 전두부에서 커다란 공동, 즉 빈 공간을 발견했는데, 그것은 리본과 레이스, 자수로 가득차 있었다.' Joseph Addison and Richard Steele, *The Spectator*(1965), vol. ii, no. 275, p. 571(Tuesday, 15 January 1712). 버클리가 찾았다고 하는 자유사상가의 것도 있다. 그는 그것이 '보통보다 훨씬 좁아서, 기적이나 예언, 별도의 영혼을 위한 공간이 전혀 없음'을 알게 되었고, '구석에 서 있는, 한 여성의 모습을 한 편견을 발견했다.' *Guardian*(1713), no. 39, p. 155(Saturday, 25 April 1713). 지식을 추구하는 데 헛되이 인생을 바친 마틴 스크리블레루스의 전기라고 주장하는 한 서사에서는 12장에서 그의 '영혼의 거처에 대한 탐구'를 묘사한다. '그는 글란둘라 피네알리스 Glandula Pinealis(솔방울샘—옮긴이)의 상이한 생김새로부터 인류의 상이한 기질의 원인을 알아낼 수 있을지도 모른다고 생각해, 무수한 시체를 해부하면서 마침내 이 샘을 좋아하게 되었다.' Charles Kerby-Miller, *Memoirs of the Extraordinary Life, Works, and Discoveries of Martinus Scriblerus*(1988[1742]), p. 286.

36. F. M. Voltaire, *Letters concerning the English Nation*(1926[1733]), pp. 84f; A. Rupert Hall, 'Newton in France'(1975)도 보라.

37. Lisa Jardine, *Francis Bacon: Discovery and the Art of Discourse*(1974); Charles Webster, *The Great Instauration*(1975); Barbara J. Shapiro, *Probability and Certainty in Seventeenth-century England*(1983).

38. Quentin Skinner, *Reason and Rhetoric in the Philosophy of Hobbes*(1996); Samuel I. Mintz, *The Hunting of Leviathan*(1962).

39. Thomas Hobbes, *Leviathan*(1968[1651]), pt 1, ch. 4, p. 105.

40. Hobbes, *Leviathan*, pt 1, ch. 4, p. 106.

41. 우리가 어떻게 영혼Spirits을 유령Ghosts이라는 말로 번역하게 되었는지 나는 여기서 탐구하지 않겠다. 천상에도 지상에도 존재하지 않는 그것은 아무것도 뜻하지 않으며, 인간의 머릿속에 있는 상상의 존재일 뿐이다. 하지만 이것은 일러두겠는데, 이 책에서 영혼이라는 단어는 그러한 것을 의미하지 않는다. 그 대신 올바른 의미에서 진정한 실체 또는

은유적으로 정신이나 육체의 어떤 특별한 능력이나 감정을 의미한다.

Hobbes, *Leviathan*, pt 3, ch. 34, p. 43. Jeffrey Barnouw, 'Hobbes's Psychology of Thought'(1990)를 보라.

42. Hobbes, *Leviathan*(1968[1651]), pt 1, ch. 11, p. 160; Mintz, *The Hunting of Leviathan*, p. 30.

43. Hobbes, *Leviathan*, pt 1, ch. 11, p. 161

44. Hobbes, *Leviathan*, pt 1, ch. 11, p. 161. 세속화된 칼뱅주의는 Christopher Hill, *The World Turned Upside Down*(1972), p. 313을 보라.

45. Warren Chernaik, *Sexual Freedom in Restoration Literature*(1995), p. 27; Mintz, *The Hunting of Leviathan*, p. 23. 민츠는 '홉스의 손에서 유명론과 유물론은 절대적인 것들의 실제 존재나 객관적 존재에 관해, 특히 신의 섭리, 선악, 불멸의 영혼 같은 절대적인 것들에 대한 강력한 회의주의의 도구가 되었다'고 평가한다.

46. Hobbes, *Leviathan*, ch. 46.

47. Mintz, *The Hunting of Leviathan*, pp. 50, 61.

48. David Hume, *Essays Moral, Political and Literary*(1898[1741-2]), vol. ii, p. 135. 말할 필요도 없지만, 계몽주의의 수사는 비록 쾌활하기는 해도, 어느 것 못지않게 편협하고 완고하게 들릴 수 있다.

49. '변변찮은 일꾼'에 관해서는 John Locke, *An Essay concerning Human Understanding*(1975[1690]), 'Epistle to the Reader', p. 10을 보라. 비록 지식은 결코 절대적이지 않지만, 로크는 '그것이 그들의 커다란 관심사, 즉 조물주에 대한 앎과 그들 자신의 의무들에 대한 이해로 이끌 만한 빛(이성—옮긴이)을 그들이 갖고 있음을 보장한다'고 믿었다. 로크는 새로운 과학에 깊은 관심을 가지고 있었고 다수의 과학서를 소장하고 있었다. John C. Biddle, 'Locke's Critique of Innate Principles and Toland's Deism'(1990), p. 141도 보라. 이성의 한계에 관해서는 Robert Voitle, 'The Reason of the English Enlightenment'(1963)를 보라.

50. 일반적으로는 Maurice Cranston, *John Locke: A Biography*(1957); John W. Yolton, *John Locke and the Way of Ideas*(1956)와 *Locke: An Introduction*(1985); Dunn, *Locke*를 보라. Peter Schouls, *Reasoned Freedom*(1992)는 훌륭한 철학적 해설이다. 『오성론』에 관해서는 Katharine M. Morsberger, 'John Locke's *An Essay concerning Human Understanding*'(1996)이 도움이 된다.

51. Locke, *An Essay concerning Human Understanding*, bk IV, ch. 3, p. 21; bk I, ch. 3, p. 27.

52. Locke, *An Essay concerning Human Understanding*, bk I, ch. 3, para. 12, p. 73. Mark Goldie (ed.), *Locke: Political Essays*(1997), p. xix의 논의를 보라.

53. Locke, *An Essay concerning Human Understanding*, bk III, ch. 10, para. 34, p. 508. 그는 계속하여 '모든 수사의 기술은 잘못된 관념들을 살며시 불어넣고 정념을 자극하여 판단을 오도하려는 것에 불과'하다고 말한다. Peter Walmsley, 'Prince Maurice's Rational Parrot'(1995)은 Markely, *Fallen Languages*와 마찬가지로 로크의 언어에 대한 불신을 끄집어낸다. 로크의 제3권 전체가 이와 유관하다.

54. Locke, *An Essay concerning Human Understanding*, bk II, ch. 10, para. 34, p. 508.

55. Locke, *An Essay concerning Human Understanding*, bk II, ch. 10, para. 34, p. 508; Cranston, *John Locke: A Biography*, pp. 272f를 보라. 스턴의 주인공은 '로크가 말의 불완전성에 관해 한 장章을 쓸 만도 했다'고 말한다. Laurence Sterne, *Tristram Shandy*(1967[1759-67]), pp. 354-5.

56. Locke, *An Essay concerning Human Understanding*, bk III, ch. 10, para. 31; bk III, ch. 10, para 9, p. 495. 로크는 새로운 바벨탑이 들어서지나 않을까 우려했다. bk III, ch. 6, para. 29, p. 456.

57. Aarsleff, *From Locke to Saussure*, p. 27. 여기서 촉구되는 언어학적 청소 작업은 스위프트에 의해 귀류법으로 패러디되었는데, 여기서 그는 '일체의 단어들을 완전히 폐지하기 위한' 라가도 아카데미에 대한 계획을 내놓는다. '그리고 이것은 간결함의 측면만이 아니라 건강의 관점에서도 커다란 이점으로 촉구되었다. (…) 왜냐하면 단어란 사물에 대한 이름일 뿐이기 때문에, 모든 사람들이 각자 논의하고자 하는 특정 용무를 표현하기 위해 필요한 사물들을 지니고 다니는 게 더 편할 것이다.' Jonathan Swift, *Gulliver's Travels*(1954[1726]), bk III, pp. 51-85. (Penguin edn, p. 230.) 스위프트는 지적인 난센스에 대한 계몽된 비판을 공유하면서 동시에 풍자했다. J. R. R. Christie, 'Laputa Revisited'(1989); Deborah Baker Wyrick, *Jonathan Swift and the Vested Word*(1988); Christopher Fox, *Locke and the Scriblerians*(1988)를 보라.

58. Locke, *An Essay concerning Human Understanding*, bk IV, ch. 16, para. 14.

59. Alan P. F. Sell, *John Lock and the Eighteenth-century Divines*(1997), p. 9에서 인용.

60. Locke, *An Essay concerning Human Understanding*, bk IV, ch. 13; bk IV, ch. 18, para. 2.

61. Locke, *An Essay concerning Human Understanding*, bk IV, ch. 18, para. 5. '분명하고 자명한 이성의 명령과 반대되고 일치하지 않는 어느 것도 이성과는 아무

상관이 없는 신앙의 문제로서 강요되거나 동의될 권리가 없다.' 이를 인정하는 데 실패했기 때문에 종교들이 미신으로 가득차게 되었다.

62. Locke, *An Essay concerning Human Understanding*, bk IV, ch. 18, para. 2. 제4판에서 로크는 광신에 대한 공격을 추가했다. 5장을 보라.

63. Locke, *An Essay concerning Human Understanding*, bk IV, ch. 17, para. 2.

64. Locke, *An Essay concerning Human Understanding*, bk IV, ch. 27, para. 6.

65. Locke, *An Essay concerning Human Understanding*, bk IV, ch. 17, para. 15.

66. Locke, *An Essay concerning Human Understanding*, bk I, Ch. 1, para 6, p. 46. 로크와 새로운 과학에 관해서는 G. A. J. Rogers, 'The Empiricism of Locke and Newton'(1979); 'Locke, Anthropology and Models of the Mind'(1993); 'Boyle, Locke and Reason'(1990); 'Locke, Newton and the Cambridge Platonists on Innate Ideas'(1990)를 보라. 과학적으로 명백하고 오해의 소지가 있는 수사가 없는 언어에 대한 생각은 W. K. Wimsatt, *Philosophic Words*(1948)를 보라.

67. Biddle, 'Locke's Critique of Innate Principles and Toland's Deism'; Charles Taylor, *Sources of the Self*(1989), p. 164.

68. Locke, *An Essay concerning Human Understanding*, bk II, ch. 1, para. 2, p. 104.

69. Locke, *An Essay concerning Human Understanding*, bk II, ch. 11, para. 17, pp. 162-3; Taylor, *Sources of the Self*, p. 167. 일찍이 『인간 오성론』 제1권에서 로크는 이렇게 물었다. '그것[마음]은 분주하고 한없는 인간의 공상이 거의 무한할 정도로 다양하게 그려내는 저 [관념들의] 방대한 양을 어디서 얻는가?'(한마디로 다음과 같이 물은 셈이다. '그것은 이성과 지식의 모든 재료를 어디서 얻는가?') 그리고 이렇게 답한다. '여기에 나는 한마디로 답하겠다. 경험에서라고.'(bk I, ch. 2, para. 1)

70. Locke, *An Essay concerning Human Understanding*, bk II, ch. 1, para. 5. 로크의 진술—'마음이 그 자체로 지각하는 것이라면 무엇이든, 또는 지각이나 생각, 이해의 직접적 대상이라면 나는 **관념**idea이라고 부른다'—은 새뮤얼 존슨의 영어 사전에서 'Idea'의 하위 항목에 인용되었다.

71. 철학자들이 만들어낸 잘못된 사고 세계들에 대한 추후의 공격에서 특히 버클리가 논박한 대로였다. Barrett, *Death of the Soul*, p. 35를 보라.

72. Locke, *An Essay concerning Human Understanding*, bk II, ch. 11, para. 2; bk II, ch. 11, para. 1.

73. Locke, *An Essay concerning Human Understanding*, bk II, ch. 11, para. 2; Martin Kallich, *The Association of Ideas and Critical Theory in Eighteenth-*

century England(1970); Ernest Lee Tuveson, *The Imagination as a Means of Grace*(1960).

74. Locke, *An Essay concerning Human Understanding*, bk II, ch. 33.

75. Locke, *An Essay concerning Human Understanding*, bk II, ch. 21, para. 73.

76. Locke, *An Essay concerning Human Understanding*, bk II, ch. 23, para. 13.

77. Locke, *An Essay concerning Human Understanding*, bk III, ch. 6, para. 9.

78. Locke, *An Essay concerning Human Understanding*, bk IV, ch. 3, para. 6.

79. '유럽 계몽주의를 로크의 유산으로 보는 관점에는 진정한 타당성이 있다.' Dunn, *Locke*, p. 21.

80. E. S. De Beer (ed.), *The Correspondence of John Locke*(1976–89), letter 1659, vol. iv, p. 727. 1768년까지도 로크의 『인간 오성론』은 포르투갈에서 금서 목록에 올라 있었다.

81. Yolton, *John Locke and the Way of Ideas*, p. 88; Sell, *John Locke and the Eighteenth-century Divines*, p. 29.

82. 틴들의 경우는 그의 *Rights of the Christian Church Asserted*(sn, 1706); 스위프트의 경우는 그의 *Bickerstaff Papers*(1957[1708–9]), p. 80을 보라. John Valdimir Price, 'The Reading of Philosophical Literature'(1982), p. 167에서 인용. 로크의 인격personality에 대한 관념은 역시 풍자의 대상이 되었다. Kerby-Miller (ed.), *Memoirs of the Extraordinary Life, Works, and Discoveries of Martinus Scriblerus*, 1950.

83. 체임버스에 관해서는 '관념Idea' 항목을 보라. William Wollaston, *The Religion of Nature Delineated*(1724), p. 17, in Yolton, *John Locke and the Way of Ideas*, p. 69.

84. William R. Paulson, *Enlightenment, Romanticism and the Blind in France*(1988), pp. 21–38; Marjorie Hope Nicolson, *Newton Demands the Muse*(1946), pp. 82–4; Locke, *An Essay concerning Human Understanding*, bk II, ch. 9, para. 8도 보라.

85. William Cheselden, 'An account of Some Observations Made by a Young Gentleman'(1727-8); Richard C. Allen, *David Hartley on Human Nature*(1999), p. 140. G. N. Cantor, 'The History of "Georgian" Optics'(1978); Luke Davidson, '"Identities Ascertained"'(1996)도 보라.

86. Alan Bewell, *Wordsworth and the Enlightenment*(1989), p. 26; Jonathan Rée, *I See a Voice*(1999), pp. 334-7.

87. William Warburton, *Letters from a Late Eminent Prelate to One of His*

Friends(1808), p. 207; letter of 3 March 1759. 친구는 리처드 허드이다.

88. Bolingbroke, *On Human Knowledge, in The Works of Lord Bolingbroke*(1969; repr. of 1841 edn[1754-77]), vol. v, p. 166. 볼링브루크에게 이성은 로크에게와 마찬가지로 어두운 밤에 길을 가는 나그네에게 빛을 밝혀주는 촛불이었다.

89. Watts, *Logick*; Arthur Paul Davis, *Isaac Watts: His Life and Works*(1948), p. 86.

90. Isaac Watts, *Philosophical Essays on Various Subjects*(1733), preface. 로크의 글은 '햇살'이었다. Sell, *John Locke and the Eighteenth-century Divines*, pp. 36, 163.

91. Sell, *John Locke and the Eighteenth-century Divines*, p. 5; J. Yolton, 'Schoolmen, Logic and Philosophy'(1986), p. 570.

92. John Gascoigne, *Cambridge in the Age of the Enlightenment*(1989), pp. 7f; Peter Searby, *A History of the University of Cambridge*(1997), vol. iii, p. 152.

93. W. S. Howell, *Eighteenth-century British Logic and Rhetoric*(1971), pp. 273-4; Anand C. Chitnis, *The Scottish Enlightenment*(1976), p. 159.

94. Abraham Tucker, *The Light of Nature Pursed*(1997[1768]), vol. i, p. 44. 터커는 탁 트인 땅인 '철학의 나라'와 덤불이 마구 자란 '형이상학의 나라'를 주제별로 대비시킨다(vol. ii, p. 76).

95. Mary P. Mack, *Bentham, An Odyssey of Ideas, 1748-1792*, p. 120. 하지만 벤담은 언어에 관해 순진하게 굴지 않았다.

담화에서 허구적 언어가 어떤 경우에도 사용되어서는 안 된다고 말하는 것은, 마음의 작동이나 감정, 마음의 여타 현상들이 포함된 주제에 관한 어떤 담화도 애초에 해서는 안 된다고 말하는 것과 다름없다.

Chrestomathia(1816), Bender, *Imagining the Penitentiary*, p. 138에서 인용.

96. Addison and Steele, *The Spectator*, 11 papers, vol. III, nos. 411-42, pp. 535-82. 애디슨은 상상의 즐거움의 '1차적' 원천들을 주로 거대함이나 희귀함, 아름다움으로 두드러지는 대상이나 전망들로 구분한 뒤 상상의 '2차적' 즐거움으로 넘어간다. Malcolm Andrews, *The Search for the Picturesque*(1989), pp. 39-40의 논의를 보라. Tuveson, *The Imagination as a Means of Grace*. 단어의 오용에 대한 로크의 시각은 *Spectator*, no. 373; 개인의 정체성에 관해서는 no. 578을 보라. 애디슨은 로크의 뒤를 이어 1704년 물품세 감독관으로 취임했다.

97. Addison and Steele, *The Spectator*, vol. III, no. 413, pp. 546-7(Tuesday, 24 June 1712).

98. Sir Richard Steele, Joseph Addison and others, the *Guardian*, vol. I, no. 24, p. 95(24 June 1712).

99. Kenneth MacLean, *John Locke and English Literature of the Eighteenth Century*(1936), p. 1; Gerd Buchdahl, *The Image of Newton and Lock in the Age of Reason*(1961)도 보라. 교육가로서의 로크에 관해서는 5장을, 해외에서의 그의 영향력에 관해서는 John W. Yolton, *Locke and French Materialism*(1991)과 Ross Hutchison, *Locke in France(1688-1734)*(1991)를 보라. Robert DeMaria Jr는 로크를 존슨의 '제1철학자'로 부른다. *Johnson's Dictionary and the Language of Learning*, p. 50.

100. *Covent-Garden Journal* no. 30, MacLean, *John Locke and English Literature of the Eighteenth Century*, p. 2에서 인용.

101. Laurence Sterne, *The Life and Opinions of Tristram Shandy*(1967[1759-67]), vol. I, ch. 4, p. 39; Judith Hawley, 'The Anatomy of *Tristram Shandy*'(1993). 스턴은 어쩌면 로크의 『교육론』의 다음 대목을 염두에 두고 있었는지도 모른다. '어떤 두려운 불안을 그들한테 이야기하여 심어주거나, 끔찍한 물건들로 그들을 놀라게 해서는 안 된다. 이것은 흔히 정신을 동요시키거나 충격에 빠트려서 다시는 회복하지 못하게 된다.' J. L. Axtell, *The Educational Writings of John Locke*(1968), section 115, p. 221. 후반부에서 트리스트럼은 로크로 다시 돌아와 그의 『오성론』을 설명해야겠다고 느낀다.

그게 어떤 책인지 한마디로 알려드리지요. 그것은 역사서입니다. 역사서라고요? 누구? 무엇? 어디? 어느 시대에 대한 겁니까? 너무 서두르지 마세요.—그것은 선생, 역사서 중에서도(그 명칭만으로도 세간의 관심을 끌 수 있는) 한 사람의 마음속에서 일어나는 일들에 대한 역사서란 말입니다.

Sterne, *Tristram Shandy*, vol. ii, ch. 2, p. 107.

102. Mary Hays, *Memoirs of Emma Courtney*(1996[1796]), p. 23.

103. Samuel Richardson, *Pamela*(1883-4[1740]), vol. ii, p. 330, letter 90. '아이들의 미숙한 마음이 마치 밀랍처럼 원하는 형태로 주조될 수 있는 때에, 부모들은 아이들의 나쁜 습관을 받아주거나 그들이 마음대로 하게 내버려두지 않도록 조심해야 한다'고 그녀는 권고한다.

104. Charles Strachey (ed.), *The Letters of the Earl of Chesterfield to His*

Son(1932), vol. i, p. 292, letter 168.

105. John Passmore, *The Perfectibility of Man*(1970), pp. 171-212.

106. Taylor, *Sources of the Self*, p. 174.

4장 출판 문화

1. Alexander Pope, *The Dunciad*(1728), l. 1, in John Butt (ed.), *The Poems of Alexander Pope*(1965), p. 349.

2. Samuel Johnson, *A Dictionary of the English Language*(1755), preface.

3. W. J. bate, J. M. Bullitt, and L. F. Powell (eds.), *Samuel Johnson: The Idler and Adventurer*(1963), no. 115, p. 457(11 December 1753).

4. George Birkbeck Hill, *Boswell's Life of Johnson*(1934), vol. iii, p. 293(16 April 1778).

5. 대륙에서의 검열에 관해서는 Robert Darnton, *The Forbidden Best-Sellers of Pre-Revolutionary France*(1996)와 *The Business of Enlightenment*(1979)를 보라. 책이 가져온 충격의 메타히스토리는 Ernest Gellner, *Plough, Sword and Book*(1991)(어니스트 겔너, 『쟁기, 칼, 책』, 삼천리, 2013)을 보라.

6. Adrian Johns, *The Nature of the book*(1998), pp. 187f.

7. 이것은 당시 *Salisbury Journal*(18 March 1754)에서 되풀이되었다. C. Y. Ferdinand, *Benjamin Collins and the Provincial Newspaper Trade in the Eighteenth Century*(1997), p. 155. 일정 정도의 연극 검열이 허가법(1783)으로 도입되었다.

8. James Raven, Naomi Tadmore and Helen Small (eds.), *The Practice and Representation of Reading in Britain 1500-1900*(1996), pp. 4f; John Feather, 'The Power of Print'(1997)와 *A History of British Publishing*(1988); Marjorie Plant, *The English Book Trade*(1965).

9. Richard D. Altick, *The English Common Reader*(1957), p. 49.

10. James Sutherland, *Defoe*(1937), p. 68.

11. A. Beljame, *Men of Letters and the English Public in the Eighteenth Century, 1660-1744*(1948), p. 309; A. S. Collins, *Authorship in the Days of Johnson*(1927), p. 21.

12. John Brewer, *The Pleasures of the Imagination*(1997), p. 428을 보라. Clifford Siskin, *The Work of Writing*(1998)도 보라. 푸코주의자라면 포프를 수정하여 '작가

기능'의 출현에 관해 쓸지도 모르겠다. Michel Foucault, 'What is an Author?' (1977). Roger Chartier, *The Order of Books*(1994), p. 29의 논의를 보라.

13. William Worthington, *An Essay on the Scheme and Conduct, Procedure and Extent of Man's Redemption*(sn, 1743), pp. 155-6; Edmund Law, *Considerations on the State of the World, with Regard to the Theory of Religion*(1745), p. 25.

14. George Davie, *The Democratic Intellect*(1961), p. 66; T. C. Smout, *A History of the Scottish People, 1560-1830*(1969), p. 478; R. A. Houston, 'Scottish Education and Literacy, 1600-1800'(1989).

15. 1819년 의회의 한 조사에 따르면, 잉글랜드에는 문법학교를 포함하여 총 16만 5433명의 학생이 다니는 '기부 학교'(비영리 법인 재단에 돈이나 자산을 기부하여 설립된 학교—옮긴이)가 4167곳이 있었다. 총 47만 8849명의 학생이 재학하는 '비非 기부 학교'는 '부인학교'부터 비국교도 아카데미에 이르기까지 1만 4282곳이 있었다. 빈민 아동을 위한 교육 기관으로는 총 45만 2817명의 학생이 다니는 주일학교가 5162곳이 있었다. John Lawson and Harold Silver, *A Social History of Education in England*(1973), pp. 226-66을 보라.

16. E. G. Hundert, *The Enlightenment's Fable*(1994), p. 122; Soame Jenyns, *Free Inquiry into the Nature and Origin of Evil*(1757), pp. 49-50. 존슨은 제닌스의 코를 납작하게 해준다.

교육의 특권은 때로 부적절하게 부여될지도 모른다. 하지만 나는 자신이 금언을 따르고 있다고 확신하면서 자만심에 빠지지 않도록, 그리고 타인들이 억압받는 것을 보면서 기뻐하는 악의와 유익한 제약이라는 명분 아래 지배욕에 빠지지 않도록 그 교육의 특권을 언제나 허용할 것이다.

Samuel Johnson, 'A Review of Soame Jenyns' "A Free Inquiry into the Nature and Origin of Evil"'(1757), in B. Bronson (ed.), *Samuel Johnson, Rasselas, Poems and Selected Prose,* 3rd edn(1971), p. 224.

17. Edward Gibbon, *Memoirs of My Life*(1966[1796]), p. 36.

18. Brewer, *The Pleasures of the Imagination*, p. 187; John Money, 'Teaching in the Market-Place, or "Caesar adsum Jam Forte; Pompey Aderat"'(1993). 머니 교수는 캐넌에 대한 전기를 준비중이다.

19. G. D. H. and Margaret Cole (eds.), *The Opinions of William Cobbett*(1944), p. 17; George Spater, *William Cobbett: The Poor Man's Friend*(1982), p. 18. 코벳

은 계속하여 그가 좋아하는 작가들인 드라이든, 포프, 골드스미스로 넘어갔고, 밀턴, 마블, 버틀러, 카울리, 처칠, 톰슨, 쿠퍼와 바이런, 워즈위스, 사우디의 몇몇 작품, 그리고 필딩, 스턴, 르사주와 세르반테스의 소설을 읽었다. 그는 블랙스톤의 『주해』와 와츠의 『논리』, 블레어의 『수사학 강의』와 베이컨, 에벌린, 기번, 애디슨, 페일리, 존슨, 윌리엄 템플의 저작을 공부했다.

20. Samuel Bamford, *The Autobiography of Samuel Bamford*(1848-9; repr. 1967), vol. i, pp. 23, 40; Patricia Anderson, *The Printed Image and the Transformation of Popular Culture 1790-1860*(1991), pp. 31, 90. '나의 마음은 말없지만 흥미진진한 책과의 대화를 갈수록 갈망하고 있었다.'

21. John Clare, 'The Autobiography, 1793-1824', in J. W. and A. Tibble (eds.), *The Prose of John Clare*(1951), p. 14.

22. David Vincent, *Literacy and Popular Culture*(1989)와 *Bread, Knowledge, and Freedom*(1982).

23. James Lackington, *Memoirs of the First Forty-five Years of the Life of James Lackington*, 7th edn(1794), pp. 254-5.

24. James Lackington, *Memoirs of the First Forty-five Years of the Life of James Lackington*, pp. 232, 257; Altick, *The English Common Reader 1800-1900*, pp. 36f; Roy McKeen Wiles, 'The Relish for Reading in Provincial England Two centuries ago'(1976), pp. 85-115.

25. Altick, *The English Common Reader 1800-1900*, p. 57을 보라. 구두 수선공의 견습생이었던 래킹턴은 감리교도가 되었고, 독학으로 공부하기 시작하여 책을 사려고 끼니를 걸렀다. 1774년 그는 런던으로 건너가 구두 수선공으로 일했다. 런던에서 보내는 첫 크리스마스에 그는 크리스마스 저녁거리를 구하러 갔다가 대신에 에드워드 영의 『밤의 생각들Night Thoughts』을 구입했다. 서적상이 되어 별다른 이윤을 얻지 못하고 책을 팔던 그는 6개월 만에 재고 가치를 25파운드로 늘렸다. 1779년에는 1만 2000권의 재고 목록을 열거한 그의 첫 도서목록을 출판했다. 연간 판매량이 수만 권에 달한 1790년대에 이르자 그는 이렇게 천명했다. '나는 내가 소유한 전 재산이 박리薄利에, 근면으로 제본되고 절약으로 결쇠가 채워져 있음을 알게 되었다.' *Memoirs of the First Forty-five years of the Life of James Lackington*, pp. 210-14, 256-9, 268.

26. Samuel Johnson, 'Milton', in *The Lives of the Most Eminent English Poets*(1939[1779-81]), vol. i, pp. 103-4, Altick, *The English Common Reader 1800-1900*, p. 41에서 인용. 런던을 찾은 한 프로이센 방문객은 자신이 묵고 있는 곳의 집주인은 재단공의 미망인인데, '밀턴을 읽으며 나에게 작고한 남편은 처음에 그

녀가 그 시인을 양식 있게 읽는 모습을 보고 사랑에 빠졌다고 말한다'고 적는다. Carl Philip Moritz, *Journeys of a German in England*(1982[1783]), p. 30.

27. William Hazlitt, *Life of Thomas Holcroft*(1816), in P. P. Howe (ed.), *The Complete Works of William Hazlitt*, vol. iii, p. 42; A. S. Collins, *The profession of Letters*(1973[1928]), p. 31.

28. 아닌 게 아니라 문자 해득률은 1800년으로 향하면서 급속한 인구 성장과 초기 산업화의 혼란 속에서 실제로 떨어졌을 수도 있다. R. A. Houston, *Literacy in Early Modern Europe*(1988); David Cressy, 'Literacy in Context'(1993)를 보라. 1650년에서 1800년 사이에 잉글랜드에서 여성의 문자 해득률은 15퍼센트 이하에서 약 36퍼센트로 높아졌다. Margaret R. Hunt, *The Middling Sort*(1996), p. 85.

29. Keith Hanley and Raman Selden (eds.), *Revolution and English Romanticism*(1990), p. 2에서 인용. Dror Wahrman, 'National Society, Communal Culture'(1992).

30. 이런 용어들은 '독서 혁명'을 주장한 Rolf Engelsing에 의해 발전했다. 그의 *Der Burger als Lesser*(1974)를 보라. 이에 대한 논의로는 Dorinda Outram, *The Enlightenment*(1995), p. 19; Robert Darnton, 'History of Reading'(1991); Robert Darnton and Daniel Roche (eds.), *Revolution in Print*(1989); Roger Chartier, *Forms and Meanings*(1995)와 *The Order of Books*를 보라.

31. Brewer, *The Pleasures of the Imagination*, p. 169. '약학 제법'이란 처방전을 말한다. 고전적인 '집중적' 독자는 Thomas Bewick, *A Memoir of Thomas Bewick, Written by Himself*(1961[1862]), p. 29에서 제시된 앤서니 리들에 대한 초상을 보라. 리들은 성서, 요세푸스, 제레미 테일러의 설교문을 읽었다.

32. Brewer, *The Pleasures of the Imagination*, p. 169에서 인용.

33. John Brown, *An Estimate of the Manners and Principles of the Times*(1757), pp. 25-6.

34. 새뮤얼 존슨은 설교문이 어느 신사의 서재에든 필수적이라고 생각했다. J. C. D. Clark, *Samuel Johnson: Literature, Religion and English Cultural Politics from the Restoration to Romanticism*(1994), p. 125.

35. David Vaisey (ed.), *The Diary of thomas Turner of East Hoathley*(1984), p. 347. 터너는 1757년 5월 26일에 로크를 읽었다.

36. 1758년에 새뮤얼 존슨은 '거의 모든 커다란 읍마다 주간 역사가가 있다'고 평가했다. Bate, Bullitt and Powell (eds.), *Samuel Johnson: The Idler and Adventurer*(1958-71), no. 30, p. 22(11 November 1758), 신문에 관해서는 Roy McKeen Wiles, *Freshest Advices*(1965); Michael Harris, *London Newspapers in*

the Age of Walpole(1987); Michael Harris and Alan Lee (eds.), *The Press in English Society from the Seventeenth to the Nineteenth Centuries*(1986); Jeremy Black, *The English Press in the Eighteenth Century*(1986); Geoffrey Alan Cranfield, *The Development of the Provincial Newspaper 1700-1760*(1962)과 *The Press and Society from Caxton to Northcliffe*(1978); Hannah Barker, *Newspapers, Politics and Public Opinion in Late Eighteenth-century England*(1998)를 보라.

37. Samuel Johnson, *Gentleman's Magazine*, 1740에 대한 서문, Cranfield, *The Development of the Provincial Newspaper, 1700-1760*, p. 93에서 인용.

38. G. Crabbe, *The News-paper* in Norma Dalrymple-Champneys (ed.), *George Crabbe: The Complete Poetical Works*(1988), vol. i, p. 182. 새로움에 관해서는 C. John Sommerville, *The News Revolution in England*(1997)를 보라.

39. Joseph Addison and Richard Steele, *The Spectator*(1965), vol. iv, pp. 90-94(Friday, 8 August 1712); '뉴스의 즐거움'에 관해서는 vol. v, no. 625, pp. 134-7(Friday, 26 November 1714)을 보라.

40. C. Y. Ferdinand, *Benjamin Collins and the Provincial Newspaper Trade in the Eighteenth Century*(1997), p. 196.

41. James Boswell, *The Life of Samuel Johnson*(1946[1791]), vol. i, p. 424; Hill, *Boswell's Life of Johnson*, vol. ii, p. 170. 존슨은 '책은 이해력에 비밀스러운 영향력을 발휘한다'고도 말했다. Brewer, *The Pleasures of the Imagination*, p. 167.

42. C. de Saussure, *A Foreign View of England in 1725-29*(1995[1902]), p. 102.

43. Collins, *The Profession of Letters*, p. 19.

44. Alexander Catcott, *A Treatise on the Deluge*, 2nd edn(1768), p. vi. 이 골수 반동에 관해서는 Roy Porter and Michael Neve, 'Alexander Catcott: Glory and Geology'(1977)를 보라.

45. Josiah Tucker, *Four Tracts*(1774), pp. 89-90.

46. 시구 전체는 다음과 같다.

Non fumum ex fulgore, sed ex fumo dare lucem
Cogitat, ut speciosa dehinc miracula promat.
(불꽃에서 연기가 아니라, 어둠에서 빛으로
찬란하고 경이로운 이야기를 밝히도록.)

Horace, *Ars poetica*, l. 143.

47. Richmond P. Bond (ed.), *Studies in the Early English Periodical*(1957), p. 17; Erin Mackie, *Market à la Mode*(1997).

48. Bond, *Studies in the Early English Periodical*, p. 19.

49. Samuel Johnson, *The Lives of the Most Eminent English Poets*, vol. ii, pp. 362-4.

50. 〈여성 스펙테이터Female Spectator〉에 앞서서 〈여성 태틀러Female Tatler〉가 있었는데, 그것은 자칭 '크래큰소프 부인'이 만드는 것이었지만 실제로는 모두 남자의 작품이었다. Gabrielle M. Firmager (ed.), *The Female Spectator*(1992), p. 5; Cheryl Turner, *Living by the Pen*(1992), p. 149; Kathryn Shevelow, *Women and Print Culture*(1989); Paula McDowell, *The Women of Grub Street*(1998)를 보라.

51. Margaret Beetham, *A Magazine of Her Own?*(1996). 일라이자 헤이우드 (1693~1756)는 리처드 스틸의 친구였다. 그녀의 〈여성 스펙테이터〉(1744~46)는 매달 나오는 교훈적 이야기와 성찰을 2년 치 모은 것이다. 헤이우드는 여러 편의 인기 있는 소설을 썼는데, 『몰지각한 베치 양의 생애The History of Miss Betsy Thoughtless』 (1751)가 대표적이다.

52. C. L. Carlson, *The First Magazine*(1938); Terry Belanger, 'Publishers and Writers in Eighteenth-century England'(1982), p. 5. 그 일부 기능에 관해서는 Roy Porter, 'Laymen, Doctors and Medical Knowledge in the Eighteenth Century'(1985)와 'Lay Medical Knowledge in the Eighteenth Century'(1985) 를 보라.

53. Bond, *Studies in the Early English Periodical*, p. 27; Benjamin Christie Nangle, *The Monthly Review*(1934-5); Derek Roper, *Reviewing Before the Edinburgh*(1978), p. 21.

54. M. Bailey (ed.), *Boswell's Column*(1951), p. 21.

55. G. McEwen, *The Oracle of the Coffee House*(1972), p. 57; Michael Mascuch, *Origins of the Individualist Self*(1997), p. 148; John Dunton, *The Life and Errors of John Dunton, Citizen of London*(1960[1818]).

56. McEwen, *The Oracle of the Coffee House*, pp. 23f, 130.

57. 존 바이럼이 사용한 표현. H. Talon (ed.), *Selections from the Journals and Papers of John Byrom, Poet-Diarist-Shorthand Writer*(1950), p. 47.

58. Daniel Defoe, 'On Pope's Translation of Homer'(1725), in William lee, *Daniel Defoe: His Life and Recently Discovered Writings*(1869), vol. ii, p. 410. '소설 제조공장'에 관한 이야기가 뒤따랐다. Collins, *Authorship in the Days of Johnson*, p. 21; Alvin Kernan, *Printing, Technology, Letters and Samuel*

Johnson(1987), pp. 17f.

59. Henry Fielding, *The Author's Farce*(1966[1730]), p. 28; Brean S. Hammond, *Professional Imaginative Writing in England, 1670-1740*(1997), p. 28; Philip Pinkus, *Grub St Stripped Bare*(1968), p. 71.

60. John Clive, 'The Social background of the Scottish Renaissance'(1970), p. 227; Frederick A. Pottle (ed.), *Boswell's London Journal, 1762-1763*(1950), p. 287.

61. Pat Rogers, *Grub Street*(1972). 그럽가는 베들럼 정신병원 인근 크리플게이트에서 도심 성벽 바로 바깥을 가로지른다. 이곳을 추레한 싸구려 글쟁이들의 본거지를 가리키는 표현으로 쓰기 시작한 때는 왕정복고기다. 포프는 저 그럽가의 서사시 『던시어드』에서 아둔의 여왕의 수행원들로 삼류 문사들과 멍청이들, 엉터리 시인들을 등장시켜 이 아이디어를 확장했다. Johnson, *An Account of the Life of Richard Savage*, 2nd edn(1748)도 보라.

62. 『마틴 스크리블레루스의 회상록Memoirs of Martin Scriblerus』의 화자는 '그 학회의 석학들' 사이에서 교육받은 것을 자랑하는데, 어쩌면 이것이 『걸리버 여행기』에 등장하는 라가도 그랜드 아카데미 아이디어의 단초가 되었을지도 모른다. Rogers, *Grub Street*, p. 182.

63. '뚜쟁이'에 대해서는 Frank Donoghue, *The Fame Machine*(1996) p. 44를 보라.

64. Johnson, *An Account of the Life of Richard Savage*; Richard Holmes, *Dr Johnson and Mr Savage*(1993). 그것은 특히 콜리지가 자신한테 아이러니하게 붙인 꼬리표였다. Earl Leslie Griggs (ed.), *Collected Letters of Samuel Taylor Coleridge*(1956), vol. i, p. 185, letter 105(22 February 1796).

65. John Dennis, *The Characters and Conduct of Sir John Edgar, Call'd by Himself Sole Monarch of the Stage in Drury-Lane*(1720), in E. N. Hooker (ed.), *The Critical Works of John Dennis*(1943), vol. ii, pp. 191-2; Martha Woodmansee, 'The Genius and the Copyright'(1984), pp. 417-32; Mark Rose, *Authors and Owners*(1993). 개념적 포커스는 푸코가 제공했다. Foucault, 'What is an Author?'; Hammond, *Professional Imaginative Writing in England, 1670-1740*, p. 5.

66. Johns, *The Nature of the Book*(1998), p. 353; Hammond, *Professional Imaginative Writing in England, 1670-1740*, p. 23; John Feather, *Publishing, Piracy and Politics*(1994).

67. 단순 육체노동자의 연 수입보다 100배나 많은 금액이니 나쁘지 않은 발전이다. Collins, *Authorship in the Days of Johnson*, pp. 9-10, 25; Kernan, *Printing*

Technology, Letters and Samuel Johnson, p. 10.

68. Collins, *Authorship in the Days of Johnson*, p. 47; James Aikman Cochrane, *Dr Johnson's Printer*(1964).

69. James Ralph, *The Case of Authors by Profession or Trade, Stated with Regard to Booksellers, the State and the Public*(1758), p.22.

70. Gibbon, *Memoirs of My Life*, p. 153.

71. Gibbon, *Memoirs of My Life*, p. 157.

72. 후원자는 존슨에 의해 '격려하거나, 지지하거나, 보호해주는 사람. 흔히 오만방자함으로 후원하고 아첨으로 보답 받는 치사한 인간'으로 정의된다. Robert DeMaria Jr, *Johnson's Dictionary and the Language of Learning*(1986), p. 211; Dustin Griffin, *Literary Patronage in England, 1650-1800*(1996).

73. R. W. Chapman (ed.), *Samuel Johnson, a Journey to the Western Islands of Scotland and James Boswell, The Journal of a Tour to the Hebrides*(1970), pp. 196-7.

74. Hill, *Boswell's Life of Johnson*, vol. ii, p. 262, from James Boswell (ed.), *The Celebrated Letter from Samuel Johnson, LLd to Philip Dormer Stanhope, Earl of Chesterfield*(1790).

75. Samuel Johnson, *The Vanity of Human Wishes*(1749), ll. 159-60, in Patrick Cruttwell (ed.), *Samuel Johnson: Selected Writings*(1986), p. 143.

76. Oliver Goldsmith, *Selected Essays*(1910), p. 65.

77. Altick, *The English Common Reader*(1957), p. 36.

78. Altick, *The English Common Reader*, p. 56; Roy McKeen Wiles, *Serial Publication in England Before* 1750(1957). 〈그럽스트리트 저널〉의 한 편지는 '책을 일주일에 6페니나 12페니어치만큼 조금씩 출판하는 그 이상한 미친 짓'을 불평한다. '성경도 피해 갈 수 없다. 요전날에는 짐꾼, 마부, 굴뚝청소부한테 친숙하고 쉽게 만들어진 3페니짜리 성서를 구입했다. (…) 아, 재치와 학식의 시대에 사는 나는 얼마나 큰 행복을 누리고 있는지!' Cranfield, *The Development of the Provincial Newspaper 1700-1760*, p. 52.

79. 런던 서적상 40명이 연합해 고가의 영시 선집을 출간하여 벨의 성공을 가로채려 했고, 새뮤얼 존슨이 바로 그 시선집에 유명한 서문들을 써주었다. Johnson, *The Lives of the Most Eminent English Poets*.

80. Stanley Morrison, *John Bell(1745-1831)*(1930), p. 88.

81. 해즐릿의 아버지는 1792년부터 쿡의 '영국 소설 선집'을 구입했는데 첫 작품이 『톰 존스』—'입안의 사탕' 같은 작품—였다. 소년은 곧 『조지프 앤드루스』를 읽고,

시간이 지나자 스몰렛과 스턴의 작품들을 읽었다. Catherine Macdonald Maclean, *Born Under Saturn*(1943), pp. 49-51; Altick, *The English Common Reader*, p. 54; Olivia Smith, *The Politics of Language 1791-1819*(1984), p. 157.

82. Pat Rogers, *The Augustan Vision*(1974), p. 8; John Feather, *The Provincial Book Trade in Eighteenth-century England*(1985), p. 29; Jack Lindsay, *William Blake: His life and Work*(1978), p. 3.

83. Brewer, *The Pleasures of the Imagination*, p. 178.

84. '부인, 읍내의 순회도서관은 악마적 지식이 달린 늘푸른나무랍니다. 그것은 1년 내내 만발한다니까요!―잎사귀를 만지길 그렇게 좋아하는 사람들은 결국엔 열매도 바랄 게 틀림없어요, 맬러프롭 부인!' Richard Brinsley Sheridan, *The Rivals*(1961[1775]), act I, scene ii, ll. 33-7. 도서관에 관해서는 Paul Kaufmann, *Borrowings form the Bristol Library, 1773-1784*(1960); M. Kay Flavell, 'The Enlightened Reader and the New Industral Towns'(1985); James Raven, 'From Promotion to Proscription'(1996), p. 175―레이번은 '도서관 혁명'을 주장한다. 대저택들은 심지어 하인용 도서관을 따로 갖추고 있을 수도 있었다. Joanna Martin (ed.), *A Governess in the Age of Jane Austin*(1988), p. 67.

85. W. R. Scott, *Adam Smith as Student and Professor*(1937), pp. 344-5, 1769년에 쓰였으나 출판된 텍스트에서는 삭제된 『국부론』초고 중에서. 사회가 진보하면서 '철학, 즉 사색은 (…) 여타 직업과 마찬가지로 자연스레 특정한 시민 계급만의 직업이 된다.' Adam Smith, 'Early Draft of Part of *The Wealth of Nations*'(1762), in *Lectures on Jurisprudence*(1982), pp. 570-74. Outram, *The Enlightenment*, p. 14; Adam Smith, *An Inquiry into the Nature and Causes of the Wealth of Nations*(1976[1776]), bk I, ch. 1, para. 9를 보라.

86. Jonathan Swift, 'On Poetry'(1733), ll. 353-6, in *The Complete Poems*(1983), p. 531. 스위프트는 'Digression Concerning Criticks'를 썼는데, 거기서 '진정한 비평가'는 '재단공만큼 적은 비용으로 직업을 위한 재료와 장비를 갖춘 일종의 직공'으로 제시된다. Jonathan Swift, *A Tale of a Tub*(1975[1704]), p. 62; Paul Fussell, *The Rhetorical World of Augustan Humanism*(1965), p. 85.

87. Cole (ed.), *The Opinions of William Cobbett*, p. 42. 코벳은 그답게 자격을 설정한다. '내가 의지하는 유일한 비평가는 공중이다.'

88. 스틸한테는 '자유의 나라에서는 전 국민 가운데 검열관만큼 절대적으로 필요한 사람도 별로 없다.' Donald F. Bond (ed.), *The Tatler*(1987), vol. ii, no. 144, p. 318(Saturday, 11 March 1710). Terry Eagleton, *The Function of Criticism*(1984), pp. 31, 4. 이글턴한테 계몽주의 비평의 아이러니는 '보편적 이성의

준거에 대한 그것(계몽주의―옮긴이)의 호소는 절대주의에 대한 저항을 의미하지만, 계몽주의의 비평적 태도 자체는 특정 현상들을 담론 모델에 맞춰 조정하고 개정하는, 전형적으로 보수적이고 교정적'이라는 사실에 있었다.

89. Samuel Johnson, *The Rambler*(1969[1750-2]), vol. i, p. xxviii.

90. Donoghue, *The Fame Machine*.

91. Edward A. Bloom and Lilian D. Bloom, *Joseph Addison's Sociable Animal*(1971).

92. Addison and Steele, *The Spectator*, vol. i, no. 10, p. 54.

93. Anthony Ashley Cooper, 3rd Earl of Shaftesbury, *Characteristicks of Men, Manners, Opinions, Times*(1999[1711]); Lawrence E. Klein, *Shaftesbury and the Culture of Politeness*(1994): Robert Voitle, *The Third Earl of Shaftesbury: 1671-1713*(1984).

94. Shaftesbury, *Characteristicks of Men, Manners, Opinions, Times*, vol. ii, p. 207.

95. David Hume, 'Of Essay Writing'(1741), in *Selected Essays*(1993), p. 2.

96. David Hume, *A Treatise of Human Nature*, 2nd edn(1978[1739-40]), p. 269; Ernest Campbell Mossner, *The Life of David Hume*(1954), ch. 6.

97. David Hume, *A Treatise of Human Nature*(1969[1739-40]), p. 21.

98. David Hume, *The Life of David Hume, Esq.*(1741-2), in David Hume, *The Philosophical Works of David Hume*(1874-5; repr. 1987), vol. 3, p. 2.

99. Hume, *The Life of David Hume, Esq.*, in David Hume, *Essays Moral, Political and Literary*(1898), vol. 4, p. 5. 흄과 달리 휴 블레어는 로크의 문체에 찬사를 보낸다. 그의 '유명한 인간 오성론'은 '장식적인 구석이 거의 없는, 명료하고 뚜렷한 가장 위대한 철학적 문체'의 본보기였다고. Hugh Blair, *Lectures on Rhetoric and Belles Lettres*(1783), vol. ii, lecture 37, p. 81.

100. Stephen Copley, 'Commerce, Conversation and Politeness in the Early Eighteenth-century Periodical'(1995); Jerome Christensen, *Practising Enlightenment*(1987)의 논의를 보라.

101. Blair, *Lectures on Rhetoric and Belles Lettres*, vol. iii, pp. 78, 79, 80.

102. Smith, *An Inquiry into the Nature and Causes of the Wealth of Nations*, vol. i, bk I, ch. 1, p. 21, para. 9.

103. Smith, *An Inquiry into the Nature and Causes of the Wealth of Nations*, vol. i, bk I, ch. 1, p. 21, para. 9.

104. 스미스의 보편적 관찰자에 대해서는 John Barrell, *English Literature in*

History, 1730-80(1983)을 보라.

105. Jean Le Rond D'Alembert, *Preliminary Discourse to the Encyclopedia of Diderot*(1995)와 비교하라.

106. 교훈적이고 교육적인 책에 관해서는 Isabel Rivers (ed.), *Books and Their Readers in Eighteenth-century England*(1982); John Ashton, *Chap-books of the Eighteenth Century*(1882); Victor Neuberg, *Popular Literature*(1977), pp. 113f를 보라.

107. S. F. Pickering Jr, *John Locke and Children's Books in Eighteenth-century England*(1981)와 이하 15장을 보라.

108. Hebert M. Atherton, *Political Prints in the Age of Hogarth*(1974); Barbara Maria Stafford, *Artful Science*(1994); Anderson, *The Printed Image and the Transformation of Popular Culture 1790-1860*, pp. 17f; Marcus Wood, *Radical Satire and Print Culture 1792-1822*(1994); Michael Duffy (ed.), *The English Satirical Print, 1600-1832*(1986); Ronald Paulson, *Representations of Revolution(1789-1820)*(1983); Brian Maidment, *Popular Prints, 1790-1870*(1995).

109. DeMaria, *Johnson's Dictionary and the Language of Learning*; J. Harris, *Lexicon Technicum*(1736). 이것은 1200명의 구독자를 보유했다. 백과사전에 관해서는 Frank. A. Kafker (ed.), *Notable Encyclopedias of the Seventeenth and Eighteenth Centuries*(1981), p. 108; Rober Collison, *Encyclopaedias*(1964), p. 99; Richard Yeo, *Encyclopaedic Visions*(근간)를 보라. 『렉시콘 테크니쿰』에서 신학은 관심을 거의 못 받는다.

110. Ephraim Chambers, *Cyclopaedia, Or an Universal Dictionary of Arts and Sciences*(1728).

111. Abraham Rees, *The Cyclopaedia*(1819).

112. *Encyclopaedia Britannica*(1771). Collison, *Encyclopaedias*, pp. 138f.

113. 그러므로 로런스 스턴은 『트리스트럼 샌디』에서 유식한 유머를 체임버스한테서 많이 끌어왔다. Judith Hawley, 'The Anatomy of *Tristram Shandy*'(1993)를 보라.

114. Brewer, *The Pleasures of the Imagination*, p. 463; Jonathan Brody Kramnick, *Making the English Canon*(1999).

115. B. Sprague Allen, *Tides in English Taste(1619-1800)*(1858), p. 85에서 인용.

116. Michael Dobson, *The Making of the National Poet*(1992); Jonathan Bate, *Shakespearean Constitutions*(1989); Robert W. Babcock, *The Genesis of Shakespeare Idolatry, 1766-1799*(1931).

117. F. M. Voltaire, *Letters concerning the English Nation*(1926[1733]), p. 165; Brewer, *The Pleasures of the Imagination*, p. 473

118. Jonathan Swift, letter to Dean Sterne(26 September 1710), Michael Foss, *Man of Wit to Man of Business*(1988), p. 163에서 인용.

119. Thomas Beddoes, *Hygëia*(1802-3), vol. iii, ch. 9, p. 163. 스턴은 주인공의 페르소나를 취하여 독자에게 익살스레 묻는다. '이것은 귀하의 눈에 좋습니까?' Sterne, *The Life and Opinions of Tristram Shandy*, p. 268. 독서의 병리학에 관해서는 Roy Porter, 'Reading: A Health Warning'(1999).

120. Brown, *An Estimate of the Manners and Principles of the Times*, vol. i, pp. 42-3.

121. Hill, *Boswell's Life of Johnson*, vol. iii, p. 332.

122. Henry Mackenzie, *The Mirror*(1779-80).

123. 이 표현은 골드스미스의 것이다. Thomas Schlereth, *The Cosmopolitan Ideal in Enlightenment Thought*(1977), p. 3; Kramnick, *Making the English Canon*; Anne Goldgar, *Impolite Learning*(1995); Benedict Anderson, *Imagined Communities*(1983); Lorraine Daston, 'The Ideal and Reality of the Republic of Letters in the Enlightenment'(1991).

124. Anthony Pasquin[가명], *Memoirs of the Royal Academicians*(1796), p. 148. 많은 이들이 공중을 규탄하게 된다.

재사를 굴욕에 빠트릴 머리가 여러 달린
구덩이 속 괴물이 아직 남아 있네.
무분별하고, 하찮고, 존경받지 못하는 군중,
누가 자부심 강한 윗사람들을 건드리랴.

Alexander Pope, 'The First Epistle of the Second Book of Horace'(1733), ll. 304-7, in Butt, *The Poems of Alexander Pope*, p. 646.

125. Gibbon, *Memoirs of My Life*, pp. 162-3.

126. Samuel Johnson, *Life of Gray*(1915), p. 14.

5장 종교 합리화하기

1. Thomas Sprat, *The History of the Royal Society of London*(1667), p. 374.

2. 안식일 준수에 관한 에드워드 무어Edward Moore의 논평, *World* magazine, no. 21, George, S. Marr, *The Periodical Essayists of the Eighteenth Century*(1971), p. 144에서 인용.

3. 이에 대한 역사 서술로는 Sheridan Gilley, 'Christianity and Enlightenment' (1981)를 보라. 배경에 관해서는 Gerald R. Cragg, *From Puritanism to the Age of Reason*(1950), *The Church and the Age of Reason*(1960), and *Reason and Authority in the Eighteenth Century*(1964); David Hempton, *Religion and Political Culture in Britain and Ireland*(1996); Jane Garnett and Colin Matthew (eds.), *Revival and Religion since 1700*(1993); Sheridan Gilley and W. J. Sheils, *A History of Religion in Britain*(1994); James Downey, *The Eighteenth Century Pulpit*(1969).
이 장은 주로 종교적 합리성의 문제만을 다루기에 대단히 선별적이다. 특정 교리들에 관하여, 예를 들어 영혼의 문제와 천국과 지옥, 사후세계 문제를 둘러싼 열띤 논쟁들은 실질적으로 빠트렸다. 하지만 Roy Porter, 'The Soul and the English Enlightenment'(근간); P. C. Almond, *Heaven and Hel in Enlightenment England*(1994); B. W. Young, '"The Soul-sleeping System"'(1994); Colleen McDannell and Bernhard Lang, *Heaven: A History*(1988)를 보라.

4. Edward Gibbon, *Memoirs of My Life*(1966[1796]), p. 139. '캐속을 걸친 사냥꾼 Cassock'd huntsmen'은 시인 조지 크래브George Crabbe의 조어였다. '명랑한' 퀘이커교도는 17세기 복장을 포기하고 어느 정도 세속적인 즐거움을 받아들인 이들이었다.

5. Joseph Addison and Richard Steele, *The Spectator*(1965), vol. 1, no. 112, p. 459(9 July 1711); John Beresford (ed.), *The Diary of a Country Parson*(1978-81).

6. John Walsh, Colin Haydon and Stephen Taylor (eds.), *The Church of England c. 1689-c. 1833*(1993), p. 19.

7. Hiram Caton, *The Politics of Progress*(1988), p. 207에서 인용. Roland N. Stromberg, *Religious Liberalism in Eighteenth-Century England*(1954), p. 2. 고교회파에 대해서는 George Every, *The High Church Party 1699-1718*(1956)을 보라. 많은 역사가들이 그러한 '무신론자들'을 허깨비로 취급하지만, David Berman은 그들이 실제로 무수히 많았지만 본색을 감출 수밖에 없었다고 반박한다. *A History of Atheism in Britain from Hobbes to Russell*(1988), p. 43. *Answer to Priestley's Letters to a Philosophical Unbeliever*(sn, 1782)에서 William Hammon은 다음과 같이 썼다(p. xvii).

무신론자라는 그러한 존재가 실재하는지의 문제로 말하자면, 온갖 의심을 잠재우기 위해서 내 명예를 걸고 나는 무신론자임을 밝히는 바이다. 그러므로 후대 사람들은 주후主後 1781년에 잉글랜드 왕국의 런던에서 한 사람이 스스로 무신론자임을 공개적으로 선언했음을 기억하라.

8. Joseph Texte, *Jean-Jacques Rousseau and the Cosmopolitan Spirit in Literature*(1899), p. 59; C. John Sommerville, *The Secularization of Early Modern England*(1992), p. 185. 1766년 런던에서 Alessandro Verri는 '여기서는 아무도 종교에 관해 이야기하지 않는다'라고 썼다. Nicholas Davidson, 'Toleration in Enlightenment Italy'(2000), p. 230에서 인용.

9. 와츠와 웨슬리 형제, 카우퍼의 시대에 관해서는 Horton Davies, *Worship and Theology in England from Watts and Wesley to Martineau, 1690-1900*(1996)를 보라. Isaac Watts의 *The Psalms of David Imitated in the Language of the New Testament*(1719)는 'O God, our help in ages past' 같은 잘 알려진 찬송가를 담고 있다.

10. William Law, *The Absolute Unlawfulness of the Stage Entertainment Fully Demonstrated*(1726), p. 11. 로에 관해서는 A. Whyte, *Characters and Characteristics of William Law*(1898)를 보라. 인용문은 John Brewer, *The Pleasures of the Imagination*(1997), p. 333을 보라. 로는 트로이 목마를 알아차렸다. '이제 공공연하게 천명되는 불신앙은 이성이나 자연종교의 충일함과 탁월함 그리고 절대적 완벽함에 의거하고 있다.' William Law, *A Serious Call to a Devout and Holy Life*(1729), introduction. 기번은 로에 관해 이렇게 썼다. '그의 마지막 작품들은 야코프 뵈메의 불가해한 비전들로 음울하게 물들어 있다.' Gibbon, *Memoirs of My Life*, p. 22.

11. M. Quinlan, *Samuel Johnson: A Layman's Religion*(1964); C. F. Chapin, *The Religious Thought of Samuel Johnson*(1968)을 보라. '전능하신 신의 전통'에 관해서는 W. J. Bate, J. M. Bullitt, and L. F. Powell (eds.), *Samuel Johnson: The Idler and Adventurer*(1963), no. 120, p. 468을 보라.

12. Jonas Hanway, *A Journal of Eight Days' Journey*, 2 vols., 2nd edn(1757), vol. i, p. 35.

13. 그 세기 중반에 존 릴런드John Leland는 이신론자들의 공격이 여전히 위협적이라고 느꼈다. *A View of the Principal Deistical Writers That Have Appeared in England in the Last and Present Century*(1754).

14. Edmund Burke, *Reflections on the Revolution in France and on the*

Proceedings in Certain Societies in London Relative to That Event(1982[1790]),
p. 186. 볼링브루크의 이신론에 관해서는 Ronald W. Harris, *Reason and Nature
in the Eighteenth Century, 1714-1780*(1968), p. 151. 존슨도 볼링브루크에게 무례
하게 굴어서, 그의 『사전Dictionary』에서 '아이러니Irony'를 '말과 의미가 반대되는 화
법. 예: 볼링브루크는 성자聖者였다'라고 정의한다. 볼링브루크에 관해서는 H. T.
Dickinson, *Bolingbroke*(1970)를 보라.

15. 확실히 그것이 저 성실한 불가지론자 레슬리 스티븐의 시각이었다. Leslie
Stephen, *History of English Thought in the Eighteenth Century*(1962[1876]).

16. Mary Wollstonecraft, *Thoughts on the Education of Daughters*(1995[1787]),
p. 132. 이신론자들의 저작을 확실히 읽은 당대인은 해즐릿이었다. Catherine
Macdonald Maclean, *Born Under Saturn*(1943), p. 58.

17. Joseph Butler, *The Analogy of Religion to the Constitution and Course of
Nature*(n.d.), advertisement.

18. Norman Torrey, *Voltaire and the English Deists*(1930). 열성적인 반가톨릭이었
던 볼테르는 그러한 사상가들처럼 신에 대한 믿음을 질서의 토대로 간주하면서 생
애의 대부분을 이신론자로 보냈다.

19. Claude Rawson, *Satire and Sentiment 1660-1830*(1994), p. 200.

20. Joseph Granvill, *Vanity of Dogmatizing*(1661) ─ 의미심장한 제목이다! ─ 은 오
류를 범하기 쉬운 인간의 성향을 베이컨적 노선에 근거하여 분석하고 독단론을 규
탄한다. 로크는 '상반되고 상이한 당파들에서 보이는 고집스러운 열성분자들'에 반대
했는데, 그들이 이치에 맞지 않는 '열광'에 의해 움직이기 때문이었다. R. D. Stock,
The Holy and the Daemonic from Sir Thomas Browne to William Blake(1982),
p. 85; John Fletcher Clews Harrison, *The Second Coming*(1979).

21. Michael R. Watts, *The Dissenter*(1978), vol. i, p. 263. 새셰버럴Sacheverell은 비국
교도들을 '반란으로 나고, 소요로 태어났으며, 파당으로 길러진 악한들'이라고 불렀
다. 교회 법정에 관해서는 John Addy, *Sin and Society in the Seventeenth
Century*(1989)를 보라.

22. 풍습 개혁 협회와 포고 협회 같은 단체들을 통해 악습 단속을 주도하는 것은 갈
수록 평신도들의 일이 되었다. 복음주의 부흥에는 윌리엄 윌버포스 같은 비非성직자
들이 앞장섰다. T. C. Curtis and W. A. Speck, 'The Societies for the
Reformation of Manners'(1976); Sommerville, *The Secularization of Early
Modern England*는 '하나의 종교적 문화에서 종교적 믿음'(p. 1)으로의 이동을 그
려 보인다. C. John Sommerville, 'The Secularization Puzzle'(1994); Pieter
Spierenburg, *The Broken Spell*(1991). 9장 도입부도 보라.

23. '우리 사제들의 목소리가 요란하고 매섭다고 한다면, 그들의 손은 박해의 능력에서 해제되었다.' Gibbon, *Memoirs of My Life*, p. 159.

24. C. de. Saussure, *A Foreign View of England in 1725-29*(1995[1902]), p. 132.

25. Jeremy Gregory, 'Christianity and Culture'(1997), p. 113. 그러므로 그들은 어떤 측면에서는 콜리지의 '지식 계층clerisy'을 예고한 셈이다.

26. Robert Southey, *Letters form England by Don Manuel Alvarez Espriella*(1984[1807]), p. 111.

27. Maurice Cranston, *John Lock: A Biography*(1957), p. 125.

28. Samuel Butler, *Hudibras, Parts I and II and Selected Other Writings*(1973[1663-78]), p. 7, ll. 183-5. 버틀러는 청교도들의 광명의 '어둠'을 조롱했다.

그것은 영혼의 각등,
그 등불을 든 자들만이 볼 수 있다네.
영혼의 거래로 기만하며
높은 데서 떨어지는 한줄기 빛,
사람들을 현혹하며
웅덩이와 도랑으로 이끄는 도깨비불.

29. '전제적' 기독교 신에 대한 혐오는 William Godwin, *The Enquirer*(1965[1797]), p. 135에서 강력하게 표현되었다.

30. Henry St John, Viscount Bolingbroke, *The Idea of a Patriot King*, in Henry St John, Viscount Bolingbroke, *The Works of Lord Bolingbroke*(1969[reprint of 1841 edn]), vol. ii, p. 382.

31. 로크와 종교에 관해서는 John Marshall, *John Locke; Resistance, Religion and Responsibility*(1994); Ashcraft, 'Anticlericalism and Authority in Lockean Political Thought'를 보라. 그의 시각을 둘러싼 논쟁은 Alan P. F. Sell, *John Locke and the Eighteenth-century Divines*(1997)를 보라.

32. John Locke, Journal(8 February 1677); R. I. Aaron and J. Gibb (eds), *An Early Draft of Locke's Essay Together with Excerpts from His Journals*(1936), p. ii.

33. John Locke, *The Reasonbleness of Christianity*(1695), p. 2.

34. John Locke, *An Essay concerning Human Understanding*(1975[1690]), bk IV, ch. 19, para. 4, p. 698; Ernest Campbell Mossner, *Bishop Butler and the*

Age of Reason(1990), p. 43; Basil Willey, *The Eighteenth century Background*(1962), p. 35의 논의를 보라.

35. John Locke, *Works*(1714), vol. vi, p. 157.

36. Locke, *The Reasonableness*, in *Works*(1714), vol. vii, p. 113.

37. Locke, *The Reasonbleness of Christianity* in *Works*, vol. vii, p. 125.

38. Locke, *The Reasonbleness of Christianity* in *Works*, vol. vii, p. 133.

39. Locke, *The Reasonbleness of Christianity* in *Works*, vol. vii, p. 135.

40. Locke, *The Reasonbleness of Christianity* in *Works*, vol. vii, p. 139.

41. 사도행전 17:22-9.

42. Locke, *The Reasonbleness of Christianity* in *Works*, vol. vii, p. 176.

43. Marshall, *John Loeck: Resistance, Religion and Responsibility*, p. 454.

44. Willey, *The Eighteenth Century Background*, p. 3에서 인용. 그러한 입장은 이하에서 보이듯이 이신론자들에 의해 쉽게 이용되었고, 이신론자들은 그들의 논리를 한계까지 밀고 갔다. 이 대목을 인용하면서 앤서니 콜린스는 이렇게 말을 잇는다. '그는 이것들조차도 그 본성상 인간 사회의 행복에 기여하는 종교의 다른 어느 부분들보다 덜 중요하다고 올바르게 평가한다.' *Discourse of Freethinking*(sn, 1713), p. 136.

45. John Tillotson, *The Works of the Most reverend Dr John Tillotson*(1820), vol. i, p. 475.

46. Tillotson, *The Works of the Most Reverend Dr John Tillotson*, vol. i, p. 468. 분석은 Norman Sykes, *Church and State in England in the Eighteenth century*(1934); Downey, *The Eighteenth Century Pulpit*, pp. 10, 15. John Tillotson, *The Works of the Most Reverend Dr John Tillotson*, vol. i, sermon 6, pp. 152-73.

47. 'The Life of Jesus Christ Consider'd as Our Example', Tillotson, *The Works of the Most Reverend Dr John Tillotson*, vol. i, sermon, 6, p. 71. 톰 페인은 나중에 예수를 '유덕하고 상냥한 사람', '고결한 개혁가'라고 칭했다.

48. David Hume, 'Of Miracles', in David Hume, *Enquiries concerning Human Understanding and concerning the Principles of Morals*(1966[1751]), pp. 109f; W. M. Spellman, *The Latitudinarians and the Church of England, 1660-1700*(1993), p. 60; R. M. Burns, *The Great debate on Miracles*(1981).

49. Quinlan, *Samuel Johnson: A Layman's Religion*, p. 28. 이신론자인 앤서니 콜린스는 그를 '영국의 모든 자유사상가들이 자신들의 우두머리로 삼는' 사람이라고 불렀다. *Discourse of Freethinking*, p. 171.

50. Samuel Clarke, *A Demonstration of the Being and Attributes of God*(1705), Stephen, *History of English Thought in the Eighteenth Century*, vol. i, pp. 100-4에서 인용; J. P. Ferguson, *An Eighteenth Century Heretic*(1976), pp. 23f; Peter Gay, *The Enlightenment*(1967), p. 326; Peter Searby, *A History of the University of Cambridge*(1997), vol. iii, p. 281은 클라크와 아리우스파인 윌리엄 휘스턴과의 우정을 끄집어낸다.

51. David Brown, 'Butler and Deism'(1992), p. 9에서 인용.

52. Samuel Clarke, *The Scripture-doctrine of the Trinity*(1712); John Redwood, *Reason, Ridicule and Religion*(1976), ch. 7. M. Greig, 'The Reasonableness of Christianity?'(1993)와 비교하라. 아이작 와츠도 삼위일체를 가지고 20년간 씨름하다가 결국 '나 자신의 무지에 대해서 더 많이 배웠을' 뿐이라고 인정할 수밖에 없었고, 끝내는 자신을 그러한 진퇴양난에 몰아넣었다고 조물주를 타박했다. '아무려면 내가 경배하는 하느님께서 순전한 존재인지, 그분이 삼중의 신성인지 알아야 할 것 아닌가?' Stromberg, *Religious Liberalism in Eighteenth-century England*, p. 36.

53. William Derham, *Physico-Theology*(1713), p. 467.

54. Addison and Steele, *The Spectator*, vol. iv, no. 465, pp. 141-5(Saturday, 23 August 1712)

55. Nigel Smith, 'The Charge of Atheism and the Language of Radical Speculation, 1640-1660'(1992), p. 131에서 인용.

56. 이에 대한 개요는 O. P. Grell and B. Scribner (eds.), *Tolerance and Intolerance in the European Reformation*(1996); O. P. Grell, J. I. Israel and N. Tyacke (eds.), *From Persecution to Tolerance*(1991); W. K. Jordan, *The Development of Religious Tolerance in England*(1965[1932-40]); Elisabeth Labrousse, 'Religious Tolerance'(1974); Henry Kamen, *The Rise of Toleration*(1967); John Christian Laursen and Cary J. Nederman (eds.), *Beyond the Persecuting Society*(1998); and O. P. Grell and Roy Porter (eds.), *Toleration in the Enlightenment*(2000).

57. John Dunn, 'The Claim to Freedom of Conscience'(1991); Henry Kamen, *The Rise of Toleration*(1967), pp. 231f; Cranston, *John Locke: A Biography*, p. 100; John W. Yolton, *Locke: An Introduction*(1985), pp. 77f; John Dunn, Locke(1984), p. 26을 보라.

58. Kamen, *The Rise of Toleration*, p. 204.

59. Ursula Henriques, *Religious Toleration in England 1783-1833*(1961), pp. 11-12.

60. 불경죄는 만약 기독교 교육을 받은 사람이 '글을 쓰거나 인쇄하거나 가르침으로 써, 또는 공개적인 말로써 성삼위일체 가운데 어느 누구든 신이라는 걸 부정하거나, 하나 이상의 더 많은 신들이 있다고 주장하거나, 기독교가 진실이 아니라고 부정하 거나, 신약과 구약 성서가 신성한 권위를 갖고 있음을 부정'하는 것을 위법으로 만들 었다. Michael Hunter, 'Aikenhead the Atheist'(1992). 종교적 위법 행위에 대한 처형은 다른 곳에서 오랫동안 지속되었다. 1782년까지도 스위스의 글라루스주에서 는 한 하녀가 마녀로 몰려서 처형당했다.

61. Daniel Defoe, *Robinson Crusoe*(1719), p. 240; Brean S. Hammond, *Professional Imaginative Writing in England, 1670-1740*(1997), p. 273. J. B. Bury, *A History of Freedom of Thought*(nd), pp. 138-40을 보라. 윌리엄 워버튼은 이렇게 쏘아붙였다. '정통 신앙이란 나의 교리이고, 이단이란 타인의 교리다.' S. C. Carpenter, *Eighteenth Century Church and People*(1959), p. 146.

62. F. M. Voltaire, *Letters concerning the English Nation*(1926[1733]), p. 34, Arthur Wilson, 'The Enlightenment Came First to England'(1983), p. 7에서 인 용. F. M. Voltaire, *Philosophical Dictionary*(1979[1764]), p. 387. 모두가 그들이 좋아하는 방식대로 천국에 갈 수 있었다.

63. Southey, *Letters from England by Don Manuel Alvarez Espriella*, p. 159. 전 세 계에 걸친 종파들의 범람에 관해서는 William Hodgson, *The Commonwealth of Reason*(1795), pp. 31-4를 보라.

종교는 아마도 인간이 결코 완전히 합의를 볼 수 없는 주제인 듯하다. 누구도 실증적 증 거와 같은 것으로 자신이 속한 특정 종파의 신조들이 다른 종파의 신조들보다 신의 뜻에 더 맞는지 입증할 수 없기 때문이다. 그가 침례교도든 유대교도든, 비유대교도, 무함마드 교도, 아르메니아파, 그리스도교도, 적그리스도교도, 아담파, 던커파, 스웨덴보리파, 태양 숭배자, 달 숭배자, 보편구제론자, 유티케스파, 아드람멜렉 숭배자, 필라델피아파, 십사일 파, 예정설론자, 아고노클리타파, 보노수스파, 바실리데스파든 말이다.

목록은 끝도 없이 이어진다.

이는 물론 다음과 같은 게으름뱅이들의 게으름과 사치를 지지하고, 보호하고, 후원하면 서 한 종파를 다른 종파보다 우위에 두거나 국교로 삼는 것으로 이어지니, 게으름뱅이들 이란 무프티(이슬람의 종교법 전문가 — 옮긴이), 교황, 대화상大和尚, 대라마, 목사, 대주교, 대사제, 주임 사제, 대제사장, 신학박사, 화상, 수녀, 랍비, 수도사, 수도원장, 카르멜회, 예 수회, 카르투지오회, 도미니크회, 프란체스코회, 수녀원장, 마소라 사람(옛날 히브리 성서 필사자 겸 학자들—옮긴이), 라마, 추기경, 본당 신부, 에미르, 선지자, 참사회원, 비구, 승려, 브라만, 사도, 예언자, 프레몽트회, 베네딕트회, 자코뱅회, 뢰이앙회, 시토회, 성모자비회, 코르들리에회, 카푸친회, 레콜레회 (…) 그리고 그러한 여타 쓸모없는 존재들을 말한다. 아니면 **그들이 서로를 한마디로 부르는 대로** 뻔뻔한 사기꾼이라고 할 수도 있으리라. 그들은 너무 오만하고 게을러서 일하지 않고, 쉽게 믿는 사람들의 태도를 활용하는 자들, 집행권의 타락을 활용하여 법을 제정함으로써 땀 흘려 일하는 근면한 시민들로부터 벌 받지 않고 훔치는 자들, 그리하여 인류를 기만하는 데 만족하지 않고, 그렇게 훔쳐낸 전리품을 나누기 위해 자기들끼리 사취하려고 갖은 방법을 고안해온 자들이라고 서로를 비난하니, 어떤 이는 그 자신이 지니낸 특정 형태의 모자를 쓰고 있기 때문에 1년에 1만 2000파운드를 받는 반면, 우매한 대중에게 그들의 모든 교리를 읽어주는 딱한 인간들은 **온유하고, 온건하고, 온화하고, 진지하고, 정직하고, 순결하고, 유덕하고, 겸손하고, 위엄 있고, 우월한** 이 해석자들에 의해서 어쩌면 1년에 15파운드나 20파운드를 받는 식이다. 하지만 이 해석자들은 상대방이 불경하게도 신의 말씀의 해석자를 자처한다고 자기들끼리 비난을 주고받는다. 그러고는 그들이 내세우는 모토는 **인내라니, 어쩌면 나도 추기경이나 교황, 무프티, 화상, 대라마나 대제사장이 될 수도 있겠다.**

서로 다투는 그러한 잡동사니 종파들을 한참 열거한 뒤 호지슨은 계몽된 결론을 불가피하게 이끌어낸다.

따라서 다음과 같은 결론이 나온다. 이 세상의 모든 좋은 것들을 만들어내는 노동에 전혀 기여하지 않은 채, 그것들을 집어삼키기 위해 정의로운 신께서 자신들을 보냈다고 자처하는 그러한 무위도식 착취자들을 낳는 이 기존 제도들은, 서로 간에 최대한의 친선과 화합, 우애를 지키는 것이 당연한 관심사인 자들 사이에 극도의 불타는 적의와 달랠 길 없는 원한을 낳는 불행한 결과만 수반할 것인즉, 틈만 나면 상대방보다 우위를 차지하려고 갖은 애를 씀으로써, 자신들의 특정한 신조에 어긋나는 모든 이들에 대한 극도의 증오를 추종자들 사이에 낳기 때문이다. 그러므로 나는 종교는 순전히 견해의 문제일 뿐이고, 따라서 우리 주변의 공기처럼 자유로워야 한다고 제안하는 바다. 이를 전제로, 자유와 평등, 우애라는 폭넓고 항구적인 기반 위에 수립된 권리들에 대한 선언으로 시작하는 것이 나의 주제에 올바르고 합당하다고 생각하는바, 나는 이러한 불멸의 권리들의 토대 위에서만 모든 인간의 추구 대상 가운데 가장 중요한 것으로 간주되어야 할 것, 바로 사회에서 함께 살아가고 있는 인류의 행복 추구를 진정으로, 그리고 충실하게 목표로 삼을 법과 규칙들이 제정될 수 있다고 생각하기 때문이다.

Gregory Claeys (ed.), *Utopias of the British Enlightenment*(1994), p. 208에서

인용.

64. 저자 미상, *Some Reflections on Prescience*(1731), p. 2.

65. Locke, *An Essay concerning Human Understanding*, vol. ii, ch. 23, para. 15. 로크가 '사고 기계' 가능성을 제기한 것은 유물론을 내세우기 위해서라기보다는 인간이 신적인 능력을 제한할 수 없다는 것을 부정하기 위해서였다. John W. Yolton, *Thinking Matter*(1983).

66. Locke, *An Essay concerning Human Understanding*, vol. ii, ch. 23, para. 31.

67. John Locke, *A Letter to ... Edward[Stillingfleet], Ld Bishop of Worcester* ...(1697), p. 303; Yolton, *Locke: An Introduction*, p. 88. William Rounseville Alger, *The Destiny of the Soul*(1878)을 보라.

68. Locke, *A Letter to ... Edward[Stillingfleet], Ld Bishop of Worcester* ..., p. 304.

69. Yolton, *Locke: An Introduction*, p. 88을 보라.

70. Sell, *John Locke and the Eighteenth-century Divines*, p. 197에서 인용.

71. 임종시 섀프츠베리는 '로크 씨와 그의 "인간 오성론"의 제10장에서 흡수한' 소치니주의적 개념을 거론했다고 한다. H. R. Fox Bourne, *Life of John Locke*(1876), vol. i, p. 469.

72. '18세기 잉글랜드에 로크가 끼친 주요 영향은 정치에 사회계약론을 도입한 것보다는 종교에 아리우스주의를 도입한 것인 듯하다.' J. C. D. Clark, *English Society, 1688-1832*(1985), p. 47. 케임브리지에서 존 제브의 강의는 '엄청난 소란을 불러일으켰는데', 그가 '소치니주의와 운명론(로크 씨의 권력에 대한 장章에 기대고 있다고 여겨진)을 설파했다고 고발당했기' 때문이다. J. C. D. Clark, *The Language of Liberty 1660-1832*(1994), p. 314에서 인용. Stromberg, *Religious Liberalism in Eighteenth-century England*, p. 98을 보라.

73. [Charles Leslie], *The Charge of Socinianism against Dr Tillotson Considered*(sn, 1695), p. 13.

74. Redwood, *Reason, Ridicule and Religion*, p. 142.

75. John Dryden, *Absolom and Achitophel*(1681), in John Sargeaunt (ed.), *The Poems of John Dryden*(1959), p. 42, ll. 1-2.

76. Stephen H. Daniel, *John Toland; His Methods, Manners, and Mind*(1984), p. 34; Mark Goldie, 'Priestcraft and the Birth of Whiggism'(1993), p. 219.

77. Ashcraft, 'Anticlericalism and Authority in Lockean Political Thought', p. 74. 로크의 초기 저작은 잉글랜드 내전을 저 '사악한 인간들'의 '야심과 (…) 자만, 위선' 탓으로 돌리며 성직자의 정치적 분쟁 개입에 반대하는 태도를 드러낸다. 사람들은 성직자들에 의해 '기만'당했으며, '그들의 눈 위로 베일이 씌워졌다(p. 82).'

78. Richard Baron, *The Pillars of Priestcraft and Orthodoxy Shaken*(1768), vol. i, pp. iii, vi; Justin A. I. Champion, *The Pillars of Priestcraft Shaken*(1992); Goldie, 'Priestcraft and the Birth of Whiggism', p. 214.

79. Peter Harrison, *'Religion' and the Religions in the English Enlightenment*(1990), p. 79.

80. Charles F. Bahmueller, *The National Charity Company*(1981), p. 98; James E. Crimmins, *Secular Utilitarianism*(1990). 1818년에 벤담은 『영국국교회와 그 교리 검토Church of Englandism, and Its Catechism Examined』(1818)를 출판했는데, 거기서 그는 극단적으로 단순화된 도덕적 기독교의 프로그램을 제시했다. 그가 『바울이 아니라 예수Not Paul but Jesus』(sn, 1823)를 집필한 것은 대략 그 시기인데, 여기서 그는 바울이 사기꾼이었고 야심이 많은 사람이었으며, 그의 신조는 거의 모든 측면에서 예수의 신조와 다르고, 그는 진정한 적그리스도였다는 것을 입증하는 데 전념했다.

81. Mary Thale (ed.), *The Autobiography of Francis Place(1771-1854)*(1972), p. xvii. '허튼소리꾼'은 사제들을 가리키는, 그가 애용하는 표현이었다.

82. 1824년 9월 7일, 화요일 일기. John Clare, 'The Autobiography, 1793-1824', in J. W. and A. Tibble (eds.), *The Prose of John Clare*(1970[1951]), p. 103.

83. William Wollaston, *The Religion of Nature Delineated*(1724). 프랭클린은 그 책을 그가 인생의 첫발을 내딛도록 한 자극제로 꼽았다. Douglas Anderson, *The Radical Enlightenment of Benjamin Franklin*(1997), p. 6.

84. Matthew Tindal, *The Rights of the Christian Church Asserted*(sn, 1706); Christopher Cunliffe (ed.), *Joseph Butler's Moral and Religious Thought*(1992), pp. 11f.

85. Matthew Tindal, *Christianity as Old as the Creation; Or The Gospel a Republication of the Religion of Nature*(1733), p. 7; Harrison, *'Religion' and the Religions in the English Enlightenment*, p. 167.

86. Tindal, *Christianity as Old as the Creation*, pp. 7, 10.

87. Tindal, *Christianity as Old as the Creation*, p. 10.

88. Tindal, *Christianity as Old as the Creation*, p. 23.

89. 원시적 일신교는 Jan Assmann, *Moses the Egyptian*(1997), p. 80을 보라. 이하의 포프의 시행과 비교하라.

생각하지 않은 채, 자연 상태로 그들은 맹목적으로 걸어갔네
자연 상태는 하느님의 통치였도다 (…)

Alexander Pope, *An Essay on Man*(1733-4) in John Butt (ed.), *The Poems of Alexander Pope*(1965), p. 530, ll. 247-8.

90. Tindal, *Christianity as Old as the Creation*, pp. 92.

91. Bury, *A History of Freedom of Thought*, pp. 144-5.

92. L. S. Sutherland and L. G. Mitchell (eds.), *The History of the University of Oxford*(1986), vol. v, p. 455.

93. Tindal, *Christianity as Old as the Creation*(1733), p. 49; Ernest Mossner, *Bishop Butler and the Age of Reason*(1990), p. 76.

94. Hans W. Frei, *The Eclipse of Biblical Narrative*(1974), pp. 52f.

95. William H. Trapnell, 'Who Thomas Woolston Was'(1988), 'What Thomas Woolston Wrote'(1991), and *Thomas Woolston: Madman and Deist?*(1994)를 보라.

96. Thomas Woolston, *Six Discourses on the Miracles of Our Saviour and Defences of His Discourses*(1979[1727-30]); Stock, *The Holy and the Daemonic from Sir Thomas Browne to William Blake*, p. 99; Trapnell, 'What Thomas Woolston Wrote', p. 17.

97. 예를 들어, Thomas Sherlock, *Trial of the Witnesses*(1729)를 보라. 이 소책자는 인스코트에서 열린 한 재판에 대한 보고서의 형태를 취하는데, 이 재판에서 사도들은 예수 부활 사건에서 위증했다고 기소되지만 '무죄' 평결을 받는다. 새뮤얼 존슨은 '사도들이 위조라는 중죄로 매주 재판을 받고 있는' '중앙형사법원 신학'을 개탄했다.

98. T. L. Bushell, *The Sage of Salisbury*(1968), p. 18을 보라.

99. Busehll, *The Sage of Salisbury*, p. 51.

100. Thomas Chubb, 'Human Nature Vindicated', in *A Collection of Tracts*(1730), p. 342, Bushel, *The Sage of Salisbury*, p. 88에서 인용.

101. 톨런드에 관해서는 Daniel, *John Toland: His Methods, Manners and Mind*; R. E. Sullivan, *John Toland and the Deist Controversy*(1982); Margaret C. Jacob, *The Newtonians and the English Revolution, 1689-1720*(1976), pp. 210-11을 보라.

102. John Toland, *Christianity Not Mysterious*(1696), p. 6, Simon Eliot and Beverley Stern (eds.), *The Age of Enlightenment*(1979), vol. i, p. 31에서 인용. James O'Higgins, *Anthony Collins: The Man and His Works*(1970), p. 52.

103. Toland, *Christianity Not Mysterious*, preface, p. xxvii.

104. Toland, *Christianity Not Mysterious*, p. 6.

105. John C. Biddle, 'Locke's Critique of Innate principles and Toland's Deism'

(1990), p. 148.

106. John Toland, *Tetradymus*(1720), p. 45.

107. John Toland, *Pantheisticon, Sive Formula Celebrandae Soldalitatis Socraticae*(sn, 1720), Frank E. Manuel, *The Eighteenth Century Confronts the Gods*(1967), p. 67에서 인용. 톨런드의 범신론에 관해서는 Margaret C. Jacob, *The Radical Enlightenment*(1981), p. 49.

108. John Toland, *Letters to Serena*(1704).

109. John Toland, *Letters to Serena*, p. 71.

자연 종교는 처음에 쉽고 평이했지만
설화들이 그것을 신비로 만들었고, 제물이 돈벌이로 만들었네.
희생제의와 의식이 길게 준비되었고,
사제들이 구운 고기를 먹는 동안 사람들은 처다보네.

Daniel, *John Toland: His Methods, Manners and Mind*, p. 34.

110. O'Higgins, *Anthony Collins: The Man and His Works*를 보라. 데이비드 버먼은 콜린스가 무신론자였다고 추론한다. Berman, *A History of Atheism in Britain*. 하지만 이런 견해에는 증거가 없다. 콜린스 같은 신사들은 질서를 유지하는 신의 존재에 대한 믿음을 천명했다. 그러한 믿음은 토지와 재산 소유자로서의 그들의 이해관계와 일치할 것이다.

111. Anthony Collins, *A Discourse of the Grounds and Reasons of the Christian Religion*(sn, 1724), p. vi.

112. Sell, *John Locke and the Eighteenth-century Divines*, p. 209; O'Higgins, *Anthony Collins: The Man and His Works*, pp. 6f.

113. O'Higgins, *Anthony Collins: The Man and His Works*, p. 6. 급진 분파들에서 콜린스와 로크의 관련성을 중요하게 취급하면서, 로크가 실제보다 훨씬 더 급진적이었다는 인상을 주었다. 로크가 콜린스에게 보냈다는 위조된 편지가 1753년 〈젠틀맨스 매거진〉에 실렸다. Margaret C. Jacob, *Living the Enlightenment*(1992), p. 61.

114. O'Higgins, *Anthony Collins: The Man and His Works*, p. 12. 『자유사상 담론』은 신중한 휘그들에게는 너무 멀리 나간 것이었는데, 그들은 콜린스를 공개적으로 부인했다(콜린스에 대한 그들의 사적인 감정은 그보다 덜 분명하다). O'Higgins, *Anthony Collins: The Man and His Works*, p. 89; Yolton, *Thinking Matter*, p. 42.

115. O'Higgins, *Anthony Collins: The Man and His Works*, p. 10에서 인용.

116. 스위프트는 *Mr Collins' Discourse of Free-thinking*(1713), p. 7에서 멋진 패러디

를 내놓았다. 그는 다음과 같이 비꼰다. "사제들은 내가 성경을 믿어야 한다고 말하지만, 자유로운 사고는 여러 사항들에서 그러지 말아야 한다고 말한다. 성경은 유대인들이 하느님이 선택하신 민족이었다고 말한다. 하지만 자유사상가인 나는 그럴 리 없다고 주장하는바, 유대인들은 지상의 한구석에 살았고, 자유로운 사고에 따르면 구석에서 사는 자들은 신의 선민일 수 없음이 명백하기 때문이다." '자유사상가'는 1697년에 로크가 톨런드를 묘사하기 위해 쓴 용어였다. 1711년에는 〈자유사상가 Freethinker〉라는 이름의 정기 간행물이 나왔다.

117. O'Higgins, *Anthony Collins: The Man and His Works*, pp. 78, 89f에서 인용.

118. Collins, *A Discourse of the Grounds and Reasons of the Christian Religion*; Bury, *A History of Freedom of Thought*, p. 140; Frei, *The Eclipse of Biblical Narrative*, pp. 70f.

119. 홉스는 기독교도임을 천명했지만 신을 순전히 불가항력적인 힘의 원천으로 그리면서 기독교에서의 전통적인 의미를 모두 제거해버렸다. 영혼의 자연적인 불멸성에 대한 믿음은 '그리스 귀신론'의 유물일 뿐이었다. Thomas Hobbes, *Leviathan*(1968[1651]), p. 405.

120. Charles Blount, *Anima Mundi*(1679); Harrison, *'Religion' and The Religions in the English Enlightenment*, p. 73; Champion, *The Pillars of Priestcraft Shaken*, p. 142.

121. Charles Leslie, *A Short and Easy Method with the Deists*(1698); Searby, *A History of the University of Cambridge*, vol. iii, p. 277.

122. 이하는 Manuel, *The Eighteenth Century Confronts the Gods*, pp. 66f와 Harrison, *'Religion' and The Religions in the English Enlightenment*, pp. 16f에 크게 기댄다.

123. S. I. Tucker, *Enthusiasm*(1972). 로크의 『인간 오성론』 제4판은 '열광에 관하여'라는 제목의 장을 추가로 담고 있는데, 여기서 로크는 신으로부터 사적인 예지들을 얻는다고 주장하는 프로테스탄트 극단주의자들을 공격한다. 그는 이를 '계시'라는 이름으로 부르길 거부하고 '머릿속에서 만들어낸 근거 없는 공상'이라고 부른다. Cranston, *John Locke: A Biography*, p. 277.

124. John Trenchard, *The Natural History of Superstition*(1709); Manuel, *The Eighteenth Century Confronts the Gods*, p. 74. 트렌차드는 그다음 존 고든과 함께 〈독립 휘그Independent Whig〉(1720)를 발행하기도 했다. 정치와 종교에 관한 이 에세이들은 여러 차례 판을 찍을 만큼 대단한 성공을 거두면서, 대서양 건너 미국에까지 소개되고 무신론자 돌바크에 의해 프랑스어로 번역된다.

125. 맨더빌은 종교가 공포에서 기인했다는 이런 루크레티우스적 발상을 취했다.

원시인은 재난과 재해가 자기에게 일어날 때마다 그 배후에 보이지 않는 적이 있다고 생각했으니, 그것들의 원인은 명백하고 똑똑하게 보이지 않기 때문이다. 과도한 열기와 추위, 불쾌한 습기와 가뭄, 심지어 가시적인 해를 끼치지 않는 번개와 천둥, 어둠 속에서 나는 소리들, 어두침침함 그 자체와 무섭고 알 수 없는 모든 것 (…) 지상에 대한 자신의 모든 탐구가 소용없음을 알게 되면 그는 눈을 들어 하늘을 보게 된다.

Bernard de Mandeville, *The Fable of the Bees*(1924[1714]), vol. ii, pp. 208-12. Redwood, *Reason, Ridicule and Religion*, p. 34를 보라.

126. Trenchard, *The Natural History of Superstition*, pp. 10-11; Manuel, *The Eighteenth century Confronts the Gods*, p. 75.

127. Trenchard, *The Natural History of Superstition*, pp. 12-13.

128. Trenchard, *The Natural History of Superstition*, p. 15. John Beaumont, *An Historical, Physiological and Theological Treatise of Spirits, Apparitions, Witchcrafts and Other Magical Practices*(1705)도 보라.

129. Trenchard, *The Natural History of Superstition*, p. 14-15; Manuel, *The Eighteenth century Confronts the Gods*, p. 77.

130. Trenchard, *The Natural History of Superstition*, p. 19; Manuel, *The Eighteenth century Confronts the Gods*, p. 78. 열광의 병리학에 관해서는 Michael Heyd, 'Be Sober and Reasonable'(1995); Hillel Schwartz, *Knaves, Fools, Madmen, and 'That Subtile Effluvium'*(1978)과 *The French Prophets*(1980)를 보라.

131. Anthony Ashley Cooper, 3rd Earl of Shaftesbury, *Charactersticks of Men, Manners, Opinions, Times*(1999[1711]), vol. i, p. 86. 그러므로 '이성과 올바른 생각을 제한하고 노예로 삼는 모든 악습 가운데, 오성에 가장 분명하고 치명적인 해악을 끼치는 것은 미신과 편벽함 그리고 천박한 열광이다.'(vol. i, p. 153)

132. Shaftesbury, *Charactersticks of Men, Manners, Opinions, Times*, 'Letter concerning Enthusiasm', vol. i, p. i; Manuel, *The Eighteenth century Confronts the Gods*, p. 79; Robert Voitle, *The Third Ear of Shaftesbury: 1671-1713*(1984)도 보라. 섀프츠베리는 이렇게 썼다. '조롱은 열광이 발현될 때마다 적절한 해독제가 될 것이다. 프랑스 협잡꾼들의 뼈를 부러트리는 대신, 우리는 현명하게도 그들을 바틀러미 장터의 꼭두각시놀이의 소재로 만들었다.' 'Letter concerning Enthusiam', in Shaftesbury, *Charactersticks of Men, Manners, Opinions, Times*, vol. i, p. 19. 섀프츠베리의 스승인 로크는 『오성론』 제4판에서 열광을 비판하는 장을 추가했다.

열광은 스위프트의 『통 이야기A Tale of a Tub』(1975[1704])에서 풍자되었다.

133. Shaftesbury, *Charactersticks of Men, Manners, Opinions, Times*, vol. i, p. 8; Manuel, *The Eighteenth century Confronts the Gods*, p. 79.

134. Shaftesbury, *Charactersticks of Men, Manners, Opinions, Times*, vol. i, p. 13.

135. Robert Kreiser, *Miracles, Convulsions and Ecclesiastical Politics in Early Eighteenth-century Paris*(1978); Daniel Roche, *France in the Enlightenment*(1998), p. 373; Stanley Tweyman (ed. and intro.), *Hume on Miracles*(1996) p. 31.

136. Conyers Middleton, *Free Enquiry into the Miraculous Powers which are Supposed to Have Subsisted in the Christian Church from the Earliest Ages*(1749). 사춘기의 기번이 미들턴을 읽고 가톨릭으로 개종한 것은 그런 연유에서였다.

137. 흄은 1748년에 『인간 이해력에 관한 탐구』를 출판하고서 거기에 큰 기대를 품었으나 '이탈리아에서 돌아오자 안타깝게도 잉글랜드 전역이 미들턴 박사의 자유로운 탐구로 들끓고 있는 반면, 나의 저작은 완전히 간과되고 무시되었음을 알았다.' John Vladimir Price, 'The Reading of Philosophical Literature'(1982), p. 171에서 논의됨. Ernest Campbell Mossner, 'The Religion of David Hume'(1990)을 보라.

138. David Hume, 'Of Miracles'를 보라. *Philosophical Essays concerning Human Understanding*(1748)에 처음 수록되었고, *Enquiries concerning the Human Understanding and concerning the Principles of Morals*(1966)에 수록됨. section X, 'Of Miracles', part I, p. 86을 보라.

기적이란 자연법칙에 대한 위반이다. 그리고 아주 확고하고 변경 불가능한 경험이 자연법칙을 성립시키므로, 사실 그 자체의 본성에 따라 기적을 반박하는 증명은 경험에 근거를 두는 모든 논증이 그렇다고 생각될 수 있는 만큼 완전하다. (…) 건강해 보이는 사람이 갑자기 죽는 것은 기적이 아니다. 그런 죽음은 비록 여느 죽음보다 더 이례적이긴 하지만 빈번히 일어나는 일로 관찰되곤 하기 때문이다. 그러나 죽었던 사람이 다시 살아난다면 그것은 기적이다. 어떤 시대, 어떤 지역에서도 그런 일이 관찰된 경우는 결코 없기 때문이다. 따라서 모든 기적적인 사건마다 그에 반하는 한결같은 경험이 틀림없이 존재한다. 그렇지 않다면 그 사건은 기적이라는 명칭을 받을 자격이 없을 것이다. 그리고 한결같은 경험은 하나의 증거가 되므로, 일체의 기적의 실재에 반하는, 사실의 본성으로부터 나오는 직접적이고 온전한 증거가 여기 있다. 그보다 더 우월한 대립적 증거에 의하지 않는 한, 그러한 증거는 깨트릴 수 없으며 기적이 신빙성을 얻을 수도 없다.

Tweyman (ed. and intro.), *Hume on Miracles*; James E. Force, 'Hume and Johnson on Prophecy and Miracles'(1990); Donald T. Siebert, 'Johnson and Hume on Miracles'(1990)를 보라.

139. Hume, 'Of Miracles'(1741-2), in *Enquiries concerning the Human Understanding and concerning the Principles of Morals*, pt I, p. 86.

140. Hume, *Enquiries concerning the Human Understanding and concerning the Principles of Morals*, p. 130.

141. David Hume, *Essays Moral, Political and Literary*(1898[1741-2]).

142. David Hume, 'Of Superstition and Enthusiasm'(1741-2), in *Selected Essays*(1993), p. 39.

143. J. G. A. Pocock, *Virtue, Commerce, and History*(1985), p. 153; John B. Stewart, *Opinion and Reform in Hume's Political Philosophy*(1992), p. 277.

144. David Hume, 'Natural History of Religion'(1741-2), in *Essays Moral, Political and Literary*, vol. ii, p. 363.

145. David Hume, *Hume's Dialogues concerning Natural Religion*(1947).

146. Gladys Bryson, *Man and Society*(1968), p. 230.

147. 그들의 마지막 만남에 관한 이야기는 보즈웰의 1777년 3월 3일자 일기, Charles M. Weis and Frederick A. Pottle (eds.), *Boswell in Extremes, 1776-1778*(1971), pp. 11-15, 특히 p. 11을 보라. '그다음 그는 모든 종교의 도덕 규범은 나쁘다고 딱 잘라 말했고, 나는 그가 어떤 사람이 종교적이라는 말을 들으면 그 사람이 악당이라는 뜻이라고 결론 내린다고 말할 때, 정말이지 농담이 아니라고 느꼈다. 하기야 그도 매우 훌륭한 사람들이 종교적임을 보여주는 일부 사례들을 알고 있다고 덧붙이기는 했지만 말이다.' A. N. Wilson, *God's Funeral*(1999), p. 22를 보라.

148. 1776년 7월 7일, 흄이 보즈웰에게. Charles M. Weis and Frederick A. Pottle (eds), *Boswell in Extremes, 1776-1778*(1971), p. 11.

149. David Hume, *The Philosophical Works of David Hume*(1874-5; repr. 1987), vol. 3, p. 83.

150. Hume, *Essays Moral, Political and Literary*, vol. i, p. 54, essay vii.

151. 흄에 관해서는, Berman, *A History of Atheism in Britain from Hobbes to Russell*, p. 101; Don Locke, *A Fantasy of Reason*(1980), p. 340을 보라. '44세 때 나는 지난 여러 해 동안과 달리 무신론자라는 평판을 더이상 안일하게 흘려 넘기지 않게 되었다.' 1818년에 그는 자전적 에세이 「종교에 관하여」를 쓰기 시작하면서, '나는 회의론자unbeliever다'라는 뭉뚱그린 선언으로 서두를 뗐다. Percy Bysshe

Shelley, *The Necessity of Atheism*(1811)과 Wilson, *God's Funeral*도 보라. 고드윈은 이렇게 선언했다. '나로 말하자면 페일리하고 맬서스와 함께 천국에 가느니 차라리 플라톤하고 베이컨 경과 함께 지옥에 가겠다.' Harold Orel, *English Romantic Poets and the Enlightenment*(1973), p. 181.

152. Wilson, *God's Funeral*.

153. David Hume, *Letters*(1932), vol. i, p. 62. Stewart, *Opinion and Reform in Hume's Political Philosophy*, p. 106의 논의를 보라.

154. Pocock, *Virtue, Commerce, and History*, pp. 153f. 기번은 미신과 열광에 관한 흄의 논의에 의지했다.

155. 자신의 불경한 언사들이 야기한 논란에 짐짓 놀라는 척하는 기번의 반응은 Gibbon, *Memoirs of My Life*, p. 159를 보라.

156. Sell, *John Locke and the Eighteenth-century Divines*, p. 165. 계몽주의에서 나타난, 종교적인 사고 틀에서 정치적인 사고 틀로의 이행은 Michel de Certeau, 'The Formality of Practices' in *The Writing of History*(1988), pp. 149-51; B. W. Young, *Religion and Enlightenment in Eighteenth-century England*(1998)에서 잘 논의된다. Hans W. Frei도 보라. '역사적 시기들이 단일한 시간적·지리적 시작점을 갖는다고 말할 수 있다면, 근대적 신학은 17세기에서 18세기로의 전환기에 잉글랜드에서 시작되었다.' *The Eclipse of Biblical Narrative*, p. 51. 합리적 비국교파는 무엇보다도 관용에 대한 그의 입장 때문에 로크를 돌이켜보며 고맙게 여겼다. Sell, *John Locke and the Eighteenth-century Divines*, p. 165.

157. Gibbon, *Memoirs of My Life*, p. 80.

158. Richard Polwhele, preface to George Lavington, *Enthusiasm*(1833), p. cxiv. '감리교의 열광이 잉글랜드 서부를 사로잡았고, 지금 이 순간 먼 구석구석까지 퍼져 나가고 있다.'

159. Jonathan Swift, *An Argument to Prove That the Abolishing of Christianity in England* ...(1717), p. 9.

160. William Blake, 'Annotations to Dr Thornton's "New Translation of the Lord's Prayer"'(1827), in G. Keynes (ed.), *Blake: Complete Writings*(1969), p. 787.

6장 과학의 문화

1. 그리고 새로운 철학이 모든 것을 의심하고

불의 원소는 완전히 꺼지며
태양과 지구가 사라지니 인간의 지혜는
이를 어디서 찾아야 할지 가르쳐주지 못하네.

John Donne, *The First Anniversarie*(1611), Victor I. Harris, *All Coherence Gone*(1966), pp. 20-21에서 인용.

2. 당시 일어난 일이 과연 '혁명'인가라는 문제는 이 장에서의 논의에 영향을 주지는 않지만 '과학혁명'이라는 개념은 여전히 논쟁거리다. I. Bernard Cohen, *Revolution in Science*(1985); H. Floris Cohen, *The Scientific Revolution*(1994); John Henry, *The Scientific Revolution and the Origins of Modern Science*(1997); Roy Porter and Mikuláš Teich (eds.), *The Scientific Revolution in National Context*(1992); John A. Schuster, 'The Scientific Revolution'(1990)을 보라. Michael Fores의 'Science and the "Neolithic Paradox"'(1983)는 과학혁명이라는 '신화'를 공격한다. Steven Shapin의 *The Scientific Revolution*(1996)은 도발적으로 포문을 연다. '과학혁명 같은 것은 없었고 이 책은 그에 관한 책이다'(p. 1).

3. 대천사 라파엘이 인간에게 주는 경고. John Milton, *Paradise Lost*(1667), bk VIII, ll. 167-8. Marjorie Hope Nicolson, *The Breaking of the Circle*(1960), p. 167과 *Science Demands the Muse*(1966)를 보라.

4. 'The Battle Royal'(1694), William Pittis, *The Original Works of William King*(1776), vol. ii, pp. 221-2에 재수록됨. 버넷의 주장을 이신론자인 찰스 블라운 트가 이어받은 것도 사태에 도움이 되지 못했다. Roy Porter, 'Creation and Credence'(1979).

5. Alexander Pope, *The Dunciad*(1728), bk IV, ll. 453-4, in John Butt (ed.), *The Poems of Alexander Pope*(1965), pp. 788-9.

6. Jonathan Swift, *Gulliver's Travels*(1954[1726]), p. 165; J. R. R. Christie, 'Laputa Revisited'(1989); Douglas Patey, 'Swift's Satire on "Science" and the Structure of *Gulliver's Travels*'(1991); Roslynn D. Haynes, *From Faust to Strangelove*(1994), p. 44. 이 책의 관점에서 볼 때 스위프트의 뛰어난 기교가 내놓 고자 한 것이 햇살이었다는 점이 의미심장하다. *Gulliver's Travels*, 'A Voyage to Laputa', pt III, section 5.

7. Michael Hunter, *Science and Society in Restoration England*(1981)와 *Establishing the New Science*(1989). *British Journal for the History of Science* 1999년 6월호는 18세기 왕립학회를 다룬다.

8. Richard S. Westfall, *Science and Religion in Seventeenth-century*

England(1970); John Hedley Brooke, *Science and Religion*(1991).

9. '자연철학'은 나중에 '과학'으로 변경된 것을 이르는 당대의 용어였다. 양자 간 구분
의 핵심은 Andrew Cunningham, 'Getting the Game Right'(1988)에서 역설된다.

10. J. Spedding, R. L. Ellis and D. D. Heath (eds.), *The Works of Francis Bacon*(1857-74), vol. iv, p. 57.

11. 베이컨의 이미지와 영향력에 관해서는 Charles Webster, *The Great Instauration*(1975); R. F. Jones, *Ancients and Moderns*(1936)를 보라.

12. P. B. Wood, 'Methodology and Apologetics'(1980); Peter Dear, '*Totius in Verba*'(1985).

13. 그의 일생은 R. S. Westfall, *Never at Rest*(1980); Frank E. Manuel, *A Portrait of Isaac Newton*(1968)을 보라.

14. Betty Jo Teeter Dobbs, *The Janus Face of Genius*(1991).

15. Frank. F. Manuel, *Isaac Newton, Historian*(1963)과 *The Religion of Isaac Newton*(1974)을 보라.

16. Isaac Newton, *Mathematical Principles of Natural Philosophy*(1962[1687]).

17. Norman Hampson, *The Enlightenment*(1968), p. 34; Manuel, *Isaac Newton, Historian*.

18. A. Rupert Hall, *Philosophers at War*(1980).

19. Betty Jo Teeter Dobbs and Margaret C. Jacob, *Newton and the Culture of Newtonianism*(1995); Simon Schaffer, 'Newtonianism'(1990); Marie Boas Hall, *Promoting Experimental Learning*(1991). 그들의 케임브리지 뿌리에 관해서는 Peter Searby, *A History of the University of Cambridge*(1977), vol. iii, pp. 150f를 보라. 드사귈리에에 관해서는 Margaret C. Jacob, *The Radical Enlightenment*(1981), p. 124를 보라.

20. Steven Shapin, 'The Social Uses of Science'(1980); Gerald Dennis Meyer, *The Scientific Lady in England, 1650-1760*(1955).

21. Searby, *A History of the University of Cambridge*, vol. iii, p. 150; James A. Force, *William Whiston: Honest Newtonian*(1985).

22. 뉴턴은 알렉산드로스 대왕 같은 정복자들을 능가했다. F. M. Voltaire, *Letters concerning the English Nation*(1926[1733]), p. 65.

23. Henry Guerlac, *Newton on the Continent*(1981); A. Ruper Hall, 'Newton in France'(1975).

24. Henry Guerlac, 'Where the Statue Stood'(1977).

25. James Thomson, 'Summer', ll. 1545-8, in James Thomson, *Works*(1744), vol.

i, p. 141; Richard Yeo, 'Genius, Method and Mortality'(1988); Gerd Buchdahl, *The Image of Newton and Locke in the Age of Reason*(1961); Marjorie Hope Nicolson, *Newton Demands the Muse*(1946).

26. William Wordsworth, *The Prelude*(1970[1805년 텍스트]), p. 35. 초창기에 콜리지 역시 열렬한 뉴턴주의자였다.

   저기, 자연의 사제여! 그대는 빛나는구나.
   뉴턴! 거룩한 왕중왕.

Ian Wylie, *Young Coleridge and the Philosophers of Nature*(1989), pp. 32-3.

27. 블레이크조차도 태도가 때로 애매모호할 수 있었다. Donald D. Ault, *Visionary Physics*(1974).

28. C. B. Wilde, 'Hutchinsonians, Natural Philosophy and Religious Controversy in Eighteenth-century Britain'(1980).

29. Schaffer, 'Newtonianism'.

30. Newton, *Mathematical Principles of Natural Philosophy*, 'General Scholium', vol. ii, p. 547.

31. 그러한 이미지는 대중적 소비를 위한 것이었다—사적으로 뉴턴은 거만한 자기중심적 인간이었다. Manuel, *A Portrait of Isaac Newton*을 보라. 과학은 조화로운 것으로서 스스로를 내세웠지만, 실제로는 이론의 우선권과 소유권을 둘러싸고 끝없는 분쟁이 벌어졌다. R. Iliffle, '"In the Warehouse"'(1992).
   뉴턴적 방법론과 수사학, 과학의 언어에 관해서는 J. V. Golinski, 'Language, Discourse and Science'(1990)를 보라. '형이상학'에 대한 거부는 Gary Hatfield, 'Metaphysics and the New Science'(1990); G. A. J. Rogers, 'The Empiricism of Locke and Newton'(1979)과 'Locke's *Essay* and Newton's *Principia*'(1990)를 보라.

32. Westfall, *Never at Rest*, p. 863.

33. 보일은 이렇게 역설했다. '자연에는 입자의 운동이나 연결, 성형成形, 그 무엇으로도 원자론자들이 만족스럽게 설명할 수 없는 현상들이 있지 않을까 크나큰 의심이 든다.' Robert Boyle, *Some Considerations Touching the Usefulnesse of Experimental Natural Philosophy*(1663), in Thomas Birch (ed.), *The Works of the Honourable Robert Boyle*(1744), vol. ii, pp. 47f. 보일에 관해서는 Michael Hunter (ed.), *Robert Boyle Reconsidered*(1994)를 보라.

34. Norman Sykes, *Church and State in England in the Eighteenth*

Century(1934), p. 153; John Gascoigne, 'From Bentley to the Victorians' (1988); Margaret C. Jacob, 'Reflections on the Ideological Meaning of Western Science from Boyle and Newton to the Postmodernists'(1995)와 *The Newtonians and the English Revolution, 1689-1720*(1976), p. 18은 "이전의 논평가들이 무시해온 것, 즉 영국 국교회 지도자들이 '정치 세계world politick'라고 부르기 좋아했던 것에 대한 그들의 비전을 뒷받침하는 지지대로서[뉴턴주의]의 유용성을 강조한다." 콜리지는 합리주의자들에게 하느님이란 중력의 주일 이름이라고 비꼬았다. R. W. Harris, *Romanticism and the Social Order*(1969), p. 234.

35. J. T. Desaguliers, *The Newtonian System of the World*(1728), ll. 17-18, Jacob, *The Radical Enlightenment*, p. 124에서 인용. 과학을 국가의 더 폭넓은 목적들에 이용하는 다른 길들이 있었는데, 특히 정치 산술이 그렇다. Julian Hoppit, 'Political Arithmetic in Eighteenth-century England'(1996); Andrea Rusnock, 'Biopolitics'(1999); Peter Buck, 'People Who Counted'(1982)를 보라.

36. Desaguliers, *The Newtonian System of the World*, p. 8.

37. Desaguliers, *The Newtonian System of the World*, p. 8.

38. 뉴턴 신봉자 가운데 한 명의 운명은 Force, *William Whiston: Honest Newtonian*을 보라.

39. Dennis R. Dean, *James Hutton and the History of Geology*(1992); Roy Porter, 'Philosophy and Politics of a Geologist(1978). 활동 물질에 대한 톨런드의 범신론적 시각은 정통 뉴턴주의에 도전했다. Stephen H. Daniel, *John Toland: His Method, Manner, and Mind*(1984), pp. 12f.

40. William Paley, *Natural Theology*(1802), ch. 1, 'State of Argument'. 시계 예증은 페일리가 자기 것으로 삼기 오래전부터―볼링브루크를 비롯해―흔했다. 페일리는 아마도 Abraham Tucker, *The Light of Nature Pursed*(1768), vol. i, p. 523; vol. ii, p. 83에서 가져와 각색했을 것이다.

41. Paley, *Natural Theology*, ch. 1. 교황 관련 인용은 *An Essay on Man*(1733-4), l. 332, in Butt, *The Poems of Alexander Pope*, p. 546.

42. 리처드 도킨스의 『눈먼 시계공The Blind Watchmaker』(1986)에 따르면 그렇다.

43. 이하의 논의는 자연의 극소 물질에 대한 변화하는 아이디어들(존재론)을 검토한다. 13장은 물과 육지로 이루어진 지구에서의 자연 질서의 의미에 관한 새로운 이론들을 탐구한다.

44. 물질 이론과 자연 질서, 신의 의지에 관해서는 Robert E. Schofield, *Mechanism and Materialism*(1970); Arnold Thackray, *Atoms and Powers*(1977); Simon Schaffer, 'Natural Philosophy'(1980); P. M. Heimann and J. E. McGuire,

'Newtonian Forces and Lockean Powers'(1971); P. M. Heimann, 'Newtonian Natural Philosophy and the Scientific Revolution'(1973), ""Nature is a Perpetual Worker"'(1973)와 'Voluntarism and Immanence'(1978); Peter Harman, *Metaphysics and Natural Philosophy*(1982)를 보라.

45. 대륙의 유물론에 관해서는 Aram Vartanian, *Diderot and Descartes*(1953); Thomas L. Hankins, *Science and the Enlightenment*(1985); 이래즈머스 다윈에 관해서는 이하 19장을 보라. Theodore Brown, 'From Mechanism to Vitalism in Eighteenth-century English Physiology'(1974)도 보라.

46. Joseph Priestley, *Disquisitions Relating to Matter and Spirit*(1777), pp. 1-7. 프리스틀리는 자신이 뉴턴의 경험주의를 완성하고 있다고, 다시 말해 허구적 존재들을 꾸며내고 있지 않다고 보았다. Robert E. Schofield, *The Enlightenment of Josepsh Priestly*(1997)과 이하 18장; John W. Yolton, *Thinking Matter*(1983), pp. 113f를 보라.

47. Robert Greene, *The Principles of Philosophy of the Expansive and Contractive Forces*(1727); John Rowning, *A Compendious System of Natural Philosophy*(1735-42). 비非뉴턴적이거나 반反뉴턴적 이론들로는 C. B. Wilde, 'Hutchinsonianism, Natural Philosophy and Religious Controversy in Eighteenth-century Britain'(1980)과 'Matter and Spirit as Natural Symbols in Eighteenth-century British Natural Philosophy'(1982)를 보라.

48. James Hutton, *An Investigation of the Principles of Knowledge, and of the Progress of Reason, from Sense to Science and Philosophy*(1794).

49. James Hutton, *Theory of the Earth*(1795), vol. i, p. 200.

50. Schofield, *Mechanism and Materialism*, p. 263과 이하 18장을 보라.

51. Harriet Ritvo, *The Animal Estate*(1987), p. 8.

52. 과학의 대중화에 관해서는 Simon Schaffer, 'Natural Philosophy and Public Spectable in the Eighteenth Century'(1983); *British Journal for the History of Science*, vol. xxviii(March 1995)에 수록된 논문들; Roger Cooter and Stephen Pumfrey, 'Separate Spheres and Public Places'(1994)를 보라.

53. Steven Shapin and Simon Schaffer, *Leviathan and the Air-pump*(1985)는 구체적인 케이스 연구를 통해 새로운 과학이 어떻게 그 진리 위상을 정립했는가라는 결정적인 문제를 제기함과 동시에 해소하고자 하는 책이며, 이 문제를 Shapin은 나중에 *A Social History of Truth*(1994)에서 다시 다룬다. 이 시기의 '과학적' 진리는 진리 일반에서의 규범이자 정의定義가 되었다. Larry Stewart, 'Public Lectures and Private Patronage in Newtonian England'(1986), 'The Selling of Newton'

(1986)과 'Other Centres of Calculation'(1999)도 보라.

54. Margaret C. Jacob, *The Cultural Meaning of the Scientific Revolution*(1988), p. 142.

55. Richard D. Altick, *The Shows of London*(1978), p. 81; Desmond King-Hele, *Erasmus Darwin and the Romantic Poets*(1986).

56. Roy Porter, 'Sex and the Singular Man'(1984). 다른 의료 흥행사들에 관해서는 Roy Porter, *Health for Sale*(1989)을 보라.

57. Geoffrey Alan Cranfield, *The Development of the Provincial Newspaper 1700-1760*(1962), p. 216. 저린에 관해서는 Andrea Rusnock, *The Correspondence of James Jurin(1684-1750) Physician and Secretary of the Royal Society*(1996)를 보라. 순회 강연자들에 관해서는 A. E. Musson and Eric Robinson, *Science and Technology in the Industrial Revolution*(1969); Larry Stewart, *The Rise of Public Science*(1992), p. 94를 보라.

58. John R. Millburn, *Benjamin Martin: Author, Instrument-maker and Country-showman*(1976).

59. Millburn, *Benjamin Martin: Author, Instrument-maker and Country-showman*, p. 4.

60. Gerard Turner, 'Instruments'(2000); Patricia Fara, *Sympathetic Attractions*(1996); Michael Adas, *Machines as the Measure of Men*(1989). 과학과 여성에 관해서는 Alice N. Walters, 'Conversation Pieces'(1997)를 보라.

61. 어린이를 위한 과학에 관해서는 James A. Secord, 'Newton in the Nursery' (1985)를 보라. Robert Collison, *Encyclopaedias*(1964); Frank A. Kafker (ed.), *Notable Encyclopedias of the Seventeenth and Eighteenth Centuries*(1981). Richard Yeo, *Encyclopaedic Visions*(2001년에 출간―옮긴이)는 자신이 '이 세상의 배후에 자리한 백과사전'이라는 찰스 램의 시치미 뗀 농담조 고백을 인용한다. 앞의 4장도 보라.

62. D. Spadafora, *The Idea of Progress in Eighteenth-century Britain*(1990), p. 326에서 인용.

63. Jan Golinski, *Science as Public Culture*(1992); Stewart, *The Rise of Public Science*, p. 22. 그러한 기획가들에 관해서는 Margaret R. Hunt, *The Middling Sort*(1996), pp. 175f를 보라.

64. Benjamin Vaughan, *New and Old Principles of Trade Compared*(1788), Nicholas A. Hans, *New Trends in Education in the Eighteenth Century*(1966), p. 13에서 인용.

65. [Thomas Bentley], *Letters on the Utility and Policy of Employing Machines to Shorten Labour*(1780), Hans, *New Trends in education in the Eighteenth Century*, p. 14에서 인용.

66. D. G. C. Allan, *William Shipley: Founder of the Royal Society of Arts*(1968), p. 112.

67. Spadafora, *The Idea of Progress in Eighteenth-century Britain*, pp. 53, 211. 그의 'Navigation, or the Triumph of the Thames'(1778)에서 인격화된 국가들은 상업의 신인 머큐리에게 소환되어 각자 아버지 템스강의 무릎에 상품들을 쏟아낸다. 배리는 근대인들의 우월성을 역설했다. James Barry, *An Account of a Series of Pictures in the Great Room of the Society of Arts ... at the Adelphi*(1783), in *The Works of James Barry, Esq.*(1809), vol. ii, p. 323.

68. James Johnston Abraham, *Lettsom, His Life, Times, Friends and Descedants*(1933); Thomas Joseph Pettigrew, *Memoirs of the Life and Writings of the Late John Coakley Lettsom*(1817).

69. Pettigrew, *Memoirs of the Life and Writings of the Late John Coackley Lettsom*, vol. ii, p. 3.

70. Pettigrew, *Memoirs of the Life and Writings of the Late John Coackley Lettsom*, vol. i, p. 21.

71. Pettigrew, *Memoirs of the Life and Writings of the Late John Coackley Lettsom*, vol. i, p. 118.

72. Pettigrew, *Memoirs of the Life and Writings of the Late John Coackley Lettsom*, vol. ii, p. 129-30.

73. John Gascoigne, *Joseph Banks and the English Enlightenment*(1994); H. B. Carter, *Joseph Banks 1743-1820*(1988).

74. Robert Hooke, *Micrographia*(1665), p. 5.

75. Hooke, *Micropraphia*, preface, p. 7.

76. L. Krüger, L. Daston and M. Heidelberger (eds.), *The Probabilistic Revolution*(1987), pp. 237-60; I. Hacking, *The Emergence of Probability*(1975)와 *The Taming of Chance*(1990).

77. Robert Brown, *The Nature of Social Laws, Machiavelli to Mill*(1984), pp. 58f. 이하 17장도 보라.

78. Adam Smith, *Essays on Philosophical Subjects*(1980[1795]), bk II, sect. 12, p. 45. Lorraine Daston and Katharine Park, *Wonders and the Order of Nature 1150-1750*(1998), pp. 326f.

79. Smith, *Essays on Philosophical Subjects*, p. 51. 그는 '무지가 미신을 낳았듯이, 과학은 신성한 계시에 의해 개화되지 못한 사회들에서 생겨난 최초의 유신론을 탄생시켰다'고 썼다. D. D. Raphael, 'Adam Smith: Philosophy, Science, and Social Science'(1979)의 논의를 보라.

80. 주변화에서 관해서는 Patruck Curry, *Prophecy and Power*(1989); Gloria Flaherty, 'The Non-Normal Sciences'(1995)를 보라.

81. Ann Geneva, *Astrology and the Seventeenth-century Mind*(1995).

82. Curry, *Prophecy and Power*.

83. Bernard S. Capp, *Astrology and the Popular Press*(1979), p. 239; Simon Schaffer, 'Newton's Comets and the Transformation of Astrology'(1987).

84. Capp, *Astrology and the Popular Press*, pp. 243-5; Curry, *Prophecy and Power*, p. 90

85. Capp, *Astrology and the Popular Press*, pp. 167-81.

86. Marc Bloch, *The Royal Touch*(1973).

87. George Birkbeck Hill, *Boswell's Life of Johnson*(1934-50), vol. iii, p. 323.

88. Ephraim Chambers, *Cyclopaedia*, 2nd edn(1738[1728]), vol. ii, 페이지 없음, 'Medicine'.

89. Samuel Wood, *Strictures on the Gout*(1775), p. 6.

90. Roy Porter, *Doctor of Society*(1991).

91. Thomas Beddoes (ed.), *Chemical Experiments and Opinions*(1790), p. 60와 *A Letter to Erasmus Darwin*(1793), p. 29.

92. Beddoes, *A Letter to Erasmus Darwin*, p. 58.

93. Beddoes, *A Letter to Erasmus Darwin*, p. 62.

94. Beddoes, *A Letter to Erasmus Darwin*, p. 62.

95. John Aikin, *Letters from a Father to His Son*, 3rd edn(1796[1792-3]), p. 47.

96. Joseph Priestley, *An Essay on the First Principles of Government*(1768), p. 7.

97. Jospeh Priestley, *Experiments and Observations on Different Kinds of Air*(1774-7), p. xiv; Maurice Crosland, 'The Image of Science as a Threat' (1987).

98. Kevin C. Knox, 'Lunatick Vision'(1999). 미치광이 과학자와 비합리적인 합리주의자라는 끈질긴 수사修辭에 관해서는 Haynes, *From Faust to Stragelove*를 보라.

7장 인간 본성의 해부

1. Alexander Pope, *An Essay on Man*(1733-4), epistle ii, ll. 1-2, in John Butt (ed.), *The Poems of Alexander Pope*(1965), p. 516.
2. J. Y. T. Greig (ed.), *The Letters of David Hume*(1932), vol. i, p. 34.
3. Laurence Sterne, *The Life and Opinions of Tristram Shandy*(1967[1759-67]), vol. vii, cha. 33, p. 500.
4. David Hume, *A Treatise of Human Nature*(1978[1739]), p. xv. 잠재적 혜택은 헤아릴 수 없었다. '우리가 인간 이해력(오성)의 힘과 범위를 온전히 파악한다면 이 학문들에서 얼마나 커다란 변화와 진전을 볼 수 있을지 짐작하기란 불가능하다.'
5. John Bunyan, *Pilgrim's Progress*(1678), Michael R. Watts, *The Dissenters*(1978), p. 263와 Christopher Hill, *A Turbulent, Seditious and Factious People*(1989)에서 논의됨.
6. Arthur Paul Davis, *Isaac Watts: His Life and Works*(1948), p. 7.
7. Donald F. Bond (ed.), *The Tatler*(1987), vol. ii, no. 87, p. 48(Saturday, 29. October, 1709).
8. William Shakespeare, *Hamlet*, act III, scene i, l. 130.
9. 존슨의 확신은 Paul K. Alkon, *Samuel Johnson and Moral Discipline*(1967); Maurice Quinlan, *Samuel Johnson: A Layman's Religion*(1964); C. F. Chapin, *The Religious Thought of Samuel Johnson*(1968); R. Voitle, *Samuel Johnson the Moralist*(1961); G. Irwin, *Samuel Johnson: A Personality in Conflict*(1971)를 보라. 더 광범위하게, 인문주의적 도덕에 관해서는 Hersechel Baker, *The Dignity of Man*(1947); J. B. Bamborough, *The Little World of Man*(1952)을 보라.
10. Paul Fussell, *The Rhetorical World of Augustan Humanism*(1965), p. 8에서 인용; pp. 110f도 보라.
11. W. J. Bate and A. B. Straus (eds), *Samuel Johnson: The Rambler*(1969), vol. iii, no. 196, pp. 257-61(Saturday, 1 February 1752); Samuel Johnson, *Life of Thomas Browne*, in *The Lives of the Most Eminent English Poets*(1939[1779-81]); George Birkbeck Hill, *Boswell's Life of Johnson*(1934-50), vol. i, p. 198; Fussell, *The Rhetorical World of Augustan Humanism*, p. 53.
12. Hill, *Boswell's Life of Johnson*, vol. iv, p. 188.
13. Fussell, *The Rhetorical World of Augustan Humanism*, p. 65.
14. Jonanthan Swift, *A Tale of a Tub, and Other Satires*(1975[1704]), p. 133. 스위프트의 인간 혐오에 관해서는 'Day of Judgement'에서의 조브Jove(유피테르)의 발

언을 보라.

본성과 학식, 맹목적 이성으로
심기를 건드리는 인간 족속

Jonathan Swift, *The Complete Poems*(1983), p. 317.

15. Fussell, *The Rhetorical World of Augustan Humanism*, p. 303.
16. Pope, *An Essay on Man*, epistle ii, 10, in Butt, *The Poems of Alexander Pope*, p. 516.
17. Pope, *An Essay on Man*, epistle ii, ll. 183-4, in Butt, *The Poems of Alexander Pope*, p. 522. Brean S. Hammond, *Pope and Bolingbroke* (1984)도 보라.
18. 랜슬럿('케이퍼빌리티[잠재성]') 브라운은 귀족들의 영지에서 '잠재성'을 보는 전설적인 능력 때문에 그 별명을 얻었다. 계몽된 도덕가들도 인간 본성에 관해서 그와 똑같이 느꼈다.
19. John Andrew Bernstein, 'Shaftesbury's Optimism and Eighteenth-century Social Thought'(1987); Robert Voitle, *The Third Earl of Shaftesbury: 1671-1713*(1984).
20. Anthony Ashley Cooper, 3rd Earl of Shaftesbury, *Characteristicks of Men, Manners, Opinions, Times*(1999[1711]), vol. ii, p. 67; Robert E. Norton, *The Beautiful Soul*(1995).
21. Shaftesbury, *Characteristicks of Men, Manners, Opinions, Times*, 'The Moralists', vol. ii, pt II, sect. 4, p. 49, Lawrence E. Klein, *Shaftesbury and the Culture of Politeness*(1994), p. 68에서 논의됨; Basil Willey, *The Eighteenth Century Background*(1962), p. 73.
22. Shaftesbury, *Characteristicks of Men, Manners, Opinions, Times*, 'Sensus Communis', vol. i, sect. 1, p. 38. Klein, *Shaftesbury and the Culture of Politeness*, p. 168도 보라.
23. Klein, *Shaftesbury and the Culture of Politeness*, p. 2.
24. Thomas Hobbes, *Leviathan*(1968[1651]). 홉스의 인식론과 도덕철학은 앞의 3장에서 논의되었다.
25. Sir Isaac Newton, *Opticks*(1721), Query 31, p. 381; Hume, *A Treaties of Human Nature*, introduction의 논의를 보라.
26. 정신의 과학에 관해서는 Elie Halévy, *The Growth of Philosophic Radicalism*(1792)을 보라. 그 프로젝트는 또한 자연히 회의론자들과 풍자가들의 주

의를 끌었다. Christopher Fox, *Locke and the Scriblerians*(1988)를 보라.

27. 유럽적 배경에 관해서는 Ulrich Im Hof, *The Enlightenment*(1994), p. 182; Knud Haakonssen, *Natural Law and Moral Philosophy*(1996)를 보라.

28. David Hume, *Enquiries concerning the Human Understanding and concerning Principles of Morals*(1966[1748]), pt I, sect. viii, pp. 83-4. D. Spadafora, *The Idea of Progress in Eighteenth-century Britain*(1990), p. 269. 이런 취지의 진술은 차고 넘친다. 예를 들어, '나라와 언어를 불문하고 이성을 함양한 인간들은 비슷하게 판단한다'는 볼링브루크 자작의 견해를 보라. *Of the True Use of Retirement and Study*, in *The Works of Lord Bolingbroke*(1969; repr. of 1841 edn), vol. iv, p. 163. '인간 본성은 어디서나 똑같다'는 맨더빌의 의견에 대해서는 *The Fable of the Bees*(1924[1714]), vol. i, p. 275를 보라.

29. 자연 상태에 관해서는 Ronald L. Meek, *Social Science and the Ignoble Savage*(1975); Robert Wokler, 'Anthropology and Conjectural History in the Enlightenment'(1995)를 보라.

30. 로크의 인류학에 관해서는 G. A. J. Rogers, 'Locke, Anthropology and Models of the Mind'(1993)를 보라.

31. William Knight, *Lord Monboddo and Some of His Contemporaries*(1900). '원' 상태에 대한 논의는 원죄의 재구성에 이르렀다.

32. Adam Ferguson, *An Essay on the History of Civil Society*(1995[1767]), p. 14.

33. Francis Hutcheson, *A Short Introduction to Moral Philosophy*(1747), p. 2. 그의 *A System of Moral Philosophy*(1755), vol. i, pp. 1-2도 참고하라. Vincent Hope, *Virtue by Consensus*(1989); Gladys Bryson, *Man and Society*(1968), p. 19. 얼스터 비국교파 목사의 아들인 프랜시스 허치슨(1694~1746)은 칼뱅주의를 합리주의로 대체한 신학을 발전시켰다. 1729년에 그는 글래스고대학의 도덕철학 교수직을 수락하여 1747년 죽을 때까지 그 자리를 지켰다. 형이상학에서는 대체로 로크를 따랐지만, 가장 중요한 것은 그의 윤리학 저술이다.

34. Bryson, *Man and Society*, p. 131. '본성을 드러낼' 인간 해부로는 Mandeville, *The Fable of the Bees*, vol. ii, pp. 3, 142를 보라. Roger Smith, *The Fontana History of the Human Sciences*(1997), ch. 3, pp. 215-59도 보라.

35. 존슨의 정신적 투쟁에 대한 의식은 Gloria Sybil Gross, *This Invisible Riot of the Mind*(1992)에서 잘 전달된다.

36. 또한 더 나아가 독립적인 신사들한테도 빚졌다. '한 나라의 자유로운 정신이 이런 쪽으로 변할 때 판단이 형성된다. 비평가들이 생겨나고 공중의 안목이 향상된다. 올바른 취향이 우세해진다.' John Barrell, *The Political Theory of Painting from*

Reynolds to Hazlitt(1986), p. 34에서 인용.

37. G. J. Barker-Benfield, *The Culture of Sensibility*(1992), p. 205; Michael Prince, *Philosophical Dialogue in the British Enlightenment*(1996), p. 35.

38. 허치슨은 '고故 섀프츠베리 백작의 원리들'을 설명하고 '『벌의 우화』의 저자'의 오류들을 지적하는 일을 떠맡았다. John B. Stewart, *Opinion and Reform in Hume's Political Philosophy*(1992), p. 76.

39. Francis Hutcheson, *An Inquiry into the Original of Our Ideas concerning Beauty, Order, Harmony, Design*(1973[1725]), p. 2; John Darling, 'The Moral Teacning of Francis Hutcheson'(1989); J. Mordaunt Crook, 'The Arcadian Vision'(1988), pp. 48-9. '정신은 (…) 수동적이며, 관념들에 대한 지각을 직접적으로 막을 능력을 갖고 있지 않다.' Hutcheson, *An Inquiry into the Original of Our Ideas concerning Beauty, Order, Harmony, Design*, p. 2.

40. David Hume, 'Of the Standard of Taste'(1741), in *Selected Essays*(1993), p. 136; David Marshall, 'Arguing by Analogy'(1995).

41. Archibald Alison, *Essays on the Nature and Principles of Taste*(1790), p. 55; Martin Kallich, *The Association of Ideas and Critical Theory in Eighteenth-century England*(1970).

42. 연상주의에 관해서는 John P. Wright, 'Association, Madness, and the Measures of Probability in Locke and Hume'(1987); Hume, *A Treatise of Human Nature*, bk I, pt I, sections 1-4, pp. 1-13을 보라.

43. Hobbes, *Leviathan*, p. 6; Edward Hundert, 'Performing the Passions in Commercial Society'(1998), p. 150의 논의를 보라. Charles Taylor, *Sources of the Self*(1989), pp. 172f.

44. John Locke, *An Essay concerning Human Understanding*(1975[1690]), bk II, chs. 27-9; H. E. Allison, 'Locke's Theory of Personal identity'(1977); R. C. Tennant, 'The Anglican Response to Locke's Theory of Personal Identity'(1982); D. P. Behan, 'Locke on Persons and Personal Identity'(1979); Taylor, *Sources of the Self*, p. 172; Sylvana Tomaselli, 'The First Person'(1984); John Marshall, *John Locke; Resistance, Religion and Responsibility*(1994), p. 399.

45. 로크의 인격에 관한 이론은 불편한 것으로 드러났다. '그에 대한 초창기 비평가들에 관해 현대 독자가 맨 먼저 느끼는 것은 (…) 로크가 자아에 관해 이야기하고 있는 것에 대한 그들의 솔직한 당혹스러움이다.' Fox, *Locke and the Scriblerians*, pp. 50f. 로크에 관한 풍자는 Roger S. Lund, 'Martinus Scriblerus and the Search for a Soul'(1989)을 보라.

46. Locke, *An Essay concerning Human Understanding*, bk IV, ch. 9, p. 618, Patricia Meyer Spacks, *Imagining a Self*(1976), p. 2에서 인용.

47. Lawrence E. Klein, *Shaftesbury and the Culture of Politeness*(1994), pp. 73, 83-90. 섀프츠베리는 자아에 관하여 명백하게 스턴을 암시한다. Max Byrd, *Tristram Shandy*(1985)를 보라.

48. 이하 18장과 20장, 그리고 정신이상과 같은 주제들에 대한 논쟁을 보라. 신생 장르인 소설은 자아라는 수수께끼를 탐구할 포럼을 명백히 제공했다.

49. J. P. Ferguson, *An Eighteenth-century Heretic*(1976)은 훌륭한 논의를 담고 있다. James O'Higgins, *Anthony Collins: The Man and His Works*(1970), p. 72f; John W. Yolton, *Thinking Matter*(1983). 꿈의 의미에 관해서는 Jennifer Ford, *Coleridge on Dreaming*(1998); Fox, *Locke and the Scriblerians*, p. 51를 보라.

50. Anthony Collins, *An Answer to Mr Clarke's Third Defence to His Letter to Mr Dodwell*(1708), p. 66; Fox, *Locke and the Scrblerians*, p. 53에서 인용. 콜린스는 로크처럼 개인의 정체성이 육체가 아니라 '오로지 의식'에 있다고 주장하며, 로크의 이론을 로크 자신은 결코 인정하지 않은 결론으로 밀고 나갔다. 클라크는 만약 개인의 정체성이 의식에 존재한다면, 그리고 그 의식이 찰나적이라면, 과거와 동일한 인간의 부활은 불가능할 거라고 반박했다. '거기에 나는 이렇게 답한다'고 콜린스는 대답했다. '만약 개인의 정체성이 전에 설명한 것처럼 의식에 존재한다면 (…) 우리가 사고를 중단할 때마다, 또는 의식하기를 중단할 때마다 의식이 소멸되지는 않는 것과 마찬가지로, 의식은 육체가 사멸할 때 소멸할 수 없다.' Anthony Collins, *A Philosophical Inquiry concerning Human Liberty*(1790[1717]), p. 66. 이러한 개별 행위들의 비영구적인 성격을 고려할 때 '우리는 우리가 절대적으로 개별적 존재로서 지속한다는 것을 한순간도 의식하지 못한다'(p. 66)고 주장한다.

51. Gladys Bryson, *Man and Society*(1968), p. 8; Daniel Carey, 'Reconsidering Rousseau'(1998), p. 27.

52. Hutcheson, *An Inquiry into the Original of Our Ideas of Beauty, Order, Harmony, Design*, sect. iii, fig. 8; Bryson, *Man and Society*, p. 8.

53. 이하의 내용들은 Hutcheson, *A Short Introduction to Moral Philosophy in Three Books*, pp. 2f를 보라.

54. Bryson, *Man and Society*, p. 155.

55. Hutcheson, *A Short Introduction to Moral Philosophy in Three Books*, p. 4.

56. Hutcheson, *A Short Introduction to Moral Philosophy in Three Books*, p. 17.

57. Hutcheson, *A Short Introduction to Moral Philosophy in Three Books*, p. 2.

58. 공통 감각(상식) 철학에 관해서는, Selwyn Alfred Grave, *The Scottish*

Philosophy of Common Sense(1960); Keith Lehrer, *Thomas Reid*(1989).

59. 심리학이라는 표현은 Nathan Bailey, *Universal Etymological English Dictionary*(1721)에 등장하는데, 이 책은 서른 번이나 판을 거듭했다. Gary Hatfield, 'Remaking the Science of the Mind'(1995); Christopher Fox, 'Introduction: Defining Eighteenth-century Psychology', in *Psychology and Literature in the Eighteenth Century*(1987), p. 3.
미셸 푸코는 18세기에 '심리학은 존재하지 않았다'고 주장한다. Michel Foucault, *Madness and Civilization*(1967), p. 197. 그러나 위의 문헌들이 분명히 보여주듯이 이 주장은 틀렸다.

60. Fernando Vidal, 'Psychology in the Eighteenth Century'(1993); John Christie, 'The Human Sciences'(1993).

61. Fox, *Psychology and Literature in the Eighteenth Century*(1987)와 'Crawford, Willis, and Anthropologie Abstracted'(1988).

62. David Hartley, *Observations on Man*(1791[1749]), vol. i p. 2.

63. Mandeville, *The Fable of the Bees*, vol. ii, p. 79.

64. Mandeville, *The Fable of the Bees*, vol. i, p. 72. 맨더빌은 홉스가 제기한 쟁점들을 다시 꺼내고 있었다. 이하의 논의는 E. G. Hundert, *The Enlightenment's Fable*(1994); Dario Castiglione, 'Excess, Frugality and the Spirit of Capitalism' (1992); R. I. Cook, *Bernard Mandeville*(1974); M. M. Goldsmith, *Private Vices, Public Benefits*(1985); T. A. Horne, *The Social Thought of bernard Mandeville*(1978)을 보라.

65. Bernard de Mandeville, *The Virgin Unmask'd*(1709), pp. 25, 87.

66. Mandeville, *The Fable of the Bees*; Rudolf Dekker, "'Private Vices, Public Virtues" Revisited'(1992); J. Martin Stafford, *Private Vices, Publick Benenfits?*(1997).

67. Mandeville, *The Fable of the Bees*, vol. i, p. 20

68. Mandeville, *The Fable of the Bees*, vol. i, p. 24.

69. Mandeville, *The Fable of the Bees*, vol. i, p. 26.

70. Mandeville, *The Fable of the Bees*, vol. i, pp. 323-69.

71. Mandeville, *The Fable of the Bees*, vol. i, p. 212.

72. Mandeville, *The Fable of the Bees*, vol. i, p. 10.

73. Mandeville, *The Fable of the Bees*, vol. i, p. 76. 사치에 관해서는 John Sekora, *Luxury: The Concept in Western Thought, Eden to Smollett*(1977), p. 80. 자만에 관해서는 Hundert, *The Enlightenment's Fable*, p. 73.

74. Mandeville, *The Fable of the Bees*, vol. i, p. 76.

75. Mandeville, *The Fable of the Bees*, vol. i, p. 407.

76. Pope, *An Essay on Man*, epistle iii, ll. 317-18, in Butt, *The Poems of alexander Pope*, p. 535.

77. '이 책의 초반부를 읽은 주의깊은 독자는 곧 두 체계가 주님의 체계 및 나의 체계와 더 대립적일 수 없음을 인식할 것이다.' Mandeville, *The Fable of the Bees*, vol. ii, p. 324.

78. Francis Hutcheson, *Thoughts on Laughter, and Observations on the Fable of the Bees*(1989[1758]), Hundert, *The Enlightenment's Fable*, p. 37에서 논의.

79. Hume, *A Treatise of Human Nature*, 부제. 이 책은 악명 높게도 '인쇄기에서 사산'되었다. 흄의 생애에 대해서는 앞의 4장을 보라. 흄에 관해서는 Philippa Foot, 'Locke, Hume, and Modern Moral Theory'(1991); Peter Jones (ed.), *The 'Science' of Man in the Scottish Enlightenment*(1989); Nicholas Phillipson, *Hume*(1989); John B. Stewart, *The Moral and Political Philosophy of David Hume*(1963).

80. Hume, *A Treatise of Human Nature*, p. 269.

81. Hume, *A Treatise of Human Nature*, p. xvi.

82. Hume, *A Treatise of Human Nature*, p. xvii.

83. Hume, *A Treatise of Human Nature*, bk I, section iv.

84. Hume, *Enquiries concerning the Human Understanding and concerning the Principles of Morals*, sect. viii, pt i, p. 83.

85. Hume, *A Treatise of Human Nature*, bk I, sect. i; bk I, sect. xii, 'Of the Probability of Causes'.

86. Hume, *A Treatise of Human Nature*, bk I, sect. vi. 흄은 다음과 같이 쓴다(p. 259).

이제 철학에서 커다란 질문이 된 개인의 정체성의 본질을 설명하는 문제로 넘어가자. 이 문제는 특히 근래에 잉글랜드에서 커다란 논점이 되었는데, 그곳에서 모든 심오한 학문들이 남다른 열정 속에서 전심전력으로 연구되고 있다. 그리고 식물과 동물, 선박과 집, 기술이나 자연의 모든 가변적이고 복합적인 산물의 정체를 그동안 매우 성공적으로 설명해온 동일한 추론 방식이 여기서도 이어져야 함은 분명하다. 우리가 인간의 정신에 돌리는 그 정체성은 허구적 정체성에 불과하다.

87. 자부심에 관한 흄의 시각에 대해서는 Stewart, *Opinion and Reform in Hume's*

Political Philosophy, p. 123을 보라. 흄은, 일부 도덕주의자들이 모든 자부심을 '순전히 이교도적이고 자연적'인 것으로서 억누르려 하지만, 이런 태도는 우리가 많은 것을 성취하지 못하게 할 것이라고 주장한다. Hume, *A Treatise of Human Nature*, bk III, sect. ii, p. 600.

88. Stewart, *Opinion and Reform in Hume's Political Philosophy*, p. 127.

89. 1790년대의 급진적 소설들에는 흔히 '있는 그대로의 사람Man as he is'이나, 거기서 변형된 표현의 부제가 붙었다. 흄은 사회를 있는 그대로의 인간과 조화시키길 원했다.

90. David Hume, *A Treatise of Human Nature*(1969[1739]), p. 22의 개관에 보이는 Mossner의 흥미로운 논의를 보라.

91. Hume, *A Treatise of Human Nature*, bk II, sect. iii, p. 416.

92. 예를 들어 하틀리는 영원한 처벌 개념을 인정하지 않았다. Richard C. Allen, *David Hartley on Human Nature*(1999), pp. xx, 38.

93. 하틀리 전반에 관해서는 Barbara Bowen Oberg, 'David Hartley and the Association of Ideas'(1976); C. U. M. Smith, 'David Hartley's Newtonian Neuropsychology'(1987); M. E. Webb, 'A New History of Hartley's Observations on Man'(1988)과 'The Early Medical Studies and Practice of Dr David Hartley'(1989); Margaret Leslie, 'Mysticism Misunderstood'(1972); Spadafora, *The Idea of Progress in Eighteenth-century Britain*, p. 153; Allen, *David Hartley on Human Nature*.

94. 로크는 다음과 같이 천명했다. '현재로서는 정신에 대한 물리적 고려들은 다루지 않을 것이다—아무리 흥미롭고 호기심을 자극할지라도 나는 이러한 사변들은 거절하겠다.' Locke, *An Essay concerning Human Understanding*, bk I, ch. 1, p. 43.

95. 게이에 관해서는 Halévy, *The Growth of Philosophic Radicalism*, pp. 7f.

96. R. V. Sampson, *Progress in the Age of Reason*(1956), p. 46에서 인용. 하틀리의 영향에 관해서는 R. M. Young, 'David Hartley'(1970)와 ''Association of Ideas' (1973); Yolton, *Thinking Matter*, p. 158

97. Hartley, *Observation on Man*, vol. i, p. 83.

98. 존 게이 목사가 발전시킨 이 논증은 Abraham Tucker, *The Light of Nature Pursued*(1768)로 이어진다. Allen, *David Hartley on Human Nature*, p. 267의 논의를 보라.

99. Hartley, *Observation on Man*, vol. i, pp. 473-4.

100. Smith, *The Fontana History of the Human Sciences*, pp. 216-7; Hatfield, 'Remaking the Science of the Mind.'

101. Dugald Stewart, 'Dissertation: Exhibiting the Progress of Metaphysical,

Ethical and Political Philosophy since the Revival of Letters in Europe', in Sir William Hamilton (ed.), *The Collected Works of Dugald Stewart*(1854-60), vol. i, p. 479.

8장 정치 과학

1. Edward Gibbon, *Memoirs of My Life*(1966[1796]), p. 51.
2. David Hume, 'That Politics may be Reduced to a Science'(1741-2), in *Selected Essays*(1993), pp. 13-24; Jonathan Swift, *Gulliver's Travels*(1985[1726]), bk ii, p. 176. '브롭딩넥으로의 여행'에서 걸리버는 이렇게 말한다.

> 하지만 나는 그들 사이에서 이런 결함이 무지에서 비롯되었다고 여긴다. 유럽의 지성들이 해온 것과 달리 아직까지 정치를 과학으로 환원하지 못한 (…) 그[국왕]는 통치에 관한 지식을 매우 협소한 범위 안에 가두었다. 그는 이를 상식과 이성, 정의와 자비, 민사 및 형사적 사안들에 대한 신속한 결정으로 제한했다.

3. J. T. Desaguliers, *The Newtonian System of the World*(1728), preface, p. 32, ll. 175-6.

> 하지만 뉴턴의 (유일하게 진정한) **철학**이
> 대담하게 그대의 **완벽한 모델**이 되게 하라.

4. E. P. Thompson, *The Making of the English Working Class*(1965), p. 79.
5. Robert Filmer, *Patriarcha, and Other Political Works of Sir Robert Filmer*(1949); Mark Kishlansky, *Monarchy Transformed*(1996); Paul Kleber Monod, *Jacobitism and the English People, 1688-1788*(1989).
6. 로크의 정치학은 Peter Laslett, 'The English Revolution and Locke's *Two Treatises of Government*'(1956); John Marshall, *John Locke: Resistance, Religion and Responsibility*(1994); Richard Ashcraft, *Revolutionary Politics and Locke's Two Treatises of Government*(1986); John Dunn, *The Political Thought of John Locke*(1969)를 보라. 정치사상을 다룬 유용한 선집은 David Williams (ed.), *The Enlightenment*(1999)이다.

7. John Locke, *Two Treatises of Government*(1988[1690]), bk i, ch. 1, sect. 1, p. 141. 로크는 이렇게 덧붙인다. '노예제는 비천하고 비참한 인간 상태이며, 우리 민족의 너그러운 기질과 용기에 정면으로 배치된다. 신사는커녕 영국인이 그것을 옹호한다는 것은 도저히 생각할 수 없다.' bk i, ch. 1, sect. 1, p. 141. 필머의 철학의 핵심은 로크가 본 대로 '어떤 인간도 자유롭게 태어나지 않는다'는 것이었다. bk i, ch. 1, sect. 1, p. 142.

8. Locke, *Two Treatises of Government*, bk i, ch. 1, sect. 1, p. 141.

9. Locke, *Two Treatises of Government*, treatise 2, ch. 1, sect. 2, p. 268. 재산권의 정치에 관해서는 H. T. Dickinson, *Liberty and Property*(1977); John Brewer and Susan Staves (eds), *Early Modern Conceptions of Property*(1995).

10. Locke, *Two Treatises of Government*, treatise 2, ch. 2, sect. 6, p. 271. 로크는 이것이 인간은 '전능하고 한없이 지혜로운 조물주의 작품이자, 지고의 주인의 명령에 의해 그리고 그분의 역사役事를 위해 이 세상으로 보내진 그분의 종복'이기 때문이라고 설명했다. 시민사회라는 핵심 관념에 관해서는 Marvin B. Becker, *The Emergence of Civil Society in the Eighteenth Century*(1994)를 보라.

11. Locke, *Two Treatises of Government*, treatise 2, ch. 9, sect. 124, pp. 350-51.

12. Locke, *Two Treatises of Government*, treatise 2, ch. 9, sect. 135, pp. 357-8.

13. Locke, *Two Treatises of Government*, treatise 2, ch. 13, sect. 149, p. 367.

14. Locke, *Two Treatises of Government*, treatise 2, ch. 14, sect. 168, pp. 379-80. '사람들은 일부 사람들이 흔히 암시하는 것처럼 옛 관행들을 그렇게 쉽사리 벗어던지지 않는다.'

15. Locke, *Two Treatises of Government*, treatise 2, ch. 19, sect. 225, p. 415.

16. Locke, *Two Treatises of Government*, treatise 2, ch. 5, sect. 25, p. 286. 재산권에 관한 논의는 C. B. Macpherson, *The political Theory of Possessive Individualism*(1964).

17. Locke, *Two Treatises of Government*, treatise 2, ch.5, sect. 25, p. 286. 시편 115편, 16절을 참고하라.

18. Locke, *Two Treatises of Government*, treatise 2, ch. 5, sect. 32, pp. 290-91; Richard Ashcraft, 'Lockean Ideas, Poverty, and the Development of Liberal Political Theory'(1995).

19. Locke, *Two Treatises of Government*, treatise 2, ch. 5, sect. 27, pp. 287-8.

20. Locke, *Two Treatises of Government*, treatise 2, ch. 5, sect. 35, p. 292.

21. Locke, *Two Treatises of Government*, treatise 2, ch. 5, sect. 36, p. 293.

22. Locke, *Two Treatises of Government*, treatise 2, ch. 5, sect. 37, p. 294.

23. Locke, *Two Treatises of Government*, treatise 2, ch. 5, sect. 46, p. 300.

24. Locke, *Two Treatises of Government*, treatise 2, ch. 5, sect. 46, p. 300.

25. Locke, *Two Treatises of Government*, treatise 2, ch. 5, sect. 47, p. 300.

26. Locke, *Two Treatises of Government*, treatise 2, ch. 5, sect. 50, p. 302.

27. Joseph Tucker, *A Treatise concerning Civil Government*(1781), p. 33; W. George Shelton, *Dean Tucker and Eighteenth-century Economic and Political Thought*(1981); J. G. A. Pocock, 'Josiah Tucker on Burke, Locke, and Price' (1985). 유사한 비판이 흄과 블랙스톤, 버크에 의해서도 이루어졌다. '사회의 진정하고 자연스러운 유일한 토대는 개인들의 두려움과 필요이다'라고 블랙스톤은 썼다. Isaac Kramnick, *Republicanism and Bourgeois Radicalism*(1990), pp. 73f; J. C. D. Clark, *The Language of Liberty 1660-1832*(1994), ch. 3.

28. Laslett, 'The English Revolution and Locke's *Two Treatises of Government*'; Ashcraft, *Revolutionary Politics and Locke's Two Treatises of Government*.

29. J. G. A. Pocock, *Virtue, Commerce and History*(1985), p. 48.

30. J. G. A. Pocock, *The Machiavellian Moment*(1975), pp. 406f와 Virtue, *Commerce and History*, pp. 75f. 『오세아나 공화국Commonwealth of Oceana』(1656)에서 제임스 해링턴James Harrington(1611~77)은 잉글랜드에 이상적인 헌정 체제를 제안했다. 재산, 특히 토지 재산이 국가 내 권력 배분을 결정했다. 집행권이 같은 개인들한테 남는 것을 방지하기 위해 해링턴은 임기 제한을 제안했다. 그의 사상은 중앙집권적 권력에 대한 반대를 역설하고 부패를 우려함으로써 '재야' 이데올로기의 발전에 기여했다.

31. 1대 볼링브루크 자작 헨리 세인트 존(1678~1751)은 토리파 정치가로서 로버트 할리와 손을 잡고 1704년부터 1708년까지 전쟁대신을 지냈다. 앤 여왕 사후 스튜어트 왕가의 복귀를 지지한 그는 프랑스로 달아났고, 잠깐 동안 왕위 요구자(명예혁명으로 쫓겨난 제임스 2세의 아들 제임스 프랜시스 에드워드 스튜어트를 말한다—옮긴이)의 국무대신이었다. 1723년 사면을 받았지만 상원 의석을 거절하고 부패한 '로버트 정권'을 때리는 『장인Craftsman』으로 월폴에 대한 문학적 공격을 쏟아냈고, 빈번한 선거와 관리 및 상비군에 대한 제한을 요구했다. H. T. Dickinson, *Bolingbroke*(1970); Isaac Kramnick, Bolingbroke and His Circle(1968); Simon Varey (ed.), *Lord Bolingbroke: Contributions to the Craftsman*(1982); John B. Stewart, *Opinion and Reform in Hume's Political Philosophy*(1992), p. 63.

32. Caroline Robbins, *The Eighteenth-century Commonwealthmen*(1968); Nicholas Phillipson and Quentin Skinner (eds.), *Political Discourse in Early Modern Britain*(1993); John Robertson, 'The Scottish Enlightenment at the

Limits of the Civic Tradition'(1983).

33. J. G. A. Pocock, 'Machiavelli, Harrington and English Political Ideologies' (1972)와 'Civic Humanism and its Role in Anglo-American Thought'(1972).

34. Robbins, *The Eighteenth-century Commonwealthmen*; Shelley Burtt, *Virtue Transformed*(1992); Malcolm Jack, *Corruption and Progress*(1989); Pocock, *The Machiavellian Moment*, p. 467; David L. Jacobson and Ronald Hamowy (eds.), *The English Libertarian Heritage*(1994).

35. 그다음 두 사람은 1720년대 초반에 대단히 성공적인 또다른 주간지 〈독립 휘그〉를 내놓으며, 반교권주의와 자유사상을 옹호했다(5장을 보라). 1723년 트렌차드의 죽음과 함께 고든의 급진주의도 막을 내렸다는 사실은 당대의 '매문賣文' 에토스에 관해 시사하는 바가 있다. 그는 월폴의 언론 자문이 되었고, 포도주 면허 수석위원 자리를 수락했으며, 마침내는 자신이 맹비난해온 '부패'의 대들보가 되었다. Marie P. McMahon, *The Radical Whigs, John Trenchard and Thomas Gordon*(1990).

36. Jacobson (ed.), *The English Libertarian Heritage*(1965), letters 59-68, p. xxxix.

37. Jacobson (ed.), *The English Libertarian Heritage*, letters 62, p. xxxvi.

38. Jacobson (ed.), *The English Libertarian Heritage*, letters 45, p. xxxvii.

39. Jacobson (ed.), *The English Libertarian Heritage*, letters 60, p. xxxviii.

40. Jacobson (ed.), *The English Libertarian Heritage*, letters 60, p. xxxix, p. 47.

41. 헌정에 관해서는 J. A. W. Gunn, *Beyond Liberty and Property*(1983); Ernest Neville Williams, *The Eighteenth Century Constitution, 1688-1815*(1960).

42. James Thomson, *Liberty*(1735), p. 45, ll. 814-16. 톰슨과 여타 '애국자들'은 '애국주의'를 활용해 조지 2세에 대항하여 왕세자를 지지했으며, 자신들만의 정치적 속셈이 있었다.

43. Johann Wilhelm von Archenholz, *A Picture of England*(1791), Harry Ballam and Roy Lewis (eds.), *The Visitors' Book*(1950), p. 79에서 인용. Nicholas Rogers, *Crowds, Culture and Politics in Georgian Britain*(1998), p. 274.

44. C. Y. Ferdinand, *Benjamin Collins and the Provincial Newspaper Trade in the Eighteenth Century*(1997), p. 155. 대륙에서의 언론 자유의 한계에 관해서는 Ulrich Im Hof, *The Enlightenment*(1994), p. 150을 보라.

45. Geoffrey Alan Cranfield, *The Development of the Provincial Newspaper 1700-1760*(1962), p. 273; Marilyn Butler (ed.), *Burke, Paine, Godwin, and the Revolution Controversy*(1984), p. 6. 영국식 자유의 수호자로서, 언론에 대해서는 의심에 찬 캐서린 몰런드를 질책하던 헨리 틸니를 떠올려보라.

대체 무엇을 보고 판단한 겁니까? 우리가 살고 있는 나라와 시대를 기억하세요. 우리가 영국인이고 기독교도라는 사실을 기억하세요. 있을 법한 일에 대한 당신 자신의 이해와 느낌, 주변에서 돌아가는 일에 대한 당신의 관찰을 참고해보세요. 당신이 받은 교육이 우리에게 그러한 만행을 예비합니까? 우리의 법이 그런 만행을 묵인합니까? 그런 만행이 이 같은 나라에서, 사회적·문학적인 교류가 그토록 활발하고, 모두가 자발적인 염탐꾼 이웃에 둘러싸여 있고, 도로들과 신문들이 모든 것을 만천하에 드러내는 나라에서 몰래 자행될 수 있을까요?

Jane Austen, *Northanger Abbey*(1975[1818]), p. 172.

46. William Blackstone, *Commentaries on the Laws of England*(1979[1765-9]), Butler, *Burke, Paine, Godwin, and the Revolution Controversy*, p. 6에서 인용. James T. Boulton, *The Language of Politics in the Age of Wilkes and Burke*(1963), p. 19; H. T. Dickinson, *The Politics of the People in Eighteenth-century Britain*(1995), p. 169; Eckhart Hellmuth, "'The Palladium of All Other English Liberties'"(1990).

47. Butler (ed.), *Burke, Paine, Godwin, and the Revolution Controversy*, p. 6에서 인용.

48. J. Almon, *Memoirs of a Late Eminent Bookseller*(sn, 1790), pp. 148f. 베를린 수요 클럽은 1783년에 검열에 찬성하는 쪽으로 논쟁하고 있었다―그곳의 많은 회원들이 공무원이었으니 놀랄 일도 아니다. Eckhart Hellmuth, 'Enlightenment and the Freedom of the Press'(1998).

49. Stewart, *Opinion and Reform in Hume's Political Philosophy*, p. 306에서 인용.

50. Pat Rogers, *Hacks and Dunces*(1980), pp. 8-9.

51. Alan P. F. Sell, *John Locke and the Eighteenth-century Divines*(1997), p. 2. 이 데올로그들은 전부 다 1688년을 영국식 자유와 법(권리장전, 왕위계승법, 관용법, 스코틀랜드와의 통합, 디포의 『신성한 권리Iure Divino』를 안전하게 지킨 순간으로 되돌아봤다.

52. Anthony Ashley Cooper, 3rd Earl of Shaftesbury, *Characteristicks of Men, Manners, Opinions, Times*(1999[1711]), vol. i, p. 60.

53. Shaftesbury, *Characteristicks of Men, Manners, Opinions, Times*, vol. i, p. 39.

54. Henry St John, Viscount Bolingbroke, 'Idea of the Patriot King'(1738), in *The Works of Lord Bolingbroke*(1969[1754-98]), vol. iii, p. 123. '지주 계급이야말

로 우리의 정치 선박의 진정한 소유자이며, 흔히 말하는 금전 계급은 배의 승객에 불과하다.' Leslie Stephen, *History of English Thought in the Eighteenth Century*(1962[1876]), vol. ii, p. 178에서 인용. 한갓 금전의 천박함을 겨냥한 사회적 풍자는 당연히 끊이지 않았다. Colin Nicholson, *Writing and the Rise of Finance*(1994).

55. James Harris, *Hermes*(1751), in *The Works of James Harris, Esq.*(1801), vol. i, ch. 5, p. 438.

56. 국가의 공고화에 관해서는 John Brewer, *The Sinews of Power*(1989); P. Corrigan and D. Sayer, *The Great Arch*(1985); John Cannon (ed.), *The Whig Ascendancy*(1981); J. H. Plumb, *The Growth of Political Stability in England 1675-1725*(1967); Jeremy Black, *The Politics of Britain, 1688-1800*(1993).

57. '가짜'라는 비난은 D. Hay, 'Property, Authority and the Criminal Law'(1975); Peter Linebaugh, *The London Hanged*(1991).

58. John Brown, *An Estimate of the Manners and Principles of the Times*(1757), pp. 29, 35-6. 브라운은 영국이 '타락하고 망해가던 로마처럼' '파멸로 미끄러져가고' 있다고 믿었다. 그는 결국 자살했다. Jack, *Corruption and Progress*; D. Spadafora, *The Idea of Progress in Eighteenth-century Britain*(1990), p. 214; Howard D. Weinbrot, *Augustus Caesar in 'Augustan' England*(1978)를 보라.

59. 1장과 4장의 논의를 보라. 애디슨과 스틸의 정치사상에 대해서는 Nicholas Phillipson, 'Politics and Politeness in the Reigns of Anne and the Early Hanoverians'(1993), pp. 211-45를 보라.

60. Joseph Addison and Richard Steele, *The Spectator*(1965), vol. i, no. 124, p. 507(Monday, 23 July 1711); Erin Mackie, *Market à la Mode*(1977), p. 208의 논의를 보라.

61. Donald F. Bond (ed.), *The Tatler*(1987), vol. i, p. 8, 헌사. 스틸은 '세상을 개혁하는 데 내가 얼마나 더딘 진전을 보고 있는지를 보면 적잖이 의기소침해진다'고 말했다. Bond, *The Tatler*(1987), vol. ii, no. 139, pp. 297-301(Tuesday, 28 February 1710). 80년 뒤에 에스파냐의 주도적인 문학 저널 *Espíritu de los majores diarios*의 구독자가 765명에 불과했다는 사실에 주목하라.

62. John Gay, *The Present State of Wit*(sn, 1711), p. 20.

63. Addison and Steele, *The Spectator*(1965), vol. i, no. 10, p. 44(Monday, 12 March 1711).

64. Addison and Steele, *The Spectator*, vol. i, no. 10, pp. 44-7(Monday, 12 March 1711).

65. Addison and Steele, *The Spectator*, vol. ii, no. 219, pp. 351-4(Saturday, 10 November 1711), and vol. ii, no. 275, pp. 570-73(Tuesday, 15 January 1712). Edward A. Bloom, Lilian D. Bloom and Edmund Leites, *Educating the Audience*(1984); Scott Black, 'Social and Literary form in the *Spectator*' (1999); Peter Burke, *The Art of Conversation*(1993); Stephen Copley, 'Commerce, Conversation and Politeness in the Early Eighteenth-century Periodical'(1995); Michael Ketcham, *Transparent Designs*(1985); David Castronovo, *The English Gentleman*(1987); George C. Brauer, *The Education of a Gentleman*(1959). '*Totus mundus agit histrionem*'(온 세상이 무대)이라는 경구에 관해서는 Addison and Steele, *The Spectator*, vol. iii, no. 370, p. 393(Monday, 5 May 1712)을 보라.

66. Addison and Steele, *The Spectator*, vol. i, no. 125, pp. 509-10(Tuesday, 24 July 1711).

67. Addison and Steele, *The Spectator*, vol. ii, no. 262, p. 517(Monday, 31 December 1711). 그는 약속을 지켰지만, 그러한 노력에도 불구하고 '아티쿠스'라는 포프의 조롱조 꼬리표를 피할 수는 없었다('기꺼이 상처를 입히려 하지만 한 방 먹이길 두려워하며/잘못을 암시만 할 뿐 싫어하기는 주저하네'). Alexander Pope, *An Epistle to Dr Arbuthnot*(1735), in John Butt (ed.), *The Poems of Alexander Pope*(1965), p. 604, ll. 203-4.

68. Addison and Steele, *The Spectator*, vol. ii, no. 262, p. 519(Monday, 31 December 1711).

69. Addison and Steele, *The Spectator*, vol. i, no. 81, pp. 346-9(Saturday, 2 June 1711).

70. Addison and Steele, *The Spectator*, vol. ii, no. 169, pp. 164-7(Thursday, 13 September 1711).

71. Scott Paul Gordon, 'Voyeuristic Dreams'(1995). '스펙테이터 씨'는 '마스크를 쓰고' 다녔다. Terry Castle, *Masquerade and Civilization*(1986); Lee Davison, Tim Hitchcock, Tim Keirn and Robert B. Shoemaker (eds.), *Stilling the Grumbling Hive*(1992).

72. George S. Marr, *The Periodical Essayists of the Eighteenth Century*(1971), p. 57.

73. Ernest Cassara, *The Enlightenment in America*(1988), p. 43. '애디슨은 길고 끔찍했던 헤어짐 끝에 재치와 미덕을 화해시켰으니, 그 별거 동안 재치는 방탕으로, 미덕은 광신으로 길을 잃었었다'고 매콜리는 썼다. Terry Eagleton, *The Function*

of Criticism(1984), p. 4.

74. Christopher J. Berry, *The Idea of Luxury*(1994), pp. 147f의 분석을 보라. Jean-
Christophe Agnew, *Worlds Apart*(1986); John Sekora, *Luxury*(1977); James
Raven, *Judging New Wealth*(1992).

75. Hume, 'Of the Protestant Succession'(1741-2), in *Selected Essays*(1993), p.
297; David Hume, *The History of England under the House of Tudor*(1754-62),
vol. iii, ch. 23, p. 296과 Spadafora, *The Idea of Progress in Eighteenth-century
Britain*, p. 309. 흄의 정치학에 관한 폭넓은 개관은 Duncan Forbes, *Hume's
Philosophical Politics*(1975)와 'Sceptical Whiggism, Commerce and Liberty'
(1975); John B. Stewart, *The Moral and Political Philosophy of David
Hume*(1963)과 *Opinion and Reform in Hume's Political Philosophy*; Nicholas
Phillipson, *Hume*(1989).

76. Hume, 'Of Civil Liberty'(1741-2), in *Selected Essays*, p. 52. 이러한 생각들에 관
해서는 Phillipson, 'Politics and Politeness in the Reigns of Anne and the
Early Hanoverians'를 보라.

77. Robertson, 'The Scottish Enlightenment at the Limits of the Civic
Tradition', pp. 152-3.

78. Hume, 'On the Origin of Government'(1741-2), in *Selected Essays*, pp.
28-32, *A Treatise of Human Nature*(1978[1740]), bk III, pt2, ch. 1, and 'Of
Justice', in David Hume, *Enquiries concerning the Human Understanding and
concerning the Principles of Morals*(1966[1777]), pp. 183-204; Jonathan
Harrison, *Hume's Theory of Justice*(1981); Christopher J. Berry, *Social Theory
of the Scottish enlightenment*(1997), chs. 2-3.

79. Hume, *A Treatise of Human Nature*, bk iii, pt 2, sect. 2, pp. 498-500. 그러한
견해들은 스미스의 견해를 앞질렀다.

80. Robertson, 'The Scottish enlightenment at the Limits of the Civic
Tradition', p. 152.

81. Hume, 'Of Luxury'(1741-2), in *Selected Essays*, pp. 167-77. 1760년부터 이 에
세이는 제목이 '사치에 관하여'에서 '예술에서의 세련미에 관하여'로 바뀌었다. 기번
도 동의한다. 로마의 멸망은 사치 탓이 아니라 전제주의 탓이었다고. Pocock,
Virtue, Commerce, and History, p. 148. 로마 논쟁에 관해서는 Howard Erskine-
hill, *The Augustan Idea in English Literature*(1983); Philip Ayres, *Classical
Culture and the Idea of Rome in Eighteenth-century England*(1997) Sekora,
Luxury, p. 110.

82. Hume, 'Of the Rise and Progress of the Arts and Sciences'(1741-2), in *Selected Essays*, pp. 56-77.

83. Robertson, 'The Scottish Enlightenment at the Limits of the Civic Tradition', p. 163의 논의를 보라.

84. Hume, 'Of Civil Liberty', in *Selected Essays*, p. 54. 기번도 근대 공화정이 전제정이라는 것을 부정했다.

전제정의 권력 남용은 공포와 수치의 상호 영향으로 제한된다. 공화정은 질서와 안정성을 획득해왔다. 군주정은 자유의 원리들이나 적어도 절제의 원리들을 흡수해왔다. 그리고 얼마간의 명예심과 정의감이 가장 결함이 많은 정체들에도 시대의 전반적인 풍조에 의해 도입되었다.

Edward Gibbon, *The History of the Decline and fall of the Roman Empire*(1994[1781]), vol. ii, ch. 38, p. 514.

85. David Hume, *The Philosophical Works of David Hume*(1882[1741-2]), vol. ii, pp. 301-2, Hiram Caton, *The Politics of Progress*(1988), p. 329에서 인용.

86. Hume, 'Of Refinement in the Arts'(1741-2), in *Selected Essays*, p. 168.

87. 1737년부터 1740년까지 글래스고대학에서 수학할 때 스미스는 프랜시스 허치슨의 강의를 들었다. 스미스는 1748년부터 에든버러대학에서 수사학과 문학, 결국에는 법학을 강의하다 1751년 글래스고대학의 논리학 교수로 임명되었고, 곧 허치슨의 도덕철학 교수직을 물려받아 1763년까지 그 자리를 지킨다. 글래스고에서 그는 법학과 문학, 통치론, 윤리학을 가르쳤고, 1759년 『도덕 감정론』을 출간했다. Nicholas Phillipson, 'Adam Smith as Civic Moralist'(1983). T. D. Campbell, *Adam Smith's Science of Morals*(1971); V. Brown, *Adam Smith's Discourse*(1994); Forbes, 'Sceptical Whiggism, Commerce and Liberty'; Donald Winch, *Adam Smith's Politics*(1978)도 보라.

88. Adam Smith, *The Theory of Moral Sentiments*(1976[1759]), pt III, ch. 3, para. 20, Phillipson, 'Adam Smith as Civic Moralist', p. 185에서 인용.

89. 도덕적 한계를 수용하는 한, 사람은 능력껏 자신의 욕망을 추구해도 된다. '그는 부와 명예, 특전을 추구하는 경주에서 모든 경쟁자들을 앞지르기 위해 전심전력으로 열심히 달려도 된다. 하지만 만약 그가 경쟁자 가운데 누구든 떠밀거나 넘어뜨린다면 관중의 용인은 더이상 없을 것이다.' Smith, *The Theory of Moral Sentiments*, p. 83.

90. Smith, *The Theory of Moral Sentiments*, p. 113.

91. Smith, *The Theory of Moral Sentiments*, p. 112, Nicholas Phillipson, 'Adam Smith as Civic Moralist', p. 189에서 인용.

92. Phillipson, 'Adam Smith as Civic Moralist', pp. 189–92.

93. David Hume: '하지만 특정한 클럽들과 회사들의 경우, 왜 인류의 더 큰 사회나 연합체에는 해당되지 않아야 하는가?' Hume, *Enquiries concerning Human Understanding and concerning the Principles of Morals*, p. 281.

94. Smith, *The Theory of Moral Sentiments*, p. 112. 제2판(1761)에 이르면 스미스는 정보를 갖춘 온건한 공적 의견에 압도적으로 기초를 둔 윤리학으로부터 개인적이고 내적인 양심의 우위를 강조하는 도덕률로 물러나고 있었다고 주장되었다. 거기서 스미스는 인간의 감정들의 '최고 재판관' 역할을 하는 '가슴속의 재판소', '추상적 인간', '인류의 대표' 개념을 밝혔다. John Dwyer, *Virtuous Discourse*(1987), p. 141.

95. Robert Burns, 'To a Louse'(1786), in *The Poetical Works of Burns*(1974), p. 44 — 사실상 스미스에 대한 주석이다.

96. E. G. Hundert, *The Enlightenment's Fable*(1994), p. 173. '인간의 모든 정념을 전적으로 악한 것으로 그린 것이 맨더빌 박사의 책 『벌의 우화』의 최대 오류다.' Smith, *The Theory of Moral Sentiments*, pt. VII, sect. 2, p. 312.

97. Michael Ignatieff, 'John Millar and Individualism'(1983), p. 329에서 인용.

9장 세속화

1. J. G. A. Pocock, *The Machiavellian Moment*(1975), p. 451.

2. Pieter Spierenbrug, *The Broken Spell*(1991); Ronald Hutton, *The Rise and Fall of Merry England*(1994). 베버의 프로테스탄트 윤리에 대한 균형 잡힌 응용에 관해서는 Keith Thomas, *Religion and the Decline of Magic*(1971)(키스 토머스, 『종교와 마술, 그리고 마술의 쇠퇴』 1~3, 나남, 2014), 특히 결론을 보라. C. John Sommerville, *The Secularization of Early Modern England*(1992)는 세속화 과정을 과장한 것으로 널리 간주된다.

3. Samuel Pepys, *The Diary of Samuel Pepys*(1970–83), vol. vi, pp. 83, 100, 101; Henri Misson, *Memoirs and Observations in His Travels over England*(1719), pp. 36-7. 시간에 관해서는 D. S. Landes, *Revolution in Time*(1983); 시계 소유에 관해서는 Lorna Weatherill, *Consumer Behaviour and Material Culture, 1660-1760*(1988), pp. 25-8; Stuart Sherman, *Telling Time*(1996)을 보라.

4. M. Grosley, *A Tour to London*(1772), vol. i, p. 107.

5. Robert Southey, *Letters from England by Don Manuel Alvarez Espriella*(1984[1807]), p. 361.

6. 이 인용문과 논의에 관해서는 E. P. Thompson, 'Time, Work-Discipline and Industrial Capitalism'(1991), pp. 385-6; Neil McKendrick, 'Josiah Wedgwood and Factory Discipline'(1961)을 보라.

7. Thompson, 'Time, Work-Discipline and Industrial Capitalism'.

8. Charles Strachey (ed.), *The Letters of the Earl of Chesterfield to His Son*(1924), vol. i, p. 192.

9. 병원에 관해서는 J. Woodward, *To Do the Sick No Harm*(1974); Roy Porter, 'The Gift Relation'(1989)을 보라. 마그달레네 기관에 관해서는 Vivien Jones (ed.), *Women in the Eighteenth century*(1990), p. 87; Miles Ogborn, *Spaces of Modernity*(1998), pp. 39-74를 보라.

10. P. J. Bishop, *A Short History of the Royal Humane Society*(1974); Elizabeth H. Thomson, 'The Role of the Physician in Humane Societies of the Eighteenth Century'(1963). Carolyn Williams는 인도주의 협회Humane Society가 상류층의 고상한 가치라는 틀 안에서 장려되었음을 보여주었다. 'The Genteel Art of Resuscitation'(1982). 이 협회에서 영감을 받은 신문들은 사고 희생자들을 다루는 법에 관한 조언을 싣기 시작했다. 1784년 5월 31일자 〈좁슨스 코번트리 머큐리 Jopson's Coventry Mercury〉에 실린 아래 글을 보라.

> 한 투고자가 물에 빠져 죽은 것처럼 보이는 사람을 소생시키기 위한 다음과 같은 지침을 전해왔다. 우선 사고 희생자의 젖은 옷을 모두 벗긴다. 희생자의 몸을 문지르고 따뜻한 담요로 감싸 불 앞에 둔다. 희생자의 코를 잡은 상태에서 강하게 숨을 불어넣거나 풀무를 이용해 입안으로 공기를 주입한다. 그다음 불을 붙인 담배 파이프의 가는 쪽 끝을 항문에 넣고, 핀으로 찔러 구멍들을 낸 종이를 파이프의 반대편 근처에 놓고, 그쪽을 통해 창자로 숨을 불어넣어야 한다. (…)

〈젠틀맨스 매거진〉에 인도주의 협회의 광고가 게재된 것에 관해서는 Roy Porter, 'Lay Medical Knowledge in the Eighteenth Century'(1985), pp. 140, 156을 보라.

11. 막스 베버의 개념: 『프로테스탄트 윤리와 자본주의 정신』(1930).

12. Mark Jackson, *New-Born Child Murder*(1996), pp. 46f.

13. 토머스 로버트 맬서스, 『인구론』(1798). 본서 17장과 20장도 보라.

14. Julian Hoppit, 'Political Arithmetic in Eighteenth-century England'(1996).

15. Ulrich Tröhler, 'Quantification in British Medicine and Surgery 1750-1830' [1978]; James C. Riley, *Sickness, Recovery and Death*(1989).

16. G. Miller, *The Adoption of Inoculation for Smallpox in England and France*(1957); Andrea Rusnock, *The Correspondence of James Jurin(1684-1750)*(1996).

17. I. Hacking, *The Taming of Chance*(1990); Lorraine J. Daston, *Classical Probability in the Enlightenment*(1988)와 'The Domestication of Risk'(1987); Tore Frängsmyr, J. L. Heilbron, Robin E. Rider (eds.), *The Quantifying Spirit in the Eighteenth Century*(1990); Geoffrey Clark, *Betting on Lives*(1999).

18. Christopher Fox, Roy Porter and Robert Wokler (eds.), *Inventing Human Science*(1995); Richard Olson, *Science Deified and Science Defied*(1990), vol. ii와 *The Emergence of the Social Science, 1642-1792*(1993).

19. 접종에 대한 언론의 지지에 관해서는 C. Y. Ferdinand, *Benjamin Collins and The Provincial Newspaper Trade in the Eighteenth Century*(1997), p. 157을 보라. Simon Schaffer, 'A Social History of Plausibility'(1993).

20. C. Bruyn Andrews (ed.), *The Torrington Diaries*(1954[1781-94]), vol. ii, p. 120; Clark, *Betting on Lives*. 더 통제된 세상을 개념화하는 데서의 지식, 데이터, 수량화의 역할에 관해서는 Peter L. Bernstein, *Against the Gods*(1996); Siegfried Giedion, *Mechanization Takes Command*(1948); Roy Porter, 'Accidents in the Eighteenth Century'(1996)를 보라.

21. Cecil Henry L'Estrange Ewen, *Lotteries and Sweepstakes*(1932). 복권—신의 섭리를 무시하는 것—을 없애는 것은 복음주의 강령에서 중심적이었다. Ford K. Brown, *Fathers of the Victorians*(1961), p. 107.

22. James Kelly, *That Damned Thing Called Honour*(1995); V. G. Kiernan, *The Duel in European History*(1989).

23. 그러므로 William Cadogan은 자신의 저술 *Essay upon Nursing, and the Management of Children*(1748)을 다음과 같이 정당화한다. '이 일은 치명적일 만큼 너무도 오랫동안 여성들의 손에 맡겨져왔지만, 여성들은 그런 임무에 적합한 제대로 된 지식을 보유하고 있다고 할 수 없다.'(p. 3) 이에 대한 논의는 Adrian Wilson, *The Making of Man-Midwifery*(1995)를 보라.

24. V. Fildes, *Breasts, Bottles and Babies*(1986)와 *Wetnursing*(1988).

25. C. Hardyment, *Dream Babies*(1983).

26. '죽는 것을 생각할 때면, 내게 죽음은 언제나 고통이나 공포가 없는 것이다.' Desmond King-Hele (ed.), *The Letters of Erasmus Darwin*(1981), p. 279, letter

95E, to Richard Lovell Edgeworth(1795년 3월 15일자 편지).

27. 흄은 마지막까지 보즈웰을 미치게 하는 재주가 있었다. 그들의 마지막 만남에 대해 보즈웰이 일기에 남긴 내용을 보라(1777년 3월 3일자), in Charles M. Weis and Frederick A. Pottle (eds.), *Boswell in Extremes, 1776-1778*(1971), pp. 11-15, 특히 p. 11을 보라. '그다음 그[흄]는 모든 종교의 도덕 규범은 나쁘다고 딱 잘라 말했고, 나는 그가 어떤 사람이 종교적이라는 말을 들으면 그 사람이 악당이라는 뜻이라고 결론 내린다고 말할 때 정말이지 농담이 아니라고 느꼈다.' 독실한 기독교도인 보즈웰은 죽음을 앞둔 케임스 경을 찾아갔을 때도 실망했다.

나는 지옥의 영원한 고통이라는 교리가 사람들을 괴롭게 한다고 말했다. '아니오.' 그가 대답했다. '아무도 그것을 믿지 않소.' 나는 오늘 밤 그를 도무지 이해할 수 없었다.

Ian Simpson Ross, *Lord Kames and the Scotland of His day*(1972), p. 370.

28. Philippe Ariès, *L'homme devant la mort*(1977). 아리에스는 계몽주의의 죽음의 의례에 반감을 느꼈다. 그 대안적 시각에 관해서는 Nigel Llewellyn, *The Art of Death*(1991); John McManners, *Death and the Enlightenment*(1981); Roy Porter, 'Death and the Doctors in Georgian England'(1989)를 보라.

29. Warren Chernaick, *Sexual Freedom in Restoration Literature*(1995), p. 8.

30. 기번의 논평을 보라.

나이를 먹으면 희망이라는 위안이 남으니, 이는 곧 자식들로 새로운 인생을 시작하는 부모의 정情, 천상의 할렐루야를 부르짖는 열광자들의 신앙, 자신들의 이름과 글이 불멸로 남으리라 여기는 작가들의 허영이다.

Edward Gibbon, *Memoirs of My Life*(1966[1796]), p. 188.

31. Alan Bewell, *Wordsworth and the Enlightenment*(1989), p. 215. 로크의 어둠의 탈신비화와 비교하라.

32. Ralph A. Houlbrooke, *Death, Religion and the Family in England, 1480-1750*(1998), pp 329-30.

33. C. J. Lawrence, 'William Buchan: Medicine Laid Open'(1975); Roy Porter, 'Spreading Medical Enlightenment'(1992).

34. W. Buchan, *Observations concerning the Prevention and Cure of the Veneral Disease*(1796), p. xxii.

35. Buchan, *Observations concerning the Prevention and Cure of the Veneral*

Disease, p. xxvi: Benjamin Rush, *An Account of the Bilious Remitting Yellow Fever*(1794)를 인용했다.

36. Buchan, *Domestic Medicine*(1769), p. 730. 사람이 죽은 것처럼 보일 수도 있으나 회복될 수도 있다. pp. 730-58을 보라.

37. Buchan, *Domestic Medicine*.

38. Roy Porter, *Doctor of Society*(1991), 책 전반.

39. Thomas Beddoes, *Hygëia*(1802-3), vol. ii, essay vi, p. 46.

40. Roy Porter, 'Civilization and Disease'(1991).

41. Charles F. Bahmueller, *The National Charity Company*(1981), p. 7; David Lieberman, *The Province of Legislation Determined*(1989), p. 211.

42. V. A. C. Catrell, *The Hanging Tree*(1994)의 중심 테마.

43. Bahmueller, *The National Charity Company*, p. 6. 본서 16장과 18장도 보라.

44. Robert Poole, '"Give Us Our Eleven Days!"'(1995).

45. Paul Langford, *A Polite and Commercial People*(1989), p. 300.

46. S. I. Tucker, *Protean Shape*(1967), 특히 pp. 33-48.

47. *Gentleman's Magazine* no. 58(1788), p. 947, Penelope J. Corfield (ed.), *Language, History and Class*(1991), p. 102. 이 주장은 원래 애디슨이 한 것이다.

48. Robert DeMaria Jr, *Johnson's Dictionary and the Language of Learning*(1986), p. 6; John Barrell, *English Literature in History, 1730-80*(1983), pp. 149-50; Carey McIntosh, *The Evolution of English Prose, 1700-1800*(1999)은 언어의 젠트리화와 표준화, 성문화를 논의한다. 급진적 언어 개혁 방안은 20장에서 논의된다. 언어 이론은 10장에서 논의된다. 존슨은 『영어사전』 서문에서 자신이 '지체 높은 명사의 후원을 전혀 받지 않고'(94번째 문단) 사전을 완성한 것을 자랑스러워하며 '의존이 늘어나는 것을 보고 싶지 않기'(90번째 문단) 때문에 언어 개선을 위한 영국 학술원의 설립을 반대했다. Barrell, *English Literature in History, 1730-80*, ch. 9. 디포는 학문의 장려와, 한편으로는 언어의 안정화를 위해 영국 학술원의 설립에 찬성했다. James T. Boulton (ed.), *Selected Writings of Daniel Defoe*(1975), p. 29.

49. Jeremy Black, introduction to Jeremy Black and Jeremy Gregory (eds.), *Culture, Politics and Society in Britain, 1660-1800*(1991), pp. 5-6.

50. Thomas Sheridan, *British Education*(sn, 1756), pp. 241-2, John Brewer, *The Pleasures of the Imagination*(1997), p. 475에서 인용.

51. William Hogarth, *The Analysis of Beauty*(1753), 표제지; Ronald Paulson, *Hogarth, 'The Modern Moral Subject'*(1992-3), vol. iii, pp. 56-151의 논의를

보라.

52. D. V. Glass, *Numbering the People*(1973).

53. N. Robinson, *A New System of the Spleen*(1729), p. 174; Akihito Suzuki, 'An Anti-Lockean Enlightenment?'(1994), and 'Mind and Its Disease in Enlightenment British medicine'[1992]; 더 폭넓은 논의는 Roy Porter, *Mind Forg'd Manacles*(1987).

54. Jonathan Andrews, Asa Briggs, Roy Porter, Penny Tucker and Keir Waddington, *The History of Bethlem*(1997); Michel Foucault, *La Folie et la Dérasion*(1961); Andrew Scull, *The Most Solitary of Afflictions*(1993).

55. Alexander Crichton, *An Inquiry into the Nature and Origin of Mental Derangement*(1798), Richard Hunter and Ida Macalpine, *Three Hundred Years of Psychiatry*(1963), p. 559. 그러므로 7장의 논의로 돌아가자면, 부상하던 학문인 정신의학에서 기독교적 영물학靈物學은 자연주의적 '심리학'에 밀려나고 있었던 것이다.

56. William Battie, *A Treatise on Madness*(1758)와 John Monro, *Remarks on Dr Battie's Treatise on Madness*(1962[1758]), pp. 61-2. 배티는 로크의 심리학, 특히 백치와 광인의 구분에 대한 논의에 의존했다.

천성적인 백치들에게서 보이는 결함은 지적 기능에서의 활동과 움직임, 민첩함의 부재에서 기인하는 듯하며, 그리하여 그들은 이성적 사고력이 없다. 반면에 미친 사람들은 그와는 정반대의 극단으로 고통받고 있는 듯하다. 왜냐하면 그들은 사고 능력을 상실한 것처럼 보이지 않기 때문이다. 그보다 그들은 어떤 **관념들**을 매우 잘못되게 결합함으로써 그것들이 진실이라고 오해한다. 그리고 그들은 보통의 사람들이 그렇듯이 잘못된 원리들로부터 옳음을 주장하는 오류를 저지른다.

John Locke, *An Essay concerning Human Understanding*(1975[1690]), bk II, ch. 11, pp. 160-61.

57. Thomas Arnold, *Observations on the Nature, Kinds, Causes and Prevention of Insanity*(1782-6), vol. ii, p. 432.

58. Erasmus Darwin, *Zoonomia*(1794-6), bk IV, pp. 83-4.

59. C. Hibbert (ed.), *An American in Regency England*(1968), p. 109; Samuel Tuke, *Description of the Retreat*(1813).

60. 이하의 논의는 Michael MacDonald, 'The Secularization of Suicide in England, 1600-1800'(1986); Michael MacDonald and Terence R. Murphy,

Sleepless Souls(1990); S. E. Sprott, *The English Debate on Suicide from Donne to Hume*(1961); R. Bartel, 'Suicide in Eighteenth-century England'(1959). 자살의 장기지속적 역사에 관해서는 Georges Minois, *History of Suicide*(1999)를 보라.

61. MacDonald and Murphy, *Sleepless Souls*, pp. 180-81.

62. David Hume, *On Suicide*(1741-2), in *Selected essays*(1993), p. 315.

63. 그 경탄스러운 소년 채터튼을 생각했네.
    잠 못 이루던 영혼은 자긍심 속에서 죽어갔네.

William Wordsworth, 'Resolution and Independence'(1802), MacDonald and Murphy, *Sleepless Souls*, p. 192에서 인용. 채터튼의 자살은 과도한 감수성의 결과로 널리 해석되었다. Janet Todd, *Sensibility: An Introduction*(1986), p. 53.

64. Thomas, *Religion and the Decline of Magic*.

65. MacDonald and Murphy, *Sleepless Souls*, p. 323.

66. Alexander Pope, 'Elegy to the Memory of an Unfortunate Lady'(1817), ll. 6-10, in John Butt (ed.), *The Poems of Alexander Pope*(1965), p. 262.

67. Thomas Laqueur, 'Bodies, Details, and Humanitarian Narrative'(1989).

68. 일반적으로는 Thomas, *Religion and the Decline of Magic*을 보라.

69. 유령에 관한 프리스틀리의 생각에 대해서는 John Towill Rutt (ed.), *The Theological and Miscellaneous Works of Joseph Priestley*(1817-32), vol. ii, p. 50과 vol. iv, pt. 1, 'Remarks concerning the Penetrability of Matter'; Simon Schaffer, 'States of Mind'(1990), pp. 241f를 보라.

70. 유령에 대한 벤담의 생각에 관해서는 John Bowring (ed.), *The Works of Jeremy Bentham*(1995[1843]), vol. x, pp. 11-21을 보라.

71. Porter, *Mind Forg'd Manacles*, pp. 63f; Stuart Clark, *Thinking with Demons*(1997).

72. 물론 여타 지역들에서 변했다. 프랑스의 경우는 Robert Mandrou, *Magistrats et sorciers en France au XVIIe siècle*(1968).

73. Thomas Hobbes, *Leviathan*(1968[1651]), p. 92. 홉스는, 마법의 존재를 부인하는 것은 악마의 소행이라는 오랜 금언을 확인시켜주는 요괴였다.

74. Joseph Addison and Richard Steele, *The Spectator*(1965), vol. i, no. 117, pp. 480-82(14 July 1711). 이하의 문단은 James Sharpe, *Instruments of Darkness*(1996)와 Ian Bostridge, *Witchcraft and Its Transformation, c. 1650-c. 1750*(1997)에 크게 의존한다.

75. Addison and Steele, *The Spectator*(1965), vol. i, no. 117, pp. 480-82(14 July

1711).

76. Francis Hutchinson, *An Historical Essay concerning Witchcraft*(1718), p. vi. 이후 다운과 코너의 주교가 되는 허친슨은 『자칭 예언자에 관한 짤막한 견해A Short View of the Pretended Spirit of Prophecy』(1708)도 썼다.

77. Hutchinson, *An Historical Essay concerning Witchcraft*, p. viii.

78. Sharpe, *Instruments of Darkness*, pp. 284-5; R. D. Stock, *The Holy and the Daemonic From Sir Thomas Browne to William Blake*(1982), p. 81.

79. Hutchinson, *An Historical Essay concerning Witchcraft*, pp. 229, 230.

80. Hutchinson, *An Historical Essay concerning Witchcraft*, p. 69.

81. Hutchinson, *An Historical Essay concerning Witchcraft*, p. 63. 악당/희생자의 역전에 주목하라.

82. Thomas Gordon, *The Humorist*, 3rd edn(1724), pp. 74-7; R. D. Stock, *The Holy and the Daemonic from Sir Thomas Browne to William Blake*(1982), p. 82. 고든의 정치학에 관해서는 8장을 보라.

83. Joseph Juxon, *A Sermon upon Witchcraft*(1736), p. 24; Sharpe, *Instruments of Darkness*, pp. 372-4.

84. 저자 미상, *A System of Magick*(1727). 섀프츠베리처럼 저자는 그런 참칭자들을 비웃을 것을 권고했다.

85. 저자 미상, *A Discourse on Witchcraft*(1736), ch. 3 p. 6. 마술과 마법은 '이교도의 우화'에서 기인했다.

86. *Reading Mercury and Oxford Gazette*(15 March 1773). 그 딱한 여인은 물속에 처박히자마자 '다행스럽게도' 치안판사에 의해 구조되었다.

87. *Lloyd's Evening Post*(2 January 1761). 유사한 신문 기사들이 넘쳐난다.

88. Hutchinson, *An Historical Essay concerning Witchcraft*, pp. 130-31.

89. Christopher Smart, *The Genuine History of the Good Devil of Woodstock*(1802).

90. K. M. Briggs, *Pale Hecate's Team*(1962); Diane Purkiss, *The Witch in History*(1996), pp. 179-249.

91. Jonathan Keates, *Purcell: A Biography*(1995), pp. 107, 180; Sharpe, *Instruments of Darkness*, p. 291; Stock, *The Holy and the Daemonic from Sir Thomas Browne to William Blake*, pp. 83-4.

92. Ronald Paulson, *Hogarth: His Life, Art and Times*(1974), pp. 404f. Maximillian Rudwin, *The Devil in Legend and Literature*(1959); Sharpe, *Instruments of Darkness*, pp. 257-8, 291-2도 보라. 마법과 사탄의 개입에 대한 웨

슬리의 변론에 관해서는 Owen Davies, 'Methodism, the Clergy, and the Popular belief in Witchcraft and Magic'(1997)을 보라.

93. W. K. Wimsatt, *Samuel Johnson on Shakespeare*(1960), p. 128.

94. 이 새로운 도깨비/반反영웅에 관해서는 B. Easlea, *Witch-hunting, Magic and the New Philosophy*(1980), pp. 249-50; Bram Dijkstra, *Idols of Perversity*(1986); David Dabydeen, *Hogarth's Blacks*(1985); Hugh Honour, *The Image of the Black in Western Art*(1989), vol. iv; Luther Links, *The Devil: A Mask without a Face*(1995).

95. 아동문학에서의 초자연적인 것에 관해서는 Bruno Bettelheim, *The Uses of Enchantment*(1977); Bette P. Goldstone, *Lessons to be Learned*(1984); Ruth B. Bottigheimer, 'Fairy Tales and Folk-tales'(1996).

96. 찰스 램의 의사疑似 재커비언Jacobean(제임스 1세 시대―옮긴이) 희곡 『존 우드빌 John Woodvil』(1802)에서 나중에 삭제된 한 대사는 다음과 같다.

> 어렸을 적 하녀들이 나를 무릎에 앉히고
> 옷을 벗겨주던 때가 기억나네.
> 어리석은 여인네들이 그렇듯이
> 하녀들은 마녀에 대한 이야기를 들려주고
> 내게 '마법에 관한 글랜빌의 논고'를
> 읽히곤 했었지 (…)

Charles Lamb, 'Witches, and Other Night Fears', *London Magazine*(October 1821), p. 384; Geoffrey Summerfield, *Fantasy and Reason*(1984), pp. 254-62. 아이들이 유모로부터 믿음들을 흡수한다는 램의 전제는 물론 다음과 같이 쓴 존 로크와 통한다. '도깨비와 정령에 대한 생각들은 빛과 마찬가지로 어둠과도 정말로 아무 상관이 없지만, 어리석은 하녀가 이런 생각들을 아이의 마음속에 주입하게 내버려둔다면 (…) 그는 평생토록 그것들을[어둠과 도깨비―옮긴이] 떨쳐버리지 못할 것이며, 이후로 어둠 때문에 언제나 그 무서운 생각들을 떠올리게 될 것이다.' Locke, *An Essay concerning Human Understanding*, bk II, ch. 33, para. 10, pp. 397-8.

97. Edmund Burke, *Philosophical Enquiry into the Origin of Our Ideas of the Sublime and the Beautiful*(1757). 버크는 인간의 가장 강력한 본능 두 가지는 자기 보존과 사회적 충동이라고 주장했다. 자기 보존을 직접적으로 위협하는 것은 모두 공포terror를 불러일으킨다. 그리고 무시무시한 경험들은 숭고의 원천이다. 숭고에 대

한 우리의 체험은 미에 대한 체험보다 훨씬 더 강렬하다. 숭고의 전율, 이 '기분 좋은 공포'는 사람이 안전한 거리에서 위험을 즐길 수 있는 처지에 달려 있다. Eagleton, *The Ideology of the Aesthetic*; Hipple, *The Beautiful, the Sublime, and the Picturesque in Eighteenth-century Aesthetic Theory*; Monk, *The Sublime: A Study of Critical Theories in Eighteenth Century England*; Andrew Ashfield and Peter de Bolla (eds.), *The Sublime: A Reader in British Eighteenth-century Aesthetic Theory*(1996), pp. 131-43; Tom Furniss, *Edmund Burke's Aesthetic Ideology*(1993); Terry Castle, *The Female Thermometer*(1994). 숭고에 관해서는 13장을 보라.

98. Marjorie Hope Nicolson, *Mountain Gloom and Mountain Glory*(1959); M. H. Abrams, *Natural Supernaturalism*(1971), p. 102.

99. Robert Lowth, *Lectures on the Sacred Poetry of the Hebrews*(1787), p. 50.

100. A. Blackwall, *The Sacred Classics Defended and Illustrated*(1725), pp. 250-54; Stock, *The Holy and the Daemonic From Sir Thomas Browne to William Blake*, p. 107.

101. 제임스 톰슨의 『사계The Seasons』(1726-30)나 에드워드 영의 『밤의 생각들Night Thoughts』(1724-25)에서 묵시록적 대목들과 비교해보라. 미학화된 성서의 서사에 관해서는 Abrams, *Natural Supernaturalism*, p. 38.

102. Blackwall, *The Sacred Classics Defended and Illustrated*, pp. 277-8. 지옥의 아수라장은 웨스트엔드 극장들에서 무대화되었으니, 밀턴의 경우에 종교였던 것은 스펙터클로 전환되었다. R. D. Altick, *The Shows of London*(1978), p. 123; Humphrey Jennings, *Pandaemonium 1660-1886*(1985).

103. James Usher, *Clio*, 2nd edn(1769), pp. 101, 103, 107-9, 116, 237-40; Stock, *The Holy and the Daemonic from Sir Thomas Browne to William Blake*, pp. 107-8.

104. Castle, *The Female Thermometer*, p. 120; E. J. Clery, *The Rise of Supernatural Fiction*(1995), 특히 pp. 172f; Chris Baldick, *In Frankenstein's Shadow*(1987); Stephen Bann (ed.), *Frankenstein, Creation and Monstrosity*(1994); David Punter, *The Literature of Terror*(1980); Christopher Frayling, *Nightmare, The Birth of Horror*(1996).

105. N. Powell, *Fuseli's 'The Nightmare'*(1956).

106. T. E. Hulme, 'Romanticism and Classicism'(1936[1923]), p. 118. 신비가로서의 블레이크에 관해서는 David V. Erdman, *Blake, Prophet against Empire*(1954)를 보라.

107. Christopher Hill, *The English Bible and the Seventeenth-century Revolution*(1993)은 적그리스도 및 천년왕국설과 더불어 왕정복고 뒤 성서의 지위 추락을 조명한다. 같은 저자의 *Antichrist in Seventeenth-century England*(1971) 도 보라. 그러한 테마의 끈질긴 생명력에 관해서는 John Fletcher Clews Harrison, *The Second Coming*(1979)을 보라.

108. David Nokes, *Jonathan Swift: A Hypocrite Reversed*(1985). 이것은 물론 칼 베커Carl Becker의 유명한 비판을 상기시킨다. *The Heavenly City of the Eighteenth-century Philosophers*(1932).

109. Schaffer, 'States of Mind', p. 247에서 인용. Mary P. Mack, *Jeremy Bentham, An Odyssey of Ideas, 1748-1792*(1962), p. 337.

110. Mack, *Jeremy Bentham, An Odyssey of Ideas, 1748-1792*, p. 370.

111. John Neville Figgis, *The Divine Right of Kings*(1965); Raymond Henry Payne Crawfurd, *The King's Evil*(1977[1911]); Marc Block, *The Royal Touch*(1973).

112. Lorraine Daston and Katharine Park, *Wonders and the Order of Nature 1150-1750*(1988); Roger Shattuck, *Forbidden Knowledge*(1996).

113. Daniel Defoe, *A System of Magic*(1727).

114. Langford, *A Polite and Commercial People*, p. 285에서 논의됨.

115. 초자연적인 것에 대한 지속적인 몰두에 관해서는 Schaffer, 'A Social History of Plausibility'; 기형들에 대한 매혹에 관해서는 Dennis Todd, *Imagining Monsters*(1995)를 보라.

116. Daston and Park, *Wonders and the Order of Nature 1150-1750*.

117. Katherine C. Balderston (ed.), *Thraliana: The Diary of Mrs Hester Lynch Thrale 1776-1809*(1942), vol. ii, p. 786. 오컬트적 믿음의 주변화에 관해서는 Simon Schaffer, 'Newton's Comets and the Transformation of Astrology' (1987); Kevin C. Knox, 'Lunatick Visions'(1999).

10장 근대화하기

1. George Birkbeck Hill, *Boswell's Life of Johnson*(1934-50), vol. ii, p. 365.

2. Sidney Pollard, *The Idea of Progress*(1968); Robert Nisbet, *History of the Idea of Progress*(1980); D. Spadafora, *The Idea of Progress in Eighteenth-century Britain*(1990).

3. David Hume, 'Of the Study of History'(1741), in *Essays Moral, Political and Literary*(1898[1741-2]), vol. ii, p. 389. 역사가로서의 데이비드 흄에 대한 논의는 J. G. A. Pocock, *Barbarism and Religion*(1999), vol. ii, sect. 3을 보라.

4. Christopher Hill, *The English Bible and the 17th-Century Revolution*(1993), p. 427.

5. Pocock, *Barbarism and Religion*, vol. ii, p. 210.

6. Edward Gibbon, *The History of the Decline and Fall of the Roman Empire*(1994[1776]), vol. i, ch. 15, p. 446.

> 신학자들은 종교를 본래의 순수성을 간직한 채 하늘에서 내려온 것으로 묘사하는 기분 좋은 과제에 몰두할 수 있다. 역사가에게는 더 우울한 임무가 부과된다. 역사가는 나약하고 타락한 인간 종족 가운데서, 종교가 지상에 오래 머무는 동안 불가피하게 수반되는 오류와 부패의 혼합물을 찾아내야 한다.

Pocock, *Barbarism and Religion*을 보라.

7. 포프에게 옥스퍼드의 고물故物 연구가 토머스 헌은 멍청이의 원형이었다.

> 닫힌 골방에 갇혀 박식한 먼지를 뒤집어쓴
> 진지한 얼굴의 그는 누구인가?
> 나의 눈길은 양피지 조각에 얼굴을 파묻은
> 기묘한 사람에게 머무니, 그는 보르미우스라고 하노라.

Alexander Pope, *The Dunciad*(1728), bk III, ll. 185-9, in John But (ed.), *The Poems of Alexander Pope*(1965), p. 758. 진정 계몽된 방식으로, 헌은 세상과 격리된 채 글 쪼가리에 푹 빠져서 생활을 방치하는 사람으로 그려졌다.

8. Edwin Jones, *The English Nation*(1998), pp. 70f.

9. Jones, *The English Nation*, p. 154에서 인용. Spadafora, *The Idea of Progress in Eighteenth-century Britain*, p. 223.

10. Hume, 'Of the Study of History' in *Essays Moral, Political and Literary*, vol. ii, p. 389.

11. Hume, 'Of the Study of History' in *Essays Moral, Political and Literary*, vol. ii, p. 389. 몬보도 경에 따르면 '풍속의 역사는 가장 귀중하다. 나는 다른 어떤 역사도 그보다 높이 치지 않는다.' James Boswell, in R . W. Chapman (ed.), *Samuel Johnson, A Journey to the Western Islands of Scotland and James Boswell, The*

Journal of a Tour to the Hebrides(1970), p. 209.

12. Hume, 'Of the Study of History', in *Essays Moral, Political and Literary*, vol. ii, p. 389. 길버트 버닛은 중세를 '암흑'이라고 불렀고 그 시대 작가들을 '저 쓰레기들'이라고 지칭했다. 기번의 유사한 용법에 관해서는 Edward Gibbon, *Memoirs of My Life*(1966[1796]), p. 49를 보라.

13. 새뮤얼 존슨은 '진짜 실제 역사'에 관해 회의적이었다.

존슨: 어떤 왕들이 재위했고 어떤 전투들이 벌어졌다는 것, 그것은 우리가 사실이라고 믿을 수 있지요. 하지만 온갖 윤색과 역사의 철학이란 다 추측일 뿐입니다.
보즈웰: 그렇다면, 선생, 선생께서는 모든 역사를 한낱 연감으로, 그저 주목할 만한 사건들의 연대별 배치로 환원해버리겠군요.

Hill, *Boswell's Life of Johnson*, vol. ii, pp. 365-6.

14. James William Johnson, *The Formation of English Neo-classical Thought*(1967), p. 33.

15. Henry St John, Viscount Bolingbroke, *The Works of Lord bolingbroke*(1969[reprint of 1841 edn]), vol. ii, letter 2, p. 183. J. B. Black, *The Art of History*(1965), pp. 30-31을 보라.

16. Karen O'Brien, *Narratives of Enlightenment*(1997), p. 14; Laird Okie, *Augustan Historical Writing*(1992), p. 48. 탈출의 테마는 본서 3장을 보라.

17. 일반적으로 이하에 관해서는 Burton Feldman and Robert D. Richardson, *The Rise of Modern Mythology*(1973)을 보라.

18. Samuel Shuckford, *The Sacred and Profane History of the World Connected*(1728); Peter Harrison, *'Religion' and the Religions in the English Enlightenment*(1990), p. 143.

19. 이에 관한 논의로는 Hans W. Frei, *The Eclipse of Biblical Narrative*(1974); Harrison, *'Religion' and the Religions in the English Enlightenment*, p. 148.

20. William Warburton, *The Divine Legation of Moses Demonstrated*(1738-41); Frei, *The Eclipse of Biblical Narrative*, p. 151.

21. John Toland, *Letters to Serena*(1704), letter 3, p. 71; Feldman and Richardson, *The Rise of Modern Mythology*, p. 27; Stephen H. Daniel, *John Toland: His Methods, Manners, and Mind*(1984), p. 32. 톨런드는 이솝도 번역했다.

22. Daniel, *John Toland: His Methods, Manners and Mind*, p. 32에서 인용.

23. Daniel, *John Toland: His Methods, Manners and Mind*, pp. 33-4.

24. Frank E. Manuel, *The Eighteenth Century Confronts the Gods*(1967), p. 15; Feldman and Richardson, *The Rise of Modern Mythology*(1973), pp. 28, 34. 흄의 견해는 이미 5장에서 논의되었다.

25. Adam Ferguson, *An Essay on the History of Civil Society*(1995[1767]), pp. 76-7.

26. Ferguson, *An Essay on the History of Civil Society*, p. 77.

27. Ferguson, *An Essay on the History of Civil Society*, p. 77.

28. W. K. Wimsatt, *Samuel Johnson on Shakespeare*(1960), p. 128.

29. 말하는 동물은 언제나 문젯거리였다. 로크는 앵무새를 논의했다. Peter Walmsey, 'Prince Maurice's Rational Parrot'(1995). 그리스인들에서 시작하여 인간은 줄곧 이성적 동물, 호모 사피엔스로 높이 평가받아왔고, 그 이성의 결정적 증거는 똑똑히 말하는 능력이었다. 나머지 피조물들은 깩깩, 멍멍, 히힝, 야옹야옹 등 각종 소리를 내거나 짖거나 울거나, 심지어 동이 틀 때 지저귀며 노래할지도 모르지만, 오로지 인간만이 단어를 가지고 있고, 문장을 만들며, 논증을 꾀한다. Allan Ingram, *The Madhouse of Language*(1991).

30. Christopher J. Berry, 'James Dunbar and the Enlightenment Debate on Language'(1987); Stephen K. Land, 'Adam Smith's "Considerations concerning the First Formation of Languages"'(1977)와 *The Philosophy of Language in Britain*(1986).

31. Hans Aarsleff, *The Study of Language in England, 1780-1860*(1983)과 *From Locke to Saussure*(1982).

32. Spadafora, *The Idea of Progress in Eighteenth Century Britain*, p. 360.

33. E. G. Hundert, *The Enlightenment's Fable*(1994), p. 90. John Locke, *The Philosophical Works of John Locke*(1905), vol. ii, p. 8.

34. William Warburton, *The Divine Legation of Moses Demonstrated*, Part I, bk IV, section 4, in *Works*(1788), vol. ii, p. 83. *Divine Legation*의 1부는 1737년에, 2부는 1741년에 출간되었다.

35. Warburton, *The Divine Legation of Moses Demonstrated*, Part I, bk IV, section 4, in *Works*(1788), vol. ii, p. 83; William Godwin, *An Enquiry concerning Political Justice*(1985[1793]), p. 158. 그러한 생각들의 역사에 관해서는 Jonathan Rée, *I See a Voice*(1999), pp. 128f를 보라.

36. James Burnett, Lord Monboddo, *Of the Origin and Progress of Language*(1773-92; repr. 1970), vol. i, pp. 214-15.

37. Monboddo, *Of the Origin and Progress of Language*, vol. i, p. 574; Berry,

'James Dunbar and the Enlightenment Debate on Language'.

38. E. L. Cloyd, *James Burnett, Lord Monboddo*(1972), pp. 64-89.

39. 그러한 견해들에는 전사前史가 있는데, 1699년 에드워드 타이슨은 사람과 유인원을 해부학적으로 비교한 논고를 출간하면서 유인원을 호모 실베스트리스Homo Sylvestris라고 명명함으로써 사람속屬에 포함시켰다. 그 결과 오랑우탄은 영어 번역에서 이따금 '숲속의 야생인wild man of the woods'이라고 불렸다. Robert Wokler, 'From *l'homme physique* to *l'homme moral* and Back'(1993), 'Anthropology and Conjectural History in the Enlightenment'(1995)와 'Apes and Races in the Scottish Enlightenment'(1988).

40. Monboddo, *Of the Origin and Progress of Language*, vol. i, pp. 187-8. 몬보도는 이 정보를 뷔퐁한테서 얻었다고 밝혔다.

41. Monboddo, *Of the Origin and Progress of Language*, vol. i, p. 257.

42. 몬보도의 시각은 피콕의 『멜린코트Melincourt』(1817)에서 유쾌하게 재가공되는데, 이 소설에는 아무 문제 없이 의회에서 (말없는) 평의원으로 통하는 준남작 오란 호턴 경이 등장한다. David Garnett (ed.), *The Novels of Thomas Love Peacock*(1948), pp. 120f.

43. Roy Porter, *The Making of the Science of Geology*(1977). 인종에 관해서는 이하 15장을 보라.

44. Porter, *The Making of the Science of Geology*; P. Rossi, *The Dark Abyss of Time*(1984).

45. T. Goddard Bergin and Max H. Fisch(trans.), *The New Science of Giambattista Vico*(1948[3rd edn, 1744]).

46. '후진적 세계와 근대적 세계 간 접촉이 시간적으로 더 갑작스럽고 지리적으로 더 밀접한 곳에서 계몽주의가 탄생하고 조직되었다고 보는 것은 솔깃한 일이다.' Franco Venturi, *Utopia and Reform in the Enlightenment*(1971), p. 133. 이에 대한 논의는 Dorinda Outram, *The Enlightenment*(1995), p. 6을 보라.

47. Thomas Schlereth, *The Cosmopolitan Ideal in Enlightenment Thought*(1977).

48. Linda Colley, 'Britishness and Otherness'(1992); Gerald Newman, *The Rise of English Nationalism*(1987) — 이 책은 잉글랜드 내셔널리즘의 은밀한 역사를 강하게 부각시키는 저술이다. 여기서 18세기에 잉글랜드, 스코틀랜드, 웨일스, 아일랜드 간의 복잡한 상호작용을 살펴볼 여유는 없다. Hugh Kearney, *The British Isles*(1989); Jeremy Black, *The Politics of Britain, 1688-1800*(1993); Norman Davies, *The Isles*(1999)를 보라.

49. 〈에든버러 리뷰〉 제1호(1755)에 실린 애덤 스미스의 리뷰가 좋은 예다. 이하의 논

의를 보라.

50. Hill, *Boswell's Life of Johnson*, vol. ii, p. 50.

51. David Nokes, *Jonathan Swift: A Hypocrite Reversed*(1985), p. 111; Joseph McMinn, *Jonathan's Travels*(1994).

52. 웨일스에 관해서는 Gwyn Williams, 'Romanticism in Wales'(1988); Peter D. G. Thomas, *Politics in Eighteenth-century Wales*(1998); Geraint H. Jenkins, *The Foundations of Modern Wales: 1642-1780*(1987); D. Moore (ed.), *Wales in the Eighteenth Century*(1976); Philip Jenkins, *The Making of a Ruling Class*(1983)를 보라. 피콕은 이렇게 썼다.

에스콰이어 해리 헤들롱은 다른 웨일스 지주들과 마찬가지로 사격과 사냥, 경마와 음주, 여타 무해한 오락거리를 좋아했다. (…) 하지만 다른 웨일스 지주들과 달리, 그는 사실 어떤 현상, 책이라고 하는 것이 그의 집안에 들어오는 현상을 겪었다.

Headlong Hall(1816), in Garnett, *The Novels of Thomas Love Peacock*, p. 10. 〈젠틀맨스 매거진〉은 1747년에 웨일스는 '일반적으로 열 달은 눈에, 열한 달은 구름에 파묻혀 있는 음울한 지역'으로 여겨진다고 썼다. David Pepper, *The Roots of Modern Environmentalism*(1984), p. 80에서 인용. 이 시기에 잉글랜드인들이 웨일스에 관해 뭔가를 생각하는 한, 그것은 대체로 산에 관한 것이었다. Malcolm Andrews, *The Search for the Picturesque*(1989), ch. 6을 보라.

53. Whitney R. D. Jones, *David Williams: The Hammer and the Anvil*(1986)을 보라.

54. Gwyn Williams, *Madoc: The Making of a Myth*(1979). 웨일스 자코뱅주의는 결국 별 볼 일 없는 것이다. 펨브룩셔에 상륙한 프랑스 병사들은 낫으로 무장한 적대적인 농민들을 맞닥뜨리고 놀랐고, 총 한 발 쏘지 않고 항복했다.

55. Eric Hobsbawm and Terence Ranger (eds.), *The Invention of Tradition*(1983). 드루이드에 관해서는 pp. 62-6을 보라.

56. 아일랜드에 관해서는 W. E. H. Lecky, *A History of Ireland in the Eighteenth Century*(1972); Constantia Maxwell, *Dublin under the Georges, 1714-1830*(1946); Roy Foster (ed.), *The Oxford Illustrated History of Ireland*(1991); David Dickson, *New Foundations*(1987); Mary Pollard, *Dublin's Trade in Books 1550-1800*(1999); Norman Vance, *Irish Literature: A Social History*(1990)를 보라.

57. Theobald Wolfe Tone, *An Argument on Behalf of the Catholics of Ireland*(sn,

1791); Stella Tillyard, *Citizen Lord*(1997); Foster, *The Oxford Illustrated History of Ireland*, pp. 180-84를 보라. 본서 20장을 보라.

58. 전반적인 발전상은 T. C. Smout, *A History of the Scottish People, 1560-1830*(1969); Charles Camic, *Experience And Enlightenment*(1983); R. A. Houston, *Social Change in the Age of Enlightenment*(1994); T. M. Devine, *The Scottish Nation, 1700-2000*(1999), pp. 64f를 보라.

59. 대학에 관해서는 George Davie, *The Democratic Intellect*(1961); Margaret Forbes, *Beattie and His Friends*(1904); Richard Sher, *Church and University in the Scottish Enlightenment*(1985); Roger L. Emerson, *Professors, Patronage and Politics*(1992); Paul B. Wood, *The Aberdeen Enlightenment*(1993). 문학 전통에 관해서는 David Craig, *Scottish Literature and the Scottish People 1680-1830*(1961)을 보라.

60. '시민사회civil society'라는 중요하고도 새로운 관념에 관해서는 Marvin B. Becker, *The Emergence of Civil Society in the Eighteenth century*(1994); John Dwyer, *Virtuous 61. Discourse*(1987)을 보라.

61. David Allan, *Virtue, Learning and the Scottish Enlightenment*(1993), p. 18에서 균형 잡힌 논의를 볼 수 있다. 스코틀랜드 계몽주의 일반에 관해서는 Anand C. Chitnis, *The Scottish Enlightenment: A Social History*(1976)와 *The Scottish Enlightenment and Early Victorian Society*(1986); Alexander Broadie (ed.), *The Scottish Enlightenment: An Anthology*(1997); Christopher J. Berry, *Social Theory of the Scottish Enlightenment*(1997); David Daiches, *The Scottish Enlightenment*(1986); Nicholas Phillipson, 'The Scottish Enlightenment' (1981), 'Towards a Definition of the Scottish Enlightenment'(1973), and 'Culture and Society in the Eighteenth century Province'(1974); Nicholas Phillipson and Rosalind Mitchison (eds.), *Scotland in the Age of Improvement*(1970); R. H. Campbell and Andrew S. Skinner (eds.), *The Origins and Nature of the Scottish Enlightenment*(1982); Jane Rendall, *The Origins of the Scottish Enlightenment*(1978)를 보라.

62. A. Allardyce (ed.), *Scotland and Scotsmen in the Eighteenth Century, from the MSS of John Ramsay*(1888), vol. i, pp. 6-7, Allan, *Virtue, Learning and the Scottish Enlightenment*, p. 18에서 인용. '1723년과 1740년 사이에 (…) 로크와 클라크, 버틀러와 버클리의 저작들이 폭넓고 흥미로운 탐구 분야를 제시한 것은 잘 알려져 있다.' John Ramsay of Ochtertyre, Ian Simpson Ross, *Lord Kames and the Scotland of His day*(1972), p. 60에서 인용.

63. Hugh Trevor-Roper, 'The Scottish Enlightenment'(1967), p. 1649, Dugald Stewart, *The Collected Works of Dugald Stewart*(1854-60), vol. i, p. 551에서 인용. 트레버-로퍼 본인은 스코틀랜드 계몽주의를 대체로 전통적 칼뱅주의에 대한 대대적 거부로 보아야 한다는 빅토리아 시대의 시각을 취했다.

64. Janet Adam Smith, 'Some Eighteenth-century Ideas of Scotland'(1970), p. 108.

65. John B. Stewart, *Opinion and Reform in Hume's Political Philosophy*(1992), p. 234.

66. J. Y. T. Greig (ed.), *The Letters of David Hume*(1932), vol. ii, p. 310.

67. Angus Calder, *Revolutionary Empire*(1981), p. 534; Smith, 'Some Eighteenth-century Ideas of Scotland', p. 108.

68. Chitnis, *The Scottish Enlightenment: A Social History*, p. 12에서 인용. 흄은 물론 조금도 이상하다고 생각하지 않았으며 다음과 같이 외쳤다. '지금은 역사적인 시대이며, 우리는 역사적인 민족이다.' David Daiches, *Robert Burns*(1952), p. 2의 논의를 보라.

69. Forbes, *Beattie and His Friends*; Selwyn Alfred Grave, *The Scottish Philosophy of Common Sense*(1960).

70. John Robertson (ed.), *A Union for Empire*(1995).

71. 예를 들어 Devine, *The Scottish Nation, 1700-2000*, pp. 105-23을 보라.

72. Chapman, *Samuel Johnson, A Journey to the Western Islands of Scotland and James Boswell, The Journal of a Tour to the Hebrides*, p. 51; Claire Lamont, 'Dr Johnson, the Scottish Highlander, and the Scottish Enlightenment'(1989).

73. Michael Hunter, 'Aikenhead the Atheist'(1992).

74. 케임스는 인간의 자유의지를 부정한 반면, 신이 인간에게 그것이 존재한다는 착각을 심어주었다고 주장했다. Henry Home, Lord Kames, *Essays on the Principles of Morality and Natural Religion*(1751), p. 147. 그는 나중에 허위의 자유 관념 이론을 버리고 노골적인 필연론자가 되었다. Ross, *Lord Kames and the Scotland of His Day*, p. 152; Stewart, *Opinion and Reform in Hume's Political Philosophy*, p. 13; Gladys Bryson, *Man and Society*(1968), p. 54를 보라.

75. 중도파에 관해서는 Sher, *Church and University in the Scottish Enlightenment*; Ian D. L. Clark, 'From Protest to Reaction'(1970)을 보라.

76. Brian Hepworth, *The Rise of Romanticism*(1978), p. 233; Dwyer, *Virtuous Discourse*, p. 20.

77. 역사가로서의 로버트슨에 관해서는 Pocock, *Barbarism and Religion*, vol. ii,

section 4를 보라.

78. Dwyer, *Virtuous Discourse*, p. 12.

79. David Dunbar McElroy, *Scotland's Age of Improvement*(1969); Dwyer, *Virtuous Discourse*, p. 26; Ross, *Lord Kames and the Scotland of his Day*, p. 67.

80. 'Of Luxury'(1741-2), 나중에 다시 붙인 제목은 'Of Refinement in the Arts', in David Hume, *Selected Essays*(1993), p. 169; Christopher J. Berry, *The Idea of Luxury*(1994), p. 143.

81. John Clive, 'The Social Background of the Scottish Renaissance'(1970), p. 227; Houston, *Social Change in the Age of Enlightenment*.

82. Peter Jones, 'The Scottish Professoriate and the Polite Academy'(1983).

83. Adam Smith in *Edinburgh Review*, Ross, *Lord Kames and the Scotland of His Day*, p. 177에서 인용. 〈에든버러 리뷰〉는 스코틀랜드가 '더 성숙한 친척 나라의 힘으로 인도되고 지탱되는 청소년기 상태'라고 말한다. Daiches, *Robert Burns*, p. 28의 논의를 보라.

84. Craig, *Scottish Literature and the Scottish People 1680-1830*, p. 52.

85. Ferguson, *An Essay on the History of Civil Society*, p. 97; David Kettler, *The Social and Political Thought of Adam Ferguson*(1965); William C. Lehmann, *Adam Ferguson and the Beginnings of Modern Sociology*(1930). Pocock, *Barbarism and Religion*, vol. ii, section 6도 보라. 퍼거슨은 17장에서 더 논의된다.

86. Berry, *Society Theory of the Scottish Enlightenment*, ch. 3.

87. Istvan Hont and Michael Ignatieff (eds.), *Wealth and Virtue*(1983); Knud Haakonssen, *Natural Law and Moral Philosophy*(1996). 스미스의 『국부론』에 관해서는 17장을 보라.

88. 신新해링턴 계보에서 핵심 인물인 플레처는 통합 직전 시절에 스코틀랜드식 시민적 미덕의 근원이 자율적인 의회와 민병대를 보호함으로써 보존될 수 있다고 주장했었다. Robertson (ed.), *A Union for Empire*, and *Andrew Fletcher: Political Works*(1997).

89. 흄과 정치에 대한 일반적 논의에 관해서는 본서 8장을 보라. 잘 알려진 스파르타에 관해서는 Elizabeth Rawson, *The Spartan Tradition in European Thought*(1969); Berry, *The Idea of Luxury*를 보라. 전통적인 애국적 스코틀랜드 역사를 약화시키는 흄의 견해는 Colin Kidd, *Subverting Scotland's Past*(1993), ch. 9를 보라.

90. David Hume, *A Treatise of Human Nature*(1978[1739-40]), p. 273; Peter

Jones (ed.), *The 'Science' of Man in the Scottish Enlightenment*(1989)와 *Philosophy and Science in the Scottish Enlightenment*(1988). 이하의 논의는 이미 8장에서 제시된 근대화에 대한 흄의 옹호를 개괄적으로 서술하면서 이를 스코틀랜드 논쟁에 구체적으로 적용한다.

91. Hume, 'Of Refinement in the Arts', in *Selected Essays*, p. 169.

92. Hume, 'Of Commerce'(1741-2), in *Selected Essays*, p. 157.

93. Hume, 'Of Commerce', in *Selected Essays*, p. 161.

94. Hume, 'Of Refinement in the Arts', in *Selected essays*, p. 170; cf. Berry, *The Idea of Luxury*, pp. 144-5.

95. Hume, 'Of Commerce', in *Selected Essays*, p. 163.

96. Hume, 'Of Refinement in the Arts', in *Selected Essays*, p. 175.

97. Hume, 'Of Refinement in the Arts', in *Selected Essays*, p. 176.

98. Hume, 'Of The Standard of Taste'(1741-2), in *Selected Essays*, p. 133-54.

99. Hume, 'Of Refinement in the Arts', in *Selected Essays*, p. 169.

100. Hume, 'Of Refinement in the Arts', in *Selected Essays*, p. 170.

101. Albert O. Hirschman, *The Passions and the Interests*(1977), p. 60; Pocock, *Barbarism and Religion*, p. 331. Montesquieu, *The Spirit of Laws*(1750[1748]), bk XX, ch. 1을 보라.

102. Hume, 'Of Refinement in the Arts', in *Selected Essays*, p. 172.

103. Hume, 'Of Commerce', in *Selected Essays*, p. 157f.

104. Hume, 'Of the Populousness of Ancient Nations'(1741-2), in *Selected Essays*, p. 223-274와 'Of Commerce', in *Selected Essays*, p. 157.

105. Hume, 'Of Commerce', in *Selected Essays*, p. 159.

106. Hume, 'Of Commerce', in *Selected Essays*, p. 162.

107. Hume, *A Treatise of Human Nature*, pp. 487-8.

108. Hume, 'Of Commerce', in *Selected Essays*, p. 160.

109. Hume, 'Of Civil Liberty'(1758[1741]), in *Selected Essays*, p. 56.

110. Hume, 'Of Interest'(1741-2), in *Selected Essays*, p. 180.

111. Hume, 'Of the Rise and Progress of Arts and Sciences'(1741-2), in *Selected Essays*, p. 67.

112. Hume, *A Treatise of Human Nature*, pp. xx-xxi.

113. Hume, 'Of Commerce', in *Selected Essays*, p. 157.

114. Hume, 'Of Refinement in the Arts', in *Selected Essays*, p. 174.

115. Hume, *A Treatise of Human Nature*, pp. 417, 437.

116. Hume, 'Of Commerce', in *Selected Essays*, pp. 154-67.

117. Hume, 'Of Commerce', in *Selected Essays*, p. 160.

118. 케임스에 관해서는 Henry Home, Lord Kames, *Sketches of the History of Man*(1774); Ross, *Lord Kames and the Scotland of His Day*; William C. Lehmann, *Henry Home, Lord Kames, and the Scottish Enlightenment*(1971). 법에 관해서는 David Lieberman, 'The Legal Needs of a Commercial Society' (1983)와 *The Province of Legislation Determined*(1989); Alan Bewell, *Wordsworth and the Enlightenment*(1989), p. 15를 보라.
유사한 발전 단계 관념에 대한 또다른 옹호자로 역사가 윌리엄 로버트슨이 있다. 그가 『미국의 역사 The History of America』(1777)에서 표현한 대로 '사회를 이루어 살아가는 인간들의 활동과 관련한 모든 탐구에서 가장 먼저 주목해야 할 대상은 그들의 생존 양식이다. 생존 양식이 각양각색인 만큼, 그들의 법과 정책도 다를 수밖에 없다.' Ronald L. Meek, *Social Science and the Ignoble Savage*(1975), p. 2; Karen O'Brien, 'Between Enlightenment and Stadial Theory'(1994); Ronald L. Meek, 'Smith, Turgot and the Four Stages Theory'(1971); Berry, *Social Theory of the Scottish Enlightenment*, ch. 5를 보라.

119. Chitnis, *The Scottish Enlightenment: A Social History*, p. 101. 인간 본성에 대한 케임스의 계몽된 낙관주의는 새뮤얼 존슨에게 공격받았다. 『인간 역사의 스케치』(1774)에 관해 존슨은 다음과 같이 평가했다.

이 책에서 미덕은 인간에게 자연스럽고, 우리 자신의 마음을 기꺼이 들여다보기만 한다면 우리는 유덕해질 거라고 주장된다. 하지만 우리 자신의 마음을 최대한 들여다보고 얻을 수 있는 도움에도 불구하고, 우리 가운데 유덕한 사람은 얼마나 극소수인가? 이런 주장은 모든 인류가 사실이 아님을 알고 있는 것을 말하는 것이다.

Hill, *Boswell's Life of Johnson*, vol. iii, p. 353.

120. Lieberman, *The Province of Legislation Determined*, p. 149에서 인용.

121. Henry Home, Lord Kames, *Historical Law Tracts*, 3rd edn(1776), vol. i, pp. 30-31; Chitnis, *The Scottish Enlightenment: A Social History*, p. 101; Meek, *Social Science and the Ignoble Savage*, p. 102.

122. Ross, *Lord Kames and the Scotland of His Day*, p. 208.

123. Kames, *Historical Law Tracts*, vol. i, p. 77.

124. Kames, *Historical Law Tracts*, vol. i, p. 78.

125. Allan, *Virtue, Learning and the Scottish Enlightenment*, p. 163.

126. Pocock, *Barbarism and Religion*, vol. ii, p. 320.

127. Adam Smith, *Lectures on Justice, Police Revenue and Arms*, ed. Edwin Cannan(Oxford: Clarendon Press, 1896), pp. 107-8, Chitnis, *The Scottish Enlightenment: A Social History*, p. 104에서 인용. 워즈워스는 나중에 이렇게 투덜거린다. '스코틀랜드 교수는 미개인 상태, 농경인 상태, 수렵인 상태 등등을 반드시 끄적거리지 않고는 인간 본성에 관해 단 3분도 글을 쓰지 못한다.' Bewell, *Wordsworth and the Enlightenment*, p. 30.

발전 단계 이론은 피콕에 의해서도 풍자되었다. 『크로칫 캐슬Crotchet Castle』(1831)에서 매퀘디 씨가 발전 단계 이론의 열렬한 주창자다.

> 매퀘디 씨: 완벽한 사회의 윤곽을 제시하는 것만큼 쉬운 일도 없습니다. (…) (커다란 두루마리를 꺼내면서) '사회의 유아기에는—'
> 폴리옷 목사: 매퀘디 씨, 대체 당신네 나라의 신사분들께서는 어째서 '사회의 유아기'라는 말로 모든 글을 시작합니까?
> 매퀘디 씨: 음, 선생, 그것이 처음에 시작하는 가장 단순한 방식입니다. '사회의 유아기에, 이를테면 수수료 2.5퍼센트를 절약하기 위해 정부가 발명되었을 때—'

Garnett, *The Novels of Thomas Love Peacock*, p. 686.

128. Smith, *An Inquiry into the Nature and Causes of the Wealth of Nations*, vol. ii, bk V, ch. 1, p. 715, Chitnis, *The Scottish Enlightenment: A Social History*, p. 104에서 인용. 스미스의 견해는 17장에서 더 철저히 분석한다.

129. William C. Lehmann, *John Millar of Glasgow, 1735-1801*(1960), p. 326. 밀러에 관해서는 Michael Ignatieff, 'John Millar and Individualism'(1983)에서의 논의와 일반적으로는 Lehmann, *John Millar of Glasgow, 1735-1801*을 보라.

130. Lehmann, *John Millar of Glasgow, 1735-1801*, p. 125.

131. Chitnis, *The Scottish Enlightenment: A Social History*, pp. 100-101에서 인용. Lehmann, *John Millar of Glasgow, 1735-1801*, p. 125도 보라.

132. John Millar, *Observations concerning the Distinction of Ranks in Society*(1771), p. 4.

133. Millar, *Observations concerning the Distinction of Ranks in Society*, p. 3. 스코틀랜드가 발전 단계 이론들을 독점한 것은 아니다. 이 이론들은 예를 들어 기번도 구사한다. J. G. A. Pocock, 'Clergy and Commerce'(1985)의 논의를 보라. 하지만 잉글랜드 역사를 설명하기 위해 그러한 이론들을 적용하는 과제는 덜 시급했다(잉글랜드 역사는 스코틀랜드 역사보다 수수께끼가 아니었다).

134. Stewart, *The Collected Works of Dugald Stewart*, vol. x, pp. 32-4, 37; Bryson, *Man and Society*, p. 87; H. M. Höpfl, 'From Savage to Scotsman' (1978); Wokler, 'Anthropology and Conjectural History in the Enlightenment' (1995). 스튜어트의 또다른 측면에 관해서는 S. Rashid, 'Dugald Stewart, Baconian Methodology and Political Economy'(1985); Stewart, *The Collected Works of Dugald Stewart*, vol. x, pp. 32-4, 37. 스튜어트 본인은 존 러셀 경의 헌사(1812)에서 보다시피 명성이 자자한 인사였다.

가까운 천체에는 생명과 빛의 원천,
먼 천체들에는 어둠 속의 안내자,
눈부신 보좌를 비추는 찬란한 태양,
다른 천계를 빛내며 자신을 지키네.
그렇게 스튜어트는 명성에 기대어
정신의 우주를 밝히네.

Chitnis, *The Scottish Enlightenment and Early Victorian Society*, p. 21에서 인용.
135. Millar, *Observations concerning the Distinction of Ranks in Society*, pp. 94-5. 여성은 '예의범절을 가르치는 학교'라고 흄과 밀러는 판단했다. 14장에서 논의되는 윌리엄 알렉산더의 여성 및 사회에 대한 시각과 비교해보라. Berry, *Social Theory of the Scottish Enlightenment*, p. 109도 보라.
136. John S. Gibson, 'How Did the Enlightenment Seem to the Edinburgh Enlightened?'(1978); Istvan Hont, 'The "Rich Country-Poor Country" Debate in Scottish Classical Political Economy'(1985).
137. Bryson, *Man and Society*, p. 31; Adam Ferguson, *Institutes of Moral Philosophy, for the Use of Students in the College of Edinburgh*, 2nd edn(1773); Bewell, *Wordsworth and the Enlightenment*, pp. 14-15.

11장 행복

1. Iain Pears, *The Discovery of Painting*(1988), p. 21에서 인용.
2. Alexander Pope, *An Essay on Man*(1733-4), epistle IV, ll. 1-2, in John Butt (ed.), *The Poems of Alexander Pope*(1965), p. 536.
3. Mary P. Mack, *Jeremy Bentham, An Odyssey of Ideas, 1748-1792*(1962), pp.

204에서 인용.

4. H. Digby Beste, *Personal and Literary Memorials*(1829), p. 209. 이 인용은 Michael Neve 덕분이다.

5. 그리스인들에 관해서는 A. W. H. Adkins, *From the Many to the One*(1970); H. North, *Sophrosyne*(1966); Peter Quennell, *The Pursuit of Happiness*(1988), pp. 167-9를 보라.

6. 르네상스기 태도에 관해서는 Herschel Baker, *The Dignity of Man*(1947); J. B. Bamborough, *The Little World of Man*(1952); W. Kaiser, *Praisers of Folly*(1963); M. M. Bakhtin, *Rabelais and His World*(1968)를 보라.

7. Raymond Williams, *The Country and the City*(1973), pp. 35-45; Kevin Sharpe, *Criticism and Compliment*(1987).

8. Alasdair MacIntyre, *A Short History of Ethics*(1966); Peter Brown, *The World of Late Antiquity*(1971)를 보라. 나중에 벤담은 심지어 기독교 신학도 행복을 근본적으로 매도하지는 않는다고 지적했다. 하지만 기독교 신학에서 인간의 행복이란 천상에서 영혼이 창조주와 다시 만날 때에만 달성될 수 있는 것이었다.

9. 기독교에 관해서는 Morton W. Bloomfield, *The seven Deadly Sins*(1952); Jean Delumeau, *Sin and Fear*(1990); Piero Camporesi, *The Fear of Hell*(1990)을 보라. 죽음에 관해서는 Nigel Llewellyn, *The Art of Death*(1991); Philippe Ariès, *Western Attitudes towards Death*(1976); John McManners, *Death and the Enlightenment*(1981)를 보라.

10. Edward Gibbon, *Memoirs of My Life*(1966[1796]), p. 23. 반면에 그는 자신이 타고난 행운에 대해 운명에 감사했다.

> 인류의 흔한 팔자를 생각하면, 내가 인생이라는 제비뽑기에서 훌륭한 상을 뽑았음을 인정해야 할 것이다. 지구상의 태반은 야만이나 노예 상태로 점철되어 있다. 문명 세계에서도 가장 수가 많은 계급은 무지와 빈곤에 처해 있다. 그러니 자유롭고 계몽된 국가의 부유하고 지체 있는 집안에서 태어난 나의 이중의 행운은 100만분의 1의 요행이다.[p. 186]

11. Samuel Johnson, *The Rambler*(1969), vol. i, no. 32, p. 175(7 July 1750). *Rasselas*에 관해서는 B. Bronson, *Samuel Johnson, Rasselas, Poems and Selected Prose*, 3rd edn(1971)을 보라.

12. John Tillotson, *The Works of the Most Reverend Dr John Tillotson*(1820), vol. ii, p. 205.

13. George Savile, marquis of Halifax, *The Character of a Trimmer*, 2nd edn(1689), p. 17. 바이런의 발언과 비교하라. '나는 화창한 날이면 신심이 깊어지다시피 한다.' L. A. Marchand (ed.), *Byron's Letters and Journals*(1973-82), vol. ix, p. 46. 애디슨이 '종교에서의 쾌활함'을 권한 것에 관해서는 Joseph Addison and Richard Steele, *The Spectator*(1965), vol. iv, no. 494, pp. 251-4(26 September 1712)를 보라.

14. 자기 이익을 추구하는 합리적 개인과 위계적 사회 간의 갈등이 James L. Clifford (ed.), *Man versus Society in Eighteenth-century Britain*(1968)의 전제를 이룬다.

15. John Hedley Brooke, *Science And Religion*(1991); A, O. Lovejoy, *The Great Chain of Being*(1936); Margaret C. Jacob, *The Newtonians and the English Revolution, 1689-1720*(1976).

16. 그러한 환경적 견해는 C. Glacken, *Traces on the Rhodian Shore*(1967)를 보라.

17. Richard B. Schwartz, *Samuel Johnson and the Problem of Evil*(1975).

18. William Paley, *Natural Theology*(1802), p. 490; M. L. Clark, *Paley: Evidences for the Man*(1974).

19. Abraham Tucker, *The Light of Nature Pursued*(1768), vol. ii, pt III, ch. 28, pp. 373, 375.

20. Lawrence E. Klein, *Shaftesbury and the Culture of Politeness*(1994). 섀프츠베리에게 스턴도 맞장구를 친다. 트리스트럼은 요릭 목사가 '활달하고 고상'하기에 '본성상 엄숙함을 못 말릴 만큼 싫어하고 반대'한고 말한다. Laurence Sterne, *The Life and Opinions of Tristram Shandy*(1967[1759-67]), vol. 1, ch. 11, p. 55. 스턴 본인은 이렇게 썼다.

나의 비참한 불행에 나는 현자처럼 대처하지 못합니다—그런 불행을 위무하기 위해 하느님께서 어떤 무거운 주제든 한순간도 고민하는 것을 허락하지 않는 트리스트럼 샌디의 인생철학과 기질을 내게 잔뜩 베풀어주지 않았다면, 나는 당장 쓰러져 죽어버렸을 것입니다.

Letter to John Hall-Stevenson(1761), in Lewis P. Curtis (ed.), *Letters of Laurence Sterne*(1935), p. 139.

21. John Darling, 'The Moral Teaching of Francis Hutcheson'(1989).

22. 자애에 관해서는 G. J. Barker-Benfield, *The Culture of Sensibility*(1992)를 보라.

23. C. B. Macpherson, *The Political Theory of Possessive Individualism*(1962).

24. Roy Porter, 'Medical Science and Human Science in the Enlightenment'

(1995).

25. 마음이 원하는 바는 무한하니, 사람은 자연히 염원하며 그의 마음은 고양되고 그의 감
    각은 점점 더 세련되어져가며, 그의 욕망은 확대되고 그의 필요는 그의 소망과 더불어
    증가하니, 그가 소망하는 것이란 진귀하고, 오감을 충족시키고, 신체를 증진하고, 그의
    안락과 쾌락, 인생의 호사를 도모하는 모든 것이다.

    Nicholas Barbon, *A Discourse of Trade*(1905[1690]), p. 14, Christopher J.
    Berry, *The Idea of Luxury*(1994), p. 112에서 인용.
    그러한 견해에 수반되는 심리적 개인주의에 대해서는 J. O. Lyons, *The Invention of
    the Self*(1978); Patrick Meyer Spacks, *Imagining a Self*(1989); G. S. Rousseau,
    'Psychology'(1980)를 보라.

26. Adam Smith, *An Inquiry into the Nature and Causes of the Wealth of
    Nations*(1976[1776]), bk II, ch. 3, para. 28, p. 341. 추가적 논의는 본서 17장을
    보라.

27. Stephon Copley (ed.), *Literature and the Social Order in Eighteenth-century
    England*(1984), pp. 121, 115에서 인용.

28. Gary Hatfield, 'Remaking the Science of the Mind'(1995); David Carrithers,
    'The Enlightenment Science of Society'(1995).

29. Locke, *An Essay concerning Human Understanding*, bk I, ch. 2, p. 55, para.
    15; J. A. Passmore, 'The Malleability of Man in Eighteenth-century Thought'
    (1965); G. A. J. Rogers, 'Locke, Anthropology and Models of the Mind'(1993).

30. 정신에 관한 로크의 이론과 그 영향에 관해서는 John W. Yolton, *John Locke
    and the Way of Ideas*(1956), and *Thinking Matter*(1983); Kenneth MacLean,
    John Locke and English Literature of the Eighteenth Century(1936)를 보라.

31. Maurice Cranston, *John Locke: A Biography*(1957), p. 124. 이 책의 123쪽에 인
    용된 로크의 글도 보라.

    행복을 추구하고 비참한 고통을 피하는 것은 당연지사다. 행복은 마음을 기쁘게 하고
    만족시키는 것이며, 고통은 마음을 어지럽히고 불안하게 하거나 괴롭히는 것이다. 따라
    서 나는 만족과 기쁨을 추구하고 불안과 동요는 피하며, 전자는 최대한으로, 후자는 최
    소한으로 겪는 것을 능사로 삼겠다.

32. 하틀리에 관해서는 M. E. Webb, 'A New History of Hartley's *Observations on
    Man*'(1988)을 보라.

33. Philippa Foot, 'Locke, Hume, and Modern Moral Theory'(1991).
18세기의 사고는 자선 활동에서처럼, 도덕적 행위에서 즐거움을 유발할 수 있는 능력을 강조했다. Betsy Rodgers, *Clock of Charity*(1949).

34. Charles Strachey (ed). *The Letters of the Earl of Chesterfield to His Son*(1924), vol. ii, p. 68(19 July 1750); F. L. Lucas, *The Search for Good Sense*(1958)는 체스터필드에 관한 양식 있는 에세이다. 루커스의 다른 에세이 *The Art of Living*(1959)과 S. M. Brewer, *Design for a Gentleman*(1963)도 보라.

35. Henry Fielding, 'An Essay on Conversation'(1972[1743]), pp. 199, 204.

36. Soame Jenyns, *Free Inquiry into the Nature and Origin of Evil*(1757), p. 46; P. Rompkey, *Soame Jenyns*(1984).

37. O. Hirschman, *The Passions and the Interests*(1977); J. Viner, *The Role of Providence in the Social Order*(1972); Istvan Hont and Michael Ignatieff (eds.), *Wealth and Virtue*(1983); Joyce Oldham Appleby, 'Consumption in Early Modern Social Thought'(1993)도 보라.

38. 전통적·보수적인 기독교적 사고방식을 재역설하는 반발 조류에 관해서는 J. H. Plumb, 'Reason and Unreason in the Eighteenth Century', in *In the Light of History*(1972), pp. 3-24; Maurice J. Quinlan, *Victorian Prelude*(1941). 국제적인 비교와 대조를 위해서는 Robert Mauzi, *L'Idée du bonheur dans la littérature et la pensée française au XVIII siècle*(1960). 대체로 이탈리아의 경우는 Piero Camporesi, *Exotic Brew*(1992)를 보라.

39. 18세기 제러미 벤담은 바로 그것을, 다시 말해 쾌락의 측정을 시도했다. 그의 쾌락계산법에 관해서는 18장을 보라.

40. 상업 사회로서 영국이 '소비자 혁명'을 낳은 것에 관해서는 Neil McKendrick, John Brewer and J. H. Pumb, *The Birth of a Consumer Society*(1982)를 보라. 네덜란드인들이 영국보다 앞서 근대적 쾌락을 만들어냈기 때문에, 그들은 먼저 그 도덕적 딜레마와 타협해야만 했다. Simon Schama, *The Embarrassment of Riches*(1988)를 보라.

41. 물질문화에 관해서는 Chandra Mukerji, *From Graven Images*(1983); Alan Macfarlane, *The Culture of Capitalism*(1987)을 보라.

42. 영국 최초의 열기구 조종사 제임스 타이틀러는 『브리태니커 백과사전』에서 열기구와 관련하여 다음과 같이 썼다. '전에는 허무맹랑했지만 이제 이 발명에 의해 사람을 공중으로 수송하는 방안이 실현된다. 조종술이 얼마나 개선될 수 있을지, 또는 거기에 어떤 이점들이 따를지를 말하기란 불가능하다.' C. Gillispie, *The Montgolfier Brothers and the Invention of Aviation 1783-1784*(1983)를 보라.

43. 귀족적 생활양식에 관해서는 David Cannadine, *The Decline and Fall of the British Aristocracy*(1990); J. V. Beckett, *The Aristocracy in England, 1660-1914*(1986); G. E. Mingay, *English Landed Society in the Eighteenth Century*(1963); Lawrence Stone and Jeanne C. Fawtier Stone, *An Open Elite?*(1984)를 보라. 향락적인 한 귀족 집안에 대한 일종의 집단 전기는 Stella Tillyard, *Aristocrats*(1994)를 보라.

44. Thorstein Veblen, *The Theory of the Leisure Class*(1912)가 고전적이다.

45. 선구적 연구는 J. H. Plumb, *The Commercialization of Leisure in Eighteenth-century England*(1973)이다. J. H. Plumb, *Georgian Delights*(1980)도 보라.

46. Ronald Hutton, *The Rise and Fall of Merry England*(1994); Nicholas Rogers, *Crowds, Culture and Politics in Georgian Britain*(1998), pp. 24f; David Cressy, *Bonfires and Bells*(1989).

47. Mark Girouard, *Life in the English Country House*(1978); Jeremy Black, *The British and the Grand Tour*(1985); Lawrence Stone, 'The Residential Development of the West End of London in the Seventeenth Century'(1980).

48. R. W. Malcolmson, *Popular Recreations in English Society 1700-1850*(1973); Barry Reay (ed.), *Popular Culture in Seventeenth-century England*(1985), p. 6; Peter Burke, *Popular Culture in Early Modern Europe*(1978); Ronald Hutton, *The Stations of the Sun*(1996), pp. 23f.

49. 문화 공연자에 관해서는 Emmett L. Avery (ed.), *The London Stage 1600-1800*(1968); Paula R. Backscheider, *Spectacular Politics*(1994). 시각 예술의 상업화에 관해서는 Pears, *The Discovery of Painting*, Louise Lippincott, *Selling Art in Georgian London*(1983)을 보라.

50. Maxine Berg, *The Age of Manufactures, 1700-1820*(1994); Maxine Berg and Helen Clifford (eds.), *Consumers and Luxury*(1999); Neil McKendrick, introduction to McKendrick, Brewer and Plumb, *The Birth of a Consumer Society*, pp. 1-8.

51. 쾌락적 물품의 확산에 관해서는 Carole Shammas, *The Pre-industrial Consumer in England and America*(1990); Lorna Weatherill, *Consumer Behaviour and Material Culture, 1660-1760*(1988), and 'The Meaning of Consumer Behaviour in Late Seventeenth-and Early Eighteenth-century England'(1993); T. H. Breen, '"Baubles of Britain"'(1988), and 'The Meanings of Things'(1993); B. Fine and E. Leopold, 'Consumerism and the Industrial Revolution'(1990)을 보라.

52. Peter Borsay (ed.), *The Eighteenth-century Town*(1990); Peter Borsay and Angus McInnes, 'The Emergence of a Leisure Town'(1990).

53. '유행은 여러 측면에서 [상품 자체의—옮긴이] 장점보다 엄청나게 우월하다.' 조사이어 웨지우드가 동업자인 벤틀리에게 1779년에 보낸 편지의 한 대목, in Ann Finer and George Savage (eds.), *The Selected Letters of Josiah Wedgwood*(1965), p. 235.

54. Alison Adburgham, *Shopping in Style*(1979); David Alexander, *Retailing in England during the industrial Revolution*(1970); Hoh-cheung Mui and Lorna H. Mui, *Shops and Shopkeeping in Eighteenth-century England*(1989). 런던의 보도步道—파리에서는 볼 수 없던 것—는 아이 쇼핑을 즐기는 구경꾼들을 도왔다.

55. Clare Williams (ed. and tans.), *Sophie in London*(1933), p. 87.

56. Williams, *Sophie in London*, p. 237. 로버트 사우디는 잉글랜드 상점들의 화려함에 주목했다. *Letters from England by Don Manuel Alvarez Espriella*(1984[1807]), p. 361.

57. 위락지에 관해서는 William Biggs Boulton, *The Amusements of Old London*(1969)을 보라.

58. 복스홀에 대해서는 Miles Ogborn, *Spaces of Modernity*(1998), p. 119를 보라. 플레저 가든과 나란히 가는 것은 가장무도회였다. Terry Castle, *Masquerade and Civilization*(1986).

59. 극장은 Marc Baer, *The Theatre and Disorder in Late Georgian London*(1991); Kristina Straub, *Sexual Suspects*(1991)를 보라.

60. Cressy, *Bonfires and Bells*, p. 19.

61. 스포츠는 Hugh Cunningham, *Leisure in the Industrial Revolution, c.1780-c.1880*(1980); R. Longrigg, *The English Squire and His Sport*(1977); John K. Walton and James Walvin (eds.), *Leisure in Britain 1780-1939*(1983); Dennis Brailsford, *Sport, Time and Society*(1990), *British Sport*(1992), and *Bareknuckles*(1988); John Ford, *Prizefighting*(1971); W. Vamplew, *The Turf*(1974)를 보라.

62. John Ashton, *The History of Gambling in England*(1898); Cecil Henry L'Estrange Ewen, *Lotteries and Sweepstakes*(1932).

63. H. C. Robbins-Landon, *Handel and His World*(1984); Eric David Mackerness, *A Social History of English Music*(1964).

64. Richard D. Altick, *The Shows of London*(1978), pp. 121-33, 303-16; Ricky Jay, *Learned Pigs and Fireproof Women*(1986), pp. 277-8.

65. Plumb, *The Commercialization of Leisure in Eighteenth-century England*와 *Georgian Delights*에서 뛰어나게 논의된다.

66. Kenneth Hudson, *A Social History of Museums*(1975); Edward Miller, *That Noble Cabinet*(1973).

67. Roger Elbourne, *Music and Tradition in Early Industrial Lancashire 1780-1840*(1980).

68. Peter Clark, *The English Alehouse*(1983). 1730년대와 1740년대는 진gin 광풍을 목도했다. Peter Clark, 'The "Mother Gin" Controversy in the Early Eighteenth Century'(1988); Roy Porter, 'The Drinking Man's Disease'(1985). Jordan Goodman, *Tobacco in History*(1993)와 비교하라.

69. 전체적인 개관은 Lawrence Stone, *The Family, Sex and Marriage in England, 1500-1800*(1977); P.-G. Boucé (ed.), *Sexuality in Eighteenth-century Britain*(1982); Tim Hitchcock, *English Sexualities, 1700-1800*(1997); Jean H. Hagstrum, *Sex and Sensibility*(1980)를 보라.

70. Frederick A. Pottle (ed.), *Boswell's London Journal, 1762-1763*(1950); V. Bullough, 'Prostitution and Reform in Eighteenth-century England'(1987); A. R. Henderson, 'Female Prostitution in London, *1730-1830*'[1992]; Randolph Trumbach, *Sex and the Gender Revolution*(1998), vol. i; Peter Martin, *A Life of James Boswell*(1999).

71. William Wimsatt Jr and Frederick A. Pottle, *Boswell for the Defence 1769-1774*(1960), p. 108(10 April 1772); Susan Manning, 'Boswell's Pleasures, the Pleasures of Boswell'(1997); Bruce Redford, 'Boswell's "Libertine" Correspondences'(1984); David M. Weed, 'Sexual positions'(1997-8).

72. Pottle, *Boswell's London Journal*, p. 84(14 December 1762).

73. 보즈웰의 성생활과 성적 태도는 Stone, *The Family, Sex and Marriage in England, 1500-1800*, pp. 572-99에서 분석되었다.

74. Peter Wagner, *Eros Revived*(1986); Lynn Hunt (ed), *The Invention of Pornography, 1500-1800*(1993); David Foxon, *Libertine Literature in England, 1660-1745*(1965); Patrick J. Kearney, *The Private Case*(1981), and *A History of Erotic Literature*(1982); A. D. Harvey, *Sex in Georgian England*(1994); Karen Louise Harvey, 'Representations of Bodies and Sexual Difference in Eighteenth-century English Erotica'[1999]. 여성들도 이 장르에 기여했다. Ros Ballaster, *Seductive Forms*(1992)를 보라.

75. John Cleland, *Memoirs of a Woman of Pleasure*(1985[1748-9]), p. 144.

76. Cleland, *Memoirs of a Woman of Pleasure*; Leo Braudy, 'Fanny Hill and Materialism'(1970-71); Randolph Trumbach, 'Modern Prostitution and Gender in Fanny Hill'(1987)을 보라.

77. 가장 상세한 논의는 Roy Porter and Lesley Hall, *The Facts of Life*(1994)이다.

78. Desmond King-Hele, *Doctor of Revolution*(1977), p. 240.

79. 음경과 펜이 하나로 합쳐졌다. Warren Chernaik, *Sexual Freedom in Restoration Literature*(1995), pp. 10-11; G. J. Barker-Benfield, *The Culture of Sensibility*(1992), p. 41; Gilbert Burnet, *Some Passages of the Life and Death of the Right Honourable John, Earl of Rochester*(1680), pp. 57, 72.

80. *A Modest Defence of Publick Stews*(1724)에서 맨더빌은 합법화되고 공적으로 규제되는 매춘을 다른 여성들을 유혹과 강간으로부터 보호하는 수단으로 옹호했다. 남성은 이런저런 식으로 성적 위안을 얻어야 하며, '여성의 미덕을 최소한으로 희생시키며 그것을 충족할 방법을 고안하는 것이 우리가 할 일이다'(p. 44). 매춘은 분명한 공적 혜택을 지닌 사적 악행이며, 고객과 소비자에게 더 안전하고 편리하게 제공되어야 한다는 것이다.

81. John Wilkes, *An Essay on Woman*(1972[1763]), p. 213. George Rudé, *Wilkes and Liberty*(1962); Adrian Hamilton, *The Infamous Essay on Woman*(1972); Peter D. G. Thomas, *John Wilkes: A Friend to Liberty*(1996), p. 4를 보라. 윌크스의 난봉 행각에 대해서는 Donald McCormick, *The Hell-Fire Club*(1958); Kathleen Wilson, *The Sense of the People*(1995), p. 219를 보라.

82. Strachey (ed.), *The Letters of the Earl of Chesterfield to His Son*, vol. ii, p. 133(25 March 1751).

83. Erasmus Darwin, *The Botanic Garden*(1789-91), vol. i, ll. 57-64. 게니스타는 금작화다. 다윈은 식물의 성적 문란함을 폴리네시아의 자유연애에 관해 새롭게 발견된 정보와 비교했다. 다윈에 관한 더 많은 논의에 대해서는 19장을 보라.

84. Janet Browne, 'Botany for Gentleman'(1989); Darwin, *The Botanic Garden*, vol. i, ll. 57-64.

85. Marilyn Butler, *Romantics, Rebels and Reactionaries*(1981), pp. 129f에서 논의된다.

86. Brian Fothergill (ed.), *Sir William Hamilton: Envoy Extraordinary*(1969); Giancarlo Carabelli, *In the Image of Priapus*(1996); Butler, *Romantics, Rebels and Reactionaries*, p. 130f.

윌리엄 블레이크도 성적 자유와 에로틱한 에너지('충족된 욕망의 양태')에, 아니 그보다는 어쩌면 남근적 섹슈얼리티의 위험성과 좌절된 섹슈얼리티의 해악에 사로잡히게 되었다. 그는 에로틱한 판화들을 제작했다. Peter Ackroyd, *Blake*(1995), p. 281을 보라.

87. Michael Clarke and Nicholas Penny (eds.), *The Arrogant Connoisseur*(1982), pp. 14, 59; Marilyn Butler, *Peacock Displayed*(1979), p. 32. 기독교는 페인 나이트에 따르면 '조물주이자 창조자인 바쿠스'를 '질투심 많고 화를 잘 내는 하느님'으로 둔갑시켰다. Frank E. Manuel, *The Eighteenth Century Confronts the Gods*(1967), p. 259.

88. Butler, *Peacock Displayed*, p. 30.

89. Charles F. Bahmueller, *The National Charity Company*(1981), pp. 98f; Jeremy Bentham, 'Offenses against One's Self: Paederasty'(1978 and 1979[1785년경에 쓰였지만 출간되지는 않았다]). 동성애에 대한 계몽주의의 태도는 G. S. Rousseau, 'The Pursuit of Homosexuality in the Eighteenth Century' (1987); Trumbach, *Sex and the Gender Revolution*, vol. i을 보라.

90. Anand C. Chitnis, *The Scottish Enlightenment: A Social History*(1976), pp. 47f 에서 논의된다.

91. Chitnis, *The Scottish Enlightenment: A Social History*, p. 47

92. Chitnis, *The Scottish Enlightenment: A Social History*, p. 48

93. Chitnis, *The Scottish Enlightenment: A Social History*, p. 48

94. Derek Jarrett, *The Ingenious Mr Hogarth*(1976); Michael Duffy (ed.), *The English Satirical Print, 1600-1832*(1986). 부르주아의 쾌락에 관해서는 Peter Earle, *The World of Defoe*(1976)와 *The Making of the English Middle Class*(1989)를 보라.

95. 빅토리아 시대의 '반反감각적' 반동에 대한 재평가는 Michael Mason, *The Making of Victorian Sexual Attitudes*(1994).

12장 양식부터 감성까지

1. M. Bentham-Edwards (ed.), *The Autobiography of Arthur Young*(1898), p. 421.

2. W. A. Speck, 'Politicians, Peers, and Publication by Subscription 1700-50' (1982), p. 65, 그리고 유익한 논의는 Pat Rogers (ed.), *The Context of English Literature*(1978), introduction, p. 13에서 찾아볼 수 있다.

3. Stephen Mennell, *Norbert Elias: Civilization and the Human Self-*

image(1989); Alain Boureau, *et al.* (eds.), *A History of Private Life*(1989), vol. iii; Michelle Perrot (ed.), *A History of Private Life*(1990), vol. iv; Dena Goodman, 'Public Sphere and Private Life'(1992)를 보라.

4. George Birkbeck Hill, *Boswell's Life of Johnson*(1934-50), vol, i, p. 266을 보라. 귀족적 타락에 대한 공격은 18장을 보라.

5. 중간층과 공적 생활에서의 그들의 참여에 관해서는 Geoffrey Holmes, *Augustan England*(1982); Penelope Corfield, *Power and the Professions in Britain 1700-1850*(1995); Peter Earle, *The Making of the English Middle Class*(1989); Margaret R. Hunt, *The Middling Sort*(1996)를 보라.

6. 윌리엄 테일러가 1797년에 처음 만들어낸 단어다. 자아에 관해서는 S. D. Cox, '*The Stranger within Thee*'(1980); J. O. Lyons, *The Invention of the Self*(1978); Charles Taylor, *Sources of the Self*(1989); Quentin Skinner, 'Who Are "We"?' (1991); Michael Mascuch, *Origins of the Individualist Self*(1997)를 보라.

7. Gordon Rattray Taylor, *The Angel Makers*(1958).

8. Jean-Jacques Rousseau, *The Confessions of Jean-Jacques Rousseau*(1965[1781-8]), p. 17. William Howyer는 루소의 학문과 예술에 관한 논고를 번역하면서, 루소의 생각들이 오로지 그 '색다름' 때문에 유행하게 되었다고 주장하며 루소의 사상을 일축했다. 루소의 급진적 비판에 관해서는 Mark Hulliung, *The Autocritique of Enlightenment*(1994). 그의 영향력에 관해서는 Edward Duffy, *Rousseau in England*(1979), pp. 14f. 자아에 대한 생각들을 바꿔 놓는 데서의 그의 중요성에 대해서는 Richard Sennett, *The Fall of Public Man*(1977)을 보라.
루소는, 트리스트럼이 태어나자마자 그 아이는 '어떤 사람의 아이와도 같은 식으로 사고하거나 행동해서는 안 된다'고 말한 월터 샌디와 통한다. Laurence Sterne, *The Life and Opinions of Tristram Shandy*(1967[1759-67]), p. 572.

9. H. Whitbread (ed.), *I know My Own Heart*(1987). 루소는 끝도 없이 인용되었다. 예를 들어 Mary Hays, *Memoirs of Emma Courtney*(1996[1796]), p. 8를 보라. 현실이 어떻게 허구적 상상을 반영하게 되는지에 대한 모범적인 연구는 John Bender, *Imagining the Penitentiary*(1987)를 보라.

10. Hill, *Boswell's Life of Johnson*, vol. ii, p. 437, n. 2. Penelope Murray (ed.), *Genius: The History of an Idea*(1989); G. Tonelli, 'Genius: From the Renaissance to 1770'(1973)을 보라.

11. Charles Strachey (ed.), *The Letters of the Earl of Chesterfield to his Son*(1924), vol. ii, p. 136. 여성에 대한 체스터필드의 입장에 관해서는 14장을 보라.

12. Adam Smith, *An Inquiry into the Nature and Causes of the Wealth of Nations*(1976[1776]), bk I, ch. 2, para. 4, pp. 28-9; Simon Schaffer, 'Genius in Romantic Natural Philosophy'(1990).

13. Joseph Priestley, *Memoirs of Dr Joseph Priestley, Written on Himself*(1904[1795]), p. 70; William Godwin, *The Enquirer*(1965[1797]), p. 17.

14. Alexander Pope, *Essay on Criticism*(1711), in John Butt (ed.), *The Poems of Alexander Pope*(1965), p. 153, ll. 297-300.

15. Paul Fussell, *The Rhetorical World of Augustan Humanism*(1965), p. 104; John Barrell, *The Political Theory of Painting from Reynolds to Hazlitt*(1986), pp. 124, 151f.

16. Mark Akenside, *The pleasures of Imagination*(1744). 상상력에 대한 두려움에 관해서는 M. V. De Porte, *Nightmares and Hobbyhorses*(1974)를 보라. Donald F. Bond, "Distrust" of Imagination in English, Neoclassicism'(1937), and 'The Neo-Classical Psychology of the Imagination'(1937); S. Cunningham, 'Bedlam and Parnassus'(1971). 존슨의 문구에 대해서는 Roy Porter, 'The Hunger of Imagination'(1985)을 보라.

17. 천재에 대한 원原낭만주의적 관념은 J. Engell, *the Creative Imagination*(1981); Schaffer, 'Genius in Romantic Natural Philosophy'를 보라.

18. Edward Young, *Conjectures on Original Composition*(1759), p. 42; R. W. Harris, *Romanticism and the Social Order*(1969), p. 238; Howard Mumford Jones, *Revolution and Romanticism*(1974), p. 270.

19. Young, *Conjectures on Original Composition*, p. 42.

20. Young, *Conjectures on Original Composition*, pp. 52-54.

21. William Sharpe, *A Dissertation upon Genius*(1755); Alexander Gerard, *An Essay upon Genius*(1774).

22. G. Becker, *The Mad Genius Controversy*(1978), p. 26에서 인용. Roy Porter, 'Bedlam and Parnassus'(1987).

23. Joseph Warton, *The Enthusiast*(1744)는 대륙의 고전적 취향의 인공성보다 '고딕 흉벽'을 선호하여 잉글랜드와 프랑스를 대비시켰다.

기교적인 애디슨의 냉정하고 정확한 담시가
셰익스피어의 거친 지저귐에 비한다면 다 뭐란 말인가?

Ronald W. Harris, *Reason and Nature in the Eighteenth Century*(1968), p. 16에

서 인용. C. Thacker, *The Wildness Pleases: The Origins of Romanticism*(1983)을 보라.

24. 열광에 대한 재평가는 R. A. Knox, *Enthusiasm*(1950); M. Albrams, *The Mirror and the Lamp*(1953)를 보라. 전前낭만주의에 대해서는 David Aers, Jonathan Cook and David Punter, *Romanticism and Ideology*(1981)를 보라.

25. Michael Ferber, *The Social Vision of William Blake*(1985), p. 29.

26. Janet Todd, *sensibility: An Introduction*(1986); G. J. Barker-Benfield, *The Culture of Sensibility*(1992); Adela Pinch, *Strange Fits of Passion*(1996); Michael Prince, *Philosophical Dialogue in the British Enlightenment*(1996); Bruce Redford, *The Converse of the Pen*(1986)을 보라.

27. C. Campbell, *The Romantic Ethic and the Spirit of Modern Consumerism*(1989), p. 90.

28. 여성을 겨냥한 것일 때 특히 그렇다. Margaret Beetham, *A Magazine of Her Own?*(1996); Kathryn Shevelow, *Women and Print Culture*(1989).

29. Roy Porter, 'Madness and the Family before Freud'(1998).

30. John Mullan, *Sentiment And Sociability*(1988); G. S. Rousseau, 'Towards a Semiotics of the Nerve'(1991), and 'Nerves, Spirits and Fibres'(1991).

31. George Cheyne, *The English Malady*(1990[1733])에 실린 Roy Porter의 서문을 보라.

32. G. S. Rousseau, 'Nerves, Spirits and Fibres'.

33. Thomas Trotter, *A View of the Nervous Temperament*(1807); Roy Porter, 'Addicted to Modernity'(1992).

34. Roy Porter, 'Consumption: Disease of the Consumer Society?'(1991).

35. Roy Porter, 'Civilization and Disease'(1991), *Doctor of Society*(1991), and '"Expressing Yourself Ill"'(1991).

36. 늘 그렇듯이 반대 경향도 있었다. 기번은 '나의 신경이 전율하듯 살아 있지 않다'고 자랑스러워했다. Edward Gibbon, *Memoirs of My Life*(1966[1796]), p. 188. 많은 사람들이 감성을 가식이라고 여기며 못마땅해했다.

37. Barker-Benfield, *The Culture of Sensibility*, p. 133.

38. 소설에 관해서는 개괄적으로 Ian Watt, *The Rise of the Novel*(1957); John J. Richetti, *Popular Fiction before Richardson*(1992[1969]); Michael McKeon, *The Origins of the English Novel, 1600-1740*(1987); R. F. Brissenden, *Virtue in Distress*(1974)를 보라. 자기 동일시 의식에 관해서는 Alan Richardson, *Literature, Education, and Romanticism*(1994)을 보라.

39. Marilyn Butler, *Jane Austen and the War of Ideas*(1975), p. 9.

40. Todd, *sensibility: An Introduction*, p. 90을 보라.

41. Todd, *Sensibility: An Introduction*, pp. 65–128; Barker-Benfield, *The Culture of Sensibility*, pp. 71f; Taylor, *The Angel Makers*, p. 265.

42. Robert D. Mayo, *The English Novels in the Magazines, 1740-1815*(1962), p. 223.

43. Edward Copeland, *Women Writing about Money*(1995), p. 49; Katharine M. Rogers, *Feminism in Eighteenth-century England*(1982), pp. 152f.

44. 메리 헤이스는 작중 인물 가운데 한 명이 이렇게 절규하게 한다. "나는 목멘 소리로 '내겐 집이 없어요'라고 말했다—'나는 이 세상의 이방인, 이 우주의 외톨이입니다.'" *Memoirs of Emma Courtney*, p. 161.

45. Janet Todd, *The Sign of Angellica*(1989). 남성들 가운데서는 월터 스콧 경만이 그에 비견될 만한 인기를 누렸다. 이하 14장을 보라.

46. George Colman, prologue to *Polly Honeycombe*(1760); Jacqueline Pearson, *Women's Reading in Britain, 1750-1835*(1999).

47. *Critical Review*, no. 2(November 1756), p. 379. 1750년에 쓴 글에서 존슨은 픽션을 위험한 것으로 그렸다.

이 책들은 주로 젊은이와 한량, 그리고 무지한 이들, 다시 말해 그 책들을 처신에 대한 설교와 인생에 대한 입문으로 취급하는 이들을 대상으로 쓰인 것이다. 이런 책들은 아직 생각이 갖춰지지 않아서 외부의 영향을 받기 쉬운 정신들, 원칙들로 고정되지 않아서 변덕스러운 생각의 흐름을 쉽게 따르는 정신들, 경험으로 배우지 못하여 온갖 기만적 주장과 편파적인 진술에 열려 있는 정신들의 오락거리다.

Samuel Johnson, *The Rambler*(1969), vol. i, no. 4, p. 21(Saturday 31 March 1750).

48. Mary Wollstonecraft, *Mary: A Fiction*(1788), pp. 1-2. 이 책은 가벼운 읽을거리로 방향 감각을 상실한 여성들을 보여주었다. 그 어머니는 '순결했는데, 그 단어의 통속적 의미에 따르자면, 어떤 실질적 부정不貞도 저지르지 않았다는 말이다. 그녀는 세상을 두려워했고 게을렀다. 하지만 이 같은 외견상의 금욕을 벌충하기 위해 그녀는 온갖 감상적 소설들을 읽어대고 소설 속 애정 장면들을 곱씹어보았으니, 책을 읽으면서 생각이란 걸 했다면 그녀의 마음은 더럽혀졌으리라.' 그러한 소설들이 제공하는 쾌락들은 '육체적'이거나 '동물적'인 것이었다. Barker-Benfield, *The Culture of Sensibility*, p. 328.

자위행위와 소설에 관해서는 Thomas W. Laqueur, 'Amor Veneris, vel Dulcedo Appelatur'(1989); Eve Kosofsky Sedgwick, 'Jane Austen and the Masturbating Girl'(1995)을 보라. 독서의 위험성을 경고하는 조언 문학의 역설에 관해서는 Roy Porter, 'Forbidden Pleasures'(1995)를 보라.

49. Sylvana Tomaselli (ed.), *Mary Wollstonecraft: A Vindication of the Rights of Men with A Vindication of the Rights of Woman*(1995), p. 102.

50. Peter H. Pawlowicz, 'Reading Women'(1995), p. 45.

51. Vicesimus Knox, *Liberal Education*(1789), vol i, p. 301.

52. A. S. Collins, *The Profession of Letters*(1973[1928]), p. 95; R. W. Chapman (ed.), *Jane Austen's Letters to Her sister Cassandra & Others*(1952), p. 38: letter to Cassandra(18 December 1798).

53. Jane Austen, *Northanger Abbey*(1975[1818]), p. 58.

54. Jane Austen, *Lady Susan, The Watsons, Sandition*, ed. Margaret Drabble(1974[written 1817]), p. 191. 오스틴의 보수적 도덕주의에 관해서는 Butler, *Jane Austen and the War of Ideas*, pp. 287-8을 보라.

55. John Dwyer, *Virtuous Discourse*(1987), pp. 26, 141.

56. Thomas Laqueur, 'Bodies, Details, and Humanitarian Narrative'(1989), pp. 176-7; Gary Kelly, *The English Jacobin Novel, 1780-1805*(1976).

57. Robert Southey, *Letters from England by Don Manuel Alvarez Espriella*(1984[1807]), p. 348.

58. David Hartley, *Observations on Man, His Frame, His Duty, and His Expectations*(1749), vol. i, p. 377.

59. David Hume, *A Treatise of Human Nature*(1978[1739-40]), bk I, sect. 6, p. 253.

60. Dwyer, *Virtuous Discourse*, pp. 170-71에서 논의된다. 본서 8장을 보라.

61. Patricia Meyer Spacks, *Imagining a Self*(1976), p. 16. 보즈웰은 자아에 관해 성찰하기를 좋아했다. '여성이 거울 앞에서 옷매무새를 다듬듯이, 남성은 일기를 들여다보며 자신의 품성을 매만져야 한다.' Spacks, *Imagining a Self*, P. 228에서 인용.

62. Frederick A. Pottle (ed.), *Boswell's London Journal, 1762-1763*(1950), p. 62. John Brewer, *The Pleasures of the Imagination*(1997), p. 32; Spacks, *Imagining a Self*, p. 231의 논의를 보라. 물론 보즈웰은 '심기증 환자'라는 필명으로 잡지에 글을 썼다. M. Bailey (ed.), *Boswell's Column*(1951).

63. Charlotte Lennox, *The Female Quixote*(1989[1752]).

64. Lennox, *The Female Quixote*, p. 15; Mullan, *Sentiment And Sociability*, pp.

57-113; Pawlowicz, 'Reading Women', p. 45.

65. 그것은 처음부터 '유행의 첨단을 달리는' 소설로 인식되었다—그래서 새뮤얼 존슨은 보즈웰에게 '특이한 것은 오래가는 법이 없으니 『트리스트럼 샌디』도 오래갈 리 없다'고 확언했던 것이다. Hill, *Boswell's Life of Johnson*, vol. i, p. 449.

스턴은 자신의 책을 두고 '이것은 (…) 나 자신의 초상'이라고 말했고, 편지에 '트리스트럼'이나 '요릭'이라고 서명했다. Max Byrd, *Tristram Shandy*(1985), p. 8.

66. Sterne, *The Life and Opinions of Tristram Shandy*, Spacks, *Imagining a Self*, p. 134에서 인용.

67. Frank Donoghue, *The Fame Machine*(1996), pp. 74, 85f; Arthur Cash, *Laurence Sterne: The Later Years*(1986), ch. 2.

68. Peter Conrad, *Shandyism*(1978), p. 31.

69. 고딕에 관해서는 E. J. Clery, *The Rise of supernatural Fiction*(1995); David Punter, *The Literature of Terror*(1980); M. H. Abrams, *Natural Supernaturalism*(1971), p. 74; Alan Bewell, *Wordsworth and the Enlightenment*(1989)를 보라.

70. 딸의 문학적 소양을 장려해준 합리적 비국교파 가정에서 태어난 메리 헤이스 (1760~1843)는 토머스 홀크로프트, 애나 래티시아 바볼드, 윌리엄 고드윈, 메리 울스턴크래프트 같은 문인들 사이에서 활동했다. 『에마 코트니의 회상록Memoirs of Emma Courtney』처럼, 그녀의 두번째 소설 『편견의 희생양Victim of Prejudice』(1799)도 격렬한 비판을 받았다. 헤이스는 『여성을 대표하여 영국 남성들에게 호소함Appeal to the Men of Great Britain in Behalf of Women』(1798)과 『여성 전기Female Biography』(1803) 등 페미니즘 논고를 내놓았다.

71. Hays, *Memoirs of Emma Courtney*, p. 4.

72. Introduction by Eleanor Ty to Hays, *Memoirs of Emma Courtney*; Marilyn L. Brooks, 'Mary Hays: Finding a "Voice" in Dissent'(1995); Kelly, *The English Jacobin Novel, 1780-1805*, pp. 12, 85를 보라. 헤이스는 루소와 울스턴크래프트, 엘베시우스, 에이브러햄 터커, 고드윈, 스턴, 홀크로프트, 하틀리('떼려야 뗄 수 없는 연상과 습관의 연쇄'), 리처드슨을 직접 인용하며 로크를 비롯해 다른 여러 저자들도 암시한다.

73. Hays, *Memoirs of Emma Courtney*, p. 4.

74. Barker-Benfield, *The Culture of Sensibility*, p. 365.

75. Hays, *Memoirs of Emma Courtney*, pp. 3-5. 그녀는 '교육을 통해 성적인 캐릭터를 부여받은 여성'이었다. p. 117.

76. Hays, *Memoirs of Emma Courtney*, p. 119.

77. 케임브리지대학 지저스 칼리지의 연구원이었던 윌리엄 프렌드는 유니테리언교파로
개종했고, 39개조 동의 서명 폐지 운동을 지지했다. 프랑스 혁명에 연루된 탓에 대
학에서 축출된 뒤 프리랜서 작가가 되었고, 런던에서 교편을 잡았다가 1806년에
록Rock 생명보험 회사의 보험 계리인이 되었다. Frida Knight, *University
Rebel*(1971); Peter Searby, *A History of the University of Cambridge*(1997),
vol. iii, p. 410.

78. Barker-Benfield, *The Culture of Sensibility*, p. 369.

79. Don Locke, *A Fantasy of Reason*(1980), p. 135.

80. *The Anti-Jacobin*, no. 30(4 June 1798); Butler, *Jane Austen and the War of
Ideas*, pp. 92, 235; Edward Copeland, 'Money Talks'(1989), p. 156. 코체부의
『연인들의 맹세Lovers' Vows』(1798)는 돈을 보고 결혼하는 것을 맹비난하고 감정에 기
초한 관계를 치켜세웠다.

81. Taylor, *The Angel Makers*; Hagstrum, *Sex And Sensibility*. 11장에서의 섹스에
관한 논의도 보라.

82. Philip Carter, 'An "Effeminate" or "Efficient" Nation?'(1997), and 'Mollies,
Fops and Men of Feeling'[1995].

83. Leonore Davidoff and Catherine Hall, *Family Fortunes*(1987).

84. Rictor Norton, *Mother Clap's Molly House*(1992); Randolph Trumbach, *Sex
and the Gender Revolution*(1998), vol. i.

85. William Hazlitt, *Selected Writings*(1970), p. 447.

13장 자연

1. David Hume, *Dialogues concerning Natural Religion*(1947[1779]), pt X, p.
194. 정통 기독교의 대변인인 '데메아'가 말하고 있다.

2. Alexander Pope, *An Essay on Man*(1733-4), epistle IV, ll. 29-30, in John Butt
(ed.), *The Poems of Alexander Pope*(1965), p. 537. 이하와 비교하라.

자연 상태에서 그들은 무작정 발을 내딛거나
생각하지 않으니
자연 상태는 신의 지배라 (…)

Pope, *An Essay on Man*, epistle III, ll. 147-8, p. 530.

3. Adam Ferguson, *An Essay on the History of Civil Society*(1995[1767]), p. 15.

4. 이 주제에 대한 훌륭한 논의는 A. O. Lovejoy, "Nature" as Aesthetic Norm' (1955)을 보라.

5. Alexander Pope, *Essay on Criticism*(1711), ll. 70-73, in Butt, *The Poems of Alexander Pope*, p. 146.

6. '나는 부끄러웠다. (…) 내가 여전히 세속적인 것들을 우러러보다니, 나는 자신에게 화가 난 채로 책을 덮었다.' R. W. Harris, *Reason and Nature in the Eighteenth Century*(1968), p. 22에서 인용.

7. Andrew Graham-Dixon, *A History of British Art*(1996). 미학의 역사는 본서의 범위를 벗어나지만, Malcolm Andrews, *The Search for the Picturesque*(1989); Stephen Copley (ed.), *The Politics of the Picturesque*(1994); Walter John Hipple, *The Beautiful, the Sublime, and the Picturesque in Eighteenth-century Aesthetic Theory*(1957); Walter Jackson Bate, *From Classic to Romantic*(1946); Andrew Ashfield and Peter de Bolla (eds.), *The Sublime: A Reader in British Eighteenth-century Aesthetic Theory*(1996)를 보라.

8. Trevor Fawcett (ed.), *Voices of Eighteenth-century Bath*(1995), p. 191.

9. Simon Schama, *Landscape and Memory*(1995), pp. 6-7.

10. Pope, *An Essay on Man*, epistle I, l. 289, in Butt, *The Poems of Alexander Pope*, p. 515. '환경을 사고하기'에 관해서는 Denis Cosgrove and Stephen Daniels (eds.), *The Iconography of Landscape*(a1988); Yi-fu Tuan, *Topophilia*(1974); Derek Wall, *A Reader in Environmental Literature, Philosophy and Politics*(1974); Clive Ponting, *A Green History of the World*(1991); Donald Worster, *The Wealth of Nature*(1993), and *Nature's Economy*(1985)를 보라.

11. Roy Porter, 'The Terraqueous Globe'(1980); B. Smith, *European Vision and the South Pacific, 1768-1850*(1960); Barbara Maria Stafford, *Voyage Into Substance*(1984); Neil Rennie, *Far-fetched Facts*(1995).

12. Marijke Gijswijt-Hofstra, Brian P. Levack and Roy Porter, *Witchcraft and Magic in Europe*(1999), vol. v.

13. [Thomas Carlyle], 'Signs of the Times, An Addiction to Prophecy, Not a favourable Indication, Either of Nations or Individuals'(1829).

14. Pope, *An Essay on Man*, epistle IV, ll. 332, in Butt, *The Poems of Alexander Pope*, p. 546. 애디슨에 관해서는 Basil Willey, *The Eighteenth Century Background*(1962), p. 51을 보라. 애디슨은 이렇게 언급했다. '우리는 자연의 작품이 예술 작품을 닮을수록 더 보기 좋다고 여긴다.' Andrews, *The Search for the*

Picturesque, p. vii에서 인용. 우주적 시학의 또다른 대중적 예로는 Richard Blackmore, *Creation*(1712)을 보라.

15. Pope, *An Essay on Man*, epistle I, ll. 233-46, in Butt, *The Poems of Alexander Pope*, p. 513. 존재의 사슬에 관한 포프의 시각은 *An Essay on Man*, epistle I, ll. 233-36; A. O. Lovejoy, *The Great Chain of Being*(1936)을 보라.

16. Keith Thomas, *Man and the Natural World*(1983).

17. Marina Warner, *From the Beast to the Blonde*(1994); Gilbert White, *The Natural History and Antiquities of Selborne*(1977[1789]).

18. 창세기 1장 26, 28절. C. Glacken, *Traces on the Rhodian Shore*(1967); J. A. Passmore, *The Perfectibility for Nature*(1980), pp. 6f를 보라.

19. Richard Bentley, 'Eight Sermons Preached at the Hon. Robert Boyle's Lecture in the Year MDCXCII', in A. Dyce (ed.), *The Works of Richard Bentley*(1838[1693]), vol. iii, p. 175. Thomas, *Man and the Natural World*, p. 18의 논의를 보라.

20. William Derham, *Physico-Theology*(1713), pp. 54-5, 112. 더럼은 1682년에 성직에 서임되었고, 1689년부터 에식스주 업민스터의 교구 사제로 부임하여, 그곳에서 아마추어로서 기상학, 천문학, 자연사, 역학을 연구했다. 이 저작은 12판까지 찍었다.

21. William Phillips, *An Outline of Mineralogy and Geology*(1815); William Paley, *Natural Theology*(1802). 『브리지워터 논고』는 신의 설계 논증을 설명하기 위한 목적으로, 브리지워터 백작의 유증에 따라 1830년대에 나온 일련의 자연신학 저술이다. Charles C. Gillispie, *Genesis and Geology*(1951).

22. John Hedley Brooke, *Science and Religion*(1991)을 보라.

23. Abraham Cowley, 'Of Solitude'(1668), in John Sparrow (ed.), *The Mistress with Other Select Poems of Abraham Cowley*(1926), p. 178; Edmund Burke, *Reflections on the Revolution in France*(1790), p. 76.

24. Miles Weatherall, *In Search of a Cure*(1990), p. 10.

25. Oliver Goldsmith, *An History of the Earth and Animated Nature*(1774), vol. i, p. 401.

26. George Hakewill, *An Apologie*, 2nd ed.(1630), preface; Yi-fu Tuan, *The Hydrologic Cycle and the Wisdom of God*(1968), p. 65.

27. Gordon Davies, *The Earth in Decay*(1969).

28. Thomas Burnet, *The Sacred Theory of the Earth*(1965[1684-90; 라틴어 원본 1681]), Glacken, *Traces on the Rhodian Shore*, p. 411에서 인용.

29. John Evelyn, *Silva*(1776[1662]); Richard Grove, *Green Imperialism*(1995)도

보라.

30. John Woodward, *An Essay towards a Natural History of the Earth*(1695), pp. 30, 32. Margaret C. Jacob, *The Newtonians and the English Revolution, 1689-1720*(1976); Tuan, *The Hydrologic Cycle and the Wisdom of God*, p. 76을 보라.

31. Woodward, *An Essay towards a Natural History of the Earth*, p. 35.

32. Woodward, *An Essay towards a Natural History of the Earth*, pp. 61, 94.

33. Roy Porter, 'Creation and Credence'(1979).

34. Goldsmith, *An History of the Earth and Animated Nature*, vol. i, p. 163.

35. James Hutton, *Theory of the Earth*(1795), vol. i, p. 3; Dennis R. Dean, *James Hutton and the History of Geology*(1992).

36. Hutton, *Theory of the Earth*; T. D. Kendrick, *The Lisbon Earthquake*(1956)를 보라.

37. Jean Jones, 'James Hutton's Agricultural Research and His Life as a Farmer' (1985).

38. C. B. Macpherson, *The Political Theory of Possessive Individualism*(1964); Anthony Pagden, *Lords of All the World*(1995).

39. G. Williamson, 'Mutability, Decay and Seventeenth-century Melancholy' (1961); Victor I. Harris, *All Coherence Gone*(1966).

40. 허튼은 이렇게 주장했다. '올바른 지구 시스템은 우리로 하여금 저 현명한 설계를 알아볼 수 있게 이끌 것이다. 지구는 그 설계에 의해 설계 의도의 목적에 부합하고 목적을 보존하며, 현존하는 이 세계의 구현을 망칠 수도 있는 모든 우연한 사고로부터 지구 자체가 보존된다.' Hutton, *Theory of the Earth*, vol. i, p. 275.

41. Goldsmith, *An History of the Earth and Animated Nature*, vol. i, p. 400. 작가들은 흔히 아름다운 것과 유용한 것 사이의 융합을 찬미했다.

풍경은 얼마나 보기 좋은 광경을 널리 자랑하는가!
황홀한 전망이 눈길을 사로잡네 (…)
보라, 사람이 오가는 도시를! 부유한 상업은
은빛 날개에 넘치는 풍요를 실어오네.
보라, 푸르른 언덕을! 무수한 양떼가 풀을 뜯거나
활기찬 갈대 피리에 조용히 귀기울이네
보라! 추수를 기다리는 굽이치는 황금 들판을
'평화와 풍요가 하노버의 치세를 장식한다.'

John Langhorne, 'Studley Park'(nd), ll. 83-4, 91-6, John Barrell, *The Idea of Landscape and the Sense of Place 1730-1840*(1972), p. 74에서 인용. 잘 경작된 풍경은 아름다운 풍경이다.

42. Richard Blackmore, *Creation*(1712), p. xx. 우주는 상찬하면서 그 조물주는 모욕하는 '편벽한 무신론자'에 반대했다.

나는 그 분의 작품으로부터 영원을 외치고,
창조의 예술의 경이를 노래하리라.[p. 4]

R. D. Stock, *The Holy and the Daemonic from Sir Thomas Browne to William Blake*(1982), p. 120.

43. 톰슨에 관해서는 Robert Inglesfield, 'Shaftesbury's Influence on Thomson's "Seasons"'(1986). 영에 관해서는 Stock, *The Holy and the Daemonic from Sir Thomas Browne to William Blake*, p. 188을 보라. 에이킨사이드는 우월한 영혼들에게 이렇게 말했다.

전능한 주께서 펼쳐 보이시네,
이들이 읽을 수 있도록 조화로운 세상이라는 책을.
바로 그분의 복사본이니, 책 곳곳마다,
그분의 손길의 빛나는 흔적을 느낄 수 있도다.
땅에서든 공중에서든, 목초지의 찬란한 보고에서,
은은하게 빛나는 달빛이나 장밋빛 미소로 피어오르는
처녀의 얼굴에서 그들은 지고의 정신을
기쁘게 하는 창조되지 않은 아름다움이
그려져 있음을 보네.

Mark Akenside, *The Pleasures of Imagination*(1744), in *The Poetical Works of Mark Akenside*(1866), bk I, ll. 99-107.

44. Edward Young, *Night Thoughts on Life, Death and Immortality*(1780).

45. Henry Brooke, *Universal Beauty*(1735).

46. Akenside, *The Pleasures of Imagination*, in *The Poetical Works of Mark Akenside*, bk I, ll. 97-107.

47. Goldsmith, *An History of the Earth and Animated Nature*, vol. i, p. 401; Max Weber, *The Protestant Ethic and the Spirit of Capitalism*(1930); Richard

Tawney, *Religion and the Rise of Capitalism*(1926).

48. Francis Bacon, 'Of Heresies'(1597), in J. Spedding, R. L. Ellis and D. D. Heath (eds.), *The Works of Francis Bacon*(1857-74), vol. vii, p. 253, and *New Atlantis*(1627), in *The Works of Francis Bacon*, vol. iii, p. 156; Joseph Glanvill, *Plus Ultra, Or the Progress and Advancement of Knowledge Since the Days of Aristotle*(1668). Carolyn Merchant, *The Death of Nature*(1980), p. 188의 논의를 보라.

49. René Descartes, *Le Monde*(1664), Brian Easlea, *Science and Sexual Oppression*(1981), p. 72에서 인용. Robert Boyle, 'A Free Inquiry into the Vulgarly Received Notion of Nature Made in an Essay Addressed to a Friend, To Which is Pre-Fixed The Life of the Author by Thomas Birch', in *The Works of the Honourable Robert Boyle*(1744), vol. iv, p. 363; Passmore, *Man's Responsibility for Nature*, p. 11. 이에 대한 비판으로는 예를 들어 Merchant, *The Death of Nature*를 보라.

50. John Ray, *The Wisdom Of God Manifested in the Works of the Creation*(1691), pp. 113-14. 문명은 아르카디아보다 더 나았다.

만약 이와 같이 경작되고 꾸며지고, 갈고 닦이며, 문명화되고, 고도로 개선된 한 나라보다 (…) 야만적이고 사람이 살기 힘든 스키타이나 (…) 게으르고 벌거벗은 인디언들이 잘 지어진 가옥 대신에 막대기를 세워 만든 한심한 움막과 오두막에 사는, 미개하고 조야한 아메리카를 더 선호한다면, 그렇다면 분명히 야만적인 짐승의 상태와 생활 방식이 인간의 상태와 생활 방식보다 더 좋게 간주되어야 할 것이며, 그에게는 이성과 이해력이 헛되이 부여된 것이다.[p. 118]

51. Ray, *The Wisdom Of God Manifested in the Works of the Creation*, ll. 117-18.

52. Matthew Hale, *The Primitive Origination of Mankind*(1677), sect. 4, ch. 8, p. 370.

53. G. E. Mingay, *A Social History of the English Countryside*(1990).

54. Evelyn, *Silva*, p. 1.

55. Ian Simpson Ross, *Lord Kames and the Scotland of His Day*(1972), p. 351.

56. Jonathan Swift, *Gulliver's Travels*(1954[1726]), pt II, ch. 7, p. 143.

57. Jones, 'James Hutton's Agricultural Research and His Life as a Farmer', p. 579.

58. James Hutton, 'Principles of Agriculture', Maureen McNeil, *Under the*

Banner of Science(1987), pp. 172-3에서 인용. Jones, 'James Hutton's Agricultural Research and His Life as a Farmer'.

59. Erasmus Darwin, *Phytologia*(1800), p. vii. 『본초학Phytologia』은 3부로 구성되어 있다. 1) 식물의 구조와 기능에 대한 상세한 설명을 담은 '식물의 생리'(pp. 1-139). 2) 씨앗의 생장, 광합성, 영양, 거름, 배수, 통기와 질병을 다루는 '식물 경제'(pp. 141-372). 3) 과일과 종자, 뿌리 작물과 꽃의 생산성에 주안점을 둔 '농업과 원예'(pp. 373-578).

60. 현재 세계에서 인류 간의 불평등은 인류 행복의 최대 총합을 이끌어내기에는 너무 심하다. 사회의 사슬의 한쪽 끝에서는 노예제가, 다른 쪽 끝에서는 전제주의가 없어져야 한다.

Darwin, *Phytologia*, pt II, pp. 415, 416.

61. J. G. Gazley, *The Life of Arthur Young*(1973), pp. 20f; G. E. Mingay (ed.), *Arthur Young and His Times*(1975), Merchant, *The Death of Nature*, p. 236을 보라.

62. Arthur Young, *The Farmer's Letters to the People of England*(1767), p. 84, letter 3.

63. McNeil, *Under the Banner of Science*, p. 7.

64. J. M. Neeson, *Commoners*(1993).

65. Young, *The Farmer's Letters to the People of England*, p. 91. '도덕경제'에 관해서는 E. P. Thompson, *Customs in Common*(1991), 인클로저에 관해서는 M. Turner, *English Parliamentary Enclosure*(1980), and *Enclosures in Britain, 1750-1830*(1984)을 보라.

66. Arthur Young, *A Six Weeks' Tour through the Southern Counties of England and Wales*(1768), p. 21.

67. Arthur Young, *View of the Agriculture of Oxfordshire*(1809), p. 36. 앞 대목은 다음과 같다.

옥스퍼드셔 농부들은 (…) 현재 생각과 지식, 관행, 여타 상황에서 커다란 변화의 시기를 맞고 있다. 왕국의 거의 모든 지역에서보다 훨씬 더 많이 진행된 인클로저는 농촌을 개선해온 만큼 사람들도 변화시켰다. 그들은 이제 이렇게 비등하는 변화의 한복판에 서 있다. 엄청난 향상이 초래되었고, 또 이루어지고 있다. 하지만 심대한 무지와 야만성이 여전히 존재한다. 개방지의 고트족과 반달족은 인클로저 농지의 문명과 접촉한다. 인간은 생각하도록 배워왔고, 그 순간이 올 때까지 아무것도 효과적으로 달성될 수 없다.

68. Young, *The Farmer's Letters to the People of England*, p. 306. 진보적 농업에서의 귀족 계급의 관여에 관해서는 G. E. Mingay, *English Landed Society in the Eighteenth Century*(1963)를 보라.

69. Arthur Young, *A Six Months' Tour through the North of England*, 2nd edn(1771), vol. i, p. xiv, Gazley, *The Life of Arthur Young*, p. 45에서 인용.

70. 목가성에 관해서는 Raymond Williams, *The Country and the City*(1973). 목가적인 회화에 관해서는 Ann Bermingham, *Landscape and Ideology*(1986); Christiana Payne, *Toil and Plenty*(1993); Nigel Everett, *The Tory View of Landscape*(1994)를 보라.

71. Adam Smith, *An Inquiry into the Nature and causes of the Wealth of Nations*(1976[1776]), vol. i, bk 1, ch. 11. n, p. 258.

72. 게인스버러의 앤드루스 부부 초상화에 관해서는 Cosgrove and Daniels, *The Iconography of Landscape*; John Berger *et al.*, *Ways of Seeing*(1972), pp. 106-8; Graham-Dixon, *A History of British Art*, p. 110을 보라.

73. William Godwin, *An Enquiry concerning Political Justice*(1985[1793]), p. 769.

74. Roy Porter, 'Medical Science and Human Science in the Enlightenment' (1995); James Dunbar, *Essays on the History of Mankind in Rude and Cultivated Ages*(1780).

75. Thomas Robert Malthus, *An Essay on the Principle of Population*(1798); M. Turner (ed.), *Malthus and His Times*(1986).

76. Jonas Moore, *The History or Narrative of the Great Level of the Fenns, Called Bedford Level*(1685), p. 72.

77. John Dalton, *A Descriptive Poem Addressed to Two Ladies at Their Return from Viewing the Mines at Whitehaven*(1755), p. iii. 이 돌턴은 원소 화학자 돌턴과 다른 사람이다.

78. 영국식 풍경과 원예에 관해서는 Christopher Hussey, *English Gardens and Landscapes, 1700-1750*(1967); C. Thacker, *The Wildness Pleases*(1983); Tom Williamson, *Polite Landscapes*(1996)를 보라.

79. Joseph Addison an Richard Steele, *The Spectator*(1965), vol. iii, no. 414, pp. 551-2(Wednesday 25 June 1712). 애디슨이 대륙식 정원의 과도한 형식성에 반발한 제3호도 보라. 하하ha-ha에 관해서는 Thacker, *The Wildness Pleases*, pp. 32-3을 보라.

80. Dorothy Stroud, *Capability Brown*(1975); Williamson, *Polite Landscapes*,

pp. 77-99.

81. J. C. Loudon, *The Suburban Gardener and Villa Companion*(1838), p. 162.

82. 페인 나이트는 Marilyn Butler, *Peacock Displayed*(1979), pp. 6, 30f; Richard Payne Knight, *The Progress of Civil Society*(1796); Thomas Peacock, *Headlong Hall*(1816), in David Garnett (ed.), *The Novels of Thomas Love Peacock*(1948), p. 22를 보라.

83. A. Constable (ed.), *The Letters of Anna Seward, 1784-1807*(1811), vol. iv, p. 10.

84. Anthony Ashley Cooper, 3rd Earl of Shaftesbury, *The Moralists*(1709), Thacker, *The Wildness Pleases*, p. 12에서 인용.
거기서 섀프츠베리는 '인간의 기술이나 변덕, 기교가 그 진정한 상태를 망치지 않은 자연스러운 것들'에 대한 애호를 드러냈다. 그는 다음과 같이 말을 잇는다.

오 찬란한 자연이여! 비할 데 없이 아름답고, 지고하게 선하도다! 모두 다정하고 모두 사랑스럽고 모두 신성하구나! 그 모습은 너무도 적절하고 한없이 우아하다. 자연에 대한 연구는 크나큰 지혜를, 자연에 대한 명상은 크나큰 기쁨을 가져온다. 자연의 모든 작품 하나하나가 풍성한 광경을 펼쳐 보이니, 모든 예술이 제시하는 바를 합친 것보다 더 고귀한 장관이라! 오 웅장한 자연! 섭리의 현명한 대체물! 자율적인 생명체! 그대, 전능한 신성이자 최고의 창조자! 나는 그대에게 빌고 오로지 그대만을 숭배한다.

Shaftesbury, *The Moralists*, sect. 1, in *Characteristicks of Men, Manners, Opinions, Times*(1711), p. 158, Brian Hepworth, *The Rise of Romanticism*(1978), p. 81에서 인용. Willey, *The Eighteenth Century Background*, p. 62.

85. Joshua Poole, *English Parnassus*(1657), pp. 137-8을 보라. *The Gentleman's Magazine*(1747), David Pepper, *The Roots of Modern Environmentalism*(1984), p. 80에서 인용; Marjorie Hope Nicolson, *Mountain Gloom and Mountain Glory*(1959).

86. John Dennis, Christopher Hussey, *The Picturesque*(1967), p. 87에서 인용.

87. Paget Toynbee and L. Whibley (eds.), *The Correspondence of Thomas Gray*(1935), vol. i, p. 128.

88. Horace Walpole, letter to Richard West(28 September 1739), in W. S. Lewis (ed.), *The Yale Edition of Horace Walpole's Correspondence*(1937-83), vol. xiii, p. 181.

89. 윌리엄 길핀에 관해서는 Andrews, *The Search for the Picturesque*를 보라. 이런 관념은 고전주의 미학으로 거슬러올라간다. '우리는 자연의 작품이 예술 작품을 닮을수록 더 보기 좋다고 여긴다'고 조지프 애디슨은 1712년에 스펙테이터에 썼다. Addison an Steele, *The Spectator*, no. 414, p. 549(Wednesday, 25 June 1712).

90. Edmuned Burke, *Philosophical Enquiry into the Origin of Out Ideas of the Sublime and the Beautiful*(1757), p. 52. 더 상세한 논의는 본서 9장을 보라.

91. Joseph Banks in T. Pennant, *A Tour in Scotland, and Voyages to the Hebrides*(1774-6), vol. ii, p. 262. 뱅크스에 관해서는 John Gascoigne, *Joseph Banks and the English Enlightenment*(1994)를 보라.

92. Percy Bysshe Shelley, *Vindication of Natural Diet*(1813).

93. 영에 관해서는 그의 *Annals of Agriculture and Other Useful Arts*(1784-1815), vol. iv(1785), pp. 166-8; Barry Trinder, *The Industrial Revolution in Shropshire*(1973); Francis D. Klingender, *Art and the Industrial Revolution*(1975[1947]); Bermingham, *Landscape and Ideology*, p. 79를 보라.

94. Sir Walter Scott (ed.), *The Poetical Works of Anna Seward*(1810), vol. ii, pp. 314-15.

95. Bermingham, *Landscape and Ideology*, p. 80; Stephen Daniels, *Fields of Vision*(1993)도 보라.

96. James Pilkington, *View of the Present State of Derbyshire*(1789). p. 49. 핵심적 논의들은 Daniels, *Fields of Vision*, pp. 60f; Charlotte Klonk, *Science and the Perception of Nature*(1996)를 보라.

97. C. Bruyn Andrews (ed.), *The Torrington Diaries*(1934-8), vol. ii, p. 194.

98. Andrews, *The Torrington Diariess*, vol. iii, p. 81.

99. Uvedale Price, *Essays on the Picturesque, as Compared with the Sublime and the Beautiful*(1810), vol. i, p. 198.

100. Oliver Goldsmith, *The Deserted Village*(1770); William Cowper, *The Task*(1785), bk III, ll. 755-6, in James Sambrook (ed.), *W. Cowper, The Task and Selected Other Poems*(1994), p. 136; Roger Sales, *English Literature in History, 1780-1830*(1983); Barrell, *The Idea of Landscape and the Sense of Place, 1730-1840*, and *The Dark Side of The Landscape*(1980).

101. Young, *Annals of Agriculture and Other Useful Arts*, vol. xxvi, p. 214.

102. Humphry Repton, *Fragments on the Theory and Practice of Landscape Gardening*(1816), p. 191. 톰 스토파드Tom Stoppard의 희곡 『아르카디아』에는 렙턴에 대한 가벼운 패러디가 있는데, 여기서 조경사 노크스는 '불규칙성이야말로 픽처

레스크 양식의 핵심 원리 가운데 하나'라고 역설한다. *Arcadia*(1993), p. 11;
Stephen Daniels, *Humphry Repton: Landscape Gardening and the Geography
of Georgian England*(1999).

103. Repton, *Fragments on the Theory and Practice of Landscape Gardening*, p.
193.

104. Thomas Peacock, *Crotchet Castle*(1831), in Garnett, *The Novels of Thomas
Love Peacock*, p. 85.

105. C. R. Leslie, *Memoirs of the Life of John Constable*(1949), p. 111.

106. Peter Ackroyd, *Blake*(1995), p. 130.

107. William Blake, 'Jerusalem'(1804-20), in G. Keynes (ed.), *Blake: Complete
Writings*(1969), p. 649.

108. Jon Mee, *Dangerous Enthusiasm*(1992); Blake, 'Jerusalem', in Keynes,
Blake: Complete Writings, pp. 480-81, 649.

14장 정신에 성별이 있을까

1. John Milton, *Paradise Lost*(1667), bk IV, l. 299.

2. Fanny Burney, diary(1768), Patricia Meyer Spacks, *The Adolescent
Idea*(1981), p. 23에서 인용. 그녀는 자신의 일기를 '친애하는 노바디Dear Nobody' 앞
으로 썼다. B. G. Shrank and D. J. Supino (eds.), *The Famous Miss
Burney*(1976), p. 5를 보라.

3. Mary Wollstonecraft, *Maria or The Wrongs of Woman*(1994[1798]), p. 11. 그녀
는 '거대한 감옥'이라는 표현을 자전적으로 곳곳에서 사용했다. *Letters, Written
During a Short Residence in Sweden, Norway, and Denmark*(1976[1796]), p.
102.

4. Catharine Macaulay, *Letters On Education*(1790), p. 212.

5. Jane Austen, *Persuasion*(1965[1818]), p. 237. 이 대목은 다음과 같이 이어진다.
'남자들은 자기 이야기를 들려주는 데 우리보다 모든 점에서 유리하죠. 훨씬 더 수
준 높은 교육을 받고 펜은 그들 손에 있으니까요.' 이런 지적은 흔했다. Mary Astell,
*The Christian Religion, as Profess'd by a Daughter of the Church of
England*(1705), p. 293와 비교하라.

역사가는 남자들이기에 그들은 여자들이 한 위대하고 훌륭한 일은 좀처럼 기록해주지

않는다. 그리고 그런 행적에 주목할 때면, 그 여자들은 자신들의 성을 뛰어넘었다는 이런 현명한 언급을 꼭 덧붙인다. 그런 언급으로 역사가들이 독자들에게 다음과 같은 점을, 즉 그들은 위대한 일을 한 여자들이 아니라 페티코트를 입은 남자였다는 것을 이해시키려 했다고 추측할 수밖에 없다.

6. Isobel Grundy, *Lady Mary Wortley Montagu. Comet of the Enlightenment*(1990), p. 526.

7. Robert Filmer, *Patriarcha*(1949[1680]); G. J. Schochet, *Patriarchalism in Political Thought*(1975).

8. 젠더 관계에 관해서는 Anthony Fletcher, *Gender, Sex and Subordination in England, 1500-1800*(1995); Mary Abbott, *Family Ties*(1993); Ralph A. Houlbrooke, *The English Family, 1450-1700*(1984); Susan D. Amussen, *An Ordered Society*(1988)를 보라.
여성과 계몽주의에 관해서는 Bridget Hill, *Eighteenth-century Women: An Anthology*(1984)와 *Women, Work and Sexual Politics in Eighteenth-century England*(1994); Margaret Hunt, Margaret Jacob, Phyllis Mack and Ruth Perry, *Women and the Enlightenment*(1984); Anne Laurence, *Women in England 1500-1760*(1994); Alice Browne, *The Eighteenth-century Feminist Mind*(1987); Laura Brown, *Ends of Empire*(1993); Barbara Caine, *English Feminism 1780-1980*(1997); Natalie Zemon Davis and Arlette Farge (eds.), *A History of Women in the West*(1993), vol. iii, and Phyllis Mack, 'Women and the Enlightenment: Introduction'(1984)을 보라.

9. William Blackstone, *Commentaries on the Laws of England*(1979[1765-9]), vol. i, p. 430. 메리 울스턴크래프트는 결혼을 '합법적 매춘'이라고 불렀다. Claire Tomalin, *The Life and Death of Mary Wollstonecraft*(1974), p. 106.

10. Linda Colley, *Britons: Forging the Nation 1707-1837*(1992), p. 238에서 인용.

11. 저자 미상, Roger Lonsdale (ed.), *Eighteenth-century Women Poets*(1989), p. 136에서 인용.

12. William Alexander, *The History of Women*(1779), vol. ii, p. 336, Colley, *Britons: Forging the Nation 1707-1837*, p. 238에서 인용. 근대적 예의 바름은 여성에 대한 존중을 함양했다. 세련된 품위와 여성은 서로를 강화하며 함께 발전했다.

13. Alexander, *The History of Women*, vol. i, p. 210.

14. 상업사회가 도래해서야 비로소 여성은 더이상 남성의 노예나 우상이 아니라 그들의 '친구와 동반자'가 되었다. 오로지 유럽에서만 여성은 '비참한 노예'나 '영구적인

죄수'가 아니라 '지적인 존재'였다. Alexander, *The History of Women*, vol. i, p. 300.

15. Hannah More. Spacks, *The Adolescent Idea*, p. 120에서 인용. 모어는 젊은 여성들이 장래에 괴로움을 겪지 않도록 그들을 미리 순응적으로 만드는 것을 겨냥하고 있었지만, 이런 정서는 모어 자신의 복음주의적 기독교와 사회적 보수주의와도 부합했다. 모어에 관한 더 자세한 내용은 본서 20장도 보라.

16. George Savile, marquis of Halifax, *The Lady's New Year's Gift*(1688), introduction; Vivien Jones (ed.), *Women in the Eighteenth Century*(1990), p. 18의 논의를 보라.

17. Charles Strachey (ed.), *The Letters of the Earl of Chesterfield to His Son*(1932), vol. i, p. 261; cf. Felicity A. Nussbaum, *The Brink of All We Hate*(1984). 그러한 견해는 흔히 의무에 대한 성별화된 관념들에 정초했다.
케임스에 따르면, '훌륭한 남편이 되는 것은 남자의 의무 가운데 한 가지에 불과하지만, 훌륭한 아내가 되는 것은 여자의 주된 의무다.' Spacks, *The Adolescent Idea*, p. 121를 보라.

18. Hannah More, *Essays on Various Subjects*(1778), p. 133. 가정교사인 아그네스 포터는 그 문단을 베껴 적었다. Joanna Martin (ed.), *A Governess in the Age of Jane Austen*(1988), p. 58.

19. M. G. Jones, *Hannah More*(1952), p. 50; Sylvia Harcstark Myers, *The Bluestocking Circle*(1990), p. 4. *Athenian Mercury* 첫 권에서 존 던튼은 여성들이 보내온 질문을 싣는 지면을 제공했다. 1691년 5월에는 '여성이 박식한 게 적절한가'를 묻는 질문이 실렸다. G. McEwen, *The Oracle of the Coffee House*(1972), p. 103. 던튼은 나중에 *Ladies Mercury*(1693)를 창간했다.

20. Margaret Cavendish, duchess of Newcastle, *Orations of Divers Sorts*(sn, 1663), p. 225, Hilda Smith, *Reason's Disciples*(1982), p. 82에서 인용. 깊은 문화적 불안감에 주목하라. Andrew Hiscock, 'Here's No Design, No Plot, Nor Any Ground'(1997).

21. Letter(10 October 1753), in Lady Mary Wortley Montagu, *Letters and Works*, 3rd edn(1861), vol. ii, p. 242. 여성 교육에 관한 몬터규의 관점은 Grundy, *Lady Mary Wortley Montagu. Comet of the Enlightenment*, pp. 503f를 보라. 앤 핀치는 여성이 '자연의 바보라기보다는 교육의 바보'라고 여겼다. Sara Mendelson and Patricia Crawford, *Women in Early Modern England*(1998), p. 252를 보라.

22. Montagu, *Letters and Works*, vol. i, p. 314; Grundy, *Lady Mary Wortley Montagu. Comet of the Enlightenment*, pp. 152f.

23. Montagu, *Letters and Works*, vol. i, p. 328.

24. Felicity A. Nussbaum, 'Polygamy, *Pamela*, and the Prerogative of Empire' (1995); Katharine M. Rogers, *Feminism in Eighteenth-century England*(1982), p. 54, a letter of 1 April 1717, to Lady —; Katharine M. Rogers, *Before Their Time*(1979), p. 54.

25. Judith Drake, *Essay in Defence of the Female Sex*(1696), pp. 11-12, 23, 143, Estelle Cohen, "'What the Women at All Times Would Laugh At'"(1997), p. 134에서 유용한 논의와 함께 인용된다.

26. James Thomson, 'Autumn', in *The Seasons*(1744), pp. 157-8, ll. 610-16. Gordon Rattray Taylor, *The Angel Makers*(1958), p. 19에서 논의된다. '출판물에 의해 그리고 출판물에서' 구성되는 가정적 여성에 관해서는 Kathryn Shevelow, *Women and Print Culture*(1989), p. 5를 보라.

27. 새로운 부부관계와 평등주의적인 가족, 동반자적 결혼에 관해서는 R. Trumbach, *The Rise of the Egalitarian Family*(1978); Lawrence Stone, *The Family, Sex and Marriage in England, 1500-1800*(1977); L. A. Curtis, 'A Case Study of Defoe's Domestic Conduct Manuals Suggested by *The Family, Sex and Marriage in England 1500-1800*'(1981)를 보라.

28. Harry Ballam and Roy Lewis (eds.), *The Visitors' Book*(1950), p. 89.

29. Browne, *The Eighteenth-century Feminist Mind*, p. 148. 이중 잣대에 관해서는 Rogers, *Feminism in Eighteenth-century England*, p. 10을 보라.

30. Bernard de Mandeville, *The Fable of the Bees*(1924[1714]), vol. i, p. 151.

31. 실생활에서의 이 같은 훌륭한 사례에 관해서는 Stella Tillyard, *Aristocrats*(1994) 를 보라. 스틸에 관해서는 Jean H. Hagstrum, *Sex and Sensibility*(1980), p. 166; Brean S. Hammond, *Professional Imaginative Writing in England, 1670-1740*(1997), p. 178을 보라.

32. Philip Carter, 'An "Effeminate" or "Efficient" Nation?'(1997), p. 438에서 인용. 레이디 메리 워틀리 몬터규는 '계몽된' 1760년대에 자신의 손녀들이 누린 '빈번한 혼성 모임'을 칭찬하며, 이런 모임이 '내가 언제나 소년들은 물론이고 소녀들에게도 필수적이라고 여겨온 일종의 공공 교육'을 제공한다고 평가했다. Jones, *Hannah More*, p. 7에서 인용. 새로운 남성성에 관해서는 Michèle Cohen, *Fashioning Masculinity*(1996)를 보라.

33. Carter, 'An "Effeminate" or "Efficient" Nation?', p. 438; David Castronovo, *The English Gentleman*(1987)도 보라.

34. '감성인'에 관해서는 G. J. Barker-Benfield, *The Culture of Sensibility*(1992)를

보라.

35. Anthony, 3rd Earl of Shaftesbury, *Characteristicks*(1723), vol, i, p. 48; vol. ii, pp. 12, 24, 148; Jones, *Women in the Eighteenth Century*, p. 11. Philip John Carter, 'Mollies, Fops and Men of Feeling'[1995]; Rictor Norton, *Mother Clap's Molly House*(1992); Susan Staves, 'A Few Kind Words for the Fop'(1982).

36. Colley, *Britons: Forging the Nation 1707-1837*, ch. 6; 집밖의 정치 활동, 특히 선거 유세에서의 여성의 참여에 관해서는 Nicholas Rogers, *Crowds, Culture and Politics in Georgian Britain*(1998), ch. 7, pp. 215-47에 자세히 기록되어 있다.

37. Anna Clark, *Women's Silence, Men's Violence*(1987), and *The Struggle for the Breeches*(1995).

38. John Potter, *Observations on the Present State of Music and Musicians*(1762), p. 106; Joyce Ellis, "'On The Town'"(1995), p. 22. 분리된 영역들의 제약성에 관한 전제들은 Lawrence E. Klein, 'Gender and the Public/Private Distinction in the Eighteenth Century'(1995); Amanda Vickery, *The Gentleman's Daughter*(1998)에서도 의문시된다.

39. Helen Berry, "'Nice and Curious Questions'"(1997).

40. Vickery, *The Gentleman's Daughter*, p. 257. 얼맥스 클럽은 남녀 혼성이었고, 바스에는 여성용 커피하우스가 있었다. Mary Thale, 'Women in London Debating Societies in 1780'(1995).

41. Cheryl Turner, *Living by the Pen*(1992), p. 46.

42. George Birkbeck Hill, *Boswell's Life of Johnson*(1934-50), vol. iii, p. 333. 아무렴, 존슨은 소설에 대해서도 경고하고 나섰다. Jacqueline Pearson, *Women's Reading in Britain, 1750-1835*(1999)를 보라.

43. Kate Davies, 'Living Muses'[1995]; John Brewer, *The Pleasures of the Imagination*(1997), p. 78. 그러한 성취를 보인 여성들에 관해서는 Dale Spender, *Mothers of the Novel*(1986); Myers, *The Bluestocking Circle*, p. 276; Jane Spencer, *The Rise of the Woman Novelist, from Aphra Behn to Jane Austen*(1986)을 보라. 여성의 문화적 저低성취에 관해서는 Germaine Greer, *The Obstacle Race*(1979)와 *Slip-Shod Sibyls*(1995)를 보라. 과학 분야에서의 여성의 활동에 관해서는 Gerald Dennis Meyer, *The Scientific Lady in England, 1650-1760*(1955); Myra Reynolds, *The Learned Lady in England 1650-1760*(1920); Patricia Phillips, *The Scientific Lady*(1990)를 보라.

44. Kathryn Shevelow는 가정적 여성이 '출판물에서 그리고 출판물에 의해' 구성된다고 본다. Shevelow, *Women and Print Culture*, p. 5; Jean E. Hunter, 'The

Eighteenth-century Englishwoman'(1976). 〈젠틀맨스 매거진〉에 실린 전체 글 가운데 4분의 1만이 여성은 나약한 성으로서 학문과 공적 활동에서 배제되어야 한다는 전통적 관념을 지지했다. 관련 글들 대다수는 여성의 교육 기회와 직업 기회의 결여, 결혼의 불평등, 남녀 간 평등의 필요성을 지적하며 여성에 동조적이었다. 「가장 약자가 아닌 여성The Female Sex Not the Weakest」(pp. 588-9(October 1735))에서, '클리메네Climene'는 '여성이 오로지 완력에서만 남자보다 열등할 뿐'이라고 주장한다. 여성은 남성들의 시기심 때문에 배움의 기회를 박탈당했다는 것이다.

45. Mary Robinson, *Thoughts on the Condition of Women, and on the Injustice of Mental Subordination*(1799), p. 95; Anne K. Mellor, 'British Romanticism, Gender, and Three Women Artists'(1995), p. 121; and Cohen, "What the Women at All Times Would Laugh At", p. 138의 논의를 보라.

46. '18세기 어느 땐가 우리가 아는 성별이 발명되었다.' Thomas W. Laqueur, *Making Sex*(1990), p. 149. 래커는 전통적인 '단성單性 위계적' 모델이 18세기에, 남성과 여성이 신체적 구조에서 근본적으로 다르며 따라서 기질과 기능에서도 다르다는 관념에 자리를 내주었다고 주장한다. 이런 가설에 약점이 없지는 않지만, 남녀 간차이가 뜨거운 쟁점이 되고, 특정 사고 유파들에서 강하게 부각되었음을 인식한 것은 경험적 측면과 개념적 측면에서 옳다. '여성 학문'을 창안하려는 계몽된 시도에 관해서는 Londa Schiebinger, *The Mind Has No Sex?*(1989); Lynn Salkin Sbiroli, 'Generation and Regeneration'(1993); Ludmilla Jordanova, 'Natural Facts'(1980); Sylvana Tomaselli, 'Reflections on the History of the Science of Woman'(1991)을 보라.

47. Laqueur, *Making Sex*, p. 148과 책 곳곳.

48. Ornella Moscucci, *The Science of Woman*(1990).

49. Mary Wollstonecraft, *A Vindication of the Rights of Woman*, in *A Vindication of the Rights of Men with A Vindication of the Rights of Woman*(1995), p. 171; 루소와 여성에 관해서는 Sylvana Tomaselli, 'The Enlightenment Debate on Women'(1985)을 보라.

50. Wollstonecraft, *A Vindication of the Rights of Men with A Vindication of the Rights of Woman*, pp. 151, 236, and *Thoughts on the Education of Daughters*(1995[1787]); E. Yeo (ed.), *Mary Wollstonecraft and 200 Years of Feminism*(1999); Ludmilla Jordanova, *Nature Depicted*(1999).

51. 젊은 시절의 루소 숭배에는 한계가 없었다. '이 세상의 모든 책이 파괴된다면 (…) 성서 다음으로 내가 건질 책은 루소의 『에밀리우스Emilius』(『에밀』)이다. (…) 페이지마다 중요한 진실이 담겨 있다.' Marilyn Butler, *Jane Austen and the War of*

Ideas(1975), p. 127을 보라.

52. Richard Lovell Edgeworth, *Memoirs*(1820). vol. i, pp. 220-22.

53. Edgeworth, *Memoirs*, vol. i, p. 334; Desmond Clarke, *The Ingenious Mr Edgeworth*(1965), p. 86.

54. Tomaselli, 'The Enlightenment Debate on Women'을 보라.

55. Wollstonecraft, *A Vindication of the Rights of Men with A Vindication of the Rights of Woman*(1995), p. 8; Patricia Meyer Spacks, *Imagining a Self*, p. 69.

56. Jane Austen, *Northanger Abbey*(1995[1818]), p. 99.

57. Wollstonecraft, *A Vindication of the Rights of Woman*, in *A Vindication of the Rights of Men with A Vindication of the Rights of Woman*, p. 77; Barker-Benfield, *The Culture of Sensibility*, p. 347도 보라.

58. 아양 떨기에 대한 비판은 Wollstonecraft, *A Vindication of the Rights of Men with A Vindication of the Rights of Woman*, pp. 6, 74, 137; Gary Kelly, '(Female) Philosophy in the Bedroom'(1997)을 보라.

59. Wollstonecraft, *A Vindication of the Rights of Woman*, in *A Vindication of the Rights of Men with A Vindication of the Rights of Woman*, p. 137.

60. Wollstonecraft, *A Vindication of the Rights of Woman*, in *A Vindication of the Rights of Men with A Vindication of the Rights of Woman*, p. 6, 214; Felicity A. Nussbaum, *The Autobiographical Subject*(1989); Syndy McMillen Conger, *Mary Wollstonecraft and the Language of Sensibility*(1994). 로크는 매우 칭송되었다. 레이디 메리 워틀리 몬터규는 딸에게 '로크 씨는 (…) 인간의 정신을 이전의 어느 누구보다 더 정밀하게 해부했다'고 말했다. John Valdimir Price, 'The Reading of Philosophical Literature'(1982), p. 166. 페미니스트 학자들 사이에 열띤 논쟁이 계속되고 있다. 로크를 반反페미니스트로 그리는 책으로는 Carole Pateman, *The Sexual Contract*(1988)가 있다.

61. Claude Rawson, *Satire and Sentiment 1660-1830*(1994), p. 209. 여성 친구들과의 관계와 그들에 대한 태도를 고려할 때, 스위프트는 도저히 그런 말을 할 처지가 아니다.

62. Donald F. Bond (ed.), *The Tatler*(1987); Shevelow, *Women and Print Culture*, pp. 17, 93; M. Mahl and H. Koon (eds.), *The Female Spectator*(1977).

63. Bond, *The Tatler*, vol. ii, no. 172, p. 444(Tuesday, 16 May 1710).

64. Joseph Addison and Richard Steele, *The Spectator*(1965), vol. ii, no. 128, pp. 8-11(Friday, 27 July 1711); Poulain de la Barre, *De l'égalité des deux sexes*(1673). 풀랭 드 라 바르에 관해서는 Cohen, '"What the Women at All

Times Would Laugh At"', p. 125; Browne, *The Eighteenth-century Feminist Mind*, p. 122; Erin Mackie, *Market à la Mode*(1977), p. 165의 논의를 보라. 동반자적 결혼에 관한 〈스펙테이터〉의 견해에 관해서는 nos. 105-8을 보라.

65. Myers, *The Bluestocking Circle*, p. 123에서 인용.

66. Henry Mackenzie, *Julia de Roubigné*(1777), vol. ii, letter 30, pp. 73-4; Janet Todd, *Sensibility: An Introduction*(1986), p. 100.

67. 이러한 쟁점들에 관해서는 Janet Todd, *The Sign of Angellica*(1989)를 보라. 남편의 '신성한 권리'에 관한 공개적 규탄은 Wollstonecraft, *A Vindication of the Rights of Men with A Vindication of the Rights of Woman*, pp. 112-13을 보라. '남편의 신성한 권리는 국왕의 신성한 권리처럼 안전히 반박될 수 있기를 바란다.'

68. Lady Mary Chudleigh, 'To the Ladies'(1705), in Lonsdale, *Eighteenth-century Women Poets*, p. 36.

69. James L. Axtell, *The Educational Works of John Locke*(1968). 로크의 시각에 관해서는 15장에서 더 살펴본다.

70. 예를 들어, 로크는 어디서도 여성이 정치에 참여할 자격이 있다고 암시하지 않는다. 하지만 로크가 결혼을 자연적 계약이라기보다 순전히 민사적 협약으로 취급하고 있으며, 『인간 오성론』에서 내비치는 인류학적 소견들이, 공공연한 비판을 삼가면서 이혼이나 일부다처제를 인정하는 사회들도 포함하고 있음은 주목할 만하다.

71. Jones, *Women in the Eighteenth Century*, p. 101; Myers, *The Bluestocking Circle*, p. 104; Bridget Hill, *The Republican Virago*(1992), p. 158 ― '공화주의자 왈가닥Republican Virago'은 버크가 던진 멸칭이다. Macaulay, *Letters On Education*(1790)도 보라.

72. Ian H. Bell, *Literature and Crime in Augustan England*(1991), p. 103. 유사한 논의는 Lady Mary Chudleigh, *The Ladies' Defence*(1701)와 'Sophia'의 *Woman Not Inferior to Man*(1739)에서도 찾을 수 있다. 그런 저작들은 많은 경우 익명으로 나왔다. 메리 애스틸도 '여성이 지면에 등장할 경우 분명히 혹된 공격을 당할 것'을 알기에 익명으로 냈다. 1702년에 낸 로크 옹호론에서 캐서린 콕번은 '여자 이름이 이런 성격의 저작에 편견이 될 것'이라는 믿음에서 익명으로 출간했다고 설명했다. Catharine Cockburn, *A Defence of the Essay of Human Understanding Written by Mr Lock*(1702). 많은 남성 작가들의 저작도 물론 익명으로 나왔다.

73. Warren Chernaik, *Sexual Freedom in Restoration Literature*(1995), pp. 125-6; Bridget Hill, *The First English Feminist*(1986), pp. 50f; Rogers, *Before Their Time*, pp. 28f. 애스틸은 다음의 책들을 펴냈다. *A Serious Proposal to the Ladies for the Advancement of Their True and Greatest Interest*(1694), *Letters*

concerning the Love of God(1695), *A Serious Proposal to the Ladies: Part* II(1697), *Some Reflections Upon Marriage*(1700), *Moderation Truly Stated*(1704), *A Fair Way with the Dissenters and Their Patrons*(1704), *An Impartial Enquiry into the Causes of Rebellion and Civil War in This Kingdom*(1704), *The Christian Religion, as Protess'd by a Daughter of the Church of England*(1705), and *Bart'lemy Fair or an Enquiry after Wit*(1709).

74. Ruth Perry, *The Celebrated Mary Astell*(1986).

75. Barker-Benfield, *The Culture of Sensibility*, pp. 73, 194, 221-8; Ruth Perry는 다소 말도 안 되게 애스털이 자본주의적 모더니즘을 꿰뚫어보았다고 칭찬한다. 'Mary Astell and the Feminist Critique of Possessive Individualism'(1990).

76. Astell, *Some Reflections upon Marriage*, preface, Warren Chernaik, *Sexual Freedom in Restoration Literature*(1995), pp. 125-63에서 인용. 애스털은 물론 가정적 관계들과 정치적 관계들 간의 일치라는 변함없는 쟁점을 제기했다. 레이디 브룻트가 묻는 것처럼 말이다(Vanbrugh, *The Provok'd Wife*(1697)). '국왕과 인민 사이의 논쟁이 좋다면, 남편과 아내 사이 논쟁도 마찬가지 아닌가?'

77. Astell, *A Serious Proposal to the Ladies for the Advancement of Their True and Greatest Interest*; Hill, *The First English Feminist*, p. 49; Rogers, *Feminism in Eighteenth-century England*, p. 29.

78. Sarah Scott, *A Description of Millennium Hall and the Country Adjacent*(1996[1762]); Gregory Claeys (ed.), *Utopias of the British Enlightenment*(1994), p. xv. Clara Reeve, *The School for Widows*(1791)에 나오는 여성 공동체와 비교하라.

79. Tomalin, *The Life and Death of Mary Wollstonecraft*.

80. Gary Kelly, *Revolutionary Feminism*(1992).

81. Spacks, *Imagining a Self*, p. 183; Wollstonecraft, *A Vindication of the Rights of Woman*, in *A Vindication of the Rights of Men with A Vindication of the Rights of Woman*, p. 137.

82. Wollstonecraft, *A Vindication of the Rights of Men with A Vindication of the Rights of Woman*, pp. 250, 292.

83. Roger Lonsdale (ed), *The New Oxford Book of Eighteenth Century Verse*(1984), p. 816:

그렇다, 상처 입은 여성이여! 일어나 너의 권리를 주창하라!
너무도 오랫동안 비하되고, 멸시받고 억압당한 여성이여!

편파적인 법에도 불구하고 통치하기 위해 태어났으니,
가슴 위에 너의 타고난 제국을 되찾아라!

바볼드 부인이 울스턴크래프트의 글을 칭찬했음에도 불구하고 '그녀를 방문하기에
는 행실이 너무 발랐음'에 주목하라. Rogers, *Feminism in Eighteenth-century
England*, p. 218. 바볼드 부인은 고지식하다는 평판이 자자했다. 콜리지에 따르면,
그녀는 콜리지의 『늙은 수부의 노래』를 이야기가 말이 안 되고 교훈이 없다는 이유
에서 좋아하지 않았다.

84. Cohen, "'What the Women at All Times Would Laugh At'", p. 138에서 인용.

85. H. R. Dickinson, *The Politics of the People in Eighteenth-century
Britain*(1995), p. 184. 본서의 18장을 보라.

86. James Mill, *Essay On Government*(1824), p. 22.

87. John Bennett, *Strictures on Female Education Chiefty as it Relates to the
Culture of the Heart, in Four Essays*(1787), p. 124.

88. [Richard Polwhele], *The Unsex'd Females*(1798), p. 7.

89. [Polwhele], *The Unsex'd Females*, pp. 6, 16. 울스턴크래프트의 죽음은 신의 징
벌이었다(pp. 29-30).

나는 그녀의 삶과 죽음 그리고 회상록 자체에서 신의 손길이 보인다는 생각을 하지 않을
수 없다. 그녀가 '마음이 바라는 욕정'에 자신을 내맡기고, '자신이 상상하는 바를 따름으
로써' 그녀의 신조의 오류와 불경한 처신이 초래한 결과가 세간에 명백히 드러났으니 말
이다. 더욱이 그녀는 여자들이 걸리기 쉬운 질병에 의한 죽음, 즉 여성들의 운명을 가리킴
으로써 남녀 차이를 뚜렷하게 보여주는 죽음을 맞이했다. 그녀의 남편이 아내에 관한 회
상록을 쓰면서 일시적인 현혹 상태에서, 모든 일이 윤색 없이, 모든 사실이 변명 없이 낱
낱이 드러나도록 쓸 수 있었던 것도 마찬가지다.

Todd, *The Sign of Angellica*, p. 215에서 인용.

90. Todd, *The Sign of Angellica*, p. 131. 1744년에 위튼홀 윌크스는, 지성은 엄격하
게 통제되지 않는다면 '여자의 가슴속에 도사릴 수 있는 가장 위험한 동반자'라고
주장했다. Spacks, *The Adolescent Idea*, p. 23.

91 Hill, *The First English Feminist*, p. 145; Myers, *The Bluestocking Circle*, p. 44.
헤스터 트레일이 주세페 피오치와 결혼했을 때도 동일한 운명이 기다리고 있었다 —
엘리자베스 몬터규는 '나의 마음을 끔찍이도 사로잡아 다른 어떤 주제에도 주의를
돌릴 수 없을 만큼' 결혼에 관한 히스테리 상태에 빠졌다. Rogers, *Feminism in*

Eighteenth-century England, p. 216. 트레일 부인은 '여성에게 수치가 되었다.'

92. Todd, *The Sign of Angellica*, p. 131; Tomalin, *The Life and Death of Mary Wollstonecraft*, p. 244.

93. Myers, *The Bluestocking Circle*, pp. 238, 257. 채펀 부인도 매콜리의 정치적 견해와 에로틱한 모험을 즐기는 행태 때문에 그녀를 싫어했다.

94. Laetitia-Matilda Hawkins, *Letters on the Female Mind, Its Power and Pursuits*(1793), vol. i, p. 142.

지적 능력은 남녀 간 차이를 모른다고 진정으로 주장할 수 없을 것 같다. 자연은 확실히 양자 간 구별을 의도했다. (…) 여성적 지성은 힘은 덜하고 에리함은 더 강하다. 그 결과, 지력을 발휘할 때 우리는 끈기는 덜 보여주고, 생기는 더 많이 보여준다.

95. Rogers, *Feminism in Eighteenth-century England*, p. 32. 엘리자베스 카터 (1717~1806)는 성직자의 장녀로 태어나 아버지한테서 라틴어와 그리스어, 히브리어를 배웠다. 그녀는 프랑스어를 배웠고, 이탈리아어와 독일어, 에스파냐어를 독학으로 깨쳤으며, 포르투갈어와 아랍어도 얼마간 독학했다. 또 수학, 지리학, 역사, 천문학을 공부했으며, 작곡도 했다. 1758년에 그녀는 사전 예약을 받아 출판한 번역서로 1000파운드를 벌었다.

96. Myers, *The Bluestocking Circle*, p. 231. 헤스터 채펀의 『정신 함양에 관한 서한 Letters on the Improvement of the Mind』(1773)은 18세기에 적어도 열여섯 번이나 판을 거듭했다.

97. Mary Hays, *Appeal to the Men of Great Britain in Behalf of Women*(1798), p. 97. Browne, *The Eighteenth-century Feminist Mind*, p. 117에서 논의된다.

98. Catherine Belsey, 'Afterword: A Future for Materialist-Feminist Criticism?' (1991), p. 262. 계몽주의는 '흑인'과 '비서구 세계'에는 하나의 재앙이었다.

99. Nancy Armstrong, *Desire and Domestic Fiction*(1987), p. 8; Miles Ogborn, *Spaces of Modernity*(1998), p. 42에서 이루어지는 집중적인 논의를 보라.

15장 교육: 만병통치약?

1. Joseph Addison and Richard Steele, *The Spectator*(1965), vol. ii, no. 215, p. 338.

2. James Keir (ed.), *An Account of the Life and Writings of Thomas Day*(1791), p.

104. B. Simon, *The Two Nations and the Educational Structure 1780-1870*(1974[1960]), p. 25에서 인용.

3. 'Teachers', in *Encyclopedia Britannica*, 4th edn(1800), vol. xx, p. 230.

4. 아동에 관해서 개괄적으로는 J. H. Plumb, 'The New World of the Children in Eighteenth-century England'(1975); Ivy Pinchbeck and Margaret Hewitt, *Children in English Society*(1969-73); Hugh Cunningham, *The Children of the Poor*(1991), and *Children and Childhood in Western Society Since 1500*(1995) 을 보라. 로런스 스톤은 18세기 이전 시기, 아이들을 향한 부모들의 애정에 의문을 제기했고, 린다 폴록은 그 존재를 다시금 주장했다. Lawrence Stone, *The Family, Sex and Marriage in England, 1500-1800*(1997); Linda Pollock, *Forgotten Children*(1983), and *A Lasting Relationship: Parents and Children over Three Centuries*(1987).

5. M. G. Jones, *Hannah More*(1952), p. 117.

6. Philippe Ariès, *Centuries of Childhood*(1973); Stone, *The Family, Sex and Marriage in England, 1500-1800*. 이전 시기, 청소년이라는 근대적 관념의 부재에 관해서는 Ilana Krausman Ben-Amos, *Adolescence and Youth in Early Modern English History*(1994) and Patricia Meyer Spacks, *The Adolescent Idea*(1981)를 보라.

7. J. A. Passmore, *The Perfectibility of Man*(1970), pp. 159f.

8. John Locke, *Some Thought concerning Education*(1693), in James L. Axtell, *The Educational Writings of John Locke*(1968), p. 144. 양육에 관해서는 D. Beekman, *The Mechanical Baby*(1979); C. Hardyment, *Dream Babies*(1983)를 보라. 교육가로서의 로크의 독창성을 과장하는 것은 잘못일 것이다. 그는 줄줄이 이어진 르네상스 교육가 집단의 일원이다. 하지만 그가 끼친 영향은 부정할 수 없다.

9. Maurice Cranston, *John Locke: A Biography*(1957), pp. 239f. Axtell, *The Educational Writings of John Locke*, p. 325; D. Spadafora, *The Idea of Progress in Eighteenth-century Britain*(1990), p. 167의 논의를 보라.

10. '부모에 대한 노예 같은 속박은 정신의 여러 기능을 위축시킨다'고 메리 울스턴크래프트는 지적했다. '로크 씨가 매우 적절히 지적한 대로, 만약 아동의 정신이 너무 많이 억제되고 제약된다면, 그들의 기상이 너무 엄격한 손길에 의해 꺾이고 깎아내려진다면, 그들은 모든 활력과 근면성을 상실하게 될 것이다.' Mary Wollstonecraft, *A Vindication of the Rights of Woman*, in *A Vindication of the Rights of Men with A Vindication of the Rights of Woman*(1995[1790 and 1792]), p. 247. 그녀의 참조 대상은 로크다. *Some Thoughts concerning Education*, para. 46, in

Axtell, *The Educational Works of John Locke*, p. 148, paras. 2 and 46.

11. Axtell, *The Educational Writings of John Locke*, p. 253.

12. Isaac Kramnick, 'Children's Literature and Bourgeois Ideology'(1983), pp. 21-2. Kramnick은 Locke's *Some Thoughts concerning Education*(1899[1693]), pp. 149 그리고 156을 변형해 인용한다.

13. Axtell, *The Educational Writings of John Locke*, pp. 242-3. '만약 가만히 내버려둔다면 아동들은 햇살을 두려워하지 않듯 어둠을 두려워하지 않게 될 것이다.' S. F. Pickering Jr, *John Locke and Children's Books in Eighteenth-century England*(1981), pp. 43, 60.

14. Axtell, *The Educational Writings of John Locke*, p. 19.

15. Axtell, *The Educational Writings of John Locke*, p. 116.

16. Axtell, *The Educational Writings of John Locke*, p. 117.

17. Axtell, *The Educational Writings of John Locke*, pp. 116, 123. Maurice Cranston, *John Locke: A Biography*(1957), p. 240을 보라.

18. Axtell, *The Educational Writings of John Locke*, p. 134. '만약 사람이 아침식사를 한 뒤 금방 생리 작용을 시도하여 볼일을 볼 수 있게 노력한다면, 지속적인 시도에 의해 시간이 지나면 습관을 들일 수도 있을 것이다.'

19. Axtell, *The Educational Writings of John Locke*, p. 140.

20. Axtell, *The Educational Writings of John Locke*, pp. 118, 143.

21. Axtell, *The Educational Writings of John Locke*, pp. 118, 150.

22. Axtell, *The Educational Writings of John Locke*, p. 146

23. Axtell, *The Educational Writings of John Locke*, pp. 208-9.

24. Axtell, *The Educational Writings of John Locke*, p. 212.

25. Axtell, *The Educational Writings of John Locke*, p. 152.

26. Axtell, *The Educational Writings of John Locke*, p. 117. 로크는 아이들이 '이성적 존재로 취급되는 것을 생각보다 좋아한다'고 말한다(p. 181). 양육에 관해서는 George C. Brauser, *The Education of a Gentleman*(1959)을 보라.

27. Ephraim Chambers, *Cyclopaedia, Or an Universal Dictionary of Arts and Sciences*(1728), vol. i, p. 279. '모두'란 '중요한 사람 모두'라는 뜻이다. Pickering, *John Locke and Children's Books in Eighteenth-century England*, p. 10.

28. Isaac Watts, *Philosophical Essays on Various Subject*(1733), p. viii; M. J. M. Ezell, 'John Locke's Images of Childhood'(1983/4).

29. James Talbot, *The Christian Schoolmaster*(1707), p. 24.

30. Pickering, *John Locke and Children's Books in Eighteenth-century England*,

p. 10. 로크의 교육관에 찬사를 보낸 후대의 숭배자로는 공리주의적 법률 개혁가 새 뮤얼 로밀리가 있다. 그의 *Memoirs of the Life of Sir Samuel Romilly*(1971[1840]), vol. I, p. 279를 보라.

31. Lawson and Silver, *A Social History of Education in England*(1973).

32. Bridget Hill, *The Republican Virgo*(1992), p. 146에서 인용.

33. Catharine Macaulay, *Letters On Education*(1790), p. 27. Hill, *The Republican Virago*, p. 158에서 논의됨.

34. Hill, *The Republican Virgo*, p. 159.

35. Richard Lovell Edgeworth, *Memoirs*(1820), vol. i, p. 173. Desmond Clarke, *The Ingenious Mr Edgeworth*(1965), p. 166에서 인용. Robert E. Schofield, *The Lunar Society of Birmingham*(1963), p. 55.

36. Edgeworth, *Memoirs*, vol. i, pp. 253-4, 268-9. 딕은 캐롤라이나로 이주하여 허 랑방탕한 삶을 살았다.

37. Clarke, *The Ingenious Mr Edgeworth*, p. 164; Mitzi Myers, 'Shot From Canons'(1995). Marilyn Butler, *Maria Edgeworth: A Literary Biography*(1972).

38. Clarke, *The Ingenious Mr Edgeworth*, p. 163. 『교육의 실제Practical Education』는 가족과 친구들도 저마다 기여한 팀워크의 결과물이었고, 이 교육 실험을 글로 옮기 는 일─두 부녀의 문학적 동업자 관계의 시작─을 위임받았던 마리아는 그 집필 과정에 대해 '여러 해 동안 나의 삶의 기쁨이자 자랑'이었다고 썼다.

39. Clarke, *The Ingenious Mr Edgeworth*, p. 40.

40. Clarke, *The Ingenious Mr Edgeworth*, p. 40.

41. Clarke, *The Ingenious Mr Edgeworth*, p. 50.

42. Marilyn Butler, *Romantics, Rebels and Reactionaries*(1981), p. 94. 한 세기 반 전에 존 밀턴은 *Of Education*(1644), p. 2에서 종교가 교육의 요체라고 생각했었다. '배움의 목적은 신을 올바로 아는 능력을 되찾음으로써 우리 최초의 부모의 파국을 시정하는 것이다.'

43. Edgeworth, *Memoirs*, vol. ii, pp. 527, 549.

44. Michael Newton, 'The Child of Nature'(1996).

45. R. L. Edgeworth and M. Edgeworth, *Practical Education*(1798), vol. i, p. 63. 이것은 교육을 '실험 과학'으로 만들려는 저자의 목표에 필수불가결한 여러 실험들 가운데 하나였다(vol. i, pp. v-vi). (사고) 실험의 대상으로서의 아동에 관해서는 Larry Wolff, 'When I Imagine a Child(1998)를 보라.

46. Edgeworth and Edgeworth, *Practical Education*, vol. i, p. 64.

47. Edgeworth and Edgeworth, *Practical Education*, vol. i, p. xii.

48. Clarke, *The Ingenious Mr Edgeworth*, p. 202.

49. Thomas Beddoes, appendix to J. E. Stock, *Life of Thomas Beddoes MD*(1811); Dorothy A. Stansfield, 'Thomas Beddoes and Education'(Spring 1979), and *Thomas Beddoes MD 1760-1808, Chemist, Physician, Democrat*(1984), p. 83.

50. Roy Porter, *Doctor of Society*(1991), pp. 39f, 79f.

51. 프리스틀리의 교육관에 관해서는 J. A. Passmore, *Priestley's Writings on Philosophy, Science and Politics*(1965), pp. 285-313; H. McLachlan, *Warrington Academy, Its History and Influence*(1943); Joseph Priestley, *An Essay on a Course of Liberal Education for Civil and Active Life*(1765)를 보라.

52. John Brown, *Thoughts on Civil Liberty, Licentiousness and Faction*(1765).

53. Joseph Priestley, *An Essay on the First Principles of Government*(1771), in John Towill Rutt (ed.), *The Theological and Miscellaneous Works of Joseph Priestley*(1817-32), vol. xxii, p. 119. Peter N. Miller (ed.), *Joseph Priestley: Political Writings*(1993), p. xix를 보라.

54. Priestley, *An Essay on the First Principles of Government*, in Rutt, *The Theological and Miscellaneous Works of Joseph Priestley*, vol. xxii, p. 46.

55. 계몽된 사람들은 상업을 위한 실용 교육을 지지했다. 웨지우드는 '사업에 종사할 소년들이 라틴어를 배우는 것은 매우 쓸데없는 시간 낭비'라고 생각했다. '그들이 라틴어를 웬만한 수준까지 완벽하게 숙달하거나 배웠던 것을 계속 기억하는 경우가 거의 없기 때문이다. 게다가 그들은 라틴어 공부를 원치 않는다. 그 시간은 프랑스어와 회계 능력을 갈고닦는 데 쓰는 것이 더 나을 것이다.' Ann Finer and George Savage (eds.), *The Selected Letters of Josiah Wedgwood*(1965), p. 244.

56. W. Roberts (ed.), *Memoirs of the Life and Correspondence of Mrs Hannah More*(1834), vol. iii, p. 133.

57. Joseph Priestley, *Miscellaneous Observations Relating to Education*(1778), p. 129.

58. Michael R. Watts, *The Dissenters*(1978), vol. i, p. 371.

59. Watts, *The Dissenters*, vol. i, p. 467.

60. 예를 들어 John Lawson and Harold Silver, *A Social History of Education in England*(1973); H. McLachlan, *English Education under the Test Acts*(1931); Nicholas A. Hans, *New Trends in Education in the Eighteenth Century*(1966)를 보라.

61. Edward Gibbon, *Memoirs of My Life*(1966[1796]), p. 53.

62. V. H. H. Green, 'Reformers and Reform in the University'(1986), p. 607.

63. 예를 들어 Victor Neuberg, *The Penny Histories, in Milestones in Children's Literature*, and *Popular Education in Eighteenth-century England*(1971)를 보라.

64. Ariès, *Centuries of Childhood*; Plumb, 'The New World of the Children in Eighteenth-century England'의 선구적 논의를 보라.

65. 저자 미상, *A History of Little Goody Two Shoes*(1766); James A, Secord, 'Newton in the Nursery'(1985). 뉴베리는 아동 도서 시장을 사실상 개척한 상업적인 혁신가였다. 『구디 투슈즈Goody Two-Shoes』는 1850년까지 영국에서 65쇄를 찍었다. Margaret R. Hunt, *The Middling Sort*(1996). p. 78.

66. 『꼬마 구디 투슈즈Little Goody Two-Shoes』는 역경에 처한 여성 주체라는 테마와 문해력, 미덕, 성공적인 사회 이동의 추구라는 테마를 결합한, 희망과 용기를 심어주는 책이다. 고아인 마저리 민월과 동생인 토미는 땡전 한푼 없이 세상에 던져진다. 친척들에게 버림받은 그들을 동네의 성직자가 도와주어 그들에게 옷을 사주고 토미는 배에서 일하도록 보낸다. 한편 어린 마저리는 스스로 읽는 법을 깨치고 아주 능숙해져서 본인이 다른 아이들을 가르치기 시작한다. 그녀는 조숙하게 현명해져서 까칠한 한 신사에게 일찍 일어나고 적게 먹으라고 충고하고, 미신적 믿음과 싸우며, 그녀 아버지의 오랜 적이자 이전 지주인 티머시 경의 집에서 강도를 막아, 원수를 은혜로 갚는 능력을 입증한다. 그사이, 명성이 자자해진 그녀는 마을 학교의 교사 자리를 얻는데, 알파벳 블록을 이용해 읽기를 가르치고, 여기에 권위에 대한 복종과 일찍 일어나는 근면한 생활의 가치를 설파하는 수법을 결합하여 아이들을 가르친다. 그녀는 수탉 던지기, 곤충 괴롭히기, 말과 개를 채찍으로 때리는 것을 맹비난하고, 동네 사람들에게 계속해서 현명한 충고를 건네고, 가는 곳마다 합리적인 문제 해결을 전파한다. 마침내 때가 되자 한 신사가 그녀와 사랑에 빠져 결혼하고, 때마침 그녀의 동생 토미가 아프리카에서 큰돈을 벌어서 다시 나타나 누이에게 큰 재산을 안긴다.

67. 리처드슨의 악당, 러블레이스는 여성에 대한 잔혹성이 흔히 동물에 대한 잔혹성에서 출발한다고 지적한다. Samuel Richardson, *Clarissa*(1748), vol. iii, letter 75, pp. 347-50.

68. Axtell, *The Educational Works of John Locke*, p. 225.

69. James Turner, *Reckoning with the Beast*(1980), p. 7; Pickering, *John Locke and Children's Books in Eighteenth-century England*, p. 19.

70. Keith Thomas, *Man and the Natural World*(1983). 기독교는 '모든 동물이 오로지, 그리고 전적으로 인간의 쓰임을 위해 창조되었다'고 주장했다(피콕이 창조한 목사 가스터 박사를 보라)—동물은 영혼이 없기 때문에 그 자체로 존재 목적이 없으

며, 데카르트주의는 동물의 의식을 부정했다. Thomas Peacock, *Headlong Hall*(1816), in David Garnett (ed.), *The Novels of Thomas Love Peacock*(1948), p. 15. 본서 13장의 논의를 보라.

71. David Elliston Allen, *The Naturalist in Britain*(1976); Nicolaas A. Rupke (ed.), *Vivisection in Historical Context*(1987); Macdonald Daly, 'Vivisection in Eighteenth-century Britain'(1989).

72. K. Tester, *Animals and Society*(1991), p. 96.

73. Turner, *Reckoning with the Beast*, p. 13; Laurence Sterne, *The Life and Opinions of Tristram Shandy*(1967[1759-67]), p. 131.

74. James Thomson, 'Spring', in *The Seasons*(1744), p. 19, ll. 386-91.

75. Turner, *Reckoning with the Beast*, p. 49.

76. John Wiltshire, *Samuel Johnson in the Medical World*(1991), p. 129.

77. Wiltshire, *Samuel Johnson in the Medical World*, p. 125.

78. 'An Experiment on a Bird in the Air Pump', in Benedict Nicolson, *Joseph Wright of Derby: Painter of Light*(1968), pp. 43-5, 112-13.

79. Schofield, *The Lunar Society of Birmingham*, p. 215.

80. Kramnick, 'Children's Literature and Bourgeois Ideology', p. 26. 아이작 와츠는 *Against Idleness and Mischief*(1715)를 썼다.

작은 벌은 빛나는 시간마다
얼마나 분주히 애써서,
활짝 핀 꽃마다
온종일 꿀을 모으는가!

Roger Lonsdale (ed.), *The New Oxford Book of Eighteenth-century Verse*(1984), p. 74에 수록.

81. J. H. Plumb, 'The New World of the Children in Eighteenth-Century England'(1975), p. 303.

82. Thomas Day, *The History of Sandford and Merton*(1783-9). F. J. H. Darton, *Children's Books in England*, 3rd edn(1982), pp. 145-7을 보라.

83. Kramnick, 'Children's Literature and Bourgeois Ideology'.

84. Kramnick, 'Children's Literature and Bourgeois Ideology', p. 37. 크램닉은 데이를 인용하고 있다.

85. Kramnick, 'Children's Literature and Bourgeois Ideology',

86. [Tom Telescope], *The Newtonian System of Philosophy*(1761); Geoffrey Summerfield, *Fantasy and Reason*(1984); Pickering, *John Locke and children's Books in Eighteenth-century England*; Bette P. Goldstein, *Lessons to be Learned*(1984); Susan Pedersen, 'Hannah More Meets Simple Simon'(1986); Joyce Whalley, *Cobwebs to Catch Flies*(1975).

87. [Tom Telescope], *The Newtonian System of Philosophy*는 '릴리푸트 사회에 대해 한 여섯 차례 강연 내용'이라는 설정이다. Plumb, 'The New World of the Children in Eighteenth-century England', p. 302; Secord, 'Newton in the Nursery'. 이것은 어린이를 위한 최초의 대중 과학서는 아니다. 최초의 아동용 과학서는 일찍이 1710년에 익명으로 출간된 *A Short and Easie Method to Give Children an Idea or True Notion of Celestial and Terrestrial Beings*(1710)이다.

88. Pickering, *John Locke and Children's Books in Eighteenth-century England*, p. 41.

89. Kramnick, 'Children's Literature and Bourgeois Ideology', p. 227; Marina Warner, *No Go the Bogeyman*(1998), p. 318.

90. Kramnick, 'Children's Literature and Bourgeois Ideology', pp. 227-8.

91. Warner, *No Go the Bogeyman*, p. 318.

92. Kramnick, 'Children's Literature and Bourgeois Ideology', pp. 228-9; Pickering, *John Locke and Children's Books in Eighteenth-century England*, p. 146. 반노예제 운동에서의 여성의 역할에 관해서는 Moira Ferguson, *Subject To Others*(1992)을 보라. 이 책은 여성들이 흑인과 노예를 위해 어떻게 발언했는지를 살펴본다.

93. 램은 콜리지에게 '지리와 자연사만 머릿속에 잔뜩 집어넣었다면 지금 어떻게 되었을지 생각해봐'라고 말했다. Pickering, *John Locke and Children's Books in Eighteenth-century England*, p. 61.

94. Peter Coveney, *The Image of Childhood*(1968).

95. Ian H. Bell, *Literature and Crime in Augustan England*(1991)를 보라.

96. Dennis Todd, *Imagining Monsters*(1995); Alice Domurat Dreger, *Hermaphrodites and the Medical Invention of Sex*(1998).

97. John Toland, *Reasons for Naturalising the Jews in Great Britain and Ireland*(1714). 유대인에 관해서는 Frank Felsenstein, *A Paradigm of Otherness*(1995); Todd M. Endelman, *The Jews of Georgian England 1714-1830*(1979)을 보라. 더 폭넓은 논의에 대해서는 Ulrich Im Hof, *The Enlightenment*(1994), p. 245, 그리고 Hiram Caton, *The Politics of*

Progress(1988), p. 246을 보라.

98. Warner, *No Go the Bogeyman*, p. 163.

99. 이런 식의 병렬관계는 빅토리아 시대 사회비평가들이 '암흑의 잉글랜드'를 운위하기 오래전부터 도출되었는데, 어느 정도는 이른바 '야생 소년들'과 '야생 소녀들'('미개인'과 연관된 특징들과 문제점들을 드러내는 사람들)의 발견 때문이었다. Newton, 'The Child of Nature'; Alan Bewell, *Wordsworth and the Enlightenment*, p. 62.

100. James Cook, *Journals*(1955-68), vol. ii, p. 322.

101. Felicity A. Nussbaum, 'Polygamy, *Pamela*, and the Prerogative of Empire' (1995), p. 217; Henry Steele Commager, *The Empire of Reason*(1978), p. 52; Gregory Claeys (ed.), *Utopias of the British Enlightenment*(1994), p. xi. 가상 여행의 기능들은 Charles Kerby-Miller, *Memoirs of the Extraordinary Life, Works, and Discoveries of Martinus Scriblerus*(1988)에서 잘 논의된다. p. 316. 유럽 내에서의 여행에 관해서는 Brian Dolan, *Exploring European Frontiers*(1999)를 보라.

102. Edmund Burke, in a letter to W. Robertson, in W. Robertson, *Works*(1840). Ronald L. Meek, *Social Science and the Ignoble Savage*(1975), p. 173에서 인용. Peter Marshall and Gwyndyr Williams, *The Great Map of Mankind*(1982)를 보라.

103. Meek, *Social Science and the Ignoble Savage*, p. 173.

104. Jonathan Lamb, *Preserving the Self in the South Seas*(근간).

105. Daniel Defoe, *Robinson Crusoe*(1985[1719]). 그 시대의 대표로서 *Robinson Crusoe*에 대한 고전적 해석은 Ian Watt, *The Rise of the Novel*(1957), pp. 60-90을 보라.

106. Jonathan Swift, *Gulliver's Travels*(1985[1726]), p. 243. Laura Brown, *Ends of Empire*(1993), p. 170; Dennis Todd, 'The Hairy Maid at the Harpsichord' (1992)를 보라.

107. George Birkbeck Hill, *Boswell's Life of Johnson*(1934-50), vol. i, p. 308; Jeremy Bentham, *Emancipate Your Colonies!*, in John Bowring (ed.), *The Works of Jeremy Bentham*(1995[1843]), vol. iv, p. 407.

108. 18세기 인류학에 관해서는 H. F. Augstein (ed.), *Race: The Origins of an Idea, 1760-1850*(1996); J. S. Slotkin, *Readings in Early Anthropology*(1965)를 보라.

109. M. T. Hodgen, *Early Anthropology in the Sixteenth and Seventeenth Centuries*(1964); H. F. Augstein, *James Cowles Prichard's Anthropology*(1999)를 보라.

110. Hugh West, 'The Limits of Enlightenment Anthropology(1989); Robert Wokler, 'From *l'homme physique* to *l'homme moral* and Back'(1993)과 'Anthropology and Conjectural History in the Enlightenment'(1995).

111. Ian Simpson Ross, *Lord Kames and the Scotland of His Day*(1972), p. 337; Ivan Hannaford, *Race. The History of an Idea in the West*(1996).

112. Henry Home, Lord Kames, *Sketches of the History of Man*(1774); Robert Wokler, 'Apes and Races in the Scottish Enlightenment'(1988); Martin Bernal, *Black Athena*(1987), vol. i; Christopher J. Berry, "'Climate" in the Eighteenth Century'(1974).

113. H. Honour, *Chinoiserie*(1961); J. J. Clarke, *Oriental Enlightenment*(1997); William W. Appleton, *A Cycle of Cathay*(1951).

114. Peter Marshall (ed.), *The British Discovery of Hinduism in the Eighteenth Century*(1970); Hans Aarsleff, *The Study of Language in England, 1780-1860*(1983), ch. 4.

115. Isobel Grundy, *Lady Mary Wortley Montagu. Comet of the Enlightenment*(1999), pp. 152f를 보라. 코란에 관해서는 Rana Kabbani, *Europe's Myths of Orient*(1986), p. 31; Sarah Searight, *The British in the Middle East*(1979), p. 82; Ahmad Gunny, *Images of Islam in Eighteenth-century Writing*(1996)을 보라.

116. Edward Said, *Orientalism*(1978).

117. Roy Porter, *Gibbon*(1988), p. 131; Gunny, *Images of Islam in Eighteenth-century Writing*.

118. Oliver Goldsmith, *Citizen of the World*(1762); Appleton, *A Cycle of Cathay*, p. 122; V. G. Kiernan, *The Lords of Human Kind*(1972), p. 22를 보라. 매슈 틴들 같은 이신론자들은 유학자들을 종교의 본질이 도덕임을 인식한 현자들로 치켜세웠다.

119. Michael Adas, *Machines as the Measure of Men*(1989), p. 169에서 인용. J. W. Burrow, *Evolution and Society*(1966, 1970), p. 42-62에서 이루어진 제임스 밀에 관한 논의를 보라. 서양이 동양의 지식을 점점 더 유아적인 것으로 폄하하기 시작한 경향에 관해서는 Roberta Bivins, 'Expectations and Expertise'(1999)를 보라.

120. Anthony Pagden, *Lords of All the World*(1995), p. 77. 로크주의자들은 정복에 근거한 정당성은 부정했다.

121. Lois Whitney, *Primitivism and the Idea of Progress*(1934). '고귀한 미개인'이라는 표현은 드라이든의 것이다. 이러한 허구는 Edmund Burke, *A Vindication of Natural Society*(1982[1756])에서 풍자된다.

122. David Brion Davis, *The Problem of Slavery in Western Culture*(1966); Angus Calder, *Revolutionary Empire*(1981); Hugh Honour, *The Image of the Black in Western Art*(1989), vol. iv; Roxann Wheeler, 'The Complexion of Desire'(1999); Markman Ellis, *The Politics of Sensibility*(1996)를 보라.

123. James Grainger, *The Sugar-Cane*(1764), bk I, ll. 611-12. Lonsdale, *The New Oxford Book of Eighteenth-century Verse*, p. 520; David Dabydeen (ed.), *The Black Presence in English Literature*(1985), and *Hogarth's Blacks*(1985)를 보라. 존슨은 적대적이었다. 그는 '서인도제도의 다음 흑인 반란을 위하여'라는 건배를 제안하여 '옥스퍼드의 몇몇 근엄한 분들'을 깜짝 놀라게 했다고 보즈웰은 보고한다. Hill, *Boswell's Life of Johnson*, vol. iii, p. 200.

124. Vincent Carretta (ed.), *Unchained Voices*(1996), and (ed.), *Olaudah Equiano: The Interesting Narrative and Other Writings*(1995).

125. Folarin Shyllon, *Black People in Britain 1555-1833*(1977), p. ix를 보라. 윌리엄 블랙스톤의 『잉글랜드 법 주해Commentaries on the Laws of England』(1979[1765-9]) 초판은 '노예나 흑인은 잉글랜드에 상륙하자마자 자유민이 된다'고 선언했다. Carretta, *Unchained Voices*, p. 5.

126. 여성들의 항의에 관해서는 Ferguson, *Subject to Others*를 보라.

127. Carretta, *Unchained Voices*, p. 6에서 인용. 데이는 『죽어가는 흑인The Dying Negro』(1773)이라는 제목의 반反노예제 시를 썼다.

128. Erasmus Darwin, *The Botanic Garden*(1789-91), pt II, pp. 421-30. 웨지우드의 반노예제 정서에 관해서는 Finer and Savage (eds.), *The Selected Letters of Josiah Wedgwood*, p. 310을 보라. David Turley, *The Culture of English Antislavery, 1780-1860*(1991); Shyllon, *Black People in Britain 1555-1833*, p. 9도 보라.

129. F. J. Klingberg, *The Anti-Slavery Movement in England*(1926), p. 51.

130. Klingberg, *The Anti-Slavery Movement in England*, p. 51.

131. William Paley, *The Complete Works of William Paley*(1824), vol. iii, pp. 146f; Klingberg, *The Anti-Slavery Movement in England*, p. 51.

132. Daniel Defoe, *The History and Remarkable Life of Colonel Jacque, Commonly Call'd*(1722).

133. David Turley, *The Culture of English Antislavery, 1780-1860*(1991), pp. 25f.

134. 노예제 폐지론에 관해서는 J. Walvin, *Slavery and British Society, 1776-1848*(1982), and *Black and White*(1973); J. Walvin and D. Eltis (eds.), *Abolition of the Atlantic Slave Trade*(1981); J. Walvin, M. Craton and D. Wright (eds.),

Slavery, Abolition and Emancipation(1976)을 보라. 흑인들의 목소리는 어느 정도 계몽주의적 언사로 표현되었지만 대체로 기독교적이었다. Carretta, *Unchained Voices*.

135. Aphra Behn, *Oroonoko or the Royal Slave*(1688), p. 30.

136. Paul Langford, *A Polite and Commercial People*(1989), p. 514.

137. T. B. Clark, *Omai: The First Polynesian Ambassador to England*(1941), pp. 76-89.

138. 폴리네시아에 관해서는 Bernard Smith, *Imagining the Pacific*(1992); Barbara Maria Stafford, *Voyage Into Substance*(1984); Neil Rennie, *Far-fetched Facts*(1995)를 보라.

139. James Cook, Hof, *The Enlightenment*, p. 227에서 인용.

140. Roy Porter, 'The Exotic as Erotic'(1989).

141. Cook, *Journals*, vol. ii, p. 175.

142. Whitney, *Primitivism and the Idea of Progress*, p. 58

143. Whitney, *Primitivism and the Idea of Progress*, p. 64; R. D. Altick, *The Shows of London*(1978), p. 47.

144. Kiernan, *The Lords of Human Kind*; Simon Schaffer, 'Visions of Empire: Afterword'(1996); Karlis Racevskis, *Postmodernism and the Search for Enlightenment*(1993).

16장 속인

1. Erasmus Darwin, Maureen McNeil, *Under the Banner of Science*(1987), p. 111에서 인용.

2. Josiah Wedgwood, 'An Address to Young Inhabitants of the Pottery'(1783), p. 22. 앞의 15장을 보라.

3. Joseph Trapp, *Lectures On poetry*(1742). Brian Hepworth, *The Rise of Romanticism*(1978), p. 58에서 인용. Henry Fielding, *The Covent-Garden Journal*, no. 33(Saturday, 23 April 1752)을 보라. '*Odi profanum vulgus.*—호라티우스, 나는 속된 악당들을 싫어한다'라는 제목이 붙어 있고, 농담조로 '이 대단히 박식하고 계몽된 시대'를 거론한다. '부름 받은 사람은 많으나'에 관해서는 David Hartley, *Observations on Man, His Frame, His Duty, and His Expectations*(1791), vol. ii, p. 405를 보라.

4. Leslie Stephen, *History of English Thought in the Eighteenth Century*(1962), vol. i, p. 197에서 인용. 일부 권위자들은 더 고약한 어조를 취했다. '노아의 방주처럼 교회는 구할 만한 가치가 있다'고 워버튼 주교는 친구인 리처드 허드에게 내뱉는다. '그곳을 가득 채우다시피 한 더러운 짐승들과 사회의 해충들 때문이 아니라, 바깥의 폭풍우만큼 안의 지독한 악취에 시달리고 있는 방주 한구석의 합리성 때문이다.' William Warburton, *Letters from a Late Eminent Prelate to One of His Friends*(1808), letter 47. S. C. Carpenter, *Eighteenth-century Church and People*(1959), p. 148에서 인용.

5. Jenny Uglow, *Hogarth: A Life and a World*(1997); Colin Franklin, *Lord Chesterfield, His Character and Characters*(1993), p. 35; David Craig, *Scottish Literature and the Scottish People 1680-1830*(1961), p. 59를 보라. 속인에 대한 이미지에 관해서는 John Brewer, *The Common People and Politics, 1750-1800*(1986)을 보라.

6. Roy Porter, 'The People's Health in Georgian England'(1995); G. Miller, *The Adoption of Inoculation for Smallpox in England and France*(1957).

7. 맬서스는 '우리가 갖고 있는 인류의 역사란 오로지 상층 계급의 역사다'라고 지적했다. Thomas Robert Malthus: *An Essay on the Principle of Population*(1798), p. 32; John Brand (ed.), *Observations on Popular Antiquities*(1777).

8. Peter Burke, *Popular Culture in Early Modern Europe*(1978), p. 285.

9. Thomas Percy, *Reliques of Ancient English Poetry*(1765); Burke, *Popular Culture in Early Modern Europe*, p. 5; Bob Bushaway, *By Rite*(1982); Richard M. Dorson (ed.), *Peasant Customs and Savage Myths*(1968).

10. Jeremy Black, *An Illustrated History of Eighteenth-century Britain, 1688-1793*(1996), p. 158; Paul Baines, *The House of Forgery in Eighteenth-century Britain*(1999), pp. 103-24.

11. *Fragments of Ancient Poetry Collected in the Highlands of Scotland*(1760), *Fingal*(1762), and *Temora*(1763)는 고대 게일어 시가의 번역본이라고 주장하지만 주로 본인이 지어낸 것이었다. 휴 블레어는 '유아기 사회'의 원시인들이 보인 '열광'의 관점에서 시를 옹호했다. Hugh Blair, *A Critical Dissertation on the Poems of Ossian*(1765). 시인은 예언자였다는 것이다. 기독교적이지도 않고, 고전고대도 아닌 문화들에 대한 유럽인들의 커져가는 관심에 관해서는 Kirsti Simonsuuri, *Homer's Original Genius*(1979); Craig, *Scottish Literature and the Scottish People 1680-1830*, p. 107을 보라.

12. William Wordsworth, preface to the *Lyrical Ballads*(1798), in *The Prose*

Works of William Wordsworth(1974), vol. i, p. 124.

13. Keith Thomas (ed.), *The Oxford Book of Work*(1999), pp. 16, 80f를 보라.

14. Oliver Goldsmith, *The Deserted Village*(1770), p. 4. 토머스 그레이의 『시골 교회 묘지의 만가Elegy Written in a Country Church-yard』(1751)에도 농민들에 대한 감상성이 담겨 있다.

> 야심이여, 그들의 유용한 수고와 소박한 기쁨,
> 이름 없는 운명을 비웃지 말라.
> 장엄함이여, 가난한 이들의 짧고 단순한 일대기를
> 조소를 띠고 듣지 말라.

Thomas Gray, *Selected Poems*(1997), p. 23. Raymond Williams, *The Country and the City*(1973).

15. 빈민에 대한 부정적 시각에 관해서는 Daniel A. Baugh, *Poverty, Protestantism and Political Economy*(1977-8). A. L. Beier, "Utter Strangers to Industry, Morality and Religion'"(1988)을 보라.

16. Roy Porter, 'Civilization and Disease'(1991). 늘 그렇듯이 애매한 언사를 놓치지 말아야 한다. 체인은 다소 루소적인 방식으로 투박한 시골뜨기가 더 건강하다고 생각했다.

17. John R. Millburn, *Benjamin Martin: Author, Instrument-Maker and Country-Showman*(1976), p. 41에서 인용.

18. John Brown, *Thoughts on Civil Liberty, Licentiousness and Faction*(1765). 브라운에 관해서는 James L. Clifford (ed.), *Man versus Society in Eighteenth-century Britain*(1968), p. 29를 보라. 17세기 중반의 논쟁들에서는 헨리 아이어턴 같은 대변자들이 흔히 '민중'을 이야기할 때 '빈민'을 가리킨 것은 아니었다. C. B. Macpherson, *The Political Theory of Possessive Individualism*(1964), pp. 227f.

19. Carl B. Cone, *The English Jacobins*(1968), pp. 11-12. 1752년에 나온 〈코번트가든 저널Covent Garden Journal〉에 실린 '현대 용어 풀이'에서, 헨리 필딩은 '하찮은 사람no body'을, 1200명 정도를 제외한 영국의 모든 사람들이라고 신랄하게 정의했다. Gerald Newman, *The Rise of English Nationalism*(1987), p. 70. 데이비드 흄의 에세이 「상업에 관하여Of Commerce」(1741-2)와 비교하라. '인류의 태반은 두 부류로 분류될 수 있을 것이다. 바로, 진실에 미치지 못하는 얄팍한 사고인과 그것을 넘어서는 추상적 사고인이다.' David Hume, *Selected Essays*(1993), p. 154. '어중이떠중이Rabble'는 흄이 좋아하는 표현이었다.

20. John Marshall, *John Locke; Resistance, Religion and Responsibility*(1994), p. 298에서 인용. C. B. Macpherson, *Democratic Theory*(1973)와 비교하라.

21. John Locke, *The Reasonableness of Christianity*(1695), p. 302. Cone, *The English Jacobins*, p. 12에서 인용.

22. Locke, *The Reasonableness of Christianity*, p. 279. 로크는 하층 계급 신도들도 성직자가 될 수 있다는 주장을 간단히 반박한다. '날품팔이꾼과 직인職人, 실 잣는 여자와 젖 짜는 처녀'는 무엇을 믿어야 하는지 다른 사람이 말해줘야 한다. '인류의 대부분은 알지 못하고, 따라서 그들은 그냥 믿어야 한다.'

23. James Thomson, 'Summer', in *The Seasons*, in *Works*(1744), l. 1710. Marjorie Hope Nicolson, *Science Demands the Muse*(1966), p. 32에서 인용. 1787년에 파리 인근에서 최초로 대형 열기구 비행이 이루어졌을 때, 겁에 질린 농민들은 열기구가 땅으로 내려오는 것을 달이 떨어지는 것으로 착각하고 열기구를 공격해 훼손시켰다. Margaret C. Jacob, *Scientific Culture and the Making of the Industrial West*(1997), p. 132.

24. Paul Langford, *A Polite and Commercial People*(1989), p. 282.

25. Bernard de Mandeville, *The Fable of the Bees*(1924[1714]), vol. i, p. 91.

26. David Hume, *Hume's Dialogues concerning Natural Religion*(1947[1779]), section 6, p. 185.

27. Newman, *The Rise of English Nationalism*, p. 70에서 인용.

28. Anthony Ashley Cooper, 3rd Earl of Shaftesbury, *Characteristicks of Men, Manners, Opinions, Times*, 4th edn(1727), Second Characters, pp. 22-3. John Barrell, *The Political Theory of Painting from Reynolds to Hazlitt*(1986), p. 34에서 인용.

29. Shaftesbury, *Characteristicks of Men, Manners, Opinions, Times*(1999[1723]), vol. i, p. 70.

30. Joseph Addison and Richard Steele, *The Spectator*(1965), vol. iii, no. 411, p. 539. 볼링브루크 경은 '어떤 사람들은 (…) 공동의 행복을 좌지우지하는 통치를 떠맡도록 의도되었다'고 말했다. Lord Bolingbroke, *A Letter on the Spirit of Patriotism*(1738), in Henry St John, Viscount Bolingbroke, *The Works of Lord Bolingbroke*(1969[reprint of 1841 ed.][1754-98]), vol. ii, p. 353.

31. James Miller, *The Man of Taste*(1735), p. 27.

32. David Hume, 'Of Essay Writing'(1742), in *Essays Moral, Political and Literary*(1898[1741-2]), vol. ii, pp. 367-70. Stephen Copley, 'Commerce, Conversation and Politeness in the Early Eighteenth-century Periodical'

(1995)에서 인용. 흄은 '문 밖의 어중이떠중이'를 대비시킨다. 사회적 구별을 취향에 대입하는 다른 핵심적 저술로는 Alexander Gerard, *Essay On Taste*(1759)와 Lord Kames, *Elements of Criticism*(1762)이 있다.

33. G. J. Barker-Benfield, *The Culture of Sensibility*(1992), p. 291.

34. Iain Pears, *The Discovery of Painting*(1988), p. 48.

35. Thomas Reid, 'Of the Powers We Have by Means of Our External Senses', in *Essays on the Intellectual Powers of Man*(sn, 1785), p. 128. John W. Yolton, *Perceptual Acquaintance from Descartes to Reid*(1984), p. 3에서 논의된다.

36. Thomas Reid, *The Works of Thomas Reid*(1846-63), p. 302.

37. 메리 울스턴크래프트는 하인들을 '무지하고 교활한' 사람들로 일축했다. Mary Wollstonecraft, *Thoughts on the Education of Daughters*(1995[1787]), p. 118. 그녀의 남편인 윌리엄 고드윈도 하인들의 사악한 성품을 경고했지만, 그것은 그들의 잘못 때문이 아니라 그들이 처한 굴종적인 처지가 그들을 밉살스럽게 만들었기 때문이라고 설명했다. William Godwin, *The Inquirer*(1965[1797]), essay IV: 'Of Servants', p. 201.

38. Moira Ferguson (ed.), *First Feminists*(1985), p. 217에서 인용.

39. Jane West, 'To the Hon Mrs C[ockayn]e'(1791). Clifford Siskin, *The Work of Writing*(1998), p. 130에서 인용.

40. Katherine Balderston (ed.), *Thraliana: The Diary of Mrs Hester Lynch Thrale*(1942[1776-1809]), vol. ii, p. 547. Alice Browne, *The Eighteenth-century Feminist Mind*(1987), p. 125; the *Gentleman's Magazine*(1791)에서 인용. Maurice J. Quinlan, *Victorian Prelude*(1965), pp. 66-7에서 인용.

41. Richard Warner, *The History of Bath*(1801), p. 349; John Rule, *Albion's People*(1992), p. 158을 보라.

42. M. G. Jones, *The Charity School Movement*(1938), and *Hannah More*(1952), pp. 92-5.

43. Joyce Taylor, *Joseph Lancaster: The Poor Child's Friend*(1996); John Lawson and Harold Silver, *A Social History of Education in England*(1973), pp. 241-6.

44. 오언에 관해서는 19장을 보라. 교육과 아동에 대한 계몽된 관념에 관해서는 15장에서 논의되었다.

45. Burke, *Popular Culture in Early Modern Europe*; Lee Davison, Tim Hitchcock, Tim Keirn and Robert B. Shoemaker (eds.), *Stilling the Grumbling Hive*(1992); R W. Malcolmson, *Popular Recreations in English Society, 1700-1850*(1973). 마법과 오컬트 기술에 대한 논쟁에 관해서는 9장을 보라.

46. Neil McKendrick, 'Josiah Wedgwood and Factory Discipline'(1961), pp. 52-3; E. P. Thompson, 'Time, Work-Discipline and Industrial Capitalism' (1991); Ann Finer and George Savage (eds.), *The Selected Letters of Josiah Wedgwood*(1965), p. 310.

47. Desmond King-Hele, *Erasmus Darwin: A Life of Unequalled Achievement*(1999), pp. 199-200.

48. James Parkinson, *The Way to Health, Extracted from the Villager's Friend and Physician*(1802). 파킨슨에 관해서는 Arthur D. Morris, *James Parkinson, His Life and Times*(1989)를 보라.

49. James Parkinson, *The Villager's Friend and Physician*, 2nd edn(1804), p. 66.

50. 그러한 목가적 전제들의 배경에 관해서는 John Barrell, *The Dark Side of the Landscape*(1980)를 보라.

51. Parkinson, *The Villager's Friend and Physician*, p. 9.

52. John Fielding, *A Plan for a Preservatory and Reformatory for the Benefit of Deserted Girls and Penitent Prostitutes*(1758), p. 7; John Bender, *Imagining the Penitentiary*(1987); Ian H. Bell, *Literature and Crime in Augustan England*(1991); Donna T. Andrew, *Philanthropy and Police*(1989), p. 116; W. A Speck, 'The Harlot's Progress in Eighteenth-century England'(1980)도 보라. 유혹의 희생양이라는 매춘부 이미지는 조지 왕조 시대 문학을 관통한다.

53. Donna T. Andrew, *Philanthropy and Police*(1989), p. 124. 유사한 견해—도둑 은 어쩔 수 없이 범죄에 빠져들게 되었다—를 앞서 대니얼 디포가 제시했으니, 일례 로 Daniel Defoe, *The History and Remarkable Life of Colonel Jacque, Commonly Call'd*(1722)를 보라.

54. Jonas Hanway, *Defects of Police*(1775), p. 54.

55. Bernard de Mandeville, *A Modest Defence of the Public Stews*(1724).

56. V. Bullough, 'Prostitution and Reform in Eighteenth-century England' (1987); D. A. Coward, 'Eighteenth-century Attitudes to Prostitution'(1980); A. R. Henderson, 'Female Prostitution in London, *1730-1830*'[1992]; Stanley D. Nash, 'Social Attitudes towards Prostitution in London from 1752 to 1829' [1980]; John B. Radner, 'The Youthful Harlot's Curse'(1976).

57. Saunders Welch, *A Proposal to ... Remove the Nuisance of Common Prostitutes from the Streets*(sn, 1758); R. Dingley, *Proposals for Establishing a Place of Reception for Penitent Prostitutes*(1758); Sherrill Cohen, *The Evolution of Women's Asylums since 1500*(1992), p. 130; Sarah Lloyd, "'Pleasure's

Golden Bait'"(1996); S. Nash, 'Prostitution and Charity'(1984); Miles Ogborn, *Spaces of Modernity*(1998), pp. 34-79.

58. 베도스에게 의학적 권위의 기반으로서 과학의 중요성은 Roy Porter, *Doctor of Society*(1991)에서 강조된다.

59. Thomas Beddoes, *The History of Isaac Jenkins*(sn, 1792)(이하의 인용문은 1796년 판에서 가져온 것이다). 저렴하게 판매되거나 그냥 나눠준 이 저술은 판을 거듭했다. 1796년에 베도스는, 무려 4만 부가 팔려나가거나 배포되었다고 주장했다.

60. Beddoes, *The History of Isaac Jenkins*, p. 5.

61. Beddoes, *The History of Isaac Jenkins*, p. 37.

62. Beddoes, *The History of Isaac Jenkins*, p. 40.

63. Beddoes, *The History of Isaac Jenkins*, p. 43.

64. 교육에 관한 베도스의 생각은 Roy Porter, *Doctor of Society*, pp. 39f를 보라.

65. Joseph Priestley, *A Sermon on Behalf of the Leeds Infirmary Preached at Mill Hill Chapel*(sn, 1768), p. 18. Roy Porter, 'The Gift Relation'(1989), p. 164의 논의를 보라.

66. 자선에 대한 태도에 관해서는 Andrew, *Philanthropy and Police*; Gertrude Himmelfarb, *The Idea of Poverty*(1984)를 보라. '호모 이코노미쿠스'는 17장에서 더 자세히 논의된다.

67. Andrew, *Philanthropy and Police*, pp. 17, 19.

68. Addison and Steele, *The Spectator*, vol. ii, no. 232, pp. 401-5(Monday, 26 November 1711). 애디슨은 다음과 같이 말을 잇는다. '내가 모든 자선 행위에 반대하는가? 천만에! 복음에서 우리에게 권고된 실천 가운데 이보다 더 형편없게 표현된 미덕도 없으니 (…) 구세주께서는 빈자에 대한 자선의 실천이나 그 태만을 바로 당신에 대한 이 의무의 이행이나 위배로 취급하신다.'

69. Betsy Rodgers, *Clock of Charity*(1949), pp. 163f; D. Owen, *English Philanthropy, 1660-1960*(1965), pp. 69f.

70. J. T. Anning, *The General Infirmary at Leeds*(1963), vol. i, p. i.

71. Priestley, *A Sermon on Behalf of the Leeds Infirmary Preached at Mill Hill Chapel*, p. 10.

72. E. R. Frizelle and J. D. Martin, *Leicester Royal Infirmary, 1771-1971*(1971), p. 24. Porter, 'The Gift Relation', p. 163에서 인용.

73. William Watts, in Frizelle and Martin, *Leicester Royal Infirmary, 1771-1971*, p. 24. Porter, 'The Gift Relation', p. 176에서 인용.

74. Priestley, *A Sermon on Behalf of the Leeds Infirmary Preached at Mill Hill

Chapel, p. 10. Porter, 'The Gift Relation', p. 163에서 인용.

75. Paul Slack, *The English Poor Law, 1531-1782*(1995); George R. Boyer, *An Economic History of the English Poor Law, 1750-1850*(1990); Brian Inglis, *Poverty and the Industrial Revolution*(1971); J. R. Poynter, *Society and Pauperism*(1969); G. W. Oxley, *Poor Relief in England and Wales: 1601-1834*(1974); M. E. Rose, *The English Poor Law 1760-1830*(1971).

76. Daniel Defoe. Oxley, *Poor Relief in England and Wales: 1601-1834*, p. 35에서 인용.

77. Henry Fielding, 'An Enquiry into the Causes of the Late Increase of Robbers'(1751) in *An Enquiry into the Causes of the Late Increase of Robbers and Related Writings*(1988). Nicholas Rogers, 'Confronting the Crime Wave' (1992), p. 84에서 인용. '빈민의 고통은 과연 그들의 비행보다 덜 눈에 띈다'고 필딩은 지적했다. '빈민은 자기들 틈에서 굶어 죽고 얼어 죽고 시체가 썩어가지만, 그들보다 처지가 더 나은 사람들 틈에서 구걸하고 훔치고 강탈하기 때문이다.'

78. Sir F. M. Eden, *The State of the Poor*(1797).

79. Sir William Temple, *The Works of Sir William Temple, Bart*, 2 vols.(London: Churchill, 1720). 템플은 책 곳곳에서 유사한 논평을 한다. Arthur Young, *The Farmer's Tour through the East of England*(1771), vol. 4, p. 361. 하지만 영은 인센티브의 중요성을 인식했는데, '빈민을 가장 쉽고 값싸게 다스리고 부양할 수 있는 수단은 재산'이기 때문이다.

80. 어느 정도는 그런 이유에서 애덤 스미스는 노동에 대한 넉넉한 보상을 옹호했다. 17장을 보라.

81. Mark Goldie (ed.), *Locke: Political Essays*(1997), p. xiii; Marshall, *John Locke: Resistance, Religion and Responsibility*, p. 331; Rule, *Albion's People*, p. 124; Beier, '"Utter Strangers to Industry, Morality and Religion"'의 논의를 보라.

82. Marshall, *John Locke: Resistance, Religion and Responsibility*, p. 324; Maurice Cranston, *John Locke: A Biography*(1957), p. 424; Richard Ashcraft, 'Lockean Ideas, Poverty, and the Development of Liberal Political Theory'(1995), p. 48.

83. George Clarke (ed.), *John Bellers: His Life, Times and Writings*(1993[1987]); Michael Ignatieff, *A Just Measure of Pain*(1978), p. 13; W. H. G. Armytage, *Heavens Below*(1961), pp. 29-30. 퍼민에 관해서는 Mitchell Dean, *The Constitution of Poverty*(1991), p. 41을 보라.

84. Clarke, *John Bellers: His Life, Times and Writings*; Armytage, *Heavens Below*, p. 29.

85. John Dyer, *The Fleece*(1757), bk II, ll. 239–48. Roger Lonsdale (ed.), *The New Oxford Book of Eighteenth-century Verse*(1984), p. 172에 수록.

86. Charles F. Bahmueller, *The National Charity Company*(1981), pp. 152, 193. 'compellare intrare'(사람들을 억지로라도 데려와: 누가복음 14장 23절)의 기독교적인 어조가 명백히 느껴진다.

87. Bahmueller, *The National Charity Company*, pp. 92, 142.

88. Patrick Colquhoun, *The State of Indigence*(1799), p. 18.

89. John Locke, *Two Treatises of Government*(1988[1690]), vol. ii, p. 42; Goldie, *Locke: Political Essays*, p. xxv.

90. Dean, *The Constitution of Poverty*, pp. 27-8. 윌리엄 페티는 '사람이 적은 것이야말로 진짜 빈곤'이라고 주장했다. William Petty, *Treatise of Taxes and Contributions*(1662), p. 34.

91. Sylvana Tomaselli, 'Moral Philosophy and Population Questions in Eighteenth-century Europe'(1989); Frederick G. Whelan, 'Population and Ideology in the Enlightenment'(1991).

92. J. Townsend, *A Dissertation on the Poor Laws*(1786), p. 34. 이에 대한 논의는 Kenneth Smith, *The Malthusian Controversy*(1951), pp. 28-9를 보라.

93. Dean, *The Constitution of Poverty*, p. 69.

94. Malthus, *An Essay on the Principle of Population*. 맬서스의 사상은 James R. Bonar, *Malthus and His Work*(1966); Donald Winch, *Malthus and His Work*(1966); Donald Winch, *Malthus*(1987); Smith, *The Malthusian Controversy*; Andrew Pyle (ed.), *Population: Contemporary Responses to Thomas Malthus*(1994), p. 129를 보라. 결정판 맬서스 전기로는 Patricia James, *Population Malthus: His Life and Times*(1979)를 보라. 맬서스는 여기서 인구와 빈곤의 관점에서 짤막하게 논의된다. 그의 정치학에 대한 더 폭넓은 설명에 관해서는 20장을 보라.

95. Mary Poovey, *A History of the Modern Fact*(1998).

96. Malthus, *An Essay on the Principle of Population*, 2nd edn(1803), p. 531. 맬서스는 이렇게 주장했다.

만약 어떤 사람이 (…) 그가 정당하게 기댈 수 있는 부모로부터 부양을 받을 수 없다면, 그리고 사회가 그의 노동을 원치 않는다면, 그는 최소한의 양식에도 아무런 **권리**를 갖고 있지 않으며, 사실 지금 그가 있는 자리에 있을 자격이 없다. 자연의 거대한 잔치에 그를 위해 마련된 빈자리는 없다.

97. Thomas Peacock, *Melincourt*(1817), in David Garnett (ed.), *The Novels of Thomas Love Peacock*(1948), pp. 103f.

98. Townsend, *A Dissertation on the Poor Laws*, p. 20.

99. Ian Gilmour, *Riot, Risings and Revolution*(1992); J. Stevenson, *Popular Disturbances in England, 1700-1870*(1979).

100. William Blake, 'Holy Thursday'(1793), in G. Keynes (ed.), *Blake: Complete Writings*(1969), p. 211, ll. 1-4.

101. Karlis Racevskis, *Postmodernism and the Search for Enlightenment*(1993); Robert Darnton, 'George Washington's False Teeth', *The New York Review*(27 March 1997). 민중 문화의 개혁에 관해서는 Burke, *Popular Culture in Early Modern Europe*, p. 208을 보라.

102. M. Foucault, *Discipline and Punish*(1979). 이를 뒷받침하는 것은 타고난 미덕이 사회에 의해 타락했다는 관념이었다. Lois Whitney, *Primitivism and the Idea of Progress*(1934)를 보라.

민중주의에 대한 이러한 한계는 영국에서만 독특하게 일어난 일탈이 아니었다. 프랑스에서 필로조프들은 사회에 혁명적 변화를 가져오는 것이 아니라 사회를 개혁하길 원했다. 민중에 대한 볼테르와 여타 계몽사상가들의 관점은 대체로 엄격했다. 필로조프들은 농민들에게 귀를 기울이고자 한 것이 아니라 그들을 돕고자 했고, 농민들을 더 쓸모 있게, 그리고 사회를 더 강하게 만들기 위해서는 그들의 처지가 개선될 필요가 있었다. H. C. Payne, *The Philosophes and the People*(1976).

103. R. Muchembled, *Popular Culture and Elite Culture in France, 1400-1750*(1985).

104. Larry Stewart, 'The Selling of Newton'(1986); Margaret C. Jacob, *The Cultural Meaning of the Scientific Revolution*(1988), pp. 116f.

105. Neil McKendrick, John Brewer and J. H. Plumb, *The Birth of a Consumer Society*(1982); Dror Wahrman, 'National Society, Communal Culture'(1992).

17장 부의 추구

1. Adam Smith, *An Inquiry into the Nature and Causes of the Wealth of Nations*(1976[1776]), vol. i, bk II, ch. 3, p. 341.

2. Paula Backscheider, *Daniel Defoe: His Life*(1989). 푸주한의 아들로 태어난 대니

얼 디포(1660~1731)는 한동안 상인으로 일했지만 파산했다. 그는 무역에 관해 광범위하게 글을 썼고, 특히 『잉글랜드 수공 장인 전집The Complete English Tradesman』(1969[1726])이 유명하다. 그는 이국적인 플롯으로 『로빈슨 크루소Robinson Crusoe』(1719), 『몰 플랜더스Moll Flanders』(1722), 『록사나Roxana』(1724)와 『자크 대령의 이력과 놀라운 인생The History and Remarkable Life of Colonel Jacque, Commonly Call'd』(1722) 등의 모험소설 장르를 개척했다. 로버트 할리가 후원한 〈리뷰〉(1704-13)의 발행을 책임졌지만, 나중에는 휘그파를 위해 글을 썼다. 『브리튼제도 순회A Tour Through the Whole Island of Great Britain』(1724-26)에서는 개량과 상업의 가치를 강조하는 나라에 대한 보고서를 제공했다.

3. 악마에 대한 디포의 생각에 관해서는 Peter Earle, *The World of Daniel Defoe*(1976), p. 43f를 보라.

4. Daniel Defoe, *The Compleat English Gentleman*(1729), in James T. Boulton, *Selected Writings of Daniel Defoe*(1975), p. 247.

5. Daniel Defoe, *Review*(3 January 1706). Denis Donoghue, *England, Their England*(1988), p. 65에서 인용. 상인 계급에 대한 디포의 찬사는 *The Complete English Tradesman*, vol. i, pp. 368-87을 보라. 그의 경제적 시각에 관해서는 T. K. Meier, *Defoe and the Defense of Commerce*(1987); Simon Schaffer, 'Defoe's Natural Philosophy and the Worlds of Credit'(1989), 그리고 'A Social History of Plausibility'(1993)를 보라.

6. Daniel Defoe, *Review*(1706), vol. ii, p. 26. Donoghue, *England, Their England*, p. 65에서 인용.

7. Defoe, *Review*(Thursday, 5 February 1713), vol. ix, p. 109. Donoghue, *England, Their England*, p. 65에서 인용.

8. Daniel Defoe, preface to *A Plan of the English Commerce*(1728), p. x.

9. Bernard de Mandeville, *The Fable of the Bees*(1924[1714]), vol. i, p. 116.

10. Edward A. Bloom and Lillian D. Bloom, *Joseph Addison's Sociable Animal*(1971), pp. 11-83.

11. Henry Fielding, *An Enquiry into the Causes of the Late Increase of Robbers*(1751), p. xi; Nancy F. Koehn, *The Power of Commerce*(1994), p. 25.

12. Joseph Addison and Richard Steele, *The Spectator*(1965), vol. i, no. 69, p. 296(Saturday, 19 May 1711).

13. 전통적인 기독교 경제에 관해서는 Richard Tawney, *Religion and the Rise of Capitalism*(1926)을 보라.

14. E. P. Thompson, *Customs in Common*(1991); Robert W. Gordon,

'Paradoxical Property'(1995); John Rule, *The Vital Century*(1992), p. 79의 논의를 보라.

15. 중상주의에 관해서는 D. C. Coleman, *The Economy of England 1450-1750*(1977); Michel Foucault, *The Order of Things*(1970), pp. 174-80을 보라.

16. David Hume, 'Of the Balance of Trade'(1741-2), in *Selected Essays*(1993), p. 191. Ronald L. Meek (ed.), *Precursors of Adam Smith*(1973), pp. 61f의 논의를 보라.

17. Smith, *An Inquiry into the Nature and Causes of the Wealth of Nations*, vol. ii, bk IV, ch. 8, p. 661.

18. W. L. Letwin, *The Origins of Scientific Economics*(1963), pp. 41-5; Erich Roll, *A History of Economic Thought*(1938); J. A. Schumpeter, *History of Economic Analysis*(1954), pp. 186-7; Louis Dumont, *From Mandeville to Marx*(1977), pp. 34-6.

19. The title of book IV of Smith, *An Inquiry into the Nature and Causes of the Wealth of Nations*.

20. Joyce Oldham Appleby, *Economic Thought and Ideology in Seventeenth-century England*(1978), and 'Ideology and Theory'(1976). 옛 규범은 E. P. Thompson, 'The Moral Economy of the English Crowd in the Eighteenth Century'(1971); Keith Snell, *Annals of the Labouring Poor*(1985); J. M. Neeson, *Commoners*(1993)를 보라. 톰슨과 스넬, 니슨이 분석한 농업 논쟁은 여기서 더 자세히 다루지 않을 것이다.

21. 인간 본성과 경제에 관해서는 Albert O. Hirschman, *The Passions and the Interests*(1977); James Thompson, *Models of Value*(1996); Sylvana Tomaselli, 'Political Economy'(1995)를 보라.

22. Koehn, *The Power of Commerce*, pp. 74f; W. George Shelton, *Dean Tucker and Eighteenth-century Economic and Political Thought*(1981); Robert Brown, *The Nature of Social Laws, Machiavelli to Mill*(1984), p. 58; J. G. A. Pocock, 'Josiah Tucker on Burke, Locke, and Price'(1984); Jacob Viner, *The Role of Providence in the Social Order*(1972), p. 92. 워버튼은 글로스터의 사제 터커가 무역을 종교로 만들었다고 말했다고 한다.

23. Smith, *An Inquiry into the Nature and Causes of the Wealth of Nations*, vol. i, bk I, ch. 7, pp. 74-5. 따라서 가격은 자연적이어야 한다. '시장에 나오는 수량이 수요를 딱 채울 만큼 충분하고 그 이상은 아니라면, 시장 가격은 자연히 자연 가격에 정확히 일치하거나 가능한 한 그에 근접할 것이다.'(bk VII) 스미스에게 수요와 공급

법칙은 중력의 법칙만큼 자연스럽게 작동해야 한다.

24. Charles Davenant, 'A Memorial concerning the Coyn of England'(1695), in Abbot Payson Usher (ed.), *Two Manuscripts by Charles Davenant*(1942), pp. 20-21.

25. Charles Davenant, *An Essay on the East-India-Trade*(sn, 1696), pp. 25, 34.

26. Appleby, *Economic Thought and Ideology in Seventeenth-century England*, p. 169에서 인용된 Dudley North, *Discourses Upon Trade*(1691)를 보라. Terence Hutchison, *Before Adam Smith*(1988); Alessandro Roncaglia, *Petty: The Origins of Political Economy*(1985)와 비교하라.

27. Joyce Oldham Appleby, 'Locke, Liberalism and the Natural Law of Money' (1976); C. G. Caffentzis, *Clipped Coins, Abused Words, and Civil Government*(1989). Locke의 경우는 Patrick Hyde Kelly (ed.) *Locke on Money*(1991)를 보라.

28. Hirschman, *The Passions and the Interests*, p. 58.

29. Hirschman, *The Passions and the Interests*, p. 65. 앞의 7장을 보라.

30. Smith, *An Inquiry into the Nature and Causes of the Wealth of Nations*, vol. i, bk II, ch. 3, p. 341. 현대 경제학자들의 제한되고 종종 시대착오적인 관심사를 뛰어 넘는 스미스의 논의에 관해서는 Donald Winch, *Adam Smith's Politics*(1978)와 *Riches and Poverty*(1996)를 보라. Stephen Copley and Kathryn Sutherland (eds.), *Adam Smith's Wealth of Nations*(1995); V. Brown, *Adam Smith's Discourse*(1994).

31. Smith, *An Inquiry into the Nature and Causes of the Wealth of Nations*, vol. i, bk I, ch. IV, p. 37.

32. Smith, *An Inquiry into the Nature and Causes of the Wealth of Nations*, vol. i, bk I, ch. 2, pp. 26-7. 제임스 스튜어트 경에게 '공공선을 구성하는 것은 모든 사적 인 이해관계의 결합'이었다. 스미스는 따라서 '공공의 행복'은 흔히 사회의 모든 구성 원들이 '순전히 자신들의 사적 이익의 관점'에서 행동하며 '한푼을 벌 수 있을 때면 한푼을 버는' 원칙을 추구할 때 초래되는 의도하지 않은 결과라고 설명했다. John Barrell, *The Political Theory of Painting from Reynolds to Hazlitt*(1986), p. 49에서 인용.

33. Adam Smith, *Lectures on Jurisprudence*(1982[lectures given 1762-3]), vol. iv, p. 163. 이하의 논의는 Christopher J. Berry, *The Idea of Luxury*(1994), pp. 152-73에 크게 의존한다.

34. Smith, *An Inquiry into the Nature and Causes of the Wealth of Nations*, vol.

II, bk IV, ch. 9, p. 674. 스미스는 매뉴팩처(공장제 수공업―옮긴이) 시스템의 결점을 의식하지 못한 게 아니다.

> 인생 전체를, 그 효과가 언제나 똑같거나 거의 같은 몇 가지 간단한 동작을 수행하는 데 보내는 사람은, 결코 일어나지 않는 어려운 문제를 해소하는 방안을 찾아낼 창의력이나 이해력을 발휘할 기회가 없다. 따라서 그는 자연히 그러한 능력을 발휘하는 습관을 잃어버리고, 인간이 그렇게 될 수 있듯, 대체로 무지하고 무감한 존재가 되고 만다.

Smith, *An Inquiry into the Nature and Causes of the Wealth of Nations*, vol. ii, bk V, ch. 1, p. 782.

35. Smith, *Lectures on Jurisprudence*, p. 185.
36. Berry, *The Idea of Luxury*, p. 153.
37. Smith, *An Inquiry into the Nature and Causes of the Wealth of Nations*, vol. i, bk I, ch. 4, p. 37.
38. Smith, *An Inquiry into the Nature and Causes of the Wealth of Nations*, vol. i, bk I, ch. 2, p. 30. 이 표현은 흔히 되풀이된다.
39. Smith, *An Inquiry into the Nature and Causes of the Wealth of Nations*, vol. i, bk II, ch. 3, p. 341.
40. Adam Smith, *The Theory of Moral Sentiments*(1976[1759]), pp. 60, 292. 스미스는 가치의 원천과 관련하여 중농주의자들과 의견이 달랐다. Daniel Roche, *France in the Enlightenment*(1998), p. 122.
41. 'Digression on the Corn Trade' in Smith, *An Inquiry into the Nature and Causes of the Wealth of Nations*, vol. i, bk IV, ch. 5, p. 540.

> 자신의 처지를 개선하려는 모든 개인의 자연스러운 노력은 자유롭고 안전하게 발휘된다면 매우 강력한 원리이므로, 오로지 그 자체만으로 다른 어떤 도움도 없이 사회를 부와 번영으로 이끌 수 있을뿐더러, 인간의 법률의 오류가 흔히 그 작용을 번거롭게 하도록 세워놓은 부적절한 수많은 장애물도 뛰어넘을 수 있다.

42. Smith, *An Inquiry into the Nature and Causes of the Wealth of Nations*, vol. i, bk I, ch. I, pp. 22-3.
43. Smith, *Lectures on Jurisprudence*, p. 333.
44. Smith, *An Inquiry into the Nature and Causes of the Wealth of Nations*, vol. ii, bk V, ch. 1, p. 689. 흄에 관해서는 Eugene Rotwein, *David Hume: Writings*

on Economics(1970)를 보라.

45. Smith, *An Inquiry into the Nature and Causes of the Wealth of Nations*, vol. ii, bk V, ch. 1, p. 709.

46. Smith, *Lectures on Jurisprudence*, p. 14; Smith, *An Inquiry into the Nature and Causes of the Wealth of Nations*, vol. ii, bk V, ch 1, p. 714.

47. Smith, *An Inquiry into the Nature and Causes of the Wealth of Nations*, vol. ii, bk V, ch. 1, p. 712.

48. Smith, *An Inquiry into the Nature and Causes of the Wealth of Nations*, vol. ii, bk V, ch. 1, p. 717.

49. David Hume, *The History of England*(1894[1754-62]), vol. iii, p. 99; *cf.* vol. ii, p. 602. 흄의 경제학에 관해서는 Rotwein, *David Hume: Writings on Economics*; Meek, *Precursors of Adam Smith*, p. 43을 보라. 스미스가 흄에 기여한 바에 관해서는 Smith, *An Inquiry into the Nature and Causes of the Wealth of Nations*, vol. i, bk III, ch. 4, p. 412를 보라.

50. Smith, *An Inquiry into the Nature and Causes of the Wealth of Nations*, vol. i, bk III, ch. 4, p. 413.

51. Smith, *An Inquiry into the Nature and Causes of the Wealth of Nations*, vol. ii, bk IV, ch. 3, p. 660.

52. Smith, *An Inquiry into the Nature and Causes of the Wealth of Nations*, vol. i, bk III, ch. 4, p. 419.

53. Smith, *An Inquiry into the Nature and Causes of the Wealth of Nations*, vol. ii, bk V, ch. 1, p. 712. 흄은 '쓸모없는 장난감과 번드르르한 장신구'를 언급한다. John B. Stewart, *Opinion and Reform in Hume's Political Philosophy*(1992), p. 193.

54. Smith, *Lectures on Jurisprudence*, pp. 227, 416, 420.

55. Smith, *An Inquiry into the Nature and Causes of the Wealth of Nations*, vol. i, bk III, ch. 4, p. 421.

56. Smith, *An Inquiry into the Nature and Causes of the Wealth of Nations*, vol. i, bk III, ch. 4, p. 422. '의도하지 않은 결과들'에 관해서는 Christopher J. Berry, *Social Theory of the Scottish Enlightenment*(1997), pp. 39-47을 보라.

57. Smith, *An Inquiry into the Nature and Causes of the Wealth of Nations*, vol. i, bk I, ch. 1, p. 22

58. Smith, *An Inquiry into the Nature and Causes of the Wealth of Nations*, vol. i, bk I, ch. 1, p. 24.

59. 스미스가 솔직하게 표현했듯이, '시민 정부가 재산의 안전을 위해서 설립되었다면, 실제로는 빈자를 상대로 부자를 수호하기 위해, 다시 말해 무산자를 상대로 재산이 있는 자를 수호하기 위해 설립된 것이다.' Smith, *An Inquiry into the Nature and Causes of the Wealth of Nations*, vol. ii, bk V, ch. 1, p. 715.

60. Smith, *An Inquiry into the Nature and Causes of the Wealth of Nations*, vol. i, bk I, ch. 7, p. 80. 그는 구빈법 아래의 정주법도 자유에 대한 용납할 수 없는 침해라고 믿었다. Smith, *An Inquiry into the Nature and Causes of the Wealth of Nations*, vol. ii, bk V, ch. 1, p. 715.

61. Smith, *An Inquiry into the Nature and Causes of the Wealth of Nations*, vol. i, bk III, ch. 3, p. 400.

62. Smith, *An Inquiry into the Nature and Causes of the Wealth of Nations*, vol. ii, bk IV, ch. 9, p. 687.

63. Smith, *An Inquiry into the Nature and Causes of the Wealth of Nations*, vol. i, bk II, ch. 3, p. 346.

64. Smith, *Lectures on Jurisprudence*, p. 226.

65. Smith, *An Inquiry into the Nature and Causes of the Wealth of Nations*, vol. i, bk I, ch. 8, p. 99.

노동에 대한 넉넉한 보답은 번식을 장려하는 만큼 서민들의 근면도 증대시킨다. 임금은 근면을 장려하는 것으로서, 근면은 인간의 다른 자질과 마찬가지로 장려를 받는 만큼 늘어난다. 풍족한 부양 수단은 노동자의 신체적 힘과 자신의 처지를 개선할 수 있다는 안락한 희망을 증대시킨다. (…) 따라서 임금이 높은 곳에서는 노동자들이 임금이 낮은 곳에서보다 언제나 더 활동적이고 근면하며 신속함을 알 수 있다.

A. W. Coats, 'Changing Attitudes to Labour in the Mid-Eighteenth Century' (1958)를 보라. 스미스는 노동이 부를 창출한다고 보았다. 이런 측면에서 그는 프랑스 중농주의자들에게 어느 정도 빚지고 있다. Ian Ross, 'The Physiocrats and Adam Smith'(1984).

66. Smith, *An Inquiry into the Nature and Causes of the Wealth of Nations*, vol. i, bk I, ch. 8, p. 99.

67. Smith, *An Inquiry into the Nature and Causes of the Wealth of Nations*, vol. i, bk I, ch. 8, p. 99.

68. 이 주제에 관해서는 Istvan Hont and Michael Ignatieff, 'Needs and Justice in the *Wealth of Nations*: An Introductory Essay', in Istvan Hont and Michael

Ignatieff (eds.), *Wealth And Virtue*(1983), pp. 1-44. '국부론이 주로 정의의 문제를 다루고 있다'는 저자들의 주장은 과도한 듯하다(p. 2).

69. Smith, *The Theory of Moral Sentiments*, p. 86.

70. Smith, *The Theory of Moral Sentiments*, p. 86; cf. David Hume, *A Treatise of Human Nature*(1978[1739-40]), p. 497.

71. Smith, *The Theory of Moral Sentiments*, p. 82.

72. Smith, *The Theory of Moral Sentiments*, p. 231.

73. Adam Ferguson, *An Essay on the History of Civil Society*(1995[1767]), p. 255. 이 시론의 맥락은 10장에서 논의했다.

74. Ferguson, *An Essay on the History of Civil Society*, p. 255.

75. Ferguson, *An Essay on the History of Civil Society*, p. 210.

76. Ferguson, *An Essay on the History of Civil Society*, p. 152.

77. Ferguson, *An Essay on the History of Civil Society*, p. 155.

78. 스미스는 『국부론』, 『도덕 감정론』, 『천문학의 역사』(1795)에서 이 표현을 세 차례 사용했다. Berry, *Social Theory of the Scottish Enlightenment*, p. 44. Smith, *An Inquiry into the Nature and Causes of the Wealth of Nations*, vol. i, bk IV, ch. 2, p. 456도 보라.

79. Smith, *An Inquiry into the Nature and Causes of the Wealth of Nations*, vol. i, bk 4, ch. 2, p. 456. '보이지 않는 손'에 대한 논의는 Ronald Hamowy, *The Scottish Enlightenment and the Theory of Spontaneous Order*(1987), pp. 13-22(스미스의 경우); pp. 22-5(퍼거슨의 경우)를 보라.

80. Smith, *An Inquiry into the Nature and Causes of the Wealth of Nations*, vol. ii, bk IV, ch. 8, p. 654.

81. Smith, *An Inquiry into the Nature and Causes of the Wealth of Nations*, vol. ii, bk V, ch. 1, pp. 707-23의 논의를 보라.

82. 이 불일치는 분명히 '맨더빌의 역설'을 연상시킨다.

83. Smith, *The Theory of Moral Sentiments*, pp. 183-5.

84. Smith, *The Theory of Moral Sentiments*, p. 51.

85. Thomas Hobbes, *Leviathan*(1968[1651]), vol. ii, p. 16.

86. Smith, *The Theory of Moral Sentiments*, p. 183.

87 Smith, *The Theory of Moral Sentiments*, p. 229.

88 Smith, *The Theory of Moral Sentiments*, p. 50. 일찍이 바본은 그러한 '마음의 욕구들'에 대해 썼다. 15장의 논의를 보라.

89. Smith, *Lectures On Jurisprudence*, p. 488.

90. Smith, *The Theory of Moral Sentiments*, p. 223. 이는 물론 맨더빌의 생각이기도 하다.

91. 이것은 Elie Halévy, *The Growth of Philosophic Radicalism*(1972)의 중심 주제 가운데 하나다.

92. Edmund Burke, *The Works and Correspondence of the Right Honourable Edmund Burke*(1852), vol. ii, p. 398, letter from Burke to Arthur Young(23 May 1797).

93. Catherine Macdonald Maclean, *Born Under Saturn*(1943), p. 549.

18장 개혁

1. Jeremy Bentham, *A Fragment on Government*(1988[1776]), p. 3.

2. Michel Foucault, *Discipline and Punish*(1979), p. 222.

3. Joseph Priestley, *An Essay on the First Principles of Government*(1768), pp. 7-9.

4. 이러한 영국-라틴의 교육적·문화적 전통에 관해서는 J. C. D. Clark, *Samuel Johnson: Literature, Religion and English Cultural Politics from the Restoration to Romanticism*(1994), p. 2를 보라.

5. 그러한 '두 문화'의 분리에 관해서 언젠가 〈노리치 가제트Norwich Gazette〉는 '어느 라틴어 경구가 요전에 이 지면에 실렸었지만, 이제 우리 독자의 상당수가 그 언어에 익숙지 않으므로 저자는 동일한 견해를 영어로 옮기도록 설득되었다'고 밝혔다. Geoffrey Alan Cranfield, *The Development of the Provincial Newspaper 1700-1760*(1962), p. 105. 새로운 독자층이 생겨난 것이다. Peter Burke, *'Heu Domine, Adsunt Turcae'*(1991).

6. Margaret C. Jacob, *The Cultural Meaning of the Scientific Revolution*(1988), p. 139.

7. John Aikin, *An Address to the Dissenters of England on Their Late Defeat*(1790), p. 18; Isaac Kramnick, *Republicanism and Bourgeois Radicalism*(1990), p. 60; Penelope Corfield, *Power and the Professions in Britain 1700-1850*(1995)을 보라.

8. Anna Barbauld, *Address to Opposers of the Repeal of the Corporation and Test Acts*(1790), pp. 18, 25.

9. Mary Wollstonecraft, *A Vindication of the Rights of Woman*(1792), in *A*

Vindication of the Rights of Men with A Vindication of the Rights of Woman(1995), p. 132. 울스턴크래프트는 언젠가 '내가 귀부인이 아니라서 천만다행'이라고 말했다. Claire Tomalin, *The Life and Death of Mary Wollstonecraft*(1974), p. 59.

10. Joseph Priestley, *A View of the Principles and Conduct of the Protestant Dissenters with Respect to the Civil and Ecclesiastical Constitution of England*(1769), p. 5, and *Familiar Letters Addressed to the Inhabitants of the Town of Birmingham in Refutation of Several Charges Advanced Against the Dissenters and Unitarians, by the Revd Mr Madan*(1790-92), letter 4, p. 6; Richard Price, *The Evidence for a Future Period of Improvement in the State of Mankind, with the Means and Duty of Promoting It*(1787), pp. 41-4.

11. Thomas Holcroft, *The Adventures of Hugh Trevor*(1973[1794]), pp. 9, 158.

12. Crane Brinton, *The Political Ideas of the English Romanticists*(1926), p. 39. Mary Hays, *Memoirs of Emma Courtney*(1996[1796]), p. 49에서 한 등장인물은 '존재하는 것은 뭐든 틀렸다'는 반反포프적 철학을 주장한다. '인류 대부분의 잘못과 비참함의 근원은 정치 제도의 오류와 폐해로 거슬러갈 수 있다.'

13. Philip Harling, *The Waning of 'Old Corruption'*(1996), p. 1.

14. Jeremy Black, *An Illustrated History of Eighteenth-century Britain, 1688-1793*(1996), p. 51에서 인용.

15. Marilyn Butler, *Romantics, Rebels and Reactionaries*(1981)의 예리한 논의를 보라.

16. Samuel Johnson, preface to *A Dictionary of the English Language*(1755).

17. Ernest Mossner, *The Life of David Hume*(1970[1954]), pp. 10, 365; Charles Camic, *Experience and Enlightenment*(1983), p. 56. 흄의 서신에서 이와 관련한 또다른 언급들은 J. Y. T. Greig (ed.), *The Letters of David Hume*(1932), vol. i, pp. 86, 161, 170, 193, 355, 392, 451, 504; John B. Stewart, *The Moral and Political Philosophy of David Hume*(1963), p. 187을 보라.

18. Adam Smith, *The Theory of Moral Sentiments*(1976[1759]), pp. 245, 254.

19. William C. Lehmann, *John Millar of Glasgow, 1735-1801: His Life and Thought and His Contributions to Sociological Analysis*(1960), p. 35.

20. Edward Copeland, *Women Writing about Money*(1995), p. 167.

21. William Paley, *Reasons for Contentment Addressed to the Labouring Part of the British Public*(1793), p. 12. 해즐릿은 페일리를 '얼버무리는 신학자'라고 불렀다. Catherine Macdonald Maclean, *Born Under Saturn*(1943), p. 194. 그의 이전 급

진주의에 관해서는 이 장의 후반부를 보라.

22. Hays, *Memoirs of Emma Courtney*, p. 140. 헤이스는 이렇게 말한다. '유산으로 물려받은 쥐꼬리만한 돈은 내게 독립적 생활을 보장하기에 불충분했다—독립적 생활이라니!—나는 독립이라는 말을 되뇌었고 내 안의 심장이 죽어버린 느낌이 들었다'(p. 31).

23. 윌리엄 고드윈은 '성심성의가 인류의 습속에 도입되기만 하면 다른 미덕들도 반드시 뒤따라 드러나게 될 것'이라고 썼다. William Godwin, *Enquiry concerning Political Justice*(1985[1793]), p. 26.

24. 워즈워스는 곧 진정한 시란 '강력한 감정의 자발적인 흘러넘침'이라고 부르게 된다. Alan Bewell, *Wordsworth and the Enlightenment*(1989), pp. 30f.

25. Mrs Inchbald, *Nature And Art*(1796).

26. William Hazlitt, *Life of Thomas Holcroft*(1816), in *The Complete Works of William Hazlitt*(1932), vol. iii, p. 140; Holcroft, *The Adventures of Hugh Trevor*; Gary Kelly, *The English Jacobin Novel, 1780-1805*(1986), p. 114. 홀크로프트는 열정적인 프랑스 혁명 지지자였다. '새로운 예루살렘, 새로운 천년을 위하여 만세! 토머스 페인의 영혼에 평화와 영원한 지복이 함께하길.' Marilyn Butler, *Jane Austen and the War of Ideas*(1975), p. 49에서 인용. 성심성의는 은밀함을, 자애는 자기애를, 진실은 무지를 대체해야 한다.

27. Butler, *Jane Austen and the War of Ideas*, p. 42. Robert Bage의 *Man as He is*(1792)에서 땡전 한푼 없는 퀘이커교도 여주인공은 부유한 준남작이 사회의 소중한 일원임을 스스로 입증하기 전까지 그와 결혼하기를 거부한다.

28. Robert Bage, *Hermsprong, or Man as He is Not*(1951[1769]), ch. 76, p. 233.

29. John Cannon, *Parliamentary Reform 1640-1832*(1972), p. 66; Peter D. G. Thomas, *John Wilkes: A Friend to Liberty*(1996); James T. Boulton, *The Language of Politics in the Age of Wilkes and Burke*(1963); George Rudé, *Wilkes and Liberty*(1962).

30. 1760년 이후의 정치에 관해서는 H. T. Dickinson, *The Politics of the People in Eighteenth-century Britain*(1995), pp. 236f; J. G. A. Pocock (ed.), *The Varieties of British Political Thought, 1500-1800*(1993); John Brewer, 'English Radicalism in the Age of George III;(1980), pp. 323-67; Kramnick, *Republicanism and Bourgeois Radicalism*을 보라.

31. Carl B. Cone, *The English Jacobins*(1968), p. 50.

32. John Locke, *Tow Treatises of Government*(1988[1690]), p. 301; John Dunn, *Locke*(1984), p. 39에서 논의된다.

33. George Berkeley, 'On the Prospect of Planting Arts and Learning in America'(1752), in Roger Lonsdale (ed.), *The New Oxford Book of Eighteenth-century Verse*(1984), p. 175; W. H. G. Armytage, *Yesterday's Tomorrows*(1968), p. 26.

34. J. Hector St John de Crèvecoeur, *Letters from an American Farmer and Sketches of Eighteenth-century America*(1997[1782]), p. 64.

35. Richard Price, *Observations on the Importance of the American Revolution*(1784), pp. 1-2, 5; D. O. Thomas, *The Honest Mind*(1977), p. 264.

36. Mary P. Mack, *Jeremy Bentham, An Odyssey of Ideas, 1748-1792*(1962), p. 410.

37. William Blake, *America: A Prophecy*(1793), pt 4, l. 12, in G. Keynes (ed.), *Blake: Complete, Writings*(1969), p. 197; David V. Erdman, *Blake, Prophet against Empire*, 3rd edn(1954). 벤담은 미국을 찬탄했다. 비록 독립선언서의 형이상학적 자연권은 개탄했지만, 그는 미국을 '현재 지구상에서 가장 계몽된 나라는 아니라 해도 매우 계몽된 나라 중 하나인 그 신생국'이라고 칭송했다. Mack, *Jeremy Bentham, An Odyssey of Ideas, 1748-1792*, p. 410.

38. Kramnick, *Republicanism and Bourgeois Radicalism*, pp. 183f; Dickinson, *The Politics of the People in Eighteenth-century Britain*, pp. 237f; Peter Searby, *A History of the University of Cambridge*(1997), vol. iii, p. 297.

39. Kramnick, *Republicanism and Bourgeois Radicalism*, pp. 175f; Carla Hay, *James Burgh, Spokesman for Reform in Hanoverian England*(1979); Gerald Newman, *The Rise of English Nationalism*(1987), p. 197.

40. James Burgh, *Political Disquisitions*(1775). Newman, *The Rise of English Nationalism*, p. 197에서 논의된다.

41. J. C. D. Clark, *The Language of Liberty 1660-1832*(1994), p. 33.

42. Burgh, *Political Disquisitions*, vol. iii, pp. 458-60.

43. [David Williams], *Incidents in My Own Life Which Have Been Thought of Some Importance*(1980[1802?]). 런던의 마거릿가에 신설된 예배당, 즉 '신앙의 문제는 일체 배제하고 순수한 도덕성을 가르쳐야 하는 곳'에서 윌리엄스는 유럽에서 최초로 단순한 이신론에 바탕을 둔 예배 의식을 공개적으로 거행한 사람이었다. 그는 표현의 자유를 열정적으로 찬성했다. '나는 어째서 도둑들이 절도의 원칙을 설교해서는 안 되는지 모르겠다. 유혹자들은 유혹을, 간통자는 간통을, 반역자는 반역의 원칙을 설교하면 왜 안 되는가?' Martin Fitzpatrick, 'Toleration and the Enlightenment Movement'(2000). p. 44에서 인용. J. Dybikowski, *On Burning*

Ground(1993)를 보라.

44. Joseph Priestley, *Lectures on History and General Policy*, 4th edn(1826[1788]), lecture 18, p. 337; James Burgh, *Crito*(1767), vol. ii, p. 68; David Williams, *Lectures On Education*(1789), pp. 4, 64; Godwin, *An Enquiry concerning Political Justice*, pp. 42, 472; Isaac Kramnick, 'Eighteenth-century Science and Radical Social Theory'(1986).

45. Michael R. Watts, *The Dissenters*(1978), p. 380.

46. Leslie Stephen, *History of English Thought in the Eighteenth Century*(1962[1876]), vol. i, p. 358.

47. Martin Fitzpatrick, 'Heretical Religion and Radical Political Ideas in Late Eighteenth-century England'(1990), pp. 350-52; Searby, *A History of the University of Cambridge*, vol. iii, pp. 407f; A. M. C. Waterman, 'A Cambridge "Via Media" in Late Georgian Anglicanism'(1991).

48. Searby, *A History of the University of Cambridge*, vol. iii, p. 405; Anthony Page, 'Enlightenment and a "Second Reformation"'(1998)는 제브가 로크와 뉴턴을 칭송한 것을 강조한다. 고물 연구가이자 극렬 토리인 윌리엄 콜은 린지를 '국가와 교회의 근간을 뒤집을 때까지 결코 만족하지 않고 들썩이는 세대' 가운데 한 명으로 맹공격했다.

49. Anthony Hadley Lincoln, *Some Political and Social Ideas of English Dissent, 1763-1800*(1938), p. 320.

50. Dickinson, *The Politics of the People in Eighteenth-century Britain*, p. 168에서 인용.

51. 조지프 바버는 1778년부터 1791년까지 혹스턴의 복음주의 독립 아카데미의 교사였다. Alan P. F. Sell, *John Locke and the Eighteenth-century Divines*(1997), p. 14를 보라. 유니테리언주의는 1792년에 〈먼슬리 리뷰〉에 의해 삼위일체와 그리스도의 선재先在 및 속죄, 인간에게서 육신과 구분되는 영적 원리의 존재를 부정하는 것으로 정의되었다. 유니테리언주의는 대신에 신의 절대적 단일성, 그리스도의 인성, 선행의 필요성과 효능, 너그러운 신으로부터 죄 사함을 얻기 위해 대속代贖적인 희생 없이 회개만으로 충분함을 주장했다. G. M. Ditchfield, 'Anti-trinitarianism and Toleration in Late Eighteenth-century British Politics'(1991), p. 48을 보라. 소치니주의에 관해서는 Roland N. Stromberg, *Religious Liberalism in Eighteenth-century England*(1954); Knud Haakonssen (ed.), *Enlightenment and Religion*(1997); Lincoln, *Some Political and Social Ideas of English Dissent, 1763-1800*; Fitzpatrick, 'Heretical Religion and Radical Political Ideas in Late

Eighteenth-century England'; Ursula Henriques, *Religious Toleration in England 1783-1833*(1961); H McLachlan, *The Unitarian Movement in the Religious Life of England*(1931)를 보라.

52. 흄이 임종의 자리에서 저술을 마무리할 수 있게 카론에게 시간을 더 달라고 비는 모습을 상상했음이 기억날 것이다. 프리스틀리의 죽음을 두고는 다음과 같은 글이 쓰였다.

> 여기 오동나무 관 속에
> 프리스틀리 박사의 뼈와 두뇌,
> 살과 피, 혈관이
> 영혼과 함께
> 아주 잘 싸여서
> 편히 잠들도다.

Horton Davies, *Worship and Theology in England from Watts and Wesley to Martineau, 1690-1900*(1996), p. 91에서 인용. 프리스틀리를 다룬 전기로는 Ann Holt, *A Life of Joseph Priestley*(1931); Robert E. Schofield, *The Enlightenment of Joseph Priestley*(1997)를 보라.

53. Joseph Priestley, *Proper Objects of Education in the Present State of the World*(1791), pp. 22, 39. 아카데미의 자유주의적 분위기에 관해서는 Maclean, *Born Under Saturn*, p. 65를 보라.

54. Joseph Priestley, *Memoirs of Dr Joseph Priestley, Written on Himself*(1904[1795]), p. 4, para. 10. 이하의 내용은 J. A. Passmore, *Priestley's Writings on Philosophy, Science and Politics*(1965); Schofield, *The Enlightenment of Joseph Priestley*를 보라.

55. Priestley, *Memoirs of Dr Joseph Priestley, Written on Himself*, p. 5, para. 13.

56. Priestley, *Memoirs of Dr Joseph Priestley, Written on Himself*, p. 6, para. 14.

57. 비국교도들 사이에서 엄격한 칼뱅주의에 대한 반발이 커져갔다. 말년에 루시 에이킨은 1750년 무렵에 어떻게 비국교도들이 '칼뱅주의의 속박과 어둠에서 벗어나 신앙 체제와 더불어 매너도 부드러워졌는지'를 회상했다. Cone, *The English Jacobins*, p. 13.

58. Joseph Priestley, *Letter to the Right Honourable William Pitt*(1787), in John Towill Rutt (ed.), *The Theological and Miscellaneous Works of Joseph Priestley*(1817-32), vol. xix, p. 128. 비국교도 아카데미들의 자유주의에 관해서는

Watts, *The Dissenters*, pp. 370, 466을 보라. 조지프 프리스틀리는 1761년에 워링턴의 교사진에 합류했을 때, 그곳의 교수 세 명이 모두 아리우스파임을 발견했다.

59. Rutt, *The Theological and Miscellaneous Works of Joseph Priestley*, vol. i, p. 50n.

60. 특히 Joseph Priestley, *An Examination of Dr Reid's Inquiry into the Human Mind on the Principles of Commonsense* ...(1774), p. xxxvii; Joseph Priestley, *Disquisitions Relation to Matter and Spirit*(1777), p. 120을 보라. 프리스틀리는 성서를 제외하고 다른 어느 책보다 하틀리의 『고찰』에 크게 빚지고 있었다. *An Examination of Dr Reid's Inquiry into the Human Mind on the Principles of Commonsense* ..., p. 2.

61. Joseph Priestley, *Letters to a Philosophical Unbeliever*, letter IV, 'An Examination of Mr Hume's Dialogues on Natural Religion', vol. iv, p. 368.

62. Joseph Priestley, *Additional Letters to a Philosophical Unbeliever, in Answer to Mr William Hammon[i. e. Matthew Turner]*(1782).

63. Joseph Priestley, *Hartley's Theory of the Human Mind on the Principle of the Association of Ideas*(1775)와 Anthony Collins, *A Philosophical Inquiry concerning Human Liberty*(1790)에 대한 그의 서문.

64. Joseph Priestley, *The Rudiments of English Grammar*(1969[1761]), *A Chart of Biography*(1765), and *New Chart of History*(1769).

65. Joseph Priestley, *Course of Lectures on Oratory and Criticism*(1777), and *Remarks on Some Paragraphs in the Fourth Volume of Dr Blackstone's Commentaries on the Laws of England, Relating to the Dissenters*(1769).

66. Carl B. Cone, *Torchbearer of Freedom*(1952); Jack Fruchtman, Jr, *The Apocalyptic Politics of Richard Price and Joseph Priestley*(1983); William D. Hudson, *Reason and Right*(1970).

67. Joseph Priestley, *The History and Present State of Electricity, with Original Experiments*(1767).

68. Priestley, *The History and Present State of Electricity, with Original Experiments*, p. 711.

69. Priestley, *The History and Present State of Electricity, with Original Experiments*, p. 420.

70. Joseph Priestley, *The Scripture Doctrine of Remission*(1761).

71. Watts, *The Dissenters*, p. 477.

72. H. McLachlan, *English Education under the Test Acts*(1931), p. 168;

Fitzpatrick, 'Heretical Religion and Radical Political Ideas in Late Eighteenth-century England', p. 352.

73. Joseph Priestley, *An History of the Corruptions of Christianity*(1871[1782]), *An History of Early Opinions concerning Jesus Christ*(1786), 그리고 프리스틀리는 '끔찍한 타락'(p. x)에 대해 쓰고 '대속'과 '원죄'를 비성서적이라고 공격했다(pp. 93, 107). 그는 잉글랜드의 성직자들이 '계몽되었음'을 칭찬했고, 예수의 신성화(p. 108)와 '우상숭배'(p. 108)를 규탄했다—그런 것은 전부다 플라톤화(p. 113)이자 '동방 철학'(p. 132)이다. 프리스틀리가 보기에 '인류 만인의 어버이는 예수 그리스도로 하여금 회개자들에게 자비를 약속함으로써 인간이 덕을 실천하게 하는 임무를 맡긴' 것이다(p. 301).

74. Joseph Priestley, preface to *Letters to the Revd Edward Burn,* in Rutt, *The Theological and Miscellaneous Works of Joseph Priestley*, vol. xix, p. 310.

75. Letter from Gibbon(28 January 1783), in J. E. Norton (ed.), *The Letters of Edward Gibbon*(1956), vol. ii, p. 321.

76. [Joseph Priestley], *An Appeal to the Serious and Candid Professors of Christianity ... by a Lover of the Gospel*(1775).

77. Passmore, *Priestley's Writings on Philosophy, Science and Politics*, p. 17.

78. Joseph Priestley, *The Doctrine of Philosophical Necessity Illustrated*(1777), in Rutt, *The Theological and Miscellaneous Works of Joseph Priestley*, vol. iv, p. 450.

79. Passmore, *Priestley's Writings on Philosophy, Science and Politics*, p. 18.

80. Joseph Priestley, *The History of the Present State of the Discoveries Relating to Vision, Light, and Colours*(1772).

81. Joseph Priestley, *Experiments and Observations on Different Kinds of Air*(1774-7); R. G. W. Anderson and Christopher Lawrence (eds.), *Science, Medicine and Dissent*(1987); William H. Brock, *The Fontana History of Chemistry*(1992), pp. 99-101.

82. Priestley, *An Examination of Dr Reid's Inquiry into the Human Mind on the Principles of Commonsense*; Michael Barfoot, 'Priestley, Reid's Circle and the Third Organon of Human Reasoning'(1987). 리드는 로크의 관념 작동 방식과 버클리의 관념론, 흄의 회의주의를 거부했다. 그것들은 모두 신에 의해 창조된 현실이라는 공통 감각이 뒷받침하는 믿음을 약화시켰다. 『공통 감각 원리를 토대로 한 인간 정신 탐구An Inquiry into the Human Mind on the Principles of Common Sense』(1764)에서 리드는 영속적 현실에 대한 믿음은 직관적이지 감각적 지각에 의해 중개되지

않는다고 주장하며, 현실이 단순히 '관념들'로 이루어져 있다는 개념에 의문을 제기했다. Keith Lehrer, *Thomas Reid*(1989), p. 5.

83. Priestley, 'An Examination of Dr Reid's inquiry into the Human Mind on the Principles of Common Sense', in Rutt, *The Theological and Miscellaneous Works of Joseph Priestley*, vol. iii, pp. 4-5.

84. Priestley, introduction to 'Remarks on Dr Reid's Inquiry into the Principles of the Human Mind', in Rutt, *The Theological and Miscellaneous Works of Joseph Priestley*, vol. iii, p. 27.

85. Priestley, *Hartley's Theory of the Human Mind on the Principle of the Association of Ideas*(1775), in Rutt, *The Theological and Miscellaneous Works of Joseph Priestley*, vol. iii, p. 182.

86. Priestley, *Memoirs of Dr Joseph Priestley, Written on Himself*, p. 52, para. 124.

87. Priestley, *Disquisitions Relating to Matter and Spirit*. 그 맥락을 살핀 6장의 논의도 보라.

88. Priestley, *The Doctrine of Philosophical Necessity Illustrated*.

89. Joseph Priestley and Richard Price, *A Free Discussion of the Doctrines of Materialism and Philosophical Necessity*(1778), in Rutt, *The Theological and Miscellaneous Works of Joseph Priestley*, vol. iv, p. 72. 이런 생각들은 명백히 고드윈을 앞서 보여준다. 20장을 보라.

90. Priestley and Price, *A Free Discussion of the Doctrines of Materialism and Philosophical Necessity*, in Rutt, *The Theological and Miscellaneous Works of Joseph Priestley*, vol. iv, p. 74.

91. Priestley, *An Essay on the First Principles of Government*(1768): Elie Halévy, *The Growth of Philosophic Radicalism*(1972), p. 22; Joseph Priestley, *Political Writings*(1993)를 보라.

92. Priestley, *An Essay on the First Principles of Government*, in Rutt, *The Theological and Miscellaneous Works of Joseph Priestley, Works of Joseph Priestley*, vol. xxii, p. 11.

자유라는 말로 내가 표현하고자 하는 바가 무엇이냐고 묻는다면, 더 명료하게 설명하고자 자유를 두 종류로, 즉 **정치적** 자유와 **시민적** 자유로 나눠야 할 것이다. 그리고 이 주제에 관하여 명료하게 사고하는 것이 중요하기에, 미안하지만 다음과 같은 새로운 정의를 제시하고자 한다. 나는, **정치적 자유**를 국가 구성원들이 공직을 맡거나 적어도 공직을 채울 사람들을 임명하는 데 투표할 수 있도록 스스로에게 유보한 권력이라고 부르겠다. 시민적 자유는 국가 구성원들이 저마다 자유롭게 행동할 수 있는 권력으로서 국가 관리들이 침해해서는 안 되는 권력이라고 부르고 싶다.

Priestley, *Political Writings*, p. 12.

93. Priestley, *An Essay on the First Principles on Government*, in Rutt, *The Theological and Miscellaneous Works of Joseph Priestley*, vol. xxii, p. 13; Mack, *Jeremy Bentham, An Odyssey of Ideas, 1748-1792*, p. 103.

94. [Joseph Priestley], *A Free Address to Those Who Have Petitioned for the Repeal of the Late Act of Parliament in Favour of the Roman Catholics*(1780); Halévy, *The Growth of Philosophic Radicalism*, pp. 133f를 보라.

95. Priestley, *An Essay on the First Principles of Government*, in Rutt (ed.), *The Theological and Miscellaneous Works of Joseph Priestley*, vol. xxii, p. 57, and *A Free Address to Those Who Have Petitioned for the Repeal of the Late Act of Parliament in Favour of the Roman Catholics*; Halévy, *The Growth of Philosophic Radicalism*, p. 22.

96. Joseph Priestley, *Reflections on the Present State of Free Inquiry in This Country*(1785), in Rutt, *The Theological and Miscellaneous Works of Joseph Priestley*, vol. xviii, p. 544; Maurice Crosland, 'The Image of Science as a Threat'(1987). 이는 존슨 박사의 대답을 설명해준다. '아, 프리스틀리는 사악한 인간이지요, 선생. 그의 저작은 모든 것을 뒤흔듭니다.' Boswell Taylor, *Joseph Priestley: The Man of Science*(1954), p. 11에서 인용.

97. Joseph Priestley, 'Some Considerations on the State of the Poor in General' (1787), in Rutt, *The Theological and Miscellaneous Works of Joseph Priestley*, vol. xxv, p. 314; Kramnick, *Republicanism and Bourgeois Radicalism*, p. 54.

98. Joseph Priestley, *Letters to Edmund Burke Occasioned by His Reflections on the Revolution in France, &c.*(1791)와 그가 익명으로 출간한 *A Political Dialogue on the General Principles of Government*(1791).

99. Priestley, *Letters to the Right Hon. Edmund Burke*, in Rutt, *The Theological and Miscellaneous Works of Joseph Priestley*, vol. xxii, p. 203.

100. Priestley, *The Doctrine of Philosophical Necessity Illustrated*(1777), in Rutt, *The Theological and Miscellaneous Works of Joseph Priestley*, vol. xxii, p. 168.

101. Priestley, *A Political Dialogue on the General Principles of Government*, in Rutt, *The Theological and Miscellaneous Works of Joseph Priestley*, vol. xxv, p.

92.

102. Priestley, *A Political Dialogue on the General Principles of Government*, in Rutt, *The Theological and Miscellaneous Works of Joseph Priestley*, vol. xxv, p. 96.

103. Priestley, *A Political Dialogue on the General Principles of Government*, in Rutt, *The Theological and Miscellaneous Works of Joseph Priestley*, vol. xxv, p. 107.

104. Joseph Priestley, *Letter to the Right Hon. William Pitt*(1787), in Rutt, *The Theological and Miscellaneous Works of Joseph Priestley*, vol. xix, p. 118.

105. Joseph Priestley, *Discourses Relating to the Evidence of Revealed Religion*(1794-9); Kramnick, *Republicanism and Bourgeois Radicalism*, p. 75; Watts, *The Dissenters*, p. 486.

106. Joseph Priestley, *Letters to the Inhabitants of Northumberland*(1801), in Rutt, *The Theological and Miscellaneous Works of Joseph Priestley*, vol. xxv, p. 18.

107. Joseph Priestley, in Rutt, *The Theological and Miscellaneous Works of Joseph Priestley*, vol. ii, p. 404; Ian Wylie, *Young Coleridge and the Philosophers of Nature*(1989), p. 63. 넬슨의 승전들은 이사야서 19장에 담긴 예언들을 실현하는 것이고, 나폴레옹은 이집트에 약속된 구원자였다.

108. Priestley, *Disquisitions Relating to Matter and Spirit*; Kramnick, *Republicanism and Bourgeois Radicalism*, p. 97; John W. Yolton, *Thinking Matter*(1983), p. 113.

109. Joseph Priestley, *The Importance and Extent of Free Inquiry in Matters of Religion*(1785), in Rutt, *The Theological and Miscellaneous Works of Joseph Priestley*, vol. xv, p. 78; Priestley, *Political Writing*, p. xxiv. 진리와 '탐구'에 관한 고드윈의 가르침과 비교하라.

110. Joseph Priestley, *Letter to the Right Honourable William Pitt*(1787)를 보라.

111. Priestley, *Letter to the Right Honourable William Pitt*, in Rutt, *The Theological and Miscellaneous Works of Joseph Priestley*, vol. xix, p. 125.

112. 벤담에 대한 개관으로는 Mack, *Jeremy Bentham, An Odyssey of Ideas, 1748-1792*; J. Dinwiddy, *Bentham*(1989); Ross Harrison, *Bentham*(1983); Bentham, *A Fragment on Government*, p. 29를 보라.

113. Bentham, *A Fragment on Government*. 벤담은 이 글이 '인류 전반에게 법 영역에서 권위와 조상 숭배의 제약으로부터 벗어날 것을 요청하는 최초의 출판물'이라

고 생각했다(p. vi). 법률과 법률 개혁에 관해서는 David Lieberman, *The Province of Legislation Determined*(1989)를 보라. 벤담과 기번 둘 다 재커바이트 토리 가문 출신인 것은 도저히 우연이라고 할 수 없다.

114. Bentham, *A Fragment on Government*, p. 3.

115. 이하의 설명은 Harrison, *Bentham*.

116. James E. Crimmins, *Secular Utilitarianism*(1990), p. 88.

117. D. J. Manning, *The Mind of Jeremy Bentham*(1968), pp. 37, 59는 Bentham, *Plan of Parliamentary Reform*(1817), p. cxcviii를 인용한다.

118. 이에 대한 설명으로는 Dinwiddy, *Bentham*; Harrison, *Bentham*; Mack, *Jeremy Bentham, An Odyssey of Ideas, 1748-1792*를 보라. 그는 브리소에게 다음 과 같이 썼다. '당신이 인간의 권리에 관한 선언을 출간하는 일을 떠맡아서 안타깝 습니다. 그것은 형이상학적인 글, 형이상학의 완벽한 전형이지요. 필요악일지도 모르 겠지만 어쨌거나 악입니다.' Halévy, *The Growth of Philosophic Radicalism*, p. 174.

119. Bentham, *A Fragment of Government and An Introduction to the Principles of Morals and Legislation*; Charles F. Bahmueller, *The National Charity Company*(1981), p. 203.

120. Bentham, *A Fragment on Government and An Introduction to the Principles of Morals and Legislation*; Halévy, *The Growth of Philosophic Radicalism*, p. 30.

121. Mack, *Jeremy Bentham, An Odyssey of Ideas, 1748-1792*, p. 129.

122. Mack, *Jeremy Bentham, An Odyssey of Ideas, 1748-1792*, pp. 120, 129. 벤담 은 '환언'의 방법을 대용했다. '한 단어를 정의하는 것은 그것이 나타내는 생각을 감 각 인상들, 즉 쾌락과 고통을 토대로 하여 더 단순한 말들로 해소하는 것이다.' Mack, *Jeremy Bentham, An Odyssey of Ideas, 1748-1792*, p. 155.

123. William Hazlitt, *The Spirit of the Age*(1971[1825]), p. 25.

124. 핀 놀이는 주점에서 하는 놀이였다. 섹스에 대한 벤담의 견해는 2장에서 논의되 었다.

125. Simon Schaffer, 'States of Mind'(1990), p. 288; Ruth Richardson, *Death, Dissection and the Destitute*(1987); Tim Marshall, *Murdering to Dissect*(1995).

126. 벤담의 유언장(1769년 8월 24일자)에 관해서는 A. Taylor Milne (ed.), *The Correspondence of Jeremy Bentham*(1981), vol. i, p. 136을 보라. 벤담의 자가 조 상auto-icon은 런던 유니버시티 칼리지에 안치되어 있다.

127. John Bowring, *The Works of Jeremy Bentham*(1995[1843]), vol. ii, p. 501.

128. Schaffer, 'States of Mind', p. 274; Crimmins, *Secular Utilitarianism*.

129. Halévy, *The Growth of Philosophic Radicalism*, p. 291.

130. Bowring, *The Works of Jeremy Bentham*, vol. x, p. 595.

131. 벤담에 관해서는 Janet Semple, *Bentham's Prison*(1993), p. 28을 보라. Jonas Hanway, *Solitude in Imprisonment*(1776), p. 210도 보라 ― 벤담보다는 한웨이가 독방 시스템의 기획자였고, 벤담은 과도한 고독은 죄수들을 미쳐버리게 만들지 않을 까 우려했다. Margaret Delacy, *Prison Reform in Lancashire, 1700-1850*(1986); R. Evans, *The Fabrication of Virtue*(1982); Foucault, *Discipline And Punish*; Michael Ignatieff, *A Just Measure of Pain*(1978); V. A. C. Gatrell, *The Hanging Tree*(1994); John Bender, *Imagining the Penitentiary*(1987); Norval Morris and David J. Rothman (eds.), *The Oxford History of the Prison*(1995). 규율 사회 의 출현에 대한 더 일반적인 논의는 Mitchell Dean, *The Constitution of Poverty*(1991)를 보라.

132. Ignatieff, *A Just Measure of Pain*.

133. Semple, *Bentham's Prison*, p. 116.

134. Milne, *The Correspondence of Jeremy Bentham*, vol. iv, p. 342.

135. Semple, *Bentham's Prison*, pp. 100, 288, and 'Foucault and Bentham: A Defence of Panopticism'(1992); Jeremy Bentham, *The 'Panopticon' Writings*(1995), p. 100; Jeremy Bentham, *Panopticon*(1791).

136. Halévy, *The Growth of Philosophic Radicalism*, p. 84; Semple, *Bentham's Prison*, p. 112의 논의를 보라.

137. Foucault, *Discipline And Punish*; Ignatieff, *A Just Measure of Pain*; Duncan Forbes, *Hume's Philosophical Politics*(1975). 더욱이 벤담에게 파놉티콘 ―'당시 나로 하여금 세계를 혁명적으로 변화시킬 꿈을 꾸게 한 그 도구' ―의 장점은 효율적 통제의 모델로서 각종 사회적 목적에 부합하도록 적용될 수 있다는 것이었다. 그것 은 심지어 양계장에도 설치될 수 있었다.

138. Semple, *Bentham's Prison*, p. 301.

139. Bentham, *Panopticon*. 벤담은 자신이 신 행세를 하고 있음을 알고 있었다. 그 는 이 계획이 '감독관의 외견상 편재성(신적 존재가 이런 표현을 허락한다면 말이 다)'과 '그가 현장에 실제로 있을 때 극도의 편의'를 결합할 것이라고 썼다.

140. Mack, *Jeremy Bentham, An Odyssey of Ideas, 1748-1792*, p. 337. 벤담은 자신 의 '광기'를 인식하고 있었다. '파놉티콘 관련 서류를 들여다보고 싶지 않다. 그건 마 치 악마를 가둬놓은 서랍을 여는 것 같다. 유령 들린 집에 들어가는 기분이다.' Gertrude Himmelfarb, *Victorian Minds*(1968), p. 32에서 인용.

141. Samuel Romilly, *Memoirs of the Life of Sir Samuel Romilly*(1971[1840]).

142. B. Mazlish, *James and John stuart Mill: Father and Son in the Nineteenth Century*(1975); Halévy, *The Growth of Philosophic Radicalism*, p. 249. 1817년에 제임스 밀은 '내게 책을 집필할 시간이 있다면, 인간 정신을 채링크로스부터 세인트폴 성당까지 뻗은 도로만큼 명백하게 만들 것'이라고 공언했다. Schaffer, 'States of Mind', p. 289.

143. Dudley Miles, *Francis Place 1771-1854: The Life of a Remarkable Radical*(1988), pp. 139f; Mary Thale (ed.), *The Autobiography of Francis Place(1771-1854)*(1972); Bahmueller, *The National Charity Company*, p. 94. 다른 성적 급진주의자들로는 M. L. Bush (ed.), *What Is Love?*(1988)를 보라. 플레이스는 빅토리아 여왕의 딸의 세례를 두고 '이런 야만적 의식이 중단될 날이 분명 올 것'이라고 촌평했다. Thale, *The Autobiography of Francis Place*, pp. xii, xxiii.

144. Waterman, 'A Cambridge "Via Media" in Late Georgian Anglicanism', p. 423; M. L. Clark, *Paley: Evidences for the Man*(1974). 페일리는 퍽 급진적이긴 했어도 자기 양심을 지킬 수 없다는 근거에서, 39개조 서명 반대 운동을 벌이는 제브에 대한 지지를 거부했다고 한다. 페일리 이전의 신학적 공리주의자들에 관해서는 Jacob Viner, *The Role of Providence in the Social Order*(1972), p. 71을 보라.

145. 여러분이 밀밭에 나가 비둘기떼를 보게 된다면, 비둘기들이 저마다 원하는 대로 곡식을 쪼는 대신, 그중 99마리는 자기들에게는 쭉정이와 겨만 남기고 자기들이 가진 모든 것을 모아서 쌓은 다음, 한 마리, 가장 약하고 어쩌면 그 비둘기떼 가운데 가장 나쁠지도 모르는 비둘기를 위해 이렇게 쌓아둔 곡식을 지키는 모습을 보게 될 것이다. 겨우내 이 비둘기가 그 곡식을 먹어치우고, 사방에 흘리고, 낭비하는 동안, 다른 비둘기들은 가만히 앉아서 구경만 할 뿐이다. 남들보다 더 대담하거나 더 배가 고픈 비둘기 한 마리가 이렇게 모아둔 곡식을 한 알이라도 손대면, 다른 비둘기들이 즉시 그놈을 덮쳐서 갈가리 찢어놓는다. 만약 여러분이 이런 광경을 보게 된다면, 오늘날 인간들 사이에서 확립되고 실행되는 관행을 보고 있는 것일 뿐이다.

William Paley, *The Principles of Moral and Political Philosophy*(1785), p. 93. Searby, *A History of the University of Cambridge*, vol. iii, p. 307; Waterman, 'A Cambridge "Via Media" in Late Georgian Anglicanism', p. 423을 보라.

146. Searby, *A History of the University of Cambridge*, vol. iii, p. 307; Paley, *The Principles of Moral and Political Philosophy*, and *Reasons for Contentment Addressed to the Labouring Poor of the British Public*(1793).

147. Thomas Walker, *A Review of Some of the Political Events Which Have*

Occurred in Manchester During the Last Five Years, etc.(1794), p. 46. Kraminck, *Republicanism and Bourgeois Radicalism*, p. 57에서 인용. Frida Knight, *The Strange Case of Thomas Walker*(1957)도 보라.

19장 진보

1. Edward Young, *Night Thoughts on Life, Death and Immortality*(1780), bk vi, l. 691.
2. Thomas Holcroft, preface to *The Adventures of Hugh Trevor*(1973[1794]), pp. vi-vii.
3. 애니 와트가 아들 그레고리에게, Margaret C. Jacob, *Scientific Culture and the Making of the Industrial West*(1997), p. 124에서 인용.
4. Josiah Tucker, *Four Tracts*(1774), p. 23.
5. Desmond King-Hele (ed.), *The Letters of Erasmus Darwin*(1981), p. 16, letter 63a, to Matthew Boulton(1 July 1763).
6. 역사적 조망에 관해서는 Stephen Bann, *The Clothing of Clio*(1984); Laird Okie, *Augustan Historical Writing*(1992); Karen O'Brien, *Narratives of Enlightenment*(1997)를 보라.
7. Mary Wollstonecraft, *A Vindication of the Rights of Woman*(1792), in *A Vindication of the Rights of Men with A Vindication of the Rights of Woman*(1995), p. 82. 이에 대한 논의는 Jerome Hamilton Buckley, *The Triumph of Time*(1967); Robert Nisbet, *History of the Idea of Progress*(1980); Sidney Pollard, *The Idea of progress*(1968); R. V. Sampson, *Progress in the Age of Reason*(1956); D. Spadafora, *The Idea of Progress in Eighteenth-century Britain*(1990); Ernest Lee Tuveson, *Millennium and Utopia*(1964)를 보라.
8. Paul K. Alkon, *Origins of Futuristic Fiction*(1987); I. F. Clarke, *The Pattern of Expectation 1644-2001*(1979), p. 16을 보라.
9. William C. Lehmann, *John Millar of Glasgow, 1735-1801: His Life and Thought and His Contributions to Sociological Analysis*(1960), p. 218에서 인용.
10. Richard Price, *Observations on the Nature of Civil Liberty, the Principles of Government, and the Justice and Policy of the War with America*(1776), p. 5, and *The Evidence for a Future Period of Improvement in the State of Mankind*(1787), p. 12; Spadafora, *The Idea of Progress in Eighteenth-century*

Britain, p. 237. 로에 관해서는 R. S. Crane, *The Idea of the Humanities and Other Essays Historical and Critical*(1967), vol. i, pp. 216-18을 보라.

11. Thomas Robert Malthus, *An Essay on the Principle of Population*(1798), pp. 1-2.

12. John Aikin, *Letters from a Father to His Son*, 3rd edn(1796[1792-3]), contents list.

13. David Hartley, *Observations on Man, His Frame, His Duty and His Expectations*(1749), p. 376; Martin Fitzpatrick, 'Heretical Religion and Radical Political Ideas in Late Eighteenth-century England'(1990), p. 343에서 인용.

14. 1760년대 조지프 프리스틀리는 학생들에게 '지금 세계의 상태는 이전 어느 시기보다 훨씬 낫다'고 말했다. 후세대는 '더 현명할 것'이 분명 '확실'하며, '따라서 그들이 우리보다 더 나을 것이라는 가정은 공평한 가정이다.' '그러므로 이 세계가 어떻게 시작되었든, 그 끝은 우리가 지금 상상할 수 있는 것을 뛰어넘어 찬란한 낙원과 같을 것이다.' *Lectures On History*(1793), lectures 38 and 56, in John Towill Rutt (ed.), *The Theological and Miscellaneous Works of Joseph Priestley*(1817-32), vol. xxiv, pp. 225, 425.

15. J. H. Plumb, 'The Acceptance of Modernity'(1982), p. 332; Stephen Daniels, *Fields of Vision*(1993), pp. 80f; Miles Ogborn, *Spaces of Modernity*(1998), p. 23.

16. Edward Gibbon, *The History of the Decline and Fall of the Roman Empire*(1994[1781]), vol. ii, ch. 38, p. 516. Joseph M. Levine, *The Battle of the Books*(1992), pp. 178f; Nisbet, *History of the Idea of Progress*, p. 187; Spadafora, *The Idea of Progress in Eighteenth-century Britain*; and J. G. A. Pocock, *Barbarism and Religion*(1999), vol. ii의 논의를 보라.

17. Buckley, *The Triumph of Time*. 피콕의 『헤들롱 홀Headlong Hall』(1816)의 등장인물 포스터 씨와 비교하라. 포스터 씨는 '도로와 철도, 운하와 터널, 공장과 기계 같은 주제에 관해 대단히 정력적으로 의견을 늘어놓는' 인물로, '한마디로, 우리가 보는 모든 것이 모든 기술 분야에서 인류의 진보를 증언하고, 무제한적 완벽 상태를 향한 점진적 발전을 입증합니다'라고 말한다. David Garnett (ed.), *The Novels of Thomas Love Peacock*(1948), p. 11.

18. John Money, 'Public Opinion in the West Midlands, 1760-1793'[1967], 'Taverns, Coffee Houses and Clubs'(1971), *Experience and Identity*(1977), and 'Birmingham and the West Midlands 1760-1793(1990); Jacob, *Scientific Culture and the Making of the Industrial West*; Kathleen Wilson, *The Sense of*

the People(1995).

19. William Turner, *Speculations on the Propriety of Attempting the Establishing a Literary Society in Newcastle upon Tyne*(np, 1793), p. 3.

20. Thomas Henry, 'On the Advantages of Literature and Philosophy in General, and Especially on the Consistency of Literary and Philosophical with Commercial Pursuits'(1785), pp. 7 and 9. 이래즈머스 다윈은 더비 철학회를 위하여 '신사다운 사실들'을 추구했다. A. E. Musson and Eric Robinson, *Science and Technology in the Industrial Revolution*(1969), p. 192를 보라.

21. William Hutton, *An History of Birmingham*, 3rd edn(1795), pp. 88-91.

22. Robert E. Schofield, *The Lunar Society of Birmingham*(1963), p. 440; Paul Langford, *Englishness Identified*(2000), p. 76. 다윈은 더 나아가 더비에서 유사한 협회를 설립하는 일도 도왔다. Eric H. Robinson, 'The Derby Philosophical Society'(1953). 루나 소사이어티와 특히 거기서 이래즈머스 다윈의 역할은 이하에서 논의된다. Musson and Robinson, *Science and Technology in the Industrial Revolution*.

23. Erasmus Darwin, *Phytologia*(1800), p. vii.

24. 불평등은 극단적 노예제와 전제정으로 나아가지 않는 한 진보적이었다. 다윈은 '현세계에서 인류의 불평등은 인류의 최대 육성과 최대 행복을 산출하려는 목적을 이루기에는 너무 심하다'고 평가했다. Darwin, *Phytologia*, pt ii, pp. 415-16. '누군가는 생각하고'는 *Zoonomia*, 3rd edn(1801[1794-6], pt ii, p. 416에 나온다.

25. G. E. Mingay (ed.), *Arthur Young and His Times*(1975); Harriet Ritvo, 'Possessing Mother Nature'(1995).

26. Ritvo, 'Possessing Mother Nature'. 자신이 고용한 노동자들에 대한 조사이어 웨지우드의 목표와 비교하라. 이하를 보라.

27. Maureen McNeil, *Under the Banner of Science*(1987), p. 168에서 인용.

28. James Thomson, 'The Development of Civilization' from 'Autumn', *The Seasons*(1744), ll. 1826-30.

29. Daniel Defoe, *Robinson Crusoe*(1985[1719]), p. 85.

30. Pat Hudson, *The Industrial Revolution*(1989).

31. Francis D. Klingender, *Art and the Industrial Revolution*(1975), p. 25; Maxine Berg, *The Age of Manufactures, 1700-1820*(1994). 이에 대한 역사서술로는 David Cannadine, 'The Present and the Past in the English Industrial Revolution, 1880-1980'(1984); Julian Hoppit, 'Understanding the Industrial Revolution'(1987)을 보라.

32. Klingender, *Art and the Industrial Revolution*; Charlotte Klonk, *Science and the Perception of Nature*(1996); Daniels, *Fields of Vision*(1993), p. 57.

33. H. M. Dickinson, *Matthew Boulton*(1937), p. 113.

34. Neil McKendrick, 'Josiah Wedgwood and Factory Discipline'(1961).

35. Josiah Wedgwood, *An Address to the Young Inhabitants of the Pottery*(1783), p. 22.

36. Isaac Kramnick, 'Children's Literature and Bourgeois Ideology'(1983).

37. George Birkbeck Hill, *Boswell's Life of Johnson*(1934-50), vol. 2, p. 459.

38. Daniels, *Fields of Vision*, p. 49.

39. J. H. Plumb, *Men and Places*(1966), p. 134에서 인용. 이래즈머스 다윈은 바보란 '자기 인생에서의 실험을 싫증 낼 줄 모르는 사람'이라고 농담조로 말했다.

40. Stephen Daniels, 'The Political Iconography of Woodland in Later Georgian England'(1988), p. 44에서 인용.

41. Robert Owen, *Observations on the Effect of the Manufacturing System*(1815), pp. 1-2. 오언의 협동 마을들은 코벳에 의해 '빈곤 상태의 평행사변형'이라고 비판받았다(오언이 건설한 자급자족 공동체의 부지 형태가 평행사변형이었다 — 옮긴이).

42. Owen, *Observations on the Effect of the Manufacturing System*, pp. 3-9.

43. Owen, *Report to the County of Lanark*(1969[1813]), p. 129.

44. Robert Owen, *A New View of Society*(1813), pp. 28-9. Owen, *Report to the County of Lanark*; W. H. G. Armytage, *Heavens Below*(1961), p. 77. 새로운 사회의 새로운 인간을 위한 그의 원대한 계획은 다음과 같았다.

인격 형성과 하층민들의 전반적 개량을 위한 국가적이고, 철저히 숙고되고, 비非배타적인 시스템. 이 주제에 헌신한 삶의 경험에 근거하여 어느 공동체의 성원이든 나태와 빈곤, 범죄, 처벌이 없이 살아가도록 점진적으로 육성될 수 있다고 주저 없이 말하겠다. 나태와 빈곤, 범죄와 처벌은 각각 현재 세계에 만연한 여러 시스템의 오류가 낳은 결과이기 때문이다. 그것들은 전부 무지의 필연적 소산이다.

Owen, *Report to the County of Lanark*, p. 129. 이 발언은 매우 고드윈적인 느낌이 든다.

45. Robert Owen, *The Book of the New Moral World*(1836), vol. i, p. 3.

46. Armytage, *Heavens Below*, P. 77에서 인용.

47. Bewell, *Wordsworth and the Enlightenment*, pp. 6-7; Edward Duffy, *Rousseau in England*(1979), pp. 2f; Percy Bysshe Shelley, *The Triumph of*

Life(1965[1824]).

48. Richard Payne Knight, *The Progress of Civil Society*(1796), pp. 77-8; Bewell, *Wordsworth and the Enlightenment*, p. 6. McNeil, *Under the Banner of Science*; Michael Clarke and Nicholas Penny (eds.), *The Arrogant Connoisseur*(1982), pp. 10f; Ronald L. Meek, *Social Science and the Ignoble Savage*(1975), p. 211을 보라.

49. McNeil, *Under the Banner of Science*; Desmond King-Hele, *Erasmus Darwin: A Life of Unequalled Achievement*(1999), *The Letters of Erasmus Darwin*(1981), and *Erasmus Darwin and the Romantic Poets*(1986)를 보라.

50. R. L. Edgeworth and M. Edgeworth, *Practical Education*(1798); Erasmus Darwin, *Plan for the Conduct of Female Education*(1797).

51. 다윈의 주요 저작은 *The Botanic Garden*(1789-91), *Zoonomia*(1794-6), *Phytologia*(1800), and *The Temple of Nature*(1803)이다. *Zoonomia*의 '이론'에 관해서는 vol. i, p. viii를 보라.

52. Schofield, *The Lunar Society of Birmingham*, pp. 75, 108, 154.

53. Darwin, *The Botanic Garden*; Janet Browne, 'Botany for Gentlemen'(1989).

54. Charles Darwin, *Life of Erasmus Darwin*(1887), pp. 35-6에서 인용.

55. King-Hele, *The Letters of Erasmus Darwin*, p. 8, letter no. 54A, to Thomas Oakes(23[?] November 1754). 콜리지는 1796년 더비를 방문했을 때 다윈한테 깊은 인상을 받았지만, 그가 기독교도가 아님을 깨달았다.

더비는 진기한 것들, 면직물, 견직 공장, 화가 라이트와 다윈 박사 (⋯) 온갖 것들이 넘쳐납니다. 기독교도만 빼고! 다윈 박사는 아마도 유럽의 어느 누구보다 광범위한 지식을 보유하고 있을 것이고, 가장 창의적인 철학인(자연철학자, 즉 현대적 의미로는 과학자에 가깝다─옮긴이)일 것입니다. 그는 종교를 제외한 모든 주제에 관해 줄줄이 **새롭게** 사고합니다. 박사는 종교를 화제로 내게 농담을 했습니다. (⋯) 그는 불신앙에는 어떤 **자명함**이 있다고 여기며 직관에 의해 무신론자가 되었습니다. 사도 바울께서 잘 말하셨지요, '믿지 않는 악한 **마음**이 있다'고.

Earl Leslie Griggs (ed.), *Collected Letters of Samuel Taylor Coleridge*(1956-68), vol. i, pp. 177-8, 216.

56. King-Hele, *The Letters of Erasmus Darwin*, p. 104, letter no. 81A, to James Watt(6 January 1781).

57. King-Hele, *Doctor of Revolution*(1977), p. 75.

58. King-Hele, *Erasmus Darwin: A Life of Unequalled Achievement*, p. 102.

59. C. C. Hankin (ed.), *Life of Mary Anne Schimmelpenninck*(1858), vol. i, pp. 151-3, 242.

60. King-Hele, *The Letters of Erasmus Darwin*, p. 42, letter no. 67A, to unknown man(7 February 1767); Mark Jackson, *New-Born Child Murder*(1996).

61. Darwin, *Zoonomia*, vol. ii, pp. 526-7. '제정신이 아닌 인류의 현재 상태에서 (···) 전쟁과 전쟁 준비에 거의 모든 나라들의 재간과 노고가 투입된다. 인류는 짐승 세계를 파괴하고 노예로 삼듯이 서로를 파괴하고 노예로 삼는다.'

62. King-Hele, *The Letters of Erasmus Darwin*, p. 189, letter no. 89D, to Josiah Wedgwood(13 April 1789). 노예 목줄에 관해서는 Folarin Shyllon, *Black People in Britain 1555-1833*(1977), p. 9를 보라.

63. 그리하여 '변증 신학이라는 보람 없는 분야'를 떠날 것을 요구받자 프리스틀리는 반발했다. '그러나 외람되지만 저는 여전히 철학적 연구에 신학을 포함시키고, 인류에 대한 중요성에서 후자보다 농부가 훨씬 더 우월하다고 여깁니다.' King-Hele, *Erasmus Darwin: A Life of Unequalled Achievement*, p. 257.

64. Darwin, *Zoonomia*, 3rd edn, vol. ii, p. 505. McNeil, *Under the Banner of Science*, pp. 100f에서 인용.

65. McNeil, *Under the Banner of Science*; King-Hele, *Doctor of Revolution*; Roy Porter, 'Erasmus Darwin: Doctor of Evolution?'(1989); P. J. Bowler, *Evolution: The History of an Idea*(1984).

66. Darwin, *Zoonomia*, vol. i, p. 514.

67. Darwin, *Zoonomia*.

68. Darwin, *Zoonomia*, vol. i, p. 505.

69. Darwin, *Zoonomia*, vol. i, p. 92. Karl Figlio, 'Theories of Perception and the Physiology of Mind in the Late Eighteenth Century'(1975)도 보라.

70. Darwin, *Zoonomia*, vol. i, p. 148.

71. Darwin, *Zoonomia*, vol. i, p. 96.

72. Darwin, *Zoonomia*, vol. i, p. 72.

우리의 모든 감정과 정념은 동물적 감각중추의 이러한 능력들의 발휘로부터 생겨나는 것 같다. 자부심, 희망, 기쁨은 특정한 쾌락들을 이르는 이름이다. 수치심, 절망, 슬픔은 특정한 고통들을 이르는 이름이다. 그리고 사랑, 야심, 탐욕은 특정한 욕망들을, 증오와 혐오, 공포와 불안은 특정한 반감들을 이르는 이름이다.

73. Darwin, *Zoonomia*, vol. i, p. 376.

74. 모방과 습관을 통한 정신의 교육은 다윈의 『여성 교육 수행을 위한 방안Plan for the Conduct of Female Education』의 핵심 주제다. 모방에 관한 다윈의 시각은 『자연의 신전 The Temple of Nature』(1803), p. 107, canto 3, ll. 285-8에서 가장 생생하게 설명된다.

75. Darwin, *Zoonomia*, vol. i, p. 376.

인간은 아리스토텔레스에 의해서 모방의 동물로 일컬어진다. 이 모방 성향은 아이들의 행동뿐만 아니라 세상의 모든 관습과 유행 풍조에서 드러난다.

76. Darwin, *Zoonomia*, vol. i, pp. 38, 61, 76.

77. Darwin, *Zoonomia*, vol. i, p. 13.

연합은, 모종의 선행 또는 동반된 섬유 수축 결과로서, 근육이나 감각기관에 자리한 감각 중추의 어떤 말단 부위의 변화나 운동이다.

78. Darwin, *Zoonomia*, vol. ii, p. 255.

79. Darwin, *Zoonomia*, vol. ii, p. 263; McNeil, *Under the Banner of Science*, pp. 98f.

80. Darwin, *Zoonomia*, vol. ii, pp. 264, 270; James Blondel, *The Strength of Imagination in Pregnant Women Examin'd*(1727); Dennis Todd, *Imagining Monsters*(1995)를 보라.

81. Darwin, *Zoonomia*, vol. ii, p. 270.

82. Darwin, *Phytologia*, pt 3, p. 557.

83. Darwin, *Zoonomia*, vol. ii, pp. 13-14. 그러므로 다윈은 타히티의 즐거운 에로티시즘을 상찬했다. '문란한 하나의 결혼을 이루는 각 100명의 남녀.'

남쪽 땅에서 흡족한 비너스는
오타헤이테의 평원에 미소를 흘리며
섬에 비단 그물을 펼치니,
사랑은 자연의 법칙을 뺀 모든 것을 비웃네.

The Botanic Garden, p. 200, canto 4. 11장의 논의를 보라.

84. Darwin, *Zoonomia*, vol. ii, p. 235.

85. Darwin, *Zoonomia*, vol. ii, p. 240.

86. Darwin, *The Temple of Nature*, p. 24, canto 1, ll. 269-72.

87. Darwin, *The Temple of Nature*, p. 25, canto 1, ll. 273-4.

88. Darwin, *The Temple of Nature*, p. 25, canto 1, ll. 277-80; p. 107, canto 3, ll. 279-86과 비교하라.

> 섬세한 촉각을 지닌 탐구하는 손길이
> 단단한 형상 위의 선을 더듬고
> 이리저리 움직이는 눈길의 언어가
> 머나먼 천지의 광경들로부터 선을 그리네.
> 촉각과 시각의 저 명료한 관념은
> 재빨리 고통이나 기쁨의 의식을 낳고
> 그로부터 모방의 훌륭한 힘과
> 외부 세계의 윤곽이 솟아나네.

89. Darwin, *The Temple of Nature*, p. 86, canto 3, ll. 41-6.

90. Darwin, *Zoonomia*, vol. ii, p. 318.

91. Darwin, *The Temple of Nature*, p. 134, canto 4, ll. 65-6.

92. Darwin, *The Temple of Nature*, p. 166, canto 4, ll. 451-4.

93. 반혁명의 시대에 이에 대한 반응은 냉랭했다. Norton Garfinkle, 'Science and Religion in England, 1790-1800'(1955).

94. Alexander Pope, *An Essay on Man*(1733-4), epistle 2, l. 10, in John Butt (ed.), *The Poems of Alexander Pope*(1965), p. 516.

95. A. O. Lovejoy, *The Great Chain of Being*(1936)을 보라.

96. Pope, *An Essay on Man*, epistle ii, ll. 15-16, in Butt, *The Poems of Alexander Pope*, p. 516.

97. Darwin, *The Temple of Nature*, p. 86, canto 3, ll. 43-6.

98. McNeil, *Under the Banner of Science*.

99. Darwin, *The Temple of Nature*, pp. 139-40, canto 4, ll. 369-82.

> 그러므로 인간의 자손들은 제약받지 않는다면
> 기후의 도움을 받고, 식량에 의지해 살아간다면,
> 바다와 땅에 걸쳐, 다산하는 무리들이 널리 퍼져나가
> 머지않아 육지와 물의 침대로 쇄도하리라!

그러나 전쟁과 병충해, 질병과 기근이
남아도는 다수를 지상에서 휩쓸어버린다 (…)
탄생과 죽음이 대등하게 다투고 씨름하며
자연의 모든 구멍마다 생명으로 넘쳐난다.
생명은 인더스부터 극지방까지 싹트거나 숨쉬고
광대한 지구 표면은 빙글빙글 돌며 달아오른다!

100. 이것은 M. H. Abrams, *Natural Supernaturalism*(1971)의 주제 가운데 하나다.

20장 혁명기: '요즈음의 철학'

1. William Godwin, *An Enquiry concerning Political Justice*(1985[1793]), title of bk I, ch. 5.
2. Thomas Paine, *The complete Writings of Thomas Paine*(1945), vol. i, p. 354.
3. C. B. Jewson, *Jacobin City*(1975), pp. 12-13.
4. 자화자찬의 분위기는 Nicholas Rogers, *Crowds, Culture and Politics in Georgian Britain*(1998), p. 180을 보라. '100주년은 영국이 이룩한 업적들에 기뻐할 기회였지, 과거와 현재의 실패들을 곱씹는 자리가 아니었다.'
   18세기 후반의 정치에 관해서는 I. R. Christie, *Wars and Revolutions*(1982), and *Stress and Stability in Late Eighteenth-Century Britain*(1984); James T. Boulton, *The Language of Politics in the Age of Wilkes and Burke*(1963); Philip Anthony Brown, *The French Revolution in English History*(1965); E. P. Thompson, *The Making of the English Working Class*(1968); Gregory Claeys, 'The French Revolution Debate and British Political Thought'(1990); Carl B. Cone, *The English Jacobins*(1968); Clive Emsley, *British Society and the French Wars 1793-1815*(1979); Keith Hanley and Raman Selden (eds.), *Revolution and English Romanticism*(1990)을 보라.
5. Desmond King-Hele (ed.), *The Letters of Erasmus Darwin*(1981), p. 200, letter no. 90A, to James Watt(19 January 1790). '화학과 정치 양쪽에서 나 자신이 완전히 프랑스인이 되어가고 있는 느낌일세.' Ann Finer and George Savage (eds.), *The Selected Letters of Josiah Wedgwood*(1965), p. 319를 보라.
6. William Wordsworth, *The Prelude*(1850 version), bk VI, l. 339, in J. Wordsworth, M H. Abrams and S. Gill (eds.), *William Wordsworth, the*

Prelude 1799, 1805, 1850(1979), p. 205. 워즈워스의 시가 나중에 쓰였다는 사실은 물론 그 시어들이 1789년의 아우라를 재현하지 못한다는 주장의 타당한 근거가 될 수 없다.

7. Wordsworth, *The Prelude*(1850 version), bk IX, l. 161, in Wordsworth, Abrams and Gill, *William Wordsworth, the Prelude 1799, 1805, 1850*, p. 320.

8. 비국교도 목사들 가운데 중진으로서, 프라이스는 원래 명예혁명 100주년인 그 전해에 런던 올드주어리의 장로파 교회에서 기념 설교를 할 작정이었다. 프라이스는 군주정을 폐지하고 싶어하지 않았고, 기존의 '혼합' 정부 형태를 민주정보다 더 선호했다.

9. Richard Price, *A Discourse on the Love of our Country*(1789), pp. 49-50.

10. Price, *Discourse on the Love of Our Country*, pp. 50-51.

11. Edmund Burke, *Reflections on the Revolution in France*(1790), p. 113.

12. Burke, *Reflections on the Revolution in France*, in L. G. Mitchell (ed.), *The Writings and Speeches of Edmund Burke*(1989), vol. viii, p. 207. Peter Stanlis, *Edmund Burke: The Enlightenment and Revolution*(1991)도 보라.

13. Clive Emsley, *British Society and the French Wars 1793-1815*(1979), p. 14.

14. Theo Barker (ed.), *The Long March of Everyman 1750-1960*(1978), p. 62.

15. John Cannon, *Parliamentary Reform 1640-1832*(1972).

16. Mary Wollstonecraft, *A Vindication of the Rights of Men*, in *A Vindication of the Rights of Men with A Vindication of the Rights of Woman*(1995), p. 8; Gary Kelly, *Revolutionary Feminism*(1992).

17. T. J. Mathias, *The Pursuits of Literature, Or What You Will*(1794), advertisement to pt IV, p. 238.

18. Philip Anthony Brown, *The French Revolution in English History*(1965), p. 157.

19. 이것과 앞선 인용문은 Emsley, *British Society and the French Wars 1793-1815*, pp. 86-7을 보라.

20. Thomas Walker, *A Review of Some of the Political Events Which Have Occurred in Manchester during the Last Five Years*(1794), pp. 1-2.

21. 자유주의자 새뮤얼 로밀리는 이렇게 천명했다. '프랑스는 어느 정도 야만으로 돌진하고 있다. 그런 나라가 그토록 짧은 기간 안에 야만 상태로 전락하다니, 우리의 모든 상상을 뛰어넘는다. 종교는 이미 폐지되었고 (…) 우리는 곧 모든 책들이 파괴되는 것을 보게 될 것 같다.' Samuel Romilly, *Memoirs of the Life of Sir Samuel Romilly*(1971[1840]), vol. ii, p. 37.

22. 페인은 모두의 두려움의 대상이 되었다. 1795년 〈젠틀맨스 매거진〉의 한 부고는 이렇게 적었다. '콘월의 레드루스에서 한 광부가 동네의 주점에서 술을 마시고 있었는데, 만취하여 주정을 부리다 복음서 저자들에게 불경한 말을 하고 지상의 모든 국왕들은 지옥에 떨어지라고 빈 다음, 톰 페인의 건강을 위해 건배했다. 그러자 갑자기 그의 턱이 딱딱하게 굳고, 그는 아주 끔찍한 격통과 함께 그 자리에서 즉사했다.' *Gentleman's Magazine*, no. 65(1795), p. 495.

23. Emsley, *British Society and the French Wars 1793-1815*, p. 161에서 인용.

24. Gregory Claeys (ed.), *The Politics of English Jacobinism*(1995)은 훌륭한 개관을 담고 있다. Christina Bewley and David Bewley, *Gentleman Radical*(1998).

25. Clive Emsley, *Policing and Its Context, 1750-1870*(1983), p. 25; H. R. Dickinson, *The Politics of the People in Eighteenth-century Britain*(1995), p. 237.

26. 인용문을 포함하여 이에 관해서는 Emsley, *British Society and the French Wars 1793-1815*, p. 56을 보라. 초기의 콜리지에 관해서는 Ian Wylie, *Young Coleridge and the Philosophers of Nature*(1989), p. 51을 보라.

27. Maurice Colgan, 'Prophecy Against Reason'(1985); R. F. Foster (ed.), *The Oxford Illustrated History of Ireland*(1991), pp. 134f를 보라. 통합 운동은 수포로 돌아갔는데, 어느 정도는 프랑스의 지원에 너무 의존했기 때문이다. Marianne Elliott, *Partners in Revolution*(1982).

28. Robert Southey, *Letters from England by Don Manuel Alvarez Espriella*(1984[1807]), p. 375. 사우디에 대한 당대의 평가에 관해서는 William Hazlitt, *The Spirit of the Age*(1971[1825]), pp. 354-84를 보라.

29. Southey, *Letters from England by Don Manuel Alvarez Espriella*, p. 375.

30. John Dinwiddy, 'Conceptions of Revolution in the English Radicalism of the 1790s'(1990), p. 547.

31. Marilyn Butler (ed.), *Burke, Paine, Godwin, and the Revolution Controversy*(1984); Mark Philp, *Paine*(1989); G. Claeys, *Thomas Paine. Social and Political Thought*(1989); Jack Fruchtman Jr, *Thomas Paine: Apostle of Freedom*(1994); John Keane, *Tom Paine: A Political Life*(1995).

32. Thomas Paine, *The Complete Writings of Thomas Paine*(1945), vol. i, p. xxviii; Jack Fruchtman Jr, *Thomas Paine and the Religion of Nature*(1993).

33. Paine, *The Complete Writings of Thomas Paine*, vol. ii, p. 486.

34. Paine, *The Complete Writings of Thomas Paine*, vol. ii, p. 481.

35. Richard D. Altick, *The English Common Reader 1800-1900*(1957), p. 69.

36. Paine, *The Complete Writings of Thomas Paine*, vol. i, p. 198. 가명으로『영국 헌정 비평A Review of the Constitution of Great Britain』(1791)을 낸 '인민의 벗'은 귀족원의 의원들을 '정치적 괴물'이자 왕권의 '한낱 노예'일 뿐이라고 일축했다. 그는 영국인들은 술탄의 백성보다 더 나쁜 곤경에 처해 있다고 주장했다. '투르크에서 호랑이 같은 포악한 전제정은 단 한 명의 희생자에게 달려들어 실컷 살육을 즐긴다. 하지만 영국에서는 괴물 같은 귀족 계급이 제물이 된 수백만 명에게 수만 개의 이빨을 박아 넣어 인민의 모든 구멍에서마다 고혈을 빨아먹으니, 흐르는 피가 그칠 줄 모른다.' Cannon, *Parliamentary Reform 1640-1832*, p. 163에서 인용.

37. Paine, *The Complete Writings of Thomas Paine*, vol. i, p. 251; Gregory Claeys (ed.), *Political Writings of the 1790s*(1995), vol. i, p. 64에서의 논의를 보라.

38. Paine, *The Complete Writings of Thomas Paine*, ed. Philp S. Foner, 2 vols(New York: Citadel Press, 1945), vol. i, p. 447.

39. Paine, *The Complete Writing of Thomas Paine*, vol. i, p. 260.

40. Paine, *The Complete Writing of Thomas Paine*, vol. i, p. 274.

41. Gregory Claeys, 'The French Revolution Debate and British Political Thought'(1990).

42. Paine, *The Complete Writings of Thomas Paine*, vol. i, pp. 357-8.

사회의 도움 없이는 어떤 사람도 자신의 필요를 충족할 수 없다. 그리고 개개인마다 작동하는 그러한 필요는 중력이 중심으로 이끌듯이 자연스레 개인들이 모여 사회를 이루게 한다. 하지만 자연은 거기서 더 나아갔다. 자연은, 각자 상호 원조를 통해 충족할 수 있는 다양한 필요에 의해 인간이 사회를 이루도록 강요할 뿐만 아니라, 인간 안에 사회적 애정의 기관을 심어놓았으니, 그 기관은 그의 생존에 불가결하지는 않지만 그의 행복에는 본질적이다. 인생에서 사회에 대한 이러한 사랑이 중단되는 시기는 없다.(vol. I, p. 357)

43. Paine, *The Complete Writings of Thomas Paine*, vol. i, p. 431.

44. Paine, *The Complete Writings of Thomas Paine*, vol. i, pp. 459-604; Fruchtman, *Thomas Paine and the Religion of Nature*. Fruchtman은 세속적인 설교자라는 관점에서 페인에게 접근한다.

45. Paine, *The Complete Writings of Thomas Paine*, vol. i, p. 451. 종교적 관용은 그것이 불관용의 한 형태이기에 충분치 않았다.

관용은 불관용의 반대가 아니라 그 **위조**다. 둘 다 전제주의다. 한쪽은 양심의 자유를 허락하지 않을 권리를, 다른 쪽은 허락할 권리를 자신이 가지고 있다고 전제한다.

vol. i, p. 291.

46. Paine, *The Complete Writings of Thomas Paine*, vol. i, p. 464.

47. Wylie, *Young Coleridge and the Philosophers of Nature*, p. 1에서 인용.

48. Paine, *The Complete Writings of Thomas Paine*, vol. i, p. 274.

49. Joseph Mather, 'God Save Great Thomas Paine'(1792?), in Roger Lonsdale (ed.), *The New Oxford Book of Eighteenth-century Verse*(1984), p. 790.

50. Paine, *The Complete Writings of Thomas Paine*, vol. i, p. xxxi.

51. Godwin, *An Enquiry concerning Political Justice*, p. 665.

52. Don Locke, *A Fantasy of Reason*(1980); Mark Philp, *Godwin's Political Justice*(1986). 내각은 1793년 5월 25일에 실제로 기소를 논의했지만, 1파운드 16실링이라는 책값이 너무 비싸서 위험하지 않을 거라고 판단했다.

53. Godwin, *An Enquiry concerning Political Justice*, p. 13.

54. Locke, *A Fantasy of Reason*; Peter H. Marshall, *William Godwin*(1984).

55. Godwin, *An Enquiry concerning Political Justice*, p. 140. 특히 ch. 4, pp. 96-115의 '인간의 성격은 외부 상황들에서 기인한다'를 보라.

56. Godwin, *An Enquiry concerning Political Justice*, p. 32.

57. Godwin, *An Enquiry concerning Political Justice*, p. 104.

58. 이를 두고 워낙 말이 많아서 제3판에서는 페늘롱의 집사가 그를 대신하여 화마에 희생된다. Godwin, *An Enquiry concerning Political Justice*, p. 169; Locke, *A Fantasy of Reason*, p. 168.

59. 사람들을 처벌하여 미덕을 강요할 수는 없다.

강압이 인간의 정신에 낳는 효과를 생각해보자. 강압은 설득으로 시작하지 않는다. 그것은 논증이 아니다. 그것은 고통스러운 느낌으로, 불쾌한 감정으로 시작한다. 그것은 정신에 심어주고자 하는 진리로부터 정신을 폭력적으로 떼어놓는다.

Godwin, *An Enquiry concerning Political Justice*, pp. 22-3.

60. 페일리와 벤담처럼 고드윈은 처벌을 합리적 보복으로 보지 않았다.

처벌이 유익한 효과를 이끌어냄과 상관없이 악에는 당연히 고통이 수반되는 것이 이치상 마땅하고 적절한 것으로 생각된다는 이유로 처벌을 가해서는 안 된다. (…) 처벌은 공익이 그것을 요구하기 때문에 가해져야 한다.

Godwin, *An Enquiry concerning Political Justice*, p. 648.

61. Godwin, *An Enquiry concerning Political Justice*, p. 633.

62. 고드윈은 이렇게 자문했다. '우리에게 음악 콘서트가 있어야 할까? (…) 우리에게 극장 공연이 있어야 할까? 여기에는 불합리하고 비뚤어진 협동이 있는 듯하다.' Godwin, *An Enquiry concerning Political Justice*, p. 759. 고드윈은 동거를 못마 땅해하는데, 동거는 '방해와 다툼, 불행'을 낳고, 결혼은 '독점, 그것도 최악의 독점'이 기 때문이다(p. 762). 그는 '개인성이야말로 지적 탁월함의 본질'이라고 역설한다(p. 775).

63. Godwin, *An Enquiry concerning Political Justice*, pp. 19, 556.

64. Godwin, *An Enquiry concerning Political Justice*, p. 776.

65. Godwin, *An Enquiry concerning Political Justice*, p. 777. Locke, *A Fantasy of Reason*, p. 8에서 인용.

66. Godwin, *An Enquiry concerning Political Justice*, p. 776.

67. Godwin, *An Enquiry concerning Political Justice*, p. 730.

68. Godwin, *An Enquiry concerning Political Justice*, p. 769.

69. Godwin, *An Enquiry concerning Political Justice*, p. 529. '개인들이야말로 전 부이며, 개인들이 모여 이루어지는 사회는 그 개인들과 떼어놓고 보면 아무것도 아 니다.'

70. Godwin, *An Enquiry concerning Political Justice*, p. 268.

71. Godwin, *An Enquiry concerning Political Justice*, pp. 34, 251. '우리는 많은 개혁을 할 테지만 혁명을 일으키지는 않을 것인데' '혁명이란 차분하고 평온한 이성 의 산물이 아니라, 격정의 산물'이기 때문이다. 진리는 '차분하고 평온한 이성'에 의 해, '의사소통과 토론'에 의해 앞으로 나아가야 한다. Locke, *A Fantasy of Reason*, p. 102. 일단 계몽이 이루어지면, '사슬은 저절로 떨어져나갈 것'이다.(Godwin, *An Enquiry concerning Political Justice*, p. 33) 그러므로 고드윈은 다음과 같이 주장 한다. '나의 신조는 간단하다. 나는 원칙상으로 공화주의자이지만 실천적으로 휘그 이다.'(Locke, *A Fantasy of Reason*, p. 104를 보라)

72. Godwin, *An Enquiry concerning Political Justice*, pp. 184-5. Locke, *A Fantasy of Reason*, p. 3에서 인용.

73. Godwin, *An Enquiry concerning Political Justice*, pp. 221. Locke, *A Fantasy of Reason*, p. 4에서 인용.

74. Hanley and Selden (eds.), *Revolution and English Romanticism*, p. 151에서 인용.

75. 워즈워스의 '철학적 궤변philosophism'(워즈워스가 볼테르, 돌바크, 루소 등의 프랑

스 계몽주의를 '철학적 궤변'이라 부른 것을 말한다 — 옮긴이)을 비롯해 '요즈음의 철학'을 두고 혹평이나 아이러니한 변종이 많았다. Edward Duffy, *Rousseau in England*(1979), p. 55. '요즈음의 철학'에 관해서는 Lois Whitney, *Primitivism and the Idea of Progress*(1934), p. 320. 이성에 대한 고드윈의 헌신은 해즐릿으로 하여금 고드윈의 '북극권'을 일컫게 만들었다('패리 선장은 북서항로가 없음을 입증함으로써 (…) 조국과 항해술에 큰 기여를 했다. 고드윈도 [정신의] 북극권과 결빙 지역을 (헛되이) 통과하려 함으로써 도덕철학에 똑같은 기여를 했다.' William Hazlitt, *The Spirit of The Age, or Contemporary Portraits* — 옮긴이).

76. Butler, *Burke, Paine, Godwin, and the Revolution Controversy*, p. 76.

77. William Hodgson, *The Commonwealth of Reason*(1795), p. 46. 다른 자유주의자들처럼, 호지슨은 결혼이 민사 계약이 되어야 한다고 제안했다.

78. '자연 상태의 인간들 사이에서 토지 소유와 자유가 평등해야 한다는 점을 어리석게 부인할 사람은 거의 없을 거라고 기꺼이 바라고 싶다.' Thomas Spence, *The Real Rights of Man*(1793), 1775년 11월 8일 뉴캐슬에서 행한 강연으로 1796년에 *The Meridian Sun of Liberty*로 출간. M. Beer (ed.), *The pioneers of Land Reform*(1920), pp. 5-16에 재수록됨. 스펜스는 1794년, 또 1801년에 투옥되었다.

79. Armytage, *Heavens Below*, p. 70; Butler, *Burke, Paine, Godwin, and the Revolution Controversy*, p. 189; Olivia Smith, *The Politics of Language 1791-1819*(1984), p. 80.

80. Spence, *The Meridian Sun of Liberty*, Armytage, *Heavens Below*, p. 70에서 인용. Gregory Claeys (ed.), *Utopias of the British Enlightenment*(1994), p. xviii.

81. Spence, *The Meridian Sun of Liberty*. 스펜스가 해링턴을 거꾸로 뒤집어놓은 인물이라는 견해에 관해서는 Roger Sales, *English Literature in History: 1780-1830, Pastoral and Politics*(1983), p. 26을 보라. 고드윈처럼 스펜스는 사회를 지자체들의 연합으로 보았다.

82. Armytage, *Heavens Below*, p. 72; Smith, *The Politics of Language 1791-1819*, p. 112. *A Supplement to the History of Robinson Crusoe*(1782)에 부치는 스펜스의 제사題詞는 그만의 특수 알파벳을 사용했는데, 그는 이 알파벳을 크루소 방식 Kruzonian Manner('크루소Crusoe'를 스펜스식 알파벳으로 표기한 것이다 — 옮긴이)이라고 불렀다.

And dho mi bwk's in kwer Lingo
I wil it send tw St. Domingo
Tw dhe Republik ov dhe 'Inkaz

For an egzampl how tw fram Looz

For hw kan tel but dhe Mileneum

Ma tak its riz from mi pwr Kraneum

Marcus Wood, *Radical Satire and Print Culture* 1790-1822(1994), p. 86에서 인용.

83. Horne Tooke, *The Diversions of Purley*(1786), vol. ii, p. 51b; D. Rosenberg, "'A New Sort of Logick and Critick'"(1991); Bewley and Bewley, *Gentleman Radical.*

84. 툭에 관해서는 Hans Aarsleff, *The Study of Languge in England, 1780-1860*(1983), p. 71; Butler, *Burke, Paine, Godwin, and the Revolution Controversy*, p. 19를 보라. 해리스에 관해서는 Smith, *The Politics of Language 1791-1819*, p. 20을 보라.

해즐릿에 따르면 툭은 '의미들이 말의 덫에 빠지지 않도록 노심초사하며 빈틈없이' 살폈다. William Hazlitt, 'The Late Mr Horne Tooke'(1825), in *The Complete Works of William Hazlitt*(1930-34), vol. xi, p. 54.

85. Thomas Beddoes, *Observations on the Nature of Demonstrative Evidence*(1793), p. 151.

86. Kevin C. Knox, 'Lunatick Visions'(1999). 프렌드는 본서 14장에서 논의되었다.

87. Armytage, *Heavens Below*, p. 63. 1776년 이후, 자유의 땅으로서의 미국의 명성에 관해서는 18장을 보라. 젊은 사우디는 매질과 여타 비민주적인 관행에 반대하여 *Flagellant*라는 잡지를 편집하다가 웨스트민스터에서 쫓겨났었다. 그는 괴테의 『젊은 베르터의 고뇌』를 지니고 다녔다.

88. 'On the Prospect of Establishing a Pantisocracy in America'(1826), in Samuel Taylor Coleridge, *The Complete Poems*(1997), p. 58.

89. 나중의 콜리지의 설명은 다음과 같다. '나만의 작은 세계가 혁명의 진로를 자체의 궤도로 그려 보이긴 했지만, 나도 전체적인 소용돌이 한가운데에 있었다.' Barbara E. Rooke (ed.), *The Collected Works of Samuel Taylor Coleridge: The Friend I*(1969), vol. iv, p. 223. 그는 이렇게 설명했다. '만민평등사회의 핵심 발상은 악에 대한 모든 동기, 가능한 모든 유혹들을 제거함으로써 인간을 **필연적으로** 유덕하게 만드는 것이었다.' Earl Leslie Griggs (ed.), *Collected Letters of Samuel Taylor Coleridge*(1956-68), vol. i, p. 114, letter 65, to Robert Southey(21 October 1794).

90. Richard Holmes, *Coleridge: Early Visions*(1989), p. 72; Armytage, *Heavens*

Below, p. 64.

91. 그의 초기 활동에 관한 논의는 Samuel Taylor Coleridge, *Biographia Literaria*(1817), pp. 81f; Wylie, *Young Coleridge and the Philosophers of Nature*, p. 66을 보라.

92. Homes, *Coleridge: Early Visions*, p. 79.

93. 콜리지는 사우디에게 자신의 비정통적 견해들을 옹호하면서, 하틀리뿐 아니라 암묵적으로 프리스틀리와 그의 '유물론'에 대한 지지도 긍정했다. '나는 완전한 필연론자일뿐더러—그리고 그 주제를 거의 하틀리 본인만큼 이해하며—하틀리보다 한발 더 나아가 생각의 물질성, 다시 말해 그것이 운동이라는 것을 믿습니다.' 'Lecture 1795 on Politics and Religion'(1795), in Lewis Patton and Peter Mann (eds.), *The Collected Works of Samuel Taylor Coleridge*(1971), p. lviii.

94. Wylie, *Young Coleridge and the Philosophers of Nature*, p. 44.

95. 그대의 거룩한 지도를 축복하지도
    열정적 담시로 찬미하지도 않으리라, 고드윈이여!

'To William Godwin'(1795), in Coleridge, *The Complete Poems*, p. 74.

96. Wylie, *Young Coleridge and the Philosophers of Nature*, p. 109.

97. M. H. Abrams, *Natural Supernaturalism*(1971), p. 338.

98. Griggs, *Collected Letters of Samuel Taylor Coleridge*, vol. i, p. 397, letters 238, to George Coleridge(c. 10 March 1798). 콜리지와 워즈워스에 관해서는 Alan Bewell, *Wordsworth and the Enlightenment*(1989); Richard Holmes, *Coleridge*(1982); Butler, *Romantics, Rebels and Reactionaries*, and 'Romanticism in England'(1988); R. J. White, *The Political Thought of Samuel Taylor Coleridge*(1938)를 보라.

99. Griggs, *Collected Letters of Samuel Tylor Coleridge*, vol. ii, p. 706, letter 387, to Thomas Poole(Monday, 16 March 1801).

100. Samuel Taylor Coleridge, *A Lay Sermon Addressed to the Higher and Middle Classes on the Existing Distresses and Discontents*(1817), in R. J. White (ed.), *Political Tracts of Wordsworth, Coleridge and Shelley*(1953), p. 83.

101. Griggs, *Collected Letters of Samuel Taylor Coleridge*, vol. ii, p. 709, letter 388, to Thomas Poole(23 March, 1801).

102. Samuel Taylor Coleridge, *On the Constitution of the Church and State*(1830), in John Colmer (ed.), *The Collected Works of Samuel Taylor Coleridge*(1976), vol. x, pp. 66, 68. 콜리지의 철학에 관해서는 Holmes,

Coleridge; Harold Orel, *English Romantic Poets and the Enlightenment*(1973); Wylie, *Young Coleridge and the Philosophers of Nature*를 보라.

103. Thomas Peacock, *Nightmare Abbey*(1818), in David Garnett (ed.), *The Novels of Thomas Love Peacock*(1948), pp. 115, 359-60. 플로스키는 묻는다. '윗사람들보다 너무 현명해지고 있는 독서 공중으로 둘러싸인 이때에 우리가 어떻게 유쾌할 수 있겠어?'

104. 해즐릿은 사우디가 '유토피아에서의 자신의 방식을 그리워했고 올드 새럼Old Sarum(솔즈베리 인근에 있는 선사시대 정주지 유적―옮긴이)에서 그것을 찾아냈다'고 언급한다. David Garnett, introduction to Thomas Peacock, *Melincourt*(1817), in *The Novels of Thomas Love Peacock*, p. 98.

105. Michael Ferber, *The Social Vision of William Blake*(1985), p. 125.

106. Peter Ackroyd, *Blake*(1995); Jacob Bronowski, *William Blake and the Age of Revolution*(1972); Ferber, *The Social Vision of William Blake*,; David V. Erdman, *Blake, Prophet against Empire*, 3rd end(1954); Morton D. Paley, *Energy and the Imagination*(1970).

107. William Blake, 'Annotations to Sir Joshue Reynolds' Discourses'(c. 1808), in G. Keynes (ed.), *Blake: Complete Writings*(1969), p. 985. Marjorie Hope Nicolson, *Newton Demands the Muse*(1946), p. 170에서 논의됨. Jack Lindsay, *William Blake: His Life and Work*(1978), p. 60.

108. William Blake, 'Jerusalem: The Emanation of the Giant Albion'(written and etched 1804-20), ll. 15-16, in Keynes, *The Complete Works of William Blake*(1956), p. 636. Orel, *English Romantic Poets and the Enlightenment*, p. 49의 논의를 보라.

109. '기계론'에 대한 낭만주의의 비판은 아무데서나 볼 수 있게 되었다. 칼라일은 '물론 우리가 이 시대를 어떤 하나의 묘비명으로 요약하라는 요구를 받는다면 영웅적인 시대도 아니요, 신실한 시대도 아니요, 철학적인 시대도 아니요, 도덕적인 시대도 아니니, 무엇보다도 기계적 시대라고 부르고 싶어질 것'이라고 썼다.[T. Carlyle], 'Signs of the Times', *Edinburgh Review*(1829), p. 453.

110. William Blake, *Poems and Fragments from the Note-book*(c. 1800-1803), in *Blake: Complete Writings*(1966), p. 418. 블레이크의 언어가 계몽주의적 의미의 '빛'이 아니라 '비전'을 말하고 있음에 주목하라. 계몽주의의 감각주의는 비전을 제한했다.

111. 그는 자신의 후원자인 런던의 토머스 버츠에게 '내가 천국의 메신저들로부터 밤낮으로 지도받고 있음을 당신에게 말하는 게 부끄럽거나 두렵거나 싫지 않습니다'라

고 밝혔다. Lindsay, *William Blake: His Life and Work*, p. 147; Bronowski, *William Blake and the Age of Revolution*, p. 28. 블레이크가 천사들의 환영을 본 것에 관해서는 Ackroyd, *Blake*, p. 195를 보라.

112. William Blake, 'Annotations to Richard Watson's "An Apology to the Bible'"(1798). 블레이크가 무신론이 아니라 합리적 기독교의 대변자들에 맞서 싸우고 있었음은 물론 의미심장하다. Iain McCalman, 'New Jerusalems'(1997)를 보라.

113. Ackroyd, *Blake*, pp. 72-3.

114. William Blake, *Letter to Thomas Butts*(22 November 1802), in *Blake: Complete Writings*, p. 818.

115. 그러한 반反계몽주의적 전통에 관해서는 Bernard M. Schilling, *Conservative England and the Case against Voltaire*(1950); D. W. Bebbington, *Evangelicalism in Modern Britain*(1988); Clement Hawes, *Christopher Smart and the Enlightenment*(1999); Margaret Forbes, *Beattie and His Friends*(1904); Edward J. Bristow, *Vice and Vigilance*(1977); Grayson Ditchfield, *The Evangelical Revival*(1997)을 보라. 보들러리즘에 관해서는 N. Perrin, *Dr Bowdler's Legacy*(1970)를 보라. 비티는 흄의 『인간 본성론』을 '저열한 글'이라고 불렀다. David Hume, *A Treatise of Human Nature*(1969[1739-40]), p. 19.

116. Edmund Burke, *Reflections on the Revolution in France*(1790), pp. 129-30.

117. Edmund Burke, *Reflections on the Revolution in France*(1790), in *Works*(1826), vol. v, p. 185. 버크의 '변절'은 John Cannon, *Parliamentary Reform 1640-1832*(1972), p. 168에서 잘 논의된다.

버크의 지적 보수주의는 비국교도 존 에이킨에 의해 조롱당했는데, 에이킨은 아들에게 요즘 많은 이들이 다음처럼 말하는 것을 듣는다고 경고했다. '내가 철학자가 아니라 천만다행이네! 나는 먼저 세상을 뜬 사람들보다 내가 더 현명한 척하지 않아. 또 새로운 원리들을 발견했다고 자랑하지도 않지.' John Aikin, *Letters from a Father to His Son*, 3rd edn(1796), p. 45.

118. Simon Schaffer, 'Genius in Romantic Natural Philosophy'(1990), p. 86 and 'States of Mind'(1990), p. 244.

119. Schaffer, 'Genius in Romantic Natural Philosophy', p. 88. John Robinson, *Proofs of a Conspiracy against All the Religions and Governments of Europe*(1798)에서 인용. R. B. Clark, *William Gifford: Tory Satirist, Critic, and Editor*(1980); Amos Hofman, 'Opinion, Illusion and the Illusion of Opinion'(1993)도 보라.

120. Emily Lorraine de Montluzin, *The Anti-Jacobins 1798-1800*(1988), p. 16.

121. Arthur Young, *An Enquiry into the State of the Public Mind*(1798), p. 25; Harry T. Dickinson, 'Popular Loyalism in Britain in the 1790s'(1990); Montluzin, *The Anti-Jacobins 1798-1800*, p. 7.

122. 시는 1798년에 나왔다. Charles Edmonds (ed.), *Poetry of the Anti-Jacobin*(1854), p. 115; Marcus Wood, *Radical Satire and Print Culture 1790-1822*(1994); Montluzin, *The Anti-Jacobins 1798-1800*, p. 14.

123. G. Canning, 'The Soldier's Friend'(nd), in L. Sanders (ed.), *Selections from the Anti-Jacobin*(1904), p. 29; Edmonds, *Poetry of the Anti-Jacobin*, pp. 29-30.

124. Locke, *A Fantasy of Reason*, p. 160.

125. A. Aspinall, *Politics and the Press c. 1780-1850*(1949), p. 9에서 인용.

126. *Anti-Jacobin Review*, no. 1(July 1798), p. 2; Montluzin, *The Anti-Jacobins 1798-1800*, p. 28.

127. Edmonds, *Poetry of the Anti-Jacobin*, p. 110. 이것은 고드윈의 자기의적인 불멸성 관념에 대한 직격탄이었다. Maureen McNeil, *Under the Banner of Science*(1987), p. 86; Wylie, *Young Coleridge and the Philosophers of Nature*, p. 70.

128. Mrs Elizabeth Hamilton, *Letters of a Hindoo Rajah*(1999[1796]), p. 257.

129. Mrs Elizabeth Hamilton, *Memoirs of Modern Philosophers*(1800), vol. ii, p. 9; Marilyn Butler, *Jane Austen and the War of Ideas*(1975), p. 108; Locke, *A Fantasy of Reason*, p. 116. '요즈음의 철학'에 대한 조롱은 Whitney, *Primitivism and the Idea of Progress*, p. 306를 보라. 브리지티나는 고드윈의 『정치적 정의 Political Justice』의 성스러운 말들을 코담배 포장지로 사용되고 있던 교정쇄에서 처음 접했다. 그녀는 이렇게 말한다. '나는 읽다가 재채기를 하고, 읽다가 재채기하길 반복하다가, 마침내 철학의 싹이 내 영혼의 결실을 맺었다. 그 순간부터 나는 철학자가 되었고, 그에 따른 중요한 결과를 여러분에게 말할 필요는 없을 것이다.'

130. M. G. Jones, *Hannah More*(1952), p. 104; Ford K. Brown, *Father of the Victorians*(1961), p. 126; Muriel Jaeger, *Before Victoria*(1967); Boyd Hilton, *The Age of Atonement*(1988); Ian Bradley, *The Call to Seriousness*(1976).

131. Hannah More, *An Estimate of the Religion of the Fashionable World*(1791), pp. 31-2; Jones, *Hannah More*, p. 109; R. W Harris, *Romanticism and the Social Order*(1969), p. 134.

132. W. S. Lewis (ed.), *The Correspondence of Horace Walpole*(1961), vol. xxxi, p. 329; W. Roberts (ed.), *Memoirs of the Life and Correspondence of Mrs*

Hannah More(1834), vol. ii, p. 357.

133. Whitney, *Primitivism and the Idea of Progress*, p. 239.

134. 그녀는 제대로 내다봤다. 1797년에 토머스 스펜스는 『유아의 권리The Rights of Infants』(1797)를 내놓았다. Roberts, *Memoirs of the Life and Correspondence of Mrs Hannah More*, vol. iii, p. 100. 15장에서 지적한 대로, 모어는 '아이들을 순진무구한 존재로 간주하는 것은 근본적인 오류'라고 믿었다. Jones, *Hannah More*, p. 117. Jon Klancher, *The Making of English Reading Audiences, 1790-1832*(1987), p. 12를 보라.

135. Altick, *The English Common Reader 1800-1900*, p. 75; Butler, *Burke, Paine, Godwin, and the Revolution Controversy*, p. 180.

136. Hannah More, *Village Politics*(1793), and *The Riot*(1795), pp. 3-4. Butler, *Burke, Paine, Godwin, and the Revolution Controversy*, p. 180에서 인용.

137. More, *Village Politics*(1793).

138. *The History of Mr Fantom the New-Fashioned Philosopher*(1805)는 진정한 교육은 거의 받지 못한 어느 잘나가는 사업가에 관한 이야기로, 그는 세상에 두각을 나타내길 갈망한다. 그는 우연히 페인의 책자를 접하고는 그 새로운 철학에 완전히 빠져든다. 트루맨은 팬텀에게 철학자들은 인류의 불행의 진짜 원인, 즉 죄악을 이해하지 못한다고 설명한다(트루맨Trueman과 팬텀Fantom은 각각 참된 사람, 허깨비라는 뜻이다 ― 옮긴이).

139. Ian Bradley, *The call to Seriousness*(1976), p. 19.

140. Brown, *Fathers of the Victorians*(1961), p. 1; Jaeger, *Before Victoria*, p. 14. 윌버포스는 종교가 **적절한 사회적 규범**의 수준으로 전락했다고 생각했다. Roland N. Stromberg, *Religious Liberalism in Eighteenth-century England*(1954), p. 119.

141. Robert Isaac Wilberforce and Samuel Wilberforce, *The Life of William Wilberforce*(1838), vol. i, p. 84; Bradley, *The Call to Seriousness*, p. 94; William Wilberforce, *A Practical View of the Prevailing Religious System of Professed Christians in the Higher and Middle Classes in This Country Contrasted with Real Christianity*(1797), p. 12; Hilton, *The Age of Atonement.*

142. Wilberforce, *A Practical View of the Prevailing Religious System of Professed Christians in the Higher and Middle Classes in This Country Contrasted with Real Christianity.* p. 12.

143. William Paley, *Natural Theology*(1802), p. 490.

144. William Wilberforce, letter to Ralph Creyke(8 January 1803), in *The*

Correspondence of William Wilberforce(1840), vol. i, pp. 247-53. Hilton, *The Age of Atonement*, p. 4의 논의를 보라.

145. Wilberforce, *A Practical View of the Prevailing Religious System of Professed Christians in the Higher and Middle Classes of This Country Contrasted with Real Christianity*, p. 489. 시드니 스미스는 '한동안 클래펌에서 제조되어온 특종特 種 기독교'를 조롱했다. Harris, *Romanticism and the Social Order*, p. 54에서 인용.

146. Patricia James, *Population Malthus: His Life and Times*(1979), p. 25. 루소의 영향에 관해서는 Duffy, Rousseau in England를 보라. 대니얼 맬서스에 관해서는 Elie Halévy, *The Growth of Philosophic Radicalism*(1972), p. 235를 보라.

147. Thomas Robert Malthus, *An Essay on the Principle of Population*(1966[1798]), pp. 2-3; M. Turner (ed.), *Malthus and His Times*(1986).

148. Malthus, *An Essay on the Principle of Population*, preface, p. iii.

149. Malthus, *An Essay on the Principle of Population*, pp. 8-9.

150. Malthus, *An Essay on the Principle of Population*, p. 10.

151. Malthus, *An Essay on the Principle of Population*, p. 8.

152. Malthus, *An Essay on the Principle of Population*, pp. 150-52.

153. Malthus, *An Essay on the Principle of Population*, p. 152.

154. Malthus, *An Essay on the Principle of Population*, p. 153.

155. Malthus, *An Essay on the Principle of Population*, p. 174.

156. Malthus, *An Essay on the Principle of Population*, pp. 174-5.

157. Malthus, *An Essay on the Principle of Population*, p. 176.

158. Malthus, *An Essay on the Principle of Population*, pp. 11-12.

159. Malthus, *An Essay on the Principle of Population*, pp. 12-13.

160. Malthus, *An Essay on the Principle of Population*, pp. 16-17.

161. Malthus, *An Essay on the Principle of Population*, pp. 37-8.

162. Charles Hall, *The Effects of Civilization on the People in European States*(1805). 홀에 관해서는 Kenneth Smith, *The Malthusian Controversy*(1951), pp. 50f; Roy Porter, 'The Malthusian Moment'(2000)를 보라.

163. Hall, *The Effects of Civilization on the People in European States*, p. 10. Smith, *The Malthusian Controversy*, p. 51에서 인용.

164. 토머스 재럴드에 관해서는 Smith, *The Malthusian Controversy*, pp. 56f를 보라.

165. Thomas Jarrold, *Anthropologia*(1808).

166. Thomas Jarrold, *Dissertations on Man, Philosophical, Physiological and Political*(1806), p. 69.

167. Jarrold, *Dissertations on Man, Philosophical, Physiological and Political*, p. 73.

168. Jarrold, *Dissertations on Man, Philosophical, Physiological and Political*, p. 267.

169. Jarrold, *Dissertations on Man, Philosophical, Physiological and Political*, p. 366; Porter, 'The Malthusian Moment'.

170. Frederick Raphael, *Byron*(1982)을 보라.

171. Catherine Macdonald Maclean, *Born Under Saturn*(1943), pp. 85, 385.

172. Brown, *The French Revolution in English History*, p. 49.

173. Maclean, *Born Under Saturn*, pp. 23, 334.

174. William Hazlitt, *Political Essays*(1819), in *The Collected Works of William Hazlitt*(1901–6), vol. iii, p. 175; Seamus Deane, *The French Revolution and Enlightenment in England 1789-1832*(1988), p. 142; Maclean, *Born Under Saturn*, p. 332.

175. Hazlitt, *Political Essays* in *The Collected Works of William Hazlitt*, preface, vol. vii, p. 31.

176. Knox, 'Lunatick Visions'.

21장 오래가는 빛?

1. W. J. Bate, J. M. Bullitt, and L. F. Powell (eds.), *Samuel Johnson: The Idler and Adventurer*(1963), no. 137, p. 491.

2. James Keir (ed.), *An Account of the Life and Writings of Thomas Day*(1791), p. 104.

3. Letter from John Adams to Thomas Jefferson(13 November 1815), in Charles Francis Adams (ed.), *The Works of John Adams*(1850–56), vol. x, p. 174.

4. Perry Anderson, *The Origins of Postmodernity*(1988); Karlis Racevskis, *Postmodernism and the Search for Enlightenment*(1993); Marshal Berman, *All That is Solid Melts into Air*(1983), pp. 34f.

5. Stephen Greenblatt, *Renaissance Self-Fashioning*(1980); Miles Ogborn, *Spaces of Modernity*(1998), pp. 7f.

6. William Godwin, *An Enquiry concerning Political Justice*(1985[1793]), p. 281.

7. Godwin, *An Enquiry concerning Political Justice*, p. 529. 인쇄물에 반대하는 반동의 목소리에 대한 패러디는 Daniel Eaton[pseud. 'Antitype'], *The Pernicious Effects of the Art of Printing upon Society, Exposed*(1794)를 보라.

8. Erasmus Darwin, *The Temple of Nature*(1803), canto IV, p. 152. ll. 283-6.

9. David Hume, 'Of the First Principles of Government'(1741-2), in *Selected Essays*(1993), p. 24.

10. 콜리지는 '클레러시'가, 영속성과 진보의 세력이 균형을 이루면서 다양한 부류의 작가, 지식인, 여론 형성자들이 잡다하게 모인 것으로 상상했다. 그것은 '민족의 영속과 진보를 좌우할 문명을 안전하게 지키고 발전시킬 것'이다. 하지만 계몽된 인텔리겐치아가 개혁과 진보의 역할을 수행하고 있던 반면, 콜리지가 보기에 '클레러시' 집단은 보수적 기능도 수행할 터였다. *On the Constitution of Church and State*(1830); Richard Holmes, *Coleridge*(1982), pp. 64f; R. W. Harris, *Romanticism and the Social Order*(1969), p. 229.

11. W. R. Scott, *Adam Smith as Student and Professor*(1937), pp. 344-5. 1769년에 초고가 작성되었으나 1776년에 출간된 『국부론』 본문에서는 삭제된 표현이다.

12. Franco Venturi, *Utopia and Reform in the Enlightenment*(1971), p. 132. 국교 반대파들에 관해서는 E. P. Thompson, 'The Peculiarities of the English'(1978), p. 58; J. G. A. Pocock, *Barbarism and Religion*(1999), vol. i, pp. 53f를 보라.

13. Gerald Tyson, *Joseph Johnson: A Liberal Publisher*(1979), p. 121.

14. Joseph Priestley, *The History and Present State of Electricity, with Original Experiments*(1767), p. xx.

15. Karl Mannheim, *Ideology and Utopia*(1936), pp. 11-12.

16. Terry Eagleton, *The Function of Criticism*(1984), p. 46에서 인용. 해즐릿은 코벳을 유명하게 '일종의 제4신분'이라고 일컬었다. Harris, *Romanticism and the Social Order*, p. 60을 보라.

17. John Stuart Mill, *On Liberty*(1859)를 보라.

18. Marilyn Butler, *Romantics, Rebels and Reactionaries*(1981), p. 69.

19. 윌리엄 해즐릿의 『시대정신The Spirit of the Age』(1971[1825])이 고전적인 예로, 이 책은 그가 아는 위대한 사상가들을 신격화하고 악마화했다. 이때는 또한 문학적 일화가 크게 유행한 시대였다. John Nichols, *Literary Anecdotes of the Eighteenth Century*(1967[1812])를 보라.

20. Thomas Peacock, *Nightmare Abbey*(1918), in David Garnett (ed.), *The Novels of Thomas Love Peacock*(1948), p. 363.

그는 이제 세상을 개혁하려는 열망에 사로잡히게 되었다. 그는 무수한 사상누각을 세우고, 그곳을 무수한 비밀 재판소들과 광명회원들로 채웠다. (…)

그는 독백했다. '행동은 의견의 결과이고, 신종 의견에는 신형 사회가 뒤따를 것이다. 지식은 힘이지만, 권력 강화와 오용이라는 자신들의 이기적인 목적을 위해 다수를 호도하려고 지식을 활용하는 소수의 수중에 있다. 만약 지식이 다수를 지도하기 위해 지식을 활용할 소수의 수중에 있다면 어떨까? 지식이 보편적이라면, 그리고 다수가 계몽된다면 어떨까?

자유지상주의자 셸리는 시인들을 세상의 공인받지 않은 입법가로 여겼다. Butler, *Romantics, Rebels and Reactionaries*, p. 147을 보라.

21. Raymond Williams, *Keywords*(1988); Penelope J. Corfield (ed.), *Language, History and Class*(1991), p. 102. 단어들을 둘러싸고 전투가 전개되었다. 존슨은 '문명civilization' 항목을 자신의 『영어사전』에 집어넣지 않으려고 했다.

22. Thomas Peacock, *Melincourt*(1817), in Garnett, *The Novels of Thomas Love Peacock*, p. 124.

23. *British Critic*, no. 18(July–December 1801), p. i. Emily Lorraine de Montluzin, *The Anti-Jacobins 1798-1800*(1988), p. 2에서 인용. 이 시기는 리뷰의 전성기였다. John Clive, *Scotch Reviewers*(1957)를 보라.

24. J. G. A. Pocock (ed.), *The varieties of British Political Thought, 1500-1800*(1993), p. 278을 보라.

25. J. C. D. Clark, *English Society, 1688-1832*(1985), pp. 69, 89.

26. 프랑켄슈타인은 계몽주의적 가치들에 대한 낭만주의적 비판의 핵심들을 포착한다. Chris Baldick, *In Frankenstein's Shadow*(1987); Stephen Bann (ed.), *Frankenstein, Creation and Monstrosity*(1994).

27. Claire Tomalin, *The Life and Death of Mary Wollstonecraft*(1974), p. 255. 어쩌면 그는 피콕의 『멜린코트Melincourt』에 나오는 유인원 오란 호턴 경을 닮았을 것이다. Garnett, *The Novels of Thomas Love Peacock*, pp. 97f. 그녀는 무슨 일이 있어도 아들이 프랑켄슈타인 박사가 되지 않기를 바랐던 모양이다.

28. 유럽 전역을 휩쓴 사상의 발효에 관해서는 Roy Porter and Mikuláš Teich (eds.), *The Enlightenment in National Context*(1981)를 보라. 물론 영국은 프리메이슨부터 증기기관에 이르기까지 다양한 '최초'를 자랑했다.

29. 영국식 **특수한 길**Sonderweg 테제(특히 홀로코스트와 관련하여 독일사가 특수한 발전 경로를 밟았다는 테제—옮긴이)는 코젤렉의 시각으로부터 지지를 받는데, 코젤

렉이 보기에 대륙에서 그토록 병원성病原性을 드러냈던 국가 이성과 지식인들의 이상 간의 분열이 영국에는 부재했다. R. Koselleck, *Critique and Crisis*(1988), pp. 2f.

30. 앞서 진술한 대로, 여기서 나는 J. G. A. Pocock, 'Post-Puritan England and the Problem of the Enlightenment'(1980)와 Pocock, *Barbarism and Religion*, vols. i and ii에서 더 상세하게 제시된 생각들에 동의한다.

31. 프랑스는 '짐이 곧 국가'인 나라였다. 영국에서는 군주가 더이상 그런 식으로 비치지 않았고, 계몽된 전제주의에 의해 주도되는 계몽을 바란 사람은 거의 없었다. Daniel Roche, *France in the Enlightenment*(1998), pp. 32f와 대조하라.

32. '잉글랜드에서 탐구란 어떤 사람이 재능이나 천재성을 지녔느냐의 문제가 아니라, 그가 수동적이고 공손하며 유덕한 멍청이이고 귀족들의 견해에 순종적이냐의 문제다. G. Keynes (ed.), *Blake: Complete Writings*(1969), pp. 452-3.

33. 이에 관해서는 E. P. Thompson, *The Making of the English Working Class*(1965); H. Perkin, *The Origins of Modern English Society*(1969)를 보라.

34. 예를 들어 Maurice Quinlan, *Victorian Prelude*(1941); Muriel Jaeger, *Before Victoria*(1956); Boyd Hilton, *The Age of Atonement*(1988).

35. J. R. Poynter, *Society and Pauperism*(1969)을 보라.

36. Louis Dumont, *From Mandeville to Marx*(1977); Sir Isaiah Berlin, *Four Essays on Liberty*(1969); John Gray, *Enlightenment's Wake*(1995).

37. F. R. Leavis (ed.), *Mill on Bentham and Coleridge*(1962).

38. Elie Halévy, *A History of the English People in the Nineteenth Century*, 2nd edn(1961), vol. i.

39. Joseph Priestley, *The Importance and Extent of Free Inquiry in Matters of Religion*(sn, 1785), in John Towill Rutt (ed.), *The Theological and Miscellaneous Works of Joseph Priestley*(1817-32), vol. xv, p. 78.

40. Roger Shattuck, *Forbidden Knowledge*(1996).

41. William Hazlitt, *Life of Thomas Holcroft*(1816), in *The Complete Works of William Hazlitt*(1932), vol. iii, pp. 132-3.

참고문헌

R. I. Aaron and J. Gibb (eds.), *An early Draft of Locke's Essay Together with Excerpts from His Journals* (Oxford: Clarendon Press, 1936)

Hans Aarsleff, *From Locke to Saussure: Essays on the Study of Language and Intellectual History* (Minneapolis: University of Minnesota Press, 1982)

____, *The Study of Language in England, 1780-1860* (Minneapolis: University of Minnesota Press, 1983)

Mary Abbot, *Family Ties: English Families 1540-1920* (London: Routledge, 1993)

James Johnston Abraham, *Lettsom, His Life, Times, Friends and Descendants* (London: William Heinemann, 1933)

M. H. Abrams, *The Mirror and the Lamp* (London: Oxford University Press, 1953)

____, *Natural Supernaturalism; Tradition and Revolution in Romantic Literature* (London and New York: Oxford University Press, 1971)

Peter Ackroyd, *Blake* (London: Sinclair-Stevenson, 1995)

Charles Francis Adam (ed.), *The Works of John Adams*, 10 vols. (Boston: Little, Brown, 1850-56)

Michael Adas, *Machines as the Measure of Men: Science, Technology, and Ideologies of Western Dominance* (Ithaca, NY: Cornell University Press, 1989)

Alison Adburgham, *Shopping in Style: London from the Restoration to Edwardian Elegance* (London: Thames & Hudson, 1979)

Joseph Addison and Richard Steele, *The Spectator*, Donald Bond (ed.), 5 vols. (Oxford: Clarendon Press, 1965)

John Addy, *Sin and Society in the Seventeenth Century* (London and New York: Routledge, 1989)

A. W. H. Adkins, *From the Many to the One: A Study of Personality and Views of Human Nature in the Context of Ancient Greek Society, Values and Beliefs* (London: Constable, 1970)

David Aers, Jonathan Cook and David Punter, *Romanticism and Ideology: Studies in English Writing, 1765-1830* (London: Routledge & Kegan Paul, 1981)

Jean-Christophe Agnew, *Worlds Apart: The Market and the Theater in Anglo-American Thought, 1550-1750* (Cambridge: Cambridge University Press, 1986)

John Aikin, *An Address to the Dissenters of England on Their Late Defeat* (London: Johnson, 1790)

____, *Letters from a Father to His Son, on Various Topics Relative to Literature and the Conduct of Life*, 3rd edn (London: J. Johnson, 1796 [1792-3])

Lucy Aikin, *Poetry for Children* (London: Phillips, 1803)

Mark Akenside, *The Pleasures of Imagination* (London: Dodsley, 1744)

____, *The Poetical Works of Mark Akenside* (London: Bell and Daldy, 1866)

Jean Le Rond D'Alembert, *Preliminary Discourse to the Encyclopedia of Diderot*, Richard N. Schwab (trans. and ed.) (Chicago: University of Chicago Press, 1995)

David Alexander, *Retailing in England during the Industrial Revolution* (London: Athlone Press, 1970)

William Alexander, *The History of Women, from the Earliest Antiquity to the Present Time, Giving Some Account of Almost Every Interesting Particular concerning that Sex among all Nations*, 2 vols. (London: W. Strahan and T. Cadell, 1779)

William Rounseville Alger, *The Destiny of the Soul. A Critical History of the Doctrine of a Future Life and a Complete Bibliography of the Subject*, 10th edn (New York: W. J. Widdleton, 1878)

Archibald Alison, *Essays on the Nature and Principles of Taste* (Edinburgh: Bell and Bradfute, 1790)

Paul K. Alkon, *Samuel Johnson and Moral Discipline* (Evanston, Ill.: Northwestern University Press, 1967)

____, *Origins of Futuristic Fiction* (Athens, GA, and London: University of Georgia Press, 1987)

David Allan, *Virtue, Learning and the Scottish Enlightenment: Ideas of Scholarship in Early Modern History* (Edinburgh: Edinburgh University Press, 1993)

D. G. C. Allan, *William Shipley: Founder of the Royal Society of Arts. A Biography with Documents* (London: Hutchinson, 1968)

A. Allardyce (ed.), *Scotland and Scotsmen in the Eighteenth Century, from the MSS of John Ramsay*, 2 vols. (Edinburgh: Blackwood, 1888)

B. Sprague Allen, *Tides in English Taste (1619-1800): A Background for the Study of Literature*, 2 vols. (New York: Pageant Books, 1958)

David Elliston Allen, *The Naturalist in Britain: A Social History* (London: Allen Lane, 1976)

Richard C. Allen, *David Hartley on Human Nature* (New York: State University of New York Press, 1999)

H. E. Allison, 'Locke's Theory of Personal Identity: A Re-Examination', in I. C. Tipton (ed.), *Locke on Human Understanding: Selected Essays* (Oxford: Oxford University Press, 1977), 105-22

J. Almon, *Memoirs of a Late Eminent Bookseller* (London: sn, 1790)

P. C. Almond, *Heaven and Hell in Enlightenment England* (Cambridge: Cambridge University Press, 1994)

Richard D. Altick, *The English Common Reader: A Social History of the Mass Reading Public 1800-1900* (Chicago: Chicago University Press, 1957)

____, *The Shows of London: A Panoramic History of Exhibitions, 1600-1862* (Cambridge, Mass.: Belknap Press, 1978)

Susan D. Amussen, *An Ordered Society: Gender and Class in Early Modern England* (Oxford: Basil Blackwell, 1988)

Robert Anchor, *The Enlightenment Tradition* (New York: Harper & Row, 1967)

Benedict Anderson, *Imagined Communities: Reflections on the Origin and Spread of Nationalism* (London: Verso Editions and New Left Books, 1983)

Douglas Anderson, *The Radical Enlightenment of Benjamin Franklin* (Baltimore: Johns Hopkins University Press, 1997)

Patricia Anderson, *The Printed Image and the Transformation of Popular Culture 1790-1860* (Oxford: Clarendon Press, 1991)

Perry Anderson, *The Origins of Postmodernity* (London: Verso, 1998)

Perry Anderson and Robin Blackburn (eds.), *Towards Socialism* (London:

Fontana, 1965)

R. G. W. Anderson and Christopher Lawrence, *Science, Medicine and Dissent: Joseph Priestley (1733-1804)* (London: Wellcome Trust/Science Museum, 1987)

Donna T. Andrew, *Philanthropy and Police: London Charity in the Eighteenth Century* (Princeton, NJ: Princeton University Press, 1989)

C. Bruyn Andrews (ed.), *The Torrington Diaries: Containing the Tours through England and Wales of the Hon. John Byng (Later Fifth Viscount Torrington) between the Years 1781 and 1794*, 4 vols. (London: Eyre and Spottiswoode, 1934-8; 1954)

Jonathan Andrews, Asa Briggs, Roy Porter, Penny Tucker and Keir Waddington, *The History of Bethlem* (London: Routledge, 1997)

Malcolm Andrews, *The Search for the Picturesque: Landscape Aesthetics and Tourism in Britain, 1760-1800* (Aldershot: Scolar Press, 1989)

J. T. Anning, *The General Infirmary at Leeds*, vol. i: *The First Hundred Years* (Edinburgh: E. & S. Livingstone, 1963)

[Anon.], *A Short and Easie Method to Give Children an Idea or True Notion of Celestial and Terrestrial Beings* (sn: sl, 1710)

____, *A System of Magick; Or, a History of the Black Art. Being an Historical Account of Mankind's Most Early Dealing with the Devil; and How Acquaintance on Both Sides First Began . . .* (London: J. Roberts, 1727)

____, *Some Reflecting on Prescience: In Which the Nature of Divinity is Enquired Into* (London: Roberts, 1731)

____, *A History of Little Goody Two Shoes* (London: J. Newbery, 1766)

____, *A Discourse on Witchcraft. Occasioned by a Bill Now Depending in Parliament, to Repeal the Statute Made in the First Year of the Reign of King James I, Intituled An Act against Conjuration, Witchcraft, and Dealing with Evil and Wicked Spirits* (London: J. Read, 1736)

Joyce Oldham Appleby, 'Locke, Liberalism and the Natural Law of Money', *Past and Present*, lxxi (1976), 43-69

____, 'Ideology and Theory: The Tension between Political and Economic Liberalism in Seventeenth-century England', *American Historical Review*, lxxxi (1976), 499-515

____, *Economic Thought and Ideology in Seventeenth-century England*

(Princeton: Princeton University Press, 1978)

____, 'Consumption in Early Modern Social Thought', in John Brewer and Roy Porter (eds.), *Consumption and the World of Goods* (London: Routledge, 1993), 162-75

William W. Appleton, *A Cycle of Cathay: The Chinese Vogue in England During the Seventeenth and Eighteenth Centuries* (New York: Columbia University Press, 1951)

Johann Wilhelm Von Archenholz, *A Picture of England: Containing a Description of the Laws, Customs and Manners of England* (Dublin: P. Byrne, 1791)

Philippe Ariès, *Centuries of Childhood: A Social History of the Family* (Harmondsworth: Penguin Books, 1973)

____, *Western Attitudes towards Death: From the Middle Ages to the Present* (London: Marion Boyars, 1976)

____, *L'homme devant la mort* (Paris: Seuil, 1977), trans. by Helen Weaver as *The Hour of Our Death* (London: Allen Lane, 1981)

Nancy Armstrong, *Desire and Domestic Fiction: A Political History of the Novel* (New York: Oxford University Press, 1987)

W. H. G. Armytage, *Heavens Below: Utopian Experiments in England 1560-1960* (London: Routledge & Kegan Paul, 1961)

____, *Yesterday's Tomorrows: A Historical Survey of Future Societies* (London: Routledge & Kegan Paul, 1968)

Thomas Arnold, *Observations on the Nature, kinds, Causes and Prevention of Insanity*, 2 vols. (Leicester: Robinson and Cadell, 1782-6)

Richard Ashcraft, *Revolutionary Politics and Locke's Two Treatises of Government* (Princeton, NJ: Princeton University Press, 1986)

____, 'Anticlericalism and Authority in Lockean Political Thought', in Roger D. Lund (ed.), *The Margins of Orthodoxy: Heterodox Writing and Cultural Response, 1660-1750* (Cambridge: Cambridge University Press, 1995), 73-96

____, 'Lockean Ideas, Poverty, and the Development of Liberal Political Theory', in John Brewer and Susan Staves (eds.), *Early Modern Conceptions of Property* (London and New York: Routledge, 1995), 43-61

Andrew Ashfield and Peter de Bolla (eds.), *The Sublime: A Reader in British Eighteenth-century Aesthetic Theory* (Cambridge: Cambridge University

Press, 1996)

John Ashton, *Chap-books of the Eighteenth Century* (London: Chatto & Windus, 1882)

____, *The History of Gambling in England* (London: Duckworth & Co., 1898)

A. Aspinall, *Politics and the Press c. 1780-1850* (London: Home and Van Thal, 1949)

Jan Assmann, *Moses the Egyptian: The Memory of Egypt in Western Monotheism* (Cambridge, Mass.: Harvard University Press, 1997)

Mary Astell, *A Serious Proposal to the Ladies for the Advancement of Their True and Greatest Interest* (London: Wilkin, 1694)

____, *Letters Concerning the Love of God* (London: Wilkin, 1695)

____, *A Serious Proposal to the Ladies: Part II* (London: Wilkin, 1697)

____, *Some Reflections upon Marriage, Occasioned by the Duke and Duchess of Mazarine's Case* (London: Nutt, 1700)

____, *A Fair Way with the Dissenters and Their Patrons* (London: Wilkin, 1704)

____, *An Impartial Enquiry into the Causes of Rebellion and Civil War in This Kingdom* (London: Wilkin, 1704)

____, *Moderation Truly Stated* (London: Wilkin, 1704)

____, *The Christian Religion, as Profess'd by a Daughter of the Church of England* (London: R. Wilkin, 1705)

____, *Bart'lemy Fair or an Enquiry after Wit* (London: Wilkin, 1709)

Herbert M. Atherton, *Political Prints in the Age of Hogarth: A Study of the Ideographic Representation of Politics* (Oxford: Clarendon Press, 1974)

H. F. Augstein (ed.), *Race: The Origins of an Idea, 1760-1850* (Bristol: Thoemmes Press, 1996)

____, *James Cowles Prichard's Anthropology: Remaking the Science of Man in Early Nineteenth-century Britain* (Amsterdam: Rodopi, 1999)

Donald D. Ault, *Visionary Physics: Blake's Response to Newton* (Chicago: Chicago University Press, 1974)

Jane Austen, *Northanger Abbey* (Harmondsworth: Penguin, 1975 [1818])

____, *Persuasion* (Harmondsworth: Penguin, 1965 [1818])

____, *Lady Susan, The Watsons, Sanditon*, Margaret Drabble (ed.) (Harmondsworth: Penguin, 1974)

Emmett L. Avery (ed.), *The London Stage. Part 2: 1700-1729*, 11 vols.

(Carbondale, Ill.: Southern Illinois University Press, 1968)

James L. Axtell, *The Educational Writings of John Locke: A Critical Edition with Introduction and Notes* (Cambridge: Cambridge University Press, 1968)

Philip Ayres, *Classical Culture and the Idea of Rome in Eighteenth-century England* (Cambridge: Cambridge University Press, 1997)

Robert W. Babcock, *The Genesis of Shakespeare Idolatry, 1766-1799: A Study in English Criticism of the Late Eighteenth Century* (Chapel Hill: University of North Carolina Press, 1931)

Paula R. Backscheider, *Daniel Defoe: His Life* (Baltimore: Johns Hopkins University Press, 1989)

____, *Spectacular Politics: Theatrical Power and Mass Culture in Early Modern England* (Baltimore: Johns Hopkins University Press, 1994)

Marc Baer, *The Theatre and Disorder in Late Georgian London* (Oxford: Clarendon Press, 1991)

Robert Bage, *Man as He is*, 4 vols. (London: Lane, 1792)

____, *Hermsprong, or Man as He is Not*, V. Wilkins (ed.) (London: Turnstile Press, 1951 [London: Lane, 1796])

Charles F. Bahmueller, *The National Charity Company: Jeremy Bentham's Revolution* (Berkeley: University of California Press, 1981)

M. Bailey (ed.), *Boswell's Column* (London: William Kimber, 1951)

Nathan Bailey, *Universal Etymological English Dictionary* (London: Bell, 1721)

Paul Baines, *The House of Forgery in Eighteenth-century Britain* (Aldershot: Ashgate, 1999)

Herschel Baker, *The Dignity of Man: Studies in the Persistence of an Idea* (Cambridge, Mass.: Harvard University Press, 1947)

M. M. Bakhtin, *Rabelais and His World*, trans. by H. Iswoldsky (Cambridge, Mass.: MIT Press, 1968)

Katherine Balderston (ed.), *Thraliana: The Diary of Mrs Hester Lynch Thrale, Later Mrs Piozzi, 1776-1809*, 2 vols. (Oxford: Clarendon Press, 1942)

Chris Baldick, *In Frankenstein's Shadow: Myth, Monstrosity, and Nineteenth-century Writing* (Oxford: Clarendon Press, 1987)

Harry Ballam and Roy Lewis (eds.), *The Visitors' Book: England and the English as Others Have Seen Them* (London: Max Parrish, 1950)

Ros Ballaster, *Seductive Forms: Women's Amatory Fiction, 1684-1740* (Oxford:

Clarendon Press, 1922)

J. B. Bamborough, *The Little World of Man: An Account of Renaissance Psychological Theory* (London: Longmans, Green, 1952)

Samuel Bamford, *The Autobiography of Samuel Bamford*, vol. i: *Early Days* (London: Simpkin, Marshall &Co., 1848-9; repr., London: Frank Cass, 1967)

Stephen Bann, *The Clothing of Clio: A Study of the Representation of History in Nineteenth-century Britain and France* (Cambridge: Cambridge University Press, 1984)

____, (ed.), *Frankenstein, Creation and Monstrosity* (London: Reaktion Books, 1994)

Anna Barbauld, *Address to Opposers of the Repeal of the Corporation and Test Acts* (London: Johnson, 1790)

N. Barbon, *A Discourse of Trade* (London: Thomas Milbourn, 1690; repr. J. Hollander (ed.), Baltimore: Johns Hopkins University Press, 1905)

Michael Barfoot, 'Priestley, Reid's Circle and the Third Organon of Human Reasoning', in R. G. W. Anderson and Christopher Lawrence (eds.), *Science, Medicine and Dissent: Joseph Priestley (1733-1804)* (London: Wellcome Trust/ Science Museum, 1987), 81-9

Hannah Barker, *Newspapers, Politics and Public Opinion in Late Eighteenth-century England* (Oxford: Clarendon Press, 1998)

Theo Barker (ed.), *The Long March of Everyman 1750-1960* (Harmondsworth: Penguin, 1978)

G. J. Barker-Benfield, *The Culture of Sensibility: Sex and Society in Eighteenth-century Britain* (Chicago: University of Chicago Press, 1992)

Jeffrey Barnouw, 'Hobbes's Psychology of Thought: Endeavours, Purpose and Curiosity', *History of European Ideas*, x (1990), 519-45

Richard Baron, *The Pillars of Priestcraft and Orthodoxy Shaken*, 2nd end, 4 vols. (London: Cadell, 1768)

Poulain de la Barre, *De l'égalité des deux sexes* (Paris: du Puis, 1673)

John Barrell, *The Idea of Landscape and the Sense of Place 1730-1840: An Approach to the Poetry of John Clare* (London: Cambridge University Press, 1972)

____, *The Dark Side of the Landscape: The Rural Poor in English Painting, 1730-1840* (Cambridge: Cambridge University Press, 1980)

____, *English Literature in History, 1730-80: An Equal, Wide Survey* (London: Hutchinson, 1983)

____, *The Political Theory of Painting from Reynolds to Hazlitt: The Body of the Public* (New Haven, Conn: Yale University Press, 1986)

William Barrett, *Death of the Soul. Philosophical Thought from Descartes to the Computer* (Oxford: Oxford University Press, 1987)

James Barry, *The Works of James Barry, Esq., Historical Painter*, 2 vols. (London: Cadell and Davies, 1809)

Jonathan Barry and Christopher Brooks (eds.), *The Middling Sort of People: Culture, Society and Politics in England, 1550-1800* (Basingstoke: Macmillan, 1994)

R. Bartel, 'Suicide in Eighteenth-century England: The Myth of a Reputation', *Huntingdon Library Quarterly*, xxiii (1959), 145-55

Jonathan Bate, *Shakespearean Constitutions: Politics, Theatre, Criticism 1730-1830* (Oxford: Clarendon Press, 1989)

Walter Jackson Bate, *From Classic to Romantic: Premises of Taste in Eighteenth-century England* (Cambridge, Mass.: Harvard University Press, 1946)

W. J. Bate, J. M. Bullitt, and L. F. Powell (eds.), *Samuel Johnson: The Idler and Adventurer* (New Haven, Conn.: The Yale-Edition of the Works of Samuel Johnson, Yale University Press, 1963)

W. J. Bate and A. B. Straus (eds.), *Samuel Johnson: The Rambler*, 3 vols. (New Haven, Conn.: The Yale Edition of the Works of Samuel Johnson, Yale University Press, 1969)

William Battie, *A Treatise on Madness* (London: Whiston & White, 1758)

Daniel A. Baugh, *Poverty, Protestantism and Political Economy: English Attitudes towards the Poor 1660-1800* (Clark Library, Los Angeles: University of California, Los Angeles, 1977-8)

Michael Baxandall, *Shadows and Enlightenment* (London and New Haven: Yale University Press, 1995)

J. M. Beattie, *The English Court in the Reign of George I* (Cambridge: Cambridge University Press, 1967)

John Beaumont, *An Historical, Physiological and Theological Treatise of Spirits, Apparitions, Witchcrafts and Other Magical Practises . . . With a Refutation of Dr Bekker's World Bewitch'd; and Other authors that Have Opposed the Belief of*

Them (London: Brown, 1705)

D. W. Bebbington, *Evangelicalism in Modern Britain: A History from the 1730s to the 1980s* (London: Routledge, 1988)

Carl Becker: *The Heavenly City of the Eighteenth-century Philosophers* (New Haven: Yale University Press, 1932)

G. Becker, *The Mad Genius Controversy* (London & Beverly Hills: Sage, 1978)

Marvin B. Becker, *The Emergence of Civil Society in the Eighteenth Century* (Indiana: Indiana University Press, 1994)

J. V. Beckett, *The Aristocracy in England, 1660-1914* (Oxford: Basil Blackwell, 1986)

Robert Beddard (ed.), *The Revolutions of 1688* (Oxford: Clarendon Press, 1991)

Thomas Beddoes (ed.), *Chemical Experiments and Opinions; Extracted From a Work Published in the Last Century* (Oxford: Clarendon Press, 1790)

____, *The History of Isaac Jenkins, and of the Sickness of Sarah His Wife, and Their Three Children* (Madeley: sn, 1792)

____, *Observations on the Nature of Demonstrative Evidence; with an Explanation of Certain Difficulties in the Elements of Geometry, and Reflections on Language* (London: Johnson, 1793)

____, *A Letter to Erasmus Darwin . . . on a New Method of Treating Pulmonary Consumption, and Same Other Diseases Hitherto Found Incurable* (Bristol: Bulgin & Rosser, 1793)

____, *Hygëia: or Essays Moral and Medical, on the Causes Affecting the Personal State of Our Middling and Affluent Classes*, 3 vols. (Bristol: Phillips, 1802–3)

D. Beekman, *The Mechanical Baby: A Popular History of the Theory and Practice of Child-raising* (London: Dennis Dobson, 1979)

E. S. De Beer (ed.), *The Diary of John Evelyn*, 6 vols. (Oxford: Oxford University Press, 1955)

____, (ed.), *The Correspondence of John Locke*, 8 vols. (Oxford: Clarendon Press, 1976–89)

Margaret Beetham, *A Magazine of Her Own? Domesticity and Desire in the Woman's Magazine 1800-1914* (London and New York: Routledge, 1996)

D. P. Behan, 'Locke on Persons and Personal Identity', *Canadian Journal of Philosophy*, ix (1979), 53–75

Aphra Behn, *Oroonoko or the Royal Slave* (London: Canning, 1688)

A. L. Beier, "'Utter Strangers to Industry, Morality and Religion": John Locke on the Poor', *Eighteenth-century Life*, xii (1988), 28–41

Terry Belanger, 'Publishers and Writers in Eighteenth-century England', in Isabel Rivers (ed.), *Books and Their Readers in Eighteenth-century England* (Leicester: Leicester University Press, 1982), 5–25

A. Beljame, *Men of Letters and the English Public in the Eighteenth Century, 1660-1744* (London: Kegan Paul, Trench, Trubner, 1948)

Ian H. Bell, *Literature and Crime in Augustan England* (London: Routledge, 1991)

John Bellers, *Proposals for Raising a College of Industry of all Useful Trades and Husbandry* (London: Sowle, 1696)

Catherine Belsey, 'Afterword: A Future for Materialist–Feminist Criticism?', in Valerie Wayne (ed.), *The Matter of Difference: Materialist-Feminist Criticism of Shakespeare* (Ithaca: Cornell University Press, 1991)

Ilana Krausman Ben–Amos, *Adolescence and Youth in Early Modern England* (New Haven and London: Yale University Press, 1994)

John Bender, *Imagining the Penitentiary. Fiction and the Architecture of Mind in Eighteenth-century England* (Chicago: University of Chicago Press, 1987)

____, 'A New History of the Enlightenment?', *Eighteenth-century Life*, xvi (1992), 1–20

John Bennett, *Strictures on Female Education Chiefly as It Relates to the Culture of the Heart, in Four Essays* (London: T. Cadell, 1787)

Jeremy Bentham, *An Introduction to the Principles of Morals and Legislation* (London: Payne, 1789)

____, *Panopticon; or, The Inspection-House*, 3 vols. (London: Payne, 1791)

____, *Plan of Parliamentary Reform* (London: Wooler, 1817)

____, *Church of Englandism, and Its Catechism Examined* (London: Wilson, 1818)

____, *Not Paul but Jesus* (London: sn, 1823)

____, *The Book of Fallacies* (London: Hunt, 1824)

____, *A Fragment of Government and An Introduction to the Principles of Morals and Legislation*, W. Harrison (ed.) (Oxford: Basil Blackwell, 1948 [1776 and 1789])

____, 'Offenses against One's Self: Paederasty', *Journal of Homosexuality*, iii

(1978), 389–405; iv (1979), 91–109

____, *A Fragment on Government*, Ross Harrison (intro.), J. H. Burns and H. L. A. Hart (eds.), (Cambridge: Cambridge University Press, 1988 [1776])

____, *The 'Panopticon' Writings*, Miran Bozovic (ed.) (London: Verso, 1995)

M. Bentham-Edwards (ed.), *The Autobiography of Arthur Young* (London: Smith, Elder, 1898)

[Thomas Bentley], *Letters on the Utility and Policy of Employing Machines to Shorten Labour* (London: Becket, 1780)

John Beresford (ed.), *The Diary of a Country Parson: The Rev. James Woodforde, 1758-1802*, 5 vols. (Oxford: Oxford University Press, 1978–81)

Maxine Berg, *The Age of Manufactures, 1700-1820: Industry, Innovation and Work In Britain* (London: Routledge, 1994)

Maxine Berg and Helen Clifford (eds.), *Consumers and Luxury: Consumer Culture in Europe 1650-1850* (Manchester: Manchester University Press, 1999)

T. Goddard Bergin and Max H. Fish (trans.) *The New Science of Giambattista Vico* (Ithaca, NY: Cornell University Press, 1948 [trans. of 3rd edn, 1744])

George Berkeley, *An Essay towards a New Theory of Vision*, 2nd edn (Dublin: Aaron Rhames, 1709)

____, *Treatise concerning the Principles of Human Knowledge* (Dublin: Pepyat, 1710)

Isaiah Berlin, *Four Essays on Liberty* (London: Oxford University Press, 1969)

David Berman, *A History of Atheism in Britain from Hobbes to Russell* (London: Croom Helm, 1988)

Marshall Berman, *All That is Solid Melts into Air: The Experience of Modernity* (London: Verso, 1983)

Ann Bermingham, *Landscape and Ideology: The English Rustic Tradition 1740-1860* (Berkeley: University of California Press, 1986)

Martin Bernal, *Black Athena: The Afroasiatic Roots of Classical Civilization*, vol. i: *The Fabrication of Ancient Greece, 1785-1985* (London: Free Association Books, 1987)

John Andrew Bernstein, 'Shaftesbury's Optimism and Eighteenth-century Social Thought', in A. C. Kors and Paul J. Korshin (eds.), *Anticipations of the Enlightenment in England, France and Germany* (Philadelphia: University of

Pennsylvania Press, 1987), 86-101

Peter L. Bernstein, *Against the Gods: The Remarkable Story of Risk* (New York: John Wiley, 1996)

Christopher J. Berry, '"Climate" in the Eighteenth Century: James Dunbar and the Scottish Case', *Texas Studies in Literature and Language*, xvi (1974), 281-92

____, 'James Dunbar and the Enlightenment Debate on Language', in Jennifer J. Carter and Joan H. Pittock (eds.), *Aberdeen and the Enlightenment. Proceedings of a Conference Held at the University of Aberdeen* (Aberdeen University Press, 1987), 241-50

____, *The Idea of Luxury: A Conceptual and Historical Investigation* (Cambridge: Cambridge University Press, 1994)

____, *Social Theory of the Scottish Enlightenment* (Edinburgh: Edinburgh University Press, 1997)

Helen Berry, '"Nice and Curious Questions": Coffee Houses and the Representations of Women in John Dunton's *Athenian Mercury*', *Seventeenth Century*, xii(1997), 257-76

H. Digby Beste, *Personal and Literary Memorials* (London: Henry Colburn, 1829)

Bruno Bettelheim, *The Uses of Enchantment: The Meaning and Importance of Fairy Tales* (New York: Vintage, 1977)

Alan Bewell, *Wordsworth and the Enlightenment: Nature, Man, and Society in the Experimental Poetry* (New Haven and London: Yale University Press, 1989)

Thomas Bewick: *A Memoir of Thomas Bewick, Written by Himself* (London: The Cresset Press, 1961 [1862])

Christina Bewley and David Bewley, *Gentleman Radical: A Life of John Horne Tooke, 1736-1812* (London: Tauris, 1998)

John C. Biddle, 'Locke's Critique of Innate Principles and Toland's Deism', in John W. Yolton (ed.), *Philosophy, Religion and Science in the Seventeenth and Eighteenth Centuries* (Rochester: University of Rochester Press, 1990), 140-51

Thomas Birch (ed.), *The Works of the Honourable Robert Boyle*, 5 vols. (London: Millar, 1744)

P. J. Bishop, *A Short History of the Royal Humane Society* (London: The Society,

1974)

Roberta Bivins, 'Expectations and Expertise: Early British Responses to Chinese Medicine', *History of Science*, xxxvii (1999), 459–89

Jeremy Black (ed.), *Britain in the Age of Walpole* (London: Macmillan, 1984)

____, *The British and the Grand Tour* (London: Croom Helm, 1985)

____, *The English Press in the Eighteenth Century* (London: Croom Helm, 1986)

____, (ed.), *Eighteenth-century Europe 1700-1789* (London: Macmillan, 1990)

____, 'Ideology, History, Xenophobia and the World of Print in Eighteenth-century England', in Jeremy Black and Jeremy Gregory (eds.), *Culture, Politics and Society in Britain, 1660-1800* (Manchester: Manchester University Press, 1991), 184–216

____, *A System of Ambition? British Foreign Policy 1660-1793* (London: Longman, 1991)

____, *The Politics of Britain, 1688-1800* (Manchester and New York: Manchester University Press, 1993)

____, *An Illustrated History of Eighteenth-century Britain, 1688-1793* (Manchester: Manchester University Press, 1996)

Jeremy Black and Jeremy Gregory (eds.), *Culture, Politics and Society in Britain, 1660-1800* (Manchester: Manchester University Press, 1991)

J. B. Black, *The Art of History* (New York: Russell & Russell, 1965)

Scott Black, 'Social and Literary Form in the *Spectator*', *Eighteenth Century Studies*, xxxiii (1999), 21–42

Richard Blackmore, *Creation: A Philosophical Poem, in Seven Books* (London: Buckley, Tonson, 1712)

William Blackstone, *Commentaries on the Laws of England*, 4 vols. (Oxford: Clarendon Press, 1765–9; facsimile, Chicago: University of Chicago Press, 1979)

A. Blackwall, *The Sacred Classics Defended and Illustrated* (London: J. Bettenham, 1725)

Hugh Blair, *A Critical Dissertation on the Poems of Ossian* (London: Becket and de Hondt, 1765)

____, *Lectures on Rhetoric and Belles Lettres*, 3 vols. (Dublin: Whitestone, Colies, etc., 1783)

Marc Bloch, *The Royal Touch: Sacred Monarchy and Scrofula in England and*

France, J. E. Anderson (trans.) (London: Routledge & Kegan Paul, 1973)

James Blondel, *The Strength of Imagination in Pregnant Women Examin'd* (London: Peele, 1727)

Edward A. Bloom and Lillian D. Bloom, *Joseph Addison's Sociable Animal: In the Market Place, on the Hustings, in the Pulpit* (Providence: Brown University Press, 1971)

Edward A. Bloom, Lillian D. Bloom and Edmund Leites, *Educating the Audience: Addison, Steele, and Eighteenth-century Culture* (Los Angeles: William Andrews Clark Memorial Library, 1984)

Morton W. Bloomfield, *The Seven Deadly Sins: An Introduction to the History of a Religious Concept, with Special Reference to Medieval Literature* (East Lansing: Michigan State University Press, 1952)

Charles Blount, *Anima Mundi* (London: W. Cademan, 1679)

Madame du Boccage, *Letters concerning England, Holland and Italy*, 2 vols. (London: E. and C. Dilly, 1770)

Henry St John, Viscount Bolingbroke, *The Works of Lord Bolingbroke*, 7 vols. (London: David Mallett, 1754-98; Farnborough: Gregg International, 1969 [repr. of 1841 edn])

James R. Bonar, *Malthus and His Work* (London: Macmillan, 1885; repr. Frank Cass, 1966)

Donald F. Bond, '"Distrust" of Imagination in English Neoclassicism', *Philological Quarterly*, xiv (1937), 54-69

_____, 'The Neo-Classical Psychology of the Imagination', *ELH*, iv (1937), 245-64

_____, (ed.), *The Tatler*, 3 vols. (Oxford and New York: Clarendon Press, 1987)

Richmond P. Bond (ed.), *Studies in the Early English Periodical* (Chapel Hill: University of North Carolina Press, 1957)

Peter Borsay, 'The Rise of the Promenade: The Social and Cultural Use of Space in the English Provincial Town, c. 1660-1800', *British Journal for Eighteenth-century Studies*, ix (1986), 125-40

_____, *The English Urban Renaissance: Culture and Society in the Provincial Town 1660-1770* (Oxford: Clarendon Press, 1989)

_____, (ed.), *The Eighteenth-century Town: A Reader in English Urban History 1688-1820* (London: Longman, 1990)

Peter Borsay and Angus McInnes, 'The Emergence of a Leisure Town: Or an Urban Renaissance?', *Past and Present*, cxxvi (1990), 189–202

Robert S. Bosher, *The Making of the Restoration Settlement* (London: Dacre Press, 1951)

Ian Bostridge, *Witchcraft and its Transformation, c. 1650-c. 1750* (Oxford: Clarendon Press, 1997)

James Boswell (ed.), *The Celebrated Letter from Samuel Johnson, LLD to Philip Dormer Stanhope, Earl of Chesterfield* (London: Dilly, 1790)

____, *The Life of Samuel Johnson*, 2 vols. (London: J. M. Dent, 1946 [1790])

Ruth B. Bottigheimer, 'Fairy Tales and Folk-tales', in Peter Hunt (ed.), *International Companion Encyclopaedia of Children's Literature* (London and New York: Routledge, 1996), 162–65

P.-G. Boucé (ed.), *Sexuality in Eighteenth-century Britain* (Manchester: Manchester University Press, 1982)

James T. Boulton, *The Language of Politics in the Age of Wilkes and Burke* (London: Routledge and Kegan Paul, 1963)

____, (ed.), *Selected Writings of Daniel Defoe* (Cambridge: Cambridge University Press, 1975)

William Biggs Boulton, *The Amusements of Old London: being a Survey of the Sports and Pastimes, Tea Gardens and Parks, Playhouses and Other Diversions of the People of London from the Seventeenth to the Beginning of the Nineteenth Century* (New York and London: Benjamin Blom, 1969)

Alain Boureau, *et al.* (eds.), *A History of Private Life*, vol. iii: *Passions of the Renaissance*, Arthur Goldhammer (trans.) (Cambridge, Mass.: Harvard University Press, 1989)

H. R. Fox Bourne, *The Life of John Locke*, 2 vols. (London: H. S. King, 1876)

P. J. Bowler, *Evolution: The History of an Idea* (Berkeley: University of California Press, 1984)

John Bowring, *The Works of Jeremy Bentham*, 11 vols. (Edinburgh: William Tait, 1843; John Hill Burton (intr.), Bristol: Thoemmes Press, 1995)

George R. Boyer, *An Economic History of the English Poor Law, 1750-1850* (Cambridge and New York: Cambridge University Press, 1990)

Robert Boyle, *Some Considerations Touching the Usefulnesse of Experimental Natural Philosophy* (Oxford: Davis, 1663)

____, *The Works of the Honourable Robert Boyle*, T. Birch (ed.), 5 vols. (London: A. Millar, 1744)

Ian Bradley, *The Call to Seriousness: The Evangelical Impact on the Victorians* (London: Jonathan Cape, 1976)

Leo Brady, 'Fanny Hill and Materialism', *Eighteenth-century Studies*, iv (1970–71), 21–40

Dennis Brailsford, *Bareknuckles: A Social History of Prize-fighting* (Cambridge: Lutterworth, 1988)

____, *Sport, Time and Society* (London: Routledge, 1990)

____, *British Sport: A Social History* (London: Lutterworth Press, 1992)

John Brand (ed.), *Observations on Popular Antiquities: Chiefly Illustrating the Origin of Our Vulgar Customs, Ceremonies and Superstitions* (London: Johnson, 1777; London: Chatto & Windus, 1913)

George C. Brauer, *The Education of a Gentleman: Theories of Gentlemanly Education in England 1660-1775* (New York: Bookman Associates, 1959)

T. H. Breen, '"Baubles of Britain": The American and Consumer Revolutions of the Eighteenth Century', *Past and Present*, cxix (1988), 73–104

____, 'The Meanings of Things: Interpreting the Consumer Economy in the Eighteenth Century', in John Brewer and Roy Porter (eds.), *Consumption and the World of Goods* (London and New York: Routledge, 1993), 249–60

John Brewer, 'English Radicalism in the Age of George III', in J. G. A. Pocock (ed.), *Three British Revolutions: 1641, 1688, 1776* (Princeton: Princeton University Press, 1980), 323–67

____, *The Common People and Politics, 1750-1800: Popular Political Participation in Cartoon and Caricature* (Cambridge: Chadwyck Healey, 1986)

____, *The Sinews of Power. War, Money and the English State 1688-1783* (London: Unwin Hyman, 1989)

____, *The Pleasures of the Imagination: English Culture in the Eighteenth Century* (London: HarperCollins, 1997)

John Brewer and Roy Porter (eds.), *Consumption and the World of Goods* (London: Routledge, 1993)

S. M. Brewer, *Design for a Gentleman: The Education of Philip Stanhope* (London: Chapman and Hall, 1963)

K. M. Briggs, *Pale Hecate's Team* (New York: The Humanities Press, 1962)

Crane Brinton, *The Political Ideas of the English Romanticists* (London: Oxford University Press, 1926)

R. F. Brissenden, *Virtue in Distress: Studies in the Novel of Sentiment from Richardson to Sade* (London: Macmillan, 1974)

Edward J. Bristow, *Vice and Vigilance: Purity Movements in Britain since 1700* (Dublin: Gill and Macmillan, 1977)

Alexander Broadie (ed.), *The Scottish Enlightenment: An Anthology* (Edinburgh: Canongate, 1997)

William H. Brock, *The Fontana History of Chemistry* (London: Fontana, 1992)

Jacob Bronowski, *William Blake and the Age of Revolution* (London: Routledge & Kegan Paul, 1972)

B. Bronson (ed.), *Samuel Johnson, Rasselas, Poems and Selected Prose*, 3rd edn (San Francisco: Rinehart, 1971)

Henry Brooke, *Universal Beauty* (London: J. Wilcox, 1735)

John Hedley Brooke, *Science and Religion: Some Historical Perspectives* (Cambridge: Cambridge University Press, 1991)

Marilyn L. Brooks, 'Mary Hays: Finding a "Voice" in Dissent', *Enlightenment and Dissent*, xiv (1995), 3-24

David Brown, 'Butler and Deism', in Christopher Cunliffe (ed.), *Joseph Butler's Moral and Religious Thought* (Oxford: Clarendon Press, 1992), 7-28

Ford K. Brown, *Fathers of the Victorians: The Age of Wilberforce* (Cambridge: Cambridge University Press, 1961)

John Brown, *An Estimate of the Manners and Principles of the Times*, 2 vols. (London: L. Davis & C. Reymers, 1757)

_____, *Thoughts on Civil Liberty, Licentiousness and Faction* (Newcastle-upon-Tyne: Davis and Reymers, 1765)

Laura Brown, *Ends of Empire: Women and Ideology in Early Eighteenth-century English Literature* (Ithaca and London: Cornell University Press, 1993)

Peter Brown, *The World of Late Antiquity: From Marcus Aurelius to Muhammad* (London: Thames & Hudson, 1971)

Philip Anthony Brown, *The French Revolution in English History* (London: Frank Cass, 1965)

Robert Brown, *The Nature of Social Laws, Machiavelli to Mill* (Cambridge: Cambridge University Press, 1984)

Sanborn C. Brown (ed.), *Collected Works of Count Rumford*, vol. iv: *Light and Armament* (Cambridge, Massachusetts: Belknap Press, 1970)

Theodore Brown, 'From Mechanism to Vitalism in Eighteenth-century English Physiology', *Journal of the History of Biology*, vii (1974), 179-216

V. Brown, *Adam Smith's Discourse: Canonicity, Commerce and Conscience* (London: Routledge, 1994)

Alice Browne, *The Eighteenth-century Feminist Mind* (Brighton: Harvester Press, 1987)

Janet Browne, 'Botany for Gentlemen: Erasmus Darwin and *The Loves of the Plants*', *Isis*, lxxx (1989), 593-612

Reed Browning, *Political and Constitutional Ideas of the Court Whigs* (Baton Rouge: Louisiana State University Press, 1982)

Gladys Bryson, *Man and Society: The Scottish Inquiry of the Eighteenth Century* (New York: Kelley, 1968)

W. Buchan, *Domestic Medicine, or a Treatise on the Prevention and Cure of Diseases by Regimen and Simple Medicines* (Edinburgh: Balfour, Auld & Smellie, 1769)

____, *Observations concerning the Prevention and Cure of the Venereal Disease* (London: Chapman, 1796)

Gerd Buchdahl, *The Image of Newton and Locke in the Age of Reason* (London and New York: Sheed and Ward, 1961)

R. O. Bucholz, *The Augustan Court: Queen Anne and the Decline of Court Culture* (Stanford, CA: Stanford University Press, 1993)

Peter Buck, 'People Who Counted: Political Arithmetic in the Eighteenth Century', *Isis*, lxxiii (1982), 28-45

Jerome Hamilton Buckley, *The Triumph of Time: A Study of the Victorian Concepts of Time, History, Progress, and Decadence* (Cambridge, Mass.: Belknap Press, 1967)

V. Bullough, 'Prostitution and Reform in Eighteenth-century England', in R. P. Maccubbin (ed.), *'Tis Nature's Fault: Unauthorized Sexuality during the Enlightenment* (Cambridge: Cambridge University Press, 1987), 61-74

John Bunyan, *Pilgrim's Progress* (London: Nathaniel Ponder, 1678)

James Burgh, *Crito; or, Essays on Various Subjects*, 2 vols. (London: J. Dodsley, 1766, 1767)

_____, *Political Disquisitions; or, An Enquiry into Public Errors, Defects, and Abuses*, 3 vols. (Philadelphia: Robert Bell, 1775)

Edmund Burke, *Philosophical Enquiry into the Origin of Our Ideas of the Sublime and the Beautiful* (London: R. and J. Dodsley, 1757)

_____, *Reflections on the Revolution in France and on the Proceedings in Certain Societies in London Relative to that Event. In a Letter Intended to have been Sent to a Gentleman in Paris* (London: J. Dodsley, 1790; Conor Cruise O'Brien (ed.), Harmondsworth: Penguin, 1982)

_____, *The Works and Correspondence of the Right Honourable Edmund Burke*, 8 vols. (London: Francis and John Rivington, 1852)

_____, *A Vindication of Natural Society*, Frank N. Pagano (ed.) (London: Cooper, 1756; North Shadeland, Indianapolis: Liberty Classics, 1982)

Peter Burke, *The Renaissance Sense of the Past* (New York: St Martin's Press, 1970)

_____, *Popular Culture in Early Modern Europe* (London: Temple Smith, 1978)

_____, '*Heu Domine, Adsunt Turcae*: A Sketch for the Social History of Post-Medieval Latin', in Peter Burke and Roy Porter (eds.), *Language, Self and Society: A Social History of Language* (Cambridge: Polity Press, 1991), 23–50

_____ (ed.), *New Perspectives on Historical Writing* (Cambridge: Polity Press, 1991)

_____, *The Art of Conversation* (Cambridge: Polity Press, 1993)

Gilbert Burnet, *Some Passages of the Life and Death of the Right Honourable John, Earl of Rochester* (London: Chiswel, 1680)

Thomas Burnet, *The Sacred Theory of the Earth*, translated from the 1681 Latin original (London: Centaur Press, 1956 [1684–90])

R. M. Burns, *The Great Debate on Miracles, from Joseph Glanvill to David Hume* (Lewisburg, PA: Bucknell University Press, 1981)

Robert Burns, *The Poetical Works of Burns* (Boston: Houghton Mifflin, 1974)

J. W. Burrow, *Evolution and Society: A Study in Victorian Social Theory* (Cambridge: Cambridge University Press, 1966, 1970)

Shelley Burtt, *Virtue Transformed: Political Argument in England, 1688-1740* (Cambridge: Cambridge University Press, 1992)

J. B. Bury, *A History of Freedom of Thought* (London: Williams and Norgate, nd)

M. L. Bush (ed.), *What is Love? Richard Carlile's Philosophy of Sex* (London:

Verso, 1998)

Bob Bushaway, *By Rite: Custom, Ceremony and Community in England, 1700-1880* (London: Junction Books, 1982)

T. L. Bushell, *The Sage of Salisbury: Thomas Chubb 1679-1747* (London: Vision Press, 1968)

Joseph Butler, *Fifteen Sermons Preached at the Rolls Chapel* (London: Knapton, 1726)

____, *The Analogy of Religion to the Constitution and Course of Nature* (London: Religion Tract Society, n.d.)

Marilyn Butler, *Maria Edgeworth: A Literary Biography* (Oxford: Clarendon Press, 1972)

____, *Jane Austen and the War of Ideas* (Oxford: Clarendon Press, 1975)

____, *Peacock Displayed: A Satirist in His Context* (London: Routledge and Kegan Paul, 1979)

____, *Romantics, Rebels and Reactionaries: English Literature and Its Background 1760-1830* (Oxford and New York: Oxford University Press, 1981)

____ (ed.), *Burke, Paine, Godwin, and the Revolution Controversy* (Cambridge: Cambridge University Press, 1984)

____, 'Romanticism in England', in Roy Porter and Mikuláš Teich (eds.), *Romanticism in National Context* (Cambridge: Cambridge University Press, 1988)

Samuel Butler, *Hudibras, Parts I and II and Selected Other Writings*, John Wilders and Hugh de Quehen (eds.) (Oxford: Clarendon Press, 1973 [1663])

John Butt (ed.), *The Poems of Alexander Pope* (London: Methuen, 1965)

M. Byrd, *London Transformed: Images of the City in the Eighteenth Century* (New Haven and London: Yale University Press, 1978)

Max Byrd, *Tristram Shandy* (London: Allen & Unwin, 1985)

James Byrne, *Glory, Jest and Riddle: Religious Thought in the Enlightenment* (London: SCM Press Ltd, 1996)

William Cadogan, *Essay upon Nursing, and the Management of Children* (London: J. Roberts, 1748)

C. G. Caffentzis, *Clipped Coins, Abused Words, and Civil Government. John Locke's Philosophy of Money* (New York: Autonomedia, 1989)

Barbara Caine, *English Feminism, 1780-1980* (Oxford: Oxford University Press, 1997)

Angus Calder, *Revolutionary Empire: The Rise of the English-speaking Empires from the Fifteenth Century to the 1780s* (London: Jonathan Cape, 1981)

Craig Calhoun (ed.), *Habermas and the Public Sphere* (Cambridge, Mass. and London: MIT Press, 1992)

William Camden, *Britannia* (London: Churchill, 1695)

Charles Camic, *Experience and Enlightenment: Socialization for Cultural Change in Eighteenth-century Scotland* (Edinburgh: Edinburgh University Press, 1983)

C. Campbell, *The Romantic Ethic and the Spirit of Modern Consumerism* (Oxford: Basil Blackwell, 1989)

R. H. Campbell and Andrew S. Skinner (eds.), *The Origins and Nature of the Scottish Enlightenment* (Edinburgh and New York: Edinburgh University Press, 1982)

T. D. Campbell, *Adam Smith's Science of Morals* (London: Allen & Unwin, 1971)

Piero Camporesi, *The Fear of Hell: Images of Damnation and Salvation in Early Modern Europe*, Lucinda Byatt (trans.) (Oxford: Basil Blackwell, 1990)

____, *Exotic Brew: Hedonism and Exoticism in the Eighteenth Century* (Cambridge: Polity Press, 1992)

David Cannadine, 'The Present and the Past in the English Industrial Revolution, 1880–1980', *Past and Present*, ciii (1984), 131–72

____, *The Decline and Fall of the British Aristocracy* (New Haven, Conn.: Yale University Press, 1990)

John Cannon, *Parliamentary Reform 1640-1832* (London: Cambridge University Press, 1972)

____ (ed.), *The Whig Ascendancy: Colloquies on Hanoverian England* (London: Edward Arnold, 1981)

G. N. Cantor, 'The History of "Georgian" Optics', *History of Science*, xvi (1978), 1–21

Bernard S. Capp, *Astrology and the Popular Press: English Almanacs, 1500-1800* (London: Faber & Faber, 1979)

Giancarlo Carabelli, *In the Image of Priapus* (London: Duckworth, 1996)

Daniel Carey, 'Reconsidering Rousseau: Sociability, Moral Sense and the

American Indian from Hutcheson to Bartram', *British Journal for Eighteenth-century Studies*, xxi (1998), 25-38

C. L. Carlson, *The First Magazine. A History of the Gentleman's Magazine* (Providence, R. I.: Brown University Studies 5, 1938)

[T. Carlyle], 'Signs of the Times, An Addiction to Prophecy, Not a Favourable Indication, Either of Nations or Individuals', *Edinburgh Review*, xlix (1829), 439-59

W. B. Carnochan, *Confinement and Flight. An Essay on English Literature of the Eighteenth Century* (Berkeley, CA: University of California Press, 1977)

S. C. Carpenter, *Eighteenth-century Church and People* (London: Murray, 1959)

Vincent Carretta (ed.), *Olaudah Equiano: The Interesting Narrative and Other Writings* (New York: Penguin Books, 1995)

_____ (ed.), *Unchained Voices: An Anthology of Black Authors in the English-speaking World of the Eighteenth Century* (Lexington, KY: The University Press of Kentucky, 1996)

David Carrithers, 'The Enlightenment Science of Society', in Christopher Fox, Roy S. Porter and Robert Wokler (eds.), *Inventing Human Science: Eighteenth-century Domains* (Berkeley, CA: University of California Press, 1995), 232-70

H. B. Carter, *Joseph Banks 1743-1820* (London: British Museum (Natural History), 1988)

Philip John Carter, 'Mollies, Fops and Men of Feeling: Aspects of Male Effeminacy and Masculinity in Britain c. 1700-1780' [University of Oxford, D.Phil., 1995]

Philip Carter, 'An "Effeminate" or "Efficient" Nation? Masculinity and Eighteenth-century Social Documentary', *Textual Practice*, xi (1997), 429-43

Arthur Cash, *Laurence Sterne: The Later Years* (London: Methuen, 1986)

Ernest Cassara, *The Enlightenment in America* (Lanham: University Press of America, 1988)

Ernst Cassirer, *The Philosophy of the Enlightenment,* Fritz C. A. Koelln and James P. Pettegrove (trans.) (Princeton, NJ: Princeton University Press, 1951)

_____, *Kant's Life and Thought* (New Haven: Yale University Press, 1981)

Dario Castiglione, 'Excess, Frugality and the Spirit of Capitalism: Readings of

Mandeville on Commercial Society', in Joseph Melling and Jonathan Barry (eds.), *Culture in History: Production, Consumption and Values in Historical Perspective* (Exeter: University of Exeter Press, 1992), 155-79

Terry Castle, *Masquerade and Civilization: The Carnivalesque in Eighteenth-century English Culture and Fiction* (London: Methuen, 1986)

____, *The Female Thermometer: Eighteenth-century Culture and the Invention of the Uncanny* (Oxford: Oxford University Press, 1994)

David Castronovo, *The English Gentleman: Images and Ideals in Literature and Society* (New York: Ungar, 1987)

Alexander Catcott, *The Antiquity and Honourableness of the Practice of Marchandize. A Sermon* (Bristol: sn, 1744)

____, *A Treatise on the Deluge*, 2nd edn (Bristol: E. Allen, 1768)

Hiram Caton, *The Politics of Progress: The Origins and Development of the Commercial Republic, 1600-1835* (Gainesville: University of Florida Press, 1988)

Margaret Cavendish, duchess of Newcastle, *Orations of Divers Sorts* (London: sn, 1663)

Michel de Certeau, *The Writing of History*, Tom Conley (trans.) (New York: Colombia University Press, 1988)

Ephraim Chambers, *Cyclopaedia, Or an Universal Dictionary of Arts and Sciences: Containing the Definitions of the Terms, and Accounts of the Things Signify'd Thereby, in the Several Arts, Both Liberal and Mechanical, and the Several Sciences*, 2 vols. (London: Printed for James & John Knapton *et al.*, 1728; 2nd edn, 2 vols., London: Midwinter, 1738)

Justin A. I. Champion, *The Pillars of Priestcraft Shaken: The Church of England and its Enemies, 1660-1730* (Cambridge: Cambridge University Press, 1992)

C. F. Chapin, *The Religious Thought of Samuel Johnson* (Ann Arbor, Mich.: University of Michigan Press, 1968)

R. W. Chapman (ed.), *Jane Austen's Letters to Her Sister Cassandra & Others* (London: Oxford University Press, 1952)

____ (ed.), *Samuel Johnson, A Journey to the Western Islands of Scotland and James Boswell, The Journal of a Tour to the Hebrides* (Oxford: Oxford University Press, 1970 [1775 and 1785])

Hester Chapone, *Letters on the Improvement of the Mind: Addressed to a Young*

Lady, 2 vols. (London: J. Walter, 1773)

Roger Chartier, *The Order of Books: Readers, Authors and Libraries in Europe between the Fourteenth and Eighteenth Centuries*, Lydia Cochrane (trans.) (Cambridge: Polity Press, 1994)

____, *Forms and Meanings: Texts, Performances, and Audiences from Codex to Computer* (Philadelphia: University of Pennsylvania Press, 1995)

Warren Chernaik, *Sexual Freedom in Restoration Literature* (Cambridge: Cambridge University Press, 1995)

William Cheselden, 'An Account of Some Observations Made by a Young Gentleman, Who was Born Blind, or Lost His Sight So Early, That He Had No Remembrance of Ever Having Seen, and was Couch'd Between 13 and 14 Years', *Philosophical Transactions*, xxxv (1727-8), 447-50

Anand C. Chitnis, *The Scottish Enlightenment: A Social History* (London: Croom Helm, 1976)

____, *The Scottish Enlightenment and Early Victorian Society* (London: Croom Helm, 1986)

Jerome Christensen, *Practising Enlightenment: Hume and the Formation of a Literary Career* (Madison: University of Wisconsin Press, 1987)

I. R. Christie, *Wars and Revolutions: England 1760-1815* (London: Edward Arnold, 1982)

____, *Stress and Stability in Late Eighteenth-century Britain: Reflections on the British Avoidance of Revolution* (Oxford: Oxford University Press, 1984)

J. R. R. Christie, 'Laputa Revisited', in J. J. R. Christie and S. Shuttleworth (eds.), *Nature Transfigured* (Manchester: Manchester University Press, 1989), 45-60

John Christie, 'The Human Sciences: Origins and Histories', *History of the Human Sciences*, vi (1993), 1-12

Thomas Chubb, *A Collection of Tracts* (London: for the author, 1730)

Lady Mary Chudleigh, *The Ladies' Defence* (London: Deeve, 1701)

[Lady Mary Chudleigh], *Women Not Inferior to Men or A Short and Modest Vindication of the Natural Right of the Fair Sex to a Perfect Equality of Power, Dignity, and Esteem with the Men* (London: sn, 1739)

Charles Churchill, *The Duellist* (London: Kearsly, 1764), in Roger Lonsdale (ed.), *The New Oxford Book of Eighteenth Century Verse*, p. 512.

Gregory Claeys, *Thomas Paine. Social and Political Thought* (Winchester, Mass.: Unwin Hyman, 1989)

____, 'The French Revolution Debate and British Political Thought', *History of Political Thought*, i (1990), 59–80

____ (ed.), *Utopias of the British Enlightenment* (Cambridge: Cambridge University Press, 1994)

____ (ed.), *Political Writings of the 1790s*, 8 vols. (London: Pickering and Chatto, 1995)

____ (ed.), *The Politics of English Jacobinism: Writings of John Thelwall* (Pennsylvania: Pennsylvania State University Press, 1995)

Anna Clark, *Women's Silence, Men's Violence: Sexual Assault in England, 1770-1845* (New York: Pandora, 1987)

____, *The Struggle for the Breeches: Gender and the Making of the British Working Class* (Berkeley, CA: University of California Press, 1995)

Geoffrey Clark, *Betting on Lives: The Culture of Life Insurance in England, 1695-1775* (Manchester: Manchester University Press, 1999)

Ian D. L. Clark, 'From Protest to Reaction: The Moderate Regime in the Church of Scotland, 1752–1805', in N. T. Phillipson and Rosalind Mitchison (eds.), *Scotland in the Age of Improvement: Essays in Scottish History in the Eighteenth Century* (Edinburgh: Edinburgh University Press, 1970), 200–224

J. C. D. Clark, *English Society, 1688-1832: Ideology, Social Structure and Political Practice During the Ancien Régime* (Cambridge: Cambridge University Press, 1985) 2nd edn: *English Society, 1660-1832: Religion, Ideology and Politics During the Ancien Régime* (Cambridge: Cambridge University Press, 2000)

____, *Revolution and Rebellion: State and Society in England in the Seventeenth and Eighteenth Centuries* (Cambridge: Cambridge University Press, 1986)

____, *The Language of Liberty 1660-1832: Political Discourse and Social Dynamics in the Anglo-American World* (Cambridge: Cambridge University Press, 1994)

____, *Samuel Johnson: Literature, Religion and English Cultural Politics from the Restoration to Romanticism* (Cambridge: Cambridge University Press, 1994)

M. L. Clark, *Paley: Evidences for the Man* (London: SPCK, 1974)

Peter Clark, *The English Alehouse: A Social History, 1200-1830* (London: Longman, 1983)

____, 'The "Mother Gin" Controversy in the Early Eighteenth Century',

Transactions of the Royal Historical Society, xxxviii (1988), 63-84

____, *Sociability and Urbanity: Clubs and Societies in the Eighteenth Century* (Leicester: Leicester University Press, 2000)

P. Clark and P. Slack, *English Towns in Transition, 1500-1700* (London: Oxford University Press, 1976)

R. B. Clark, *William Gifford: Tory Satirist, Critic, and Editor* (New York: Russell and Russell, 1980)

Stuart Clark, *Thinking with Demons: The Idea of Witchcraft in Early Modern Europe* (Oxford: Clarendon Press, 1997)

T. B. Clark, *Omai: The First Polynesian Ambassador to England* (San Francisco: Colt Press, 1941)

Desmond Clarke, *The Ingenious Mr Edgeworth* (London: Oldbourne, 1965)

George Clarke (ed.), *John Bellers: His Life, Times and Writings* (London: Routledge and Kegan Paul, 1987; York: Sessions, 1993)

I. F. Clarke, *The Pattern of Expectation 1644-2001* (London: Jonathan Cape, 1979)

J. J. Clarke, *Oriental Enlightenment: The Encounter between Asian and Western Thought* (London: Routledge, 1997)

Michael Clarke and Nicholas Penny (eds.), *The Arrogant Connoisseur: Richard Payne Knight 1751-1824* (Manchester: Manchester University Press, 1982)

Samuel Clarke, *The Scripture-doctrine of the Trinity* (London: Strahan, 1712)

____, *A Demonstration of the Being and Attributes of God* (London: James Knapton, 1705)

John Cleland, *Memoirs of a Woman of Pleasure*, Peter Sabor (ed.) (Oxford: Oxford University Press, 1985 [1784-9])

E. J. Clery, *The Rise of Supernatural Fiction* (Cambridge: Cambridge University Press, 1995)

James L. Clifford (ed.), *Dr Campbell's Diary of a Visit to England in 1775* (Cambridge: Cambridge University Press, 1947)

____ (ed.), *Man Versus Society in Eighteenth-century Britain: Six Points of View* (Cambridge: Cambridge University Press, 1968)

John Clive, *Scotch Reviewers: The 'Edinburgh Review' 1802-1815* (London: Faber & Faber, 1957)

____, 'The Social Background of the Scottish Renaissance', in Nicholas

참고문헌 973

Phillipson and Rosalind Mitchison (eds.), *Scotland in the Age of Improvement: Essays in Scottish History in the Eighteenth Century* (Edinburgh: Edinburgh University Press, 1970), 225-44

E. L. Cloyd, *James Burnett, Lord Monboddo* (Oxford: Clarendon Press, 1972)

A. W. Coats, 'Changing Attitudes to Labour in the Mid-Eighteenth Century', *Economic History Review*, xi (1958), 35-51

James Aikman Cochrane, *Dr Johnson's Printer: The Life of William Strahan* (London: Routledge and Kegan Paul, 1964)

Catharine Cockburn, *A Defence of the Essay of Human Understanding Written by Mr Lock* (London: W. Turner, 1702)

Estelle Cohen, '"What the Women at All Times Would Laugh At": Redefining Equality and Difference, circa 1660-1760', *Osiris*, xii (1997), 121-42

I. Bernard Cohen, *Revolution in Science* (Cambridge, Mass.: Belknap Press, 1985)

H. Floris Cohen, *The Scientific Revolution: A Historiographical Inquiry* (Chicago: University of Chicago Press, 1994)

Michèle Cohen, *Fashioning Masculinity: National Identity and Language in the Eighteenth Century* (London and New York: Routledge, 1996)

Sherrill Cohen, *The Evolution of Women's Asylums since 1500: From Refugees for Ex-Prostitutes to Shelters for Battered Women* (New York: Oxford University Press, 1992)

G. D. H. and Margaret Cole (eds.), *The Opinions of William Cobbett* (London: The Cobbett Publishing Co. Ltd, 1944)

D. C. Coleman, *The Economy of England 1450-1750* (London: Oxford University Press, 1977)

Samuel Taylor Coleridge, *Biographia Literaria: or Biographical Sketches of My Literary Life and Opinions* (London: Rest Fenner, 1817)

____, *On the Constitution of the Church and State: According to the Idea of Each: With Aids Towards a Right Judgment on the Late Catholic Bill* (London: Hurst, Chance, 1830)

____, *The Complete Poems*, William Keach (ed.) (Harmondsworth: Penguin, 1997)

Maurice Colgan, 'Prophecy Against Reason: Ireland and the Apocalypse', *British Journal for Eighteenth-century Studies*, viii (1985), 209-16

Rosalie L. Colie, *Light and Enlightenment: A Study of the Cambridge Platonists and the Dutch Arminians* (Cambridge: Cambridge University Press, 1957)

R. L. Colie, 'Spinoza and the Early English Deists', *Journal of the History of Ideas*, xx (1959), 23-46

Linda Colley, 'Radical Patriotism in Eighteenth-century England', in Raphael Samuel (ed.), *Patriotism: The Making and Unmaking of British National Identity*, vol. i: *History and Politics* (London and New York: Routledge, 1989), 169-87

____, 'Britishness and Otherness: An Argument', *Journal of British Studies*, xxxi (1992), 309-22

____, *Britons: Forging the Nation 1707-1837* (New Haven and London: Yale University Press, 1992)

A. S. Collins, *Authorship in the Days of Johnson: Being a Study of the Relation Between Author, Patron, Publisher and Public, 1726-1780* (London: Robert Holden & Co. Ltd, 1927)

____, *The Profession of Letters: A Study of the Relation of Author to Patron, Publisher and Public, 1780-1832* (London: George Routledge & Sons Ltd, 1928; repr., Clifton, NJ: Augustus M. Kelley, 1973)

Anthony Collins, *Discourse of Free-thinking* (London: sn, 1713)

____, *A Discourse of the Grounds and Reasons of the Christian Religion* (London: sn, 1724)

____, *An Answer to Mr Clarke's Third Defence to His Letter to Mr Dodwell* (London: Baldwin, 1708)

____, *A Philosophical Inquiry concerning Human Liberty* (London: Robinson, 1717; republished with a preface by Joseph Priestley, London: Johnson, 1790)

Robert Collison, *Encyclopaedias: Their History throughout the Ages* (New York: Hafner, 1964)

George Colman, *Polly Honeycombe, A Dramatick Novel of One Act* (London: T. Becket, 1760)

John Colmer (ed.), *The Collected Works of Samuel Taylor Coleridge* (Princeton: Princeton University Press, 1976)

Patrick Colquhoun, *The State of Indigence, and the Situation of the Casual Poor in the Metropolis Explained* (London: Baldwin, 1799)

Henry Steele Commager, *The Empire of Reason: How Europe Imagined and America Realized the Enlightenment* (London: Weidenfeld & Nicolson, 1978)

Carl B. Cone, *Torchbearer of Freedom: The Influence of Richard Price on Eighteenth-century Thought* (Lexington, Ky: University of Kentucky Press, 1952)

____, *The English Jacobins: Reformers in Late Eighteenth-century England* (New York: Charles Scribner's Sons, 1968)

Syndy McMillen Conger, *Mary Wollstonecraft and the Language of Sensibility* (London and Toronto: Associated University Press, 1994)

Peter Conrad, *Shandyism* (Oxford: Blackwell, 1978)

A. Constable (ed.), *The Letters of Anna Seward, 1784-1807*, 6 vols. (Edinhurgh: A. Constable & Co., 1811)

James Cook, *Journals*, J. C. Beaglehole (ed.), 3 vols. (Cambridge: Cambridge University Press, 1955-68)

R. I. Cook, *Bernard Mandeville* (New York: Twayne Publishers, 1974)

Roger Cooter and Stephen Pumfrey, 'Separate Spheres and Public Places: Reflections on the History of Science Popularization and Science in Popular Culture', *History of Science*, xxxii (1994), 237-67

Edward Copeland, 'Money Talks: Jane Austen and the *Lady's Magazine*', in J. David Grey (ed.), *Jane Austen's Beginnings: The Juvenilia and 'Lady Susan'* (Ann Arbor and London: U.M.I. Research Press, 1989), 153-71

____, *Women Writing about Money: Women's Fiction in England, 1790-1820* (Cambridge and New York: Cambridge University Press, 1995)

Stephen Copley (ed.), *Literature and the Social Order in Eighteenth-century England* (London: Croom Helm, 1984)

____ (ed.), *The Politics of the Picturesque: Literature, Landscape and Aesthetics since 1770* (Cambridge: Cambridge University Press, 1994)

____, 'Commerce, Conversation and Politeness in the Early Eighteenth-century Periodical', *British Journal for Eighteenth-century Studies*, xviii (1995), 63-77

Stephen Copley and Kathryn Sutherland (eds.), *Adam Smith's Wealth of Nations: New Interdisciplinary Essays* (Manchester: Manchester University Press, 1995)

Penelope J. Corfield (ed.), *Language, History and Class* (Oxford: Basil Blackwell, 1991)

_____, *Power and the Professions in Britain 1700-1850* (London: Routledge, 1995)

P. Corrigan and D. Sayer, *The Great Arch: English State Formation as Cultural Revolution* (Oxford: Basil Blackwell, 1985)

Denis Cosgrove and Stephen Daniels (eds.), *The Iconography of Landscape: Essays on the Symbolic Representation, Design and Use of Past Environments* (Cambridge: Cambridge University Press, 1988)

John Cottingham, *Descartes* (Oxford: Basil Blackwell, 1986)

Peter Coveney, *The Image of Childhood* (Harmondsworth: Penguin, 1968)

Barry Coward, *The Stuart Age: A History of England 1603-1714* (New York: Longman Press, 1980)

D. A. Coward, 'Eighteenth-century Attitudes to Prostitution', *Studies on Voltaire and the Eighteenth Century*, clxxxix (1980), 363-99

William Cowper, *The Task* (London: J. Johnson, 1785)

S. D. Cox, '*The Stranger within Thee*': *The Concept of the Self in Late Eighteenth-century Literature* (Pittsburgh: Pittsburgh University Press, 1980)

Gerald R. Cragg, *The Church and the Age of Reason* (Harmondsworth: Penguin, 1960)

_____, *Reason and Authority in the Eighteenth Century* (Cambridge: Cambridge University Press, 1964)

David Craig, *Scottish Literature and the Scottish People 1680-1830* (London: Chatto & Windus, 1961)

R. S. Crane, *The Idea of the Humanities and Other Essays Historical and Critical*, 2 vols. (Chicago: University of Chicago Press, 1967)

Geoffrey Alan Granfield, *The Development of the Provincial Newspaper 1700-1760* (Oxford: Clarendon Press, 1962)

_____, *The Press and Society from Caxton to Northcliffe* (London: Longman, 1978)

Maurice Cranston, *John Locke: A Biography* (London: Longmans, Green & Co., 1957)

Raymond Henry Payne Crawfurd, *The King's Evil* (Oxford: Clarendon Press, 1911; New York, AMS Press, 1977)

David Cressy, *Bonfires and Bells* (London: Weidenfeld & Nicolson, 1989)

_____, 'Literacy in Context: Meaning and Measurement in Early Modern England', in John Brewer and Roy Porter (eds.), *Consumption and the World of Goods* (London and New York: Routledge, 1993), 305-19

J. Hector St John de Crèvecoeur, *Letters from an American Farmer and Sketches of Eighteenth-century America* (Oxford: Oxford University Press, 1997 [1782])

Alexander Crichton, *An Inquiry into the Nature and Origin of Mental Derangement*, 2 vols. (London: T. Cadell & Davis, 1798)

James E. Crimmins, *Secular Utilitarianism: Social Science and the Critique of Religion in the Thought of Jeremy Bentham* (Oxford: Clarendon Press, 1980)

J. Mordaunt Crook, 'The Arcadian Vision: Neo-Classicism and the Picturesque', in G. W. Clarke (ed.), *Rediscovering Hellenism* (Cambridge: Cambridge University Press, 1988), 43-59

Maurice Crosland, 'The Image of Science as a Threat: Burke versus Priestley and the "Philosophical Revolution"', *British Journal for the History of Science*, xx (1987), 277-307

Patrick Cruttwell (ed.), *Samuel Johnson: Selected Writings* (Harmondsworth: Penguin, 1986)

Christopher Cunliffe (ed.), *Joseph Butler's Moral and Religious Thought* (Oxford: Clarendon Press, 1992)

Andrew Cunningham, 'Getting the Game Right: Some Plain Words on the Identity and Invention of Science', *Studies in the History and Philosophy of Science*, xix (1988), 365-89

Hugh Cunningham, *Leisure in the Industrial Revolution, c. 1780-c. 1880* (London: Croom Helm, 1980)

____, *The Children of the Poor: Representations of Childhood Since the Seventeenth Century* (Oxford: Basil Blackwell, 1991)

____, *Children and Childhood in Western Society Since 1500* (London: Longman, 1995)

S. Cunningham, 'Bedlam and Parnassus: Eighteenth-century Reflections', *Eighteenth Century Studies*, xxiv (1971), 36-55

Andrew Curran, Robert P. Maccubbin and David F. Morrill (eds.), 'Faces of Monstrosity in Eighteenth-century Thought', *Eighteenth-century Life*, xxi (1997)

Patrick Curry, *Prophecy and Power: Astrology in Early Modern England* (Cambridge: Polity Press, 1989)

L. A. Curtis, 'A Case Study of Defoe's Domestic Conduct Manuals Suggested by *The Family, Sex and Marriage in England 1500-1800*', *Studies in Eighteenth Century Culture*, x (1981), 409-28

Lewis P. Curtis (ed.), *Letters of Laurence Sterne* (Oxford: Clarendon Press, 1935)

T. C. Curtis and W. A. Speck, 'The Societies for the Reformation of Manners: A Case Study in the Theory and Practice of Moral Reform', *Literature and History*, iii (1976), 45-64

David Dabydeen, *Hogarth's Blacks: Images of Blacks in Eighteenth-century English Art* (Kingston, Surrey: Dangeroo Press, 1985)

_____ (ed.), *The Black Presence in English Literature* (Manchester: Manchester University Press, 1985)

_____, 'Eighteenth-century English Literature on Commerce and Slavery', in David Dabydeen (ed.), *The Black Presence in English Literature* (Manchester: Manchester University Press, 1985), 26-49

David Daiches, *Robert Burns* (London: G. Bell & Sons, 1952)

_____, *The Scottish Enlightenment* (Edinburgh: Saltire Society, 1986)

Norma Dalrymple-Champneys, *George Crabbe: The Complete Poetical Works*, 3 vols. (Oxford: Clarendon Press, 1988)

John Dalton, *A Descriptive Poem Addressed to Two Ladies at Their Return from Viewing the Mines at Whitehaven* (London: J. and J. Rivington, 1755)

Macdonald Daly, 'Vivisection in Eighteenth-century Britain', *British Journal for Eighteenth-century Studies*, xii (1989), 57-68

Stephen H. Daniel, *John Toland: His Methods, Manners and Mind* (Kingston and Montreal: McGill-Queen's University Press, 1984)

Stephen Daniels, 'The Political Iconography of Woodland in Later Georgian England', in Denis Cosgrove and Stephen Daniels (eds.), *The Iconography of Landscape: Essays on the Symbolic Representation, Design and Use of Past Environments* (Cambridge: Cambridge University Press, 1988)

_____, *Fields of Vision: Landscape Imagery and National Identity in England and the United States* (Cambridge: Polity Press, 1993)

_____, *Humphry Repton: Landscape Gardening and the Geography of Georgian England* (New Haven: Yale University Press, 1999)

John Darling, 'The Moral Teaching of Francis Hutcheson', *British Journal for Eighteenth-century Studies*, xii (1989), 165-74

Robert Darnton, 'In Search of the Enlightenment: Recent Attempts to Create a

Social History of Ideas', *Journal of Modern History*, xliii (1971), 113-32

___, *The Business of Enlightenment: A Publishing History of the Encyclopédie, 1775-1800* (Cambridge, Mass.: Harvard University Press, 1979)

___, 'History of Reading', in Peter Burke (ed.), *New Perspectives on Historical Writing* (Cambridge: Polity Press, 1991)

___, *The Forbidden Best-Sellers of Pre-Revolutionary France* (London: HarperCollins, 1996)

___, 'George Washington's False Teeth', *New York Review* (27 March 1997)

Robert Darnton and Daniel Roche (eds.), *Revolution in Print: The Press in France 1775-1800* (Berkeley: University of California Press, 1989)

F. J. H. Darton, *Children's Books in England*, 3rd edn (Cambridge: Cambridge University Press, 1982)

Charles Darwin, *Life of Erasmus Darwin* (London: John Murray, 1887)

Erasmus Darwin, *Zoonomia; or, The Laws of Organic Life*, 2 vols. (London: Johnson, 1794-6)

___, *Plan for the Conduct of Female Education* (Derby: Drewry, 1797)

___, *Phytologia: or, The Philosophy of Agriculture and Gardening* (London: T. Bensley, 1800)

___, *Zoonomia; or the Laws of Organic Life*, 2 vols., 3rd edn (London: Johnson, 1801 [1794-6])

___, *The Temple of Nature; or, The Origin of Society: A Poem with Philosophical Notes* (London: Johnson, 1803)

___, *The Botanic Garden, A Poem in Two Parts. Part I. Containing the Economy of Vegetation. Part II. The Loves of the Plants. With Philosophical Notes*, 2 vols. (London: Johnson, 1789-91)

Lorraine J. Daston, 'The Domestication of Risk: Mathematical Probability and Insurance 1650-1830', in L. Krüger, L. Daston and M. Heidelberger (eds.), *The Probabilistic Revolution* (Ann Arbor, MI: University of Michigan Press, 1987), 237-60

___, *Classical Probability in the Enlightenment* (Princeton, NJ: Princeton University Press, 1988)

___, 'The Ideal and Reality of the Republic of Letters in the Enlightenment', *Science in Context*, iv (1991), 367-86

Lorraine Daston and Katharine Park, *Wonders and the Order of Nature 1150-*

1750 (New York: Zone Books, 1998)

Charles Davenant, *An Essay on the East-India-trade* (London: sn, 1696)

Leonore Davidoff and Catherine Hall, *Family Fortunes: Men and Women of the English Middle Class, 1780-1850* (London: Hutchinson, 1987)

Caroline A. Davidson, *A Woman's Work is Never Done: A History of Housework in the British Isles, 1650-1950* (London: Chatto & Windus, 1982)

Luke Davidson, '"Identities Ascertained": British Ophthalmology in the First Half of the Nineteenth Century', *Social History of Medicine*, ix (1996), 313-33

Nicholas Davidson, 'Toleration in Enlightenment Italy', in O. P. Grell and Roy Porter (eds.), *Toleration in the Enlightenment* (Cambridge: Cambridge University Press, 2000), 230-49

George Davie, *The Democratic Intellect. Scotland and Her Universities in the Nineteenth Century* (Edinburgh: Edinburgh University Press, 1961)

Gordon Davies, *The Earth in Decay* (London: MacDonald, 1969)

Horton Davies, *Worship and Theology in England from Watts and Wesley to Martineau, 1690-1900* (Grand Rapids, Mich.: William B. Eerdmans Publishing Company, 1996)

Kate Davies, 'Living Muses: The Politics of Embodiment 1750-1780' [MA Dissertation, University of York, 1995]

Norman Davies, The Isles (London: Macmillan, 1999)

Owen Davies, 'Methodism, the Clergy, and the Popular Belief in Witchcraft and Magic', *History*, lxxxii (1997), 252-65

Arthur Paul Davis, *Isaac Watts: His Life and Works* (London: Independent Press Ltd, 1948)

David Brion Davis, *The Problem of Slavery in Western Culture* (Ithaca, NY: Cornell University Press, 1966)

Natalie Zemon Davis and Arlette Farge (eds.), *A History of Women in the West*, vol. iii: *Renaissance and Enlightenment Paradoxes* (Cambridge, Mass.: Harvard University Press, 1993)

Lee Davison, Tim Hitchcock, Tim Keirn and Robert B. Shoemaker (eds.), *Stilling the Grumbling Hive: The Response to Social and Economic Problems in England, 1689-1750* (Stroud: Alan Sutton, 1992)

Richard Dawkins, *The Blind Watchmaker* (London: Longmans, 1986)

Thomas Day, *The History of Sandford and Merton*, 3 vols. (London: J. Stockdale,

1783-9)

Dennis R. Dean, *James Hutton and the History of Geology* (Ithaca, NY: Cornell University Press, 1992)

Mitchell Dean, *The Constitution of Poverty. Towards a Genealogy of Liberal Governance* (London: Routledge, 1991)

Peter Dear, '*Totius in Verba*: Rhetoric and Authority in the Early Royal Society', *Isis*, lxxvi (1985), 145-61

Daniel Defoe, *Robinson Crusoe* (Harmondsworth: Penguin, 1985 [London: J. Roberts, 1719])

____, *The History and Remarkable Life of Colonel Jacque, Commonly Call'd* (London: J. Brotherton, 1722)

____, *Moll Flanders* (London: Chetwood and Edling, 1722)

____, *Roxana* (London: Warner, 1724)

____, *A Tour Thro' the Whole Island of Great Britain* (London: Strahan, 1724-6)

____, *A System of Magick* (London: J. Roberts, 1727)

____, *The Complete English Tradesman in Familiar Letters, Directing him in all the Several Parts and Progressions of Trade*, 2nd edn, 2 vols. (London: Charles Rivington, 1727, repr. New York: Augustus M. Kelley, 1969)

____, *Augusta Triumphans or The Way to Make London the Most Flourishing City in the Universe* (London: J. Roberts, 1728)

____, *A Plan of the English Commerce* (London: Rivington, 1728)

____, *The Compleat English Gentleman*, Karl Bulbring (ed.) (London: David Nutt, 1890 [1729])

____, *Review*, A. W. Secord (ed.), 22 vols. (New York: Columbia University Press, 1938)

____, *A Tour Thro' the Whole Island of Great Britain*, Pat Rogers (abridged and ed.) (Harmondsworth: Penguin, 1971 [1724-6])

Rudolf Dekker, '"Private Vices, Public Virtues" Revisited: The Dutch Background of Bernard Mandeville', *History of European Ideas*, xiv (1992), 481-98

Margaret Delacy, *Prison Reform in Lancashire, 1700-1850* (Manchester: Chetham Society, 1986)

Jean Delumeau, *Sin and Fear: The Emergence of a Western Guilt Culture, Thirteenth-Eighteenth Centuries* (New York: St Martin's Press, 1990)

Robert DeMaria Jr, *Johnson's Dictionary and the Language of Learning* (Oxford: Clarendon Press, 1986)

William Derham, *Physico-Theology: or a Demonstration of the Being and Attributes of God, from His Works of Creation* (London: Innys, 1713)

J. T. Desaguliers, *The Newtonian System of the World: The Best Model of Government, an Allegorical Poem* (Westminster: J. Roberts, 1728)

T. M. Devine, *The Scottish Nation, 1700-2000* (Harmondsworth: Allen Lane, 1999)

H. M. Dickinson, *Matthew Boulton* (Cambridge: Cambridge University Press, 1937)

H. T. Dickinson, *Bolingbroke* (London: Constable, 1970)

____, 'Popular Loyalism in Britain in the 1790s', in Eckhart Hellmuth (ed.), *The Transformation of Political Culture: England and Germany in the Late Eighteenth Century* (London: Oxford University Press, 1990)

____, *The Politics of the People in Eighteenth-century Britain* (New York: St Martin's Press, 1995)

David Dickson, *New Foundations: Ireland, 1660-1800* (Dublin: Helicon, 1987)

Bram Dijkstra, *Idols of Perversity. Fantasies of Feminine Evil in Fin de Siècle Culture* (Oxford: Oxford University Press, 1986)

R. Dingley, *Proposals for Establishing a Place of Reception for Penitent Prostitutes* (London: W. Faden, 1758)

John Dinwiddy, 'Conceptions of Revolution in the English Radicalism of the 1790s', in Eckhart Hellmuth (ed.), *The Transformation of Political Culture: England and Germany in the Late Eighteenth Century* (London: Oxford University Press, 1990)

____, *Bentham* (Oxford: Oxford University Press, 1989)

G. M. Ditchfield, 'Anti-Trinitarianism and Toleralion in Late Eighteenth-century British Politics: The Unitarian Petition of 1792', *Journal of Ecclesiastical History*, xlii (1991), 39-67

Grayson Ditchfield, *The Evangelical Revival* (London: UCL Press, 1997)

Betty Jo Teeter Dobbs, *The Janus Face of Genius. The Role of Alchemy in Newton's Thought* (Cambridge: Cambridge University Press, 1991)

Betty Jo Teeter Dobbs and Margaret C. Jacob, *Newton and the Culture of Newtonianism* (Atlantic Highlands, NJ: Humanities Press, 1995)

Michael Dobson, *The Making of the National Poet: Shakespeare, Adaptation and Authorship, 1660-1769* (New York: Oxford University Press, 1992)

Brian Dolan, *Exploring European Frontiers: British Travellers in the Age of Enlightenment* (Basingstoke: Macmillan, 1999)

Jonathan Dollimore, *Death, Desire and Loss in Western Culture* (London: Allen Lane, 1998)

Denis Donoghue, *England, Their England: Commentaries on English Language and Literature* (New York: Alfred A. Knopf, 1988)

Frank Donoghue, *The Fame Machine: Book Reviewing and Eighteenth-century Literary Careers* (Stanford: Stanford University Press, 1996)

Richard M. Dorson (ed.), *Peasant Customs and Savage Myths: Selections from the British Folklorists*, 2 vols. (London: Routledge & Kegan Paul, 1968)

Judith Drake, *Essay in Defence of the Female Sex* (London: Roper and Wilkinson, 1696)

Alice Domurat Dreger, *Hermaphrodites and the Medical Invention of Sex* (Cambridge, Mass.: Harvard University Press, 1998)

John Dryden, *The Poems of John Dryden*, John Sargeaunt (ed.) (London: Oxford University Press, 1959)

James Downey, *The Eighteenth Century Pulpit* (Oxford: Clarendon Press, 1969)

J. A. Downie, 'Walpole: The Poet's Foe', in Jeremy Black (ed.), *Britain in the Age of Walpole* (London: Macmillan, 1984), 171-88

Edward Duffy, *Rousseau in England: The Context for Shelley's Critique of the Enlightenment* (Berkeley: University of California Press, 1979)

Michael Duffy (ed.), *The English Satirical Print, 1600-1832*, 7 vols. (Cambridge: Chadwyck-Healey, 1986)

Richard van Dülmen, *The Society of the Enlightenment: The Rise of the Middle Class and Enlightenment Culture in Germany*, Anthony Williams (trans.) (Cambridge: Polity Press, 1992)

Louis Dumont, *From Mandeville to Marx: The Genesis and Triumph of Economic Ideology* (Chicago: University of Chicago Press, 1977)

James Dunbar, *Essays on the History of Mankind in Rude and Cultivated Ages* (London: R. Strahan, 1780)

John Dunn, *The Political Thought of John Locke* (Cambridge: Cambridge University Press, 1969)

____, *Locke* (Oxford: Oxford University Press, 1984)

____, 'The Claim to Freedom of Conscience: Freedom of Speech, Freedom of Thought, Freedom of Worship?', in O. P. Grell, J. I. Israel and N. Tyacke (eds.), *From Persecution to Toleration: The Glorious Revolution and Religion in England* (Oxford: Oxford University Press, 1991)

John Dunton, *The Life and Errors of John Dunton, Citizen of London*, 2 vols. (London: J. Nichols & Bentley, 1818); repr. as *The Life and Errors of John Dunton, Citizen of London: With the Lives and Characters of More than a Thousand Contemporary Divines and Other Persons of Literary Eminence, to Which are Added Dunton's Conversation in Ireland, Selections from His Other Genuine Works and a Faithful Portrait of the Author* (New York: Burt Franklin, 1960)

John Dwyer, *Virtuous Discourse: Sensibility and Community in Late Eighteenth-century Scotland* (Edinburgh: John Donald, 1987)

J. Dybikowski, *On Burning Ground: An Examination of the Ideas, Projects and Life of David, Williams* (Studies on Voltaire and the Eighteenth Century, Oxford: the Voltaire Foundation, 1993)

A. Dyce (ed.), *The Works of Richard Bentley*, 3 vols. (London: Francis Macpherson, 1838)

John Dyer, *The Fleece* (London: Dodsley, 1757)

Terry Eagleton, *The Function of Criticism: From 'The Spectator' to Post-Structuralism* (London: Verso Editions and NLB, 1984)

____, *The Ideology of the Aesthetic* (Oxford: Basil Blackwell, 1990)

Peter Earle, *The World of Defoe* (London: Weidenfeld & Nicolson, 1976)

____, *The Making of the English Middle Class: Business, Society and Family Life in London, 1660-1730* (London: Methuen, 1989)

B. Easlea, *Witch-hunting, Magic and the New Philosophy: An Introduction to Debates of the Scientific Revolution 1450-1750* (Sussex: Harvester, 1980)

____, *Science and Sexual Oppression: Patriarchy's Confrontation with Woman and Nature* (London: Weidenfeld & Nicolson, 1981)

Daniel Eaton [pseud. 'Antitype'], *The Pernicious Effects of the Art of Printing upon Society, Exposed* (London: Eaton, 1794)

Richard Lovell Edgeworth, *Memoirs*, 2 vols. (London: R, Hunter, 1820)

R. L. Edgeworth and M. Edgeworth, *Practical Education*, 2 vols. (London: J.

Johnson, 1798)

Sir F. M. Eden, *The State of the Poor: A History of the Labouring Classes in England, with Parochial Reports*, 3 vols. (London: J. Davis, 1797)

Charles Edmonds (ed.), *Poetry of the Anti-Jacobin* (London: Willis, 1854)

Elizabeth L. Eisenstein, *The Printing Press as an Agent of Change*, 2 vols. (Cambridge: Cambridge University Press, 1979)

Roger Elbourne, *Music and Tradition in Early Industrial Lancashire 1780-1840* (Woodbridge, Suffolk: The Folklore Society, 1980)

Simon Eliot and Beverley Stern (eds.), *The Age of Enlightenment*, 2 vols (London: Ward Lock, 1979)

Marianne Elliott, *Partners in Revolution: The United Irishmen and France* (New Haven: Yale University Press, 1982)

Aytoun Ellis, *The Penny Universities: A History of the Coffee Houses* (London: Seeker & Warburg, 1956)

Joyce Ellis, '"On The Town": Women in Augustan England', *History Today*, xlv (1995), 20-27

Markman Ellis, *The Politics of Sensibility: Race, Gender and Commerce in the Sentimental Novel* (New York: Cambridge University Press, 1996)

Roger L. Emerson, *Professors, Patronage and Politics: The Aberdeen Universities in the Eighteenth Century* (Aberdeen: Aberdeen University Press, 1992)

Clive Emsley, *British Society and the French Wars 1793-1815* (London: Macmillan, 1979)

____, *Policing and Its Context, 1750-1870* (London: Macmillan, 1983)

Encyclopaedia Britannica: or, A Dictionary of Arts and Sciences, Complied upon a New Plan. In Which the Different Sciences and Arts are Digested into Distinct Treaties or Systems; and the Various Technical Terms, &c. are Explained as They Occur in the Order of the Alphabet (Edinburgh: A. Bell and C. Macfarquhar, 1771); 4th edn (1800)

Todd M. Endelman, *The Jews of Georgian England 1714-1830: Tradition and Change in a Liberal Society* (Philadelphia: Jewish Publication Society of America, 1979)

J. Engell, *The Creative Imagination* (Cambridge, Mass.: Harvard University Press, 1981)

Rolf Engelsing, *Der Burger als Lesser* (Stuttgart: Metzler, 1974)

David V. Erdman, *Blake, Prophet against Empire; A Poet's Interpretation of the History of His Own Times*, 3rd edn (Princeton, NJ: Princeton University Press, 1954)

Howard Erskine-Hill, *The Augustan Idea in English Literature* (London: Edward-Arnold, 1983)

John Evelyn, *Silva, or a Discourse of Forest Trees* (York: J. Dodsley, 1776 [1662])

Nigel Everett, *The Tory View of Landscape* (New Haven, Conn.: Yale University Press, 1994)

George Every, *The High Church Party 1688-1718* (London: The Church Historical Society, 1956)

Cecil Henry L'Estrange Ewen, *Lotteries and Sweepstakes: An Historical, Legal and Ethical Survey of Their Introduction, Suppression and Re-Establishment in the British Isles* (London: Heath Cranton, 1932)

M. J. M. Ezell, 'John Locke's Images of Childhood: Early Eighteenth-century Responses to *Some Thoughts Concerning Education*', *Eighteenth Century Studies*, xvii (1983/4), 139-55

Patricia Fara, *Sympathetic Attractions. Magnetic Practices, Beliefs, and Symbolism in Eighteenth-century England* (Princeton, NJ: Princeton University Press, 1996)

Trevor Fawcett, *The Rise of English Provincial Art: Artists, Patrons and Institutions Outside London, 1800-1830* (Oxford: Oxford University Press, 1974)

____ (ed.), *Voices of Eighteenth-century Bath. An Anthology of Contemporary Texts Illustrating Events, Daily Life and Attitudes at Britain's Leading Georgian Spa* (Bath: Ruton, 1995)

John Feather, *The Provincial Book Trade in Eighteenth-century England* (Cambridge: Cambridge University Press, 1985)

____, *A History of British Publishing* (London: Croom Helm, 1988)

____, *Publishing, Piracy and Politics. An Historical Study of Copyright in Britain* (London: Mansell, 1994)

____, 'The Power of Print: Word and Image in Eighteenth-century England', in Jeremy Black (ed.), *Culture and Society in Britain 1660-1800* (Manchester: Manchester University Press, 1997), 51-68

Burton Feldman and Robert D. Richardson, *The Rise of Modern Mythology*

(Bloomington: Indiana University Press, 1973)

Frank Felsenstein, *A Paradigm of Otherness: Anti-Semitic Stereotypes in English Popular Culture, 1660-1830* (Baltimore: Johns Hopkins University Press, 1995)

Michael Ferber, *The Social Vision of William Blake* (Princeton: Princeton University Press, 1985)

G. Y. Ferdinand, *Benjamin Collins and the Provincial Newspaper Trade in the Eighteenth Century* (Oxford; Clarendon Press, 1997)

Adam Ferguson, *An Essay on the History of Civil Society* (Edinburgh: Miller and Cadell, 1767)

____, *Institutes of Moral Philosophy, for the Use of Students in the College of Edinburgh*, 2nd edn (Edinburgh: A. Kincaid, W. Creech, and J. Bell, 1773)

____, *An Essay on the History of Civil Society*, Fania Oz-Salzberger (ed.) (Cambridge: Cambridge University Press, 1995 [1767])

J. P. Ferguson, *An Eighteenth-century Heretic: Dr Samuel Clarke* (Kineton: The Roundwood Press, 1976)

Moira Ferguson (ed.), *First Feminists: British Women Writers, 1578-1799* (Bloomington: Indiana University Press, 1985)

____, *Subject to Others: British Women Writers and Colonial Slavery, 1700-1843* (London: Routledge, 1992)

Robert A. Ferguson, *The American Enlightenment 1750-1820* (Cambridge, Mass.: Harvard University Press, 1997)

Vincenzo Ferrone, *The Intellectual Roots of the Italian Enlightenment: Newtonian Science, Religion, and Politics in the Early Eighteenth Century*, Sue Brotherton (trans.) (Atlantic Highlands, NJ: Humanities Press, 1995)

Henry Fielding, 'An Essay on Conversation', in *Miscellanies, by H. F., Esq.*, 3 vols. (London: Millar, 1743) and H. K. Miller (ed.), *Miscellanies by Henry Fielding Esq.* (Oxford: Oxford University Press, 1972)

____, *The Author's Farce* (London: J. Roberts, 1730); C. B. Woods (ed.) (Lincoln: University of Nebraska Press, 1966)

____, *An Inquiry into the Causes of the Late Increase of Robbers, with Some Proposals for Remedying This Growing Evil* (London: A. Millar, 1751)

____, *An Enquiry into the Causes of the Late Increase of Robbers and Related Writings*, Malvin R. Zirker (ed.) (Middletown, CT: Wesleyan University

Press, 1988)

John Fielding, *A Plan for a Preservatory and Reformatory for the Benefit of Deserted Girls and Penitent Prostitutes* (London: B. Francklin, 1758)

John Neville Figgis, *The Divine Right of Kings* (New York: Harper, 1965)

Karl M. Figlio, 'Theories of Perception and the Physiology of the Mind in the Late Eighteenth Century', *History of Science*, xiii (1975), 177–212

V. Fildes, *Breasts, Bottles and Babies. A History of Infant Feeding* (Edinburgh: Edinburgh University Press, 1986)

____, *Wetnursing* (Oxford: Basil Blackwell, 1988)

Robert Filmer, *Patriarcha, and Other Political Works of Sir Robert Filmer*, Peter Laslett (ed.) (Oxford: Basil Blackwell, 1949 [1680])

B. Fine and E. Leopold, 'Consumerism and the Industrial Revolution', *Social History*, xv (1990), 151–79

Ann Finer and George Savage (eds.), *The Selected Letters of Josiah Wedgwood* (London: Cory, Adams & Mackay, 1965)

Gabrielle M. Firmager (ed.), *The Female Spectator: Being Selections from Mrs Eliza Haywood's Periodical, First Published in Monthly Parts (1774–6)* (Bristol: Bristol Classical Press, 1992)

Martin Fitzpatrick, 'Heretical Religion and Radical Political Ideas in Late Eighteenth-century England', in Eckhart Hellmuth (ed.), *The Transformation of Political Culture: England and Germany in the Late Eighteenth Century* (London: Oxford University Press, 1990), 339–72

____, 'Toleration and the Enlightenment Movement', in O. P. Grell and Roy Porter (eds.), *Toleration in Enlightenment Europe* (Cambridge: Cambridge University Press, 2000), 23–68

Gloria Flaherty, 'The Non-Normal Sciences: Survivals of Renaissance Thought in the Eighteenth Century', in Christopher Fox, Roy S. Porter and Robert Wokler (eds.), *Inventing Human Science: Eighteenth-century Domains* (Berkeley, CA: University of California Press, 1995), 271–91

M. Kay Flavell, 'The Enlightened Reader and the New Industrial Towns: A Study of the Liverpool Library 1758–1790', *British Journal for Eighteenth Century Studies*, viii (1985), 17–36

Anthony Fletcher, *Gender, Sex and Subordination in England 1500-1800* (New Haven and London: Yale University Press, 1995)

Philippa Foot, 'Locke, Hume, and Modern Moral Theory: A Legacy of Seventeenth-and Eighteenth-century Philosophies of Mind', in G. S. Rousseau (ed.), *The Languages of Psyche: Mind and Body in Enlightenment Thought* (Berkeley/Los Angeles/Oxford: University of California Press, 1991), 81-106

Duncan Forbes, *Hume's Philosophical Politics* (Cambridge: Cambridge University Press, 1975)

_____, 'Sceptical Whiggism, Commerce and Liberty', in A. S. Skinner and T. Wilson (eds.), *Essays on Adam Smith* (Oxford: Clarendon Press, 1975), 179-201

Margaret Forbes, *Beattie and His Friends* (London: Constable, 1904)

James A. Force, *William Whiston: Honest Newtonian* (Cambridge: Cambridge University Press, 1985)

James E. Force, 'Hume and Johnson on Prophecy and Miracles: Historical Context', in John W. Yolton (ed.), *Philosophy, Religion and Science in the Seventeenth and Eighteenth Centuries* (Rochester, NY: University of Rochester Press, 1990), 127-39

Jennifer Ford, *Coleridge on Dreaming: Romanticism, Dreams and the Medical Imagination* (Cambridge: Cambridge University Press, 1998)

John Ford, *Prizefighting. The Age of Regency Boximania* (Newton Abbot: David and Charles, 1971)

Michael Fores, 'Science and the "Neolithic Paradox"', *History of Science*, xxi (1983), 141-63

Michael Foss, *The Age of Patronage: The Arts in England 1660-1750* (London: Hamish Hamilton, 1971)

_____, *Man of Wit to Man of Business: The Arts and Changing Patronage 1660-1750* (Bristol: Bristol Classical Press, 1988)

Roy Foster (ed.), *The Oxford Illustrated History of Ireland* (New York: Oxford University Press, 1991)

Brian Fothergill (ed.), *Sir William Hamilton: Envoy Extraordinary* (London: Faber and Faber, 1969)

Michel Foucault, *La Folie et la Déraison: Histoire de la Folie à l'Age Classique* (Paris: Librairie Plon, 1961); trans. and abridged by Richard Howard as *Madness and Civilization: A History of Insanity in the Age of Reason* (London:

Tavistock Publications, 1967)

____, *The Order of Things: An Archeology of the Human Sciences* (London: Tavistock, 1970; London: Routledge, 1989)

____, 'What is an Author?', in *Language, Counter-Memory, Practice: Selected Essays and Interviews*, Donald F. Bouchard (ed.), Donald F. Bouchard and Sherry Simon (trans.) (Ithaca, NY: Cornell University Press, 1977), 113-38

____, *Discipline And Punish: The Birth of the Prison* (Harmondsworth: Penguin, 1979)

____, 'What is Enlightenment?', in Paul Rabinow (ed.), *The Foucault Reader* (New York: Pantheon Books, 1984), pp. 32-50

Christopher Fox (ed.), *Psychology and Literature in the Eighteenth Century* (New York: AMS Press, 1987)

____, 'Crawford, Willis, and *Anthropologie Abstracted*: Some Early-English Uses of *Psychology*', *Journal of the History of the Behavioral Sciences*, xxiv (1988), 378-80

____, *Locke and the Scriblerians: Identity and Consciousness in Early Eighteenth-century Britain* (Berkeley, CA: University of California Press, 1988)

Christopher Fox, Roy Porter and Robert Wokler (eds.), *Inventing Human Science: Eighteenth-century Domains* (Berkeley, CA: University of California Press, 1995)

David Foxon, *Libertine Literature in England, 1660-1745* (New Hyde Park, New York: University Books, 1965)

Tore Frängsmyr, J. L. Heilbron, Robin E. Rider (eds.), *The Quantifying Spirit in the Eighteenth Century* (Berkeley, CA: University of California Press, 1990)

Colin Franklin, *Lord Chesterfield, His Character and Characters* (Aldershot: Scolar Press, 1993)

Christopher Frayling, *Nightmare, The Birth of Horror* (London: BBC Books, 1996)

Hans W. Frei, *The Eclipse of Biblical Narrative: A Study in Eighteenth-and Nineteenth-century Hermeneutics* (New Haven and London, Yale University Press, 1974)

['A Friend to the People'], *A Review of the Constitution of Great Britain* (London: Ridgeway, 1791)

E. R. Frizelle and J. D. Martin, *Leicester Royal Infirmary, 1771-1971* (Leicester:

Leicester No. 1 Hospital Management Committee, 1971)

Jack Fruchtman, Jr, *The Apocalyptic Politics of Richard Price and Joseph Priestly: A Study in Late Eighteenth-century English Republican Millennialism* (Philadelphia: American Philosophical Society, 1983)

____, *Thomas Paine and the Religion of Nature* (Baltimore: Johns Hopkins University Press, 1993)

____, *Thomas Paine: Apostle of Freedom* (New York and London: Four Walls Eight Windows, 1994)

Tom Furniss, *Edmund Burke's Aesthetic Ideology: Language, Gender and Political Economy in Revolution* (Cambridge: Cambridge University Press, 1993)

Paul Fussell, *The Rhetorical World of Augustan Humanism. Ethics and Imagery from Swift to Burke* (Oxford: Clarendon Press, 1965)

Alan Gabbey, 'Cudworth, More and the Mechanical Analogy', in Richard Kroll, Richard Ashcraft, Perez Zagorin (eds.), *Philosophy, Science and Religion in England 1640-1700* (Cambridge: Cambridge University Press, 1992), 109-48

Norton Garfinkle, 'Science and Religion in England, 1790-1800: The Critical Response to the Work of Erasmus Darwin', *Journal of the History of Ideas*, xvi (1955), 376-88

David Garnett (ed.), *The Novels of Thomas Love Peacock* (London: Rupert Hart-Davis, 1948)

Jane Garnett and Colin Matthew (eds.), *Revival and Religion since 1700: Essays for John Walsh* (London: The Hambledon Press, 1993)

John Gascoigne, 'From Bentley to the Victorians: The Rise and Fall of Newtonian Natural Theology', *Science in Context*, ii (1988), 219-56

____, *Cambridge in the Age of the Enlightenment: Science, Religion and Politics from the Restoration to the French Revolution* (Cambridge: Cambridge University Press, 1989)

____, *Joseph Banks and the English Enlightenment: Useful Knowledge and Polite Culture* (Cambridge and New York: Cambridge University Press, 1994)

V. A. C. Gatrell, *The Hanging Tree: Execution and the English People 1770-1868* (Oxford: Oxford University Press, 1994)

John Gay, *The Present State of Wit* (London: sn, 1711)

Peter Gay, *The Enlightenment, An Interpretation*, vol. i: *The Rise of Modern*

Paganism (London: Weidenfeld & Nicolson, 1967); vol. ii: *The Science of Freedom* (London: Weidenfeld & Nicolson, 1970)

J. G. Gazley, *The Life of Arthur Young* (Philadelphia: American Philosophical Society, 1973)

Ernest Gellner, *Plough, Sword and Book: The Structure of Human History* (London: Paladin Grafton Books, 1991)

Ann Geneva, *Astrology and the Seventeenth-century Mind: William Lilly and the Language of the Stars* (Manchester: Manchester University Press, 1995)

Alexander Gerard, *Essay on Taste* (London: A. Millar, 1759)

____, *An Essay on Genius* (London: Strahan, 1774)

Edward Gibbon, *The History of the Decline and Fall of the Roman Empire*, David Womersley (ed.), 3 vols. (London: Allen Lane, 1994 [1776–88])

____, *Memoirs of My Life*, G. A. Bonnard (ed.) (London: Nelson, 1966 [1796])

Edmund Gibson and Edward Chamberlayne, *Angliae Notitia* (London: Martyn, 1669)

John S. Gibson, 'How Did the Enlightenment Seem to the Edinburgh Enlightened?', *British Journal for Eighteenth-century Studies*, i (1978), 46–50

Siegfried Giedion, *Mechanization Takes Command: A Contribution to Anonymous History* (New York: Oxford University Press, 1948)

Marijke Gijswijt-Hofstra, Brian P. Levack and Roy Porter, *Witchcraft and Magic in Europe*, vol. 5: *The Eighteenth and Nineteenth Centuries* (London: Athlone, 1999)

Sheridan Gilley, 'Christianity and the Enlightenment: An Historical Survey', *History of European Ideas*, i (1981), 103–21

Sheridan Gilley and W. J. Sheils, *A History of Religion in Britain: Practice and Belief from Pre-Roman Times to the Present* (Oxford: Blackwell, 1994)

Charles C. Gillispie, *Genesis and Geology: A Study in the Relations of Scientific Thought, Natural Theology, and Social Opinion in Great Britain, 1790-1850* (Cambridge, Mass.: Harvard University Press, 1951)

____, *The Montgolfier Brothers and the Invention of Aviation 1783-1784* (Princeton: Princeton University Press, 1983)

Ian Gilmour, *Riot, Risings and Revolution. Governance and Violence in Eighteenth-century England* (London: Hutchinson, 1992)

Mark Girouard, *Life in the English Country House* (New Haven and London:

Yale University Press, 1978)

C. Glacken, *Traces on the Rhodian Shore: Nature and Culture in Western Thought from Ancient Times to the End of the Eighteenth Century* (Berkeley, CA: University of California Press, 1967)

Joseph Glanvill, *Plus Ultra, Or the Progress and Advancement of Knowledge Since the Days of Aristotle* (London: James Collins, 1668)

D. V. Glass, *Numbering the People: The Eighteenth-century Population Controversy and the Development of Census and Vital Statistics in Britain* (Farnborough, Hants: Saxon House, 1973)

William Godwin, *The Enquirer. Reflections on Education, Manners and Literature* (New York: Augustus M. Kelley, 1965 [1797])

____, *An Enquiry concerning Political Justice and Its Influence on Modern Morals and Happiness*, Isaac Kramnick (eds.) (Harmondsworth: Penguin, 1985 [London: G. G. J. and J. Robinson, 1793])

____, *Caleb Williams*, Maurice Hindle (ed.) (Harmondsworth: Penguin, 1988 [1794])

Anne Goldgar, *Impolite Learning. Conduct and Community in the Republic of Letters 1680-1750* (New Haven and London: Yale University Press, 1995)

Bertrand A. Goldgar, *The Curse of Party. Swift's Relations with Addison and Steele* (Lincoln: University of Nebraska Press, 1961)

____, *Walpole and the Wits: The Relation of Politics to Literature, 1722-1742* (Lincoln: University of Nebraska Press, 1976)

Mark Goldie, 'Priestcraft and the Birth of Whiggism', in Nicholas Phillipson and Quentin Skinner (eds.), *Political Discourse in Early Modern Britain* (Cambridge: Cambridge University Press, 1993), 209-31

____ (ed.), *Locke: Political Essays* (Cambridge: Cambridge University Press, 1997)

M. M. Goldsmith, *Private Vices, Public Benefits: Bernard Mandeville's Social and Political Thought* (Cambridge: Cambridge University Press, 1985)

Oliver Goldsmith, 'The Comparative View of Races and Nations', in *The Royal Magazine or Gentleman's Monthly Companion* (London: J. Coote, 1760)

____, *The Deserted Village* (London: W. Griffin, 1770)

____, *An History of the Earth and Animated Nature*, 8 vols. (London: J. Nourse, 1774)

_____, *Enquiry into the Present State of Polite Learning in Europe* (London: Dodsley, 1759)

_____, *Citizen of the World* (London: the author, 1762)

_____, *Selected Essays*, J. H. Lobban (ed.) (Cambridge: Cambridge University Press, 1910)

Bette P. Goldstone, *Lessons to be Learned: A Study of Eighteenth-century English Didactic Children's Literature* (New York, Berne, and Frankfurt-am-Main: Peter Lang, 1984)

J. V. Golinski, 'Language, Discourse and Science', in R. C. Olby, G. N. Cantor, J. R. R. Christie, and M. J. S. Hodge (eds.), *Companion to the History of Modern Science* (London: Routledge, 1990), 110–26

Jan Golinski, *Science as Public Culture: Chemistry and Enlightenment in Britain, 1760-1820* (Cambridge and New York: Cambridge University Press, 1992)

Dena Goodman, 'Public Sphere and Private Life: Towards a Synthesis of Current Historiographical Approaches to the Old Regime', *History and Theory*, xxxi (1992), 1–20

_____, *The Republic of Letters: A Cultural History of the French Enlightenment* (Ithaca, NY and London: Cornell University Press, 1994)

Jordan Goodman, *Tobacco in History: The Cultures of Dependence* (London: Routledge, 1993)

Robert W. Gordon, 'Paradoxical Property', in John Brewer and Susan Staves (eds.), *Early Modern Conceptions of Property* (London and New York: Routledge, 1995), 95–110

Scott Paul Gordon, 'Voyeuristic Dreams: Mr Spectator and the Power of Spectacle', *The Scriblerian and the Kit-Cats*, xxxvi (1995), 3–23

Thomas Gordon, *The Humourist*, 3rd edn (London: T. Woodward, 1724)

J. W. Gough, *John Locke's Political Philosophy* (Oxford: Clarendon Press, 1950)

Andrews Graham-Dixon, *A History of British Art* (London: BBC, 1996)

James Grainger, *The Sugar-Cane: A Poem in Four Books, with Notes* (London: Dodsley, 1764)

Alexander Grant and Keith Stringer (eds.), *Uniting the Kingdom? The Making of British History* (London: Routledge, 1995)

Joseph Granvill, *Vanity of Dogmatizing* (London: H. Eversden, 1661)

Selwyn Alfred Grave, *The Scottish Philosophy of Common Sense* (Oxford:

Clarendon Press, 1960)

Thomas Gray, *Selected Poems* (London: Bloomsbury Classics, 1997)

Richard Greaves, *Deliver Us from Evil: The Radical Underground in Britain, 1660-1663* (New York: Oxford University Press, 1986)

____, *Enemies under His Feet: Radicals and Nonconformists in Britain, 1664-1677* (Stanford: Stanford University Press, 1990)

____, *Secrets of the Kingdom: British Radicals from the Popish Plot to the Revolution of 1688-89* (Stanford: Stanford University Press, 1992)

V. H. H. Green, 'Reformers and Reform in the University', in L. S. Sutherland and L. G. Mitchell (eds.), *The History of the University of Oxford*, vol. v: *The Eighteenth Century* (Oxford: Clarendon Press, 1986), 607-37

Stephen Greenblatt, *Renaissance Self-Fashioning: From More to Shakespeare* (Chicago: University of Chicago Press, 1980)

Robert Greene, *The Principles of the Philosophy of the Expansive and Contractive Forces* (Cambridge: Cambridge University Press, 1727)

Germaine Greer, *The Obstacle Race* (London: Seeker & Warburg, 1979)

____, *Slip-Shod Sibyls. Recognition, Rejection and the Woman Poet* (London: Viking, 1995)

Jeremy Gregory, 'Christianity and Culture: Religion, the Arts and the Sciences in England, 1660-1800', in Jeremy Black (ed.), *Culture and Society in Britain* (Manchester: Manchester University Press, 1997), 102-3

J. Y. T. Greig (ed.), *The Letters of David Hume*, 2 vols. (Oxford: Clarendon Press, 1932)

M. Greig, 'The Reasonableness of Christianity?: Gilbert Burnet and the Trinitarian Controversy of the 1690s', *Journal of Ecclesiastical History*, xliv (1993), 631-51

O. P. Grell, J. I. Israel and N. Tyacke (eds.), *From Persecution to Toleration: The Glorious Revolution and Religion in England* (Oxford: Oxford University Press, 1991)

O. P. Grell and B. Scribner (eds.), *Tolerance and Intolerance in the European Reformation* (Cambridge: Cambridge University Press, 1996)

Dustin Griffin, *Literary Patronage in England, 1650-1800* (Cambridge: Cambridge University Press, 1996)

Earl Leslie Griggs (ed.), *Collected Letters of Samuel Taylor Coleridge*, 6 vols.

(Oxford: Clarendon Press, 1956-1968)

M. Grosley, *A Tour to London, or New Observations on England*, 3 vols. (Dublin: J. Ekshaw, 1772)

Gloria Sybil Gross, *This Invisible Riot of the Mind: Samuel Johnson's Psychological Theory* (Baltimore: Johns Hopkins University Press, 1992)

Richard Grove, *Green Imperialism. Colonial Expansion, Tropical Island Edens and the Origins of Environmentalism 1600-1800* (Cambridge: Cambridge University Press, 1995)

Isobel Grundy, *Lady Mary Wortley Montagu. Comet of the Enlightenment* (Oxford: Oxford University Press, 1999)

Henry Guerlac, 'Where the Statue Stood: Divergent Loyalties to Newton in the Eighteenth Century', in *Essays and Papers in the History of Modern Science* (Baltimore: Johns Hopkins University Press, 1977), 131-45

____, *Newton on the Continent* (Ithaca: Cornell University Press, 1981)

J. A. W. Gunn, *Beyond Liberty and Property: The Process of Self-recognition in Eighteenth-century Political Thought* (Kingston: McGill-Queen's University Press, 1983)

Ahmad Gunny, *Images of Islam in Eighteenth-century Writing* (London: Grey Seal, 1996)

Knud Haakonssen, *Natural Law and Moral Philosophy: From Grotius to the Scottish Enlightenment* (Cambridge: Cambridge University Press, 1996)

____ (ed.), *Enlightenment and Religion: Rational Dissent in Eighteenth-century Britain* (Cambridge: Cambridge University Press, 1997)

Jürgen Habermas, *The Structural Transformation of the Public Sphere: An Inquiry into a Category of Bourgeois Society*, Thomas Burger (trans.) (Cambridge: Polity, 1989); originally published as *Strukturwandel der Öffentlicheit* (Berlin: Luchterhand, 1962)

____, 'Taking Aim at the Heart of the Present', in D. C. Hoy (ed.), *Foucault: A Critical Reader* (Oxford: Basil Blackwell, 1986), 103-19

____, 'Further Reflections on the Public Sphere', in Craig Calhoun (ed.), *Habermas and the Public Sphere* (Cambridge, Mass. and London, 1992), 421-61

I. Hacking, *The Emergence of Probability* (Cambridge: Cambridge University Press, 1975)

_____, *The Taming of Chance* (Cambridge: Cambridge University Press, 1990)

Jean H. Hagstrum, *Sex and Sensibility. Ideal and Erotic Love from Milton to Mozart* (Chicago and London: The University of Chicago Press, 1980)

George Hakewill, *An Apologie*, 2nd edn (Oxford: William Turner, 1630; first published 1627)

Matthew Hale, *The Primitive Origination of Mankind* (London: William Godbid, 1677)

Elie Halévy, *The Growth of Philosophic Radicalism* (London: Faber & Faber, 1972)

_____, *A History of the English People in the Nineteenth Century*, vol. 1, *England in 1815*, 2nd edn, E. I. Watkin and D. A. Barker (trans.) (London: Benn, 1961)

George Savile, Marquis of Halifax, *The Lady's New Year's Gift, Or Advice to a Daughter* (London: Randal Taylor, 1688)

_____, *The Character of a Trimmer*, 2nd edn (London: Baldwin, 1689)

A. Rupert Hall, 'Newton in France: A New View', *History of Science*, xiii (1975), 233–50

_____, *Philosophers at War: The Quarrel between Newton and Leibniz* (Cambridge: Cambridge University Press, 1980)

Charles Hall, *The Effects of Civilization on the People in European States: Observations on the Principal Conclusion in Mr Malthus's Essay on Population* (London: the author, 1805)

Marie Boas Hall, *Promoting Experimental Learning: Experiment and the Royal Society 1660-1727* (Cambridge: Cambridge University Press, 1991)

Adrian Hamilton, *The Infamous Essay on Woman: Or John Wilkes Seated Between Vice and Virtue* (London: André Deutsch, 1972)

Elizabeth Hamilton, *Memoirs of Modern Philosophers* (Bath: R. Cruttwell, 1800)

_____, *Letters of a Hindoo Rajah* (London: G. G. and J. Robinson, 1796; London: Broadview, 1999)

Sir William Hamilton (ed.), *The Collected Works of Dugald Stewart*, 11 vols. (Edinburgh: Constable, 1854–60)

William Hammond, *Answer to Priestley's Letters to a Philosophical Unbeliever* (London: sn, 1782)

Brean S. Hammond, *Pope and Bolingbroke: A Study of Friendship and Influence* (Columbia: University of Missouri Press, 1984)

_____, *Professional Imaginative Writing in England, 1670-1740*: *'Hackney for Bread'* (Oxford: Clarendon Press, 1997)

Paul Hammond, 'The King's Two Bodies: Representations of Charles II', in J. Black and J. Gregory (ed.), *Culture, Politics and Society in Britain 1660-1800* (Manchester: Manchester University Press, 1991), 13-48

_____, 'Titus Oates and "Sodomy"', in Jeremy Black (ed.), *Culture and Society in Britain* (Manchester: Manchester University Press, 1997), 85-101

Ronald Hamowy, *The Scottish Enlightenment and the Theory of Spontaneous Order* (Carbondale: South Illinois University Press, 1987)

Norman Hampson, *The Enlightenment* (Harmondsworth: Penguin Books, 1968)

C. C. Hankin (ed.), *Life of Maty Anne Schimmelpenninck*, 2 vols. (London: Longmans, 1858)

Thomas L. Hankins, *Science and the Enlightenment* (Cambridge and New York: Cambridge University Press, 1985)

Keith Hanley and Raman Selden (eds.), *Revolution and English Romanticism: Politics and Rhetoric* (Hemel Hempstead: Harvester Wheatsheaf, 1990)

Ivan Hannaford, *Race. The History of an Idea in the West* (Baltimore: Johns Hopkins University Press, 1996)

Nicholas A. Hans, *New Trends in Education in the Eighteenth Century* (London: Routledge and Kegan Paul, 1966)

Jonas Hanway, *A Journal of Eight Days' Journey*, 2nd edn (London: H. Woodfall, 1757)

_____, *Solitude In Imprisonment* (Londong: Bew, 1776)

_____, *Defects Of Police* (London: J. Dodsley, 1775)

C. Hardyment, *Dream Babies: Child Care from Locke to Spock* (London: Jonathan Cape, 1983)

Philip Harling, *The Waning of 'Old Corruption': The Politics of Economical Reform in Britain, 1779-1846* (Oxford: Oxford University Press, 1996)

Peter Harman, *Metaphysics and Natural Philosophy* (Brighton: Harvester Press, 1982)

James Harrington, *Commonwealth of Oceana* (London: J. Streater, 1656)

James Harris, *Lexicon Technicum: or, An Universal English Dictionary of Arts and Sciences: Explaining Not Only the Terms of Art, But the Arts Themselves*, 5th edn (London: J. Walthoe, 1736)

____, *Hermes, Or a Philosophical Inquiry, concerning Universal Grammar* (1751), in *The Works of James Harris, Esq.*, 2 vols. (London: F. Wingrave, 1801)

Michael Harris and Alan Lee (eds.), *The Press in English Society from the Seventeenth to the Nineteenth Centuries* (London and Toronto: Associated University Presses, 1986)

R. W. Harris, *Reason and Nature in the Eighteenth Century, 1714-1780* (London: Blandford Press, 1968)

____, *Romanticism and the Social Order* (London: Blandford Press: London, 1969)

Victor I. Harris, *All Coherence Gone* (London: Frank Cass & Co., 1966)

John Fletcher Clews Harrison, *The Second Coming: Popular Millenarianism, 1780-1850* (London: Routledge & Kegan Paul, 1979)

Jonathan Harrison, *Hume's Theory of Justice* (Oxford: Oxford University Press, 1981)

Peter Harrison, *'Religion' and the Religions in the English Enlightenment* (Cambridge: Cambridge University Press, 1990)

Ross Harrison, *Bentham* (London: Routledge & Kegan Paul, 1983)

David Hartley, *Observations on Man, His Frame, His Duty, and His Expectations*, 2 vols. (London: Richardson, 1749; 3 vols. London: Johnson, 1791)

A. D. Harvey, *Sex in Georgian England. Attitudes and Prejudices from the 1720s to the 1820s* (London: Duckworth, 1994)

Karen Louise Harvey, 'Representations of Bodies and Sexual Difference in Eighteenth-century English Erotica' [PhD thesis, University of London, 1999]

Gary Hatfield, 'Metaphysics and the New Science,' in David C. Lindberg and Robert S. Westman (eds.), *Reappraisals of the Scientific Revolution* (Cambridge, New York, Port Chester, Melbourne, Sydney: Cambridge University Press, 1990), 93-166

____, 'Remaking the Science of the Mind: Psychology as Natural Science', in Christopher Fox, Roy S. Porter and Robert Wokler (eds.), *Inventing Human Science: Eighteenth-century Domains* (Berkeley, CA: University of California Press, 1995), 184-231

Clement Hawes, *Christopher Smart and the Enlightenment* (New York: St

Martin's Press, 1999)

Laetitia-Matilda Hawkins, *Letters on the Female Mind, Its Powers and Pursuits; Addressed to Miss H. M. Williams, with Particular Reference to Her Letters from France* (London: Hookham and Carpender, 1793)

Judith Hawley, 'The Anatomy of *Tristram Shandy*', in Marie Mulvey Roberts and Roy Porter (eds.), *Literature and Medicine During the Eighteenth Century* (London and New York: Routledge, 1993), 84-100

Carla Hay, *James Burgh, Spokesman for Reform in Hanoverian England* (Washington, DC: University Press of America, 1979)

D. Hay, 'Property, Authority and the Criminal Law', in D. Hay *et al.* (eds.), *Albion's Fatal Tree* (London: Allen Lane, 1975), 17-64

Colin Haydon, *Anti-Catholicism in Eighteenth-century England, c. 1714-80: A Political and Social Study* (Manchester: Manchester University Press, 1993)

Mary Hays, *Appeal to the Men of Great Britain in Behalf of Women* (London: Johnson and Bell, 1798)

____, *The Victim of Prejudice* (London: Johnson, 1799)

____, *Female Biography* (London: R. Phillips, 1803)

____, *Memoirs of Emma Courtney*, Eleanor Ty (ed.) (Oxford: Oxford University Press, 1996 [1796])

Roslynn D. Haynes, *From Faust to Strangelove: Representations of the Scientist in Western Literature* (Baltimore and London: Johns Hopkins University Press, 1994)

Eliza Haywood, *The History of Miss Betsy Thoughtless*, 4 vols. (London: Gardner, 1751)

P. G. M. C. Hazard, *The European Mind, 1680-1715*, J. L. May (trans.) (Harmondsworth: Penguin, 1964)

William Hazlitt, *Political Essays* (London: W. Hone, 1819)

____, *The Collected Works of William Hazlitt*, A. R. Waller and A. Glover (eds.), 13 vols. (London: Dent, 1901-6)

____, *The Complete Works of William Hazlitt*, P. P. Howe (ed.), 21 vols. (London: J. M. Dent, 1930-34)

____, *The New School of Reform* in *The Collected Works of William Hazlitt*, A. R. Waller and A. Glover (eds.), 13 vols. (London: Dent, 1901-6), vol. 7, essay xvii

____, *Selected Writings*, Ronald Blythe (ed.) (Harmondsworth: Penguin, 1970)

____, *The Spirit of the Age* (Menston, Yorks: Scolar Press, 1971 [1825])

P. M. Heimann, 'Newtonian Natural Philosophy and the Scientific Revolution', *History of Science*, xi (1973), 1-7

____, '"Nature is a Perpetual Worker": Newton's Aether and Eighteenth-century Natural Philosophy', *Ambix*, xx (1973), 1-25

____, 'Voluntarism and Immanence: Conceptions of Nature in Eighteenth-century Thought', *Journal of the History of Ideas*, xxxix (1978), 271-83

P. M. Heimann and J. E. McGuire, 'Newtonian Forces and Lockean Powers: Concepts of Matter in Eighteenth-century Thought', *Historical Studies in the Physical Sciences*, iii (1971), 233-306

Eckhart Hellmuth, '"The Palladium of All Other English Liberties". Reflections on the Liberty of the Press in England During the 1760s and 1770s', in Eckhart Hellmuth (ed.), *The Transformation of Political Culture: England and Germany in the Late Eighteenth Century* (London: Oxford University Press, 1990), 467-501

____, 'Enlightenment and the Freedom of the Press: The Debate in the Berlin Mittwochsgesellschaft 1783-84', *History*, lxxxiii (1998), 420-44

Phyllis Hembry, *The English Spa 1560-1815: A Social History* (London: Athlone, 1990)

David Hempton, *Religion and Political Culture in Britain and Ireland: From the Glorious Revolution to the Decline of Empire* (Cambridge: Cambridge University Press, 1996)

A. R. Henderson, 'Female Prostitution in London, 1730-1830' [PhD dissertation, University of London, 1992]

E. Henderson, *Life of James Ferguson F. R. S., in a Brief Autobiographical Account* (Edinburgh: Fullerton, 1867)

Ursula Henriques, *Religious Toleration in England 1783-1833* (London: Routledge, 1961)

John Henry, *The Scientific Revolution and the Origins of Modern Science* (London: Macmillan, 1997)

Thomas Henry, 'On the Advantages of Literature and Philosophy in General, and Especially on the Consistency of Literary and Philosophical with Commercial Pursuits', in *Memoirs of the Manchester Literary and*

Philosophical Society, i (1785), 7–29

Brian Hepworth, *The Rise of Romanticism: Essential Texts* (Manchester: Carcanet, 1978)

Michael Heyd, *'Be Sober and Reasonable': The Critique of Enthusiasm in the Seventeenth and Early Eighteenth Centuries* (Leiden; New York; Koln: E. J. Brill, 1995)

C. Hibbert (ed.), *An American in Regency England* (London: Maxwell, 1968); orig. pub. as [L. Simond], *Journal of a Tour and Residence in Great Britain during the Years 1810 and 1811, by a French Traveller* (Edinburgh: A. Constable, 1815)

David R. Hiley, 'Foucault and the Question of Enlightenment', *Philosophy and Social Criticism*, xi (1985–6), 63–83

Bridget Hill, *Eighteenth-century Women: An Anthology* (London: Allen and Unwin, 1984)

____, *The First English Feminist: Reflections upon Marriage and Other Writings by Mary Astell* (Aldershot: Gower, 1986)

____, *The Republican Virago: The Life and Times of Catharine Macaulay* (Oxford: Clarendon Press, 1992)

____, *Women, Work and Sexual Politics in Eighteenth-century England* (London: UCL Press, 1994)

Christopher Hill, *God's Englishman: Oliver Cromwell and the English Revolution* (Harmondsworth: Penguin, 1970)

____, *Antichrist in Seventeenth-century England* (London: Oxford University Press, 1971)

____, *The World Turned Upside Down: Radical Ideas during the English Revolution* (Harmondsworth: Penguin, 1972; repr. 1978)

____, *Some Intellectual Consequences of the English Revolution* (London: Weidenfeld and Nicolson, 1980)

____, *A Turbulent, Seditious and Factious People: John Bunyan and His Church 1628-1688* (Oxford: Oxford University Press, 1989)

____, *The English Bible and the Seventeenth-century Revolution* (London: Allen Lane, 1993)

George Birkbeck Hill, *Boswell's Life of Johnson*, L. F. Powell (ed., rev. and enl.), 6 vols. (Oxford: Clarendon Press, 1934–50)

Boyd Hilton, *The Age of Atonement: The Influence of Evangelicalism on Social and Economic Thought, 1795-1865* (Oxford: Clarendon Press, 1988)

Gertrude Himmelfarb, *Victorian Minds* (London: Weidenfeld & Nicolson, 1968)

____, *The Idea of Poverty: England in the Early Industrial Age* (London: Faber & Faber; New York: Knopf, 1984)

Walter John Hipple, *The Beautiful, the Sublime, and the Picturesque in Eighteenth-century Aesthetic Theory* (Carbondale: Southern Illinois University Press, 1957)

Albert O. Hirschman, *The Passions and the Interests: Political Arguments for Capitalism Before Its Triumph* (Princeton, NJ: Princeton University Press, 1977)

Derek Hirst, *Authority and Conflict: England 1603-1658* (London: Edward Arnold, 1986)

Andrew Hiscock, "'Here's No Design, No Plot, Nor Any Ground': The Drama of Margaret Cavendish and the Disorderly Woman', *Women's Writing*, iv (1997), 401-20

Tim Hitchcock, *English Sexualities, 1700-1800* (Basingstoke: Macmillan, 1997)

Thomas Hobbes, *Leviathan: or, the Matter, Forme and Power of a Commonwealth Ecclesiasticall and Civil*, C. B. Macpherson (ed.) (Harmondsworth: Penguin, 1968 [1651])

Eric Hobsbawm, *On History* (London: Weidenfeld & Nicolson, 1997)

Eric Hobsbawm and Terence Ranger (eds.), *The Invention of Tradition* (Cambridge: Cambridge University Press, 1983)

M. T. Hodgen, *Early Anthropology in the Sixteenth and Seventeenth Centuries* (Philadelphia: University of Pennsylvania Press, 1964)

William Hodgson, *The Commonwealth of Reason by William Hodgson, Now Confined in the Prison of Newgate, London, For Sedition* (London: the author, 1795)

Ulrich Im Hof, *The Enlightenment*, William E. Yuill (trans.) (Oxford: Blackwell, 1994)

Amos Hofman, 'Opinion, Illusion and the Illusion of Opinion: Barruel's Theory of Conspiracy', *Eighteenth Century Studies*, xxvii (1993), 27-60

William Hogarth, *The Analysis of Beauty* (London: the author, 1753)

Thomas Holcroft, *The Adventures of Hugh Trevor*, Seamus Deane (ed.) (Oxford: Oxford University Press, 1973 [1794])

Martin Hollis (ed.), *The Light of Reason: Rationalist Philosophers of the Seventeenth Century* (London: Collins Fontana, 1973)

Geoffrey Holmes, 'The Achievement of Stability: The Social Context of Politics from the 1680s to the Age of Walpole', in J. Cannon (ed.), *The Whig Ascendancy: Colloquies on Hanoverian England* (London: Edward Arnold, 1981), 1-22

____ (ed.), *Britain after the Glorious Revolution 1689-1714* (London: Macmillan, 1969)

____, *The Trial of Doctor Sacheverell* (London: Eyre Methuen, 1973)

____, *Augustan England: Professions, State and Society 1680-1730* (London: Allen and Unwin, 1982).

____, *British Politics in the Age of Anne* (London: Hambledon, 1987)

____, *The Making of a Great Power: Late Stuart and Early Georgian Britain 1660-1722* (London: Longmans, 1993)

____, *The Birth of Britain: A New Nation 1700-1710* (Oxford: Blackwell, 1994)

Geoffrey Holmes and W. A. Speck, *The Divided Society: Parties and Politics in England, 1694-1716* (London: Edward Arnold, 1967)

Richard Holmes, *Coleridge* (Oxford: Oxford University Press, 1982)

____, *Coleridge: Early Visions* (London: Hodder & Stoughton, 1989)

____, *Dr Johnson and Mr Savage: A Biographical Mystery* (London: Hodder & Stoughton, 1993)

Ann Holt, *A Life of Joseph Priestley* (London: Oxford University Press, 1931)

Henry Homer, *An Enquiry into the Means of Preserving and Improving the Publick Roads of This Kingdom* (Oxford: S. Parker, 1767)

Hugh Honour, *Chinoiserie: The Vision of Cathay* (London: John Murray, 1961)

____, *The Image of the Black in Western Art*, vol. iv: *From the American Revolution to World War I* (Cambridge, Mass.: Harvard University Press, 1989)

Istvan Hont, 'The "Rich Country-Poor Country" Debate in Scottish Classical Political Economy', in Istvan Hont and Michael Ignatieff (eds.), *Wealth and Virtue: The Shaping of Political Economy in the Scottish Enlightenment* (Cambridge: Cambridge University Press, 1983), 271-315

Istvan Hont and Michael Ignatieff (eds.), *Wealth and Virtue: The Shaping of Political Economy in the Scottish Enlightenment* (Cambridge: Cambridge University Press, 1983)

Robert Hooke, *Micrographia* (London: J. Martyn and J. Allestry, 1665)

E. N. Hooker (ed.), *The Critical Works of John Dennis*, 2 vols. (Baltimore: Johns Hopkins University Press, 1943)

Vincent Hope, *Virtue by Consensus: The Moral Philosophy of Hutcheson, Hume, and Adam Smith* (Oxford: Clarendon Press, 1989)

H. M. Höpfl, 'From Savage to Scotsman: Conjectural History in the Scottish Enlightenmen', *Journal of British Studies* (1978), 19-40

Julian Hoppit, 'Political Arithmetic in Eighteenth-century England', *Economic History Review*, xlix (1996), 516-40

____, 'Understanding the Industrial Revolution', *Historical Journal*, xxx (1987), 211-24

M. Horkheimer and T. Adorno, *The Dialectic of Enlightenment*, J. Cumming (trans.) (New York: Continuum, 1990)

T. A. Horne, *The Social Thought of Bernard Mandeville: Virtue and Commerce in Early Eighteenth-century England* (London: Macmillan, 1978)

Ralph A. Houlbrooke, *The English Family, 1450-1700* (London and New York: Longman, 1984)

____, *Death, Religion and the Family in England, 1480-1750* (Oxford: Clarendon Press, 1998)

R. A. Houston, *Literacy in Early Modern Europe: Culture and Education, 1500-1800* (London: Longman, 1988)

____, 'Scottish Education and Literacy, 1600-1800: An International Perspective', in T. M. Devine (ed.), *Improvement and Enlightenment* (Edinburgh: John Donald, 1989), 43-61

____, *Social Change in the Age of Enlightenment: Edinburgh, 1660-1760* (Oxford: Clarendon Press, 1994)

W. S. Howell, *Eighteenth-century British Logic and Rhetoric* (Princeton, NJ: Princeton University Press, 1994)

Kenneth Hudson, *A Social History of Museums* (London: Macmillan, 1975)

Pat Hudson, *Britain's Industrial Revolution* (London: Arnold, 1989)

William D. Hudson, *Reason and Right: A Critical Examination of Richard Price's*

Moral Philosophy (London: Macmillan, 1970)

C. H. Hull (ed.), *The Economic Writings of Sir William Petty*, 2 vols. (Cambridge: Cambridge University Press, 1899)

Mark Hulliung, *The Autocritique of Enlightenment: Rousseau and the Philosophes* (Cambridge, Mass.: Harvard University Press, 1994)

P. Hulme and L. Jordanova (eds.), *Enlightenment and Its Shadows* (London and New York: Routledge, 1990)

T. E. Hulme, 'Romanticism and Classicism' (1923), in Herbert Read (ed.), *Speculations* (London: Kegan Paul, Trench, Trubner, 1936)

David Hume, *A Treatise of Human Nature*, Ernest C. Mossner (ed.) (Harmondsworth: Penguin, 1969 [1739-40])

____, *A Treatise of Human Nature*, L. A. Selby-Bigge (ed.), 2nd edn revised by Peter H. Nidditch (Oxford: Clarendon Press, 1978 [1739-40])

____, *Philosophical Essays Concerning Human Understanding* (London: A. Millar, 1748)

____, *Essays Moral, Political and Literacy*, T. H. Green and T. H. Grose (eds.), 2 vols. (London: Longman's, Green & Co., 1898 [1741-2])

____, *The Philosophical Works of David. Hume*, T. H. Green and T. H. Grose (eds.), 4 vols. (London: Longman's, Green & Co., 1882 [1741-2])

____, *Enquiries concerning Human Understanding and concerning the Principles of Morals*, L. A. Selby-Bigge (ed.) (Oxford: Clarendon Press, 1966 [1748 and 1751])

____, *The History of England Under the House of Tudor*, 6 vols. (London: A. Millar, 1754-62; George Routledge, 1894)

____, *Dialogues concerning Natural Religion*, Norman Kemp Smith (ed.) (Edinburgh: Thomas Nelson, 1947 [1779])

____, *Hume's Dialogues concerning Natural Religion*, Norman Kemp Smith (ed.) (Edinburgh: Thomas Nelson, 1947 [1779])

____, *Selected Essays*, Stephen Copley and Andrew Edgar (eds.) (Oxford: Oxford University Press, 1993)

E. G. Hundert, *The Enlightenment's Fable: Bernard Mandeville and the Discovery of Society* (Cambridge: Cambridge University Press, 1994)

____, 'Performing the Passions in Commercial Society: Bernard Mandeville and the Theatricality of Eighteenth-century Thought', in Kevin Sharpe and

Steven N. Zwicker (eds.), *Refiguring Revolutions: Aesthetics and Politics from the English Revolution to the Romantic Revolution* (Berkeley, CA: University of California Press, 1998), 141–72

Lynn Hunt (ed.), *The Invention of Pornography, 1500-1800* (New York: Zone Books, 1993)

Margaret Hunt, Margaret Jacob, Phyllis Mack, and Ruth Perry, *Women and the Enlightenment* (New York: Institute for Research in History, 1984)

Margaret R. Hunt, *The Middling Sort: Commerce, Gender, and the Family in England, 1680-1780* (Berkeley, CA and London: University of California Press, 1996)

Jean E. Hunter, 'The Eighteenth-century Englishwoman: According to the *Gentleman's Magazine*', in Paul Fritz and Richard Morton (eds.), *Women in the Eighteenth Century and Other Essays* (Toronto: Samuel Stevens, Hakkert, 1976), 73–88

Michael Hunter, *Science and Society in Restoration England* (Cambridge: Cambridge University Press, 1981)

____, 'The Problem of "Atheism" in Early Modern England', *Transactions of the Royal Historical Society*, xxxv (1985), 135–57

____, *Establishing the New Science: The Experience of the Early Royal Society* (Woodbridge: Boydell and Brewer, 1989)

____, 'Aikenhead the Atheist: The Context and Consequences of Articulate Irreligion in the Late Seventeenth Century', in Michael Hunter and David Wootton (eds.), *Atheism from the Reformation to the Enlightenment* (Oxford: Clarendon Press, 1992), 221–54

____ (ed.), *Robert Boyle Reconsidered* (Cambridge: Cambridge University Press, 1994)

____, *The Royal Society and Its Fellows 1660-1700: The Morphology of an Early Scientific Institution* (Oxford: Alden Press, 1994)

Richard Hunter and Ida Macalpine, *Three Hundred Years of Psychiatry: 1535-1860* (London: Oxford University Press, 1963)

Christopher Hussey, *English Gardens and Landscapes, 1700-1750* (London: Country Life, 1967)

____, *The Picturesque* (London: F. Cass and Co., 1967)

Francis Hutcheson, *Short View of the Pretended Spirit of Prophecy* (London:

Morphew, 1708)

____, *An Inquiry into the Original of Our Ideas of Beauty, Order, Harmony, Design* (London: Darby, 1725; The Hague: Martinus Nijhoff, 1973)

____, *A Short Introduction to Moral Philosophy, in Three Books, Containing the Elements of Ethicks and the Law of Nature* (Glasgow: R. Foulis, 1747)

____, *A System of Moral Philosophy*, 2 vols., ed. by his son (London: R. Foulis, 1755)

____, *Thoughts on Laughter, and Observations on the Fable of the Bees* (Bristol: Thoemmes Reprint, 1989 [1758])

____, *Short View of the Pretended Spirit of Prophecy* (London: Morphew, 1708)

____, *An Historical Essay concerning Witchcraft. With Observations upon Matters of Fact; Tending to Clear the Texts of the Sacred Scriptures, and Confute the Vulgar Errors about That Point, and Also Two Sermons. One in Proof of the Christian Religion; the Other concerning the Good and Evil Angels* (London: R. Knaplock & D. Midwinter, 1718)

Ross Hutchison, *Locke in France* (1688-1734) (Oxford: The Voltaire Foundation, 1991)

Terence Hutchison, *Before Adam Smith: The Emergence of Political Economy, 1662-1776* (Oxford and New York: Blackwell, 1988)

James Hutton, *An Investigation of the Principles of Knowledge, and of the Progress of Reason, from Sense to Science and Philosophy*, 3 vols. (Edinburgh: Strahan and T. Cadell, 1794)

____, *Theory of the Earth*, 2 vols. (Edinburgh: Cadell, Davies and Creech, 1795)

Ronald Hutton, *The Restoration: A Political and Religious History of England and Wales, 1658-1667* (Oxford: Oxford University Press, 1985)

____, *The Rise and Fall of Merry England* (Oxford: Oxford University Press, 1994)

____, *The Stations of the Sun. A History of the Ritual Year in Britain* (Oxford: Oxford University Press, 1996)

William Hutton, *An History of Birmingham*, 3rd edn (Birmingham: Pearson, 1795)

Michael Ignatieff, *A Just Measure of Pain: The Penitentiary in the Industrial Revolution, 1750-1850* (London: Macmillan, 1978)

____, 'John Millar and Individualism', in Istvan Hont and Michael Ignatieff (eds.), *Wealth and Virtue: The Shaping of Political Economy in the Scottish Enlightenment* (Cambridge: Cambridge University Press, 1983), 317–44

R. Iliffe, "'In the Warehouse': Privacy, Property and Priority in the Early Royal Society', *History of Science*, xxx (1992), 29–62

Mrs Inchbald, *Nature and Art* (London: Robinson, 1796)

Robert Inglesfield, 'Shaftesbury's Influence on Thomson's "Seasons"', *British Journal for Eighteenth-century Studies*, ix (1986), 141–56

Brian Inglis, *Poverty and the Industrial Revolution* (London: Hodder & Stoughton, 1971)

Allan Ingram, *The Madhouse of Language: Writing and Reading Madness in the Eighteenth Century* (London and New York: Routledge, 1991)

G. Irwin, *Samuel Johnson: A Personality in Conflict* (Auckland: Auckland University Press, 1971)

Malcolm Jack, *Corruption and Progress: The Eighteenth Century Debate* (New York: AMS Press, 1989)

Mark Jackson, *New-Born Child Murder: Women, Illegitimacy and the Courts in Eighteenth-century England* (Manchester and New York: Manchester University Press, 1996)

Margaret C. Jacob, *The Newtonians and the English Revolution, 1689-1720* (Hassocks: Harvester Press, 1976)

____, *The Radical Enlightenment: Pantheists, Freemasons and Republicans* (London: Allen & Unwin, 1981)

____, 'The Crisis of the European Mind: Hazard Revisted', in Phyllis Mack and Margaret Jacob (eds.), *Politics and Culture in Early Modern Europe* (Cambridge: Cambridge University Press, 1987), 251–71

____, *The Cultural Meaning of the Scientific Revolution* (New York: Alfred A. Knopf, 1988)

____, *Living the Enlightenment: Freemasonry and Politics in Eighteenth-century Europe* (New York: Oxford University Press, 1992)

____, 'Reflections on the Ideological Meaning of Western Science from Boyle and Newton to the Postmodernists', *History of Science*, xxxiii (1995), 333–57

____, *Scientific Culture and the Making of the Industrial West* (Oxford: Oxford University Press, 1997)

David L. Jacobson (ed.), *The English Libertarian Heritage: From the Writings of*

John Trenchard and Thomas Gordon in The Independent Whig *and* Carto's Letters (Indianapolis, New York, Kansas City: Bobbs-Merrill, 1965).

David L. Jacobson and Ronald Hamowy (eds.), *The English Libertarian Heritage* (San Francisco: Fox and Wilkes, 1994)

Muriel Jaeger, *Before Victoria, Changing Standards and Behaviour 1787-1837* (Harmondsworth: Penguin, 1967)

Patricia James, *Population Malthus: His Life and Times* (London: Routledge and Kegan Paul, 1979)

Lisa Jardine, *Francis Bacon: Discovery and the Art of Discourse* (Cambridge: Cambridge University Press, 1974)

Derek Jarrett, *The Ingenious Mr Hogarth* (London: Joseph, 1976)

Thomas Jarrold, *Dissertations on Man, Philosophical, Physiological and Political; in Answer to Mr Malthus's 'Essay on the Principle of Population'* (London: Cadell and Davis, 1806)

____, *Anthropologia, or Dissertations on the Form and Colour in Man* (London: Gadell and Davis, 1808)

Ricky Jay, *Learned Pigs and Fireproof Women* (New York: Warner Books, 1986)

Geraint H. Jenkins, *The Foundations of Modern Wales: 1642-1780* (Oxford: Clarendon Press; Cardiff: University of Wales Press, 1987)

Philip Jenkins, *The Making of a Ruling Class: The Glamorganshire Gentry 1640-1790* (Cambridge: Cambridge University Press, 1983)

Humphrey Jennings, *Pandaemonium 1660-1886: The Coming of the Machine as Seen by Contemporary Observers*, Mary-Lou Jennings and Charles Madge (eds.) (London: André Deutsch, 1985)

Soame Jenyns, *Free Inquiiy into the Nature and Origin of Evil. In Six Letters* (London: R. and J. Dodsley, 1757)

C. B. Jewson, *Jacobin City: A Portrait of Norwich in Its Reaction to the French Revolution 1788-1902* (Glasgow: Blackie, 1975)

Adrian Johns, *The Nature of the Book: Print and Knowledge in the Making* (Chicago: Chicago University Press, 1998)

James William Johnson, *The Formation of English Neo-classical Thought* (Princeton, NJ: Princeton University Press, 1967)

Samuel Johnson, *An Account of the Life of Richard Savage*, 2nd edn (London: Cave, 1748)

____, *A Dictionary of the English Language* (London: Strahan, 1755)

____, *Life Of Gray* (Oxford: Clarendon Press, 1915)

____, *The Lives of the Most Eminent English Poets*, 4 vols., C. H. Firth (ed.) (Oxford: Clarendon Press, 1939 [London: Bathurst, 1781])

____, *The Rambler*, W. J. Bate and Albrecht B. Straus (eds.), 3 vols. (New Haven, Conn.: Yale University Press, 1969 [1750-52])

Clyve Jones (ed.), *Britain in the First Age of Party, 1684-1750* (London: Hambledon, 1987)

Edwin Jones, *The English Nation: The Great Myth* (Stroud: Sutton, 1998)

Howard Mumford Jones, *Revolution and Romanticism* (Cambridge, Mass.: Harvard University Press, 1974)

J. R. Jones (ed.), *The Restored Monarchy, 1660-1688* (Totowa, NJ: Rowman & Littlefield, 1979)

____ (ed.), *Liberty Secured? Britain Before and After 1688* (Stanford: Stanford University Press, 1992)

Jean Jones, 'James Hutton's Agricultural Research and His Life as a Farmer', *Annals of Science*, xlii (1985), 573-601

M. G. Jones, *The Charity School Movement* (Cambridge: Cambridge University Press, 1938)

____, *Hannah More* (Cambridge: Cambridge University Press, 1952)

Peter Jones, 'The Scottish Professoriate and the Polite Academy', in Istvan Hont and Michael Ignatieff (eds.), *Wealth and Virtue: The Shaping of Political Economy in the Scottish Enlightenment* (Cambridge: Cambridge University Press, 1983), 89-118

____ (ed.), *Philosophy and Science in the Scottish Enlightenment* (Edinburgh: John Donald Publishers, 1988)

____ (ed.), *The 'Science' of Man in the Scottish Enlightenment: Hume, Reid, and Their Contemporaries* (Edinburgh: Edinburgh University Press, 1989)

R. F. Jones, *Ancients and Moderns: A Study of the Background of the Battle of the Books* (St Louis: Washington University Press, 1936)

Vivien Jones (ed.), *Women in the Eighteenth Century: Constructions of Femininity* (London: Routledge, 1990)

Whitney R. D. Jones, *David Williams: The Hammer and the Anvil* (Cardiff: University of Wales Press, 1986)

W. K. Jordan, *The Development of Religious Toleration in England*, 4 vols. (Cambridge, Mass.: Harvard University Press, 1932–1940; repr. Gloucester, Mass.: Peter Smith, 1965)

Ludmilla Jordanova, 'Natural Facts: A Historical Perspective on Science and Sexuality', in C. MacCormack and M. Strathern (eds.), *Nature, Culture and Gender* (Cambridge: Cambridge University Press, 1980), 42–69

Ludmilla Jordanova, *Nature Depicted* (Harlow: Longman, 1999)

Joseph Juxon, *A Sermon upon Witchcraft: Occasion'd by a Late Illegal Attempt to Discover Witches by Swimming. Preached at Twyford in the County of Leicester, July 11, 1736* (London: H. Woodfall, 1736)

Rana Kabbani, *Europe's Myths of Orient* (Bloomington: Indiana University Press, 1986)

Frank A. Kafker (ed.), *Notable Encyclopedias of the Seventeenth and Eighteenth Centuries: Nine Predecessors of the Encyclopédie* (Oxford: The Voltaire Foundation at The Taylor Institution, 1981)

W. Kaiser, *Praisers Of Folly* (Cambridge, Mass.: Harvard University Press, 1963)

Martin Kallich, *The Association of Ideas and Critical Theory in Eighteenth-century England: A History of a Psychological Method in English Criticism* (The Hague: Mouton, 1970)

Henry Kamen, *The Rise of Toleration* (London: Weidenfeld & Nicolson, 1967)

Henry Home, Lord Kames, *Essays on the Principles of Morality and Natural Religion* (Edinburgh: Felming, 1751)

____, *Elements of Criticism* (Edinburgh: Millar, 1762)

____, *Sketches of the History of Man*, 2 vols. (Edinburgh: W. Creech, 1774)

____, *Historical Law Tracts*, 2 vols., 3rd edn (Edinburgh: Miller, Kincaid and Bell, 1776)

Paul Kaufman, *Borrowings from the Bristol Library, 1773-1784: A Unique Record of Reading Vogues* (Charlottesville, Va: Bibliographical Society of the University of Virginia, 1960)

John Keane, *Tom Paine: A Political Life* (London: Bloomsbury, 1995)

Hugh Kearney, *The British Isles: A History of Four Nations* (Cambridge: Cambridge University Press, 1989)

Patrick J. Kearney, *The Private Case: An Annotated Bibliography of the Private Case Erotica Collection in the British (Museum) Library* (London: Jay

Landesman, 1981)

____, *A History of Erotic Literature* (London: Macmillan, 1982)

Jonathan Keates, *Purcell: A Biography* (London: Chatto & Windus, 1995)

James Keir (ed.), *An Account of the Life and Writings of Thomas Day* (London: Stockdale, 1791)

Gary Kelly, *The English Jacobin Novel, 1780-1805* (Oxford: Clarendon Press, 1976)

____, *Revolutionary Feminism: The Mind and Career of Mary Wollstonecraft* (New York: St Martin's Press, 1992)

____, '(Female) Philosophy in the Bedroom: Mary Wollstonecraft and Female Sexuality', *Women's Writing*, iv (1997), 143-54

James Kelly, *That Damned Thing Called Honour: Duelling in Ireland 1570-1860* (Cork: Cork University Press, 1995)

Patrick Hyde Kelly (ed.), *Locke On Money*, 2 vols. (Oxford: Clarendon Press, 1991)

T. D. Kendrick, *The Lisbon Earthquake* (London: Methuen, 1956)

J. P. Kenyon, *Revolution Principles: The Politics of Party 1689-1720* (Cambridge: Cambridge University Press, 1977)

John Kenyon, *The Popish Plot* (London: Heinemann, 1972)

Charles Kerby-Miller (ed.), *Memoirs of the Extraordinaiy Life, Works, and Discoveries of Martinus Scriblerus* (Oxford: Oxford University Press, 1988 [1742])

Alvin Kernan, *Printing Technology, Letters and Samuel Johnson* (Princeton, NJ: Princeton University Press, 1987)

Michael Ketcham, *Transparent Designs: Reading, Performance and Form in the Spectator Papers* (Athens, Ga: University of Georgia Press, 1985)

David Kettler, *The Social and Political Thought of Adam Ferguson* (Columbus: Ohio State University Press, 1965)

Geoffrey Keynes (ed.), *The Letters of William Blake* (London: Hart Davis, 1956)

____ (ed.), *Blake: Complete Writings* (London: Oxford University Press, 1969)

V. G. Kiernan, *The Lords of Human Kind* (Harmondsworth: Penguin, 1972)

____, *The Duel in European History: Honour and the Reign of Aristocracy* (Oxford: Oxford University Press, 1989)

Desmond King-Hele, *Doctor of Revolution: The Life and Genius of Erasmus

Darwin (London: Faber & Faber, 1977)

____ (ed.), *The Letters of Erasmus Darwin* (Cambridge: Cambridge University Press, 1981)

____, *Erasmus Darwin and the Romantic Poets* (London: Macmillan, 1986)

____, *Erasmus Darwin: A Life of Unequalled Achievement* (London: DLM, 1999)

Mark Kishlansky, *A Monarchy Transformed: Britain 1603-1714* (Harmondsworth: Penguin, 1996)

Jon Klancher, *The Making of English Reading Audiences, 1790-1832* (Madison: University of Wisconsin Press, 1987)

Lawrence E. Klein, *Shaftesbury and the Culture of Politeness: Moral Discourse and Cultural Politics in Early Eighteenth-century England* (Cambridge: Cambridge University Press, 1994)

____, 'Gender and the Public/Private Distinction in the Eighteenth Century: Some Questions about Evidence and Analytic Procedure', *Eighteenth Century Studies*, xxix (1995), 97-110

F. J. Klingberg, *The Anti-Slavery Movement in England: A Study in English Humanitarianism* (New Haven: Yale University Press, 1926)

Francis D. Klingender, *Art and the Industrial Revolution*, A. Elton (ed.) (London: Evelyn, Adams and Mackay, 1968)

Charlotte Klonk, *Science and the Perception of Nature. British Landscape Art in the Late Eighteenth and Early Nineteenth Centuries* (New Haven and London: Yale University Press, 1996)

Frida Knight, *The Strange Case of Thomas Walker: Ten Years in the Life of a Manchester Radical* (London: Lawrence and Wishart, 1957)

____, *University Rebel: The Life of William Frend (1756-1841)* (London: Victor Gollancz, 1971)

Richard Payne Knight, *The Progress of Civil Society: A Didactic Poem in Six Books* (London: W. Bulmer and G. Nicol, 1796)

William Knight, *Lord Monboddo and Some of His Contemporaries* (London: John Murray, 1900)

Kevin C. Knox, 'Lunatick Visions: Prophecy, Scientific Public and the Signs of the Times in 1790s London', *History of Science*, xxxvii (1999), 427-58

R. A. Knox, *Enthusiasm: A Chapter in the History of Religion* (London: Clarendon Press, 1950)

Vicesimus Knox, *Liberal Education: or a Practical Treatise on the Methods of Acquiring Useful and Polite Learning*, 10th edn (London: Dilly, 1789 [1781])

Nancy F. Koehn, *The Power of Commerce: Economy and Governance in the First British Empire* (Ithaca, NY: Cornell University Press, 1994)

A. Kors, *D'Holbach's Coterie: An Enlightenment in Paris* (Princeton, NJ: Princeton University Press, 1976)

R. Koselleck, *Critique and Crisis: Enlightenment and the Pathogenesis of Modern Society* (Oxford: Berg, 1988)

August Friedrich Kotzebue, *Lovers' Vows* (London: G. G. Robinson and J. Robinson, 1798)

Isaac Kramnick, *Bolingbroke and His Circle: The Politics of Nostalgia in the Age of Walpole* (Cambridge, Mass.: Harvard University Press, 1968)

____, 'Children's Literature and Bourgeois Ideology: Observations on Culture and Industrial Capitalism in the Later Eighteenth Century', *Studies in Eighteenth-century Culture*, xii (1983), 11–44

____, 'Eighteenth-century Science and Radical Social Theory: The Case of Joseph Priestley's Scientific Liberalism', *Journal of British Studies*, xxv (1986), 1–30

____, *Republicanism and Bourgeois Radicalism: Political Ideology in Late Eighteenth-century England and America* (Ithaca, NY: Cornell University Press, 1990)

Jonathan Brody Kramnick, *Making the English Canon: Print Capitalism and the Cultural Past, 1700-1770* (Cambridge: Cambridge University Press, 1999)

Robert Kreiser, *Miracles, Convulsions and Ecclesiastical Politics in Early Eighteenth-century Paris* (Princeton, NJ: Princeton University Press, 1978)

L. Krüger, L. Daston and M. Heidelberger (eds.), *The Probabilistic Revolution* (Ann Arbor, MI: University of Michigan Press, 1987)

Elisabeth Labrousse, 'Religious Toleration', in P. P. Wiener (ed.), *Dictionary of the History of Ideas*, 5 vols. (New York: Scribner's, 1974), vol. iv, 112–21

____, *Bayle* (Oxford: Oxford University Press, 1983)

James Lackington, *Memoirs of the First Forty-five Years of the Life of James Lackington*, 7th edn (London: for the author, 1794)

Charles Lamb, 'Witches, and Other Night Fears', *London Magazine* (October 1821), 384

Jonathan Lamb, *Preserving the Self in the South Seas, 1680-1840* [University of Chicago Press, 2001]

Claire Lamont, 'Dr Johnson, the Scottish Highlander, and the Scottish Enlightenment', *British Journal for Eighteenth-century Studies*, xii (1989), 47-56

Stephen K. Land, 'Adam Smith's "Considerations concerning the First Formation of Languages"', *Journal of the History of Ideas*, xxxviii (1977), 677-90

____, *The Philosophy of Language in Britain: Major Theories from Hobbes to Thomas Reid* (New York: ASM Press, 1986)

D. S. Landes, *Revolution in Time: Clocks and the Making of the Modern World* (Cambridge, Mass.: Harvard University Press, 1983)

Paul Langford, *A Polite and Commercial People: England 1727-1783* (Oxford: Oxford University Press, 1989)

____, *Englishness Identified: Manners and Character 1650-1850* (Oxford: Oxford University Press, 2000)

Thomas Laqueur, 'Bodies, Details, and Humanitarian Narrative', in Lynn Hunt (ed.), *The New Cultural History* (Berkeley, CA: University of California Press, 1989), 176-204

____, 'Amor Veneris, Vel Dulcedo Appelatur', in M. Feher (ed.), *Fragments for a History of the Human Body*, iii (New York: Zone, 1989), 91-131

____, *Making Sex. Gender and the Body from Aristotle to Freud* (Cambridge, Mass.: Harvard University Press, 1990)

Peter Laslett, 'The English Revolution and Locke's *Two Treatises of Government*', *Cambridge Historical Journal*, xii (1956), 40-55

Anne Laurence, *Women in England 1500-1760: A Social History* (London: Weidenfeld & Nicolson, 1994)

John Christian Laursen and Cary J. Nederman (eds.), *Beyond the Persecuting Society* (Philadelphia, PA: University of Pennsylvania Press, 1998)

Edmund Law, *Considerations on the State of the World, with Regard to the Theory of Religion* (Cambridge: Bentham, 1745)

William Law, *The Absolute Unlawfulness of the Stage Entertainment Fully Demonstrated* (London: William Innys, 1726)

____, *A Serious Call to a Devout and Holy Life* (London: William Innys, 1729)

C. J. Lawrence, 'William Buchan: Medicine Laid Open', *Medical History*, xix (1975), 20-35

John Lawson and Harold Silver, *A Social History of Education in England* (London: Methuen, 1973)

F. R. Leavis (ed.), *Mill on Bentham and Coleridge* (London: Chatto & Windus, 1962)

W. E. H. Lecky, *A History of Ireland in the Eighteenth Century*, L. P. Curtis, Jr (abridge. and intro.) (Chicago: University of Chicago Press, 1972)

William Lee, *Daniel Defoe: His Life and Recently Discovered Writings*, 3 vols. (London: John Camden Hotten, 1869)

William C. Lehmann, *Adam Ferguson and the Beginnings of Modern Sociology* (New York: Columbia University Press, 1930)

____, *John Millar of Glasgow, 1735-1801: His Life and Thought and His Contributions to Sociological Analysis* (Cambridge: Cambridge University Press, 1960)

____, *Henry Home, Lord Kames, and the Scottish Enlightenment: A Study in National Character and the History of Ideas* (The Hague: Nijhoff, 1971)

Keith Lehrer, *Thomas Reid* (London: Routledge, 1989)

John Leland, *A View of the Principal Deistical Writers that Have Appeared in England in the Last and Present Century* (London: Dodsley, 1754)

Charlotte Lennox, *The Female Quixote, or the Adventures of Arabella*, 2 vols. (London: A. Millar, 1752; Oxford: Oxford University Press, 1989)

[Charles Leslie], *The Charge of Socinianism against Dr Tillotson Considered, By a True Son of the Church* (Edinburgh: sn, 1695)

Charles Leslie, *A Short and Easy Method with the Deists* (London: Onley, 1698)

C. R. Leslie, *Memoirs of the Life of John Constable* (London: John Lehmann, 1949)

Margaret Leslie, 'Mysticism Misunderstood: David Hartley and the Idea of Progress', *Journal of the History of Ideas*, xxxiii (1972), 625-32

W. L. Letwin, *The Origins of Scientific Economics* (London: Methuen, 1963)

Joseph M. Levine, *The Battle of the Books: History and Literature in the Augustan Age* (Ithaca, NY: Cornell University Press, 1992)

W. S. Lewis (ed.), *The Correspondence of Horace Walpole*, 48 vols. (New Haven, Conn.: Yale University Press, 1961)

_____ (ed.), *The Yale Edition of Horace Walpole's Correspondence*, 48 vols. (London: Oxford University Press, 1937–83)

David Lieberman, 'The Legal Needs of a Commercial Society: The Jurisprudence of Lord Kames', in Istvan Hont and Michael Ignatieff (eds.), *Wealth and Virtue: The Shaping of Political Economy in the Scottish Enlightenment* (Cambridge: Cambridge University Press, 1983), 203–34

_____, *The Province of Legislation Determined: Legal Theory in Eighteenth-century Britain* (Cambridge: Cambridge University Press, 1989)

Bryant Lillywhite, *London Coffee Houses: A Reference Book of Coffee Houses of the Seventeenth, Eighteenth and Nineteenth Centuries* (London: Allen & Unwin, 1963)

Anthony Hadley Lincoln, *Some Political and Social Ideas of English Dissent, 1763-1800* (Cambridge: Cambridge University Press, 1938)

Jack Lindsay, *William Blake: His Life and Work* (London: Constable, 1978)

Peter Linebaugh, *The London Hanged: Crime and Civil Society in the Eighteenth Century* (London: Allen Lane, 1991)

Luther Link, *The Devil: A Mask without a Face* (London: Reaktion Books, 1995)

Louise Lippincott, *Selling Art in Georgian London: The Rise of Arthur Pond* (New Haven, Conn.: Yale University Press, 1983)

Nigel Llewellyn, *The Art of Death: Visual Culture In the English Death Ritual c. 1500-c. 1800* (London: Victoria and Albert Museum, 1991)

Sarah Lloyd, '"Pleasure's Golden Bait": Prostitution, Poverty and the Magdalen Hospital', *History Workshop Journal*, xli (1996), 51-72

Don Locke, *A Fantasy of Reason: The Life and Thought of William Godwin* (London: Routledge & Kegan Paul, 1980)

John Locke, *An Essay concerning Human Understanding*, Peter H. Nidditch (ed.) (Oxford: Clarendon Press, 1975 [1690])

_____, *Two Treatises of Government*, Peter Laslett (ed.) (Cambridge: Cambridge University Press, 1988 [1690])

_____, *Some Thoughts Concerning Education*, R. H. Quick (ed.) (London: sn, 1899 [1693])

_____, *The Reasonableness of Christianity* (London: Awnsham and John Churchill, 1695)

_____, *A Letter to ... Edward [Stillingfleet], Ld Bishop of Worcester ...* (London:

Churchill, 1697)

____, *The Philosophical Works of John Locke*, J. A. St John (ed.), 2 vols. (London: George Bell & Sons, 1905)

R. Longrigg, *The English Squire and His Sport* (London: Michael Joseph, 1977)

Roger Lonsdale (ed.), *The New Oxford Book of Eighteenth-century Verse* (Oxford: Oxford University Press, 1984)

____ (ed.), *Eighteenth-century Women Poets* (Oxford: Oxford University Press, 1989)

J. C. Loudon, *The Suburban Gardener and Villa Companion* (London: for the author, 1838)

A. O. Lovejoy, *The Great Chain of Being* (Cambridge, Mass.: Harvard University Press, 1936)

Robert Lowth, *Lectures on the Sacred Poetry of the Hebrews* (London: Johnson, 1787)

F. L. Lucas, *The Search for Good Sense* (London: Cassell, 1958)

____, *The Art of Living* (London: Cassell, 1959)

John Lucas, *England and Englishness: Ideas of Nationhood in English Poetry 1688-1900* (London: The Hogarth Press, 1990)

Roger D. Lund, 'Martinus Scriblerus and the Search for a Soul', *Papers in Literature and Language*, xxv (1989), 135-90

J. O. Lyons, *The Invention of the Self* (Carbondale, Ill.: Southern Illinois University Press, 1978)

Catharine Macauly, *Letters on Education* (London: G. Dilly, 1790)

Iain MrCalman, 'Mad Lord George and Madame La Motte: Riot and Sexuality in the Genesis of Burke's *Reflections on the Revolution in France*', *Journal of British Studies*, xxxv (1996), 343-67

____, 'New Jerusalems: Prophecy, Dissent, and Radical Culture in England, 1786-1830', in Knud Haakonssen (ed.), *Enlightenment and Religion: Rational Dissent in Eighteenth-century Britain* (Cambridge: Cambridge University Press, 1997), 312-35

Donald McCormick, *The Hell-Fire Club: The Story of the Amorous Knights of Wycombe* (Norwich: Jarrold, 1958)

Colleen McDannell and Bernhard Lang, *Heaven—A History* (New Haven and London: Yale University Press, 1988)

Michael MacDonald, 'The Secularization of Suicide in England, 1600-1800', *Past and Present*, cxi (1986), 50-100

Michael MacDonald and Terence R. Murphy, *Sleepless Souls: Suicide in Early Modern England* (Oxford: Clarendon Press, 1990)

Paula McDowell, *The Women of Grub Street: Press, Politics and Gender in the London Literary Marketplace, 1678-1730* (Oxford: Clarendon Press, 1998)

David Dunbar McElroy, *Scotland's Age of Improvement: A Survey of Eighteenth-century Literary Clubs and Societies* (Washington: Washington State University Press, 1969)

G. McEwen, *The Oracle of the Coffee House: John Dunton's Athenian Mercury* (San Marino, CA: The Huntingdon Library, 1972)

Alan Macfarlane, *The Culture of Capitalism* (Oxford: Basil Blackwell, 1987)

A. McInnes, 'The Emergence of a Leisure Town: Shrewsbury, 1660-1760', *Past and Present*, cxx (1968), 53-87

Carey McIntosh, *The Evolution of English Prose, 1700-1800: Style, Politeness and Print Culture* (Cambridge: Cambridge University Press, 1999)

Alasdair MacIntyre, *A Short History of Ethics* (London: Routledge and Kegan Paul, 1967)

Mary P. Mack, *Jeremy Bentham, An Odyssey of Ideas, 1748-1792* (London: Heinemann, 1962)

Phyllis Mack, 'Women and the Enlightenment: Introduction', *Women & History*, xiv (1984), 1-11

Neil McKendrick, 'Josiah Wedgwood and Factory Discipline', *The Historical Journal*, iv (1961), 30-55

____, 'Introduction. The Birth of a Consumer Society: The Commercialization of Eighteenth-century England', in Neil McKendrick, John Brewer and J. H. Plumb, *The Birth of a Consumer Society: The Commercialization of Eighteenth-century England* (London: Europa, 1982), 1-8

Neil McKendrick, John Brewer and J. H. Plumb, *The Birth of a Consumer Society: The Commercialization of Eighteenth-century England* (London: Europa, 1982)

Henry Mackenzie, *Julia de Roubigné* (London: W. Strahan and T. Cadell, 1777)

____, *The Mirror*, 3 vols. (Edinburgh: William Creech, 1779-80)

Michael McKeon, *The Origins of the English Novel, 1600-1740* (Baltimore: Johns

Hopkins University Press, 1987)

Eric David Mackerness, *A Social History of English Music* (London: Routledge & Kegan Paul, 1964)

Erin Mackie, *Market à la Mode: Fashion, Commodity, and Gender in The Tatler and The Spectator* (Baltimore: Johns Hopkins University Press, 1997)

H. McLachlan, *English Education under the Test Acts: Being the History of Non-Conformist Academies 1662-1820* (Manchester: Manchester University Press, 1931)

____, *The Unitarian Movement in the Religious Life of England* (London: George Allen and Unwin, 1931)

____, *Warrington Academy, Its History and Influence* (Manchester: Chetham Society, 1943)

Catherine Macdonald Maclean, *Born under Saturn: A Biography of William Hazlitt* (London: Collins, 1943)

Kenneth MacLean, *John Locke and English Literature of the Eighteenth Century* (New Haven, Conn.: Yale University Press, 1936)

Marie P. McMahon, *The Radical Whigs, John Trenchard and Thomas Gordon* (Lanham, Md.: University Press of America, 1990)

John McManners, *Death and the Enlightenment* (Oxford: Clarendon Press, 1981)

Joseph McMinn, *Jonathan's Travels: Swift and Ireland* (Belfast: Appletree Press, 1994)

Maureen McNeil, *Under the Banner of Science: Erasmus Darwin and His Age* (Manchester: Manchester University Press, 1987)

C. B. Macpherson, *The Political Theory of Possessive Individualism: Hobbes to Locke* (Oxford: Clarendon Press, 1964)

____, *Democratic Theory: Essays in Retrieval* (Oxford: Oxford University Press, 1973)

James Macpherson, *Fragments of Ancient Poetry Collected in the Highlands of Scotland* (Edinburgh: Hamilton and Balfour, 1760)

____, *Fingal* (London: Becket and De Hondt, 1762)

____, *Temora* (London: Becket and De Hondt, 1763)

Samuel Madden, *Memoirs of the Twentieth Century* (London: Osborn and Longman, 1733)

M. Mahl and H. Koon (eds.), *The Female Spectator: English Women Writers Before 1800* (Bloomington, Ind.: University of Indiana Press, 1977)

Brian Maidment, *Popular Prints, 1790-1870: Reading Popular Graphic Images* (Manchester: Manchester University Press, 1995)

R. W. Malcolmson, *Popular Recreations in English Society, 1700-1850* (Cambridge: Cambridge University Press, 1973)

Thomas Robert Malthus, *An Essay on the Principle of Population as It Affects the Future Improvement of Society, With Remarks on the Speculations of Mr Godwin, M. Condorcet, And Other Writers* (London: J. Johnson, 1798; facsimile repr., London: Macmillan, 1966)

____, *An Essay on the Principle of Population*, 2nd edn (London: J. Johnson, 1803)

Bernard de Mandeville, *The Virgin Unmask'd* (London: Morphew, 1709)

____, *A Modest Defence of the Public Stews; or An Essay Upon Whoring* (London: A. Moore, 1724)

____, *The Fable of the Bees: Or, Private Vices, Publick Benefits*, with a Commentary Critical, Historical, and Explanatory by F. B. Kaye, 2 vols. (Oxford: Clarendon Press, 1924 [London: J. Roberts, 1714])

Robert Mandrou, *Magistrats et sorciers en France au XVIIe siècle: une analyse de psychologie historique* (Paris: Plon, 1968)

Karl Mannheim, *Ideology and Utopia* (New York: Harcourt Brace, 1936)

D. J. Manning, *The Mind of Jeremy Bentham* (London: Longman, 1968)

Susan Manning, 'Boswell's Pleasures, the Pleasures of Boswell', *British Journal for Eighteenth Century Studies*, xx (1997), 17-31

Frank E. Manuel, *The Eighteenth Century Confronts the Gods* (New York: Athenaeum, 1967)

____, *Isaac Newton, Historian* (Cambridge, Mass.: Harvard University Press, 1963)

____, *The Religion of Isaac Newton* (Oxford: Clarendon Press, 1974)

____, *A Portrait of Isaac Newton* (Cambridge, Mass.: Harvard University Press, 1968)

L. A. Marchand (ed.), *Byron's Letters and Journals*, 12 vols. (London: John Murray, 1973-82)

Robert Markley, *Fallen Languages: Crises of Representation in Newtonian*

England, 1660-1740 (Ithaca, NY: Cornell University Press, 1993)

George S. Marr, *The Periodical Essayists of the Eighteenth Century* (New York: Augustus M. Kelley, 1971)

David Marshall, 'Arguing by Analogy: Hume's Standard of Taste', *Eighteenth-century Studies*, xxviii (1995), 323-43

John Marshall, *John Locke; Resistance, Religion and Responsibility* (Cambridge: Cambridge University Press, 1994)

Peter Marshall (ed.), *The British Discovery of Hinduism in the Eighteenth Century* (Cambridge: Cambridge University Press, 1970)

Peter Marshall and Glyndyr Williams, *The Great Map of Mankind: British Perceptions of the World in the Age of Enlightenment* (London: Dent, 1982)

Peter H. Marshall, *William Godwin* (New Haven, Conn.: Yale University Press, 1984)

Tim Marshall, *Murdering to Dissect: Grave-robbing, Frankenstein and the Anatomy of Literature* (Manchester: Manchester University Press, 1995)

Joanna Martin (ed.), *A Governess in the Age of Jane Austen* (London: Hambledon Press, 1988)

Peter Martin, *A Life of James Boswell* (London: Weidenfeld & Nicolson, 1999)

Michael Mascuch, *Origins of the Individualist Self. Autobiography and Self-identity in England 1591-1791* (Cambridge: Polity Press, 1997)

Haydn T. Mason (ed.), *The Darnton Debate: Books and Revolution in the Eighteenth Century* (Oxford: Voltaire Foundation, 1998)

Michael Mason, *The Making of Victorian Sexual Attitudes* (Oxford: Oxford University Press, 1994)

T. J. Mathias, *The Pursuits of Literature, Or What You Will: A Satirical Poem*, 4 parts (London: J. Owen, 1794)

Robert Mauzi, *L'Idée du bonheur dans la littérature et la pensée française au XVIII siècle* (Paris: Colin, 1960)

Constantia Maxwell, *Dublin under the Georges, 1714-1830* (London: George G. Harrap, 1946)

Henry F. May, *The Enlightenment in America* (New York: Oxford University Press, 1976)

Robert D. Mayo, *The English Novels in the Magazines, 1740-1815* (Evanston, Ill.: Northwestern University Press, 1962)

B. Mazlish, *James and John Stuart Mill: Father and Son in the Nineteenth Century* (London: Hutchinson, 1975)

Jon Mee, *Dangerous Enthusiasm: William Blake and the Culture of Radicalism in the 1790s* (Oxford: Clarendon Press, 1992)

Ronald L. Meek, 'Smith, Turgot and the Four Stages Theory', *History of Political Economy*, iii (1971), 9-27

_____ (ed.), *Precursors of Adam Smith* (London: Dent, 1973)

_____, *Social Science and the Ignoble Savage* (Cambridge: Cambridge University Press, 1975)

T. K. Meier, *Defoe and the Defense of Commerce* (Victoria, BC: English Literary Studies, University of Victoria, 1987)

Anne K. Mellor, 'British Romanticism, Gender, and Three Women Artists', in Ann Bermingham and John Brewer (eds.), *The Consumption of Culture, 1600-1800: Image, Object, Text in the 17th and 18th Centuries* (London: Routledge, 1995), 121-42

Sara Mendelson and Patricia Crawford, *Women in Early Modern England* (Oxford: Clarendon Press, 1998)

Stephen Mennell, *Norbert Elias: Civilization and the Human Self-image* (Oxford: Basil Blackwell, 1989)

Carolyn Merchant, *The Death of Nature: Women, Ecology and the Scientific Revolution* (San Francisco: Harper and Row, 1980)

Gerald Dennis Meyer, *The Scientific Lady in England, 1650-1760: An Account of Her Rise, with Emphasis on the Major Roles of the Telescope and Microscope* (Berkeley, CA: University of California Press, 1955)

Conyers Middleton, *Letter from Rome* (London: W. Innys, 1729)

_____, *Free Enquiry into the Miraculous Powers Which are Supposed to Have Subsisted in the Christian Church from the Earliest Ages* (London: Manby and Cox, 1749)

Dudley Miles, *Francis Place 1771-1854: The Life of a Remarkable Radical* (Brighton: Harvester, 1988)

James Mill, *Essay on Government* (London: Innes, 1824)

John Stuart Mill, *On Liberty* (London: Parker, 1859)

John Millar, *Observations concerning the Distinction of Ranks in Society* (London: Richardson, 1771)

John R. Millburn, *Benjamin Martin: Author, Instrument-maker and Country-showman* (Noordhoff: Leyden, 1976)

Edward Miller, *That Noble Cabinet: A History of the British Museum* (London: André Deutsch, 1973)

G. Miller, *The Adoption of Inoculation for Smallpox in England and France* (London: Oxford University Press, 1957)

James Miller, *The Man of Taste* (Dublin: Hoey, 1735)

John Miller, *Popery and Politics in England 1660-1688* (Cambridge: Cambridge University Press, 1973)

Peter N. Miller (ed.), *Joseph Priestley: Political Writings* (Cambridge: Cambridge University Press, 1993)

A. Taylor Milne (ed.), *The Correspondence of Jeremy Bentham* (London: Athlone, 1981)

John Milton, *Paradise Lost* (London: Parker, 1667)

____, *Of Education* (London: Underhill, 1644)

G. E. Mingay, *English Landed Society in the Eighteenth Century* (London: Routledge & Kegan Paul, 1963)

____ (ed.), *Arthur Young and His Times* (London: Macmillan, 1975)

____, *A Social History of the English Countryside* (London: Routledge, 1990)

George Minois, *History of Suicide: Voluntary Death in Western Culture* (Baltimore: Johns Hopkins University Press, 1999)

Samuel I. Mintz, *The Hunting of Leviathan* (Cambridge: Cambridge University Press, 1962)

Henri Misson, *Memoirs and Observations in His Travels over England* (London: Browne, 1719)

L. G. Mitchell (ed.), *The Writings and Speeches of Edmund Burke*, viii (Oxford: Clarendon Press, 1989)

James Burnett, Lord Monboddo, *Of the Origin and Progress of Language*, 6 vols. (Edinburgh: Kincaid; London: T. Cadell, 1773–92; repr. New York: Garland, 1970)

John Money, 'Public Opinion in the West Midlands, 1760–1793' (PhD thesis, Cambridge University, 1967)

____, 'Taverns, Coffee Houses and Clubs: Local Politics and Popular Articulacy in the Birmingham Area in the Age of the American Revolution', *The*

Historical Journal, xiv (1971), 15-47

____, *Experience and Identity: Birmingham and the West Midlands, 1760-1800* (Manchester: Manchester University Press, 1977)

____, 'Birmingham and the West Midlands 1760-1793: Politics and Regional Identity in the English Provinces in the Later Eighteenth Century', in Peter Borsay (ed.), *The Eighteenth-century Town: A Reader in English Urban History 1688-1820* (London: Longman, 1990), 292-314

____, 'Freemasonry and the Fabric of Loyalism in Hanoverian England', in Eckhart Hellmuth (ed.), *The Transformation of Political Culture* (London: Oxford University Press, 1990), 235-74

____, 'Teaching in the Market-Place, or "*Caesar adsum jam forte; Pompey aderat*": The Retailing of Knowledge on Provincial England during the Eighteenth Century', in John Brewer and Roy Porter (eds.), *Consumption and the World of Goods in the Seventeenth and Eighteenth Centuries* (London: Routledge, 1993), 335-79

Samuel H. Monk, *The Sublime: A Study of Critical Theories in Eighteenth Century England* (Ann Arbor, MI: University of Michigan Press, 1960)

Paul Kleher Monod, *Jacobitism and the English People, 1688-1788* (Cambridge: Cambridge University Press, 1989)

John Monro, *Remarks on Dr Battle's Treatise on Madness*, intro. by R. Hunter and I. Macalpine (London: Dawsons, 1962 [1758])

Lady Mary Wortley Montagu, *Letters and Works*, 3rd edn (London: Henry Bohn, 1861)

Montesquieu, *De l'Esprit des lois* (1748; published as *The Spirit of Laws*, T. Nugent (trans.), 2 vols. (London: J. Nourse and P. Vallant, 1750)

Emily Lorraine de Montluzin, *The Anti-Jacobins 1798-1800: The Early Contributors to the Anti-Jacobin Review* (New York: St Martin's Press, 1988)

D. Moore (ed.), *Wales in the Eighteenth Century* (Swansea: C. Davies, 1976)

Jonas Moore, *The History or Narrative of the Great Level of the Fenns, Called Bedford Level* (London: Moses Pitt, 1685)

Hannah More, *Essays on Various Subjects, Principally Designed for Young Ladies* (London: J. Wilkie and T. Cadell, 1778)

____, *An Estimate of the Religion of the Fashionable World*, 3rd edn (Dublin: Wogan, 1791)

_____, *Village Politics. Addressed to all the Mechanics, Journeymen, and Day Labourers, in Great Britain. By Will Chip, a Country Carpenter* (London: Rivington, 1793)

_____, *The Riot; or Half a Loaf is Better than No Bread* (London: J. Marshall, 1795)

_____, *Strictures on the Modern System of Female Education*, 2 vols. (London: Cadell and Davies, 1799; repr. with intro. by Gina Luria, New York: Garland, 1974)

_____, *History of Mr Fantom the New-Fashioned Philosopher* (London: J. Binns, 1805)

Carl Philip Moritz, *Journeys of a German in England: A Walking-tour of England in 1782*, Reginald Nettel (trans. and intro.) (London: Eland Books, 1982 [1783])

Arthur D. Morris, *James Parkinson, His Life and Times* (Boston: Birkhauser, 1989)

Stanley Morrison, *John Bell (1745-1831)* (Cambridge: Cambridge University Press, 1930)

Katharine M. Morsberger, 'John Locke's *An Essay Concerning Human Understanding*: The "Bible" of the Enlightenment', *Studies in Eighteenth Century Culture*, xxv (1996), 1-19

Ornella Moscucci, *The Science of Woman: Gynaecology and Gender in England, 1800-1929* (Cambridge and New York: Cambridge University Press, 1990)

Ernest Campbell Mossner, *The Life of David Hume* (Oxford: Clarendon Press, 1954)

_____, 'The Religion of David Hume', in John W. Yolton (ed.), *Philosophy, Religion and Science in the Seventeenth and Eighteenth Centuries* (Rochester, NY: University of Rochester Press, 1990), 111-21

_____, *Bishop Butler and the Age of Reason* (Bristol: Thoemmes, 1990)

R. Muchembled, *Popular Culture and Elite Culture in France, 1400-1750*, L. Cochrane (trans.) (Baton Rouge, La: Louisiana State University Press, 1978; 1985)

Chandra Mukerji, *From Graven Images: Patterns of Modern Materialism* (New York: Columbia University Press, 1983)

Hoh-cheung Mui and Lorna H. Mui, *Shops and Shopkeeping in Eighteenth-century England* (London: Methuen, 1989)

John Mullan, *Sentiment and Sociability: The Language of Feeling in the Eighteenth Century* (Oxford: Clarendon Press, 1988)

Penelope Murray (ed.), *Genius: The History of an Idea* (Oxford: Basil Blackwell, 1989)

A. E. Musson and Eric Robinson, *Science and Technology in the Industrial Revolution* (Manchester: Manchester University Press, 1969)

Mitzi Myers, 'Shot from Canons; or, Maria Edgeworth and the Cultural Production and Consumption of the Eighteenth-century Woman Writer', in Ann Bermingham and John Brewer (eds.), *The Consumption of Culture, 1600-1800: Image, Object, Text* (London: Routledge, 1995), 193–216

Sylvia Harcstark Myers, *The Bluestocking Circle: Women, Friendship, and the Life of the Mind in Eighteenth-century England* (Oxford: Clarendon Press, 1990)

Benjamin Christie Nangle, *The Monthly Review: First Series, 1749-1789 (Second Series, 1790-1815); Indexes of Contributors and Articles*, 2 vols. (Oxford: Clarendon Press, 1934–5)

Stanley D. Nash, 'Social Attitudes towards Prostitution in London, from 1752 to 1829' (PhD thesis, New York University, 1980)

S. Nash, 'Prostitution and Charity: The Magdalen Hospital, a Case Study', *Journal of Social History*, xvii (1984), 617–28

J. M. Neeson, *Commoners: Common Right, Enclosure and Social Change in England, 1700-1820* (Cambridge: Cambridge University Press, 1993)

Victor Neuberg, *The Penny Histories: A Study of Chapbooks for Young Readers over Two Centuries* (London: Oxford University Press, 1968)

____, *Popular Education in Eighteenth-century England* (London: Welbourn Press, 1971)

____, *Popular Literature: A History and Guide from the Beginning of Printing to the Year 1897* (Harmondsworth: Penguin, 1977)

Gerald Newman, *The Rise of English Nationalism: A Cultural History, 1740-1830* (New York: St Martin's Press, 1987)

Isaac Newton, *Opticks, or A Treatise of the Reflexions, Refractions, Inflections & Colours of Light* (London: Smith and Walford, 1704; London: William and John Innys, 1721)

____, *Mathematical Principles of Natural Philosophy*, 2 vols., Florian Cajori (trans.) (Berkeley, CA: University of California Press, 1962 [1687])

Michael Newton, 'The Child of Nature: The Feral Child and the State of Nature' (PhD thesis, University College London, 1996)

John Nichols, *Literary Anecdotes of the Eighteenth Century* (London, for the author, 1812; Colin Clair Fontwell (eel.), Sussex: Centaur Press, 1967)

Colin Nicholson, *Writing and the Rise of Finance: Capital Satires of the Early Eighteenth Century* (Cambridge: Cambridge University Press, 1994)

Benedict Nicolson, *Joseph Wright of Derby: Painter of Light*, 2 vols. (London: Paul Mellon Foundation for British Art, 1968)

Marjorie Hope Nicolson, 'The Early Stage of Cartesianism in England', *Studies in Philology*, xxvi (1929), 356–75

____, *Newton Demands the Muse: Newton's Opticks and the Eighteenth-century Poets* (Princeton, NJ: Princeton University Press, 1946)

____, *Mountain Gloom and Mountain Glory: The Development of the Aesthetics of the Infinite* (Ithaca, NY: Cornell University Press 1959)

____, *The Breaking of the Circle: Studies in the Effect of the 'New Science' upon Seventeenth-century Poetry* (New York: Columbia University Press, 1960)

Robert Nisbet, *History of the Idea of Progress* (New York: Basic Books, 1980)

David Nokes, *Jonathan Swift: A Hypocrite Reversed: A Critical Biography* (Oxford: Oxford University Press, 1985)

Christopher Norris, '"What is Enlightenment?": Kant and Foucault', in Gary Gutting (ed.), *The Cambridge Companion to Foucault* (Cambridge: Cambridge University Press, 1994), 159–96

Dudley North, *Discourses Upon Trade* (London: Bassett, 1691); repr. in J. R. McCulloch (ed.), *Early English Tracts on Commerce* (Cambridge: Economic History Society Reprint, 1952)

H. North, *Sophrosyne: Self-knowledge and Self-restraint in Greek Literature* (Ithaca, NY: Cornell University Press, 1966)

J. E. Norton (ed.), *The Letters of Edward Gibbon*, 3 vols. (London: Cassell, 1956)

Rictor Norton, *Mother Clap's Molly House: The Gay Subculture in England 1700-1830* (London: Gay Men's Press, 1992)

Robert E. Norton, *The Beautiful Soul: Aesthetic Morality in the Eighteenth Century* (Ithaca, NY: Cornell University Press, 1995)

Felicity A. Nussbaum, *The Brink of All We Hate: English Satires on Women 1660-1750* (Lexington, Ken.: University Press of Kentucky, 1984)

____, *The Autobiographical Subject: Gender and Ideology in Eighteenth-century England* (Baltimore: Johns Hopkins University Press, 1989)

____, 'Polygamy, *Pamela*, and the Prerogative of Empire', in Ann Bermingham and John Brewer (eds.), *The Consumption of Culture, 1600-1800: Image, Object, Text* (London: Routledge, 1995), 217-36

Barbara Bowen Oberg, 'David Hartley and the Association of Ideas', *Journal of the History of Ideas*, xxxvii (1976), 441-54

Karen O'Brien, 'Between Enlightenment and Stadial Theory: William Robertson on the History of Europe', *British Journal for Eighteenth Century Studies*, xvi (1994), 53-63

____, *Narratives of Enlightenment: Cosmopolitan History from Voltaire to Gibbon* (Cambridge: Cambridge University Press, 1997)

Miles Ogborn, *Spaces of Modernity: London's Geographies, 1680-1780* (New York: The Guilford Press, 1998)

James O'Higgins, *Anthony Collins: The Man and His Works* (The Hague: Nijjoff, 1970)

Laird Okie, *Augustan Historical Writing. Histories of England in the English Enlightenment* (Lanham, Md: University Press of America, 1992)

Richard Olson, *The Emergence of the Social Sciences, 1642-1792* (New York: Twayne, 1993)

____, *Science Deified and Science Defied. The Historical Significance of Science in Western Culture*, vol. ii: *From the Early Modern Age Through the Early Romantic Era ca. 1640 to ca. 1820* (Berkeley, CA: University of California Press, 1990)

Walter J. Ong, *Orality and Literacy: The Technologizing of the Word* (London: Methuen, 1982)

Harold Orel, *English Romantic Poets and the Enlightenment* (Banbury: The Voltaire Foundation, 1973)

Dorinda Outram, *The Enlightenment* (Cambridge: Cambridge University Press, 1995)

D. Owen, *English Philanthropy, 1660-1960* (Cambridge, Mass.: Harvard University Press, 1965)

Robert Owen, *The Book of the New Moral World* (London: Wilson, 1836)

____, *A New View of Society* (London: Cadell and Davies, 1813)

____, *Observations on the Effect of the Manufacturing System* (London: R. Taylor, 1815)

____, *Report to the County of Lanark; A New View of Society*, V. A. C. Gatrell (ed.) (Harmondsworth: Penguin, 1969)

G. W. Oxley, *Poor Relief in England and Wales 1601-1834* (Newton Abbot: David & Charles, 1974)

Fania Oz-Salzberger, *Translating the Enlightenment: Scottish Civic Discourse in Eighteenth Century Germany* (Oxford: Clarendon Press, 1995)

Anthony Pagden, *Lords of All the World: Ideologies of Empire in Spain, Britain and France c. 1500-c. 1800* (New Haven, Conn.: Yale University Press, 1995)

Anthony Page, 'Enlightenment and a "Second Reformation": The Religion and Philosophy of John Jebb (1736-86)', *Enlightenment and Dissent*, xvii (1998), 48-82

Thomas Paine, *Agrarian Justice* (London: Adlard, 1797)

____, *The Complete Writings of Thomas Paine*, Philip S. Foner (ed.), 2 vols. (New York: Citadel Press, 1945)

____, *The Rights of Man*, Henry Collins (ed.) (Harmondsworth: Penguin, 1969 [1791])

Morton D. Paley, *Energy and the Imagination: The Development of Blake's Thought* (Oxford: Clarendon Press, 1970)

William Paley, *The Principles of Moral and Political Philosophy* (London: Faulder, 1785)

____, *Reasons for Contentment Addressed to the Labouring Part of the British Public* (London: Faulder, 1802)

____, *The Complete Works of William Paley* (London: Dove, 1824)

James Parkinson, *The Way to Health, Extracted from the Villager's Friend and Physician* (Broadside, 1802)

____, *The Villager's Friend and Physician, or a Familiar Address on the Preservation of Health and the Removal of Disease on its First Appearance, Supposed to be Delivered by a Village Apothecary, with Cursory Observations on the Treatment of Children, on Sobriety, Industry, etc., intended for the Promotion of Domestic Happiness*, 2nd edn (London: C. Whittingham, 1804)

W. Ll. Parry-Jones, *The Trade in Lunacy: A Study of Private Mad-houses in*

England in the Eighteenth and Nineteenth Centuries (London: Routledge and Kegan Paul, 1972)

Anthony Pasquin [pseud.], *Memoirs of the Royal Academicians* (London: Symonds, 1796)

J. A. Passmore, *Priestley's Writings on Philosophy, Science and Politics* (London: Collier Macmillan, 1965)

____, 'The Malleability of Man in Eighteenth-century Thought', in E. R. Wasserman (ed.), *Aspects of the Eighteenth Century* (Baltimore: Johns Hopkins University Press, 1965), 21–46

____, *The Perfectibility of Man* (London: Duckworth, 1970)

____, *Man's Responsibility for Nature* (London: Duckworth, 1980)

Carole Pateman, *The Sexual Contract* (Cambridge: Polity Press, 1988)

Douglas Patey, 'Swift's Satire on "Science" and the Structure of *Gulliver's Travels*', *English Literary History*, lviii (1991), 809–33

Lewis Patton and Peter Mann (eds.), *The Collected Works of Samuel Taylor Coleridge* (London: Routledge and Kegan Paul, 1971)

Ronald Paulson, *Hogarth: His Life, Art and Times* (New Haven, Conn.: Yale University Press, 1974)

____, *Representations of Revolution (1789-1820)* (New Haven, Conn.: Yale University Press, 1983)

____, *Hogarth, The 'Modern Moral Subject*, vol. iii: *Art and Politics, 1750-64* (Cambridge: Lutterworth Press, 1992–3)

William R. Paulson, *Enlightenment, Romanticism and the Blind in France* (Princeton, NJ: Princeton University Press, 1988)

Peter H. Pawlowicz, 'Reading Women. Text and Image in Eighteenth-century England', in Ann Bermingham and John Brewer (eds.), *The Consumption of Culture, 1600-1800: Image, Object, Text* (London: Routledge, 1995), 42–53

Christiana Payne, *Toil and Plenty. Images of the Agricultural Landscape in England 1780-1890* (London: Yale, 1993)

H. C. Payne, *The Philosophes and the People* (New Haven, Conn.: Yale University Press, 1976)

Iain Pears, *The Discovery of Painting: The Growth of Interest in the Arts in England 1680-1768* (New Haven, Conn.: Yale University Press, 1988)

Jacqueline Pearson, *Women's Reading in Britain, 1750-1835: A Dangerous*

Recreation (Cambridge: Cambridge University Press, 1999)

T. Pennant, *A Tour in Scotland, and Voyages to the Hebrides*, 2 vols. (vol. i, Chester: J. Monk, 1774; vol. ii, London: B. White, 1774-6)

David Pepper, *The Roots of Modern Environmentalism* (London: Croom Helm, 1984)

Samuel Pepys, *The Diary of Samuel Pepys*, 11 vols., R. Latham and W. Matthews (eds.) (London: Bell and Hyman, 1970-83)

Thomas Percy, *Reliques of Ancient English Poetry* (London: J. Dodsley, 1765)

H. Perkin, *The Origins of Modern English Society* (London: Routledge and Kegan Paul, 1969)

N. Perrin, *Dr Bowdler's Legacy—A History of Expurgated Books in England and America* (London: Macmillan, 1970)

Michelle Perrot (ed.), *A History of Private Life*, vol. iv: *From the Fires of Revolution to the Great War*, Arthur Goldhammer (trans.) (Cambridge, Mass.: Belknap Press, 1990)

Ruth Perry, *The Celebrated Mary Astell: An Early English Feminist* (Chicago: University of Chicago Press, 1986)

＿＿, 'Mary Astell and the Feminist Critique of Possessive Individualism', *Eighteenth-century Studies*, xxiii (1990), 444-57

Thomas Joseph Pettigrew, *Memoirs of the Life and Writings of the Late John Coakley Lettsom, With a Selection from his Correspondence* (London: Longman, Hurst, Rees, Orme, and Brown, 1817)

William Petty, *Treatise of Taxes and Contributions* (London: Brooke, 1662)

Nikolaus Pevsner, *The Englishness of English Art* (London: Architectural Press, 1956; Harmondsworth: Penguin, 1976)

Patricia Phillips, *The Scientific Lady: A Social History of Woman's Scientific Interests 1520-1918* (London: Weidenfeld & Nicolson, 1990)

William Phillips, *An Outline of Mineralogy and Geology* (London: William Phillips, 1815)

Nicholas Phillipson, 'Towards a Definition of the Scottish Enlightenment', in Paul Fritz and David Williams (eds.), *City and Society in the Eighteenth Century* (Toronto: Hakkert, 1973), 125-47

＿＿, 'Culture and Society in the Eighteenth Century Province: The Case of Edinburgh and the Scottish Enlightenment', in Lawrence Stone (ed.), *The*

University of Society, 2 vols. (Princeton, NJ: Princeton University Press, 1974), ii, 407–48

____, 'The Scottish Enlightenment', in Roy Porter and Mikuláš Teich (eds.), *The Enlightenment in National Context* (Cambridge: Cambridge University Press, 1981), 19–40

____, 'Adam Smith as Civic Moralist', in Istvan Hont and Michael Ignatieff (eds.), *Wealth and Virtue: The Shaping of Political Economy in the Scottish Enlightenment* (Cambridge and New York: Cambridge University Press, 1983), 179–202

____, *Hume* (London: Weidenfeld & Nicolson, 1989)

____, 'Politics and Politeness in the Reigns of Anne and the Early Hanoverians', in J. G. A. Pocock (ed.), *The Varieties of British Political Thought, 1500-1800* (Cambridge: Cambridge University Press, 1993), 211–45

Nicholas Phillipson and Quentin Skinner (eds.), *Political Discourse in Early Modern Britain* (Cambridge: Cambridge University Press, 1993)

Nicholas Phillipson and Rosalind Mitchison (eds.), *Scotland in the Age of Improvement: Essays in Scottish History in the Eighteenth Century* (Edinburgh: Edinburgh University Press, 1970)

Mark Philp, *Godwin's Political Justice* (London: Duckworth, 1986)

____, *Paine* (Oxford: Oxford University Press, 1989)

S. F. Pickering Jr, *John Locke and Children's Books in Eighteenth-century England* (Knoxville, Tenn.: The University of Tennessee Press, 1981)

James Pilkington, *View of the Present State of Derbyshire* (Derby: J. Drewry, 1789)

Adela Pinch, *Strange Fits of Passion: Epistemologies of Emotion, Hume to Austen* (Stanford: Stanford University Press, 1996)

Ivy Pinchbeck and Margaret Hewitt, *Children in English Society*, 2 vols. (London: Routledge and Kegan Paul, 1969–73)

Philip Pinkus, *Grub St Stripped Bare: The Scandalous Lives and Pornographic Works of the Original Grub St. Writers, Together With the Battle Songs Which Led Them to Prison, & the Continual Pandering to Public Taste Which Put Them Among the First Almost to Earn a Fitful Living From Their Writing Alone* (Hamden, Conn.: Archon Books, 1968)

William Pittis (ed.), *The Original Works of William King*, 3 vols. (London: for the editor, 1776)

Marjorie Plant, *The English Book Trade: An Economic History of the Making and Sale of Books* (London: Allen & Unwin, 1965)

J. H. Plumb, *Men And Places* (Harmondsworth: Pelican, 1966)

____, *The Growth of Political Stability in England 1675-1725* (London: Macmillan, 1967)

____, *In the Light of History* (London: Allen Lane, 1972)

____, *The Commercialization of Leisure in Eighteenth-century England* (Reading: University of Reading, 1973)

____, 'The New World of the Children in Eighteenth-century England', *Past and Present*, lxvii (1975), 64-95

____, *Georgian Delights* (London: Weidenfeld & Nicolson, 1980)

____, 'The New World of the Children in Eighteenth-century England', in Neil McKendrick, John Brewer and J. H. Plumb (eds.), *The Birth of a Consumer Society: The Commercialization of Eighteenth-Century England* (London: Europa, 1982), 286-315

____, 'The Acceptance of Modernity', in Neil McKendrick, John Brewer and J. H. Plumb (eds.), *The Birth of a Consumer Society: The Commercialization of Eighteenth-century England* (London: Europa, 1982), 316-34

J. G. A. Pocock, 'Civic Humanism and Its Role in Anglo-American Thought', in *Politics, Language and Time: Essays on Political Thought and History* (London: Methuen, 1972), pp. 80-103

____, 'Machiavelli, Harrington and English Political Ideologies', in *Politics, Language and Time: Essays on Political Thought and History* (London: Methuen, 1972), 104-47

____, *The Machiavellian Moment. Florentine Political Thought and the Atlantic Republican Tradition* (Princeton, NJ: Princeton University Press, 1975)

____, 'Post-Puritan England and the Problem of the Enlightenment', in P. Zagorin (ed.), *Culture and Politics from Puritanism to the Enlightenment* (Berkeley, CA: University of California Press, 1980), 91-111

____, 'Clergy and Commerce: The Conservative Enlightenment in England', in L. G. Crocker *et al.* (eds.), *L'Età dei Lumi: studi storici sul settecento europeo in onore di Franco Venturi*, vol. ii (Naples: Jovene, 1985), 523-68

____, *Virtue, Commerce and History: Essays on Political Thought and History,*

Chiefly in the Eighteenth Century (Cambridge: Cambridge University Press, 1985)

____, Josiah Tucker on Burke, Locke, and Price: A Study in the Varieties of Eighteenth-century Conservatism', in *Virtue, Commerce and History: Essays on Political Thought and History, Chiefly in the Eighteenth Century* (Cambridge: Cambridge University Press, 1985), 157-91

____, 'Conservative Enlightenment and Democratic Revolutions: The American and French Cases in British Perspective', *Government and Opposition*, xxiv (1989), 81-105

____ (ed.), *The Varieties of British Political Thought, 1500-1800* (Cambridge: Cambridge University Press, 1993)

____, *Barbarism and Religion*, 2 vols.: vol. i: *The Enlightenments of Edward Gibbon, 1737-1764*; vol. ii: *Narratives of Civil Government* (Cambridge: Cambridge University Press, 1999)

Mary Pollard, *Dublin's Trade in Books 1550-1800* (Oxford: Clarendon Press, 1990)

Sidney Pollard, *The Idea of Progress: History and Society* (London: Watts & Co., 1968)

Linda Pollock, *Forgotten Children: Parent-Child Relations from 1500-1900* (Cambridge: Cambridge University Press, 1983)

____, *A Lasting Relationship: Parents and Children over Three Centuries* (London: Fourth Estate, 1987)

[Richard Polwhele], *The Unsex'd Females: A Poem, Addressed to the Author of 'The Pursuits of Literature'* (London: Cadell and Davies, 1798)

Richard Polwhele, preface to George Lavington, *The Enthusiasm of Methodists and Papists Considered* (London: Whittaker, 1833)

Clive Ponting, *A Green History of the World* (London: Sinclair-Stevenson, 1991)

Joshua Poole, *English Parnassus* (London: Thomas Johnson, 1657)

Robert Poole, '"Give Us Our Eleven Days!": Calendar Reform in Eighteenth-century England', *Past and Present*, cxlix (1995) 95-139

Mary Poovey, *A History of the Modern Fact: Problems of Knowledge in the Sciences of Wealth and Society* (Chicago: University of Chicago Press, 1998)

K. Popper, *The Open Society and Its Enemies*, 2 vols. (London: Routledge and Kegan Paul, 1945)

M. V. De Porte, *Nightmares and Hobbyhorses* (San Marino, CA: Huntington Library, 1974)

Roy Porter, *The Making of the Science of Geology* (Cambridge: Cambridge University Press, 1977)

____, 'Philosophy and Politics of a Geologist: George H. Toulmin (1754-1817)', *Journal of the History of Ideas*, xxxix (1978), 435-50

____, 'Creation and Credence: The Career of Theories of the Earth in Britain, 1660-1820', in B. Barnes and S. Shapin (eds.), *Natural Order* (Beverly Hills, CA: Sage Publications, 1979), 97-123

____, 'The Terraqueous Globe', in G. S. Rousseau and R. S. Porter (eds.), *The Ferment of Knowledge: Studies in the Historiography of Eighteenth-century Science* (Cambridge: Cambridge University Press, 1980), 285-324

____, 'Sex and the Singular Man: The Seminal Ideas of James Graham', *Studies on Voltaire & the Eighteenth Century*, ccxxviii (1984), 3-24

____, 'The Drinking Man's Disease: The "Pre-History" of Alcoholism in Georgian Britain', *British Journal of Addiction*, lxxx (1985), 385-96

____, 'Lay Medical Knowledge in the Eighteenth Century: The Case of the *Gentleman's Magazine*', *Medical History*, xxix (1985), 138-68

____, 'Laymen, Doctors and Medical Knowledge in the Eighteenth Century: The Evidence of the *Gentleman's Magazine*', in Roy Porter (ed.), *Patients and Practitioners: Lay Perceptions of Medicine in Pre-Industrial Society* (Cambridge: Cambridge University Press, 1985), 283-314

____, 'Making Faces: Physiognomy and Fashion in Eighteenth-century England', *Etudes Anglaises*, xxxviii (1985), 385-96

____, 'The Hunger of Imagination: Approaching Samuel Johnson's Melancholy', in W. F. Bynum, Roy Porter and M. Shepherd (eds.), *The Anatomy of Madness*, 2 vols. (London: Tavistock, 1985), i, 63-88

____, 'Bedlam and Parnassus: Mad People's Writing in Georgian England', in George Levine (ed.), *One Culture: Essays in Science and Literature* (Madison, Wisconsin: University of Wisconsin Press, 1987), 258-84

____, *Gibbon* (London: Weidenfeld & Nicolson, 1988)

____, *Health for Sale: Quackery in England 1650-1850* (Manchester: Manchester University Press, 1989)

____, 'Erasmus Darwin: Doctor of Evolution?', in James R. Moore (ed.), *History,*

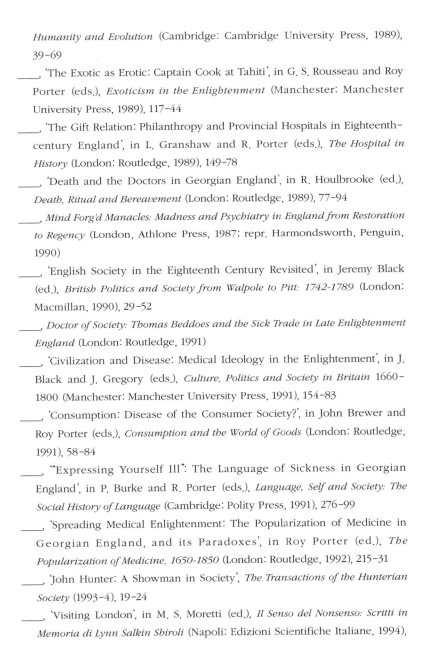

Humanity and Evolution (Cambridge: Cambridge University Press, 1989), 39–69

____, 'The Exotic as Erotic: Captain Cook at Tahiti', in G. S. Rousseau and Roy Porter (eds.), *Exoticism in the Enlightenment* (Manchester: Manchester University Press, 1989), 117–44

____, 'The Gift Relation: Philanthropy and Provincial Hospitals in Eighteenth-century England', in L. Granshaw and R. Porter (eds.), *The Hospital in History* (London: Routledge, 1989), 149–78

____, 'Death and the Doctors in Georgian England', in R. Houlbrooke (ed.), *Death, Ritual and Bereavement* (London: Routledge, 1989), 77–94

____, *Mind Forg'd Manacles: Madness and Psychiatry in England from Restoration to Regency* (London, Athlone Press, 1987; repr. Harmondsworth, Penguin, 1990)

____, 'English Society in the Eighteenth Century Revisited', in Jeremy Black (ed.), *British Politics and Society from Walpole to Pitt: 1742-1789* (London: Macmillan, 1990), 29–52

____, *Doctor of Society: Thomas Beddoes and the Sick Trade in Late Enlightenment England* (London: Routledge, 1991)

____, 'Civilization and Disease: Medical Ideology in the Enlightenment', in J. Black and J. Gregory (eds.), *Culture, Politics and Society in Britain* 1660–1800 (Manchester: Manchester University Press, 1991), 154–83

____, 'Consumption: Disease of the Consumer Society?', in John Brewer and Roy Porter (eds.), *Consumption and the World of Goods* (London: Routledge, 1991), 58–84

____, '"Expressing Yourself Ill": The Language of Sickness in Georgian England', in P. Burke and R. Porter (eds.), *Language, Self and Society: The Social History of Language* (Cambridge: Polity Press, 1991), 276–99

____, 'Spreading Medical Enlightenment: The Popularization of Medicine in Georgian England, and its Paradoxes', in Roy Porter (ed.), *The Popularization of Medicine, 1650-1850* (London: Routledge, 1992), 215–31

____, 'John Hunter: A Showman in Society', *The Transactions of the Hunterian Society* (1993–4), 19–24

____, 'Visiting London', in M. S. Moretti (ed.), *Il Senso del Nonsenso: Scritti in Memoria di Lynn Salkin Sbiroli* (Napoli: Edizioni Scientifiche Italiane, 1994),

93-108

_____, 'Medical Science and Human Science in the Enlightenment', in C. Fox, R. Porter and R. Wokler (eds.), *Inventing Human Science: Eighteenth Century Domains* (Berkeley, CA: University of California Press, 1995), 53-87

_____, 'The People's Health in Georgian England', in Tim Harris (ed.), *Popular Culture in England c. 1500-1850* (London: Macmillan, 1995), 124-42

_____, 'Forbidden Pleasures: Enlightenment Literature of Sexual Advice', in Paula Bennett and Vernon A. Rosario II (eds.), *Solitary Pleasures: The Historical, Literary and Artistic Discourses of Autoeroticism* (New York and London: Routledge, 1995), 75-100

_____, 'Accidents in the Eighteenth Century', in Roger Cooter and Bill Luckin (eds.), *Accidents in History: Injuries, Fatalities and Social Relations* (Amsterdam: Rodopi, 1996), 90-106

_____, 'Capital Art: Hogarth's London', in F. Ogée (ed.), *The Dumb Show. Image and Society in the Works of William Hogarth* (Oxford: Voltaire Foundation: *Studies on Voltaire and the Eighteenth Century*, 1997), 47-64

_____, 'The New Eighteenth-century Social History', in Jeremy Black (ed.), *Culture and Society in Britain 1660-1800* (Manchester: Manchester University Press, 1997), 29-50

_____, 'Madness and the Family before Freud: The Views of the Mad Doctors', *Journal of Family History*, xxiii (1998), 159-72

_____, 'Reading: A Health Warning', in Robin Myers and Michael Harris (eds.), *Medicine, Mortality and the Booktrade* (Winchester: St Paul's Bibliographies, 1999), 131-52

_____, 'The Malthusian Moment', in Brian Dolan (ed.), *Malthus, Medicine and Morality: 'Malthusianism' After 1798* (Amsterdam: Rodopi, 2000), 57-72

_____, 'The Soul and the English Enlightenment', in Duncan Salkeld (ed.), *The History of the Soul* (forthcoming)

Roy Porter and Lesley Hall, *The Facts of Life: The History of Sexuality and Knowledge from the Seventeenth Century* (New Haven, Conn.: Yale University Press, 1994)

Roy Porter and Michael Neve, 'Alexander Catcott: Glory and Geology', *The British Journal for the History of Science*, x (1977), 37-60

Roy Porter and Mikuláš Teich (eds.), *The Enlightenment in National Context*

(Cambridge: Cambridge University Press, 1981)

_____, (eds.), *The Scientific Revolution in National Context* (Cambridge: Cambridge University Press, 1992)

John Potter, *Observations on the Present State of Music and Musicians* (London: Henderson, 1762)

Frederick A. Pottle (ed.), *Boswell's London Journal, 1762-1763* (London: Heinemann, 1950)

N. Powell, *Fuseli's 'The Nightmare'* (London: Routledge and Kegan Paul, 1956)

Frederick J. Powicke, *The Cambridge Platonists: A Study* (New York: Archon Books, 1971)

J. R. Poynter, *Society and Pauperism* (London: Routledge and Kegan Paul, 1969)

Samuel Jackson Pratt, *Humanity, or, the Rights of Nature: A Poem; in Two Books/ by the Author of Sympathy* (London: printed for T. Cadell, 1788)

John Valdimir Price, 'The Reading of Philosophical Literature', in Isabel Rivers (ed.), *Books and Their Readers in Eighteenth-century England* (Leicester: Leicester University Press, 1982), 165–96

Richard Price, *Observations on the Nature of Civil Liberty, the Principles of Government, and the Justice and Policy of the War with America* (London: T. Cadell, 1776)

_____, *Observations on the Importance of the American Revolution, and the Means of Making It a Benefit to the World* (London: Powars and Willis, 1784)

_____, *The Evidence for a Future Period of Improvement in the State of Mankind, with the Means and Duty of Promoting It* (London: Goldney, 1787)

_____, *A Discourse on the Love of Our Country* (London: T. Cadell, 1789)

Uvedale Price, *Essays on the Picturesque, as Compared with the Sublime and the Beautiful; and, on the Use of Studying Pictures, for the Purpose of Improving Real Landscape*, 3 vols. (London: J. Mawman, 1810)

Joseph Priestley, *The Rudiments of English Grammar* (London: Griffiths, 1761; Menston: Scolar, 1969)

_____, *The Scripture Doctrine of Remission* (London: P. F. C. Henderson, 1761)

_____, *A Chart of Biography* (London: J. Johnson, 1765)

_____, *An Essay on a Course of Liberal Education for Civil and Active Life; ... To Which are Added Remarks on a Code of Education, Proposed by Dr Brown, in* a Late Treatise, Intitled, Thoughts on Civil Liberty, &c. (London: C. Henderson, 1765)

____, The History and Present State of Electricity, with Original Experiments (London: J. Dodsley, 1767)

____, An Essay on the First Principles of Government; and on the Nature of Political, Civil, and Religious Liberty (London: J. Dodsley; T. Cadell; J. Johnson, 1768)

____, A Sermon on Behalf of the Leeds Informary Preached at Mill Hill Chapel (Leek: sn, 1768)

____, New Chart of History (London: J. Johnson, 1769)

____, A View of the Principles and Conduct of the Protestant Dissenters with Respect to the Civil and Ecclesiastical Constitution of England (London: J. Johnson, 1769)

____, Remarks on Some Paragraphs in the Fourth Volume of Dr Blackstone's Commentaries on the Laws of England, Relating to the Dissenters (London: J. Johnson and J. Payne, 1769)

____, An Essay on the First Principles of Government (1771), in John Towill Rutt (ed.), The Theological and Miscellaneous Works of Joseph Priestley, 25 vols. in 26 (London: Smallfield, 1817-32), vol. xxii

____, The History of the Present State of the Discoveries Relating to Vision, Light, and Colours (London: J. Johnson, 1772)

____, An Examination of Dr Reid's Inquiry into the Human Mind on the Principles of Commonsense, Dr Beattie's Essay on the Nature and Immutability of Truth, and Dr Oswald's Appeal to Common Sense on Behalf of Religion (London: J. Johnson, 1774)

____, Experiments and Observations on Different Kinds of Air (London: J. Johnson, 1774-7)

[____], An Appeal to the Serious and Candid Professors of Christianity . . . by a Lover of the Gospel (London: J. Johnson, 1775)

____, Hartley's Theory of the Human Mind on the Principle of the Association of Ideas; With Essays Relating to the Subject of It (London: J. Johnson, 1775)

____, Course of Lectures on Oratory and Criticism (London: J. Johnson, 1777)

____, The Doctrine of Philosophical Necessity Illustrated: Being an Appendix to the Disquisitions Relating to Matter and Spirit; To Which is Added an Answer to the

Letters on Materialism, and on Hartley's Theory of the Mind (London: J. Johnson, 1777)

____, *Disquisitions Relating to Matter and Spirit*, 2 vols. (London: J. Johnson, 1777)

____, *Miscellaneous Observations Relating to Education: More Especially, as It Respects the Conduct of the Mind. To Which is Added, an Essay on a Course of Liberal Education for Civil and Active Life* (London: J. Johnson, 1778)

____, *A Free Address to Those Who Have Petitioned for the Repeal of the Late Act of Parliament in Favour of the Roman Catholics* (London: J. Johnson, 1780)

____, *Additional Letters to a Philosophical Unbeliever, in Answer to Mr William Hammon [i.e. Matthew Turner]* (Birmingham: Pearson and Rollason, 1782)

____, *The Importance and Extent of Free Inquiry in Matters of Religion: A Sermon* (Birmingham: sn, 1785)

____, *An History of Early Opinions Concerning Jesus Christ, Compiled from Original Writers; Proving that the Christian Church was at First Unitarian* (Birmingham: Pearson and Rollason, 1786)

____, *Letter to the Right Honourable William Pitt* (London: Johnson, 1787)

____, *Lectures on History and General Policy: To Which is Prefixed, An Essay on a Course of Liberal Education for Civil and Active Life* (Birmingham: Pearson and Rollason, 1788)

____, *Letters to Edmund Burke Occasioned by His Reflections on the Revolution in France, &c.* (Birmingham: Thomas Pearson, 1791)

____, *Proper Objects of Education in the Present State of the World: Represented in a Discourse, Delivered on Wednesday, the 27th of April, 1791, at the Meeting-House in the Old-Jewry, London to the Supporters of New College at Hackney by Joseph Priestley. To Which is Subjoined, a Prayer . . . by Thomas Belsham* (London: J. Johnson, 1791)

[____], *A Political Dialogue on the General Principles of Government* (London: Johnson, 1791)

____, *Familiar Letters Addressed to the Inhabitants of the Town of Birmingham in Refutation of Several Charges Advanced against the Dissenters and Unitarians, by the Revd Mr Madan: Also, Letters to the Revd Edward Burn . . . and Considerations of the Differences of Opinion among Christians, Which Originally Accompanied the Reply to the Revd Mr Venn* (Birmingham: J.

Thompson, 1790–92)

____, *Lectures on History*, 2 vols. (London: Printed for J. Johnson, 1793)

Joseph Priestley, *The Doctrines of Heathen Religion Compared with Those of Revelation* (Northumberland: John Binns, 1804)

____, *An History of the Corruptions of Christianity* (London: The British and Foreign Unitarian Association, 1871 [1782])

____, *Lecture on History and General Policy To Which is Prefixed, An Essay on a Course of Liberal Education for Civil and Active Life*, 4th edn (London: T. Tegg, 1826 [1788])

____, *Discourses Relating to the Evidences of Revealed Religion*, 3 vols. (London: Johnson, 1794–9)

____, *Letters to the Inhabitants of Northumberland* (Northumberland: for the author, 1801)

____, *Memoirs of Dr Joseph Priestley, Written on Himself* (London: Allenson, 1904 [1795])

____, *Political Writings*, Peter N. Miller (ed.) (Cambridge: Cambridge University Press, 1993)

Joseph Priestley and Richard Price, *A Free Discussion of the Doctrines of Materialism and Philosophical Necessity* (Bristol: Thoemmes Press, 1994 [1778])

Michael Prince, *Philosophical Dialogue in the British Enlightenment: Theology, Aesthetics, and the Novel* (Cambridge: Cambridge University Press, 1996)

David Punter, *The Literature of Terror: A History of Gothic Fictions from 1785 to the Present Day* (London: Longman, 1980)

Diane Purkiss, *The Witch in History: Early Modern and Twentieth Century Representations* (London: Routledge, 1996)

Andrew Pyle (ed.), *Population: Contemporary Responses to Thomas Malthus* (Bristol: Thoemmes Press, 1994)

Peter Quennell, *The Pursuit of Happiness* (London: Constable, 1988)

Maurice J. Quinlan, *Victorian Prelude: A History of English Manners, 1700-1830* (London: Cass, 1941)

____, *Samuel Johnson: A Layman's Religion* (Madison, Wis.: University of Wisconsin Press, 1964)

Karlis Racevskis, *Postmodernism and the Search for Enlightenment*

(Charlottesville, VA: University Press of Virginia, 1993)

John B. Radner, 'The Youthful Harlot's Curse: The Prostitute as Symbol of the City in Eighteenth-century English Literature', *Eighteenth-Century Life*, ii (1976), 59-64

James Ralph, *The Case of Authors by Profession or Trade, Stated with Regard to Booksellers, the Stage and the Public* (London: R. Griffiths, 1758)

D. D. Raphael, 'Adam Smith: Philosophy, Science, and Social Science', in S. C. Brown (ed.), *Philosophers of the Enlightenment* (Brighton: Harvester Press, 1979), 77-93

Frederick Raphael, *Byron* (London: Thames and Hudson, 1982)

S. Rashid, 'Dugald Stewart, Baconian Methodology and Political Economy', *Journal of the History of Ideas*, xlvi (1985), 245-7

James Raven, *Judging New Wealth: Popular Publishing and Responses to Commerce in England 1750-1800* (Oxford: Clarendon Press, 1992)

____, 'From Promotion to Proscription: Arrangements for Reading and Eighteenth-century Libraries', in James Raven, Helen Small and Naomi Tadmor (eds.), *The Practice and Representation of Reading in England* (Cambridge: Cambridge University Press, 1996), 175-201

James Raven, Helen Small and Naomi Tadmore (eds.), *The Practice and Representation of Reading in England* (Cambridge: Cambridge University Press, 1996)

Claude Rawson, *Satire and Sentiment 1660-1830* (Cambridge: Cambridge University Press, 1994)

Elizabeth Rawson, *The Spartan Tradition in European Thought* (Oxford: Clarendon Press, 1969)

John Ray, *The Wisdom of God Manifested in the Works of the Creation* (London: Samuel Smith, 1691)

Barry Reay (ed.), *Popular Culture in Seventeenth-century England* (London: Croom Helm, 1985)

Bruce Redford, 'Boswell's "Libertine" Correspondences', *Philological Quarterly*, lxiii (1984), 55-73

____, *The Converse of the Pen: Acts of Intimacy in the Eighteenth-century Familiar Letter* (Chicago, Ill.: University of Chicago Press, 1986)

John Redwood, *Reason, Ridicule and Religion: The Age of Enlightenment in*

England, 1660-1750 (London: Thames & Hudson, 1976; repr. 1996)

Jonathan Rée, *I See a Voice: Language, Deafness and the Senses: A Philosophical History* (London: HarperCollins, 1999)

Abraham Rees, *The Cyclopaedia; or, Universal Dictionary of Arts and Sciences . . . Biography, Geography and History*, 39 vols. (London: Longman, Hurst, Rees, Orme, and Brown, 1819)

Clara Reeve, *The School for Widows: A Novel* (London: Hookham, 1791)

Thomas Reid, *An Inquiry into the Human Mind on the Principles of Common Sense* (Dublin: Ewing, 1764)

____, *The Works of Thomas Reid*, Sir William Hamilton (ed.), 2 vols. with continuous pagination (Edinburgh: Maclachlan and Stewart, 1846–63; Bristol: Thoemmes Press, 1995)

____, *Essays on the Intellectual Powers of Man* (Edinburgh: sn, 1785)

Jane Rendall, *The Origins of the Scottish Enlightenment* (London: Macmillan, 1978)

Neil Rennie, *Far-fetched Facts: The Literature of Travel and the Idea of the South Seas* (Oxford: Clarendon Press, 1995)

Humphry Repton, *Fragments on the Theory and Practice of Landscape Gardening* (London: T. Bensley and Sons, 1816)

Myra Reynolds, *The Learned Lady in England 1650-1760* (Boston, Mass.: Houghton Mifflin, 1920)

Alan Richardson, *Literature, Education, and Romanticism: Reading as Social Practice, 1780-1832* (Cambridge: Cambridge University Press, 1994)

Rulh Richardson, *Death, Dissection and the Destitute: A Political History of the Human Corpse* (London: Routledge & Kegan Paul, 1987)

Samuel Richardson, *Clarissa* (London: Richardson, 1748)

____, *Pamela*, in *Works*, Leslie Stephen (ed.), 12 vols. (London: Southeran, 1883-4 [1740–41])

____, *Pamela*, Peter Sabor (ed.) (Harmondsworth: Penguin, 1980 [1740–41])

John J. Richetti, *Popular Fiction Before Richardson: Narrative Patterns, 1700-1789* (Oxford: Clarendon Press, 1969; repr. 1992)

Harriet Ritvo, *The Animal Estate* (Cambridge, Mass.: Harvard University Press, 1987)

____, 'Possessing Mother Nature. Genetic Capital', in John Brewer and Susan

Staves (eds.), *Early Modern Conceptions of Property* (London: Routledge, 1995), 414-26

Isabel Rivers (ed.), *Books and Their Readers in Eighteenth-century England* (Leicester: Leicester University Press, 1982)

Caroline Robbins, *The Eighteenth-century Commonwealthmen: Studies in the Transmission, Development and Circumstances of English Liberal Thought from the Restoration of Charles II until the War with the Thirteen Colonies* (New York: Atheneum, 1968)

H. C. Robbins-Landon, *Handel and His World* (London: Weidenfeld & Nicolson, 1984)

Marie Mulvey Roberts, 'Pleasures Engendered by Gender: Homosociality and the Club', in Roy Porter and Marie Mulvey Roberts (eds.), *Pleasure in the Eighteenth Century* (London: Macmillan, 1996), 48-76

W. Roberts (ed.), *Memoirs of the Life and Correspondence of Mrs Hannah More*, 4 vols. (London: R. B. Seeley and W. Burnside, 1834)

John Robertson, 'The Scottish Enlightenment at the Limits of the Civic Tradition', in Istvan Hont and Michael Ignatieff (eds.), *Wealth and Virtue: The Shaping of Political Economy in the Scottish Enlightenment* (Cambridge: Cambridge University Press, 1983), 137-78

_____ (ed.), *A Union for Empire: Political Thought and the British Union of 1707* (Cambridge: Cambridge University Press, 1995)

_____ (ed.), *Andrew Fletcher: Political Works* (Cambridge: Cambridge University Press, 1997)

William Robertson, *Works*, 8 vols. (Edinburgh: T. Cadell, 1840)

Howard Robinson, *The British Post Office: A History* (Princeton, NJ: Princeton University Press, 1948)

Eric H. Robinson, 'The Derby Philosophical Society', *Annals of Science*, ix (1953), 359-67

Mary Robinson, *Thoughts on the Condition of Women, and on the Injustice of Mental Subordination* (London: Longman and Rees, 1799)

N. Robinson, *A New System of the Spleen* (London: A. Bettesworth, 1729)

John Robison, *Proofs of a Conspiracy against All the Governments and Religions of Europe, Carried on in Secret Meetings of Free Masons, Illuminati, and Reading Societies* (Edinburgh: William Creech, T. Gadell Jr, W. Davies, 1798)

Daniel Roche, *France in the Enlightenment* (Cambridge, Mass.: Harvard University Press, 1998)

Betsy Rodgers, *Cloak of Charity: Studies in Eighteenth-century Philanthropy* (London: Methuen, 1949)

G. A. J. Rogers, 'The Empiricism of Locke and Newton', in S. C. Brown (ed.), *Philosophers of the Enlightenment* (Brighton: Harvester Press, 1979), 1–30

_____, 'Descartes and the English', in J. D. North and J J. Roche (eds.), *The Light and Nature: Essays in the History and Philosophy of Science Presented to A. C. Crombie* (Dordrecht: Martinus Nijhoff, 1985), 281–302

_____, 'Boyle, Locke and Reason', in John W. Yolton (ed.), *Philosophy, Religion and Science in the Seventeenth and Eighteenth Centuries* (Rochester, NY: University of Rochester Press, 1990), 339–50

_____, 'Locke, Newton and the Cambridge Platonists on Innate Ideas', in John W. Yolton (ed.), *Philosophy, Religion and Science in the Seventeenth and Eighteenth Centuries* (Rochester, NY: University of Rochester Press, 1990), 351–65

_____, 'Locke's *Essay* and Newton's *Principia*', in John W. Yolton (ed.), *Philosophy, Religion and Science in the Seventeenth and Eighteenth Centuries* (Rochester, NY: University of Rochester Press, 1990), 366–84

_____, 'Locke, Anthropology and Models of the Mind', *History of the Human Sciences*, vi (1993), 73–87

Katharine M. Rogers, *Before Their Time: Six Women Writers of the Eighteenth Century* (New York: Frederick Ungar Publishing Co., 1979)

_____, *Feminism in Eighteenth-century England* (Brighton: Harvester Press, 1982)

Nicholas Rogers, 'Confronting the Crime Wave: The Debate over Social Reform and Regulation, 1749–1753', in Lee Davison, Tim Hitchcock, Tim Keirn and Robert B. Shoemaker (eds.), *Stilling the Grumbling Hive: The Response to Social and Economic Problems in England, 1689-1750* (Stroud: Alan Sutton, 1992), 77–98

_____, *Crowds, Culture and Politics in Georgian Britain* (Oxford: Clarendon Press, 1998)

Pat Rogers, *Grub Street: Studies in a Subculture* (London: Methuen, 1972)

_____, *The Augustan Vision* (London: Weidenfeld & Nicolson, 1974)

_____ (ed.), *The Context of English Literature: The Eighteenth Century* (London:

Methuen, 1978)

____, *Hacks and Dunces: Pope, Swift and Grub Street* (London: Methuen, 1980)

____, *Eighteenth Century Encounters* (Brighton: Harvester Press, 1985)

Erich Roll, *A History of Economic Thought* (London: Faber, 1938)

Samuel Romilly, *Memoirs of the Life of Sir Samuel Romilly: With a Selection from His Correspondence Edited by His Sons*, 3 vols. (Shannon: Irish University Press, 1971 [1840])

R. Rompkey, *Soame Jenyns* (Boston, Mass.: Twayne Publishers, 1984)

Alessandro Roncaglia, *Petty: The Origins of Political Economy* (Armonk, NY: M. E. Sharpe, 1985)

Barbara E. Rooke (ed.), *The Collected Works of Samuel Taylor Coleridge: The Friend I* (Princeton, NJ (Bollingen Series LXXV): Princeton University Press, 1969)

Derek Roper, *Reviewing Before the Edinburgh: 1788-1802* (London: Methuen, 1978)

Mark Rose, *Authors and Owners: the Invention of Copyright* (Cambridge, Mass.: Harvard University Press, 1993)

M. E. Rose, *The English Poor Law 1760-1830* (Newton Abbot: David & Charles, 1971)

D. Rosenberg, "'A New Sort of Logick and Critick': Etymological Interpretation in Horne Tooke's *The Diversions of Purley'*, in Peter Burke and Roy Porter (eds.), *Language, Self and Society* (Cambridge: Polity Press, 1991), 300-329

Ian Simpson Ross, *Lord Kames and the Scotland of His Day* (Oxford: Clarendon Press, 1972)

____, 'The Physiocrats and Adam Smith', *British Journal for Eighteenth-century Studies*, vii (1984), 177-90

P. Rossi, *The Dark Abyss of Time: The History of the Earth and the History of Nations from Hooke to Vico* (Chicago: University of Chicago Press, 1984)

Eugene Rotwein, *David Hume: Writings on Economics* (Madison, Wisc.: University of Wisconsin Press, 1970)

G. S. Rousseau, 'Psychology', in G. S. Rousseau and Roy Porter (eds.), *The Ferment of Knowledge: Studies in the Historiography of Eighteenth-Century Science* (Cambridge: Cambridge University Press, 1980), 143-210

____, 'The Pursuit of Homosexuality in the Eighteenth Century: "Utterly

Confused Category" and/or Rich Repository?', in R. P. Maccubbin (ed.), *'Tis Nature's Fault: Unauthorized Sexuality during the Enlightenment* (Cambridge: Cambridge University Press, 1987), 132–68

____, 'Towards a Semiotics of the Nerve: The Social History of Language in a New Key', in Peter Burke and Roy Porter (eds.), *Language, Self and Society: A Social History of Language* (Cambridge: Polity Press, 1991), 213–75

____, 'Nerves, Spirits and Fibres: Towards an Anthropology of Sensibility', in *Enlightenment Crossings: Pre- and Post-Modern Discourses* (Manchester: Manchester University Press, 1991), 122–41

Jean-Jacques Rousseau, *The Confessions of Jean-Jacques Rousseau*, J. M. Cohen (trans.) (Harmondsworth: Penguin, 1954 [1781–8])

John Rowning, *A Compendious System of Natural Philosophy* (London: Harding, 1735–42)

George Rudé, *Wilkes and Liberty: A Social Study of 1763-1774* (Oxford, Clarendon Press, 1962)

Maximillian Rudwin, *The Devil in Legend and Literature* (La Salle, Ill.: The Open Court Publishing Company, 1959)

John Rule, *Albion's People: English Society, 1714-1815* (London: Longman, 1992)

____, *The Vital Century: England's Developing Economy 1714-1815* (London: Longman, 1992)

Benjamin Rumford, 'Of the Management of Light in Illumination' (1812), in Sanborn C. Brown (ed.), *Collected Works of Count Rumford*, vol. iv: *Light and Armament* (Cambridge, Mass: Belknap Press, 1970), 97–8

Nicolaas A. Rupke (ed.), *Vivisection in Historical Context* (London: Croom Helm, 1987)

Gordon Rupp, *Religion in England 1688-1791* (Oxford: Clarendon Press, 1986)

Benjamin Rush, *An Account of the Bilious Remitting Yellow Fever* (Philadelphia: Thomas Dobson, 1794)

Andrea Rusnock, *The Correspondence of James Jurin (1684-1750), Physician and Secretary of the Royal Society* (Amsterdam: Rodopi Press, 1996)

____, 'Biopolitics: Political Arithmetic in the Enlightenment', in William Clark, Jan Golinski and Simon Schaffer (eds.), *The Sciences in Enlightened Europe* (Chicago: University of Chicago Press, 1999), 49–68

John Towill Rutt (ed.), *The Theological and Miscellaneous Works of Joseph*

Priestley, 25 vols. in 26 (London: Smallfield, 1817-32)

Edward Said, *Orientalism* (Harmondsworth: Penguin, 1978)

Roger Sales, *English Literature in History, 1780-1830: Pastoral and Politics* (London: Hutchinson, 1983)

James Sambrook (ed.), *William Cowper, The Task and Selected Other Poems* (London: Longman, 1994)

R. V. Sampson, *Progress in the Age of Reason: The Seventeenth Century to the Present Day* (London: Heinemann, 1956)

L. Sanders (ed.), *Selections from the Anti-Jacobin* (London: Methuen, 1904)

John Sargeaunt (ed.), *The Poems of John Dryden* (London: Oxford University Press, 1959)

J. W. Saunders, *The Profession of English Letters* (London: Routledge and Kegan Paul, 1964)

C. de Saussure, *A Foreign View of England in 1725-29* (London: John Murray, 1902; London: Caliban Books, 1995)

Lynn Salkin Sbiroli, 'Generation and Regeneration: Reflections on the Biological and Ideological Role of Women in France (1786-96)', in Marie Mulvey Roberts and Roy Porter (eds.), *Literature and Medicine During the Eighteenth Century* (London and New York: Routledge, 1993), 266-85

Simon Schaffer, 'Natural Philosophy', in G. S. Rousseau and R. Porter (eds.), *The Ferment of Knowledge: Studies in the Historiography of Eighteenth-century Science* (Cambridge: Cambridge University Press, 1980), 55-91

____, 'Natural Philosophy and Public Spectacle in the Eighteenth Century', *History of Science*, xxi (1983), 1-43

____, 'Newton's Comets and the Transformation of Astrology', in Patrick Curry (ed.), *Astrology, Science and Society* (Woodbridge, Suffolk: The Boydell Press, 1987), 219-43

____, 'Defoe's Natural Philosophy and the Worlds of Credit', in J. H. R. Christie and S. Shuttleworth (eds.), *Nature Transfigured: Science and Literature, 1700-1989* (Manchester: Manchester University Press, 1989), 13-44

____, 'Newtonianism', in R. C. Olby, G. N. Cantor, J. R. R. Christie, and M. J. S. Hodge (eds.), *Companion to the History of Modern Science* (London: Routledge, 1990), 610-26

____, 'States of Mind; Enlightenment and Natural Philosophy', in G. S.

Rousseau (ed.), *The Languages of Psyche: Mind and Body in Enlightenment Thought* (Berkeley, CA: University of California Press, 1990), 233-90

_____, 'Genius in Romantic Natural Philosophy', in A. Cunningham and N. Jardine (eds.), *Romanticism and the Sciences* (Cambridge: Cambridge University Press, 1990), 82-98

_____, 'The Consuming Flame: Electrical Showmen and Tory Mystics in the World of Goods', in John Brewer and Roy Porter (eds.), *Consumption and the World of Goods in the Seventeenth and Eighteenth Centuries* (London and New York: Routledge, 1993), 489-526

_____, 'A Social History of Plausibility: County, City and Calculation in Augustan Britain', in Adrian Wilson (ed.), *Rethinking Social History: English Society 1570-1920 and Its Interpretation* (Manchester and New York: Manchester University Press, 1993), 128-57

_____, 'Visions of Empire: Afterword', in David Philip Miller and Peter Hanns Reill (eds.), *Visions of Empire: Voyages, Botany, and Representations of Nature* (Cambridge: Cambridge University Press, 1996), 335-52

Simon Schama, *The Embarrassment of Riches: An Interpretation of Dutch Culture in the Golden Age* (London: Fontana, 1988)

_____, *Landscape and Memory* (London: HarperCollins, 1995)

Londa Schiebinger, *The Mind Has No Sex? Women in the Origins of Modern Science* (Cambridge, Mass.: Harvard University Press, 1989)

Bernard M. Schilling, *Conservative England and the Case against Voltaire* (New York: Columbia University Press, 1950)

Wolfgang Schivelbusch, *Disenchanted Night: The Industrialisation of Light in the Nineteenth Century*, Angela Davies (trans.) (Oxford, New York and Hamburg: Berg, 1988)

Thomas Schlereth, *The Cosmopolitan Ideal in Enlightenment Thought: Its Form and Function in the Ideas of Franklin, Hume and Voltaire* (Notre Dame, Ind.: University of Notre Dame Press, 1977)

Joachim Schlör, *Nights in the Big City* (London: Reaktion, 1998)

Leigh Schmidt, *Hearing Things: Religion, Illusion and the American Enlightenment* (Cambridge, Mass.: Harvard University Press, 2000)

G. J. Schochet, *Patriarchalism in Political Thought: The Authoritarian Family and Political Speculation and Attitudes Especially in Seventeenth-century England*

(Oxford: Blackwell, 1975)

Robert E. Schofield, *The Lunar Society of Birmingham: A Social History of Provincial Science and Industry in Eighteenth-century England* (Oxford: Clarendon Press, 1963)

____, *Mechanism and Materialism: British Natural Philosophy in an Age of Reason* (Princeton, NJ: Princeton University Press, 1970)

____, *The Enlightenment of Joseph Priestley: A Study of His Life and Work from 1733 to 1773* (Philadelphia, PA: Pennsylvania State University Press, 1997)

Peter Schouls, *Reasoned Freedom: John Locke and Enlightenment* (Ithaca, NY: Cornell University Press, 1992)

J. A. Schumpeter, *History of Economic Analysis* (London: Allen and Unwin, 1954)

John A. Schuster, 'The Scientific Revolution', in R. C. Olby, G. N. Cantor, J. R. R. Christie, and M.J. S. Hodge (eds.), *Companion to the History of Modern Science* (London: Routledge, 1990), 217-43

Hillel Schwartz, *Knaves, Fools, Madmen, and 'That Subtile Effluvium': A Study of the Opposition to the French Prophets in England, 1706-1710* (Gainesville, Fla: University Presses of Florida, 1978)

____, *The French Prophets: The History of a Millenarian Group in Eighteenth-century England* (Berkeley and Los Angeles, CA: University of California Press, 1980)

Richard B. Schwartz, *Samuel Johnson and the Problem of Evil* (Madison, Wisc.: University of Wisconsin Press, 1975)

Lois G. Schwoerer, *The Revolution of 1688-1689. Changing Perspectives* (Cambridge: Cambridge University Press, 1992)

Sarah Scott, *A Description of Millenium Hall and the Country Adjacent: Together with the Characters of the Inhabitants and Such Historical Anecdotes and Reflections as May Excite in the Reader Proper Sentiments of Humanity and Lead the Mind to the Love of Virtue; by 'A Gentleman on His Travels'* (London: Newbery, 1762; repr., Peterborough: Broadview Press, 1996)

W. R. Scott, *Adam Smith as Student and Professor* (Glasgow: Jackson, 1937)

Sir Walter Scott (ed.), *The Poetical Works of Anna Seward* (Edinburgh: J. Ballantyne, 1810)

I. Scoutland (ed.), *Huguenots in Britain and Their French Background, 1550-*

1800 (Basingstoke: Macmillan, 1987)

Andrew Scull, *The Most Solitary of Afflictions: Madness and Society in Britain, 1700-1900* (New Haven, Conn.: Yale University Press, 1993)

Peter Searby, *A History of the University of Cambridge*, vol. iii: *1750-1870* (Cambridge: Cambridge University Press, 1997)

Sarah Searight, *The British in the Middle East* (London and The Hague: East-West Publications, 1979)

James A. Secord, 'Newton in the Nursery: Tom Telescope and the Philosophy of Tops and Balls, 1761–1838', *History of Science*, xxiii (1985), 127–51

Eve Kosofsky Sedgwick, 'Jane Austen and the Masturbating Girl', in Paula Bennett and Vernon A. Rosario II (eds.), *Solitary Pleasures. The Historical, Literary, and Artistic Discourses of Autoeroticism* (New York and London: Routledge, 1995), 133–54

John Sekora, *Luxury: The Concept in Western Thought, Eden to Smollett* (Baltimore: Johns Hopkins University Press, 1977)

Alan P. F. Sell, *John Locke and the Eighteenth-century Divines* (Cardiff: University of Wales Press, 1997)

Janet Semple, 'Foucault and Bentham: A Defence of Panopticism', *Utilitas*, iv (1992), 105–20

____, *Bentham's Prison: A Study of the Panopticon Penitentiary* (Oxford: Clarendon Press, 1993)

Richard Sennett, *The Fall of Public Man* (Cambridge: Cambridge University Press, 1977)

Anthony Ashley Cooper, 3rd Earl of Shaftesbury, *The Moralists* (London: Wyat, 1709)

____, *Characteristicks of Men, Manners, Opinions, Times* (London: Wyat, 1711)

____, *Characteristicks of Men, Manners, Opinions, Times*, 4th edn, 3 vols. (London: J. Darby, 1727)

____, *Characteristicks of Men, Manners, Opinions, Times*, 2 vols., Philip Ayres (ed.) (Oxford: Clarendon Press, 1999 [1711])

Carole Shammas, *The Pre-industrial Consumer in England and America* (Oxford: Clarendon Press, 1990)

Steven Shapin, 'The Social Uses of Science', in G. S. Rousseau and Roy Porter (eds.), *The Ferment of Knowledge: Studies in the Historiography of Eighteenth-*

century Science (Cambridge: Cambridge University Press, 1980), 93–142

____, *A Social History of Truth: Civility and Science in Seventeenth-century England* (Chicago: University of Chicago Press, 1994)

____, *The Scientific Revolution* (Chicago and London: University of Chicago Press, 1996)

Steven Shapin and Simon Schaffer, *Leviathan and the Air-pump: Hobbes, Boyle, and the Experimental Life* (Princeton, NJ: Princeton University Press, 1985)

Barbara J. Shapiro, *Probability and Certainty in Seventeenth-century England: A Study of the Relationships between Natural Science, Religion, History, Law and Literature* (Princeton, NJ: Princeton University Press, 1983)

James Sharpe, *Instruments of Darkness: Witchcraft in England, 1550-1750* (London: Hamish Hamilton, 1996)

Jim Sharpe, 'History From Below', in Peter Burke (ed.), *New Perspectives on Historical Writing* (Cambridge: Polity Press, 1991), 24–41

Kevin Sharpe, *Criticism and Compliment: The Politics of Literature in the England of Charles I* (Cambridge: Cambridge University Press, 1987)

Kevin Sharpe and Peter Lake (eds.), *Culture and Politics in Early Stuart England* (Stanford, CA: Stanford University Press, 1993)

William Sharpe, *A Dissertation upon Genius* (London: Bathurst, 1755)

Roger Shattuck, *Forbidden Knowledge. From Prometheus to Pornography* (New York: St Martin's, 1996)

Percy Bysshe Shelley, *The Necessity of Atheism* (Worthing: C. and W. Phillips, 1811)

____, *The Triumph of Life*, D. H. Reiman (ed.) (Urbana, Ill.: University of Illinois Press, 1965 [1824])

W. George Shelton, *Dean Tucker and Eighteenth-century Economic and Political Thought* (New York: St Martin's, 1981)

Richard Sher, *Church and University in the Scottish Enlightenment: The Moderate Literati of Edinburgh* (Princeton, NJ: Princeton University Press, 1985)

Richard Sher and Jeffrey Smitten, *Scotland and America in the Age of the Enlightenment* (Edinburgh: Edinburgh University Press, 1990)

Richard Brinsley Sheridan, *The Rivals* (London: Arnold, 1961 [1775])

Thomas Sheridan, *British Education: or the Source of the Disorders of Great Britain* (London: sn, 1756)

Thomas Sherlock, *Trial of the Witnesses* (Edinburgh: Robertson, 1729)

Stuart Sherman, *Telling Time: Clocks, Diaries and English Diurnal Form, 1660-1785* (Chicago: University of Chicago Press, 1996)

Kathryn Shevelow, *Women and Print Culture: The Construction of Femininity in the Early Periodical* (London: Routledge, 1989)

B. G. Shrank and D. J. Supino (eds.), *The Famous Miss Burney. The Diaries and Letters of Fanny Burney* (New York: John Day, 1976)

Samuel Shuckford, *The Sacred and Profane History of the World Connected*, 2 vols. (London: Knaplock, 1728)

Folarin Shyllon, *Black People in Britain 1555-1833* (London: Oxford University Press, 1977)

B. Simon, *The Two Nations and the Educational Structure 1780-1870* (London: Lawrence and Wishart, 1974 [1960])

L. Simond, *An American in Regency England: The Journal of a Tour in 1810-1811*, C. Hibbert (ed.) (London: Robert Maxwell, 1968)

Kirsti Simonsuuri, *Homer's Original Genius: Eighteenth-century Notions of the Early Greek Epic, 1688-1798* (Cambridge: Cambridge University Press, 1979)

Clifford Siskin, *The Work of Writing: Literature and Social Change in Britain 1700-1830* (Baltimore: Johns Hopkins University Press, 1998)

Quentin Skinner, *Reason and Rhetoric in the Philosophy of Hobbes* (Cambridge: Cambridge University Press, 1996)

____, 'Who are "We"? Ambiguities of the Modern Self', *Inquiry*, xxxiv (1991), 133-53

____, *Reason and Rhetoric in the Philosophy of Hobbes* (Cambridge: Cambridge University Press, 1996)

Paul Slack, *The English Poor Law, 1531-1782* (Cambridge: Cambridge University Press, 1995)

J. S. Slotkin, *Readings in Early Anthropology* (London: Methuen & Co Ltd, 1965)

Christopher Smart, *The Genuine History of the Good Devil of Woodstock. The Story of Jane Gilbert, a Supposed Witch* (London: J. Roach, 1802)

Adam Smith, *An Inquiry into the Nature and Causes of the Wealth of Nations* (London: W. Strahan and T. Cadell, 1776)

____, *An Inquiry into the Nature and Causes of the Wealth of Nations*, 2 vols., R. H. Campbell, A. S. Skinner and W. B. Todd (eds.) (Oxford: Clarendon Press,

1976)

_____, *The Theory of Moral Sentiments*, D. D. Raphael and A. L. Macfie (eds.) (Oxford: Clarendon Press, 1976 [1759])

_____, *Lectures on Justice, Police, Revenue and Arms*, Edwin Cannan (ed.) (Oxford: Clarendon Press, 1896)

_____, *Essays on Philosophical Subjects*, W. P. D. Wightman, J. C. Bryce, and I. S. Ross (eds.) (Oxford: Clarendon Press, 1980)

_____, *Lectures On Jurisprudence*, R. Meek, D. Raphael and P. Stein (eds.) (Oxford: Clarendon Press, 1982)

Bernard Smith, *European Vision and the South Pacific, 1768-1850: A Study in the History of Art and Ideas* (Oxford: Clarendon Press, 1960)

_____, *Imagining the Pacific: In the Wake of the Cook Voyages* (New Haven, Conn.: Yale University Press, 1992)

C. U. M. Smith, 'David Hartley's Newtonian Neuropsychology', *Journal of the History of the Behavioral Sciences*, xxiii (1987), 123-36

Hilda Smith, *Reason's Disciples: Seventeenth-century English Feminists* (Urbana, Ill.: University of Illinois Press, 1982)

Janet Adam Smith, 'Some Eighteenth-century Ideas of Scotland', in N. T. Phillipson and Rosalind Mitchison (eds.), *Scotland in the Age of Improvement: Essays in Scottish History in the Eighteenth Century* (Edinburgh: Edinburgh University Press, 1970), 107-24

Kenneth Smith, *The Malthusian Controversy* (London: Routledge and Kegan Paul, 1951)

Nigel Smith, 'The Charge of Atheism and the Language of Radical Speculation, 1640-1660', in Michael Hunter and David Wootton (eds.), *Atheism from the Reformation to the Enlightenment* (Oxford: Clarendon Press, 1992), 131-58

Olivia Smith, *The Politics of Language 1791-1819* (Oxford: Clarendon Press, 1984)

Roger Smith, *The Fontana History of the Human Sciences* (London: Fontana Press, 1997)

Roger Smith, 'Self-Reflection and the Self', in Roy Porter (ed.), *Rewriting the Self: Histories from the Reinaissance to the Present* (London and New York: Routledge, 1997), 49-57

T. C. Smout, *A History of the Scottish People, 1560-1830* (London: Collins, 1969)

Keith Snell, *Annals of the Labouring Poor: Social Change in Agrarian England, 1660-1900* (Cambridge: Cambridge University Press, 1985)

David H. Solkin, *Painting for Money: The Visual Arts and the Public Sphere in Eighteenth-century England* (New Haven, Conn.: Yale University Press, 1993)

C. John Sommerville, *The Secularization of Early Modern England: From Religious Culture to Religious Faith* (New York: Oxford University Press, 1992)

____, 'The Secularization Puzzle', *History Today*, xliv (1994), 14-19

____, *The News Revolution in England* (Oxford: Clarendon Press, 1997)

Robert Southey, *Letters from England by Don Manuel Alvarez Espriella*, Jack Simmons (ed.) (Gloucester: Allan Sutton, 1984 [1807])

Patricia Meyer Spacks, *Imagining a Self: Autobiography and Novel in Eighteenth-century England* (Cambridge, Mass.: Harvard University Press, 1976)

____, *The Adolescent Idea: Myths of Youth and the Adult Imagination* (London: Faber & Faber, 1981)

D. Spadafora, *The Idea of Progress in Eighteenth-century Britain* (New Haven, Conn.: Yale University Press, 1990)

John Sparrow (ed.), *The Mistress With Other Select Poems of Abraham Cowley* (London: The Nonesuch Press, 1926)

George Spater, *William Cobbett: The Poor Man's Friend* (Cambridge: Cambridge University Press, 1982)

W. A. Speck, *The Divided Society: Parties and Politics in England, 1694-1716* (London: Edward Arnold, 1967)

____, 'Politicians, Peers, and Publication by Subscription 1700-50', in Isabel Rivers (ed.), *Books and Their Readers in Eighteenth-century England* (Leicester: Leicester University Press, 1982), 47-68

____, *Reluctant Revolutionaries: Englishmen and the Revolution of 1688* (Oxford: Oxford University Press, 1988)

J. Spedding, R. L. Ellis and D. D. Heath (eds.), *The Works of Francis Bacon*, 14 vols. (London: Longman, 1857-74)

W. M. Spellman, *The Latitudinarians and the Church of England, 1660-1700* (Athens, GA: University of Georgia Press, 1993)

Thomas Spence, *A Supplement to the History of Robinson Crusoe* (Newcastle: T. Saint, 1782)

____, *The Real Rights of Man* (1793), re-issued as *The Meridian Sun of Liberty, or the Whole Rights of Man Displayed and Most Accurately Defined* (London: Spence, 1796), reprinted in *The Pioneers of Land Reform*, M. Beer (ed.) (London: Bell, 1920), 5-16

____, *The Rights of Infants* (London: Spence, 1797)

Jane Spencer, *The Rise of the Woman Novelist, from Aphra Behn to Jane Austen* (Oxford: Blackwell, 1986)

Dale Spender, *Mothers of the Novel: 100 Good Women Writers Before Jane Austen* (London: Pandora, 1986)

Pieter Spierenburg, *The Broken Spell: A Cultural and Anthropological History of Preindustrial Europe* (London: Macmillan, 1991)

Thomas Sprat, *The History of the Royal Society of London, for the Improving of Natural Knowledge* (London: Martyn, 1667)

S. E. Sprott, *The English Debate on Suicide from Donne to Hume* (London: Open Court Publishing Co., 1961)

Barbara Maria Stafford, *Voyage into Substance: Art, Science, Nature, and the Illustrated Travel Account 1760-1840* (Cambridge, Mass.: MIT Press, 1984)

____, *Artful Science: Enlightenment Entertainment and the Eclipse of Visual Education* (Cambridge, Mass.: MIT Press, 1994)

J. Martin Stafford, *Private Vices, Publick Benefits? The Contemporary Reception of Bernard Mandeville* (Solihull: Ismeron, 1997)

Peter Stanlis, *Edmund Burke: The Enlightenment and Revolution* (New Brunswick, NJ: Transaction Pub., 1991)

Dorothy A. Stansfield, 'Thomas Beddoes and Education', *History of Education Society Bulletin*, xxiii (Spring 1979), 7-14

____, *Thomas Beddoes MD 1760-1808, Chemist, Physician, Democrat* (Dordrecht: Reidel, 1984)

Susan Staves, 'A Few Kind Words for the Fop', *Studies in English Literature*, xxii (1982), 413-28

Leslie Stephen, *History of English Thought in the Eighteenth Century*, 2 vols. (London: Smith, Elder, 1876; Harbinger, 1962)

Laurence Sterne, *The Life and Opinions of Tristram Shandy*, Graham Petrie (ed.)

(Harmondsworth: Penguin, 1967 [1759-67])

J. Stevenson, *Popular Disturbances in England, 1700-1870* (London: Longman, 1979)

Dugald Stewart, *The Collected Works of Dugald Stewart*, Sir William Hamilton (ed.), 11 vols. (Edinburgh: T. Constable & Co., 1854-60)

John B. Stewart, *The Moral and Political Philosophy of David Hume* (New York: Columbia University Press, 1963)

____, *Opinion and Reform in Hume's Political Philosophy* (Princeton, NJ: Princeton University Press, 1992)

Larry Stewart, 'Public Lectures and Private Patronage in Newtonian England', *Isis*, lxxvii (1986), 47-58

____, 'The Selling of Newton: Science and Technology in Early Eighteenth-century England', *Journal of British Studies*, xxv (1986), 179-92

____, *The Rise of Public Science: Rhetoric, Technology, and Natural Philosophy in Newtonian Britain, 1660-1750* (Cambridge: Cambridge University Press, 1992)

____, 'Other Centres of Calculation: Or, Where the Royal Society Didn't Count: Commerce, Coffee-Houses and Natural Philosophy in Early Modern London', *British Journal for the History of Science*, xxxii (1999), 133-53

J. E. Stock, *Memoirs of the Life of Thomas Beddoes MD* (London: Murray, 1811)

R. D. Stock, *The Holy and the Daemonic from Sir Thomas Browne to William Blake* (Princeton, NJ: Princeton University Press, 1982)

Lawrence Stone, *The Family, Sex and Marriage in England, 1500-1800* (London: Weidenfeld & Nicolson, 1977)

____, 'The Residential Development of the West End of London in the Seventeenth Century', in Barbara C. Malament (ed.), *After the Reformation: Essays in Honor of J. H. Hexter* (Philadelphia: University of Pennsylvania Press, 1980), 167-212

Lawrence Stone and Jeanne C. Fawtier Stone, *An Open Elite? England 1540-1880* (Oxford: Clarendon Press, 1984)

Richard Stone, *Some British Empiricists in the Social Sciences, 1650-1900* (Cambridge: Cambridge University Press, 1997)

Tom Stoppard, *Arcadia* (London: Samuel French, 1993)

Charles Strachey (ed.), *The Letters of the Earl of Chesterfield to His Son*, 2 vols.

(London: Methuen, 1924, 1932)

Roland N. Stromberg, *Religious Liberalism in Eighteenth-century England* (London: Oxford University Press, 1954)

Dorothy Stroud, *Capability Brown* (London: Faber, 1975)

Gilbert Stuart, *The History of the Establishment of the Reformation of Religion in Scotland* (London: Murray, 1780)

R. E. Sullivan, *John Toland and the Deist Controversy: A Study in Adaptations* (Cambridge, Mass.: Harvard University Press, 1982)

Geoffrey Summerfield, *Fantasy and Reason: Children's Literature in the Eighteenth Century* (London: Methuen, 1984)

James Sutherland, *Defoe* (London: Methuen, 1937)

L. S. Sutherland and L. G. Mitchell (eds.), *The History of the University of Oxford*, vol. v: *The Eighteenth Century* (Oxford: Clarendon Press, 1986)

Akihito Suzuki, 'Mind and its Disease in Enlightenment British Medicine' (PhD thesis, University of London, 1992)

____, 'An Anti-Lockean Enlightenment?: Mind and Body in Early Eighteenth-century English Medicine', in Roy Porter (ed.), *Medicine and the Enlightenment* (Amsterdam: Rodopi, 1994), 226–59

Jonathan Swift, *Gulliver's Travels* (London: Dent, 1954 [1726])

____, *The Complete Poems*, Pat Rogers (ed.) (New Haven, Conn.: Yale University Press, 1983)

____, *A Tale of a Tub. Written for the Universal Improvement of Mankind . . . To Which is Added, an Account of a Battel between the Ancient and Modern Books in St James' Library (A Discourse Concerning the Mechanical Operation of the Spirit. In a Letter to a Friend)* (London: Nutt, 1704; K. Williams (ed.), London: Dent, 1975)

____, *Mr Collins' Discourse of Free-thinking, Put into Plain English, by Way of Abstract, for the Use of the Poor* (London: Morphew, 1713)

____, *Argument to Prove That the Abolishing of Christianity in England, May, as Things Now Stand, be Attended with Some Inconveniences* (London: Atkins, 1717)

____, *The Conduct of the Allies* (Edinburgh: Freebairn, 1711)

____, *Bickerstaff Papers*, H. Davis (ed.) (Oxford: Basil Blackwell, 1957 [1708–

9])

____, *Gulliver's Travels* (Harmondsworth: Penguin Books, 1985 [1726])

Norman Sykes, *Church and State in England in the Eighteenth Century* (Cambridge: Cambridge University Press, 1934)

James Talbot, *The Christian Schoolmaster* (London: sn, 1707)

J. L. Talmon, *The Rise of Totalitarian Democracy* (Boston, Mass.: Beacon Press, 1952)

H. Talon (ed.), *Selections from the Journals and Papers of John Byrom, Poet-Diarist-Shorthand Writer* (London: Rockliff, 1950)

Richard Tawney, *Religion and the Rise of Capitalism* (New York: Harcourt, Brace and Co., 1926)

Boswell Taylor, *Joseph Priestley: The Man of Science* (London: Macmillan, 1954)

Charles Taylor, *Sources of the Self: The Making of the Modern Identity* (Cambridge: Cambridge University Press, 1989)

Gordon Rattray Taylor, *The Angel Makers: A Study in the Psychological Origins of Historical Change 1750-1850* (London: Secker & Warburg, 1958)

Joyce Taylor, *Joseph Lancaster: The Poor Child's Friend* (West Wickham: The Campanile Press, 1996)

[Tom Telescope], *The Newtonian System of Philosophy* (London: John Newbery, 1761)

Sir William Temple, *The Works of Sir William Temple, Bart*, 2 vols. (London: Churchill, 1720)

____, *Observations upon the United Provinces of the Netherlands*, G. N. Clark (ed.) (Oxford: Oxford University Press, 1972 [1673])

R. C. Tennant, 'The Anglican Response to Locked Theory of Personal Identity', *Journal of the History of Ideas*, xliii (1982), 73-90

K. Tester, *Animals and Society. The Humanity of Animal Rights* (London: Routledge, 1991)

Joseph Texte, *Jean-Jacques Rousseau and the Cosmopolitan Spirit in Literature: A Study of the Literary Relations between France and England during the Eighteenth Century* (London: Duckworth, 1899)

C. Thacker, *The Wildness Pleases: The Origins of Romanticism* (London: Croom Helm, 1983)

Arnold Thackray, *Atoms and Powers: An Essay on Newtonian Matter Theory and the Development of Chemistry* (Cambridge, Mass.: Harvard University Press, 1977)

Mary Thale (ed.), *The Autobiography of Francis Place (1771-1854)* (Cambridge: Cambridge University Press, 1972)

____, 'Women in London Debating Societies in 1780', *Gender and History*, xii (1995), 5-24

D. O. Thomas, *The Honest Mind: The Thought and Work of Richard Price* (Oxford: Clarendon, 1977)

Keith Thomas, *Religion and the Decline of Magic: Studies in Popular Beliefs in Sixteenth- and Seventeenth-century England* (London: Weidenfeld & Nicolson, 1971)

____, *Man and the Natural World: Changing Attitudes in England, 1500-1800* (Harmondsworth: Penguin, 1983)

____ (ed.), *The Oxford Book of Work* (Oxford: Oxford University Press, 1999)

Peter D. G. Thomas, *John Wilkes: A Friend to Liberty* (Oxford: Clarendon Press, 1996)

____, *Politics in Eighteenth-century Wales* (Cardiff: University of Wales Press, 1998)

E. P. Thompson, *The Making of the English Working Class* (London: Gollancz, 1965; Harmondsworth: Penguin, 1968)

____, 'The Moral Economy of the English Crowd in the Eighteenth Century', *Past and Present*, 1 (1971), 76-136

____, *The Poverty of Theory and Other Essays* (London: Merlin Press, 1978)

____, 'The Peculiarities of the English', in *idem, The Poverty of Theory and Other Essays* (London: Merlin Press, 1978), 35-91

____, *Customs in Common* (London: Merlin Press, 1991)

____, 'Time, Work-Discipline and Industrial Capitalism', in *Customs in Common* (London: Merlin Press, 1991), 352-403

Elizabeth H. Thomson, 'The Role of the Physician in Humane Societies of the Eighteenth Century', *Bulletin of the History of Medicine*, xxxvii (1963), 43-51

James Thomson, *Liberty* (London: A. Millar, 1735)

____, *The Seasons* (London: A. Millar, 1744)

____, *The Masque of Alfred* in Roger Lonsdale (ed.), *The New Oxford Book of Eighteenth Century Verse* (Oxford: Oxford University Press, 1984), 192

J. W. and A. Tibbie (eds.), *The Prose of John Clare* (London: Routledge & Kegan Paul, 1951)

John Tillotson, *The Works of the Most Reverend Dr John Tillotson, Late Lord Archbishop of Canterbury: Containing Two Hundred Sermons and Discourses, on Several Occasions*, T. Birch (ed.), 10 vols. (London: Dove, 1820)

Stella Tillyard, *Aristocrats: Caroline, Emily, Louisa and Sarah Lennox* (London: Chatto & Windus, 1994)

____, *Citizen Lord: Edward Fitzgerald, 1763-1798* (London: Chatto & Windus, 1997)

Matthew Tindal, *The Rights of the Christian Church Asserted against the Romish and All Other Priests Who Claim an Independent Power over It* (London: sn, 1706)

____, *Christianity as Old as the Creation; Or the Gospel a Republication of the Religion of Nature* (London: Willord, 1733)

Ian Tipton, *Berkeley: The Philosophy of Immaterialism* (Bristol: Thoemmes Press, 1995)

Dennis Todd, 'The Hairy Maid at the Harpsichord: Some Speculations on the Meaning of Gulliver's Travels', *Texas Studies in Literature and Language*, xxxiv (1992), 239-83

____, *Imagining Monsters: Miscreations of the Self in Eighteenth-century England* (Chicago: University of Chicago Press, 1995)

Janet Todd, *Sensibility: An Introduction* (London: Methuen, 1986)

____, *The Sign of Angellica: Women, Writing and Fiction, 1660-1800* (London: Virago, 1989)

John Toland, *Christianity Not Mysterious: Or, A Treatise Showing, That There is Nothing in the Gospel Contrary to Reason, Nor Above It, and That No Christian Doctrine can be Properly Call'd a Mystery*, 2nd edn (London: Buckley, 1696)

____, *Letters To Serena* (London: Lintot, 1704)

____, *Reasons for Naturalising the Jews in Great Britain and Ireland* (London: Roberts, 1714)

____, *Pantheisticon, Sive Formula Celebrandae Sodalitatis Socraticae* (London: sn, 1720)

____, *Tetradymus* (London: Brotherton and Meadows, 1720)

Claire Tomalin, *The Life and Death of Mary Wollstonecraft* (London: Weidenfeld

& Nicolson, 1974)

Sylvana Tomaselli, 'The First Person: Descartes, Locke and Mind-Body Dualism', *History of Science*, xxii (1984), 185-205

＿＿, 'The Enlightenment Debate on Women', *History Workshop Journal*, xx (1985), 101-24

＿＿, 'Moral Philosophy and Population Questions in Eighteenth-century Europe', in M. S. Teitelbaum and J. M. Winter (eds.), *Population, Resources and Environment* (Cambridge: Cambridge University Press, 1989), 7-29

＿＿, 'Reflections on the History of the Science of Woman', *History of Science*, xxix (1991), 185-205

＿＿, 'Political Economy: The Desire and Needs of Present and Future Generations', in Christopher Fox, Roy S. Porter and Robert Wokler (eds.), *Inventing Human Science: Eighteenth-century Domains* (Berkeley, CA: University of California Press, 1995), 292-322

＿＿ (ed.), *Maty Wollstonecraft: A Vindication of the Rights of Men with A Vindication of the Rights of Woman* (Cambridge: Cambridge University Press, 1995)

Theobald Wolfe Tone, *An Argument on Behalf of the Catholics of Ireland* (Belfast, sn, 1791)

G. Tonelli, 'Genius: From the Renaissance to 1770', in P. P. Wiener (ed.), *Dictionary of the History of Ideas*, vol. ii (New York: C. Scribner's & Sons, 1973), 293-7

Horne Tooke, *The Diversions of Purley* (London: Johnson, 1786)

Norman Torrey, *Voltaire and the English Deists* (New Haven: Yale University Press, 1930)

J. Townsend, *A Dissertation on the Poor Laws by a Well-wisher to Mankind* (London: Dilly, 1786)

Paget Toynbee and L. Whibley (eds.), *Correspondence of Thomas Gray*, 3 vols. (Oxford: Clarendon Press, 1935)

William H. Trapnell, 'Who Thomas Woolston Was', *British Journal for Eighteenth Century Studies*, xi (1988), 143-58

＿＿, 'What Thomas Woolston Wrote', *British Journal for Eighteenth-century Studies*, xiv (1991), 13-30

＿＿, *Thomas Woolston: Madman and Deist?* (Bristol: Thoemmes Press, 1994)

Joseph Trapp, *Lectures on Poetry* (London: Hitch and Davis, 1742)

John Trenchard, *The Natural History of Superstition* (London: Baldwin, 1709)

Hugh Trevor-Roper, 'The Scottish Enlightenment', in Theodore Besterman (ed.), *Studies on Voltaire and the Eighteenth Century*, lviii (1967), 1635-58

Barry Trinder, *The Industrial Revolution in Shropshire* (Chichester: Phillimore, 1973)

Ulrich Tröhler, 'Quantification in British Medicine and Surgery 1750-1830, with Special Reference to its Introduction into Therapeutics' (PhD Thesis, University of London, 1978)

Thomas Trotter, *A View of the Nervous Temperament* (London: Longman, Hurst, Rees & Owen, 1807)

Howard William Troyer, *New Ward of Grub Street: A Study of Sub-Literary London in the Eighteenth Century* (London: Frank Cass & Co. Ltd, 1968)

Randolph Trumbach, *The Rise of the Egalitarian Family: Aristocratic Kinship and Domestic Relations in Eighteenth-century England* (New York: Academic Press, 1978)

____, 'Modern Prostitution and Gender in Fanny Hill: Libertine and Domesticated Fantasy', in G. S. Rousseau and Roy Porter (eds.), *Sexual Underworlds of the Enlightenment* (Manchester: Manchester University Press, 1987), 69-85

____, *Sex and the Gender Revolution*, vol. i: *Heterosexuality and the Third Gender in Enlightenment London* (Chicago: Chicago University Press, 1998)

Yi-fu Tuan, *The Hydrologic Cycle and the Wisdom of God: A Theme in Geoteleology* (Toronto: University of Toronto Press, 1968)

____, *Topophilia: A Study of Environmental Perception, Attitudes and Values* (Englewood Cliffs, NJ: Prentice-Hall, 1974)

Abraham Tucker, *The Light of Nature Pursued*, 2 vols. in 3 (London: Payne, 1768)

____, *Light of Nature Pursued*, 7 vols. (New York & London: Garland Publishing, 1997 [1768])

Josiah Tucker, *Four Tracts* (Gloucester: Raikes, 1774)

____, *A Treatise concerning Civil Government* (London: Cadell, 1781)

S. I. Tucker, *Protean Shape: A Study in Eighteenth-century Vocabulary and Usage* (London: Athlone Press, 1967)

____, *Enthusiasm: A Study in Semantic Change* (Cambridge: Cambridge University Press, 1972)

Samuel Tuke, *Description of the Retreat, an Institution near York for Insane Persons of the Society of Friends containing an Account of Its Origin and Progress, the Modes of Treatment, and a Statement of Cases* (York: W. Alexander, 1813)

David Turley, *The Culture of English Antislavery, 1780-1860* (London & New York: Routledge, 1991)

Cheryl Turner, *Living by the Pen: Women Writers in the Eighteenth Century* (London: Routledge, 1992)

G. L'E. Turner, 'Eighteenth-century Scientific Instruments and Their Makers', in Roy Porter (ed.), *The Cambridge History of Science*, vol. iv: *The Eighteenth Century* (Cambridge: Cambridge University Press, 2001), 583-607

James Turner, *Reckoning with the Beast: Animals, Pain, and Humanity in the Victorian Mind* (Baltimore & London: Johns Hopkins University Press, 1980)

M. Turner, *English Parliamentary Enclosure: Its Historical Geography and Economic History* (Folkestone: Dawson, 1980)

____, *Enclosures in Britain, 1750-1830* (London: Macmillan, 1984)

____ (ed.), *Malthus and His Times* (Basingstoke: Macmillan, 1986)

William Turner, *Speculations on the Propriety of Attempting the Establishing a Literary Society in Newcastle upon Tyne* (Newcastle: np, 1793)

Ernest Lee Tuveson, *The Imagination as a Means of Grace: Locke and the Aesthetics of Romanticism* (Berkeley, CA: University of California Press, 1960)

____, *Millennium and Utopia: A Study in the Background of the Idea of Progress* (New York: Harper & Row, 1964)

Stanley Tweyman (ed.), *Human on Miracles* (Bristol: Thoemmes Press, 1996)

Gerald Tyson, *Joseph Johnson: A Liberal Publisher* (Iowa City: University of Iowa Press, 1979)

Jenny Uglow, *Hogarth: A Life and a World* (London: Faber & Faber, 1997)

James Usher, *Clio: or, a Discourse on Taste*, 2nd edn (London: T. Davies, 1769)

Abbot Payson Usher (ed.), *Two Manuscripts by Charles Davenant* (Baltimore: Johns Hopkins University Press, 1942)

David Vaisey (ed.), *The Diary of Thomas Turner of East Hoathley* (Oxford: Oxford University Press, 1984)

W. Vamplew, *The Turf: A Social and Economic History of Horse Racing* (London: Allen Lane, 1974)

Norman Vance, *Irish Literature: A Social History: Tradition, Identity and Difference* (Oxford: Basil Blackwell, 1990)

Simon Varey (ed.), *Lord Bolingbroke: Contributions to the Craftsman* (Oxford: Clarendon Press, 1982)

Aram Vartanian, *Diderot and Descartes. A Study of Scientific Naturalism in the Enlightenment* (Princeton, NJ: Princeton University Press, 1953)

Benjamin Vaughan, *New and Old Principles of Trade Compared* (London: Johnson and Debrett, 1788)

Thorstein Veblen, *The Theory of the Leisure Class* (New York: Macmillan, 1912)

Franco Venturi, *Utopia and Reform in the Enlightenment* (Cambridge: Cambridge University Press, 1971)

____, 'Scottish Echoes in Eighteenth-Century Italy', in Istvan Hont and Michael Ignatieff (eds.), *Wealth and Virtue: The Shaping of Political Economy in the Scottish Enlightenment* (Cambridge: Cambridge University Press, 1983), 345–62

Amanda Vickery, *The Gentleman's Daughter: Women's Lives in Georgian England* (New Haven, Conn.: Yale University Press, 1998)

Fernando Vidal, 'Psychology in the Eighteenth Century: A View from Encyclopaedias', *History of the Human Sciences*, vi (1993), 89–120

David Vincent, *Bread, Knowledge and Freedom: A Study of Nineteenth-century Working Class Autobiography* (London: Routledge, 1982)

____, *Literacy and Popular Culture. England 1750-1914* (Cambridge: Cambridge University Press, 1989)

Jacob Viner, *The Role of Providence in the Social Order: An Essay in Intellectual History* (Philadelphia: American Philsophical Society 1972)

Robert Voitle, *Samuel Johnson the Moralist* (Cambridge, Mass.: Harvard University Press, 1961)

____, 'The Reason of the English Enlightenment', *Studies on Voltaire and the Eighteenth Century*, xxvii (1963), 1735–74

____, *The Third Earl of Shaftesbury: 1671-1713* (Baton Rouge: Louisiana State

University Press, 1984)

F. M. Voltaire, *Letters concerning the English Nation* (London: printed for C. Davis and A. Lyon, 1733; Charles Whibley (ed.), London: Peter Davies, 1926)

____, *Philosophical Dictionary*, Theodore Besterman (trans.) (Harmondsworth: Penguin, 1979 [1764])

Peter Wagner, *Eros Revived: Erotica in the Age of Enlightenment* (London: Seeker & Warburg, 1986)

Dror Wahrman, 'National Society, Communal Culture: An Argument about the Recent Historiography of Eighteenth-century Britain', *Social History*, xvii (1992), 43-72

Thomas Walker, *A Review of Some of the Political Events Which Have Occurred in Manchester during the Last Five Years: Being a Sequel to the Trial of Thomas Walker, and Others, for a Conspiracy to Overthrow the Constitution and Government of This Country, and to Aid and Assist the French, Being the King's Enemies* (London: J. Johnson, 1794)

Derek Wall, *A Reader in Environmental Literature, Philosophy and Politics* (London: Routledge, 1994)

Peter Walmsley, *The Rhetoric of Berkeley's Philosophy* (Cambridge: Cambridge University Press, 1990)

____, 'Prince Maurice's Rational Parrot: Civil Discourse in Locke's *Essay*', *Eighteenth-century Studies*, xxviii (1995), 413-25

John Walsh, Colin Haydon and Stephen Taylor (eds.), *The Church of England c. 1689-c. 1833* (Cambridge: Cambridge University Press, 1993)

Alice N. Walters, 'Conversation Pieces: Science and Politeness in Eighteenth-century England', *History of Science*, cviii (1997), 121-54

John K. Walters and James Walvin (eds.), *Slavery, Abolition and Emancipation: Black Slaves and the British Empire* (London: Longman, 1976)

J. Walvin and D. Eltis (eds.), *Abolition of the Atlantic Slave Trade* (Madison, Wisc.: University of Wisconsin Press, 1981)

William Warburton, *The Divine Legation of Moses Demonstrated*, 2 vols. (London: Gyles, 1738-41)

____, *Works*, 7 vols. (London, sn, 1788)

____, *Letters from a Late Eminent Prelate to One of His Friends* (London: Cadell and Davies, 1808)

Marina Warner, *From the Beast to the Blonde: On Fairy Tales and Their Tellers* (London: Chatto & Windus, 1994)

____, *No Go the Bogeyman: Scaring, Lulling and Making Mock* (London: Chatto & Windus, 1998)

Richard Warner, *The History of Bath* (Bath: Cruttwell, 1801)

G. J. Warnock, *Berkeley* (Harmondsworth: Peregrine, 1969)

Joseph Warton, *The Enthusiast: or Lover of Nature: A Poem* (London: Dodsley, 1744)

A. M. G. Waterman, 'A Cambridge "Via Media" in Late Georgian Anglicanism', *Journal of Ecclesiastical History*, xlii (1991), 419–36

Ian Watt, *The Rise of the Novel: Studies in Defoe, Richardson and Fielding* (London: Chatto & Windus, 1957)

Isaac Watts, *Philosophical Essays on Various Subjects* (London: Ford, Hett, 1733)

____, *The Psalms of David Imitated in the Language of the New Testament* (London: Clark, 1719)

____, *Logick: Or, The Right Use of Reason in the Enquiry after Truth. With a Variety of Rules to Guard against Error, in the Affairs of Religion and Human Life, as well as in the Sciences* (London, 1724; 20th edn, Glasgow: William Smith, 1779)

Michael R. Watts, *The Dissenters: From the Reformation to the French Revolution* (Oxford: Clarendon Press, 1978)

Lorna Weatherill, *Consumer Behaviour and Material Culture, 1660-1760* (London: Routledge, 1988)

____, 'The Meaning of Consumer Behaviour in Late Seventeenth- and Early Eighteenth-century England', in John Brewer and Roy Porter (eds.), *Consumption and the World of Goods* (London and New York: Routledge, 1993), 206–27

Miles Weatherall, *In Search of a Cure: A History of the Pharmaceutical Industry* (Oxford: Oxford University Press, 1990)

M. E. Webb, 'A New History of Hartley's *Observations on Man*', *Journal of the History of the Behavioral Sciences*, xxiv (1988), 202–11

____, 'The Early Medical Studies and Practice of Dr David Hartley', *Bulletin of the History of Medicine*, lxiii (1989), 618–36

Max Weber, *The Protestant Ethic and the Spirit of Capitalism* (London: Allen and Unwin, 1930)

Charles Webster, *The Great Instauration. Science, Medicine and Reform 1626-1660* (London: Duckworth, 1975)

Josiah Wedgwood, *An Address to the Young Inhabitants of the Pottery* (Newcastle: Smith, 1783)

David M. Weed, 'Sexual Positions: Men of Pleasure, Economy, and Dignity in Boswell's London Journal', *Eighteenth-century Studies*, xxxi (1997-8), 215-34

Howard D. Weinbrot, *Augustus Caesar in 'Augustan' England: The Decline of a Classical Norm* (Princeton, NJ: Princeton University Press, 1978)

Charles M. Weis and Frederick A. Pottle (eds.), *Boswell in Extremes, 1776-1778* (London: Heinemann, 1971)

Saunders Welch, *A Proposal to Render Effectual a Plan to Remove the Nuisance of Common Prostitutes from the Streets* (London: sn, 1758)

Hugh West, 'The Limits of Enlightenment Anthropology: Georg Forster and the Tahitians', *History of European Ideas*, xx (1989), 147-60

Richard S. Westfall, *Science and Religion in Seventeenth-century England* (Garden City, New York: Doubleday Anchor, 1970)

____, *Never at Rest: A Biography of Isaac Newton* (Cambridge: Cambridge University Press, 1980)

Roxann Wheeler, 'The Complexion of Desire: Racial Ideology and Mid-Eighteenth-century British novels', *Eighteenth-century Studies*, xxxii (1999), 309-32

Frederick G. Whelan, 'Population and Ideology in the Enlightenment', *History of Political Thought*, vii (1991), 35-72

H. Whitbread (ed.), *I Know My Own Heart: The Diaries of Anne Lister (1740-1840)* (London: Virago, 1987)

Gilbert White, *The Natural History and Antiquities of Selborne*, Richard Mabey (ed.) (Harmondsworth: Penguin, 1977 [1789])

R. J. White, *Political Thought of Samuel Taylor Coleridge* (London: Jonathan Cape, 1938)

____ (ed.), *Political Tracts of Wordsworth, Coleridge and Shelley* (Cambridge: Cambridge University Press, 1953)

Lois Whitney, *Primitivism and the Idea of Progress, English Popular Literature in the Eighteenth Century* (Baltimore: Johns Hopkins University Press, 1934)

A. Whyte, *Characters and Characteristics of William Law: Nonjuror and Mystic* (London: Hodder and Stoughton, 1898)

Robert Isaac Wilberforce and Samuel Wilberforce, *The Life of William Wilberforce*, 5 vols. (London: Murray, 1838)

William Wilberforce, *A Practical View of the Prevailing Religious System of Professed Christians in the Higher and Middle Classes in This Country Contrasted with Real Christianity* (London: Cadell and Davies, 1797)

____, *The Correspondence of William Wilberforce*, R. I. and S. Wilberforce (eds.), 2 vols. (London: Murray, 1840)

C. B. Wilde, 'Hutchinsonians, Natural Philosophy and Religious Controversy in Eighteenth-century Britain', *History of Science*, xviii (1980), 1-24

____, 'Matter and Spirit as Natural Symbols in Eighteenth-century British Natural Philosophy', *British Journal for the History of Science*, xv (1982), 99-131

R. McKeen Wiles, *Freshest Advices: Early Provincial Newspapers in England* (Columbus: Ohio State University Press, 1965)

____, 'The Relish for Reading in Provincial England Two Centuries Ago', in Paul J. Korshin (ed.), *The Widening Circle: Essays on the Circulation of Literature in Eighteenth-century Europe* (Philadelphia: University of Pennsylvania Press, 1976), 85-115

____, *Serial Publication in England before 1750* (Cambridge: Cambridge University Press, 1957)

John Wilkes, *An Essay on Woman* (London: André Deutsch, 1972 [1763])

Basil Willey, *The Eighteenth Century Background: Studies on the Idea of Nature in the Thought of the Period* (Harmondsworth: Penguin, 1962)

Carolyn Williams, 'The Genteel Art of Resuscitation', *Transactions of the International Congress of Enlightenment*, viii (1982), 1887-90

Clare Williams (ed. and trans.), *Sophie in London, 1786, Being the Diary of Sophie v. La Roche* (London: Jonathan Cape, 1933)

David Williams, *Lectures On Education* (London: Bell, 1789)

[____], *Incidents in My Own Life Which Have been Thought of Some Importance*, Peter France (ed.) (Brighton: University of Sussex Library, 1980 [1802])

David Williams (ed.), *The Enlightenment* (Cambridge: Cambridge University

Press, 1999)

Ernest Neville Williams, *The Eighteenth Century Constitution, 1688-1815* (Cambridge: Cambridge University Press, 1960)

Gwyn Williams, *Madoc: The Making of a Myth* (London: Eyre Methuen, 1979)

____, 'Romanticism In Wales', in Roy Porter and Mikuláš Teich (eds.), *Romanticism in National Context* (Cambridge: Cambridge University Press, 1988), 1-8

Raymond Williams, *The Country and the City* (London: Chatto & Windus, 1973)

____, *Keywords: A Vocabulary of Culture and Society* (London: Fontana Press, 1988)

G. Williamson, 'Mutability, Decay and Seventeenth-century Melancholy', in *Seventeenth-century Contexts* (London: Faber & Faber, 1961), 73-101

Tom Williamson, *Polite Landscapes: Gardens and Society in Eighteenth-century England* (Stroud: Sutton Publishing, 1996)

Adrian Wilson, *The Making of Man-Midwifery* (London: University College Press, 1995)

Arthur M. Wilson, 'The Enlightenment Came First to England', in Stephen B. Baxter (ed.), *England's Rise to Greatness, 1660-1763* (Berkeley and Los Angeles, CA: University of California Press, 1983), 1-28

A. N. Wilson, *God's Funeral* (London: John Murray, 1999)

Kathleen Wilson, *The Sense of the People: Politics, Culture and Imperialism in England, 1715-1785* (Cambridge: Cambridge University Press, 1995)

John Wiltshire, *Samuel Johnson in the Medical World: The Doctor and the Patient* (Cambridge: Cambridge University Press, 1991)

W. K. Wimsatt, *Philosophic Words: A Study of Style and Meaning in the Rambler and Dictionary of Samuel Johnson* (New Haven, Conn.: Yale University Press, 1948)

____, *Samuel Johnson on Shakespeare* (Harmondsworth: Penguin, 1960)

William Wimsatt Jr and Frederick A. Pottle, *Boswell for the Defence 1769-1774* (London: Heinemann, 1960)

Donald Winch, *Adam Smith's Politics: An Essay in Historiographic Revision* (Cambridge: Cambridge University Press, 1978)

____, *Malthus* (Oxford: Oxford University Press, 1987)

_____, *Riches and Poverty: An Intellectual History of Political Economy in Britain, 1750-1834* (Cambridge: Cambridge University Press, 1996)

James Anderson Winn, *John Dryden and his World* (New Haven, Conn.: Yale University Press, 1987)

Robert Wokler, 'Apes and Races in the Scottish Enlightenment: Monboddo and Kames on the Nature of Man', in Peter Jones (ed.), *Philosophy and Science in the Scottish Enlightenment* (Edinburgh: John Donald, 1988), 152-56

_____, 'From *l'homme physique* to *l'homme moral* and Back: Towards a History of Enlightenment Anthropology', *History of the Human Sciences*, vi (1993), 121-38

_____, 'Anthropology and Conjectural History in the Enlightenment', in Christopher Fox, Roy S. Porter and Robert Wokler (eds.), *Inventing Human Science: Eighteenth-century Domains* (Berkeley, CA: University of California Press, 1995), 31-52

_____, 'The Enlightenment Project and its Critics', in S. E. Liedman (ed.), *The Postmodernist Critique of the Project of Enlightenment, Poznan Studies in the Philosophy of the Sciences and the Humanities*, lviii (1997), 13-30

Larry Wolff, 'When I Imagine a Child: The Idea of Childhood and the Philosophy of Memory in the Enlightenment', *Eighteenth Century Studies*, xxxi (1998), 377-401

William Wollaston, *The Religion of Nature Delineated* (London: Palmer, 1724)

Mary Wollstonecraft, *Thoughts on the Education of Daughters*, Janet Todd (ed.) (Bristol: Thoemmes, 1995 [London: sn, 1787])

_____, *Mary: A Fiction* (London: Johnson, 1788)

_____, *Letters, Written During a Short Residence in Sweden, Norway and Denmark*, Carol H. Poston (ed.) (Lincoln, Nebraska: University of Nebraska Press, 1976 [1796])

_____, *Maria or The Wrongs of Woman*, Anne Mellor (ed.) (New York: Norton, 1994 [1798])

_____, *A Vindication of the Rights of Men with A Vindication of the Rights of Woman*, Sylvana Tomaselli (ed.) (Cambridge: Cambridge University Press, 1995 [1790 and 1792])

Marcus Wood, *Radical Satire and Print Culture 1790-1822* (Oxford: Clarendon

Press, 1994)

Paul B. Wood, *The Aberdeen Enlightenment: The Arts Curriculum in the Eighteenth Century* (Aberdeen: Aberdeen University Press, 1993)

____, 'Methodology and Apologetics: Thomas Sprat's History of the Royal Society', *British Journal for the History of Science*, xiii (1980), 1–26

____, 'The Natural History of Man in the Scottish Enlightenment', *History of Science*, xxviii (1990), 89–123

Samuel Wood, *Strictures on the Gout* (London: J. Bell and J. Sewel, 1775)

Martha Woodmansee, 'The Genius and the Copyright: Economic and Legal Conditions of the Emergence of the "Author"', *Eighteenth Century Studies*, xvii (1984), 417–32

J. Woodward, *To Do the Sick No Harm: A Study of the British Voluntary Hospital System to 1875* (London: Routledge and Kegan Paul, 1974)

John Woodward, *An Essay towards a Natural History of the Earth* (London: R. Wilkin, 1695)

Thomas Woolston, *Six Discourses on the Miracles of Our Saviour and Defences of His Discourses* (New York: Garland, 1979 [1727–30])

J. Wordsworth, M. H. Abrams and S. Gill (eds.), *William Wordsworth, the Prelude 1799, 1805, 1850* (London: W. W. Norton, 1979)

William Wordsworth, *The Prelude. Or, Growth of a Poet's Mind (Text of 1805)*, Ernest de Selincourt and Stephen Gill (eds.) (Oxford: Oxford University Press, 1970)

____, *The Prose Works of William Wordsworth*, W. J. B. Owen and Jane Worthington Smyser (eds.), 3 vols. (Oxford: Clarendon Press, 1974)

Donald Worster, *Nature's Economy: A History of Ecological Ideas* (Cambridge: Cambridge University Press, 1985)

____, *The Wealth of Nature. Environmental History and the Ecological Imagination* (New York: Oxford University Press, 1993)

William Worthington, *An Essay on the Scheme and Conduct, Procedure and Extent of Man's Redemption* (London, sn, 1743)

John P. Wright, 'Association, Madness, and the Measures of Probability in Locke and Hume', in Christopher Fox (ed.), *Psychology and Literature in the Eighteenth Century* (New York: AMS Press, 1987), 103–27

Ian Wylie, *Young Coleridge and the Philosophers of Nature* (Oxford: Clarendon

Press, 1989)

Deborah Baker Wyrick, *Jonathan Swift and the Vested Word* (Chapel Hill, NC: University of North Carolina Press, 1988)

E. Yeo (ed.), *Mary Wollstonecraft and 200 Years of Feminism* (London: Rivers Oram Press, 1997)

Richard Yeo, 'Genius, Method and Mortality: Images of Newton in Britain, 1760-1860', *Science in Context*, ii (1988), 257-84

_____, *Encyclopaedic Visions: Scientific Dictionaries and Enlightenment Culture* (Cambridge: Cambridge University Press, forthcoming)

John W. Yolton, *John Locke and the Way of Ideas* (Oxford: Oxford University Press, 1956)

_____, *Thinking Matter: Materialism in Eighteenth-century Britain* (Minneapolis, Minn.: University of Minnesota Press, 1983)

_____, *Perceptual Acquaintance from Descartes to Reid* (Minneapolis, Minn.: University of Minnesota Press, 1984)

_____, *Locke: An Introduction* (Oxford: Basil Blackwell, 1985)

_____, 'Schoolmen, Logic and Philosophy', in L. S. Sutherland and L. G. Mitchell (eds.), *The History of the University of Oxford*, vol. v: *The Eighteenth Century* (Oxford: Clarendon Press, 1986), 565-91

_____, *Locke and French Materialism* (Oxford: Clarendon Press, 1991)

Arthur Young, *The Farmer's Letters to the People of England* (London: W. Nicoll, 1767)

_____, *A Six Weeks' Tour through the Southern Counties of England and Wales* (London: W. Nicoll, 1768)

_____, *A Six Months' Tour Through the North of England*, 4 vols., 2nd edn (London: W. Strahan, 1771)

_____, *The Farmer's Tour through the East of England*, 3 vols. (London: Strahan and Nicoll, 1771)

_____, *An Enquiry into the State of the Public Mind* (London: Richardson, 1798)

_____, *Annals of Agriculture and Other Useful Arts*, 46 vols. (London: Arthur Young, 1784-1815)

_____, *View of the Agriculture of Oxfordshire* (London: R. Phillips, 1809)

B. W. Young, '"The Soul-sleeping System": Politics and Heresy in Eighteenth-century England', *Journal of Ecclesiastical History*, xlv (1994), 64-81

_____, *Religion and Enlightenment in Eighteenth-century England: Theological Debate from Locke to Burke* (Oxford: Clarendon Press, 1998)

Edward Young, *Conjectures on Original Composition* (London: Millar and Dodsley, 1759)

_____, *Night Thoughts on Life, Death and Immortality* (London: Toplis and Bunney, 1780)

_____, *The Merchant* (Dublin: Risk, 1730)

R. M. Young, 'David Hartley', in *Dictionary of Scientific Biography*, vi (New York: Charles Scribner's Sons, 1972), 138–40

R. M. Young, 'Association of Ideas', in P. P. Wiener (ed.), *Dictionary of the History of Ideas* (New York: Charles Scribner's Sons, 1973), 111–18

*

Jeremy Black and Roy Porter (eds.), *The Basil Blackwell Dictionary of World Eighteenth-century History* (Oxford: Basil Blackwell, 1994)

Philip P. Wiener (ed.), *Dictionary of the History of Ideas* (New York: Charles Scribner's Sons, 1973)

John W. Yolton (ed.), *The Blackwell Companion to the Enlightenment* (Oxford: Blackwell, 1991)

John Yolton, John Valdimir Price and John Stephens (eds.), *The Dictionary of Eighteenth-century Philosophers*, 2 vols. (Bristol: Thoemmes Press, 1999)

나는 인간이며 따라서 인간사의 모든 것은 내 관심사다.
—테렌티우스

1763년 7월 30일 토요일, 존슨 박사와 함께 템플스테어에서 거룻배를 타고 그리니치로 향했다. 나는 박사에게 정말로 그리스어와 라틴어에 대한 지식이 훌륭한 교육에 빠져선 안 될 필수조건이라고 생각하느냐고 물었다. "물론이지요, 선생. 그 언어들을 아는 사람은 모르는 사람에 비해 매우 큰 이점을 누립니다. 아니 그보다는, 배움이 심지어 저잣거리 사람들한테도, 배움과는 통 관계가 없어 보이는 사람들한테도 얼마나 크나큰 차이를 낳는지는 놀라울 따름이지요." "하지만 배움이 없어도 사람들은 세상에서 잘 살아가고 인생사를 잘 헤쳐나가지 않습니까?" "물론 배움이 딱히 쓸모가 없는 경우들에는 그 말이 맞을 수도 있지요. 예를 들어 지금 이 소년은 딱히 배우지 않아도 노를 저어 우리를 태워다 줄 수 있습니다. 마치 최초의 뱃사람들이었던 아르고호의 선원들에게 오르페우스의 노래를 들려줄 수 있기라도 하듯 말입니다." 이렇게 답변한 다음, 그는 소년을 불렀다. "얘야, 아르고호 선원들에 대해 알기 위해 너라면 뭘 내놓겠니?" "제가 가진 것은 뭐든 기꺼이 내놓겠습니다, 선생님." 존슨은 이 대답에 무척 기뻐했고, 우리는 소년에게 뱃삯을 두 배로 쳐주었다. 존슨 박사는 내 쪽으로 몸을 돌리고는 말했다. "보세요, 선생. 앎에 대한 욕구는 인간의 자연스러운 감정입니다. 마음이 타락하지 않은 인간이라면 누구나 지식을 얻기 위해 자신이 가진 모든 것을 기꺼이 내놓을 겁니다."

—제임스 보즈웰, 『새뮤얼 존슨의 생애』에서

개인적인 이야기를 좀 하겠다. 얼마 전, 친구에게 계몽주의에 관한 책 번역을 마쳤다고 했다. 계몽주의라는 주제에 볼테르의 팬을 자처하는 친구는 반가워하며 흥미를 보였다. 나는 아쉽게도 이 책은 영국 계몽주의를 다루는 책이라 로크나 스미스, 흄 등이 주인공이고 프랑스 철학자들은 곁다리로만 나온다고 답해주었다—"그래도 볼테르는 몇 줄 나옴." "어떻게 평가되는데?" "영국 '빠돌이'로 나옴." "하하하, 정확한 평가네." 나의 답변과 친구의 반응은 농담반 진담반이긴 한데, 아마도 우리가 주고받은 대화가 본서의 문제의식을 잘 포착한 게 아닐까 싶다.

계몽주의에 대한 전형적인 서사를 단순화하자면 대략 다음과 같을 것이다. 그것은 18세기 일단의 프랑스 사상가들의 지적 조류이다. 그들은 교회와 절대왕정으로 대표되는 기존 질서의 압제와 독단, 미신을 규탄하고 관용과 자유로운 탐구를 부르짖었다. 그들의 대표자는 그 유해가 문자 그대로 만신전에 모셔진 볼테르이며, 그들의 투쟁 구호는 '가증스러운 것을 타파하라'이다. 그리고 이 사상 조류는 결국 구체제를 무너뜨린 프랑스 혁명이라는 폭발을 가져왔다. 그렇다면 여기에 영국은 낄 자리가 없을까? 프랑스 혁명과 이후 19세기 유럽 대륙을 휩쓸었던 혁명들의 진통을 피해 간 영국에는 계몽주의 전통이라고 부를 만한 게 과연 존재할까? '영국 계몽주의의 숨겨진 이야기'라는 부제가 붙은 본서 『근대 세계의 창조』는 여기에 힘주어 '예'라고 대답하는 책이다. 1783년, 베를린 수요 클럽이 토론 주제로 던진 '계몽이란 무엇인가'라는 질문에 칸트는 '인간이 스스로 초래한 무지라는 미성숙으로부터 벗어나는' 것이라고 답변했다. 그것은 '감히 알려고 하는' 자세, 독립적으로 사고하려는 자세다. 우리가 칸트의 답변을 계몽주의에 대한 정의로 받아들인다면, 이미 '누구의 말도 믿지 말라'는 모토를 채택하여 설립된 영국의 왕립학회는 칸트가 말한 계몽을 추구하고 또 구현하고 있었다고 봐도 될 것이다.

그렇다면 영국 계몽주의의 출발점은 어디일까? 이 책은 영국 계몽주의의 사회적 배경을 스튜어트 왕가를 몰아내고 의회의 제한을 받는 군주정이라는 혼합 정체를 수립한 1688년의 명예혁명에서 찾는다. 1688년과 그 이후의 '혁명적 협정'은 인신과 소유의 안전을 보장하고 프로테스탄트에 대한 폭넓은 관용과 그 밖의 여러 자유를 보장함으로써 헌정 체제를 사실상 자유화했다. 1697년 출판에 대한 사전 검열이 폐지됨에 따라 언론의 자유와 정치적 자유가 크게 확대되었다. 로크는 종교적 관용을 설파했고, 합리성으로 기독교 신앙을 새롭게 정제했으며, 이러한 작업은 다시금 다음 세대의 이신론과 더 나아가 무신론으로 나아가는 길을 닦았다. 세상은 세속화되고 탈주술화되었다. 베이컨은 새로운 학문 연구 방법론을 역설했고, 뉴턴으로 대표되는 새로운 과학은 자연 세계뿐만 아니라 인간 세계에도 적용되는 새로운 해석틀로 기능하며 자연과학과 사회과학 양 영역으로 확장되었다. 홉스와 로크를 위시한 철학자들은 감각주의와 경험주의를 토대로 인간의 본성과 자연, 도덕과 사회에 대한 새롭고 급진적인 시각들을 제시하면서 심리학, 인류학, 경제학과 같은 새로운 학문의 초석을 놓았다.

한편으로 장기 18세기 영국 사회는 절대왕정의 전복과 더불어 상업화, 산업화, 소비 사회의 출현과 같은 근대성의 여러 측면을 경험했다. 계몽주의는 이러한 근대적 변화들을 가져오고, 이해하고, 설명하고, 정당화하고 때로는 문제화하는 시도였다. 근대화는 새로운 딜레마를 야기했다. 토지 소유에 바탕을 둔 독립적 시민들의 덕성virtu과 그들의 정치 참여를 통한 공공선을 강조한 고전 공화주의나 시민적 인문주의 전통은 더이상 활력 넘치는 상업 사회를 뒷받침해줄 수 없었다. 여기서 흄은 상무정신과 공무 참여 같은 시민적 덕성보다는 사치스러운 쾌락, 즉 사적 욕망의 추구가 근면을 낳고, 근면이야말로 학문과 예술, 상업, 다시 말해 문명을 낳는다고 역설함으로써 새로운 상업 사회를 옹호할 수 있었다. 문제는 제어되지 않는 개인들의 사적인 목표 추구가 도덕의 붕괴나 공적 질서의 전복으로 이어지지 않아야 한다는 것이다. 다행스럽게도 스미스의 보이지 않는 손—'자기애'와 '상호 의존성'의 결합—은 사적 이익의 추구가 자연스럽게 공공선을 도모함을 입증해보였다. 이로써 영국 계몽주의는 자기 해방과 쾌락 추구를 긍정하면서 개인의 자유로운 행복 추구를 보장하는 사회적 안정과 조화, 균형을 약속했다.

그러므로 영국 계몽주의가 가증스러운 것을 타파하라고 부르짖지 않았고, 또 혁명을 불러오지도 않았다면, 거기에는 타파해야 할 가증스러운 구체제가 애초에 없었기 때문이다. 영국에는 볼테르가 투옥된 바스티유 감옥이 존재하지 않았고, 비국교도는 신앙의 자유를 누렸으며, 이단자를 화형시키는 장작단의 불은 진즉에 꺼졌다. 이런 의미에서 18세기 영국 사회는 이미 계몽을 이룩했고, 그렇게 이룩된 체제를 정당화하고 수호하는 작업이 중요했다. 저자 로이 포터는 여기에 영국 계몽주의만의 '영국성'이 존재한다고 지적한다. 그것은 타도나 전복만이 아니라 새로운 체제의 구축과 정당화에도 헌신하는 계몽주의, 혁명에 대한 '예방주사'와 같은 계몽주의다. 그렇다고 영국 계몽주의가 1688년 이후 체제의 현상 유지를 위한 보수적 이데올로기로 전락해버렸다고 한다면 그것은 너무 성급한 결론일 것이다. 프리스틀리나 고드윈, 프라이스, 페인 같은 후기 계몽주의자들은 계몽주의의 수사와 현실 사이의 간극을 예리하게 지적하며 지속적인 비판 작업을 이어나갔고, 아직 실현되지 않은 계몽의 약속들을 현실화하기 위한 전투에 열성적으로 뛰어들었다. 진보에 대한 신념은 여전히 굳건했고 개혁을 요구하는 목소리는 결코 끊긴 적이 없었다.

영국 계몽주의가 대륙의 전형적인 계몽주의와 구별되는 또다른 점은 철저한 개인주의다. 로크는 통치자에 맞서 개인적 권리들을 역설했고, 흄은 시민적 덕성보다 사적인 삶을 더 소중히 여겼다. 스미스는 보이지 않는 손이 사적인 선을 공공선으로 유도할 것이라고 주장하며 자유로운 시장에서의 개인 행위자를 옹호했다. 벤담은 모두가 평등하며 각자는 자신의 이해관계를 가장 잘 판단한다고 주장하면서 개인적인 쾌락 계산의 공리를 정식화했다.

무엇보다도 저자가 역설하는 것은 계몽주의가 단순히 정전으로 인정받는 한 묶음의 고전들에 담긴 이데올로기나 이즘에 그치지 않는다는 것이다. 계몽주의란 그러한 사상들이 사회적으로 수용되면서 자리잡게 된,

세상을 바라보는 새로운 방식, 일종의 정신적 습관이나 정신자세라 할 만한 것이다. '사상들은 사회적 태도가 될 때 역동성을 획득'하며 인쇄술 및 통신의 발달과 같은 '정보 혁명'에 힘입어 바로 그러한 일이 18세기 영국에서 펼쳐지고 있었다. 정전에 담겨 있던 거대 사상들은 이제 담배 연기 자욱한 커피하우스에 죽치고 앉아 있던 문사들이 주고받는 말 속에서, 경쾌한 문체로 표현된 스펙테이터 씨의 단상 속에서, 독서 공중이 게걸스레 탐닉하던 소설 같은 새로운 문학 장르 속에서 포착할 수 있는 시대의 어조, 톤이 되었다.

따라서 이 책에서는 로크나 스미스, 흄 같은 사상의 헤비급 챔피언들만이 아니라 그들의 사상을 쉽게 풀이하거나 설명을 덧붙이거나 때론 반박하기도 하면서 대중화했던 '경량급'의 무수한 문필가들을 만날 수 있다. 문명이나 정치 제도와 같은 인위적이고 역사적인 조건은 전혀 고려하지 않은 채 빈곤을 거의 자연법칙적인 현상으로 그렸다고 맬서스를 비판한 찰스 홀이나 토머스 재럴드 같은 인물들의 목소리를 들을 수 있다는 것이야말로 이 책의 크나큰 미덕이다.

계몽인들은 인류 행복의 추구라는 꿈을 꾸었지만 그저 '꿈꾸기만' 한 사람들이 아니라 '잠에서 깨어난 자들', 꿈을 현실화하기 위해 구체적인 길을 모색했던 사람들이다. 예를 들어 톰 페인이 『인간의 권리』 제2부 결론에서 제안한 정책을 보라─빈곤 가구 구호, 보편적 초등교육, 14세 미만 아동을 위한 가족 수당, 노령 연금, 출산 수당, 장례 보조, 청년 작업장과 런던 빈민을 위한 공공 근로. 그리고 여기에 자금을 마련하기 위해 그가 제시한 방안은 군비 지출 삭감과 누진소득세였다. 지금 우리 사회에서 논의된다고 해도 딱히 시대착오로 느껴지지 않을 주장이다.

결국 저자의 말대로 계몽인들이 만들어가고 있던 세계는 '우리가 물려받은 세계, 바로 오늘날 우리 대다수가 동참하는 세속적 가치 체계, 인류의 하나됨과 개인의 기본적 자유들, 그리고 관용과 지식, 교육과 기회의 가치를 옹호하는 세계'였다. 우리는 모두 '계몽의 자식들'이며 부모를 이해하고자 하는 것은 우리의 의무인 셈이다.

끝으로, 번역어 선정과 관련하여 몇 마디 덧붙이고자 한다. 일반적으로 한국에서는 신부라고 하면 흔히 천주교 성직자를 떠올리며 개신교 성직자들은 목사로 통칭한다. 하지만 개신교 가운데에서도 대한성공회의 경우는 성직자를 신부나 사제로 부른다. 그러므로 이 책에서는 성공회의 관례를 존중하여 영국 성공회 성직자의 경우 신부나 사제로 표기했고 흔히 맬서스 목사로 불리는 『인구론』의 저자 역시 맬서스 신부로 표기했다. 또한 이 책에는 장님이나 귀머거리 같은 비하적 표현이 등장한다. 가톨리시즘을 교황교/교황체제popery, 가톨릭교도를 교황교도popish라고 멸칭하던 시대, 정치적 올바름이라는 감수성이 존재하지 않았던 시대의 분위기와 어조를 전달하고자 비하적 표현을 가치중립적 표현으로 바꾸지 않고 그대로 옮겼음을 밝혀둔다. L. P. 하틀리가 말한 대로 '과거는 낯선 나라'이며 '거기서 사람들은 [우리와] 다르게 행동'한다. 우리가 역사를 배운다는 것은 그 낯선 나라의 주민들이 어떻게 생각하고 느끼며 살아갔는지를 이해하는 것, 더 정확히 말하자면 이해하려고 노력하는 일이다. 역사에 대해 판단을 내리거나 그로부터 교훈을 이끌어내는 것은 그다음 일이다.

2019년 11월
최파일

찾아보기

도판 목록

(* 표시 가능한 사진 저작권은 괄호 안에 밝혀두었음.)

1. 소少조반니 바티스타 피토니Giovanni Battist Pittoni the Younger, 〈아이작 뉴턴 경에 대한 우화적 기념비〉, 1725년경, 피츠윌리엄 미술관, 케임브리지 (사진: 브리지먼 아트 라이브러리)

2. 아이작 뉴턴 경의 『광학』 표제지, 1704년 (사진: 사이언스 앤드 소사이어티 픽처 라이브러리)

3. 신호 반사경의 초창기 사례를 보여주는 비드스턴 등대 삽화. 윌리엄 허치슨William Hutchison의 『해양 건축 논고』에서 가져옴 (사진: 사이언스 앤드 소사이어티 픽처 라이브러리)

4. 폴 샌드비Paul Sandby, 〈환등기 상영〉, 연도 미상 (사진: 포토매스 인덱스)

5. 프랑수아 자비에 비프레François Xavier Vispré, 〈호라티우스의 찬가를 읽고 있는 존 파〉, 1765~70년경, 애슈몰 미술관, 옥스퍼드

6. 로버트 칠턴Robert Chilton의 작품을 본뜬, 프랜시스 주크스Francis Jukes와 존 커비 볼드리John Kirby Baldrey의 〈헬루오네스 리브로룸Helluones librorum('책벌레'): 케임브리지 시드니 서식스 칼리지의 자기 방에서 갓을 씌운 램프 아래서 독서중인 천문학자 새뮤얼 빈스와 숙녀 일기를 살펴보고 있는 비쩍 마른 그의 고양이〉, 1784년경 (사진: 웰컴 라이브러리, 런던)

7. 알렉산더 카즈Alexander Carse, 〈일요일 아침(시골집 문 앞에서 성서 읽기)〉, 스코틀랜드 국립미술관, 에든버러

8. 밸런타인 그린Valentine Green, 〈다른 유명 작가들한테서 가져온 비평적이고 도덕적인

주석이 달린 포프 씨의 인간에 대한 에세이 축약본〉, 1769년 (사진: 웰컴 라이브러리, 런던)

9. 작자 미상, 〈문제 해결에 황홀경을 느끼는 여성 철학자〉, 1772년 (사진: 웰컴 라이브러리, 런던)

10. 휴 더글러스 해밀턴Hugh Douglas Hamilton, 〈로마의 보르게제 빌라 정원에 있는 데리 주교이자 4대 브리스틀 백작 프레더릭 허비와 손녀 레이디 캐럴라인 크라이턴〉, 1790년, 아일랜드 국립미술관(더블린)의 허락을 받아 게재.

11. 윌리엄 호가스William Hogarth, 〈첨리 가족〉, 1732년, 개인 소장 (사진: 브리지먼 아트 라이브러리)

12. 아서 데비스Arthur Devis, 〈존 베이컨과 그의 가족〉, 1742~3년경, 영국 인쇄 장인 연맹 소장 (사진: 브리지먼 아트 라이브러리)

13. 요한 조파니Johann Zoffany, 〈우들리 가족〉, 1766년경, 킹스턴 레이시 저택(도싯) 소장 (사진: 내셔널 트러스트 포토그래픽 라이브러리/존 해먼드)

14. 작자 미상, 영국 유파, 〈딕스턴 추수자들〉 세부, 1725년경, 첼트넘 미술관과 박물관, 글로스터셔 (사진: 브리지먼 아트 라이브러리)

15. 1758년, 런던-브리스틀 간 윌리엄 제임스의 마차 서비스를 광고하는 팸플릿 표제지 (사진: 포토매스 인덱스)

16. 존 샌더스John Sanders, 〈런던 고아원의 여아 식당〉, 1773, 코럼 재단(런던) 소장 (사진: 브리지먼 아트 라이브러리)

17. 윌리엄 호가스, 〈타이번에서 처형되는 게으른 견습생〉, 1747년

18. 작자 미상, 영국 유파, 〈칩사이드에서의 응유凝乳와 유장乳漿을 파는 상인〉, 1730년경, 런던 미술관

19. 카날레토Canaletto, 〈래닐러 가든: 원형 홀 내부〉, 1751년경, 개인 소장 (사진: 브리지먼 아트 라이브러리)

20. 토머스 롤런드슨Thomas Rowlandson, 〈런던: 서펀타인 호수에서 스케이트를 타는 사람들〉, 1784년, 웨일스 국립 미술관, 카디프

21. 피터르 앙엘리스Pieter Angellis, 〈코번트 가든〉, 1726년경, 예일대 영국 미술 센터(뉴

헤이븐), 폴 멜론 컬렉션 (사진: 브리지먼 아트 라이브러리)

22. 작자 미상, 〈프리메이슨회의 일화〉, 1786년 런던 지부에서 사기꾼 '발사모'의 폭로를 묘사한 것, 영국박물관, 런던 (사진: 브리지먼 아트 라이브러리)

23. 헨리 번버리Henry Bunbury, 〈클럽에서 진지하게 흡연중인 네 신사〉, 1794년경 (사진: 웰컴 라이브러리, 런던)

24. 작자 미상, 〈금성의 태양면 통과를 보여주도록 반사 망원경으로 개조된 장치〉, 연도 미상 (사진: 웰컴 라이브러리, 런던)

25. 제임스 길레이James Gillray, 〈애덤 워커, 과학 실험을 수행중인 자연철학자〉, 1796년 (사진: 웰컴 라이브러리, 런던)

26. 이니고 발로Inigo Barlow, '전기', 애덤 워커의 『열두 강좌로 설명하는 친숙한 철학 체계』 삽화, 1799년, (사진: 영국도서관, 런던)

27. 존 웨버John Webber, 〈바다코끼리를 사냥중인 영국 군함 레절루션호 승무원들〉, 1780년경, 국립 해양 박물관, 런던

28. 프랜시스 체셤Francis Chesham, 〈다호메이 왕의 알현〉, 아치볼드 댈즐Archibald Dalzel의 『다호메이의 역사』 삽화, 1793년 (사진: 코르비스/히스토리컬 픽처 아카이브)

29. 이니고 발로, 〈우주 기원론을 암시하는 아시아의 기구들〉, 1790년경 (사진: 브리지먼 아트 라이브러리)

30. 앨런 램지Allan Ramsay, 〈데이비드 흄〉, 1766년, 스코틀랜드 국립 초상화 미술관, 에든버러

31. 리처드 새뮤얼Richard Samuel, 〈영국의 살아 있는 아홉 뮤즈: 아폴론 신전의 뮤즈의 모습을 한 초상화〉 (엘리자베스 카터, 애나 래티시아 바볼드, 안젤리카 카우프만, 엘리자베스 앤 셰리던, 캐서린 매콜리, 엘리자베스 몬터규, 해나 모어, 엘리자베스 그리피스, 샬럿 레녹스), 1779년경, 런던 국립 초상화 미술관의 허락을 받아 게재.

32. 벤저민 웨스트Benjamin West, 〈조셉 뱅크스 경 초상〉, 1770년경, 개인 소장 (사진: 소더비 픽처 라이브러리)

33. 리처드 코즈웨이Richard Cosway, 〈랜슬럿 '케이퍼빌러티' 브라운〉, 1770~75년경, 개인 소장 (사진: 브리지먼 아트 라이브러리)

34. 더비의 조지프 라이트Joseph Wright of Derby의 작품을 본뜬 존 래퍼얼 스미스John Raphael Smith, 〈이래즈머스 다윈〉, 1797년 (사진: 웰컴 라이브러리, 런던)

35. 헨리 래번Henry Raeburn, 〈제임스 허튼〉, 1776년경, 스코틀랜드 국립 초상화 미술관, 에든버러

36. 엘렌 샤플스Ellen Sharples, 〈조지프 프리스틀리〉, 1797년경, 개인 소장 (사진: 국립 초상화 미술관, 런던)

37. 존 케이John Kay, 〈'로드 케임스, 휴고 아넛, 로드 몬보도〉, 제임스 패터슨James Paterson의 『케이의 에든버러 초상화』 제1권(1885) 삽화로 실린 18세기 캐리커처

38. 조지 스터브스George Stubbs, 〈'인간 골격: 웅크린 자세를 측면에서 본 모습〉, 『인간의 신체 구조를 호랑이와 일반 조류의 신체 구조와 비교한 비교 해부학적 설명』 연작에 실린 삽화, 1795~1806년, 예일대 영국 미술 센터(뉴헤이븐), 폴 멜론 컬렉션 (사진: 브리지먼 아트 라이브러리)

39. 요한 조파니, 〈로열 아카데미에서 강연중인 해부학 교수 윌리엄 헌터 박사〉, 1772년경, 왕립 내과의사회, 런던

40. 제임스 던소프James Dunthorpe의 작품을 본뜬 토머스 롤런드슨, 〈처량한 유령들에 둘러싸인 심기증 환자〉, 1788년 (사진: 웰컴 라이브러리, 런던)

41. 윌리엄 스멜리William Smellie의 작품을 본뜬 윌리엄 테일러William Taylor, 〈태아가 자궁에서 양분을 공급받는 방식과 고 헌터 박사에 의해 발견된 피포탈락막(태반처럼 몸에서 떨어져 나가는 막—옮긴이) 묘사〉, 『대백과사전』 삽화, 1791년 (사진: 웰컴 라이브러리, 런던)

42. 조슈아 레이널즈Joshua Reynolds, 〈아들 헨리를 안고 있는 리처드 호어 부인〉, 1763년경, 보스턴 미술관, 찰스 H. 베일리 사진 회화 기금, 1982.138.

43. 로버트 스머크Robert Smirke, 〈익사 직전에 윌리엄 하우즈와 존 코클리 렛섬의 소생술로 살아난 뒤 인도주의 협회의 수용소 침상에서 회복중인 남자〉, 연도 미상 (사진: 웰컴 라이브러리, 런던)

44. 제임스 크랭크 주니어James Cranke, Jnr, 〈워링턴에서의 유리 제조〉, 1780년경, 워링턴 미술관, 체셔 (사진: 브리지먼 아트 라이브러리)

45. 요한 조파니, 〈존 커프와 조수〉, 1772년, 윈저 성 왕실 컬렉션 ⓒ 2000, 엘리자베스 2세

46. 팬턴가 골든헤드의 약제사 리처드 시덜의 명함. 각종 제약 용품들에 둘러싸여 있는 가게 안의 약사를 보여준다. 연도 미상 (사진: 웰컴 라이브러리, 런던)

지은이 **로이 포터**Roy Porter
1946~2002. 영국학사원 회원. 케임브리지대학 크라이스츠 칼리지에서 수학했으며, 런던 유니버시티 칼리지에 있는 웰컴 트러스트 의학사연구소 소장과 사회사 교수를 역임했다. 『광기의 사회사』, 『인류 최대의 혜택: 인류 의학사』, 『케임브리지 의학사』, 『이성의 시대의 육체』, 『의학의 역사』 등 의학사 분야와 『인간이 자연에 통달하다: 과학의 25세기』, 『18세기 과학』 등 과학사 분야, 『18세기 영국 사회』 등 사회사 분야를 중심으로 100여 종의 책을 집필, 편집했다. 2002년 심장마비로 별세.

옮긴이 **최파일**
서울대학교에서 언론정보학과 서양사학을 전공했다. 역사책 읽기 모임 '헤로도토스 클럽'에서 활동중이며, 역사 분야를 중심으로 해외의 좋은 책들을 기획, 번역하고 있다. 축구와 셜록 홈스의 열렬한 팬이며, 제1차세계대전 문학에도 관심이 많다. 옮긴 책으로 『글이 만든 세계』, 『자유와 조직』, 『제1차세계대전』 등이 있다.

근대 세계의 창조
영국 계몽주의의 숨겨진 이야기

초판 1쇄 인쇄 2020년 1월 6일
초판 1쇄 발행 2020년 1월 16일

지은이 로이 포터 | 옮긴이 최파일 | 펴낸이 신정민

기획·편집 최연희 | 디자인 윤종윤 이주영 | 마케팅 정민호 김경환
홍보 김희숙 김상만 오혜림 지문희 우상희 | 저작권 한문숙 김지영
제작 강신은 김동욱 임현식 | 제작처 한영문화사(인쇄) 신안문화사(제본)

펴낸곳 (주)교유당
출판등록 2019년 5월 24일 제406-2019-000052호

주소 10881 경기도 파주시 회동길 210
문의전화 031) 955-8891(마케팅), 031) 955-2692(편집)
팩스 031) 955-8855
전자우편 gyoyuseoga@naver.com

ISBN 979-11-90277-21-1 03900